规范发展与最佳实践

——中国住房租赁发展论坛论文集

中国房地产估价师与房地产经纪人学会 主编

中国城市出版社

图书在版编目（CIP）数据

规范发展与最佳实践：中国住房租赁发展论坛论文集/中国房地产估价师与房地产经纪人学会主编．—北京：中国城市出版社，2023.8
ISBN 978-7-5074-3625-9

Ⅰ.①规… Ⅱ.①中… Ⅲ.①房屋—租赁市场—中国—文集 Ⅳ.①F299.23-53

中国国家版本馆CIP数据核字（2023）第139668号

责任编辑：徐昌强 陈夕涛
责任校对：芦欣甜

规范发展与最佳实践
——中国住房租赁发展论坛论文集
中国房地产估价师与房地产经纪人学会 主编

*

中国城市出版社出版、发行（北京海淀三里河路9号）
各地新华书店、建筑书店经销
华之逸品书装设计制版
建工社（河北）印刷有限公司印刷

*

开本：787毫米×1092毫米 1/16 印张：64 字数：1399千字
2023年9月第一版 2023年9月第一次印刷
定价：160.00元
ISBN 978-7-5074-3625-9
（904498）

版权所有 翻印必究
如有内容及印装质量问题，请联系本社读者服务中心退换
电话：（010）58337283 QQ：2885381756
（地址：北京海淀三里河路9号中国建筑工业出版社604室 邮政编码：100037）

序

近年来，国家大力培育和发展住房租赁市场，相关支持政策陆续出台，法规政策体系逐步完善，行业秩序日趋规范，租赁关系持续优化，住房供给结构更加多元，供应规模稳定增长。随着政策红利加速释放，规模化、制度化、专业化住房租赁企业不断涌现并快速成长，在保民生、稳楼市方面的作用愈发显著。为了进一步培育以规模化、专业化企业为核心的住房租赁市场，引导住房租赁企业规范化、专业化发展，2020年12月，经民政部、住房和城乡建设部同意，中国房地产估价师与房地产经纪人学会（以下简称"中房学"）在原有房地产估价和房地产经纪行业自律管理职能的基础上，增加了住房租赁自律管理职能，成为全国性住房租赁行业自律组织。

中房学于2021年举办了首届中国住房租赁发展论坛，此后每年与中国建设报社、建信住房服务有限公司共同举办一届论坛，目前论坛已成功举办3届。论坛举办的初衷是为了加强行业高层次对话、思想交流碰撞，开展行业发展的方向性、战略性、前瞻性、趋势性问题的探讨；同时，为产、学、研三方提供一个深入交流研讨住房租赁发展问题的平台，推动住房租赁行业整体持续向好发展，以更好地承担上级主管部门赋予中房学的住房租赁自律管理职能。每届论坛均邀请了在住房租赁领域颇具影响力的代表性企业负责人、专家学者、行业组织负责人等发表演讲，从行业发展、企业成长、人才培养、政府监管、行业自律等多维度阐述对行业的思考和见解，预判行业未来趋势。

2023中国住房租赁发展论坛于2023年4月成功举办。为深入探讨行业发展动态，推动学术交流，借举办中国住房租赁发展论坛之机，中房学发起了论坛征文活动。征文活动发起后，收到了来自科研院所专家学者、住房租赁行业从业人员的积极投稿，稿件内容涵盖住房租赁市场发展研究、住房租赁市场发展需要破解的政策难题、住房租赁行业的实践探索以及行业创新发展等多个方面，具有较强的学术与实际应用价值。我们遴选了本次征文活动中的部分优秀稿件，汇编了此文集，系统、完整地展示论坛演讲者和相关研究人员对当下住房租赁行业的分析与思考，以及对未来的展望与求索。

中国住房租赁发展论坛还会继续办下去，并会越办越好。让我们一起努力为行业持续健康发展贡献更多的智慧和成果。

中国房地产估价师与房地产经纪人学会

2023 年 7 月

目 录

序 ⋯⋯⋯⋯⋯⋯⋯⋯⋯⋯⋯⋯⋯⋯⋯⋯⋯⋯⋯⋯⋯⋯⋯⋯⋯⋯⋯⋯⋯⋯⋯⋯⋯ Ⅲ

第一部分 发展现状

（一）总体情况

住房租赁市场发展亟待破解的深层次问题 ⋯⋯⋯⋯⋯⋯⋯⋯ 柴 强 王 霞 / 003
我国住房租赁发展的痛点难点和政策建议 ⋯⋯⋯⋯⋯ 林 甦 张秀智 赵 航 / 012
基于问卷调查的住房租赁市场发展问题分析 ⋯⋯⋯⋯⋯⋯ 杨泽宇 郝俊英 / 024
国内租赁住房发展状况、面临问题及政策建议 ⋯⋯⋯⋯⋯⋯⋯⋯⋯ 邵明浩 / 031
供需视角下住房租赁市场存在的问题探讨与发展建议
⋯⋯⋯⋯⋯⋯⋯⋯⋯⋯⋯⋯⋯⋯⋯⋯⋯⋯⋯⋯ 李 枫 臧曼君 江 修 / 038
宿舍型租赁住房现状与发展建议 ⋯⋯⋯⋯⋯⋯⋯⋯⋯⋯⋯ 蔡兴华 陈圆圆 / 045
租购并举模式下房屋租赁市场与城市发展的研究 ⋯⋯ 王玉山 孙景明 熊俊生 / 049
中国租赁住房行业发展实践 ⋯⋯⋯⋯⋯⋯⋯⋯⋯⋯⋯⋯⋯⋯⋯⋯⋯ 黄金石 / 055
住房租赁市场分析及建议 ⋯⋯⋯⋯⋯⋯⋯⋯⋯⋯⋯⋯ 迟爱峰 彭永红 丁 滢 / 065
国内租赁住房发展的内涵、类型和特点
　　——以上海为例 ⋯⋯⋯⋯⋯⋯⋯⋯⋯⋯⋯⋯⋯⋯⋯⋯⋯ 任晨莹 邵明浩 / 070
J市高新区群租房问题产生原因及对策建议 ⋯⋯⋯⋯⋯⋯⋯⋯⋯⋯⋯ 董 峰 / 080
深圳市城中村房源纳入租赁平台策略研究 ⋯⋯⋯⋯⋯ 邓 琛 黄逸昆 肖林芳 / 085
深圳市住房租赁市场的特征分析及发展建议 ⋯⋯⋯⋯⋯⋯⋯⋯⋯⋯ 曾文海 / 092
发展租赁住房是深圳实现"住有宜居"的必由之路 ⋯⋯⋯⋯⋯⋯ 江 修 王 雁 / 098
合肥市住房租赁问题及成因研究 ⋯⋯⋯⋯⋯⋯⋯⋯⋯ 吴怀琴 夏利国 陶传海 / 103

（二）租赁需求

人口新形势下的住房租赁需求 ⋯⋯⋯⋯⋯⋯⋯⋯⋯⋯⋯⋯⋯⋯⋯⋯ 李文杰 / 111

我国租赁住房需求结构变化趋势分析研究 ················· 梅　晗 / 120
租赁住房需求结构变化趋势分析研究 ············ 赵　然　邹永洁 / 128
租赁住房需求结构变化趋势分析及发展建议 ················· 张西宁 / 134
住房租赁群体的特征研究 ··································· 刘海艳 / 141
上海市居民住房租赁需求特征调查报告 ······················ 张一涵 / 154
基于灰色模型 GM（1，1）视角的公租房需求预测研究
　　——以武汉市为例 ······················· 孙　毅　胡玉雪 / 167
成都市公共租赁住房供需的实证分析 ························ 江俞希 / 174

（三）市场化长租房发展

寻找政策支点　撬动规范发展
　　——有效有力推进长租房市场发展 ······················ 柴　强 / 183
发展长租房市场的两个重要问题 ···························· 张　峥 / 188
健全长租房政策体系 ······································ 严　荣 / 192
政策助力长租房市场规范发展 ···················· 易成栋　陈敬安 / 195
长租服务企业助力长租房市场高水平发展 ···················· 熊　林 / 200
分散式长租公寓 N+1 模式的缘起及对租赁市场的影响研究 ··· 陈　杰　邓旷旷 / 204
推动租赁企业的中资产经营模式健康发展，形成长租房市场的有效供给
　　······················· 张　峥　李尚宸　胡佳胤　张英广 / 222
总分5分，长租公寓抗风险级别能得几分？ ··················· 徐时宁 / 231
关于长租公寓市场供需现状的分析及建议 ············ 蔡田雨　于明生 / 238
长租房市场发展中的问题及促进其发展的政策建议 ············· 蒋　渝 / 244
长租房市场规律分析及对策建议 ···························· 董　峰 / 249
浅谈市场化长租房市场发展中的问题及对策 ·········· 张玲涛　吴伟君 / 255
轻资产模式长租公寓市场的问题及监管建议 ·········· 隋　智　郝俊英 / 261
长租房企业的可持续发展路径探析 ·························· 杨慧玲 / 268
对长租房市场进行有效监管的建议 ·················· 苏　里　薛　颢 / 275
深圳市城中村发展长租公寓探索建议 ············ 黄志忠　李　霞　李慧霞 / 281

（四）保障性租赁住房发展

保障性租赁住房发展的战略与策略 ·························· 陈　杰 / 289
保障性租赁住房的价值意义与发展难题破解 ·········· 陈　杰　陈敬安 / 293
需求导向完善保租房供应结构缓解基层新蓝领住房难题 ·········· 徐早霞 / 301

保障性租赁住房的发展模式、挑战与建议 ………………………… 中指研究院 / 307
人口流动视角下的保障性租赁住房发展现状及问题 ………………… 陈正寅 / 317
保障性租赁住房发展中的问题及促进其发展的政策建议
　…………………………………………………… 苏　里　薛　颢　牛　东 / 328
增加保障性住房供给并化解部分房企困局的建议 …………………… 童　玲 / 335
浅议新形势下保障性租赁住房发展趋势与对策 ……………… 汪志宏　程　伟 / 343
保障性租赁住房发展难题及促进其发展的政策建议 ………………… 李嘉欣 / 350
保障性租赁住房发展中的问题及促进其发展的政策建议 …………… 张晓红 / 356
基于支付能力差异的保障性租赁住房建设区位研究
　——以南京市为例 ………………………………………… 吴翔华　张利婷 / 361
从需求者视角看北京市保障性租赁住房 …………… 王晓东　李　越　张云鹏 / 370

第二部分　难题破解

（一）供应不足问题

改建、改造租赁住房面临的主要问题及解决途径 …………………… 柳　佳 / 377
集体土地建设租赁住房的工作进展和困境对策研究 ………………… 李嘉欣 / 380
乡村振兴背景下大城市利用集体建设用地建设租赁住房初探
　——基于上海市松江区的实践分析 ……………………… 薛润芝　黄程栋 / 385
浅谈国企合理利用存量住房的难点及建议 …………………… 陈文升　何遵龙 / 391
浅析盘活国企闲置住宅对增加租赁住房的积极意义 … 陈文升　杨月红　郭凤耘 / 396
深圳市城中村租赁住房改造可行性分析 ……………………… 肖　双　郑港鑫 / 406
我国住房租赁发展现状及增加有效供给的现实路径 ………… 毛寒秋　李朱乐 / 410

（二）收益率不高问题

内部收益率与租赁住宅地价浅析 ……………………………………… 陆艳倩 / 420
开源节流　精益管理
　——提高住房租赁收益率的一些思考 …………… 穆春生　蒋炎冰　钟之衡 / 432
从四个角度浅析如何提高租金收益率 ………………………… 袁　方　孙　毅 / 441
上海市公共租赁住房项目收益平衡因素探讨 ………………………… 周金龙 / 449
由租售比看住房租赁定价的影响因素
　——基于全国主要城市数据研究 ………………………… 朱文晶　刘　辉 / 455
关于租赁住房用地以年租制出让的研究 ……………………………… 蔡　鹏 / 462

（三）融资渠道不宽问题

中国住房租赁公募 REITs 还有多远	王戈宏 /	475
社会资本助力住房租赁发展	周以升 /	482
新型城镇化背景下住房租赁 REITs 发展的有益探索	曹亚琨　刘辰翔　胡永强 /	488
国内住房租赁类 REITs 交易结构研究	蒋炎冰　穆春生　严　彬 /	495
论住房租赁领域 REITs 亟待解决的难题	王建红　李元娇 /	502
住房租赁领域 REITs 的难点及其破解	鲜　玲　陈邵萍　陆建玲 /	507
保障性租赁住房发展中 REITs 模式分析及相关建议	李　椰　牟　茜　李　爽 /	513
REITs 在保障性租赁住房领域的发展探析	厉亚楠　张天宇 /	519
Pre-REITs 在租赁住房新融资模式下的应用研究	胡永强　曹亚琨 /	525

（四）承租人权益保障问题

以"租赁赋权"推进"租购同权"：风险识别与行动路线	陈　杰　齐　昕 /	537
市域尺度下租购住房在享受公共服务上的差异特征研究		
——基于义务教育入学政策的文本分析	刘章生　吴爽垠　李瑞鑫　赖彬彬 /	547
我国长租房市场中居住权的适用研究	苏庆林 /	555
"租购同权"中推动基本公共服务均等化的路径研究	刘一琴 /	564
基于公共服务探析的租购住房存在的本质差异	平丽华 /	572
关于以租赁型保障性住房开展租赁赋权实践的相关建议		
	王　凯　戚瑞双　龚秋平　王　鑫 /	577

第三部分　实践探索

（一）企业案例

建信住房推进住房租赁市场发展实践和政策建议	赵晓英 /	585
"乐乎模式"的探索和展望	罗　意 /	592
租赁住房资管模式实践与思考		
——中海长租的好产品和好服务	饶　胤 /	597
华润置地有巢集体土地租赁住房项目分享	韩东洋 /	602
大型租赁社区运营管理的探索实践	丘运贤 /	605
浅析租赁社区项目发展		
——以 CCB 建融家园·创业之家集体土地租赁住房建设为例	乐乎集团 /	608
分散式房屋机构化运营管理的价值与经验	北京自如生活企业管理有限公司 /	617

闲置厂房变身精装公寓，华谊携手魔方打造国企存量"非改居"标杆
　　……………………………………………………………… 魔方生活服务集团 / 623
优客逸家合伙人制运营管理模式探索与分析
　　………………………………………… 优客逸家（成都）信息科技有限公司 / 630
集中式租赁住房运营管理实践分析
　　——以橙堡公寓金恒德店为例 ………………………… 王　科　赵书燕 / 636
新形势下集中式租赁社区运营管理研究 …………………………… 李　莎 / 642
房地产估价服务助力长租房市场发展及相关实践案例
　　………………… 陈　婕　王　娜　郑丹嫦　陶宇洁　何加宝　张　璐 / 648

（二）城市探索

科学施策　多措并举　推进武汉住房租赁市场高质量发展 ……… 陈新政 / 655
安居圆梦
　　——合肥市住房租赁成果实践与分享 ………………………… 伍　艳 / 660
有效增加租赁住房供给路径及政策建议
　　——以武汉市为例 …………………………………… 邱　丽　贾书佩 / 667
成都市集体建设用地建设租赁住房试点实施方案及实践案例 …… 杨一凤 / 672
合肥居民住房租赁交易服务系统运作模式研究
　　………………………………… 吴怀琴　夏利国　陶传海　盛自明 / 677
城市住房租金监测与价格指数编制的经验及启示
　　——基于武汉市住房租赁价格指数编制的实践经验
　　……………………………………………… 孙　毅　王　勇　刘　刚 / 686

（三）境外经验

发达国家住房租赁市场发展经验及对我国的启示 ………………… 杨现领 / 700
德国住房租金管控经验对我国之启示 ……………………………… 滕时稼 / 707
我国住房租赁市场及住房租赁领域REITs发展研究
　　——基于日本相关发展经验的借鉴 ………… 林　娜　李华勇　杨丽艳 / 714
发达国家租赁住房发展的研究与借鉴 ………………… 顾亦沁　邵明浩 / 724
借鉴多国经验以探索创新方式增加租赁住房的有效供应 ………… 吴卓莹 / 732
当前住房租赁市场存在的问题分析及改善建议
　　——以美、日、德经验为参考 ………………………………… 胡　扬 / 741
租购并举支持公共服务行业职工住房的英国经验借鉴 …………… 罗忆宁 / 749

国内外长租公寓市场发展研究及经验借鉴
.... 郑丹嫦　王　娜　陶宇洁　吕伊璇　曾燕玲 / 755
美国租赁住房可支付性危机对我国的启示 .... 曹亚琨　臧曼君 / 765

第四部分　创新发展

（一）经营模式创新

住房租赁新模式新业态实践探索 .... 赵晓英 / 775
住房租赁企业的定位和模式创新 .... 熊　林 / 781
中国住房租赁企业如何实现创新突破 .... 熊　林 / 785
住房租赁不同模式分类、利弊、发展趋势及前景分析
.... 李晓东　杨运超　麦丽娴 / 788
住房租赁不同模式分类、利弊分析、发展趋势及前景分析 .... 徐浙峰 / 795
大型城市以市场主导的品牌机构化住房租赁体系的构建
——以上海为例 .... 唐旭君　杨怡然 / 801
住房租赁形象 IP 营销模式的新探索 .... 董敏茵 / 805
住房租赁新模式新业态探索 .... 路程伟 / 810

（二）专业服务助力

租赁新经纪　助力住房租赁发展 .... 李文杰 / 816
流水争先　壁立千仞
——房地产服务与住房租赁市场 .... 许　军 / 822
租赁住房价格评估技术路线探索 .... 秦　超　邵明浩 / 829
住房租赁重点政策解读与评估机构业务机会探讨 .... 周聪慧 / 840
基于房地产估价视角展望"十四五"时期住房租赁市场发展机遇 ...... 田德权 / 845
公租房租金定价政策研究 .... 王　泽　李　欣　黄德瑜 / 858
保障性租赁住房租金定价机制与租金评估探讨
——以上海浦东张江纳仕国际社区为例 .... 石　铭 / 866
上海市保障性租赁住房租金评估方法探讨 .... 宋莉娟 / 874
租赁住房区位因素量化研究 .... 肖历一　胡新良　黄　海　秦　超 / 881
践行 ESG 理念，推动住房租赁行业高质量发展 .... 刘辰翔　李　娜 / 891
中大型城市保障性租赁住房出让地价评估初探 .... 宗　皓　周明珠 / 898

租赁住房用地协议出让价格评估的问题探讨
　　——以济南市为例 ································· 于温玉 / 905

（三）建议及展望

租赁赋权助力住房租赁市场发展 ························· 陈　杰 / 916
健康可持续的住房租赁市场需要何种政策环境 ··············· 陈劲松 / 926
建立我国住房租赁市场发展的长效机制 ····················· 王思远 / 930
推进住房租赁市场稳健发展策略研究 ······················· 张　斌 / 936
住房租赁市场解决人口老龄化与劳动力就业的场景方案 ······· 白晓旗 / 942
深化供给侧结构性改革，促进住房租赁市场健康发展
　　·· 黄志忠　宋星慧　李　扬　吴玉曼 / 948
住房租赁市场发展需处理好四组关系 ······················· 黄程栋 / 954
住房租赁行业标准体系框架的构建
　　·············· 郝俊英　房建武　黄　卉　刘宝香　杨泽宇　隋　智 / 959
我国住房租赁发展监测指标体系研究 ············· 易成栋　赵鹏泽 / 965
租金调控应建立长效机制 ································· 刘　莉 / 972
从"居者有其屋"到"住有所居" ············ 温润天　黄兴章　杜　群 / 978
我国住房租赁发展困境与企业应对策略 ····················· 祝梓杰 / 984
"十四五"时期住房租赁市场发展的新机遇、新要求及展望 ······· 冯　波 / 993
基于政策扩散理论的住房租赁市场政策扩散过程及模式分析 ···· 刘桂海　赖彬彬 / 997

后　记 ··· 1011

第一部分

发展现状

(一)总体情况

住房租赁市场发展亟待破解的深层次问题

柴 强 王 霞

摘 要: 在当前房价高企又不可大降的背景下,新市民、青年人的居住问题主要依靠发展住房租赁市场来解决。然而,当前住房租赁市场发展不规范、租赁住房品质不高、租赁关系不稳定等,要求未来重点发展机构化、专业化住房租赁特别是自持型重资产住房租赁。同时,当前还存在住房租赁收益率过低、低成本长期资金缺乏、人们长期租住意愿不高等深层次问题。要有效增加租赁住房供应,特别是使住房租赁市场可持续发展,亟需破解这些难题,包括多渠道降低租赁住房建设运营成本、加快推进住房租赁领域不动产投资信托基金(REITs)、探索租房与购房享受公共服务机会均等、加强房地产市场调控以稳定房价和房租。

关键词: 住房租赁;租赁住房;租赁市场;租购并举

当前,我国城市特别是大城市的住房问题日益突出,高房价成了阻碍新市民真正市民化、青年人才安心创业乐业的最大障碍之一。未来我国要深入推进新型城镇化,就要让新市民真正市民化,让买不起住房的青年人看得到未来,实现安居乐业。在当前房价高企又不可大降的背景下,客观地讲,新市民、青年人的住房问题应主要通过租房来解决。但由于长期以来我国租房和购房发展不均衡,导致目前住房租赁市场成为短板,租赁住房品质不高、有效供应不足、租赁关系不稳定、租房居住痛点多,住房租赁市场亟需发展、规范和提升。可以说,住房租赁市场发展关乎新型城镇化进程,关乎新市民和青年人的幸福感、获得感,关乎城市竞争力,因此,加快住房租赁市场的发展,并对其加强规范势在必行。但当前发展和规范住房租赁市场仍有许多理论与政策问题需要探讨,学术界和实务界已有较多研究,本文主要讨论如何解决其中妨碍住房租赁市场发展的深层次、底层基础性问题。

一、我国需要发展什么样的住房租赁市场

(一)当前我国住房租赁市场概况

1. 当前城镇住房租赁市场规模

由于我国很长时间没有开展住房普查,当前城镇住房租赁市场规模缺乏统计数字,仅在人口普查中有所涉及,只能根据人口普查相关数据对当前城镇住房租赁市

场规模进行推测估计。根据第六次全国人口普查数据，2010年有18.6%的城镇居民家庭租住市场化租赁住房，2.4%的城镇居民家庭租住保障性租赁住房，两者合计约21%。按照当年全国城镇常住人口总量测算，共约1.4亿人租房住。另据调查，我国城镇租房人群以流动人口、新就业大学生为主，并据国家统计局数据，2010～2020年年末，全国城镇新增流动人口约1500万人，按70%租房住，新增住房租赁需求超过1050万人；高校毕业生按毕业5年可买房测算，[①]2020年前5年与2010年前5年相比，高校毕业生[②]增加约1450万人（图1），按80%租房计算，新增住房租赁需求超过1160万人，两者合计，估测2020年年末全国城镇常住人口中超过1.6亿人租房住。未来随着新型城镇化推进，住房租赁需求仍呈上升趋势，我国需要一个庞大的住房租赁市场。

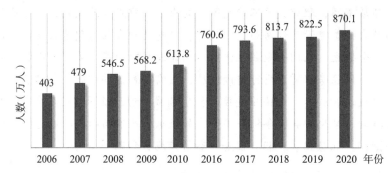

图1　2006～2011年及2016～2020年普通高等院校本专科及研究生毕业人数

资料来源：国家统计局各年份统计公报

2. 当前城镇住房租赁市场特点

（1）租赁住房以个人业主持有为主。除保障性租赁住房外，我国租赁住房的供应主体90%以上是个人业主，尽管近年来住房租赁企业有较大增长，但机构化持有运营的占比仍较低。据中国房地产估价师与房地产经纪人学会（简称"中房学"）委托大数据公司统计，目前活跃的住房租赁企业超过2000家，提供的租赁住房超过300万套，在市场化租赁住房中机构化占比6%左右。据相关研究，美国的机构持有租赁住房占比为31.1%，德国的机构持有租赁住房占比约38%[1]，日本85%的租赁住房为个人所有，其中90%以上的私人业主委托专业的托管机构运营管理租赁住房[2]。与发达国家和地区相比，我国住房租赁机构化、专业化水平仍有较大发展空间。

（2）机构化出租中以存量盘活为主。目前住房租赁企业出租的房源中主要有三类：一是收购个人住房租赁权装修及配置家电家具后出租的分散式租赁住房，二是收购闲置的酒店、办公楼、工业厂房等的长期租赁权改造后出租的集中式租赁住房，三

---

① 据搜狐国富智库2018年8月30日文章《报告：国人首次购房平均年龄27岁全球最小，80、90后住房拥有率达70%》称"中国人首次购房平均年龄仅为27岁"，相当于大学毕业5年。

② 根据国家统计局统计公报中的研究生、本专科毕业数量。

是收购闲置或低效利用的房屋所有权、土地使用权后改建或新建并自持的集中式租赁住房。由于适合改建的存量房屋、可用于建设的存量土地以及投资建设资金缺乏及在用地性质、规划、消防等方面存在较多限制，后两类租赁住房发展较缓慢，目前机构化租赁住房仍以分散式租赁住房为主。据中房学调查，2019年年末以提供分散式租赁住房为主的住房租赁企业中，仅3家头部企业（自如、相寓、蛋壳）出租的租赁住房就超过150万间；以提供非自持和自持的集中式租赁住房为主的住房租赁企业中，5家头部企业（泊寓、冠寓、魔方、乐乎、红璞）出租的租赁住房约30万间。另以北京市为例，据北京房地产中介行业协会统计，目前北京市存量住房约为750万套，其中约有150万套用于出租，占比20%；租赁房源中业主委托住房租赁企业出租及管理的分散式租赁住房约35万套，占租赁住房的23.3%；租赁企业持有或管理的集中式租赁住房约2.5万套，仅占租赁住房的1.67%。

（3）市场化租赁房源以中小户型、老旧住房为主。目前，我国租赁住房的品质普遍不高，以中小户型的老旧住房为主。据中房学委托大数据公司对北京、天津、上海、广州、深圳、重庆6个城市筛查，2020年出租房源平均建筑面积分别为63、56、62、70、50、60m^2，6个城市平均为60.2m^2，与2015年相比下降了27.5%；出租房屋的建成年代在2010年以后的比重平均为27.2%，其中北京最低，为17.3%，重庆最高，为44.98%。据中房学2015年对16个城市开展的问卷调查，出租住房中老旧公房、农民自建房、小产权住房、回迁安置房等占比超过半数。

（4）城市间、区域间差异大。从第六次全国人口普查情况看，不同城市之间租住比率有较大差异，人口净流入的大城市租住比率更高，且主要集中在几大城市群。据第六次全国人口普查数据，北京、上海城镇居民家庭租房比例分别为36.6%和39.5%，远高于全国平均水平21%，租住比率最高的为深圳市，高达64%。据估算，全国租住比率在20%以上的50个城市，主要集中在长三角、珠三角、长江中游、京津冀、成渝五大城市群。

（二）我国需要什么样的住房租赁市场

1. 供新市民、青年人长期居住的住房

当前租赁住房的需求者主要是农村转移人口和新就业大学生等新市民、青年人。据贝壳找房发布的《2019租客居住报告》，15个新一线城市的租客平均年龄在30岁左右，其中重庆租客平均年龄为28.2岁。2021年李克强总理在政府工作报告中提出"规范发展长租房市场，降低租赁住房税费负担，尽最大努力帮助新市民、青年人等缓解住房困难"。未来住房租赁市场要着重提供适合新市民、青年人居住需求的租赁住房。新市民中，新就业大学生是每年较稳定的新增住房租赁需求，农村转移人口每年相对固定，多从事服务性行业以及作为产业工人，两者的住房租赁需求有较大差异。目前城市政府更注重对新就业大学生的吸纳，对建设人才住房具有更强的动力。未来针对这两类人群要制定分层次、差异化的租赁住房供应政策，形成多层次、阶梯化的租赁住房供应体系。

2. 哑铃型的租赁住房供应结构

据经济参考报报道，2018年我国城镇住房套户比达到1.13[3]，总体上住房已不短缺，但租赁住房供应存在结构性不足，特别是在大中城市，位置便利、中低价位、小套型的租赁住房非常短缺。以北京市为例，经在贝壳找房平台查询，2021年3月底在该平台出租的住房共39864套，其中核心区域（以距离天安门东公交车通勤60分钟内测算）的出租住房仅1129套，占全部在租房源的2.8%，核心区域在租房源中一居室（即只有1个卧室）的户型占39%，月租金在5000元以下的仅占8%（图2）。客观上，大城市的城区租赁住房供应难以支撑常住家庭的长期租赁需求，未来应形成哑铃型的租赁住房供应结构，即以位置便利区域的中小套型、管理完善、可长期租赁的住房为主体，以较低租金的保障性租赁住房、较高租金的市场化租赁住房为辅的结构。

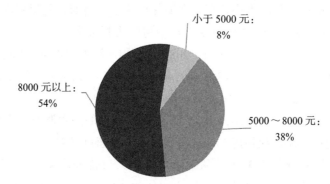

图2　北京市核心区域在租房源各租金段占比

资料来源：贝壳找房

3. 租赁关系稳定、纠纷易解决的租赁住房

发展住房租赁市场需要培养长期租赁需求，其关键又在于建立稳定的租赁关系，而当前租赁住房供应以个人出租为主，承租人与出租人之间缺乏信任感，容易产生纠纷，政府对市场化住房租赁的管理难以到位，纠纷解决主要靠自行协商或民事诉讼，导致住房租赁体验差，租赁关系不稳定，存在诸多痛点。发展机构化、专业化住房租赁特别是自持型重资产住房租赁，对于增加租赁住房供应、改善供需错配、稳定租赁关系、保护租客权益等具有重要作用，应作为未来住房租赁市场发展的主要方向。

因此，未来的住房租赁市场要针对新市民、青年人这一主要需求主体，提供更多位置便利、管理完善、可长期租赁的住房。让租赁成为人们认可的居住方式，让更多人愿意租、租得到、租得起、租得好。

二、我国住房租赁市场发展存在的深层次问题

发展机构化、专业化住房租赁特别是自持型重资产住房租赁，需要解决当前住房

租赁市场存在的住房租赁收益率过低、低成本长期资金缺乏、人们长期租住意愿不高等深层次问题。

（一）住房租赁收益率过低

发展住房租赁市场面临的最底层的基础性问题，就是租赁收益率过低，即租金回报率或租售比（房租/房价）严重低于正常的投资收益率水平。据 wind 数据库统计，一线城市房价租金比（房价/年租金）呈上升趋势（图3），2021年2月，北京、天津、上海、重庆、广州、深圳的房价租金比分别为 65.16、70.73、70.22、40.25、72.94、87.83，相当于在这些城市出租住房需要 40~88 年才能收回购房成本，而合理的年限通常为 15 年左右。住房租赁收益率过低导致无论是通过新建还是改建、收购的方式经营租赁住房，都难以实现长期可持续的投资回报，以租金收益进行相关权益性融资也很困难，从根本上制约了新增租赁住房供应。解决这个问题理论上有两条路径，一是提高租金或增加其他租赁收益，二是降低住房建设或购买成本（即房价）。实际上，提高租金或降低房价目前都难以做到，这是因为：一方面，目前承租人普遍感受租金与收入相比已很高，提高租金还可能抑制租赁需求。据易居研究院测算，2017年6月全国 50 个城市超七成房租相对收入较高，其中北京、深圳、三亚、上海 4 个城市房租收入比高于 45%[4]。据国家统计局数据，2015 年全国外出进城务工人员月均居住支出占生活消费支出的 46.9%，提高租金会加重承租人的负担，或将部分租赁需求者挤出区域市场；另一方面，房价难以下降，如果强行降低房价有可能带来系统性风险。

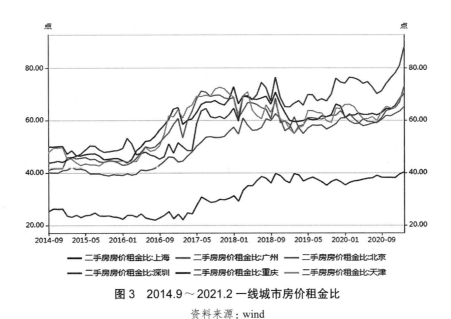

图3　2014.9～2021.2 一线城市房价租金比

资料来源：wind

（二）低成本长期资金缺乏

新建或改建租赁住房需要一次性投入大量资金，并主要通过未来的租金收入逐步回收，投资回收期很长。据住房租赁企业测算，新建租赁住房的投资回收期一般在25年以上，改建租赁住房的投资回收期一般在5～8年，且发展初期3～5年内难以盈利，需要长期、低成本、大量的资金支持。但目前缺乏符合住房租赁经营特点的长期融资渠道，现有的融资方式主要有三类：一是来自风险资本和私募资金等的股权融资，这种融资方式易产生投资方干扰企业经营的问题；二是银行贷款、专项债券等债权融资，其缺点是对住房租赁企业资产和信用有较高要求，且资金使用期短、融资成本高；三是租金分期（租金贷）、应收租金保理和资产证券化（ABS、类REITs）等以租客信用或租金收益为基础的现金流融资，过去租金贷出现了许多问题，而资产证券化目前还无法实现公募。发展住房租赁市场亟需拓宽住房租赁企业融资渠道，吸引社会资本进入住房租赁市场，让住房租赁投资建设资金可合理退出，并扩大再生产，建设新的租赁住房。从国际经验看，住房租赁企业所需资金的核心是要长期、低成本，从根本上解决这一问题必须发展住房租赁公募REITs，但我国当前发展住房租赁领域REITs还存在一些法律和税收方面的障碍。

（三）人们长期租住意愿不高

发展住房租赁市场需要培养长期稳定的住房租赁需求，不断提高住房租赁消费能力。但我国长期以来，人们更多将租房作为不得已的阶段性、过渡性需求，愿意长期通过租赁解决居住问题的人不多，普遍希望买房住。这就使得住房租赁需求与供给相比更为不稳定，承租人不愿意签订长期租赁合同，也不愿意在租房上投入太多，凑合着住，不利于租赁住房品质的提升。据中房学2015年对16个城市抽样调查，超过80%的住房租赁合同期限在1年及以下。据安居客发布的《2020中国住房租赁市场总结》，显示有75.7%的租房人群近5年内有购房计划，另有8.4%的人群已在2020年内购房。

人们长期租住意愿过低的原因主要有三个：一是公共服务资源不足以支撑租购住房在享受公共服务上具有同等权利。由于公共服务资源总体供应不足，且发展不均衡，租房家庭在子女上学等公共服务方面不能与购房家庭享受同等权利，承租人在落户方面也存在障碍；二是租赁关系不稳定。目前出租住房主要来源于个人房东，租赁双方对未来租金涨落难以预期，都不愿签订长期租赁合同，承租人对租赁关系没有稳定预期，缺乏安全感；三是租房住不能获得房价上涨带来的财富效应。随着房价不断上涨，购房人拥有的财富越来越多，而承租人不但无法获得资产增值，反而付出的租金成本越来越高。想要改变人们的住房消费观念，让更多的人愿意租房住，需要在公共服务、租赁住房供应主体、稳房价和稳租金等方面下功夫。

三、对住房租赁市场发展破局的思考

以上三个问题,住房租赁收益率过低是最底层的基础性问题,后两个问题都与之相关,且受其影响。要有效发展住房租赁市场,特别是做到可持续发展,必须努力破解上述三大问题特别是住房租赁收益率过低的问题。

(一)多渠道降低租赁住房建设运营成本

提高住房租赁收益率最主要的是降低租赁住房建设运营成本,新建改建住房租赁的主要成本是土地成本和税务成本,降低这两项成本是最主要的政策方向。在土地政策方面,一是要在已开展的集体建设用地建设租赁住房试点的基础上,总结经验、逐步扩大试点,同时解决租赁住房建成后相关主体的产权确定及登记问题;二是探索对城区闲置低效利用的土地和房屋,采用原土地使用者与投资者合作建设的方式,改变过去土地必须收购储备并招拍挂的供地模式,既可以调动原土地使用者的积极性,最大化盘活存量土地和房屋,又可降低投资者的土地取得成本;三是探索租赁用地出让年租制,即将一次性缴纳的出让金分散到土地使用期限内按年缴纳,降低一次性投入成本。税收方面,降低住房租赁企业出租住房的房产税税率,明确住房租赁企业享受生活性服务业增值税税率,并可选择简易征收方式,将重资产和中资产住房租赁企业的税负由目前的租金收入的20%以上降低为5%以下。

此外,要利用住房租赁消费渗透率高等优势,努力开展延伸服务和多种经营,通过延伸服务和多种经营的收入来提高住房租赁收益率,但这需要租赁住房建成并实际运营后才能逐渐实现。

(二)加快推进住房租赁领域 REITs

当前发展住房租赁领域 REITs 主要面临三方面困难:一是合格的租赁住房资产较难寻找,合格的租赁住房需要达到一定的收益率水平(一般不低于4%),且产权清晰,目前这种物业还较少。REITs 是靠未来租金收益分红的证券化产品,由于住房租赁收益率过低,目前符合收益要求的租赁住房主要是在集体土地上建设或通过工业物业改建的租赁住房,而这些物业的产权一般较复杂;二是依据现行税法,REITs 设立及运营阶段存在重复征税和税收不中性问题,增加了运营成本;三是依据现行证券相关法律法规,公募基金财产只能进行证券投资而不能直接持有未上市的住房租赁项目公司股权,需要嵌套一层资产支持专项计划,由专项计划持有项目公司股权,同时出于税收筹划的目的,还要增加一层私募基金,这导致住房租赁 REITs 产品结构较复杂,增加了管理费用和发行成本。因此,推进住房租赁 REITs,需要在 REITs 产品结构、税收安排、产权安排等方面做一些特殊制度设计。具体包括:允许公募基金持有项目公司股权,实行税收简化和优惠,明确免征住房租赁转让环节土地增值税、运营环节企业所得税等，同时允许住房公积金、社保资金、保险资金等长期资金持有住房租赁 REITs。

（三）使租购住房享受公共服务机会均等

要解决人们不愿意将住房租赁当作长期居住方式的问题，最核心的是要解决承租人享受公共服务权利与房屋所有权人相比机会不均等的问题。解决这个问题有三种思路：一是大力发展公共服务，并使其质量均等化，城镇常住居民均可享受，但这需要较多的财政资金支出，短期内难以做到；二是"租购同权"或"租赁赋权"。过去主要讲的是"租购同权"，这一说法并不十分准确，因为从法律的角度看，租赁权属于债权，所有权属于物权，两者本来就有所不同，但两者在享受公共服务上是否应有差异并没有法律依据，目前存在的差异主要是在公共服务资源和能力不足的前提下的一种简单区分方式，这种区分方式与当前租购并举，大力发展住房租赁市场的环境已不相适应。公共服务资源即使较充分了，也还存在质量上的差异，难以满足所有居民的需求；三是使公共服务与住房脱钩，探索实行积分赋权的方式，让那些对城市或区域建设贡献大的人优先享受公共服务，居住方式只是其中一项评价指标。

（四）加强房地产市场调控以稳定房价和房租

要让租住人愿意长期安心于租房住，还要给租住人比较明确的房价、房租较稳定的预期。人们之所以不愿意租房而乐于买房，还因为房价长期持续过快上涨，房租也随之不断上涨。买房有较大的财富效应，而租房不但不能获得财富增长，还不断面临房租上涨压力。如果房价长期稳定，承租人就不会因为租房而与买房者越来越拉大财富差距，让长期住房租赁需求具有现实可行性。这就需要政府坚持"房子是用来住的、不是用来炒的"定位，下大力气开展房地产市场调控以稳定房价。

稳定房租在很大程度上就是给租住人以租赁关系稳定的预期。租赁关系稳定不仅仅是指签订长期租赁合同。因为现实中，在租金不稳定的情况下，租赁双方往往都不愿意签订长期租赁合同。因此，租赁关系稳定的实质是形成租赁关系稳定的预期，其核心有三点：一是要让承租人对租赁与否、租期长短等租赁事项有自主权，即只要承租人想住就能一直住下去，承租人想退租、换租也没有太多障碍，而不受出租人可能随时涨租和卖房的干扰。这一点只有发展机构化、专业化，可用于长期租住的租赁住房才能较好解决；二是建立长租期内租金合理调整机制，比如根据当地居民收入增长、物价上涨、市场租金等情况适时适度调整租金，也可探索政府制定租金合理涨幅指导，防止因长期锁定租金以及出租人随意涨租给租赁双方带来的不稳定预期；三是让承租人拥有租赁到期后不高于市场租金的优先续租权利，防止出租人、中介机构因大幅提高租金的需求而毁约，破坏租赁关系。

参考文献：

[1] 张英杰，任荣荣. 住房租赁市场发展的国际经验与启示 [J]. 宏观经济研究，2019（9）：115-122.

[2] 曹云珍. 日本租赁住宅市场经验与借鉴 [M]// 中国房地产估价师与房地产经纪人学会. 房地产经纪的当下与未来. 北京：中国城市出版社，2019.

[3] 梁倩. 中国住房："蜗居"到"适居"华丽转身 [N]. 经济参考报，2018-12-12（2）.

[4]《6月50城房租收入比排名出炉：北京深圳三亚居首（表）》，凤凰财经，2017-07-21.

作者联系方式

姓　　名：柴　强　王　霞

单　　位：中国房地产估价师与房地产经纪人学会

地　　址：北京市海淀区首体南路主语国际7号楼11层

我国住房租赁发展的痛点难点和政策建议

林 甦　张秀智　赵 航

摘　要：本文首先分析我国发展住房租赁的重大意义：解决新市民、青年人的住房问题，促进实现住有所居；降低居民居住成本，释放居民消费潜力。其次，指出我国住房租赁发展中存在的痛点难点，包括：供给端和需求端的契合度不够，土地合规和金融税收支持政策有待完善，住房品质、租赁稳定性较差，承租人权益得不到保障等。最后，针对痛点提出四点具体建议：降低合规和税收成本，增加金融支持，培育专业化住房租赁机构，推动租购同权尽快落地。

关键词：住房租赁；专业住房租赁机构；租购同权；政策建议

"十四五"规划明确提出，加快建立多主体供给、多渠道保障、租购并举的住房制度，让全体人民住有所居、职住平衡。加快培育和发展住房租赁市场，有效盘活存量住房资源，有力有序扩大城市租赁住房供给，完善长租房政策，逐步使租购住房在享受公共服务上具有同等权利。加快住房租赁法规建设，加强租赁市场监管，保障承租人和出租人合法权益。2022年政府工作报告也明确提出，要切实增加保障性租赁住房和共有产权住房供给，规范发展长租房市场，降低租赁住房税费负担，尽最大努力帮助新市民、青年人等缓解住房困难。发展住房租赁不仅有利于解决新市民、新年人的住房问题，促进实现住有所居，而且有利于降低购房支出，促进释放消费潜力。当前，因土地、法律、金融政策支持不足，我国住房租赁市场在新增供给、存量改造方面都存在政策和操作障碍，本文旨在分析问题，针对性提出政策建议。

一、发展住房租赁的重大意义

（一）促进实现住有所居

随着城镇化的稳步推进，人口向一、二线城市集聚趋势明显。2000～2020年，一线城市人口平均增速约2.9%，二线城市人口平均增速约1.7%，同期全国人口平均增速仅为0.54%。人口集聚的大城市，购房需求集中，普遍房价高，购房压力大。近两年，人口规模在1000万以上的城市，房价收入比在7～24，平均为13（图1）。城市新增人口主要是新市民、青年人等群体，因工作时间短，积累少，收入水平不高，购房支付能力严重不足，转而通过租赁住房来解决阶段性的住房需求。根据《2021

中国城市租住生活蓝皮书》，一线及新一线城市租客中，51%的人群接受租房5年以上，18%的人群可以接受租房10年以上，超过58%的城市租客接受在租来的房子里结婚。外来务工人员与高校毕业生是支撑大城市租赁住房市场的核心需求群体，占到80%的租赁需求①。另外，城镇本地居民面对工作地点变化、子女就近入学、房屋修缮等问题，住房租赁需求也在快速上升。

住房问题是重大战略问题，解决新市民、青年人的住房问题，涉及经济发展、社会稳定。2008年美国金融危机，一个重要启示就是过度追求依靠购房来解决住房问题，容易埋藏风险隐患，甚至导致系统性危机。培育和发展住房租赁市场，引导新市民、青年人选择租赁方式实现住有所居，是坚持"房住不炒"定位、落实房地产市场平稳健康发展长效机制的重要举措和方向。

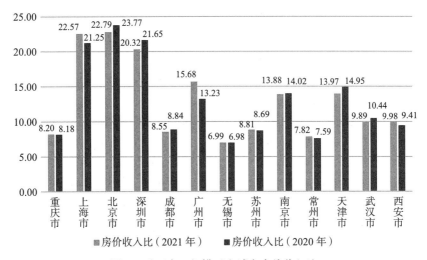

图1　千万人口规模以上城市房价收入比

数据来源：国信达数据

（二）促进释放消费潜力

高房价下，家庭储蓄过度消耗，从2015年开始，家庭购房首付支出增速超过总收入增速和消费支出增速②，许多家庭甚至掏空"六个钱包"通过代际转移来支持子女购房。居民购房严重依赖个人住房贷款，房贷对居民债务规模贡献率超过75%。随着房价高企，个人住房贷款余额从2004年底的1.2万亿快速攀升到2021年底的38.3万亿元（图2）。购房贷款利率高，2008年4季度到2021年4季度，个人住房贷款加权平均利率为4.34%～7.62%，高于主要经济体③。家庭财务负担重，2018年

---

① 张宇，王璞，孙元祺：《租赁住房市场研究：新元肇启，举目万里》，中金点睛，2022年2月。
② 林采宜，胡奕苇：《中国居民的债务压力有多大》，新浪财经，2022年3月21日。
③ 同期，德国10年以上居民住房贷款利率1.11%～5.21%，日本房贷利率中间值2.48%～2.88%，美国15年期抵押贷款固定利率2.15%～5.89%。

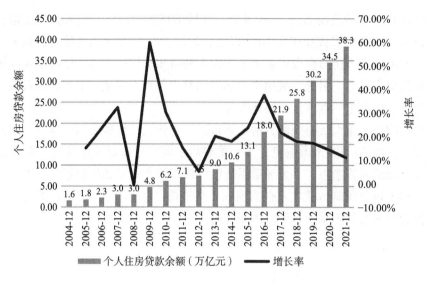

图 2　个人住房贷款余额

数据来源：中国人民银行，WIND

开始，家庭还本付息支出增速超过总收入增速和消费支出增速[①]。对购房贷款高度依赖，使得居民部门杠杆率（居民部门债务/名义GDP）从1998年底的11.7%增加到2021年底的62.2%。高房价下带来的储蓄消耗和高财务成本负担，透支了居民家庭未来收入，导致居民消费被严重挤压，城镇居民消费率（人均消费支出/人均可支配收入）从2003年的68.24%下降到2020年的59.29%（图3）。虽然2021年回升至61.65%，但购房负担对居民消费能力的挤压，仍亟待释放。

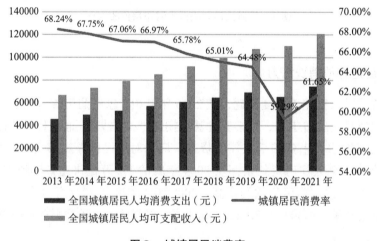

图 3　城镇居民消费率

数据来源：国家统计局，WIND

---

① 林采宜，胡奕苇：《中国居民的债务压力有多大》，新浪财经，2022年3月21日。

我国经济社会进入高质量发展阶段,中央提出要"加快构建以国内大循环为主体、国内国际双循环相互促进的新发展格局"。内循环最主要的引领就是消费,减少购房负担对居民消费的挤压是其中重要一环。加快发展住房租赁市场,有利于降低居民居住成本,释放居民消费潜力,培育强大国内消费市场。

二、当前我国住房租赁市场的痛点难点

现阶段我国住房租赁市场发展不充分,新增供给和盘活存量均存在痛点难点,供给侧机构化比重低带来了租住安全、租赁关系不稳定等问题,需求侧租购同权在操作层面难以实现,导致承租人的权益得不到保障。

(一)新增供应方面,供给端和需求端的契合度不够

受限于已有城市布局,新建租赁住房的土地供应和需求契合度还有待提高。其一,价格契合度不够。调研发现,出让地价按租金测算,约为按房价测算的1/5。人口1000万以上的城市,租金房价比均值不超过2.5%(图4),即使新增租赁土地价格减少到20%,估算下来租金收益率也不到12.5%。扣除建设、运营费用,相对于租金纯收益,土地供应价格仍然偏高。

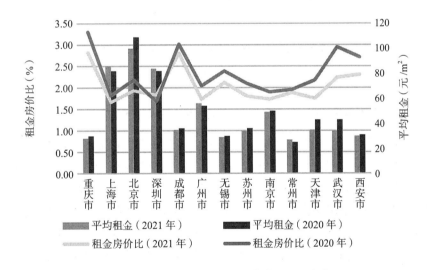

图4 千万人口规模以上城市租金房价比及租金水平

数据来源:国信达数据

其二,空间契合度不够。新增供地多数难与主要租赁人群就业区域匹配,不利于职住平衡,降低了幸福指数。根据《2021年度中国主要城市通勤监测报告》,42个主要城市的幸福通勤比重(5km以内通勤比重,已纳入"城市体检指标体系")仅为53%。

以北京为例，2021年和2022年出让地块中配建保障性租赁住房的地块一共有18块（见附录一）。这些出让地块位置较远，绝大部分位于五环路以外（图5），只有个别地块靠近开发区、产业园区。配建的保障性租赁住房总面积为27.76万 m^2，占出让地块总建筑面积的15.5%。

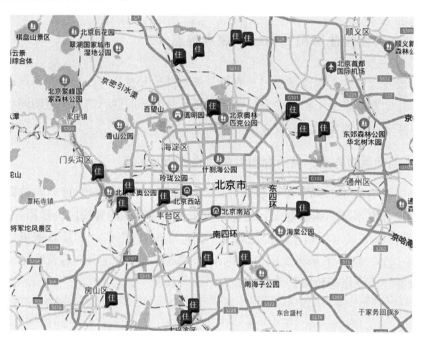

图5　北京市2021年以来土地出让配建保障性租赁住房分布情况

数据来源：中指数据

（二）盘活存量方面，土地合规和金融税收支持政策有待完善

2016年国办39号文[①]、2017年住房和城乡建设部、国家发展改革委等部门联合印发的153号文[②]，已经明确鼓励盘活存量，将闲置利用低效的厂房、商业办公用房等按规定改建为租赁住房。2021年，国办22号文对商业办公改造为保障性租赁住房，明确给出了多方面的政策支持：可以不变更土地使用性质，不补缴土地价款；由相关部门办理立项、用地、规划、施工、消防等手续；实行相关各方联合验收。但对于"非改居"的市场化租赁住房项目，还存在诸多操作障碍，导致此类盘活存量项目进展缓慢。

---

① 允许将商业用房等按规定改建为租赁住房，土地使用年限和容积率不变，土地用途调整为居住用地，调整后用水、用电、用气价格应当按照居民标准执行。

② 积极盘活存量房屋用于租赁。鼓励住房租赁国有企业将闲置和低效利用的国有厂房、商业办公用房等，按规定改建为租赁住房；改建后的租赁住房，水电气执行民用价格，并应具备消防安全条件。

首当其冲的是合规难。在实践中，因规划、消防、安全等配套政策适用范围和标准规范尚不明确，操作手续极为烦琐。部分企业在不调整土地用途的前提下直接改建运营，无法办理消防验收手续，又常常因为合规检查而停业。部分企业以酒店牌照经营，实际运营中面临诸多合规挑战，例如酒店需要遵照《旅馆业治安管理办法》，对应的公安监管要求明显高于住房租赁行业。如果是蓝领公寓，还面临单间居住人数的合规挑战：酒店经营通常要求每间不超过3人，低于蓝领公寓通常设置的每间4/6/8人。

此外，缺乏金融和税收支持。虽然保障性租赁住房已经纳入公募基础设施REITs试点范畴，但以市场化长租房为底层资产的REITs产品尚未破题。在税收支持上，对"非改居"的市场化租赁住房项目，目前也无法享受增值税减按1.5%、房产税减按4%的优惠政策。

（三）机构化比重低，导致住房品质、租赁稳定性较差

美国、德国、日本等发达国家，租赁市场机构渗透率均在30%以上。我国住房租赁以个人租赁为主，机构化占比仅为5%，导致出现结构错配、品质错配、租赁稳定性差等问题。

个人房东提供的多为整租房源，拆分单间出租的意愿和能力较弱，而新市民、青年人在大城市更需要的是一间房或者是小户型，由此导致结构错配[①]。个人房东装修房屋意愿不强，房源供给中"老破旧"占据相当比例，普遍存在水、热、电、气等基础设施配套不齐全等情况，不仅无法满足租客基本居住要求，更难以匹配消费升级大背景下年轻群体的租住需求，导致品质错配，甚至带来安全隐患。据调研表明，48.0%的租户关注房屋安全性，44.3%的租户关注房屋配套设施[②]。同时，由于散户业主难以监管，大量租赁行为主体和租赁交易游离于监管之外，时有发生业主随意提高租金、缩短租期，甚至驱赶租户的情况，租赁稳定性差。有44.2%的租客希望签订长期租房合同，租房时间期望在一年以上。其中，一线城市租客更追求稳定，希望签订一年以上长租合同的租客占53.4%[③]。

相比个人出租，专业租赁机构更有优势：一是更能准确把握市场需求，针对细分市场提供精准产品，满足多层次、多样化的租赁需求；二是管理服务水平较高，运营效率更高，市场竞争力更强。2008年金融危机后，日本的个人业主出租空置率提高了10%~25%，而机构出租空置率仍维持在10%左右；三是有利于增加租赁住房供给。有实证研究表明，在机构化市场份额不到10%的情况下，专业化住房租赁企业

---

① 2021年重点30城，30m²以下租房房源供应占比10.6%，30~60m²以下租赁房源占比26.7%。数据来源：中指研究院，《从政策、市场、人口看住房租赁市场的发展趋势》，2022年1月28日。

② 数据来源：58同城、安居客，《2022春节返城租房调查报告》2022年2月17日。

③ 数据来源：58同城、安居客，《2022春节返城租房调查报告》2022年2月17日。

的进入可使得一个小区中租赁住房供应总量增加6.7%~9.1%，如果机构化程度继续提高，对租赁住房供应总量的提升效果还可以进一步增强。

（四）租购未同权，承租人的权益得不到保障

根据《2021中国城市人才吸引力排名》，2020年应届生将简历投向北上广深的占20.7%，高于流动人才流向北上广深的整体比重19.07%。人才流入前十城市还包括成都、杭州、南京、郑州、西安、武汉，前十合计占40.0%。新青年更倾向往一、二线城市集聚。大量流入的人才造成了公共资源配套不足，这些问题亟需解决。

2017年7月，住房和城乡建设部发布《关于在人口净流入的大中城市加快发展住房租赁市场的通知》，首次提出将明确租赁当事人的权利义务，保障当事人的合法权益，建立稳定租期和租金等方面的制度，逐步使租房居民在基本公共服务方面与买房居民享有同等待遇。2021年3月，"十四五"规划纲要提出，要"完善长租房政策，逐步使租购住房在享受公共服务上具有同等权利"。北上广深等一线城市和热点的二线城市均公布了房屋承租人可以在教育、医疗、就业、落户等方面享有与购房人同等的权利，一定程度上满足了新青年、新市民的需求。目前，北京、成都、杭州、广州等城市已允许租房年限纳入落户积分。租赁者家庭和购房者家庭的子女可以同样向居住地所在区域学校申请入学，基本实现教育资源享有上的"同权"。

近年来，承租人群体在享受教育、医疗、就业等社会公共服务权益方面还存在诸多政策不平等，主要体现在户籍与子女教育资源的赋权差异（见附录二）。在法律依据不足、公共资源尤其优质资源总量稀缺及分布不均的情况下，暂时难以做到无差别化的同权，"租购同权"的实施还面临着许多刚性制约。2017年7月，广州市人民政府办公厅印发《广州市加快发展住房租赁市场工作方案》(穗府办〔2017〕29号)，明确规定，"赋予符合条件的承租人子女享有就近入学等公共服务权益，保障租购同权"。但事实上，需要的"条件"包括承租人子女有本市户籍、政策性照顾（人才绿卡持有人等）借读生或符合积分入学条件，监护人需要满足在本市无自有产权住房、租赁房屋所在地作为唯一居住地且房屋租赁合同经登记备案的要求。这无形之中淘汰了一大批承租人。一所省级小学每年提供的学位大概有200~250个，一般都是优先把指标给招生地段内的"有房有户者"，入读名额出现空缺时，才由其他"不完全房产户""随祖辈""随非直系亲属""租户""集体户""拆迁户"等依次轮候补。可见，租客没有享受到与购房者同等的资源权。极端的案例是，2020新冠病毒疫情暴发，部分城市部分街道因居住小区管控严格，出现了不让租客进入等情况，可见实现"租购同权"还有很长一段路要走。

三、政策建议

新市民、青年人群体人口规模大、普遍年轻且思想活跃，习惯通过网络表达意

见。如果租住问题解决不好，容易引发对立情绪，产生群体性事件，影响社会稳定。发展住房租赁具有十分重要的战略意义和现实意义，需要予以高度重视。针对上述痛点，提出如下建议。

（一）新增供给方面，优化土地定价机制，促进职住平衡

以"稳房价、稳地价、稳预期"为目标，因城施策，根据城市住房发展规划和年度建设计划，尝试进一步科学优化租赁土地定价机制。在人口流入量大、住房价格高的特大城市和大城市，增加租赁住房供地，加快推进农村集体建设用地建设租赁住房试点。在产业集中地带释放更多可出租房源，便于劳动者以市场化的方式、通过较低的成本实现就近居住，达到疏解城市功能、促进产城融合的目的。允许单位利用自用闲置土地建设租赁住房，促进职住平衡。

（二）盘活存量方面，填补政策空白，降低改建成本

一是降低合规成本。参照保障性租赁住房，对改造非居住存量房屋用于市场化长租房的，予以政策支持。明确土地性质调整政策，减少审批障碍，制定建设运营规范，明确服务、环保、消防等方面标准。

二是降低税收成本。建议盘活存量闲置的"非改居"长租房项目，均享受增值税减按1.5%、房产税减按4%政策。借鉴国际经验，例如美国实施折旧抵税政策鼓励存量住房出租，租赁房屋的每年折旧部分可用来抵税，德国对住房合作社的非营利租赁住房项目免征房地产相关税收。

三是增加金融支持。稳步推进，发挥长期低息贷款、商业租赁住房抵押贷款支持债券（CMBS）、不动产信托投资基金（REITs）的作用，增加对供给端的资金支持。发展政策性住房金融机构，为长租房项目提供长期低息贷款。例如法国为租赁住房建设项目提供50年期的低息贷款，美国房地美[①]通过CMBS为租赁住房提供长期低息融资支持。稳步推进，将市场化长租房作为底层资产纳入公募基础设施REITs试点范畴。

（三）市场供给主体方面，培育专业化住房租赁机构，提高运营效率

一是优化政策环境。借助数据化平台和技术化手段，进一步提高住房租赁市场的监管力度和精准程度，避免劣币驱逐良币。建立住房租赁企业白名单制度，明确列入白名单机构的相关条件与资质，甄别优质企业，对符合条件的专业住房租赁机构给予金融、税收、财政补贴等方面支持。

二是促进政策机会公平。在确保金融安全的前提下，参照保障性租赁住房的金融

---

① 房地美通过K-DEAL CMBS为租赁住房提供长期低息融资支持，截至2021年底，房地美通过K-Deal为租赁住房融资4777亿美元，包括其他SB-Deal、ML-Deal共融资5163亿美元。

支持[1]，赋予租赁物权，鼓励银行等金融机构为从事市场化长租房业务的白名单企业提供与其风险匹配的金融产品和服务，鼓励住房租赁企业参与新建、改建租赁住房。提升住房租赁企业的规模经济效应和品牌效应，为将来打通"募投管退"完整链条打下基础，增加企业参与积极性。

（四）市场需求主体方面，推动租购同权尽快落地，保障租户权利

现行租购同权的规定法律效力较低，应在明确租购同权的民生价值、商业价值、金融价值的情况下，着手立法工作。除确认租赁期限的权属期限外，优化公共资源分配方式，减少"租购差异化"，确保租赁标的的标准化、规范化、物权化，以保障长租房法律权利的稳定性。逐渐推进租赁的基本公共服务均等化，丰富房源供给的种类，为承租人赋权，扩大和刺激人们租赁住房的需求，进而调整个人住房消费方式，实现租购并举的落地，扩大内需，保障民生。

附录一

北京市 2021 年以来土地出让配建保障性租赁住房情况一览表[2]

中标单位	成交价格（万元）	地块位置	总建筑面积（m²）	租赁住房面积（m²）
2022 年				
长春创诚房地产开发有限公司	434700	朝阳区崔各庄乡黑桥村、南皋村	92406	4400
太仓建仓房地产开发有限公司	277150	昌平区中关村生命科学园	71798	3500
北京城建兴华地产有限公司	263000	丰台区卢沟桥街道大井新村	119500	9800
2021 年				
北京金地兴业房地产有限公司	148400	门头沟区永定镇	67598	6800
北京方兴亦城置业有限公司	116800	门头沟区永定镇	53582	5400
中建智地置业有限公司	186300	房山区拱辰街道	113774	11400
北京市基础设施投资有限公司、北京京投置地房地产有限公司联合体	561000	朝阳区东坝	132000	20000
中海企业发展集团有限公司	116000	石景山区首钢园区	35466	4000
北京龙湖中佰置业有限公司和北京北辰实业股份有限公司联合体	121800	门头沟区永定镇	66172	5400

---

[1] 2022 年 2 月 8 日，中国人民银行、银保监会联合发布《关于保障性租赁住房有关贷款不纳入房地产贷款集中度管理的通知》；2022 年 2 月 27 日，住房和城乡建设部联合银保监会颁布《关于银行保险机构支持保障性租赁住房发展的指导意见》。

[2] 数据来源：北京市规划和自然资源委.http://yewu.ghzrzyw.beijing.gov.cn/gwxxfb/tdsc/tdzpgxm.html.

续表

中标单位	成交价格（万元）	地块位置	总建筑面积（m²）	租赁住房面积（m²）
2021年				
中建壹品投资发展有限公司和中建信和地产有限公司联合体	493000	海淀区东升镇京昌路	71300	6900
北京首都开发股份有限公司和北京建工地产有限责任公司联合体	418000	丰台区卢沟桥乡万泉寺村	101601	25700
中建智地置业有限公司	146000	房山区拱辰街道	90206	21500
华润置地开发（北京）有限公司和中铁置业集团北京有限公司	685000	大兴区西红门镇	178292	17800
北京首都开发股份有限公司、北京金隅地产开发集团有限公司和北京建工地产有限责任公司联合体	366000	昌平区北七家镇平坊村	178406	47500
北京住总房地产开发有限责任公司和北京首都开发股份有限公司联合体	163000	大兴区旧宫镇	82574	16000
招商局地产（北京）有限公司和北京城建投资发展股份有限公司联合体	422000	朝阳区崔各庄乡黑桥村、南皋村	85297	20000
北京润置商业运营管理有限公司、保利（北京）房地产开发有限公司和北京金泰辉华科技有限公司联合体	509400	朝阳区崔各庄乡黑桥村、南皋村	102967	22000
华通置业有限公司、北京领华房地产开发有限公司和北京嘉晨置业合伙企业（有限合伙）联合体	499000	昌平区中关村生命科学园	149027	29500

附录二

人才流入前十城市租购房落户与子女教育相关规定[①]

	落户相关规定	子女教育相关规定
不挂钩		
上海	积分落户：指标与租房、拥有合法产权住房不挂钩	随迁子女：持居住证，且社保满6个月或连续3年灵活就业登记等条件
同权		
成都	积分落户：拥有合法产权住房与租房按年同等积分	随迁子女：积分达到15分及以上但未入户的居住证持有人，或持居住证，有《劳动合同》或营业执照，连续居住满1年，缴纳城镇职工基本养老保险满1年

① 数据来源：各地官网，贝壳研究院。

续表

	落户相关规定	子女教育相关规定
同权		
广州	积分落户：租房5年与拥有合法产权住房同等积分	随迁子女：居住证在有效期及在本市合法稳定就业或创业并缴纳社会保险满4年等条件
杭州	积分落户：租房5年与拥有合法产权住房同等积分；在市区有自购产权住房且实际居住的积30分；租住合法居住房屋的，按6分/年，最高30分	随迁子女：持居住证，参与积分入学
不同权		
北京	积分落户：连续居住自有住所或配偶自有住所累计满一年的，按1分积；连续居住本人、配偶单位宿舍或租赁住所累计满一年的，按0.5分积	随迁子女：父母在京务工就业材料、在京实际住所居住材料、全家户口簿、居住证。入学条件以各区公布的实施细则为准
深圳	积分落户：拥有合法产权住房者是租房积分者的5倍	随迁子女：持居住证，且连续居住满1年、连续参加社会保险满1年，可参与积分入学
南京	积分落户：拥有合法产权住房最高积90分（其中共有产权住房按比例积分），租房不计分	随迁子女：连续居住且居住证满1年且缴纳社保连续且满1年等入学
郑州	租房落户：在郑州市中心城区租赁住房满1年的，可申请本人及其共同居住的配偶、子女和父母的户口迁入	随迁子女：持居住证、劳动合同等报名
西安	租房落户：租住属公有产权的房屋且持有使用证明的人员，可迁入本市落户。在本市居住生活2年以上并缴纳社保满1年以上	随迁子女：以居住证为主要依据
武汉	积分落户：申请人或者配偶在本市拥有合法稳定住宅的，积60分；合法租赁住房或者居住在单位宿舍的，连续居住每满1年积6分，累计不超过60分；申请人自愿腾退政府类公共租赁住房的，积15分	随迁子女：持有居住证、务工证或经营许可证

参考文献：

[1] 金浩然，王艳飞. 住房保障研究：我国公共租赁住房的发展现状与问题研究 [J]. 中国房地产，2018（12）：8-16.

[2] 崔建远. 物权法（第四版）[M]. 北京：中国人民大学出版社，2021.

[3] 关涛. 住宅租赁的债权化、物权化与中国住房租赁市场的发展 [J]. 中国房地产估价与经纪，2017（3）：7.

作者联系方式

姓　　名：林　甦　赵　航

单　　位：清华大学五道口金融学院不动产金融研究中心

地　　址：北京市成府路 43 号

邮　　箱：lins@pbcsf.tsinghua.edu.cn；zhaoh@pbcsf.tsinghua.edu.cn

姓　　名：张秀智

单　　位：中国人民大学公共管理学院

地　　址：北京市海淀区中关村大街 59 号

邮　　箱：zhangxiuzhi@ruc.edu.cn

基于问卷调查的住房租赁市场发展问题分析*

杨泽宇　郝俊英

摘　要：我国住房租赁市场快速发展，为解决新市民住房问题发挥了重要作用。但是由于我国租赁市场发展起步较晚，租赁市场存在着秩序混乱、信息不对称等问题，为了挖掘租赁市场现存的不规范不合理问题及现象，本文基于对657位租客的调查问卷进行了分析，发现目前住房租赁市场中存在着租赁平台信息质量差、租赁合同文本内容具有随意性、中介公司乱收费、租客安全存在隐患等现象。针对以上现象，提出了加强登记管理，确保房源信息真实、有效；规范合同文本，保证及时网签备案；严厉打击租赁市场的收费乱象以及提高租赁住房安全性，保障住户权益等建议。

关键词：住房租赁市场；问题；问卷调查

近年来，在党中央、国务院的大力推进下，住房租赁市场取得了快速发展。住房和城乡建设部、国家发展改革委、公安部市场监管总局、银保监会、国家网信办印发的《关于整顿规范住房租赁市场秩序的意见》中提到住房租赁市场租赁住房是解决进城务工人员、新就业大学生等新市民住房问题的重要途径。《住房和城乡建设部关于加快培育和发展住房租赁市场的指导意见》中也肯定了我国住房租赁市场为解决居民居住问题、推动经济社会发展作出的重要贡献。但由于我国租赁市场发展起步晚，住房租赁市场仍存在秩序混乱、信息不对称、租客权益受漠视等问题。为了了解租赁市场情况，挖掘租赁市场发展的现实问题，本文通过发放调查问卷的方式，对657名租客进行了调查。

一、基本情况介绍

本次问卷调查采用的是问卷调查平台"问卷星"进行问卷发放的方式，问卷涉及租客的基本情况、租住房屋情况、线上租赁、住房租赁合同、租客权益等内容，共收回有效问卷657份。样本从性别上看，女性占比60.4%；男性占比39.5%。从

---

* 本文受中国房地产估价师与房地产经纪人学会课题《住房租赁行业标准体系研究》（2019-ZL01）的资助。

年龄结构上看，20岁以下占2.1%；20~30岁人数最多，76.1%；31~40岁占比17.4%；41~50岁占比2.7%；51岁以上占比1.7%。从城市分布上看，一线城市占比17.35%；新一线城市占比14.16%；除一线城市与新一线城市以外的普通省会城市占比30.29%；除一线城市与新一线城市的普通地级市占比14.76%；县城或县级市占比23.44%（图1）。

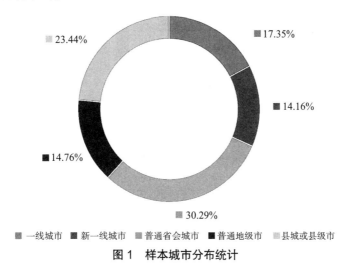

图1　样本城市分布统计

二、租赁市场发展问题

（一）线上租赁平台信息质量差

线上租赁平台的信息质量差主要体现在租赁平台的信息缺乏完整性和缺乏真实性。

1. 信息缺乏完整性

据统计，在657份问卷中，在租客使用线上租赁平台过程中，发布经纪人（管家）、附近房源信息以及合租室友信息的平台不及半数（图2），分别为47.4%、47.4%和45.1%。

经纪人信息的缺失：在美国，房地产交易有85%是通过中介服务交易而成，民众对房地产中介业非常信任，依赖MLS平台，既保证了房地产中介代理市场信息透明度，又降低了经纪人与客户双方的信息搜寻成本与交易成本，有利于提高交易效率。由于我国房地产经纪市场的发展相对较晚，目前我国经纪人的盈利主要通过市场信息的不对称来赚取佣金。收入不稳定、入行门槛低等因素造成了我国经纪人素质良莠不齐，线上租赁平台经纪人信息的缺失不仅不利于经纪人市场的发展，还会对承租人在租赁活动中的决策产生消极影响，甚至影响到租赁活动后续的维权问题。

附近房源信息的缺失：经调查统计，有49%的样本选择了中介公司或线上平台，造成这种现象的主要原因之一是承租人在选择租赁住房的过程中面临着信息不对称的问题。而线上租赁平台对于附近房源信息的发布体现了其信息质量的可比性功能，有

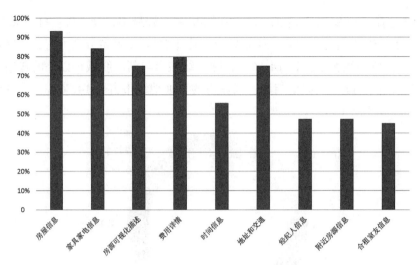

图 2　租赁平台信息发布内容调查

利于租客做出正确的租赁决策。样本中使用租赁平台发布的信息关于附近房源的信息不足说明租赁平台对于租赁有利于租客在选择租赁住房时对于发布信息可比内容的忽视，一方面反映了租赁平台发布的信息网络还不完善，另一方面说明目前租赁市场发展仍不成熟，信息不对称、不透明等现象仍然存在。

合租室友信息的缺失：合租与长租公寓等租房形式已成为当下年轻人主要的租房形式之一，租客年龄在 20～30 岁有 42.8% 的样本都选择了整套合租的租赁方式。而在合租活动中，合租室友的信息的发布不仅对承租人的租赁体验有着十分重要的作用，同时也可以有效减少因租客关系摩擦导致的权益受到侵害的问题。

2. 信息缺乏真实性

在 657 份问卷中，房源信息完全真实的比例仅为 17.29%，这反映了租客很难一次在线上租赁寻找到真实可靠的住房。在租金信息的真实性上，有 47.37% 的样本实际支付的租金与平台显示价格不符，其中实际租金高的占总样本量的 31.58%。由此可见，线上租赁平台发布的信息对于线下租赁活动很难可靠地起到参考作用。

（二）住房租赁合同内容具有随意性

从合同的租赁文本内容方面来看，出租人和承租人信息、房屋基本情况、租赁成交方式及租赁形式、租金及押金等信息相对完善，分别占样本总量的 84.0%、74.0%、65.0%、68.6%、76.0%（图 3）。但在其他相关费用承担、房屋使用及维护、转租、其他特殊情况说明、合同解除、违约责任、争议解决方式以及其他约定事项等方面的文本数量较少，不足总样本数的一半。特别是转租、争议解决方式、其他约定事项以及合同生效及特别约定等涉及承租人与出租人之间租赁行为的责权规范问题的文本内容较少，这可能会因合同文本存在模糊地带而导致承租人与出租人在租赁活动中出现矛盾与纠纷。

从合同文本的来源情况看,房东自拟合同最多,占总样本量的50.84%;其次是中介公司,占38.66%;最后是政府提供的合同文本,占10.5%。但是在文本内容上,样本数量最多的房东自拟合同在合同内容的完备性上却远低于中介公司提供的合同文本,甚至在合同解除、争议解决方式、合同生效及特别约定等事项方面是三种合同中最欠缺的,这反映了当前租赁市场出租人与承租人在合同文本内容的选择上具有随意性,市场缺乏可以普遍适用的规范文本(图3)。

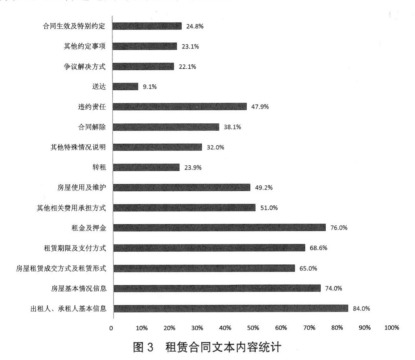

图3 租赁合同文本内容统计

(三)租赁中介收费问题

目前我国房地产经纪公司的收费主要接受《国家计委 建设部关于房地产中介服务收费的通知》《房地产经纪管理办法》两项政策的规定和引导,但在2014年12月17日颁布的《国家发展改革委关于放开部分服务价格意见的通知》中包含了房地产经纪服务佣金费用,所以目前未有明确的房地产经纪服务价格标准。而由于我国房地产经纪市场发展较晚,市场尚未成熟,所以导致了部分中介机构乱收费的现象。在657份问卷中,中介带看房的过程中收费的情况占41.1%;在收费项目中,被收取服务费的情况最多,占收费项目的35.1%;其次是看房费,占29.07%;收取保证金的情况占15.22%;最后是茶水费,占4.11%。

(四)租赁住房安全问题

1. 房屋改造安全问题

《商品房屋租赁管理办法》第八条规定,出租住房的,应当以原设计的房间为最小出租单位，人均租住建筑面积不得低于当地人民政府规定的最低标准。厨房、卫生间、阳台和地下储藏室不得出租供人员居住。但在对租赁住房改造行为的调查中发现，有31.7%的租客的房间存在被改造行为，其中包括室内净高的更改、燃气水暖设备的改造、违规改变房间功能、客厅卧室的隔断等。其中，卧室隔断出租占总样本量的19.3%，而改变房间功能的情况占总样本量的26.8%（图4）。违法违规搭建隔断无疑将改变建筑整体的荷载和承重，同时由于入住人口增加，水电、电梯等公共资源和设施的使用强度也会随之加重，相邻业主的居住权益也会受到损失。

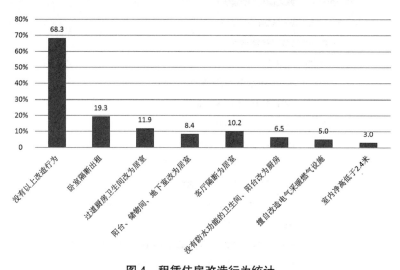

图4　租赁住房改造行为统计

2.房屋设施安全问题

《商品房屋租赁管理办法》规定：出租人应当按照合同约定履行房屋的维修义务并确保房屋和室内设施安全。但在对于租赁住房存在的安全隐患的调查中发现，超过半数的样本房间存在隐患。在所有样本中，电路老化、线路问题、门锁防盗问题、消防应急措施问题的数量超过20%；排水问题、通风问题超过10%；空气污染超过5%。在设备损坏的解决上，有48.9%的租客选择房东找工人维修，33.20%的租客自己找工人维修，18%的选择租赁机构维修人员维修（图5）。

三、租赁市场健康发展的建议

（一）加强登记管理，确保房源信息真实、有效

六部委印发的《整顿规范住房租赁市场秩序的意见》中强调要真实发布房源信息，需要相关城乡建设部门严格登记备案管理，将房地产经纪组织纳入监督管理，同时为防止重登记、轻监督的情况发生，可以定期筛查在信息发布质量上不合格的房地产中介公司。真实性方面，保证中介公司发布的房源信息应当实名并注明所在机构及门店信息，且包含房源位置、用途、面积、价格等信息，满足真实委托、真实状况、

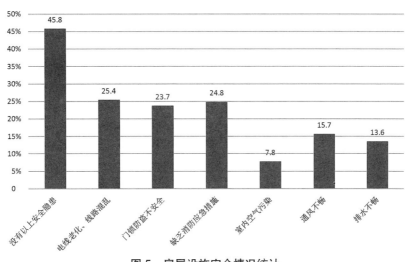

图 5 房屋设施安全情况统计

真实价格的要求。对于虚假房源的信息,平台未在一定期限内撤回导致租客权益受损的,市场监管总局等管理机构要对其做出相应处罚。

(二)规范合同文本,保证及时网签备案

由于目前我国各地房地产市场的发展进度不同,导致我国部分地区还未发布本地的住房租赁合同示范文本,而部分已发布的官方住房租赁合同范本,仍存在文本内容不完善的问题,各地再出台或补充修改住房租赁合同文本时可以参考北京市发布的住房租赁合同示范文本。同时要规范备案服务,在备案时使用政府提供的住房租赁合同示范文本,保证其规范性;在工作流程上可以学习上海合并网签备案的服务窗口,达到精简网签与备案工作的目的,一方面可以方便居民,另一方面可以保证网签备案的即时性。

(三)公开收费标准,严厉打击租赁市场的收费乱象

市场监管部门应要求房地产经纪机构、住房租赁企业对客户在业务发生前公开其收费标准。对于租赁公司或经纪人个人收取的"茶水费"等不合理费用以及《房地产经纪管理办法》中禁止的收费项目,应予以禁止,同时给予相关企业与经纪人相应处罚。

(四)提高租赁住房安全性,保障住户权益

应督促住房租赁企业编制房屋使用说明书,告知承租人房屋及配套设施的使用方式,同时严格执行《商品房屋租赁管理办法》中对于改造或房屋安全等问题的处罚。要注意相邻业主的居住权益,畅通投诉举报渠道,及时调查处理投诉举报。

参考文献：

[1] 陈碧珠. 住房租赁市场的培育与发展研究 [D]. 武汉：华中师范大学，2015.

[2] 易馨培. 中国住房租赁制度改革研究 [D]. 广州：华南理工大学，2018.

[3] 曾国安，从昊，雷泽珩，等. 促进中国住房租赁市场发展的政策建议 [J]. 中国房地产，2017（15）：3-14.

作者联系方式

姓　　名：杨泽宇　郝俊英

单　　位：山西财经大学公共管理学院

地　　址：太原市小店区坞城路 696 号

邮　　箱：981192428@qq.com；120986897@qq.com

注册号：郝俊英（1420030042）

国内租赁住房发展状况、面临问题及政策建议

邵明浩

摘　要：国内租赁住房领域的发展经历过怎样的历史进程，现阶段又面临哪些问题，应该如何应对？本文站在宏观的角度，回顾了租赁住房在国内发展的历程，对现状问题进行研究和分析，并给出相关建议，为租赁住房的长久健康发展进一步厘清思路。

关键词：租赁住房；社会福利；市场化

一、改革开放前后国内住房事业发展的基本情况

新中国成立后，党和国家领导人都非常重视人民群众的住房问题。面对战争破坏带来的更加严重的住房供需的矛盾，政府一方面颁布相关法令稳定住房租赁关系；一方面以工会为主要组织单位，带领群众修旧房、建新房，逐步改善居住条件。但是，在改革开放之前，新房投资被视为"非生产性"支出，经常被生产性支出所挤占，所占份额很小；存量住房使用主要采取低租金的公租房（公共租赁住房）策略，其收取的租金水平不足以覆盖本身的维护费用，无法形成资金的积累用于建设新的住房。所以，全国城市的住房问题不仅没有得到缓解，反而随着人口数量的快速增加而变得更加严重。

改革开放之后的30年时间里，国内住房领域的改革更多的关注点放在了激活市场活力方面。这又以1998年的"房改"为分界点，分为两个阶段。房改之前，主要目标是到20世纪末每户居民都能住上一套房。为了实现这个目标，国家层面计划搭建两个体系：针对高收入家庭的市场化的商品住宅体系和针对中低收入家庭的保障性住房体系。当然，因为中低收入家庭在全国范围内占多数（约80%），所以保障性住房体系占主体。在保障性住房体系中，又根据收入水平的差异划分为针对低收入群体的租赁性质的租赁住房和对于中等收入群体的具有产权性质的经济适用房。可以说，当时对住房供应体系的认识是满足人民群众的需求的。1998年，国务院《关于进一步深化城镇住房制度改革　加快住房建设的通知》在叫停实物分房的同时，第一次以中央文件的形式明确了上述两大体系。然而，2003年国务院《关于促进房地产市场持续健康发展的通知》对上述思路进行了重大调整，将住房供应的重心转向为普通商品住

宅，致使经济适用房的供应出现大幅下降。与此同时，由于将建设托底低收入群体保障租赁住房——廉租房的责任完全下放到地方政府，在没有资金配套、没有考核要求的背景下，地方政府在租赁住房（廉租房）制度落实方面的成绩乏善可陈。

改革开放以来，国家对住房供应体系的宏观策略是科学合理的，但在执行过程中出现了偏差。由于商品住宅体系与地方政府财政收入有很大的关系，分税制改革后地方政府急于获取新的收入来源，而商品住宅市场发展带来的房屋流转税费收入以及商品住宅市场上游土地出让金收入得到了地方政府的青睐，成为地方政府推动商品住宅市场发展的直接动力。

2006~2009年是管理层对住房保障体系再认识的过渡时期，特别是随着国家对单一商品住宅市场一轮又一轮的宏观调控，带来的却是房价越调越高的局面。管理层统一认识到仅仅依靠商品住宅体系是无法满足人民群众的住房需求的。2010年被称为住房"保障元年"，国内住房供应重新回到住房保障体系和商品住宅体系并存的局面。由于要"补欠账"，住房保障体系发力更猛，据《住房城乡建设事业"十三五"规划纲要》数据显示：全国2011~2015年开工建设保障房4013万套，基本建成2860万套。其中公共租赁住房（含廉租房）开工建设1359万套，基本建成1086万套。也就是说截至2015年，低收入群体所需要的租赁住房、中低收入群体需要的共有产权房（原经济适用房）已经做到了从"人等房"到"房等人"的转变。可以说，截至2015年，全国层面已经基本实现了1998年既定的住房保障体系的建设。

二、国内租赁住房发展的新阶段

（一）国内租赁住房发展的政策回顾

2016年年中，中央层面发力租赁住房事业，其瞄准的主要群体是"夹心层"。夹心层是指中等偏低收入家庭，其收入不高但又不符合申请保障住房的要求，既无力购买商品住宅又无法获得其他形式的居住权保障。针对该群体，中央和地方层面近年来"动作频频"。2016年5月4日，国务院会议研究决定，发展住房租赁企业，支持利用新建住房或已建成住房积极开展住房租赁业务。同年6月3日，国务院印发《关于加快培育和发展住房租赁市场的若干意见》，对培育租赁住房市场供应主体、鼓励住房租赁消费、完善公共租赁住房、支持租赁住房产业发展等问题做出部署。在2016年的中央经济工作会议上，提出"房子是用来住的、不是用来炒的"定位，要求回归住房居住属性。2017年7月，上海、广州和北京三个一线城市颁发政策文件，规划各自城市租赁住房的具体发展政策路径，重点城市全面响应中央对发展租赁住房的要求。以住房和城乡建设部等九部委2017年7月20日的《关于在人口净流入的大中城市加快发展住房租赁市场的通知》为起点，租赁住宅在部分大中型城市从政策出台转入落地实施阶段。

（二）中国租赁住房的概念及分类

1. 租赁住房概念上的区分

从2016年年中，中央政府提出发展租赁住房事业至今，虽然相关工作已经在众多一、二线城市全面铺开，但是对于租赁住房的性质、内涵，并没有明确的官方口径。本文通过对发达国家住房体系和国内住房保障体系的研究，发现近年来中央层面推进的租赁住房，既不同于发达国家保障性租赁住房、国内的廉租房、公租房，也不同于私人出租的商品住宅或机构持有的酒店式公寓等居住业态，它在供给角度和需求分配角度都呈现出新的特点，下面做进一步分析。

（1）供给角度

为了降低供给成本，形成社会各方积极供应的局面，地方政府采取了转换或者分摊部分社会福利的方式增加国有土地上租赁住房的供给。这种转换社会福利主要体现在租赁住房用地或者在商品住宅用地中配建的租赁住房土地价格较低，其收益的损失可以认为是对租赁住房的变相投资。而随着租赁住房的增加，其他类型的租赁住房如公租房、人才公寓等供给就会减少，原本投入到其他类型保障性居住产品的社会福利转移到租赁住房领域；这种分摊社会福利主要体现在类住宅项目或存量商办工改造租赁住房项目，通过政府集体决议的方式转换为长租公寓项目，增加了项目内居住的人口数量，挤占了该区域内社会基础设施等公共资源，分摊了区域内居民的社会福利。政府转换或分摊社会福利供给的租赁住房是区别于私人出租的商品住宅或机构持有的酒店式公寓等居住业态的最大特征。

（2）需求分配角度

在租赁住房需求分配角度完全采取市场化的方式进行租赁，这也是此类租赁住房区别于国内外保障体系内的租赁住房的最大特征。

由此可见，在供给角度，此类租赁住房与保障类租赁住房相似而区别于市场化的租赁住房；在需求角度，此类租赁住房与市场化的租赁住房相似而区别于保障类租赁住房。所以，这类租赁住房作为一种新的居住业态，介于保障租赁住房与市场化租赁住房之间，是一种新型的租赁住房。

2. 租赁住房的分类

根据上述对租赁住房概念的分析，可以将目前在国有土地上出现的租赁住房分为如下三类：

（1）R4类租赁住房

这类租赁住房的政策依据来源于2017年7月18日住房和城乡建设部联合多部委发布的《关于在人口净流入的大中城市加快发展住房租赁市场的通知》，通知鼓励人口净流入较多的大中城市通过新增或者配建的方式增加租赁住房供应。所以，这类租赁住房是租赁住房体系中最为正宗的租赁住房，其土地属性为R4类租赁住房用地，在土地供应市场的表现形式有单独招拍挂出让和在商品住宅里含有一定比例租赁住房用地共同出让两种形式。

（2）类住宅

本文定义的类住宅是虽然土地属性不是住宅用地（土地使用年限一般为40～50年的商业、办公或者工业用地），但建筑物形态与住宅一致。而这种一致性不论从土地规划角度还是从建筑规划角度都是符合相关法规和政策要求的，即建设在非住宅用地上的合法的住宅项目。类住宅在历史上相当长的时间内，是一种临近于商品住宅的居住产品。但是随着相关政策法规的变化，未来类住宅产品将不再是一种合法的居住产品。为了将批而未建、建而未售的类住宅更好地进行资源利用，政策层面准予其在有条件的情况下转换成为租赁住房。2016年5月17日国务院办公厅出台《关于加快培育和发展住房租赁市场的若干意见》，意见指出"允许商业用房按规定改建为租赁住房，允许将现有住房按国家和地方住宅设计规范改造后出租"。这为市场层面长租公寓运营机构通过收购类住宅改建成长租公寓产品夯实了政策基础。

（3）商办工转换类租赁住房（简称转换租赁住房）

本文定义的转换租赁住房是指土地属性非住宅用地（土地使用年限一般为40～50年的商业、办公或者工业用地），规划和开发建设也是按照非住宅标准执行的，但是建成后处于长期存量闲置或低效使用中。为了盘活这类房地产，提高资源利用效率，经过有管理权限的相关部门决议，将这类房地产通过改造的形式转为租赁住房。政策依据除与类住宅相同的政策外，还包括2017年4月住房和城乡建设部等《关于加强近期住房及用地供应管理和调控有关工作的通知》，通知"鼓励房地产开发企业参与工业厂房改造，完善配套设施后改造成租赁住房"。由此可见，不论土地性质还是建筑形态，凡是符合规定的办公、商业和工业建筑都可以转换成租赁住房。

三、国内租赁住房发展存在的主要问题

随着多数一线城市和部分二线城市租赁住房政策的落地实施，不少问题也逐步暴露出来，总结起来有如下几个方面：

（一）租赁住房发展只有政策要求没有法律依据

住房问题是关系国计民生的重大问题，特别是具有社会福利供给性质的租赁住房，对于引导人口有序流动、解决大中城市"夹心层"居住问题具有重要意义。租赁住房其供给的福利性和需求的市场化决定了该种居住产品既不能同商品住宅一样完全由市场机制所决定，也不能同保障住房一样完全由政府来主导。目前从中央到地方的租赁住房政策具有临时性的特点，与住房体系长期发展的要求不匹配，是造成租赁住房现阶段诸多问题的根本原因。租赁住房亟需国家层面进行立法，保障该领域长期有序发展。

（二）租赁住房整个产业链缺乏整体规划

"十三五"期间，多数一线城市和部分二线城市可以试点租赁住房，但各城市发展思路差异较大，在土地供给、资金配套、建设标准、运营管理方面并未形成完整的适合租赁住房发展的体系，更多的是参考或者套用商品住宅发展的体系，给金融机构、开发建设企业、运营机构开展租赁住房相关工作带来了很多障碍。

（三）尚未形成租赁住房价值引导标准

在租赁住房用地供应阶段，地方政府为了吸引开发商拿地增加租赁住房供应，采取了转换社会福利的方式。具体表现为以极低的土地价格（与同质商品住宅相比）出让土地，换取开发商全生命周期持有。然而，这种社会福利的转换并没有标准的尺度——租赁住房用地没有通过市场竞争形成有效的价格形成机制。那么，福利转换程度不够则造成开发商表现不积极（目前部分城市租赁住房用地市场接受度不高）；福利转换程度过高则造成开发商侵吞社会福利，如何评估租赁住房的土地价格标准成为解决该问题的关键。

在租赁住房需求方面，租赁住房租金价格采取怎样的标准才能起到应有的作用？在短期租赁住房供应不足的情况下，若采取随行就市的租金策略，在企业追求利润的驱动下，不能起到平抑租金价格的作用。所以，需要对租赁住房的租金价格评估进行研究。

早在2017年，租赁住房资产证券化首单产品就已经在资本市场上市发行，但是与发达国家相比，由于国内房地产融资领域发展依然不太成熟，租赁住房的资产证券化主要以债权的形式出现。债权更关注产品的现金流和发行产品的主体信用，并不太关注产品本身的价值。上海证券交易所官方透露，公募型REITs即将在国内出现。作为国际标准化的REITs，中国版的公募REITs将引导资本市场对租赁住房产品的关注点从发行主体信用逐步转移到产品本身的价值上，那么对租赁住房价值的评估成为更加重要的基础性工作。

（四）租赁住房市场前景不明，市场参与主体多数观望

租赁住房社会化发展前景如何，目前尚不明朗。所以现在不论地方政府、开发运营商还是租房需求者都十分谨慎。在土地供应端，将租赁住房用地的受让方限制在国有企业范围内，是不少城市的一贯做法；在运营方面，招拍挂市场拿地后按兵不动，或者将配建租赁住房70年租约打包出售的事件时有发生；在需求端，租客对长租公寓褒贬不一，集体维权事件也时有发生。上述种种市场参与主体的行为显示：各地租赁住房缺乏顶层设计，大众对租赁住房发展的趋势缺乏官方的信息获取渠道。

四、国内租赁住房未来发展的政策建议

基于上文提及的租赁住房目前面临的种种问题，本文给出的政策建议如下：

（一）汲取国际先进经验，推动租赁住房立法

汲取国外住房立法先进经验，推动国内住房领域逐步形成完整的法律体系。通过立法，确立国内租赁住房在住房体系中的地位，明确政府、市场和家庭在租赁住房体系中的角色，规范政府及市场参与各方在租赁住房整体规划、开发建设及后期运营全生命周期中的行为。当前，应积极推动租赁住房法律草案的起草和意见征询工作，组织法学权威及相关各方专家共同审议修改租赁住房法律议案。

（二）加强住房顶层设计，制定中长期发展规划

制定国家住房顶层设计方案和中长期发展规划，合理调配各方资源支持租赁住房事业发展，引导资金、土地及存量项目有序进入租赁住房领域。各地政府根据本地租赁住房投资开发建设和市场需求的情况，合理制定本地区租赁住房中长期发展规划；制定租赁住房发展投融资计划，根据租赁住房新建项目上市、存量项目转换和市场租赁需求申请的动态信息，实时调整资金、土地及存量项目投入到租赁住房领域的数量和节奏，加强平衡租赁住房、商品住宅、保障住房在土地、资金及生活配套设施建设中的比例，满足不同层次群体的住房需求。

（三）发挥行业协会作用，总结各地试点经验，创新租赁住房价值判断标准

积极发挥评估行业协会作用，总结各地租赁住房试点经验，形成可资借鉴和推广的做法；探索租赁住房价格评估的技术思路，制定并推广租赁住房评估技术标准。配合管理部门组织专家学者，进行专项课题研究，将实践经验与理论研究相结合，形成专题课题研究成果；尽快制定租赁住房评估技术标准，并积极推广利用。同时，将租赁住房评估技术方法和案例分析纳入房地产估价师、土地估价师、资产评估师继续教育课程内容之中，增强专业人士技能。在年度各项企业指标评审中，将符合租赁住房评估技术标准的评估报告作为优秀评估报告评审的一项重要标准。对于技术力量较为薄弱的中小评估机构，评估行业协会应组织在租赁住房评估技术应用方面较好的标杆机构、大型机构骨干技术力量进行有针对性的培训和辅导。

（四）加大社会宣传，引导社会各方观念转变

发挥主流媒体、自媒体的宣传作用，降低负面舆论，减轻社会矛盾，正确引导人民群众住房消费观念，让住房回归居住消费的属性。通过加大对租赁住房的宣传，让国内住房发展的各相关参与方认识到，发展租赁住房有利于减轻年轻人的购房压力，

释放其聪明才智,增强其对美好生活的向往和建设美丽家园的信心,进而提升社会经济活力。

参考文献:

[1] 何兴强,费怀玉. 户籍与家庭住房模式选择 [J]. 经济学,2018(1):527-548.

[2] 尹贻林,胡博. 限价商品房政策的价值分析 [J]. 南开学报(哲学社会科学版),2019(3):187-193.

[3] 周沛. 社会福利理论:福利制度、福利体制及福利体系辨析 [J]. 国家行政学院学报,2014(4):80-85.

作者联系方式

姓　　名:邵明浩

单　　位:上海城市房地产估价有限公司

地　　址:上海市黄浦区北京西路1号新金桥广场15楼A座

邮　　箱:18621673635@163.com;smh@surea.com

供需视角下住房租赁市场存在的问题探讨与发展建议

李 枫 臧曼君 江 修

摘 要：党的十九大以来，国家高度重视住房租赁市场的发展，目标在于让房子回归居住本质。当前学界对于住房租赁市场的供需匹配研究更多集中在宏观对策层面，而针对住房租赁切实需求期望与供给优化的研究相对较少。本文基于供需场景视角，一方面通过细化多维度供需结构分析指标，以期构建住房租赁市场供需分析框架，并梳理出当前住房租赁市场存在的两大矛盾；另一方面，结合当前住房租赁市场现状与未来发展趋势分析，针对市场现有及潜在问题提出具体建议。

关键词：住房租赁；住有宜居；供给分析；需求分析

在国家大力培育和发展住房租赁市场的政策引领下，我国住房租赁市场步入加速发展周期。发展住房租赁市场不仅是进一步完善我国住房市场体系的重要举措，也是满足大众住房需求、实现"住有宜居"的重要保障，更是落实"房住不炒"、实现"租购并举"的重要环节。2015年1月，住房和城乡建设部在《关于加快培育和发展住房租赁市场的指导意见》中首次提出"租购并举"概念，明确未来将长期坚持以"房住不炒、租购并举、因城施策"为核心的住房制度的完善与建立。在政策东风下，我国住房租赁市场呈现出政府主导的保障性住房建设持续推进、市场化住房租赁机构与平台爆发增长的格局。但与此同时，由于政策监管滞后于商业模式创新、租赁市场供需结构不匹配、参与主体及信息渠道复杂多样等因素，出现了一系列市场化租赁平台"爆雷"事件，造成大批业主和租客利益受损，市场秩序亟需规范化发展。

2020年，蛋壳公寓一记惊雷，彻底将多年来住房租赁市场潜藏的风险隐患暴露于大众视野，更是助推住房租赁市场重回理性发展思考的重要转折点。本文认为回归基础的市场供需结构分析，通过切实的市场研究与调查，持续、深入了解与分析市场供给结构与居民住房需求结构间差异性，不仅是完善我国住房租赁市场体系构建的具体行动，也是进一步建立健全我国住房租赁市场长效发展机制的重要一环。

一、住房租赁市场供需结构性分析框架构建

我们发现关于供给侧、需求侧以及两者影响因素的理论与实证分析有不少研究，

但是关于住房租赁切实需求期望与供给优化的研究却很少涉及。多数学者认为当前我国住房租赁市场,乃至整体住房市场的供需问题,不仅是规模与总量的不匹配,更多的是结构匹配错位问题。为此,我们试图从构建较为完善的供需分析框架入手,提出在供需匹配分析过程中所发现的问题与思考。基于多维度指标的市场供需结构分析,不仅有利于更全面地摸底当前住房租赁市场供求规模及搭建供需匹配模式,也有利于挖掘深层次供需矛盾与痛点问题,为进一步完善住房租赁体系、探索创新市场模式、加强市场监管等提供具体建议。

本文以剖析当前住房租赁市场的"供需平衡"为目标,基于产品匹配、可支付性匹配、职住平衡、租赁模式与信息渠道以及品质提升等五个方面,从供给端和需求端构建多维度、结构化的分析指标(图1)。在供需分析框架构建与梳理过程中,研究发现我国当前住房租赁市场供需匹配的两个较为突出矛盾:一是人们日益增长的对美好居住环境的追求和现实居住供给品质之间的矛盾;二是大城市住房租金价格与可支付性匹配错位的矛盾。

结合文献分析与笔者项目咨询经验,对于美好居住环境追求与现实供给品质矛盾,我们发现现有文献侧重供给端的分析与调研,而对于需求端租客群体切实租赁预期的研究较少。一方面,需求决定供给,供给影响需求,现有研究更加侧重通过租户已发生的住房租赁现状来分析其住房租赁需求。我们认为这并不能全面了解租户群体切实需求,而且难以有效研判未来住房租赁需求的发展趋势。当前租户住房租赁选择往往受限于现有住房供给结构,而真实市场需求往往由需求群体可支付能力和消费欲望或期望两方面构成,缺一不可。伴随着近年来我国人口结构、住房租赁群体住房偏好、消费风格等显著变化,尤其是当下年轻群体,在平衡住房租赁预期和自身可支付能力时,前者影响程度不断增强,在长期无法达到居住预期的情况下,便会选择"逃离"居住成本过重的一线城市,寻求能够提供更好居住品质的环境。

另一方面,现有研究针对需求端分析往往局限在某单一类型需求群体或者小范围区域,而这较多是囿于国内数据可得性以及实践调研需花费大量时间与人力的原因。随着未来住房租赁需求更加多元化、市场参与主体更加多样性,从深度挖掘与满足住房租赁需求出发,开展深入的市场研究与分析十分必要,不仅可以为政策制定提供理论与数据支撑,也有利于创新发展与完善住房租赁相关服务与产品,不断优化人居环境与品质。

同时,我们基于世联EVS数据平台中城市、人口、收入、住房租赁等数据模型分析,发现大城市住房租金价格与可支付性匹配错位的矛盾,而现有研究则较少有基于租金价格评估出发的租金可支付性和供需匹配研究。在实践当中,市场定价也缺乏合理的租金定价基准以及价格变动预期作为参考。所以市场往往出现每逢用工季和毕业季,市场租金价格便会出现显著上涨,以及租户常遇到的临近续租期房东要求涨价等问题,十分不利于保持市场租金的平稳以及保障住房租赁需求群体的居住权益。

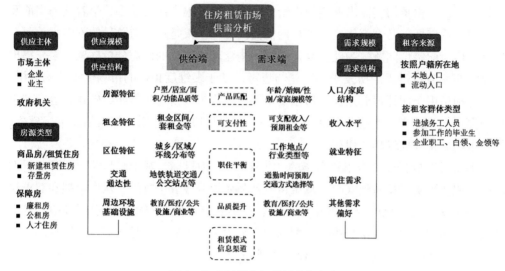

图 1 住房租赁市场供需分析框架

资料来源：世联评估价值研究院

二、供需场景视角下住房租赁市场存在的问题及潜在发展趋势探讨

基于上述供需分析框架与多维度指标的构建，我们对当前住房租赁市场供需匹配及现状进行分析，并对未来市场发展趋势做出思考。

（一）当前住房租赁市场存在的问题

1. 供需结构失衡

关于供需结构失衡的问题及其内在矛盾的探讨，前文从需求角度已有涉及，本部分再从供给角度简要分析。首先，在供给产品类型上，以政府为主的社会保障性租赁住房建设持续推进。以北京为例，从当前政府建设保障性住房项目分布来看，已合理考虑选址区位、交通通达性等问题（图2），但在供给规模以及覆盖人群范围方面有待提升。同时在保障形式方面，当前以直接的实物保障和间接的租金补贴为主，进一步探寻多元化的住房租赁保障措施、激励社会资本参与、有效降低需求群体居住成本十分必要。

而在市场化供应方面，分散式长租公寓模式经历波折后备受质疑，当前市场普遍看好集中式长租公寓。但从当前以品牌商为主体的集中式公寓供给来看，其产品定位仍多关注中等收入以上的群体，对于中低收入群体来讲，租赁成本仍偏高。同时，私人业主住房租赁供给仍占主流规模，针对该类分散式住房如何加强管理和探索租赁模式，仍十分重要，不能因噎废食。

其次，在市场供给产品质量方面，一方面当前私人住房租赁房屋环境与质量参差不齐，尤其是部分大城市较多房源仍以老旧小区、城中村等为主，该类房屋不仅

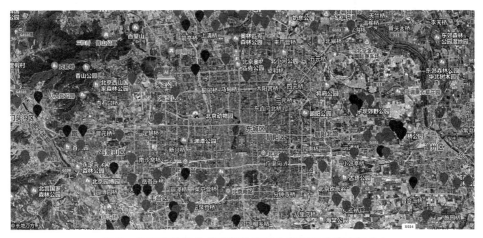

图 2　北京市首批公共租赁住房已入住项目分布（部分）

图片来源：北京住建委

注：红色图标为公租房项目；蓝色图标为廉租房项目

内部环境设施陈旧，还存在较多安全隐患，同时租金价格还不菲（如北京三环内老破小）；另一方面，伴随近年来城市更新、老旧小区、城中村改造工作的推进，社区与房屋环境得到一定改善，但随着基础设施的升级更新，往往又迎来租金价格的上调，如何保障城市更新过程中中低收入群体住房租赁需求，值得进一步探讨与思考。

最后，要更好地厘清和改善供需结构问题，仍须深入、可持续地探究供需结构失衡在哪里、差距几何，而这需要更多的深入基层的数据和社会调研的支撑，以及各类组织机构的协作与推进。

2. 供需匹配信息渠道不畅及房源真实性问题

当前我国住房租赁市场普遍存在市场参与机构复杂多样、业主与租户矛盾纠纷及权益保障、监管难度与复杂程度较大等问题。我们认为，从基于住房租赁供需匹配场景视角，与一次性的住房买卖交易市场相比，租赁住房市场具有更多难点与痛点，原因在于租赁关系具有长期性和持续性、信息获取渠道及所涉中间环节更复杂和困难、信息不对称与透明度更低、业主和租客之间难以直接沟通等原因（图3）。

（二）潜在趋势与问题关注

结合近年房地产市场及住房租赁市场的发展特征，我们提出以下四点潜在趋势与问题，以期对于未来住房租赁发展和创新模式探索带来一定启发和思考。

其一，关于物业公司参与提供住房租赁服务的探索。在市场参与主体方面，近年来伴随着资产管理、物业管理等企业和市场的兴起，房地产全链条服务思维不断显现，尤其是物业管理类机构的服务链条也逐步向住房租赁市场延伸，如某龙头房企物业板块就推出分散式房屋托管业务，为业主提供资产管理服务。物业公司参与市场租赁服务有其天然优势，对于业主而言，为自己提供服务的物业公司如果可以提供相关

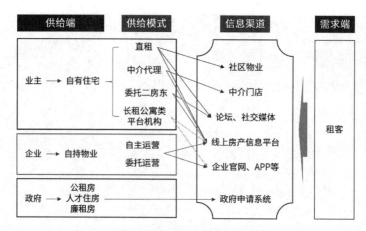

图 3 住房租赁市场供需信息匹配场景分析

资料来源：世联评估价值研究院

住房租赁增值服务，相对于其他机构更具信赖且更加便捷。对于物业公司而言，本就对自身管理的小区信息掌握更加丰富，且能够更好地加强与协助监管机构、街道社区进行安全管理。对于租户而言，社区物业管理公司相对于二房东、提供一次性服务的中介机构，房源信息与后续居住也显得更加可靠。但需关注这类模式中，物业管理企业作为中间方，存在维护业主利益优先的偏向性，如何有效保障租户权益仍待深入探索。

其二，关于业主直租模式与非营利性租赁房源信息平台的探索。由于信息获取渠道不通畅导致的信息不对称，寻求中介机构租房对于租客来说仍是首选，但中介费用的支出又是一笔额外的成本负担，因而不少租客会通过各类论坛、社交媒体寻求业主直租。在这一需求下，近年来出现了一些基于网络的非营利性业主直租信息平台，去中介化的直租平台模式的可行性同样值得探索与研究。

其三，关于住房租赁备案完善房源监管的探索。近年来国家和各地方城市持续推进住房租赁备案，但从现实结果来看，一方面是各地对于租赁住房备案要求有所不同，强制性程度也不同；另一方面，不少个人业主出于不愿缴税、办理备案手续复杂等原因，进行住房租赁备案意愿不强。而进行租赁备案，是加强租客权益保障、提高政府及相关部门对市场监控与管理能效的重要基础，因此深入探索推进住房租赁备案管理机制的方式方法十分必要，尤其是关于所应备案信息的内容与维度、备案管理参与机构与具体职能等方便的探索。

其四，关于房屋指导租金的探索。坚持"房住不炒"，也应坚持"房租不炒"。当前国内各大城市普遍存在租金季节性上涨与下调的问题，基于市场需求的租金价格调整无可厚非，但是调整幅度如何控制，普遍没有严格的限制与要求。同时，未来住房租赁市场还有很大发展空间，伴随市场化机构参与比例逐步提升，相关部门应当更加注重对于租金价格调控相关政策制度的完善。

三、总结与建议

基于以上分析与探讨，我们提出以下建议：

（一）秉持动态发展思维，加强多方合作，深化市场供需结构研究

秉持动态思维，注重住房租赁供需影响因素及其变化对租赁供需结构的影响。住房租赁需求由于人口及其结构的演变与流动，是持续变化的，政策制定者乃至市场参与者也该相应地注重和加强市场供需结构性匹配的研究。同时通过加强多方主体协作，有利于市场研究的深入与有效推进，如主管机构与社区基层组织、互联网类房地产机构、研究机构等的合作。

（二）加强以住房租赁需求群体权益保障为核心的立法保障

参考国外住房租赁市场立法保护的模式，其通常倾向于优先、侧重租客群体权益的保障。如日本、德国均通过立法保护租约及租金水平的平稳。在租约方面，日本普遍采取到期自动续约的模式，德国租约则默认为无固定期限；在保持租金平稳方面，日本和德国均严格设定限制房东涨价的条件。其中，德国通过立法严格控制租金涨幅，一方面是各城市设置明确的租金基准价格并每年进行调整；另一方面对于上调租金，规定三年内涨幅不超20%，特殊区域不得超过15%等。对于我国来讲，各城市应当加快建立租赁指导价格发布制度，健全房源租金涨幅调控机制，严格按照"一房一金、一年一调"的模式规范住房租赁市场。

（三）兼顾政府主导的保障性住房与市场化租赁并行的模式

以政府为主提供基本保障，以市场为主满足多层次需求，加强需求端有效管理，优化住房供应结构，努力实现"住有宜居"，是当前我国住房租赁市场发展的明确思路。对于政府机构而言，持续探索多元化的住房租赁保障方式十分必要；在市场供给方面，关注集中式长租公寓发展的同时，加强分散式租赁住房的管理和租赁模式创新也十分重要。此外，对于潜在市场参与机构，如物业管理企业的进入，相关监管机构也应加强机构管理并防范潜在问题。

（四）推进住房租赁供需匹配信息渠道建设，加强房源信息监管与整治

信息化时代，畅通租赁供需信息匹配渠道与完善信息管理平台建设是推进住房租赁市场发展的重要环节。近年来，相关部门针对网络房源信息发布乱象的整治工作不断展开，相关政策法规逐步出台。我们认为，在加强市场上互联网平台规范化管理的同时，还应做到以下几方面：

一是持续推进以政府为主导、行业协会积极参与的房源信息系统的构建，加强住

房租赁乃至整体住房市场信息管理与监督；

二是持续推进与鼓励租赁备案。深入探索与完善住房租赁备案管理机制，不仅有利于保障居民权益与加强政府监管，更有利于辅助房源信息系统构建，提升信息化管理能级；

三是各试点城市应用好用足中央财政专项资金支持发展住房租赁市场的相关政策，助力行业经营规模化、服务专业化、管理规范化、信息智慧化的发展，为其他城市住房租赁市场的发展提供经验；

四是允许市场和机构探索多模式的市场化信息渠道与平台建设，如业主直租平台模式与渠道建设的必要性与可行性。

参考文献：

[1] 田莉，夏菁.租赁住房发展与住区规划：国际城市的经验与启示[J].住区，2020（4）：10-13.

[2] 邵挺.中国住房租赁市场发展困境与政策突破[J].国际城市规划，2020，35（6）：16-22.

[3] 王方明.供需视角下城市住房租赁市场建设现状及影响因素研究[J].科技经济导刊，2019，27（9）：181-182.

[4] 孙聪，刘霞，姚玲珍.新时代住房供应如何契合租购群体的差异化需求：以上海市为例[J].财经研究，2019，45（1）：75-88.

[5] 卢玉洁.北京市公共租赁住房供给对策研究[D].北京：北京交通大学，2018.

[6] 陈颖.住房租赁的需求与供给分析：以深圳和福州的对比分析为例[J].老区建设，2017（16）：38-40.

作者联系方式

姓　　名：李　枫　江　修

单　　位：深圳市世联土地房地产评估有限公司

地　　址：深圳市福田区上梅林卓越梅林中心广场二期B座19层

邮　　箱：lif2@worldunion.com.cn；jiangxiu@worldunion.com.cn

注册号：李枫（4420110210）

姓　　名：臧曼君

单　　位：深圳市世联土地房地产评估有限公司、世联评估价值研究院

地　　址：北京市朝阳区西大望路15号外企大厦B座13层

邮　　箱：zangmanj@worldunion.com.cn

宿舍型租赁住房现状与发展建议

蔡兴华　陈圆圆

摘　要：宿舍型租赁住房是住房租赁市场的重要组成部分，随着我国城镇化进程的发展，人口不断向特大型、大型城市聚集，在此过程中难以避免地出现了一些亟待解决的问题——住房租赁需求激增但供给不足、企业招留人才难、外来流动人员管理不易、群租房安全隐患多……目前，城市基层奋斗者租住群体已成为我国租赁市场的"金字塔底部"群体，针对房型错配、地段错配、价格错配等供需结构不平衡导致的租房市场乱象，宿舍型租赁住房因其专业性、便利性、安全性等优势受到越来越多企业的认可，极大地解决了城市基层奋斗者群体的租住难题，成为中国住房租赁市场中不可或缺的中坚力量。

关键词：职住平衡；房源供给；宿舍型租赁住房

一、租赁住房市场现状

（一）城市住房租赁需求日益旺盛

据统计，目前我国已有超2亿的城市居民以租赁方式解决住房问题。在人口净流入的大城市，以新兴服务业为代表的第三产业中，以租赁方式解决住房问题的人数正迅猛增长；在一二线城市房价超高的情况下，以服务员、快递员、外卖员、网约车司机、环卫工人、酒店员工等服务业从业人员为代表的新市民、新青年90%以租赁解决住房刚需。

预计到2030年，国内住房租赁市场规模将超4万亿，市场需求巨大。

（二）可租赁的房源供给不足

我国一线城市租赁需求最为旺盛，人口流动性大，常住人口持续增长，因此，房源供给明显不足，市场供给端存在巨大缺口。以北京为例，2020年北京常住人口约2153万人，外来人口745万人，租房人口占比约65%以上。调查结果显示，北京目前租赁房屋总体需求为211万套，目前北京租赁房屋约有176万套，缺口高达35万套。

(三)租赁房源与需求错位

都市新市民租房通常会考虑通勤效益(包括时间、经济成本和舒适度),往往偏爱工作机会集中的中心城区。但该区域要面临购房需求和工商业投资的空间争夺,因此房源甚少,而中心区域房价过高,因炒房带来的租房价格也大大超出了城市新市民的承受范围。

此外,社会基础岗位人员需求大,经常存在缺人的状况,但没有足够的空间提供住房,导致企业招人难、留人难,这就造成了职住不可调和的矛盾。

(四)企业员工住宿解决方案参差不齐

目前市面上的企业员工住宿解决方案主要有以下几类:租赁小区民宅、企业租赁空置物业或自有物业进行改造、企业发放租赁补贴、专业企业员工住宿服务等。

民宅改建后的宿舍噪声、结构、上下水、安全管理都存在隐患,且普通企业不具备租赁管理的能力,很容易被投诉,被认定为群租房。员工租住的安全隐患也将全部由企业负责,无形中提高了企业的运营管理风险和成本;企业租赁空置物业或自有物业进行改造,这一方案对企业要求最高,对于企业自身经济实力也有较高要求,因此只有极少数企业采用这种模式,小规模服务企业难以适用。企业发放租赁补贴,这一措施可有效转移企业用工风险,同时达到成本控制的目的,但劣势也比较明显,如补贴不足、上班路程等原因影响员工满意度、积极性等。

(五)租赁住房消费群体的需求转变

住房租赁市场上主要的租房人群为30岁以下群体,这部分群体在选择居住环境时,考虑的不仅仅是租金或者通勤距离,他们同时也希望能够找到一个满足自身休闲、社交等需求的生活社区,因此用户需求更加丰富和细化。目前租赁住房行业在供给端缺乏标准化、品质化的管理体系和房屋规格,难以满足年轻群体的居住需求,增加了房源与租客的匹配难度;甚至由于房屋管理规范性不足、信息不对称,导致哄抬房租、强迫交易等"黑中介"问题的发生。

二、培育和发展租赁住房的建议

住房制度改革以来,我国房地产市场逐渐呈现二元化发展态势,住房销售市场蓬勃发展,住房租赁市场始终处于落后状态。据统计,2020年全国房地产开发企业商品房销售收入约17.36万亿元,而房屋出租收入仅为1800亿元左右,后者不到前者的2%,发展极不均衡。

我国的住房租赁市场与发达国家相比,同样滞后。德国、法国、美国、英国、日本的租赁住房占比分别为55%、46%、37%、32%、30%,而我国租赁住房占比仅

11%，远远滞后于国际公认的30%～40%的合理区间。

为贯彻落实党的十九大关于"加快建立多主体供给、多渠道保障、租购并举的住房制度"的有关精神，培育和发展住房租赁市场应从以下方面着手。

（一）加快培育租赁住房市场机构运营主体

1. 培育住房租赁企业。引导房地产企业、专业化的住房租赁企业、中介机构积极开展有关住房租赁系列的业务，发展专业化、机构化、系统化的住房租赁企业，形成租赁市场大、中、小企业协同发展的良好格局。

2. 规范发展住房租赁中介机构。充分发挥中介机构数量多、覆盖广、信息流密集等优势，为租赁市场提供规范的居间服务。

3. 加快培育租赁型职工宿舍专业运营企业。租赁型职工宿舍的兴起和发展，是解决都市新市场、年轻人、低收入阶层租住问题的最佳方案，是中国住房租赁细分行业市场中的新兴力量。

（二）增加租赁住房供给渠道

1. 盘活存量住房。随着我国城市建设从"增量时代"逐步转向"存量时代"，在加快建立多主体供给、多渠道保障、租购并举的住房制度过程中，改建和存量转化类租赁住房不断增加，存量住房租赁市场的供应、培育和发展面临新的契机。

2017年7月，九部委出台《关于在人口净流入的大中城市加快发展住房租赁市场的通知》，强调盘活存量房屋用于租赁时，应尽可能鼓励市场多提供此类房源。鼓励住房租赁国有企业将闲置和低效利用的国有厂房、商业办公用房等，按规定改建为租赁住房。鼓励住房租赁企业、专业房地产企业利用闲置住房、库存商品住房等，用作租赁房源。盘活城市闲置和低效利用土地，提高住房用地占比。配套出台相关政策，允许将商业用房、写字楼、低效利用的国有厂房等按规定改建为租赁住房，在土地使用年限和容积率不变的情况下，土地用途调整为居住用地，调整后用水、用电、用气价格应当按照居民标准执行。

2. 扩大增量，加快在建新建租赁住房项目建设进度。在盘活存量的基础上，应加快新建租赁住房项目以及安置房建设进度，推进租赁房项目供地，形成长期有效供给。

加快在建新建租赁住房项目建设、装修进度。通过加快市场化租赁房、利用集体发展用地建设的租赁住房、市级公租房等项目建设，增加租赁房源供给。加快租赁需求热点区域的租赁住房的房源供给，缓解职住平衡之间的矛盾。

3. 鼓励建设租赁型职工宿舍。鼓励重要的一二级城市，鼓励工业、文创业园区企业、国有企业，利用自身的园区闲置土地、闲置商业配套用房，与专业的住房租赁企业合作兴建职工宿舍，为解决广大劳动人口居住难题提供了有效的方案。

租赁型职工集体宿舍，TOB的商业模式，不仅能丰富租房供给，可满足多层次租住需求，而且能分流部分租房需求，有利于降低城市整体房租水平。特别是随着城市拆违、城乡接合部综合整治、加强群租房整治以及地下空间清理的大力推进，原来租住在这些地方的人很难找到与他们收入水平相适应的房源。发展租赁型职工集体宿舍，能够解决居住人员的安全和稳定，缓解人口净流入城市因房源不足、职住错配导致的住房难问题。

（三）利用金融手段深化住房租赁服务

在国家政策的大力支持下，我国租赁住房市场正迎来深化发展的黄金时期。面对普通租户的租金压力、机构房东的资金需求、重资产模式下资金来源、住房租赁运营主体营运资金紧张等问题，我国租赁住房市场需要全方位的金融服务支持。针对上述问题，要进一步深化租赁住房金融服务，在传统的租赁住房开发贷款服务基础上，要整合 REITs、CMBS、ABS 等金融产品，因地制宜解决不同主体资金融通问题。

全国各地大力推进住房租赁政策的细化落实，市场发展取得重大突破。但也要看到，我国住房租赁市场还不够成熟，很多变革都还只是刚刚起步。加快培育住房租赁市场，是实现"住有所居"、建立促进房地产市场平稳健康发展长效机制的重要内容之一。政府应加快完善各项服务体系建设，通过立法完善法律法规来保障租赁各方的权益。政府和企业需再加把劲，从制度建设、金融支持、服务保障等方面入手，尽快补上短板，逐步实现租售并举、成熟健康的租赁住房市场。

参考文献：

[1] 周长鸣，康玉珠.住房租赁市场的培育与发展研究 [D].上海：华东师范大学，2015.

[2] 郭祖军.基于需求视角的住房保障政策选择研究 [J].建筑经济，2015（2）：54-57.

[3] 叶剑平，李嘉.完善租赁市场：住房市场结构优化的必然选择 [J].贵州社会科学，2015（3）：116-122.

[4] 柴强.国内外住房租赁的比较与借鉴 [J].中国房地产，2018（8）：20-23.

作者联系方式

姓　　名：蔡兴华　陈圆圆

单　　位：安歆集团

地　　址：北京朝阳区十里河佰汇广场 B 座

邮　　箱：chenyuanyuan@axhome.com.cn

租购并举模式下房屋租赁市场与城市发展的研究

王玉山　孙景明　熊俊生

摘　要：为了研究租购并举模式下房屋租赁市场与城市发展之间的关系，通过分析安徽省城镇化率、人口流动情况、房价走势情况、租赁市场的红利政策等相关因素，分析出房地产租赁市场与城市发展之间的关系，在此基础上提出一些建议，为安徽省发展多层次、多结构的住房保障体系提供一些依据，从而加快安徽省房地产市场的平稳健康有效发展。

关键词：住房租赁市场；发展环境分析；对策建议

一、引言

近年来，随着"房住不炒""租购并举"基调的不断推行，房屋租赁市场迎来了发展的春天。尤其在2021年的政府工作报告中，李克强总理提到"要解决好大城市住房突出问题，通过增加土地供应、安排专项资金、集中建设等办法，切实增加保障性租赁住房和共有产权住房供给，规范发展长租房市场，降低租赁住房税费负担，尽最大努力帮助新市民、青年人等缓解住房困难"。对于刚毕业的大学生、进城务工的群体来说，完善的住房租赁市场在一定程度上能有效缓解当下的资金短缺问题。解决城镇市民、外来务工人员的住房问题，促进房屋租赁市场的平稳健康发展，从而加快城市发展，已成为当前的热点话题。因此，本文以此为出发点，从房屋租赁市场与城市发展的角度来研究安徽省的住房租赁体系，亦希望为更深层次的住房租赁制度建设提供一定的建议与意见。

二、研究现状

我国的住房租赁市场起步较早，截至目前大致可将其分为四个阶段：第一阶段是新中国成立到20世纪70年代末，我国实行的是住房福利分配时代的公房租用制度；第二阶段是从70年代到90年代末，我国逐步形成从公房租赁到私房租赁的改革；第三阶段是从90年代末到2015年，这期间我国逐步形成了保障性住房租赁体系，在一定程度上为中低收入群体提供了住房保障；第四阶段是从2015年截至目前，我国正在逐步建立租购并举的住房制度，大力发展住房租赁市场。

通过对相关文献的阅读梳理，可以发现目前有不少学者对住房租赁市场进行了深入研究。比如申文金、张文生在《新常态下房地产租赁市场体系建设研究》一文中分析了当前我国房屋租赁市场的现状与存在的问题，并与西方发达国家的租赁市场进行对比，在此基础上为我国的房屋租赁市场提出了数条良性建议；况澜、郝勤芳等人在《我国住房租赁市场需求及发展趋势研究》一文中将我国住房租赁市场与发达国家的住房租赁市场进行对比，找出其存在的差距，进而通过预测分析指出，我国住房租赁市场仍有较大的发展空间，未来的长租公寓会得到快速发展，要加大开发性金融的支持力度，从多角度保证住房租赁市场的发展；黄梦融通过归纳福州市2013～2016年第三季度住宅租金变动趋势及其分布特点，找出影响其主要因素，探讨租金的变动对福州市城市发展的影响，进而为租金的合理制定提供一定的理论基础。

基于此，本文通过搜集相关数据资料信息，探究安徽省的房屋租赁体系与城市发展水平，从而找出租购并举模式下房屋租赁市场与城市发展水平之间的关系，在此基础上提出相关建议与措施，希望为安徽省的住房租赁市场平稳健康发展提供一定的理论基础。

三、安徽省住房租赁市场发展环境分析

（一）城镇化率的不断提高促进租赁市场的发展

通过查阅相关资料，得出近十年安徽省的城镇化率如表1所示，安徽省的城镇与农村人口分布情况如表2所示。

2010～2019年安徽省城镇化率　　　　表1

年份	比重
2010	43.20%
2011	44.80%
2012	46.50%
2013	47.86%
2014	49.15%
2015	50.50%
2016	51.99%
2017	53.49%
2018	54.69%
2019	55.81%

从表1可以看出，近十年期间安徽省的城镇化率在不断提高，由2010年的43.20%增加到2019年的55.81%。

2010～2019年安徽省城镇与农村人口分布情况　　　表2

年份	城镇人口（万人）	农村人口（万人）
2010	1550	5276
2011	1577	5299
2012	1580	5322
2013	1588	5341
2014	1574	5362
2015	1917	5032
2016	2075	4952
2017	2193	4866
2018	2313	4770
2019	2467	4652

从表2可以看出，安徽省的城镇人口在不断增加，从2010年的1550万人增加到2019年的2467万人，农村人口基本呈下降趋势，由2010年的5276万人下降到2019年的4652万人。

从上述分析可以看出，随着时间的推进，经济不断地发展，新型城镇化呈现出良好的发展势态。伴随新型城镇化的发展，大量农村人口涌入城市，给城镇带来了巨大的住房需求，继而引发城市人口的增长及住房与用地供应之间的矛盾加剧，导致房价不断提高。对于中低收入家庭来说，不断提高的房价在一定程度上制约着其购房能力，使得基本住房需求得不到有效保证；另一方面，房价不断提高也导致很多中低收入家庭只能租赁，这也促进了房屋租赁市场的发展，从这方面来看房屋租赁市场的良性发展又有效解决了城市住房难的问题。所以，城镇化率与房屋租赁市场二者相互影响，最终带来租赁市场的健康发展。

（二）流动人口在一定程度上带动租赁市场

通过分析安徽省近十年流动人口的情况，所得具体数据如表3所示：

2010～2019年安徽省流动人口分布情况　　　表3

年份	流动人口（万人）
2010	1038
2011	1199
2012	1157
2013	1130
2014	1053
2015	1045
2016	1052

续表

年份	流动人口（万人）
2017	1058
2018	1048
2019	1061

通过分析表3数据可以得出，近十年安徽省的流动人口数量基本趋于稳定，并且呈小幅度上升趋势。我们知道，人口大量流向某城市在一定程度上能带动该城市经济的发展，但随之带来的也是住房问题。据相关研究表明，流动人口在流入地购房的比例不足10%。限于资金、房价、限购政策等方面的原因，租住私房才是流动人口解决住房问题的首选。我国的流动人口大多数更倾向于前往一、二线经济繁荣的城市，随着安徽省的全面"入长"，合肥进军为新一线城市，芜湖、马鞍山等一批重工业基地也在不断地发展，合肥都市圈、宿淮蚌都市圈、皖北城市群的强强联手，使得大量的外来人口流入安徽省就业，在一定程度上也带动了安徽省住房租赁市场的发展。所以，预计安徽省未来租住人口还将迎来一定幅度的增长。

（三）居高的房价促进租赁市场的发展

近年来，我省的房价持续增长，通过收集相关数据，以合肥市近五年房价走势为例，具体情况如表4所示：

近五年合肥市房价情况　　　　　　　　　　表4

日期	均价（元/m²）
2016.06	11966
2016.12	14983
2017.06	14711
2017.12	14362
2018.06	14407
2018.12	14217
2019.06	14298
2019.12	14226
2020.06	14227
2020.12	14594
2021.03	15155

通过表4的数据分析可以看出，合肥市近几年的房价居高不下，基本上呈一路上扬趋势，从2016年的均价11966元/m²增加到2020年的14594元/m²。居高的房价令一些年轻的购房者望而却步，尤其对于刚毕业的大学生来说，他们几乎没有过多的积蓄，为了在工作地保证居住需求，只能选择租房。所以，就合肥而言，高昂的房价

在一定程度上能够刺激房屋租赁市场的发展。然而，当租赁市场上租客变多、供小于求时，就会带来租赁市场的恶性竞争，从而使租金不断提高。所以，房价上涨带动租赁市场发展的同时，也要做好租赁市场的监管工作，防止租金过高。

（四）租赁市场红利推动租赁市场发展

住房租赁市场主要包括以下内容：从政府层面来讲，包括公租房、廉租房等；从个人层面来说，一类是自有产权房屋出租，另一种情况是宅基地建设房屋对外出租。通过对安徽省近年来住房租赁市场发布的政策进行梳理可得出以下几条：1.为加快住房租赁市场的发展，合肥市推出到2020年底筹集各类集中租赁住房16万套；2.在2020年安徽省发布的《关于进一步做好公共租赁住房租赁补贴工作的指导意见》中指出，要做好公共租赁住房的补贴工作，将中等偏下收入的困难家庭、外来务工人员纳入租赁住房保障范围，提供一定的租赁补贴；3.安徽省的各地市对于人才引进也出台了各类租赁政策，在一定程度上为刚毕业的大学生解决了住房问题。从安徽省的系列政策可以看出，解决中低收入人群的住房问题、留住人才、用好人才才能激发城市的活力，所以，租赁市场红利政策可以推动住房租赁市场的发展，进而加快城市的发展。

四、安徽省租赁市场发展的对策建议

（一）扶持品牌企业做大做强，发挥引领示范作用

政府可以出台相关政策，扶持一批服务规范、信誉良好的住房租赁企业，从而发挥引领示范作用。鼓励连锁经营、跨区经营、国内规模较大的住房租赁企业入驻安徽，加快安徽的租赁市场大力发展。支持品牌住房租赁企业通过合并、重组、合作等方式做大做强，按照国家和省相关政策予以扶持，享受相关税收、金融支持。努力推行租购并举，实现省内房地产市场的健康发展。

（二）借鉴国外发展现状，规范住房租赁市场

我们知道，在欧美等国家居民家庭租房的比例超过30%，德国居民家庭租房比例高达50%。这和租房的观念有关，也和租赁市场的成熟度有关，美国租房公司对房子配置做得非常齐全，让租房者真正拎包入住。而目前国内住房租赁市场，消费者认可度不高。所以，我们可以借鉴发达国家的租赁市场的发展思路，规范省内的租赁市场，转变消费者观念，在一定程度加快省内租赁市场的发展，积极培育专业化、规模化住房租赁企业，不断提高管理和服务水平，满足租赁住房市场需求，促进住房租赁市场健康有序发展。

（三）鼓励相关企业转型融合发展

鼓励房地产开发企业从传统的开发销售向"租售并举"模式转变；鼓励房地产开发

企业与住房租赁企业开展合作，建立开发与租赁一体化、专业化的住房租赁市场运营模式；鼓励房地产经纪机构物业服务企业利用管理便利，提供住房租赁托管、居间代理服务。通过减税、贷款利率优惠等方式吸引一大批房地产开发企业向租赁市场转型。鼓励有条件的房地产开发企业收购闲置房源，进行集中管理，从而进行低价出租。允许非房地产企业将依法取得使用权的土地，在符合规划、权属不变的前提下，用于建设租赁住房。通过各项举措，形成不同类型住房租赁企业协同发展的多元化住房租赁格局。

五、结语

本文通过收集安徽省房地产市场的相关数据，分析城镇化率、流动人口、房价、租赁市场红利政策对租赁市场发展的影响，进而分析出租购并举模式下房地产租赁市场与城市发展之间的关系。并在此基础上，提出相关的针对性建议，希望助力安徽省的房地产租赁市场朝着更高水平发展。

参考文献：

[1] 成立.稳市场、优结构、惠民生：从2021年《政府工作报告》看房地产市场[J].城乡建设，2021（7）：14-15.

[2] 严荣.成本型租赁住房：促进租赁市场发展的可行选择[J].上海房地，2019（3）：44-50.

[3] 申文金，张文生.新常态下房地产租赁市场体系建设研究[J].现代管理科学，2019（9）：82-84.

[4] 况澜，郝勤芳，等.我国住房租赁市场需求及发展趋势研究[J].开发性金融研究，2018（6）：65-87.

[5] 黄梦融.住宅租金与城市发展互动关系探究：以福建省福州市为例[J].中国物价，2017（4）：54-57.

[6] 安徽省统计局.安徽统计年鉴（2020）[M].北京：中国统计出版社，2020.

[7] 郭玉婷.上海市流动人口住房租赁消费需求弹性研究[D].上海：华东师范大学，2020.

作者联系方式

姓　　名：王玉山　孙景明　熊俊生

单　　位：安徽安和房地产土地评估有限公司

地　　址：安徽省合肥市潜山路与望江路交叉口港汇广场写字楼A座2308室

邮　　箱：337105055@qq.com

注册号：王玉山（3420040132），孙景明（3320090017），熊俊生（3420150076）

中国租赁住房行业发展实践

黄金石

摘　要：改革开放以来，我国住房制度与房地产市场得到了较好的发展，房地产经济稳定增长，租赁住房行业稳定发展，显著改善了住房条件，但随着国内经济进入增速换挡阶段，旧的住房模式不可持续的问题逐步暴露出来，部分城市房价过高，新市民群体住房困难，居住的品质服务有待提升。随着经济的稳定发展，城市流动人口不断增多，租赁需求也在不断地扩大。在"房住不炒"的政策基调下，房价上涨的空间被抑制，回归到居住的本质属性，消费者更看重服务管理及社区配套等，从而实现以购为主向租购并举的观念转变，长租公寓成为住房供应的几大类型之一，本文将探索长租公寓的概念、发展案例及未来的发展趋势。

关键词：住房问题；品质服务；长租公寓；发展趋势

一、中国住房领域的成就

在任何一个国家，住房发展的首要目标都是要解决居民安全可支付住房问题，同时房地产业也是经济活动的重要组成部分。从这两个角度来看，改革开放以来，我国住房制度与房地产市场发展较好地解决了住房短缺难题，在满足了快速增长的城镇人口住房需求的同时，显著改善了住房条件，对经济社会发展起到了不可磨灭的贡献。

（一）城镇居民住房条件显著改善

经历了史无前例的住房建设浪潮，住房的万人新开工量从1997年的不足14套提升到现在的110套，我国城市居民的居住条件得到极大改善：1978年，全国城镇家庭有869万户缺房户，目前户均住房达到1.1套，住房自有率超过85%。城市住房私有化率从1978年的25.20%提高到90%以上，多套数家庭占比接近20%，超过美国等发达国家。从1978年以来，我国城镇人口增加了6.7亿，城镇人均住房建筑面积从1978年的6.7m^2增加到约40m^2。住房成套率从1985年的36%左右，提高到目前的超过90%。

1998年以来，伴随着商品房市场的发展，针对城市低收入家庭的住房保障也取得了一定的进展，通过廉租房、公租房、经济适用房、限价房、共有产权房等多种保障形式，较好地解决了城市低收入家庭的住房困难问题。2008年开始大规模实施城镇保障性安居工程，到2019年底累计开工建设近7300万套，帮助约2亿困难群众改善住房条件。截至2018年末，城镇家庭住房保障覆盖率超过20%，城市户籍的低收入家庭已经不存在普遍的住房困难。

（二）房地产带动经济社会增长

房地产由国家财政负担变成对国民经济"牵一发而动全身"的重要产业。过去20年商品房交易额累计115万亿元，其中过去10年的交易额为100万亿，过去5年的交易额为65万亿元，2019年一年的交易额就超过16万亿元，创历史之最。过去20年房地产住宅投资年均增长19.6%，在固定资产投资中的比重在12%左右。2020年，国内房地产开发投资完成额占固定资产投资比重继续提升，达到27.3%，其中住宅开发投资占比达到20.1%，创历史新高。房地产业对GDP的贡献率从1978年的2.2%左右提高到2020年的7.3%，考虑到房地产业对上下游产业的带动作用，对经济增长的贡献率达到8%左右。在新冠肺炎疫情冲击之下，房地产投资是全行业中率先迎来复苏走向正增长的行业，对经济V形复苏增长发挥了中流砥柱的作用。

二、日益凸显的住房问题

过去20多年，我国住房取得了巨大成就。但是，自2018年以来我国房地产面临的环境发生了较大变化，随着国内经济进入增速换挡阶段，旧的住房模式不可持续的问题逐步暴露出来，如果处理不好，未来也会滋生巨大风险。

（一）部分大城市房价过高

2008年之后，我国房价出现普遍上涨，尤其是一线城市和重点二线城市房价上涨幅度较快，超过了真实经济和收入增长的速度。过去10年，北京、上海、深圳新房价格分别上涨了87%、98%和136%；二手房价格上涨了93%、78%和170%。房价高反映了住房的金融属性过高。在全球低利率环境下，我国货币环境总体保持宽松。2015年我国广义货币M2与当年GDP的比重首次超过200%，2020年这一比例达到215.2%，利率水平达到较低的位置。

（二）新市民群体住房困难

尽管大部分城镇户籍家庭的住房问题得到了解决，但以进城务工人员、新毕业大学生、流动人口为基础的新市民群体住房问题仍然困难。

我国租赁市场总体发展不足，主要是结构性问题：租房问题在人口净流入、高房价的一二线热点城市表现得更加突出，流动人口的居住条件非常差。根据国家流动人口调查数据，目前，我国流动人口有30%居住在雇佣单位提供的宿舍或工棚，其他大部分人租住在城中村、城郊村、地下室、群租房，居住面积狭小，居住条件恶劣，安全风险很大。尤其是在大城市，居住情况更加严峻。根据过往调研，北京流动人口的人均住房使用面积只有 $5.6m^2$，40% 的流动人口人均居住面积不足 $10m^2$，在有限的居住空间内，平均居住人数为 4 人。

（三）居住品质服务有待提升

品质居住包括好房子和好服务。随着时间的推移，城市中早期建设的住房不断老化，如果缺乏及时的管理维护机制，将会严重影响到社区居民的居住体验。截至目前，全国城镇老旧小区 32.7 万个，建筑面积约 65 亿 m^2。

中国居住服务市场化起步晚，职业化服务者数量远远不足，优质服务成为"稀缺品"。以物业管理人员、房产经纪人为例，本科及以上学历人员分别为 10.5%、25%，远低于美国经纪人的 45%；从业年限相比，中国经纪人具有从业年限短、流动性强的特点，这也制约了服务的专业度、职业化水平。

三、从购买资产到回归居住属性

在"房住不炒"的政策基调下，中国房地产的金融属性逐步被剥离，房价上涨的空间被抑制，从而回归居住的本质属性，此时，房价反映的是居住的价值。消费者从单一买方需求向以居住为中心的多元化生活服务需求转变，会更看重住房的空间布局、节能、环保等因素，以及物业管理、社区配套、社区服务、社区氛围等宜居性因素。

（一）改善型需求成为主流

尽管总量上我国已经解决了住房短缺问题，但在结构上，当前住房品质和居住服务与家庭品质需求仍有很大的差距。

国际经验表明，当一个国家人均 GDP 超过 1 万美元之后将进入消费升级阶段。2019 年中国人均 GDP 突破 1 万美元大关，城镇家庭人均年度可支配收入超 6000 美元，意味着我国中等收入群体规模进一步扩大，城镇家庭消费能力和消费意愿快速提升。随着房地产市场从供不应求到供需基本平衡，消费者对产品质量高、配套设施全、社区服务好的"好宅"需求越来越大。

（二）流动人口租赁需求庞大

从发达国家的经验看，美国、日本、英国的租赁家庭占比普遍高于 35%，而德国更是高达 53%。特别是房价高、人口密度大的核心城市，租房人口比例更高。纽约的租赁人口占比为 56.9%，洛杉矶为 54.4%，伦敦为 49.8%，东京为 39.5%。通常来看，40% 以上的人口选择租赁作为居住方式成为大城市的常态。

（三）从以购为主到租购并举

除了商品房之外，未来的住房供应还有其他类型的住房，如政策性租赁住房、保障性租赁住房、共有产权房等，促进消费者从单一买房到租购并举。下一阶段，住房政策的重心在补租赁短板，关键在于大力发展机构化长租房，促进租赁市场规范发展。重点解决租赁运营机构税负成本高和融资成本高的问题，降低资本利得税的税率，加大低成本的长期融资支持，加快推动 REITs 落地，引导保险资金和公积金有序进入租赁市场，支持长期租赁住房的开发、投资和持有。

（四）房地产从生产到服务，居住服务是内循环的重要支撑

在以售为主的时代，开发商处于产业链的中心，考验的是资源获取和周转能力，因而"高杠杆、高周转、高房价"是购买时代最鲜明的特征。未来金融、税收、土地等基础领域进行改革将倒逼开发企业转型，高杠杆、高周转模式将终结，向多元化持有运营扩展。

发达国家的经验表明，即便经济进入相当成熟阶段之后，房地产业对经济增长的贡献也不会自然减弱，甚至会因为房地产服务业以及各类住房衍生产业的发展壮大而进一步增加。从数据上看，全球主要发达国家的房地产业在 GDP 中的占比一般达到 10%～12%，我国目前只有 7% 左右；发达国家房地产整个上下游产业链在 GDP 中占比往往超过 20%，我国只有 15% 左右。

未来，中国住房将从"钢筋水泥"转向居住服务业，成为中国经济内循环的重要支撑。例如，住房租赁市场很有潜力成为一个新的经济增长点。未来我国租赁人口将超过 2.5 亿人，这一庞大的需求基数将刺激租赁服务业的全面增长，从租赁住房的出租、装修、改造、维护到租后的保洁、搬家等服务都是潜在的增长点，未来将会是一个 2 万～3 万亿元规模的市场。再例如，物业管理也是一个快速发展的行业，在管面积超过 200 亿 m^2，未来仍将进一步增长，当前行业规模约 1 万亿元，未来将突破 2 万亿元。房地产服务细分品类有很大的发展空间，完全有可能再造一个房地产。

在美国、德国、日本等发达国家，市值最高、规模最大的房地产公司往往不是开发公司，而是上市的租赁型 REITs、综合型的住房服务公司、物业公司、中介公司、建筑科技公司和互联网公司。近年来，我国物业公司、连锁型中介公司、互联网交易公司、住房科技公司发展迅速，这个趋势方兴未艾、潜力巨大。

四、租赁型长租公寓概念

不同于传统中介和个人房东租赁，长租公寓更能满足租户标准规范的租住需求。一般来说，长租公寓指的是租期为一年，以月为单位支付房租，标准化、规范化地对房源进行系统装修和家具家电配置的房屋租赁方式。

（一）长租公寓的特点

长租公寓主要客群为20～35岁的单身青年，以满足该群体成家前的住房需求为目的。与传统中介相比，标准化的长租公寓一般更加规范安全；与短租民宿相比，长租公寓更能满足租户长期稳定的租住需求。相较于短租民宿解决的是旅居需求，长租公寓首先面对的是生活场景，市场容量更大；其次，长租公寓一般租期稳定，便于管理。

与其他房地产形态类似，长租公寓的地理区位很重要。企业在获取房源时一般首先考虑区位优势，优质区位的房源将很大程度影响后期空置率、租金乃至升值空间；其次，需要考虑房源改造的难易程度。

长租公寓的优势在于可通过集采方式，统一设计装修风格，降低装修成本，增强吸引力的同时也能带来一定的租金溢价空间。目前，房屋租赁市场面临的最大痛点之一，是租客和房东之间的信息不对称，即大量重复过期信息存在，沟通效率低下，需要规范的长租公寓平台为租客和房东双方提供更为标准化的服务。

（二）长租公寓的分类

经营模式从资本运作层面主要可划分为重资产、中资产和轻资产三类。重资产模式：企业通过收购/自建获得资产（楼盘物业）的所有权，同时具有装修后对外出租的经营权。中资产模式：企业通过租赁获得资产的经营权，在和资产所有者（房东）签订的租约期限内，企业可以对外出租获得租金差收入，资产所有权仍归房东。轻资产模式：企业作为运营管理商，通过与房东签署运营托管合同，帮助房东招租以及租后管理，装修投入由房东负责。

长租公寓从空间分布上可分为集中式和分散式，前者以整栋楼为基本单位，可整栋拿下进行改造设计和装修管理，运营成本较低，并通过提供公共场所以及一些社群活动提升用户体验。但找到合适的楼盘物业并不容易，因此该模式下公寓规模发展速度较慢。

五、租赁住房行业发展驱动力

随着租赁市场的稳步发展，长租公寓行业也快速进入黄金时代，包括创业公司、房地产中介、房地产开发商、酒店运营商在内的越来越多企业也开始介入。

（一）政策驱动力

党的十九大报告明确坚持"房子是用来住的，不是用来炒的"定位，建立多主体供给、多渠道保障、租购并举的住房制度。未来国家将着重发展长期租赁市场，支持专业化、机构化住房租赁企业发展。在政策支持下，长租公寓行业逐渐被大众认可，越来越多的传统房地产商也涉足长租公寓。据统计，我国排名前 30 位的房地产商中，已有 1/3 以上在这一领域有所布局。

（二）需求驱动力

需求方面：随着中国的城镇化发展，住房需求普遍存在于不断流入城镇的人群中。在房价上涨带来的购房压力下，大批有长租需求的租客以及大量存量房的出租需求将推动长租市场不断发展。但目前我国住房租赁市场的专业化程度仍与发达国家有较大差距，美国的住房租赁市场中专业化机构占 30%，日本占 80%，中国的专业化机构仅占 1.5%～2%。

（三）转型驱动力

中国房地产市场正由开发转向存量资产运营时代，需要重新激活存量地产物业的价值，进而推进城市发展，国家也会越来越鼓励租赁这一生活方式。

六、租赁机构化趋势不可挡

在租购并举政策的带动下，未来十年，中国租赁市场将迎来万亿的市场规模，其中机构化的比例将会进一步提升，重资产的模式和轻托管的方式将会得到提升。

（一）只有机构化提升才能克服传统租赁市场乱象

在传统的 C2C 市场中，租客的租赁痛点大量存在，主要包括虚假房源信息多、维修责任无人承担、房源质量差、被恶意抬高租金、克扣押金、所签署合同无法保护自己、房东涨价多等问题，租客的合法权益未得到充分保护。这是在法律不健全的情况下 C2C 市场难以克服的矛盾。只有机构化率提升，形成 C2B2C 为主的供应结构，才能提高市场的集中度，提升监管的覆盖度，实现租赁长期稳定。

（二）保障性租赁住房的着力点在于推动机构化提升

"十四五"期间，要探索支持利用集体建设用地按照规划建设租赁住房，完善长租房政策，扩大保障性租赁住房供给。无论是新建租赁住房还是盘活利用存量住房，都需要机构的深度介入。有政策支持的政策性租赁房源将大幅增加，机构运营企业将在土地及财税方面获得进一步支持。美国由专业机构持有运营和机构托管的房源占 54.7%，英国为 66%，德国为 46%，日本为 83%，我国租赁机构化率不到 5%，一线核心城市机构化率也不到 20%（表 1）。预计在下一个十年，随着业主对资产管理的需求以及租客对标准服务的需求提升，我国住房租赁机构化将有 5 倍以上增长，机构化率达到 30%。

（三）房企开发持有运营的方式得到政策鼓励

我国重资产模式比较低，原因主要是土地成本高、融资成本高、投资回报率低。未来，政策性租赁住房主要是鼓励重资产的持有模式。在融资方面，限制房企开发销售的贷款额度，但对开发持有运营予以信贷支持；土地出让层面，或将一次性土地出让的方式变为年租，降低土地成本；在税收负担方面，未来也会对机构持有租赁采取一定的增值税减免。在政策的鼓励之下，未来企业开发持有运营的比例将会提高到租赁住房供给的10%左右（图1）。

发达国家的租赁机构化率　　　　　　　　　　　　　表1

	美国	英国	德国	日本	法国
机构持有运营	8%	1%	18%	17%	5%
机构托管	46.7%	65%	28%	66%	66.2%
个人直租	45.3%	34%	54%	17%	28.8%

图1　国内外租赁机构化模式比较

七、中国租赁机构发展案例

长租公寓行业目前主要涉及租赁平台和细分服务提供商两类从业机构。

（一）长租公寓经营主体总述

行业从租客、业主到平台层和第三方服务提供商，搭建完整的商业闭环。目前行业内参与者角色众多，平台层主要包括泛人群租赁平台、垂直租赁平台和综合平台三类。泛人群租赁平台包括自如、魔方公寓等囊括多种垂直租赁领域的长租公寓，以及万科、如家等房地产、酒店旗下的长租公寓；垂直租赁平台则指专门针对白领、蓝领、中高端用户、女性、海外市场等不同用户群体、不同市场的租赁平台；综合租赁平台如嗨住、蘑菇租房、58同城旗下的安居客、链家旗下的贝壳找房等，会和部分长租公寓品牌进行房源合作，除去导流之外，如嗨住还会起到全网比价的作用。总体来说，垂直租赁平台更侧重于特定人群的长租公寓需求，以差异化的产品和品牌特性占领市场。第三方服务商主要包括金融、SaaS、装修、家居等细分领域的专业服务提供商。

（二）平台型租赁机构案例一

以多元化服务为青年群体提供找房服务，增强租客租住体验。2011年5月，主打白领青年公寓的自如正式成立，内部创业5年后，自如从链家剥离，全面独立运营。截至2017年底，自如已进入了9座城市，为超过20万业主委托管理50万间房源，累计服务120万租客（自如客），管理资产价值超过6000亿元。自如友家是自如的长租公寓产品之一，定位是合租公寓，也是自如最早的分散式长租公寓。除此之外，自如旗下还有独栋集中式公寓自如寓，成套出租的公寓产品自如整租、业主直租、资产管理服务自如豪宅等共计四类长租公寓产品，另外还有自如驿、自如民宿等旅居产品。随着用户基数的扩大，自如也从白领公寓逐渐扩张成覆盖白领、蓝领等多群体，长租、旅居等多产品线的平台级入口。面对群租房治理，自如提出要打通原本隔离的客厅环境，以"共享客厅"的概念来解决隔断和群租问题。对于行业来说，如何开发和利用好客厅等公共空间，提升用户体验，也是长租公寓运营商未来需要解决的问题。

（三）平台型租赁机构案例二

面向B端市场解决集体租房难的蓝领公寓仍面临政策和安全双重风险。

蓝领被称为白领的相对一族，为解决该群体租房难问题，杭州将建造1万套蓝领公寓为外来务工人员提供临时性租赁住房。因地制宜地对城中村改造范围内未拆除的酒店、办公用房、学校、企业厂房等进行改建，从而在改造成本较低的情况下打造人性化的居住空间。蓝领公寓的建造兼具商业和社会价值。商业价值上，蓝领公寓大多单价较低，但多人居住且平效更高，利润也高于白领公寓。社会价值上，蓝领公寓运营商在获得盈利收入的同时，外来务工人员也获得了更加正规、安全的居住场所，这也是在帮助政府、社会和企业解决低收入人群居住的民生问题。目前国内有魔方公寓、自如等主体介入该市场。

魔方公寓的子品牌9号楼即为企业员工提供集中管理的多人居住空间解决方案，分为单人间、双人间、八人间等，多人共享客厅、厨卫等公共空间。2018年3月，自如推出企业服务式公寓——自如城市之光，主要合作对象为企业，为企业员工提供宿舍，包括城市生活六人间和个人优享生活单元两类产品。目前，此类公寓的签约入驻主要是以企业合作的形式。

蓝领公寓在解决一二线城市生活成本高、集体租房难问题的同时，也对企业为员工安排住宿、优化用工条件提供解决方案，长期来看将有利于政府治理群租房、稳定小区治安，未来或将成为较看好的集体租住方式，但目前仍存在政策和安全两方面风险。截至目前，还没有关于蓝领公寓合法化的政策性文件出台，监管也不明确，无消防、改造标准，人员安全管理、资金、客源都存在一定问题。

（四）平台型租赁机构案例三

强调用户运营和居住体验，做"最懂女性"的品牌公寓运营商。

包租婆主推地铁沿线15分钟以内的分散式女性公寓，其发展重心分为产品设计和品牌建设两个阶段，产品设计阶段从空间布局、功能规划、家居哲学等角度解决女性用户痛点，并建立基于女性用户的管家服务标准。同时平台还为房主提供装修、维护、管理等服务，即接手房源后免费装修好再出租，模式与自如类似，但设计风格更女性化，并且不收服务费。

目前，包租婆主要布局于北京朝阳区地铁沿线，主要客群为对生活品质有一定要求的年轻白领女性。基于对女性用户的洞察，除去提供租住服务，包租婆在用户运营方面更注重女性住进来后的生活体验和内容增值空间。目前已形成较有特色的女性社区，并定时举办"Biggirl养成记""Biggirl福利社"等线下线上活动。

（五）平台型租赁机构案例四

以"全、真、准"房源，解决"租客找房+房东出房"租赁痛点。

作为B2C租房聚合平台，嗨住采用OTA（线上旅行社）方法建立实时房源预订系统，以携程在线销售模式拓展B端房源，以去哪儿搜索比价模式获取C端个人房源，解决万亿租房市场"找客找房"的最大痛点。

在真房源的基础上，嗨住从全网抓取同一房源信息，通过技术交叉对比和整合，用公开透明的比价方式帮助房东和租客高效匹配。当前，整个租房行业都面临房源供应的真实性、分散性、时效性等挑战，需要聚合平台来吸引全网客源，长租公寓行业也不例外。嗨住这类聚合平台也吸引了自如、青客等成熟规范的长租公寓达成合作来提升运营效率。

房源全面：嗨住实时可租房源约20万套，涉及整租、合租和青年公寓等多种形态，以满足不同租客群体的需求。

房源真实：平台上线房源需经过机器和人工两道审核，以确保房源真实性；租客通过在线搜索即可筛选匹配房源价格、图片和地理位置，有效提高租房效率。

房源准确：通过对房源信息进行语义分析和样本交叉对比，实时自动下架问题房源，嗨住将房源价格、图片、地理位置和可租否这四个状态的准确率控制在85%以上。

盈利模式：嗨住目前通过佣金模式按成交或线索向B端收费来盈利，目前合作超过两万个职业房东,其中 50% 是付费客户,C 端房东和租客是免费的。

作者联系方式

姓　　名:黄金石

单　　位:青岛达睿斯资产管理有限公司

地　　址:中国(山东)自由贸易试验区青岛片区太白山路 172 号中德生态园双创中心 3064 室

邮　　箱:15554200960@163.com

住房租赁市场分析及建议

迟爱峰　彭永红　丁　滢

摘　要：我国房地产市场逐渐进入存量房时代，大力发展住房租赁市场是解决住房问题的有效渠道。相对于房地产销售市场而言，住房租赁市场体量小、尚不成熟且存在问题较多。"十四五"期间，我国将进一步推动租购并举、租购同权，盘活存量房促进住房租赁市场发展。本文通过分析我国住房租赁发展现状、政策文件等，给出发展住房租赁市场的建议。

关键词：住房租赁；租购并举；存量房

一、前言

当前，我国已经全面建成小康社会，并开启全面建设社会主义现代化国家新征程。当今世界正经历百年未有之大变局，我国发展的内部条件和外部环境正在发生深刻复杂变化。我国房地产市场在经历30多年的发展之后，房地产市场已经发生了翻天覆地的变化。早在2012年万科首次提出房地产行业已进入白银时代，2016年全国二手房交易额增至6.5万亿，链家研究院院长杨现领认为我国房地产市场进入存量"黄金时代"。

据《中华人民共和国2020年国民经济和社会发展统计公报》，2020年年末我国常住人口城镇化率超过60%，自改革开放以来，我国城镇居民住房条件得到极大改善，从1978年的人均$6.7m^2$提高到2019年年末的$39.8m^2$；据央行发布报告，2019年我国城镇居民户均拥有1.5套住房。另据恒大研究院研报分析，2019年我国住房自有率高达89.6%，远高于美国（63.7%）、英国（63.5%）、德国（51.7%）等发达国家。我国城镇居民住房水平达到了前所未有的新高度。可以看出，我国已经形成庞大的存量房市场。

伴随着房地产业的飞速发展，虽然城镇居民住房整体水平有了极大提高，但房价偏高和存量房空置率偏高成为两个日益突出的问题，并成为影响社会稳定的因素。据易居房地产研究院统计，2020年房价收入比继续升高，并达到9.2，在发达国家，房价收入比超过6就可视为泡沫区，因此可以看出，当前我国的房价收入比过高。与此同时，有钱人多套房，困难家庭没有房，贫富差距日益加大，存量房空置率屡创新高,目前不同城市存量房空置率20%～70%不等,大力发展租赁市场,推动租购同权,盘活存量房,对于我国现阶段促进房地产业健康发展意义重大。

二、住宅租赁市场发展现状

从住房需求角度看,住房租赁群体呈不断上涨趋势。伴随着城镇化推进,人才流动愈加频繁,住房租赁市场的需求也愈发旺盛。据住房和城乡建设部统计,目前我国约有1.6亿人在城镇租房生活,占城镇常住人口的21%,一线城市占比达60%以上,尤其是深圳占比高达80%。到2025年,租赁总人口将达到2.2万亿,到2030年将达到2.7亿,长期租赁人群占比将超过30%。

从住房供给角度看,住房租赁以个人出租为主,规模化住房租赁企业发展极端滞后。根据第六次人口普查数据测算,全国约90%的租赁住房来自个人出租,住房租赁企业仅占1%的份额。而根据链家研究院等机构统计,2018年我国规模化住房租赁企业的市场份额仅为2%左右,北京也仅为5%。

发展住房租赁市场势在必行。相对于购房市场,住房租赁市场在市场需求培育、价格走势及增加居住福利等方面具备一定的优势,能够发挥新的作用。大力发展住房租赁市场,有利于引领住房需求,促进供给侧结构性改革,带动经济转型升级,推动高质量发展,保障和改善民生,更好满足人民日益增长的美好生活需要。

三、住房租赁政策分析

近年来,为推动住房租赁市场发展,政府发布了一系列的政策文件,为了调节住房供给结构、解决住房需求,住房租赁被提升到了前所未有的高度。近年来,政府发布的主要住房租赁相关文件如下:

2015年住房和城乡建设部发布《关于加快培育和发展住房租赁市场的指导意见》(建房〔2015〕4号),提出建立多种渠道,发展租赁市场,积极培育经营住房租赁的机构,支持房地产开发企业将其持有房源向社会出租,积极推进房地产投资信托基金(REITs)试点,支持从租赁市场筹集公共租赁房房源。

2016年国务院办公厅发布《关于加快培育和发展住房租赁市场的若干意见》,提出实行购租并举,培育和发展住房租赁市场,培育租赁住房市场供应主体,发展住房租赁企业,鼓励房地产开发企业开展住房租赁业务。充分发挥市场作用,提高住房租赁企业规模化、集约化、专业化水平,形成大、中、小住房租赁企业协同发展的格局。

2017年党的十九大报告指出,加快建立多主体供应、多渠道保障、租购并举的住房制度。由此将住房租赁提高到前所未有的高度,成为与销售并重的住房供给支柱之一。要想实现租购并举,需要通过增加优质房源供应、整饬市场秩序,来改善租房体验，补齐住房租赁短板。租购并举有利于建立健康完善的房地产市场，丰富不同住房群体的住房需求，更好地实现住有所居。

2018年中共中央、国务院发布《关于完善促进消费体制机制 进一步激发居民消费潜力的若干意见》，指出大力发展住房租赁市场特别是长期租赁，加快推进住房租赁立法，保护租赁利益相关方合法权益。

2019年4月，国家发展改革委《关于印发〈2019年新型城镇化建设重点任务〉的通知》，积极推动已在城镇就业的农业转移人口落户并允许租房常住人口落户城市等；12月21日，国家发展改革委等4部门发布《关于加快促进有能力在城镇稳定就业生活的农村贫困人口落户城镇的意见》，提出因城施策降低落户门槛、提高落户便利性，允许租房人口城市落户等；12月25日，住房和城乡建设部、国家发展改革委等6部门发布《关于整顿规范住房租赁市场秩序的意见》，要求真实发布房源信息、规范租赁服务收费、管控租赁金融业务、建设租赁服务平台等。

2020年，为了规范住房租赁市场，住房和城乡建设部在官网发布了《住房租赁条例（征求意见稿）》，公开向社会征求意见，标志着住房租赁监管正式进入精细化、系统化和法治化时代。意见稿指出，直辖市、设区的市级人民政府应当建立住房租赁指导价格发布制度，定期公布不同区域、不同类型租赁住房的市场租金水平信息。对于租金上涨过快的，可以采取必要措施稳定租金水平。

2021年《中华人民共和国国民经济和社会发展第十四个五年规划和2035年远景目标纲要》重提"房住不炒"，加快培育和发展住房租赁市场，有效盘活存量住房资源，有力有序扩大城市租赁住房供给，完善长租房政策，逐步使租购住房在享受公共服务上具有同等权利。加快住房租赁法规建设，加强租赁市场监管，保障承租人和出租人合法权益。

从近几年政府出台文件看，为了调节住房供给结构、解决住房需求，政府高度重视住房租赁，出台了一系列文件来规范、引导住房租赁的发展。"十四五"期间，"房住不炒"仍是楼市主基调，面对解决困难群体和新市民住房问题，租赁房是解决住房问题的重要渠道。

四、住房租赁市场存在的问题

我国住房租赁市场主要存在的问题如下：

一是租赁市场发展滞后。长期以来，我国房地产市场以销售为主，重售轻租，租赁市场占比低。

二是租赁乱象频发，专业化住房租赁机构不成熟。近年来，住房租赁市场发展速度较快，房屋租赁企业涌现，尤其是长租公寓发展迅猛。但在缺乏法律条例约束的情况下，租赁乱象频发。2020年已有超15家房屋租赁公司的创始人或负责人失联，涉案金额高达数十亿元。乱象丛生的房屋租赁市场，不仅损害了承租者的合法权益，也影响了行业的健康发展。

三是房屋法律不健全。《住房租赁条例（征求意见稿）》在征求意见之后，迟迟未出台。现存法律文件对住房租赁法律关系的约束力较为薄弱，租赁登记备案制度未全面落实，住房租赁合同不备案现象普遍存在，政府部门无法掌握住房租赁市场的交易情况。

五、发展住房租赁市场的建议

保持房地产市场健康稳定发展，需要解决好住房供求矛盾，租购并举是大方向。综上所述，我国住房供应量充足，人均住房面积较高，如何盘活存量房，发展住房租赁，是解决当前住房供需矛盾的关键，并可以达到事半功倍的效果。基于上文分析，发展住房租赁市场建议如下：

一是培育专业化的租赁住房供应主体，如引导国有企业、房地产企业向住房租赁企业转型发展。房地产企业掌握着成熟的房地产业价值链模式，拥有住房租赁市场中最充足的房源，可以通过新建长租项目、出租库存住房等措施，促进住房租赁市场的发展，为满足流动人口的住房需求提供合适的租赁业务，进而实现房地产开发与住房租赁的有机统一。而国有企业拥有充足的资本，可充分发挥国有企业的规范化优势，带头开展住房租赁业务。打造租赁型国有企业、房地产企业，并发展为专业化的租赁住房供应主体。

二是完善租赁交易平台建设，加强对中介机构的监管。加强对中介机构违法违规行为的惩治，整治租赁中介乱象，维护住房租赁市场秩序，保护租房者权益。借鉴杭州等城市经验，将国有企业租赁住房、长租公寓、开发企业自持租赁住房、中介机构代理住房、个人出租住房等各类房源纳入服务平台，提供租房"一站式"服务，进而规范住房租赁市场，维护承租人权益。

三是推动租购同权，转变消费观念。中国家庭拥有房产比例高，重购轻租，这是由很多因素造成的，如房价上涨快、具备很好的保值增值功能，中国人家庭观念重、"婚房"是成家的基础条件，租房对承租人而言缺乏安定感，此外租购不同权也是消费者不选择租房的重要原因。从国家层面，严格控制房地产，坚守"房住不炒"，将挤压投资炒作需求；2021年《民法典》正式实施，"租房安全"更加有保障。伴随着城镇化的推进，城市流动人口日益增加，想要推动住房租赁发展，需要进一步推动租购同权，从需求端引导租赁需求。

四是进一步健全住房租赁相关法律法规及配套政策。加快《住房租赁条例》出台及其相关配套法律文件的制定，规范房屋租赁活动，切实保护租赁双方合法权益。完善承租人居住证办理、享受入学就医等优惠政策，对依法登记备案的住房租赁企业和个人，给予一定的税收减免或者返还等。

参考文献：

[1] 刘洪玉.什么因素阻碍了租房市场健康发展[J].人民论坛，2017（8）：88-90.

[2] 易宪容，郑丽雅.中国住房租赁市场持续发展的重大理论问题[J].探索与争鸣，2019（2）：117-130.

[3] 国家统计局.中华人民共和国2020年国民经济和社会发展统计公报[R].http：//www.stats.gov.cn/tjsj/zxfb/202102/t20210227_1814154.html，2021.

[4] 上海易居房地产研究院.2020年全国房价收入比报告[R].http：//admin.fangchan.com/uploadfile/uploadfile/annex/3/2633/600fd9cec05de.pdf2020，2021.

[5] 国务院再提住房租赁条例，"租购同权"时代到来.https：//www.sohu.com/a/314033698_100019684，2020.

[6] 金占勇，王萌.住房租赁市场现存问题分析研究[J].上海房地，2021（2）：8-10.

作者联系方式

姓　　名：迟爱峰　彭永红　丁滢

单　　位：江西同致房地产土地资产评估咨询有限公司

地　　址：江西省南昌市红谷滩新区赣江北大道1号中航国际广场1404室

邮　　箱：chiaifeng@163.com

注册号：迟爱峰（6120130019），彭永红（3620080029），丁滢（3620140014）

国内租赁住房发展的内涵、类型和特点
——以上海为例

任晨莹　邵明浩

摘　要：2015年底中央经济工作会议首次提出"租购并举"，2017年公共租赁住房首次被纳入上海"四位一体"的住房保障体系中，并于同年出台《关于加快培育和发展本市住房租赁市场的实施意见》，明确加快培育和发展住房租赁市场。五年多来，上海从多方面积极探索和推动租赁住房发展，制定并发布一系列政策，引导资金、土地及项目有序进入租赁住房领域。

关键词：租赁住房；发展规划；土地供应；物业类型

一、上海租赁住房发展规划分析

2017年7月7日《上海市住房发展"十三五"规划》发布，首次将公共租赁住房纳入"四位一体"的住房保障体系中，建立"购租并举"的住房体系，健全房地产业平稳健康发展长效机制。同年9月出台《关于加快培育和发展本市住房租赁市场的实施意见》，明确加快培育和发展住房租赁市场，提出"到2020年，基本形成多主体参与、多品种供应、规范化管理的住房租赁市场体系"的目标，同时要求加快推进供给侧结构性改革，大幅增加租赁住房建设供应，满足多层次的住房租赁需求。

根据上海市住房发展"十三五"规划的目标，"十三五"时期住房用地供应5500hm^2，其中租赁住房用地1700hm^2。预计新增供应各类住房12750万m^2、约170万套，其中市场化住房8250万m^2、约115万套：包括租赁住房4250万m^2、约70万套（租赁住房供应套数占新增市场化住房总套数超过60%），其中新建和转化租赁房源40万套、新增代理经租房源30万套（间）。在执行主体层面，除各区政府需承担租赁住房建设指标外，上海的三大国资平台上海地产（集团）有限公司、上海城投（集团）有限公司和上海申通地铁集团有限公司也分配到了租赁住房承建指标。

2020年11月27日，上海市住建委等三部门发布《上海市租赁住房规划建设导则》，强化中小户型供应导向，提倡以精细化的房型设计和智能化的社区管理不断提升租赁社区的生活服务品质。此外，在《关于鼓励社会各类机构代理经租社会闲置存量住房的试行意见》(2015)到期后,2019年9月上海市房屋管理局印发《关于进一步规范本市住房租赁企业代理经租房屋行为的通知》,将N+1模式的推行时间延至2024年[①]。该模式的有效延长,不仅有利于进一步规范租房市场、促进市场良性发展,也能更多地利好租客群体,对稳定租房价格、提高人才黏性有积极意义。"N+1政策"实施至今,对上海长租公寓市场起到了积极的指导作用,也对其他城市产生了一定的示范效应;同时在上海发展租赁住房的过程中,能促使供需不匹配的区域较快地增加供应。

二、上海租赁住房土地出让发展状况分析

上海租赁住房土地绝大多数来源于国有建设用地,按其来源可分为R4类用地新增(土地招拍挂市场)、商品住宅用地配建和城市更新转型三大类。

(一)R4类用地新增(全持有租赁住房用地)

1. 政策背景

2017年11月上海市规划和国土资源管理局制定并发布《关于加快培育和发展本市住房租赁市场的规划土地管理细则(试行)》,明确了租赁住房用地在规划用地分类中属于"四类住宅组团用地",包括:供职工或学生居住的宿舍或单身公寓、人才公寓、公共租赁房、全持有的市场化租赁住房等住宅组团用地。在出让年限与地价管理方面,与传统的住宅用地并无过多差异。

2. 市场交易情况

上海市租赁住房用地成交始于2017年7月,截至2020年底全市共计推出109幅租赁住房用地,其中纯租赁住房用地100幅,土地面积合计314.6hm^2,规划建筑面积685万m^2;含租赁住房的混合用地9幅,土地面积合计51.2hm^2,规划建筑面积239.6万m^2。值得注意的是,2020年新增科研设计用地和租赁住房混合用地,租赁住房与产业发展结合得更为密切(图1)。

此外,当前全持有纯租赁住房用地的平均容积率呈逐年递减态势,可见规划层面有意识地在提高租赁住房居住品质。而单幅地块平均面积在2020年有明显提升,主要是受到青浦朱家角三幅超10万m^2、合计41万m^{2}的地块影响,此三幅地块土地面积分列上海纯租赁住房用地前三名(图2)。

---

① 新《通知》对隔断间平方米数、承重结构、消防安全等方面均作出明确规定。N+1模式指单套住房内客厅(起居室)使用面积在12m^{2}以上,且按本市代理经租企业房源信息双记载相关要求报备的,可以且仅可隔断出一间房间出租供人员居住。

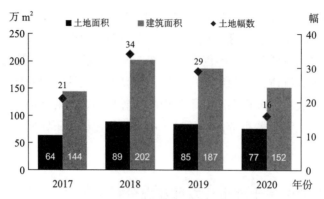

图 1 上海新增纯租赁住房用地出让统计（按时间）

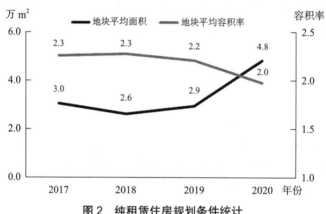

图 2 纯租赁住房规划条件统计

3. 区位分布

2017 年 7 月以来，全市纯租赁住房用地成交主要集中在人口导入较为集中的浦东（土地面积占比达 32%）、闵行，以及近年来依托于轨道交通、产业规划等因素加速发展的青浦区占比也较高（分别占到 16%），高密度商办集聚的中心城区合计仅占 17%，就业岗位和租赁住房用地的空间分布存在一定的错配。不过，土地资源较为充足的郊区也不是普遍都有大量供应，如宝山、嘉定等区，租赁住房用地成交占比在 6% 以下。租赁住房用地与商品住宅用地成交结构出现较大差异，实际上是迎合了租赁住房用地"实施精准供地"的规划供应管理方针，达到租赁住房使用价值与使用效率的最大化。

4. 成交价格

自 2017 年纯租赁住房用地入市成交至今，全部地块均为底价成交、无溢价，且同等区位条件的地区纯租赁住房用地平均地价水平基本相当。传统中心城区范围内长宁区最高，达到 1.26 万元 /m²，外围远郊地区则以松江、青浦两大居住氛围相对更好的区域为首，平均楼面地价在 3000 元 /m² 以上。

5. 受让主体

目前上海纯租赁住房用地的受让人以国资主体为主,包括市级国资企业(包括政策性土地开发平台)、区级国资平台和产业园区平台。其中,区平台和以地产集团、上海城投为代表的市国资开发平台受让的纯租赁住房用地分别占总量的三成左右,为解决职工租赁需求的园区平台约受让了五分之一。此外,非国有企业和外地国企开发商对上海租赁住房用地也表现出了浓厚的兴趣,例如从 2019 年年底至今,网易、华为分别受让 1 幅和 3 幅纯租赁住房用地,厦门市国资委旗下的开发商受让 2 幅松江区租赁住房用地(图 3)。

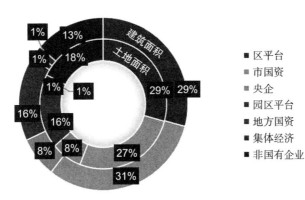

图 3 租赁住房用地受让主体情况

(二)商品住宅用地配建

1. 政策背景

2017 年 7 月,住房和城乡建设部会同国家发展改革委等九部门联合印发《关于在人口净流入的大中城市加快发展住房租赁市场的通知》,这是国家层面出台的关于商品住宅用地配建租赁住房的政策意见。而早在 2016 年,《关于进一步优化本市土地和住房供应结构的实施意见》(沪府办〔2016〕10 号)就已经开启了上海市房地产市场的"自持时代"。2017 年发布的《关于明确本市自持租赁住房建设规范和相关管理要求的通知》(沪住建规范〔2017〕9 号)进一步规范了自持租赁住房的后续持有条件。

2. 市场交易情况

2016 年 5 月一幅居住用地——浦东新区周浦镇西社区 PDP0-1001 单元 A-03-11 地块成交,其出让合同中要求自持建筑面积不低于 15% 的住宅物业用于租赁,成为上海第一幅需要配建租赁住房的地块,开启了配建租赁住房用地入市交易的序幕。截至 2020 年年底,上海土地招拍挂交易市场成交 157 幅配建租赁住房的用地,用于租赁的自持住宅总建筑面积接近 190 万 m²,其中涉及 127 幅居住用地、30 幅含住宅的综合用地。

3. 区位分布

从第一幅需配建租赁住房用地交易至 2020 年年底,期间总共成交 254 幅含有商品住宅属性的地块，其中需要配建自持租赁住房的占比超六成。已成交的这 157 幅配建租赁住房的地块分布于 14 个行政区，主要集中在浦东、青浦、奉贤和宝山四区，地块数量合计占到总量的 66%；中心城区地块数量较少，不足 10%。配建租赁住房的要求覆盖大部分含商品住宅属性的地块，在住房需求紧缺、人口密度大、产业发展集聚的区域，配建比例明显更高。

4. 成交价格

由于 2016 年上海土地交易市场火热，含商品住宅属性的地块争夺激烈，大部分地块均以高溢价成交，导致年内配建自持租赁住房用地的平均成交溢价率高达 131.9%、平均成交楼面地价超过 3 万元 /m²。随着楼市调控政策加码、预期走低，含商品住宅属性用地受到招挂复合出让方式的约束以及在不低于 15% 自持住宅建筑用于租赁出让要求的限制下，土地交易市场降温，高溢价地块基本消失，成交楼面地价也明显下滑，2017 年至今价格水平基本在 2.3 万元 /m² 上下平稳运行（图 4）。

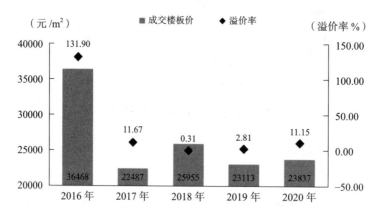

图 4　配建租赁住房用地成交溢价率和楼板价

5. 特别约定

在 157 幅配建租赁住房用地的出让预合同中，关于租赁住房的内容基本均为要求自持住宅用于租赁的最低比例和建筑体量，其他相关要求则较少。目前仅个别地块做了特别约定，具体如下：

特别约定地块的基本情况 表1

行政区	土地名称	土地用途	成交时间	特别约定
徐汇	徐汇区虹梅街道 xh240A-02、xh240A-04、xh241A-01、xh241B-01、xh241C-01 地块	商住办	2018-8	由受让人建立统一的管理及服务平台,对租赁住房进行租赁管理,禁止改变用途使用、转租、群租、闲置及其他违反相关规定的行为。租约原则不超过6年。房屋租金应在租赁管理要求中明确,并按照上海市租赁市场管理有关规定实施,租金水平应不高于市场同类房源租金水平,租金价格可根据市场租金水平情况适时调整。配套设施的租金价格参照市场执行。租赁管理未明确部分,应按政府相关管理规定执行
	徐汇区康健街道 N05-10 地块	居住用地	2018-12	
浦东	临港南汇新城 PDC1-0201 单元 WNW-A1-16-1、WNW-A1-23-1、WNW-A1-30-1、WNW-A1-30-2、WNW-A1-16-2、WNW-A1-17-1、WNW-A1-24-1 地块	商办、居住用地	2020-6	
闵行	闵行区浦江镇浦江拓展大型居住社区 37-01 地块	居住用地	2020-5	按出让年限自持住宅物业用于社会租赁的商品住房比例不低于15%,租赁住房套均面积原则上控制在 $50m^2$ 左右
	闵行区浦江镇浦江拓展大型居住社区 38-01 地块	居住用地	2020-5	
浦东	浦东新区唐镇镇北社区 PDP0-0404 单元 D-04-06 地块	居住用地	2020-7	自持部分套均面积不大于 $50m^2$
	浦东新区黄浦江南延伸段前滩地区 Z000801 单元 54-01 地块	居住用地、办公楼、教育用地	2020-7	

(三)城市更新转型

1. 政策背景

城市更新的内涵是通过对土地开发权的合理再分配,解决城市发展问题的综合性和整体性的目标和行为,为特定地区带来经济、物质、社会和环境的长期提升。从2014年起上海开始试行一系列城中村改造和存量工业用地盘活等城市更新专项政策,并在2015年出台了《上海市城市更新实施办法》(沪府发〔2015〕20号),全面规范城市更新的管理制度、操作流程、审批管理和对特定历史问题的处理办法。《上海市城市更新规划土地实施细则》在试行两年后发布了正式版,其中明确:"非住宅用地原则上不得调整为住宅用地,租赁住房除外。在满足设施配套的前提下,住宅、商业服务业、商务办公,以及符合区域转型要求的工业和仓储物流用地可以全部或部分转换为租赁住房。"

当前的城市更新政策是相对于原有的"收储再出让"路径,允许土地原权利人自行推动原有土地的用途变更和功能提升。在实际操作过程中,土地原权利人需要按照转型后的土地使用性质补缴土地出让金,还要向镇、区、市三级政府逐级汇报转型方案和规划调整方案,手续复杂、流程周期长,经济效益并不显著,唯一的优势在于不需要通过公开市场竞争取得土地开发权。所以政策颁布以来,通过城市更新政策完成土地二次开发的实例较少。

2. 开发运营模式

城市更新作为上海建设用地存量开发的重要手段,是未来新增租赁住房用地的来源之一。从权利人角度来讲,当前通过城市更新介入租赁住房开发的权利主体主要有以下两种:

一种是解决自身员工居住问题的大型国有企业,通过自建自营租赁住房,解决自身员工的居住问题、吸引高素质人才,同时租赁住房的选址一般靠近工作场所,不对区域通勤交通增加过多的压力,符合职住平衡的规划理念和租赁住房建设的政策初衷。不过,此类主体运营的租赁住房客源稳定(企业员工)、租金低廉(属于员工福利的一部分)、面向社会经营的部分较少(优先满足企业员工需求),掺杂了较多非市场因素,市场化程度相对较低。

另一种是具有酒店或租赁住房运营经验的企业,通过规划调整实现物业或功能更新。在当前政策环境下,城市更新项目的收益情况与租赁住房类似,故对于原开发强度低、收益情况较差、更新需求迫切的地块来说,转型成租赁住房不失为一种经济上的合理选择,受到具有相关运营经验的业主欢迎。这符合"培育多元市场主体"的政策精神,有利于建设租购并举的房地产市场,也是符合政策导向的市场行为。此类主体运营的租赁住房面向市场经营,与前文提到的全持有租赁住房用地以及商品住宅用地上配建的租赁住房,在收益价值上类似程度较高。

三、上海租赁住房发展状况分析

租赁住房项目可以分为两大类:一类是调规控地类项目,包括 R4 类新增土地项目、商品房配建项目、存量地块转型项目及集体土地试点项目(其特点均为 R4 地类);另一类是转化类项目,包括类住宅项目、单位租赁住房项目、产业园区配套建设、商办工转换类项目及商品房、工房转化的租赁住房项目。目前上海推广的国有土地上租赁住房主要为 R4 类租赁住房、类住宅和商办工转换类租赁住房三类。

(一)R4 类

1. 政策背景

2017 年 7 月上海市规划和国土资源管理局相继出台了《租赁住房用地供应中的建设管理相关要求》《关于租赁住房用地规划管理的有关要求》《租赁住房用地供应会议上土地管理相关工作口径》,对租赁住房的概念做了界定,并对布局区域、技术要点、管理要求等做了相应的规定:租赁住房应布局选址在就业聚集地区、交通便利地区;套型面积 60m² 以下的成套小户型住宅应不少于 70%,单人型宿舍人均套型面积不超过30m²；适当增加物业管理、洗衣房、活动室、健身房等生活配套设施比例，倡导采用开放式街区理念等。

2. 市场状况

截至2020年8月底，全市有66个R4类项目已经开工，可以提供约7.8万套租赁住房。因受疫情影响，2020年对于租赁住房的建设要求是年前拿地的项目要全部开工，2020年拿地的项目能够开工的要尽快开工。在这些已开工的项目中，预计有2个项目可以在2021年年底上市供应，约30个项目可以在2022年上市供应。到2023年底，全市约有7万套的集中新建项目可以面世。

（1）户型结构

在目前已开工的66个项目中，2018年开工16个，总量约1.8万套；2019年开工29个，总量约3.3万套；截至2020年8月底开工的项目，总量约2.6万套。经过市场需求调研，小户型租赁住房供不应求，所以近几年开工建设的项目户型面积呈逐年下降的趋势，从2018年的65.4m²降至2020年的41.3m²（图5）。

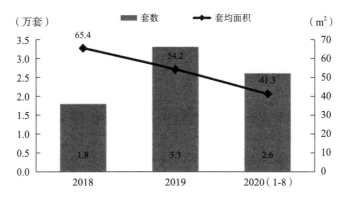

图5 上海R4类租赁住房开工情况（按时间）

从具体面积来看，30m²以下户型占比最多（约占30%），40~50m²户型次之（约占22%），70m²以上户型占比也相对较多（约占16%）。整体来看，以一房户型为主，总占比在70%以上（图6）。

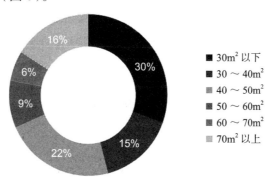

图6 租赁住房套型面积分布

（2）区位分布

已推出的 100 多幅租赁住房地块有接近半数位于中心城区，其中内中环间的项目为 31 个，中外环间的项目为 21 个。这些项目主要分布在园区附近，靠近轨道交通，周边配套设施相对比较完善。

（二）类住宅

1. 政策背景

2016 年 5 月 17 日国务院办公厅出台《关于加快培育和发展住房租赁市场的若干意见》，提出"允许商业用房按规定改建为租赁住房，允许将现有住房按国家和地方住宅设计规范改造后出租"，增加租赁住房供应。该政策为 2017 年初开始被整顿的"类住宅"项目带来转变的契机，也为市场层面长租公寓运营机构通过收购类住宅，改建成长租公寓产品夯实了政策基础。

2. 市场状况

截至 2020 年 8 月底，全市类住宅租赁住房项目完成约 2.1 万套。这类项目大部分于 2017 年被整顿，2018 年开始转型成为长租公寓。

长租公寓项目主要以单间租赁为主，但从 2019 年下半年开始，越来越多的长租公寓品牌开始向床位出租转型，例如魔方、筑梦居，在上海比较有影响力、以做宿舍为主的安歆，已经拥有 2 万张床位。以床位为单位进行租赁，运营方收入会有适当增加，对租客来说则可以大大降低租赁成本，如魔方的"9 号楼"，原来单间房租 5000～6000 元/月，变成床位后租金为 1200 元/月。

不过目前长租公寓市场也存在着多方面的不足。部分企业比较激进，例如湾流等企业，通过三房东、四房东租入项目，带来成本过高、合同关系复杂等问题。另外政策管理方面存在资金贷管理不严的现象，随着房源拓展、资金池规模越来越大，尤其是在 2020 年，受疫情冲击的影响，很多企业出现了问题。

（三）商办工转换

1. 政策背景

除了上面提到的《关于加快培育和发展住房租赁市场的若干意见》，2017 年 4 月住房和城乡建设部等发布的《关于加强近期住房及用地供应管理和调控有关工作的通知》也对非居改建租赁住房提供了相应的政策支持，鼓励房地产开发企业参与工业厂房改造，完善配套设施后改造成租赁住房。因此，无论土地性质还是建筑形态，凡是符合规定条件的办公、商业和工业建筑，都可以转换成租赁住房。

2. 市场状况

在"十三五"积极推进 R4 类项目的同时，推动商办工转换类项目也是上海开展租赁住房建设工作中很重要的一项。截至 2020 年 8 月底，商办工转换类项目供应量约为 10 万套，但因为部分项目并没有走程序，所以实际市场规模可能更大。相较于需要三年建设期的 R4 类租赁住房项目，商办工转换类项目周期较短，从项目入手到供应只需要 2～3 个月的装修时间，一般情况下半年之内就能进入市场，能够与新建的租赁住房项目形成错位。

参考文献：

[1] 杨雁. 美国公租房发展历程解读 [J]. 人民论坛，2012（32）：247-249.

[2] 杭斌. 住房需求与城镇居民消费 [J]. 统计研究，2014（9）.

[3] 谢义维. 主要发达国家住房保障制度及中国的实践研究 [D]. 长春：吉林大学，2014.

[4] 郭克莎. 中国房地产市场的需求和调控机制 [J]. 管理世界，2017（2）：97-108.

作者联系方式

姓　　名：任晨莹　邵明浩

单　　位：上海城市房地产估价有限公司

地　　址：上海市黄浦区北京西路 1 号 15 楼 A

邮　　箱：rcy@surea.com

J市高新区群租房问题产生原因及对策建议

董 峰

摘 要：群租房问题是城市发展和居住方式演化过程中的重要问题，是房地产市场发展面临的阶段性现象。由于该问题涉及民生，关系到城市新市民和青年人的居住、工作及生活问题，所以对该问题的处置需要循序渐进，对于市场主体的管理要更加严格和规范。本文通过对群租房问题的分析，找出问题产生的原因，并提出了相应的对策建议，希望能在推进群租房问题的解决上取得一定的成效。

关键词：群租房；监督管理；租赁房源

J市高新区群租房问题严重，深挖问题出现的原因，不仅有助于弥补法律法规和监督管理的缺失，而且是对城市有限土地资源利用社会性问题的最优解，是城市经济发展水平与个人劳动收益权衡后的必然选择，问题的解决任重而道远。现将具体情况进行梳理。

一、存在的问题

（一）群租房数量仍在不断增加

虽然在数据统计上基本摸清了全区群租房的数量，但是通过近期工作来看，群租房的数量仍在不断增加。有需求的地方就有市场，城市房屋资源的紧缺及新就业人口的增加进一步催生了以群租房为主的租赁市场需求，进而形成租赁市场。通过调查问卷来看，市场上90%的经营企业都在新增房屋，改造后用作租赁。

（二）群租房拆除难度增大

通过近期对住房租赁市场的观察和调研发现，在以城管部门为主的群租房拆除过程中，虽然取得了一定的拆除效果，但并不明显，且有反弹形势。以DCYJ小区为例，该小区现存群租房达460余套，政府部门以城管局为主组织了专项行动，三个月共计拆除群租房30余套，远远达不到治理的效果。

（三）群租房数量仍在不断增加

自2019年开始，J市着重培育和发展住房租赁市场，通过新建、改建、盘活三种方式培育住房租赁企业，发展住房租赁经济。但是通过现状来看，2019年新增的租赁住房还达不到居住的要求和标准，尚无法投入市场中运营，新增住房工作周期长，三年以来的工作效果甚微。

二、原因分析

（一）群租房数量控制不住的原因

通过调查问卷对市场上住房租赁企业的反映来看，大多数住房租赁企业依然选择多拿房的形式生存。以J市高新区三室一厅房屋为例，整租价格大概在3500元，按间出租每间出租价格不低于1200元才能保本，但是新就业大学生往往接受不了这么高的价格，所以租赁经营基本不赚钱。为了保障公司利润，租赁公司不得不对房屋的原始设计进行装修改造，将客厅、餐厅等地方进行隔断，把三室一厅的房子改为七间小房间，这样一间房间租金哪怕最低800元，整套也有接近5600元的收入。在政府部门的规范下，任意隔断不被允许，住房租赁企业往往采取"N+1"的方式，将三室一厅的房屋改为四室一厅，这样每间房屋的租金假如是1000元，则整套租金4000元，利润相对较低。假如公司的运营开销一月为100000元，其中包括员工工资、保洁投入、网费等其他投入，运营7间房屋的利润在2000元/套，则需要运营50套才能保本；假如运营的是4间房屋，利润为500元/套，则需要运营200套才能保本。为了满足公司的正常经营，公司不得不以多拿房的形式，进一步通过增量保证利润，这就导致了群租房的套数整体呈现上升的趋势。

（二）群租房拆除难的原因

群租房拆除工作基本就是一种利益博弈。通过群租房的建设成本来看，群租房的装修改造基本需要简单装修，增加隔断、家具、空调、配齐公共设施等。以原房屋毛坯为例，一套装修改造下来，装修改造成本大概2万~3万元。以取整2.5万元为例，一套7间房屋的群租房每月利润是2000元（不含人工费等支出，非毛利润），需要运营至少12个月才能够回本。回本后，在第二年、第三年的运营过程中才可能盈利。这其中还不包括房屋空置的情况。拆除一套，就意味着浪费了租赁企业装修改造成本，断了租赁企业的持续经济收入，需要租赁企业继续为租客寻找房屋从而增加工作量，因此，住房租赁企业对群租房的拆除持相当抵制的心理。通过租赁房屋享受的权利来看，租赁房屋作为一种物权，是有一定的权利保护的。尤其是居住在其中的租客本身就是社会的弱势群体，此中抗争更是激烈。在群租房的拆除过程中，对于执法人员来说阻力最大的就是"入户难"，进不去门则无法取证，更拆不了隔断。承租人出于个人居住利益考虑，基本不愿意执法人员对自己居住的房屋进行拆除，住房租赁企业也会火上浇油，要求租户一律不得给执法人员开门。这样就形成了入户的死循环，很难打破出租人和承租人的利益共同体。

（三）合规房屋新增难的原因

J市为了培育和发展住房租赁市场，给各个区县下了工作任务，其中高新区承担3000套新建和改建任务。截至2021年年中，高新区筹集租赁房屋4600余套，已开工2500余套，投入使用300余套。通过以上数据可以看出，以一个区为例，三年试点工作已接近尾声，但实际通过筹集房源达到交付使用条件并入市运营的只有1/10。新增房源是一个长期的过程，且需要大量的资金投入。从拿地、规划、建设，到装饰装修、运营，这都是需要运作时间的，周期长、效率低；改建房源相对比较简单，但是也需要办理二次施工许可证、竣工验收等手续，这种筹集模式的难点在于房源少，仅能在商务办公楼等场所找到合适的改建房源。以上两种方式从申报项目到施工结束，短则一年，长则三年。这种速度属于"远水不解近渴"，且对于新兴的住房租赁需求是很难在短时间予以缓解和改善的。自2020年起，部分城市开始实行商品房开发项目配建租赁住房，走的也是新建的道路，这种情况同样面临建设周期长、难以投入市场等困境。

三、对策与建议

（一）控增量，遏制群租房问题产生的源头

群租房的产生有一定的利益群体在运作，他们可能是房屋代管类的租赁企业，也可能是从事转租经营行为的个人二房东，都是通过对原始设计的房屋打隔断，增加租赁间数的方式赚取租赁差价，维持企业运营。控制群租房增量，首先要遏制上述群体对房屋的违规装修改造行为：一是要做好普法教育。通过网站、公众号及各种新媒体对上述群体做好法律法规宣传，引导其规范自身经营行为，自发拒绝对房屋的违规装修改造。二是要做好氛围营造。广泛发动社区居委会、物业服务企业、小区业委会等群体自觉发现和制止违规装饰装修行为，营造良好的小区生活氛围；针对租户工作日上班时间不在家的情况，广泛发动人员，利用晚上时间上门向租户宣传相关法规政策。三是要把好小区大门关。物业服务企业把好小区出入大门，检查出入运输车辆，对发现隔断装修材料的一律禁止进入小区。四是要做好案例警示。对于投诉或工作中发现的安全隐患要立即处置决不姑息，并作为典型案例进行宣传，增强违法违规行为的负面告诫警示作用，选择问题突出的群租房作为典型案例，在小区全范围、广覆盖进行宣传引导，通过案例告知小区业主违规租赁住房的危害。

（二）去存量，逐步清理小区现存群租房

当前社会上的租赁房屋广泛存在于各个小区、公寓楼和办公楼，其租赁住所已非传统意义上的居住家室，而是新业态下的租赁营业场所，既然是营业场所，其装饰装修行为应当满足消防、质量和安全等相关要求，但群租房的运营主体为降低运营成

本很难满足上述要求，这就使群租房存在巨大的安全隐患。如 2021 年 6 月 26 日，J 市 TQ 区某小区群租房发生火灾，导致部分设施损坏无法居住，幸未导致人员伤亡。群租房的清理整顿牵扯到各方利益博弈，必然是一个漫长而又艰难的过程，要以街道办事处为主体进行摸底排查，部门联合形成合力，掌握群租底数，整治过程强力推进。一是要维护承租人利益，保底满足承租人的居住需求，要求运营主体积极将在隔断房间内居住的人口迁移并为其寻找合规房屋进行安顿；二是要合法合规开展住房租赁行业整顿，利用好多元政府部门参与、多渠道监管的方式开展问题处置，针对群众投诉强烈、隐患问题突出的房屋优先进行清理；三是平衡企业成本，通过国家现有租赁住房政策及租赁补贴政策，降低租赁运营主体税费负担，为承租人发放租赁补贴，保证租赁企业及从业个人可以平衡租赁成本，避免出现"爆雷""跑路"等现象加剧社会矛盾。

（三）扩渠道，有效增加市场租赁房源供给

从居住面积角度出发，纵然大户型更有利于增加居住的舒适度，受到各房地产开发企业的青睐，但同样容积率下大户型的设计降低了小区房源套数，继而降低了小区对居民的承载率。在当前城市土地和房屋资源日趋紧张的情况下，大户型的设计无疑造成巨大的资源浪费；与此相反，小户型、居住公寓等房屋类型则受到市场青睐。国务院 2021 年 7 月份印发的《关于加快发展保障性租赁住房的意见》更是明确提出"不超过 70m^2 的小户型为主、租金低于同地段同品质市场租赁住房租金"等相关要求。增加租赁房源供给已是大势所趋，为此要做到：一是把好规划设计源头关，在城区尤其是中心片区土地出让时，要对房地产开发企业的户型设计严格把关，推荐建设小户型的房屋流入市场，至少按照不同的户型面积等比例进行房屋建设，以满足多元市场主体的居住和租赁需求，有效利用土地资源，避免全部建设为大户型房屋。二是把好政策执行过程关，当前包括 J 市在内的国内部分城市已经要求在商品房开发项目中按比例配建租赁住房，这是借鉴西方城市先进经验的中国化城市发展政策的探索，但因为利益博弈等原因部分开发企业申请异地建或者免建，甚至有些政府愿意为企业成本买单进行建设，以上行为都有违政策设计初衷，导致政策落地效果大打折扣。为此，各级政府要从长远角度出发，以发展多种形式的城市居住方式为目的，贯彻相关政策的执行，增加政府持有租赁住房供给量，逐步减少商品房开发交易的"一锤子买卖"，达到房源利用"有进有出""源远流长"的效果。三是把好多元渠道建设关，在社会现有租赁房源紧张的情况下，要多渠道支持租赁住房的建设、改建及盘活，广泛发动政府和社会力量筹集资源用于租赁住房建设，增加租赁住房新房供给，并通过盘活的方式鼓励房主将闲置房屋进行出租，使闲置的房源流入租赁市场，增强存量房屋居住率和居住资源利用率。

作者联系方式

姓　　名：董　峰

单　　位：山东省济南高新区管委会

地　　址：山东省济南市高新区舜华路 77 号

邮　　箱：498532815@qq.com

深圳市城中村房源纳入租赁平台策略研究

邓 琛　黄逸昆　肖林芳

摘　要：随着深圳市经济的快速发展，人口数量不断增长的同时，住房需求也随之快速增长。2017年深圳市出台相关政策，要求开展"城中村"规模化租赁试点工作，搭建专业化、规模化的公共住房租赁平台。城中村是深圳市住房租赁市场的重要组成部分，但目前城中村出租屋的登记备案率较低，纳入深圳市住房租赁交易服务平台的房源数量也较少。在构建住房租赁评价指标体系的基础上，深入探索城中村住房纳入租赁平台的有效对策，不仅能加大对城中村住房租赁的监管，也能促进深圳市住房租赁市场的健康发展。

关键词：城中村；住房；租赁平台；指标体系

一、绪论

自从改革开放后，深圳市的经济发展越来越好，吸引了大量外来人口，在人口数量不断增长的同时，住房需求逐渐增加，深圳市住房租赁市场中租赁双方供求关系出现紧张局面。深圳市城中村作为租赁市场重要组成部分，提供了超过六成的租赁房屋，承载了约1000万的总人口。随着城镇化进程的加快，城中村的租住问题日益突显，城中村物业产权手续的不完善，房屋质量、消防安全等方面的隐患，以及物业管理的缺失，均导致租房人权益缺乏应有的保障。为了促进住房租赁市场的健康发展，中央政府、广东省以及深圳市相继出台发展住房租赁市场的有关政策，其中深圳市出台要求细化住房租赁规定，组织开展"城中村"规模化租赁试点工作，指出要搭建专业化、规模化的公共住房租赁平台，完善深圳住房租赁市场的监管。

2017年12月18日，深圳市住房租赁交易服务平台（以下简称"租赁平台"）上线试运行。租赁平台涵盖了商品房、公租房、人才住房等多种类型的租赁型住房，租赁信息来源包括自如公寓、万科泊寓、58同城等机构。租赁平台上线至今，获得了良好的口碑，但城中村房源已纳入平台数量较少，如何扩大城中村房源的有序纳入并规范管理亟需探究。

笔者结合深入调研租赁企业、村物业管理公司等城中村住房租赁的情况，在研究深圳市城中村住房租赁现状和城中村住房评价指标体系的基础上，提出城中村住房纳入住房租赁平台的具体实施路径，进一步探索和完善深圳市的住房租赁体系。

二、深圳市城中村住房租赁市场现状分析

（一）深圳市城中村住房租赁现状

根据深圳市城管局的统计数据，深圳有近 1900 个城中村，90% 处于原特区外区域。虽然有部分城中村进行了综合整治，居民的生活环境得到有效改善，但是大部分城中村居住环境差、消防设施缺乏、公共设施陈旧、物业管理不到位等问题依然普遍存在。深圳城中村住房租赁主要有以下几个特点：

第一，城中村的安全保障和管理服务水平较差。首先，由于大部分城中村住宅私自加建，无任何报建审批手续，无建设监管，城中村房屋或多或少都存在本体安全问题。其次，城中村早期缺乏统一规划，"握手楼""房上房"较多，消防基础设施不完善，消防意识淡薄。最后，城中村内物业管理工作不到位，人员专业性不足，服务水平差，居民的利益难以得到保障。

第二，个人出租方式占主导，机构化租赁逐步发展。城中村租赁市场的租赁方式主要包括个人出租、机构化租赁，而个人出租租赁方式已占主导，数量约占城中村出租房屋总数的 98%。越来越多的专业化租赁企业通过收购城中村房源，改造成长租公寓，统一对房屋外立面、室内进行装修，增加共享空间、家具家电等增值服务，为承租人提供更舒适、更便利的居住空间。长租公寓的改造易带动周边未改造房屋的租金上涨，另一方面也对低收入人群形成挤出效应。

第三，租金水平低于商品房租金，而机构化租赁高于个人租赁。与商品房相比，大部分城中村住房产权不完善，居住环境、配套设施、物业服务等方面存在劣势，整体租金水平低于商品房租金。房企收购的城中村房源，因居住环境的改善和其他增值服务，其租金整体高于个人出租的住房。

第四，出租率高，租期较短。目前城中村房屋出租率较高，可达到 95% 以上，个人房源租期一般为 6 个月以内。由于租期较短，大部分业主或租户不愿意签订租赁合同，导致承租人违约、房东或二房东巧立名目收费、房屋内部隔断和"房中房"等现象发生，严重侵害各方的合法权益。

（二）调研情况分析

为深入分析深圳市城中村住房租赁现有流通途径和利益链条，笔者参加调研了深圳市场租赁化水平较高的城中村，包括租赁企业、城中村股份公司、出租屋业主及承租人家庭等。通过实地调研发现：

第一，大部分城中村房屋产权证明不齐全。由于城中村大量建筑未经规划土地主管部门批准，未领取建设工程规划许可证或临时建设工程许可证，导致城中村内建筑物的结构特征与权属信息尤为复杂，产权证明类型多样。如龙华区某个"外卖村"，

大部分持有绿本房产证、两证一书及历史遗留建筑申报回执[①]；龙华区某个"非外卖村"，仅持有街道备案的购地合同以及地皮单。因此，在考虑城中村房源纳入住房租赁平台的措施中，可根据城中村的性质确认村内房屋产权的性质。

第二，城中村房源占住房租赁市场主导地位。通过对专业化租赁企业的调研，在深圳租赁市场占据主导地位的住房包括商品房、自建房及长租公寓（城中村住房改造而成）。而企业收购的房源中以城中村房源为主，如万科的城中村房源占比60%~70%，房源数量约六七万套。

第三，个人房源与机构房源招租渠道不同。对于承租人以低收入人群为主的城中村，张贴广告成为最有效吸引承租人的方式，如黄麻埔村。承租人以白领为主的城中村，房东也通过APP、58同城等租赁平台进行招租，如沙尾村。机构房源分为线上分销及线下分销，线上分销渠道主要有APP、公众号以及58同城等租赁平台；线下分销渠道主要为承租人自来、长租公寓项目现场的宣传和推广。

第四，专业化租赁企业签约期较长。企业与房源持有者（二房东或房东）签订的租期一般为10~12年，长租公寓与承租人签订租期一般为1年，租期过后会视市场情况对租金进行适当调整。

第五，企业愿意加入住房租赁平台，个人房主普遍持观望状态。调研的企业均对租赁平台持支持态度并愿意加入租赁平台，关于租赁平台的管理方面希望能建立完善的标准化制度，核实房源的真实性，加强参与方的信息管理，协助企业完成规模化租赁工作。大部分村民对平台了解不足，平台操作有困难，加之现有房屋招租难度不大，认为加入平台易导致信息泄露，因此加入平台的意愿不强烈。

三、构建城中村住房租赁评价指标体系

市场有需求，住房租赁平台应运而生。深圳市城中村数量较多，但不是每一个城中村房屋都适合纳入住房租赁平台。通过一系列指标对"城中村"房源进行评价，分析不同类型的城中村纳入租赁平台的潜力，并根据潜力对其进行纳入批次的分等定级，政府、社会资本可根据潜力等级先后开展项目，实现资源效用最大化。确定评价指标时重点参考《深圳市建筑物房屋管理属性分级分类规范》（征求意见稿）、宜居出租屋框架和内容。以基础设施的全面性、交通的通达性、城中村居住环境的适宜性为前提，结合城中村出租房屋管理的便利性及租赁模式的可行性，建立城中村住房租赁评价指标体系，具体见图1：

---

① "绿本房产证"是指《房地产所有权证》；"两证一书"是指《建设用地规划许可证》《建设工程规划许可证》和《建设项目选址意见书》；"历史遗留建筑申报回执"是指《深圳市农村城市化历史遗留建筑普查申报收件回执》。

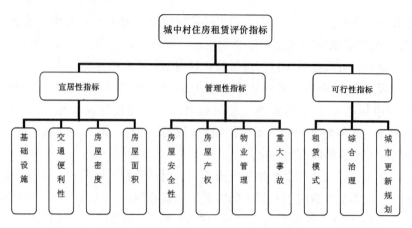

图 1　城中村住房租赁评价指标体系

（一）宜居性指标

宜居性指标主要考量基础建设、配套服务、公共交通、社区环境、居住环境等方面的宜居性，包括基础设施、交通便利性、房屋密度、房屋面积 4 个二级指标，每个二级指标根据自身情况划分为不同的等级并赋予相应的评价分数。

基础设施指标是根据区域的发展情况，对交通、娱乐、医疗、教育以及金融等五大类基础设施配套进行分析；交通便利性指标根据步行至地铁和有轨电车的距离进行分析；房屋密度指标通过考察房屋的建筑密度，密度越低越适宜居住；房屋面积指标指合法的最小出租单位①的面积，深圳市政府规定人均租住建筑面积不得低 $6m^2$，该指标是为了禁止非法隔断，房屋格局不得随意更改，以保障租客的生活需求。

（二）管理性指标

管理性指标主要考量城中村房屋本体的安全性及消防状况、城中村不同性质房产管理的难易度、城中村的物业管理状况，以及城中村房屋是否发生重大事件等。二级指标包括房屋安全性、房屋产权、物业管理、重大事故。每个二级指标根据自身情况划分为不同的等级并赋予相应的评价分数。

房屋安全性指标对房屋的本体安全和消防安全进行评价；房屋产权属性指标对不同的房屋产权属性进行评分，其产权是否完整会影响纳入平台；物业管理指标根据城中村物业是否有物业管理服务进行评价；重大事故指标对房屋是否发生刑事案件、火灾事故进行评价。

---

① 《深圳市人民政府办公厅关于加快培育和发展住房租赁市场的实施意见》规定，最小出租单位是出租人按照幢、层、套、间为单位出租房屋，原房屋的间是最小出租单位。厨房、卫生间、阳台和地下储藏室等非居住空间，不得单独出租用于居住，禁止在原房屋内间隔新增房间用于出租。合法的"N+1"不在此范围。

(三) 可行性指标

可行性指标主要考量城中村房源纳入平台模式的可行性、城中村综合治理完成情况以及所在区域城市更新规划情况等。二级指标包括租赁交易模式、综合治理、城市更新。

租赁交易模式[①]指标是对租赁市场主体进行评价，是体现出租人与承租人双方，或双方与第三方中介之间关系的一个指标，是决定能否将大量城中村房源纳入住房租赁平台的关键；综合治理指标对城中村住房所在区域是否开展综合治理工程进行评价；城市更新指标是评价所在区域是否进行拆除重建，城市更新项目推进的情况与租赁的可行性正好相反。

(四) 城中村住房租赁潜力分级

根据城中村房源纳入住房租赁平台的评价标准并赋予权重进行评分，各级指标的得分进行加和，得到住房租赁潜力总分，最后根据城中村房屋纳入潜力分等定级规则进行划分等级。

第一等级为纳入平台潜力最高的等级，可以作为首批纳入租赁平台试点；第二等级是城中村房源纳入住房租赁平台手续较为简便的等级，但主要由于可行性指标较低，需要完善租赁管理体系，花相对较多的人力物力进行纳管；第三等级是城中村房源纳入住房租赁平台最低潜力的等级，该部分房屋仅满足纳入租赁平台最低要求，如房屋本体安全、消防检验及最小出租单位；第四等级未满足纳入租赁平台的最低要求，暂不适合纳入住房租赁平台。

四、城中村住房纳入租赁平台的对策

深圳城中村出租屋数量庞大，但深圳市住房租赁登记备案率较低。据统计，2018年全市住房租赁登记备案 50 万余份，约占全市市场化租赁住房数量的 7.5%，仍有大量的城中村租赁房屋处于政府租赁备案体系之外。为鼓励更多城中村住房纳入深圳市住房租赁交易服务平台，推进城中村住房租赁的监管工作，除了构建城中村住房租赁指标体系，评价城中村住房纳入的潜力等级，还需要从管理层、执行层等方面多举措促进城中村房源纳入租赁平台。

(一) 建立与完善租赁住房管理体系

首先，建立住房租赁四级管理体系，完善住房租赁管理工作。由市、区两级住

---

① 租赁交易模式主要有三种，C2C 模式主要是个人对个人的租赁交易模式；C2B2C 模式中存在多个市场主体，包括中介机构、小型私企、大型私企、国有企业；G2C 模式是由政府统管的租赁交易模式。

房建设主管部门、街道办事处以及社区自上而下建立四级管理体系，规范租赁市场行为。各级管理单位职责明晰，分工明确。

其次，推动租赁住房管理"1+X"模式。"1"指政府牵头，由市区住房建设主管部门统筹管理，制定租赁住房管理政策及规章制度。"X"指参与管理的力量，包括职能部门建设、租赁服务平台、市场动态监测、租赁服务联盟、基层工作点等力量。该模式通过资源整合，提高服务质量，建立问题发现及时、处置快速、解决有效、监督有力的长效监管机制。

（二）与存量房管理合并，提高平台出租屋纳管率

首先，出租屋平台登记纳管与网格化管理合并。以存量房数据管理为依托，对全市城中村房屋进行登记，充分掌握全市租赁市场的详细真实情况，形成出租屋综合纳管的前提和基础。

其次，网格员认定房源，简化城中村出租屋主体的平台操作流程。社区网格员通过平台实时掌握本辖区住房租赁情况，完成出租屋信息登记，后续指导租赁双方当事人发布房源信息和查找租赁房源，及时受理相关诉求并调解纠纷。

最后，加强联动和舆论疏通过与社区集体股份公司联动，将集体股份公司中层干部纳入住房租赁平台的工作中，建立相关考核任务和绩效奖励。

（三）引导城中村规模化租赁，统一纳入租赁平台

第一，以综合整治为抓手，以点带面，推动城中村租赁试点。引导各原农村集体经济组织及继受单位通过综合整治提升"城中村"的品质，将符合安全、质量、消防、卫生等条件的"城中村"改造成租赁住房并对外长期租赁经营。

第二，将原集体股份公司转型为专业租赁企业。让村股份公司转为专业租赁企业，推进城中村改造。城中村股份公司能与村民进行充分交流，增强信任，充分利用集体资源，提高村民改造的积极性，共同对城中村出租屋进行改造、筹集、管理。

（四）规范租赁中介机构平台备案，房源批量纳入

第一，开辟批量登记服务通道，批量纳入房源。要求全市房地产经纪机构、住房租赁企业为租赁当事人提供合同网签服务。平台开辟登记服务通道，企业预约申请并经平台审核同意后，允许企业通过通道录入相关信息，提高平台房源纳入效率。

第二，加强租赁中介机构备案管理，完善人员信用管理制度。对存在违规行为的经纪机构和经纪人，限制其从事房屋租赁相关活动的资格。

（五）绑定公共服务，引导城中村出租屋自愿纳入平台

第一，落实公共服务政策。租赁合同一经备案，承租人可享受就业、子女教育、就业扶持、社会保险、计划生育、住房保障、户籍管理等方面的社会公共服务和权利。

第二，加强城中村住房租赁政策宣讲。明确城中村住房租赁新模式、规范城市住房租赁市场计划、保障各参与方利益的方式、城市安全管理必要性等，并发现有合作意向和租赁房源的城中村项目。

参考文献：

[1] 郑文文. 关于深圳城中村改造的思考和建议 [J]. 住宅与房地产，2019（23）：78-80.

[2] 王连喜. 深圳出租屋管理模式的微观创举 [J]. 探求，2014（5）：51-58.

作者联系方式

姓　　名：邓　琛　黄逸昆　肖林芳

单　　位：深圳市国房土地房地产资产评估咨询有限公司

地　　址：深圳市福田区莲花支路公交大厦11-12层

邮　　箱：13714615567@139.com

深圳市住房租赁市场的特征分析及发展建议

曾文海

摘　要：住房市场调控以来，楼市调控的目标和着力点主要是针对商品房市场，而住房租赁市场并没有引起太大的关注。住房租赁市场是房地产市场的重要组成部分，目前在发展住房租赁市场、解决居住的问题上有着多种多样的政策与措施，然而从租赁人口和租赁住房占比来看，深圳已成为国内住房租赁占比较大的城市之一。本文通过分析深圳住房租赁市场，为住房租赁的未来发展提供建议。

关键词：深圳；市场特征；住房租赁；发展

一、深圳市住房租赁的市场现状

由于就业机会多，就业环境好，深圳每年都有大量的外来人口涌入。大量的外来人口、宽松的人才引进政策、人才和保障性住房供应量的增加以及租赁和人才保障房用地供应的增加，都促进了深圳住房租赁市场规模的进一步扩大。

近年来，深圳经济实现了高质量发展，经济总量跃居亚洲第五。随着粤港澳大湾区和中国特色社会主义先行示范区建设的推进，将吸引更多人才来深。截至2019年年末，深圳市常住人口1344万人，户籍人口495万人，连续5年保持人口净流入，常住人口增长率维持在3%以上。

据深圳市规划和自然资源局调查，全市常住人口的住房自有率为34%，即约三分之二的人需通过市场租赁、入住单位周转房等方式解决居住问题。

（一）租赁住房类型中城中村占半数以上

2021年1月深圳住建局发布了最新的住房数据，数据显示：深圳现有住房共1082万套，其中农民房507万套、商品房189万套、工业宿舍183万套、公寓和其他住房97万套、单位自建房55万套、保障房51万套，在深圳2000多万人口中，商品房和保障房仅仅解决了约500万人的住房问题，公寓解决了约200万人的住房问题，其他约1300万人口都在租房，其中约900万人租城中村用房，占人口半数以上。

（二）租赁人群主要由年轻人组成

据深圳贝壳研究院介绍，"90后"占比近五成，"80后"下降。随着城市经济、都市圈的发展,深圳吸引着众多年轻人,租房需求旺盛。研究院数据显示,年轻人向来是租房市场主流,其中2020年起"90后"租赁占比已超越"80后",晋升为租房主力军。2021年1～3月"90后"租赁成交占比47%,相比2020年上升2%。

(三)租房面积以中小户型为主

据不完全统计,选择整租90m²以下住房的人群占比达到79%,其中选择65～90m²的占比35%,40～65m²的占比26%,选择120m²以上面积的仅占8%。可见,市民租房主要以满足刚性需求为主。

(四)租金价格水平

深圳住宅平均租金始终保持上涨趋势。分区来看,福田区以均租115元/m²位居榜首,其次是南山均租112元/m²、罗湖均租79元/m²。而龙华区、龙岗区、宝安区、坪山区、光明区租金低于全市平均水平,坪山均租38元/m²最低。

二、深圳市住房租赁市场分类

(一)政府供应租房

政府供应租房主要为公共租赁住房,公共租赁住房不是归个人所有,而是由政府或公共机构所有,用低于市场价或者承租者承受得起的价格,向新就业职工出租,包括新的大学毕业生、退休老人及残疾人,还有一些从外地迁移到城市工作的群体,其中主要包括保障性用房与人才住房。

1. 保障性用房

保障性住房是指由国家提供政策支持、限定建设标准和租金水平,面向符合规定条件的城镇中等偏下收入住房困难家庭、新进就业无房职工和在城镇稳定就业的外来务工人员出租的公共租赁住房。

2. 人才住房

人才住房,是指政府提供政策支持,限定套型面积、租售价格和处分条件等,面向符合条件的各类人才配租配售的住房。人才住房可租可售,以租为主。出售的人才住房在一定年限内实行封闭流转。

(二)小产权房

由于深圳房价的不断攀升,随之租房的价格也上涨了不少,因此很多人想要租赁小产权房,不过由于小产权房的楼盘数据不公开透明,因此一手、二手楼盘咨询较为空白。小产权房有多种形式体现,如城中村农民房、厂区改建房、部分公寓。

1. 城中村

对于外来人口来说就是一处获取成本较低的空间,相对于城市土地所提供的空间成本太高，从而迁移到城中村这种土地空间上。城中村租房低成本体现在内部物价、公共服务、住房的供给。低成本完全适应了城市新移民，所以城中村会有大量人口聚居，以致外来和本地人口可以达到10:1的高比例。

城中村是一种城市中的低成本空间，为城市里低收入者提供了一处相适应的空间，这个空间成为衔接农村（或小城市）和城市的踏板。

2. 公寓

从租赁中介业务延展而来，依靠整合户主房源进行重新装修管理，类似"二房东"，如"白领公寓""单身合租公寓"等，是房地产市场一个新兴的行业。即先将业主房屋租赁过来，进行装修改造，配齐家具家电，以单间的形式出租给需要人士。

3. 厂区改建房

将闲置的商业写字楼、工业厂房等非住宅建筑改造为出租房屋。

（三）市场商品房

经过政府有关部门批准，由房地产开发经营公司开发的，建成后用于市场出售出租的房屋。

小区商品房出租，通常都是装修较为高档，家具家电一应俱全，环境极好，生活配套设施齐全，配备设施齐全，租金极高，管理费比较高，通常都是以传统的商业地产运作模式，利用自持土地开发或楼宇整租改造方式进行运营，或通过个人进行出租。

三、深圳市住房租赁细分市场特征分析

（一）政府供应房

1. 优势

（1）公共租赁住房为居民提供可租赁适当房源，这不仅可以引导鼓励居民租房，减轻中低收入群体购买住房的经济压力，而且可以减少"被买房"群体的数量，对抑制过高房价起到积极作用。

（2）公共租赁住房租金远低于市场租金，面向中等以下收入群体出租，在保障范围上实现了与商品房的对接。

（3）公共租赁住房有益于弥补个人出租住房的不足。

（4）人才住房属于政策性住房，和商品房相比，其出售价格会更低，通常为周边商品房价格的一半。

（5）安居房小区环境不错，购买安居房可享受周边教育资源，有利于小孩上学。

2. 缺点

（1）公共租赁住房数量较少、政府提供数量有限，需排队轮候时间较长。

（2）房屋面积相对较小，不利于多人口家庭居住。

（3）限制条件较多，申请存在一定困难。

（4）人才住房的申请条件很严格，例如要求申请人拥有本市户籍，缴纳社保五年以上等。深圳安居房的数量少，申请购买安居房排队时间会比较长。

（5）和商品房相比，人才住房的地段会比较偏僻，周边的配套设施不是很完善，房子户型不是很好。

（二）小产权房租赁

1. 优势

（1）城中村租赁突出优点为房租较为便宜。

（2）根据个人收入水平与工作位置，可灵活选择居住位置。

（3）城中村租赁各项收费均低于其他租房，如水电气费、网费等。

（4）周边摊位、门店较多，购物较为便捷。

（5）公寓现在发展渐趋成熟，市场统一做法是在长租公寓里进行精装修改造。

2. 缺点

（1）城中村房屋年限一般较久，且卫生环境较差。

（2）城中村房屋主要是租金较低，人流量较大，故而安全性、舒适性较一般。

（3）一般房间面积较小，居住密度较大，存在一定的消防安全隐患。

（4）公寓价格会相对城中村有明显提高

（三）市场商品房租赁

1. 优势

（1）绿化、卫生有专人打理，环境较好，治安方面有保安管理，相对安全。

（2）由于住户比较集中，煤气、网络设施易配套。

（3）一般无需购置家具或承担装修的费用和辛苦。

（4）屋内的采光相对较好，视野开阔。

2. 缺点

（1）由于商品房无论环境、治安、便利各方面都优于城中村，故而租金较高。

（2）房租及水电相对其他租赁住房类型较贵，管理费、清洁费等附加费用也是一笔不小的支出。

四、关于深圳市住房租赁发展的建议

目前，深圳住房租赁市场上供给机构化程度不高，住房品质和安全性参差不齐，市场管理秩序还不够规范，法规制度仍有待完善。从供给户型来看，以城中村、商品房等为主，存在周边配套不完善、消防安全不合格、物业管理缺失等问题；从市场秩序来看，可租房源绝大多数为私人住宅，市场分散混乱，虚假房源、哄抬租金、多次转租、随意解约现象普遍。本文针对这些乱象，提出如下建议：

1. 政府通过建立住房租赁信息平台，公开市场信息，规范租赁交易程序

（1）规范房屋租赁市场，政府应当发挥职能作用，在政府的政策引导和措施保证的基础上，建立由职能部门为主体，国有、私营企业、房东个人和中介共同参与其中的开放性平台。

（2）建立住房租赁信息平台，不仅仅是为租客和房东建立沟通的桥梁，其意义还在于规范整个租赁市场行为，保证法律实施的有效性。比如，通过建立平台可以促进房租税的征收，另外对租客的管理上，可以采取信息登记清楚的酒店式管理模式。

（3）建立房屋租赁信息平台，为租客和房东搭建桥梁，在保证合法、安全的基础上，简化签约手续，明确住房租金指导价格，实现网上找房、联络、签合同的一条龙办理。

通过政策、法律和"互联网+"技术，一要保证房东披露的信息真实有效，二要加大后期跟踪，防止租赁方发生违约。

2. 完善网格系统化管理，保证租户的安全

（1）检查管理人员按照出租房的硬件条件、租住人员的行为表现等情况，将出租房按照符合要求、存在一般隐患、存在严重安全隐患三个等级，实行分级、分类管理。

（2）各网格将区域内所有出租房以户为单位建立出租房管理档案，记录出租房的地址、结构、类型、面积、产权、房屋管理状况、消防、安全生产、经营等情况，以及租赁当事人具体情况。

（3）网格（村、社区）对出租房实施安全日常巡查和督查，对出租房管理负责，各类协管员按职责协助做好安全检查管理工作。

3. 政府鼓励开发商介入租赁住房建设，提高租房数量质量

（1）存量改造是当前市场最主要的供应来源，鼓励开发商通过租赁、收购或合作等多重手段获取存量物业进行改造，通过产品设计、品牌输出、营销等方式盘活存量资产，打造高质量公寓，丰富物业内在的价值。

（2）除了租赁用地外，也可利用集体用地建设租赁用房，一方面对于农村土地盘活有着深刻意义，另一方面利用集体用地建设租赁用房对整个租赁市场的供给起到重要作用。

4. 鼓励社会资本投资

（1）对于以轻资产模式运作的公寓管理机构来说，由于没有抵押资产，部分轻资产公寓运营企业不得不将目光聚焦在"租金贷"上，但"租金贷"本身也存在很大流动风险。

（2）随着市场的逐步发展，存量市场中逐步汇聚更多的参与主体，如发行债权类融资，鼓励社会资本投资租赁住房建设，通过利用社会闲散资金，共同将城中村打造成高质量租赁住房，可有效激发租赁市场发展活力。

5. 完善住房租赁补贴制度，提高生活质量

（1）住房困难家庭享受的住房租赁补贴主要用于解决本家庭住房困难问题，已租

用廉租房和政府公产房的家庭不享受租赁住房补贴。

（2）提供每户住房租赁补贴保障，住房保障面积标准和补贴标准，实行动态管理，由市房管局会同相关部门每年确定一次，并向社会公布。

（3）房屋租赁价格、面积超过补贴保障标准的，超出部分由承租人承担。申请人有私有住房的，补贴面积应在保障面积中扣除私有住房面积。

6. 融入政策制度，规范租赁市场

（1）开展已建成的商业和办公用房按规定改建为公寓、宿舍等形式租赁住房试点，制定试点实施方案，明确试点目标和范围以及改建的条件、要求、程序和监管措施等，指导各区政府（含新区管委会，下同）有序推进试点工作。

（2）制定城中村住房规模化租赁改造指导意见，制定全市统一的改造实施指引，建立完善系统性的城中村住房规模化租赁改造涉及的各项配套设施等技术指引。根据差异化的市场需求，制定分层次、有梯度的改造实施标准指引，合理控制改造成本，维护城中村住房租赁价格稳定。

五、关于深圳市住房租赁的市场展望

第一，"租售并举 + 地方政策"推动了开发商拿地，众多住宅用地出让条件中包含"自持面积用于租赁"，增加租赁房屋数量。

第二，集体土地租赁住宅项目入市，这将赋予集体土地建设租赁住宅参与主体更深厚的信心。

第三，对个人在政府住房租赁信息平台上办理新签、续签住房租赁合同信息采集、登记或备案，且租金不高于租金指导价格。

第四，城中村通过社会资本投资形成高效、安全、各项配套设施齐全、在需求上保留有着公寓独有特点的住房用于租赁。

第五，统一住房品质和安全标准，规范市场管理秩序，完善法规制度。有效推动解决住房供需不平衡、结构不合理、保障不充分等问题，重点发展住房租赁市场。

参考文献：

王锋. 深圳住房租赁市场发展特点与政策导向 [J]. 中国房地产，2018（16）：14-17.

作者联系方式

姓　　名：曾文海

单　　位：深圳市新永基土地房地产评估顾问有限公司

地　　址：深圳市福田区滨河路与彩田路交汇处联合广场 A 栋塔楼 A3008

邮　　箱：1095818644@qq.com

发展租赁住房是深圳实现"住有宜居"的必由之路

江 修 王 雁

摘　要：在外来人口持续增加和居住用地供应有限、住房保障不充分、房价逐年上涨的背景下，培育和发展住房租赁市场不仅是落实"房住不炒"、实现"租购并举"的具体行动，更是深圳解决当前住房问题，实现"住有宜居"的必由之路。鉴于此，本文从供需端、居住品质、市场监管、长租公寓论述当前深圳住房租赁市场存在的问题，并提出挖存量扩增量增加租赁住房供应、构建住有宜居指数、完善房源监管、推进城中村物业管理专业化优化人居环境、建立租金参考价格发布制度、完善租金监管、健全行业信用体系、规范市场秩序等建议。

关键词：深圳；租购并举；租赁住房；住有宜居

一、大力发展租赁住房的意义

"深爱人才，圳等您来"，以人为本的不仅是科技，城市需要源源不断的人才流入并且留得住，才有可期待的未来。"辛勤三十年，以有此屋庐"，一直传承的强烈归属感，让中国人有房才有家的观念根深蒂固。但是，"二次房改"后深圳住房市场仍面临以下问题：一是居住用地占比较低，住房供给有限。深圳明确至2035年居住用地比例将提高至25%，但在大城市及其周边城市新出让土地中，居住用地占比不宜低于50%。二是住房保有率过低，住房保障不充分。截至2020年上半年，深圳全市累计供应各类保障性住房和政策性住房约50.63万套，住房保有率约11%，远低于国家新型城镇化规划常住人口住房保障率为23%的标准。三是房价逐年上涨，房价收入比显著高于国内其他城市。相对于2013年1月，2020年6月深圳二手房成交均价每平方米上涨约4.2万元，上涨幅度超200%，房价收入比也长期位于全国前三位。

在外来人口持续增加和居住用地供应有限、住房保障不充分、房价逐年上涨的背景下，发展租赁住房是深圳解决当前住房问题、实现"住有宜居"的必由之路。《中共中央 国务院关于支持深圳建设中国特色社会主义先行示范区的意见》明确深圳先行示范区打造"住有宜居"实现民生幸福标杆的战略定位。通过构建多元化住房供应体系发展住房租赁市场，不仅有利于降低非理性购房需求、减少住房保障压力、优化人居环境，也是深圳解决当前住房问题、实现"住有宜居"的必由之路。

从国际经验来看，经济较为发达的国家如美国、英国、法国和德国等，其城市住房租赁比例大部分在40%～60%。新加坡国土面积狭小，仅为724.4平方公里，但却是世界上解决住房问题较为成功的国家，其最重要的经验在于大力发展住房租赁市场。为解决房屋短缺危机，新加坡政府于1960年成立建屋发展局（HDB），随后推行"居者有其屋"计划。目前，新加坡近八成人口居住在由政府兴建的组屋，仅有两成人口选择私人住宅。

同时，发展租赁住房也是新发展格局下提振消费、拓展投资的必要举措。近年来，人口持续向深圳流入，住房问题越来越突出，高房价已经对消费、投资形成了明显的挤压。根据《中国区域金融运行报告（2019）》，在控制人均可支配收入、社会融资规模等因素，居民杠杆率水平每上升1个百分点，社会零售品消费总额增速会下降0.3个百分点左右。2020年，深圳住户部门杠杆率（住户贷款余额/名义GDP）约为81%，同期中国为62%。高房价无疑是推高中国居民杠杆率的重要因素，若能解决市民的住房问题，将能更好释放社会消费、拓展投资。大力培育和发展租赁住房，对个人而言，有利于降低不菲的购房支出，释放其他消费需求；对社会而言，有利于资金流向更需要的地方，优化资源配置，拓展投资渠道，促进经济增长。

二、进一步培育和发展租赁住房存在的问题

如何培育和发展好住房租赁市场，落实"房住不炒"，实现"住有宜居"，成为新发展格局之下的关键一步，但仍有以下问题亟需解决。

（一）人口持续流入，租赁住房供给有待提升

2013～2019年，深圳常住人口净流入280.99万人，年均流入约40.14万人，而同期年均新增商品住宅约4.8万套。至2035年，深圳明确居住用地比例将提高至25%，与大城市新出让土地中居住用地占比不宜低于50%的标准相比仍有差距。城中村住房虽体量大，但是部分安全性高、周边配套完善且易于规模化改造的房源已被万科泊寓、金地草莓等集中式长租公寓企业签约，再继续扩大规模将城中村住房改造用于出租的房源有限。总体上，全市超七成的常住人口通过租房解决居住问题，外来人口的持续流入和商品房新增供应不足为深圳带来了巨大的租房需求。但深圳居住用地供应不足，城中村改造房源有限，租赁住房供应缺口较大。

（二）房屋租赁备案率较低，市场监管有待加强

自从深圳取消房屋租赁强制备案之后，房屋租赁备案率和《房屋租赁凭证》办证率较低，大部分房屋租赁未进入政府租赁平台交易，市场监管有待加强。根据《深圳市政府关于加快培育和发展住房租赁市场工作情况的报告》，截至2018年10月，深圳市

住房类房屋租赁登记备案仅 50 万余份，占全市市场化租赁住房套数的比重不足一成。

造成房屋租赁备案率低的主要原因如下：一是房东到房屋租赁管理部门进行备案后办理《房屋租赁凭证》，意味着要缴纳房屋租赁税，这让房东主观上自愿备案的积极性不足；二是不少房东的房产都是交由二房东或者中介管理，客观上给房屋租赁备案办理《房屋租赁凭证》增加了不少难度；三是深圳城中村部分楼栋超过 480m² 规定，属于违法建筑范畴，原村民一定程度上也不愿意将此类租赁住房上报备案。

（三）城中村住房占比较高，居住品质有待改善

根据《深圳市政府关于加快培育和发展住房租赁市场工作情况的报告》，截至 2018 年，深圳市共有各类出租住房约 783 万套、3.48 亿 m²，占住房存量总套数的 73.5%。在全市租赁房源中，城中村租赁住房约 490 万套，占全市出租房源比重超六成。但是，多数城中村住房因前期缺乏统一的安全设计规范，加上原村民"增盖加盖"，造成城中村住房呈现出"握手楼、亲嘴楼"的奇观，房屋安全、消防安全难以达标，整体居住品质有待改善。并且由于多数城中村住房产权复杂，主体责任不清，城中村安全、环境、治安、停车等综合治理难的问题亟需解决，人居环境有待优化。

（四）长租公寓快速发展，运营模式有待健全

在国家大力培育住房租赁市场政策的引领下，深圳市住房租赁市场快速发展，但也面临一些发展瓶颈问题，长租公寓"爆雷"事件频发，运营模式存有隐患。根据深圳市消委会数据，2020 年收到有关长租公寓的投诉问题主要有疑似"爆雷"、退费、业主纠纷、租金贷款等，投诉数量也较 2019 年的 1103 宗上涨 130%。一方面，住房租赁市场发生甲醛房、租金贷、资金链断裂等事件，更有甚者以住房租赁为工具，在短期内利用"长收短付"快速吸纳房租形成庞大"资金池"后卷款跑路，造成大批业主和租客利益受损；另一方面，长租公寓企业收取房源后，按照统一标准改造再面向市场出租。因安全改造实施难度大、装修标准高等因素，造成前期改造成本不菲，最终体现在改造后的租金大幅上涨。长租企业为了降低经营成本，装修后的房源空置期相对较短，房源空气质量无法保证。

三、具体建议

在构建以国内大循环为主体、国内国际双循环相互促进的新发展格局背景下，本文以高质量供给引领和创造住房新需求为目标，就进一步培育和发展深圳住房租赁市场提出以下建议。

（一）挖存量扩增量，增加租赁住房供应

在深圳居住土地资源有限、市场商品房多用于自住的背景下，通过新建、盘活筹

集建设租赁住房的工作量大、困难多。城中村部分房源虽已被集中式长租公寓企业签约，但是由于租金相对便宜、体量规模大，仍是筹建租赁住房的重要渠道之一。具体而言，对于权属清晰、经过历史遗留违法建筑申报以及房屋结构、消防、地质灾害安全隐患排查的城中村住房，鼓励政府、集体经济组织、企业三方合作，盘活城中村房源。同时，探索开展"商改租"项目试点工作，加快出台既有商业和办公用房改造为租赁住房的试点实施方案，多渠道筹集建设租赁住房。

（二）构建住有宜居指数，完善房源监管

结合租金水平、居住品质、户型面积、交通便捷、物业水平、社区文化等因素，运用定性与定量数学分析工具，以楼盘/城中村为单元，编制并定期发布覆盖全市各类住房的住有宜居指数，旨在综合反映当地不同楼盘/城中村可承担、高品质、环境优、配套齐的幸福宜居水平差异。在此基础上，整合住有宜居指数的基础信息，充实住房租赁数据库内容，完善房源监管。同时，加强对住房租赁市场宜居环境的跟踪、分析和研判，按照不同等级对房源的宜居环境实施分级分类精准监测，并就各楼盘/城中村的住有宜居指数得分进行排名，探索"红黑榜"制度，健全房源监管。

（三）推进城中村物业管理专业化，优化人居环境

一方面，以城中村综合整治为契机，以解决城中村安全、环境、治安、停车等治理难题为目标，在股份公司成立下属物业企业自行管理的基础上，通过提升专业化服务水准、兼并重组引进专业化的物业企业、聘请专业化的物业企业进行顾问咨询等方式，开展专业化物业管理服务试点，提升城中村的物业管理专业化水平，破解城中村管理难题，优化人居环境；另一方面，加快出台城中村物业管理的相关工作指引，建立物业管理党的基层组织，成立议事协调机制，从制度层面保障城中村物业管理有章可循、有法可依。

（四）建立租金参考价格发布制度，完善租金监管

发挥评估行业的租金评估优势，运用比较法定期评估深圳各类住房的租金水平，编制覆盖全市各类住房的租金参考价格，定期向社会公开全市范围内各楼盘/城中村年度租金参考价，在此基础上建立全市租金参考价查询系统。基于租金评估和指导价格等信息，构建住房租赁市场价格指数，全面监测全市住房租赁市场的价格波动，为住房租金调控提供数据支撑。对于租金高出最近年度发布的指导价格房源，进行重点监控；对于平均租金长期高于最近年度发布指导价格的长租公寓企业，进行价格指导或适当处罚；对于炒作租赁市场、哄抬住房租金等违法违规行为的租赁中介和个人，进行严厉处罚。

（五）健全行业信用体系，规范市场秩序

一方面，加快深圳经济特区房屋租赁立法工作，推进行业信用体系建设。探索建立"负面清单"和"黑名单"制度，将住房租赁企业、中介机构和互联网住房租赁信息发布平台纳入信用管理体系，对失信主体实施联合惩戒，规范市场秩序；另一方面，用好用足中央财政专项资金支持深圳发展住房租赁市场的相关政策，利用计划引导、规划统筹、价格指导等方式，引导长租公寓企业在综合整治分区内有序推进城中村规模化改造工作，助力企业经营规模化、服务专业化、管理规范化的综合发展。同时，提升金融支持力度，加大财税优惠政策支持，推进符合REITs规则的住房租赁项目落地，开展住房公积金向符合条件的租赁住房项目提供贷款试点工作。

参考文献：

[1] 黄逸昆，邢春晓，洪振挺.城中村住房租赁管理工作问题与改进建议——以深圳为例[J].农村经济与科技，2020，31（8）：250-251.

[2] 况澜，郝勤芳，梁平，等.我国住房租赁市场需求及发展趋势研究[J].开发性金融研究，2018（6）：65-87.

[3] 任焱.北大光华：构建新发展格局需要大力推进租赁住房建设[N].中国财经报，2020-11-24（007）.

[4] 邵挺.中国住房租赁市场发展困境与政策突破[J].国际城市规划，2020，35（6）：16-22.

[5] 宋小锋.稳步推进住房租赁试点，规范发展住房租赁市场[N].中国建设报，2021-02-04（005）.

[6] 田莉，夏菁.国际大都市租赁住房发展的模式与启示：基于15个国际大都市的分析[J].国际城市规划，2020，35（6）：1-7.

[7] 张协奎，樊光义.我国住房制度改革和长效机制建设研究述评[J].创新，2020，14（5）：11-23.

作者联系方式

姓　　名：江　修　王　雁

单　　位：深圳市世联土地房地产评估有限公司

地　　址：深圳市福田区上梅林卓越梅林中心广场二期B座19层

邮　　箱：jiangxiu@worldunion.com.cn；wangy2@worldunion.com.cn

注册号：王雁（4420190139）

合肥市住房租赁问题及成因研究

吴怀琴　夏利国　陶传海

摘　要：目前，合肥市城市建设速度较快，居民住房状况已经由前几年的总供给不足转变为总体供需平衡，住房租赁市场发展较好。但是其中依然存在供需数量以及结构上的问题，且住房租赁服务平台也存在一定的缺陷，这些都不利于合肥市住房租赁市场的发展。本文从政策制度层面、市场层面以及租赁主体层面对这些问题的成因进行分析，为采取措施提供方向。

关键词：住房租赁；政策制度；住房市场；租赁主体

一、合肥市住房租赁服务市场调研

针对合肥市居民住房租赁需求及其存在的问题，笔者于2018年开展了相关调查，调查以问卷和非结构访谈的形式展开。问卷采用线下偶遇抽样和问卷星网络随机调查两种方式展开（表1），合计共收回有效问卷286份。

问卷发放及回收基本情况　　　　表1

调查方式	问卷发放数	有效回收数	有效率
线下随机调查	180	174	96.67
问卷星随机调查	112	112	100
合计	292	286	97.95

问卷显示，286个样本中，男性占比46.15%，女性占比53.85%。从年龄结构来看，21～30岁年龄的样本超过了2/3，成为住房租赁的主要群体，这一年龄段对应的往往是刚从高校毕业的学生，个人经济能力较弱，租赁需求旺盛。从户籍结构来看，调查对象主要来源于非合肥市辖区（不含四县一市），占比达到76.57%。结合图1可以看出，庐阳区、政务区和高新区成为租赁主要区域，住在三地的租赁主体占全部样本的47.77%。这三个地区也是产业比较集中、公共服务和公共交通较为发达的地区。从单位性质来看，租赁主体以非体制内工作为主，占比65.38%，学生也占据了一定的比重，达到11.89%，随着生活条件改善和需求多样化，在校学生也成为租赁群体

的构成力量之一（表2）。

调查样本基本情况　　　　表2

项目		数量	百分比	项目		数量	百分比
性别	男	132	46.15	户籍地址	合肥市辖区	67	23.43
	女	154	53.85		四县一市	88	30.77
年龄	16～20岁	2	0.70		非合肥市	131	45.80
	21～25岁	88	30.77	单位性质	体制内	48	16.78
	26～30岁	104	36.36		非体制内	187	65.38
	31～35岁	48	16.78		学生	34	11.89
	36～40岁	35	12.24		自由职业者	13	4.55
	41岁及以上	9	3.15		其他	4	1.40
收入	2000元及以下	39	13.64	工作年限	1年及以下	34	11.89
	2001～4000元	149	52.10		1～3（含）年	153	53.50
	4001～6000元	65	22.73		3～5（含）年	74	25.87
	6001～8000元	27	9.44		5～10（含）年	22	7.69
	8000元及以上	6	2.09		10年以上	3	1.05

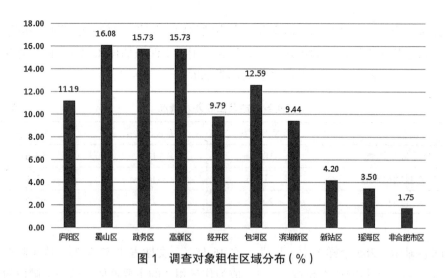

图1　调查对象租住区域分布（%）

通过表3可以观察居民住房租赁情况及其态度。当前，无力购房（36.71%）、租售比低下（29.02%）以及方便生活（30.42%）成为三大租房原因。合租与整租相比，在租金上存在优势，而租房群体往往是经济能力较弱的刚参加工作的年轻人，合租（68.88%）占比远高于整租（31.12%）。

从租房信息获取渠道来看，互联网和线下中介公司成为两大主要渠道，政府筹建的租赁平台关注者甚少。然而，居民的租赁倾向却显示，58.04%的人希望能够租赁政府提供的住房，只有18.88%的人愿意租赁个人房源。与此相对，仅有6.99%的人租住在政府公房之中，一半人都租住个人私房。由此可见，政府主导筹建租赁平台是"民心所向"，一方面要加大政府租赁平台宣传力度，另一方面也要完善平台建设，充实平台资源，加强房源监管。

居民租赁基本情况　　　　　　表3

	项目	数量	百分比		项目	数量	百分比
合约租期	3个月及以下	36	12.59	租房信息获取渠道	线下中介公司	81	28.32
	3～6（含）个月	35	12.24		互联网	131	45.80
	6～12（含）个月	96	33.57		政府租赁平台	31	10.84
	12～24（含）个月	89	31.12		亲友	34	11.89
	24～36（含）个月	21	7.34		报纸、广告	9	3.15
	36个月以上	9	3.14		其他	0	0
理想租期	1年及以下	23	8.04	租房主要原因	改善居住条件	9	3.15
	1～3（含）年	81	28.32		无力购房	105	36.71
	3～5（含）年	98	34.27		租金水平低	83	29.02
	5年以上	84	29.37		方便生活	87	30.42
合约月租金	500元及以下	7	2.45		其他	2	0.70
	501～1000元	57	19.93	当下居住面积	20m²及以下	38	13.29
	1001～1500元	77	26.92		21～45m²	74	25.87
	1501～2000元	71	24.83		46～60m²	96	33.57
	2001～2500元	45	15.73		61～90m²	69	24.13
	2500元以上	29	10.14		91m²及以上	9	3.14
租赁房源倾向	政府房源	166	58.04	租赁住房性质	个人私房	143	50.00
	房企房源	31	10.84		长/短租公寓	21	7.34
	个人房源	54	18.88		政府公房	20	6.99
	第三方房源	35	12.24		单位房	83	29.02
理想户型	一室一厅	79	27.62		集体宿舍	19	6.64
	二室一厅	114	39.86		其他情况	0	0
	三室一厅	76	26.57	租赁方式	整租	89	31.12
	其他	17	5.94		合租	197	68.88

进一步考察租房影响因素可以看到（图2），距离工作地点远近成为最重要的选房因素，在表3中也可以看到，30.42%的居民是为了方便生活才选择租房。室内装修、家庭配备、租金水平三个因素，继距离工作地远近因素外，成为居民住房租赁选择的重要参考依据。由此可见，目前正在推进的统一装修、统一管理、租期稳定、租金合

理的长租公寓和公共租赁住房基本符合市场需求。但由此也引发另一个问题,为了实现土地效益最大化,政府将优质地段的土地基本出让给了房地产开发商,自己筹建的保障房并不坐落在产业密集、商业发达、交通便捷的地区,而是位于土地价格更加低廉的城市近郊,这无疑又影响了出租率。

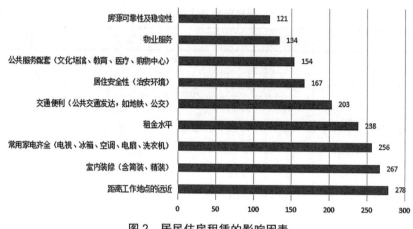

图 2　居民住房租赁的影响因素

二、合肥市住房租赁服务存在的问题

(一) 租赁住房过量供给问题

一方面,从当前合肥市租赁住房供给和市场需求来看,供给大于需求是基本事实。一个简单的判断依据是,在调查中,无论问卷过程还是访谈过程,没有遇到调查对象存在"租不到房"的现象。

另一方面从供给主体来看,合肥市租赁住房供给基本来源于私房和公房。在当下以私房供给为主的市场下,已经能够满足租赁需求,在公房供给层面,政府承诺2020年将有16万套公共租赁住房入市。除了这两个供应主体外,还有房地产企业、用人单位、第三方租赁公司等供应主体。

在整体供过于求的市场环境下,调整供给结构、把控供给渠道、规范供给信息、监督供给过程才是租赁住房改革的重点。如果一味强调增加公共租赁住房供给而不消化已有二手房租赁供给,反而会造成住房租赁市场的资源浪费。

(二) 供给与需求不匹配问题

问卷显示,现实租住条件与理想租住条件存在一定差距,以年轻人为主的租客们每个月倾向于租金在月收入三分之一左右,租期稳定,达到3~5年,甚至5年以上的长租,带有装修带家具家电的住宅。但是,目前以私房供给为主的租赁市场决定了租赁住房难以统一管理、统一装修、统一租金、统一租期、统一合同,租客面临着随时可能被"赶走"的潜在威胁,承租人权益时刻暴露在不安稳的氛围之中。那么,如何规范二手房租赁市场,开辟管理规范、收费合理、租期稳定的长租公寓,来适应市场变化和满足市场需求,是培育和发展住房租赁服务最要紧的问题之一。

深入市场可以看到,目前已经出现了一批第三方租赁公司,扮演了"二房东"的角色,整合个人房源,经过统一装修后再次出租,但这一市场在合肥并没有完全发展起来。"二房东"的出现本身是有益于租赁市场发展的事情,但在利益驱使下,优质房源经常被"垄断",需要警惕"三房东""四房东"。这无形之中不仅扰乱了住房租赁市场秩序,也提高了交易成本。租赁市场的初衷是在房价高居不下背景下解决"安居"问题,现在反而从"买不起"转向了"租不起"。因此,加强监管势在必行。

(三)租赁服务平台定位问题

除了政府筹建的"合肥市住房租赁交易服务监管平台"之外,已经存在诸多功能相似的住房租赁服务平台,如58同城、赶集网、安居客、链家、好租、优客逸家等。从性质上看,两者存在本质不同,政府平台并不盈利,只是提供服务,属于公共服务的一种;其他平台要么赚取流量,要么收取中介费,是商业利益驱使。从信息内容和信息管理上看,政府搭建平台与其他商业平台最大的不同之处有三项:一是房源来源渠道不同,以政府投资承建的保障房为主,还包括个人房源、企业房源、品牌公寓;二是信息审核、信息监管更加严格,要求实名制;三是深耕合肥市,房源信息都来源于合肥市,专门服务本地租赁市场。

这就意味着,政府平台的准确定位决定了它的生存空间和生命周期,一旦其功能被商业平台取代,那么生存空间就将受到严重挤压。从这一点来看,政府平台有必要加强公共保障房的信息更新和监管,明确进入和退出机制,这是政府平台所独享的"特权",其他商业平台无法触及。至于其他与住房租赁相关的信息,可以直接通过加强对商业平台的监管实现,尤其是房源信息的监管和承租人权益的保障,没有必要承担原本应该由市场承担的责任,"跨界"服务的后果往往是"出力不讨好"。

三、合肥市居民住房租赁问题的成因

(一)政策制度层面

有法不依,有规不遵,执法不严,落规不实,违法违规成本低,维权成本高,是导致当前居民住房租赁服务市场问题滋生的制度原因。

在制度保障层面,我国其实已经制定了相关法律来规范租赁过程,保护双方权益。《合同法》《城市房地产管理法》和《商品房屋租赁管理办法》中涉及租赁当事人权利义务关系的条文是当事人订立合同和主管部门管理租赁过程的法律依据。但是,上述法律法规中的部分条款规定较为粗糙,在执行过程中也并不严格,因此难以有效规范租赁行为。由此可见,在制度制定和完善层面上,国家和政府一直"与时俱进",问题的关键在于落实与执行。要正确引导和规范住房租赁市场,解决住房租赁市场存在的各类问题，要在制度落地上下功夫，提高违法违规以及各类社会失范的成本，降低维权、举报的成本。

（二）市场运行层面

目前来看，对于住房中介机构，尤其是线下个人中介机构几乎没有受到管制和监督。除双方私下交易外，中介服务是住房租赁中必不可少的环节。然而，由于中介公司缺乏准入门槛和标准化服务过程，导致行业自律机制薄弱，大部分都是经济实力较弱、受教育水平不高的年轻人，中介服务往往又是"一锤子"买卖，为了实现短期利益，服务过程中存在诸多不合规、不合法、损害承租人利益的"猫腻"。

从市场供给来看，目前合肥市场上出租的房屋基本上都来源于个人房源，机构供应包括政府和房企仅占很小一部分。究其原因，一是机构经营住房起步较晚。合肥从城市经济密度、人口密度、公共服务供给密度而言也远不如一线城市和部分二线城市，那些已经在一线城市布局的住房租赁机构并未进驻合肥。合肥本土也存在一些规模不大的租赁公司，绝大部分以"二房东"模式为主。正因为以个人房源供给为主，私下交易大于公开交易，导致市场监管难度大大增加，租赁市场"乱象丛生"。可见，市场监管与市场供给机制两者相辅相成，如果租赁供给主体以运营成熟的机构为主，那么将大大降低政府监管的成本。

（三）租赁主体层面

从出租人来看，出租方式越便捷、租金回馈越迅速，那么出租闲置房源的欲望就越强烈，这就导致把计划出租的住房交给中介、"二房东"成为首选。商业平台和中介公司为了"省事"，一般不会审查房源信息可靠性，导致进入租赁市场的房源"鱼龙混杂"，承租人的权益在一开始就没有受到保障。与商业平台和中介公司相比，政府平台的信息审查极为严格，需要提供真实的身份信息和房源信息，对于房源把控也有一套严格的程序，出租手续更加烦琐。虽然目前合肥市鼓励私房进入租赁市场，并给予一定的经济补贴，但响应并不积极。从合肥市住房租赁交易服务监管平台来看，全部租赁房源中个人房源最少，远少于企业房源和中介房源。事实上，后两者的房源也基本上源自个人房源。

从承租人来看，他们处于被动状态，是租赁市场中的"弱势方"，从目前租赁市场发展状况来看，是市场主导他们的需求，而不是他们的需求主导市场走向。在租赁住房选择过程中，他们其实也更青睐中介和商业平台，这一点问卷调查中已经详细说明。可能是对于政府平台不熟悉，也有可能政府平台提供的房源信息无法满足他们的需要，政府平台的热度不及商业平台。换一个思路，如果合肥市的承租人大部分通过政府平台来获得信息，并完成整个租赁过程，那么租赁市场的问题就将大大降低，至少信息监管有了保障。

四、结语

针对当前合肥市住房租赁存在的供大于求、供求质量不匹配以及住房租赁服务平台定位等问题,分析出政策制度、市场以及租赁主体等是问题产生的源头,所以政府在采取措施对合肥市住房租赁市场的问题进行解决时,要从源头进行治理,才能有效解决住房租赁问题。

参考文献:

[1] 易宪容,郑丽雅.中国住房租赁市场持续发展的重大理论问题[J].探索与争鸣,2019(2):117-130+144.

[2] 赵奉军,王业强.住房租赁市场建设:新特征、新问题与展望[J].中国发展观察,2019(11):45-48.

[3] 王方明.供需视角下城市住房租赁市场建设现状及影响因素研究[J].科技经济导刊,2019,27(9):181-182.

[4] 邵挺.中国住房租赁市场发展困境与政策突破[J].国际城市规划,2020,35(6).

[5] 金占勇,夏爽,邱宵慧,等.基于可视化分析的国内住房租赁市场研究综述[J].建筑经济,2021,42(4):83-87.

作者联系方式

姓　名:吴怀琴　夏利国　陶传海

单　位:安徽建工房地产土地资产评估有限公司

地　址:安徽省合肥市经开区大华国际港A座811室

邮　箱:ahjgfdc@126.com

注册号:吴怀琴(3420200014),夏利国(3420100009),陶传海(3420180014)

(二)租赁需求

人口新形势下的住房租赁需求

李文杰

摘　要： 当前我国人口结构正在发生重大的变化，人口流动、家庭结构的新特点，带来了住房租赁市场新的变化，人口向大城市的集中为大城市带来更大的住房压力，同时家庭结构小型化的趋势改变了对租赁住房的需求。受此影响，住房租赁市场需要提供满足市场多样化的需求产品与更加专业化的租赁服务。同时，政府也需要在公共资源配置和市场制度完善方面做出相应的制度安排。

关键词： 住房租赁；人口结构；家庭结构

第七次全国人口普查数据显示，我国人口增速进一步放缓，这是不是意味着住房租赁市场问题会随着人口增速放缓而自然解决呢？我们需要仔细观察租房人口的结构。结合经纪行业的观察，一年中住房租赁市场有两个旺季，一个旺季位于每年的春节后，务工人员通常会选择在放假前终止租期，回城之后重新租房，由此产生春节后租赁高峰。第二个高峰出现于暑假毕业季，刚毕业的学生也属于低收入群体，对租金较为敏感，暑假期间的租金稳定尤为关键。

因此，发展住房租赁，不是所有的群体都要被关注。位于金字塔上端的高收入群体，甚至具备整套租赁能力的群体不是排在第一位要被关注的，真正需要被关注的是和身边服务行业有关系的，比如经纪人等中等收入服务行业。要重点关注从事第三产业的群体，特别是租金支出占每个月收入支出1/3、月收入为1万元左右、月租金支出3000元左右的群体。在市场管理过程中，"一城一策"要进一步明确落实到城市层面。

一、人口发展新形势对住房租赁提出新要求

尽管人口总量增长放缓，但当前我国人口结构正在发生重大的变化，人口流动、家庭结构的新特点对住房租赁形成了新挑战。

（一）人口往大城市集中，大城市住房压力仍然增加

第六次全国人口普查以后，我国人口就停止大规模增长了，但大城市的人口增长速度仍然较快。进入人口资源重新分配组合阶段，自然条件好、发展机遇多、医疗

教育好的地方无疑在人口再分配中占优势。未来的趋势仍旧是人口继续向大城市和相对发达地区流动。从日本东京圈、韩国首尔城市规模以及我国东三省省会看,在总人口下降情况下,中心城市人口仍然继续增长(图1)。目前,我国人口总量保持小幅增长,即便出现人口总量下降情况,可能会导致总需求减少,但中心城市人口规模仍然会继续增长,需求继续提升。如深圳、广州年人口增长40万~50万,按照人均40m^2的需求估算,每年需要新增1600万~2000万m^2的住房。

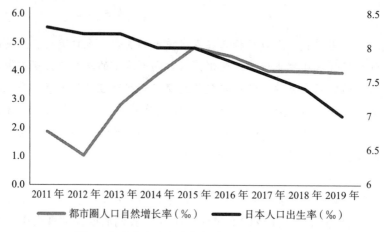

图1　日本人口出生率与都市圈人口增长率(‰)

来源：wind,贝壳研究院整理

比如,辽宁省人口在2014年达到峰值4391万后,逐年下降,但省会城市沈阳市人口继续保持增加,占全省人口比重逐步提升(图2)。

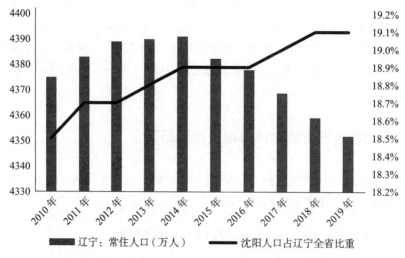

图2　沈阳人口占辽宁全省比例走势变化(%)

数据来源：wind、国家统计局,贝壳研究院整理

（二）人口跨城迁徙带来人与住房关系重构

在做住房租赁业务时不难发现，购房者对区域有明显的偏好，如长三角、北京周围的北三县、广佛同城、深莞同城等。未来人口跨城流动会进一步加快，这也将带来人口重构和整个居住关系的重构，并且影响到住房制度的变革。人口普查数据显示，2020年我国人户分离人口为4.93亿，与2010年相比增长88.52%。其中，省内流动人口为1.17亿，跨省流动人口为3.76亿，与2010年相比分别增长192.66%和69.73%。

在服务业占主导地位的时代，人口在城市内部的迁移变得非常频繁。核心原因是，家庭生产市场化、社会化，基于血缘的家庭关系被社会网络所替代。在服务业占主导地位和交通基础设施完善的情况下，人们拥有了更多的自由选择权，择城而居、择邻而居。未来的人们不再满足简单的"一生一居"，换房的频率变得更高。这就使总体意义（或平均意义）的住房供需关系失效，未来会出现部分房子无人问津、部分房子炙手可热的情况，不同城市住房市场也会出现明显的分化。所以，观察判断房子是不是够住，不能简单用总人口和总住房存量比较。

（三）家庭化流动方式变化导致住房需求增加

未来我国人口流动从短期的、临时性迁移变成长期甚至永久性迁移，平均居留时长不断延长，长期居留意愿日益强烈，这将对大城市和核心城市的住房产生更多、更长期的需求。趋于家庭化流动，更多地在服务性行业工作，他们不可能像第一、二代流动人口那样住在工棚、厂区，也不像之前独立流动，更多以已婚和家庭为单位，越来越大的比例是夫妻同时外出，且已婚流动家庭携子女外出，他们需要一个稳定的住所，对租房有强烈的需求，也对居住品质和教育等有更高的要求。新生代流动人口平均年龄不断上升，并逐步进入婚育阶段，未来将逐步安排子女随迁和父母随迁，在迁入地上学、就业、生活和养老，这将产生首次置业需求，且以低总价、交通便利、有学区的需求为主。这些特征都意味着与之前暂时性、过渡性、周期性的住房需求不同，流动人口将产生更稳定、更长期的住房需求，对居住条件也将提出更高的要求。

（四）家庭结构小型化导致住房需求更多样化

在过去，往往一个大家庭居住在一起，但是随着家庭结构小型化之后，对住房需求就变得更多样化了。根据第七次全国人口普查，平均每个家庭户的人口为2.62人，比第六次全国人口普查减少0.48人（图3）。家庭结构小型化是全世界共同的趋势。美国、日本的家庭人口规模数量都在降低。

家庭结构小型化的主要原因是：第一，结婚率下降、离婚率上升，生育率下降。2010—2019年近十年间，我国人口的粗结婚率从9.3%下降至6.6%；近十年我国的粗离婚率也由2%上升至3.4%，上升了1.4个百分点（图4）。第二，住房供给充裕，

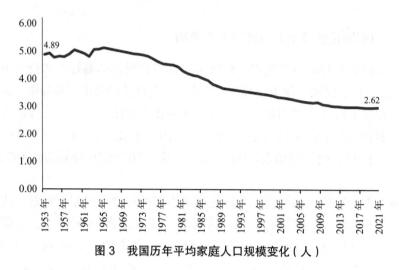

图3 我国历年平均家庭人口规模变化（人）

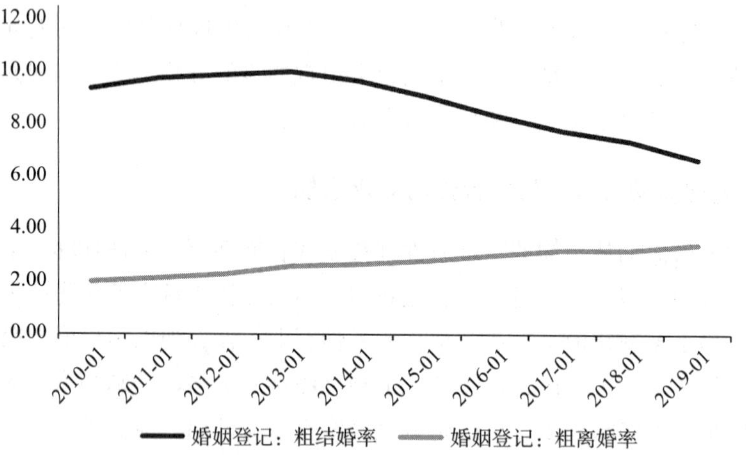

图4 我国近十年粗结婚率与离婚率变化趋势

数据来源：wind，贝壳研究院整理，其中粗结婚率、离婚率是指一年中每1000人的婚姻申报数量

年轻人主动离开父母家庭独立居住，家庭裂变的速度提升。

家庭数量加速分裂，单身化趋势显著，导致独居率提升（图5）。从其他发达国家的经验来看，随着单人户家庭继续快速增加，到2030年，我国将有2亿的独居人群，其中20～39岁群体将达到7100万，独居率超过30%。独居意味着住房需求数量的增加，对中小户型住房的需求也随之增加。

总之，"以购为主"难以适应人口新形势，日益上涨的房价会加剧人口问题，通过需求的变化结合一流的供给端的变化，对住房提出了新的要求。因为租房收益率低至2%，只能勉强弥补装修成本，造成房主出租房屋的热情不高。因此，未来政策一定要鼓励机构化，不能因为个别企业出现问题而影响机构化的决心。我们认为，只有机构化才能从根本上将供给端的问题解决。

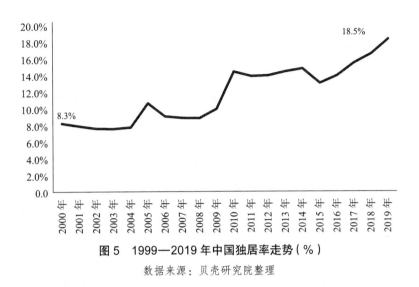

图 5　1999—2019 年中国独居率走势（%）

数据来源：贝壳研究院整理

二、住房租赁需求进入改善新阶段

在人口城镇化的前半期，租赁主要是解决农民工在城市的容身之所，对居住品质的容忍度较高。但在新阶段，年轻群体、新市民的租赁住房需求正在出现质的提升。

（一）租赁需求多样化

从人群分类上，不同收入人群对租赁住房的产品呈现差异化需求。低学历流动人群需要的是标准化的床位。城市无房低收入人口，无经济实力，需要保障性公租房。流动夹心层租房人口，以非户籍大学生为主，需要合租和中低端整租。城市户籍夹心层，拥有本地户籍，毕业10年内大学生，收入水平相对较高，但购房难，需要合租和中低端整租。有房改善型租房人口，以有房家庭，为了子女上小学为主要特征，需要有更好地理位置、更好租住品质的整租（表1）。

租赁人口类型与需求特征　　表1

不同收入的人群划分	人口特征	租赁需求特征
有房改善型租房人口	有房家庭，子女上小学为主	具有更好地理位置、更好的租住品质的整租
城市户籍夹心层	拥有本地户籍； 毕业10年内大学生； 收入水平相对较高，但购房难	合租和中低端整租为主
流动夹心层租房人口	非户籍大学生	合租和中低端整租为主
城市无房低收入人口	低收入群体，有购房资质但无经济实力	保障性公租房
低学历流动人口	农民工为主	床位

来源：贝壳研究院调研

（二）高品质的租住空间

租客愿意为高品质居住空间付费更多。根据我们调研，超五成租客表示愿意为更好的地段、服务和室内环境，每月多支出1000元以上。在愿意接受花费更多租金、租得更好的住房的租客中，愿意多支付超过1000元的租客占比超过50%；在愿意花钱改善租赁住房室内品质的租客中，愿意花费超过1000元的租客占比也超过50%。租客改善租赁居住品质的意愿较强，且能够接受的花费也较高，更高的租赁品质正不断成为租赁消费者的必然要求。以北京市租赁交易分布为例，租客租住多是在相对周边的区域，即城市快捷交通区。很多租客租赁的时候不单考虑租金，还将通勤成本当作租金的一部分。从租赁分布可以看到，租客在通勤和租住品质上，都保持一致要求（图6）。

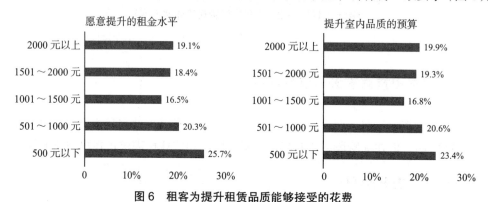

图6　租客为提升租赁品质能够接受的花费

来源：贝壳研究院调研

（三）专业的租赁服务

租客对品质服务要求的提高，不单体现在对租住硬件本身，还体现在未来软性的服务业要求。未来在以租客为核心的市场里，应提供更多的增值服务，比如硬件、软件、区域、社群等。特别是针对00后、95后的社区服务，有些长租公寓做得很好，正是体现了人文关怀（图7）。

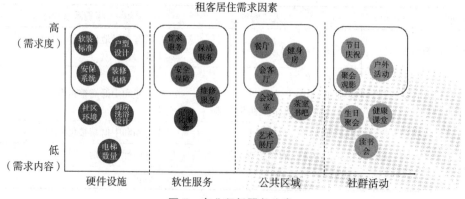

图7　专业租赁服务分类

（四）无歧视的公共资源

租房者需要更加长期、稳定的租赁关系，其居住的基本权利应当得到保障，不能遭到歧视性对待，不能因为租房而成为城市的"二等公民"。为了子女教育而买房，是租客不再续租的首要原因。依据调研数据，在租客选择租房而不是买房的决策影响条件中，租房能够解决子女教育问题的条件占比第一。关于教育需求对租客购房的影响，受教育程度较高的人往往对子女教育也有更高要求，进而拉动住房需求，形成了循环。因此，解决租客长期租赁的关键目标是，逐渐推动解决租客子女的教育权益，逐步实现机会平等（图8）。

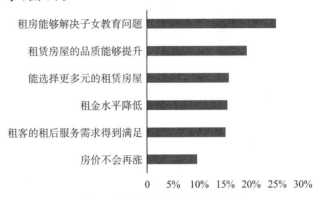

图8　租客愿意长期租房的原因

来源：贝壳研究院调研

三、当前住房租赁发展面临的挑战

人口普查的数据说明，尽管人口不再高速增长，但由于人口流动、家庭人口结构变化，我国大城市住房需求从数量扩张转变为质量提升，租赁需求层次呈现多样化。我国住房租赁行业发展相对滞后，有大量的流动人口、新市民需要充足的租赁住房和保障，租赁补短板任重道远。

但是，目前我国租赁供给的品质还不足。现有各大城市中住房产品多是以家庭为单位设计的，以大面积、多居室为主，不能满足日益独居化人群的空间需求，租赁住房供给的新机制尚未建立。居住配套服务不足，租赁服务市场发展不充分，难以满足新市民对居住环境的社交性及安全性等要求。

当前住房租赁发展存在很多堵点，从供给端和需求端两个方面来看，主要表现在以下方面：

（一）供给端

1. 供需结构错配

小户型、低租金房源数量少，大户型供给多、需求弱。以北京为例，一居室小户型在北京存量房源中的比例只有25%左右，45%的房源为两居室，三居室以上供应比例达到31%左右。越是大户型，租赁相对比较困难。

2. 老旧小区居住品质差

老旧小区地段好但居住品质差。当前，北京市在租房源30%以上的楼龄超过20年，房屋厨卫设施、公共配套比较差、装修过时，房东没有改造装修的能力，甚至不及时履行维修义务（图9）。

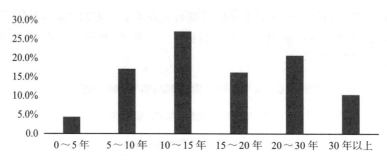

图9　北京当前在租房源房龄分布

数据来源：贝壳研究院

3. 增量建设模式难以大规模复制

目前，仅北京、上海少数城市少数地块开始探索大型社区的租赁住房建设，地方政府缺乏供地积极性。房企建设持有运营的增量模式，面临拿地成本高、运营成本高、投资回报低等问题，开发企业缺乏拿地积极性，项目推进缓慢。

4. 机构化运营推进艰难

在投资收益、资金安全等方面普遍遇到较大挑战，专业化机构运营商业模式未能打通，反而在高速发展中暴露了一系列财务和运营风险，导致长租房商业模式难以具备大面积和可持续发展的潜力。

（二）需求端

1. 租房人群子女受教育优先权存在差别

租房人群在子女受教育权利的优先权上与购房人群存在较大的差异。

2. 租金不稳定

租金不稳定，难以形成长期稳定预期。在高度分散的C2C市场（Consumer to Consumer，消费者对消费者交易模式）中，房东具有较强的市场定价权，甚至随意涨租金，不愿签订长期租约。大城市的新市民、年轻人等租赁住房需求的主力军普遍收入偏低，对于租金的敏感度较高，在房东涨租金情况下不得不频繁换租。

3. 租赁关系不稳定，租客权利保障不足

在C2C市场中，房东不向政府登记备案，不遵守租赁管理要求，利用自身强势地位，侵害租客利益，如随意涨租金、随意中断租约等，使租客被迫换租。此外，我国租赁住房大多是按照家庭居住需求设计的户型，在合租时，公共区域、噪声等经常引发租客之间矛盾冲突，导致租客频繁更换（图10）。

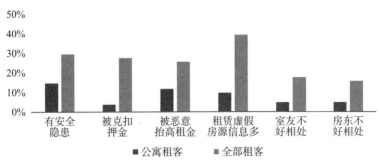

图 10　租客的租住痛点类型

来源：贝壳研究院调研

四、推动住房租赁高质量发展

综上所述，政府要为市场赋能，推动住房租赁高质量发展。租赁需求的多样性、运营管理的复杂性、租赁市场的波动性等制约了租赁市场的发展。政府或市场单一的力量都不足以打破僵局，需要以市场为主导，更好发挥政府的政策引领作用。政府制定住房租赁法律规则，强化监管机制，通过财税金融政策为住房租赁企业赋能，助推租赁机构化运营，合力构建具备高品质的租住空间、专业化的租赁服务、良好的居住体验、合理的居住保障和子女教育权益保障的住房租赁市场全景（图11）。

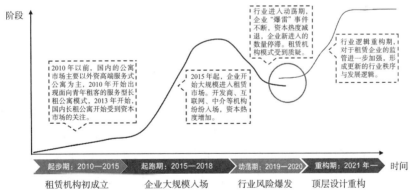

图 11　租赁住房行业发展曲线

作者联系方式

姓　　名：李文杰

单　　位：贝壳找房（北京）科技有限公司

地　　址：北京市海淀区创业路2号1幢1层102室

我国租赁住房需求结构变化趋势分析研究

梅 晗

摘 要：面对"房住不炒"的大背景，如何发展租赁住房成了大众关注的焦点，而租赁住房的需求变化是发展租赁住房市场的重要参考。本文梳理了中国租赁住房的市场发展历程，分析了当前我国租赁住房市场需求现状，并且基于流动人口和存量户籍人口的角度从需求规模和需求结构两方面分析了未来15年租赁住房需求变化趋势，发现未来15年，租赁住房市场规模潜力巨大，中西部租赁需求进一步释放，长租公寓发展形势大好，养老抚幼租赁需求逐步显现。针对这些趋势特点，提出不断深化银政合作，保障需求潜力释放；深入分析租赁周期，合理制定区域政策；积极规范行业规则，大力发展长租公寓；重点关注"一老一小"，稳步推进特色租赁的政策建议。

关键词：租赁住房；需求结构；变化趋势

一、中国租赁住房市场发展历程

我国住房制度改革经历了由福利性的实物分配到货币化购买商品房，再到目前提出的租购并举的过程，租赁市场也经历了从无到有、逐渐发展完善的阶段。根据我国租赁市场的特点，笔者将其大概划分为四个阶段。

第一阶段：福利低租试水期（1978—1997年）。该阶段还属于计划经济刚刚结束时期，市场经济刚刚迈进，住房市场的改革都还属于"摸着石头过河"的时期。此时住房需求主要通过福利分配、团购来满足，租赁的比重很小，相关政策也非常少，加上此时整体租赁需求很低，只有少数群体在单位补差额的情况下进行低价租赁。

第二阶段：保障租赁过渡期（1998—2009年）。该阶段市场经济大潮滚滚而来，商品房大行其道，分房时代彻底终结。大多数群体进入了货币化购房时代，经济适用房、公租房都设置了一系列准入门槛，主要是国家为了缩小贫富差距，保障弱势群体安居乐业。这一阶段的租赁市场以保障性优先，市场化程度较低，但从2009年两会之后，开始向并轨制的保障性租赁体系过渡。

第三阶段：租赁机制并轨期（2010—2016年）。这一阶段是住房市场的黄金时期，住房成为经济发展的重要推动器。但是，由于市场经济供需法则导致房价上涨幅度极大，购房成为人人关心的一件大事。国家为了进行有效调控，一方面大力推进廉租房、公租房等保障性租赁住房的建设，另一方面也开始出台租赁政策，并且要求到 2020 年基本形成供应主体多元、经营服务规范、租赁关系稳定的租赁住房市场体系。

第四阶段：租赁蓬勃发展期（2017 年至今）。2017 年，国家定调"房住不炒"，紧随其后，中央及地方先后出台了一系列租赁住房政策，内容涉及很多空白领域，包括制定租赁住房条例、集体建设用地建设租赁住房、推出租赁住房用地等，取得了突破性进展，从而拉开了租赁住房市场大发展的序幕。

二、我国租赁住房市场需求现状

（一）城镇化发展拉动刚需

我国尚处于城镇化的加速发展阶段，以城镇化为主要驱动因素，加之大学毕业生异地就业，大中城市每年都存在着大规模的人口净流入。该部分人口净流入形成了住房刚需，而初到新城市对职业规划的不确定性和城市高房价使得购房需求较小，绝大部分人选择租赁住房居住。城镇化指标任务每年的推进拉动了住房刚需的稳步增长。

（二）房价增速致需求转移

近十年来我国房价一路上涨，尤以一线城市为甚，如北京商品住宅成交均价从 2010 年的 18377 元/m^2，涨到 2020 年的 50197 元/m^2；深圳从 2010 年的 22357 元/m^2 涨到 2020 年的 51447 元/m^2。而北京、深圳租金价格水平虽有不同幅度的上涨，但幅度均保持在 1 倍左右，价格与租金的差值不断拉大，形成了巨大的"剪刀差"，且趋势越来越明显，使得人们租房的意愿更加强烈。

（三）多层次需求难以满足

以往由于租客群体的特殊性，其租赁需求主要集中在价格低廉的小户型，全国租房户型需求主要集中在一居室和二居室，需求占比达 75%，四居室及以上的整租需求仅占 5%，租赁价格接受度近 45% 集中在 1800 元以下。但是当前租赁人口群体多样，也出现了要求服务多元、私密性强、设施完备的新型租房需求。相较以前，现在还出现了大户型的租赁需求，合租、分租等形式已经不是大多数人的优选。

三、我国租赁住房市场需求变动分析

租赁住房市场在政策红利的刺激下开始迈入大规模扩张的阶段，市场纷纷预测这将是一个有巨大潜力的市场，但发展空间到底有多大，在整个市场规模中占据什么位置，还属于未知数，笔者参考国家开发银行课题组的测算方法，重点从需求端对我国租赁市场未来需求空间进行测算。

(一)需求规模变动

1. 流动人口的租赁需求

随着城镇化水平的提高,不断涌入大中型城市的大量流动人口的住房需求成为租赁住房的主力军。除此之外,部分城市存量户籍人口也存在租房需求。本部分主要对流动人口的租赁需求进行分析测算。流动人口年度租赁住房市场需求总面积和年度租赁住房市场总规模计算公式如下:

流动人口年度租赁住房市场需求总面积 = 流动人口总量 × 流动人口租房率 × 人均租房面积 (1)

年度租赁住房市场总规模 = (流动人口总量 × 流动人口租房率 / 平均家庭规模) × 平均每户月租金 × 12 (2)

关于流动人口总量,从城镇化总体趋势来看,我国城镇化率以年均1%的速度提高,大中型城市人口将进一步聚集,一线城市的流动人口增速将放缓,我们以2020年流动人口总数2.9亿为基础,结合国家卫生健康委员会公布的增长率计算,预计2025年、2030年、2035年流动人口将分别达到3.01亿、3.13亿、3.26亿。关于流动人口租房率,根据2018年《中国流动人口发展报告》数据显示,全国流动人口中约有68.1%的居民选择租房解决住房问题,按照全国平均水平68.1%计算。关于人均租房面积,根据国家统计局公布的数据,目前全国城镇居民人均住房建筑面积为36.7m²。本次测算人均租房面积取36.7m²。基于流动人口的租赁需求测算如表1所示。

流动人口的租赁需求 表1

项目	2025	2030	2035
流动人口总量(亿人)	3.01	3.13	3.26
流动人口租房率	68.1%	68.1%	68.1%
人均租房面积(m²/人)	36.7	36.7	36.7
平均家庭规模(人)	2.62	2.62	2.62
平均每户月租金(元/户)	2000	2000	2000
租赁人口(亿人)	2.05	2.13	2.22
租赁市场需求总面积(亿m²)	75.23	78.17	81.47
租赁市场总规模(亿元/年)	18778.6	19511.5	20335.9

2. 存量户籍人口的租赁需求

除流动人口之外,人户未分离的存量人口也是需求来源。尤其因为上学、回购导致的租房现象非常普遍,城市户籍租房人数占城市户籍人口的比例为1.03%。根据2020年中国城乡建设公报,2020年城市户籍人口4.42亿,近三年城市城区户籍人口的平均增长率为2.7%,据此测算2025年、2030年、2035年全国城市城区户籍人口分别为4.89亿、5.42亿、6.01亿。存量户籍人口年度租赁住房市场需求总面积和年度租赁住房市场总规模计算公式如下:

存量户籍人口年度租赁住房市场需求总面积 = 城市户籍人口总量 × 户籍人口租房率 × 户籍人口人均租房面积　　　　　　　　　　　　　　　　　　　(3)

年度租赁住房市场总规模 =（城市户籍人口总量 × 户籍人口租房率 / 平均家庭规模）× 平均每户月租金 × 12　　　　　　　　　　　　　　　　　　　　　　(4)

基于存量户籍人口的租赁需求测算如表2所示。

存量户籍人口的租赁需求　　　　　　　　　　表2

项目	2025	2030	2035
城市户籍人口总量（亿人）	4.89	5.42	6.01
户籍人口租房率	1.03%	1.03%	1.03%
人均租房面积（m²/人）	36.7	36.7	36.7
平均家庭规模（人）	2.62	2.62	2.62
平均每户月租金（元/户）	2000	2000	2000
租赁人口（万人）	503	558	619
租赁市场需求总面积（亿m²）	1.846	2.048	2.272
租赁市场总规模（亿元/年）	460.76	511.15	567.02

3. 租赁市场总需求规模

将各类人口的租赁市场需求加总,按照公式可计算出全国总体的租赁需求中流动人口的租赁需求占租赁市场的主要部分。由表3可知,预计2025年、2030年、2035年我国租赁市场需求总面积将分别达到77.08亿m²、80.22亿m²、83.74亿m²；2025年、2030年、2035年我国租赁市场总规模将分别达到19239.4亿元、20022.7亿元、20902.9亿元(表3)。

全国总体租赁市场需求　　　　　　　　　　表3

项目	2025	2030	2035
租赁人口（亿人）	2.10	2.19	2.29
租赁市场需求总面积（亿m²）	77.08	80.22	83.74
租赁市场总规模（亿元/年）	19239.4	20022.7	20902.9

（二）需求结构变动

从上述测算可知,引起租赁需求变动的主要因素是流动人口的变化,基于流动人口的租赁需求占到租赁总需求的90%以上,因此未来租赁需求的结构性变化依然会由流动人口的内部结构变化衍生。参考2018年《中国流动人口报告》之后，笔者发现以下结构变化。

1. 中西部城市成为新增长极

东部地区依然是流动人口的主要流入地。第七次全国人口普查（以下简称"七普"）数据显示，2020年流入东部地区的流动人口占57.86%，流入东部地区的跨省流动人口更是高达80.42%。2020年吸纳跨省流动人口最多的5个省市依次是广东、浙江、上海、江苏、北京。相较于中西部地区，东部地区将依然保持发展优势，依然是吸纳流动人口的主力。但流动人口分布的"多元"格局初现，中西部地区对流动人口的吸引力明显上升。由"七普"数据可知，2010年到2020年，东南沿海地区的流动人口所占比例由29.7%下降到19.9%。西南地区流动人口所占比例均上升了3个百分点左右，2020年达到14.5%。中西部城市群将成为新兴的人口流入中心。近年来，随着长江经济带、长江中游城市群、成渝城市群等多个国家级城市群规划的相继出台，中西部城市群成为全方位深化改革开放和推进新型城镇化的重点区域。"七普"数据显示，以重庆、成都领衔的中西部城市正发挥着越来越重要的吸引流动人口的作用，2010年至2020年，重庆、成都、武汉、郑州、西安、长沙、合肥等中部和内陆城市吸纳的流动人口数量和比例大幅增长。中西部城市群将崛起成为我国新的经济增长极，在产业集群发展和吸纳人口集聚（包括东部返乡流动人口和就近转移农业人口）方面发挥越来越重要的作用。

2. 流动儿童及老人规模激增

"七普"数据显示，2020年0～17周岁流动儿童占全国流动人口的比例为17.20%，相较于2010年年均增长5.09%。预计"十四五"期间，流动规模可能接近1亿，相关社会福利政策将面临更大的挑战。根据"七普"数据估算，我国户籍不在原地且离开户口登记地半年以上的60岁以上流动老年人口数量占全部流动人口的比例为4.8%。流动人口中还出现了老龄化现象，随着独生子女家庭的父母逐步进入老龄阶段，未来可能会有越来越多的父母跟随子女流动，带来流动老年群体规模持续增长。

3. 流动人口居留稳定性增强

流动人口家庭结构保持"核心化"趋势，"扩展化"特征初显。我国人口流动模式已经进入以核心家庭为单位迁移的阶段，新生代流动人口家庭的"核心化"趋势尤其明显。流动人口动态监测数据显示，近9成的已婚新生代流动人口是夫妻双方一起流动，其中与配偶、子女举家迁移的约占61%。未来，流动人口家庭结构将由"核心化"向"扩展化"转变，越来越多流动家庭开始携带老人流动。"七普"数据显示，2020年三代户家庭户占所有流动人口家庭户的6.04%。并且流动人口在现住地长期居住比例不断提高，2020年在本地居住时间为5年及以上、10年及以上的流动人口比例分别为47.0%和18.4%。

4. 流动人口学历差异性显现

流动人口群体越来越多元化，区别于曾经的"农民工潮"，高学历的流动人口大幅增长，其中不乏经商成功的企业主、为实现家庭团聚而随迁的家属，还有不少受过研究生教育的追求梦想者。"七普"数据显示，拥有大学本科学历的流动人口比例由 2010 年的不足 6.1%，增长到 2020 年的 17.2%。据流动人口动态监测数据测算，大专及以上文化程度的流动人口比例由 2010 年的 7.61% 上升到 2018 年的 14.11%。未来，高学历的流动人口规模将进一步增长。

四、我国租赁住房市场需求未来发展趋势

（一）租赁住房市场规模潜力巨大

随着住房需求的变化，我国租赁住房政策方面的支持力度加大，金融支持持续发力，各种融资渠道不断拓宽，各地租赁住房的新增用地建设"如火如荼"，未来租赁住房市场将是住房交易市场的"强心针"。根据上述测算，2025 年到 2035 年，我国租赁市场需求总面积将达到 83.74 亿 m^2，年均增长 0.86%；我国租赁市场总规模将达到 20902.9 亿元，年均增长 0.87%。面对 2 亿多租赁人口，2 万多亿元的市场规模，租赁住房市场需求的空间急需开拓，目前市场潜力尚未完全开发，如何在巨大需求来袭时保障供给是下一步要思考的重要问题。

（二）中西部租赁需求进一步释放

虽然一线城市仍是我国租赁住房市场的主战场，但是从 2018 年人口净流入数据来看，北京、上海已出现负流入，中西部城市则进入快速发展时期。目前，一线城市租赁用地供给政策已明确，各房企也继续加大在一线城市的投入，一线城市竞争将会非常激烈，但是近年来二线城市的快速崛起导致人口也随之快速增加，加上国家政策的支持，如"成渝双城经济圈"的影响下，部分城市人口（成都、重庆）出现大幅回流趋势；同时，相比一线城市高昂的租金，二线城市的价格更具吸引力，与往年相比，长沙、武汉、成都、重庆、西安等地租房需求增长更是均超过 150%。

（三）长租公寓发展形势大好

针对流动人口中高学历的新市民、新青年较多且流动居留意愿显著加强的特点，相较于传统租房，他们更喜欢风格多样、私密性强、服务多元的长租公寓。近似于合租的价格、轻便简洁的装修风格、独立自主的私人空间、集体化的公区社交，长租公寓让年轻高知一代租房者的体验感受较以往大不相同。截至 2017 年底，我国品牌长租公寓的数量不到 200 万间，占国内租赁总体份额仅为 2%，远低于欧美发达国家的平均水平。因此，就行业增长空间而言，长租公寓行业发展潜力巨大。但我国长租公寓市场尚处于市场发展初期。在欧美发达国家，长租公寓是非常成熟的商业模式，如美国的长租公寓品牌往往采用自己持有房屋的方式经营，不仅租金回报有保障，而且能在房价波动周期中以售出或购进资产的方式获得资产增值的收益。

（四）养老抚幼租赁需求逐步显现

目前流动人口中，老年群体和少儿群体激增，主要表现为子女随迁上学、老人隔代照料、老人居家养老等形式，因此，这部分群体的租赁需求开始显现。由于现代家庭的小型化，儿女大多不和老人住在一起，三口之家较为普遍，因此，老人们在隔代照料孙辈和进城居家养老时只能选择就近租房，部分家庭由于子女上学通勤和学区划片原因，也会选择在学校附近租房，这就出现了养老抚幼的租赁需求。随着流动人口中老年群体和少儿群体的增加，这部分租赁需求也会逐渐上升。而这部分租赁群体更注重租赁地点与学校、医院的距离，并且对户型要求普遍不大，主要是方便上学和就医，所以呈现出一种特殊的租赁需求。

五、政策建议

（一）不断深化银政合作，保障需求潜力释放

租赁住房市场需求潜力如此巨大，要想充分释放潜力，资金保障至关重要。在融资方面，监管部门和行业主管部门应该充分沟通，在政策和义务上做好双向衔接，银行业要主动掌握全国租赁住房业务进展及同业动态，随时了解最新的融资重点、融资难点。对于租赁住房试点地区及部分高需求地区，银行业应该主动靠前介入，摸清各地租赁住房市场发展计划，因城施策，在分析现状的基础上勇于担当，深化与当地政府的合作，在当好"钱袋子"的同时打好"冲锋枪"。纵观国外成熟稳定的租赁住房市场，除去政府政策支持之外，相关的融资、立法、配套支持体系相当完善，所以，政府与银行业金融机构应该进一步展开合作，形成推进租赁住房市场蓬勃发展的合力。

（二）深入分析租赁周期，合理制定区域政策

2017年是租赁住房快速发展的一年。尽管各地政府通过多种途径增加租赁住房供应，但是一方面，政策推进的速度和设定的目标高于预期，预计在本轮政策周期初期会以政府主导新建为主，然后逐步放缓；另一方面，我国房地产市场已进入存量时代，如何在盘活存量房的前提下大力拓宽租赁房的发展渠道是值得关注的问题，根据租赁需求的变化趋势，要因地制宜给予政策空间，让租赁需求高涨的地区更能放开手脚，依据租赁发展周期制定不同时期的支持政策，做到审时度势、事半功倍。

（三）积极规范行业规则，大力发展长租公寓

长租公寓是未来租赁市场的重要载体，在大力发展的同时也要做好监管，避免出现"蛋壳"等不良企业的违规现象。在中国，由于房价高、收购和自建成本过高，长租公寓品牌目前更倾向于选择向个人房东租赁房屋再向外出租的托管模式，以租赁为途径切入消费金融领域，再通过信托、银行、消费金融公司、互联网金融平台提供消

费贷款或小额贷款等增值服务。这种商业模式需要高度关注，长租公寓的开发企业必须先把业务基础做大，保证资金链的完整，才能在空置率较低的时候盈利，而与之相关的消费金融增值服务要特别注重监管，避免出现长收短付的现象。同时，部分长租公寓品牌在资本助推下正在积极占领市场份额，由此引发的行业恶性竞争、服务缺位也需要高度重视和关注。租赁行业的导则规范需要进一步细化，便于监管长租公寓在资金、服务、管理上的漏洞。

（四）重点关注"一老一小"，稳步推进特色租赁

老龄化和少子化明显的今天，养老抚幼的现实已经不容忽视。随着流动人口中老年群体和少儿群体的增大，租赁住房的发展也要考虑多元化的服务。要关注老年人和少年儿童的租住需求，在医院、学校等重点区域要规划增加租赁住房，并且根据这部分群体的特点设计户型，保障他们的日常需要。还可以与专业机构深入合作，针对老年人关注的保健、医疗需求，少儿关注的教育、社交需求，着力打造养老抚幼多元服务平台。

参考文献：

[1] 金朗，赵子健. 我国住房租赁市场的问题与发展对策 [J]. 宏观经济管理，2018（3）：80-85.

[2] 孙杰，赵毅，等. 美国、德国住房租赁市场研究及对中国的启示 [J]. 开发性金融研究，2017（2）：35-40.

[3] 夏磊. 住房租赁市场：政策与未来 [J]. 发展研究，2017（10）：30-46.

[4] 邵林. 我国住房租赁市场金融支持问题解决及国际借鉴 [J]. 理论探讨，2018（3）：115-119.

[5] 张明哲. 完善住房租赁金融服务 [J]. 中国金融，2018（7）：62-63.

[6] 杨光普. 住房租赁市场面临的挑战 [J]. 中国金融，2018（10）：35-37.

[7] 张娟峰，林甦. 长租公寓发展的政策环境、经营模式及发展趋势 [J]. 中国房地产，2018（21）：45-50.

[8] 逯新红. 借鉴美国经验建立中国政策性住房金融体系的建议 [J]. 国际金融，2016（8）：55-59.

[9] 国家卫生健康委员会. 2018中国流动人口发展报告 [M]. 北京：中国人口出版社，2018.

[10] 况澜，郝勤芳，梁平，等. 我国住房租赁市场需求及发展趋势研究 [J]. 开发性金融研究，2018（6）：65-87.

作者联系方式

姓　　名：梅　晗

单　　位：成都市城市建设发展研究院

地　　址：四川省成都市青羊区人民中路一段28号

邮　　箱：dybmeihan@163.com

租赁住房需求结构变化趋势分析研究

赵 然 邹永洁

摘 要：住房问题是民生领域最重要的话题之一。经过近 20 年的发展，市场出现了大量对于机构化运营的租赁住房的需求。本文将从这些租赁住房需求的成因入手，通过分析需求结构的演进变化，对未来住房租赁行业的发展形成趋势性判断。

关键词：租赁住房需求结构；租赁住房供给；租赁住房产品分类

一、租赁住房需求产生的原因

住房问题是民生领域最重要的话题之一。租赁住房由来已久，一直以居民出租个人闲置住宅的形式为主。从 2000 年开始，在第十个五年规划中国家首次提出"深化土地使用制度改革，全面推行经营性用地招标拍卖制度，规范土地一级市场，活跃房地产二级市场，发展住房租赁市场"。住房租赁市场的培育逐步成为我国政府的一项重要政策。国家提出的"发展住房租赁市场"主要是指发展由机构统一运营管理的租赁住房。

对于机构化运营管理租赁住房的市场需求主要是随着城镇化进程的不断加快而出现的。城镇化率不断提高是目前我国社会和经济发展过程中遇到的挑战。根据国家统计局的统计数据显示，2015 年我国常住人口城镇化率为 56.1%，2021 年达到 64.72%。按照全球城镇化普遍的发展规律，当一个国家的城镇化率处于 30%～70% 时，一般发展增速会处于较快水平，而中国正处于这一区间。这意味着我国的城镇化发展依然有着巨大的空间，而城镇化过程中蕴藏的经济发展潜力更是巨大。根据中国社科院农村发展研究所的测算结果，按目前趋势推测，预计到 2035 年我国城镇化率有可能达到 74.39%。这意味着未来还有将近 15% 的人口进入城市。因此，城镇化率加速使大量"新市民"面临着在城市安家的居住需求。

但人口净流入的大城市往往存在房价高企的问题，而高房价使得新市民、青年人在购置住宅时"望而却步"，不得不选择租房住，进而产生了基本租赁住房需求。但租赁传统民宅，通常会面临出租房屋存在安全及质量隐患、租约不稳定、租金涨幅不受控、报修维护不及时，甚至租赁合同纠纷等一系列问题。"买不起房，租不好房"

成为新市民、青年人的租住难题。因此，市场也催生了对于机构化统一运营管理的租赁住房的市场需求。

二、租赁住房需求结构的演进变化及驱动因素

根据国际租赁住房市场发展经验，租赁住房需求可以分为三个层次：基础租住需求、品质需求、衍生需求，三个层次为递进关系。我国住房租赁市场经过近20年的发展，基本度过了政府主导的大规模发展公租房和廉租房时代，进入了市场化快速发展品质型租赁住房的阶段。在基础租住需求得到了基本满足后，开始向品质需求、衍生需求过渡。

（一）基础租住需求

基础租住需求的特点概括起来就是"有其居"。在"十二五"规划时期，一方面，政府通过公租房和廉租房基本解决了低收入、无房人群的基础租住需求；另一方面，积极鼓励市场化机构发展租赁住房，解决新市民、青年人的住房问题。在这一阶段，租住需求较为单一，承租人的关注重点依次为租金总价、物业位置及公共交通便利性、基础的居住环境等三个方面。

在租金总价方面，小户型、总价低的户型产品较为受欢迎；而为了满足低租金总价的首要需求，合租也成为市场的重要选择，也由此催生了"N+1"等户型产品。在物业位置及公共交通便利性方面，需求具体表现为：能够依靠公交、地铁出行，且单程通勤时间在40分钟内的位置。在基础居住环境方面，仅需要基础的家具家电配置即可，对装修品质等无明显要求。

（二）品质租住需求

随着城镇化进程的不断加快，单纯满足基础租住需求的租赁住房已经无法满足日益变化的需求。消费升级、家庭结构变化、产城发展都促使租住向着品质化需求发展，需求多元化、追求高品质成为品质需求的主要特征。

1. 租住需求的多元化趋势明显

消费结构不断升级、消费潜力不断释放，城市新市民、青年人的租住需求开始呈现多元化的态势。第一，随着产城融合的趋势加快，以及现代服务业比重的上升，一线城市产生了大量服务业基层员工住宿安置的需求，很多城市的产业园区也产生了大量产业工人的住宿安置需求，催生了对于宿舍型公寓的需求。第二，承租人的家庭结构也会随着时间推移发生改变，由单人到组建家庭甚至到多子女或三代同居，如果仍选择租住的生活方式，原本市场上的小户型独居产品就无法满足需求了，而需要转向一居室、二居室户型。第三，随着新经济的发展，除了直播等新职业，也出现了柔性办公等新模式，都使租住客群对于居住环境，特别是室内空间和设计的要求更为精准

和细分。最后，人的生活方式也在变化，如养宠物的承租人越来越多，也催生了对于这类承租人在居住环境方面要求的关注。

2. 追求高品质的环境和服务

随着"Z世代"进入承租人行列，他们具有良好的教育背景、国际化视野、讲求生活品位、追求仪式感、愿意且敢于为极致服务买单的特点，使得这些承租人在租住需求方面更加追求高品质，"个性化""主题性""设计感强""配套设施丰富""定制化的社交活动"等成为租住需求的高阶标签。

（三）衍生租住需求

随着新市民、青年人逐步融入所在城市，对于提高"市民化"程度的要求逐渐迫切，而"市民化"的条件之一就是要实现租购同权，因此，需要满足承租人能够享受与房屋所有权人机会均等的公共服务的权利，也即衍生租住需求——承租人能够就近享受在子女教育、卫生服务、养老服务、社会保险、住房公积金提取等方面的公共服务权益。

三、租赁住房需求结构变化对行业的影响

租赁住房需求结构的变化会从需求端直接传导到供给端，不仅会形成分层次、差异化的住房租赁政策，而且会促进多元化、阶梯化的租赁住房供给体系的形成，同时也加快推进租购同权和公共服务均等化配套政策的落地。

（一）住房租赁政策的变化

一方面，变化体现在供给侧结构性改革上，将"民生兜底保障"与"优化供给结构"进行结合。从2021年中央经济工作会议到2022年的《政府工作报告》，都可以看到政策在供给侧结构性改革方面的倾向，特别是明确了我国房地产市场是以市场化商品房、保障性住房和长租房为支撑的三足鼎立的立体化结构，满足不同生活水平群众的需求，为广大人民群众创造"住有所居""优其所居"的多种选择。其中，租赁住房分为保障性租赁住房和市场化的长租房两大类。保障性租赁住房作为整个租赁住房市场中兼具市场化和保障性功能的一类特殊资产，发挥着民生兜底保障的主要功能；长租房则主要是市场主导，通过多元化的产品供给，满足承租人对于"优其所居"的个性化选择。

另一方面，变化体现在对于有关租售同权相关政策的探索上。如深圳作为改革开放的试验田，一向在政策推动方面走在全国前列。2021年，深圳市住建局发布《关于进一步促进我市住房租赁市场平稳健康发展的若干措施》（征求意见稿）。其中明确提出深圳将大力推进公共服务均等化，逐步推进租房积分入户政策与购房享受同等待遇，优化租房积分入学政策。

（二）租赁住房发展模式的变化

需求结构朝着多元化方向发展，推动了从户型面积到户型结构的多样需求。同时，存量物业改造大部分为"非改租"项目，在建筑结构上存在诸多限制因素，无法根据市场需求进行灵活的户型适配，因此，从2017年党的十九大报告开始，就提出了多种渠道增加市场供应，特别是推出了"为租而建"的住房租赁专项用地。租赁住房发展模式从"改造"向着"新建＋改造"并举演进。多种渠道增加市场供应也必然会推动多元化的产品供给，"为租而建"的住房租赁专项用地会增加大量的租赁式社区供给，从而增加与市场的适配度，满足不同年龄层、不同家庭结构的承租人需求。

（三）租赁住房产品的变化

由需求结构变化引发的租赁住房产品变化主要体现在三个方面：一是产品结构的变化，二是产品配套设施的变化，三是智能化的应用。

1. 产品结构的变化

以集中式租赁住房为例，由于承租人对品质的要求不断提高，产品逐渐开始细分，住房租赁运营企业也开始探索多产品线发展战略。ICCRA住房租赁产业研究院（以下简称"ICCRA"）统计、分析了租赁住房行业约60个规模型品牌（即品牌的房间总数在800间以上）分布在38个城市的2800个项目65.9万间房间。通过这些品牌的研究可以总结出我国租赁住房产品结构变化特征：多元化且整体呈现出明显的"正金字塔"形态。其中，满足年轻人需求的青年公寓占比最大，超过80%；其次是满足新市民需求的租赁式社区，占比超过10%；面向企业基层员工的宿舍型公寓占比8.62%；高端公寓比例仅为1.35%（图1）。

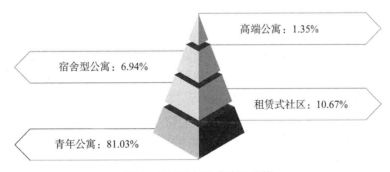

图1 我国租赁住房产品结构

数据来源：ICCRA统计

现有的四类产品又可以按照套均面积进行档次划分：高端公寓以服务式公寓为主，占比约70%；青年公寓基本以紧凑型产品为主；租赁式社区中青年型产品和家庭型产品几乎平分秋色（图2）。

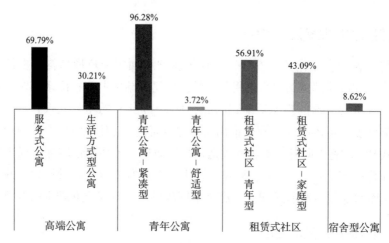

图 2　各类型租赁住房的详细划分

数据来源：ICCRA 统计

2. 产品配套设施的变化

伴随着大型租赁式社区的出现，原先单体青年公寓中健身房＋共享客厅＋公共厨房的基础配套已经无法满足多元化承租人的需求了；此外，由于租赁式社区规模体量较大，有限的集中配套设施也显得捉襟见肘。因此，很多大型租赁式社区在规划设计阶段就进行了"集中式＋组团式"配套设施的布局设计。集中式配套设施主要考虑社区承租人的普遍生活需求，如健身房、便利店、餐饮设施等；组团式配套设施主要考虑承租人的个性化需求，如家庭客群对于亲子设施的关注，三代同居客群对于适老设施的关注，带宠物的客群对于宠物活动空间的关注等。

3. 智能化的应用

除了配套功能设施的变化之外，需求结构的变化也推动了智能化的应用。由于住房租赁市场更多关注"住"的本质，从而推动市场进入以服务体验为主导的高品质增长阶段。其中，以"居住"为核心展开的全旅程体验，以及在此基础之上的科技赋能布局将成兵家必争之地。全旅程体验涉及从居住前的咨询、选房、租住申请，到居住期间的保洁、维修、网络、物业管理、出行门禁管理等全生命周期的体验服务设计，并且通过线上平台化的方式进行赋能建设，如物业终端智能识别系统、云端视频监控系统、线上支付系统和租赁申请管理系统等建设，这些将围绕以人为本、以住为核心的全旅程体验场景逐步落地实施。

综上，我国的住房租赁市场已经由"有其居"向"优其居"过渡。租赁住房不仅要满足新市民、青年人对于独立、安全、舒适的居住空间的需求，还需要关注不同类型承租人的体验型诉求，如情感诉求、文化诉求、社交诉求等。因此，在满足了基本的租赁住房供给总量后，市场的关注点将更多地转向关注承租人需求及需求结构变化，这也是普及租住生活方式、落实租售并举国策的重要一环。

参考文献：

[1] 柴强，王霞.住房租赁市场发展亟待破解的深层次问题[M]//中国社会科学院未来城市实验室，中国房地产估价师与房地产经纪人学会.房地产蓝皮书2021.北京：社会科学文献出版社，2021.

[2] 赵然，邹永洁.我国租赁住房分类研究报告[J].城市开发，2021（18）：18-21.

作者联系方式

姓　　名：赵　然　邹永洁

单　　位：ICCRA住房租赁产业研究院

地　　址：北京市朝阳区建国路86号佳兆业广场（北塔）703

邮　　箱：jzhao@iccra.cn；czou@iccra.cn

租赁住房需求结构变化趋势分析及发展建议

张西宁

摘　要：经过近十年的不断发展完善，目前租赁住房市场成为我国房地产市场的一个大方向，中央及各地方相继推出有关政策以加速住房租赁市场发展，住房租赁市场逐渐成为我国解决住房问题的首要措施。本文拟从住房租赁市场现状、主要矛盾出发，针对当前租赁住房市场需求结构的角度分析，提出现阶段住房租赁市场存在的问题，展望住房租赁市场的发展前景，并提出建议，以期为发展住房租赁市场作出贡献。

关键词：住宅租赁市场现状；主要矛盾；租赁住房需求结构；租赁住房市场发展；建议

近年来，随着我国城镇化规模的扩大及城市流动人口数量的增加，我国住房租赁市场迎来了蓬勃发展期。2015年底，发展住房租赁市场在中央经济工作会议被首次提及，此次会议强调将"租购并举"政策确立为我国住房制度改革的主要方向；2021年12月初，中央经济工作会议上再次将发展住房租赁市场确定为年度工作重点，强调"坚持租购并举，加快发展长租房市场，推进保障性住房建设"的长期政策，此举是深化我国住房体制供给侧结构性改革、构建房地产市场长效机制的重要政策措施。

一、住房租赁市场现状及主要矛盾

（一）住房租赁市场现状

住房租赁是指由房屋的所有者或经营者将其所有或经营的房屋交给房屋的租用者使用，房屋租用者通过定期交付一定数额的租金，取得房屋的占有和使用权利的行为。住房租赁是房地产市场中一种重要的交易形式。

随着流动人口规模的持续扩大和家庭规模的不断缩小，我国住房租赁市场需求不断增长，住房租赁市场正迎来蓬勃发展期。2021年我国城镇化率为64.7%，流动人口规模达3.85亿，创历史新高，从而带动城市住房租赁需求的快速增长。国家统计局统计数据显示，2019年末我国城镇常住人口占总人口的比重达60.6%，预计到2030年，我国城镇化率将达到65%左右，住房租赁市场空间将扩张至5亿元，届时将会有近3亿人通过租赁解决住房问题。从以上数据可以看出，我国住房租赁市场需求潜力巨大。与此同时，大城市新市民、青年人普遍面临"租房难、租房贵"等问题，小户型、低租金房源供给相对不足，租赁市场供求结构性矛盾逐渐突显。

（二）当前住房租赁市场主要矛盾

从供给端来看，目前我国的供给结构较为单一，主要供给主体为个人，具有公共属性的租赁房、保障房和廉租房数量相对市场上的商品住房存量较少，从事专业住房租赁的市场主体欠缺；从需求端来看，住房需求主要来自新市民、青年人和外来务工者。租赁市场上主要用于出租的私人房屋，多数为分散房源、老旧住宅，户型结构过时，供需不匹配，租房体验较差。

从法律监管制度来看，在我国现存法律体系中，没有完善的相关法律制度及条文对租赁住房市场加以制约，致使房东随意增加租金、中介随意毁约，克扣租金，从而造成租房者住宿体验差，消减了租房者的稳定感，对租赁住房产生抵触心理，也加大了房地产市场的压力。

另外，我国各城市发展速度水平、人才需求、就业面宽窄差异较大，致使城市间住房租赁市场差异较大。比较显著的就是国内一二线城市房价与租赁价格偏离较大，购房成本远高于租房成本，进入这些城市的新居民及务工人员租房倾向性较强，住房租赁需求较国内三四线城市需求旺盛，导致这些城市租赁房源不足，供需矛盾突出。

二、当前住房租赁市场需求结构

（一）我国住房租赁市场政策

1. 第一阶段：以廉租房、公租房解决低收入家庭住房问题（2014年之前）

在我国房地产发展早期，受住房分配制度、人口流动性低、经济发展水平有限等因素影响，房地产市场发展速度缓慢，城市居民主要以租赁公房为主。以下是这一时期我国出台的相关住房租赁市场政策。

1995年，建设部印发《城市房屋租赁管理办法》，标志着我国住房租赁市场相关政策正式出台。此办法主要是加强城市房屋租赁管理，进一步保障房屋租赁当事人的合法权益。

1998年7月，国务院印发《关于进一步深化城镇住房制度改革 加快住房建设的通知》，提出最低收入家庭租赁由政府或单位提供廉租住房。

2007年8月，国务院印发《关于解决城市低收入家庭住房困难的若干意见》，加快建立健全以廉租住房为重点的政策体系，多渠道增加廉租住房房源。

2010年2月，国务院印发《关于加快发展公共租赁住房的指导意见》，提出大力发展公共租赁住房，培育住房租赁市场。

2013年底，住房和城乡建设部、财政部、国家发展改革委等部门发布《关于公共租赁住房和廉租住房并轨运行的通知》，提出从2014年起，各地公共租赁住房和廉租住房并轨运行,并轨后统称为公共租赁住房。

2. 第二阶段:明确建立"租购并举"的住房制度(2015—2019年)

这一阶段,随着我国城镇化进程的不断推进,流动人口规模持续扩大,人口加速向重点城市群、核心城市聚集,城市住房租赁需求规模庞大,促使我国住房租赁市场快速发展,进入了住房租赁市场的蓬勃发展期。同时,持续上涨的房价让购买住房的门槛不断提高,越来越多的城镇居民只能通过租赁住房来解决居住需求。由此住房租赁市场开始受到国家重视,与之相关的政策加快出台,"租购并举"的住房制度逐步确立。

2015年底,发展住房租赁市场在中央经济工作会议被首次提及,会议强调将"租购并举"确立为我国住房制度改革的主要方向。

2016年6月,国务院出台《关于加快培育和发展住房租赁市场的若干意见》,提出"以建立购租并举的住房制度为主要方向,健全以市场配置为主、政府提供基本保障的住房租赁体系",加大政策支持力度;同年12月,中央经济工作会议重点强调加快住房租赁市场立法,加快机构化、规模化租赁企业的发展。

2017年10月,党的十九大报告进一步明确了重点培育住房租赁市场、让住房回归"居住属性"的政策导向,提出"加快建立多主体供给、多渠道保障、租购并举的住房制度,让全体人民住有所居"。

2019年底,中央经济工作会议五年内第四次将发展租赁住房确定为工作重点,突显了住房租赁市场在我国住房体系中的重要地位。

3. 第三阶段:以保障性租赁住房为抓手解决住房租赁市场结构性问题(2020年至今)

近年来,我国住房租赁市场进一步发展,同时市场结构性问题也逐渐显现。新居民、大学生、务工者均面临"租房难、租房贵"等问题,针对这一情况,我国出台的政策以保障性租赁住房为抓手,重点解决住房租赁市场结构性问题。

2020年12月,中央经济工作会议将"解决好大城市住房突出问题"确定为2021年经济工作的重点任务之一,并首次提出"要高度重视保障性租赁住房建设"。

2021年《政府工作报告》《国民经济和社会发展第十四个五年规划和2035年远景目标纲要》等都重点提出聚焦解决城市新市民、青年人等住房难题。

2021年7月,国务院办公厅印发《关于加快发展保障性租赁住房的意见》,首次在国家层面明确了我国住房保障体系的相关意见与政策,强调加快建设保障性租赁住房,重点解决城市新市民、青年人住房难题,并在土地、金融、财税等多个领域给予强力政策支持。

全国48个省市密集出台《关于加快发展保障性租赁住房的意见》(或征求意见稿)。

(二)我国住房租赁市场需求结构分析

1. 住房租赁市场主体结构

从住房租赁市场主体结构来看,其参与主体主要由政府、房企、消费者构成。

政府层面：政府包括中央及各地方政府，主要是通过推出有关发展住房租赁市场的指导建议及福利政策将发展租赁市场提到新的高度，据此吸引各房企对住房租赁市场进行投资与开发，进而促进住房租赁市场的发展。政府主要是从全局出发，宏观调控各种相关政策法规，加速住房租赁市场发展，而各地政府在响应中央政策的同时还需考虑自身条件，如财政收入、土地供给等方面；从近十年发展来看，从最开始的廉租房到现在保障性租赁住房，政府出台了利于发展住房租赁市场的各项政策，目前正在大力发展住房租赁市场，解决城市城镇化及人口流动性给城市发展带来的变化及影响，结合我国国情，解决城市新市民、就业大学生、外来务工人员的住房难题。

房企层面：通过分析住房租赁市场发展前景及收益状况来决定是否投入该市场。根据国家相关政策，结合自身企业发展状况，预测住房租赁市场前景，决定是否在住房租赁市场投资，从而赚取利益。主要是通过市场的供需状况、盈利、风险及政策等因素来进行决策，其决策依据主要是目标城市的市场发展前景和盈利能力指标，因此，房企在发展和壮大自身的同时，要关注国家政策，顺应时代发展，还要重点关注市场的供需及盈利和风险，其中，盈利和风险指相关从事住房租赁市场的企业获取利润的能力及其投资收益的不确定性，如租金回报率、租赁房收入占主营业务收入比重、租赁房销售额、土地购置成本、房屋竣工造价。在住房租赁市场发展方面，相关房企的参与对缓解住房问题及加快住房租赁市场发展有一定的促进作用，目前市场上的案例有万科泊寓、龙湖冠寓等长租赁型公寓。

消费者层面：主要包括外来务工人员、青年人、城市新居民等，该部分人群经济实力水平较难支撑购房。伴随着我国城镇化的不断加快及社会经济的不断发展，该部分人群数量不断增多，住房需求旺盛，为住房租赁市场带来了扩展空间，吸引着房企投入该市场。同时，人们对住房条件要求也越来越多，不仅要考虑房屋的性价比，而且要关注该城市的经济状况、人居环境、就业等方面问题，据此来选择合适的房屋。

对于消费者来说，在中国特殊的住房租赁市场环境下，消费者住房租购选择的影响因素较为复杂，其所做出的选择主要是根据自身经济条件及所追求的生活质量，包括房价收入比、租金收入比、生活环境等。因此，消费者为了维护自身利益，主要关注自身条件及生活环境，其有助于政府认识到住房租赁市场的不足，促进该市场的完善。

2. 住房租赁市场供需结构

目前，我国租赁住房供给存在明显不足，供需结构错配凸显，小户型、低租金房源数量少，大户型供给多、需求弱。

市场需求现状：我国人口密度大，租赁人口基数庞大，近2亿人。其中，外出务工人员和刚步入工作的大学毕业生是租赁市场的主力军。外出务工人员在务工地基本以租房为主，主要是依靠用人单位提供的宿舍、民房等途径解决住宿问题。可见，外出务工人员在务工地购置住房的概率低，外出打工时需长期依靠租房满足基本居住需求，但是务工人员主要对房屋租金有要求，对其配套设施、交通要求不明显。我国目前每年新增大学毕业生约1000万人，异地就业主要集中在一二线核心城市。鉴于刚刚就业的大学生短期内购房的可能性较小，在步入工作的 5 年之内，主要依靠租赁解决居住需求。但刚刚就业的大学毕业生消费能力较强，对房屋质量、配套设施和交通等有较高要求。总体上看，我国的租客呈现出年轻化、流动性强、需求临时性、过渡性的特征，且不同租客群体对租住房屋有着差异化的品质诉求。

市场供应现状：目前居民自有住房是我国租赁市场最主要的供给来源。此外，各地政府也会向特定的困难人群提供福利性质的保障性租赁住房。近年来，住房租赁专业性机构纷纷进入市场，通过集中改造和集中建设等方式向住房租赁市场提供增量房源。一是个人住房供给。不少居民将自有的空闲存量住房通过房产中介、个人直租等方式向租客出租。由于住房租赁市场的信息不对称等原因，租赁双方主要是通过房地产中介或者"二房东"转租实现租房意愿。据统计，目前居民个人出租房屋在住房租赁市场上占比达 82%，是市场房屋供给的最大来源。二是保障性租赁房供给。我国的保障性租赁房主要由政府主导建设，目的是为城市中低收入群体提供租赁性住房保障，有着保障性、专业性、租赁性和政策支持性等特点。保障性住房主要针对中低收入城市居民，能够覆盖的人群比例低。此外，保障性租赁房是面向特定人群的过渡性住房，在户型结构、面积大小、租赁金额、期限上有着严格要求，申请程序也较市场租赁房屋更为复杂，相关审核程序也存在一些瑕疵。近年来，租赁房的保障模式已从"实物配租"向"货币配租"转变，从筹措保障房源改为向保障对象提供租金补贴。这一转变，使得保障性租赁住房能够和市场化租赁融合，降低政府操作难度，也增加了保障对象的自由度。三是机构租赁供给。我国的机构租赁起步较晚，2010 年左右才出现专业化的住房租赁机构。截至目前，我国的机构租赁行业市场还不够成熟和完善，市场占有率比较低，如一线城市北京、上海等也不到 10%。对比成熟市场，我国的机构化租赁在未来市场上有着巨大的成长空间和发展空间，这也促使我国对这些租赁机构给予一定的扶持力度，促进这些企业的成长与壮大。

3. 住房租赁市场发展存在的问题

供需结构不合理，现阶段租房市场总的供给量相对不足。以西安市为例，租房供给不均衡，租房需求量大，而供给选择性较小。租户对于小户型、带装修、低租金的出租房屋需求高，但市场供应少，存在供求矛盾。西安市单身公寓、30～50 m^2 小户型出租房屋相对较少，占西安市出租房屋的比例低，小户型的出租均价约为每月 40 元 /m^2。整个西安市区的出租房屋均价约为每月 32 元 /m^2。由于西安市小户型出租房屋占比较少，楼盘较新，以精装修为主，市场均价明显高于整个西安市的出租房屋均价。

租赁市场混乱，市场供给主体较为单一。我国现阶段的住房租赁市场的房屋供给主体仍以居民个人房屋出租为主，机构出租者较为缺乏，且租赁服务市场不规范，在租赁过程中易造成供需双方纠纷不断，缺乏相关租赁制度的约束与保护，致使整个住房租赁市场较为混乱。

房屋租赁服务体系不专业、不规范，住房租赁市场信息不对称。现阶段租赁中介市场主要由 58 同城、链家、21 世纪各种中介服务机构提供租赁服务，但是房屋中介机构有时过度追求利润、恶性竞争、缺乏信誉，无法建立长效的市场机制与服务机制，也给租赁市场的健康发展造成了很多障碍。

市场监管较弱，缺乏相关管理制度。现阶段住房租赁市场还没有完善的监管部门，针对住房租赁市场长期缺乏权威的统计信息，住房租赁合同备案率低，致使政府部门对房源、租金、供需等状况掌握资料有限，不能及时更新政策、引导市场健康发展，一时无法适应"租购并举"的住房制度改革方向。由于租赁住房涉及面较广，需要房产、工商、公安、社区等多部门通力合作，没有一个专门的部门去协调各部门之间的任务分配、信息共享，由此造成管理制度的不完善，长此以往，不利于租赁市场持续、稳定、健康地发展。

三、当前住房租赁市场的发展及建议

（一）我国住房租赁市场发展前景

根据以上的分析判断，随着国家政策支持力度逐渐加大、城镇化进程加快及流动人口持续增加，住房租赁需求会持续走高，住房租赁市场将迎来蓬勃发展期；随着供需矛盾逐渐突显，部分省市将会试点利用集体建设用地建设租赁住房，增加租赁住房供应，缓解住房供需矛盾。随着家庭规模逐渐小型化，租房客户对房屋品质、交通及小户型住房需求将有所增加，促使市场租赁房屋向小型化、品质化发展。随着住房租赁市场的快速发展，租赁住房运营企业、房地产开发企业、装饰装修企业、金融机构等产业链相关企业都可能寻得发展机遇，保障性租赁住房、长租公寓等住房租赁细分领域也将成为企业增量发展和转型发展的探索方向，促进租赁住房市场健康、持续、高效发展。

（二）我国住房租赁市场发展的建议

加强土地供应供给侧结构性改革。目前我国土地出让压力较大，为调整城市供地结构，在土地供应中明确保障房、租赁住房用地面积供应比例，对城市利用率低的土地、城区内闲置土地重新收储，统筹土地的性质与功能；加大保障房用地比例，各地方政府出台放宽集体土地用于建设租赁房的准入政策文件，在政府有序引导下持续加快供应，发挥集体土地开发成本低、周期快、租金定价较低的优势，是为租赁住房群体提供住房的前提条件。

创新住房租赁管理和服务机制。明确政府各部门之间的职责分工，整顿规范市场秩序，严厉打击住房租赁违法违规行为，并推进部门间信息共享，建立住房租赁备案登记信息，加强管理制度，并实行住房租赁网格化管理，建立纠纷调处机制，及时化解租赁矛盾纠纷，完善住房租赁市场管理体制，确保责任落实到人，层层把控，健全租赁房屋信息系统。

加强住房租赁多环节的金融支持。鼓励开发性金融机构与租赁住房建设主体达成

战略协议，在风险可控、商业可持续的前提下，对租赁住房项目给予信贷支持。并引导市场创新信贷产品及服务，由金融机构向租户提供时间相对较长、利率较为优惠的个人租赁住房贷款。健全设立保障性资金，深度投入租赁住房的开发、运营环节，保障项目的顺利实施。

加大对发展租赁住房业务企业的政策支持。房企也是住房租赁市场重要的参与者，对于企业来说，发展住房租赁市场是一个长期的项目，既是机遇，也是挑战，由于租赁住房一次性投入大、投资回报周期长，政府必须给予相应的政策支持与扶持。可对发展租赁住房投资经营企业提供金融层面、税收层面的优惠和便利，增加租赁住房的用地供应，鼓励企业闲置住房的盘活再租，多渠道保障住房租赁市场的健康、长效发展。

完善发展住房租赁市场的配套政策。鼓励一线、二线等核心重点城市，加快社会管理方式的调整、创新，给予租赁住房居住的家庭与居住自有住房家庭以效力相当的社会管理、公共服务等方面的待遇，提高租房住户的稳定性及幸福感。可试点推行租金指导模式，抑制租金的快速增长，规范租赁市场的制度、合约模式，健全市场监管机制，促进租赁关系和租金的稳定，保障租赁双方的权益，是租赁市场健康、持续发展的必备条件。

参考文献：

[1] 朱凯悦，董德坤，杨俊.基于市场主体的住房租赁市场发展影响因素分析[J].探讨与研究，2019（9）：132-134.

[2] 岳岐峰.破解住房租赁市场发展困境[J].金融研究，2019（24）：74-75.

[3] 单彦名，冯新刚.住房租赁市场趋势探究[J].城乡建设，2018（13）：65-66.

[4] 黄佩佩.住房租赁市场发展浅议[J].合作经济与科技，2021（8）：75-77.

[5] 丁超，谭敬胜.房地产租赁市场的国际比较及对我国的启示[J].房地产导刊，2019（30）：16+20.

[6] 刘明建.我国住房租赁市场现状与对策[J].纳税，2019（2）：199+202.

[7] 民盟黄浦区委.发展住房租赁市场均衡住房需求[J].上海房地，2010（1）：16.

[8] 张永岳.发展住房租赁市场势在必行[J].中国房地产（市场版），2017（4）：30-32.

作者联系方式

姓　　名：张西宁

单　　位：陕西建业房地资产评估测绘（集团）有限公司

地　　址：西安市碑林区东关正街78号2幢21701

邮　　箱：zzxxnn0129@163.com

注册号：6120190087

住房租赁群体的特征研究

刘海艳

摘　要：本文基于"中国家庭金融调查（CHFS）"数据对中国住房租赁群体的特征进行了研究。研究发现：从年龄差异来看，随着年龄的增长，租赁家庭的住房条件和住房负担会逐渐下降，而选择整租房屋的比重不断上升。从行业差异来看，从事第一产业和无业的租赁群体住房条件较差，从事建筑业、制造业和第三产业的家庭住房条件提高得更加明显。从户籍类型差异来看，相比于城镇家庭，农村租赁家庭租房条件较差，但在不断得到改善。从租房原因来看，租赁群体租房存在没钱付房屋首付、拥有自有住房仍租房的问题。从住房保有状况来看，租赁群体租房存在家庭合住人数较多和单位免费提供房屋的占比较低的问题。

关键词：住房条件；住房负担；租房原因

住房制度改革以来，我国住房市场租售发展不平衡的问题长期存在。相较于住房销售市场，我国住房租赁市场的发展存在严重滞后的问题。2015年我国房屋出租收入仅为住房销售收入的2.43%。与发达国家相比，我国的住房租赁市场仍有很大的发展空间。我国的租赁市场占租售市场的比重为6%，而美国和日本的租赁市场占租售市场的比重分别达到50%和70%。因此，加快住房租赁市场的发展，建立以"多主体供给，多渠道保障，租购并举"为发展方向的住房制度，已是我国住房改革的重要内容，也是党的十九大报告中提出的一项重要工作内容。深入了解我国住房租赁群体的特征，对于从需求特征出发优化住房租赁市场供给，有效解决城市人口住房问题具有重要作用。基于此，本文分别分析了不同年龄、行业、户籍类型的住房租赁群体的租赁形式、租房条件和租赁支出负担以及租赁群体的租房原因和住房保有状况，为优化和完善住房租赁市场的保障政策、多渠道解决住房问题提供参考。本文分析基于2013年、2015年和2017年中国家庭金融调查（CHFS），仅选择租房的样本作为观测值并且每个家庭只保留户主的信息，分别得到2851、3210、3037个家庭样本。

一、分年龄段的住房租赁群体特征

（一）不同年龄群体的住房租赁形式

分年龄段来看，21～60岁的群体是当前住房租赁群体的主体。2013～2017年，

21~30岁和31~40岁的租赁群体的占比都有所下降，分别从28.13%和24.03%下降到20.68%和21.07%。41~50岁、51~60岁的租赁群体的占比上升，分别从24.55%、16.06%上升到26.41%、21.3%。从租赁形式来看，2015年和2017年住房租赁群体的租赁形式主要为整租，占比分别为87.45%和88.21%。2015年和2017年在各年龄阶段中，20岁以下的租赁群体采取与他人合租的比例最高，占比分别为27.27%和34.29%。21~30岁的租赁群体采取与他人合租的比例第二，占比分别为23.97%和29.78%。20岁以下和21~30岁的租赁群体财富积累相对较少，较难有经济来支撑整租，所以相对于其他年龄段，这部分年龄段的群体租赁形式更多集中在与他人合租。

（二）不同年龄群体的租房条件

第一，从租房使用面积来看，2013年、2015年和2017年租赁房屋使用面积的均值分别为53.47、55.12和57.22，平均的租房面积逐渐增加，分别大于三年都相同的中位数50，说明住房租赁群体的房屋使用面积呈向右的偏态分布。2017年21~30岁和31~40岁租赁群体的房屋使用面积高于面积均值的占比分别为51.27%和51.56%，而41~50岁、51~60岁和61~65岁相关的占比分别为46.01%、41.27%和36.84%。对于21岁以上的租赁群体而言，随着年龄的增长，租赁群体房屋使用面积不断下降。2013~2017年，租赁群体的房屋使用面积高于面积均值的占比不断上升，从44.3%上升到46.33%，说明租房群体的房屋使用面积水平逐渐提高。

第二，从房屋装修来看，2017年在各年龄阶段中21~30岁租赁群体选择精装房屋的比例最高，占比为16.24%，61~65岁的占比10.18%（位列第二）。对于21~60岁的租赁群体，随着年龄的增长，租赁群体精装和简装房屋的占比基本呈下降趋势，毛坯或清水房的占比基本呈上升趋势。2013~2017年，各个年龄段的住房群体选择精装房屋的比例都有大幅提升，选择毛坯或清水房的比例都呈下降趋势，说明租赁群体对租房装修条件的要求越来越高。

第三，从合租户数来看，2017年20岁以下和21~30岁租赁群体与3户及以上合租的比例分别为11.43%和8.12%，高于其他年龄段的比例。随着年龄的增长，与3户以下和3户及以上合租的家庭比例逐步下降，而整租房屋的家庭比例呈不断上升趋势。2015~2017年，合租户数为3户以下的租赁群体占比上升，从5.76%上升到8.5%。合租户数为3户及3户以上的租赁群体占比从6.26%下降到3.29%。

以上可以看出，随着年龄的增长，租赁家庭对住房条件要求逐渐下降，而选择整租房屋的家庭占比不断上升。2013~2017年间租赁家庭的住房条件逐渐提高。

（三）不同年龄群体的住房租赁支出负担

从家庭月租占月收入比重来看，2013年、2015年和2017年家庭月租占月收入比重的均值分别为4.219、3.788和34.93，分别大于中位数0.152、0.146和0.138，说明月租与月收入比重呈向右的偏态分布。家庭月租占月收入比重低于其均值的占比分别为95.79%、96.23%和98.25%。总体来看，租赁家庭的租房负担不重。2017年在各年龄段中20岁以下的租赁家庭月租占月收入比重高于其均值的比例最高，占比为5.71%，21~30岁的占比为3.5%（位列第二）。相对于其他年龄段，20岁以下和21~30岁的租赁家庭租房负担更大。2013~2017年，住房租赁群体中家庭月租占月收入比重低于其均值的占比不断上升，从95.79%上升到98.25%，家庭的租房负担不断下降（表1）。

不同年龄住房租赁群体特征　　　　　　　表1

		年龄	20岁以下	21~30岁	31~40岁	41~50岁	51~60岁	61~65岁
租赁形式	2015	合租 人数	9	180	72	82	29	17
		占比	27.27%	23.97%	9.35%	9.81%	4.96%	7.23%
		整租 人数	24	571	698	754	556	218
		占比	72.73%	76.03%	90.65%	90.19%	95.04%	92.77%
	2017	合租 人数	12	187	40	57	47	15
		占比	34.29%	29.78%	6.25%	7.11%	7.26%	5.26%
		整租 人数	23	441	600	745	600	270
		占比	65.71%	70.22%	93.75%	92.89%	92.74%	94.74%
房屋使用面积	2013	低于平均值 人数	29	379	352	407	310	111
		占比	56.86%	47.26%	51.39%	58.14%	67.69%	71.61%
		高于平均值 人数	22	423	333	293	148	44
		占比	43.14%	52.74%	48.61%	41.86%	32.31%	28.39%
	2015	低于平均值 人数	24	379	389	470	360	153
		占比	72.73%	50.47%	50.52%	56.22%	61.54%	65.11%
		高于平均值 人数	9	372	381	366	225	82
		占比	27.27%	49.53%	49.48%	43.78%	38.46%	34.89%
	2017	低于平均值 人数	21	306	310	433	380	180
		占比	60.00%	48.73%	48.44%	53.99%	58.73%	63.16%
		高于平均值 人数	14	322	330	369	267	105
		占比	40.00%	51.27%	51.56%	46.01%	41.27%	36.84%
房屋装修	2013	毛坯/清水 人数	6	115	156	212	168	64
		占比	11.76%	14.34%	22.77%	30.29%	36.68%	41.29%
		简装 人数	43	646	506	473	284	89
		占比	84.31%	80.55%	73.87%	67.57%	62.01%	57.42%
		精装 人数	2	41	23	15	6	2
		占比	3.92%	5.11%	3.36%	2.14%	1.31%	1.29%

续表

		年龄	20岁以下	21~30岁	31~40岁	41~50岁	51~60岁	61~65岁
房屋装修	2015	毛坯/清水 人数	8	71	133	198	170	82
		占比	24.24%	9.45%	17.27%	23.68%	29.06%	34.89%
		简装 人数	23	579	577	597	381	138
		占比	69.70%	77.10%	74.94%	71.41%	65.13%	58.72%
		精装 人数	2	101	60	41	34	15
		占比	6.06%	13.45%	7.79%	4.90%	5.81%	6.38%
	2017	毛坯/清水 人数	4	41	97	153	180	54
		占比	11.43%	6.53%	15.16%	19.08%	27.82%	18.95%
		简装 人数	27	485	481	596	417	202
		占比	77.14%	77.23%	75.16%	74.31%	64.45%	70.88%
		精装 人数	4	102	62	53	50	29
		占比	11.43%	16.24%	9.69%	6.61%	7.73%	10.18%
合租户数	2015	3户以下 人数	3	85	27	48	12	10
		占比	9.09%	11.32%	3.51%	5.74%	2.05%	4.26%
		3户及以上 人数	6	95	44	32	17	7
		占比	18.18%	12.65%	5.71%	3.83%	2.91%	2.98%
	2017	3户以下 人数	8	136	29	41	31	13
		占比	22.86%	21.66%	4.53%	5.11%	4.79%	4.56%
		3户及以上 人数	4	51	11	16	16	2
		占比	11.43%	8.12%	1.72%	2.00%	2.47%	0.70%
家庭月租占月收入比重	2013	低于平均值 人数	48	768	645	674	444	152
		占比	94.12%	95.76%	94.16%	96.29%	96.94%	98.06%
		高于平均值 人数	3	34	40	26	14	3
		占比	5.88%	4.24%	5.84%	3.71%	3.06%	1.94%
	2015	低于平均值 人数	30	731	730	808	562	228
		占比	90.91%	97.34%	94.81%	96.65%	96.07%	97.02%
		高于平均值 人数	3	20	40	28	23	7
		占比	9.09%	2.66%	5.19%	3.35%	3.93%	2.98%
	2017	低于平均值 人数	33	606	630	788	643	284
		占比	94.29%	96.50%	98.44%	98.25%	99.38%	99.65%
		高于平均值 人数	2	22	10	14	4	1
		占比	5.71%	3.50%	1.56%	1.75%	0.62%	0.35%

二、分行业的住房租赁群体特征

(一) 不同行业住房租赁群体的租房条件

第一,从房屋使用面积来看,2017年从事第一产业的租赁群体房屋使用面积低于平均值的比例最高,占比为78.57%。无业的租赁群体房屋使用面积低于平均值的占比60.74%(第二)。2013~2017年,从事制造业和建筑业的租赁群体的房屋使用面积高于面积均值的比例都在不断上升,分别从30.49%和45.83%上升到41.82%和54.13%。

第二,从房屋的装修来看,2015年和2017年在各行业中无业租赁群体选择毛坯或清水房的占比最高,分别为27.26%和21.93%。2013年从事第一产业的租赁家庭选择毛坯或清水房的比例最高,占比为40%。2013~2017年,从事制造业和第三产业的租赁群体选择毛坯或清水房的占比持续下降,租赁群体选择精装房屋的占比都有所上升,选择简装房屋的占比仍处于较高水平。

第三,从合租户数来看,2017年在各行业中从事建筑业的租赁群体选择与3户以下合租的比例最高,占比为12.39%。而从事第一产业的占比低至0,从事第一产业的租赁群体选择与3户及3户以上合租的比例最高,占比为7.14%。2015~2017年,从事各行业的租赁家庭选择3户及3户以上的占比都有所下降。各行业租赁家庭主要为整租房屋。

从以上可以看出,从事第一产业和无业的租赁家庭住房条件较差。2013~2017年,各行业租赁家庭住房条件不断提高,其中从事建筑业、制造业和第三产业的家庭住房条件提高更加显著。

(二) 不同行业住房群体的租赁支出负担

从家庭月租占月收入比重来看,2017年从事第一产业和制造业的租赁家庭月租占月收入比重低于其平均值的占比高达100%,在所有行业中从事第三产业的租赁家庭月租占月收入比重高于其平均值的占比最高,但仍仅为2.23%。2013~2017年,无业家庭月租占月收入比重高于平均值的占比大幅下降,从8.93%下降到1.78%。从事第三产业和无业家庭租房负担相对较重,但也处于较低水平(表2)。

不同行业住房租赁群体特征　　　　　　表2

			行业	无业	第一产业	制造和建筑之外的第二产业	制造业	建筑业	第三产业
房屋使用面积	2013	低于平均值	人数	570	19	25	155	91	728
			占比	61.36%	63.33%	48.08%	69.51%	54.17%	50.24%

续表

			行业	无业	第一产业	制造和建筑之外的第二产业	制造业	建筑业	第三产业
房屋使用面积	2013	高于平均值	人数	359	11	27	68	77	721
			占比	38.64%	36.67%	51.92%	30.49%	45.83%	49.76%
	2015	低于平均值	人数	532	6	36	223	118	860
			占比	60.18%	42.86%	50.70%	64.83%	52.44%	51.44%
		高于平均值	人数	352	8	35	121	107	812
			占比	39.82%	57.14%	49.30%	35.17%	47.56%	48.56%
	2017	低于平均值	人数	410	11	33	160	100	916
			占比	60.74%	78.57%	55.00%	58.18%	45.87%	51.03%
		高于平均值	人数	265	3	27	115	118	879
			占比	39.26%	21.43%	45.00%	41.82%	54.13%	48.97%
房屋装修	2013	毛坯/清水	人数	283	12	16	56	42	312
			占比	30.46%	40.00%	30.77%	25.11%	25.00%	21.53%
		简装	人数	627	16	35	155	121	1087
			占比	67.49%	53.33%	67.31%	69.51%	72.02%	75.02%
		精装	人数	19	2	1	12	5	50
			占比	2.05%	6.67%	1.92%	5.38%	2.98%	3.45%
	2015	毛坯/清水	人数	241	3	12	58	57	291
			占比	27.26%	21.43%	16.90%	16.86%	25.33%	17.40%
		简装	人数	591	9	57	259	150	1229
			占比	66.86%	64.29%	80.28%	75.29%	66.67%	73.50%
		精装	人数	52	2	2	27	18	152
			占比	5.88%	14.29%	2.82%	7.85%	8.00%	9.09%
	2017	毛坯/清水	人数	148	1	12	44	39	285
			占比	21.93%	7.14%	20.00%	16.00%	17.89%	15.88%
		简装	人数	475	11	40	207	160	1315
			占比	70.37%	78.57%	66.67%	75.27%	73.39%	73.26%
		精装	人数	52	2	8	24	19	195
			占比	7.70%	14.29%	13.33%	8.73%	8.72%	10.86%
合租户数	2015	整租	人数	821	12	58	297	201	1435
			占比	92.87%	85.71%	81.69%	86.34%	89.33%	85.83%

续表

			行业	无业	第一产业	制造和建筑之外的第二产业	制造业	建筑业	第三产业
合租户数	2015	合租	3户以下 人数	36	1	7	20	13	108
			占比	4.07%	7.14%	9.86%	5.81%	5.78%	6.46%
			3户及以上 人数	27	1	6	27	11	129
			占比	3.05%	7.14%	8.45%	7.85%	4.89%	7.72%
	2017	整租	人数	627	13	57	243	182	1557
			占比	92.89%	92.86%	95.00%	88.36%	83.49%	86.74%
		合租	3户以下 人数	33	0	3	23	27	172
			占比	4.89%	0.00%	5.00%	8.36%	12.39%	9.58%
			3户及以上 人数	15	1	0	9	9	66
			占比	2.22%	7.14%	0.00%	3.27%	4.13%	3.68%
家庭月租占月收入比重	2013	低于平均值	人数	846	30	52	221	167	1415
			占比	91.07%	100.00%	100.00%	99.10%	99.40%	97.65%
		高于平均值	人数	83	0	0	2	1	34
			占比	8.93%	0.00%	0.00%	0.90%	0.60%	2.35%
	2015	低于平均值	人数	829	14	70	340	218	1618
			占比	93.78%	100.00%	98.59%	98.84%	96.89%	96.77%
		高于平均值	人数	55	0	1	4	7	54
			占比	6.22%	0.00%	1.41%	1.16%	3.11%	3.23%
	2017	低于平均值	人数	663	14	60	275	217	1755
			占比	98.22%	100.00%	100.00%	100.00%	99.54%	97.77%
		高于平均值	人数	12	0	0	0	1	40
			占比	1.78%	0.00%	0.00%	0.00%	0.46%	2.23%

三、分户籍的住房租赁群体特征

（一）不同户籍类型群体的住房租赁形式

从租赁形式来看，2015年城镇租赁家庭整租房屋的占比87.9%，略高于农村租赁家庭整租房屋的占比87.5%。2015～2017年，城镇和农村租赁家庭整租房屋的占比都有所提升，其中农村租赁家庭整租房屋占比提升的速度超过城镇家庭。到2017年，农村租赁家庭整租房屋的占比89.63%，超过城镇租赁家庭整租房屋的占比88.15%。

（二）不同户籍类型群体的租房条件

从房屋使用面积来看，2013年农村家庭租房使用面积低于平均值的占比大于城镇家庭租房面积低于平均值的占比。而2013~2017年，农村租赁家庭租房使用面积低于平均值的占比有明显下降，从58.62%下降到34.81%，最终2017年农村家庭租房面积高于平均值的占比大于城镇家庭相应的占比。

从房屋装修来看，三年中农村租赁家庭选择毛坯或清水房的占比都大于城镇家庭的占比，农村租赁家庭选择简装或精装房屋的占比都小于城镇家庭的占比。2013年有高达36.78%的农村租赁家庭选择毛坯或清水房，而仅有24.93%的城镇租赁家庭选择毛坯或清水房。在房屋装修方面，农村家庭差于城镇家庭。2013~2017年，农村和城镇家庭选择毛坯或清水房的占比都在持续下降，选择精装租房的占比都在持续上升，房屋装修条件不断提高。

从合租户数来看，2015年城镇租赁家庭选择与3户以下合租的占比5.79%，略高于农村租赁家庭选择3户以下合租的占比5.26%。城镇租赁家庭选择3户及以上合租的占比6.25%，略低于农村租赁家庭选择3户及以上合租的占比6.58%。2015~2017年，选择与3户及以上合租的农村家庭的占比大幅下降，从6.58%下降到2.22%，最终2017年农村租赁家庭选择3户及以上合租的占比小于城镇租赁家庭相应的占比，比例为3.34%。

从以上可以看出，起初农村户籍的家庭租房条件较差，但近几年各户籍租赁家庭的住房条件都在不断得到改善，其中农村租赁家庭房屋使用面积和合租户数迅速得到改善，甚至已经超过城市户籍的租赁家庭，但农村家庭房屋装修条件仍差于城市家庭。

（三）不同户籍类型群体的租赁支出负担

从家庭月租占月收入比重来看，2017年农村租赁家庭月租占月收入比重低于其平均值的比例高达100%，仅有1.83%的城镇租赁家庭月租占月收入比重高于其平均值。2013~2017年，城镇租赁家庭月租占月收入比重低于其均值的比例不断上升，从95.69%上升到98.17%。2013~2015年，农村租赁家庭月租占月收入比重高于其均值的比例有所上升，从1.15%上升到5.26%，但仍处于较低的占比水平。农村家庭住房租赁支出负担逐渐提高，城市的逐渐下降，但总体上都处于较低的水平（表3）。

不同户籍类型住房租赁群体特征　　　　　表3

			户籍	城镇	农村
租赁形式	2015	合租	人数	370	19
			占比	12.10%	12.50%

续表

			户籍	城镇	农村
租赁形式	2015	整租	人数	2688	133
			占比	87.90%	87.50%
		合租	人数	344	14
	2017		占比	11.85%	10.37%
		整租	人数	2558	121
			占比	88.15%	89.63%
房屋使用面积	2013	低于平均值	人数	1537	51
			占比	55.61%	58.62%
		高于平均值	人数	1227	36
			占比	44.39%	41.38%
	2015	低于平均值	人数	1689	86
			占比	55.23%	56.58%
		高于平均值	人数	1369	66
			占比	44.77%	43.42%
	2017	低于平均值	人数	1583	47
			占比	54.55%	34.81%
		高于平均值	人数	1319	88
			占比	45.45%	65.19%
房屋装修	2013	毛坯/清水	人数	689	32
			占比	24.93%	36.78%
		简装	人数	1987	54
			占比	71.89%	62.07%
		精装	人数	88	1
			占比	3.18%	1.15%
	2015	毛坯/清水	人数	619	43
			占比	20.24%	28.29%
		简装	人数	2193	102
			占比	71.71%	67.11%
		精装	人数	246	7
			占比	8.04%	4.61%
	2017	毛坯/清水	人数	502	27
			占比	17.30%	20.00%

续表

				户籍	城镇	农村
房屋装修	2017	简装		人数	2110	98
				占比	72.71%	72.59%
		精装		人数	290	10
				占比	9.99%	7.41%
合租户数	2015	整租		人数	2690	134
				占比	87.97%	88.16%
		合租	3户以下	人数	177	8
				占比	5.79%	5.26%
			3户及以上	人数	191	10
				占比	6.25%	6.58%
	2017	整租		人数	2558	121
				占比	88.15%	89.63%
		合租	3户以下	人数	247	11
				占比	8.51%	8.15%
			3户及以上	人数	97	3
				占比	3.34%	2.22%
家庭月租占月收入比重	2013	低于平均值		人数	2645	86
				占比	95.69%	98.85%
		高于平均值		人数	119	1
				占比	4.31%	1.15%
	2015	低于平均值		人数	2945	144
				占比	96.30%	94.74%
		高于平均值		人数	113	8
				占比	3.70%	5.26%
	2017	低于平均值		人数	2849	135
				占比	98.17%	100.00%
		高于平均值		人数	53	0
				占比	1.83%	0.00%

四、租赁群体的租房原因和住房保有状况

（一）租赁群体的租房原因

从未立即购房的原因来看，2015年和2017年住房租赁群体未立即购房的原因主

要为没钱付首付，占比分别为52.19%和55.49%。从租赁群体是否拥有自有住房来看，2013~2017年，拥有自有房屋但仍租房的群体占比有所下降，从51.32%下降到46.76%，但仍处于较高的占比水平。从在外地租房的家庭是否拥有自有住房来看，2013~2017年虽然拥有自有住房但仍然在外地租房的家庭占比有所下降，从70.2%下降到55.56%。现阶段存在大量拥有自有住房但仍租房的群体（表4）。

租房原因　　　　　　　　　　　　　　　　表4

租房原因		2013年		2015年		2017年	
		人数（人）	占比（%）	人数（人）	占比（%）	人数（人）	占比（%）
未立即购房原因	没钱付首付			250	52.19	485	55.49
	无按揭偿还能力			47	9.81	36	4.12
	不急于购房			26	5.43	189	21.62
	尚未找到合适房源			56	11.69	65	7.44
	受政策限制			7	1.46	21	2.4
	工作不稳定			45	9.39	43	4.92
	其他			48	10.02	35	4
是否拥有自有住房	有	1463	51.32	1590	49.53	1420	46.76
	无	1388	48.68	1620	50.47	1617	53.24
外地租房家庭是否拥有自有住房	有	285	70.2	196	56	155	55.56
	无	121	29.8	154	44	124	44.44

（二）租赁群体的住房保有状况

从家庭合住人数来看，2015~2017年，家庭合住人数主要为3人及以上，占比分别为57.1%和55.98%。2013年、2015年和2017年采取独居的家庭比例最少，占比分别为20.52%、13.05%和14.32%。从房屋由单位提供时是否收取租金来看，2013年65.56%的单位在提供房屋时仍收取部分租金。2013~2017年，房屋由单位提供时不收取租金的占比不断上升，从34.44%上升到41.94%。从租房由谁免费提供的分布来看，2013~2015年，房屋由单位免费提供的占比有所上升，从14.58%上升到17.43%，但占比仍处于较低的水平。在各年份中，2017年房屋由单位免费提供的占比最低，仅为13.21%（表5）。

住房保有状况　　　　　　　　　　　　　　　　　表5

住房保有状况		2013年		2015年		2017年	
		人数（人）	占比（%）	人数（人）	占比（%）	人数（人）	占比（%）
家庭合住人数	独居	585	20.52	419	13.05	435	14.32
	3人以下	1634	57.31	958	29.84	902	29.7
	3人及以上	632	22.17	1833	57.1	1700	55.98
房屋由单位解决时是否收取租金	收取	455	65.56	437	63.61	461	58.06
	不收取	239	34.44	250	36.39	333	41.94
房屋由谁免费提供	国家	102	7.74	104	7.68	151	6.78
	单位	192	14.58	236	17.43	294	13.21
	亲属	1023	77.68	1014	74.89	1781	80.01

五、结论和建议

本文基于中国家庭金融调查（CHFS）数据对中国住房租赁群体的特征进行了研究。研究结论如下：从年龄差异来看，随着年龄的增长，租赁家庭的住房条件和住房负担会逐渐下降，而选择整租房屋的比重不断上升。从行业差异来看，从事第一产业和无业的租赁群体住房条件较差，从事建筑业、制造业和第三产业的家庭住房条件提高得更加明显。从户籍类型差异来看，相比于城镇家庭，农村租赁家庭租房条件较差，但在不断得到改善。从租房原因来看，租赁群体租房存在没钱付房屋首付、拥有自有住房仍租房的问题。从住房保有状况来看，租赁群体租房存在家庭合住人数较多和单位免费提供房屋的占比较低的问题。

基于上述研究，提出以下建议：第一，应引导市场通过增加小户型公寓租房满足青年和低收入租赁群体的租房需要。建立多层次的住房租赁供应体系，针对不同的年龄段提供不同户型的房屋。第二，应丰富租赁房屋的供给渠道。鼓励就业单位利用自身的土地资源为员工提供免费或租赁的房源。引导地产开发商开发适合租赁的房型。

参考文献：

[1] 黄燕芬，王淳熙，张超，等．建立我国住房租赁市场发展的长效机制：以"租购同权"促"租售并举"[J]．价格理论与实践，2017（10）：17-21．

[2] 金朗，赵子健．我国住房租赁市场的问题与发展对策[J]．宏观经济管理，2018（3）：80-85．

[3] 湛东升，虞晓芬，吴倩倩，等．中国租赁住房发展的区域差异与影响因素[J]．地理科学，2020（12）：1990-1999．

[4] 王丽艳，戴毓辰，王振坡.基于POI大数据的城市新区住房租赁需求偏好研究：以天津市滨海新区为例[J].地域研究与开发，2020（6）：71-76.

[5] 杨巧，张丽霞.房租负担与农民工迁移意愿[J].经济与管理评论，2020（3）：47-60.

作者联系方式

姓　　名：刘海艳

单　　位：中南财经政法大学

地　　址：湖北省武汉市洪山区南湖大道182号中南财经政法大学南湖校区

邮　　箱：liuhaiyan0050@163.com

上海市居民住房租赁需求特征调查报告

张一涵

摘　要：充分了解居民的住房租赁需求是政府合理优化租赁住房供应的基础，因此，研究居民住房租赁需求有着十分重要的现实意义。本文以上海市城镇常住居民住房需求情况抽样调查的数据为支撑，分析上海市城镇常住居民住房租赁需求特征，以及影响住房租赁需求的因素影响度，并基于调查结果，提出了上海市住房租赁市场优化发展的建议。

关键词：住房租赁；需求特征；影响因素分析；租赁市场

上海市政府始终高度重视住房工作，以"坚持房子是用来住的、不是用来炒的"为定位，大力建设筹措租赁住房，补齐租赁短板。充分了解居民的住房租赁需求是政府合理优化租赁住房供应的基础，因此，研究居民住房租赁需求有着十分重要的现实意义。本文以上海市城镇常住居民住房需求情况抽样调查的数据为支撑，分析上海市城镇常住居民住房租赁需求特征，以及影响住房租赁需求的因素影响度，并基于调查结果，提出上海市住房租赁市场优化发展的建议：一是提升租赁住房供需匹配度，二是加强租金调控，三是提高租住品质，四是加快培育住房租赁市场机构主体。

一、住房租赁需求群体的主要特征

本次住房需求调查于2021年1月结束，抽样调查范围涉及上海市15个区的城镇常住居民（由于受疫情影响，本次调查范围不包括浦东新区），共回收有效问卷9934份，其中男性4601人，女性5333人；沪籍人口6691人，非沪籍人口3243人。性别、户籍结构与《2019年上海市统计年鉴》较接近，调查样本能在一定程度上反映全市居民的租赁需求。

调查结果显示，有租赁需求的常住居民共1913人，占有效样本的19.26%。租赁需求群体以非沪籍、低学历、中青年为主。具体而言，有租赁需求的群体中，非沪籍的人数占67.64%（总样本为32.65%），大专及以上学历人数占43.18%（总样本为37.84%），44岁及以下的人数占70.67%（总样本为50.61%）。与总样本相比，租赁需求群体的学历更高、年龄更小、非沪籍人数更多（图1～图3）。

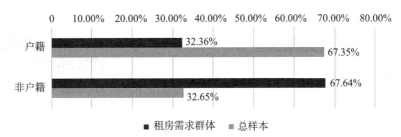

图 1　租房需求群体与总样本的户口分布情况比较

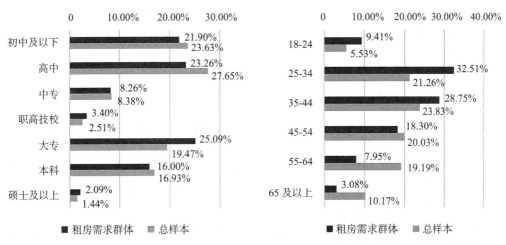

图 2　租房需求群体与总样本学历比较　　图 3　租房需求群体与总样本年龄比较

二、租赁需求的主要特征

调查结果显示，上海市有租赁需求的群体倾向于租住小户型、基本装修的多层或高层公寓，偏好家庭整租、低租金、付三押一，租金、地段、交通是主要考虑因素。不同户籍、年龄、收入群体的租赁需求具有差异。

（一）无自有住房为主要的租房原因，租金、地段、交通为主要考虑因素

大多数有租赁需求的受访者选择租房的原因是在上海市无自有住房，占总需求群体的65.39%。在租房时主要考虑的因素是租金（69.89%）、地段（46.26%）和交通（41.61%），其他因素还包括小区环境和规模、面积、配套设施、距离单位远近等（图4、图5）。

（二）租金支付

租赁需求群体偏好低租金、付三押一的租金支出形式，期望月租金随收入增加而提高，自有租金为主要的计划租金来源；非沪籍人群的租金预算略少于沪籍人群。

租赁需求群体中，六成居民期望月租金低于3000元，其中月租金在2000～3000

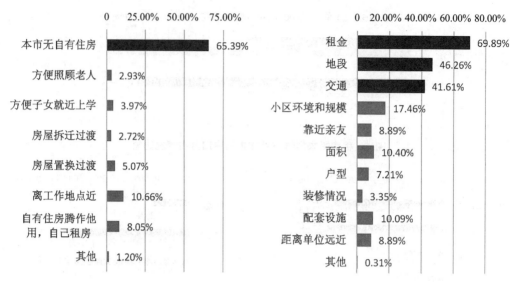

图4 租房需求群体租房原因（N=1913） 　　图5 租房需求群体租房考虑因素（N=1913）

元的占比最高，为41.24%；大于七成居民期望月租金占家庭平均月税后收入的30%以下，其中月租金占收入15%以下的占比最高，为40.83%。从租金支出形式来看，倾向于付三押一的占比最高，为52.90%；其次是付一押一，占29.85%。从计划租金来源来看，绝大多数租金源自自有租金，占比达86.88%；公积金、租金贷等其他来源比例较低，占比不到15%。

期望月租金随收入增加而提高。家庭税后年总收入在10万元及以下人群倾向于月租金3000元以下，占71.71%。随着收入的增加，期望月租金低于3000的比例降低。总收入在50万元及以上人群的期望月租金在7000元以上的比例最高，占22.22%；期望月租金大于4000元的比例显著高于样本总体水平（图6）。非沪籍人群的租金预算略少于沪籍人群。非沪籍人群的期望月租金在4000元以下的占89.88%，期望月租金占家庭月平均税后收入15%以下的比例最高（43.74%）；沪籍

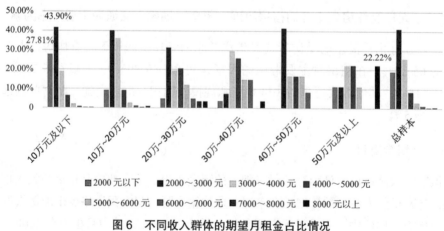

图6 不同收入群体的期望月租金占比情况

人群的期望月租金在4000元以下的占77.87%，显著低于非沪籍人群，期望月租金占家庭月平均税后收入15%～30%的比例最高（37.48%）（图7）。

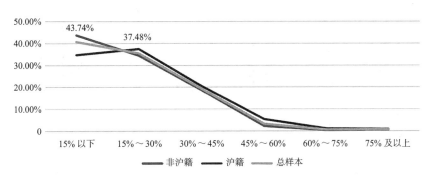

图7　沪籍与非沪籍群体的期望月租金占家庭月税后收入比例的分布情况

（三）对户型与房屋的要求

期望租住房屋以小户型、基本装修的多层或高层（4层以上）公寓为主，期望租住户型随收入增加而增大，中年人、非沪籍人群更倾向于小户型，高收入群体倾向于精装修与拎包入住。

从租住房屋类型来看，倾向于租住多层或高层（4层以上）公寓的占比最高，占70.31%；其次为里弄住宅（9.04%）、低层别墅（8.36%）与职工住宅等（6.33%）。从租房的面积来看，40m² 以下的占比高达53.16%，其中以30～40m² 居多，占22.01%；其次为15～30m²，占21.22%；面积小于15m² 的占9.93%。从户型来看，倾向于租住小户型、一室一厅占比最高，为29.17%；其次为一室户，占23.63%。从装修情况来看，绝大多租赁需求者选择基本装修房，占74.28%；选择毛坯房、精装修房与配齐家具家电拎包入住的比例较低。

不同收入群体对面积户型及装修情况的偏好具有差异。从面积来看，家庭税后年总收入在10万元及以下倾向于15～30m²，占23.71%；年收入在10万～20万元的人群倾向于30～40m²，占29.92%；年收入在20万～30万元的群体的意向租房面积倾向性不显著；年收入在30万～40万元的群体倾向于40～60m²，占48.15%；年收入在40万～50万元的群体倾向于60～75m²，占33.33%；年收入在50万元及以上的群体期望租房面积有两极分化的趋势，倾向于40～50m² 与140m² 及以上，占比均为22.22%（图8）。从户型来看，家庭税后年收入在10万元以下的群体偏好一室户，占32.10%；总收入在10万～20万元的群体偏好一室一厅，占39.62%；总收入在20万元以上群体明显倾向于两室一厅的大户型（图9）。从装修情况来看，家庭税后年总收入在50万元以下的群体显著偏好基本装修房，而收入在50万元及以上的群体更偏好精装修房和配齐家具家电拎包入住，均占比33.33%，明显高于样本平均水平的8.83%和5.07%（图10）。

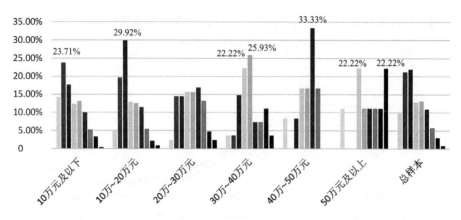

图8 不同收入群体期望租房面积占比情况

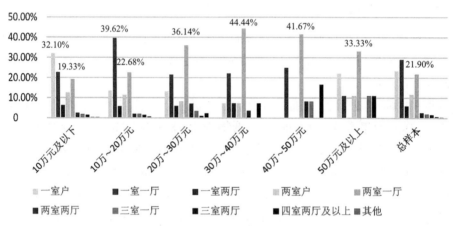

图9 不同收入群体期望租房户型分布情况

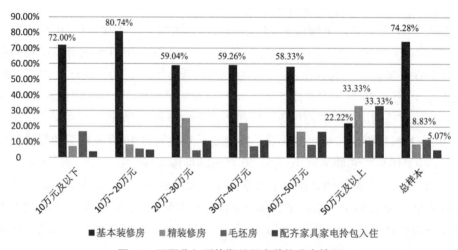

图10 不同收入群体期望租房装修分布情况

(四)租住方式

以家庭整租为主,家庭整租中沪籍人群占比较高,而个人整租中非沪籍人群占比较高;18~24岁居民选择"个人整租"与"与他人合租"的占比高于其他年龄层居民。

与家人合住是租赁的主要方式,家庭整租占比高达67.17%。家庭整租中,沪籍占比(76.41%)高于非沪籍(62.75%);个人整租中,非沪籍占比(27.13%)高于沪籍(18.26%);与他人合租中,非沪籍占比(9.74%)也高于沪籍(4.36%)。18~24岁群体选择"个人整租"与"与他人合租"的比例高于其他年龄层,分别为36.11%和16.67%,超过样本平均水平的24.26%和8.00%;选择"家庭整租"的比例为47.67%,低于样本平均水平(67.17%)(图11、图12)。

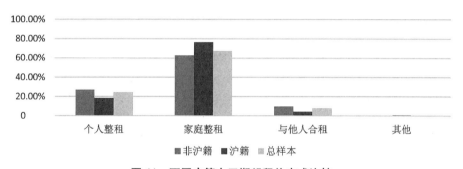

图11 不同户籍人口期望租住方式比较

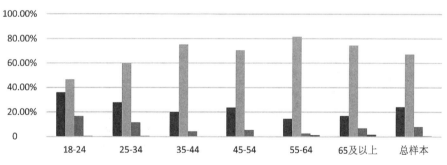

图12 不同年龄群体期望租住方式比较

(五)租住时间

沪籍群体以计划租房时长为两年内的居多,非沪籍群体以计划租房时长为两到五年的居多,户籍群体租房时长的不确定性高于非户籍群体。

非沪籍群体中计划租房时长为2~5年的占比最高,为30.83%;其次是1~2年,占28.36%;一年内的占比为12.98%;还有27.82%的人不能确定租房时长。沪籍群体中计划租房时长不能确定的占比最高,达35.38%。在能确定租房时长的沪籍群体,计划租住一年内的占比最高,为24.07%;1~2年的为21.97%;2~5年的占比明显低于非户籍群体(图13)。

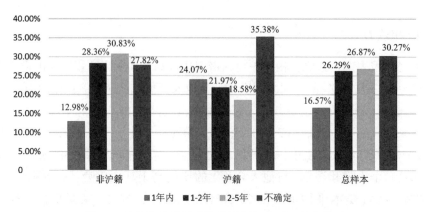

图 13　沪籍与非沪籍群体的计划租房时长分布情况

（六）通勤时长

租赁需求群体可接受的单程最长通勤时间小于 1 小时的比例占 77.88%。其中，0.5~1 小时的占比最高，为 44.01%；其次为 0.5 小时以内，占 33.87%。18~24 岁人群可接受的单程最长通勤时间在 0.5 小时以内的比例最高，为 43.89%。25 岁及以上人群可接受的单程最长通勤时间在 0.5~1 小时的比例最高（图 14）。

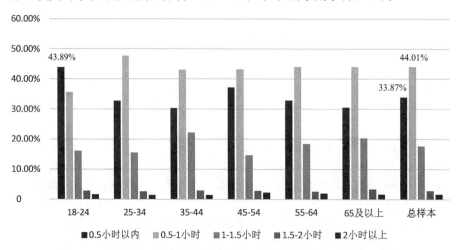

图 14　不同年龄层群体计划租房可接受单程最长通勤时间占比情况

（七）对房产中介门店的要求

中介是租赁需求群体获取租房信息的主要渠道，租户最害怕遇到合同陷阱与租约不稳定问题，希望政府关注租赁住房供应、租金控制等问题。

大多数居民获取租房信息的渠道是房产中介门店，占 76.53%；其次为政府租赁平台与熟人介绍，分别占 28.75% 与 22.27%。在租房时最怕遇到的各类问题方面，"合同陷阱"与"租约不稳定"占比最高，分别为 59.07% 与 51.23%；其他问题还包括"居住环境不稳定""物业管理不到位""房屋维修问题"等。从住房租赁市场最应改进的方面来看,"增加租赁住房供应"和"控制租金过快上涨"占比最高,分别占 65.45% 和 53.69%;其他应改进的方面还包括"培育规模化、专业化住房租赁企业""规范住房租赁市场秩序"等。

三、影响住房租赁需求的因素影响度分析

明确的住房租赁意向主要分为有与无,符合二分类变量的要求,因而可以将有无明确租赁意向作为被解释变量,采用二元 Logistic 回归模型,分析影响住房租赁意向的因素影响度。

(一)变量设置情况

现将有明确租房意向记作 1,无明确租房意向记作 0,将个人家庭因素、居住现状因素、市场预期因素等作为解释变量放入模型中,变量设置如表 1 所示。

变量设置情况表　　　　　　　　　　　　　表1

变量分类	变量名称	变量赋值
住房选择变量	租房意向	有明确租房意向赋值为 1,其他住房意向赋值为 0
个人家庭因素	性别	男性赋值为 1,女性赋值为 2
	年龄	按问卷组别从 1-6 依次升高
	学历	按问卷组别从 1-7 依次升高
	婚姻状况	已婚赋值为 1,非已婚赋值为 0
	户籍	沪籍赋值为 1,非沪籍赋值为 0
	收入	按问卷组别从 1-5 依次升高
	就业情况	就业赋值为 1,非就业赋值为 0
居住现状因素	在本市住房套数	从 0-4 依次升高
	是否居住在自有房	居住在自有房赋值为 1,未居住在自有房赋值为 0
	人均建筑面积	按问卷组别从 1-5 依次升高
	是否成套	成套赋值为 1,不成套赋值为 0
市场预期因素	预计未来房价	从 -2 到 2 依次升高
	调控松紧程度	从 -1 到 1 依次升高
	政策走向判断	从 -2 到 2 依次升高

运用 Stata 中的二元 Logistic 模型数据处理,可得到如下因素分析结果。模型结果显示,个人家庭因素中的年龄、户籍、收入 3 个变量,居住现状因素中本市住房套数、是否拥有自有房、人均建筑面积、是否成套 4 个变量,以及市场预期因素中的调控政策预期具有统计学意义($P < 0.05$),其余变量,如性别、学历、婚姻状况、就

业情况、预计未来房价、预计政策走向等因素对群体住房租赁意愿无显著影响（P＞0.05）。因素结果分析见表2所示。

方程中的所有变量　　　　　　　　　　　　　　　　表2

		B	S.E.	Wald	df	Sig.	Exp（B）
Step 1ª	性别	-.099	.081	1.480	1	.224	.906
	年龄	-.091	.044	4.175	1	.041	.913
	学历	-.030	.024	1.488	1	.223	.971
	婚姻状况	-.212	.109	3.748	1	.053	.809
	户籍	-.491	.136	13.055	1	.000	.612
	在本市住房套数	-.326	.093	12.338	1	.000	.722
	就业情况	.216	.124	3.057	1	.080	1.242
	收入	-.266	.057	21.789	1	.000	.766
	是否居住在自有房	-1.335	.140	91.139	1	.000	.263
	人均建筑面积	-.208	.020	105.939	1	.000	.812
	是否成套	.431	.125	11.840	1	.001	1.539
	预计未来房价	-.030	.042	.508	1	.476	.970
	调控松紧程度	.398	.054	54.871	1	.000	1.488
	政策走向判断	.059	.033	3.200	1	.074	1.061
	Constant	.749	.276	7.386	1	.007	2.116

　　a. Variable(s) entered on step 1: 性别，年龄，学历，婚姻状况，户籍，在本市住房套数，就业情况，收入，是否居住在自有房，人均建筑面积，是否成套，预计未来房价，调控松紧程度，政策走向判断。
　　注：黑体为显著性因素。

　　排除不具有统计学意义的变量后，可以得到最终方程中的变量，如表3所示。其中是否居住在自有住房对租赁意愿的影响最大，其OR值显示，居住在自有住房的人群的租房意愿仅为没有居住在自有住房的人群的1/4。最终可以给出的回归方程如下：

$$logit(\hat{p}) = 0.610 - 0.127 \times 年龄 - 0.538 \times 户籍 - 0.331 \times 在本市住房套数$$
$$- 0.263 \times 收入 - 1.367 \times 是否居住在自有房 - 0.206 \times 人均建筑面积$$
$$+ 0.440 \times 是否成套 + 0.369 \times 认为调控松紧程度$$

方程中的有统计学意义的变量　　　　　　　　　　表3

		B	S.E.	Wald	df	Sig.	Exp（B）
Step 1ª	年龄	-.127	.033	14.537	1	.000	.881
	户籍	-.538	.132	16.632	1	.000	.584
	在本市住房套数	-.331	.093	12.732	1	.000	.718

续表

		B	S.E.	Wald	df	Sig.	Exp(B)
Step 1ª	收入	−.263	.055	22.676	1	.000	.769
	是否居住在自有房	−1.367	.139	96.675	1	.000	.255
	人均建筑面积	−.206	.020	104.272	1	.000	.814
	是否成套	.440	.125	12.447	1	.000	1.553
	调控松紧程度	.369	.052	51.071	1	.000	1.447
	Constant	.610	.188	10.534	1	.001	1.840

a. Variable(s) entered on step 1：年龄，户籍，在本市住房套数，收入，是否居住在自有房，人均建筑面积，是否成套，调控松紧程度。

注：黑体为显著性因素。

（二）具体因素影响度分析

将这些具有统计学意义的变量设置哑变量，以每个变量的第一类别作为参考组进行具体指标分析。运用Stata数据处理工具中的二元Logistic模型分析结果如下（表4）：

模型分析结果统计　　　　　　表4

		B	S.E.	Wald	df	Sig.	Exp(B)
Step 1ª	年龄 18～24			29.159	5	.000	
	年龄 25～34	−.126	.153	.676	1	.411	.882
	年龄 35～44	.084	.155	.292	1	.589	1.087
	年龄 45～54	−.026	.165	.024	1	.876	.975
	年龄 55～64	−.632	.199	10.081	1	.001	.531
	年龄 65及以上	−.701	.248	7.997	1	.005	.496
	户籍	−.332	.142	5.492	1	.019	.718
	在本市住房套数 0			41.956	4	.000	
	在本市住房套数 1	−.837	.140	35.760	1	.000	.433
	在本市住房套数 2	−.862	.236	13.306	1	.000	.422
	在本市住房套数 3	−1.788	.609	8.628	1	.003	.167
	在本市住房套数 4	.144	.464	.096	1	.756	1.155
	收入 10万以下			22.713	5	.000	
	收入 10万～20万	−.198	.086	5.320	1	.021	.820
	收入 20万～30万	−.787	.191	16.954	1	.000	.455
	收入 30万～40万	−.239	.330	.526	1	.468	.787
	收入 40万～50万	−1.105	.635	3.035	1	.081	.331

续表

		B	S.E.	Wald	df	Sig.	Exp（B）
Step 1ª	收入 50 万及以上	−.853	.654	1.699	1	.192	.426
	是否居住在自有房	**−1.108**	**.155**	**51.359**	**1**	**.000**	**.330**
	人均建筑面积 5m² 以下			**175.223**	**9**	**.000**	
	人均建筑面积 5～10m²	**−1.138**	**.206**	**30.407**	**1**	**.000**	**.321**
	人均建筑面积 10～15m²	**−.748**	**.201**	**13.902**	**1**	**.000**	**.473**
	人均建筑面积 15～20m²	**−1.429**	**.207**	**47.642**	**1**	**.000**	**.240**
	人均建筑面积 20～25m²	**−1.742**	**.219**	**63.101**	**1**	**.000**	**.175**
	人均建筑面积 25～30m²	**−2.138**	**.248**	**74.192**	**1**	**.000**	**.118**
	人均建筑面积 30～40m²	**−2.123**	**.271**	**61.268**	**1**	**.000**	**.120**
	人均建筑面积 40～50m²	**−1.653**	**.285**	**33.570**	**1**	**.000**	**.191**
	人均建筑面积 50～60m²	**−1.614**	**.303**	**28.301**	**1**	**.000**	**.199**
	人均建筑面积 60m² 以上	**−2.145**	**.275**	**60.749**	**1**	**.000**	**.117**
	是否成套	**.471**	**.131**	**12.966**	**1**	**.000**	**1.602**
	调控松紧程度过于严格			**55.944**	**2**	**.000**	
	调控松紧程度松紧适度	.095	.122	.597	1	.440	1.099
	调控松紧程度过于宽松	**.660**	**.109**	**36.913**	**1**	**.000**	**1.934**
	Constant	.276	.249	1.235	1	.267	1.318

a. Variable(s) entered on step 1：年龄，户籍，在本市住房套数，收入，是否居住在自有房，人均建筑面积，是否成套，调控松紧程度。

注：黑体为显著性因素。

由表 4 可知，在年龄上，以 18～24 岁的为参考组，年龄在 55～64 岁的人群租房意愿的概率是 18～24 岁的 0.521 倍（P=0.001）；年龄在 65 岁以上的人群租房意愿的概率是 18～24 岁的 0.496 倍（P=0.005）。在户籍上，以非沪籍为参考组，沪籍人群租房意愿的概率是非沪籍的 0.718 倍（P=0.019）。在本市拥有住房套数上，以在本市无住房为参考组，有 1 套住房的人群租房意愿的概率是 0 套的 0.433 倍（P=0.000）；有 2 套住房的人群租房意愿的概率是 0 套的 0.422 倍（P=0.000）；有 3 套住房的人群租房意愿的概率是 0 套的 0.167 倍（P=0.003）。在收入上，以家庭税后年总收入在 10 万元以下的为参考组，收入在 10 万～20 万元的人群租房意愿的概率是 10 万元以下的 0.820 倍（P=0.021）；收入在 20 万～30 万元的人群租房意愿的概率是 10 万元以下的 0.455 倍（P=0.000）。在本市是否居住在自有房方面，以不居住在自有房为参考组，居住在自有房的人群租房意愿的概率是不居住在自有住房的 0.330 倍（P=0.000）。在人均建筑面积上，以人均建筑面积小于 5m² 为参考组，人均建筑面积越高，租房意愿的概率越低（P=0.000）。在是否成套方面，以不成套住宅为参考组，成套住宅的人群租房意愿为不成套的1.602倍（P=0.000）。在调控松紧程度方面，以认为调控过于严格为参照组，认为调控过于宽松的人群租房意愿为认为调控过于严格的1.934倍（P=0.000）。其余比较没有统计学意义（P＞0.05）。

（三）统计结果分析

统计分析结果显示，个人家庭因素、居住现状因素、市场预期因素均对住房租赁意愿有一定的影响，其中个人家庭因素中的年龄、户籍、收入3个变量，居住现状因素中本市住房套数、是否拥有自有房、人均建筑面积、是否成套4个变量，以及市场预期因素中的调控政策预期有统计学意义。

具体来说，在年龄上，随着年龄增加，租房意愿降低，尤其是55岁以上人群的低租房意愿更显著；在户籍上，非沪籍人群租房意愿明显更强烈；在本市是否拥有自有住房方面，无自有住房的人群租房意愿更强烈；在收入上，随着收入增加，租房意愿降低，税后年收入在10万～30万元的租房意愿更显著；在是否居住在自有住房方面，居住在自有住房的人群租房意愿明显更低；在人均建筑面积上，随着人均建筑面积增加，租房意愿明显降低；在是否成套方面，成套住宅的人群租房意愿明显更高；在调控松紧程度方面，认为调控过于宽松的人群的租房意愿明显更高。

四、对优化上海市住房租赁市场发展的相关建议

（一）提升租赁住房供需匹配度

在保障性租赁住房、纯租赁地块建设的租赁住房供应中，一是要优化房源类型结构，适当提升基本装修的多层或高层（4层以上）的公寓。二是要合理配置房屋户型。租赁需求群体中偏好15～40m²的一室一厅及一室户的占比较大，可适当增加这一户型房屋的供应比例。三是发展长租房市场，解决非户籍群体的长期租赁需求。四是注重租赁住房的空间分布。以职住平衡为导向加大在新城、产业园区周边、轨道交通沿线、人口导入区域建设供应租赁住房的力度。

（二）加强租金调控

一是建立住房租赁指导价格发布制度。政府应定期公布不同区域、不同类型租赁住房的市场租金水平信息，减少或者避免住房租赁市场信息的不对称性，为住房租赁双方当事人确定租金价格水平提供参考。二是多渠道增加租赁住房供给。通过新增用地专门建设租赁住房、在新建商品住房项目中配建租赁住房、利用整栋既有房屋用于出租等方式，多渠道增加租赁住房供应，稳定租金价格。

（三）提高租住品质

一是强化租赁市场监管。调查结果表明，房产中介门店是租赁需求群体获取租房

信息的主要渠道,"合同陷阱"与"租约不稳定"是租房时最怕遇到的问题,并且大部分租赁人群认为政策调控管制较为宽松,因此政府应规范租赁行为,对住房租赁市场的日常动态进行监督和管理,做好租赁市场的监督、分析、指导、服务、管理工作,引导住房租赁市场走向合理化;同时,进一步加强对房地产中介机构的监管,严格查处违法违规行为,持续优化房地产中介机构披露机制和信用体系,完善已有的租赁住房的房源信息和客源信息平台。二是提升物业服务管理水平。调查结果显示,居住环境与物业管理也是租赁需求者担心的因素,因此,应持续提升租赁住宅的宜居化水平,解决安全、环境卫生、停车等问题。

(四)加快培育住房租赁市场机构主体

一是加大力度培育相关企业拓展住房租赁业务。调查结果显示,培育规模化、专业化住房租赁企业是租赁市场应改进的方面,政府应支持相关企业积极参与租赁住房运营建设,起到增加租赁住房市场供给、稳定住房租金的作用,促进住房租赁市场健康发展。二是引导社会资本进入住房租赁市场。政府应利用土地、金融、税收等各种政策措施,加大支持力度鼓励和引导社会资本进入住房租赁市场。

作者联系方式

姓　　名:张一涵

单　　位:上海市房地产科学研究院

地　　址:上海市徐汇区复兴西路 193 号

邮　　箱:648725650@qq.com

基于灰色模型 GM(1,1) 视角的公租房需求预测研究

——以武汉市为例

孙 毅 胡玉雪

摘 要：文章将灰色模型引入公共租赁住房需求分析中，选取武汉市 2012 年至 2019 年公共租赁住房申请和退出等数据，构建 GM(1,1) 模型对武汉市公共租赁住房需求进行了模拟和分析，通过模型计算对武汉市未来 5 年公共租赁住房需求面积进行预测，并对所需建造土地面积、建筑资金和公租房实施后的租赁住房补贴进行定量预测，以期为公共租赁住房的需求测算提供一种更为科学有效的方法。

关键词：公共租赁住房；灰色预测模型；供给侧变化；租金价格调整与补贴

一、引言

2020 年的中央经济工作会议提出，"住房问题关系民生福祉。要坚持房子是用来住的、不是用来炒的定位，因地制宜、多策并举，促进房地产市场平稳健康发展。要高度重视保障性租赁住房建设"。要实现这一奋斗目标，就需要加强我国的住房保障体系的建设。作为保障性住房的重要供应主体之一的公共租赁住房，在解决一二线城市中低收入居民的居住问题、促进城市与乡村的深度融合、推进新型城镇化建设中均发挥着关键作用。公共租赁住房在土地的供给、建设资金的来源、承租面积等方面具有一定的研究价值，以往文献对公共租赁住房的研究多集中在定性角度，较少从定量方面展开研究。由于灰色预测模型对于解决贫信息、小样本的问题具有一定的优势，基于此，本文以武汉市为例，利用灰度模型对公共租赁住房需求进行了定量预测，并结合房地产评估对建设公共租赁住房所需土地资源、建设资金及租赁住房补贴金额进行合理预测与分析，为公共租赁住房的精准供给提供决策支持。

二、GM（1，1）模型的构建

灰色预测数据模型简称 GM（Grey Model），是一种针对部分信息已知、部分信息未知的"小样本"和"贫信息"而进行设计和研究的数学预测模型。其原理是通过对一组原始序列基础数据进行一系列的平滑分析与相关处理，然后建立符合一定规律的方程式，对其参数进行模拟计算，最后对未来数据进行预测。

GM（1，1）模型是灰色预测模型中最基本、最常用的一种模型，适用于各种复杂的系统中针对单个变量数据的灰色预测。该模型以部分资料和信息不完全未知的小样本数据为主要研究对象，首先需要进行原始序列基础数据的灰色预测可行性检验，然后对数据进行累加、临值平均，生成一个具有一定规律性的数据序列，以此作为基础构造出相应的微分方程，确定其预测公式，并对所有的原始序列基础数据进行预测，并将结果与原始结果对比进行精确性检验，旨在检验模型的准确性，当精确度的检验通过后，即可实现对未来数据的预测。具体实施步骤如下文所示。

（一）数据的检验与处理

设有一组原始序列 $x^{(0)}=[x^{(0)}(1), x^{(0)}(2), \cdots\cdots x^{(0)}(n)]$，首先，为了确认建模的方法是否具有实际可行性，需要在这一阶段对所有已知的原始序列基础数据作必要的测试和检验。计算出原始序列基础数据的等级比：

$$\lambda(k)=x^{(0)}(k-1)/x^{(0)}(k), \quad k=2, 3, \cdots\cdots n \tag{1}$$

如果所有数据的等级比 $\lambda(k)$ 均是处于一个可容的覆盖区间内，该区间为 $\theta = (e^{\frac{2}{n+1}}, e^{\frac{2}{n+1}})$，则该数列可以构造 GM（1，1）模型并且可以用来进行灰色的预测。否则，对于数据应该做适当的转化和变换，例如对其进行平移转化，在原始序列基础数据上加上一个常数：

$$y^{(0)}(k)=x^{(0)}(k)+c, \quad k=1, 2, \cdots\cdots n \tag{2}$$

这样，直到出现一个 c 值，可以使得所有进行整个平移转化的序列全部落到可容的覆盖区间内。

（二）建立 GM（1，1）模型

不妨设 $x^{(0)}$ 满足要求：满足上面的要求，以它为原始序列建立 GM（1，1）模型，首先对 $x^{(0)}$ 作一阶累加生成 $x^{(1)}(k)$，再做一阶均值生成 $z^{(1)}$：$z^{(1)}(k)=0.5x^{(1)}(k)+0.5x^{(1)}(k-1), k=2, 3, \cdots\cdots n$。由此建立 GM（1，1）模型的灰微分方程模型为：

$$x^{(0)}(k)+az^{(1)}(k)=b \tag{3}$$

式（3）中 $x^{(0)}(k)$ 被我们称为 GM（1,1）灰导数，a 称为灰导发展背景系数，$az^{(1)}(k)$ 灰导白化的背景值，b 被称为灰导的相互作用量。将 k=2,3,……n 代入式（1），得到模型方程为：

$$\begin{cases} x^{(0)}(2) + az^{(1)}(2) = b \\ x^{(0)}(3) + az^{(1)}(3) = b \\ \cdots\cdots \\ x^{(0)}(n) + az^{(1)}(n) = b \end{cases} \quad (4)$$

（三）检验模型的精度

为检验模型的精度，由残差 $q^{(0)}(k) = x^{(0)}(k) - \hat{x}^{(0)}(k)$ 计算小误差概率 P：

$$P = \{|q(k) - \bar{q}| < 0.6745S\} \quad (5)$$

其中 S 为原始序列的标准差。如果 P 在允许范围内，则可用建立的 GM（1,1）模型对其进行预测，否则就应该按照其中的残差系数来对其进行修正。表 1 所示为模型精度等级。

灰色预测模型精度等级表　　　　　　　　　　　　　　　　表 1

模型精度等级	小误差概率 P
1 级（好）	> 0.95
2 级（合格）	> 0.8
3 级（勉强）	> 0.7
4 级（不合格）	≤ 0.7

（四）模型预测

由模型方程（4）进行最小二乘回归，可以解得 a、b 的估计值。由此进行相应的白化模型：

$$\frac{dx^{(1)}}{dt} + ax^{(1)}(t) = b \quad (6)$$

解得：

$$x^{(1)}(t) = \left[x^{(0)}(1) - \frac{b}{a}\right]e^{-a(t-1)} + \frac{b}{a} \quad (7)$$

则可以得到预测值：

$$\hat{x}^{(1)}(k+1) = \left[x^{(0)}(1) - \frac{b}{a}\right]e^{-ak} + \frac{b}{a}, \quad k=1,2\cdots\cdots n-1 \quad (8)$$

从而相应地得到预测值：

$$\hat{x}^{(0)}(k+1)=\hat{x}^{(1)}(k+1)-\hat{x}^{(1)}(k), k=1, 2\cdots\cdots n-1 \qquad (9)$$

三、GM（1，1）模型实验

（一）数据来源及说明

随着我国城镇化建设进程的不断深入和推进，一二线城市每年都有新增的户籍人口和流动人口，增加的户籍人口将使得人们对于住房的需求增加，且呈现正向关系，由此可以根据每年人均居住面积和流动性户籍人口数量相关情况来确定未来对于公共租赁住房面积的需求。为解决住房需求问题，每年都有部分中等收入家庭和低收入人群选择申请公共租赁住房，也有部分家庭因为自购房屋等原因选择退出公共租赁住房。在综合考虑的情况下，可以得出新增公共租赁住房需求面积公式：

新增公共租赁住房需求面积 = 公租房规定人均居住标准面积 × 新增户籍人口
　　　　　　　　　　　　× （新增户籍人口中申请公共租赁住房的人均比例
　　　　　　　　　　　　－ 后期退出公共租赁住房人均比例） （10）

由武汉统计局发布的《2020 年武汉统计年鉴》可以获取 2013～2019 年新增城市户籍流动性人口，根据武汉市有关规定，武汉市对于公共租赁住房的人均补贴标准应当为 $16m^2$，从武汉市住房保障和房屋管理局公布的申请名单与分配办法实施方案可知，2016～2021 年武汉市平均申请户数总量共计 15737 户，平均每年申请户数为 2623 户，2016～2019 年新增户籍常住人口 4.58 万、19.8 万、30.08 万、22.67 万，按照一户 3 人的三口之家平均进行计算，每年新增申请公共租赁人数占全部新增户籍人口数的 4.08%，以此作为转换系数计算每年新增公共租赁住房需求人口。每年因社会经济环境条件的改善或者由于工作地点的调整等原因当年退出情况统计有 1672 户，公共租赁住房合格退出的公共租赁住房人数约占 2.25%，以此作为转换系数计算后期退出公共租赁住房数据。按式（10）所示来计算求得每年新增的公共租赁性住房所有者需求面积如表 2 所示：

每年新增公共租赁住房需求面积　　　　　　　　　　表 2

年份	2014	2015	2016	2017	2018	2019
户籍总人口数（万人）	827.31	829.27	833.85	853.65	883.73	906.4
新增户籍人口（万人）	5.26	1.96	4.58	19.8	30.08	22.67
新增公共租赁住房需求面积（万 m^2）	1.68	0.63	1.47	6.34	9.63	7.25

（二）GM（1，1）实验

将表 2 中每年新增公共租赁住房需求面积数据作为原始序列数据进行 GM（1，1）

实验，原始序列：$x^{(0)}=(1.68,0.63,1.47,6.34,9.63,7.25)$。n=6，根据计算，原始序列基础数据的级别比在可容覆盖区间内。所以可以对该数据做相应的 GM（1，1）模型。将原始序列基础数据累加生成 $x^{(1)}$，后进行阶均值生成 $z^{(1)}$。建立灰色微分方程，用最小二乘法回归估计模型参数的 $a=-0.33$，$b=0.531$。

根据 R 软件计算得出该实验的 P 值为 0.93，基于表 1 可得，0.8（合格）＜P=0.93＜0.95（好）。因此认为模型精度满足了要求。

（三）实验及结果分析

根据上述 GM（1，1）实验预测 2020～2025 年新增公共租赁住房需求面积，$x^{(0)}=$（3.36，6.05，9.81，15.06，22.39，32.61），具体如图 1 所示：

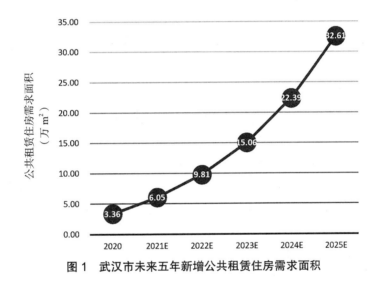

图 1　武汉市未来五年新增公共租赁住房需求面积

四、公共租赁住房供给资金预测与财政补贴预测

（一）土地及建设资金预测

依据武汉市发布的《市标准定额管理站关于发布武汉地区建筑安装工程 2021 年一季度造价指数的通知》（武建标定〔2021〕4 号），依据武汉市房屋建筑工程最新参考标准造价，并综合税费及公共配套设施、装修等成本可得出公共租赁住房建造成本为 4600 元/m²，由公共租赁性住房 2.5 容积率标准进行计算，未来 5 年武汉市规划中还需要建设 89.29 万 m² 的公共租赁性住房，需要划拨 35.72 万 m² 的土地作为供应公共租赁性住房的基础建设。共计规划建设的公共租赁性住房，未来五年需要总投入 41.07 亿元（图 2）。

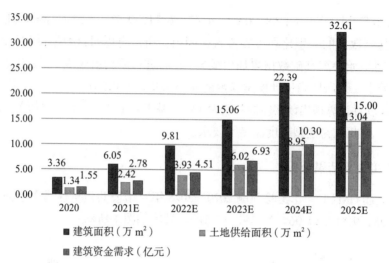

图 2　2020~2025 年武汉市公共租赁住房建筑面积、土地供给、建设资金需求预测

（二）财政补贴预测

根据武汉市正式出台的《武汉市公共租赁住房补贴标准》等相关政策文件：公共租赁住房租赁费用一般每月进行补贴，每平方米 25 元，补贴标准面积为每人 $16m^2$。对于仅单人户家庭承租面积不超过 $24m^2$，对于多人户家庭，承租面积的总和不能超过 $60m^2$。可根据公共租赁住房的居民家庭、补贴房屋系数以及人均公共租赁住房使用面积与国家标准规定的人均补贴房屋建筑面积之间的差异来确定实施租赁补贴。文件将住房补贴系数划分 3 种不同的类别标准。收入水平低于最低基本生活保障标准（含）的家庭，补贴比例系数一般为 1.0；收入水平高于我国最低基本生活保障水平标准但低于我国最低收入水平（含）的家庭，补贴比例系数一般为 0.8；收入水平高于我国最低收入水平标准但低于申请公共租赁住房规定收入最高标准的家庭，补贴比例系数应控制在 0.4。

租赁补贴计算公式中的定义方法为：

$$\begin{aligned}每户补贴金额 =\ & 每户家庭人口 \times 人均补贴住房系数 \times 人均补贴住房标准 \\ & \times 人均补贴住房面积（政府标准人均补贴住房面积 \\ & - 保障每户家庭人均承租公有住房面积）\end{aligned} \quad (11)$$

例如对于人均收入低于 715 元（最低生活保障标准）的三口之家居住在 $40m^2$ 的房子，最多可以补贴 600 元左右，极大地减轻了低收入家庭的负担。（注：$3 \times 1 \times 25 \times (16 \times 3 - 40) = 600$）

根据式（11），可以对未来公共租赁住房租赁补贴进行预测，发放租赁补贴，对于降低中央财政开支、贯彻实施精准扶贫、居有所住等国家惠民政策具有重要的参考意义。结合文中相关数据，如果按照建筑面积为 $40m^2$ 的公共租赁住房提供给一家三口家庭工作居住，在租赁补贴系数规范不变的情况下，以此预测租赁补贴标准，经计算，在未来5年将有1.86万户家庭需要公共租赁住房，政府需要投入2.87亿元对公共租赁住房进行租金补贴。

五、结论

本文在当前国家重视和大力推动保障性住房政策的大背景下，对公共租赁住房在供给侧各个方面的作用进行了探讨，选取武汉市2012年至2019年公共租赁住房申请和住房退出情况等数据，基于灰色预测理论和R软件建立的数学模型GM（1，1），对武汉市公共租赁住房建筑面积的需求情况进行了模拟和分析，在此基础上针对建设所需土地与建设经费以及公共租赁补贴金额实施了一系列的定量化预测，以期提升对公共租赁住房规划的准确供给。研究结果表明：武汉市政府未来5年需建设89.29万m^2的公共租赁住房，共需划拨35.72万m^2的土地，需要41.07亿元建造房屋资金与2.87亿元租赁补贴。

本文全面系统地对公共租赁住房供给体系进行了定量分析，考虑公共租赁住房的相关意义与具体实施情况，提出建议：政府应当对土地的供给进行调整，完善多主体供给与保障策略、完善租金价格监管机制、建立公共租赁住房稳定发展的长效机制，以此在公共租赁住房运营过程中造福居民。

参考文献：

[1] 杨靖，孙广卿，钱晶，等.公共租赁住房的优化发展模式和建设策略[J].当代建筑，2021（2）：51-55.

[2] 陈雪花，黎基钦，郑炜，等.广西公共租赁住房运营管理研究[J].经济研究参考，2020（22）：46-56.

[3] 曹文思.沈阳市公共租赁住房需求预测研究[D].沈阳：沈阳建筑大学，2019.

[4] 陈钰.公共租赁住房特性分析及教师等群体对其需求研究：以北京为例[J].新校园（上旬），2018（5）：164-165.

[5] 腾戈尔.呼和浩特市公共租赁住房需求与供给研究[J]内蒙古统计，2015（5）：45-47.

作者联系方式

姓　　名：孙　毅　胡玉雪

单　　位：武汉天恒信息技术有限公司

地　　址：武汉东湖高新技术开发区金融港B18栋11层房地产事业部

邮　　箱：88948193@qq.com；2575219048@qq.com

注册号：孙毅（20190308420000048）

成都市公共租赁住房供需的实证分析

江俞希

摘 要：运用 SPSS 软件对影响成都市公共租赁住房供需的影响因素进行实证分析，为后续研究提供参考。通过主成分分析法得出公共租赁住房供给与总人口、人均地区生产总值、城市人均可支配收入、城乡居民储蓄存款余额、人均住房面积呈正相关，与城镇居民恩格尔系数呈负相关。公共租赁住房需求与住宅投资额、竣工住宅面积、住宅实际销售面积呈正相关。成都市公共租赁住房供需的趋势大体上一直呈上升状态，供给一直紧跟需求进行安排；供给虽连年保持平稳，却具有一定的滞后性；在大多数年份中，成都市公共租赁住房供需仍不平衡。

关键词：公共租赁住房；供给需求；影响因素；成都

一、引言

高房价将严重影响城市中低收入居民的生活质量，对于新近就业的大学毕业生和外来务工群体而言，更是影响他们安居城市的一道门槛。保障性住房是我国重要的民生工程之一，是政府为中低收入人群提供能负担得起的住房的一项惠民政策。其中，公共租赁住房建设以及后续的供给的优化完善又是我国住房保障体系的工作核心。自党中央提出供给侧结构性改革 5 年来，各方面都取得了一定的成果，公共租赁住房作为保障性住房主力产品理应被给予足够的关注。当前，选择对公共租赁住房供需情况进行研究有着一定的意义。

从公共租赁住房政策责任主体的角度分析，地方政策的责任要大于中央政府所需承担的责任。所以，对于公共租赁住房的研究也应落脚于城市。成都作为西部地区经济文化发展突出的中心城市，历来重视公共产品的公平与效益。成都市公共租赁住房政策将覆盖家庭年收入 10 万以下的符合条件的三类人群，包括本市住房困难家庭、新近就业的大学毕业生和外来务工群体。政策的针对人群范围较大，基本包含了所有中低收入人群，对解决此类人群住房问题有重要作用。通过梳理相关公开数据，以 2001~2018 年的数据对影响成都市公共租赁住房供需的因素进行实证分析，验证对成都市公共租赁住房供给的影响最主要的因素，并对供需情况进行评价。

二、方法和数据

（一）研究方法

住房保障系统是一个既受城市经济发展水平限制又受本级政府干预的复杂系统。公共租赁住房作为住房保障系统的一部分，影响公共租赁住房供需的因素也必然较多。由于研究数据的收集不便，能用于实证研究的时间序列长度受限。综合上述原因，本文采取因子分析实证研究法。通过对前人理论进行分析，选取可能影响公共租赁住房供需的因素作为研究备选变量；对历史备选变量数据进行主成分分析确定影响公共租赁住房供给与选取的因素，并对成都市公共租赁住房供需情况进行评价。

（二）影响因素分析

查阅相关文献可知，宏观经济发展和政府的投入将影响公共租赁住房供给，居民情况的相关指标将影响公共租赁住房的需求，住房市场情况也将一定程度上扰动公共租赁住房的供需。因此，以上述三类影响因素选取本研究的备选变量。

当前，公共租赁住房建设的资金仍绝大部分来源于政府的财政收入，而经济发展的程度将直接影响政府的财政收入。恩格尔系数的大小能一定程度上表示地区经济的富裕程度。人均住房面积能一定程度上影响公共租赁住房单套供给面积，能影响供给。地区的生产总值能整体体现地区宏观经济发展的情况，地区财政收入与政府在公共租赁住房的投入中呈正相关。故选择成都市城镇居民恩格尔系数、城镇化率、人均住房面积、人均生产总值和人均财政收入作为公共租赁影响供给的备选变量。

居民经济情况和住房情况等指标能较好地表示公共租赁住房需求。城乡居民储蓄存款余额能一定程度上体现城市居民的经济情况。城市居民可支配收入是指扣减掉必要花费外，城市居民能自行支配而不影响其生活的资金。城市居民可支配收入的多少将直接影响居民的消费水平，能直接体现消费者的购买力。故选择城市居民总人口、城乡居民储蓄存款余额、人均可支配收入作为公共租赁影响需求的备选变量。

居民的住房来源有商品房市场和政策性保障性住房，故住房市场的情况能在一定程度上影响保障性住房的供给。选取住宅投资额、住宅商品房平均销售价格、竣工住宅面积、住宅实际销售面积作为住房市场的影响备选变量。

（三）数据处理

由于2020年的成都市统计年鉴还未公布，故数据截至2018年。数据选取成都市2001～2018年的人均地区生产总值、人均财政收入和城市人均可支配收入的数据。上述数据来自国家统计局重点城市年度数据和成都市统计局发布的统计年鉴及成都市财政局公布的市本级公共财政支出明细。

用SPSS软件对各个备选变量进行描述性统计（表1），了解备选变量数据的基本

备选变量描述统计　　　　　　　　　　　　　　　　　　　　　　　　　　　　　表 1

	N	最小值	最大值	均值	标准 偏差
总人口 POP	18	1019.000	1476.000	1173.830	135.292
人均地区生产总值 GDP	18	12974.037	103948.317	51556.371	31620.121
人均财政收入 FIN	18	1426.079	30669.495	14515.981	10489.518
城市人均可支配收入 INC	18	0.813	4.213	2.204	1.127
城乡居民储蓄存款余额 SAV	18	995.450	13141.470	5607.773	4026.688
城镇化率 URB	18	54.660	73.120	64.777	5.942
住宅投资额 INV	18	1228045.000	14781679.000	7953932.720	4936908.254
住宅商品房平均销售价格 ASP	18	1649.380	9783.160	5123.084	2433.972
竣工住宅面积 CRA	18	597.690	1738.500	1085.566	325.787
住宅实际销售面积 RAS	18	638.120	3279.170	1940.719	847.852
人均住房面积 SPA	15	26.010	39.400	32.891	4.070
城镇居民恩格尔系数 ENG	18	31.780	43.960	38.427	3.183
有效个案数（成列）	15				

情况并生成标准化得分数据。计算所有备选变量的 Pearson 相关系数，绘制相关性矩阵（表 2）。P 值大于 0.8 属于强相关，由表 2 可知，除竣工住宅面积和城镇居民恩格尔系数外，备选变量相互之间有较强的关联性。

备选变量相关性矩阵　　　　　　　　　　　　　　　　　　　　　　　　　　　　表 2

	POP	GDP	FIN	INC	SAV	URB	INV	ASP	CRA	RAS	SPA	ENG
POP	1.00	0.88	0.84	0.91	0.93	0.84	0.74	0.90	0.31	0.77	0.75	−0.81
GDP	0.88	1.00	0.99	1.00	0.99	0.98	0.96	0.95	0.42	0.84	0.94	−0.73
FIN	0.84	0.99	1.00	0.98	0.96	0.98	0.95	0.96	0.45	0.86	0.92	−0.65
INC	0.91	1.00	0.98	1.00	1.00	0.98	0.94	0.96	0.43	0.85	0.93	−0.75
SAV	0.93	0.99	0.96	1.00	1.00	0.96	0.91	0.95	0.39	0.83	0.92	−0.79
URB	0.84	0.98	0.98	0.98	0.96	1.00	0.97	0.96	0.48	0.88	0.94	−0.65
INV	0.74	0.96	0.95	0.94	0.91	0.97	1.00	0.88	0.53	0.86	0.95	−0.58
ASP	0.90	0.95	0.96	0.96	0.95	0.96	0.88	1.00	0.45	0.85	0.84	−0.62
CRA	0.31	0.42	0.45	0.43	0.39	0.48	0.53	0.45	1.00	0.68	0.32	−0.07
RAS	0.77	0.84	0.86	0.85	0.83	0.88	0.86	0.85	0.68	1.00	0.78	−0.53
SPA	0.75	0.94	0.92	0.93	0.92	0.94	0.95	0.84	0.32	0.78	1.00	−0.70
ENG	−0.81	−0.73	−0.65	−0.75	−0.79	−0.65	−0.58	−0.62	−0.07	−0.53	−0.70	1.00

三、实证分析

对数据进行 KMO 和 Bartlett 检验,研究数据的 KMO 值为 0.675,大于 0.6,Sig 值为 0.000,可以对数据进行降维处理因子分析。运用 SPSS 进行主成分分析,提取特征值大于 1 的主成分因子,得到表 3 从 12 个因子中提取出两个主要因子。通过最大方差法进行旋转后,第一个主要因子的特征值是 8.310,携带了 8.310 个原始变量的信息,方差占全部主成分的方差的 69.252。第二个主要因子的特征值是 2.761,携带了 2.761 个原始变量的信息,方差占全部主成分的方差的 23.006。两个主要因子的累计方差贡献率达到了 92.258%。

主成分分析因子列表　　　　　表 3

成分	初始特征值			提取载荷平方和			旋转载荷平方和		
	总计	方差百分比	累积 %	总计	方差百分比	累积 %	总计	方差百分比	累积 %
1	9.946	82.879	82.879	9.946	82.879	82.879	8.310	69.252	69.252
2	1.125	9.379	92.258	1.125	9.379	92.258	2.761	23.006	92.258
3	0.450	3.750	96.008						
4	0.267	2.222	98.231						
5	0.123	1.024	99.255						
6	0.046	0.387	99.641						
7	0.022	0.180	99.821						
8	0.011	0.095	99.916						
9	0.007	0.059	99.975						
10	0.002	0.017	99.992						
11	0.001	0.007	99.999						
12	0.000	0.001	100.000						

针对两个主要因子进行原始指标数据成分的荷载矩阵测算,得出原始成分矩阵和以最大方差法旋转后形成的成分矩阵结果(表 4)。可以看出通过旋转得到的成分矩阵荷载分布更加均匀,较为直观地反映了两个主要因子的理论意义。主要因子 1 在城乡居民储蓄存款余额(正向)、城市人均可支配收入(正向)、人均地区生产总值(正向)、总人口(正向)、人均住房面积(正向)、城镇居民恩格尔系数(负向)、人均财政收入(正向)、城镇化率(正向)、住宅商品房平均销售价格(正向)9 项中具有较大的荷载。主要因子 2 在住宅投资额(正向)、竣工住宅面积(正向)、住宅实际销售面积(正向)3 项中具有较大的荷载。

原始及旋转后因子荷载矩阵　　　　　　　　　　　　表 4

原始成分矩阵	成分		旋转后的成分矩阵	成分	
	1	2		1	2
城市人均可支配收入	0.995		城乡居民储蓄存款余额	0.944	
人均地区生产总值	0.992		城市人均可支配收入	0.926	0.37
城乡居民储蓄存款余额	0.988		人均地区生产总值	0.918	0.381
城镇化率	0.986		总人口	0.903	
人均财政收入	0.981		人均住房面积	0.884	
住宅商品房平均销售价格	0.959		城镇居民恩格尔系数	−0.882	
住宅投资额	0.951		人均财政收入	0.876	0.443
人均住房面积	0.931		城镇化率	0.868	0.47
总人口	0.897		住宅商品房平均销售价格	0.857	0.432
住宅实际销售面积	0.892		住宅投资额	0.799	0.535
城镇居民恩格尔系数	−0.733	0.51	竣工住宅面积		0.942
竣工住宅面积	0.48	0.815	住宅实际销售面积	0.669	0.669

由抽取的两个主要因子的表征特征可知：主要因子 1 是成都市公共租赁住房供给。总人口和城镇化率与成都市公共租赁住房供给是正相关的。城镇化率和总人口数越高，必然有更多的人需要公共租赁住房，政府自当加大供给。人均地区生产总值、人均财政收入和城镇居民恩格尔系数这些因子代表了城市的经济发展水平，人均地区生产总值、人均财政收入和成都市公共租赁住房供给的变化呈正向趋势。城镇居民恩格尔系数越大则城市经济水平越低，城镇居民恩格尔系数在主要因子 1 中的荷载为负值，故与成都市公共租赁住房供给呈反向变化。城市经济发展水平越高，财政收入越丰厚，政府能对公共租赁住房进行的投入就越大，进而提升城市公共租赁住房的供给能力。公共租赁住房虽然是有政府补贴的政策性住房，但仍需要申请人有一定的支付能力，故城乡居民储蓄存款余额这一代表居民经济实力的因素也对成都市公共租赁住房供给有正向的影响。人均住房面积事关单个公共租赁住房供给面积，住宅投资额事关总体公共租赁住房供给面积，二者都与成都市公共租赁住房供给有正向关系。

主要因子 2 是成都市公共租赁住房需求。竣工住宅面积这一影响因素荷载为 0.942，是主要因子 2 最显著的影响因素。有需求才有供给，竣工住宅面积和住宅投资额越大，说明城市居民对住宅的需求越大，故竣工住宅面积、住宅投资额与成都市公共租赁住房需求正向相关。住宅实际销售面积直接表明，城市居民对住房的消费需求情况，与成都市公共租赁住房需求呈正相关。

计算两个主要因子与 12 个备选变量之间的权重系数矩阵（表 5），选取权重系数绝对值大于 0.1 的备选变量。主要因子 1 成都市公共租赁住房供给选取以下变量：总

主要因子权重系数矩阵　　　　　　　　　　　　　　　　　　表5

主要因子权重系数矩阵	成分	
	1	2
总人口	0.164	-0.135
人均地区生产总值	0.11	0.002
人均财政收入	0.08	0.06
城市人均可支配收入	0.115	-0.009
城乡居民储蓄存款余额	0.136	-0.055
城镇化率	0.07	0.083
住宅投资额	0.033	0.153
住宅商品房平均销售价格	0.079	0.059
竣工住宅面积	-0.268	0.674
住宅实际销售面积	-0.04	0.292
人均住房面积	0.123	-0.041
城镇居民恩格尔系数	-0.262	0.378

人口、人均地区生产总值、城市人均可支配收入、城乡居民储蓄存款余额、人均住房面积、城镇居民恩格尔系数。主要因子2成都市公共租赁住房需求选取以下变量：住宅投资额、竣工住宅面积、住宅实际销售面积。由此可以得出成都市公共租赁住房供给需求的指数表达式（1）、式（2），对表达式进行计算并绘制成都市公共租赁住房供需指数图（图1）。

$$Y_{供给} = 总人口 \times 0.164 + 人均地区生产总值 \times 0.11 + 城市人均可支配收入 \\ \times 0.115 + 城乡居民储蓄存款余额 \times 0.136 + 人均住房面积 \\ \times 0.123 + 城镇居民恩格尔系数 \times (-0.262) + \varepsilon \quad (1)$$

$$Y_{需求} = 住宅投资额 \times 0.153 + 竣工住宅面积 \times 0.674 \\ + 住宅实际销售面积 \times 0.292 + \varepsilon \quad (2)$$

由于代表供给和需求的两个主要因子的特征值不同，所以不能对每一年供给和需求的评价指数做直接数量上的比较，但仍可以从折线图中分析成都市近年来的公共租赁住房供需趋势。由于影响供给的人均住房面积因素有三年的数据缺失，供给的评价指数折线因而缺失一段，相较于需求评价指数折线较短。后续分析从供需都具有评价指数的2005年起。

从图1可看出成都市公共租赁住房供需的趋势大体上一致，且随时间的变化呈上升趋势。经济发展水平的逐年提高促进了供给水平，人均地区生产总值、城市人均可支配收入这两个经济发展情况的特征因素与供给平均水平变化一致。成都市公共租赁住房供给的评价指数折线呈现较为平稳上升的态势。公共租赁住房供给是政府决策行

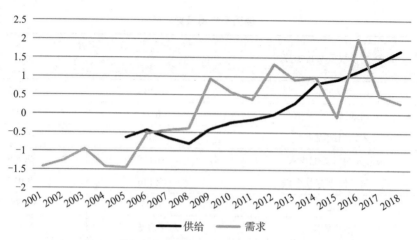

图 1　成都市公共租赁住房供需指数（单位：年）

为，平稳上升表明成都市政府在较长时间内对公共租赁住房供给保持了政策行为的连续性，未出现贪功冒进的政府行为。相较于成都市公共租赁住房供给，需求部分的评价指数折线的波动较大，从 2007 年到 2014 年供给平均指数都低于需求平均指数。需求的几个转折点如 2009 年、2011 年、2015 年都与当年的房地产市场情况贴合。

从折线图的走势可以看出：除少数几年供需保持一致呈上升趋势外，2007 年、2008 年出现需求上升供给下降的情况，2010 年、2011 年、2013 年、2015 年、2017 年、2018 年出现需求下降而供给上升的情况。从整体的情况看，成都市公共租赁住房供给一直紧跟需求进行安排；但在大多年份，成都市公共租赁住房供需仍处于不平衡状态。

四、总结

结合成都市宏观经济发展情况、居民情况和住房市场情况三个影响公共租赁住房供需的主要大类中选出 12 个备选变量，运用因子分析法对 2001~2018 成都市公共租赁住房的供给需求因素进行了实证研究。研究考虑了商品房市场对公共租赁住房市场的扰动情况，合理性较高，经研究可知：成都市公共租赁住房供需的趋势大体呈上升趋势，供给一直紧跟需求进行安排；供给虽连年保持平稳，却具有一定的滞后性；在大多数年份，成都市公共租赁住房供需仍不平衡。

成都市公共租赁住房供给与总人口、人均地区生产总值、城市人均可支配收入、城乡居民储蓄存款余额、人均住房面积呈正相关，与城镇居民恩格尔系数呈负相关。成都市公共租赁住房需求与住宅投资额、竣工住宅面积、住宅实际销售面积呈正相关。成都市政府应完善长期稳定的公共租赁住房供给机制；注意城市流动人口安置统计情况，提高人口统计的精度；完善更加平等的分配制度，缩减城市人均可支配收入和人均住房面积的差距；更多地关心需求水平，加大公共租赁住房建设力度。

参考文献：

[1] 张岩海，王要武.公共租赁住房供给模式研究 [J].学术交流，2017（3）：127-133.

[2] 唐晓莲，常林，易嘉兴.城市公共租赁住房供给与需求预测研究：基于广州市保障对象需求的预测分析 [J].价格理论与实践，2019（8）：153-156.

[3] 陈立文，王迎.保障性住房需求量的组合预测研究——以河北省为例 [J].企业经济，2015（8）：146-150.

[4] 施建刚，李婕.基于前景值评价法的上海住房保障政策效应研究 [J].系统工程理论与实践，2019，39（1）：89-99.

作者联系方式

姓　　名：江俞希

单　　位：西南民族大学

地　　址：成都市一环路南四段 16 号西南民族大学

邮　　箱：jiangyuxi942@163.com

(三)市场化长租房发展

寻找政策支点 撬动规范发展
——有效有力推进长租房市场发展

柴 强

摘　要：发展住房租赁市场是"加快完善长租房政策，规范发展长租房市场"的重要举措，未来我国住房租赁市场的发展前景十分广阔。发展长租房市场需要有效解决住房租赁收益率过低问题和大额、长期、低融资成本资金缺乏及人们长期租住意愿不高三个关键性问题。

关键词：长租房；住房租赁市场；租住意愿

一、发展长租房市场的意义重大

近年来，党中央、国务院高度重视住房租赁市场规范发展，2020年12月中央经济工作会议和2021年3月《政府工作报告》以及"十四五"规划纲要，均提出要"加快完善长租房政策，规范发展长租房市场"，发展长租房市场的意义非常重大。

我国将要成功跨越中等收入阶段，达到中等发达国家水平，这就需要推进新型城镇化，确保人民安居乐业，进而需要新市民真正市民化，使青年人看到希望，但在房价已高企又不可大降的背景下，未来新市民、青年人大多买不起住房，需要发展长租房市场解决其住房问题。此外，房地产市场平稳健康发展，特别是稳房价，也需要发展长租房市场。

二、未来住房租赁市场前景广阔

城镇居民在房改之前基本上是租房住，之后基本上是买房住，未来将是"租购并举"。预计未来全国城镇居民中将有35%左右是租房住（从发达国家和地区来看，美国是37%，德国将近60%，35%是一个底线），从中小城镇到大城市，租住人口在20%~50%，个别大城市可能超过50%。总的来说，将有1/3的城镇居民，将其1/3的收入用于住房租赁消费，这个市场规模很大，如果把别的消费也带动起来，市场规模将更加庞大。相信大家都看好这个市场，但目前面临的难题很多。

三、破解长租房市场发展难题对政策的要求

当前是在一个扭曲的市场下发展住房租赁市场的,所谓扭曲就是低租金、高房价,在租金回报率极低的情况下,如何维持房价又不能抬高租金?政策是最重要的。要破解长租房市场发展难题,需要问题导向、结果导向,从问题出发,从结果反推,要求相关政策为长租房市场规范发展创造基础条件,能使住房租赁企业良性循环、可持续发展。

对政策的要求:一是目前还缺少哪些政策?现有的政策已经很多,但是还缺少一些关键性的政策;二是现有的政策中哪些还不到位(如力度不够)?三是那些看似美好的政策在实践中还有哪些堵点?如何才能落地?尤其是到地方政府层面要落地。所以希望通过本次论坛,围绕长租房政策和发展问题,回顾总结过去,探讨展望未来,以此为基础,使长租房市场发展向前迈进一大步。

四、长租房的特征

对于什么是长租房,我们理解其主要特征有:一是由专业化住房租赁企业提供,而不是私人、个人提供;二是长期用于出租(甚至"只租不售",终身寿命用于出租);三是租赁关系稳定;四是租金水平合理;五是人们愿意长期租住。

五、推进长租房市场发展要破解的三大基础性问题

要有效有力推进长租房市场发展,归纳起来,需要破解以下三大基础性问题:一是住房租赁收益率过低;二是大额、长期、低融资成本资金缺乏;三是人们长期租住意愿不高。

(一)有效解决住房租赁收益率过低问题

这是发展长租房市场面临的最底层的基础性问题。目前,住房租金回报率(年房租/房价)过低,多数不到2%,一般为5%左右(净收益率应不低于4%)。住房租赁收益率过低导致的问题有:住房租赁企业、有关投资者和社会资本,新建、改建、购买并长期持有租赁住房的积极性不高或难以持久,最终导致长租房市场难以规范发展,也不可持续。

在目前"房价高、租金低"的扭曲市场下,而租金又不能大涨、房价不能大跌的大环境下,如何有效提高住房租赁收益率?基于住房租赁收益率求取的公式,

租赁收益率=(经营收入−运营费用)/取得成本

需要从以下四个方面着力：

1. 降低租赁住房的取得成本

一是利用集体建设用地、企事业单位自有闲置土地建设租赁住房；二是将闲置或低效利用的工业厂房、商业办公用房等各类房源改建为租赁住房；三是国有建设用地使用权出让用于建设租赁住房。同时，应参考周边住房市场租金水平倒算土地出让价格，土地出让价款按年分期支付。

2. 降低租赁住房的运营费用

一是大幅度降低租赁住房的税费负担。特别是在税收方面，包括房产税、城镇土地使用税、增值税等，政府少得，让老百姓受益。二是用水、用电、用气、用热价格执行居民生活类标准。

3. 提高租赁住房的经营收入

一是提高经营管理水平，以提高租赁住房出租率；二是利用住房租赁优势，开展延伸服务和多种经营，增加租金以外的收入。

4. 提高收益率的其他综合性措施

一是降低租赁住房建设（新建、改建）和运营的融资成本；二是加大对租赁住房建设和运营的财政奖补力度。

（二）有效解决大额、长期、低融资成本资金缺乏问题

长租房新建、改建、购买的投入大，回报周期长（长期逐渐回收）。这是不同于商品房开发销售特别是预售模式的投资回报特性。据住房租赁企业测算，新建租赁住房的投资回收期一般在25年以上，改建租赁住房的投资回收期一般在5～8年，且发展初期3～5年内难以盈利，特别需要大额、长期、低融资成本的资金支持。

1. 积极推进住房租赁领域房地产投资信托基金（REITs）试点

公开的、公募的REITs的发展，是根本的问题。REITs在国外非常成熟，国内已在基础设施方面开始试点，希望尽快落地到住房租赁领域来。REITs与发展长租房的资金需求高度匹配：长期资金，规模大，融通链条短，权益型而不是负债型。虽然老百姓资金很多，但都是小而散的资金，没有长期稳定的回报，如果能把REITs做好，资金回报率比银行存款、国债要多，并且比社会上的基金更安全，更有保障。发展REITs，同时需要培育符合REITs要求的长租房。通过运营管理实物，给老百姓投资回报，让老百姓愿意购买，同时加强监管。希望主管部门尽快开展住房租赁REITs试点，满足长租房资金需求。

2. 引导社会资本投资长租房

还需进一步拓宽融资渠道，如允许、鼓励社保基金、保险资金、住房公积金等支持租赁住房建设。此外，还可探索住房租赁企业直接公开上市。原来轻资产的住房租赁企业，一方面自身不规范，另一方面为了快速筹集资金，采用"高进低出、长收短付"经营模式，极易出现资金链断裂，导致"爆雷"，所以必须要解决资金问题。

(三)有效解决人们长期租住意愿不高问题

目前,租房住缺少家的感觉,也享受不到房产增值,是不得已的选择,仅当作解决住房问题的过渡性办法。本质上要解决人们长期租住意愿不高的问题,让租房不比买房差,甚至更好,买房、租房都是可供选择的、良好解决住房的、没有偏差的方式。怎样才能使新市民、青年人等群体过上有尊严、可支付的居住生活,愿意、安于甚至乐意长期租房住?要破解四个难题:

1.使租赁关系稳定

目前,对"租赁关系稳定"的认识较简单,以为必须签订长期租赁合同,这是一个大的误解。当下,承租人和出租人面临未来较大的不确定性,都不愿意签订长期租赁合同,锁定长期租赁期限和租金。对此,如何稳定租赁关系?

应重在稳定租赁关系预期。一是在短期租赁合同下如何稳定租赁关系预期:其一,短期租赁到期后,原承租人有优先承租权。其二,建立续租的租金合理确定机制,如租赁期限届满,按届满时不高于市场租金续订或重新签订租赁合同。

二是在长期租赁合同下如何稳定租赁关系预期:关键是建立长期租赁期间租赁合理调整机制。长期租赁合同中,因租赁双方对未来市场租金变化难以预测,为了稳定租赁关系预期,同时避免租金涨跌带来较大损失,通常要有租赁期间租金调整的条款。比如,租赁合同约定租赁期限为10年,在此期限内每届满2年时,租金按届满时不高于市场租金重新调整。

2.使租购住房在享受公共服务上具有同等权利

一是"租购同权"或"租赁赋权";二是"脱钩",即享受公共服务不与住房产权挂钩,只要居住在此地即可享受公共服务。还可想别的办法,比如在子女义务教育方面,对公办学校的教师实行流动办公。

3.对租金水平进行合理调控

建立住房租金监测机制,综合考虑物价、收入等因素,合理确定租金涨幅上限。但不宜实行租金管制,严格管控实际上是掩耳盗铃,把矛盾后移,让市场越来越扭曲,解决不了根本问题,国外在租金管制方面有很多经验教训,短期是有效的,长期来看,租金管制会导致租赁住房供给不足。

4.缩小租购住房带来的家庭财富差距

发展住房租赁市场最核心的是要稳定房价,避免房价不断上涨。看上去两者没有关系,实际上有必然的联系,如果房价还像过去那样不断上涨,经过一段时间后,买房比租房的家庭财富显著增加,则人们还是要想方设法买房,而不愿意租房,住房租赁市场也发展不起来。

希望政策持续发力,有效有力推进长租房市场长期、可持续发展。

作者联系方式

姓　　名：柴　强

单位及职务：中国房地产估价师与房地产经纪人学会会长

地　　址：北京市海淀区首体南路主语国际7号楼

邮　　箱：chenyuanyuan@axhome.com.cn

发展长租房市场的两个重要问题

张 峥

摘 要：租赁住房的长期供给是驱动改善出租房源品质的前提条件。REITs是匹配集中式租赁住房发展必备的金融工具。在现有基础设施REITs试点的框架下发展保障性租赁住房REITs面临三个挑战：一是资产范围和可转让属性缺乏指导性规范；二是底层资产重组发行和运营环节税负较高；三是融资成本较高和租金回报较低。因此，未来需要明确保障性租赁住房REITs的资产认定标准和流程，构建合理的税收制度、合理稳定的补贴机制以及租金调整机制。分散式长租房是盘活存量住房、增加长租房供给、缓解职住分离的重要途径。中资产经营模式在盘活存量房源、规模化提供长租房过程中发挥了积极作用，但同时存在过高的租金增速抑制房东的长期出租意愿等挑战。监管部门应维护市场竞争环境，避免企业恶意竞争获取房源，防止住房租赁企业过度金融化，促进市场形成租金稳定的合理预期。

关键词：长租房；保障性租赁住房；REITs；分散式租赁住房

一、发展长租房市场对解决住房问题具有重要意义

购房和租房是解决居民住房问题的两种方式，住房租赁市场中既存在租期比较短的短租房，也存在租期比较长的租赁关系相对稳定的长租房。发展长租房市场对于当前高质量发展的新时代具有重要意义，有以下五个要点。

一是长租房有利于满足新市民和青年人长期租住的需要。随着一线城市和人口净流入的城市房价快速上涨，大学生、农业转移人口等新市民没有办法在短期内购房，要解决其住房问题，只能依靠租房。

二是长期稳定的租赁管理有益于提升租房群体的租住体验。在我国住房租赁市场中，家庭是最主要的住房供应主体，租期一般不超过一年。如果租客需要长租，就需要不断地以滚动签约的方式来实现，这种模式面临两个风险，一个是展期风险，一个是违约风险，这两个风险会严重影响租客的租住体验。如果租期很不稳定，无法长租，对于城市中的新市民、青年人来说缺乏归属感。

三是租赁住房的长期供给是驱动改善租赁房源品质的前提条件。

四是发展长租房可以形成更加稳定的租赁关系，是进一步依法治理和规范住房租

赁市场的基础。

五是长租房对购房市场也有正向的溢出效应。

二、发展集中式和分散式长租房的重要问题

发展集中式长租房的两个重要问题，一是加快推进租赁住房 REITs 试点，为长租房发展提供金融支持；二是有效利用存量房源，形成长租房供给，缓解职住分离问题。

（一）集中式长租房：加快推进住房租赁 REITs 试点，为长租房提供金融支持

1. 加快推进住房租赁 REITs 试点的重要意义

当前持有租赁住房资产的资金流动性和租赁住房本身的商业发展模式并不匹配。租赁住房投资有这样一个特点：初期投入高，回报期长，回报率不高，但是现金流相对比较稳定。另外，因为租赁住房资产本身是大宗的不动产，所以缺乏整体的流动性。但是，目前租赁住房建设配套的金融体系以间接融资为主体，主要是依靠信贷和债务融资，缺少权益资金。而债务资金有固定期限，所以这种融资体制很难匹配初期投入高、回报周期长的投资特性。

因此，金融支持住房租赁行业的关键点是提高权益融资的比例，其中 REITs 是一个非常重要的权益融资工具，是住房租赁领域高质量发展的必备金融工具。原因主要有三点。

一是 REITs 可以助力住房租赁企业形成可持续发展的业务模式，有助于吸引社会资本投资于租赁住房。有了 REITs 就可以形成投资的良性循环，对租赁住房企业来说，用 REITs 来长期持有资产，依靠运营提升租住品质，可实现长期回报。

二是 REITs 有助于改善租赁住房市场结构，提升运营水平和服务质量。一个健康发展的租赁住房市场，普遍具有的发展规律是市场整体朝向规模化、机构化、专业化方向发展。而 REITs 不光是持有资产的金融平台，还是管理资产的运营平台，其背后的价值驱动逻辑是不断地提高投资人的分红，而分红来自租赁住房资产的运营水平。所以从市场逻辑来讲，这会倒逼 REITs 管理公司来提升资产的运营质量，通过使住房租赁市场的运营机构化来改善行业整体的运营状况。

三是相比住房租赁企业的 IPO（首次公开募股），REITs 是一个更适配的工具。核心逻辑在于当前我国 A 股市场的估值逻辑更多的是看重成长性，而轻视现金流。因此，企业上市以后，可能会受到资本市场的压力形成不当激励，而 REITs 本身的估值逻辑更匹配住房租赁资产的长期运营逻辑。

2. 推进住房租赁 REITs 试点所面临的挑战与展望

尽快推出保障性租赁住房试点产品是推进住房租赁 REITs 试点的关键。在基础设施领域 REITs 试点框架下，发展保障性租赁住房 REITs 面临三个挑战：一是保障性租赁住房的资产范围和可转让属性缺乏统一的政策和指导性规范；二是在底层资产重组发行和运营过程中的税负较重；三是保障性租赁住房具有保障性政策属性，可能存

在土地成本较高、融资成本较高和租金回报较低的现实问题,新冠疫情也进一步影响了租金和出租的稳定性。

因此,下一步可以从以下三个方面积极推动保障性租赁住房REITs的落地:一是在资产方面,在《国务院办公厅关于加快发展保障性租赁住房的意见》(国办发〔2021〕22号)《关于进一步做好基础设施领域不动产投资信托基金(REITs)试点工作的通知》(发改投资〔2021〕958号)等相关政策文件的基础上,因地制宜制定并明确保障性租赁住房REITs资产的认定标准和流程;二是优化相关税收制度;三是构建合理、稳定的补贴机制或租金调整机制,形成保障性租赁住房发展的长效机制,最重要的是要选择权属清晰、收益稳定的底层资产先行试点。在推出保障性租赁住房REITs以后,还可以进一步思考推出面向更加市场化的租赁住房REITs。

(二)分散式长租房:有效利用存量房源,形成长租房供给,缓解职住分离

1. 盘活存量房源,增加长租房供给的重要意义

通过有效利用存量房源,可以有效缓解大城市中的职住分离问题。新建长租房和盘活存量资产是补齐我国长租房供给的两种重要方式。这两种方式不可替代,应该共同发展,形成多层次的长租房供应体系。盘活存量住房资产具有可行性、时效性和必要性,是发展长租房市场的关键点之一。

首先是可行性。目前住房租赁市场90%以上的供应主体是散户家庭。关于中国城镇住户的调研报告中指出,四个一线城市的房屋空置率接近20%,盘活存量住宅作为长租房供给具有可行性。

其次是紧迫性。根据教育部相关数据,2022年高校毕业生规模达到1076万人,同比增加167万人,其中绝大部分毕业生会留在一线、新一线城市。到2020年末,我国农业转移人口的数量接近2.9亿。盘活存量住房资产,发展长租房,能够有效增加可供租赁的住房供给,解决新市民、青年人的住房问题。

最后是必要性。存量房源更多位于城市的中心位置或者城市的周边,相对新建房来说,可以更好地实现职住平衡,缓解职住分离的问题。

2. 中资产经营模式在盘活存量房源中发挥着重要作用

中资产经营模式在盘活存量房源、规模化提供长租房的过程中发挥着重要作用。中资产的转租模式可形成对房东的有效激励,有助于其延长房屋出租期限,并降低房东的风险。此外,住房租赁企业在租赁期间能够维护房屋的品质,并且有条件对租客的行为实施监督,同时降低租客被违约的风险。

一方面,从商业模式来看,中资产业务模式在盘活存量资产的同时,可以与房主构建双赢格局,实现住房租赁企业的价值创造。北大光华的研究团队发现,由于中资产运营企业参与了房屋的提质改造,装修有利于增加房东出租房屋的期限。数据分析结果显示,投入的装修越多,房东出租房屋的期限越长。这其中的内在逻辑是,延长对外出租期限摊薄了装修的费用,并进一步提升了租房的回报。在此情况下,住房租

赁企业可以通过增加房东收益的方式，为其与房东签订更长期限的租赁合同提供有效的激励，并最终达成企业与房东双赢的结果，同时也有利于长租房的供给。因此，中资产运营模式中的装修或者说房屋的提质改造在增加长租房供给方面提供了价值创造。

另一方面，中资产住房租赁企业能够有效为房东提供风险分担。中资产运营的住房租赁企业通过把分散的房源汇集后转租经营，形成房源的资产池，可以起到分散风险的作用，因而能够提供给房东更稳定的租金收入，降低房屋空置的风险。在调研中发现，房屋出租过程中，房屋的损坏和租客可能存在的违法违纪违规行为是影响房东出租意愿的重要原因。而住房租赁企业在租赁期间承诺给房东维护房屋的品质，并且有条件地对租客的行为实施监督和更好地遴选租客，有利于打消房东对潜在风险的担忧。此外，相比于个人房东，住房租赁企业作为机构更加关注自身信誉的价值，所以分散房源屡见不鲜的提前违约的问题，在住房租赁企业作为机构转租人时其风险会相应降低。

3. 中资产运营模式所面临的挑战与破解

中资产运营模式盘活存量房源的核心挑战是房东长租房源的意愿。大数据分析结果显示，长租意愿同时受到房价增速、市场租金增速以及房屋流动性等多方面因素的影响。

首先，在实际调研和数据分析过程中，发现二手房交易量比较高的小区，业主和住房租赁企业之间签署的租期是比较短的。由此，健康良性发展的房地产市场对于长租房市场的发展具有正向的外溢作用。

其次，过高的租金增速同样也是抑制房东和住房租赁企业签订长期租约的重要因素。对于采取中资产经营模式的住房租赁企业，长租业务的持续经营是尤为关键的，而如何为租金合理定价是其面临的关键问题。一方面，租金的增长可以提高住房租赁企业的收入；另一方面，如果租金过快增长，则会降低房东的长租意愿，影响住房租赁企业获取房源，增加租赁住房的服务管理成本，甚至增加空置率。因此，对于有持续经营意愿的住房租赁企业来说，应权衡租金上涨和经营成本因素，不会过快提升租金。

因此，从长租房健康发展的角度来看，租赁住房的监管政策不应以"一刀切"的形式限制企业的租金涨幅，破坏良性发展的机构所形成的定价机制。政策关注的重点应该是维护健康的市场竞争环境，避免企业采取恶意竞争的方式获取房源，形成租金稳定的合理预期，这是形成可持续的长租房业务的关键。总的来看，引导中资产业务模式的健康发展非常重要，同时也要防止过度金融化，这对于规模化地增加长租房供给具有积极作用。

作者联系方式

姓　　名：张　峥

单　　位：北京大学光华管理学院

地　　址：北京市海淀区颐和园路5号

健全长租房政策体系

严 荣

摘 要：长租房是我国住房租赁体系的"定盘星"。长租房具有规模化、标准化、规范化的特征，能够在规划选址、房型设计、租金定价、租赁合约、服务管理方面为整个住房租赁行业的发展设定标杆和准则。当前长租房发展的瓶颈在于政策体系不够健全，主要表现在以下三个方面：一是含义广泛，定位不清；二是各自发力，合力不强；三是场景多元，集成不足。完善长租房政策体系要找准重点和难点，一是明确长租房的"定盘星"地位，在经营服务的规范性、租赁关系的稳定性、租金价格的合理性和市场的有序性等方面形成标杆；二是聚焦长租房政策体系短板，抓住一个牛鼻子，让越来越多的长租房项目能够实现盈利；三是梳理典型案例，为政策集成找到应用场景。

关键词：长租房；住房租赁；政策体系

一、长租房是我国住房租赁体系的"定盘星"

长租房的定位应由"稳定器""压舱石"提升至"定盘星"。原因在于，目前个人出租住房仍是主要房源，今后很长一段时间内难以改变，但个人出租住房分布较为零散，房屋状况非标准化，租赁服务较为单一，缺乏技术进步的基础。对比1922年《申报》和现在网络发布的房屋出租信息，除了信息发布载体不同外，其他方面差别不大。而长租房具有规模化、标准化、规范化的特征，能够在规划选址、房型设计、租金定价、租赁合约、服务管理方面为整个住房租赁行业的发展设定标杆和准则。

中央和国务院也高度重视长租房发展。近几次的中央经济工作会议和国务院的政府工作报告中都强调要加快发展长租房市场，将其作为新时代推进城镇住房制度改革，建立健全多主体供给、多渠道保障、租购并举住房制度的重要内容。

二、当前长租房发展的瓶颈在于政策体系不够健全

近年来，为推动长租房发展，各部门、各城市陆续制定实施了土地规划、税收、金融、公共服务、社区管理等领域的诸多扶持政策，其中不少政策取得了较好效果，

推动行业出现了很多好案例、好做法、好实践。但同时我们应该看到，当前长租房发展还不够充分，突出瓶颈是政策体系不够健全，主要表现为以下三个方面。

（一）含义广泛，定位不清

目前，长租房的内涵和外延都比较模糊，有狭义和广义之分。从广义上看，长租房存在于住房保障和住房租赁两大体系之中，前者包括公共租赁住房和保障性租赁住房，后者包括多种形式的市场化租赁住房。其中，公共租赁住房各项政策已经比较齐全，近年来重点发展的保障性租赁住房采取政府引导、社会力量参与机制，相关政策也逐步齐全，而其他由政府支持、社会投资建设、长期用于租赁的市场化租赁住房仍缺乏明确的扶持机制。因长租房内涵和外延宽泛，政策制定过程中缺乏焦点。

（二）各自发力，合力不强

现有的一些政策措施从供给侧和需求侧各自发力，导致新市民和青年人仍然面临租不到、租不近、租不起、租不稳、租不好等问题，从事住房租赁业务的市场主体仍然面临租金回报率偏低、经营成本较高等可持续发展的严峻挑战。

（三）场景多元，集成不足

长租房来源渠道多元，形态各异，既有规范的居住房屋，也有非改居、城中村改造等，突破了对住房的狭义界定，各类住房缺乏形成政策集成场景，政策效果也未得到充分展现。

三、完善长租房政策体系要找准重点和难点

（一）明确长租房的"定盘星"地位

在经营服务的规范性、租赁关系的稳定性、租金价格的合理性和市场的有序性等方面形成标杆，真正能够通过技术进步来引领行业发展。

（二）聚焦长租房政策体系短板

当前，完善长租房政策体系较为迫切的是要抓住一个牛鼻子，让越来越多的长租房项目能够实现盈利，从而推动市场主体规范经营和改进服务。古话说，"仓廪实而知礼节"，反过来可能效果就不一样了。即便所有的市场主体都能够规范经营，但是不能实现正常盈利，这样的市场或行业仍是不可持续的。

如何让越来越多的长租房项目能够实现盈利呢？需要强化长租房政策配套机制，形成政策合力。一方面要注重减轻各类税费成本，另一方面要强化金融、财政、项目审批等方面的有效扶持。如降低市场主体建设运营长租房的投融资成本、给予更具针对性的财政支持、形成有效清晰的长租房项目审批流程等，通过激发市场主体的盈利

动机引导行业可持续发展。否则一些市场主体容易催生违法违规行为,出现劣币驱逐良币的乱象。

(三)梳理典型案例,为政策集成找到应用场景

有时候,一个好的典型案例和应用场景,能够带动一批模仿者和应用。通过总结实施长租房政策体系的最佳实践,彰显政策效应,通过行业内的分享促进扩散并带动创新,从而夯实健全长租房政策体系基础,找到行业可持续发展的路径。

作者联系方式

姓　　名:严　荣

单　　位:上海市房地产科学研究院

地　　址:上海市复兴西路 193 号

政策助力长租房市场规范发展

易成栋　陈敬安

摘　要：长租房是指可供出租的集体宿舍、公寓以及成套出租住宅，并在满足出租年限要求和规划设定用途的基础上，享受政策优惠条件的租赁住房。按照经营模式主要分为直租、包租、托管三种。发展长租房，可以有效促进住房消费健康发展，盘活存量房源，促进职住平衡，促进居住服务业健康发展。但是租赁关系不稳定、租住品质有待提升等问题成为制约长租房市场发展的关键因素。为此，需要通过引导住房消费观念转变，推动相关政策立法出台等措施，推进租赁市场发展。

关键词：长租房；存量房源；住房消费

由中央财经大学和贝壳研究院组成的课题组，在住房和城乡建设部房地产市场监管司、中房学的支持下，前往上海、南京、杭州、武汉、重庆、北京、郑州展开调研，形成课题报告，现在向大家汇报。

一、什么是长租房市场的规范发展

（一）长租房的界定

我们课题组在调研过程中发现，对于什么是长租房的问题，不同城市、不同企业的说法均不一致。我们试图以不同分类模式对长租房进行界定。

1. 按照规划设计用途

按照规划设计用途划分的租赁居住的房屋体系包括长期出租的集体宿舍、设定出租用途的公寓、长期出租的成套住宅。目前对于集体宿舍和成套住宅争议较小，但对于公寓争议较大。有些城市有商务公寓，有些城市没有，很多是商业、工业用房改为租赁住房，是否能够享受租赁住房政策具有不确定性。

2. 按照享受政策优惠条件

在调研过程中，很多企业反映，中央和地方出台了很多政策支持租赁住房发展，但是政策落地困难重重，长租房需满足出租年限，规划设计用途，以及建设运营标准等门槛，如果达不到门槛，就不能享受政策优惠。

3. 按照经营模式

长租房的经营模式包括直租、包租、托管三种（图1）。

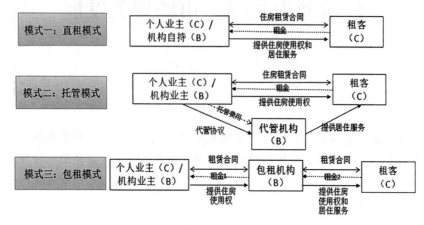

图1　长租房三种经营模式

4. 按照政策性质

按照政策性质来划分，长租房分为长租商品房和保障性租赁住房，即二元模式，但是调研过程中发现很多地方二者并不一定分开，实行一元模式，为了鼓励发展长租商品房，套用原来的公租房和政策性租赁住房的政策。

（二）长租房的发展潜力

长租房的潜力是非常大的，我们做了简单的测算，我国人口在2030年左右达到高峰，我国城镇化率在2040~2050年左右达到高峰（80%），这意味着在城镇化达到高峰之前，还将有2亿~3亿的城市人口增量，通过租房来解决住房需求。从国际上看，各国租赁家庭占比不一样，我们参照美国，认为中国租赁人口占比为30%~40%，租赁住房需求规模很大。

（三）长租房的供应对象

长租房的供应群体包括：一是户籍中低收入人群，其租房供给有公租房（含廉租房）和市场化租赁房；二是非户籍中低收入流动人口，是最大的租房需求群体，其租赁需求绝大部分通过市场化租赁房和少部分政策性租赁房以及"租购转换"解决；三是普通高校毕业生，其人数呈逐渐增长趋势，2021届全国高校毕业生人数达900万，高校毕业生通过市场化租赁住房和政策性人才房解决。

我们思考的一个问题是，长租房到底是过渡性、阶段性需求还是长期性需求？目前很多地方认为主要是阶段性需求，实际上在未来长期需求也存在，也许有一天年轻人会觉得不需要买房，租房也可以过得很好。中低收入群体买房的可能性是比较小的，新就业群体和大学生租购转换的流动性是比较大的。

长租房的需求层次呈现多样性。对于低技能劳动密集型产业的低端劳动力（餐厅服务员、送餐骑手、服装厂工人等较低收入群体）来说，需求是"一张床"；对于知识、技术密集型产业的中端劳动力（高校毕业大学生、企业普通工作人员、中等收入群体）来说，需求是"一间屋"；对于知识、技术密集型产业的高端劳动力（高校、智库研究人员、企业中高层管理人员等较高收入群体）来说，需求是"一套房"。

（四）什么是规范发展

我们总结了规范发展的六个特征：一是建设运营有标准；二是企业经营可持续；三是金融风险有管控；四是租金上涨有限制；五是房东中介有监管；六是租赁赋权有保障。

二、为什么要规范发展长租房市场

（一）发展长租房的意义

1. 促进住房消费健康发展

国际上，发达国家住房租赁占全部家庭30%～40%，部分国家超50%，其中保障性住房（社会住房、公租房）占到全部家庭5%～20%，占租赁住房的小部分。而2015年之前，中国的住房租赁占比不超过20%，从国际上看比例偏低，未来这个比例应该调高到30%～40%，其中保障性住房（公租房+政策性）占10%左右，长租房是我国未来租赁住房供给体系增长潜力最大的部分。

2. 盘活存量房源

目前我国已告别住房短缺。2019年我国城镇居民人均建筑面积已经超过39m^2，达到户均一套、人均一间，空置率较高。与此同时，联合国预测到2030年左右，我国人口将出现负增长，未来住房资源过剩问题就会凸显。

在调研过程中，地方政府和企业也普遍反映，目前住房并不那么短缺，随着电商互联网的发展，商业用房和写字楼空置率增高，很多工业开始向劳动力成本更低的东南亚转移，工业空置率也增高。在租赁住房空置率高的情况下，如何有效盘活存量房源是很重要的，一是可以将具有区位优势的闲置土地、商业、办公、工业用房改建为租赁住房或职工宿舍；二是利用私人闲置的住房作为出租。

3. 促进职住平衡

《2021新青年居住消费报告》显示，在一线及新一线城市打拼的青年，对平衡工作与生活、实现"通勤自由"最为关注。新青年更倾向选择在就业地点附近租房，而长租房一般位于核心商圈附近或交通便利的地铁沿线（特别是商改租项目），有助于租赁市场真正发挥其居住需求的功能，解决城市发展中的"职住平衡"问题。

4. 促进居住服务业健康发展

在"双循环"和供给侧结构性改革的大环境下，长租房的发展正逐步以城市居住生活为核心，其对于居住服务业产业链的带动效应明显。兴建、装修、管理、信息、维修、保洁、搬家等一系列流程，包含了服务业上下游行业，特别是就业和金融的资源配置，推动了城市租住生活和居住产业的高质量发展。

（二）长租房市场发展存在的现实问题

从租赁需求角度来讲，租客希望居住有品质、职住平衡、租期长期稳定、租购同权、房租具有可支付性。但是，从供给端来看，缺乏必要装修，租赁关系不稳定；从秩序端来看，黑中介、黑二房东存在各种各样驱赶租客的行为；从金融端来看，存在租金贷等金融乱象；从政策端来看，地方很多政策衔接不好，且很难落地。

从长租房的三种经营模式上看：个人出租模式法律关系简单，但是实际上租赁关系不稳定，包括房东随意涨价、驱赶租客等。包租模式是租赁企业主要经营模式，一手托房东，一手托租客，存在租金贷、骗取装修款等金融风险，是企业"爆雷"的主要来源。托管模式是最规范的企业运营管理模式，经营风险最小，是未来的发展方向。但是，目前个人出租模式占据市场的90%，包租模式和托管模式占比很低，这就意味着如果市场不规范，政府监管就很难。

三、如何规范发展长租房市场

需求端应引导住房消费观念（租购转换），加强法律保护意识。供给端应发展专业化、机构化的住房租赁企业。市场秩序端应规范中介行为，加强租金管控，保护租赁关系。金融端应扩大金融支持，防范金融风险。监管端主要针对机构出租，从机构的注册登记到开业、房源发布、网签备案等全链条进行监管。

四、相关政策建议

1. 推动上位法《住房租赁条例》出台

当前的一些部门规章制度法律层级不高，效力不够，各地方的管理办法不一，难以形成行之有效的准绳。如"N+1"模式在各城市的许可情况不一。

2. 加快落实有关优惠政策

部分优惠政策从中央到地方并非通畅，如部分城市的"商改租"项目至今依然实行的是商水商电。

3. 加强部门间协同，探索高效并联审批

地方政府各部门对于住房租赁项目权责不一，存在信息不联通的"信息孤岛"和审批不协同现象。

4. 加大金融支持力度

加大对有实力、信用好的住房租赁机构的信贷支持力度，给予长期低息贷款，推

进租赁企业发行债券、REITs 等。

5. 增加财税政策支持力度

针对认定的租赁企业房产税的调整（4%）；中央财政资金支持的预期稳定性，如中央财政补贴发放时间为 3 年，但是一些新建、改建项目可能需要 3～5 年。

6. 防范租赁市场风险，稳定租赁关系

保持积极开放心态的同时，也要强化风险意识。落实备案和开业报告制度，实行从业人员实名制，加强租金监管，健全住房租赁信用信息管理制度等。

作者联系方式

姓　　名：易成栋

单　　位：中央财经大学管理科学与工程学院

地　　址：北京市海淀区学院南路 39 号

姓　　名：陈敬安

单　　位：上海交通大学住房与城乡建设研究中心

地　　址：上海交通大学国际与公共事务学院新建楼 258 室

长租服务企业助力长租房市场高水平发展

熊　林

摘　要：近年来随着城镇化加速，我国住房租赁市场也得到快速发展，为促进房住不炒、解决居民的居住问题做出了一定贡献。2020年中央经济工作会议和2021年政府工作报告明确提出要"规范发展长租房市场"。随着政策的不断完善，长租服务企业也在全面进行市场升级，助力住房租赁市场规范发展。

关键词：长租服务企业；发展

一、长租房市场已进入规范发展阶段

（一）政府部门政策出台，管理有道

首先，"十四五"规划及2021年政府工作报告明确大力培育住房租赁市场。"十四五"规划明确提出"坚持房子是用来住的、不是用来炒的定位……完善长租房政策，扩大保障性租赁住房供给。"2021年政府工作报告首次提出，规范发展长租房市场，降低租赁住房税费负担，尽最大努力帮助新市民、青年人等缓解住房困难。可以看出，"十四五"期间长租房发展受到政府部门高度重视，为推动住房租赁市场健康发展、健全住房保障体系、打造高质量租住生活形态指明了方向。

其次，六部门《关于加强轻资产住房租赁企业监管的意见》为长租服务企业发展指明了方向。2021年4月26日，六部门联合发布《关于加强轻资产住房租赁企业监管的意见》，要求各地加强住房租赁企业从业管理，开展住房租赁资金监管，禁止套取使用住房租赁消费贷款，合理调控住房租金水平等。此意见的出台，是中央解决住房问题，规范租赁市场举措愈加深入、具体、精准的体现，标志着我国住房租赁行业的发展已步入正轨，能够更好地保障消费者权益，推动住房租赁市场健康有序发展。

再次，行业秩序不断优化，城市管理持续完善。针对"高收低出""长收短付"等情况引发的问题，结合六部门意见，各地方依据自身情况的具体实施意见也在紧锣密鼓地制定和落地中，各地不断加强行业管理，整顿租赁市场秩序：一是上海、广州、成都、青岛、西安等地相关主管部门或协会发布住房租赁的风险提示，提醒市民在租房时谨慎选择，注意风险预判，避免利益受损；二是对于住房租赁企业的资金监管力度逐渐加强，北京、上海、深圳、广州、天津、杭州、西安、成都、南京等地出台了

针对住房租赁企业的资金监管措施，通过设立监管账户和风险保证金的方式，优先保障房东和租客的权益，避免企业设立资金池用作非经营用途。

（二）长租服务企业模式创新，规范发展

2020年多地租赁企业出现"爆雷"事件，给行业带来诸多考验。然而，部分企业"爆雷"亦表明行业已从创业期进入精耕期，野蛮生长将告别赛场，企业需要以长期心态精细化稳健运营。在此背景下，多家住房租赁企业尝试推出更灵活的运营模式，包括自如推出的"增益租"及"精选业主直租"。长租房行业运营模式的进一步创新，是企业对政策引导的积极响应和重要实践，也是住房租赁领域稳定租赁关系、保障各方利益的重要举措。在保障基本民生的同时，企业以更加集约化的经营理念去实现更大的社会价值，提升抗风险能力，推动行业健康长效发展。

二、长租服务企业将带头引领，促进长租房市场规范发展，提升行业消费水平及供给能力

推动以长租房为支撑的多样化住房租赁供给体系，使其形成与政策性租赁住房、公租房同频共振的发展新格局，是促进长租房市场规范发展，提升行业消费水平及供给能力的关键。

（一）长租服务企业的兴起与发展对租赁市场起到稳定器的作用

相关数据显示，2015年美国的租赁住房中，有46.7%的租赁房源是由专业经理以及专业服务企业管理。日本由于人口老龄化程度高且业主持有房源较多，个人持有的房源中约65.2%由业主完全托管给管理机构进行长期运营。可见专业机构运营长租房在国际上已形成共识，并逐渐被市场接受和认可。在我国，专业化机构规范运营长租房，会对个体出租人起到示范作用，能有效带动整体市场的规范化发展。

此外，专业化机构建立的大数据、物联网等信息平台，有助于协助政府进行更加智能化的市场监管和城市治理。例如在新冠肺炎疫情防控工作中，自如积极配合政府、社区部门进行分类分级管理，近万名管家服务者累计志愿服务953个街道、9235个社区，并协助1205个派出所、4196个警务站开展防疫管理工作，发挥出疫情防控期间重要的企业抓手作用。

（二）租房类型的不断完善、租房效率的持续提升将助力消费水平提升

在以国内大循环为主体的新发展格局下，消费成为经济增长的主要拉动力，加速发展住房租赁市场，构建以长租房为支撑的住房消费新格局，有利于居民消费持续流动，助力消费增长，进而为畅通国内大循环作出贡献。长租服务企业可积极发挥带动性和示范性作用，成为市场标准的推动者和价格的稳定器。

（三）长租房行业的健康发展，为上下游产业链集成、供给侧结构性改革提供解决方案

长租服务企业在产业上下游拉动及供给侧结构性改革方面，都可发挥巨大的作用。目前自如拥有服务者约 2 万人，同时打破以往服务化的边界，带动了装修、保洁、维修、搬家等一系列产业链条，直接或间接地推动了地区经济增长。同时在供给侧，长租服务企业针对当前主要的"85 后"和"90 后"城市租住群体，推出适合青年人需求的品质住房、生活服务、科技体验等产品和服务，带动越来越多的个人业主提升租赁住房品质，改变了长久以来租赁住房难逃"老破小"的局面。

三、行业未来展望

（一）住房租赁市场长期向好的基本面不会改变，长租服务企业将迎来高质量发展期

政府工作报告明确提出，"十四五"时期要深入推进以人为核心的新型城镇化战略，常住人口城镇化率提高到 65%，发展壮大城市群和都市圈等。这不仅预示着"十四五"期间城市将有更大规模的人口流入，还意味着发展长租房将为解决新市民居住需求发挥更大作用，专业化的运营企业将迎来更大的发展空间。

（二）租住理念、消费观念推动长租房的需求侧结构性转变

这一点已被近几年的租房数据印证：当前不少青年人对租房的态度变得更为包容和开放，租房结婚、长期租房已成为常态化选择，甚至因工作变动而租房、"以租养租"也成为租房市场的常见现象。对于多元化的需求增长，长租房从单身公寓到家庭整租、从分散式房源到集中式公寓，为租客群体提供了更加丰富和自由的产品选择。如此完整的供给结构也将有利于城市人才引进、安居乐业。在提升租住安全感、幸福感、归属感的同时，也增强了城市发展活力。

（三）住房租赁市场供给量逐步增多，供给主体更加多元

伴随政策鼓励发展住房租赁市场，多主体纷纷涉足，未来住房租赁市场将呈现多主体供给、多模式并存的局面。一是政府集中建设人才公寓等政策性租赁住房投入市场；二是自持物业的业主建设集中式长租公寓；三是金融机构利用雄厚的资金优势为供需两端提供金融支持；四是长租服务企业动员市场上的分散存量房源入市，提升老破小房屋品质。

（四）住房租赁市场必将实现高水平格局

一方面，长租服务企业将不断提升自身肩负的社会责任，坚守底线、不断创新，

构建租住产品、租住服务、租住生活社区的一体化产业矩阵，立足长远谋求发展，为新市民、青年人提供更高品质的产品和服务；另一方面，长租服务企业将积极参与集体土地租赁住房项目，多途径增加长租房源供给，并在管理、运营、效率方面不断发挥专业优势，与政府在"解决大城市住房问题"上形成互补，不断满足多样化的租房需求。

长租服务企业积极落实政策要求、带动产业高质量发展，与政策性保障住房、公租房等主体形成同频共振的发展格局，必将实现住房租赁市场的高水平格局。

作者联系方式

姓　名：熊　林

单　位：自如网

地　址：北京市朝阳区将占路 5 号普天科技园 16 号楼

分散式长租公寓 N+1 模式的缘起及对租赁市场的影响研究

陈 杰 邓旷旷

摘 要："N+1"改造是分散式长租公寓行业中一个难以回避的话题，但相关实证研究很少。本文首先梳理了住房市场租赁实务中"N+1"模式的出现缘起及相关的政策演变，探讨了这个模式的相关争论焦点；其次构建了一个经济学的分析框架来审视其可能的市场效应和福利效果，指出"N+1"改造对市场租金和租房供应净增量的影响大小取决于租房的需求弹性。本文最后利用某头部长租公寓上海样本的承租人租赁合同和业主出租合同信息数据，分别从承租人和业主的角度分析了房源实施改造所带来的影响。基于特征价格法的实证分析发现，相比于普通房源，"N+1"改造后的房源能给业主平均增加近 20% 的租金收益，也让租金平均下降近 5%，同时还缩短了房源空置期。这表明，"N+1"改造通过提高住房租赁市场的匹配效率，可以同时增进租赁双方的福利。基于本文研究结果，我们建议，相关政府主管部门应当在合法合规的前提下合理鼓励租赁住房的"N+1"改造，并制定精细化的管理规范措施。

关键词：住房租赁；长租公寓；租金水平；"N+1"改造

一、引言

党的十九大提出"租购并举"，大力发展住房租赁市场，力图以此缓解住房市场发展不平衡、不充分的问题。住房租赁市场的发展能够增加住房供给渠道，同时抑制房价过快上涨，提高住房可购性（陈卓 & 陈杰，2018）。然而，住房租赁市场的发展目前仍然存在诸多痛点堵点，其中的关键问题之一是租赁住房有效供给不足，导致租赁住房可支付性低。

租房有效供给不足体现在两个方面：一方面，租赁住房供给在总量上的不足；另一方面，租赁住房的供需错配导致供给效率低，出现结构性的供给不足。租赁住房的供需错配体现在区位、房屋装修、户型和居住面积等多个维度。相较于购房者，租房者愿意为紧邻地铁站等交通可达性支付更高的溢价，而大量租赁住房供给则并非聚集在交通站点附近（孙聪等，2018）。租房者偏好装修情况好、能够拎包入住的房屋，而市面上的租赁住房大多内部装修陈旧,装修标准无法满足舒适需求,配备的设施无法满足租客"拎包入住"的要求。大城市租房者大多数是初入职场的年轻人,收入水平不高,且家庭规模小,多为单身人士或无孩家庭。他们的需求集中在小面积但成套的住房,而住房租赁市场的供给大量是两室以上的大户型住房,在户型和住房面积上存在严重的错配,导致承租人支付高昂的租金而业主无法获得与房源条件相匹配的租金收益(易成栋&陈敬安,2021)。

市场化的住房租赁之所以能够为租房者提供可获得性高的租房供给,在于其供需匹配效率高,但租房的可支付性并不必然达到租客可承受范围内(严荣,2020)。事实上,租赁住房市场上的供需错配,导致租客的主体人群所急需的租房品种类型供给不足,因而这些租房产品的出租方议价能力更强,租客则处于相对弱势,租客要为租到理想房子而付出更高租金(刘晓君等,2018)。

但住房供给具有刚性,在城市市区大规模新建出租型住房并不现实,尤其在租房需求最旺盛的城市中心主城区。如何在短期内快速增加租房供给从而带来市场租金下降和提高租客的可支付性,成为租房市场发展中决策者面临的一个重要挑战。

二、"N+1"改造的制度背景

近年来,在住房租赁市场的发展过程中,不少长租公寓采取了"N+1"改造模式。所谓"N+1",是将房屋中较大的客厅(起居室),改造后作为一间卧室单独出租给租客。其实"N+1"的做法在租房市场中早已有之,不少个人房东在进行房屋的直租时,就将起居室或客厅做了改造,以最大化租金收益。

但这种改造因其容易与群租房的"隔断"混同,曾长期处于灰色地带,没有明确获得合法化身份。长租公寓以企业身份去做"N+1"改造,就在社会上引发了更大争议。北京自如友家公关经理曾对媒体表示,自如 2011 年开始发展合租业务时,就已经打算做"N+1"模式,但随着北京禁止群租政策的出台,自如友家的"N+1"产品被大量拆除,损失巨大。

然而,随着大城市新市民住房矛盾的日益突出,加快住房租赁市场发展以更好满足新市民住房需求,成为各地政府的共识,有关主管部门对"N+1"的态度也日益出现松动。上海在这方面走在前列。早在 2015 年 1 月,上海市政府办公厅转发市房管局等七部门《关于鼓励社会各类机构代理经租社会闲置存量住房试行意见》的通知(沪府办〔2015〕11 号)中,就明确出现了允许单套住房内使用面积 12m^2 以上的客厅(起居室)作为一间房间单独出租使用的规定。

2016 年 5 月 8 日国新办举行的住房租赁市场政策吹风会上,时任住建部副部长陆克华在回答媒体记者时就对上海的"N+1"政策给予了高度的正面肯定,认为这么做有三个好处:"一是增加了中小户型租赁住房的有效供应。二是可以适当降低承租人租金的负担。三是有利于规范住房私自改造出租行为。"这就从国家层面对"N+1"

正式给予了正名。

此后,很多城市相继发布了允许"N+1"模式的地方性文件。2017年1月,广东省允许住宅按规范改造后出租;2017年12月,成都也出台类似规定。2018年1月,武汉市发布《关于规范住房租赁服务企业代理经租社会闲散存量住房的试行意见》,同样规定单套住房内使用面积12m^{2}以上的客厅可以作为一间房间单独出租使用,但同时要求承租人人均住房使用面积不得低于5m^2。

2019年9月,上海市房管局《关于进一步规范本市住房租赁企业代理经租房屋行为的通知》(沪房规范〔2019〕5号)继续确认了"N+1"模式的合法性,再次明确改造的客厅(起居室)面积不得小于12m^2。

然而,由于住房和城乡建设部尚未对"N+1"模式出台统一的规范意见,各地住建主管部门对此态度并不一致。在一些地方,"N+1"在法律层面仍是被禁止的。代表性的城市如北京。2013年7月,北京住建委等部门发布的《关于公布我市出租房屋人均居住面积标准等有关问题的通知》要求,以原规划设计为居住空间的房间为最小出租单位,不得改变房屋内部布局分割出租。这成为北京市有关部门以群租房整治为理由大量拆除"N+1"的法律依据。

即使在上海,对"N+1"也一直有争议。2014年5月,上海市社会管理综合治理委员会办公室等十部门共同拟定的《关于加强本市住宅小区出租房屋综合管理工作的实施意见》(沪房管〔2014〕135号)也同样规定,"原始设计为非居住空间,出租供人员居住"属于群租。当年7月修订的《上海市居住房屋租赁管理办法》也规定,"应当以一间原始设计为居住空间的房间为最小出租单位"。所以上海有媒体报道,当居民向"12345"投诉其居住的门幢里存在二房东和企业分割后出租的做法,所住镇房办回复,客厅分割出租属于群租,其适用的正是2014年的这两份相关规章。

2020年9月7日,住房和城乡建设部发布的《住房租赁条例(征求意见稿)》第七条要求,"违法隔断的房子,厨房、卫生间、阳台和地下储藏室等非居住空间,不得出租用于居住"。如果这条最后被确认,那么在房屋原设计中属于客厅(起居室)这样的"非居住空间"用于出租,就属于非法了。这更引起了住房租赁业主及轻资产租赁企业一定的恐慌。

然而,在多地政府对"N+1"的明文允许或默许下,"N+1"模式早已经被广泛运用在各地的住房出租实务中,尤其分散式长租公寓广为采用。

不过,需要指出,即使在长租公寓业界,对"N+1"也是存在争议的。支持者认为,将客厅改建为居室只需要加墙就可以,不属于改变房屋结构;但反对者认为,在住房和城乡建设部没有明确何为改变房屋结构的背景下,加墙也难免存在改变房屋结构之嫌,会对建筑安全和消防安全带来隐患。

三、"N+1"改造市场效应的经济学分析

先抛开"N+1"在法律上的灰色地带和安全性争议不谈,该模式对住房租赁市场到底带来了哪些影响,争议也是比较大的。尽管很多业界人士认为,"N+1"改造后的租房增量会有效扩大租房供给,进而带来租金的显著下降。但也有反对者认为,业主包括出租企业仍然会按照原来租金标准来收租,"N+1"除了给业主和企业带来利润,不会起到抑制市场租金的作用。

从经济学上来说,增加供给一般而言会带来价格下降,但能否带来明显下降则存在不确定性,价格下降的幅度与需求弹性和供给弹性的绝对值都有关(陈杰、农汇福,2016)。就租房市场来说,一般认为,租房的供给弹性较小,在短期内更可以视为固定。在给定价格供给弹性的情况下,价格变化主要取决于需求弹性。如果租房的需求弹性较小,则"N+1"改造形成的租房供给增加所带来的租金下降幅度会比较小(P_0P_1,如图1中的左半边);如果租房的需求弹性较大,则"N+1"改造形成的租金降幅会比较大(P_0P_2,如图1中的右半边)。

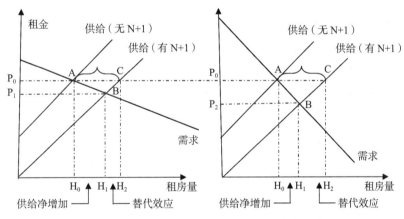

图1 租房需求弹性对"N+1"市场效应的影响

同时还要注意到,如图1所示,"N+1"改造所产生的供应增量,并不会百分百成为市场供给净增量。这是因为,当"N+1"改造迫使租金下降后,会有一部分原有租房供应因为价格不能满足预期回报而退出市场。通过"N+1"改造形成了AC等值的增量,但市场只会出现H_0H_1的租房供给净增加量,原有租房供应中会有H_1H_2的量被"N+1"改造替代掉。

图1还揭示,在租房的需求弹性较小从而租金下降不多的情景下,"N+1"改造引致的净租房增量会多一些,原有租房被挤出和替代的会少一些(图1左半边);反之,在租房的需求弹性较大从而租金下降很多的情景下,"N+1"改造引致的净增量会少一些,原有租房被挤出和替代的会多一些。

图 1 还能给予 "N+1" 改造福利效应的引导。在租房的价格需求弹性较小的时候，"N+1" 改造带来租金下降少、租房供应净增加多的市场新均衡结果，而在租房的价格需求弹性较大的时候，"N+1" 改造会带来租金下降大、租房供应净增加少的市场新均衡结果。在前者情况下，租房供应者的生产者剩余增加较多，租房者的消费者剩余增加较少；在后者情况下，租房供应者的生产者剩余增加较少，租房者的消费者剩余增加较多。而且在两种情况下，租房供应者的生产者剩余主要被实施 "N+1" 改造的业主攫取，没有实施 "N+1" 改造的业主则受到较多的利益损失。

以上的讨论都是基于理论层面的推导与猜想，还需要实证研究的支持。系统地定量考察 "N+1" 改造对租赁住房的市场效应，可以帮助识别当前租房市场的运行特征及福利效应，在学术上具有很高价值，在优化政策设计和指导业界实务上都具有必要性和紧迫性。

由于难以获取全市场的租房供应数据，本文在评估租赁住房的 "N+1" 改造效应时，将重点关注 "N+1" 改造给轻资产长租公寓租金带来的影响及其福利效应含义。

四、数据来源与市场描述

本文所使用的实证数据为 2015 年 6 月至 2022 年 2 月，国内长租公寓某头部企业 X 在上海所经营的全部分租房源样本。我们的数据中包括了承租人与租赁服务企业签订的承租合约信息、业主与租赁服务企业签订的房源租赁合约信息，以及房源的特征信息。这些数据有助于我们对国内典型轻资产长租企业的房源运营结构及 "N+1" 房源分布特征做全貌性了解。

由于 X 公司是按房间来出租的，我们关注的也是分租租赁市场，本文以房间的一期租赁合约为主要分析单位。如前所述，在 X 公司的经营策略以及上海市的住房租赁管理规则下，只有卧室数量为 2 至 5 间的户型可以被改造为 "N+1" 户型，因此，我们剔除了一室户和六室及以上的户型。从建筑结构上来说，不含有厅的房源不适宜做 "N+1" 改造，因此，无厅房源样本也被剔除，以确保样本房源都具有进行 "N+1" 改造的潜力。在此基础上，继续剔除掉存在关键信息缺失的样本，最后清理完成的数据中总共包含 703350 个房间承租合约信息，其中包含 147715 个 "N+1" 房源中 "优化间"（从厅改造为居室的房间）的合约和 555635 个普通房间合约（包含实施 "N+1" 改造房源的非优化间合约）。如果按房屋来计算业主与租赁服务企业的房源出租合约，经过了 "N+1" 改造的房屋合约是 37431 个，未经过 "N+1" 改造的房屋合约是 18994 个，"N+1" 改造房屋的合约占比 66.3%。

图 2 绘制了不同户型的租赁房源中，"N+1" 房源与普通房源的分布情况，其中图 A 为合约数量，图 B 为对应的房源数量。在所有分租房源中，两室和三室户型为主流户型，占房源总数的 90.1%，这两种户型的房源所签订的承租合同占总合同数量的 87%。在不同户型的样本房源中，户型越小，来自 "N+1" 房源的占比越高，两室

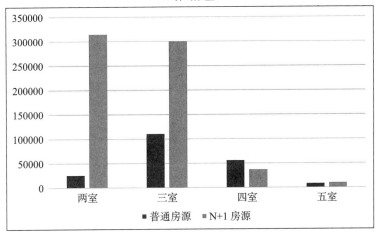
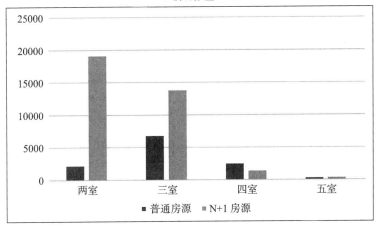

图 2 不同户型的"N+1"房源与普通分租房源

到五室的四种户型中,"N+1"房源数量的占比分别为 90%、67%、36% 和 52%,基本呈现出户型越大则改造比例越低的趋势。这个特点虽然主要是体现了 X 公司的获房战略,但从业主角度来说,可能是由两方面原因引起的:其一,对于业主而言,小户型房源进行"N+1"改造所带来的租金收入增长幅度较大,有更高积极性与 X 公司进行签约;其二,大户型房源的原始装修标准可能较高,业主更倾向于尽可能保持现有装修形态,缺乏进行"N+1"改造的积极性。

图 3 是"N+1"房源与普通房源在上海不同行政区的分布情况。从房源数量和从房源内签订的合约数量来看,嘉定、宝山、闵行、松江等郊区房源供给量大,且"N+1"房源占比大。相应的,租金高昂的中心城区和通勤距离太远的青浦、奉贤等远郊的房源总量小,且"N+1"房源占比较小。

图 4 是"N+1"房源与普通房源自 2015 年起的房源数量与合约数量的增长情况。无论是"N+1"房源还是普通分租房源,都在 2015 年到 2021 年呈现飞速增长的趋势。

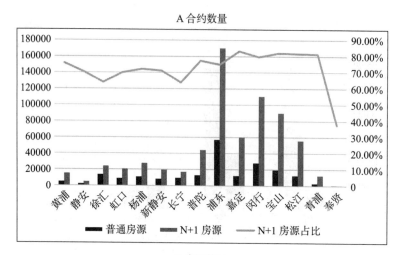

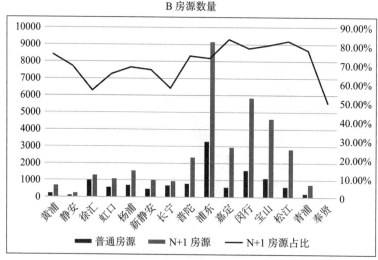

图3 上海市各行政区的N+1房源与普通分租房源

其中,"N+1"房源占比也在2020年底之间逐步增加,从60%上涨到80%左右,但在近期出现一定下降趋势。"N+1"房源占比总体上呈逐步向上的趋势,主要是X公司经营战略的反映,但也体现出供需双方对于"N+1"改造的积极认可。图B中展示了"N+1"改造房源数量,即每一个时期通过"N+1"改造所增加的房间供给数量。对比"N+1"房源与普通房源的时间趋势可见,受到每年毕业潮的影响,"N+1"房源比普通分租房源呈现出相对更为明显的季节性规律,每年年中为签约高峰,而年末为相对低谷。这说明应届毕业生是"N+1"房源的主要客群。刚进入职场的毕业生收入水平较低,更愿意为了节省租金而选择"N+1"房源,在保证私密空间的基础上在一定程度上放弃部分房屋内部的共享公共空间。

表1和表2对数据进行了统计描述,相关变量定义见附表1。表1汇总了不同房源合约的描述性统计,其中左边是"N+1"房源中优化间合约的描述性统计,右边

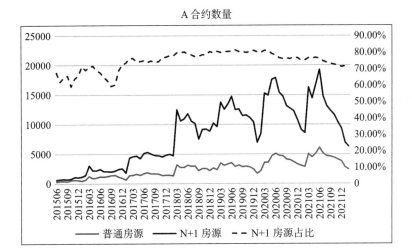

图4 "N+1"房源与普通分租房源数量的时间趋势

为包括"N+1"房源中的非优化间和普通分租房源合约的描述性统计。对比两种房源的特征可以发现,优化间 13.7m² 的平均面积(usable area)比普通卧室 12m² 的面积更大。而且,由于优化间一般出客厅或餐厅改造而来,76%的优化间都带有阳台(balcony)。优越的房间特征导致优化间的租金也相对更高一些。平均而言,优化间与普通房间都在 17 天之内出租,分租房源的整体出租周期较短、流动性较高。

表2进一步从业主租约的角度比较了"N+1"房源改造前和普通分租房源的特征分布区别。"N+1"房源户型的平均面积为 107m²,比普通房源的平均面积 92m² 更大,但平均卧室数量为 2.5,比普通房源的平均卧室数量 3.2 更少,从一个侧面说明实施"N+1"改造的房源往往是卧室数量较少的房源。"N+1"房源平均厅的数量为 1.5,而普通分租房源厅的数量仅为 1.05。考虑到我们在样本筛选中已经剔除了没有厅的户型,普通分租房源大部分都为只有一间厅的户型,而"N+1"房源中有相当可观的比

表 1　租户租约的描述性统计

统计量	N+1房源优化间合约（样本量：147715）					其他房间合约（样本量：555635）				
	均值	标准差	最小值	中位数	最大值	均值	标准差	最小值	中位数	最大值
rent_price	2336	660.2	630	2268	7050	2299	751.0	560	2230	9270
sales_cycle	17.428	31.724	0	6	1478	17.508	28.305	0	6	1817
usable_area	13.757	3.719	5	13.5	74	12.099	3.241	1	12.0	99
toilet	0.004	0.062	0	0	1	0.149	0.356	0	0	1
balcony	0.761	0.426	0	1	1	0.194	0.395	0	0	1
flat_area	106.2	28.0	1.0	101.1	397.9	107.9	30.8	1	106.9	398
bedroom	2.660	0.701	2	3	5	2.802	0.735	2	3	5
floor	7.028	5.680	1	5	39	6.968	5.683	1	5	39
floor_total	12.921	7.759	2	11	60	12.658	7.821	2	11	60
high_storey	0.595	0.491	0	1	1	0.565	0.496	0	1	1
dist_subway	1289	427	10	1166	3257	1263	408	10	1148	3257
dist_center	14.142	7.167	0.154	13.173	38.567	13.429	7.209	0.154	12.469	38.567
age	16.060	7.161	1	17	72	17.187	7.797	1	18	72
renew	0.260	0.438	0	0	1	0.249	0.432	0	0	1
payment_mon	0.087	0.282	0	0	1	0.093	0.290	0	0	1
payment_qr	0.620	0.486	0	1	1	0.611	0.488	0	1	1
payment_byr	0.044	0.206	0	0	1	0.042	0.201	0	0	1
payment_yr	0.019	0.135	0	0	1	0.018	0.132	0	0	1
payment_infull	0.230	0.421	0	0	1	0.236	0.425	0	0	1

表 2

业主租约的描述性统计

统计量	"N+1"房屋合约（样本量：37431）					其他房屋合约（样本量：18994）				
	均值	标准差	最小值	中位数	最大值	均值	标准差	最小值	中位数	最大值
hire_price	6365	2565	1300	5900	20735	6237	2333	1050	5800	20500
flat_area	107.1	27.8	1	103.0	392	97.2	30.5	10.0	92.6	397.9
bedroom	2.519	0.621	2	2	5	3.208	0.699	2	3	5
hall_num	1.506	0.506	1	2	4	1.054	0.229	1	1	3
age	16.407	6.984	1	17	72	19.782	8.609	1	20	67
floor	7.041	5.733	1	5	39	6.765	5.572	1	5	39
high_storey	0.590	0.492	0	1	1	0.483	0.500	0	0	1
term_length	54.271	13.904	12	60	120	47.766	17.525	12	48	120
dist_subway	1268	410	10	1156	3257	1239	3967	10	1113	3257
dist_center	13.571	6.958	0.154	12.716	38.567	11.844	6.599	0.190	10.533	38.567

注：本表中"N+1"房源的卧室（bedroom）数量为实施改造前。

例是拥有两厅及以上的户型。多厅的户型更适宜改造为"N+1"户型,因为改造后依然可以保留充足的户内公共空间。但实施"N+1"改造房源和没有改造房源,在房屋签约成本上相差不大,分别为 6365 元/月和 6237 元/月。这说明,房源是否实施"N+1"改造,主要与房屋建筑的客观条件有关,与房源自身价格关系不大。房屋的卧室数量少、客厅数量多,是实施"N+1"改造房源的主要特征。"N+1"改造,本质上是将房屋本身多出来的户内公共空间转化为居住空间,这与对户内原有居住空间打隔断以增加可容纳居住人数的群租房有着本质的区别。

从上述面积和户型的差异,结合"N+1"改造房源的房龄(age)相对更小、高层占比更高(high storey)、距离市中心距离更远(dist center)等特征,可以看出,选择进行"N+1"改造的房源,主要是位置贴近郊区、房型较大、起居空间设计较为宽裕的新商品房。

需要提醒的是,表 1 显示"N+1"房源房间的租金平均为 2336 元/月,似乎高于普通房源房间的 2299 元/月,但这可能是一个错觉。因为如之前所述,"N+1"房源的地段更好、房龄更新。如果不控制这些特征变量,不在可比情况下进行比较,就简单说哪种房源租金更高,是不准确的。

五、实证分析的结果与讨论

基于上述实证数据,我们考察"N+1"房源房间在租金价格、流动性以及业主收入等方面与普通分租房源房间的差异,以了解目前分租租赁市场的供求特征。

表 3 回归分析考察"N+1"房源与普通分租房源在租金上的差异。回归分析的被解释变量为每一个房间每一个租约月租金的对数。关键解释变量有两个。Plusoneroom("优化间")是房间层面的关键解释变量,对"N+1"房源中的优化间取值为 1,对"N+1"房源中的普通卧室以及非"N+1"房源中的房间取值为 0。Plusone("N+1")是房屋层面的关键解释变量,指代房源是否进行了"N+1"改造,对进行了"N+1"改造的房屋中的所有房间取值为 1,对没有进行"N+1"改造的普通分租房源中的所有房间取值为 0。此外,我们在回归中控制了面积、朝向、是否带有独立卫生间和阳台等房间特征,面积、楼层、户型、房龄等房屋特征以及离市中心距离、离地铁站距离、地铁站固定效应等小区的区位特征。在回归中,我们还控制了装修固定效应(装修风格和标准)、租约固定效应(租金支付特征)和以月度哑变量来控制时间固定效应。

表 3 的第 1 列中,"优化间"的系数为负,但系数绝对值小且只在 10% 的水平上弱显著。这个结果表明,在控制了房间特征之后,优化间的租金价格与其他房间基本无异,优化间的定价策略与普通卧室的定价策略一致,并不因为是额外增加的房间而受到承租人的排斥。结合表 1 描述性统计中所示的房间特征差异可知,与普通卧室相比,优化间面积较大、一般带有阳台,因此承租人也愿意为优化间支付相对较高的租

N+1 模式下的承租人租金：被解释变量为租金（元/间/月）的对数　　表3

	（1）优化间 vs 普通卧室	（2）N+1 vs 普通房屋 含优化间样本	（3）N+1 vs 普通房屋 不含优化间样本
plusoneroom	-0.001* (0.001)		
plusone		-0.047*** (0.0004)	-0.048*** (0.0005)
log（usable_area）	0.217*** (0.001)	0.223*** (0.001)	0.223*** (0.001)
toilet	0.241*** (0.001)	0.244*** (0.001)	0.244*** (0.001)
balcony	0.083*** (0.0004)	0.083*** (0.0003)	0.075*** (0.0004)
room_direction	0.067*** (0.0004)	0.066*** (0.0003)	0.065*** (0.0004)
log（structure_area）	0.076*** (0.001)	0.069*** (0.001)	0.069*** (0.001)
log（bedroom_num）	-0.088*** (0.001)	-0.100*** (0.001)	-0.105*** (0.001)
log（hall_num）	0.016*** (0.001)	0.022*** (0.001)	0.021*** (0.001)
log（age）	0.010*** (0.0004)	0.006*** (0.0003)	0.008*** (0.0004)
log（mark_floor）	0.006*** (0.0002)	0.006*** (0.0002)	0.007*** (0.0002)
high_storey	0.028*** (0.0004)	0.027*** (0.0003)	0.027*** (0.0004)
log（dist_central）	-0.264*** (0.002)	-0.253*** (0.001)	-0.249*** (0.002)
log（dist_subway）	-0.046*** (0.0004)	-0.046*** (0.0003)	-0.046*** (0.0004)
Constant	7.425*** (0.012)	7.519*** (0.010)	7.505*** (0.012)
时间固定效应	Yes	Yes	Yes
租约特征	Yes	Yes	Yes
装修特征	Yes	Yes	Yes
区位固定效应	Yes	Yes	Yes
样本量	532,422	703,350	555,635
调整后 R^2	0.905	0.900	0.904

注：***、**、* 分别表示在 1%、5% 和 10% 的水平上显著。

金。这个结果也说明了，在不控制租房特征的情况下，就简单看不同类型不同地段不同品质的租房平均租金，会具有很大的误读性，揭示了以特征法来构建同质化可比租金指数的重要性与优势性。

表3的第2列和第3列以房屋为单位对比分析"N+1"改造房源和非"N+1"改造房源的房间月租金。其中，第2列回归样本的实验组中包含优化间，第3列实验组中不包含优化间。由于优化间样本占比不大且优化间定价逻辑与普通卧室相近，因此，实验组中有无优化间样本对"N+1"房源租金差价的估计值影响不会很大。两组回归结果也确实相似。列2显示，"N+1"房源房间月租金比普通房源房间月租金平均低4.7%且在统计上显著。

"N+1"改造，通过把房屋户内公共空间转化为居住空间而增加了租房市场在居住面积维度上的有效供给，给租金下降带来压力。但由于租房的供给弹性总体较小，这个租金下降的幅度又没有刺激很多原有租房退出市场，才使得租金真正能降下来。但由于租房的需求弹性也比较小，所以租金降幅不算很大。其中的机制说明可以参见图1。

从另一个角度来说，进行"N+1"改造后的房屋与其他条件相似的普通分租房源相比，居住人数较多，而公共空间相对局促，居住品质有所下降，这也是"N+1"房源租金相对较低的一个可能原因。但考虑到长租公寓的租赁对象以青年上班族租客为主，有理由相信，这部分承租人对居住空间可得性和低租金的诉求会优先于对户内公共空间和居住品质的需求。

总的来说，"N+1"改造，在不增加任何大规模投资、不需要任何新增土地来建房（市区实施可行性也很小）的条件下，仅靠对现有存量住房资源的室内空间重新布局调整，就显著增加了租房在居住面积维度上的有效供给，进而引发租金下降，让租客福利有明显增加。近5%的租金下降，幅度并不小。在本样本中，相当于每个租客（假设整租1个房间）每个月少了105元（2299×4.7%），1年累计少了1260元。目前上海常住居民中约有40%即近1000万人在租房，不考虑老公房和农民工宿舍，也至少有60%约600万人是通过租赁市场租房。按照中国房价行情网数据，上海当前的全市平均租金水平约为92元$/5m^2/$月，以人均$15m^2$租房来计算，人均租金支出1500元/月，如果能减少5%，每个租客每年能减少900元，全市范围内租客至少每年可以减少租房支出54亿元，这些钱可以释放到其他消费领域，成为扩大内需的重要来源。

表4以相似的模型对"N+1"房源和普通房源的流动性做了对比。我们以每一个房间的每一个合约为观测值，以每一个合约签约前对应房间以天为单位的空置周期来测度房间的流动性。被解释变量为空置期天数的对数值。空置期越短则流动性越高，表明市场对该房型的需求越大。

由表4第1列的回归结果可见，相比于"N+1"房源和其他房源的普通卧室而言，优化间的流动性相对较低，空置期平均多出1.9%，约为0.33天，即一般需要等待更

N+1 模式下的流动性：被解释变量为房间在下一个合约前空置天数的对数　　表 4

	（1）优化间 vs 普通卧室	（2）N+1 vs 普通房屋含优化间样本	（3）N+1 vs 普通房屋不含优化间样本
plusoneroom	0.019*** (0.005)		
plusone		−0.036*** (0.004)	−0.040*** (0.005)
log(usable_area)	−0.358*** (0.008)	−0.342*** (0.006)	−0.305*** (0.007)
toilet	−0.208*** (0.006)	−0.201*** (0.005)	−0.204*** (0.005)
balcony	−0.039*** (0.004)	−0.041*** (0.003)	−0.054*** (0.004)
room_direction	0.132*** (0.004)	0.120*** (0.003)	0.124*** (0.003)
log(structure_area)	−0.009 (0.010)	0.019** (0.009)	0.026*** (0.009)
log(bedroom_num)	0.014 (0.010)	−0.009 (0.009)	−0.028*** (0.010)
log(hall_num)	0.075*** (0.007)	0.086*** (0.007)	0.082*** (0.008)
log(age)	0.040*** (0.004)	0.039*** (0.003)	0.042*** (0.004)
log(mark_floor)	−0.053*** (0.002)	−0.051*** (0.002)	−0.049*** (0.002)
high_storey	0.001 (0.004)	0.002 (0.003)	−0.005 (0.004)
log(dist_central)	0.091*** (0.016)	0.073*** (0.013)	0.061*** (0.015)
log(dist_subway)	0.023*** (0.004)	0.022*** (0.003)	0.022*** (0.004)
Constant	2.467*** (0.122)	2.254*** (0.100)	2.108*** (0.114)
时间固定效应	Yes	Yes	Yes
租约特征	Yes	Yes	Yes
装修特征	Yes	Yes	Yes
区位固定效应	Yes	Yes	Yes
样本量	532,422	703,350	555,635
调整后 R^2	0.905	0.900	0.904

注：***、**、* 分别表示在 1%、5% 和 10% 的水平上显著。

长一点的时间才能顺利租出。这可能是由于优化间毕竟不是原先设计为居室，居住功能性、舒适性要弱一些，租客只有在"N+1"房源套内没有其他居室可选情况下才会考虑优化间。由本表其他控制变量的系数可知，面积较大、带有独立卫生间或阳台的房间流动性均较低，符合直觉判断，验证模型估计的准确性。然而优化间系数的绝对值较小，差别不到2%，说明大部分租客并不是特别忌讳优化间。

然而，表4第2、3列的结果显示，"N+1"改造房源的房间整体流动性较高。与普通房源的房间相比，"N+1"房源的普通房间出租空置期平均短4%左右，即少0.7天左右。这可能是因为"N+1"房源的普通房间租金较低，更便于出租。即使把优化间加入到"N+1"房源所有房间中，"N+1"房源的房间仍在整体上比普通房源的房间流动性更好，空置期平均少3.6%。

表5从业主的角度出发，分析"N+1"改造对业主的租金收入带来的影响。我们比较"N+1"房源与普通房源的业主与租赁服务企业所签订合约的月度租金价格差异以及这种差异与房源户型的关系。表5的第1列中，我们使用所有的样本进行分析。Plusone（"N+1"）的系数为0.191，说明在其他房源条件相同的前提下，"N+1"房源的业主平均可收到比普通分租房源业主高出19.1%的租金收入。这个比例在预期中。"N+1"改造显著增加了房源内部可供出租获利的有效空间，但同时，由于供给弹性和需求弹性较小，又没有导致租金出现显著下降，较小的租金下降和较多的出租面积增加，为这些业主带来了巨大的收益增值。

N+1 模式下的业主收入　　　　　　　　　　　表5

	全样本	剔除增益租	2房	3房	4房	5房
plusone	0.191*** （0.002）	0.188*** （0.002）	0.178*** （0.004）	0.236*** （0.003）	0.092*** （0.005）	0.127*** （0.018）
log（structure_area）	0.333*** （0.004）	0.339*** （0.004）	0.354*** （0.006）	0.292*** （0.005）	0.229*** （0.012）	0.212*** （0.028）
log（bedroom_num）	0.557*** （0.004）	0.551*** （0.004）				
log（hall_num）	0.046*** （0.003）	0.048*** （0.003）	0.059*** （0.005）	0.031*** （0.005）	0.033*** （0.013）	0.011 （0.037）
log（age）	0.017*** （0.001）	0.020*** （0.002）	0.027*** （0.002）	0.016*** （0.002）	−0.005 （0.005）	−0.002 （0.024）
log（mark_floor）	−0.002** （0.001）	−0.002** （0.001）	−0.002 （0.001）	−0.001 （0.001）	0.004* （0.002）	0.010 （0.011）
high_storey	0.025*** （0.002）	0.026*** （0.002）	0.026*** （0.003）	0.021*** （0.002）	−0.001 （0.004）	−0.008 （0.018）
log（term_length）	−0.027*** （0.002）	−0.032*** （0.002）	−0.031*** （0.003）	−0.022*** （0.002）	−0.013*** （0.004）	0.018 （0.016）
log（dist_central）	−0.268*** （0.006）	−0.267*** （0.006）	−0.291*** （0.010）	−0.272*** （0.008）	−0.211*** （0.017）	−0.243** （0.100）

续表

	全样本	剔除增益租	2房	3房	4房	5房
log(straight_distance)	-0.056*** (0.001)	-0.056*** (0.001)	-0.063*** (0.002)	-0.052*** (0.002)	-0.051*** (0.004)	-0.054** (0.022)
Constant	7.314*** (0.054)	7.293*** (0.056)	7.590*** (0.064)	8.250*** (0.137)	8.676*** (0.110)	8.478*** (0.384)
时间固定效应	Yes	Yes	Yes	Yes	Yes	Yes
装修特征	Yes	Yes	Yes	Yes	Yes	Yes
区位固定效应	Yes	Yes	Yes	Yes	Yes	Yes
样本量	56,425	54,083	22,701	26,012	6,784	928
调整后 R^2	0.899	0.900	0.866	0.896	0.888	0.862

注：***、**、* 分别表示在 1%、5% 和 10% 的水平上显著。

表 5 的第 2 列中，我们剔除了增益租的样本。增益租是一种新的业务模式。在这种模式下，业主的房源出租合约中只约定一个 80% 的保底租金，在保底租金之上由房源的高流动性带来的额外租金收入由业主与租赁服务企业分成。对于增益租模式下的房源，第 1 列中所使用的业主租金数据为保底租金，不包含分成的部分。因此，在第 2 列中，我们剔除增益租样本重新分析，发现 N+1 房源的业主的租金收入比普通分租房源业主高 18.8%，与全样本的分析结果相近。在第 3-6 列中，我们分不同的房源户型进行了异质性的分析。两室到五室的不同户型的房源中，N+1 带来的业主租金收益增值幅度不同，分别为 17.8%、23.6%、9.2% 和 12.7%。两室和三室的小户型房源若进行 N+1 改造，可以获得 20% 左右的租金收益增长，而四室和五室的大户型能获得的租金增值比例为 10% 左右，从百分比的角度来说边际收益相对较低。因此，如图 1 所示，小户型房源选择进行"N+1"改造的比例更大。

六、结论与政策建议

传统的住房租赁市场存在严重的有效供给总量不足、供需结构性错配的问题。近年来，住房分租市场中涌现出了"N+1"模式，但对于这个模式到底会对市场产生什么样的效应和福利再分配结果，还少有实证研究。

本文通过对长租公寓中分租模式下的大样本进行探索性的实证分析，发现"N+1"模式对市场的均衡有重要的影响。"N+1"模式显著增加了市场中居住面积维度的有效供给，并引发了租金价格 5% 的下调，增加了租客的福利。从实施"N+1"改造的业主角度来看，"N+1"改造增加了他们房屋可出租房间的数量，大幅增加了租金收入，平均增加租金收益 19%。"N+1"改造，通过调节住房租赁市场上供给与需求的不匹配，让业主和租客的福利都有所增长，但业主的得利更多，也说明当前住房租赁市场总体上还是卖方占有优势的市场。基于这些实证分析结论，我们提出以下市场管理和政策建议。

第一，在合法合规的前提下，合理鼓励和推广分租房源进行"N+1"改造。"N+1"改造能够从增加租赁住房总供给量和缓解供需错配两方面增加有效供给，对于落实"房住不炒"战略定位和构建租购并举的住房制度，提高住房资源的配置效率，实现人民住有所居具有重要意义。然而，由于目前住建主管部门没有统一规范，全国各地对于租赁住房"N+1"改造的政策规定差异较大。上海总体上是鼓励，北京明令禁止，大多数城市则没有给出明确态度。禁止租赁房源"N+1"改造使得租赁住房的供给不能得到充分释放，抑制市场总供给量，不利于保持租房租金平稳。在无明确规定的城市，业主或租赁服务企业若对房源进行"N+1"改造，则可能面临较大的政策风险。一旦"N+1"改造被禁止，就会导致改造过程中所支付的高额改造成本打水漂。出于风险规避的考虑，业主在改造过程中可能会选择压缩改造成本，导致租赁房源品质低下，不利于住房租赁市场平稳发展，也不符合"租购并举"的住房市场发展大方针。

第二，对分租房源的"N+1"改造进行合理有效的管理，制定相关管理细则，提出"N+1"改造的房源条件和改造标准，确保改造标准符合消防安全、健康安全和宜居的要求，明确改造后人均居住面积下限和套内居住人数的上限，禁止面积过小或过大的房源进行"N+1"改造，避免由于套内居住密度过大、房屋居住人数过多而导致安全隐患或其他问题。

第三，作为租赁房源"N+1"模式改造的配套措施，主管部门应当加强租赁住房的合同备案以及租赁住房内的人员登记和管理，完善的管理制度和措施有助于明晰租赁关系中的各方责权，保障业主、租赁服务企业以及承租人权益。

参考文献：

[1] 陈杰，农汇福. 保障房挤出效应的存在性及其时空异质性：基于省级面板门限模型的证据 [J]. 统计研究，2016，33（4）：27-35.

[2] 陈卓，陈杰. 住房市场结构对房价的影响研究：基于租赁市场比例的视角 [J]. 华东师范大学学报（哲学社会科学版）2018，50（1）：136-148+180.

[3] 刘晓君，张宇静，郭晓彤. 中国住房租赁市场交易主体议价能力差异性研究 [J]. 价格理论与实践 2018（3），159-162.

[4] 孙聪，刘霞，姚玲珍. 新时代住房供应如何契合租购群体的差异化需求：以上海市为例 [J]. 财经研究 2019（1），75-88.

[5] 严荣. 住房租赁体系：价值要素与"三元困境" [J]. 华东师范大学学报（哲学社会科学版）2020（3），160-168+184.

[6] 易成栋，陈敬安. 增加租赁住房有效供给的现实困境和优化路径研究 [J]. 行政管理改革 2021（9），50-59.

变量定义　　　　　　　　　　　　　　　　　　　　附表1

变量名称	变量定义及单位
rent price	租赁服务企业与承租人签订合同所约定的月租金（元/m²）
sales cycle	房间在签订本合约之前的空置期（天）
usable area	房间内部面积（m²）
toilet	虚拟变量：房间内部带有卫生间则取值为1，否则取值为0
balcony	虚拟变量：房间内部带有阳台则取值为1，否则取值为0
flat area	房间所在的房屋的建筑面积（m²）
bedroom	房间所在的房屋在改造前的卧室数量（个）
hall num	房间所在的房屋在改造前的厅的数量（个）
floor	房屋所在的楼层
floor total	房屋所在楼栋的总楼层数
high storey	房屋所在楼栋是否超过了6层楼（1或0）
dist subway	房源所在小区距离最近地铁站的距离（m）
dist center	房源所在小区距离人民广场的距离（km）
age	房源的房龄（年）
renew	房源是否在签订本租约之前进行了重新装修（1或0）
payment mon	承租人租金支付周期为按月支付（1或0）
payment qr	承租人租金支付周期为按季度支付（1或0）
payment byr	承租人租金支付周期为按半年支付（1或0）
payment yr	承租人租金支付周期为按年度支付（1或0）
payment infull	承租人租金支付周期为一次性支付（1或0）
hire price	业主与租赁服务企业的房源出租合同所约定的月租金（元/月）
term length	业主与租赁服务企业的房源出租租约的长短（年）

作者联系方式

姓　　名：陈　杰

单　　位：上海交通大学住房与城乡建设研究中心

地　　址：上海市徐汇区华山路1954号

邮　　箱：chenjie100@sjtu.edu.cn

姓　　名：邓旷旷

单　　位：上海财经大学公共经济与管理学院

地　　址：上海市杨浦区国定路777号

邮　　箱：deng.kuangkuang@mail.sufe.edu.cn

推动租赁企业的中资产经营模式健康发展，形成长租房市场的有效供给

张 峥　李尚宸　胡佳胤　张英广

摘　要：随着住房领域的主要矛盾逐渐由总量短缺转为结构性的供给不足，尽快发展和建立房源供应充足、租赁关系稳定、租金水平合理、房屋品质过硬、市场秩序规范的长租房供应体系具有重要意义。盘活利用现有存量住房资产兼具可行性、时效性与必要性，是发展长租房市场的关键点之一。中资产经营模式下，租赁企业通过对房屋进行提质改造盘活存量房源，在规模化提供长租房供给的过程中发挥着重要作用。房东提供闲置房源作为长租房的意愿受房价和租金预期的重要影响，是租赁企业中资产模式的核心挑战。为了长租房市场的健康发展，应当进一步坚持"房住不炒"的定位，建立良性的市场竞争环境，并形成稳定、合理的租金预期。

关键词：住房租赁市场；长租房；长租机构；高质量发展；中资产模式

"住有所居，居得其乐"，自古以来就是国人的美好心愿。新中国成立以来，尤其是改革开放以来，中国住房事业取得了巨大的成就。相关测算表明，我国现有城镇住房套数超过3.6亿套，户均住房套数已同其他主要发达国家基本持平；2019年，城镇居民人均住房建筑面积达到39.8m^2，农村居民人均住房建筑面积达到48.9m^2。从总量上看，我国居民已经基本实现住有所居。随着中国经济由高速增长迈入高质量发展阶段，住房领域的主要矛盾逐渐由总量短缺转为结构性的供给不足，如何更好地满足人民群众对住房质量和环境的要求成了当前的核心问题。习近平总书记在党的十九大报告中强调，"坚持房子是用来住的、不是用来炒的定位，加快建立多主体供给、多渠道保障、租购并举的住房制度"，为中国住房制度改革指明了方向、路径、目标。

一、发展长租房市场对解决住房问题具有重要意义

购房与租房是满足居民住房需要的两种方式。在租赁住房市场中，既存在租赁期限较短，以每年续约等方式存在的短期租赁住房，也存在合同租期较长、租赁关系较为稳定的长期租赁住房（简称长租房）。我们认为，在我国住房市场面临高质量转型和发展的新时期，大力建设和发展长租房市场具有重要意义。

第一，长租房有利于满足现阶段新市民和青年人的长期租住需要。在我国住房市场的历史发展过程中，居民通常把购房作为解决住房问题的首选方式。然而，随着一线城市和其他人口净流入城市的房价快速上涨，如大学毕业生、农业转移人员等新市民无法在短期内实现购房。贝壳研究院大数据显示，城市人口的首次置业年龄明显增长，北京人口首次置业的平均年龄由2006年的26岁增长至2018年的32岁。与此同时，租房正成为近70%相关人群解决住房问题的唯一选择，新市民群体表达出强烈的长租需求。根据《2021中国城市租住生活蓝皮书》，58%的城市租客愿意通过租房结婚来完成"小家"，51%的租客接受租房5年以上，18%的租客愿意租房超过10年。因此，应把长期限租赁住房作为人口净流入城市中新市民群体解决购房前住房问题的路径。

第二，长期稳定的租赁关系有益于提升租房群体的租住体验。我国现有租赁住房市场中，家庭是最主要的住房供应主体，与租客签订的租期一般不超过1年，长租只能通过合同到期时滚动续约的方式实现。据中房学2015年对中国16个城市的抽样调查，超过80%的住房租赁合同期限在1年及以下。根据课题组对两家大型租赁中介的访谈结果，一家主要从事居间业务的中介撮合的合同中仅有13%租期不少于3年，另一家主要从事转租业务的中介与房客签订的合同中超过1年的合约不足1%。这种模式下，展期风险和违约风险是影响租客租住体验的重要风险因素。本课题组研究发现，女性和年龄更高的租客具有明显更高的续约意愿。工作稳定、希望以租房实现婚育的租户搬迁成本高，却不得不面对房东提前违约、到期不再续约、大幅上涨租金等风险。长期限租赁住房能够匹配这一部分对稳定长租具有需求的租住群体。从长期看，为相关新市民和青年人提供长租住房有利于提升居民的婚育意愿，增强居民的幸福感和认同感，从而作用于城市的竞争力和可持续发展。

第三，租赁住房的长期限供给是驱动改善出租房源品质的前提条件。租赁市场中的房源质量往往差于房东用于自住的房屋（Shilling et al., 1991）。根据2015年全国人口普查的研究结果，我国41%的流动人口居住于2000年前建成的房屋，城市规模越大，流动人口的居住条件反而越差（王宇凡等，2021）。房屋出租的总期限和稳定性是影响出租房源修缮的重要因素。作为较大的前期单笔投资，修缮成本在未来用于租赁的全部期限内摊销，收益却随着期限的增长而增加。在不确定性较强的租赁关系中，房东和租客对于房屋修缮、维护均不具有充分动机，非长租的预期更容易造成房屋原有品质的下降。与之相对，稳定长租的租赁关系更有可能使得房东和租客在房屋修缮问题上达成一致，改善和提升租赁市场中现有房源的房屋品质，利于租房市场的高质量转型。

第四，发展长租房，形成较为稳定的租赁关系，是进一步依法治理和规范租赁市场的基础。作为首个地方性住房租赁条例，《北京市住房租赁条例（征求意见稿）》中的首条即明确要求"稳定住房租赁关系"。只有房东和租客双方形成较为稳定的长期租赁关系，才可能以法律途径保障双方的合法权益，并在未来进一步推动"租购同权"等政策的出台。从社会治理角度看，长期租赁关系的形成有益于保障和维护社会秩序，避免恶性问题的发生。

第五，发展长租房对于购房市场还有着正向的溢出效应。在大城市发展长租房，满足城市青年人的居住需要，有利于分流购房需求，进一步推进"租购并举"的住房制度，促进房地产市场平稳健康发展，避免房价泡沫的产生。

综上，鉴于发展长租房市场在住房市场高质量发展新时期的重要意义，我们认为，应当尽快发展和建立房源供应充足、租赁关系稳定、租金水平合理、房屋品质过硬、市场秩序规范的长租房供应体系。

二、盘活存量资产是现阶段发展长租房的关键点之一

新建长租房与盘活存量资产是补齐我国长租房供给短板，尽快实现长租房有效供应的两种方式。新建长租房指的是新开发专用于租赁的住宅项目；盘活存量资产则是利用已有住房资源，鼓励其中空置、短租的房屋转为长租房供给。这两种方式相互不可替代，应共同发展，以形成多层次的长租房供应体系。新建长租房在户型设计、社区建设、使用用途等方面具有存量房源不具备的优势；而考虑到规模化发展长租房的紧迫性，以及节约成本的需要，盘活利用现有存量住房资产兼具可行性、时效性与必要性，是发展长租房市场的关键点之一。

目前，我国租赁住房的供应主体是散户家庭，其中90%以上是个人业主。尽管从总量上看我国城镇已经基本实现了房屋套数与家庭户数的平衡，然而其中少数家庭持有多于一套房产。根据2015年CHFS调查数据显示，我国超过20%的城镇家庭持有不止一套住宅，且其中绝大多数家庭持有的两套以上住宅位于同一城市，远高于美国、澳大利亚、英国等国家平均3%～13%的多套住宅持有比例（Huang et al., 2020）。除投资与投机因素外，为子女、老人等亲属在远期的安置需求是持有多套住房的重要动机，相关房屋具有在5～10年的期限内作为长租房源的潜力。然而，受多种因素的影响，现阶段大量多套房产家庭未将闲置房产出租，根据中国城镇住户调查（CUHS）的结果，四大一线城市的房屋空置率接近20%（Glaeser et al., 2017）。因此，我们认为，盘活相关闲置住宅作为长租房供给具有一定的可行性。

考虑到现阶段解决大城市新市民住房问题的紧迫性，盘活现有存量房源有着重要的时效价值。我国预计2022届高校毕业生规模达到1076万人，同比增加167万人，其中近90%毕业生均首选留在一线和新一线城市。2020年末，我国农业转移人口外出务工总量接近2.9亿人，其中数字平台带动的灵活就业人数高达8400万人。相关青年人和新市民住房需求亟需快速的解决方式。根据现有经验，新建租赁住房从开发建设到运营出租的周期通常在3年以上，尚无法在短期内承载大城市的长租需求，而存量普租市场的发展则较为成熟，从规模上能够在短期内解决人口净流入城市的住房需要。

相比于增量长租住房供应，盘活存量住房资源还有利于"职住平衡"的实现和城镇化高质量发展。现阶段，受限于成本收益因素，一线城市中新建租赁住房的土地供应方式主要有两类，一是地方政府通过划拨或出让方式提供低地价的租赁住房建设用地，二是利用农村集体建设用地建设租赁住房。无论哪种方式，新建项目与城市中心的距离都相对较远。以上海市为例，现阶段其租赁住房用地供应中50%位于外环路之外的区域。与之相比，现有存量房源分散于城区及其周边，以长租方式对其进行二次利用能够避免新建房源的地理局限性，使得劳动者能够居住在工作地附近，利于"职住平衡"原则的实现。盘活存量资产以发展长租房供应具有必要性，不仅能够减少通勤时间，还有利于改善城镇化发展质量，减少城市拥堵和空气污染，降低社会成本和建设成本，为城市可持续发展提供保障。

三、租赁企业中资产经营模式是规模化盘活存量、提供长租房供给的重要方式

在我国目前的租赁市场体系下，租赁企业主要通过轻资产居间模式、中资产转租模式这两种中介经营模式，为房东和租客提供租赁服务，进而影响现有存量住房资产的分配和改造[①]。在轻资产模式下，租赁企业通过信息发布、委托代理等方式实现居间撮合，较少参与房屋的装修和改造。在中资产模式下，租赁企业相当于将房屋转租的"二房东"，在对收租房屋进行装修和改造后再将房屋租赁给租客，以其中的租金差作为主要的盈利来源。我们认为，中资产经营模式在盘活存量房源、规模化提供长租房供给的过程中发挥着重要的作用。

首先，本课题组的研究结果表明，租赁企业在采用中资产模式的过程中参与了房屋的提质改造，这有利于增加房东出租房屋的期限。租赁企业的装修成本摊销在全部租赁期限之中，从而使其收益随着租赁期限的增长而提高，由此租赁企业愿意为供应长期限租赁住房的房东提供更加有竞争力的租金回报，对房东的租期选择形成有效激励。由于租赁企业通常向租客提供标准化的装修成果，其装修成本受房屋初始状态的直接影响，需要为那些初始品质较差、建筑年代较早的房屋付出更高的装修成本。对于这些房屋，企业更有可能与房东协议达成更长期限的租约，为双方同时创造更高的收益。尽管在出租前对房屋进行装修能够提升租金回报，现实中却极少有散户家庭房东主动进行装修，既因为装修需要较大的单笔前期投入，也因为家庭无法获得租赁企业在大批量装修中所实现的规模经济。

本课题组利用房东与某租赁企业在2015至2019年间位于北京市城六区的近7万份租赁关系数据，实证检验了租赁企业盘活存量房源的价值创造过程，其结果如附表

---

① 租赁企业也可采用重资产持有模式来买入存量资产改建为租赁住房。重资产模式的发展受限于原有业主的出售意愿不足以及金融支持不够。

1 所示。列（1）所示为租赁企业装修费用与房东租赁期限之间的关系，结果表明，企业对房屋的装修投入越大，房东与租赁企业签署的租期往往越长。列（2）进一步检验了租赁期限与房东每平方米租金收入间的关系，相比于租期为 3 年的合约，租期为 4（5）年的合约每平方米月租金增加 1.50（3.24）元，占样本中平均月租金的 1.61%（3.48%）。以上结果说明，中资产模式下的装修行为扩大了长期限租赁住房供应，背后的机制是租赁企业的装修模式使其愿意为选择长租的业主提供更丰厚的租金回报。列（3）利用已到期的租赁关系样本检验了租赁企业装修投入与房东续约率之间的关系，我们发现，租赁企业装修投入的增加反而会使得房东的续约概率下降。对此，一个可能的解释是，租赁企业的装修投入具有正外部性，这些投入在租期结束时依然存在剩余价值，因而降低了房东的续约意愿，说明租赁企业在房屋提质改造中的确发挥出了积极的作用。

此外，租赁企业在中资产模式下对于长租房供给还有着多方面的积极影响。第一，租赁企业参与转租经营，其房源资产池能够起到分散风险的作用，因而其能够保障房东每月获取稳定的租金收入，降低了房东的空租风险，利于具有平滑租金现金流需求的房东增加租赁住房供应。本质上，中资产模式使得区位、户型结构等不同的房东间形成了风险共担的机制。第二，租赁企业相比家庭房东具有更强的能力和动机参与对房屋和租客的维护、筛选与监督过程。课题组在调研中发现，担忧出租过程中的房屋损坏及租客可能存在的违法乱纪行为是阻碍家庭房东供给闲置房源的重要原因。租赁企业在租赁时向房东承诺维护房屋的价值，且参与对于租客的监督和预筛选，有利于打消房东对于潜在法律风险的担忧。第三，与个人房东相比，租赁企业作为机构更加关注自身信誉的价值，避免发生严重信誉事件所造成的毁灭性打击。因此，相比于普通租赁市场中屡见不鲜的提前违约事件，租赁企业作为转租人降低了租客面对的被违约风险。

总之，我们认为租赁企业不仅通过装修投入改善了房源品质，还增加了房东进行长租的回报，降低了房东的空置风险，有利于长期合同的顺利履行和稳定，促进了房东的长租意愿。未来应当更充分地提升租赁企业的活力，使其在盘活存量住房资源的过程中承担更积极的作用。

四、租赁企业中资产经营模式在长租房业务领域的挑战

租赁企业中资产经营模式是盘活分散式存量房源、在中短期内解决大城市青年人与新市民长期租住需求的重要方式，而该模式的核心挑战在于房东提供闲置房源作为长租房的意愿。对于房东而言，其对于房屋的处置决策同时具有出售、短租、长租等多种方式，其长租意愿同时受到房价增速、租赁市场租金增速、房屋流动性状况等多方面因素的影响。

为了确认上述因素的影响，本课题组利用出租房屋的经纬度数据计算了其周围

2km 范围内在过去一年内的房价增速、二手房交易笔数增速及租赁企业提供的租金增速，并实证检验了其与房东出租期限之间的关系，结果如附表 2 所示。首先，我们看到，处于高房价增速、二手房交易量较高的小区，其业主与租赁企业之间签署的租期往往较短。对于房东而言，二手房交易市场与出租市场之间存在明显的替代关系，房价的快速上涨与泡沫会增加房东短期内出售房屋的动机，使其倾向于签订短租合同，为之后的出售预留时间。因此，健康良性发展的房地产市场对于长租市场的发展具有正向外溢作用，坚持"房住不炒"的定位，对于发展长租市场至关重要。

其次，过高的租金增速同样是抑制房东与租赁企业签订长期租约的重要原因。对于采取中资产模式的租赁企业而言，如何为其房屋租金合理定价，对长租业务的持续经营尤为关键。一方面，租金增长是租赁企业收入增长的重要驱动因素；但另一方面，租金增长过快将降低房东的长租意愿，影响租赁企业的长租房源，增加租赁住房服务的管理成本，甚至增加空置率。有可持续经营意愿的租赁企业会权衡租金上涨和经营成本的因素，并不会过快地提升租金。因此，从长租房市场健康发展的角度来看，租赁住房领域的监管政策不应"一刀切"式地限制企业的租金涨幅，破坏良性发展机构所形成的市场定价机制，反而倒逼房东选择租金更高的租赁模式，退出长租房源的供应。政策重点应关注维护健康的市场竞争环境，避免企业采取恶性竞争等方式获取房源，形成租金的稳定、合理预期。

五、总结

随着中国经济迈入高质量发展阶段，住房领域的主要矛盾逐渐由总量短缺转为结构性的供给不足，如何更好地满足人民群众对住房质量和环境的要求成为当前的核心问题，发展长租房市场对解决住房问题具有重要意义。考虑到规模化发展长租房的紧迫性，以及节约成本的需要，盘活利用现有存量住房资产兼具可行性、时效性与必要性，是发展长租房市场的关键点之一。

租赁企业的中资产经营模式在盘活存量房源、规模化提供长租房供给的过程中发挥着重要的作用。通过对房屋进行提质改造，采取中资产模式的租赁企业为长租房提供更有竞争力的租金回报，有利于增加房东的出租期限。租赁企业通过房源资产池分散空租风险，相比家庭房东更积极地参与对房屋和租客的维护、筛选与监督过程，其对自身信誉价值的关注降低了租客的被违约风险。

房东提供闲置房源作为长租房的意愿受到房价增长、租金增速、房屋流动性状况等多方面因素的影响，这也是租赁企业中资产模式所面临的核心挑战。健康发展的房地产市场对于长租市场发展具有外溢作用，坚持"房住不炒"的定位有利于长租市场的发展。从长租房市场健康发展的角度来看，租赁住房领域的政策重点应关注建立良性的市场竞争环境，并形成稳定、合理的租金预期。

参考文献:

[1] Huang, Y., Yi, D., & Clark, W. A.(2020). Multiple home ownership in Chinese cities: An institutional and cultural perspective[J]. *Cities*, 97, 102518.

[2] Glaeser, E., Huang, W., Ma, Y., & Shleifer, A. A real estate boom with Chinese characteristics[J]. *Journal of Economic Perspectives*, 2017, 31(1), 93-116.

[3] Shilling, J. D., Sirmans, C. F., & Dombrow, J. F. Measuring depreciation in single-family rental and owner-occupied housing[J]. *Journal of Housing Economics*, 1991, 1(4), 368-383.

[4] 柴强, 王霞. 住房租赁市场发展亟待破解的深层次问题 [EB/OL]. [2021-10-15]. https://baijiahao.baidu.com/s?id=1713680275216052072&wfr=spider&for=pc.

[5] 王宇凡, 柴康妮, 卓云霞, 等. 中国城市流动人口住房质量的空间分异与影响因素 [J]. 地理学报, 2021, 76(12): 2944-2963.

附录:

附表 1 所示为对 2015 至 2019 年北京市城六区房东与租赁企业间 69523 份租赁关系数据样本的回归结果。其中,列(1)的回归模型为:$Term_i=\alpha+\beta_1 Renovation_i+Controls+\varepsilon_{it}$。其中,$Term_i$ 代表房东与租赁企业的签约租期,$Renovation$ 代表租赁企业对于房屋的装修费用占年租金的比例。列(2)的回归模型为:$Rent_i=\alpha+\beta_1 I(Term=4)_i+\beta_2 I(Term=5)_i+Controls+\varepsilon_{it}$。其中 $Rent_i$ 代表每平方米租金,$I(Term=4 \text{ or } 5Y)_i$ 代表签约年限是否为 4 或 5 年,若是则取 1,否则取 0,其余样本的签约年限均不超过 3 年。列(3)的回归模型为:$I(Renew)_i=\alpha+\beta_1 Renovation_i+Controls+\varepsilon_{it}$。$I(Renew)$ 代表房东在合同到期后是否续约,是则取 1,否则取 0。回归样本限于在 2019 年末之前到期的 9219 个样本。控制变量包括:房屋的户型、面积、年龄、是否有电梯、是否集中供暖及小区绿化率。回归还控制了月份固定效应及行政区固定效应。列(3)中的回归系数和标准误差同比扩大 100 倍。括号内为经聚类稳健调整的标准误,*、**、*** 代表在 10%、5%、1% 下显著。

对租赁企业影响房东长租意愿的实证分析　　　　　　　附表 1

	Rental Term	Rent per Area	$I(Renew)$
	(1)	(2)	(3)
Renovation	1.82*** (0.18)		−1.14*** (0.05)
$I(Term=4Y)$		1.50*** (0.57)	
$I(Term=5Y)$		3.24*** (0.27)	

续表

	Rental Term	Rent per Area	$I(\text{Renew})$
	（1）	（2）	（3）
Controls	Yes	Yes	Yes
Year-month F.E.	Yes	Yes	Yes
District F.E.	Yes	Yes	Yes
N	69523	69523	9219
Adj. R^2	0.24	0.77	0.35

附表 2 所示为对 2015 至 2019 年北京市城六区房东与租赁企业间 69523 份租赁关系数据样本的回归结果。列（1）至列（4）回归所用的模型为：$Term_i = \alpha + \beta_1 PriceGrowth_i + \beta_2 DealGrowth_i + \beta_3 RentGrowth_i + Controls + \varepsilon_{it}$。其中，$Term_i$ 代表房东与租赁企业的签约租期，$PriceGrowth$ 代表房屋所在地周围 2 公里范围在过去 1 年中的房价增速，$DealGrowth$ 代表房屋所在地周围 2 公里范围在过去 1 年中的二手房交易笔数增速，$RentGrowth$ 代表房屋所在地周围 2 公里范围在过去 1 年中租赁企业为房东所付租金的租金增速。控制变量包括：房屋的户型、面积、年龄、是否有电梯、是否集中供暖及小区绿化率。回归还控制了月份固定效应及行政区固定效应。括号内为经聚类稳健调整的标准误，*、**、*** 代表在 10%、5%、1% 下显著。

对房东长租意愿影响因素的实证分析 附表 2

	Rental Term			
	（1）	（2）	（3）	（4）
Price Growth	−0.45** （0.18）			−0.62*** （0.20）
Deal Growth		−0.14** （0.16）		−0.19*** （0.06）
Rent Growth			−0.40*** （0.10）	−0.35*** （0.10）
Controls	Yes	Yes	Yes	Yes
Year-month F.E.	Yes	Yes	Yes	Yes
District F.E.	Yes	Yes	Yes	Yes
N	69523	69523	69523	69523
Adj. R^2	0.09	0.09	0.09	0.09

作者联系方式

姓　名：张　峰　李尚宸　张英广
单　位：北京大学光华管理学院
地　址：北京市海淀区颐和园路 5 号
邮　箱：zheng86@gsm.pku.edu.cn；lishangchen@pku.edu.cn；yingguang.zhang@gsm.pku.edu.cn

姓　名：胡佳胤
单　位：北京大学国家发展研究院
地　址：北京市海淀区颐和园路 5 号
邮　箱：jyhu@nsd.pku.edu.cn

总分5分，长租公寓抗风险级别能得几分？

徐时宁

摘　要：本文主要论述新冠疫情后行业受冲击及复苏的情况、B端与C端的差异，并对后续常态化防控给予建议，选取风险分析的专题介绍公寓行业抗风险的策略。

关键词：长租公寓；常态化防控；抗风险策略

一、疫情下的公寓行业

疫情对长租公寓市场的冲击是脉冲式的，到2020年第三季度末即实现复苏，好于绝大多数类地产行业（图1）。

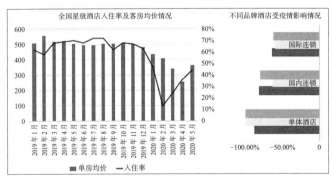

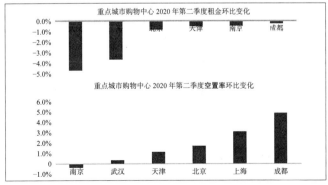

图1　2020年酒店、购物中心、写字楼租赁情况

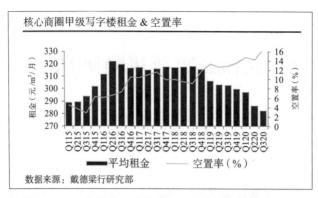

图 1 2020 年酒店、购物中心、写字楼租赁情况（续）

数据来源：克而瑞、戴德梁行

过去的三四年，相信每一位长租公寓圈内人都有过类似的经历——向股东、投资人路演完长租公寓的美好未来之后，总会被问到"公寓这个投资收益率也太低，和办公、商业都不能比啊"；我们通常一笑而过："那是因为居住的需求更刚需，长租公寓的投资稳定性更高。"新冠疫情给了长租公寓一次证明的机会。

公寓经营出租率趋势——以魔方公寓为例（图 2）。

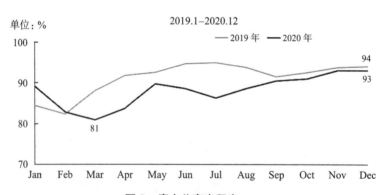

图 2 魔方公寓出租率

数据来源：魔方集团

绝大部分行业龙头在疫情最严重的 2020 年 3—5 月，依然有 70%～90% 的出租率，相对商业的门可罗雀和办公楼的大面积退租潮，抗风险能力突显。时至今日，同样提供居住功能的酒店业正在从疫情中逐渐恢复，而长租公寓可以说已经提前半年完成了复苏，这个复苏的时间差是对行业抗风险能力最好的佐证。过去一年，我们也见证了一批经济型酒店门店转型长租公寓的案例。

二、B 端与 C 端受疫情影响的差异

ToB 和 ToC 业务脉冲响应时间不同，对比下降节点和复苏节点，蓝领公寓比长

租公寓均晚一个季度（图3）。

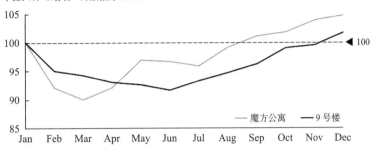

2020年RevPAR趋势，魔方公寓及9号楼
单位：%，以各自一月数据为100%

图3 对比公寓经营B端与C端的ReVPAR趋势
数据来源：魔方集团

两类业务的脉冲周期均为约6个月，但ToB业务下降和回升均比ToC业务晚约3个月。实际在疫情最严峻的春节后，白领公寓出现了租客返工流量大幅降低的现象，而蓝领公寓的企业客户更多地在与我们商讨如何加强公寓内的疫情防控，致力于通过公寓运营商的力量，确保雇员的安全、健康。从业务端思考，主要源于企业相对于个人抗风险能力更强、决策周期更长、更换租住场地的成本也更高。同样，在疫情复苏后，企业对市场向好的判断到落实为举措也相对个人更谨慎。

复苏的速度城市间差异巨大（图4）。把时钟拨回到2021年夏天，上海的同事已经摘下了口罩到处玩耍，北京的朋友依然严阵以待。从宏观住宅租赁市场的价格和供

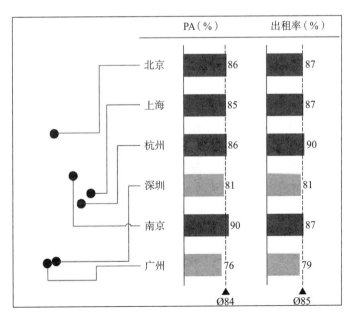

图4 城市复苏情况——2020年疫情期间节点数据
数据来源：魔方集团

给量可以看出，不同城市的复苏速度不尽相同，这不光来自城市间的防控差异，也受到单点疫情事件这一偶然因素影响。

三、TIPS：公寓行业如何常态化疫情防控

一是，疫情来临时的全行业坚守，体现运营商在疫情防控中的独特价值。

二是，针对城市精细化管理，制定不同的运营策略，不做一刀切管理。

三是，ToB 与 toC 的合理配比，体现在整个品牌，也体现在每个单店。

四是，对区块/门店进行分级，通过大数据分析总结疫情冲击程度的差异，为未来常态化疫情防控制定分级策略。

四、公寓疫情风险分析与分级策略

基于 TIPS 中对区块/门店进行分级，通过大数据分析总结疫情冲击程度的差异，为未来常态化疫情防控制定分级策略。

不同微观区域，受疫情影响和恢复速度存在差异。通过集团定期的全国性闭门会议，分析区域、城市间的差距，发现各个城市受疫情影响的周期几乎都有时间上的差异，并且同一个城市中受疫情影响的差异也非常大，最终导致门店的出租率和房价复苏速度各不相同。

魔方研究院尝试分析原因，发现要素过多，最终决定先通过大数据分析提炼相关性，跳过"因"，先求"果"。闭门会议头脑风暴了门店受疫情影响的大小的决定性因素：流动人口的占比；周边产业受疫情影响程度；周边人群的购买力和抗风险能力；二次突发疫情对区域的封闭；当地的行政能力；当地的管控压力。魔方集团研究院通过大数据分析，绕过因果关系，只分析相关性，寻找线索（表1）。

波动度是评估区块间受疫情影响差异的显著结果指标。鉴于租住人群的消费习惯，我们将样本城市（北京、上海、广州、深圳、杭州、南京）划分为 1.5km-3km 的半径的区域，六个城市合计划分成 783 个区域，对疫情最严重的 3—6 月的房价和供给量持续关注（此处的房价和供给量为住宅租赁市场的房价和供给量），形成外部数据；再聚焦六个城市中数据有效性较高的魔方公寓 106 家，汇总出租率、房价等信息，形成内部数据。通过内外部数据的回归分析、方差分析，发现区域供给量波动度与门店出租率存在显著统计学结论，可用于评估区域/门店的抗疫情影响能力（图5、图6）。

从实际情况分析，也能体现波动度作为"指针"的显著性。如价格较高的市中心区域和价格较低的城郊区域，受疫情影响最严重，波动度较高；价格居中的区域则受疫情影响较小。从客群调研中我们也发现类似的结论，部分租客会因为疫情导致收入下降，进而选择从市中心外迁到中环附近地铁沿线居住，降低租房成本。以上海为

分区域的价格与供给波动度分析　　　　　　　　　　　　　　　　　表 1

城市	行政区	区域	供给	价格2006	平均值	供给20	价格2005	供给20	价格2003	CV-S	CV-P
上海	虹口	北外滩	20	3,339	17	17	3,260	16	3,139	12%	3%
上海	虹口	江湾镇	11	2,149	13	10	2,216	6	2,143	29%	2%
上海	虹口	凉城	103	2,586	13	106	2,631	64	2,622	26%	1%
上海	虹口	临平路	79	3,151	12	86	3,194	47	3,069	29%	2%
上海	虹口	鲁迅公园	81	3,079	16	62	3,059	8	2,653	75%	8%
上海	虹口	曲阳	38	2,670	12	41	2,802	50	2,833	15%	3%
上海	虹口	四川北路	2	2,890	11	11	2,813	10	2,961	64%	3%
上海	黄浦	打浦桥	25	3,236	12	29	3,253	33	3,316	14%	1%
上海	黄浦	董家渡	10	3,237	18	11	3,084	11	3,217	5%	3%
上海	黄浦	淮海中路	2	3,180	14	3	3,403	1	3,630	50%	7%
上海	黄浦	黄浦滨江	5	2,872	13	20	3,501	11	3,275	63%	10%
上海	黄浦	老西门	27	3,694	15	38	3,537	42	3,713	21%	3%
上海	黄浦	南京东路	3	3,217	11	2	3,295	1	3,030	50%	4%
上海	黄浦	蓬莱公园	57	3,442	14	73	3,478	56	3,598	15%	2%
上海	黄浦	人民广场	8	3,097	16	9	3,336	1	2,630	73%	12%
上海	黄浦	世博滨江	38	3,199	14	52	3,422	38	3,410	19%	4%
上海	黄浦	五里桥	37	3,201	12	44	3,356	63	3,341	28%	3%
上海	黄浦	新天地	8	3,738	15	11	3,323	16	3,193	35%	8%
上海	黄浦	豫园	4	3,320	10	11	3,389	11	3,253	47%	2%
上海	嘉定	安亭	73	1,364	12	80	1,388	102	1,380	18%	1%
上海	嘉定	丰庄	78	2,273	14	98	2,215	63	2,215	22%	1%
上海	嘉定	嘉定老城	11	1,378	13	106	1,268	120	1,253	75%	5%
上海	嘉定	嘉定新城	136	1,612	14	150	1,539	218	1,465	26%	5%
上海	嘉定	江桥	167	1,908	11	199	1,887	158	1,858	12%	1%
上海	嘉定	菊园新区	197	1,341	16	198	1,334	380	1,327	41%	1%
上海	嘉定	新成路	6	1,157	10	8	1,218	12	1,209	35%	3%
上海	静安	不夜城	86	2,972	14	97	2,861	137	3,014	25%	3%
上海	静安	曹家渡	91	3,129	13	169	2,904	302	3,360	57%	7%
上海	静安	大宁	142	2,601	16	133	2,697	134	2,627	4%	2%
上海	静安	江宁路	39	3,067	13	77	3,103	82	3,295	36%	4%
上海	静安	静安寺	5	3,512	11	6	3,557	7	3,820	17%	5%
上海	静安	南京西路	22	3,169	15	17	3,179	36	3,729	39%	10%
上海	静安	彭浦	53	2,347	15	43	2,299	41	2,301	14%	1%

数据来源：魔方集团

城市	上海		
行标签	计数项：区域	平均值项：CV-S	平均值项：CV-P
0–2000	52	38%	4%
2000–3000	70	22%	3%
3000+	36	31%	6%
总计	158	29%	4%

图 5　波动度分析 – 价格区间

数据来源：魔方研究院

例，波动度最稳定即受疫情影响最小的行政区是杨浦区、普陀区等租房价格居中的区域（图 7、图 8）。

白领公寓的波动度预警线在 25%（CV–S），低于预警线的低风险门店未来在疫情再次发生后可以执行比高风险门店更市场化的运营策略，发挥抗风险能力。将波动度和魔方集团白领公寓数据进行交叉分析，寻找到波动度的预警线。通过方差分析发现显著性（P–value=0.039）的预警线在 25%，识别出抗风险能力弱的区域和对应的门店。从魔方的数据来看，抗风险能力弱的区域相比其他区域出租率下降约 5%。而抗风险能力较高的区域受疫情冲击 2 个月内即能复苏到冲击前。

城市 上海

行标签	平均值项：价格 2006	计数项：区域	平均值项：CV-S
黄浦	3286	12	35%
长宁	3006	9	27%
徐汇	2976	14	26%
虹口	2838	7	36%
静安	2786	11	28%
杨浦	2662	7	11%
普陀	2641	13	17%
浦东	2210	31	36%
闵行	2163	15	22%
宝山	1919	15	16%
松江	1708	8	31%
青浦	1576	6	31%
嘉定	1576	7	33%
金山	1380	1	173%
奉贤	1190	2	119%
总计	2401	158	29%

城市 北京

行标签	平均值项：价格 2006	计数项：区域	平均值项：CV-S
海淀	3626	38	29%
东城	3598	25	37%
西城	3476	21	27%
朝阳	3308	55	34%
丰台	2846	25	27%
石景山	2500	7	21%
通州	2444	14	32%
昌平	2366	10	40%
大兴	2335	10	26%
顺义	2113	6	54%
房山	2000	1	30%
门头沟	1840	1	18%
总计	3141	213	32%

图 6 波动度分析 – 上海与北京各行政区

数据来源：魔方研究院

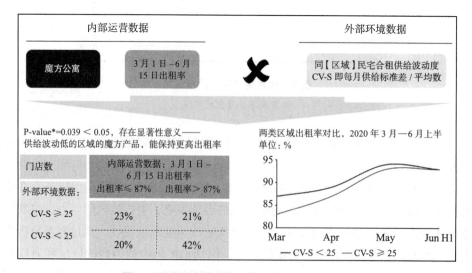

图 7 区域风险维度的经营分析（add- 热力图）

数据来源：魔方研究院

AA级区域		A级区域							
浦东	陆家嘴	黄浦	老西门	浦东	源深	虹口	曲阳	静安	彭浦
长宁	新华路	静安	静安寺	徐汇	田林	杨浦	黄兴公园	浦东	金杨
徐汇	康健	黄浦	蓬莱公园	长宁	北新泾	普陀	真如	浦东	杨思前滩
徐汇	龙华	普陀	长寿路	徐汇	徐家汇	闵行	古美	徐汇	长桥
静安	闸北公园	徐汇	斜土路	浦东	梅园	杨浦	中原	嘉定	丰庄
浦东	洋泾	虹口	北外滩	静安	西藏北路	静安	大宁	宝山	共康
浦东	杨东	浦东	潍坊	普陀	甘泉宜川	长宁	西郊	浦东	三林
徐汇	漕河泾	长宁	中山公园	杨浦	五角场	杨浦	周家嘴路	徐汇	华东理工
浦东	张江	黄浦	董家渡	长宁	仙霞	闵行	龙柏	宝山	淞南
闵行	华漕	黄浦	打浦桥	杨浦	鞍山	杨浦	控江路	普陀	桃浦
宝山	大华	普陀	中远两湾城	闵行	金虹桥	普陀	曹杨	普陀	真光
宝山	高境	黄浦	世博滨江	长宁	虹桥	宝山	新江湾城	浦东	碧云
闵行	梅陇	普陀	武宁	闵行	金汇	徐汇	上海南站	浦东	高行
		浦东	联洋	杨浦	东外滩	普陀	长征	浦东	北蔡
		浦东	塘桥	普陀	长风	普陀	万里	宝山	通河

图 8 区域风险度分级样例

数据来源：魔方研究院

五、总结

一是，通过房价波动度和供给量波动度，对区块分级，抗风险能力最强的 AA 级区域及次之的 A 级区域，指导拓展和运营制定精细化管理策略。

二是，针对 AA 级区域的公寓，经营者需抱有充分的信心，减少折扣与优惠；针对 B、C 等抗风险能力较差的区域，可以根据具体的风险情况与门店实际经营情况给予营销与促销活动。

作者联系方式

姓　　名：徐时宁

单　　位：魔方生活服务集团魔方研究院

邮　　箱：xusn@52mf.cn

关于长租公寓市场供需现状的分析及建议

蔡田雨　于明生

摘　要：在政策的推动下，我国长租房租赁市场迅速发展，但同时也出现了法律政策支持力度不够、长租房租赁市场供需不平衡、长租公寓产品较为单一等问题。今后长租房租赁市场将建立健全法律制度、盘活存量资源以开辟增量市场、加强租赁企业专业服务及长租房租赁市场的配套服务，促进我国长租房租赁市场规范蓬勃发展。

关键词：长租公寓；租赁住房；市场监管

2020年12月，中央经济工作会议提出"加快完善长租房政策，逐步使租购住房在享受公共服务上具有同等权利，规范发展长租房市场"，其实质是让居民愿意"长期"租住。租房不仅可以满足承租人群的居住需求，更能有效缓解各城市房地产市场的压力。2021年政府工作报告指出："通过增加土地供应、安排专项资金、集中建设等办法，切实增加保障性租赁住房和共有产权住房供给，规范发展长租房市场，降低租房税费负担，尽最大努力帮助青年人缓解住房困难。"

未来住房租赁将是房地产市场发展的重点，针对大量新就业人口的居住需求，不仅要增加出租房源，而且政府也会更加重视长租房租赁市场，能够在一定程度上给予政策、资金支持，还需鼓励民营企业进入长租房市场，以促进住房租赁行业的全面均衡发展。

一、长租房的含义及类型

（一）长租房的含义

长租房是近几年推出的一个新兴房产行业，一般指长租公寓，其常见改造物业的形式是由公司统一和业主签订租赁合同，经过装修后再分租给客户。不同于普通租房，长租公寓普遍为"拎包入住"模式，其房间装修更精良，设备设施齐全，拥有更好的服务居住体验，管理模式统一、集中，实现所谓"品质居住"。

（二）长租房的类型

按房源来划分，长租房分为集中式长租房和分散式长租房。

1. 集中式长租房

集中式长租房是收下整栋或整栋中的几层，或建设整栋房产，在此基础上修建、装修，设置公共空间及公共设施，方便集中管理。这些房产多为旧工业厂房、商业用房、原有的酒店或者开发商手中的闲置房产。目前寓、泊寓等公司开始经营集中式长租房，它们的经营方较为广泛，包括国有背景的企业、开发商、房屋经纪机构等。

2. 分散式长租房

分散式长租房是通过租赁或受托的方式收集房源，统一管理并承租给租客的形式。因市场上零散的房源较整栋更容易获取，所以这些房子分布较为疏散但环境相对独立。目前主要是一些房屋经纪机构借助市场渠道收集房源集中管理，包括链家自如、我爱我家相寓等。

二、长租房供需分析

从宏观的角度来看，长租房租赁市场是由供给侧和需求侧共同决定的。由于我国房地产供给侧结构的不断改革，长租房亦成为我国未来租赁住房供给体系中增长潜力最大的部分。随着新生代租客的崛起，住房消费市场需求不断升级，消费观念渐渐发生改变，新生代租客渐渐成为长租房市场需求的主力军。

（一）供给侧影响因素分析

1. 政策法规

长租房作为租赁新业态，其相关政策均在初始阶段，而产权、融资和补贴等与之关联的每一流程都影响着供给侧主体。从产权来看，非居住类既有建筑改造成长租房时，变更土地性质及用途可以影响房屋的来源，如支持"商办改住"等[1]；从融资来看，长租房十分需要资金支持，目前融资方式主要为REITs、租金贷等[2]。

党的十九大报告指出，坚持"房子是用来住的、不是用来炒的"定位，加快建立多主体供给、多渠道保障、租购并举的住房制度，稳地价、稳房价、稳预期，培育发展以长租公寓为代表的住房租赁市场，规范发展长租房市场。长租行业作为住房租赁市场重要发展方向及重心，将对住房租赁体系产生较大的影响，亦对住房租赁市场的发展具有示范带动作用。

2. 土地

在第十三届全国人民代表大会第四次会议上，李克强总理多次提及"租赁住房"[3]。通过增加土地供应、安排专项资金、集中建设等办法，切实增加保障性租赁住房和共有产权住房供给，降低租赁住房税费负担，尽最大努力帮助新市民、青年人等解决住房困难问题。

从长远来说，存量房和新建住房是影响长租房供给的主要因素。2015年以来国家大力发展租房市场，租赁用地供给在重点城市、特大型城市的占比和绝对值大幅提升,如北京租赁住宅占住宅用地比重由13%提高到30%,并公布了竞建"公共租赁住房"上限面积等相关拿地新政,保障了租赁住房的供应。

3. 城市发展程度

随着城镇化进程的加快,越来越多的人涌入大城市,加剧了城市住房的供需矛盾。长租房适合大流量人口城市,经济发展、社会发展及人口发展程度均是长租房供给侧的影响因素。从经济发展来看,消费者的消费能力可以反映对区域物业租金的接受程度;从社会发展来看,一座城市的城市化程度会影响到青年群体的选择;从人口发展来看,青年长租房需求随着青年租房需求的升高而升高,高校毕业生是青年主力。

4. 行业市场发展程度

长租房仍处于探索阶段,其发展程度也会影响着供给。从租房市场规模来看,需要考虑长租房现有的供给规模及未来发展规模,具备一定的吸引力;从同行竞争来看,需要考虑市场饱和度,具体来说就是长租房的数量及发展规划[4]。

(二)需求侧影响因素分析

1. 政策法规

各地政府陆续出台的人才引进与落户政策,正面刺激了各大城市的住房租赁市场。通过对北京、广州、深圳、成都、杭州、南京、天津、武汉、西安、重庆等10个一线及新一线城市的数据研究,虽然一线城市租房交易量明显要高于新一线城市,但新一线城市交易量增速明显高于一线城市。

2. 受众群体

长租房的受众群体主要为"85后"及"90后"青年群体和高校毕业生,随着互联网的发展、消费升级、生活舒适度要求的提高、生活理念以及思想的转变,他们对租房的态度有了更大的包容度与接受度,传统租赁市场无法有效回应和满足他们的新型需求,因此对长租房也较为青睐。

3. 社会因素

在我国,普遍思想是"重购轻租":一方面,家庭为了在心仪的城市拥有一个栖息之地,心中都会有一个思想"有房才有家";另一方面,购入再出租短期内有了租金的收入,长远来看,更保证了房产的增值;但从"房住不炒"的定位到"长效机制"的确立,再到"租购并举"的提出,以及目前房价高和人群总体收入不匹配的现实,加速了长租房租赁市场的发展。

很多在大城市工作的青年人,暂时没有能力买房,对居住品质又有一定要求,分散式长租公寓满足了部分这样的住房需求,从而加大了对长租房的需求量。

三、我国长租公寓市场存在的问题及建议

（一）我国长租房租赁市场存在的问题

1. 法律政策支持力度不够

我国目前没有完备的《住房租赁管理条例》等法律，多年来，政府将房屋租赁登记备案制度作为租赁管理的手段，但关于住房租赁的法律较少且监管力度不够，此项制度并没有完全落实到位，不办理租赁合同备案的现象较为普遍，致使政府无法正确了解长租房租赁市场的交易情况。长租房租赁市场社会效益较大，因此更需要政府政策支持。

2. 长租房租赁市场发展滞后

商品房制度建立后，我国房地产销售市场蓬勃发展，但长租房租赁市场却相对落后，导致各种问题频发。第一，供给主体暂不成熟，承租方对房屋品质要求过高，长租房租赁市场供需结构不合理；第二，承租人与出租人在经济实力上不完全对等，所以谈判时讨价还价能力较弱，且存在不规范的房地产经纪机构侵害承租人利益的现象。市场中的不利地位及政府监管不严等原因，无法有效保障承租人的合法权益。

3. 长租房租赁市场供需不平衡

得益于城市发展、人口流动等原因，不仅有年轻群体因限购及高房价而选择租房，而且许多人因就近上学、工作等原因而产生租房需求，导致长租房租赁市场规模较大，并会继续扩大。此外，我国长租房租赁市场以散租或者委托中介为主，住房房源供需结构失衡，长租房租赁市场专业化、规模化的程度还不够[5-6]。

4. 长租公寓产品较为单一

万科泊寓、YOU+、龙湖冠寓等长租公寓，其产品定位多为青年社区；从产品来看，多为小面积、开间或单间公寓，家庭式公寓较为稀缺，不能更多地满足家庭居住、与老年人或幼儿共同居住的目的，在租购并举、租购同权的形势下有一定的发展局限。

（二）提升我国长租房租赁市场良性发展的建议

1. 建立健全法律制度，采取严格的监管措施

严格落实房屋租赁合同备案制度，避免投机行为的发生，尤其是网签租赁合同，确保房源是否真实、房屋中介机构是否具有从业资格等。建立健全住房租赁企业或中介机构备案制度，加强租房市场的监督，有效管控不规范行为。将长租公寓"高收低出""长收短付""租金贷"等容易引发纠纷的现象纳入监管，如2021年4月，住房和城乡建设部等6部门联合印发《加强轻资产住房租赁企业监管》，明确7方面监管措施，加强从业管理，规范住房租赁经营行为，单次收取租金的周期原则上不超过3个月，开展住房租赁资金监管，禁止套取使用住房租赁消费贷款等，保证长租公寓有一

个健康良好的发展环境。完善政策、法规体系，还能够更快实现"非住转租"。非住转租项目的施工改造涉及较多监管部门，由于政策、法规体系的不清晰，在审查中缺乏明确的标准，阻碍非住转租项目的进度。

2. 盘活存量住房，开辟增量市场

2021年3月，《中华人民共和国国民经济和社会发展第十四个五年规划和2035年远景目标纲要》发布，指出加快培育和发展住房租赁市场，有效盘活存量住房资源，有力有序扩大城市租赁住房供给，完善长租房政策，逐步使租购住房在享受公共服务上具有同等权利[7]。加快住房租赁法规建设，加强租赁市场监管，保障承租人和出租人合法权益。

一二线城市土地稀缺，开发力度越来越小，且有些热点城市受商办类销售限制政策的影响，去化速度相对缓慢，并且随着社会发展，很多国有企业将转型提上日程，种种原因导致城市中存在大量低效利用的建筑，亟需进行盘活。

《关于加快培育和发展住房租赁市场的若干意见》（国办发〔2016〕39号）提出："允许将商业用房等按规定改建为租赁住房，土地使用年限和容积率不变，土地用途调整为居住用地，调整后用水、用电、用气价格应当按照居民标准执行。允许将现有住房按照国家和地方的住宅设计规范改造后出租，改造中不得改变原有防火分区、安全疏散和防火分隔设施，必须确保消防设施完好有效。"这也对住房租赁的改建与经营进行了肯定，起到了推动作用，不仅可以有效缓解商办类市场的库存压力，也可以缓解租赁市场的供给不足问题。

"十四五"规划纲要明确提出"单列租赁住房用地计划"，探索利用集体建设用地和企事业单位自有闲置土地建设租赁住房，支持将非住宅房屋改建为保障性租赁住房。2020年7月，首个集体土地长租公寓项目北京万科泊寓成寿寺社区首批235套房源提前全部租罄。此社区利用集体土地建设租赁住房，在节省了土地获取成本的同时，最大限度降低了租金成本，同时实现村民和村集体、企业多方长期可持续的收益。现阶段，在一些一线及新一线城市，政策允许将非住宅用房改造为租赁住房，例如上海提出长租公寓与养老相结合，为租房市场的发展提供了新方向。

3. 加强租赁企业专业服务

对于一些改建型的长租公寓，租赁企业可以完善其社区绿化、景观资源，打造自有品牌及推出不同层次的产品服务，如公共厨房、社交活动空间；而高端长租公寓可以打造书吧、健身房等，优化居住体验，满足租客的文化精神需求，进而稳定租赁关系。

4. 完善长租房租赁市场的配套服务

政府等相关部门协作，将工商、公积金等数据共享，如承租人可以按照国家规定的住房租赁合同备案申请办理居住证、"租购同权"等惠民服务。同时，大力发展公租房，有助于形成互补的长租房租赁市场。借助部门联动信息共享，让保障家庭申请准入、公租房管理等流程更加便利。除此以外，还需加大力度实施公租房租赁补贴，将城镇低收入住房困难人群、新就业无房人群、人才招揽、城镇外来稳定就业人群等纳入公租房租赁补贴范围,如国家发改委关于印发《2021年新型城镇化和城乡融合发展重点任务》的通知,提出要有序放开放宽城市落户限制,各类城市要根据资源环境承载能力和经济社会发展实际需求,合理确定落户条件,坚持存量优先原则,推动进城就业生活5年以上和举家迁徙的农业转移人口、在城镇稳定就业生活的新生代进城务工人员、农村学生升学和参军进城的人口等重点人群便捷落户。城市落户政策要对租购房者同等对待,允许租房常住人口在公共户口落户。租房落户这一政策,让租赁成为新市民稳定甚至永久的居住方式,有利于实现农业转移人口市民化。

四、结语

租房时代已经到来,长租房正值最佳发展时机,租房需求的扩增及政策的支持定能使长租房市场迅速发展。同时,针对现阶段我国长租房市场存在的各种问题,还需要政府充分发挥其管理职能,完善租赁市场法律法规,为租赁市场良性发展提供支持。未来随着市场参与主体、长租房公寓产品的多元化,长租房市场也会极具发展潜力。

参考文献:

[1] 朱锡平,陈英.我国旧城更新改造中的产权问题研究[J].当代经济科学,2009,31(3):101-105+127.

[2] 李嘉."租住同权"背景下基于信托制度的长租公寓融资模式[J].贵州社会科学,2018(7):116-124.

[3] 慕欢欢.供给侧视阈下既有建筑改造为长租公寓决策影响因素研究[J].广西质量监督导报,2020(12):155-156.

[4] 牟伟,张星江,于磊.租赁住房发展困境与展望[J].中国房地产,2021(10):23-25.

[5] 金占勇,王萌.长租房租赁市场现存问题分析研究[J].上海房地,2021(2):8-10.

作者联系方式

姓　名:蔡田雨　于明生

单　位:深圳市世联土地房地产评估有限公司北京分公司

地　址:北京市朝阳区西大望路15号外企大厦B座13层

邮　箱:caity@worldunion.com.cn

注册号:蔡田雨(110200071)

长租房市场发展中的问题及促进其发展的政策建议

蒋 渝

摘 要：伴随城镇化推进，新市民群体规模不断扩大，一系列推进长租房市场发展的政策出台，租购并举的住房制度逐步形成。租房需求不断扩大的同时，区域性的供需结构、租金水平存在较大的差异，长租房市场中的三个主要问题不容忽视：相关法律法规不健全、行业发展模式单一、租赁市场监管缺乏协调性，本文针对以上问题提出了相应的对策建议。

关键词：长租房；新市民；商改租

随着城镇化进程推进，户籍制度进一步改革，带来大规模的人口流动，以大学生、青年人、进城务工人员为主体的新市民的住房需求推动了长租房市场的发展。近年来，党和国家高度重视住房租赁工作，特别是2017年全国开展住房租赁工作试点以来，从中央到地方多项政策、措施出台，长租房市场发展迅速，多主体供给、多渠道保障、租购并举的住房制度逐步形成。规范发展长租房是深入贯彻落实党中央"房住不炒"决策部署的重要要求，是大力保障新市民居住的现实需要，是引导人口有序流动的重要抓手，是增强人才吸引力的重要途径。

一、长租房市场发展基本情况

（一）租房需求不断扩大

2022年末，全国城镇常住人口9.1亿，流动人口3.85亿，随着城市人口不断的增长，租房需求随之扩大。据不完全统计，仅北京、上海、广州、深圳、成都、杭州6个城市，租住人口就接近5000万人。根据有关调查显示，目前在大城市有70%的新市民和青年人是靠租房来解决住的问题，粗略估算有2.69亿人有租房需求，未来5年大城市中新市民的租住需求还将迎来规模增长（表1）。

（二）住房租赁企业数量增长迅速

根据贝壳研究院发布的《2021年住房租赁市场报告》显示，住房租赁企业数量已达万级规模。以国家企业信用信息网公布的企业数据为基础进行测算，2021年主营

2021 年部分城市租住人口情况 表 1

城市	常住人口（万人）	租房人口（万人）	租房人口/常住人口（%）
北京	2188.6	730	33.3
上海	2489	995	40
广州	1881.06	995	53
深圳	1756	1350	77
杭州	1220.4	477	23.06
成都	2119.2	426	20

数据来源：《2021 年全国重点城市长租市场观察》与各城市统计数据整理

业务为房地产业，经营范围涵盖"住房租赁"，实际经营的住房租赁企业已达 2 万家左右，其中 8 成为近两年成立（图 1）。近几年，各地方加强了对住房租赁企业注册和开业报告的管理，以及中央财政支持住房租赁市场发展试点工作的推进，为行业健康持续发展提供了较好的市场环境。

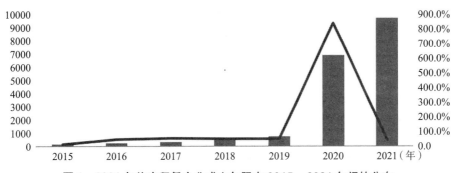

图 1 2021 年住房租赁企业成立年限在 2015—2021 年间的分布

来源：贝壳研究院整理

（三）市场租金相对稳定但区域性差异较大

据贝壳数据显示，2021 年全国重点 40 城租赁房源平均月租金为 38.8 元 /m²，同比微涨 1.3%，但相比于 2019 年仍下跌 8.8%，超 6 成城市租金低于疫情前；相比于 2019 年，上海、深圳、杭州、成都、西安、合肥、南京、福州、长沙、厦门、无锡、芜湖、徐州及兰州等 14 个城市租金持平或微涨外，其余 26 个城市租金仍下跌。根据 58 同城、安居客发布的《2021 年全国租赁市场总结报告》显示，全国租赁房源供应的价格分布呈现纺锤形，高端和低端房源的供应较少，不同城市房源供应也有很大区别：一线城市由于整体薪资收入水平较高，租赁用户支付能力更强，供应房源以 4001～6000 元 / 月 / 套占比最高，约为 25.6%；二线城市以 1501～2000 元 / 月 / 套的房源占比最高，达到 22.6%；三四线城市以 1001～2000 元 / 月 / 套供应占比最高，接近 50%。

二、长租房市场的问题

（一）长租房相关法律法规不健全

相关法律法规滞后。从法律体系上看，《住房租赁条例》在2021年征求社会意见后迟迟未出台，国家层面的顶层设计存在缺位。同时，以此为基础的地方性规章制度无法落地，虽然2016以后全国各大中型城市多次发布增加租赁住房供应、发展租赁企业、规范租赁市场等方面的政策，但这些政策、措施都是以规范性文件的方式出台，其实施的效力有限，可操作性不足，政策执行困难重重，执行力度大打折扣。譬如在"商改租"方面，《国务院办公厅关于加快培育和发展住房租赁市场的若干意见》（国办发〔2016〕39号）等文件允许将商业用房等按规定改建为租赁住房，土地使用年限和容积率不变，土地用途调整为居住用地，调整后用水、用电、用气价格应当按照居民标准执行，但各地方在探索利用非住宅用地建设租赁住房时，存在突破《城乡规划法》《中华人民共和国城镇国有土地使用权出让和转让暂行条例》等上位法的风险，调规基本很难通过规划和自然资源部门的审批。

缺乏相关行业标准。不同的建筑类型都有相应的设计规范，如住宅有《住宅设计规范》GB 50096—1999，酒店有《旅馆建筑设计规范》JGJ 62—2014，宿舍有《宿舍建筑设计规范》JGJ 36—2016，但是长租房缺乏相应的设计标准，导致审批及验收缺乏依据，大部分长租房企业按照酒店的标准对项目进行改造，但最终项目在改造后容易出现房间空间设计不合理、配备的设施设备不到位、消防安全存在隐患等问题。

（二）行业发展模式单一

不论是分散式还是集中式的长租房企业，基本都是轻资产企业，主要依靠收取租客租金与支付房东租金之间的价差获利，房源出租率基本要达到90%以上，企业才能实现盈利。大多数租赁企业不是自持房源经营，很难通过资产抵押担保进行融资，同时企业普遍存在主体资质较弱、主体评级较低、缺乏担保实力等问题，无法达到发行相关债券融资条件。为实现快速扩张和盈利，部分企业采取"高收低租""长收短付"，违规开展"租金贷"等方式扩大资金池，而这些企业多数资金实力差，抗风险能力弱，一旦资金链断裂，最终导致企业爆仓，企业相关负责人失联跑路现象就时有发生。近年来爆仓事件频发，涉及的房东、租客人员众多，金额巨大，企业、房东和租客之间的矛盾化解难度大，极易引发群体性事件，存在较大的社会稳定风险。

（三）租赁市场监管缺乏协调性

一是管理部门的协调性，二是区域之间的协调性。一方面，长租房市场涉及的管理机构有：住房和城乡建设、公安机关、市场监督管理、金融监管和税务等部门，各部门依据现在的法律法规和部门职责开展监管工作，但监管的环节众多，存在监管的空白地带，特别是"租金贷"问题，不能完全做到有效监管，存在"发现难、取证难、执法难"问题，惩戒措施单一，惩处力度较小，违法成本低。另一方面，各地方行政区域的管辖权相对独立、信息不互通，信息的不对称性为一些企业创造了投机的机会，违法企业"打一枪换一个地方"或者"换马甲"在不同城市违规违法经营，各地方的惩处标准不同，打击力度不同，缺乏跨区域联合监管机制，全国没有形成"整盘棋"。

三、促进长租房市场发展的政策建议

中央经济工作会议指出，要坚持"房子是用来住的、不是用来炒的"定位，加强预期引导，探索新的发展模式，坚持租购并举，加快发展长租房市场。稳字当头、稳中求进的2022年，更需进一步发展和规范长租房市场，切实解决好关系民生的住房问题。

（一）健全长租房法律法规

加快制定出台《住房租赁条例》等住房租赁相关法律法规，为各地方出台相关的规范性文件、探索长租房市场持续发展提供支撑。编制长租房设计标准，从长租房的规划选址、配套设施、交通设施，到长租房的户型设计、装饰装修、给水排水、燃气、电气、供暖等，为长租房新建、改建项目的设计、建造、验收提供标准依据。落实"商改租"政策，合理利用闲置、低效的写字楼、厂房、商场、酒店等存量资源，在符合城市总体规划、区域功能定位和产业发展的基础上，在符合安全、质量、消防等条件下，积极探索改建长租房。

（二）加大对长租房政策支持力度

加大对长租房企业的金融支持力度，拓宽直接融资渠道，支持发行企业债券、公司债券、非金融企业债务融资工具等公司信用类债券及资产支持证券，专门用于发展长租房业务。加快相关政策制定，积极支持并推动发展房地产投资信托基金（REITs），丰富长租房企业融资渠道，降低融资成本。主动对接争取国家政策性银行、商业银行、保险机构等对长租房市场的支持，为企业发展营造良好的融资环境，帮助企业解决盈利模式单一、经营能力较弱等问题，促使其形成可持续、可复制的商业模式。

（三）加强对长租房企业的监管

进一步加强对轻资产经营企业的规范监管，加强从业主体管理，要求从事住房租赁经营的企业以及转租住房10套（间）以上的自然人，依法办理市场主体登记及住房租赁业务开业报告；指导长租企业在银行设立租赁资金监管账户，将租金、押金等

纳入监管账户，加强日常监督管理和信息推送，落实企业和商业银行责任，确保资金监管到位；政府部门应优化租赁监管服务平台功能，核验房源信息发布者的真实身份信息及主体资格，不得为信息不实或者未提交开业报告、被列入经营异常名录的住房租赁企业及其从业人员发布房源信息。各相关监管部门按照职责对发布虚假房源信息、恶意克扣押金租金、违规使用住房租金贷款、强制驱逐承租人等违法违规行为，加强日常监测和违法违规行为查处。

（四）建立监管联动机制

一方面，建立住房和城乡建设、发展改革、公安、市场监管、金融监管、网信等多部门协同的住房租赁联合监管机制，并将相关部门的监管工作纳入政府绩效考核体系；另一方面，建立全国互通、部门共享的住房租赁监管体系，形成自上而下协调贯通、跨部门、跨地区、全面覆盖的统一监管标准，强化"一处违法处处受限"，对严重违规违法企业及其法定代表人、股东、主要管理人员、实际控制人等实施一定期限或永久市场禁入。建立健全全国统一的住房租赁信用管理机制，强化失信联合惩戒、守信联合激励。

作者联系方式

姓　　名：蒋　渝

单　　位：成都市房屋租赁服务中心

地　　址：成都市青羊区人民中路一段 28 号 17 楼

邮　　箱：149599480@qq.com

长租房市场规律分析及对策建议

董 峰

摘 要：加快发展长租房市场，是中央对当前城市房地产市场发展及城市新市民安居重大方向的准确把握，但在大城市房地产市场的发展过程中，新的问题层出不穷，群租房、安全隐患等均是影响长租房市场健康稳定的重要因素。对长租房市场这一涉及多个部门、管理难度大、风险隐患突出的监管事项，要建立健全跨部门综合监管制度，完善各司其职、各负其责、相互配合、齐抓共管的协同监管机制。

关键词：长租房；群租房；跨部门；齐抓共管

中央经济工作会议提出要加快发展长租房市场，是中央对当前城市房地产市场发展及城市新市民安居重大方向的准确把握，是有利于群众、有利于社会、有利于国家的长远方针。习近平总书记在中央全面深化改革委员会第二十三次会议上指出，提高政府监管效能，要着力解决好"谁来管""管什么""怎么管"的问题。按照"谁审批、谁监管，谁主管、谁监管"的原则，厘清责任链条，提高履责效能，严肃问责追责。对涉及多个部门、管理难度大、风险隐患突出的监管事项，要建立健全跨部门综合监管制度，完善各司其职、各负其责、相互配合、齐抓共管的协同监管机制。长租房市场的规范和发展是一件民生大事，习近平总书记高屋建瓴地提出了准确的治理对策。

一、发展长租房市场的重要性

近期，全国若干城市出现住房租赁企业"跑路""爆雷"的现象，严重损害了群众，尤其是产权人及承租人的切身利益，激化了产权人与承租人之间的纠纷矛盾，更是将矛头对准了具有监管责任的地方政府。由于租赁行为属于一种物权使用合同行为，合同各方的利益受合同约束和保护，已受损害利益的追回往往需要通过漫长的诉讼渠道，极大影响了租赁受害人的生活质量及对城市安居的满意度，进而引发了城市的人才流失。2021年11月，通过对某市调研，发放和回收154份调查问卷，统计结果如表1所示。

样本的年龄和职业分布　　　　　　　　　　　　　　表1

X\Y	A.在校学生	B.公务员、企事业单位等行政人员	C.工人、工业园区工作人员	D.服务行业人员、写字楼公司职员	E.自由职业者、个体工商人员	F.退休人员	小计
A.22岁以下	1(50%)	0(0.00%)	0(0.00%)	1(50%)	0(0.00%)	0(0.00%)	2
B.22~30岁	0(0.00%)	25(54.35%)	2(4.35%)	14(30.43%)	5(10.87%)	0(0.00%)	46
C.31~35岁	0(0.00%)	29(65.91%)	2(4.55%)	10(22.73%)	3(6.82%)	0(0.00%)	44
D.36~40岁	0(0.00%)	18(62.07%)	4(13.79%)	3(10.34%)	4(13.79%)	0(0.00%)	29
E.41~45岁	0(0.00%)	7(53.85%)	0(0.00%)	2(15.38%)	4(30.77%)	0(0.00%)	13
F.46~50岁	0(0.00%)	4(36.36%)	0(0.00%)	3(27.27%)	3(27.27%)	1(9.09%)	11
G.51岁以上	0(0.00%)	1(11.11%)	1(11.11%)	0(0.00%)	1(11.11%)	6(66.67%)	9

数据来源：调查问卷数据

从填写问卷的年龄结构看，处于22~30岁的人填写问卷46份，处于31~35岁的人填写问卷44份，处于36~40岁的人填写问卷29份，以上三项合计119人，占总被调查人口的77%，与当前在城市中选择租住的人员以中青年人为主相符，符合城市务工人员的年龄结构。通过职业分布情况来看（图1），填写调查问卷的群体以公务员、事业单位人员、服务行业人员、写字楼职员及自由职业者为主，这也印证了年轻群体的职业分布，符合职业规律。

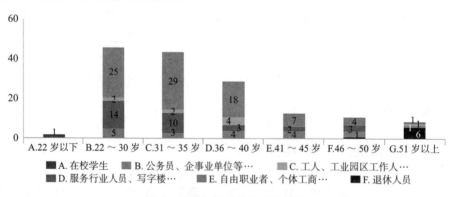

图1　性别年龄职业分布柱状图

综上，长租房市场的租赁主体，就是22岁至40岁的城市新市民及务工人员，职业以公职人员、服务行业人员及写字楼职员为主。长租房市场的不稳定性，尤其是"爆雷""跑路"现象的发生，损害的恰恰是这些人群的切身利益，他们工作时间短、工资待遇低、居住生活不稳定，往往无法承担市场不稳定带来的损失，进而造成城市的人才流失。而这个年轻群体，代表了知识与活力，恰恰是一个城市发展的中流砥柱及未来希望。所以，规范长租房市场，不仅有利于化解社会纠纷矛盾，更是建设民生工程、人才工程的重要举措。

二、长租房市场发展中存在的问题

(一)群租房问题

群租房是指通过改变住宅房屋结构和平面布局,把房间分割改建成若干小间分别按间出租或按床位出租的房屋,一般的群租房会将两室一厅或者三室一厅的房屋进行分割改造,常见的改造形式是将房屋的客厅一分为二,将餐厅隔成一间,这样一般的房屋就多出来三间房屋。也有些依托转租经营的个人二房东,为了利润最大化,会将厨房隔成一间,门厅隔成一间,阳台隔成一间,甚至双卫的其中一个隔成一间,这样一套正常三室一厅的房屋,很可能被隔成六到八间。单套房屋的房间数增加了,就可以容纳更多的城市新青年入住。这种对房屋分割改造的形式,一方面是利益驱使,另一方面则是城市住房资源稀缺为了提高资源利用率而导致的畸形改变。

(二)非市场主体经营问题

目前,市场上从事房屋分割改造行为的少部分是住房租赁企业,更多的则是个人二房东,他们往往每个人承租几十套甚至上百套房屋,改造分割后用于出租居住。他们为了逃避监管,往往不会主动注册成为住房租赁企业,而是以个人的名义与租客签订租赁合同,而且这部分人往往因为素质参差不齐、管理混乱成为投诉的集中点。因为其未注册企业,故而从市场监管的角度出发无权对其进行管理,其以个人租赁行为代替市场经营行为,故意逃避监管,市场监管部门也是无计可施(表2)。

市场主管部门与从业者的利益博弈 表2

市场监管部门/从业者	成立市场主体	注销市场主体
严管	选择/抛弃	选择/选择
宽管	抛弃/选择	抛弃/抛弃

住房租赁的从业者与政府形成了一种博弈,其为了利益最大化,为了不被处理和处罚,甘愿以非市场主体的形式从事经营行为,甚至当某个住房租赁企业因为群租房问题被处罚后,选择注销掉公司,而公司名下房屋均由公司原业务人员以个人的名义重新和承租人签订租赁合同,并以此来逃避政府部门的监管。

(三)安全隐患问题

群租房存在众多安全隐患,有可能是消防隐患,有可能是噪声扰民,有可能是容易引发犯罪等。群租房的管理不规范及隐患丛生,也是小区居民对其经常讨论的诟病(表3)。

群租房存在的安全隐患　　　　　　　　　　　表3

存在隐患	选择人数	占比
违法犯罪活动，如盗窃、人身伤害等	66	42.86%
噪声扰邻	110	71.43%
卫生环境差	76	49.35%
小区公共设施使用压力	23	14.94%
消防安全隐患，如电线私拉乱接、滥用电器等	100	64.94%
住房安全隐患，如擅自改变房屋结构问题等	77	50%
其他	2	1.30%

数据来源：调查问卷数据

简单看来，群租房存在的主要安全隐患问题存在以下五个：噪声扰民、消防隐患、质量隐患、卫生隐患及犯罪隐患。还有被调查者通过"其他"选项，反映群租房存在"竟然有人穿裤头子在外面走动，不关门上厕所"问题，也是群租房实际存在的现状。

三、问题产生的原因

（一）城市居住资源的短缺

城市的发展关口在于城市资源的利用，一个城市里可以利用的资源分为自然资源与社会资源两类，其中自然资源是城市发展的载体，社会资源是城市发展的基石。一个城市的土地是有限的，每块出让的住宅用地容积率是规划部门测定的，导致每块住宅地上建设的房屋总面积是固定的，如果设计方案已经确定的话，那么房屋总数固定，总房间数固定。但是城市是在不断发展的，发展愈快愈好的城市愈能吸引年轻人来城市工作创业，城市居住人数不断增加，在总房源数固定的情况下如何为新增城市人口安排居住场所成了当下之需。所以，城市资源和居民需求两个方面出现了抗争，抗争的浅层表现是年轻人没有合适的房屋居住，深层表现是由于开发商在开发土地时的利润计算，往往不会采取建设大量小户型的房屋形式，过大的户型导致房屋总数低，从而导致土地的利用率相对较低。如何在既有条件下提高土地利用率，进一步提高单位土地面积上的总房源数，以容纳更多的新市民，成为当前城市发展面临的问题。

（二）居间租赁行为的轻资产运营

从事长租房运营的住房租赁公司，从产权人手中承租房屋，再通过转租以单间的形式面向社会出租，从中赚取租房差价。在市场主体的整个转租行为中，其投入的前期成本存在以下几种：一是向产权人缴纳租金；二是毛坯房屋装修；三是家电家具购置。其中，市场上"长收短付"现象就是市场主体利用产权人和承租人的信息壁垒，提前将未缴纳租金的房屋使用期限（空头权力）租赁出去，向产权人缴纳租赁成本投入较低。比较需要资金投入的是对产权人房屋的装饰装修，但是市场主体对租赁房屋的装修成本核算非常准确，有整套的装修流程，装修成本比产权人自住装修成本低70%～80%，更有为了利益最大化而进行的客厅、餐厅等位置隔断装修。由于家电家具属于可移动物品，退房时可以搬走，所以资金投入可以不算。通过上述分析来看，居间租赁行为为轻资产运营，无固定资产投入，一旦公司经营不善随时可以撤资撤场，而且可以通过"高进低出""长收短付"等高风险经营模式卷款跑路，带来极大的租赁风险。

（三）经营无资金保障措施

从"12345"投诉分析及与租客的深入了解发现，市场主体在房屋运营上，完全没有持一种服务行业应有的态度，而是以房屋押金为要挟，对承租人百般刁难，平时房屋设施维修上不尽职尽责，在租赁到期退租过程中也恶意克扣、收取高额保洁费等费用，或收取转租费用，更有甚者骗取承租人缴纳租房定金或恶意制造承租人违约索要违约金。此类市场现象的发生都是基于市场主体手持承租人押金，并以此当作"为虎作伥"的砝码。而公司因经营不善跑路，更是反映出资金监管的短板。在该类市场主体经营过程中，因为政府在监管方面不存在有效的制约措施，尤其是未收取规范经营保证金，导致该类企业多数不服从管理，对风险的发现和处理往往滞后于风险的发生。

四、可能有效的对策建议

（一）转变工作思路，重新定义转租经营行为

在国内部分城市，有"非法人组织、自然人出租住房或转租达到10间以上的，应当依法办理市场主体登记"的规定。该规定出台后，部分市场主体将所持房源分摊给公司员工，以员工个人的名义进行转租经营，经营套数低于成立市场主体的要求。为规避上述现象，应当对转租经营行为进行重新定义：一是凡是非产权人自行出租或以转租方式经营获利的，都属于转租经营行为，都应当成立市场主体；二是对于未成立市场主体而从事经营并获利的，按照无证无照经营进行查处；三是转租经营的房租，应参照宾馆酒店属于营运场所，非居民户内住宅，应当接受消防、公安、市场监管等部门的巡查检查，做好消防措施；四是赋予监管部门对转租经营场所的巡查检查权限，并借助社区综治、网格等基层治理单元形成常态化巡查检查机制。

（二）提高行业门槛，收取规范经营保证金

市场主体在注册和从事房屋转租经营行为之前，应当根据公司营运规模缴纳规范经营保证金，保证金缴纳在政府公共监管账户，并与政府签订监管协议，协议中应当至少包含以下内容：一是市场主体应当按规模缴纳规范经营保证金，进行企业扩张的应当及时补缴，经营不善退出市场的政府及时予以退还；二是企业运营出现问题或投诉的，应当积极联系产权人或承租人解决，如果发生损害其他租赁方利益的情况，根据监管合同政府可以在公示无异议后，从规范经营保证金中支出资金补偿其他租赁方；三是如果产生合同纠纷，企业无能力偿还债务的，经法院审理可以在规范经营保证金中执行相关赔偿手续；四是对企业实行信用评价制度，企业信用较好的可以降低规范经营保证金缴纳比例，企业信用差甚至发生跑路或"爆雷"现象的，政府经公示后可以没收规范经营保证金并上缴国库。

（三）整合行政资源，发挥跨部门协同优势

长租房市场规范管理涉及多个部门、管理难度大、风险隐患突出，对于该类问题要建立健全跨部门综合监管制度，完善各司其职、各负其责、相互配合、齐抓共管的协同监管机制。一是以大部制和扁平化管理解决多头管理问题。通过改革把政府相同或相近的职能加以整合，归入一个部门为主管理，其他部门协调配合，或者把职能相同或相近的机构归并为一个较大的部门，在职能上实现有机统一，以明确权责、协调配合和行政问责。二是以信息共享建立协同处置机制。在无法改变现有管理体系的情况下，对于一件违法违规行为各参与管理的行政主体应当以磋商的方式提前达成一致意见，就某个问题的处置形成最终表决，并由牵头部门告知被管理者其违反的相关法律、各行政机关作出的处罚决定及综合执行内容，这样对于被管理者而言也是容易接受的。信息共享的过程同时也是实现信息协同的过程，也可以作为协同治理的一种，不过并非在部门和职能方面，更多的是以一种无形的方式整合行政资源，实现管罚一致。三是引导多元主体参与协同开展监管工作。在问题的处理中，各个单位都可以发挥一定作用，综合形成对问题的共同监管以促进整改的效果，要引导多元主体协同配合，参与到对相关问题的共同监管中来。四是减少负面评价，增强协同积极性。要建立容错免责机制。对单位和个人在长租房治理工作中先行先试、突破常规，出现探索性失误，或未实现预期效果，但符合国家确定的改革方向，勤勉尽责未谋私利的，不做负面评价，免于追究相关责任，激励干部勇于探索创新，宽容失败。

作者联系方式

姓　名：董　峰

单　位：山东省济南高新区管委会

地　址：山东省济南市高新区舜华路 77 号

邮　箱：498532815@qq.com

浅谈市场化长租房市场发展中的问题及对策

张玲涛　吴伟君

摘　要：根据中央坚持"房子是用来住的、不是用来炒的"定位，我国政府正积极探索新的发展模式，加快发展长租房市场。近几年，长租房市场已成为缓解大城市居住问题的重要手段之一，但是当前国内长租房市场仍处于起步阶段，行业快速发展的同时，也存在一些突出问题，还需要我们去思考和探讨，提出解决问题的对策，促进相关政策的完善，使长租房市场健康发展。

关键词：长租房；租赁；市场发展

一、长租房市场发展的现状

长租房，顾名思义，是指长期用于租赁经营的房屋。这些房屋主要存在于两大体系中，一个是由政府主导的公共租赁住房、廉租住房等保障性住房体系；另一个是由住房市场供需双方形成的市场化、机构化的长期租赁住房体系。本文所谈及的长租房主要指后者。

随着我国城镇化进程的不断推进，大量农村和外来人口不断涌入大中城市，而大中城市房价居高不下，增加了购房难度，从而扩大了对租赁住房的需求；受近年来多项利好政策的积极扶持，长租房开始快速发展，众多房地产开发企业和中介机构已进入长租房开发和运营的行列，万科、绿城、龙湖等多家房企，链家、世联行等中介机构都创建自有品牌或者投资现有长租品牌。据统计，全国范围内长租房品牌达1200多家，房源规模逾200万间，主要集中在北京、上海、深圳、广州、杭州、成都等大城市。

从经营模式上来看，当前长租房主要有以下两种经营模式，一是由专门的租赁企业整合市场上的零散分散房源，并对房屋进行改造提升后，再进行出租经营；二是房地产开发企业将自持土地开发建设后，将房屋出租经营，或者是房地产开发企业将存量房屋直接用于出租经营。

目前，我国长租房市场仍处在发展的初期，不可避免地存在一些问题，如受投资回收期等因素影响，房地产开发企业对投资新建长租住房积极性不高；还有的租赁企业进入长租房市场后就盲目进行扩张，后续由于经营管理不善，导致资金链断裂而

"跑路"。以上种种，不仅给长租房市场的各参与方造成直接经济损失，还影响了整个行业的口碑和发展，同时也成为社会不稳定因素。为此，需要我们剖析长租房市场存在的问题，提出相应的对策建议，从而促进长租房市场健康有序发展。

二、当前长租房市场发展的问题

（一）长租房需求量大，而供给量明显不足

据第七次全国人口普查数据显示，2020年全国市辖区流动人口为3.75亿，十年间增长了将近70%。另据人力资源和社会保障部统计数据，2021年我国应届毕业生超过900万，流动人口和毕业生两大群体带来了巨大的租房需求，形成了潜力较大的需求市场，与巨大的需求形成鲜明对比的是出租房源供给量明显不足。

供给量不足一方面体现在土地一级市场供应量不足上。从建设长租房的土地供应量来看，各地市自持住宅用地供应较少，而且多是与商品住宅配建进行出让，规划建筑面积不大，总量较少。2021年，全国40个重点城市新筹集的保障性租赁住房为94.2万套，供应量与需求量之间存在很大的缺口。

供给量不足另一方面体现在市场化、机构化长租房市场供应量不足上。ICCRA住房租赁产业研究院发布的《中国住房租赁市场蓝皮书·2021》数据显示，截至2021年11月30日，十个重点城市长期监测的机构化运营的集中式租赁住房项目达到1794个，房间规模共计456187套（间），但这一数量远远不能满足人口流动量较大的大中城市，供需不平衡这一问题在北京、上海、深圳、广州、杭州等人口净流入的大城市尤为突出。

（二）长租房企业投资大、回收期长

长租房开发运营项目具有前期投资大、投资回收期长的特点。对于新建长租房的开发企业来说，在项目建设期，最大的成本就是拿地成本和建造成本。住宅用地法定最高出让年限是70年，房企想要拿地，就必须一次性支付70年的土地使用权出让金；还有房屋建造成本，也是在项目开始的头两三年投入，而承租人一般是按月或按季支付租金，项目的投资回收期可能需要几十年。一旦经营过程中出现大的政策以及市场风险，房企盈利就变得十分困难。而且在项目的经营期，房企还涉及缴纳增值税、所得税、房产税、城镇土地使用税等税费，增加了运营成本，降低了房企参与的积极性。

对于长租房的租赁（运营服务）企业来说，虽然不像房企那样前期需要大量的资金投入，但是前期也需要投入装修配置成本、营销推广成本，后续还要支出房屋运营成本（维修费、保洁费、管理费等）、人员成本、税费成本等。与新建长租房的开发企业不同，租赁企业还需要持续支付给房屋所有者租金，这对于租赁企业来说是持续性的成本。成本过高会让租赁企业利润降低，甚至亏损，当出现较大的不可控风险因

素时，例如新冠疫情，就很容易引起合同违约、"租金贷""跑路"等事件。

（三）长租房市场运行不规范

1. 行业准入门槛较低，缺少规范化的租赁运营机构

由于新建长租房建设周期长，长租房租赁企业还是以整栋楼出租或整合个人房源出租为主，对租赁企业没有规范性的准入门槛，租赁企业管理水平良莠不齐，有的企业就是单纯从传统的中介角色转换而来，缺少租赁物业管理经验。长租房除了"出租"的属性，还有"物业管理"和"服务"的属性。有的住房租赁企业为了吸引租客，故意发布虚假房源信息，如发布不存在的虚假房源或过度美化房源信息，有的住房租赁企业恶意克扣押金租金、强制驱逐承租人、拒不退还押金等，一度出现了"长收短付""圈钱跑路"等情况，抹黑了行业，也阻碍了长租房市场发展。

2. 缺少公共的交易服务平台，供需信息交流不畅

长租房租赁处于发展初期，没有形成完善的市场体系，缺少公共的交易服务平台，这就使得有供给或需求时，得不到及时的消化，如长租房租赁企业很难找到可出租的房源信息，而有闲置用房的房东又很难找到专业的运营团队，承租人也找不到合适的房源，进而限制了行业的快速发展。

3. 缺乏有效的行政监管机制，矛盾纠纷时有发生

长租房租赁市场包括了房地产开发企业、租赁企业、物业管理、承租人等多方主体，对各参与方的管理缺乏有效的监管抓手。为了逃避税收或者嫌麻烦，很多人在租赁交易后都不会去做租赁合同备案，大量的租赁信息没有反馈到行政监管部门。在缺乏监管的情况下，相关部门很难了解长租市场的租金水平、房源空置等情况，不利于租赁市场的管理和资源配置；有的租赁企业可能会出现偷逃税金、垄断房源等违法行为；在租赁交易中发生纠纷时，没有妥善有效的解决途径。以上这些现象都不利于长租房市场的发展。

三、促进长租房市场发展的对策建议

（一）增加长租房供给

1. 增加租赁住宅建设用地供应量

建议政府相关部门在年度土地供应计划中，增加自持住宅用地供应量，或者增加商品住宅中配建租赁住宅的比例；同时，探索利用集体建设用地和企事业单位自有闲置土地建设租赁住房。只有加大土地供应力度，才能从根本上增加长租房供应规模。

2. 深度挖掘个人存量房源，形成新供给

在人口净流入多、租房人口规模大的地区，鼓励多套房的个人房东将闲置房屋委托给专业的住房租赁企业进行出租，并可给予一定比例的税收减免。这样做，一方面能有效扩大长租住房供给量，另一方面由租赁企业统一管理进行出租，可以提高租

赁管理专业化水平，保证全量备案，能进一步规范市场发展，同时防止逃税、漏税的现象。

3. 积极探索"商改租"模式

近几年，经济持续低迷，加之疫情的影响，很多商业、办公物业出现了大量空置，可以采用补贴、税收优惠等政策，允许企业将空置且具备改造条件的商业、办公、工业用房改建为长租房。这样不仅降低了房屋空置率，给物业持有企业带来收益，还增加了长租房的供给量。盘活闲置的存量资源应该成为发展长租房的首选，因为相对新建租赁住房来说，盘活既有住宅、"商改租"的成本要低很多，改造周期也相对较短，而且很多闲置商业物业的位置往往较好，改造后出租的租金水平也不会太低，可以给租赁企业带来可观的收益，可谓一举多得。

（二）出台相关政策，扶持长租房市场发展

1. 探索新的供地模式

长租房因投资回收期长，收益率较低，企业参与积极性不足。政府部门可制定相关政策，鼓励企业积极参与，如对于新建长租房的建设用地，政府部门可以采取租赁方式供地，减少长租房开发运营企业初期投入，分散资金压力。

2. 畅通融资渠道

政府部门引导金融机构放宽对长租房建设项目的融资条件，加大对长租房项目的信贷支持力度，支持银行业金融机构以市场化方式向长租房自持主体提供中长期贷款。

政府为相关企业提供融资便利，通过房地产信托投资基金、发放专项债券等方式为企业提供较为稳定的资金配置。支持企业发行企业债券、公司债券、非金融企业债务融资工具等公司信用类债券，用于长租房建设运营。

3. 加大财税支持

对于新建长租房项目的企业，建议在运营初期给予税收减免政策，可有效避免运营企业在初期资金大量投入的情况下产生资金链断裂情况，培育企业持续发展；同时，可结合经济景气程度以及长租市场发展情况，实行弹性财税减免政策，如当长租市场下行、租金降低、空置加大时，适当减免运营期间的有关税费，维护运营企业的可持续经营。

（三）从各参与方着手，规范长租房市场

1. 设置行业准入门槛，加强租赁企业的专业化

（1）对进入该行业的企业设置一定的准入门槛，如对从业人员数量、专业人员数量等方面进行审核。

（2）建立住房租赁行业资信评级机制。定期对租赁企业进行资信等级评价，培育样板企业，将评级高的租赁企业向社会公众进行推荐。

2. 实施住房租赁合同登记备案制度

政府有关部门要积极搭建更为便捷的租赁住房交易服务平台，提供更加便捷的租赁信息发布和房源信息核验服务，推行统一的住房租赁合同示范文本，实现住房租赁合同网上备案；建立住房租赁信息发布和审核标准，规范住房租赁交易流程，保障租赁双方特别是承租人的权益。

（四）建立完善的监管机制

有效的监管对于控制风险和行业的生态发展至关重要。监管的总体原则应以有效控制和防范风险为核心，在保持规范性与创造性的基础上，保障行业的健康发展。

加强对参与主体和从业人员动态化监管，逐步实现住房租赁市场主体的平台化管理。实现住房租赁企业、从业人员以及出租人和承租人在平台的实名备案管理和信用管理，将其诚信记录纳入全国信用信息平台，并建立多部门守信联合激励和失信联合惩戒机制，加强行业诚信管理，加大对住房租赁违法违规行为的查处。

监管部门应当畅通投诉举报渠道，通过门户网站开设专栏、热线协同等，及时处理投诉举报。推行住房租赁网格化管理，发挥社区等基层组织作用，及时化解租赁矛盾纠纷。

建立住房租赁行业协会，协助政府制定实施行业规范、技术标准，健全人员及机构管理、争议纠纷处理等管理制度，加强行业自律管理；完善从业人员行为准则，定期开展从业人员培训和继续教育，不断提高行业发展水平和从业人员业务素质；监督相关参与者依法经营、诚实守信、品质服务。最终形成政府引导、市场主导、行业自律的发展模式。

四、结语

第十三届全国人民代表大会第五次会议《政府工作报告》中指出，"坚持房子是用来住的、不是用来炒的定位，探索新的发展模式，坚持租购并举，加快发展长租房市场，推进保障性住房建设，支持商品房市场更好满足购房者的合理住房需求"，让长租房再次受到了社会各界的关注，相信今后在多方参与者的共同努力下，长租房市场会得到更快更好的发展，住房困难的问题也能得到更好的解决。

参考文献：

[1] 易成栋，陈敬安，黄卉，等. 我国大城市长租房市场规范发展面临的困难和政策选择 [J]. 经济研究参考，2021（24）：46-62.

[2] 袁文婷. 中国政策红利催生的长租房市场现状分析及建立双托管机制的探讨 [J]. 当代经济，2020（1）：7-9.

[3] 周艺霖. 我国长租房投资风险管理问题探讨 [J]. 国际金融，2021（12）：67-73.

[4] 王丽新. 坚持构建"租购并举"住房体系，加快发展长租房市场 [N]. 证券日报，2022-3-7（A03）.

[5] 亢舒. 长租房市场将迎快速发展期 [N]. 经济日报，2021-12-22（006）.

[6] 张雅楠，李扬. 发展长租房市场需要顶层设计 [N]. 经济观察报，2022-1-17（024）.

[7] 张英. "爆雷"之后，长租房市场何去何从 [N]. 中国家庭报，2021-4-12（014）.

作者联系方式

姓　　名：张玲涛

单　　位：天津市瑞尔继文房地产土地评估咨询有限公司

地　　址：天津市河西区天塔街宾水东里15-609

邮　　箱：944193210@qq.com

注册号：1220150013

姓　　名：吴伟君

单　　位：天津滨海农村商业银行股份有限公司

地　　址：天津东丽区万新街舒畅欣园11号楼1103

邮　　箱：422695622@qq.com；wuweijun@tjbhb.com

轻资产模式长租公寓市场的问题及监管建议*

隋 智 郝俊英

摘 要：近年来，随着国家对住房租赁行业的大力支持，住房租赁行业快速发展，长租公寓作为其中的一匹黑马在给租客带来居住便利的同时，也出现了企业"爆雷"、高价抢房、机构跑路等乱象，扰乱了市场，给监管带来难题。本文通过对轻资产模式长租公寓市场存在的"租金贷"、劣质装修、非理性竞争等问题以及市场监管对象、主体及过程中存在的障碍进行分析，对长租公寓市场的有效监管提出了提高行业准入门槛、拓宽长租公寓企业融资渠道、建立跨部门协同监管机制、引入科技手段创新监管方式等建议，希望给轻资产模式长租公寓有效监管提供参考。

关键词：轻资产模式；长租公寓；租金贷；市场；障碍

改革开放以来，我国的商品房市场得到了迅速发展，但随之而来的是房价迅速上涨，居民难以承受，住房问题成为一大社会热点问题。2016年，国务院首次提出"建立购房与租房并举的城镇住房制度"，自此之后，中央及各级地方政府不断发布各种房屋租赁相关文件以促进我国租赁住房市场发展，同时鼓励金融机构向住房租赁企业提供金融支持。以上一系列政策的落地，使得我国住房租赁行业在国家政策的支持下快速发展。由于传统的租赁行业存在着黑中介、房源脏乱差、信息不对称、房客长期拖欠租金或房东乱扣押金等问题，近年来长租公寓迅速走进人们的视线。

长租公寓，是房地产市场一个新兴的行业，是指长租公寓平台从个人房东手中获取房源，进行装修升级、配备家具、叠加日常管家等增值服务，再将房屋转租出去的模式。国内长租公寓的运营模式主要分为重资产模式和轻资产模式两类。重资产模式以传统的商业地产运作模式为主，长租公寓通过收购、利用自持土地开发等方式持有物业产权或进行楼宇整租改造然后运营；轻资产模式主要从租赁中介业务延展而来，长租公寓不持有物业产权，仅通过长期租赁的形式获得物业使用权，整合户主房源进行重新装修管理再转租给租客，类似"二房东"。在长租公寓迅速发展的同时，问题也随之而来。自2018年鼎家爆仓事件以来，长租公寓深陷各种风波，行业乱象逐渐

---

* 本文受中国房地产估价师与房地产经纪人学会课题《住房租赁行业标准体系研究》（2019—ZL01）的资助。

浮出水面。2020年在新冠肺炎疫情冲击下，长租平台房屋出租率大幅下降、违约率提升，导致平台资金链断裂，维权事件不断，疫情加速了长租企业经营风险的暴露。对长租公寓"爆雷"事件进行仔细分析会发现，"爆雷"的长租公寓基本都是轻资产模式运营商，此类企业进行转租经营时没有资产抵押，收取的租金额度也较高，资金监管不到位很容易聚集金融风险。基于此，本文旨在通过对轻资产模式下的长租公寓市场存在的问题及市场监管实施过程中可能存在的障碍进行分析，为长租公寓市场的有效监管提供可参考的建议。

一、轻资产模式长租公寓市场存在的问题

（一）"租金贷"运作模式极易引发资金链断裂的风险

在长租公寓相继"爆雷"后，"租金贷"逐步走入人们的视野。"租金贷"模式是指长租公寓平台利用租金优惠诱惑甚至哄骗租房者办理房租贷款，由贷款机构一次性将一年的房租支付给平台，然后租客再按月偿还租金贷款的做法。长租公寓平台一次性收取租客一年的租金，再按月或者按季度向房东支付房租，用由此形成的资金池迅速扩展规模，以期达到市场垄断。表面上看，"租金贷"模式能够满足长租公寓平台迅速扩展规模的需求，实现了资金的一次性回笼；但在实际操作中，长租公寓平台通过"租金贷"获得预付资金，不断进行租客和房东的资金和期限错配，长租公寓中介服务商沉淀大量资金，该项资金未被合理利用、有效监管，传统经营模式变形为高负债、高风险的准金融模式，一旦长租公寓平台资金链断裂或恶意跑路，房东未收到的租金损失将由房东本人或者租客承担，而租客将损失押金和预缴的租金，甚至可能遭遇无房可住的处境。

（二）劣质装修导致租住空间健康环保无法保障

为了追求利润最大化、提高入住率，长租公寓平台漠视房屋结构安全，采取隔断等方式改变原房屋结构，部分机构甚至改变房屋功能布局，将厨房、客厅甚至阳台改造为居室，居住人口不断增加但逃生安全通道却不足，造成严重的消防安全隐患。还有部分中介服务机构在装修中偷工减料甚至使用劣质材料，并且为了降低空置率、缩短空置期，装修完毕立即上架租赁，致使出租房屋的空气质量存在严重问题，出现多起甲醛超标事件，直接影响消费者的居住安全。

（三）非理性竞争带来更大运营风险

长租公寓的盈利模式是长线型的，在获取房源、进行房屋装修、配备家电的前期投入较大，具有前期投入大、回报周期长、盈利途径单一的特点。因此，长租公寓运营商只有在房屋出租数量达到一定规模时才能盈利。为了实现规模效益，部分长租公寓运营商用提前获取的租金盲目抢占房源，忽视资金使用效率。在规模战中，有些运

营商甚至以高于市场价 20%～40% 的租金抢占房源，严重破坏了租赁市场秩序，必然抬高房客的最终租房成本。但现阶段其市场垄断力不足，难以让房客完全承担转嫁成本，或有意为扩张市场占有率而希望打造"高性价比"的形象时，就必须自行补贴差价才能将房子出租，形成高收低租的怪象，这也必将进一步导致平台的履约和抗风险能力下降，一旦资金链断裂，终将导致房东和房客利益受损。

二、现行长租公寓监管政策分析

长租公寓的集中"爆雷"事件引发了一系列重大社会问题，受到了政府极大重视。近年来，国家不断完善住房租赁市场的监管政策，足以见得国家对整顿租房市场的决心。

2019 年 12 月 25 日，住房和城乡建设部等 6 部门联合发布了《关于整顿规范住房租赁市场秩序的意见》（以下简称《意见》），这是为了将租赁市场乱象专项整治工作制度化、常态化而出台的强监管政策。但值得注意的是，2020 年长租公寓集中"爆雷"，《意见》似乎没有起到应有的效果，其原因一是缺乏具体的实施细则，对于许多标准的问题没有进行明确界定，导致政策难以落地。《意见》第七条规定：住房租赁企业对出租房屋进行改造装修后空气质量应当符合国家有关标准，不得危及承租人安全和健康。目前，我国采用《民用建筑工程室内环境污染控制规范》和《室内空气质量标准》来判断室内空气质量，还未制定专门针对租赁房屋的环境安全卫生标准，给了违规经营的企业钻空子的机会；二是并未明确牵头责任。《意见》第十二条规定：要加强部门协同联动，城市政府对整顿规范住房租赁市场秩序负主体责任。各部门要建立协同联动机制，共享部门信息，形成监管合力，加大整治规范租赁市场工作力度。但在实际工作中，由于缺乏牵头单位，也无法继续协调住房和城乡建设、发展改革、公安、市场监管、金融监管、网信等相关部门深度参与，导致《意见》中的各项政策举措落实不到位；三是没有明确具体处罚措施，且处罚力度不够。《意见》对于违法违规行为的处罚细则并未作详细规定，违规成本较低，难以起到震慑作用。

2020 年 9 月住房和城乡建设部发布了《住房租赁条例（征求意见稿）》，在出租与承租、租赁企业、经纪活动、法律责任等方面提出 60 多条规范措施，明确提出严控长租公寓领域"高进低出""租金贷"等现象，规范住房租赁合同网签备案，稳定各地租金水平。此次《住房租赁条例》是我国住房租赁领域首部条例性规范性文件，旨在有效规范市场秩序，推动租赁市场监管制度化，对行业发展意义重大，有助于推动住房租赁市场监管的制度化、常态化。

2021 年 4 月 15 日，住房和城乡建设部等 6 部门联合印发《关于加强轻资产住房租赁企业监管的意见》，该政策是首个针对长租公寓市场系统监管的政策，从 7 个方面对过去住房租赁市场暴发的问题提出了监管意见，具体包括：加强从业管理、规范住房租赁经营行为、开展住房租赁资金监管、禁止套取使用住房租赁消费贷款、合理调控住房租金水平、妥善化解住房租赁矛盾纠纷、落实城市政府主体责任。此次《意见》呈现以下三个特点：第一是层级高、范围大，之前部分城市单独发布政策约束住房租赁企业的租金收取行为，此次的政策高度上升到了部委的层级，覆盖面也更广；第二是定位准。精准定位从事转租经营的轻资产住房租赁企业。此类企业进行转租经营时没有资产抵押，收取的租金额度也较高，资金监管不到位，易聚集金融风险；第三是强穿透。除了禁止住房租赁企业变相开展金融业务，还强化金融机构的贷款审核，在首尾两端发力，避免住房租赁企业单方面诱导承租人使用住房租赁消费贷款的情形。此次《意见》还对长租公寓企业租金收取周期、租金贷资金去向等提出了明确规范，并将相关部门的监管工作纳入政府绩效考核体系。

三、长租公寓监管实施中存在的障碍

（一）监管对象体量庞大增加了监管难度

长租公寓的运营主体多元，既包括传统房地产开发商、酒店集团，又包括互联网企业等新入局者。伴随着国家出台支持住房租赁市场发展的规定，不少企业发现了风口，面对巨大的诱惑，各类企业纷纷涌入长租公寓领域。相较于国外的租房市场对于机构和从业人员严格的准入要求和持续监管，我国长租公寓行业准入门槛过低，让一些缺乏资质或违规经营的企业有机可乘，导致问题频发。根据贝壳研究院发布的不完全统计数据，可以发现存在经营问题的长租公寓企业基本都有以下特征：一是注册资本额较小，在贝壳研究院监测的 94 家出现经营纠纷、资金链断裂或倒闭的长租公寓企业样本中，近 6 成的企业注册资本金在 200 万元以下；二是企业前期运营并无实际资金投入，在上述样本的观测值中，超 9 成的企业无实缴注册资本。由于缺乏准入机制，导致长租公寓市场主体鱼龙混杂，体量庞大，而随着租赁市场发展，住房租赁行业监管对象众多的特征愈加显著，对房产管理部门的人力、财力带来了巨大的挑战和消耗，极大地增加了监管难度。

（二）巨量资金需求导致"租金贷"现象屡禁不止

我国住房销售市场发展迅速，法律法规体系健全，但住房租赁市场存在租赁立法滞后，金融、税收等政策体系不健全等问题。长租公寓相比于其他住房租赁产品而言，具有前期投资较大、资金回收速度慢，且融资渠道窄等特点。"租金贷"的出现，不仅仅反映了资本市场与租赁市场的联系加深，更表明了长租公寓融资困难的现状。相比于长租公寓的头部企业，我国绝大部分中小长租公寓企业都面临融资渠道狭窄的问题。我国银行贷款、CMBS（商业房地产抵押贷款支持证券）等均要求抵押物业所有权，而大部分轻资产模式的长租公寓企业无资产可抵押，难以通过此类融资渠道募集资金。若采用资产证券化模式融资，则需对企业经营历史、租约履行、租客信用等情况进行考评，而多数长租公寓企业难以达到要求。以房地产信托投资基金（REITs）

为例，目前市场上成功发行的基本上都是类 REITs，但利用类 REITs 方式融资，会面临流动性、底层物业适用性以及双重征税等诸多问题。长租公寓企业难以高效融资，因此纷纷利用"租金贷"业务进行资金沉淀。

（三）监管主体合作不顺畅妨碍监管力度的提升

互联网时代平台企业的经营业务具有跨行业、跨机构、跨地域、网络化、技术性等特征，住房租赁相关管理职能分散在多个部门，各方协同的管理格局尚未形成。特别是房产管理部门和金融部门未能形成良好的协作机制，对监管住房租赁这样金融属性较强的行业十分不利。传统监管模式下的跨部门监管协调机制尚不顺畅，难以适应平台业务的多场景跨时空的经营特征，对于交叉性业务可能存在监管缺位和监管错配的情况。

（四）市场交易及主体的特殊性降低了监管实施效果

在长租公寓监管政策落实过程中，还存在着一些障碍。首先，随着租赁市场的发展，住房租赁行业的交易频率迅速上升，对高频单次交易进行审查监管成本过高，由于政府行政资源有限，特别是做租赁管理的公职人员数量有限，即便在一线城市，人力、物力、财力达到全面监管的目的也是非常困难的。传统监管模式因监管资源有限，难以覆盖和满足海量的监管资源需求，导致监管难以有效落实。其次，公民的相关法律意识及维权意识薄弱，当其遭遇合同诈骗、"租金贷"等违法行为时，不能及时发现或者在发现类似违规行为后并未向监管部门举报，不能发挥广大公民监督作用，一定程度上降低了监管效率。最后，由于长租公寓运营商处于主导地位，租客信息严重不对称，在租赁房屋选择中，难以做出有效判断，可能会产生更多维权事件，进一步加大监管难度。

四、对长租公寓进行有效监管的建议

（一）提高行业准入门槛

建立强有力的行业准入门槛，做好事前监管，以便减轻事中事后监管的压力。要对长租公寓运营机构进行严格的资格审查，对于从业人员也要制定严格的准入要求与考核标准，除了严格的机构和从业人员准入管理措施外，机构还需要在运营前缴纳一定的保证金，用以赔偿其违规违约时对市场主体造成的损失，以此来降低公寓运营商出现风险时引起的外部负面效应。

（二）拓宽长租公寓企业融资渠道

对于"租金贷"的监管，是当前我国长租公寓市场监管中较为棘手的问题。"租金贷"问题屡禁不止，根本原因在于中小长租公寓企业存在融资困难。统筹构建政策支持体系，拓宽融资渠道，加快资产证券化进程，提高市场参与者的融资效率，降低融资成本，破解制约长租公寓发展的诸多政策障碍，有利于从根源上减少"租金贷"现象的产生，从而降低监管难度，推动我国住房租赁市场健康平稳发展。

（三）建立跨部门协同监管机制

住房和城乡建设主管部门和金融机构及其监管部门的协同是建立跨部门协同机制的重点。金融机构应当严格管理住房租赁消费贷款，加强授信审查和用途管理。住房和城乡建设部门要与金融机构共享有"高进低出""长收短付"等高风险经营行为的住房租赁企业名单，金融机构要对企业进行风险评估，对列入上述名单的企业不得发放贷款。商业银行也应当通过系统对接方式，向所在城市住房和城乡建设部门实时推送监管账户资金信息。纳入监管账户的资金，在确保足额按期支付房屋权利人租金和退还承租人押金的前提下，可以支付装修改造相应房屋等必要费用。城市住房和城乡建设部门要会同当地金融监管部门建立住房租赁资金监管制度，强化日常监督管理，督促住房租赁企业和商业银行落实责任，确保资金监管到位。

（四）引入科技手段创新监管方式

首先，针对传统监管模式资源有限的问题，可以利用大数据、云计算、人工智能、区块链等新技术，对平台企业的事前准入、事中监测、事后处理等环节，设立立体化、智能化、数字化的穿透式监管系统，监测平台企业运营中的违规操作和高风险交易行为，感知平台经济运行的风险演化态势，帮助监管部门和平台企业进一步提升风险识别准确性、降低风险监测成本、优化风险监管效率，保障平台经济在创新发展与适度监管区间内的健康运行。其次，要加强宣传工作。由于长租公寓的客户群体以毕业生为主，可以在各人才市场、大型招聘会等大学生聚集的地方进行"租金贷"、合同诈骗、维权途径等讲解与宣传，提高公民的法律意识，提高其甄别违法违规行为的能力。最后，长租公寓的平台局限于租赁平台，因此建立除租赁平台外的信息平台、房产点评等很有必要。通过这些平台，租客对于房源信息、建筑装修材料、室内空气质量、租客评价等信息可以有更深入的了解，在一定程度上缓解信息不对称的情况，并且定期进行风险预警和信息公开，使市场信息更加透明，尽可能降低道德风险，进一步推动构建合规合法的长租公寓市场。

五、结语

长租公寓的健康发展对于城市更新和人才安居有着深远的社会意义，有助于推动我国住房租赁市场健康平稳发展、构建"租购并举"的住房制度，实现全体居民"住有所居"的目标。尽管当前其遇到了信任危机，但未来长租公寓市场环境不断净化，对于长租公寓企业而言，只要将关注点集中在加强管理和优化服务上，持续优化用户的租住体验和加强成本的控制，重视口碑和品牌建设，一定能够健康发展，修复租客对租赁行业的信任。长租公寓，未来可期！

参考文献：

[1] 严跃进.长租公寓金融化：助推与反噬[J].金融博览（财富），2021（3）：36-40.

[2] 薛强.百姓长租公寓认知情况调查[J].金融博览（财富），2021（3）：22-25.

[3] 黄卉.长租公寓：从"风口"到"风眼"[J].金融博览（财富），2021（3）：32-35.

[4] 买佳豪.当长租公寓遇上"最严监管"[J].光彩，2021（3）：8.

[5] 郭佳琪，唐秀英.我国长租公寓发展现状及未来趋势研究[J].中国集体经济，2021（5）：14-15.

[6] 长租公寓是否还有春天[J].中国房地产，2021（4）：14-20.

[7] 高凡婷.长租公寓"生死劫"[J].创新世界周刊，2021（2）：86-89+7.

[8] 罗忆宁.借鉴银行业监管经验建立住房租赁分类监管体系的探讨[J].上海房地，2021（1）：53-57.

[9] 袁媛.长租公寓融资产品类型及其选择[J].企业改革与管理，2021（1）：103-104.

[10] 缪因知.蛋壳已"碎"：长租公寓如何收场[J].中国中小企业，2021（1）：33-36.

[11] 陈兵，马贤茹.理清创新与监管边界　积极应对长租公寓平台风险挑战[N].深圳特区报，2020-12-29（B04）.

[12] 陈兵，郭光坤.长租公寓爆雷是不可持续发展模式的必然结果[N].第一财经日报，2020-12-09（A11）.

作者联系方式

姓　　名：隋　智　郝俊英

单　　位：山西财经大学公共管理学院

地　　址：太原市坞城路696号

邮　　箱：646168089@qq.com；120986897@qq.com

注册号：郝俊英（1420030042）

长租房企业的可持续发展路径探析

杨慧玲

摘　要： 随着城镇化率的不断提高以及城市流动人口的增加，城镇住房需求不断高涨。因受商品房金融属性突出及土地财政的影响，房价非理性高涨，造成新进城人口和新就业人群在城市买房的压力不断增大，发展住房租赁市场成为国家城镇化进程中迫在眉睫的问题。而长租房企业是住房租赁市场的主力军，其可持续发展直接关系到住房租赁市场发展成效。本文综合分析我国长租房运营企业的盈利模式，发现目前国内长租房运营企业的盈利模式存在一些发展瓶颈，通过借鉴国外长租房运营企业的盈利模式，对我国长租房企业的可持续发展提出几点思考。

关键词： 长租房；盈利模式；可持续发展

一、研究背景

随着我国城镇化进程的加快，常住人口城镇化率也不断提高。2019年末，我国常住人口城镇化率首次超过60%，预计到2025年常住人口城镇化率将提高到65%。随着城镇化率的不断提高以及城市流动人口的增加，城镇住房需求不断高涨。自城镇住房制度改革后，常住城镇人口和流动人口解决住房问题的主要途径为买卖和租赁。因商品房保值增值性强的投资特点在市场经济发展中逐步突显，商品房的金融属性越来越突出，进一步催生了投资者的购房热情，导致房地产市场供求失衡；同时受土地财政的影响，房地产开发成本居高不下，致使房价不断上涨。新进城人口和新就业人群在城市买房的压力不断增大，居住问题成为他们在城市发展的障碍。发展住房租赁市场，是解决"新市民"（含新进城人口和新就业人群）在城市发展的重要举措。

2019年11月，住房和城乡建设部部长在住房租赁中介机构乱象专项整治中指出："目前，我国住房租赁市场处于培育发展阶段，相对于住房购销市场是短板。城镇租房群众约1.8亿人，他们大多是收入不高、目前尚没有条件买房的住房困难群众，90%以上是进城务工人员和新就业大学生，需要通过租房解决居住问题。解决好这部分群众的住房问题，让他们居住更安心，是我们必须解决的现实问题。"2020年11月中共十九届五中全会审议通过《中共中央关于制定国民经济和社会发展第十四个五年规划和 2035 年远景目标的建议》，进一步提出"坚持房子是用来住的、不是用来炒的定位，租购并举、因城施策，促进房地产市场平稳健康发展……完善长租房政策，扩大保障性租赁住房供给。"可见，住房租赁市场的平稳健康发展是国家城镇化进程中迫在眉睫的问题。而培育规模化、机构化的专业住房租赁企业是增加住房供给、提高服务水平、优化市场环境、促进租赁市场健康发展的有效途径。长租房企业作为规模化、专业化的住房租赁运营企业，成为住房租赁市场发展的主力军。

在长租房行业发展初期，部分长租房运营企业为快速抢占市场，采用"高收低租""长收短付"经营模式，快速扩张规模，导致资金链断裂，频繁"爆雷"，引发了长租房市场的恐慌。为规范发展长租房市场，政府部门相继出台相关政策法规，长租房市场的发展逐渐回归理性。接踵而来的问题是，长租房市场投资回报周期长、回报率低，对其可持续发展提出了挑战。长租房企业如何挖掘新的利润增长点，提升企业盈利水平，成为长租房企业可持续发展的重要课题。

二、国内长租房运营企业盈利模式分析

目前，国内长租房的运营模式按照资产持有方式可以划分为重资产经营与轻资产经营。重资产经营主要是指企业通过收购和/或自建获得资产的所有权，装修后对外出租的经营模式。重资产模式下，企业拥有资产所有权和经营权，不仅可以获得租金收益，同时还可以获得资产升值收益。轻资产经营主要指企业通过和资产所有者（房东）签订租约，在一定期限内获得资产的经营权，在租约期限内对外出租赚取租金差价。轻资产模式下，企业只有资产经营权，没有所有权。一般而言，房地产开发商企业主要采用重资产模式，创业类公司、经济型连锁酒店、房地产服务商主要采用轻资产模式。不管采用重资产还是轻资产运营模式，当前长租房市场普遍存在融资途径偏窄、盈利模式单一、运营成本高、回报周期长、回报率低、相关配套法律法规不完善等问题。而企业的盈利能力关系企业的生存和发展，本文通过对市场上长租房运营企业的盈利模式进行分析，发现目前长租房运营企业的盈利模式主要有常规租金收入模式、租金差收入模式、增值服务模式、业务协同模式和资产证券化模式。

（一）常规租金收入模式

常规租金收入模式是运营企业通过收购或自建房源，装修后对外出租，获取租金收入的同时获得资产升值收益。该模式为重资产模式，前期资金投入较大，回收周期较长，要求运营企业具有较强的资金实力，目前来看仅有房地产开发商企业及国有企业能采用该种模式。同时，该模式要求运营企业要严格控制收购或建设、装修及运营成本，尽可能提高租金价格，使得租金价格能够覆盖收购或建设、装修等前期成本及运营成本，并且快速提高出租率，以期尽快回收资金。

（二）租金差收入模式

租金差收入模式是当前长租房运营企业的主要盈利模式。该模式的主要实现形式是运营企业（即"二房东"）租入房源，租赁期限一般为10~20年，统一装修改造后对外出租，获取租金差价，其本质是运营企业相对于房东和租客的议价能力差。租金差收入模式要求运营企业做好市场业务布局和运营规划，重点选择交通便利、生活配套齐全的房源作为市场开拓的首选房源，以有效提升租赁房屋的周转效率，为增加租金收入提供有力的保障。租金差收入模式回收周期一般为10年左右。

（三）增值服务模式

租房群体的年轻化对长租房的个性化服务要求越来越高。他们对长租房的需求除了获取居住空间外，还包括社交空间和提升生活品质的空间。为此，运营企业可通过满足租户的个性化需求来挖掘新的利润增长点。增值服务模式是指运营企业通过提供房屋租赁过程中所涉及的生活和社交相关配套服务，包括房间保洁、衣物清洗等基本生活服务以及通过打造"公寓＋服务"的生态圈，如"公寓＋旅游""公寓＋健康""公寓＋培训"等形式扩大其他服务半径，提升租户体验度，进而从衍生产品上实现盈利。如某些长租房运营企业推出宠物、咖啡等主题长租房。增值服务盈利模式不仅有效拓展了企业的利润来源，同时有助于企业建立品牌形象，提高企业的综合竞争力。

（四）业务协同模式

业务协同模式是指通过与其他业务的协同作用，从而获得整体收益的模式。例如万科等房地产企业推出的"租金抵房款，房款抵租金"的活动，通过公寓租赁获得潜在的客户资源，带动其本身的房地产销售。近年来，建设银行也涉足住房租赁市场，成立CCB建融家园业务板块，通过"存房"业务整合客户房源，并委托第三方运营，实现金融与住房业务的协同发展。该盈利模式适用于业务综合性较强的企业，通过构建多种业务的协同作用，从而实现整体效益。

（五）资产证券化模式

由于长租房运营的资金需求量大，融资成本对盈利情况影响较大。银行贷款不仅融资成本高，而且很难获得大额资金支持，限制了长租房的发展规模。目前，国内多家企业已经开始探索长租房的资产证券化。但因国内金融市场中长租房资产证券化相关法律法规还不完善，且缺乏税收优惠政策，企业能够选择的资产证券化模式并不多，主要为ABS模式、CMBS模式和类REITs模式。

三、国外长租房运营企业盈利模式分析

国外长租房市场发展较早,目前已经拥有较为成熟的市场环境和法律监管环境,积累了很多可借鉴的盈利模式。分析国外长租房运营企业的盈利模式,对提升我国长租房运营企业的盈利能力有重要意义。本文主要选取美国和日本的典型长租房进行分析。

(一)美国长租房运营企业的盈利模式

得益于美国成熟的资本市场环境,很多美国知名的长租房运营企业通过资产证券化的方式获得融资,较为典型的代表为EQR(Equity Residential Properties),它是美国第一家上市的公寓型REITs。EQR通过收购、建造等方式获得并持有核心市场房源,并通过高标准运营,为美国高端住宅租赁市场用户提供高品质住宅租赁服务,其运营模式为重资产模式。EQR以公司制形式通过股权融资和债权融资相结合的方式获得大量资本来源,并凭借较低的杠杆水平、稳健的现金流、REITs税收豁免债务优惠政策、精准的市场定位、分散化业务布局、规模化运营以及高效运营管理水平获得利润空间,其营业利润约为30%。美国长租房企业的发展还依托于法律与政策的规范,包括税收优惠政策、租客权益保护政策等。

(二)日本长租房运营企业的盈利模式

私有制是日本土地制度的基本特征,这使得日本住房租赁市场主要以私人住房出租为主,因此,日本的长租公寓企业通常采用向业主租赁住房,装修改造后再转租给租客的包租模式。Leopalace21是日本最大的公寓运营商之一,也是包租模式的典型代表。其以建筑开发起家,而后转向"建造+租赁"协同模式,最后聚焦租赁业务,形成从土地规划、公寓建造到租赁管理的闭环。Leopalace21推出"Master Lease"租赁保障制度,"以租引建",为土地所有者建造房屋并受托运营管理,土地所有者可获得固定的保障租金,Leopalace21可获得建造业务及租赁业务双重利润。建造业务使Leopalace21在产品定位上拥有自主权,产品开发能聚焦核心市场,提升产品竞争力。同时,其实行"长短租组合"、采用"线上线下"的全渠道营销以及高质量、高效率的全流程服务等规范化运营模式提高出租率及出租价格。

四、当前我国长租房企业发展存在的问题

(一)租金利润空间逐步缩小

常规租金收入和租金差收入模式要求运营企业要科学合理地制定租金价格,若租金价格过高则会影响房源的出租率,租金价格过低则会损失获利空间。随着长租房市

场竞争越来越大，租金价格趋于市场水平，租金差获利空间逐步缩小。在发展初期，市场监管较弱，部分企业利用"高收低租""长收短付"经营模式获得资金池，以快速扩张规模。又因这些企业在快速扩张规模后，没有重视降低运营成本、提高运营效率，导致企业长期"收不保支"，最终资金链断裂，甚至有些企业卷款跑路。

（二）增值服务尚需精准定位

目前，"90后"已逐渐成为租房的主力人群，该群体对个性化、高品质生活服务的追求对长租房运营提出了新的挑战，同时也创造了新的利润空间。但当前长租房的盈利模式趋于同质化，主要还是以"租金差收入"模式为主，增值服务模式还处于探索阶段。借助互联网、大数据时代优势，长租房运营企业服务范围将拓展到更多的领域。如何细分客户群体，精准定位客户需求，提供高品质高效率服务，建立品牌形象，并创造更多利润空间是企业可持续发展必须思考的问题。

（三）业务协同模式有待开发

目前，我国业务协同模式主要为"租赁+销售"模式，形式较为单一，业务协同效应有限，主要是促进商品房销售。而日本因土地私有制的基本特征，Leopalace21可为私人建造租赁住房并受托对外出租，在"建造+租赁"业务协同模式中获得双重利润，最终通过规模化运营逐步提高租赁业务的获利空间，进而顺利转向以租赁业务为主。从长租房市场来看，"建造+租赁"业务协同模式更有利于住房租赁市场的发展。目前，对农村集体土地建设并运营租赁住房正处于探索阶段，但目前涉及的开发成本较高，在发展"建造+租赁"业务协同模式上需要更多的减免政策支持。

（四）相关法律法规不完善

2015年1月住房和城乡建设部在《关于加快培育和发展住房租赁的指导意见》中指出，要建立多种渠道，发展租赁市场，就此拉开了长租房行业发展的序幕。然而，受土地财政和以往"重售轻租"等多种因素的影响，与房地产相关的法律法规主要侧重于土地管理、房地产开发、销售、转让、登记和调控等，而关于房屋租赁的法律法规则非常少。由于住房租赁市场缺乏相关法律法规监管，导致部分企业不当利用金融手段快速占领市场，最后因运营管理不善而崩盘。同时，住房租赁资产证券化的相关法律法规还不健全，资产证券化盈利模式受到限制。

五、对我国长租房企业可持续发展的思考

通过对国内外长租房运营企业盈利模式的分析和探讨，并针对现阶段存在的主要问题，我国长租房运营企业要通过盈利存活下去，还有很长的路要走。目前应从提升长租房企业专业化运营能力、完善相关政策等方面为我国长租房运营企业的可持续发

展提供解决路径，助力整体住房租赁市场的发展。

（一）精细化管理提高综合竞争力

对于建立规模化、专业化的长租房运营企业，精细化管理是必然要求。精细化管理要求企业全方位提高运营管理能力，降低运营成本，提高企业的运营效率，同时要求企业有精准的市场定位和高品质的市场服务水平。目前，长租房运营企业已基本实现通过线上审批、签约、智能门锁、水表、电表管理等提高运营效率，但在其他运营流程中的精细化管理还有待提高。不管采用何种盈利模式，精细化管理都有助于提高企业综合竞争力。

（二）政策支持降低运营成本

从诸葛找房 2019 年年底发布的数据看，全国 50 个重点城市的租售比为 1:592。这就导致了长租房业务与房地产开发销售业务相比，存在投资成本大、回报周期长、回报率低等问题。在长租房的投资成本中，土地收益金、税收等成本占据了较大的比例。而这部分成本的降低需要政府政策的支持。为了更好地发展机构化、专业化的住房租赁市场，政府可以通过税收、土地管理等政策调整，使住房租赁机构能够通过合理成本取得房屋或土地用于经营，降低前期投入成本，实现合理的收益预期。

（三）借助金融市场拓宽融资渠道

目前，我国长租房运营企业的融资渠道主要为银行贷款，部分企业逐步尝试资产证券化融资模式，但因当前资产证券化相关法律法规还不完善，资本市场还不成熟，缺少相关税收减免政策，资产证券化的融资形式有限，融资成本还处于相对较高水平。从美国 EQR 的盈利模式来看，其大规模的资产扩张得益于金融市场及税收政策的支持。随着我国相关法律法规逐步健全，市场逐渐成熟，相关税收减免政策逐步完善，REITs 模式在我国的应用会越来越灵活，对长租房的融资将给予更多的支持。2021 年 4 月，海南纳入 REITs 试点，支持盘活存量资产，拓宽重大项目建设融资渠道，进一步促进了 REITs 对长租房企业融资的支持。

（四）建立产业链，发挥业务协同作用

在互联网、大数据时代，我国长租房运营企业可以通过积累的各类客户数据资源，尝试建立"建造+租赁+商业"产业链，发挥业务协同作用。建立该产业链的长租房运营企业可充分了解市场需求，并据此聚焦开发市场重点产品，提高市场竞争力，获取更多的客户资源，同时进一步开发客户的生活及其他配套服务，促进其他商业的发展，租赁和商业的发展反过来又将促进建造业务的拓展，实现整体产业效益的提升。但是对于建立该产业链有较高的要求，需要政府政策的支持，同时需要企业资金实力雄厚、业务形式综合、管理效率高。

参考文献：

[1] 刘倬，张丽.关于我国住房租赁专业化规模化发展的思考与建议 [J].住宅产业，2017（7）：54-57.

[2] 邢景朋.基于综合分析视角的长租公寓运营企业盈利模式探究 [J].上海房地，2019（8）：6-10.

[3] 杨毅佳.长租公寓业务的风险控制探究：以美国 EQR 和日本 Leopalace21 为例 [D].厦门：厦门大学，2018.

[4] 樊怿霖.国外长租公寓"长久"之道 [J].金融博览（财富），2021（3）：50-53.

作者联系方式

姓　　名：杨慧玲

单　　位：厦门安居集团有限公司

地　　址：福建省厦门市湖里区仙岳路 2999 号

邮　　箱：1751257385@qq.com

对长租房市场进行有效监管的建议

苏 里 薛 颢

摘 要：自国务院于2016年提出"建立购房与租房并举的城镇住房制度"以来，"租购并举"的相关政策在各地逐步实施，长租房或长租公寓的市场规模从2017年开始迅速扩大。坚持"房住不炒""租购并举"的原则是推进我国新时代城镇住房制度建设的重要思路，是"十四五"规划中推进新型城镇化、促进房地产市场平稳健康发展的重要环节。政策支持与金融资本的进入使长租房租赁市场得以迅速发展，但在缺乏市场有效监管的情况下，长租房市场"爆雷"频出，诸多问题浮出水面。本文搜集相关资料，对长租房市场发展现状和问题进行了分析。在对比各地监管政策的基础上，提出了监管原则与边界、监管主体与责任、监管重点与内容三大领域的监管建议。

关键词：长租房；长租公寓创新企业；运营模式；市场监管

一、长租房市场发展现状及问题分析

（一）长租房市场发展现状

2016年6月，国务院办公厅发布《关于加快培育和发展住房租赁市场的若干意见》，明确发展住房租赁企业、鼓励房地产开发企业开展住房租赁业务；同时，从给予税收优惠、提高金融支持、完善供地方式三大方面加大政策支持力度。从2017年开始，长租房的发展在政府和市场的双重推力下驶入快车道，其中多种形态的主体作为运营方切入市场；支付宝、银联等作为金融支持方提供相应的融资服务。根据2019年统计数据，全国长租公寓品牌数量合计已达1200多家；相关研究显示，预计到2030年，中国房屋租赁市场规模中租金总量将达4.6万亿元，约有3亿人将通过租赁满足其住房需求。

目前，我国长租房根据物业分布情况可分为集中式和分散式。集中式通常为出租房源集中在整栋楼宇中，通过整体装修、改造后运营出租的方式运作；分散式通常为出租房源分散在不同楼宇和业主的手中，通过标准化装修、改造后运营出租的方式运作。按照运营主体来分，可分为房地产开发企业、酒店运营企业、中介服务企业、长租公寓创新企业等四大类。房地产开发企业包括资本实力雄厚的国有开发企业及其他民营企业;酒店运营企业具有丰富的集中运营管理经验;中介服务企业则具备更好的供需整合能力,多为分散式运营;创新企业则多为创新运营模式的轻资产企业。根据美国和日本长租房的发展状况,未来还可能出现保险对出租人和承租人的保障覆盖、REITs融资的普遍应用,包括集建造、资管、中介于一身,整合上下游服务的企业出现。

(二)长租房市场发展中的问题分析

长租房市场高速发展的同时,运营企业(以长租公寓创新企业为主)却问题频出。包括2017年的V客青年公寓、GO窝公寓,2018年的好租好住、爱公寓,2019年的上海寓见公寓、悦如公寓,2020年的嗨客公寓、湾流国际等品牌在内的153家企业相继出现问题,其中90%以上是由于"高进低出""长收短付"的经营模式引发的资金链断裂。"高进低出"是指长租房运营企业给出租人支付高于向承租人收取的租金的行为;"长收短付"是指长租房运营企业向承租人收取长期租金(收取半年或一年租金),向出租人支付短期租金(按月支付)的行为。"高进低出"以期迅速占领市场形成规模,"长收短付"以期迅速形成资金池用于其他类风险投资。一旦市场环境发生变化或投资失败便极有可能出现资金链断裂,致使企业倒闭,最终严重损害承租人和出租人的利益:承租人预付的租金无法追回,而出租人的房屋却被无偿占用。除此之外,为了弥补承租人资金短缺的情况,运营企业往往还引入了"租金贷"的产品,利用金融工具完成模式运营链,同时将更大的风险转嫁出去。长租房需求层面的扩张并未得到与之匹配的合理供给(图1)。

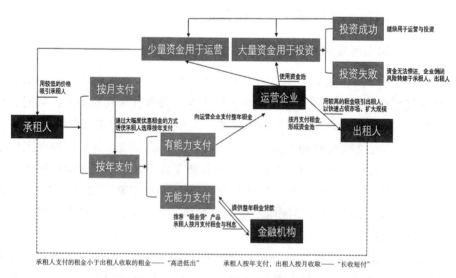

图1 长租公寓创新企业高风险模式运营链

长租房正常的盈利模式通常为:第一,通过对租赁房源的集中采购、管理,降低取得成本;第二,通过对租赁房源合理的装修、改造提升房源价值;第三,通过平台协调与匹配不同需求的客户群体,对接供给和需求;第四,提供清洁、交通、学习、娱乐、社区活动等多类型增值服务。然而,大量长租房创新企业在监管部门缺乏技术手段及监管工具来识别新兴模式创新真伪的情况下,将"互联网+资本""流量+金融"模式简单地复制到相对重资产的房地产租赁市场:通过高价合同吸引出租房源来迅速实现市场房源供给规模的占领,通过低价合同吸引承租人来迅速培育需求群体,迅速形成连接供给两端的垄断或寡头便拥有控制市场与定价的能力;在这个过程中,利用"租金贷"等金融工具引导承租人收取其长期租金、支付出租人短期租金以形成资金池,资金池一方面用来维持运营支出与"高进低出"的收支赤字,另一方面则挪用于其他风险投资。这种模式将长租房运营与服务收益变成了利用价值时间差的资本博弈与风险游戏。

除此之外,个别长租房运营企业为节约成本、缩短资金回笼周期,将装修改造不到一个月、空气污染和甲醛污染超标数倍的房屋在承租人不知情的情况下进行出租;为追求更大利润,个别企业对所持出租房源进行不合理分割,擅自改变房屋建筑结构,压缩个人利用空间;为维持现金流,巧立名目,增加各种形式的隐性收费等。

二、长租房市场发展及监管政策分析

(一)长租房市场发展与监管的中央政策

自2016年6月《关于加快培育和发展住房租赁市场的若干意见》发布以来,住房和城乡建设部、税务总局、国土资源部等相关部门陆续出台配套政策以促进长租房市场的迅速发展。其中,包括行政法规和部门规章在内的相关重要中央政策及核心内容如表1所示:

长租房发展相关的重要政策(中央) 表1

发布时间	效力级别	文件名	文号	发布部门	相关核心内容
2016.5	行政法规	《关于加快培育和发展住房租赁市场的若干意见》	国办发〔2016〕39号	国务院	1.培育市场供应主体;2.鼓励住房租赁消费;3.加大政策支持力度
2017.7	部门规章	《关于在人口净流入的大中城市加快发展住房租赁市场的通知》	建房〔2017〕153号	住房和城乡建设部等九部委	1.培育主体企业;2.建立信息服务平台;3.增加有效供应;4.创新管理和服务体制
2017.8	部门规章	《利用集体建设用地建设租赁住房试点方案》	国土资发〔2017〕100号	国土资源部、住房和城乡建设部	选择北京、上海、南京、杭州、厦门、武汉、合肥等13个城市开展试点
2018.4	部门规章	《关于推进住房租赁资产证券化相关工作通知》	证监发〔2018〕30号	证监会、住房和城乡建设部	1.明确开展条件及重点支持领域;2.优化相关工作程序;3.加强监管与营造良好环境

政策鼓励之下,以长租公寓创新企业为主的运营公司却频频采用上述高风险的运营模式以获取短期高回报,致使企业资金断链,损害金融机构、出租人、承租人等各方利益。因此,住房和城乡建设部等六部委针对长租房市场监管的政策开始陆续出台,最新政策为2021年4月发布的针对轻资产住房租赁企业的监管(表2)。

长租房监管相关的重要政策(中央)　　　　表2

发布时间	效力级别	文件名	文号	发布部门	相关核心内容
2019.12	部门规章	《关于整顿规范住房租赁市场秩序的意见》	建房规〔2019〕10号	住房和城乡建设部等六部委	1.加强对采用"高进低出""长收短付"模式企业的监管;2.加强部门协同联动
2021.4	部门规章	《关于加强轻资产住房租赁企业监管的意见》	建房规〔2021〕2号	住房和城乡建设部等六部委	1.规范住房租赁经营;2.开展住房租赁资金监管;3.禁止套取使用住房租赁消费贷款

(二)长租房市场发展与监管的地方政策

长租房市场发展的中央政策出台后,各地市相继跟进具体实施细则。从企业扶持、平台建设、信息公开、盘活存量租赁房源等角度力促市场发展。同时,发展过程中出现的各种问题也逐渐引起地方政府的重视,随着住房和城乡建设部建房规〔2019〕10号文件的发布,北京、上海、杭州等城市也于2020~2021年期间相继出台监管方面的地方性法规与规章。本文调查了涉及"住房租赁"内容的393篇政策文件,归纳了其中具有代表性的长租房监管相关的地方性法规、规章如下(表3):

长租房监管相关的重要政策(地方)　　　　表3

发布时间	发布省市	文件名	文号	发布部门	相关核心内容
2021.1	北京市	《关于规范本市住房租赁企业经营活动的通知》	京建发〔2021〕40号	北京市住房和城乡建设委员会等五部委	1.限制资金池:预收的租金数额原则上不得超过3个月租金、严控"租金贷"拨付对象、通过北京房地产中介行业协会建立的专用账户托管押金;2.加强信息报送、租赁合同管理、联合监管
2021.1	上海市	《关于进一步整顿规范本市住房租赁市场秩序的实施意见》	沪建房管联〔2021〕18号	上海市住房和城乡建设管理委员会等十部委	1.加强租赁企业主体管理、信息发布管理、网签备案管理;2.规范租赁收费与支付周期;3.开立资金监管账户、严控租金贷业务;4.加强消防、用电、燃气、空气等房屋安全监管
2020.8	杭州市	《杭州市住房保障和房产管理局关于进一步落实住房租赁资金监管相关工作的通知》	杭房局〔2020〕99号	杭州市住保房管局	1.将租金、押金和利用"租金贷"获得的租赁资金纳入专用存款账户管理;2.规定风险防控金的缴纳

续表

发布时间	发布省市	文件名	文号	发布部门	相关核心内容
2020.9	成都市	《关于进一步加强住房租赁市场管理的通知》	成住建发〔2020〕332号	成都市住房和城乡建设局等9部门	1.加强从业主体管理；2.加强房源发布管理；3.设立资金监管账户、租赁资金纳入监管、规范租赁金融业务
2020.11	西安市	《推动我市住房租赁网签备案和资金监管相关工作的通知》	市建发〔2020〕132号	西安市住建局等6部门	1.通过市住房租赁交易服务平台进行住房租赁合同网签备案与监管；2.开设全市唯一的住房租赁资金监管账户进行资金监管

三、有效监管措施的建议

截至目前，仍有不少地方政府亟待明确相关监管规定。通过对长租房市场中的问题分析，结合中央及地方相关政策归纳，对长租房市场监管可从以下几个方面考虑：

（一）明确监管原则与边界

明确监管的原则与边界，就明确了监督的方向目标与管理的深度广度。监管原则应做到三个维护，即维护房地产租赁市场的健康发展、维护出租人和承租人的核心利益、维护租赁市场金融的绿色生态。形成在防范风险的基础上鼓励创新，在针对问题干预的基础上允许市场有序竞争的监管边界。

（二）明确监管主体与责任

长租房市场覆盖房地产、互联网、金融等领域，涉及住建、网信、银行、保险等监管，单个部门无法做到监管的全覆盖。故监管主体应是包含住房和城乡建设部、银保监会、网信办、国家发展改革委等在内的多部门协同管理主体。明确各自责任是为了防止监管真空地带与监管内容重合情况的出现。例如：由住建部门负责制定相关政策、建设住房租赁交易服务平台、健全住房租赁市场主体信用管理体系，由金融管理部门负责住房租赁市场金融业务活动和金融机构的监管，由网信办负责监管租赁市场网络信息的合法合规等。

（三）明确监管重点与内容

对长租房市场的运营企业监管、融资风险监管、房屋安全监管是重中之重。具体的内容包括：

一是针对运营企业的监管：针对运营企业尤其是轻资产企业的创新运营模式，需要建立专项账户对其金融资金、租赁资金进行监管，防止其资金挪用；建立和健全企业信用档案，于信息平台对外公示；对相关企业的重要经营行为、经济行为进行备案登记，明确禁止低于成本的租赁行为。

二是针对融资风险的监管：针对"租金贷"等产品应由专业机构进行融资风险、房屋租金价值等评估，进行融资前风险的预判与防控、融资后风险的观察与预警；必要时可参考专业评估结果加强对融资额度的限制；完善房地产租赁证券化（REITs）业务监管体系的建设。

三是针对房屋安全的监管：督促运营企业定期检查出租房屋内各项设施设备，并对检查结果进行登记备案；如有改造事项，须征得出租人同意并符合国家相关标准，对消防、水电、燃气、室内空气等重要安全事项均应书面告知承租人；政府应提供服务平台，以确保出租人和承租人的信息反馈并及时化解相关矛盾。

参考文献：

[1] 蔺清冰.我国长租公寓市场可持续发展研究[J].住宅与房地产，2019（36）：20.

[2] 戴德梁行.中国长租公寓市场发展报告2018-2019[R]，2019.

[3] 邹亚君.我国长租公寓REITs融资研究：基于美国的经验借鉴[D].昆明：云南财经大学，2019.

[4] 任明勇.长租公寓模式下承租人权益法律保障研究[J].住宅与房地产，2020（11）：156-157.

[5] 巴曙松，王凤岩.长租公寓"租金贷"金融风险与监管建议[J].清华金融评论，2018（1）：37-41.

[6] 赵彦钧.杭州市长租公寓的政府规制研究[D].杭州：浙江大学，2019.

[7] 陈兵，马贤茹.理清创新与监管边界，积极应对长租公寓平台风险挑战[N].深圳特区报，2020-12-29（B4）.

作者联系方式

姓　　名：苏　里　薛　颢

单　　位：西安天正房地产资产评估顾问有限公司

地　　址：陕西省西安市高新区科技二路与沣惠南路十字西南角泰华.金贸国际4号楼29层

邮　　箱：suli_tzfdcpg@163.com；xuehao@tzgw.club

注册号：苏里（6120140017），薛颢（6120000004）

深圳市城中村发展长租公寓探索建议

黄志忠 李 霞 李慧霞

摘 要：在房住不炒，租购并举等一系列政策背景下，租赁市场得到快速发展，租赁企业不断涌现。我国一线城市住房租赁需求旺盛，未来发展仍然面临租赁住房供应不足的情况。深圳作为净流入人口大城市，城中村解决了大部分人群的租赁需求，文章针对如何有效利用城中村发展长租公寓既能有效盘活城中村存量住房，又能改善城中村的居住环境与品质，推动住房租赁市场健康发展提出一些探索性建议。

关键词：住房租赁；城中村；长租公寓

一、引言

2022年，疫情的"倒春寒"让深圳市居民一下进入了紧张时刻，城中村成了疫情的重灾区，由于基础环境差、人口密度大、管理不规范，城中村的疫情防控成了政府的重中之重。房地产市场仍然延续着2021年至暗时刻，自"三道红线"政策以来，很多房地产商面临着更为严峻的考验。房住不炒，坚持租购并举，加快发展长租房市场，已成为行业内公认的常识。一线城市常住人口多，住房租赁需求旺盛。深圳土地稀缺，并且每年都有大量的新市民人口流入，如何结合实际情况有效解决该部分人群的租赁需求，成为政府一大重要难题。城中村作为深圳市租赁市场主力，优化升级城中村生活环境，有效利用城中村发展长租公寓，或许是一条切实可行的重要途径。

二、深圳市城中村发展长租公寓的政策背景分析

（一）以保障群众住房需求为导向，坚持"房子是用来住的、不是用来炒的"定位，坚持租购并举，加快发展长租房市场

2015年，我国为解决住房供需矛盾问题，对房地产市场进行改革，开始大力支持住房租赁，住房和城乡建设部发布《关于加快培育和发展住房租赁市场的指导意见》，首次提出"租售并举"的概念，"租售并举"确立为我国住房制度改革的主要方向。

2020年，中央及多地颁布多项政策促进市场发展，9月发布《住房租赁条例（征

求意见稿)》，进一步推动我国住房租赁行业规范、健康发展。"十四五"规划要求租购并举，探索支持利用集体建设用地按照规划建设租赁住房，完善长租房政策，扩大保障性租赁住房供给。

2022年政府工作报告提出：继续保障好群众住房需求，坚持房子是用来住的、不是用来炒的定位，探索新的发展模式，坚持租购并举，加快发展长租房市场，推进保障性住房建设。

随着国家租赁政策的不断完善，地方也出台一系列相关政策，促进了长租公寓的快速发展。

（二）国家提出因地制宜多种方式全面盘活存量住房资源，提出利用集体建设用地建设租赁住房试点方案，为深圳市城中村改造提供了良好的政策环境

2017年4月，住房和城乡建设部、国土资源部联合发布《关于加强近期住房及用地供应管理和调控有关工作的通知》，要求建立健全租购并举的住房制度，培育和发展住房租赁市场。将新建租赁住房纳入住房发展规划，采用多种方式增加租赁住房用地有效供应。鼓励房地产开发企业参与工业厂房改造，完善配套设施后改造成租赁住房，按年缴纳土地收益。在租赁住房供需矛盾突出的超大和特大城市，开展集体建设用地上建设租赁住房试点。鼓励个人依法出租自有住房，盘活存量住房资源。8月，为进一步增加租赁住房供应，缓解住房供需矛盾，构建租购并举的住房体系，建立健全房地产平稳健康发展长效机制，国土资源部会同住房和城乡建设部印发《利用集体建设用地建设租赁住房试点方案》，鼓励开发商参与工业用地改造租赁用地，提出利用集体建设用地建设租赁住房试点方案。

2022年1月10日，国家发展改革委等二十一部门印发《"十四五"公共服务规划》，提出人口净流入的大城市要大力发展保障性租赁住房，主要解决符合条件的新市民、青年人等群体的住房困难问题，并且能够因地制宜发展共有产权住房，全面推进城镇老旧小区改造。

（三）深圳市提出盘活存量住房，加强城中村综合整治和改造提供租赁住房；提出发展住房租赁市场专项资金，保障长租公寓发展

深圳市为建立和完善房地产市场平稳健康发展长效机制，全力建设中国特色社会主义先行示范区。2019年深圳市住房和建设局《关于转发〈深圳市人民政府关于规范住房租赁市场 稳定住房租赁价格的意见〉的通知》中提出，盘活存量住房，增加租赁住房供应。支持企事业单位利用符合规定的自有住房、配套宿舍筹集租赁住房；支持住房租赁企业、集体经济组织和原村民通过城中村综合整治和改造提供租赁住房；探索盘活各类空置住房用于增加租赁住房供应的措施。

为进一步促进深圳市住房租赁市场发展，深圳市住房和建设局联合市财政局2021年出台了《深圳市发展住房租赁市场中央财政专项资金管理办法》，对筹集建设租赁住房、运营管理租赁住房等符合条件的相关企业实施企业补助。

三、深圳市城中村发展长租公寓市场分析

（一）深圳作为最大人口净流入城市，土地稀缺，租赁市场需求旺盛

深圳作为一线城市，就业机会大，来深择业的青年越来越多，尤其是大学毕业生。根据深圳市统计年鉴显示，深圳2017～2020年的年人口净流入高达67万。据深圳市人力资源和社会保障局数据显示，2021年深圳市全年新引进人才22.91万名，接收应届毕业生9.03万名。对于如此多来深择业的青年而言，租房几乎成了他们解决居住问题的首要选择。

然而，深圳土地不足问题由来已久。根据第七次全国人口普查数据，按深圳常住人口1756万和土地面积1997km^2计算，深圳目前人口密度达8791人/km^2，高居全国大中城市首位。深圳目前存量商品房套数不足200万套，保障房只有51万套，仅靠商品房和保障房难以满足市场需求。城中村住房超500万套房，可作为租赁保障的主力市场。

（二）深圳市城中村是深圳大部分青年人梦想的起点，城中村的管理是深圳政府不可忽视的部分

刚踏入深圳的青年人群及基层工作的新市民往往收入水平有限，住房支付水平有限。而深圳市城中村分布广泛，租金相对低廉，往往成了他们租房的青睐对象。据珊瑚数据统计显示，深圳市城中村1748个，常住人口约1343万人，深圳约有60%～70%的人居住在城中村。曾经的"白石洲""大冲村"，现在的"下沙村"，是多少"深漂"青年的避风港，承载了多少青年人的梦想。然而，城中村的楼栋密集、基础设施差、管理不规范等问题依然不容忽视。随着青年人群对居住需求的提高，加上此次疫情在城中村的肆虐，城中村的改造成了不容忽视的问题。

2015年提出"租售并举"的概念后，国家对租赁市场利好政策陆续出台，住房租赁市场成为房企的投资新风口和抢占存量房市场的战略选择，长租公寓成为近年来房地产三级市场的一个新兴行业。截至2019年，深圳全市长租公寓房源规模约8.1万间，全年新增约2.5万间，环比增长约19.6%。

深圳市的租赁客群以青年为主。根据乐有家研究中心数据显示，2021年深圳租房人群年龄结构中，"90后"占比达到46%，其次为占比37%的"80后"。随着年轻的"00后"逐渐步入社会，2021年在深租房群体中"00后"占比达到了2%。租金承受能力方面，《2021中国城市租住生活蓝皮书》的数据显示，租金在2000元/月以下的刚性租赁需求占市场主导地位，北深广3个城市毕业生租金预算普遍突破3000元/月。

在深圳新青年、新市民等人群的租赁住房需求旺盛，催生了一批长租公寓品牌企业。据克而瑞监测，2020年上半年，深圳前10名品牌公寓累计开业383家，占全市

74%的已开业门店量。其中，开业门店数前三的品牌公寓为：泊寓、草莓社区和魔方公寓。这些品牌长租公寓中，又以城中村改造的长租公寓为主。其中深圳市万科泊寓已在深圳各大区域布局，除部分自己开发的物业房源外，基本为关外热点租房区域的城中村改造、旧厂房改造房源。据不完全统计，深圳泊寓城中村改造为长租公寓社区数占总长租公寓的60%以上；草莓社区城中村改造为长租公寓的社区数占总长租公寓的76%（表1，表2）。

深圳泊寓分布情况　　　　　　　　　　　　　　　　　　　表1

分布区域	总社区数	城中村改造社区	租金水平
罗湖区	1	0	4099～11999元/间
福田区	5	3	1298～4198元/间
南山区	9	4	1158～8498元/间
盐田区	2	1	1198～3588元/间
龙华区	37	34	418～3058元/间
光明区	6	5	498～1378元/间
宝安区	35	19	400～4300元/间
龙岗区	47	33	459～2350元/间
坪山区	7	2	268～2520元/间

数据来源：万科泊寓官网，数据截至2022年3月

深圳草莓社区分布情况　　　　　　　　　　　　　　　　　表2

分布区域	总社区数	城中村改造社区	租金水平
福田区	8	8	1230～2474元/间
南山区	3	0	2566～4400元/间
龙华区	25	22	1000～2736元/间
宝安区	7	3	1330～2967元/间

数据来源：金地草莓社区官网，数据截至2022年3月

长租公寓运营企业通过整体租赁城中村的整栋房源，进行包装改造后，再以相对更高的价格租赁给青年客群。首先会对外立面进行刷新改造，然后整体对内部配置布艺沙发、简易衣柜、书桌、置物架、床、空调、冰箱、热水器等基础生活配套设施。设计风格方面，以白色、原木色为主基调，搭配暖黄、绿色、青色等时尚色彩，整体明亮清新，时尚简约，契合"90后"的追求。

社区公共空间方面，根据情况会设置前台、公共厨房、餐厅、健身房、会议室、活动场地等公共设施。服务方面，会提供安全监控、快递代收、洗衣服务、家居保洁等。

城中村改造下的长租公寓以相对商品房更低廉的价格一定程度上满足了青年客群对品质的追求，受到了广大深圳青年客群的欢迎。然而，城中村改造为长租公寓依然存在一系列的问题亟待解决与完善。

四、深圳市城中村发展长租公寓存在的问题

（一）城中村改造成本高，造成市场租金短期上涨明显，对低端租赁市场冲击较大

随着部分长租公寓企业进驻城中村，许多长租公寓企业对收储房源进行二次包装改造。改造过程中需要花费大量的资金成本和时间对城中村进行环境改善，才能为租客提供更好的居住体验和更便利的公共服务。这使得原本租金较低的城中村住房经收储、装修改造后运营成本提高，租金必然上涨。

在村民层面，因为长租公寓运营企业的进驻，提高了村民对自身"农民房"的心理预期，对自有房屋有更进一步的价值认知，会通过抬高租金、提高议价能力等方式提前透支未来租金期望，这也会导致收储单位租金较原来普遍提升。

在供需层面，由于房屋在收储后房源减少、改造周期的不确定性以及改造完成后有部分房源因电力容量、排污等市政配套提升不同步造成空置，短期内片区出现房源供不应求的情况，导致租金上涨。

（二）城中村改造的长租公寓存在乱收费、操作不透明现象，导致客户满意度不高，对租赁企业信任度下降

我国住房租赁市场发展起步晚，但是随着一系列住房租赁红利政策出台，大量的社会资本涌入住房租赁市场。住房租赁市场由于门槛较低，标准不明确以及政策法规不完善，在发展过程中问题渐出。由于许多长租公寓企业运营压力大，只能从其他方面提高运营收入，所以除房屋的租金外，出现了物业费、水电费、网络费等隐形成本收取不规范等问题。当租客遇到提前转租、退租等情况，部分企业会恶意扣取押金等费用，造成转租、退租难的问题。在续租的时候，部分运营人员会故意隐瞒真实房源，提高现有租金或推荐更贵房源。长租公寓市场收费的不规范、操作不透明等问题，很大程度上会拉低租客的满意度，使租客对长租公寓产生不信任的心理。

（三）长租公寓对城中村的局部改造，依然难以实质性解决城中村整体环境

长租公寓对城中村的改造虽然一定程度上提升了城中村的环境和形象，但由于城中村改造长租公寓体量有限，不具规模，仍然难以有效改善城中村整体脏乱差的环境。城中村在发展中仍然存在缺乏统一规划、整体建筑混乱、村内建筑密度高、建筑间距小、街道脏乱差等问题。

五、深圳市城中村长租公寓发展对策及建议

一是设立专项基金及金融政策扶持。由政府部门设立专项城中村综合整治资金，给予长租公寓企业基础设施及外部环境改善提升补助，减少长租公寓运营企业改造成本，有效降低房源租金。对于城中村改造长租公寓的运营企业可制定相关的政策，由政府给予一定的税收减免，在企业融资方面给予一定金融政策的扶持，也可对长租公寓企业进行一系列的奖励等措施，降低运营企业的资金成本和财务压力。

二是搭建统一租赁交易服务与监管平台。通过互联网手段，搭建公开透明的租赁住房交易平台，设置租赁住房指导价，租客可通过平台进行房源、租金、物业费、房源等信息查询。同时，可对运营企业进行评价，将客户的满意度和企业违法违规行为纳入信用信息共享平台，加强对长租公寓企业的监管。

三是探索政府引导、鼓励村企合作发展新模式。由政府牵头，以城中村单个集体经济组织为单元，通过引入物业服务企业、专业顾问企业、全流程改造实施及运营主体等社会力量，推动专业化改造。政府可通过"投资+设计+施工+运营"一体化招标确定全流程的改造实施及运营主体，实施主体可与专业企业合作进行联合投标；经村集体经济组织决定通过招标等方式选定物业服务企业进入，物业服务企业参与城中村改造；将小区共用部位的广告、停车等公共空间利用经营与物业服务打包，采用招标等方式选定社会资本，社会资本通过投资改造，获得城中村公共空间和设施的经营权，提供物业服务和增值服务，提升城中村整体面貌及物业管理水平。

同时，可探索鼓励村集体组织或个人以租金等形式参股或保底分红方式分享城中村长期运营所带来的红利。

四是探索设立城中村租赁住房经营机构。政府可成立专门的城中村租赁经营机构，对城中村进行收储改造，以保本或微利的形式，将收储的房源当作公共租赁住房形式进行长租运作，一方面能够给予特殊人群基本住房保障，另一方面可起到规范市场的作用。

总之，城中村作为深圳重要的住房租赁市场，在发展长租公寓的前提下，需政府、企业、村集体经济组织等多方齐心协力合作，才能实现可持续的发展之路。

参考文献：

[1] 住房和城乡建设部，国土资源部.关于加强近期住房及用地供应管理和调控有关工作的通知[J].城市规划通讯，2017（8）：3-4.

[2] 国土资源部，住房和城乡建设部.利用集体建设用地建设租赁住房试点方案[J].投资有道，2017（9）：7.

[3] 深圳市住房和建设局.关于转发《深圳市人民政府关于规范住房租赁市场 稳定住房租赁价格的意见》的通知[Z].2019-08.

作者联系方式

姓　名：黄志忠　李　霞　李慧霞

单　位：深圳市英联资产评估土地房地产估价顾问有限公司

地　址：深圳市福田区竹子林博园商务大厦 801

邮　箱：125806020@qq.com；2633309422@qq.com；lihuixiaz@qq.com

注册号：黄志忠（4420070157）

(四)保障性租赁住房发展

保障性租赁住房发展的战略与策略

陈 杰

摘　要：保障性租赁住房是对新市民和青年人的一种社会投资，早投入早收益，是共同富裕的需要。保障性租赁住房超越托底式住房保障，走向发展式住房保障。保障性租赁住房发展难点：一是面对群体规模较大，需求较大，但支付力较低；二是企业经营成本不低，包括筹地难，优质地块难以落实，闲置用地难以转化；筹房难，优质存量房产难以转化，或价格太高；筹资难，难以抵押土地房产以获得融资，期限错配；经营难，租金管制和租客限定的双重限制，企业难以经营。保障性租赁住房发展的对策建议：保障性租赁住房的建设要跟城市更新、新城建设联系在一起，加快存量的改造、改建，基本原则是"肥瘦搭配""抽肥补瘦"，将收益率较好的项目与收益率较差的项目捆绑式给企业；同一个项目也可以考虑客户"混搭"、价格"混搭"；大力发展保障性租赁社区，租购同权不可或缺。

关键词：保障性租赁住房；城市更新；租购同权

一、保障性租赁住房的概念及目标定位

（一）保障性租赁住房的概念

保障性租赁住房就是具有保障性的租赁住房。租赁住房比较好理解，主要是对保障性的理解，可以理解为面向特定人群，有特定的政策目标，有政府的政策支持。因为有了政府的政策支持，保障性租赁住房与市场化的租赁住房有很大区别，其运营、管理、租金等方面会受到一定约束。

"住房保障"对应国际国内学界中常用的"住房权"。住房权是一个学术名词，听起来有些陌生和抽象，但"让全体人民住有所居"，实际上就是指保障住房权，其内涵就是享有基本住房，是一项基本人权，国家和社会有责任让每个人都有基本住房。但保障住房权还有更新的要求，不仅是让人人住有所居，还要让人人住有宜居，而且这种宜居要能帮助人实现更好的发展。这是保障性租赁住房与之前的本质区别。

（二）住房保障的目标

保障就是要政府介入，政府介入的前提是市场存在失灵。有两种住房市场失灵的

情形，需要政府进行干预。一是外部因素，因为收入财富差距、地域城乡差距，导致人们可以享受住房的能力、资源不一样。二是内部因素，住房市场本身也很容易出现失灵。因市场的固定性和长期性等自然特征，容易出现自然垄断、供需双方不对等博弈、信息不对称、投机炒作、资产化金融化等现象。

住房市场失灵不仅影响住房，也影响整个社会，有很强的放大效应。如果政府不干预，问题会长期存在，且越来越严重，因此政府必须进行干预。发展长租房，就是因为原来的租赁市场存在很多信息不对称、供需错配和不对等博弈，存在很多失灵，因此要进行针对性的干预和调整，这就是建立保障的出发点。

（三）其他国家住房保障概况

世界各国都没有把房子问题完全交给市场来解决。各国的办法，包括政府直接或间接干预。美国、日本、韩国、新加坡有公共住房，欧盟及东欧的很多国家有社会住房。社会住房就是在政府的引导下，通过社会组织、社会力量去解决住房问题，如北欧、西欧一些国家社会住房的比例达到了20%～30%。

二、中国住房保障发展的三个阶段

可以将中国住房保障分成以下三个阶段：

（一）1998～2007年：第一代保障性住房

1998年房改之后，与市场化房改配套出现了经济适用房（以下称"经适房"）。经适房是第一代保障房的代表，其对没有获得福利分房的中低收入人群起到了一定的补偿作用。但经适房在整体设计上是用出售的办法达到保障效果，没有与住房市场形成衔接。在住宅土地有限的情况下，在供给上经适房与商品房形成竞争关系，经适房供给越多，商品房供给就越少，商品房价格就越高，产生挤出效应，这种做法不可持续。同时，在需求上经适房与商品房并没有完全分开，很多不该获得的人得到了经适房，套利和寻租现象较多。最终，经适房不得不逐步退出。

（二）2007年至"十三五"时期：第二代保障性住房

2007年，以国务院《解决城市低收入家庭住房困难的若干意见》（国发〔2007〕24号）为代表的文件出台后，出现了以公共租赁住房为代表的中国第二代保障房。这个时期还出现了共有产权房、限价商品房，但是这些住房不具有时代特色。第二代保障性住房起到了很大的作用，根据权威调查统计数据，按人口普查的标准口径，我国现有存量保障房大概是2300万套，其中一半是产权性的，一半是租赁性的。

第二代保障性住房存在的问题：一是地方政府内在激励不足；二是社会力量利用不足；三是可持续性不足，人、房、资金的可循环不足，与原来的住房市场之间仍有冲突。

（三）"十四五"时期：第三代保障性住房

保障性租赁住房是在"十四五"规划中提出来的。2021年6月，国务院正式提出要加快保障性租赁住房建设。2021年7月，国务院办公厅发布《关于加快发展保障性租赁住房的意见》（国办发〔2021〕22号，以下简称"国办发22号文"），正式推出了保障性租赁住房。住房和城乡建设部领导及时地通过国务院政策吹风会向公众宣传普及了保障性租赁住房（以下简称"保租房"）的出发点和目标。

国办发22号文出台之后，各地纷纷向保租房发力，广州、上海提出"十四五"期间的保租房建设目标最高，为66万套（间）和65万套（间）。北京、深圳"十四五"期间的保租房目标均是40万套（间）。

以上海市为例，国办发22号文出台后，上海市住房发展规划马上进行了相应修订。2021年11月，上海市政府正式印发《关于加快发展本市保障性租赁住房的实施意见》（以下简称《实施意见》），提出上海市在"十四五"期间要计划筹措47万套（间）保租房，到2025年底累计筹措60万套（间）。《实施意见》明确把原来的公共租赁住房纳入保障性租赁住房，同时强调对保租房要给予很多支持，但也要进行一些约束、管理。2022年1月，上海市出台《保障性租赁住房项目认定办法》，有五类符合条件的住房项目可以申请认定为保障性租赁住房。公共租赁住房，大量的长租公寓包括改建类长租公寓、"非改租"、配建租赁房、单位租赁房等，都可以纳入保障性租赁住房。所以保租房大部分不是新增，更多是对存量房源的转化。上海市还对哪些人可以入住保租房出台了系列政策。如要求存在住房困难才能入住；如有自有住房，但离上班的地方很远，希望就近居住，要结合通勤因素去认定有没有住房困难，灵活性比较高。同时，上海市对保租房的租金有明确要求，租金是同地段、同品质住房的九折，而且年增幅不能超过5%。

保租房的特点可以归纳成几点：对象更加明确，内容精细、发力更加精准，方案更有操作性，更科学解决增量和存量之间关系，更加市场化。以前的保障性住房是一种托底式保障，现在的保租房是一种发展式保障。其强调要对年轻人进行投资，让他们不仅住得下、有地方住，还要住得近、住得稳、住得安心，提高他们的发展潜力，这是保障性租赁住房最重要的一个出发点。

保租房是一种发展性的理念。以前的保障性住房强调分配，政府对社会财富进行再分配，基本由政府主导。现在的保租房相当于政府跟社会共同生产，是政企合作模式，追求的目标是让年轻人要更加住得好、住得稳，同时企业投入可再循环、企业可持续发展和具有可成长性。

三、保障性租赁住房存在的问题及解决策略

（一）存在问题

目前保租房存在一些难点：一是面临的需求群体规模很大，但是年轻人、新市民

的特点是支付力比较低,同时保租房的供给成本高,所以保租房实现可循环、可持续发展仍然比较困难。二是保租房建造和运营成本很高,包括土地获取、融资和运营成本都很高。而且租赁住房项目不像出售项目,基本不能抵押,借短贷长,存在高度的融资错配,融资非常难。

(二)解决策略

发展保租房,最重要的是激发企业、社会力量的积极性,让他们愿意来投资。这中间就要大家一起来协商,政企互动,让企业自觉自愿成为政府的伙伴。所以政府在税费融资担保等方面需要多出一些优惠政策,在规划和开发改建等方面多给予企业一些支持,才能提高企业积极性,促成一起共同生产。总之,要一起来解决问题。此外,保租房要做好,一定要和城市更新、新城建设联系在一起。政府在加快存量住房的改造、改建以及融资方面出台相应的政策。

对于发展保租房,我提出一个基本原则,就是"肥瘦搭配"。因为市场化的租赁住房大多数情况下都很难盈利,保租房在租金管制的要求下,就更加难运营,能做到不亏本都很难,但是对企业来说还是要有点利润。所以可以适当考虑捆绑式项目,将有较好利润的项目和没有利润的项目搭配起来让企业运营。国外在这方面也是有经验的,允许一个项目中部分房源是面向高收入的群体,租金相对较高,有助于企业进行市场竞争;一部分房源面向保障群体,租金相对低一点,但客户来源有保障,对企业是一种托底。这种"混搭"方式让企业自己选择如何进行平衡。

最近我们欣喜地看到,房地产投资信托基金 REITs 在为保租房而启动。我们也认为保租房是比较适合 REITs 这种融资模式的,虽然短期之内租金比较低,但是长远来看租金很稳定,很安全。在大城市的核心地段,租金上涨幅度还是存在的。这种方式在部分项目里是有潜力的,我们也在积极做这方面的研究,希望能为保租房做一些推动。

保租房实际上是一种特殊的、有较高市场化程度,也有一定程度政府介入的租赁住房,但绝不是以前狭义的保障房,所以社会资本在这方面是非常有机会的。我相信政府会陆续出台更多的政策来携手合作,让保租房既能达到保障的目标,又能促使住房租赁行业在良性循环的基础上实现健康发展。

作者联系方式

姓　　名:陈　杰

单　　位:上海交通大学国际与公共事务学院

地　　址:上海市徐汇区华山路 1954 号新建楼 258 室

保障性租赁住房的价值意义与发展难题破解

陈 杰 陈敬安

摘 要：保障性租赁住房是中国住房保障在新时代条件下的升级版，是一种发展型保障，对于提高经济社会发展后劲、促进共同富裕具有重要意义。不同的出发点和不同的聚焦人群，导致保障性租赁住房的发展模式与传统保障性住房会有很大不同，突出表现在会更加以市场机制来主导、以社会力量作为主要投入来源和以存量挖潜利用为主。但保障性租赁住房也在发展中面临很多困难，尤其融资难题。本文对此进行了剖析，也介绍了相关进展。本文最后对保障性租赁住房发展给出了若干具体建议，尤其是建议项目之间和项目内部的"混搭"，以更好帮助企业实现资金平衡。

关键词：保障性租赁住房；住房保障；保障房；REITs

一、保障性租赁住房是中国住房保障的升级版

中国的住房保障体系，就如中国的社会保障体系，经历了从初步建立、逐步成长、体系构建到查漏补缺、质量提升的发展过程。住房保障工作，也像减贫脱贫工作一样，要根据经济发展能力、时代需求和国家财力，尽力而为、量力而行。

减贫工作，在全面小康之前，是以消灭绝对贫困为重心，在脱贫攻坚战获得决定性胜利之后，就要进行升级，转入以减少相对贫困、逐步实现全体人民共同富裕为目标。要实现这个目标，不仅要靠在财富分配端加强二次分配力度和增进相对弱势群体对经济发展成果的共同分享，也要在财富生产端倾向性、非对称性地增加相对弱势群体的发展能力，增强这个群体的自我造血能力，从而在生产环节上从源头缩小贫富差距。

住房保障的升级转型，同样也是这个思路。改革开放以来，尤其2007年8月《国务院关于解决城市低收入家庭住房困难的若干意见》（国发〔2007〕24号）发布以来，我国的住房保障体系从框架建构到不断完善，政府投入不断增加，规模越来越大。据权威部门资料，2008～2020年全国各类棚户区住房开工累计5000多万套，上亿居民"出棚进楼"。此外，截至2020年底，全国累计2200多万困难群众领取了租赁补贴。另据"七普"数据，2020年末全国有约1100万户家庭住在廉租房或公租房中。可以

说，大多数城市的本地收入与住房双困家庭的住房条件已经得到了根本性改善。同时，住房保障的方式和渠道日趋多元，住房保障的法规体系逐步完善，对住房保障的认识也日益深刻。

但在脱贫攻坚基本完成和决胜全面小康取得了决定性成就之后，经济社会发展还要朝着深层次和更高质量开启新征程，原来完全聚焦在中低收入住房困难群体的住房保障体系就不太能适应新的发展要求了，托底式的廉租房、公租房等保障房品种也不能满足新的住房保障对象的需求了。

五大新发展理念和新发展环境下的国内国际双循环战略，实现全体人民共同富裕伟大目标的明确提出，也都对住房保障工作提出了更多的要求。这些都使得政府今天有底气也有责任有迫切性，超越托底式住房保障，走向发展式住房保障。

保障性租赁住房，与之前主要面向中低收入家庭提供的"保障性住房"有很大不同，体现了在住房保障顶层设计中诸多新的理念与思路创新（陈杰，2021a）。

传统的保障性住房，虽然也有很大一部分是配租型，如廉租房、公租房，但都是主要面向城市中本地中低收入住房困难家庭即所谓"双困"家庭的托底保障，是狭义上的住房保障。廉租房自不必说，一直明确定性是托底性质的保障房。即使"十二五"之后才推广普及、覆盖人群范围相对广一些的公租房，也是以面向中低收入人群为主。如2010年6月住房和城乡建设部等七部委联合发布的《关于加快发展公共租赁住房的指导意见》（建保〔2010〕87号）、2019年5月住房和城乡建设部等三部委《关于进一步规范发展公租房的意见》（建保〔2019〕55号），都明确指出，发展公共租赁住房重点是解决城镇中等偏下及以下收入住房困难家庭的住房问题，仍然是一种"补位"式兜底式保障。

但近期所强调的保障性租赁住房，则可以清晰看出，面向人群和政策目标都有所不同，侧重点更多放在了新市民和青年人这个群体，是更广意义上的住房保障，而且明确与推动城镇化进程相联系，所以是一种发展型保障。其目标是提高中国经济社会发展的后劲，并从财富生产环节的源头缩小两极分化，给需要住房帮助的青年人、新市民更好投资，从而更好促进全体人民共同富裕。

近期不少学者在研究中国的减贫政策已经提出，中国政府对贫困的治理模式是一种发展型扶贫，强调对被救助者的"可行能力"的扩展，这是对西方"政治功利化"福利政策理念的超越。换句话说，中国减贫之所以成功，在于一直强调，不仅要输血，更要造血。同样可以认为，保障性租赁住房较传统保障性住房在面向人群和功能目标上的变化，体现了中国政府在住房保障领域已超越托底思维，而越来越看重与促进人的全面发展的结合（陈杰，2021b）。

当然，这个转变也体现了对历史的延续和传承。2007年以来国家对住房保障体系的大力建设，使得我国保障性住房存量快速增加、住房保障覆盖人群日益扩大。新型城镇化的灵魂是以人为本，人民城市的理念近年来也越来越深入人心，而所谓以人为本和人民城市，说到底都是要促进人的全面发展，提高每个人的"自由度"和"行动空间"，而这就要从保障每个人的发展权利、增进其发展能力做起。住房是联系个人与社会的关键性纽带，住房保障在落实发展权利、促进发展能力方面有着重要的和不可替代的作用（陈杰，2021b）。

从一定意义上来说，保障性租赁住房是对新市民和青年人的一种社会投资，早投入早收益。如果等新市民和青年人因为住房问题看不到解决希望而产生倦怠、"躺平"甚至抱怨不满，再进行投入，则社会成本会高很多。

二、保障性租赁住房发展模式的特点

如前所述，保障性租赁住房与传统保障性住房在出发点上有很大区别。后者属于托底式保障，前者是发展型保障，因而聚焦人群也不一样。后者是住房困难和收入困难"双困"家庭，前者是住房困难"单困"家庭，尤其是新市民和青年人群体。出发点和聚焦人群不一样，直接导致了发展模式不一样。

就发展模式而言，保障性租赁住房相对传统保障性住房最大的区别在于，后者是政府投资为主，基本上是政府在"举杠铃"，而保障性租赁住房是要改变这个局面，是政府努力创造优惠的政策环境，但投资、融资和运营都是以社会资本为主，政府不直接参与。

传统住房保障投入在属性上属于财政性投入，不要求资金可循环，投入的资金基本上是"有去无回"。保障性租赁住房则是强调可持续性和可良性循环，要求资金投入"有去有回"。

保障性租赁住房发展模式还有一大特点是存量开发为主，而不是增量开发，所以不是对市场上已有的租赁住房的替代，而是对其中一部分"收编"。虽然也有一部分保租房会新建改建，但大多数保租房是将已有的市场化租赁房源，包括品牌长租公寓，进行"纳管"（纳入保障性租赁住房的统一管理），是一种基于政企合作机制的"共同生产"。甚至非正规的农村集体用地上的已经处于出租状态的小产权房也可以合规化，进行"纳管"。疏堵结合，既消除了"群租房"到处滋生的社会治理隐患，也有利于调动一切可以利用的社会资源成为保租房。

如交通银行上海市分行突破禁区，创新性开展基于宅基地的金融授信，并与闵行区华漕镇政府、上海闵房（集团）有限公司旗下的上海闵房抱家房产租赁有限公司进行政银企三方合作，共同推动上海市闵行区华漕镇的农村宅基地集约化利用，实施农村房屋的集中托管与改造，做成了管家化管理房屋租赁新兴产品，让农家别墅变身虹桥商务产业园区的人才公寓，有力支持了虹桥商务区大开发的国家战略，从而将城市住房问题解决、保租房发展与乡村振兴实现了有机结合。

三、保障性租赁住房发展遭遇融资难题

保障性租赁住房虽然意义重大、前景看好，但住房的开发与运营毕竟是资金密集型的经济活动，租赁住房同样如此，甚至对资金要求更高，更需要有长周期、成本低的金融支持。租赁住房发展困难的主要原因就是融资困难。

在开发阶段，无论重资产、中资产还是轻资产模式，都需要一笔很大的初始投入，但又无法像销售住房那样引入购房按揭甚至还没有建成就能销售期房做成按揭，让购房者为开发者进行融资。中资产和轻资产模式下更不能把土地使用权和房屋建筑所有权作为抵押品从金融机构获得贷款。相比售房的开发者深受金融机构追捧、可以获得的杠杆率很高、实际需要投入的资本金很少，租房的开发者则非常难获得金融机构贷款、融资渠道很窄，往往杠杆率很低，背负的资本金压力很大。

租赁住房的资金回收周期长和现金流进出的严重不匹配，更加让金融机构对租赁住房望而却步。由于租赁住房的开发与运营者往往规模较小，品牌信誉低，母公司支持少或没有公司集团做后盾，使得它们更加难以从金融机构获得融资。

租赁住房行业发展前几年出现了很多租金贷现象，除了一些企业的疯狂与贪婪，某种程度上说，也是不得已而为之。租金贷本质上是打个时间差，截留租客的租金现金流来形成资金池，以给租赁企业做融资。但租金贷的风险太大，一旦企业出现爆仓，就会出现群体现象，目前这一经营模式已经基本被明令禁止了。

之前市场也曾经出现不少住房租赁的证券化产品，包括轻资产的租金收益权 ABS、重资产的 CMBS 和类 REITs，总的来说，都是房企或运营商以租赁房的产权、预期租金或租房贷款作为底层资产，进行抵押、质押或交易标的物，从而在资本市场上募资的一种融资方式。租金收益权 ABS 实质上是一种应收账款类资产证券化，门槛较低，轻资产的租赁企业也可以使用；而 CMBS 及类 REITs 需要原始权益人拥有物业产权，仅重资产类租赁企业能够运用。

本身租赁住房拥有稳定的现金流，是很适宜做证券化的金融底层资产，但由于我国长期住房市场租售比严重失衡，租金回报率太低，租赁证券化产品收益空间太小，难以获得资本市场认同。加上近几年受租金贷连连"爆雷"牵连，租赁住房的融资总体收紧，住房租赁证券化虽然政策上仍受政府支持，但实际发展一直迟缓。

以上分析，主要是针对市场化的租赁住房产品，保障性租赁住房因为收益率更低、受到监管更多，面临的融资问题更大。

四、保障性租赁住房融资困境破解进展

在近年来中央持续要求给传统的房地产开发与购买降杠杆的背景下，被挤出的金融资金也迫切要另寻出路，找到新的增长点。租赁住房包括保障性租赁住房的开发与

运营的融资需求巨大，确实是金融机构经营业务未来的潜在增长点。国内有些金融机构比如建设银行集团在这方面布局较早，已经有很好的深耕。

如根据建设银行官网资料，截至 2021 年底，建设银行支持发展住房租赁贷款余额超过 1300 亿元，支持各地已纳入和计划纳入保障性租赁住房计划的项目累计投放贷款超过 630 亿元，可提供房源超 60 万套。建设银行旗下住房服务专业子公司建信住房管理的房源已达 12.9 万套（间），"CCB 建融家园"平台服务个人客户超 3800 万户（建行网站，2022）。建设银行在这方面的长期深耕，虽然也有商业逻辑，但出发点带有很强的社会责任心，是以市场法则来做有公益性属性事业的现代"社会企业"。

国家开发银行等政策性金融机构的贷款、保险公司的股权投资或债权投资、保险私募基金等融资支持，周期长、利率低，相对普通商业银行贷款或 VC 私募基金而言，能更好匹配租赁住房包括保障性租赁住房在开发阶段的融资需求。但这些资金来源比较稀缺，并不容易获取。此外，租赁住房在运营阶段的融资需求，仍需要想办法突破。

2022 年 2 月，银保监会、住房和城乡建设部联合发布的《关于银行保险机构支持保障性租赁住房市场发展的指导意见》（以下简称《指导意见》）中要求金融机构针对保障性租赁住房项目特点，开展应收租金、集体经营性建设用地使用权等抵质押贷款业务，并发挥政府性融资担保机构增信支持作用；鼓励银行业金融机构运用银团贷款加大对保障性租赁住房项目的融资支持，鼓励银行保险机构参与基础设施领域不动产投资信托基金（REITs），并为用于保障性租赁住房项目的公司债券、非金融企业债务融资工具等债券融资提供发行便利和加大债券投资力度。《指导意见》还提出了几条专门性的措施：一是支持银行业金融机构发行金融债券，以拓宽保障性租赁住房的资金支持来源；二是保障性租赁住房有关贷款可不纳入房地产贷款集中度管理。

从这些措施来看，政府为保障性租赁住房乃至整个租赁住房构建一个特别的金融支持体系，也不为过。这样一个住房租赁金融体系，会带有一定的单独闭环性。资金进去后，会给予不少政策优惠支持，包括已经给予信贷额度单列这样的待遇，但可能不容易退出，要在这个系统中内部循环，或至少较长时间循环后，才允许退出。总体上是欢迎那些长周期、耐得住、有一定社会责任心的资金进入，不欢迎短期炒作的投机性资金。租赁住房金融体系尤其保障性租赁住房金融体系的建构者和参与者应该主要是"社会企业"，就如保障性住房开发与运营者大多数也会是"社会企业"。这样才能匹配住房租赁开发与运营的周期特点。

这个带有一定独立性、闭环性的金融体系，会给住房保障、住房市场带来一些根本性改变。会让住房保障更沉着、更有长期规划性、更有韧性和可持续性，会让住房市场的参与者改变思维观念，不再用短期化、快周转的热钱思维来做事情，而是更注重良性循环和追求健康长效机制的建立。

具体来说，保障性租赁住房在"资金"和"房"上都需要形成"良性闭环"。原则上欢迎长周期而不是短周期资金进入这个领域，资金进入后原则上不提供能快速退出的通道。所以政策性银行的长期贷款、保险资金的股权和债权投资、公募REITs这几类融资模式才比较合适保障性租赁住房。如果以公募REITs进入，一般原则上要求资金封闭期20年以上。房源更要进行"闭环"，不能随意出售。但政府和企业可以提前约定一个服务期，比如20年，房源在20年内作为保障性租赁住房可以享受相应的政策优惠扶持，但也要按照政府要求进行管理，以受到管制的租金价格和所约定要求的住房与服务品质，提供给特定群体。满了服务期之后，这部分房源可以退出，也就是有条件地允许房源"先租后售"。

2021年7月《国家发展改革委关于进一步做好基础设施领域不动产投资信托基金（REITs）试点工作的通知》（发改投资〔2021〕958号）发出之后，保障性租赁住房被正式纳入公募REITs试点。目前国内公募REITs的交易结构主要是"公募封闭基金＋证券化产品ABS"，这是因为公募基金无法直接投资非上市的股权，但可投资于ABS这样的证券化产品。2021年6月21日，首批9个基础设施公募REITs在沪深交易所上市，2021年12月又有两个上市，截至2022年3月18日，已有11只公募REITs产品上市。基础设施类公募REITs上市以来，从二级市场投资收益率还是分派收益率来看，都收益良好。据市场人士反映，目前公募REITs在战略配售、网下发售、公众发售各环节，都受到了市场追捧，产品供不应求。

但目前还没有保障性租赁住房的公募REITs。保障性租赁住房进入公募REITs试点，只能说是政策上扫清了障碍，但在商业实践中的困扰还没有被扫除。商业上实践的难点主要就是保障性租赁住房的收益率不可能很高，这是由保障性租赁住房政策的先天属性决定的。底层资产的收益率如果太低，那无论做什么样的融资架构，都很难引起资本市场的兴趣。

2022年3月18日，证监会对外表示，正抓紧推动保障性租赁住房公募REITs试点项目落地。目前从各地各方面反馈情况来看，证券主管部门、住建系统、各地政府和保障性租赁住房企业都对发行REITs很有兴趣。

2022年2月11日，中共北京市委办公厅、北京市人民政府办公厅印发《关于推进北京城市副中心高质量发展的实施方案》，就提出要积极探索开展基础设施领域REITs试点项目并制定支持政策，加快发展保障性租赁住房REITs。2021年11月17日，上海市人民政府办公厅印发的《关于加快发展本市保障性租赁住房的实施意见》（沪府办规〔2021〕12号）表示，要通过长期贷款、发行债券和发行基础设施不动产投资信托基金（REITs）等三项支持政策为保障性租赁住房融资，特别提出"在确保保障性租赁住房资产安全和规范运行的前提下，试点推进以保障性租赁住房为基础资产的基础设施不动产投资信托基金（REITs）"。

很多企业也在积极储备相关的项目，以期推动REITs化，比如华润有巢、上海地产集团等，但关键还是如何解决收益率的问题；此外，还有底层资产的合规性问题。因为保障性租赁住房有不少项目的产权和股权权属不是很清晰，尤其那些在集体建设用地上建设的项目或非住宅建筑的改建类项目，土地使用权与房屋所有权都比较复杂

（赵然，2022），股权转让会有很大障碍。

五、保障性租赁住房发展的具体建议

总体上来说，保障性租赁住房发展在 2022 年是一个关键之年，要完成真正的制度构建，进行多方面的政策破局，最大限度调动社会资本的进入积极性。

从经济学原理上来说，保障性租赁住房难做，说到底是其收益具有外部性，即从社会整体上看收益很高，所以政府很有积极性去推动，但实操企业可得的收益很小，社会收益远远大于企业个体收益，导致企业缺乏积极性。按照这个分析框架来看，除了鼓励国企这样的承担社会责任的"社会企业"进入，还是要努力给企业增加收益，才能调动更多的社会资本和资源进入，光有国企还是远远不够的。

从增加企业收益角度，笔者以为，政府还是要加大对保障性租赁住房项目的政策扶持力度。包括在开发和运营、退出环节更多的税费减免，如免收城市基础设施配套费，对各环节的增值税、房产税等税收进行减免；水电费计价尽快全面按照民用标准，加快计价设施的改造和降低改装收费；对开发环节的土地需求给予更多倾向性支持，尤其挖掘产业园区用地和集体建设用地的潜力；新改建项目的报批流程更加简化，"一站式"办理，必要时突破一些规章制度的僵化束缚；给予更多的优惠性政策性融资支持，加快融资创新。此外，在市场预热阶段，开发、建设和运营环节给予一定的财政补贴也是十分必要的。

根据之前的政策安排，2019～2010 年有两批 24 个城市通过竞标方式获得中央财政住房租赁市场发展专项奖补资金，这些城市在 2019～2022 年的 4 年中，共可获得中央财政专项奖补资金 588 亿元，其中直辖市每年 10 亿，省会城市和计划单列市每年 8 亿，地级市每年 6 亿。这笔资金用来发展保障性租赁住房是没有问题的，要充分利用好这笔资金。

还可以考虑像美国的低收入住房税收抵免项目（LIHTC，Low-Income Housing Tax Credit）那样，对投资保障性租赁住房企业的母公司一定的税收额度抵扣，来激励企业更多投资。

进一步，还可以考虑类似上海等城市近年来在城市更新改造中进行"区域统筹—区域开发"创新探索，采取"肥瘦搭配""抽肥补瘦"，将收益率较好的项目与收益率较差的项目捆绑式给到企业，以平衡企业最低收益率。不然很多地段差、规模小、租金低的项目，再怎么进行融资支持和税费减免，都是无法实现资金平衡的。不仅项目之间要"混搭"，在同一个项目中，也可以考虑客户"混搭"、价格"混搭"。也就是说，一个租赁住房项目，可以 50% 服务限定人群，50% 服务市场化人群。查看一些城市发布的保障性租赁住房指导意见和项目认定方法，都要求"纳管"的项目整体性纳入，一旦"纳管"就只能服务限定资格的人群，并且租金要受管制。如上海 2021 年 11 月发布的《关于加快发展本市保障性租赁住房的实施意见》和 2022 年 1 月下旬发布的《上海市保障性租赁住房项目认定办法（试行）》都有这样的要求。但笔者以为，保障性租赁住房不必要求项目整体"纳管"，应该给企业更多选项和更多运营自主权。

可以让企业将房源一部分纳管、一部分市场化，自己申报保租房占比，按占比折算补贴，三四年一个合约。政府首期发放补贴（按减免的土地税费融资支持水电气等折算），期末考核保租房提供的量和租客满意度来确定补贴最终发放量。好的给奖励，差的进行处罚，要求退回全部或部分补贴，实质就是政府购买服务。企业根据自身定位、地段、实力来自主选择保租房占比，与政府签订合作协议，并进行公示。企业纳管房源服务全部在系统里，可稽查可追溯，监管难度不会很大。一个项目有保租房有市租房，这样做有多方面的好处：一是让租客结构更加多元，有利于社区营造，青年人新市民更加融入社会主流，也避免"保租房"出现污名化；二是保租房房源更广，租客选择更多，供需匹配更加精准；三是让企业经营更灵活更从容。"纳管"房源做保底，市场化房源赚钱，相互支撑，更容易实现资金平衡。对企业而言，既有保底流量做"稳舱石"，也有市场竞争压力不至于"躺平"懈怠，仍时时有提高产品设计、运营管控和服务品质的压力。

参考文献：

[1] 陈杰.发展保障性租赁住房，满足新市民住有所居[N].经济参考报，2021-07-07.

[2] 陈杰.保障性租赁住房：从哪里来，该向哪里去[N/OL].澎湃新闻.[2021-07-24]. https：//www.thepaper.cn/newsDetail_forward_13727258

[3] 赵然.2022年我国租赁住房REITs市场建设及趋势展望.[2022-01-24]. https：//zhuanlan.zhihu.com/p/461368138.

[4] 建设银行网站.创新多元化产品服务 中国建设银行以新金融助力保障性租赁住房发展，[2022-03-14]. http：//www.ccb.com/cn/ccbtoday/news/20220314_1647247275.html.

作者联系方式

姓　　名：陈　杰　陈敬安

单　　位：上海交通大学住房与城乡建设研究中心

地　　址：上海市徐汇区华山路1954号新建楼258室

邮　　箱：chenjie100@sjtu.edu.cn

需求导向完善保租房供应结构
缓解基层新蓝领住房难题

徐早霞

摘　要：本文基于2021年清华大学和安歆研究院课题组对都市新蓝领群体开展的专项调查研究，文章阐释了保障性租赁住房政策对于解决新蓝领群体居住问题的重要意义，梳理了现有保障性租赁住房政策体系下床位型保租房发展的难点，并提出了相关思考和建议，以期能够进一步推进保障性租赁住房国家战略更高质量地落地。

关键词：保障性租赁住房；都市新蓝领；宿舍型保租房

2021年，国务院办公厅发布的《关于加快发展保障性租赁住房的意见》（国办发〔2021〕22号）提出，通过保障性租赁住房解决新市民、青年人等群体的住房困难问题。新市民、青年人群体中，生活在一定规模城市、具备较高专业能力、以服务业为主、为城市日常运转贡献力量的工作者，我们统称为新蓝领。产业转型与城市变迁的过程中，新蓝领的规模不断扩张，他们的从业领域与社会经济稳定发展、加快城镇化进程和提升居民幸福指数都密不可分。特别是在疫情当下，新蓝领人群在维持城市生活正常运转、物资有序分配等方面发挥了非常重要的作用。2021年清华大学和安歆研究院"都市新蓝领"课题组曾对这个群体开展专项调研，他们具体的职业包括但不限于快递员、外卖员、餐饮服务员、美容美发师、保安保洁等职业，也涵盖了部分基层白领工作者。700多位受访者的人口学信息呈现出男性较多、"95后""00后"所占比例较大、受教育程度相对较高、单身率高、流动性高、籍贯分布广泛、所在行业多元化的特征。本文阐释了保障性租赁住房政策对于解决新蓝领群体居住问题的重要意义，梳理了现有保租房政策体系下床位型保租房发展的难点，并提出了相关思考和建议，以期进一步推进保租房国家战略更高质量的落地。

一、保租房发展对于解决新蓝领居住问题的重要意义

（一）重点将新蓝领群体纳入住房保障体系

随着我国经济转型升级，乡村的城镇化水平的提高，第三产业在国民经济中的比重越来越大，就业于城市基础服务岗位的新蓝领群体规模随之不断增长。长期以来，

城市为新市民、青年人提供了大量就业岗位,却没有提供足够且适配的住房产品。调研过程中,我们发现新蓝领群体较多租住在城中村、棚户区、群租房中,面临租金价格高、居住环境差、职住不平衡、租赁关系不稳定等诸多难题。改善"新蓝领"群体的租住生活,助其在城市中安居乐业、更好地融入城市,既是解决大城市住房贵、住房难问题的重要方式,也是增强人民幸福感、获得感、成就感和推进共同富裕的应有之义。国发办22号文中明确大力发展保障性租赁住房,解决新市民、青年人等群体的住房困难问题后,新蓝领人群的居住问题会被更多关注,会逐步纳入城市保障体系中,填补当前住房保障体系的空缺。

(二)有助于补齐短板,增加兜底性保租房供给

保障性租赁住房坚持小户型、低租金,而宿舍型保租房当中的"一张床"与新蓝领群体的承受匹配度更高。床位型租赁住房出现在住房租赁市场时间实际并不长,大多为新型服务业和产业园区等人力密集型产业从业者提供住所,目前市场上的供应量不足,尚未形成行业规模。万科、龙湖等地产背景租赁住房运营机构进行了试水探索,目前都未有规模化发展。目前国内规模最大的企业住宿服务商安歆集团全国也仅有约300个项目15万床位(图1)。相比于中高端单间式和成套式保租房发展的势如破竹,床位型保租房的发展则显得谨慎保守。保租房政策的推出,对于加快补齐租赁住房短板,满足新蓝领的兜底性、普惠性保租房"量"和"质"都会持续"升级",能较好缓解保租房市场结构性供给不足。

图1 安歆集团上海浦东宿舍项目租客办理入住

(三)有利于抓住为基层人民谋幸福的着力点,促进全体人民共同富裕

宿舍型保租房大多是由专业住房租赁机构提供的居住产品,并提供集中式精细化的运营管理,在房屋安全、居住品质、治安管理等方面都有系统化、标准化的管

理。宿舍型保租房有两个显著特点：按床位出租、主要面向企业B端客户，解决职住平衡和城市产业升级的问题。有尊严的、体面的、有品质的住所可以提升新蓝领群体在城市工作和生活的获得感、幸福感和归属感。如安歆集团，目前在27个主要城市约300家门店，为2000家服务行业的头部企业员工提供员工住宿，在提升企业职工居住体验感的同时，明显减少了企业的人员流失率，稳定了就业率（图2）。让新蓝领群体"租得到、租得起、租得近、租得好、租得稳"，在城市"稳得住、留得下、干得好"，是城市持续提升竞争力和软实力的坚实基础，是满足人民对美好生活向往、促进全体人民共同富裕的必要举措。

图2 安歆宿舍项目四人间实景图

二、宿舍型保租房发展中面临的主要挑战

新蓝领群体所对应的住房产品特征是低租金、离工作场所近。新蓝领租住群体成为我国租赁市场的"金字塔底部"，由于房型错配、地段错配、价格错配等供需结构不平衡导致其租住需求一直得不到根本性缓解。随着保租房成为国家战略，解决好大城市住房突出问题，尽最大努力帮助新市民、青年人等群体缓解住房困难成为各地政府工作的重中之重。提出筹建宿舍型保障性租赁住房后，还存在多方面的挑战，制约宿舍型保租房的发展，需在未来的实践中逐步探索解决。

（一）政策精细化程度不足

有效的住房供应体系是对人口分布、人口结构的积极响应。而从政策目标看，各地保障性租赁住房计划以总量目标为主，缺乏对不同群体的分类施策，精细化程度不足。在已经出台保障性租赁住房规划的30余个城市中，仅有上海市明确提出"十四五"期间将提供20万张宿舍床位的目标。其他城市，甚至是超一线城市，并未将床位型列为保障性租赁住房筹集任务。其结果是，住房困难的最大的需求群体的住房需求很容易被忽视，筹集的保障性租赁住房多面向白领群体（新蓝领阶层与白领阶层在人数上以及服务功能上的对比），易造成结构性住房短缺。

（二）缺乏存量物业信息平台

"非改保"是多渠道增加宿舍型保障性租赁住房供给的有效途径，也是缓解区位错配、实现新蓝领群体职住平衡最快速的解决方案。目前，城市中的存量闲置物业往往分散地掌握在国有企业、事业单位、村集体经济组织手中，由于缺乏一手的存量物业信息平台，住房租赁企业极少能拿到一手物业，导致租金成本过高，会影响企业的快速发展和运营。在物业选址上就已困难重重，这很大程度上抑制了宿舍型保障性租赁住房的供应。

（三）"非改保"政策落地挑战大

"非改保"是指对闲置和低效利用的商业办公、旅馆、厂房、仓储、科研教育等非居住存量房屋，经政府同意，在符合规划原则、权属不变、满足安全要求、尊重群众意愿的前提下，允许改建为保障性租赁住房，是未来保租房筹集的重要渠道。在保租房政策之前，大多数市场上提供的集中式租赁住房多为改造类型，但因政策的滞后、认定要求高或者房源的问题，大量房源受原有建筑的条件限制，不能完全达到《宿舍建筑设计规范》或《旅馆建筑设计规范》及相关标准。导致既有在营项目不能纳入保租房序列，无法享受到实质性扶持政策，限制了该类型租赁住房的整体发展。

三、国外宿舍型租赁住房经验借鉴

NMHC（美国多单元住宅委员会）数据显示："截至2019年12月，全美租住人口约4300万，占全国总人口的37%，其中还包含520万的单身女性。"美国公寓市场稳健，过去50年中，全国租住人口稳定在29%～37%。美国公寓虽然地域分布分散，然而机构集中，品牌化和客群细分程度都很高。伴随着美国人"租住生活方式"一生的学生公寓、青年公寓、蓝领公寓、白领公寓、女性公寓和老年公寓等都在"齐头并进"。

日本的员工住宅最早兴起于明治维新期间，随着纺织业和采矿业的发展，工厂为职工提供宿舍以方便集中管理、促进生产。这种由企业免费或低价提供给员工的租赁住房，其日文原名为"给与住宅""社宅""社员寮"等，既有宿舍型，也有住宅型。第二次世界大战期间，因战时经济生产的需要，员工住宅逐渐变得普遍，其在住房供应体系中的占比上升到5.8%。而在第二次世界大战结束后，大量房屋因战火被毁，住房缺口高达420万套，借助企业的力量兴建员工住宅，既能解决居民的住房问题，也能方便生产力的恢复，就成为日本政府务实的选择。

为鼓励员工住宅的发展，日本政府主要从两个方面进行支持：一是提供金融支持。1953年，日本政府允许住宅金融公库为员工宿舍项目提供贷款。1950～1960年，大部分员工宿舍的建设项目都因住宅金融公库的贷款支持而得以顺利建设。二是明确建筑标准。在建筑标准上，日本城市政府对宿舍型员工住宅（简易宿所）制定了较为明确的标准，如人均面积需大于3.3m²，上下铺间距需1m以上，部分城市对于通风面积、采光等也均有明确规定。

至1963年，日本员工住宅的占比达7.0%，较好地解决了当时日本住房短缺的问题，促进了战后生产生活的恢复。此后，随着日本城市居民住房条件的改善，员工住宅占比逐渐下降，至2003年下降到3.1%。但时至今日，作为员工福利的一部分，仍有不少企业提供员工住宅。如位于北海道市的一鳞共同水产株式会社员工宿舍，据网页宣传资料称，5分钟可步行至市场，10分钟可步行至地铁站，生活十分便利（图3）。

图3　一鳞共同水产株式会社员工宿舍

四、床位型保租房发展建议

保障性租赁住房是一项复杂的系统性工程，顶层设计的落实需要各地政策的推进。针对现阶段宿舍型保租房在初期探索过程中存在的问题，借鉴国内外支持宿舍型保障性租赁住房发展的实践经验，本文提出以下思考：

一是需求导向制定床位型保租房供应目标。建议高度重视新蓝领群体的住房困难，各地保租房发展分类研究不同关键群体的实际需求，北京、上海、深圳等超一线城市要通过新建、改建、转化等渠道加大基础性、普惠性、兜底性的床位型保障性租赁住房供给，筑牢住房民生保障底线，让基层人民群众在居住方面有更多的安全感。

二是加快保租房一城一策落地和完善。对既有项目和新项目采取差异化认定，在保证房屋结构安全、消防安全、治安安全的前提下，一事一议加快保租房项目认定，政府加强政策支持引导，充分调动市场主体建设床位型保障性租赁住房的积极性。

三是加大保障性租赁住房财政支持的力度和精准度。目前各类保租房利好政策更多的是利好重资产持有企业，大多专业化的中资产或轻资产租赁住房运营机构，没有真正享受到政策的精准扶持。建议完善财政奖补资金扶持政策和考核机制，对床位型保租房给予政策倾斜。

四是引导国有企业参与床位型保租房房源供应。充分发挥国资在发展保障性租赁住房中的示范引领和"稳定器""压舱石"作用，由地方政府部门搭建存量物业交易平台，在符合规划的前提下，鼓励国有企业、机关、事业单位与专业住房租赁企业开展合作，提供物业资源。积极参与床位型保租房供应的国有企业，统筹兼顾对业绩指标的影响。

全国政协委员、中央党校（国家行政学院）马克思主义学院院长张占斌2022年在全国两会提议，新就业高校毕业生、新蓝领、青年人等是我国城镇化进程中的关键群体，解决好这部分重点人群的居住问题，对于稳定社会就业、推动城市创新发展、扎实推动共同富裕，具有现实意义。2022是见证中国保租房大发展的一年，宿舍型保障性租赁住房正是应对社会深刻变化挑战的一个缩影，需要多方参与、主体贡献更多的智慧与力量促进行业健康发展，为广大劳动者创造更加幸福美好的租住生活。

作者联系方式

姓　　名：徐早霞

单　　位：安歆集团

地　　址：上海市金山区漕泾镇亭卫公路3688号3幢315室

邮　　箱：ad@axhome.com.cn

保障性租赁住房的发展模式、挑战与建议

中指研究院

摘　要：发展保障性租赁住房对我国"租购并举"住房制度的建立具有重要意义。本文对保障性租赁住房的发展模式与面临的挑战进行了分析，并提出了若干政策建议。研究发现，保障性租赁住房"融投管退"模式的雏形已初步形成，但仍面临供需匹配、参与者积极性不高、监督管理体系尚不完善等挑战，需进一步加强租赁住房需求研判、加快支持政策落地、完善监管体系、加强保障承租人基本公共服务权利，以加快推动保障性租赁住房的发展。

关键词：保障性租赁住房；发展模式；供需匹配；监管体系

一、引言

近年来，随着我国城镇化进程的推进，流动人口规模持续壮大，人口加速向重点城市群、核心城市聚集，部分大城市住房供需的结构性矛盾逐渐突出。根据第七次全国人口普查的数据，2020年我国流动人口规模达3.76亿，占全国总人口比重达26.6%；长三角、珠三角、京津冀等8个重点城市群[①]十年间常住人口增量超7100万。同时，随着重点城市房价涨至较高水平，越来越多的新市民、青年人受限购政策以及无法负担高房价等因素影响，只能通过租赁住房来解决居住需求。但目前我国住房租赁市场的发展仍不完善，小户型、低租金房源供给相对不足，大多数新市民、青年人普遍面临"租房难、租房贵"等问题。

发展保障性租赁住房（下文简称"保租房"），是我国加快培育住房租赁市场，推进建立"租购并举"住房制度的重要措施。推进保租房建设是党中央为促进解决好大城市住房突出问题作出的重大决策部署，有利于缓解城市住房供需结构性矛盾，解决大城市新市民、青年人的住房难题，同时还将促进商品房、保障房的"双轨"运行，对构建"租购并举"的住房制度、长期促进我国房地产市场的平稳发展、实现全体人民住有所居的美好愿景具有重要意义。

---

① 8个重点城市群包括：长三角城市群、珠三角城市群、京津冀城市群、中原城市群、长江中游城市群、山东半岛城市群、成渝城市群、粤闽浙沿海城市群。

基于上述背景，本文希望通过分析我国保租房的发展模式与面临的挑战，为保租房的进一步发展提供政策建议。

二、保障性租赁住房的政策、特征与筹集规模

（一）保障性租赁住房的政策梳理

我国保障性租赁住房的顶层设计快速推进（图1）。自2016年国务院出台《关于加快培育和发展住房租赁市场的若干意见》以来，我国住房租赁市场相关的支持政策加快出台。2019年北京、上海等24个重点城市被选定为住房租赁市场发展试点城市。2020年11月，"保障性租赁住房"的概念被首次提出。2021年7月，国务院印发《关于加快发展保障性租赁住房的意见》（下文简称《意见》），首次在国家层面明确了我国住房保障体系的顶层设计。同月，国家发展改革委发文，明确将保租房纳入基础设施领域不动产投资信托基金项目。2022年2月，央行、银保监会联合发文明确保租房项目有关贷款不纳入房地产贷款集中度管理；随后银保监会和住房和城乡建设部联合发文提出要构建多层次、广覆盖、风险可控、业务可持续的保租房金融服务体系。

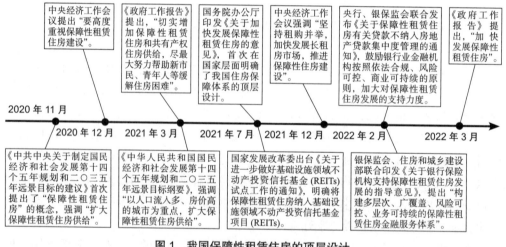

图1 我国保障性租赁住房的顶层设计

资料来源：网络公开资料，中指研究院整理

（二）保障性租赁住房的特征

我国目前的住房保障体系由公共租赁住房、保障性租赁住房和共有产权住房组成，保租房的建设进一步完善了我国的住房保障体系。保租房是由政府提供政策支持，充分发挥市场机制作用，由多主体投资、多渠道供给的政策性租赁住房，建筑面积以不超过70m²的户型为主，租金低于同地段同品质市场租赁住房，主要保障对象是符合条件的新市民、青年人群体。保租房与公租房、共有产权住房在保障对象、建

筑面积、投资主体、房源筹集等方面都有一定的区别（表1），保租房在一定程度上填补了公租房和共有产权住房之间的空白。

我国住房保障体系各类型住房对比　　　　　　　　　　　　　　　　　　表1

项目	共有产权住房	公租房	保障性租赁住房
房屋性质	产权型保障房	租赁型保障房	租赁型保障房
保障对象	有一定经济承受能力但又买不起商品住房的家庭	城市中等偏下收入住房困难家庭	城市新市民、青年人
建筑面积	以90m²以下的中小型户型为主	单套建筑面积严格控制在60m²以下	以建筑面积不超过70m²的小户型为主
租金水平	由地方政府根据区域市场租赁价格和共有产权住房政府产权比例份额确定	由市、县人民政府统筹考虑住房市场租金水平和供应对象的支付能力等因素合理确定	租金低于同地段同品质市场租赁住房租金，一般为70%～90%的同品质市场租金
退出机制	有限定转让期，之后转让收益与代持机构按比例共享	租赁期限一般不超过5年	退出条件由地方政府确定
投资主体	政府主导	政府主导	多主体
用地供应	国有建设用地	大部分为国有建设用地	主要利用集体经营性建设用地、企事业单位自有闲置土地、产业园区配套用地和存量闲置房屋建设，适当利用新供应国有建设用地建设
房源筹集	通过新建、配建和转用符合要求的在建和未销售的经济适用住房、限价商品住房、直管公房等方式多渠道筹集	通过新建、改建、收购、在市场上长期租赁住房等方式多渠道筹集	采取新建、改建、改造、租赁补贴和将政府的闲置住房用作保租房等多种方式筹集

资料来源：网络公开资料，中指研究院整理

（三）"十四五"时期保障性租赁住房筹集规模

保租房筹集规模大，推进速度快。自《意见》印发以来，各地方政府快速跟进，截至2022年3月22日，全国共有63个省市出台了关于推动保租房发展的地方性文件。"十四五"期间，全国40个重点城市计划新增保租房650万套（间），其中2021年已完成94.2万套（间），2022年计划筹集240万套（间）。40个重点城市之外，另有19个城市公布了"十四五"期间保租房筹集计划，共约96万套（间）（图2）。

三、保障性租赁住房"融投管退"的发展模式

随着保租房顶层设计的不断推进，其发展模式的雏形也逐渐明晰。保租房的发展要引导多主体投资，积极运用市场化手段来实现保障目标，这就要让市场主体在项目

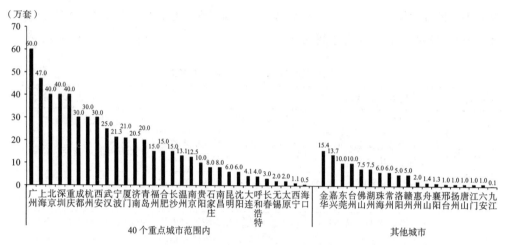

图2 "十四五"期间重点城市保障性租赁住房筹集计划

数据来源：中指研究院整理

发展模式上能"算得过来账"。在租金水平受到限制的情况下，如何降低成本成为保租房发展模式的关键。随着相关政策的出台，在降低土地成本、降低运营成本、增加融资渠道、增加退出渠道等方面都提供了支持，保租房"融投管退"的模式闭环初步形成（图3）。

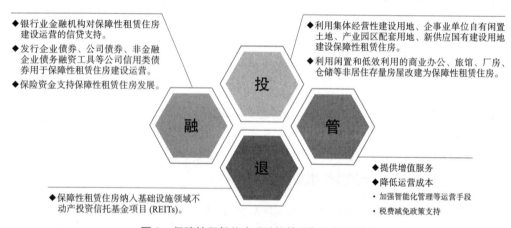

图3 保障性租赁住房"融投管退"的发展模式

资料来源：中指研究院整理

（一）融资环节

与市场化租赁住房项目相比，保租房在融资环节获得了更大力度的政策支持，主要表现在：一是更宽的融资渠道。除了传统的商业银行信贷、债券、保险资金外，以国家开发银行为代表的政策性银行资金将对保租房提供中长期的信贷支持。二是更低的资金成本。根据目前政策，保租房享有更低的资金成本。银行等金融机构将对保租房项目提供定向信贷资金支持，且可按照基准利率下浮并提供最优惠利率支持，同时中长期贷款期限最长可达 25 年。三是更充足的信贷投放空间。根据《关于保障性租赁住房有关贷款不纳入房地产贷款集中度管理的通知》，银行业金融机构向保租房项目发放的有关贷款，不纳入房地产贷款集中度管理，意味着金融机构有充足的空间加大对保租房项目的信贷投放。

（二）投资筹集环节

保租房的筹集渠道可以分为新建和存量改建两大类（图 4）。新建方面，可以利用集体经营性建设用地、企事业单位自有闲置用地、产业园区配套用地、新供应国有建设用地来建设保租房。不同的土地来源也会对应不同的开发模式，具体如下：

利用集体经营性建设用地新建保租房主要有合作共建和自建两种发展模式：一是合作共建模式，由集体经济组织与有实力的市场主体合作开发，如北京市有巢总部基地项目由村集体经济组织和华润签订合作协议，村集体以土地入股，华润负责出资建设。二是自建模式，村集体通过将集体土地使用权进行抵押等方式进行融资独自进行建设，如苏州市龙湖冠寓木渎项目由吴中区天灵村集体经济组织开发建设，龙湖冠寓整体租赁后开展运营。

产业园区中工业项目配套用地主要用于建设宿舍型保租房。该类型建设模式主要为企业自建或委托第三方开发企业代建。如合肥市政府允许国网安徽电力公司将配套建设行政办公及生活服务设施的用地面积占比由 7% 提高到 10%，用于建设宿舍型保租房。利用企事业单位自有闲置用地的建设模式也与此类似，主要采取自建或委托第三方开发企业代建的方式。

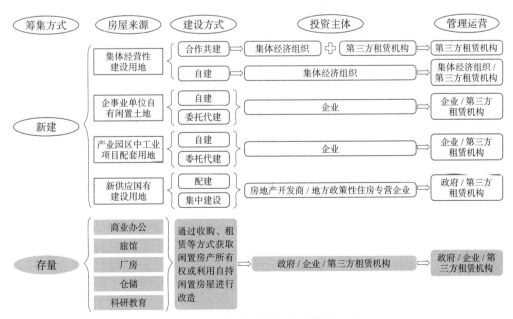

图 4　保障性租赁住房的投资筹集模式

资料来源：中指研究院整理

利用新供应国有建设用地建设保租房的开发模式主要有配建和集中建设两种。以商品房开发配建的保租房主要通过招拍挂的方式获取土地，并以无偿移交政府或政府按成本价回购为主。集中建设的保租房通常采用低价或限价出让土地，由地方政策性住房专营企业或市场主体进行集中建设。

存量改建也是保租房的一个重要筹集渠道。据住房和城乡建设部公布数据，2021年筹集的保租房中，约70%是利用了存量土地和房屋。存量盘活的主要对象是现有闲置和低效利用的商业办公、旅馆、厂房、仓储、科研教育等非居住存量房屋，市场主体主要通过收购、租赁等方式获取闲置房产所有权或利用自持闲置房屋进行改造，所需资金以自筹为主。如上海市中湾公寓项目由国有租赁企业利用一处经济型酒店改建为宿舍型保租房，定向供应给虹口区城市建设发展有限公司职工。

（三）运营管理环节

在租金水平受到限制的情况下，保障性租赁住房的运营管理更加注重提供增值服务和优化运营成本。一方面，目前市场化长租公寓已经积累了运营管理的相关经验，比如：通过规划健身房、便利店、阅览室、洗衣房等公共配套设施提供运营增值服务，拓展营收渠道；借助智能化基础设施和管理系统，实现出租、押金、物业、水电等日常运营流程的智能化管理，降低项目运营人房比，优化运营成本。另一方面，当前的支持政策重点加强了保租房运营阶段的税费减免力度，以进一步对市场主体提供支持，推动保租房模式闭环的形成。

（四）投资退出环节

长期以来，缺乏合适的退出渠道，成为制约市场主体参与住房租赁市场的一大障碍。目前，我国正在积极推动创新金融工具在住房租赁市场的应用，住房租赁的类REITs产品也时有发行，但其债权属性仍然显著。与市场化租赁住房不同，保租房被纳入了公募REITs的试点范畴，获得了宝贵的退出渠道。

公募REITs作为金融创新工具，打通了保租房的权益融资渠道，为优质项目提供了退出渠道，大幅缩短了投资回收周期。具体而言，保租房REITs是将保租房项目作为底层资产，通过金融手段将投资规模大、流动性低、投资回报周期长的保租房项目转换为灵活的证券资产，从而实现原有权益人的退出（图5）。与此同时，公募REITs对保租房运营主体的运营能力、资产管理能力也提出了更高的要求，这也将驱动保租房的运营主体去探索建立微利但可持续的运营模式。

四、保障性租赁住房发展中所面临的挑战

（一）保障性租赁住房面临的供需匹配问题

做好供需匹配是发展保租房的基本要求。保租房的筹集规模应能够尽量缓解城

市新市民、青年人的住房困难问题,但同时也不能过量供给,造成资源浪费。具体而言,保租房发展中将面临规模和布局两方面的供需匹配问题。

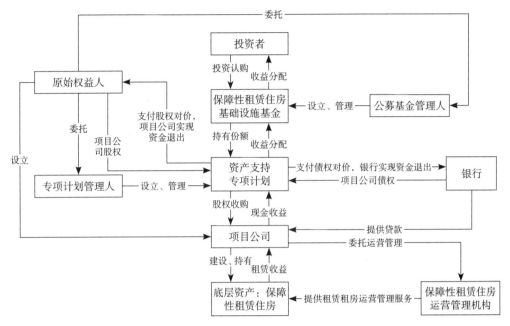

图 5　保障性租赁住房 REITs 的典型架构

资料来源:中指研究院整理

规模方面,各城市要筹集多少套保租房?虽然同为保障性住房,但与公租房要发挥兜底保障的作用不同,保租房的核心目的是解决大城市新市民、青年人的住房困难问题,其并非是所有城市必需的公共品。如前所述,目前已有逾 40 个城市公布了"十四五"期间保租房的筹集计划,这个计划规模与需求的匹配程度需要加以审视。而且,目前仍有部分城市尚未对保租房的准入条件做明确规定,这在一定程度上增加了需求摸排的难度。

区位分布方面,保租房是否与需求分布匹配?在以往公租房的建设中,曾出现过因项目位置过于偏僻而无法满足租房人需求的现象,最终造成了房屋空置、资源浪费等问题。保租房的发展中如何做好供需的结构性匹配,避免出现资源错配的问题,是需要应对的一项挑战。

(二)保障性租赁住房参与者的积极性问题

在保租房的发展中,地方政府和市场主体是十分重要的参与方。保租房的大规模筹集与发展依赖市场主体的积极参与,而市场主体的积极性,依赖于支持政策的快速落地与长期稳定,这在很大程度上又依赖于地方政府的推动与落实。如何提高地方政府和市场主体的参与积极性,是保租房发展中面临的一项挑战。

地方政府发展保租房的内在动力并不强烈。目前,保租房主要由中央政府的指令进行推动，但保租房的发展对于地方财政几乎没有贡献，甚至可能会给地方财政造成拖累，所以，地方政府发展保租房的积极性可能并不高。比如在保租房的供地方面，在用地指标紧缺的情况下，地方政府通常不愿意供应保租房用地；另外，项目区位方面，地方政府也不太愿意将相对核心地段的土地用于建设保租房。

市场主体参与保租房的积极性仍有待激发。在当前市场化租赁住房项目收益率普遍不高的情况下，具有保障性质的保租房项目必然不可能是高利润项目。虽然目前已在土地、财税、金融等多个方面出台支持政策，逐步构建了保租房的"融投管退"模式雏形，但当前我国房地产市场正处于调整阶段，房企大多承受着巨大的资金压力，投资保障性租赁住房的积极性不会很高。如何加快落实政策支持，进一步激发市场主体参与积极性，是大规模发展保租房所必须面对的挑战。

（三）保障性租赁住房的监督管理问题

对保障性住房项目进行监督管理，是推动保障房有序发展、促进住房公平的必要措施。对保租房的监督管理包括对参与投资的市场主体的监管和对受保障的承租人的监管。

对市场主体的监管方面，保租房项目的监督管理难度有所加大。以往对公租房项目的监管难度相对较小，因为公租房主要由政府投资，地方政府可以通过设立直属的投资运营公司，实现统一的运营管理。与公租房不同，保租房项目因为大量引入市场主体参与，监督管理难度也相应增加。如何加强对市场主体的监督管理，是保租房发展过程中不可回避的问题。若管理不善，恐滋生各种乱象，扰乱市场秩序，比如借保租房名义骗取优惠政策、以租代售等。

在承租人的监管方面，保租房政策仍需要进一步完善。作为新生的保障房类别，虽然保租房的顶层设计已在快速推进，但具体的落地执行政策尚不完善，比如承租人的准入条件、退出机制等。保租房的资源是相对有限的，只有加强对承租人的监管，才能最大限度地发挥保租房的社会保障作用。若监管制度有失或监管落实不力，恐对住房公平有所损害。比如，如果承租人的退出机制缺失，则可能出现少数群体长期占用保租房资源的问题，导致保租房资源无法循环利用，真正有需求的新市民、青年人群体无法获得保障。

五、政策建议

（一）加强保障性租赁住房的需求研判

为了实现供需匹配，应进一步加强保租房的需求研判，根据城市流入人口的规模、房价水平、租金水平、居民收入水平等信息，科学筹划保租房的供应规模和节奏。具体而言，一方面，各地方政府应尽快制定合理的准入条件，覆盖新市民、青年人的基本住房需求，并对住房租赁需求进行摸排和研判；另一方面，在当前人口流动性显著增强的背景下，各地应针对保租房的供需情况建立一套动态监测机制，对保障对象的需求规模和需求分布进行持续的监测与分析。

（二）加快推动支持政策的落地，建立保障性租赁住房的良性循环

为了提升参与各方的积极性，应加快建立保租房发展的良性循环。目前，随着顶层设计的推动，保租房发展的模式雏形已经初步形成。保租房发展的良性循环应该在政府、市场主体和被保障群体之间取得平衡，市场主体获得合理的收益，新市民、青年人获得保障，政府财政负担不至过重。为了激发市场主体的积极性，需进一步加快保租房全周期各环节相关支持政策的落实，特别是推动公募REITs等金融工具试点的落地，对于构建保租房"融投管退"商业闭环的实现路径具有重要意义。同时，为加快实现供应、减轻地方政府财政压力，前期可以更多地采取存量改造的方式进行保租房房源筹集，降低新增保租房用地对地方财政收入的影响，逐步探索可持续的发展模式。

（三）加快完善保障性租赁住房监督管理体系

作为全新的保障性住房类别，保障性租赁住房的监督管理体系亟待完善。一方面，应加强对市场主体的监管，营造良好的商业环境，确保支持政策"物尽其用"。比如，在保租房的建设过程中，需要加快建立资金闭环监管体系，完善相关的资金隔离制度系统，严格监控资金流向，避免保租房支持资金流向销售型地产领域；另一方面，应建立对承租人的监管体系，促进住房公平。比如，在承租人的退出机制方面，应根据差异化的筹集方式建立差异化的退出条件和监管机构。

（四）加强保障承租人享有基本公共服务的权利，助力保障性租赁住房的发展

发展保障性租赁住房和保障承租人享受基本公共服务的权利，对促进住房租赁市场的发展具有重要意义。可以尝试将发展保租房和提升基本公共服务供给水平相结合，在保租房的保障范围内，加快优化基本公共服务供给，在义务教育、医疗卫生、住房公积金等基本公共服务方面对保租房承租人实行市民待遇。两者结合，以加强对承租人基本公共服务权利保障为抓手，为保租房发展提供支持，进一步促进住房租赁市场的发展。

参考文献：

[1] 国务院办公厅. 关于加快发展保障性租赁住房的意见[Z/OL]. http：//www.gov.cn/zhengce/content/2021-07/02/content_5622027.htm，2021-07-02.

[2] 人民银行，银保监会. 关于保障性租赁住房有关贷款不纳入房地产贷款集中度管理的通知[Z/OL]. http：//www.gov.cn/zhengce/zhengceku/2022-02/10/content_5672858.htm，2022-02-10.

[3] 中国银保监会，住房和城乡建设部. 关于银行保险机构支持保障性租赁住房发展的指导意见 [Z/OL]. http：//www.gov.cn/zhengce/zhengceku/2022-02/27/content_5675918.htm，2022-02-27.

[4] 住房和城乡建设部. 发展保障性租赁住房可复制可推广经验清单（第一批）[Z/OL]. https：//www.mohurd.gov.cn/xinwen/dfxx/202111/20211110_762895.html，2021-11-10.

[5] 住房和城乡建设部. 发展保障性租赁住房可复制可推广经验清单（第二批）[Z/OL]. https：//www.mohurd.gov.cn/xinwen/gzdt/202202/20220207_764422.html，2022-02-07.

[6] 国务院新闻办公室. 推动住房和城乡建设高质量发展发布会图文实录 [Z/OL]. http：//www.scio.gov.cn/xwfbh/xwbfbh/wqfbh/47673/47917/wz47919/Document/1720716/1720716.htm，2022-02-24.

[7] 金浩然. 保障性租赁住房的定位、基础、难点和建议 [J]. 团结，2021（5）：14-17.

[8] 谭荣. 为保障性租赁住房做好土地政策支撑 [J]. 中国土地，2021（9）：8-10.

[9] 李东. 保障性租赁住房的政策与效用分析 [J]. 上海房地，2021（11）：6-10.

作者联系方式

单　　位：中指研究院

地　　址：北京市丰台区郭公庄中街 20 号房天下大厦 A 座

邮　　箱：caojingjing@fang.com

人口流动视角下的保障性租赁住房发展现状及问题

陈正寅

摘　要：2021年7月2日，国务院办公厅印发《关于加快发展保障性租赁住房的意见》，提出利用保障性租赁住房解决新市民和青年人在人口净流入大城市的住房问题。本文梳理了需要发展保障性租赁住房的体制背景、政策背景以及现实背景；通过分析我国当前的人口流动格局，整理了部分人口净流入城市发展保障性租赁住房的政策响应情况，并归纳了已有项目的经营模式；最后针对保障性租赁住房现存问题，提出了相应的政策建议。

关键词：保障性租赁住房；人口流动；经营模式；现存问题

城镇化背景下，人口净流入大城市里的新市民和青年人面临着"够不上"公租房且"买不起"商品房的两难境地。现实情况是，这类"夹心层"大多选择租房居住，但租金低廉的房屋大多远离城中心、居住环境差、缺乏配套设施，甚至存在安全隐患，而区位较好、设施齐全的房屋租金往往超出新市民和青年人的承受能力。保障性租赁住房的出现，能够为"夹心"群体提供租赁关系更加稳定、出租房屋更加优质、租金水平更加低廉的过渡性住房，是规范住房租赁市场、促进房地产业平稳发展的利好举措。本文从背景、现状、问题三个方面对保障性租赁住房进行了深入分析，最终提出促进其发展的几点建议。

一、保障性租赁住房的提出背景

（一）体制背景：原有住房保障体系忽视了新市民、青年人住房问题

福利分房阶段，我国实行"统一建设，统一管理，统一分配，以租养房"的实物配给式住房制度，"住房靠公家"的观念根深蒂固。这种国家兜底的住房体制给财政支出造成了沉重负担，低廉的租金甚至无法维持房屋的日常维修运营，住房投资与建设速度难以满足人们日益增长的住房需求，住房短缺问题极为突出。1978年后，国家开始探索向职工出售住房，如西安成为"全成本售房"试点，郑州试行"三三三制

售制"①，烟台、唐山等城市通过"提租补贴"来促进住房销售。直至1998年，《国务院关于进一步深化城镇住房制度改革 加快住房建设的通知》(国发〔1998〕23号)正式印发，城镇住房商品化制度开始建立。商品房市场的迅速发展为中国经济腾飞做出了巨大贡献，城镇居民的住房条件也得到改善，但市场经济却忽视了中低收入群体的居住权利。为弥补这一缺憾，我国逐步形成以配售和配租为主的住房保障体系，其中配售型保障房包括两限房②、经济适用房、共有产权房；配租型保障房包含廉租房和公共租赁房，2013年并轨统称公租房。在传统的住房保障体系中，基本保障对象是中低收入群体和有特殊困难的家庭，有条件的城市还将从事公共服务行业的人员、在城市有稳定工作且居住满一定年限的外来务工人员纳入保障范围，但限制条件较多，外来务工人员申请积极性不高。

(二) 现实背景："高攀不起"的商品住房市场和"乱象丛生"的住房租赁市场

近年来，受区域发展差异影响，大量人口流向收入水平更高、就业机会更多、教育资源更丰富、公共服务设施更完善的大城市。第七次全国人口普查数据显示，2020年我国流动人口规模高达3.76亿，其中外出农民工约1.7亿。如此大规模的劳动力迁移，给人口净流入的大城市带来了治理难题，如何解决好新市民、青年人的居住问题成为重中之重。而现实情况是，大城市人口净流入导致的住房"刚需"成为房价迅速上涨的内生动力，分税制改革后形成的"土地财政"从外部助推高额房价，房地产市场俨然成为资本逐利场。中指数据显示，2020年深圳商品房均价5.68万元/m²、北京4.27万元/m²、上海3.67万元/m²、广州2.71万元/m²，部分城市的房价收入比已达到十分不合理水平。普通新市民和青年人难以在买卖市场获得住房，只能寄希望于住房租赁市场。2015年，住房和城乡建设部印发《关于加快培育和发展住房租赁市场的指导意见》(建房〔2015〕4号)，要求"建立多种渠道，发展租赁市场"，大量专业化、机构化的租赁企业应运而生。但由于我国住房租赁市场正处于起步阶段，各项监管措施仍不到位，出现了黑中介、租金贷"爆雷"、租期不稳定等乱象。另外，优质住房的租金水平大多超过消费者收入的30%，但与高企的房价相比，过低的租售比还是难以吸引房源供给，形成了承租人抱怨"高房租"、出租人嫌弃"低利润"的怪圈。

(三) 政策背景：国务院办公厅发文助力保障性租赁住房建设驶入"快车道"

由上可见，现有住房保障体系并没有将新市民和青年人作为特定保障对象，而大城市的商品住房市场又使初来乍到的新市民、刚步入社会的青年人望而却步，保障住

---

① 三三三制售制，是1982年4月国务院批准开展的住房补贴出售制度，即个人、政府、单位各承担三分之一的房价。
② 两限房 (又称双限商品房)，是指政府在土地出让的时候限定户型、限定售价的商品房，两限房由限价商品房演进而来，即由原来的只限售价进化到增限户型面积。

房和商品住房的互相"踢皮球"使这一群体涌入并不完善的住房租赁市场，催生了大量社会矛盾。现阶段的租赁住房获利微薄但有巨大社会需求，可视作一种准公共产品（Quasi Public Good），同时具有有限的非竞争性和有限的非排他性，政府力量介入对其发展尤为重要。在此背景下，党中央、国务院提出"保障性租赁住房"的概念，通过多次会议提升其政治高度，并出台相关措施确保项目落地（图1）。2021年7月2日，国务院办公厅正式发布《关于加快发展保障性租赁住房的意见》（国办发〔2021〕22号，以下简称"意见"），提出"需加快完善以公租房、保障性租赁住房和共有产权房为主体的住房保障体系"，明确了保障性租赁住房的基础制度和支持政策。[①] 这一举措有助于住房租赁市场健康发展，既是使城市外来人员"住有所居""住有好居"的民生大计，也是防范金融风险、落实房地产平稳发展的长效机制。

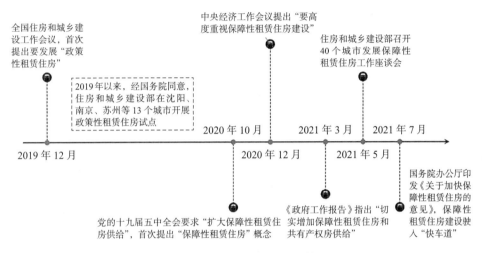

图1 发展保障性租赁住房的政策背景

资料来源：根据公开信息整理绘制

二、保障性租赁住房的基本内涵及其在部分城市的发展现状

（一）基本内涵

保障性租赁住房（以下简称"保租房"）是指国家为人口净流入大城市的新市民和青年人提供的一种建筑面积不超过 $70m^2$、租金水平低于同地段同品质市场租赁住房、由城市人民政府承担主体责任且省人民政府总负责的保障性住房。根据土地支持政策，保租房可以分为五类：一是利用集体经营性建设用地，通过自建、联营、入股等方式建设的保租房；二是在企事业单位自有土地上，自建或合建运营的保租房，无需

[①]《关于加快发展保障性租赁住房的意见》的正式发布时间为2021年7月2日，成文时间为2021年6月24日，部分文献表述不一致，特此说明。资料来源：http://www.gov.cn/zhengce/content/2021-07/02/content_5622027.htm

补缴土地用途变更所需价款;三是在工业园区内行政办公及生活服务设施的新增用地上建设的宿舍型保租房;四是闲置和低效利用的非居住存量房屋改建而成的保租房;五是在新供应的国有建设用地上,新建商品住房项目配建的保租房。与公租房相比,保租房的保障对象不再是"经济困难"群体,而是新市民和青年人中的"住房困难"群体,保障手段也从公租房的货币补贴与实物补贴并行转向单一的实物补贴政策。

(二)部分人口净流入大城市的政策响应情况

并非所有城市都需要发展保障性租赁住房,现阶段主要布局在人口净流入的大城市。数据显示,2018年我国人口净流入300万人以上的城市共八个,依次是上海(961.4万)、深圳(947.96万)、北京(778.4万)、东莞(607.63万)、广州(562.75万)、天津(477.97万)、苏州(368.62万)以及佛山(353.59万),以上大规模人口净流入城市全部位于京津冀、长三角、珠三角这"三大世界级城市群"内。此外,中西部省会城市多为人口净流入城市,在各自省域内承担着经济中心的功能,对周围地区有较强人口吸引作用。然而,重庆、河南、贵州等地却成为人口净流出的"主力军"。事实上,重庆是唯一人口净流出的直辖市,原因是其主城区经济发展水平不足以吸纳全市劳动力,重庆市下辖区县的人口流出量抬高了全市人口净流出体量,而河南与贵州等地的人口净流出则与域内经济欠发达或近邻有较强中心城市吸引有关。总的来说,近年我国人口流动格局可以概括为:"三大世界级城市群"持续吸引各层次的劳动力大规模流入;多省会城市发挥区域中心作用,中等规模的人口净流入"遍地开花";中西部欠发达地区人口流失严重。

据此,本文以2018年五个人口净流入500万人以上的城市(上海、深圳、北京、东莞、广州)以及三个人口净流入的新一线城市(西安、成都、杭州)为代表,梳理了各城市人民政府为发展保租房所出台的相关政策(见附表1)。虽然发展保租房的政策遵循着"一城一策"原则,但通过总结也能得出一些共性特征:第一,"十四五"期间,保租房的建设目标在10万套(间)至60万套(间)不等,但保租房占新增供应住房的比例稳定在30%~45%。第二,在租赁价格方面,面向社会供应的项目租金上限大多为同品质同地段市场商品租赁房的90%,而对本项目、本单位、本系统职工定向供应的保租房租金会更低。起始租赁价格实行备案制,实际租赁价格不允许超过备案价格,且租赁价格调整要接受政府指导,租金年均增幅一般不超过5%。第三,就户型标准而言,建筑面积低于70m^2的小户型保租房占项目房源的70%~90%,满足《意见》"以小户型为主"的要求。在实践过程中,部分城市允许新建小部分"超标"保租房,以满足二孩、三孩家庭或其他群体对大户型房源的需求,但其建筑面积上限多为90m^2或100m^2,不会过多偏离基础标准。第四,保租房鼓励较长租赁年限,租赁合同期以2至3年为佳,并且不得预收一个季度以上的租金,押金标准为1至2个月的租金。第五,在落实租购同权方面,部分城市明确保租房承租家庭可享受城市基本公共服务,如成都市向保租房承租家庭发放"居住证",持有人可按照规定享受义务教育、医疗服务、公积金等服务。

(三) 保租房项目经营模式分析

当前经营的保租房项目,可分为"复杂主体模式"和"单纯主体模式"两类。复杂主体模式,常见于集体经营性建设用地上筹建的保租房,通常是村集体组织在建设或运营阶段引入其他主体共同建设、共享收益。单纯主体模式,一般是企事业单位、工业园区内企业、地产开发商等经济实力雄厚的主体独立出资新建或改建保租房,建成后运营权与收益权不发生转移。两种模式的具体案例如下。

1. 复杂主体模式

在集体经济实力较强的情况下,村集体可以自行筹集资金建设保租房项目,建成后委托专业公司进行运营管理。如厦门市枋湖社区自筹资金,利用预留发展用地建设了1300套(间)租赁住房,然后通过公开竞标的方式,整体委托给龙湖冠寓经营管理。

若集体经济实力弱,则需在建设阶段就引入其他主体联合开发,此类项目可进一步分为"入股回收型"与"出让回购型",二者主要区别在于土地所有权是否发生转让。"入股回收型"的代表项目是福州战峰村项目,村集体经济组织与福州市城投建筑有限公司(以下简称"福州城投")成立项目公司——福州市战峰村榕寓房屋租赁有限公司,村集体以土地使用权作价入股、福州城投以资金入股,各持股49%、51%。福州城投负责所有建设成本与运营成本,并获得项目建成后一定期限的经营权与收益权,村集体每年获取固定收益。运营期满,福州城投退出项目公司,股权移交给战峰村。对于村集体而言,此类项目让渡的是运营期内的收益,但在运营期满后可以获得完整的项目所有权,是一种时间意义上的暂时利益让渡,类似案例还有北京市成寿寺项目、北京市有巢总部基地项目等。

弱经济集体也可以选择"出让回购型"模式建设保租房项目,即通过出让建设用地获得资金,待建成后再回购部分项目所有权,以此获得长久收益。在福州的秀山村项目中,村集体参照商品住房用地最高限价制度采取招标方式出让,由龙湖冠寓中标并负责开发建设。项目建成后,村集体将土地出让收入全部用于回购部分保租房及配套商业等,并与龙湖冠寓分割办理各自权属登记,按比例分别享有经营权与收益权。该模式事实上将统一建设的保租房项目一分为二,权属双方都能获得部分项目的永久收益,这种"切蛋糕"的方式是一种主体之间的永久性利益让渡。

2. 单纯主体模式

由于经济实力和组织能力有一定优势,其他主体建设经营保租房的模式更加单纯。例如,西安外国语大学、西安电子科技大学等企事业单位利用自有土地建设数百套保租房,以解决单位职工租房难以及引进人才短期过渡问题。位于西安市产业园区内的比亚迪,拆除部分闲置低效厂房,腾出土地建设了12栋宿舍型保租房,共4416套(间),解决上万名职工的居住问题。在非居改建项目中,上海市中湾公寓项目由国有租赁企业将一处经济型酒店改建为保租房项目,不改变其商业用地性质、不补缴土地价款，最终建成53间宿舍配置138张床位，定向供应给环卫、绿化养护等一线职工。商品房配建保租房的项目一般由地产开发商独立完成，并且政府会提出一定比例的配建要求。

三、发展保租房过程中面临的问题与挑战

（一）低利润与长周期抑制社会资本参与积极性

得益于土地支持政策，保租房项目拿地成本极低，相比商业租赁住房项目，缩减的土地成本使"低租金"成为可能。但即便开发商只投入建造和运营成本，有关机构测算的保租房项目投资回报周期仍长达22至23年。这种投资大、利润低、回报周期长的住房租赁项目对企业综合实力要求较高，因此，当前承建保租房项目的主体大多是头部地产商或实力雄厚的国企、央企，如万科、华润置地、保利以及各地城投公司等。而规模较小的企业或存量房持有人建设积极性不高，出现了"银行和当地政府签订数十亿、数百亿的住房租赁战略合作，但没有太多企业来申请这笔贷款"的现象。

（二）过度偏重债务性融资

当前，中央和地方的财政补贴、银行的中长期低息贷款构成保租房项目的主要资金来源。如广东省利用省级财政资金、土地出让净收益和住房公积金等现有资金发展保租房；赣州市对中心城区认定的保租房建设项目，按建筑面积每平方米100元的标准给予奖补。《意见》鼓励银行业金融机构发行金融债券募集资金并向承建方提供中长期低息贷款，也提出企业可以发行信用类债券或利用已有项目方形住房租赁担保债券支持保租房建设运营，但现实情况是银行业的专项信贷"一枝独秀"，企业自行发债的积极性不高。截至2021年11月底，建设银行保租房贷款授信938.81亿元，投放371.8亿元，支持筹集房源30万套（间）。这种过度依赖财政补贴与债务性融资的方式，不仅会给各级政府造成财政压力，也会使企业积累大量负债、资产难以退出建设项目，增加其融资成本。

（三）保租房专项管理政策体系尚未形成

《意见》出台后，全国多省市积极推出鼓励建设保租房的政策要求，但侧重点大多偏向"怎么建"，而忽略了已建成保租房如何管理的问题。首先，需要明确准入条件与退出机制。大多省市确定的准入条件是"住房困难的新市民和青年人"，但这是一个相对概念，需要制定更加具体的判定标准，回答好"住房困难"如何量化、"新市民和青年人"如何判定的问题，否则容易产生寻租行为。其次，配租规则需要公开化、规范化。在人口净流入的大城市，保租房的建设量很难满足净流入人口的住房需求，符合准入条件的保障对象人数往往远超可供应的保租房数量，轮候和排队成为普遍现象。这种情况下，除定向供应的项目外，面向社会公开供应的保租房应确定好配

租规则，避免产生新的社会矛盾。

四、更好发展保租房的政策建议

（一）从降成本、扩收益两个方面提高利润率

一方面，建设保租房项目的起步阶段需要政府有力的扶持政策，比如，中央和地方可以为新建保租房项目提供财政补贴、在税费方面提供减免优惠、支持银行在LRP（贷款基础利率）的基础上给予一定优惠利率等，切实降低保租房的建设运营成本，为其盈利创造空间。另一方面，人口的聚集地也是消费需求的聚集中心，保租房项目持有人可以通过提供增值服务和运营配套商业设施等方式扩大收益范围。例如，在保证低租金的前提下，项目方可以为承租人提供有偿非强制性的保洁、维修、宽带、费用代缴等服务，也可以延长产业链，向租户销售不同品质的家具、电器、家纺等生活必需品。此外，项目方还可以根据新市民和青年人的生活习惯与价值取向，打造特色"15分钟生活圈"，通过招商运营健身房、咖啡馆、阅读书屋、美食饭店、快递点等商业设施获得盈利。

（二）促进权益性融资方式的发展

要破解融资主体单一、融资成本高的问题，可以引入基础设施公募REITs作为新的融资工具。租赁住房投资的特点是初期投入高，回报期长（回报率不高），现金流相对稳定，有一定成长性（偏弱），以及资产整体的流动性差，而REITs的价值主张在于持续稳定的租金现金流，成长性不是估值的关键。REITs与保租房项目的价值逻辑一致，并且有助于形成项目开发和退出的闭环，从而提高企业的建设积极性，真正做到"引导多方参与"。要发挥好公募REITs的金融支持作用，要处理好租赁住房作为底层资产"只租不售"带来的流转性问题，也应该解决好商业保险资金、住房公积金进入REITs的制度阻碍。总之，保租房项目的稳定收益率基本可以满足首批基础设施公募REITs收益率在4%～5%之间的财务要求，目前制约其发展的主要原因是租赁资产与已有REITs监管政策的一些不匹配性，需要多部门协调推进。

（三）完善保租房专项管理政策体系

2022年1月17日，上海住房和城乡建设管理委员会和房屋管理局联合印发《上海市保障性租赁住房管理办法（试行）》（沪住建规范联〔2022〕3号，以下简称《办法》），向公众全面地解释了保租房的准入条件、退出机制、配租规则等重要问题。《办法》以合法就业和住房困难为准入条件，明确合法就业的依据是劳动合同、住房困难的标准是人均居住面积$15m^2$以下；要求在本市购房或离开本市的保障对象自动退出保租房项目；还制定了"先集中配租，后常态化配租"的规则，提出常态化配租阶段遵循"先到先租，随到随租"的原则。上海市发布的《办法》为管理保租房提供

了政策依据，其他省市可以此作为参考，加快制定管理保租房项目的具体政策，并向社会公开，最终形成完善的保租房政策体系。

参考文献：

[1] 倪虹. 以发展保障性租赁住房为突破口 破解大城市住房突出问题[J]. 行政管理改革，2021，145（9）：44-49.

[2] 金浩然. 保障性租赁住房的定位、基础、难点和建议[J]. 团结，2021，236（5）：14-17.

[3] 发展保障性租赁住房可复制可推广经验清单[N]. 中国建设报. 2021-11-10.

[4] 陈月芹. 是时候正视一下保障性租赁住房了[N]. 经济观察报. 2022-2-14.

[5] 发展保障性租赁住房可复制可推广经验清单（第二批）[N]. 中国建设报. 2022-1-31.

[6] 徐丽丽. 北大光华张峥：REITs的估值逻辑和租赁住房的商业逻辑更为匹配[EB/OL]. https://finance.sina.com.cn/china/gncj/2022-02-24/doc-imcwipih5175085.shtml.

[7] 北大光华REITs调研组. 报告：关于加快推动保障性租赁住房REITs试点的建议[EB/OL]. https://www.gsm.pku.edu.cn/info/1316/23381.htm.

作者联系方式

姓　　名：陈正寅

单　　位：中国社会科学院大学城乡建设经济系

地　　址：中国社会科学院大学良乡校区

邮　　箱：15187845190@163.com

部分人口净流入城市发展保障性租赁住房政策汇总　　　　　　　　　　　附表1

城市	文件	"十四五"目标	重要内容
上海	《关于加快发展本市保障性租赁住房的实施意见》《上海市保障性租赁住房管理办法（试行）》《上海市住房发展"十四五"规划》《上海市保障性租赁住房规划土地管理细则》《上海市保障性租赁住房项目认定办法（试行）》	"十四五"期间新增保障性租赁住房47万套（间）以上，达到新增住房供应总量的45%左右	户型标准：建筑面积70m²以下的小户型住房项目不低于70%，适当供应三居室等大户型房源。准入条件：以在本市合法就业且住房困难作为基本准入条件，合法就业以劳动合同为依据，住房困难按照家庭在本市一定区域内人均住房建筑面积低于15m²来确定。退出机制：在本市购房、离开本市等不符合准入条件的，应当退出。租赁价格：面向社会供应的项目，租金应低于同地段同品质市场租赁住房的九折以下；面向本项目、本单位、本系统职工定向供应的项目，租赁价格可进一步降低。可以按年度调整租赁价格，年增幅上限为5%，且不能高于同地段商品租赁住房租金同期增幅。租金支付：租金可以按月或按季度收取，不得预收一个季度以上租金，押金不得超过一个月租金。租赁期限：租赁合同期限原则上不短于1年，最长不超过3年，鼓励出租单位与承租人签订2年或3年期合同。公共服务支持：落实保租房承租家庭子女就地享受义务教育等基本公共服务；保租房全面纳入社区管理服务和物业服务范围。
深圳	《深圳市住房发展"十四五"规划》《关于既有非居住房屋改造保障性租赁住房的通知（征求意见稿）》《深圳市内住房发展2021年度实施计划》	"十四五"期间建设筹集保障性租赁住房不少于40万套（间），占住房建设筹集总量的45%左右	正在研究制定保障性租赁住房建设管理相关政策
北京	正在制定"十四五"住房保障计划	"十四五"期间新增保障性租赁住房占新增住房供应总量的比例不低于30%，暂未确定具体套（间）数	正在研究制定保障性租赁住房建设管理相关政策

续表

城市	文件	"十四五"目标	重要内容
东莞	《东莞市发展保障性租赁住房实施意见（征求意见稿）》	到"十四五"期末，全市保障性租赁住房总量不少于10万套，力争达到15万套	户型标准：建筑面积70m²以下的小户型住房不低于90%，最大户型建筑面积原则上不超过90m²，项目户均建筑面积不应超过70m²。存量房用作保租房的，户型、面积不受限制。 租赁价格：保租房首次出租或调整租金时，需向有关部门备案租金标准，建议标准是——宿舍型保租房起始月租≤25元/m²，不带电梯的成套住宅起始租金≤35元/m²，带电梯的成套住宅起始租金≤40元/m²；带家具电器出租的，最高限价可上调10元/m²；租金年增幅不得超过5%。 租金支付：一次性收取租金数额原则上不得超过3个月租金，押金数额不得超过2个月租金。 租赁期限：单次租赁合同期限不得超过5年。
广州	《广州市住房发展"十四五"规划》《广州市保障性租赁住房项目认定办法（征求意见稿）》	"十四五"期间，力争筹建保障性租赁住房（含人才公寓）60万套，占建设筹集各类住房的45.8%	正在研究制定保障性租赁住房建设管理相关政策
西安	《西安市"十四五"保障性租赁住房发展规划》《关于加快保障性租赁住房发展的意见》	"十四五"期间拟建设筹集保障性租赁住房30万套（间），占新增住房供应总量的31.6%	户型标准：以建筑面积不超过70m²的小户型为主。 保障对象：在本市工作且无自有住房的新市民、青年人等有住房困难的群体。 租赁价格：租金标准按不高于同地段同品质的市场租赁住房评估租金的90%执行，具体租金标准确定后，由住房保障机构每年定期发布。
成都	《成都市人民政府办公厅关于加快发展保障性租赁住房的实施意见》《关于鼓励国有企业加快发展保障性租赁住房的实施方案》	"十四五"期间建设筹集保障性租赁住房25万套（间）	户型标准：建筑面积70m²以下的小户型住房不低于80%，最大户型的建筑面积不超过90m²。 保障对象：符合条件的新市民、青年人等群体。 租赁价格：符合成都市安居政策并承租产业功能区配套住房的，租金标准按《成都市产业园区配套住房租赁管理办法》执行；在租住的保租房所在区（市）县无自有住房，且在成都市未享受其他方式住房保障的，租金标准原则上为市场租金的90%；对产业发展和区域功能完善有重大支撑作用的企事业单位，各区（市）县政府（管委会）可定向提供保租房，自行确定租金优惠比例。 公共服务支持：保租房承租人可按照规定申领居住证，居住证持有人按规定享受义务教育、医疗卫生、公积金等基本公共服务。

续表

城市	文件	"十四五"目标	重要内容
杭州	《杭州市加快发展保障性租赁住房实施方案》	"十四五"期间，将发展保障性租赁住房作为住房建设的重点任务，力争建设筹集保障性租赁住房33万套（间），新增保障性租赁住房套数占新增住房供应套数比例力争达到30%以上	户型标准：住宅型保租房建筑面积原则上不超过70m^2，确须超标的，须报各区批准且最高不超过100m^2；宿舍型保租房户型不得少于80%，其建筑面积标准为20～45m^2，一般不超过50m^2；已开工建设或通过现有建成住房转化的，可适当放宽建筑面积标准。 保障对象：一定区域内无房新市民、青年人等群体的阶段性住房困难。 租赁价格：租金应按地域同地段同品质市场租赁住房评估租金的标准执行，由投资主体或运营管理主体委托第三方专业机构定期评估确定，并报有关部门备案。

保障性租赁住房发展中的问题及促进其发展的政策建议

苏 里 薛 颢 牛 东

摘 要：随着 2021 年 7 月 2 日国务院办公厅《关于加快发展保障性租赁住房的意见》出台，中国住房保障体系的顶层设计首次从国家层面加以明确，保障性租赁住房作为其中的重要组成部分而备受关注。在落地实施的推进过程中，保障性租赁住房面临着人口拐点提前到来、需求群体变化、对商品住房的挤出效应等诸多问题。为更好实现保障住房与商品住房的协调发展、更好实现全体人民住有所居，可从区域人口增减变化趋势、流动人口城际变化情况、保障对象群体画像描绘等角度，在科学调研与动态分析的基础上精准施策。

关键词：保障性租赁住房；发展历史；实施政策；精准施策

一、保障性租赁住房发展概况

（一）保障性租赁住房发展历史概况

从 1998 年之前的住房实物分配到此后住房分配货币化，我国住房制度与城镇住房供应体系逐步进入商品房市场化的轨道。1998 年，国务院发布的《关于进一步深化城镇住房制度改革 加快住房建设的通知》中提出最低收入家庭租赁由政府或单位提供的廉租住房。1999 年建设部于《城镇廉租住房管理办法》中明确廉租住房的目的、定义、来源、定价、开发建设、申请审批等细节。2003 年建设部、财政部、民政部、国土资源部联合发布《城镇最低收入家庭廉租住房管理办法》，办法中进一步明确廉租住房的来源、审核轮候、违规罚则等要求。2010 年，住房和城乡建设部等七部委《关于加快发展公共租赁住房的指导意见》是在城市房价上涨过快、为完善住房供应体系和促进房地产市场平稳发展的基础上制定发布的，公租房作为改善城镇化进程中新职工、外来务工人员的居住条件、完善租赁住房供应体系而存在。2013 年《关于公共租赁住房和廉租住房并轨运行的通知》的出台则标志着廉租住房和公共租赁住房并轨运行。

2020 年 10 月，党的十九届五中全会审议通过的《中共中央关于制定国民经济和社会发展第十四个五年规划和二〇三五年远景目标的建议》首次正式提出保障性租赁住房的概念，2021年国务院办公厅在《关于加快发展保障性租赁住房的意见》中首次明确以公租房、保障性租赁住房、共有产权房为主的住房保障体系顶层设计。其中，公租房回归对低收入群体的基本保障，而保障性租赁住房则主要解决包括新市民、青年人等处于基本保障之外但面临住房困难问题的新型保障群体。至此，随着中国城镇发展与住房保障体系的逐步完善，由廉租住房等出租型保障房逐步演变而来的保障性租赁住房的顶层规划结构清晰无误。

（二）保障性租赁住房实施政策概况

1. 中央行政法规与部门规章

自"十四五"规划和2035远景目标首次明确保障性租赁住房概念后，国务院办公厅和各部委的相关政策密集出台。其响应速度和规模在保障房历史上尚属首次，其中包括国办的指导性要求和银保监会的金融配套以及国家发展改革委中央预算支持的相关办法，反映出国家层面对保障性租赁住房发展与实施的明确立场与坚决态度（表1）。

中央行政法规与部门规章的文件信息与核心内容　　　表1

文件名	文号	发布日期	核心内容
行政法规			
国务院办公厅《关于加快发展保障性租赁住房的意见》	国办发〔2021〕22号	2021年7月2日	1.确立公租房、保障性租赁住房和共有产权住房为主体的住房保障体系；2.确立核心思想、基础制度、支持政策、组织实施
部门规章			
中国银保监会 住房和城乡建设部《关于银行保险机构支持保障性租赁住房发展的指导意见》	银保监规〔2022〕5号	2022年2月16日	1.加强对保障性租赁住房的金融支持、丰富配套金融产品与服务；2.完善支持保障性租赁住房的内部机制、风险控制与监管引领
发展改革委《关于印发〈保障性租赁住房中央预算内投资专项管理暂行办法〉的通知》	发改投资规〔2021〕696号	2021年5月20日	规范中央预算内投资支持保障性租赁住房建设

2. 地方性法规

至2022年3月，各省、市紧跟中央脚步的相关配套法规也陆续出台，反映出执行的坚决力度。在发展与实施的过程中，地方政府的具体施政方略是保障性租赁住房落地并有效解决保障对象居住问题的关键。作为具体实施的主体，地方政府需明确指导思想，更需结合差异化的城市发展状况因城施策、精准施策（表2）。

部分地方性法规的文件信息和核心内容　　　　　　　　　　表 2

文件名	文号	发布日期	核心内容
浙江省人民政府办公厅《关于加快发展保障性租赁住房的指导意见》	浙政办发〔2021〕59号	2021年10月29日	明确建设规模、重点城市范围、支持政策与监督管理
广东省人民政府办公厅《关于加快发展保障性租赁住房的实施意见》	粤府办〔2021〕39号	2021年11月2日	明确对象标准、重点城市范围、科学制定目标、主体责任与全过程监管
山东省人民政府办公厅《关于加快发展保障性租赁住房的实施意见》	鲁政办发〔2021〕17号	2021年11月14日	明确对象范围、合理租金与调整、各项管理与支持
陕西省人民政府办公厅《关于加快发展保障性租赁住房的实施意见》	陕政办发〔2021〕40号	2021年12月23日	明确科学发展路径、多方主体参与、各项支持与保障
上海市人民政府办公厅印发《〈关于加快发展本市保障性租赁住房的实施意见〉的通知》	沪府办规〔2021〕12号	2021年11月9日	进一步明确统筹设计、准入条件、租赁管理与相关支持
重庆市人民政府办公厅《关于加快发展保障性租赁住房的实施意见》	渝府办发〔2022〕21号	2022年1月30日	进一步明确对象标准、供需匹配、多方参与及相关支持
厦门市人民政府办公厅《关于加快发展保障性租赁住房的意见》	厦府办规〔2021〕6号	2021年7月20日	进一步明确参与主体、用地保障、金融配套、配租面积、租金价格
珠海市人民政府办公室《〈关于印发珠海市加快发展保障性租赁住房实施意见〉的通知》	珠府办函〔2021〕131号	2021年10月21日	进一步明确建设规模、建设标准、用地保障、公服配套、降低税费负担

二、保障性租赁住房发展中的问题

在保障性租赁住房的研究与初步发展过程中，诸多复杂问题浮现在中央和地方政府面前。金浩然认为主要问题与难点在于资金平衡压力、项目融资困难、政策支持力度难以把握、保障对象难以划定；金双华与于征莆提出现阶段申请机制、监督机制、周边环境与配套设施的不完善；谭禹则聚焦于破解商业资金忽视保障性租赁住房的融资问题。

除此之外，保障性租赁住房发展中我们还应格外关注复杂的环境变化。住房保障体系、房地产行业乃至宏观经济、人口等因素系统性地影响着政策制定与实施效果。例如人口增长趋势的变化、城镇化都市群的演变、城市新市民与青年人群体的出现、城市空间功能分异、土地资源配置分布变化、存量房增量房利用状况差异与商品房体系间的结构变化等。其中比较重要的有以下几点：

（一）全国人口拐点提速加大了政策中长期执行的不确定性

人口负增长的拐点比预期更加提前。根据中国统计年鉴2021的数据显示，中国人口自然增长率从1978年的12‰降至2020年末1.45‰。国家统计局在2022年1月发布的2021年度中国经济数据显示，2021年人口净增长仅为48万，人口自然增长率为0.34‰。近年统计数据显示出我国人口负增长的预期拐点将大概率提前，而城市与城市之间的数据差异将更加明显。这意味着房地产供给与需求的宏观性结构变化与地域性差异将同时出现，随之而来的问题是保障房体系政策中长期执行的不确定性将加大，宏观政策的制定将变得更加困难，实施落地等方面需要付出更多的时间与成本进行预判。

（二）全国流动人口的城际间差异变化增大

流动人口是保障性租赁住房的主要对象之一，流动人口的变化将直接影响政策覆盖的精准程度。根据中国统计年鉴2021的数据显示，全国平均城镇化率为63.89%。其中，各省、自治区、直辖市城镇人口比重中最高为上海（89.30%），最低为西藏（35.73%），城市间差异明显。从人口分布上看，东部地区以长三角城市群、粤港澳大湾区为代表的吸引力持续释放，与2010年数据相比，东部地区占全国总人口比重上升2.15%，达到总人口的39.93%，东北地区则下降1.20%至总人口的6.89%，胡焕庸曲线的人口意义更为明显。同时，根据国家统计局第七次全国人口普查数据，流动人口的数量（含省内）为37582万人，相比2010年增幅为69.73%。人口流动规模近10年间迅速扩大，流动趋势较为明显。这意味着保障性租赁住房的需求主体规模处于动态变化中，随之而来的问题则是如何准确度量保障群体的规模与需求，做到因城施策、精准施策。

（三）保障对象的群体画像描绘难度大

保障性租赁住房与公租房的定位差异决定了其保障对象群体画像的差异。公租房侧重于解决城市低收入群体的住房问题，而保障性租赁住房则侧重于具有一定收入但仍有住房困难的包括进城务工劳动人口、新毕业大学生、城市新进人才等在内的新市民、青年人群体。这类保障对象群体画像描绘困难大且具有动态变化性，如果不能充分掌握其特征，就难以满足此类人群的支付能力、消费偏好和工作、学习、通勤等种种需要，致使保障房难以有效覆盖对象群体，甚至保障能力大规模落空。

（四）房屋供给来源不足

就房屋供给来源而言，目前有五种主要途径，分别是利用集体经营性建设用地、利用企事业单位自有闲置土地、利用产业园区配套用地、利用存量闲置房屋、利用新供应国有建设用地。多数城市利用新供应国有建设用地时面临用地指标紧张、选址挤占商品房用地等问题;而其余四种思路则面临政策指引不足、建设主体动力、资金投入充裕度、政府审批效率与成本等问题。通常情况下,越是需要扩大保障性租赁住房规模的人口流入型城市,越是面临新供应建设用地紧张、闲置房屋相对较少的问题。

(五)房屋建设标准与户型等供给侧选择较为困难

建材选择、施工工艺与装修标准等都需要根据相关法规制度并结合保障对象的特定需求予以充分考虑。同时,这些因素还影响着开发企业的成本控制空间,影响着建设主体参与的积极性。尽管多数城市规定了每户不超过 70m² 的建筑面积,但在具体建筑面积的确定上仍然存在不少问题,例如新市民和青年人群体的婚姻及生育状况对建筑面积的差异性需求。对于存量房屋改造来说,其建筑面积和户型在很大程度上会受到原有房屋实物状况的限制。

(六)各类配套保障实施难度大

受保障群体需要与商品住房类似的各类城市配套,这些配套不仅包括市政基础设施、公共服务设施等,还包括类似"租售同权"在保障性租赁住房上的政策绑定。前者依靠现有设施及新建商品房周边配套相对比较容易实现,但后者往往涉及公安部门的户籍管理、教育部门的学区划分、医疗部门的社区医疗覆盖等多方面内容,"租售同权"在保障性租赁住房项目上实施落地的道路仍需持续拓宽,保障对象要实现配套资源的完整覆盖仍需地方政府和各个部门的努力。

(七)需防止对商品房的挤出效应

商品房和保障房同属我国住房政策的重要调整内容,虽然两者之间功能定位有明显差异,但所占用的土地等资源却高度重合,即相互之间存在一定的挤出效应。超出保障对象需求的过量保障住房会影响商品房的有效供给,从而间接推高商品房的房屋价格。在保障性租赁住房的大力建设中,也需防止结构性错配,防止对商品住房的挤出效应,力求与商品房协调发展。

三、保障性租赁住房发展政策建议

针对上述复杂问题,各级专家学者提出多项发展政策建议。中国房地产估价师学会会长柴强博士认为多主体投资、多政策支持、多渠道供给是关键;有专家认为做好土地政策是保障供给的重要支撑;也有专家建议处理好"有形与无形""长期与短期""规范与创新"的关系以科学有序地推进。此外,地方政策层面还建议关注以下几方面:

（一）在科学调研与动态分析的基础上精准施策

人口拐点、流动人口变化、需求群体特征变化、都市圈发展与城际间差异等问题都提醒我们不能按照既往的思路和方案去推进具体工作的实施与落地。例如：国家统计局发布的 2020 年农民工监测调查报告中显示，2020 全年外出农民工总人数为 16959 万人。其中，大专及以上文化程度的已占 16.5%，比上年度提高 1.7 个百分点，拥有汽车（包括经营用车）的进城农民工户已达 30.8%，比上年提高 2.6 个百分点。本市人口是否出现负增长？流动人口是否为净流出？保障群体的规模、结构、收入状况与需求偏好分别是什么？在科学调研的基础上进行动态化分析是因城施策、精准施策的前提条件。同时，建立健全调研成果的信息化档案数据，为未来的决策提供历史资料与量化支持。

（二）政府主导监控、全链条多主体参与、多渠道重点供给

包括科学调研与动态分析在内的决策过程、选址规划与施工建设在内的实施过程、供需匹配与进入退出的保障过程，地方政府或相关部门应主导统筹并进行有效的监督管理。保障房并不具备充分的商品属性，故市场机制的正向调节效果通常不明显，这种情况下政府在宏观层面的主导和把控尤为重要。另外，保障性住房不强调经济价值而强调社会价值，但这并不意味着政府是唯一参与的主体。多主体参与可以在辅助决策环节、施工建设环节、保障持有环节提供额外的活力与效率。房地产评估机构等咨询企业也可广泛参与调研、分析与决策的过程，参与到建筑工程成本与价值测算、持有环节租金测算等过程中，提供专业服务以解决实际问题。房屋来源多渠道供给可缓解城市新供建设用地不足的问题，存量闲置房屋中低效利用的办公、酒店式公寓类房屋盘活再利用往往更能满足保障群体工作、通勤与生活的需求。

（三）完善政策支持、简化审批手续

在现有地方政策中，多数允许在不变更土地使用性质、不补缴土地价款的基础上进行闲置存量住房的保障化改建。但此类政策支持仍需完善与细化，例如土地用途是否需要变更、金融税收与各类补贴如何能促进供需双方的主观能动、原物业持有人的所有权与建设运营方的经营收益权是否能得到有效保障、保障对象的"租售同权"如何具体落实、存量改造项目的完整审批路径是否清晰通畅、消防与建筑安全等技术角度可行性是否需要论证、国土空间规划调整、征收决定和抵押等情况应如何处理、向商品性租赁住房转化等后续退出或市场化政策是否需要明确、禁止或其他限制等内容是否需要考虑等。简化审批手续则需切实可行，降低时间成本是建设或改造单位提高参与意愿、提高供需匹配度的重要环节，住房保障部门与发改、自规、住建部门的协调配合需明确具体。

（四）建立及完善租赁住房商保转换双向机制

随着保障群体规模和画像的动态变化，保障性租赁住房还应考虑完善商保转换的双向机制，即保障房向商品房、商品房向保障房转化的双向机制。实质上，存量房地产向保障性租赁住房转化的过程就是商品房向保障房转化的过程，而保障房向商品房转化的过程就是保障性租赁住房退出和市场化的过程。完善租赁住房商保转换的双向机制可以在一定程度上避免结构性错配的风险，也能间接提高保障性租赁住房的建设、装修标准，还能提高盈利预期，从而增加建设与改造单位的参与程度。

参考文献：

[1] 况伟大.中国保障性租赁房政策含义及其影响 [J].人民论坛，2021（26）：78-82.

[2] 倪虹.以发展保障性租赁住房为突破口 破解大城市住房突出问题 [J].行政管理改革，2021（9）：44-49.

[3] 李宇嘉.对保障性租赁住房政策和实施的深度解读 [J].中国房地产，2021（25）：14-20.

[4] 金浩然.保障性租赁住房的定位、基础、难点和建议 [J].团结，2021（5）：14-17.

[5] 金双华，于征莆.政府住房保障政策国际经验及借鉴 [J].地方财政研究，2021（6）：92-100.

[6] 谭禹.政策性住房金融支持保障性租赁住房发展研究 [J].中国房地产，2021（21）：23-28.

[7] 张栋.柴强：扩大供给是发展保障性租赁住房的关键 [J].团结，2021（5）：34-36.

[8] 谭荣.为保障性租赁住房做好土地政策支撑 [J].中国土地，2021（9）：8-10.

[9] 张倪.切实把保障性租赁住房政策落到实处 [J].中国发展观察，2021（16）：42-44.

作者联系方式

姓　　名：苏里　薛颢　牛东

单　　位：西安天正房地产资产评估顾问有限公司

地　　址：西安市高新区沣惠南路 16 号泰华 . 金贸国际 4 号楼 29 层

邮　　箱：suli_tzfdcpg@163.com ； xuehao@tzgw.club ； niudongtzfdcpg@163.com

注册号：苏里（6120140017），薛颢（6120000004），牛东（6120210101）

增加保障性住房供给并化解部分房企困局的建议

童 玲

摘 要： 政府大力推进保障性住房建设，在疫情、国际贸易冲突、经济下行叠加之下，保民生道阻且长。房地产开发企业近年来频频"爆雷"将会引发一系列经济社会问题，笔者长期从事房地产估价工作，感觉我国房地产已进入新阶段，指标拐点出现。查阅了众多政令可知，政府在保障性住房建设中不以房地产开发商为唯一的供应者，而是鼓励多主体投资。建议房企将存量用地作为要素投入保障性住房建设，创新参与模式，增加多层次的保障性住房供应，有效利用存量土地资源，提升社会整体效率。

关键词： 保障性住房；房地产开发企业；转型；房地产估价

一、一个课税估价项目引发的思考

（一）估价项目的背景情况

笔者近期接到一宗估价业务委托，某开发公司在项目未全部完结的情况下需要出售资产，其土地增值税要部分汇算结清，委托我司出具评估报告作为土地增值税的征税依据。

土地增值税汇算是以《建设工程规划许可证》载明的工作内容全部完成为前提，当项目未全部完结前，以预征的形式在房屋预售或现售时征收，而后随着整个项目的完结再行汇算结清。该项目用地是以公开拍卖出让的方式取得，属于常见的开发商拿住宅用地时搭配有非住宅用地，住宅比例约占70%，开发商将住宅项目与非住宅项目分开申领了2个工规证，目前住宅项目已经完结，非住宅项目规划建设2栋楼，1栋是部分还建的社区卫生服务中心用房，1栋是办公用房，医疗卫生用房已竣工，办公用房尚未开工。因医疗卫生用房按规定不能预售也不能现售，无法进行一手房销售登记，经咨询不动产局，开发商需先办理不动产权证，然后以存量二手房的形式进行交易过户，以完成购买方的产权登记。开发商向税务部门坦陈困境，此栋房屋部分面积是还建，部分面积是政府增加社区卫生服务中心房屋面积而进行的收购，整栋房屋拟一起办理交易过户手续，开发商需要销售回款以充实现金流，二手房交易时卖方要缴纳土地增值税，而不是预征，后期也无法再行按实际情况退税，否则开发商无法为购买方办理不动产过户手续，税务部门同意在其非住宅工程未全部完工的情况下为其办理医疗卫生用房的土地增值税汇算，后期办公用房开发完成后再综合项目整体情况及前面这栋房屋的税收情况进行非住宅项目的土地增值税汇算。增值税则在交易过户时依据评估价格进行缴纳，可见政府相关部门都在积极配合开发商的自救行动。

（二）评估的价格内涵

土地增值税的计算公式为（缴税基数－增值税）×征收率，我司需要评估旧房及建筑物的重置成本价作为扣除项目，是评估的房屋重置成本。

因为开发商是一般纳税人，不是小规模纳税人，拟转让的房屋因其特殊的性质被定义为自建房，房屋建造成本的进项税额未来从销项税额里抵扣，项目土地出让时缴纳的是契税，出让方不开具增值税票，所以开发销售自建房要以评估价格的全额来计算增值税。我司需评估房屋的市场价格。

（三）开发商的困局

开发商工作人员告诉我们，这个项目情况相对是比较好的，只剩最后一栋办公楼未建，但他们公司项目很多，还有许多建设工程进度不等、销售情况不一的地块。

这种情况现在十分普遍，开发商手上有大量开发了一部分的项目，有些是工程建设进度较高但销售情况一般，已达到了现售条件；有些是房子还在建设阶段，需要较大的后期投入；有些是项目用地上规划的房屋尚未开始建设。现在市场较为低迷，在三道红线等管控措施下，以往的高周转、高杠杆行不通了，开发商让囤积的土地闲置或将在建项目停工都会带来损失，且随着时间的推移，折旧、利息成本和人员流动成本将越来越高，最终的损失有可能超过土地或在建工程价值本身。保住一部分项目转动起来，是开发商当下的解困之道。

二、两类保障性住房的供给渠道分析

现阶段国家层面正加快完善以公租房、保障性租赁住房和共有产权住房为主体的住房保障体系，要求各地根据国家层面的顶层设计，结合实际，确定各地的具体保障方式。本文不考虑公租房，仅对后两类保障性住房的供给进行分析。

（一）保障性租赁住房

政府给予政策支持，充分发挥市场机制作用，引导多主体投资、多渠道供给，农村集体经济组织、企事业单位、园区企业、住房租赁企业、房地产开发企业等主体均可以参与发展，集体经营性建设用地、企事业单位自有闲置土地、产业园区配套用地、存量闲置房屋、新供应国有建设用地等均可以加以利用，改变了政府作为居住用地唯一供应者的情况。虽未将房地产开发商从保障性住房的供应者范围里排除，但在实践中由开发商参与的保障性租赁住房开发模式,目前主要以代建制为主,或强制在土地出让时要求配建,开发商参与的积极性较低。

(二)共有产权住房

通过7个渠道筹集房源,包括政府组织集中建设、通过"限房价、竞地价"等方式由房地产开发企业集中建设、通过"限地价、竞配建"等方式在商品住房项目中配建、在城市更新("三旧"改造)项目中配建、收购符合要求的新建商品住房或存量住房等。可见政府不只主导,除配建外,房屋建设成本均是政府在负担。

在共同富裕的目标下,我国住房制度正在发生方向性转变,党的十九大提出的目标是"让全体人民住有所居"的普惠模式,就是讲住房的共同富裕,保障对象范围涵盖了低收入家庭至中低收入家庭以及新市民等,住房领域的共同富裕不是要所有人达到平均水平,而是要使不同的人群获得与其相适应的住房条件。

三、住宅房地产业现状

一是住宅房地产经过多年高投入、高杠杆、高周转、高数量的发展,年开工、竣工面积均为房地产业投资占比最大的板块。2021年全国房屋施工面积达975387万 m^2,较2020年增加了48628.0万 m^2,同比增长5.25%,其中住宅施工面积为690319万 m^2,2021年住宅施工面积占全国房屋施工总面积的70.77%,较2020年增加了0.04%,占比最大(图1)。

2021年全国商品房销售面积达179433万 m^2,较2020年增加了3347万 m^2,同比增长1.90%,其中住宅销售面积为156532万 m^2,占比87.24%,较2020年减少了0.72%,占比最大(图2)。

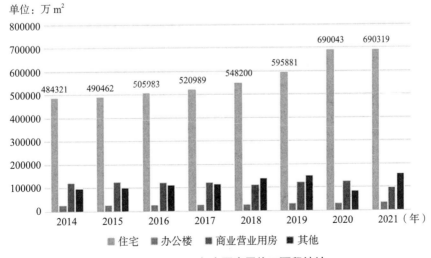

图1 2014~2021年全国房屋施工面积统计

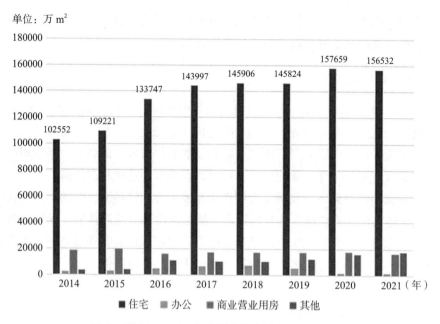

图 2　2014～2021 年全国商品房销售面积统计

把住宅建筑投资占 GDP 的比重作为观测变量，来大致体现房地产对于 GDP 重要性的趋势，近十几年来日本和美国这个指标均在 3% 左右，日本相对稳定，而美国波动稍大。相比之下，中国的住宅建筑投资占 GDP 的比例虽在 2014 年左右见顶，但仍处在 6% 以上的水平。若按照美国和日本的经验简单外推，中国房地产市场在经济中的规模占比，还有一半左右的下降空间，但这个过程可能相对漫长。

二是人民居住条件和质量不断改善。根据 2020 年底召开的全国住房和城乡建设工作会议披露数据显示，2019 年，中国城镇、乡村人均住宅建筑面积分别为 39.8m^2、48.9m^2。根据国家统计局发布的《中国统计年鉴 2021》显示，2020 年相比 2019 年，全国人口净增 204 万人，2021 年新增人口更是断崖式下跌，只有 48 万人，由此可以计算出 2021 年相对 2019 年全国人口数量仅增加 252 万人。2019 年，我国总人口 14.1 亿，其中城镇人口 8.8 亿，乡村人口 5.3 亿。可以算出：全国住房面积合计 609.41 亿 m^2，其中城镇人口住房面积 350.24 亿 m^2，乡村人口住房面积合计 259.17 亿 m^2。2020—2021 年我国商品房住宅销售面积合计为 35.55 亿 m^2，上述两项数据推导出 2021 年住房面积为 644.96 亿 m^2，则人均住房面积为 45.7m^2。若不考虑农村，将新增商品住宅统计为城镇新增面积，则 2021 年城镇住宅面积为 385.79 亿 m^2，按城镇人口统计人均住房面积已达到 42.9m^2。与我们的近邻东亚国家相比，日本人均住房面积 39m^2 左右，韩国人均住房面积 34m^2 左右，我国已经稳稳超过了它们。

2020 年中国城镇住房套户比为 1.09，一线、二线、三四线城市分别为 0.97、1.08、1.12，中国住房整体已经静态平衡，但存在区域结构性差异，人口净流入的城市仍有住房短缺的现象。长远来看，随着人均居住面积接近国际水平，城镇化接近尾声，地产需求已接近饱和。

三是 2021 年开始房企"爆雷"频出，市场低迷。根据人民法院公告统计，2021 年 1 月 1 日至 2022 年 3 月 20 日，递交破产文书的房地产开发企业有 394 家。粗略计算，平均每月有 28 家房企宣布破产，几乎每天都有 1 家房企被清算。查询发现，破产房企以小微房企为主，涉及全国各个省份，主要集中在长三角和珠三角城市群，多数位于三四线城市。在 A 股，近 50 家已披露去年业绩预告的上市房企中，近半中小型房企预告亏损。

2021 年，恒大"爆雷"事件闹得沸沸扬扬，颠覆了购房者对于大品牌、大开发商的认知。后来，陆续有房企传出资金链问题，停工的停工、断腕的断腕、跑路的跑路。2022 年一开年，又一股房企"爆雷"潮来袭，几家千亿房企自曝债务到期无力偿还，而被曝出项目停工的房企更是越来越多。目前大多数房地产公司都在收缩、躺平、降价回款以自救。2021 年以来房价下跌也是事实，成交量同比下降，市场观望氛围浓厚。虽然政府自 2021 年四季度以来不断吹政策暖风，但在经济形势和人口老龄化、少子化的现状下，坚持"房住不炒"的原则与住房的民生属性下，能挽回几分颓势尚待市场的反馈。

四、房地产开发商以存量用地参与保障性住房建设的思路

纵观保障性住房政策，现在开发商可参与的仅有将存量项目低价卖给政府作保障用房，或搞代建，总之没有盘活开发商手中存量用地的空间，土地资源浪费的不只是开发商的金钱，还有社会运行的效率。

（一）政府出面救市需要大量资金，财政捉襟见肘

现在很多人在呼吁政府救市，不希望大面积的开发商破产导致社会动荡，连带地方政府债务出现危机。若单对房地产而言，不该救市，但危机发酵，不得不出手，政府的税收与行政事业性收费减少，支出却不得不增加，负担沉重。2022 年 3 月 16 日国务院金融委会议召开，释放了关于股市、楼市、金融市场等大量信息。其中，关于房地产行业，会议上指出，要及时研究和提出有力有效的防范化解风险应对方案，提出向新发展模式转型的配套设施，积极出台对市场有利的政策，慎重出台收缩性政策，随后五部委纷纷表态，特别是财政部表示，今年内不具备扩大房地产税改革试点城市的条件。

（二）开发商以手中的存量用地参与保障性住房建设的合法性

开发商作为独立法人，手中的存量用地多为出让获得，项目规划符合区域的土地利用总体规划，大部分办理了国有土地使用证，部分项目甚至四证齐全，主体明确，手续完备。

(三)开发商以手中的存量用地参与保障性住房建设是开发商生存的内在需求

行业增长瓶颈是业务生命周期的正常结果,万科地产从2018年开始转型,郁亮说:"我们已经告别了房地产,来到了不动产的时代。"从房地产到不动产,意味着要从单一的地产开发,到不动产的开发、经营、服务并重。从这个视角看,开发业务只是不动产其中的一个环节、一个赛道。

开发商大多采用多项目并举、滚动开发模式,存量用地有些可能是已部分开发,有些则是尚未开发,出让金均已缴付,在土地成本已支付的情况下,开发商自行作出选择,要么现在无力开发或对市场悲观不敢再投入,眼看着土地按出让合同约定被政府无偿收回,或摊销减值,公司员工大批离职,公司运营陷入瘫痪,要么取得政府的许可,引入合作方或壮士断腕,放弃部分业务集中力量"收敛聚焦",把适合的项目盘活,使公司能够正常运转。开发商应清醒地认识到行业已从高速增长转入深度调整甚至下行萎缩,房企方向开始无限分化,房地产行业将从以开发为主转向开发与经营并重,开发越来越像耐用消费品,经营则像服务业。必须以现有存量土地资源作为生存条件而非盈利预期,兢兢业业建好保障性住房,企业才有喘口气活下去的可能。

(四)开发商以手中的存量用地参与保障性住房建设的操作建议

1. 建设保障性租赁住房的建议

在现有市场情况下,开发商手上尚未建设的项目,若按原规划建设大面积的商品房,会面对销售疲软、回款难、银行融资成本高等问题,开发商可向政府申请,将户型调整为符合保障性租赁住房要求的 $70m^2$ 以下小户型或宿舍型住宅,由开发商自建或与其他市场主体合作建设,按保障性租赁住房的各项要求进行运营并做好物业服务,将其业务类型从高周转向高质量服务方向发展,国家要求保障性租赁住房的租金低于同地段同品质市场租赁住房租金,这意味着不同品质的住房,即使在相同地段,市场租赁价格也是不同的,在保障性租赁住房出租要求的框架和租赁人比较市场租赁租金的自愿选择下,开发商可进行全生命周期内不同品质的房屋建设及服务,租赁经营是房地产业新常态的一部分。开发商可积极争取银行业金融机构以市场化方式向保障性租赁住房自持主体提供的长期贷款。开发商已有土地在手,可发行企业债券、公司债券、非金融企业债务融资工具等公司信用类债券,用于保障性租赁住房建设运营,建成后持有运营的保障性租赁住房具有持续稳定现金流的,可将物业抵押作为增信手段,发行住房租赁担保债券,以获得长期生存发展的空间。国家方面可节省新建、改建的开支,在符合土地利用总体规划的情况下,让更有房屋开发建设经验的开发商参与保障性租赁住房的建设工作,与集体经济组织和其他企事业单位建设的保障性租赁住房形成不同层面的租赁房源互补供应,还可在较大程度上缓解开发商现阶段手上囤积的土地去化问题。我国还要实现30、60双碳计划,盘活存量用地比新增建设用地更加经济与环保,也是这一轮城市更新所大力提倡的土地利用方式之一。对国家税收来说既有短期的收益,如土地出让金的收取、土地增值税的汇算清缴,又有长期的贡献,如房产税、增值税等。

2.建设共有产权住房的建议

笔者经手了许多征收评估项目,被征收房屋里除了产权房,还有很多公房。普通的公房是指产权在房管所名下的房子,还有一些是单位直管公房,在征收评估中,从同一项目的征收政策来看,两者的补偿方式并没有什么区别。受此启发,共有产权房是否可探索除了政府是产权持有方,由类似房管所的机构来代持政府的产权份额,还可有类似单位直管公房形式的,开发商与购房者共同持有房屋份额的形式?开发商以存量用地项目参与共有产权住房建设经营的定价原则、上市交易与退出政策应与政府所持有的共有产权房总体保持一致,以免房屋流入炒房市场。在细节上可以有差异,定位于刚改需求,面向一些既不属于保障对象,又确实买不起商品房的"夹心层"群体。比如共有产权住房以建筑面积 90m² 以下中小套型为主,难以满足二孩家庭的使用需求,那么不同于共有产权房购买要求的"申请人及其家庭成员在本市无房屋(含申请前 5 年内交易登记的房屋)",开发商与购房者共有产权住房可放宽此条件为"申请人及其家庭成员在本市仅有 1 套及以下且申请前 5 年内无出售、赠与房屋的记录",其他如对购房人户籍、社保、年龄等的要求可保持一致,对于家庭收入低于上年度当地城镇居民人均可支配收入的比例进行适当提高。从国家的角度来说,此部分房屋与政府提供的共有产权房面对的群体虽有区别,但都具备相同的保障性。在项目审批时以保障居住人的权益为原则,政府可在收到开发商申请时立即与开发商约定房屋最高限价与企业拟持有份额,并约定未来开发商的退出条件机制,如购房人可以认购当年的价格为基础在多少年内分别以多少比例收购开发商持有的份额,或者在购房人不购买剩余份额的年限满后多少年,政府以何种条件收购开发商的份额。类似于 PPP 的思路,由开发商承担土地成本和建设任务,既可增加现时的共有产权住房供应,又能缓解政府的资金压力。而开发商在申请将普通商品房改为共有产权住房得到批准后可享受同等建设税费的优惠以降低建设成本,参加政府统一组织的选房工作,减轻销售焦虑。

(五)开发商以手中的存量用地参与保障性住房建设的可行性

我国住房保障政策以人为本,因时而定,因势而变,因城施策,开发商牺牲短期利益积极参与保障性住房建设,与政府共谋长远,以实现"稳房价、稳地价、稳预期"的目标,对于地方政府而言又有保就业、稳增长的效果,容易得到政府的支持,有较大的可行性。

参考文献:

[1] 国务院办公厅.关于加快发展保障性租赁住房的意见[Z].2021-07-02.
[2] 国家统计局国务院第七次全国人口普查领导小组办公室.第七次全国人口普查公报[R].2021-05-11.

[3] 住房和城乡建设部. 关于支持北京市、上海市开展共有产权住房试点的意见 [Z]. 2017-09-14.

[4] 于晖. 从万科财报看到的房地产行业现状 [EB/OL]. https://xueqiu.com/4335938783/196252651.

[5] 马玉丽. 保障房建设用地需求预测及多元化供给机制研究 [D]. 北京：北京交通大学，2017.

[6] 夏磊. 住房租赁融资：渠道与风险 [J]. 发展研究，2018（4）：40-57.

作者联系方式

姓　　名：童　玲

单　　位：武汉阳光房地产估价有限责任公司

地　　址：湖北省武汉市汉阳区翠微路特1号7层

邮　　箱：592217196@qq.com

注册号：4220150024

浅议新形势下保障性租赁住房发展趋势与对策

汪志宏　程　伟

摘　要：2021年开始，人们对于保障性租赁住房的期待越发提高。2021年7月2日，国务院办公厅发布了《关于加快发展保障性租赁住房的意见》(国办发〔2021〕22号，以下简称《意见》)。《意见》旨在加快发展保障性租赁住房，促进解决好大城市住房突出问题。从"长效机制"提出起，人们对"长效机制"的最终面貌有了多种畅想，对现有的住房制度进行优化调整，而非完全彻底地推翻，目的都是为了让人们"住有所居，心有所归"。无论商品房还是保障性租赁住房，只要能够实现目的，达成夙愿，都可借用。可以预见，在新形势下推出保障性租赁住房能够起到稳定增长预期、稳定消费、中长期改善收入结构和增长可持续性等积极作用。本文对保障性租赁住房的定位、现实基础和推进问题进行梳理，提出个人相关建议，以期为进一步完善相关政策体系提供支撑。

关键词：保障性租赁住房；保障群体；创新发展；对策及建议

一、保障性租赁住房的发展趋势

（一）保障性租赁住房的发展历程

1998年住房制度的改革，实现了商品房市场化，解决了人们的住房难题，让人们能够顺利实现住房需求的满足，旧的制度发展至今，已经无法完全解决当前部分城市出现的住房矛盾，这就需要在制度上做完善，做优化，定向解决住房市场存在的结构性问题，直至核心城市，精准发力。

在2016年中央经济工作会议第一次提出"坚持房子是用来住的、不是用来炒的定位"之后，在党的十九大正式提出"房住不炒"战略定位和构建租购并举的住房制度，到"十三五"末，我国已经建成世界规模最大的城镇住房保障体系。随着国家加大一系列保障性住房政策的实施力度，保障性住房取得了积极成效。

2021年7月2日，国务院办公厅发布《意见》，取消了政策性租赁住房的概念，明确我国未来加快完善以公租房、保障性租赁住房和共有产权住房为主体的住房保障体系。其中，公租房主要面向城镇户籍、住房和收入"双困"家庭，实行实物保障和货币补贴并举；共有产权房供应范围以城镇户籍人口为主，目前处于试点状态；保障性租赁住房主要解决符合条件的新市民、青年人等群体的住房困难问题，以建筑面积不超过 70m² 的小户型为主，租金低于同地段同品质市场租赁住房租金，准入和退出的具体条件、小户型的具体面积由城市人民政府按照保基本的原则合理确定。抛却保障性租赁住房建设、运营的难点，保障性租赁住房的顺利推进仍然困难重重。在新形势下，保障性租赁住房的发展面临许多亟待解决的新问题。

（二）保障性租赁住房的发展现状

1. 从保障性租赁住房规划上看

2022 年有望成为保障性租赁住房大发展的一年。根据住房和城乡建设部最新数据统计，我国将大力增加保障性租赁住房供给，并给出了量化的目标——希望 2022 年全年能够建设筹集保障性租赁住房 240 万套（间）。"十四五"期间，40 个重点城市初步计划新增保障性租赁住房 650 万套（间）。由此可以看出，全国范围内有望供应保障性租赁住房 800 万套至 900 万套。

2. 从保障性租赁住房发展区域上看

除了住房和城乡建设部重点监测的 40 个城市外，部分省份根据自身情况确定了重点发展保障性租赁住房的地区。如广东省明确广州、深圳、珠海、汕头、佛山、惠州、东莞、中山、江门和湛江 10 市为发展保障性租赁住房的重点城市。而从目前已公布数据来看，2022 年规划值约占"十四五"的 23.3%。

3. 从我国人口就业形势上看

国家统计局公布人口数据显示，2021 年末，全国人口为 141260 万人，较 2020 年末增加 48 万人，相较于 14 亿的人口总量，48 万的人口增量几乎可以忽略，也就意味着，中国人口已逐渐接近于 0 增长，提高生育率已迫在眉睫。从人口年龄结构上看，65 岁及以上人口为 20056 万人，首次突破 2 亿人，占比 14.2%，标志着中国正式进入中度老龄社会，社会整体的就业养老压力不可小觑。在当前中国社会保障体系尚未健全的形势下，短期内居家养老仍将是主流，居家养老意味着人们对于就业的依赖，如果就业无法实现，收入就更无法保障，所以人们需要到大城市去发展。流动人口的涌入，一方面增加了流入城市的活力，带动了大城市的经济；另一方面加大了大城市住房的负荷。虽然部分农民工及务工人员的就业问题得到了解决，对就业及当地经济有一定修复或者拉动，并且国家出台了一系列的保障性租赁住房政策，以解决符合条件的新市民、新青年的住房困难问题，但作用可能相对有限，大部分人未享受到保障性住房政策。

4. 从供地建设保障性租赁住房上看

国务院办公厅发布《意见》中提出从以下六个方面提供渠道：利用集体经营性建设用地建设保障性租赁住房；企事业单位依法取得使用权的土地建设保障性租赁住房；允许企事业单位非居住存量房屋（闲置房屋）改建为保障性租赁住房；可将产业园区中工业项目配套建设行政办公及生活服务设施的用地供应保障性租赁住房，并且用地面积占项目总用地面积的比例上限由 7% 提高到 15%；在编制年度住宅用地供应计划时，单列租赁住房用地计划、优先安排、应保尽保；利用新供应国有建设用地。

5. 从中央财政支持保障性租赁住房资金支持上看

中央财政于 2021 年 11 月提前下达 2022 年部分中央财政城镇保障性安居工程补助资金合计 526 亿元，其中用于支持住房租赁市场发展试点 66 亿。

二、保障性租赁住房发展中存在的问题

（一）保障性租赁住房覆盖面有限，供给与需求之间的客观失衡

一方面，保障性租赁住房建设并非在全国范围内广泛铺开，而是选择性地在 40 座城市建设，由于保障性租赁住房覆盖面有限，导致总体规模、总量有限，虽然"十四五"规划对保障性租赁住房进行定量，但实际上将总量分配到各年，单一年度建设总量实际上相对有限，与每年商品房的建设规模更难以相提并论。

另一方面，人口外流到大城市中，势必会出现本身没有人口发展基础的小城市房屋保持常年空置或根本没有买家，房屋白菜价。这样长期发展，没有人口发展基础的小城市因为人口外流，带动不了当地经济更好地发展，从而导致大城市与小城市之间的供需失衡。

此外，外来就业的人员进入大城市生活，大城市会吸收更丰富的资源，更丰富的资源又必然会给整个城市带来更多发展活力，这样对人们的吸引力又会更强，这无疑是个正向的积极作用。然而，在大城市就业的外来人员无房者或居无定所者，很难谈得上拥有幸福感，多少人为劳动而奔波，活动于两点一线，可能终其一生也难在理想城市有一处安身之所。因为中国人在传统上习惯于买房，而不是租房，因此在心理层面上，租房很难实现人们内心的归属感，在人们心中不会形成所谓"家"的概念。但城市容量是有限的，资源所能覆盖的人群也有限，公共服务所能覆盖的群体也有限。当外来人口争相涌入时，有限的供给遭遇无限的需求，供需失衡的结果就是以户籍制度为限，以拥有住房与否划线，来定向选择满足既定人群的需求，所以必然会产生大城市的矛盾、住房的矛盾和资源分配的矛盾。

（二）保障性租赁住房的保障群体未明确

2021 年 6 月，国务院办公厅发布《意见》明确了保障性租赁住房建设的核心概念，即坚持"房子是用来住的、不是用来炒的"定位，突出住房的民生属性。推进以人为核心的新型城镇化，促进实现全体人民住有所居。保障性租赁住房既然主要目标是解决符合条件的新市民、青年人等保障群体住房困难问题，在实际的操作过程中是否会存在政策目标的偏离，条件又将如何设定，具体又将如何执行？不确定性因素仍然存在。比如，保障性租赁住房保障群体相对模糊，文件中"符合条件""新市民""青年人"是相对概念，并没有具体的含义。合理的保障群体既要坚持"保基本"，又要充分考虑不同渠道特征、分类设定准入门槛，更增加了确定保障群体的难度，所以

各级城市人民政府能否顺利推进仍有待考察。

（三）保障性租赁住房的建设运营建设资本及运营成本资金压力

保障性租赁住房可以在土地、融资和费用等方面降低成本，或者由中央财政和地方财政给予支持，但要面对租金低于市场价的要求，因此参与主体仍面临难以实现资金平衡的压力。虽然国务院办公厅发布《意见》要求加大对保障性租赁住房建设运营的信贷支持力度，为尽快解决资金问题创造了条件，但保障性租赁住房的建设、运营成本将由谁来承担，哪个主体又将有能力承担起保障性租赁住房的成本支出？政府、企业、社会资本，还是各类金融机构？

从国际上看，保障性租赁住房租金的设定原则以人均可支配收入水平作为标准，而不是市场租金水平。虽然国务院办公厅发布《意见》明确提出保障性租赁住房租金低于同地段同品质市场租赁住房租金，在已出台落实文件的部分城市，保障性租赁住房租金标准为市场租金的90%，但按照这一标准，保障性租赁住房的保障功能相对较弱，无法吸引新市民和青年人。另一方面，市场租金标准定得过低，会打击市场主体参与保障性租赁住房建设及运营管理的积极性。

从政府这边来看，假如政府主导，作为项目建设的主体，可能会面临两大压力：一是从财政的角度来说，政府本身就可能承担一定的财政压力，还需要深入推进减税降费政策，地方政府是否有能力承担？二是保障性租赁住房存在低租金、长回报的特点，这就需要政府有长久的投入资金和运营资金，这对政府而言也是不小的挑战；政府引导企业积极投入到保障性租赁住房的开发建设中来，除了存量资产的改造，如闲置和低效利用的商业办公、旅馆、厂房、仓储、科研教育等非居住存量房屋改为租赁性住房外，土地供给还可能加重政府的负担，从已发布土地供应计划的城市数据来看，保障性租赁用地最高占比达到50%，最低者仍有15%的比例，如果想要引导企业投身保障性租赁住房建设，那么在土地价格上给予适当的优惠，是否又会冲击政府的财政收入？

从企业这边来看，可能也存在两种情况：一是若开发企业是保障性租赁住房的开发经营主体，企业既要注重商品住宅用房的资金，又要兼顾保障性租赁住房的投入比例，故而企业开发经营的难度较高，而且也将降低其意愿。当前房地产行业正经历调整的艰难时期，企业资金压力巨大，行业加速出清，企业并无足够能力承担起保障性租赁住房开发建设的重任，即使有土地价格的优惠，但相较于长周期的投入和运营成本，企业的积极性也必将受到不小的冲击。如果说，国企、央企或可给予扶持，但若市场行情持续保持冷清，企业回款情况并不乐观，国企、央企恐也难支持，单靠外部渠道加杠杆也难持续；而且如果仅仅依靠加杠杆，是否又与国家方针政策相背离？况且引导民营企业进行开发投资的难度更大，"爆雷"的企业均为民营企业，尚未"爆雷"的企业，资金上压力深重的企业也为民企，拿地动作已经暂停，又怎能期待这些企业做好保障性租赁住房的建设、经营和管理呢？行业内涉及保障性租赁住房业务的企业也有多家，但真正能够做出成效的少之又少。若经营开发的主体不是房地产开发商，那么又怎能有足够的吸引力来引导企业投身到保障性租赁住房呢？

（四）租售同权难以实现

由于城市资源的有限性，若要更好推广保障性租赁住房政策，城市就必须配备足够的供给能力。租房群体在就业、教育、医疗等资源分享上往往处于劣势。如果要推进租购同权，那么各方在享受各项权利时是否能够有同等权利，享受权利时所需支付的成本是否相同？

三、发展保障性租赁住房的几点建议

（一）完善保障性租赁住房制度

1. 明确保障性租赁住房覆盖对象的标准

明确各城市保障性租赁住房覆盖对象的标准，统一各城市对"新市民、青年人"群体进行深入研究和清晰界定。个人建议保障性租赁住房与公租房、共有产权住房形成错位，尽量向非户籍人口、新就业人口和从事邮政、快递、环卫、公交等基本公共服务人口倾斜，打破户籍限制。

2. 确定保障性租赁住房的租金标准

从最根本的保障性租赁制度入手，以城市人均可支配收入作为基础，同时参考周边住房的市场租金水平，制定相应的租金标准，推广保障性租赁住房租金制定体系。

3. 拓宽保障性租赁住房的供应体系

从土地、税收优惠政策入手，降低保障性租赁住房的建设成本，并建立多种类的市场供应体系，满足不同需求租客的要求，使每个租房者都能在租赁市场中租到自己满意的房子，以此来推动租赁市场发展。建议组织研究各地城市在企事业单位利用自有闲置土地建设保障性住房方面的经验。考虑到北上广深等大城市土地资源有限，建议由各级城市政府联动协调推动跨城供地建设保障性租赁住房，提供更广阔的住房来源。再者，规划更多住房之外的消费。住房之外的价值实现，也借助住房制度的改革和完善，尽可能去除掉可能会因住房资源的供需失衡所引发的人们幸福感的缺失，及由此衍生的社会矛盾，保障社会秩序的稳定，并基于此，服务于经济的增长和稳定。

4. 推动租售同权的制度

建立新的住房制度就需要建立租和售能够真正同权的制度，并能够有效保证政策制定与执行之间的一致性，在原有商品房制度之外，通过租赁性住房的建设来满足各群体居民的合理住房需求，两者相互补充、相互协同，最终形成长期化的稳定的住房制度。

5. 明确保障性住房用地供应制度

首先，城市应当响应国家号召，建议各地政府建立住房保障评估体系并明确奖惩制度，并将其纳入政绩考核，以规范政府的土地供应行为。其次，各地的规划、土地、房产等部门要综合考虑所在区域的整体中长期城市规划，避免过度拆迁导致资金的流失。加快棚户区改造、居民异地安置来提高土地利用率，为住房保障和公共服务配套提供宝贵空间。在大中城市交通通达性较好的地段出让土地时，强制配置保障性租赁住房建设指标。

（二）加大对保障性租赁住房的金融支持

从政府方面看，政府应积极提供财政支持并引导社会资本参与建设保障性租赁住房，以政府债券、政府国债化的方式进入资本市场，吸收社会资金。成立租赁型保障住房建设投资基金，减轻财政当期支付压力，建立滚动发展基金。同时，给予持有方及运营方贴息贷款补贴等优惠政策。

从金融机构方面看，加大支持金融机构对保障性租赁住房的投入，通过金融机构入股、发型金融机构债券、金融机构信用债券等方式募集资金，用于保障性租赁住房的运营成本。

从企业方面看，政府提供相关税费减免政策，鼓励企业参与保障性租赁住房的建设，以保障性租赁住房作为抵押物，通过发行公司债券等方式筹集资金。

以政府为主导，金融机构为支持，企业为建设主体，三方共同扶持保障性租赁住房的建设。

（三）建立专业型的管理机构

由政府主导，把建设主体参与保障性租赁住房建设情况作为参与土地拍卖、城市更新的前提条件，引导大型房地产企业积极投资建设保障性租赁住房。各地政府与不动产中心、税务、教育等部门联合，会同金融机构、参与建设单位，共同充分发挥专业化、统一化的管理机制，统一保障性租赁住房管理房源。通过公开摇号，按顺序选房等公平、公开、透明的分配方式进行管理，并定期向社会公布，保障承租人的知情权及社会监督权。

（四）加强保障性租赁住房的基础设施建设

对于保障性租赁住房而言，和居住区规划有所不同，集中租赁住房区域配套设施需要少而精。可适当放宽户籍界限及保障性租赁住房的入住户数，因地制宜，建设相应的配套设施。

通过以上分析可以看到，未来我国的保障性租赁住房会呈现以下特色：一是政府主导、适度引入市场和社会力量等多主体参与，调动各方积极性，以低于市场价的租赁价格向新保障群体提供保障性租赁住房；二是低租金补贴的保障方式，有效避免国外住房保障过程中大力发展租金补贴、逐渐去除实物保障的缺陷；三是采用多主体投资、多渠道供给的筹建渠道，避免保障性租赁住房相对集中导致的中低收入群体和社会相对隔离情形出现;四是实现住房保障和住房市场之间的有序衔接,允许满足一定条件的保障性租赁住房转为市场租赁住房。如何对以上特色进行更为深入的实证分析、进一步完善住房保障体系将成为未来研究的重点。

参考文献:

[1] 叶裕民,张理政,孙玥,等.破解城中村更新和新市民住房"孪生难题"的联动机制研究:以广州市为例[J].中国人民大学学报,2020(2):14-28.

[2] 曹金彪.大力发展租赁住房 解决好大城市住房突出问题[J].旗帜,2021(2):57-58.

[3] 王丽艳,季奕,王振坡.我国城市住房保障体系建设与创新发展研究[J].建筑经济,2019(4):26-32.

[4] 虞晓芬,傅剑.社会力量参与保障性安居工程演化博弈及政府规制[J].系统工程理论与实践,2017(12):3127-3136.

[5] 李杨,杨森.城镇化视角下的保障性租赁住房研究[J].团结,2021(5):18-21.

[6] 况伟大.中国保障性租赁房政策含义及其影响[J].人民论坛,2021(26):78-82.

[7] 李永安,张旭文.我国保障性住房"有效供给"的悖论与破解[J].新疆社会科学,2020(6):127-133+145.

[8] 张辉.保障性租赁房政策对青年新市民群体的影响[J].人民论坛,2021(26):83-86.

[9] 金浩然.保障性租赁住房的定位、基础、难点和建议[J].团结,2021(5):14-17.

[10] 张栋.柴强:扩大供给是发展保障性租赁住房的关键[J].团结,2021(5):34-36.

[11] 倪虹.以发展保障性租赁住房为突破口 破解大城市住房突出问题[J].行政管理改革,2021(9):44-49.

作者联系方式

姓　　名:汪志宏　程　伟

单　　位:安徽中信智力房地产评估造价咨询有限公司

地　　址:安庆市迎江区绿地启航社1号楼9层10室

邮　　箱:94003727@qq.com;380759628@qq.com

注册号:汪志宏(3420130015)

保障性租赁住房发展难题及促进其发展的政策建议

李嘉欣

摘 要： 发展保障性租赁住房，已经成为贯彻党中央"房住不炒"定位、落实"租购并举"战略部署的重要举措。本文分析了保障性租赁住房目前的发展状况及现实意义，从多角度剖析了当前保障性租赁住房在市场上的发展难点，并对此提出了一系列具有针对性的政策建议，旨在推动保障性租赁住房这一惠民举措的优化与完善。

关键词： 保障性租赁住房；租购并举；战略意义；政策建议

一、保障性租赁住房目前的发展状况及意义

（一）保障性租赁住房市场现状

2016 年 5 月，国务院办公厅印发了《关于加快培育和发展住房租赁市场的若干意见》，开始明显地重视培育住房租赁市场。2020 年 10 月，党的十九届五中全会首次提出保障性租赁住房这个概念。2021 年 7 月，国务院办公厅印发《关于加快发展保障性租赁住房的意见》（国办发〔2021〕22 号文），要求加快发展保障性租赁住房，解决新市民、青年人等群体住房困难问题。自此，保障性租赁住房成为我国住房保障体系中的重要一环，全国各省、各城市纷纷出台具体细则推动其落地和发展（表1）。

各省、自治区、城市出台保障性租赁住房政策的时间　　　　　表1

省（自治区）	政策出台时间	城市	政策出台时间
内蒙古	2021 年 9 月 23 日	厦门	2021 年 7 月 6 日
新疆	2021 年 9 月 26 日	成都	2021 年 8 月 14 日
浙江	2021 年 10 月 29 日	广州	2021 年 8 月 30 日
广东	2021 年 11 月 5 日	珠海	2021 年 9 月 4 日
湖北	2021 年 11 月 5 日	武汉	2021 年 10 月 26 日
山东	2021 年 11 月 14 日	杭州	2021 年 11 月 2 日

续表

省（自治区）	政策出台时间	城市	政策出台时间
河北	2021年11月26日	上海	2021年11月9日
甘肃	2021年11月29日	温州	2021年11月18日
广西	2021年12月8日	石家庄	2021年11月19日
江苏	2021年12月9日	丽水	2021年12月13日
江西	2021年12月20日	合肥	2021年12月16日
青海	2021年12月22日	嘉兴	2021年12月24日
陕西	2021年12月23日	邯郸	2021年12月29日
安徽	2021年12月28日	福州	2021年12月30日
湖南	2022年1月7日	长沙	2021年12月31日
河南	2022年1月10日	南京	2022年1月9日

在实际工作中，发展保障性租赁住房也成为年度土地供应计划中的一项重要内容。例如，北京市2022年供地计划中，租赁住房将供应300hm^2，其中保障性租赁住房共233hm^2，占78%。另外，在北京市年度"集中供地"中，也将推出多块要求配建保障性租赁住房的优质土地。可以看出，在土地供应方面，将继续加大租赁住房的倾斜力度，积极响应国家号召。

"十四五"期间，40个重点城市初步计划新增保障性租赁住房650万套（间），预计可帮助1300万新市民、青年人等缓解住房困难（表2）。

部分省市"十四五"期间保障性租赁住房规划规模　　　表2

省级规划	规模	市级规划	规模
山东	40万套	北京	40万套
广东	120万套	上海	47万套
浙江	120万套	西安	30万套
海南	3万套	济南	21万套
江苏	50万套	青岛	21万套
安徽	11万套	合肥	15万套
四川	30万套	杭州	33万套
江苏	50万套	福州	15万套

（二）发展保障性租赁住房的现实意义

1. 缓解青年人群阶段性住房困难

根据第七次人口普查数据，全国流动人口达3.76亿，比"六普"增长了将近

70%，这些流动人口主要流向经济发达的沿海地区和大城市，租住房屋成为大部分流动人口的刚需。在一线城市，商品房房价、租金双高，青年人群没有足够的资金购买商品房，因而在住房方面呈现阶段性住房困难，一直以来都是住房租赁市场的主力军。并且近年来部分房东恶意抬价或毁约等行为频繁发生，甚至有一些长租公寓运营商"爆雷"，导致当前房屋租赁关系不稳定，在社会上产生了不良影响。随着时代的发展，年轻租客对物业运营条件以及房源品质的要求越来越高，尤其是对高品质小户型房源的需求愈加强烈。而保障性租赁住房最显著的特点就是租金低廉但质量更高，由专业的运营机构建造和管理也会提升居住的满意度，在房屋品质上要远高于市面上的普通出租房。因此，保障性租赁住房可以精准解决租赁住房市场痛点，并且能够带动住房租赁法律法规不断完善。

2. 盘活城市优质存量房产、土地资源

国办发〔2021〕22号文中指出，保障性租赁住房房源的筹集主要以新建、改建和存量盘活等方式进行。但从实际情况来看，通过招拍挂的方式提供新建租赁住房用地的成本过高，高地价支撑的住房建设必然带来租金的高涨。并且考虑到职住平衡的需要，在劳动力密集的地方很难有优质地块流出建设租赁住房，因此改建、配建和利用存量土地建设便成了筹集房源最可行的办法之一。大城市存量土地和房屋资源较多，并且区位较好，合理地将其用于建设保障性租赁住房，不仅能盘活部分闲置房产、土地资源，更能有效降低保障性租赁住房建设的土地成本，有利于资源的合理利用。

3. 调整以购为主的住房结构，解决重售轻租问题

长期以来，我国房地产市场供给侧重售轻租，对租赁市场无专门政策支持，导致售卖一条腿长，租赁一条腿短，市场结构失衡。根据贝壳研究院对全国十个重点城市租赁住房供给结构的调查统计，在当前的房屋租赁市场关系中，个人普通租赁住房占64%，城中村租赁住房占27%，机构化租赁住房占比不足10%，远低于美国和日本50%左右的水平，说明我国目前的规模化租赁住房经营能力不足，供给稀缺。党的十九大提出我国要建立租购并举的住房制度，给住房租赁市场提供了政策支持，这意味着由以前的完全以购为主转为租购并举，通过重点发展住房租赁，逐渐改变租购两端不平衡的问题，缓释房地产市场风险，而保障性租赁住房可以在此过程中发力。

二、保障性租赁住房发展面临的问题

（一）项目具体建设政策细则尚未完善

国办发〔2021〕22号文已经明确了保障性租赁住房发展的基本方针，但根据实际情况的不同，具体项目的实施推进过程中还存在着多种难点需要解决。例如施工、消防的验收标准；房屋产权问题；车位、商业配建比例等具体的设计细则问题还需要因地制宜地进行讨论和标准化。

（二）用地指标稀缺导致合适供地不足

当前保障性租赁住房的选址是一个很大的难点，同时还面临用地指标稀缺的挑战。就北京市的实际情况来看，北京市的保障性租赁住房用地主要为集体土地、非存量改建、产业园区配套用地建设、企事业单位自有闲置用地等，目前已经建成并投入运营的保障性租赁住房位置多距离市中心较远，大多不能适配城区青年人通勤需求，不能解决"职住平衡"的需求。而位于市中心的少量区位优质的项目开盘即"一房难求"，仅能满足少部分新市民的需求。在现有的激励机制下，地方政府一般不愿意将紧缺的新增建设用地指标用于保障性租赁住房建设。靠近城市产业发达地区的地块市政基础条件好、价值高，一直以来都是稀缺资源，能够满足新市民职住平衡的需求。如何让市中心更优质闲置资源创造更大的产能，促进社会发展，是一个难题。

（三）市场主体参与建设积极性不高

保障性租赁住房供给规模的大小，主要取决于政府通过政策支持能够撬动多少市场主体参与，公共租赁住房要想实现可持续发展的目标，也需要企业可持续运营。对于保障性租赁住房的社会建设主体来说，是否有参与的积极性，核心问题在于盈利空间的大小和资金回报周期的长短。从实际来看，保障性租赁住房建设对于市场主体的吸引力不足，目前参与的企业多是国企、央企或是村集体经济组织，很少有私企涉足这个领域，一方面是由于建设主体融资受限，面对重资金的建设模式难以周转开来，另外融资期限短，无法匹配租赁类产品的长运营周期；另一方面是由于租赁类产品的盈利空间小，租金回报率一般在1%～3%。由此可见，如何形成良好的资金回报模式是另一个需要突破的难点。

三、促进保障性租赁住房发展的政策建议

（一）根据顶层设计继续完善建设政策细则

国办发〔2021〕22号文作为保障性租赁住房发展的顶层设计，已经对施策对象、施策内容和筹集渠道等进行了精准的对焦，但具体的实施标准及细则还有待地方政府在实践中摸索落实。不同城市、不同地区的住房实际需求有着很大的差别，当前各地已经出台的保障性租赁住房实施细则也进展不一，要想搭建科学完整的保障性租赁住房发展政策体系，应当在各地住房政策框架体系内，根据顶层设计继续挖深，因地制宜细化保障性租赁住房的政策细则。此外，还应当精简保障性租赁住房项目审批事项和环节，提高项目审批效率，推动典型项目尽快落地，以尽快激活当地租赁市场，同时坚持先试点后推广，稳步前进。

（二）进一步加大金融政策支持力度

做好租赁产品，仅靠政府提供支持是不现实的，更主要的是让市场机制发挥作用，引导金融资源逐步向住房租赁领域倾斜。据统计，2020年，全国50个重点城市的租售比1:611，远低于国际合理租售比区间水平（1:300～1:200），这样就意味着市场主体参与租赁项目时难以通过租金收入获取合理的投资回报，在建设的过程中只能尽可能压低保障性租赁住房的建设成本。而政府作为引导者，应当从降低土地、税费、融资成本等金融方面继续提供支持，加大对住房租赁领域的奖补力度，这样才能真正调动市场主体参与的积极性。目前，保障性租赁住房贷款已经从房地产贷款集中度统计中剔除，建议将剔除范围进一步扩大，包含支持发展住房租赁的相关贷款。

（三）打通公募 REITs 通道，设计合理完善的退出机制

保障性租赁住房为重资金的运营模式，从建设到运营都需要大量资金的持续性投入，但建成项目又不可进行抵押贷款，导致市场建设主体融资困难，目前市场渠道的信托资金的融资成本高达12%～15%。想要破解融资难的问题，公募REITs是一种有效渠道。根据国家发展改革委公布的《关于进一步做好基础设施领域不动产投资信托基金（REITs）试点工作的通知》，保障性租赁住房被明确纳入基础资产范围，为社会资金支持发展住房租赁提供了政策依据。据统计，截至2021年末，建设银行支持保障性租赁住房建设的授信金额超过1000亿元，投放金额超430亿元，涉及400多个项目，从金融端为保障性租赁住房的建设提供了支持。因此，要想提高市场主体再投入欲望，应当打通租赁住房走向公募市场的通道，实现住房保障体系和住房市场体系的有序衔接。

（四）推动"租购同权"细则落地，增强受众的获得感

随着多年来的住房消费市场需求升级以及消费观念的转变，新生代对于租房的态度变得更为包容和开放，租赁住房市场前景被广泛看好。若想引导社会关于租房观念的持续性转变，必须持续性供应高质量保障性租赁住房，提升运营管理水平，以增强受众的获得感。避免实际操作过程中地方政府为了完成保障房筹建任务，将一些配套不足的地块用于建设保障房，继而产生物业服务、维修服务不到位等问题。在保障性租赁住房的运行监管上，与社会主体进行合作，搭建监管平台，对项目的实际运营以及租金监管等方面进行把控。在中央"租购并举"顶层设计的总基调下，"租购同权"政策已经具备重要的落地推广的前提条件。要想稳步推动租购同权，需要逐渐推进租赁的基本公共服务均等化，推动租房群体在教育、医疗卫生、就业等方面享有均等权利。

参考文献：

[1] 北京市住房保障办公室.保障性租赁住房的规划建设与管理：北京市的实践与探索[J].住区，2021（6）：12-16.

[2] 李奇会，周伟忠，孙莉.保障性租赁住房建设面临的挑战及对策研究[J].建筑经济，2021，42（12）：13-19.

[3] 张栋，柴强：扩大供给是发展保障性租赁住房的关键[J].团结，2021（5）：34-36.

[4] 倪虹.以发展保障性租赁住房为突破口 破解大城市住房突出问题[J].行政管理改革，2021（9）：44-49.

作者联系方式

姓　名：李嘉欣

单　位：北京大地盛业房地产土地评估有限公司

地　址：北京市朝阳区和平街西苑甲12号楼

邮　箱：458150946@qq.com

保障性租赁住房发展中的问题及促进其发展的政策建议

张晓红

摘 要：当前保障性租赁住房供需仍然存在着规划布局不合理、租赁住房产品分类标准不清晰、交通及外部配套设施的建设相对滞后以及建设和配套质量问题，分类标准和信息缺少社会监督，缺乏有效的公开机制，租赁住房运营缺乏可依的立法。建议现阶段为缓解保障新群体住房多元化需求与供给严重不足的矛盾冲突，应加大财政资金专项用于发放租赁补贴力度，以保障新群体充分利用市场配置资源；在进行城市建设未来发展规划时，做到保障性租赁住房建设逐渐细分化和层次化，保证产品及租金的区域化、阶梯化、规范化的配给；建立更加立体的政策制度细则及管理办法，在闲置用房更新改造或新项目建设时，必须同步交通及公共配套建设；同时针对保障性租赁住房在运营管理上的漏洞，出台保障性租赁住房运营监管立法，加快城市闲置可供租赁保障性用房信息平台的建设。

关键词：保障性租赁住房；新市民和青年人群体；发展的问题；促进发展的政策建议

2021年7月2日国务院办公厅印发《关于加快发展保障性租赁住房的意见》（以下称《意见》），明确指出保障新市民和青年人群体的住房以小户型为主，且租金低于同地段同品质市场租赁住房租金，关注大城市当中的新市民、青年人等群体的住房问题，解决这个群体的阶段性住房困难。但是目前的租赁市场两极分化，要不就是高租金的商品住房、长租公寓，单价高、总价也高，要不就是体验感较差的老旧城区。而新城市群体多数以年轻人为主，他们是对租赁住房需求最迫切，需求潜力最大的群体。在各地政府大力推进保障性住房的发展进程中，出现了很多亟待解决和完善的问题。

一、保障性租赁住房发展的问题

（一）规划布局不合理、租赁住房产品分类标准不清晰的问题

1. 地方保障性租赁住房规划布局有待改善

由于土地资源短缺，地方保障性租赁住房项目大多选在离城市中心较远的地方，配套设施没能同步建设，建成后迟迟不能入住，或是入住了但生活不方便，给这类人

群带来极大的不便,反而增加了他们的生活成本,违背了保障性住房的初衷,更是容易造成公共资源配置效率低下、阻碍社会代际流动和增加社会冲突风险等问题。

2. 租赁住房产品分类标准不清晰

扩大保障性租赁住房供给将驱动行业向标准化、精细化、规范化、高品质化发展转轨,在这一进程中规划、设计、建设、监管首先要解决的,就是租赁住房产品分类标准不清晰的问题。既有的商业办公类物业改造出租房,在采光、通风、消防、建筑面积、容积率等方面缺乏相应标准。在保障性租赁房实际操作和建设中,施工、监理、验收质量把关不严,特别是个别工程还使用不合格的建筑材料,存在严重质量安全隐患;建筑设计内部空间结构不合理,租赁房保障能力没有充分发挥,影响了使用功能,租赁房使用效率低。当前供需层面仍然存在着"户型错配、价格错配、位置错配"等方面问题,提供有效的标准供给是缓解新市民、青年人住房困难的途径之一。

(二)交通及外部配套设施的建设相对滞后的问题

保障性租赁住房的外部配套设施建设,需要规划、建设、消防、环评、园林等多个部门审批验收,政府缺乏相应环节公开信息透明,衔接环节不明确,流程审批缺少时限,建设相对滞后。

(三)设计建设分类的标准化供给与新群体需求多元化差异带来租赁关系的矛盾

1. 针对当前保障性租赁住房供给存在的结构性过剩和短缺问题,现有规划的保障性租赁住房无法提供有效供给。

从供需结构看,租房需求主要来自新市民、青年人,对居住品质仍有一定要求,而供应的租赁房屋多为老旧住宅改造,或公共配套不完善,或为交通不通达的分散房源,房源供需不够匹配。年轻新群体无论单身化还是家庭结构小型化的流动方式变化,都导致住房需求不再满足于传统的有屋可居,而是对居住品质等方面有更高的要求。面对以房价为代表的生活成本提升以及社会财富分化加大的现实,更希望在保障性租赁住房的供给上,给予工作生活的配套和品质的完善,而受租赁房区域化、规范化、标准化的影响,必然出现保障性租赁住房的供需矛盾加大。特别是大城市中心城区人口集聚、配套设施齐全,使得中心城区租赁房需求大,而开发区或产业园区距离中心城区较远,医院、学校、商场等配套不完善,有保障性租赁房需求群体宁愿在中心城区租房也不愿申请位置较远的保障性住房,导致开发区或产业园区租赁房得不到充分利用。

2. 城市新市民群体保障性租房供给标准化与需求差异化的矛盾

一是对租赁住房产品供给标准与租住空间更加追求高质量品质功能的需求矛盾。从人群分类上,不同收入人群对租赁住房的产品呈现多元化差异需求,与供给标准化的区位错配、户型错配、价格错配呈现出尖锐的矛盾。随着城市新租赁群体观念革新、个人收入增加以及租赁消费升级的大势所趋,租赁住房的需求将从基本刚需转变到品质升级，对于租住空间品质的要求更高，新市民群体对居所安全需求、隐私需求、社交需求等逐渐衍生，居住安全性、舒适度、住所的设施及环境、公共空间设计、交通配套完善度等，都成为影响租赁房的重要因素。

二是运营标准化的配套与需求更专业化租赁服务的矛盾。新城市群体对租赁的专业化服务需求增加，体现在维修保洁服务的及时性、邻里社交的群体同质性、居住空间的安全性、活动组织的拓展性以及管家服务的周到性，这些都是影响新城市群体选择租赁房源的关键因素，也决定了入住后的租住体验和到期后的续租率。

三是租赁房权利保障制度不完善使新群体无法获得稳定感与租购同权均等化的公共资源需求的矛盾。从权利保障上没有有力的法律保障，削减了稳定感，放大了漂泊感。新城市群体需要更加长期、稳定的租赁关系，其居住的基本权利应当得到保障。

（四）保障性租赁住房的信息缺乏有效的公开机制和社会监督

租赁保障房制度实行以来，由于缺乏有效的公开机制和社会监督，信息的不对称现象十分严重。一是政府部门与公众之间的信息不对称，二是政府和申请保障房的人员之间的信息不对称。

（五）保障性租赁房的修缮权责不清及保障性租赁房运营监管缺乏专门立法

制度的缺失，导致保障性租赁住房的修缮权责不清。保障性租赁住房与市场租房不同，部分房源是依靠回购闲置用房改造的，在交房后保修期内，施工单位和产权单位并没有依照市场经济规则建立经济关系，出现修缮问题后，从租户报修到维修人员到现场解决问题，需要很长时间，且修缮材料因为审批流程的复杂性，也造成无法及时履行修缮责任。问责机制不健全，对违反规定的处罚措施也无相关政策细则。

在建设、租赁及监管过程中，国家对保障性租赁住房的建设和监管还没有制定专门的法律，由于缺乏有效的公开机制和社会监督，信息的不对称严重。一是政府部门与公众之间的信息不对称；二是政府和申请保障租赁住房人群的信息不对称。由于职能部门执法力和数据库信息处理不到位，缺乏完善有效的动态监测和严格的执法措施，在大量租赁房逐渐交付使用后，保障性租赁住房后期管理和数据处理的力量不足，对保障性租赁群体人员条件发生变化不再符合租用条件和违规使用租房问题发现不及时，导致转租、转借、空置、违规享受保障待遇等问题日益突出，租赁房使用效率低，租赁房保障能力没有得到充分发挥。

二、促进发展的政策建议

（一）城市发展规划布局应统筹企业集中、交通便利、配套完善等因素，避免闲置空置和资源浪费

针对当前保障性租赁住房规划布局不合理，供给存在结构性过剩和短缺的问题，

应通过盘活存量，加快政府回笼资金用于补偿其他区域的租房供给短板；同时，在保障性租赁房源布局方面，可以探索商品房配建、盘活社会和市场房源，根据不同区域的新群体分布，合理确定利用闲置用房建设租赁住房的总量、布局，引导租赁住房需求量大的中心城区商业、办公密集区域、大型产业园区、高校集中区域建设集体宿舍型、公寓型租赁住房，而在区域轨道交通站点周边、基础设施完备、公共设施配套齐全的区域，收购盘活闲置用房并进行更新改造，发展保障性租赁住房，增加房源供给。需要关注的是，在保障性租赁住房设计和分配区域上，既要考虑城市新群体多元化的差异需求，也要考虑租赁产品及租金的梯阶配置。

(二) 提高现有保障性租赁房周转效率

应强化保障性租赁住房的有效性，在存量租房运营方面加强信息化技术，增加监管人员，增强流动性，提高现有的周转效率。通过智能化信息管理等方式加强租赁住房使用管理，加大对违规入住、转租、转借、空置等违规行为的清理整治力度，确保租房资源物以善用。健全常态化退出管理机制，实行租房流程的动态管理，对不再符合保障条件的，要在规定期限内清退。

(三) 按区域辐射级别设定阶梯租赁补贴保障准入政策，充分发挥市场配置资源的作用

《意见》出台后，保障性租赁住房进入加速跑的阶段，但规划建设需要时间，租赁需求增长，供给严重不足，现阶段建议加大财政资金投入专项用于发放保障性租赁住房补贴，政府可以按区域分级、交付标准、交通公共配套完善度等划分梯度，设定配套阶梯租赁补贴保障准入政策，制定补贴标准细则，新市民群体根据自身条件选择在市场上租房，充分发挥市场配置资源的作用，以满足租赁住房多元化消费需求的燃眉之急。可以根据入住人经济状况增加或降低补贴，直至取消补贴，既可以解决租房分配不公平、租房转出租的情况，也可以照顾低收入群体，不会让他们因租住保障性住房而增加漂泊感。

(四) 政府尽快推进保障性租赁用房运营监督管理立法

一是出台保障性租赁用房履行修缮责任的立法细则，维护其正常良性发展。

二是针对租赁市场缺乏立法，建议以保障性租赁住房租金多元定价机制，对保障性租赁住房项目租金实施监控，定期公开周边市场租金参考价，加强保障性租赁住房后期的租住管理、资金管理、住房清退、维修养护等，制定相应管理规范细则，以保障其流转的良性发展。政府可以统一定价，监管房屋交易和房屋空置，限制房屋交易和房屋空置，每年设置配额红线。

（五）加快城市闲置可供租赁保障性用房的信息平台建设

建议加快城市闲置可供保障性租赁住房管理信息服务平台的建设，政府管理机构、产权人、运营主体、租赁人可以信息共享，所有闲置保障性租赁住房纳入名录库统筹监管，商业、办公、旅馆、厂房、仓储、科研教育等非居住既有建筑改建为保障性租赁住房的，租赁方可以将闲置租赁住房在租赁信息的平台上申请发布，落实各方主体责任。

综上，租赁需求的多样性、运营管理的复杂性、租赁市场的波动性等制约了保障性租赁住房的发展。政府要制定租赁法律规则，强化监管机制和能力，通过财税金融政策为租赁企业赋能，助推租赁机构化运营，合力构建一个具备高品质的租住空间、专业化租赁服务、合理的居住保障和均等化公共权利的租赁市场。

作者联系方式

姓　　名：张晓红

单　　位：深圳市国策房地产土地资产评估有限公司

地　　址：深圳市福田区新闻路 59 号深茂商业中心 16 楼

邮　　箱：394008985@qq.com

注册号：4420050058

基于支付能力差异的保障性租赁住房建设区位研究

——以南京市为例

吴翔华　张利婷

摘　要：近年来我国城镇化水平仍在不断提高，城市流动人口的增加带动了住房租赁市场的发展，目前国家正大力推进保障性租赁住房建设，但由于住房租赁市场仍处于起步阶段，存在需求与供应结构不平衡的问题。因此，本文以适足住房权为前提建立租赁住房适配支付能力模型，并利用克里金插值法研究不同水平住房租金的空间分布与居民适配支付能力的空间分异情况，为增强保障性租赁住房建设区位选择科学性提供参考，以缓解新市民和青年人群体的住房困难问题。

关键词：住房租赁市场；支付能力；保障性租赁住房；空间分异

一、引言

2016年至今，中央多次提出要大力发展租赁市场，着重强调要增加保障性租赁住房以缓解新市民、青年人住房困难问题，根据各省市住房发展规划发布的数据，预计"十四五"期间全国将建设981万套保障性租赁房。虽然国家出台政策支持住房租赁市场发展，但目前仍存在租赁群体需求分化与供应结构不匹配的问题：从租房需求端来看，普遍存在"租不好房"的现象，在经济能力范围内只能租到地方偏远或者房源品质偏低的住房；从租房供给端来看，各试点城市在推进落实租赁住房政策过程中仍存在不足，保障性租赁住房建成投入运营后空置率较高，原因主要是已建成的保障性租赁住房普遍存在位置偏远、交通不便等问题，无法满足住房困难人群最根本的需求。因此，保障性租赁住房亟须合理配置，通过优化选址提高城市保障性租赁住房运营效率，让承租人以合适的价格租到合理通勤条件的住房。

本文以住房租金和居民租金支付能力这两个住房租赁市场的重要属性为切入点，深入探析目前住房租赁市场的发展状况。以南京市为例，根据适足住房权理论，评估城市中不同收入水平居民的租赁住房支付能力，并基于支付能力的空间分异情况和租金空间分布为保障性租赁住房建设区位选择提供科学依据。保障性租赁住房建设选址需先规划合理区位，再根据实际精确到具体地块，本文仅探讨如何科学确定城市保障性租赁住房建设区位范围，不具体到地块。

二、研究方法与理论

（一）相关理论

1. "一周薪抵一月租"理论

"一周薪抵一月租"是 19 世纪 Hulchanski 提出的评价租房支付能力的理论，通过住房支出费用占家庭收入比重大小来判断住房支付能力水平，比例大小通常为 25% 或 30%。如果住房支出占家庭收入比重小于该比例则认为具备住房支付能力，反之则不具备住房支付能力。此方法在一定程度上考虑到居民非住房的基本需求且兼顾了不同收入水平居民与其对应的更高层次的社交等方面的需求。

2. 社会空间分异理论

城市发展和城市的空间布局之间产生的相互作用与影响关系可以用社会空间分异理论解释。在国外目前有伯吉斯的同心圆学说、霍伊特的扇形模型和多核心理论三种经典模型。同心圆学说以城市中心为圆心向外扩展，分为发展特点各不相同的五个圈层；扇形模型强调交通路线的重要性，影响着城市租金的分布特点；多核心理论解决了上述理论的弊端，认为城市会根据商业、工业和住宅功能的发展而产生多个城市中心，可以解释复杂城市结构的发展。总之，研究住房租赁市场必须考虑城市空间布局的影响。

3. Kriging 插值法

在以往关于城市居住空间、住房市场、住房租赁市场的研究中，克里金（Kriging）插值法为最常见的研究方法之一。Kriging 插值法是一种在有限区域内，基于结构分析以及变差函数，对区域化变量进行最优线性无偏性估计的方法，适用前提是区域化变量服从正态分布且存在空间相关性。Kriging 插值法将空间属性的变异分布考虑在内，在获得区域内所有点的值之前，必须先明确待插点之间的距离范围，并以该范围内采样点值为依据估计待插点值。通过对不同空间位置关联程度不一的样本数据赋予不同权重，再对其进行加权平滑，即可估计其他区域的值。因此这是一种较为精确的局部插值方法，插值效果相对而言较为客观。

（二）研究假设

为了更为科学地获得居民租赁住房支付能力差异，本文假设居民租赁住房选择以"适足住房权"为前提，住房质量必须符合人的健康、福利和居住尊严的需求，且存在相对性，即居民选择的租赁住房水平应与自身收入水平相匹配。

三、租金适配支付能力模型构建

在适足住房权理论的前提下,合理拓展"一周薪抵一月租"理论内涵,认为住房支出占可支配收入的三分之一即具备支付能力。参照租金收入比 RIR(Rent-Income Ratio)的计算逻辑,建立租金适配支付能力模型 RA(Rent Affordability),即居民可支配收入的三分之一能否负担得起该城市居民平均住房面积水平的租赁住房租金。

$$RA_t = \frac{\frac{1}{3} \times \lambda_t}{P_t \times S}$$

式中,RA_t 表示不同收入水平居民对应的租金适配支付能力,t 表示不同百分位,λ_t 为该百分位的收入水平,P_t 为对应的标准租金,S 为该城市的人均住房面积。

若 $RA_t \geq 1$,则说明该城市第 t 百分位的租金价格是可以被第 t 百分位收入的人群支付的,还可以在目前收入的基础上扩展消费支出的能力。RA_t 越大,代表第 t 百分位收入人群的支付能力越强,租赁住房适配性越强;若 $RA_t < 1$,则说明该城市第 t 百分位收入的人群承担第 t 百分位的市场租金困难,即对于第 t 百分位租金的住房,该群体只能依靠选择租金价格更低或面积更小的住房,或依靠压缩消费来承担住房支出。

四、实证分析

(一)数据来源

1. 住房租赁市场价格数据

通过大数据采集方式抓取中介网站更新的 2020 年上半年租赁住房租金及相关信息,包括住房户型、面积、楼层、小区名称、行政区域、街道。为了避免特殊情况导致采集到的住房租赁价格异常,应满足一室一厅、两室一厅、两室两厅、三室一厅、三室两厅等常住户型,且楼层以中间楼层为主,允许存在少数高楼层和低楼层样本。

在职住平衡的条件下,本文充分考虑居民家庭住房和工作地点之间的通勤时间,剔除距离市中心较远的区域,研究对象为通过地图查询乘坐公共交通花费时间在 60min 内的小区,初步采集 8573 条数据。为保证数据有效真实,既能保证样本数量充足又要避免小区样本分布过度集中而影响整体租金价格偏差,采集到的小区应在各行政区域内分布均匀,因此本次采集到的数据每个行政区样本数大于 100 个,每个小区样本数小于 3 个,最终获得 2074 个有效样本。

本文采集到的租赁住房信息均为待交易信息,由于住房租赁市场不存在投机需求,待交易租金价格与实际成交租金价格相差较小,故可将收集到的待交易租金价格信息作为目前市场上的实际租金价格。

2. 居民收入数据

通过查阅 2014—2020 年统计年鉴，获得南京市 2013—2019 年共 7 年的城镇居民按不同收入分组划分的人均可支配收入数据，通过平滑预测得到 2020 年的相应数据。

（二）分布函数构建

依据前文所获得的数据构建分布函数以获得不同百分位的收入支出水平、租金水平，现对上述数据进行以下处理：

1. 收入数据

将数据通过 MATLAB 与广义 Beta Ⅱ型分布、对数正态分布和韦伯分布三类常见分布函数进行拟合，得到拟合度最高的一类函数来获取不同百分位的收入数据。

2. 租金数据

采用正态分布函数对已获取的租金数据进行检验，所构建的南京市住房租金特征价格模型基本通过正态性检验、独立性检验与方差齐性检验，具有较优的拟合度和较强的解释能力。

将已获取或求得的南京市 2020 年城镇居民可支配收入和消费支出的分组数据用上述三类分布函数分别进行拟合后得出最优的分布模型是对数正态分布函数，最终函数如下：城镇居民可支配收入分布函数为 $f(x) = \frac{0.796}{x} e - 1.994(\ln x - 8.569)^2$；租金价格分布函数为 $P(x) = \frac{1.284}{x} e - 4.879(\ln x - 3.336)^2$。

（三）支付能力度量

以南京市第 10 百分位收入人群为例，根据已构建的分布函数，可以得到第 10 百分位的可支配收入为 2774 元/月，南京市 2020 年人均住房面积为 40.5m²，市场中第 10% 分位的租金 P_{10} 为 28.57 元/(月·m²)，由租金适配支付能力模型得南京市 2020 年居民租赁住房适配支付能力为 $RA_{10\%} = \frac{\frac{1}{3} \times 2774}{28.57 \times 40.5} = 0.79 < 1$，说明在没有保障性政策的支持下该类人群不具备支付该类住房的能力。南京市其余不同收入水平人群的租赁住房适配支付能力度量结果如表 1 所示。

南京不同收入水平人群租赁住房适配支付能力　　表1

	第10百分位	第20百分位	第30百分位	第40百分位	第50百分位	第60百分位	第70百分位	第80百分位	第90百分位
可支配收入（元/月）	2774	3457	4052	4642	5270	5983	6854	8067	10026
住房支出（元/月）	915	1141	1337	1532	1739	1974	2262	2662	3309
月单位租金（元/m²）	28.57	32.07	37.20	42.44	46.50	50.63	54.52	59.64	66.31
RA	0.79	0.88	0.89	0.89	0.92	0.96	1.02	1.10	1.23

南京市城市低收入、中等偏下收入住房困难家庭收入认定标准分别为人均可支配收入标准低于2682元、4291元，因此，第30百分位及以下的群体可以通过保障性政策租到适配住房；根据所构建的租金适配支付能力模型计算可得当RA=1时，可支配收入为6692元。

（四）建设区位选择

前文通过租赁住房适配支付能力测算，度量了南京市不同收入群体的租赁住房适配支付能力与不同租金水平的匹配性。本节深入探讨居民租赁住房可支付能力的空间分异情况，为保障性租赁住房建设区位选择提供理论支撑。

1. 住房租金空间分布

不同水平租金在城市布局中的分布情况可作为保障性租赁住房选址的重要参考。由于收入数据的地理信息难以获取，不能直接得到租金可支付能力的空间分布情况，因此，本文选用Kriging插值法来描绘住宅小区的租金分布，从而进一步描绘各类人群的覆盖范围。本文通过ArcGIS检验了南京市住宅小区的单位租金服从对数正态分布，发现存在显著的空间正自相关性，且采集的变量样本容量较大，在空间分布上呈聚集状态，故可以对该变量进行Kriging插值分析。在Arcmap中绘制租金分布图，并根据表1划分的不同百分位的租金实际观测值，将租金划分为9个等级，分别为第10百分位租金水平至第90百分位租金水平。租金分布情况如图1所示。

由图1可知，城市中心存在高租金聚集的现象，中心辐射效应明显，且与交通的捷程度存在较强的正相关联系。保障性租赁住房建设区位选择应关注以下两类重点区域：一是租金分布中心。玄武区、秦淮区和鼓楼区的交界处，包括新街口街道、梅园

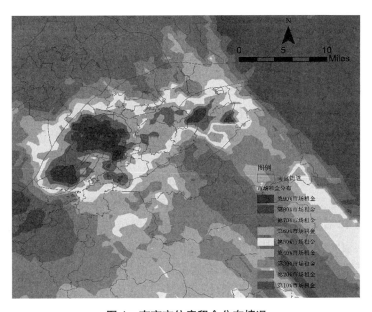

图1 南京市住房租金分布情况

新村街道、湖南路街道、玄武门街道等街道，该区域为南京市商业中心，生活配套齐全，交通便利。二是产业写字楼集中区域。建邺区的河西南板块和其他零星分布的租金水平较高区域，此类区域就业人员密集，租赁市场需求较大。

在图 1 的基础上，改变租金等级划分规则，每组分别对应第 10 百分位收入人群至第 90 百分位收入人群的可承担租金水平上限，可以得到 9 类收入等级人群的可覆盖范围。如图 2 所示，颜色越深色表示租金覆盖的人群范围越小。对比图 1 和图 2 可以看出，同一片区域内收入水平所处的百分位比租金在市场中所处的百分位至少高一等级，说明南京市租赁市场存在一定的错配问题，保障性租赁住房建设应根据居民收入水平有层次地进行区位选择，重点选择中等收入水平居民不可覆盖租金范围的区域建设保障性租赁住房。

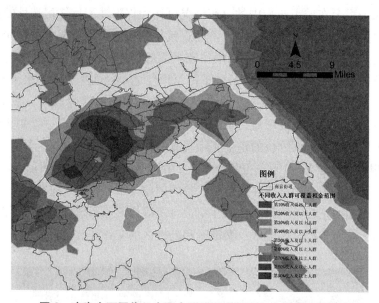

图 2 南京市不同收入水平人群适配支付租金水平覆盖范围

2. 适配支付能力与租金水平的空间分异

居民租金适配支付能力与城市租金水平在空间上的分异情况可为保障性租赁住房建设排除不利区位，可由二者分布范围的差异来表示。第 40 百分位～70 百分位收入水平群体的租金适配支付能力空间分异水平如图 3、图 4 所示，阴影部分表示该类人群适配支付能力可覆盖的范围，深色部分表示与支付能力适配的租金水平分布区域，可得居民收入适配支付的覆盖范围与相同水平的市场单位租金的分布出现不同程度分离。南京市第 40 百分位、第 50 百分位和第 60 百分位收入水平的租金适配支付能力存在着明显的空间分异，尤其是第 40 百分位收入水平群体租金适配可支付能力覆盖的区域偏离城市中心，不适合建设保障性租赁住房；第 70 百分位收入水平群体的租金适配可支付能力较强、可覆盖范围广，能租到其适配的住房，因此，图 4 中深色部分位于城市中心或交通便利区域，适合建设保障性租赁住房。

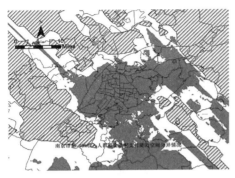 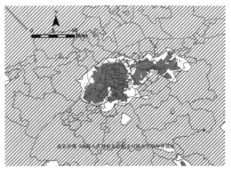

图3 南京市第40百分位和第50百分位收入人群租金支付能力空间分异情况

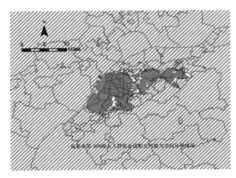 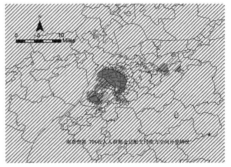

图4 南京市第60百分位和第70百分位收入人群租金支付能力空间分异情况

五、结论与建议

（一）研究结论

本文系统梳理了国内外关于住房租赁市场和住房支付能力等方面的研究动态，在目前已有的研究成果基础上，以南京市为例基于空间视角分析了不同收入水平群体的租赁住房支付能力和租金水平的适配性，据此选择保障性租赁住房的建设区位，得出以下结论。

（1）根据支付能力水平差异可将南京市分为三类群体。①人均可支配收入小于等于4291元。此类人群在租赁保障覆盖范围内，可以租到适配的住房。②人均可支配收入在4291元和6692元之间。此类人群的租金适配支付能力弱，为了满足非基本消费外的购物社交等其他需求，会缩减自己的住房消费支出。③人均可支配收入大于等于6692元。此类人群住房租金适配支付能力强，他们能通过自身收入水平租到满意的住房。

（2）南京市租赁住房适配支付能力存在较大的空间分异。结论（1）中第二类收入水平的居民可支配收入高于城市保障准入线，不享受政府保障性政策，他们的支付能力与租金水平存在较大的空间差异，无法适配价格可接受且通勤距离合适的房源。因此，需要配建通勤距离合适、交通便利、生活配套齐全的保障性租赁住房来解决此类人群的根本需求，以缓解他们的住房问题。

（二）政策建议

基于上述研究和结论，为从根本上解决支付能力不足居民的住房困难问题，提高保障性租赁住房利用率，促进住房租赁市场平稳健康发展，本文得出以下建议。

（1）保障性租赁住房建设区位应尽量避开交通不便、市场租金较低的区域。城市中交通不便的区域基本位于城市布局的外围地区，虽然住房租金低对于承租人来说可支付性强，但是不满足新市民和青年人群体的住房诉求，无法增加租赁住房有效供给。

（2）将保障性租赁住房配置在市区、产业园附近，以及交通便利或新就业大学生较多的区域。这些区域租金较高，对于租金支付能力不足群体来说租房压力大。将保障性租赁住房配建在这些重点区域能满足承租人合理的住房需求，促进职住平衡，同时避免产生保障性租赁住房空置率高等问题。

参考文献：

[1] 中共中央关于制定国民经济和社会发展第十四个五年规划和二〇三五年远景目标的建议[N]. 人民日报，2020-11-04.

[2] 中央经济工作会议在北京举行[N]. 人民日报，2020-12-19.

[3] 李克强. 政府工作报告：二〇二一年三月五日在第十三届全国人民代表大会第四次会议上[N]. 人民日报，2021-03-13.

[4] 邵挺. 中国住房租赁市场发展困境与政策突破[J]. 国际城市规划，2020，35（6）：16-22.

[5] 王艳飞，谢海生，金浩然. 国内住房租赁市场供给侧结构性改革研究[J]. 经济研究参考，2018（7）：54-60.

[6] 李奇会，周伟忠，孙莉. 保障性租赁住房建设面临的挑战及对策研究[J]. 建筑经济，2021，42（12）：13-19.

[7] 倪虹. 以发展保障性租赁住房为突破口 破解大城市住房突出问题[J]. 行政管理改革，2021（9）：44-49.

[8] 张辉. 保障性租赁房政策对青年新市民群体的影响[J]. 人民论坛，2021（26）：83-86.

[9] 戴云. 住房租金时空演变特征及其影响因素研究[D]. 武汉：武汉大学，2019.

[10] 徐静. 郑州市住房租金水平空间分布及影响因素研究[D]. 郑州：郑州大学，2020.

[11] 王洋，张虹鸥，吴康敏. 粤港澳大湾区住房租金的空间差异与影响因素[J]. 地理研究，2020，39（9）：2081-2094.

[12] Fernanda P. O. *Relationship between the Right to Adequate Housing and Urban Policies（Particularly Planning and Land-Use Planning Policies）in Portugal*[J]. Journal of Service Science and Management，2020，13（1）.

[13] Paula K. *Roundtable discussion on Meaningful engagement：challenges in the realisation of the right to adequate housing in South Africa（27 may 2019）*[J]. ESR Review：Economic

and Social Rights in South Africa, 2019, 20(2).

[14] 赵宏震. 基于 RIER 模型的城镇居民住房支付能力研究 [D]. 天津：河北工业大学，2017.

[15] 郝晨帆. 基于住房支付能力的公共租赁住房租金定价研究 [D]. 太原：山西财经大学，2018.

[16] 瞿富强，颜伟，吴静. 我国住房保障对象界定及其应用研究：基于居民住房支付能力测算方法的比较 [J]. 价格理论与实践，2019（3）：41-45.

[17] 杨赞，易成栋，张慧. 基于"剩余收入法"的北京市居民住房可支付能力分析 [J]. 城市发展研究，2010，17（10）：36-40.

[18] 吴翔华，丁明慧，王子慧. 住房夹心阶层指数研究：基于典型城市的比较 [J]. 建筑经济，2021，42（4）：88-92.

[19] Weicher, J. *The Afford ability of New Homes*[J]. Areuea Journal，1977：209-226.

[20] Hulchanski J. David. *The Concept of Housing Affordability Six Contemporary Uses of the Housing Expenditure to Income*[J]. Ratio Housing Studies，1995（4）：471-491.

[21] Freeman A. R. Chaplin, C. Whitehead. *Rental Affordability A Review International Literature* [J]. Cambridge Property Research Unit University of Cambridge，1997：88.

[22] 吴启焰，张京祥，朱喜钢，等. 现代中国城市居住空间分异机制的理论研究 [J]. 人文地理，2002（3）：26-30+4.

[23] 李晓壮. 基于居（村）委会社区尺度的北京市流动人口居住空间分异研究 [J]. 地域研究与开发，2021，40（6）：154-159.

[24] 肖城龙. 基于 ArcGIS 的空间数据插值方法的研究与实验 [J]. 城市勘测，2017（6）：71-73+83.

作者联系方式

姓　　名：吴翔华　张利婷

单　　位：南京工业大学

地　　址：江苏省南京市浦口区浦珠南路 30 号

邮　　箱：moderatozlt@163.com

从需求者视角看北京市保障性租赁住房

王晓东　李　越　张云鹏

摘　要：保障性租赁住房是解决新市民、青年人等群体住房困难问题的重要路径，它补充了现有住房体系中的不足。2022年3月18日，北京市人民政府办公厅印发《〈北京市关于加快发展保障性租赁住房的实施方案〉的通知》，结合文件精神，笔者从需求者视角进行分析，包括区位、品质、租期、租金等因素，旨在通过本文为政策制定者提供更多参考，使保租房能真正地发挥其作用，解决实际问题。

关键词：北京市；保租房；需求特点

一、政策背景

2016年的中央经济工作会议首次提出"房子是用来住的，不是用来炒的"定位，国家出台的《关于加快培育和发展住房租赁市场的若干意见》等相关政策也为发展租赁住房指明了方向。近5年来，如何解决好大城市住房突出问题，关系民生福祉。落实"房子是用来住的，不是用来炒的"定位，促进房地产市场平稳健康发展，发展好租赁住房成为一道必答题。

2021年7月2日，国务院办公厅发布《关于加快发展保障性租赁住房的意见》（国办发〔2021〕22号），规定了明确对象标准、引导多方参与、坚持供需匹配、严格监督管理、落实地方责任等基础制度，提出了土地政策、简化审批流程、给予中央补助资金支持、降低税费负担、执行民用水电气价格、进一步加强金融支持等支持政策。

2022年3月18日，北京市人民政府办公厅印发《〈北京市关于加快发展保障性租赁住房的实施方案〉的通知》（京政办发〔2022〕9号）（以下简称《方案》）提出，"十四五"期间，争取建设筹集保障性租赁住房40万套（间），占新增住房供应总量的比例达到40%，新市民、青年人等群体住房困难问题得到有效缓解，促进实现全市人民住有所居。北京市保障性租赁住房应以建筑面积 $70m^2$ 以下的小户型为主，适当配置多居室等其他种类户型，满足多子女家庭等多样化居住需求。租金水平上，项目租金应当低于同地段同品质市场租赁住房租金水平。

二、供给类型

除购房外,租房是解决住房问题必须要面对的选项。在北京,租房来源主要包括:商品房等成套住宅、首都功能核心区平房、公寓、公租房、城乡接合部宅基地上个人房屋、产业用地上的宿舍。

(一)商品房等成套住宅

这里的商品房广义上包括了经适用房、两限房、安置房等产权成套住宅。该类住房位置更多集中在城区及产业附近,一般拥有较好的配套,租房价格主要为市场调节,装修和家具情况没有一定规律,租赁合同一般为1~2年。这也是我们接触到的最普遍的租赁住房模式。

(二)首都功能核心区平房

该类住房一般主要分布在东城区、西城区,多为产权人不居住空置的平房,区位较好,因居住条件不如同区位的成套楼房住宅,因此租金相对低于同区位的成套楼房住宅。

(三)公寓

该类房屋从土地用途上来说不属于住宅用地,多为商业用地,土地使用年限为40年,具有区位好,配套成熟,租金高的特点,出租方多为小业主产权人,租赁合同一般为1~2年。

(四)公租房

公租房由授权国企统一收购土地、投资建设、统一配租,对该类租户有收入限制和名下房屋限制,是保障低收入人群的一种托底模式。政府根据承租人的具体情况,采取租金补贴的形式给予支持。

(五)城乡接合部宅基地上个人房屋

城乡接合部多数村民是以瓦片经济为主,由于大量外来人口的租房需求,城乡接合部的宅基地上的房屋越盖越高,越盖越密,更有甚者在集体建设用地原工厂上建设"公寓",每间10m²左右,其特点是租金便宜,但是出现了见缝插针的违章建筑,如背靠背、墙挨墙、挤占道路和排水沟等,人居环境很差。

(六)产业用地上宿舍

产业用地的土地用途一般为工业用地,是在生产、制造企业的土地上,建造了一定比例的供员工居住的宿舍,具有不需要租金、多人共同居住的特点。

三、需求特点

（一）需求量大

北京市的租房需求仍然旺盛。据前瞻产业研究院预测数据，2017年北京市租房人数为560万人，结合市住房和城乡建设委发布的2020年一线城市租房比重和租房人数增长幅度，前瞻产业研究院测算出2020年北京市租房人数为875万人，租房人数占常住人口比重的40%。随着北京市减量发展，近5年常住人口总数和外来常住人口总数呈下降趋势，但是可以看出，北京市外来常住人口的总量依然在800万以上，占到北京市总人口的38.1%（图1）。

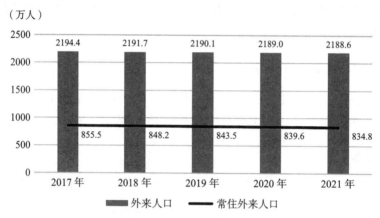

图1 北京市常住人口和外来常住人口数量

数据来源：《北京统计年鉴2021》

（二）以新市民和青年人为主

北京市作为国际化大都市，吸引了大量的产业和人才聚集。居住是人们工作生活的基本需求，选择租房更多的是初入社会参加工作、刚刚来到这个城市或短期没有购房计划的青年人。随着北京市"四个中心"的规划定位，北京市对于新市民、青年人等群体的吸引力足够大，北京的虹吸效应吸引着全国各地的新市民来北京发展。影响租房的另外一个重要因素就是交通是否便利，除没有北京市户籍的外来人口，没有地铁通勤的平谷区、密云区、怀柔区、延庆区的青年人也大多选择了在北京市区内租房。

（三）要求交通便利

根据2020年中国城市规划设计研究院发布的报告显示，36个全国重点城市中，共有超过1000万人正在承受60分钟以上的极端通勤之苦，占通勤人口的13%。其中北京单程平均通勤时耗47分钟，距离达到11.1km，是全国唯一单程平均通勤时耗超过45分钟的城市。由于通州、顺义、房山、大兴、昌平等"多点"地区轨道交通的便利性，且房租相对中心城区更低，因此越来越多的租房一族选择交通更加便利的通州、顺义、房山、大兴、昌平等区域，同时结合近些年各区人口增长速度可以间接证明（图2），交通便利程度是影响租赁住房潜在承租人的重要因素。

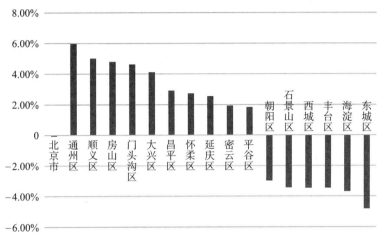

图2 2016～2020年各区人口平均增速统计

数据来源：《北京统计年鉴2021》

（四）要求租金稳定

租金是承租人选择租住哪个区域的最重要因素，同样的金额，承租人想找到交通、房屋品质更好的房子，因此租金的绝对值是影响承租人的硬指标，相对绝对租金值，租金的预期变化也是至关重要的，无论是初来北京的承租人还是有一定工作年限的承租人，都不希望租金涨幅太快。从现在租房市场的租期情况来看，租赁年期以1年期为主，这样对于承租人来讲，明年的房租还要重新谈，谈不拢就要面临换房搬家的境况。因此，房屋租金是否稳定也是需求者关注的重要因素。

（五）能够解决子女入学问题

租房能够解决新市民、青年人的居住问题，经过调研，目前北京市对于租房情况下承租人子女幼升小入学的要求存在与产权住房的差距，如对于非北京户籍的，要求有本区一定年限社保；对于北京户籍承租人，除需要社保外，还要求一定年限内无房。因此，入学政策也直接影响着承租人的一系列整体计划，是有适龄入学儿童的承租人重点关注的因素。

四、实施保租房建议

（一）合理设置入住准入条件

《方案》中明确："保障性租赁住房主要用于解决在本市无房或者在特定区域内无

房的新市民、青年人等群体住房困难问题，重点保障城市运行服务保障人员、新毕业大学生等群体。"因此，公租房要减少对社保年限、收入水平等限制，且价格上相对于商品房租金更有优势，让本市无房或者在特定区域内无房的新市民能够住有所居，为新市民、青年人能够在北京很好地"起步"提供保障。

（二）稳定租金水平

基于新市民和青年人对于租房的需求，产权单位在与承租人签订合同时应制定合理的租期要求，既不能太长，建议不超过 10 年，导致不能与市场进一步同频；也不能太短，建议不低于 1 年，无法给承租人合理的预期。给承租人一个自主选择租期的权利，另外建议对于租期超过 5 年的，再设置租金增长率。

（三）降低子女入学门槛

建议入学政策与保租房政策相衔接，充分考虑新市民、青年人对于子女入学的需求特点，一方面，建议降低保租房子女入学限制门槛；另一方面，充分公开保租房子女入学政策；另外，建议将入学与承租年限、租金缴纳、工作单位地址等因素综合考虑，解决保租房子女入学后顾之忧。

五、结语

保租房是落实习近平总书记"房子是用来住的，不是用来炒的"指示的具体体现，是保障房体系的重要组成部分，也是实现人民群众住有所居的有效途径，补充本市无房或者在特定区域内无房的新市民、青年人等群体对于住房的需求，相信北京市在进一步推进实施保租房过程中，能够充分考虑需求者特点，综合考虑其他租房类型供给情况，探索出北京市保租房的创新路径。

作者联系方式

姓　名：王晓东　李　越　张云鹏
单　位：北京盛华翔伦房地产土地评估有限责任公司
地　址：北京市朝阳区东三环南路 58 号 2 号楼 701
邮　箱：13811517706@163.com
注册号：王晓东（1120150014），李越（81120190157）

第二部分

难题破解

(一)供应不足问题

改建、改造租赁住房面临的主要问题及解决途径

柳 佳

摘 要：改造、改建租赁住房能够有效盘活存量资产，增加租赁住房供给。为此，上海、南京等城市出台了相关政策给予支持。但是在实际操作过程中，因在政策实操层面多部门之间的协调配合机制尚未打通，导致改建、改造租赁住房面临纳管入市流程长、沟通成本高、审批时限长而导致工期延长等问题。为此，在相关政策端还需在审批标准、流程等方面进行改进。

关键词：改建；改造；租赁住房；审批流程

一、改建、改造租赁住房的政策环境

住房租赁行业的发展依赖两种供给：新建和改建。增量发展比较缓慢且政策清晰，存量发展就是将商业、工业各种非住宅类产权存量物业改造成租赁住房，即非改租，这是过去十年来长租公寓发展的主要模式。在前十年政策不明朗的情况下，住房租赁行业存在着很多痛点，处于野蛮发展阶段，长租公寓品牌在全国遍地开花。反观这两年政府在存量改造方面积极推进了诸多政策，尤其是为非改租提供了绿色通道。比如南京市城乡建设委员会等印发了《南京市存量房屋改建为租赁住房办理实施细则（试行）》的通知，上海市住房和城乡建设管理委员会等印发了《关于本市非居住存量房屋改建和转化租赁住房工作的指导意见（试行）》的通知，为非改租提供了政策支持。

既然政策非常利好，存量改造应该比增量更快，三四个月就能完成房屋改建，直接面向市场供给，但事实真是如此吗？

一般来说，从商业的角度出发，非改租的项目主要考虑地段、租金、产品三个要素，找到合适的、有客户需求的地方，合理的租金（比如集中式公寓60%的租金占比差不多可以改建成长租公寓或者租赁住房），再根据周边客群定位设计产品。以前做到上述三点就能签约和报建，但是现在签约后还需要考虑合规，才能申请动工和报建。2020年我们竞标得到某城市国企物业项目，1月签约，3月非改居审批，6月完成建审，拿到施工许可，10月预计开业，由于没有拿到合规证明文件迟迟没有付款，消耗了很多成本。

二、改建、改造租赁住房面临的主要问题

（一）纳管入市流程冗长，沟通成本高

各地政府对于纳管入市的流程都在摸索之中，通过上述案例的实践我们梳理出其流程如下：（1）提交纳管申请。企业在签约后，要向当地主管部门提交纳管申请，提交房屋的基本资料（包括产权证、项目改造方案、图纸、房屋结构检测等），并主动询问是否可以将房屋改建为长租公寓，得到口头批复。（2）主管部门预审批。主管部门是否批复，有些地方取决于区域长租公寓审批额度的大小，季度额度用完则需等到下个季度，年度额度用完则需等到下一年，有些地方累计一批量的物业后分批次审批，一季度、半年甚至一年审批一次。（3）意见征询。非改租项目涉及土地使用权变更、房屋质量和安全合规性审查等，有些地方需要公安、消防、环保、卫生、水务、市场监督管理、城管、规划等9部门审查，有些地方联合办公审查。（4）报审报建。现在图审必须到政府指定的图审设计公司，第一轮线下图审大概15～20天，第二轮线上图审大概10多天，整个图审建审过程比过去要增加2个月左右。加上几百间房的长租公寓改造项目施工期大概6个多月，整个项目差不多8～10个月才能完成。（5）认定通过。（6）上租赁监管平台。

（二）监管部门不统一，多头管理

房屋是否能改建成长租公寓或租赁住房，需要根据整体人口规划、产业规划来进行专业的评估，必须由某一部门审批完全能够理解。但是，一些合规证明文件、准入性文件的审查并不需要复杂的评估过程，只需要判断是否客观存在，此类事项由多个部门分别审批则可能降低审批效率。监管部门需将审核标准重新分类，区分哪些需要人为参与，哪些只是标准控制，并提前公示，以便企业有章可循。

（三）审批时限长导致工期延长、成本升高、供给放缓

纳管入市报批手续复杂、审批时限长带来的问题：（1）项目工期延长。原本4个月可以完成的建设工期和改造工期，可能延长至8～10个月的时间。（2）项目成本升高。一方面是由于项目工期延长导致，另一方面是审批过程中房屋结构检测、抗震检测等需要费用开支。而且以前的抗震标准和现在的抗震标准差异非常大，有些地方按照新的抗震标准评估老的物业，非改租大部分是老旧物业和工业厂房物业，需要支出动辄几百万的加固费用。（3）供给放缓。新建和改建是长租公寓的两类主要供给，龙湖具有地产背景，决定了它有大量土地新建类项目；魔方是运营商企业，更多关注改建类，我们认为改建的商业模式非常好，能够短期内提供大量供给，支撑长租公寓行业的发展，但是由于政策落地难，最近两年新增的改建类存量房越来越少。

三、改建、改造租赁住房的相关建议

（一）明确标准

由于各城市发展阶段不一样，住房租赁实行一城一策，但实践中并未真正做到，一个城市中的标准有些也不一致。建议明确改建、改造类租赁住房项目在申请、审核、实施和验收等环节的标准和流程。

（二）简化管理

监管部门多头管理，标准不一，建议将9个监管部门压缩至6个，或者授权给某一个管理部门，整合起来，统一审批。

（三）集中审批

"放管服"改革之后，政府设置统一办事窗口，交一次材料，后台所有部门能够全部审批。建议租赁住房非改租参照此模式，除专业判断可以分开审批外，其他统一窗口，集中审批。

（四）限时审批

希望政府能够公示审批标准和审批时限，在规定的时间内完成审批，以便企业测算时间成本，合理安排生产计划。

总而言之，住房租赁市场发展到今天，已经不是某一家企业要如何盈利、如何扩大规模的时候，住房租赁市场是民生行业，我们现在要做的事情，其实更多的是规范行业发展、完善政策制定、建立长效机制、提升行业效率。行业效率不只是一家企业的效率，而是所有参与的市场主体共同效率提高了，行业效率才会提高。提升审批效率是提高行业效率的一方面，能够优化营商环境，活跃市场主体。多主体一定是行业未来的发展方向，除了国企、地产商、民营企业、运营商，还有非常多的市场主体可以逐步进入这个行业。魔方作为行业发展比较快的企业，会积极承担责任，希望与政府部门、行业同仁共同携手，优化行业环境。

作者联系方式
姓　名：柳　佳
单位及职务：魔方（中国）投资管理有限公司首席执行官

集体土地建设租赁住房的工作进展和困境对策研究

李嘉欣

摘　要：自 2017 年中央提出"利用集体土地建设租赁住房试点方案"以来，多地利用集体经营性建设用地建设租赁住房已进入不同阶段。本文对我国住房租赁市场现状进行分析，并以北京市集租房建设典型项目为案例，总结集体租赁住房试点项目推进过程中遇到的多种困境，最终从政策层面、金融层面、操作层面等对集体租赁住房的建设提出政策建议。

关键词：集体土地；租赁住房；政策；北京

一、我国住房租赁市场现状

我国城镇化率已经超过 60%，预计在 2050 年会达到 86%。各一线城市大规模的人口流入，导致当地经济迅猛增长和城市急速扩张，但与此同时，外来务工人员的住房问题也成为首当其冲应解决的问题。以深圳市为例，当前约 80% 的常住人口都需要通过租房来解决居住问题，尽管政府每年都在建设大量的保障性租赁住房，但由于建设运营成本高、需求量巨大，大部分中低收入的外来务工人口仍居住于条件一般的城中村，住房条件较差。

在存量住房租赁市场上，虽然部分居民手里有多套住房，但由于资金充裕和其他原因，市场上闲置了大量的自有用房。除此之外，市面上的一些运营企业滥用金融工具运作租赁住房，最终导致"爆雷"事件发生，种种情况致使租赁市场处于低迷的状态。

二、集体建设用地建设租赁住房的意义

1. 响应国家政策，实现租售并举

近些年来，国家在不同层次的会议上号召租售并举，旨在解决不同人群的住房短缺问题。但现在商品房价格普遍处于高位，只有中高收入群体可以承受。利用集体经营性建设用地建设租赁住房，属于保障性住房的范畴，可以满足中低收入群体的租赁

住房需求。在租赁性住房供需矛盾突出的城市，通过集体建设用地提供部分房源，可以推动租售并举目标的实现。

2. 增加房源供应，缓解住房紧缺问题

以北京市为例，2017～2022年计划提供40万套集体租赁住房，能够为北京市场新增10%～15%的租赁房源，大大缓解住房紧缺问题，还能够在一定程度上缓解中低收入群体的住房压力。同时，集体租赁住房的环境较租赁个人房源有所改善，用同样甚至更低的价格可以租赁到条件更好的住房，有利于提升人民的居住幸福指数。

3. 盘活闲置土地，提升农民收入

当前我国土地资源稀缺，人均土地面积较少，盘活闲置用地是提升土地利用效益的一项重大举措。由于城镇化进程的加快，人口由乡村流入城市之中，村庄内存在的无效、低效建设用地便可以用作租赁住房的建设。另外，大多数集租房项目的利益分配方式都为开发企业给村集体提供固定收益加超额分红，因此对于有闲置用地的村集体来说，可以通过这种合作模式享受土地增值收益，并为村民提供源源不断的稳定收入。

三、北京市集体租赁住房项目建设运营情况

北京市作为国家政治、经济中心，每年流入人口众多，租赁住房紧缺问题突出，因此北京早在2012年就开始探索集体土地建设租赁住房项目。2017年北京市被确立为集体土地建设租赁住房试点城市后，制定了集体建设用地供应计划：2017～2022年北京计划供应1000万 m^2 集体建设用地建设租赁住房。目前北京市在建集体租赁住房项目共40余个，项目总体规模大、种类多元，属于试点城市中进展较快的城市，土地供给计划完成情况较好，可以为其他试点城市提供一些实践经验。

北京市南苑乡万科泊寓成寿寺项目：泊寓1院儿，是全国首个在集体建设用地上建设的租赁住房项目，属于村企合作开发的商业化租赁项目，目前已经投入市场中进行运营，截至2021年3月入住率为100%，运营效果较好。

万科成寿寺项目：位于北京市南三环，在集租房项目中地理位置优异，面对的主要人群为附近工业园区员工、创业人群、当地有改善性需求的居民。项目总建设面积4.75万 m^2，房源共901套，整体租金水平与附近商品房租金价格相比偏低，基本能够覆盖中等收入群体月收入的三分之一，在北京市年轻人合理支付范围之内（约3000元/月）。

成寿寺项目的具体运作内容为：成寿寺村集体成立企业——北京金城源投资管理公司，作为立项主体，以土地经营权与开发商万科签署合作协议，将项目建成后45年的经营管理权及收益权转让给万科，万科负责所有建设以及成本投入，村集体每年都可以获得固定租金及超额经营分红，双方成立合资公司作为项目运营的主体，负责成寿寺项目的日常运营。在北京市政府的政策支持下，建设银行北京市分行作为

集体土地建设租赁住房长期贷款政策的首批试点,为成寿寺项目出具贷款方案。

本项目前期为村集体建设的小商户聚集农贸市场,管理水平差,带给村集体收入也不高。与万科进行合作后,大大提高了农民的财产性收入,同时还改善了市容市貌。但本项目在建设、运行过程也遇到了一些问题,例如集租房建设标准没有明确的参考文件,只能与住房和城乡建设部门共同协商决定;集体租赁住房的设计规范、标准不明确,本项目的租户大多为有过渡性居住需求的年轻人,若按照商品房标准配置停车位,不适应项目实际情况,可能浪费空间;税费成本高、金融优惠政策较少。

四、当前集租房建设困境

1. 各方积极性均不高

集体租赁住房项目中的利益方主要为:地方政府、开发房地产企业、村集体、村民。通过各地的试点实践结果得知,大部分集租房项目的成本回收期在17~25年,而且在项目建设前期几乎为纯投入状态。另外由于集租房的产权属于村集体,不能进行抵押贷款融资,积压长时间的资金对开发企业的生存发展不利,因此大部分企业对此类项目积极性不高。

另外,作为一类新兴项目,村集体对于集体租赁住房项目抱有比较高的盈利期望,但此类项目产生的目的是稳定地方房价、促进租售并举目标的实现,因此集租房项目的收益不会过高,村集体获得的收益也会长期处于合理的范围,目前项目前期推进的一个主要问题是村集体拒绝土地使用权流转,导致当前试点城市项目选址困难,开工项目较少,能够上市运营的项目更是屈指可数。

2. 相关配套政策缺位

关于集体土地建设租赁住房的概念,中央并没有完全明确,对于其政策定位、保障人群等也没有具体规定,导致如今大部分项目都属于商业市场化运营范畴,入市运营的项目租金也与周边商品房的租金持平,但其本质上应当属于带有公益性质的市场化项目,因此政策初衷与实际效果有一定的偏离。另外,由于集体土地建设租赁住房属于新兴事物,因此现有的政策法规不能完全适用于项目的建设,在试点项目中也都遇到了政策缺位导致项目前期运作困难的问题。例如用地控规调整、用地性质变更、项目立项、土地使用权不动产登记、工程规划许可证、建筑标准以及施工许可证等多个环节均需政府与开发企业长时间协调处理,当前众多项目更多的是具备地方特色,可复制性较差,不能大面积推广。

3. 项目选址较为困难

在租赁市场比较活跃的大中城市,租赁住房需求最高的地点主要是产业园区附近、市中心、公共交通沿线,但这些地点附近的土地由于配套设施较为完备,政府若将此类用地用作租赁住房建设,需作出巨大让利,并且开发商也更倾向于在这类土地上建造商品住宅。集体土地供应较多的远郊区县,例如北京市供应的土地大多位于大兴、昌平、房山等远郊区，但这些区租赁住房的需求比较低，只能满足部分工作于市区内，但在郊区居住的家庭型租户的需求。以上原因导致集租房土地的供应与需求产生错位，项目选址是一项重大难题。

4. 利益分配模式模糊

由于各地、各项目情况存在很大的区别，因此在村集体与合作企业之间没有固定的利益分配模式。例如北京市规定："规范集体建设用地使用权地价评估行为，合理确定农村集体土地入股联营价格。"但根据实践经验来看，对村集体的土地进行价格评估也没有明确的价值参考体系，村集体土地使用权作价入股总价值的评定存在争议。集体租赁住房项目建设、运营过程中，国家、企业、集体、村民之间存在着复杂的利益博弈过程，随着集体租赁住房的大批量上市，如何实现多方收益之间的均衡，将成为一个很大的挑战。

五、结论与政策建议

利用集体建设用地建设租赁住房，在"房住不炒、租售并举"的政策背景下，对于解决大中型城市的住房租赁问题具有重大的意义。但由于政策落地时间尚短，相关制度体系、实践做法仍然处于探索的过程之中，因此当前试点城市真正建设完成并投入市场运营的项目并不多，在项目运作过程中也遇到了诸多困难，集租房项目推广进程迟滞，甚至有些市场需求较低的试点城市并没有继续推进集租房项目。

根据研究结果，本文针对集租房面临的困境提出以下政策建议：

1. 完善金融支持政策

虽然集体土地建设租赁住房的项目土地成本很低，但交付的租赁住房需进行精装修，因此其建安成本与普通商品房相比高出许多。项目前期需投入大量资金成本建设，中期投入大量运营费用，但资金回报率低下、资金回收期较长，不管是对村集体还是开发企业而言，都处于观望状态。因此应当探索对开发企业的金融支持政策，例如降低税率、拓宽融资渠道；鼓励政策性银行长期提供低息、稳定的贷款；允许部分试点城市探索集体建设用地使用权进行抵押贷款等，提升国有企业的积极性，然后以点带面逐步激活集租房市场，吸引其他民营企业投入开发建设中。

2. 加快项目的审批程序

政策落地之后若多年不见实施成效，会严重打击市场的积极性，因此在集体建设用地建设租赁住房项目运行过程中，应当加快各环节的审批程序，开通绿色通道缩短审定周期。当市场上有了大批量的成品项目运行之后，可以总结各不同类型的城市、项目的实践经验，逐步完善政策体系，便于对集体租赁住房具有适用性的城市进行复制推广。

3. 探索多样化运作模式

目前没有相关政策文件表明集租房项目必须为新建项目，因此部分村集体建设的租赁住房项目可以由市场化的运营机构改建代营,以此来整治租赁市场,提升租户的权益保障力度。例如,广州市万科泊寓科学城项目原为村集体建成的租赁住房,供附近开工建设单位的蓝领居住,现由万科泊寓公司进行租赁改造,不仅改善了租户的整体居住环境,还能够提升项目的运营水平,提供更好的配套服务。对于开发商而言,改造成本回收期远远短于新建项目,积极性也因此大大提高。在土地供应不足、政策缺位的情况下,可以进行多种模式的集租房项目探索,拓宽渠道。由知名企业对租赁住房进行开发建设,信誉度较高,在运营的过程中还可以开发专业化运营平台,可以稳定租户信心,保障当地租赁住房市场平稳、健康发展。

4.尽力实现租住同权

受多年来传统观念的影响,目前我国大部分居民的理念还是认为有自己的住房才是有了保障,产生这种观念的一项重要原因是很难实现租住同权。以广东佛山的在建项目建鑫家园为例,该项目为企业租用闲置村集体商业用地新建租赁住房项目,项目内配套幼儿园,并且在幼儿园招标中明确条款:本小区内租户有权优先在该幼儿园内入学。通过类似的约定,可以在一定程度上保障外来租户的权益。实现租住同权,也可以在一定程度上激发租赁市场活力,此举对于大型城市房地产市场稳定性的提升具有重大作用。

参考文献:

[1] 冯宇晴.利用集体建设用地建设租赁住房试点的政策、现状与建议[N].中国房地产报,2019-10-14(011).

[2] 郭永沛,贺一舟,梁湉湉,等.集体土地建设租赁住房试点政策研究:以北京市为例[J].中国软科学,2020(12):94-103.

[3] 李燕星.全国集体建设用地上首个长租公寓问世,为解决北京住房供需矛盾提供创新方案[OL].(2020*074)7)[2020-07-10].http://www.fangchan.com/news/6/2020-07-07/6686061956526575927.html.

[4] 叶剑平,李嘉.供给侧改革背景下集体土地租赁的制度困境、经济动因与破解[J].贵州社会科学,2017(6):128-135.

作者联系方式

姓　　名:李嘉欣

单　　位:北京大地盛业房地产土地评估有限公司

地　　址:朝阳区和平街西苑甲12号楼

邮　　箱:458150946@qq.com

乡村振兴背景下大城市利用集体建设用地建设租赁住房初探

——基于上海市松江区的实践分析

薛润芝　黄程栋

摘　要：土地是农业最基本的生产要素，是农民最根本的生存资源，也是农村最宝贵的发展资本，在乡村振兴战略中扮演着基础性的关键角色，利用集体建设用地建设租赁住房既能激发村集体、企业和政府的积极性，助力乡村振兴的实现，又能推动大城市住房问题的解决，实现经济效益和社会效益的有机统一。

关键词：乡村振兴；集体建设用地；租赁住房；松江实践

十八届三中全会以来，中央多次强调保障宅基地用益物权和农民住房财产权，盘活利用农村闲置住房和宅基地。2015年2月，全国人大常委会授权国务院在北京市大兴区、上海市松江区等33个试点县（市、区）行政区域，暂时调整实施《土地管理法》《城市房地产管理法》关于农村土地征收、集体经营性建设用地入市、宅基地管理制度的有关规定。党的十九大报告在实施乡村振兴战略中提出"深化农村土地制度改革，保障农民财产权益，壮大集体经济"。从近年来印发的一系列重要文件均可看出，农村土地制度在逐步进行改革，土地是农业最基本的生产要素，是农民最根本的生存资源，是农村最宝贵的发展资本，在乡村振兴战略中扮演着基础性的关键角色，同时也是促进城乡融合发展的重要推动力。尤其是对于土地资源稀缺的大城市而言，一方面，农村存在大量闲置、低效的建设用地；另一方面，大城市住房问题日益突出，新市民无论通过购买还是通过租赁满足居住需求的成本不断高企，因此，在大城市郊区探索利用集体建设用地建设租赁住房大有可为。对于村集体来说，相比将集体土地用作工业用途和商业用途，建造租赁住房收益更高；对于企业来说，目前的土地出让方式不会造成激烈竞争的局面，企业拍得土地的可能性大，积极性高；对于政府来说，相比征收集体土地之后再"招拍挂"，利用集体土地建造租赁住房程序简单，减少了不可控环节。因此，利用集体土地建设租赁住房既能激发村集体、企业和政府的积极性，助力乡村振兴的实现，又能推动大城市住房问题的解决，实现经济效益和社会效益的有机统一。

一、上海市松江区的实践

(一)松江区利用集体建设用地建设租赁住房项目情况

上海市自2009年相继出台了多项政策文件[①],开始探索利用集体建设用地建设保障性租赁住房(单位租赁住房及员工宿舍)的分类试点工作。上海市松江区于2015年被列为全国农村土地制度改革试点区域,并按照《利用集体建设用地建设租赁住房试点方案的通知(国资发〔2017〕100号)》,稳妥开展试点区域的市场化改革。

党的十九大、十九届五中全会以及2020年中央经济工作会议指出,探索利用集体建设用地建设租赁住房,解决好大城市住房突出问题。就目前情况而言,上海市松江区共出让试点入市集体土地约11hm^2,规划建筑面积约50万m^2,可在"十四五"期间供应7289套租赁住房,建设主体涵盖了集体经济组织、央企与民企等类型(表1)。

上海市松江区利用集体土地建设租赁住房项目情况表　　　　表1

项目	入市	土地面积(hm^2)	建筑面积(万m^2)	套数(套)	建设主体	企业性质
泗泾镇SJSB0001单元07-09号	试点入市	2.02	5.83	825	华润旗下有巢科技投资(深圳)有限	央企
泗泾镇SJS20004单元03-11号	试点入市	1.92	4.28	587	上海派米雷投资(集团)有限公司	民企
九亭镇SJT00106单元10-07A	试点入市	2.34	8.23	96	上海九亭资产经营管理有限公司	集体组织
小昆山镇SJS40002单元11-04号	试点入市	4.84	13.80	2004	上海小昆山资产经营发展有限公司	集体组织
SJC10022单元23-01号	试点入市	0.16	0.51	1280	上海梵林雅实业有限公司	集体组织

(二)松江区集体土地建设租赁住房的实践

上海市政策先行,出台了包括《松江区集体经营性建设用地入市"1+5"配套文件》在内的一系列政策文件,在实践中探索形成了"规划引导、权属清晰、简化审批、集体决策、统一市场、同地同权、同价同责、合理分配、规范运营、严格监管"的主要举措。该模式探索了租赁住房供应的新渠道,缓解了部分区域租赁住房供需矛盾,促进了集体建设用地的集约节约利用,增加了集体经济组织和农民的收入(表2)。

[①] 如《关于单位租赁住房建设和使用管理的试行意见》《关于积极推进利用农村集体建设用地建设租赁住房若干意见的通知》《关于加快启动利用农村集体建设用地建设租赁房实施方案编制工作的通知》以及《关于积极推进来沪务工人员宿舍建设的若干意见》等。

上海市松江区集体土地建设租赁住房的主要举措　　　　表 2

要点	主要内容
规划引导	在土地利用与城乡总体规划指引下，考虑到产业结构、人口等因素，按照"符合城乡规划、配套设施完善、临近功能性园区、便于实施启动"的原则，统筹考虑试点项目的选址布局
权属清晰	农村集体建设用地入市，应具备以下条件：完成农村产权制度改革及集体建设用地所有权确权登记，持有集体建设用地所有权证，土地权属清晰、无争议
简化审批	结合工程建设项目审批制度改革，简化建设项目管理程序，按照"依法合规、简化高效"的原则，通过采取"流程再造、分类审批、提前介入、告知承诺、多评合一、多图联审、限时办结"等举措，实现"两减少、三同步"，即减少规划设计条件和土地预审环节，工程报建环节同步告知后续办理流程，工程报建和施工许可同步受理，勘察、设计、施工、监理同步招标
集体决策	农村集体建设用地入市事项，应召开本集体经济组织成员或成员代表会议，经三分之二以上成员或成员代表同意，并形成决议
统一市场同地同权同价同责	本市农村集体建设用地入市实行与国有建设用地同等入市制度，在市统一的土地交易市场内进行，实施统一规则、统一平台、统一监管。农村集体建设用地使用权应与国有建设用地使用权"同地、同权、同价、同责"，土地价格应通过具有土地估价资质的估价机构进行市场评估，协调机构根据土地估价结果和政府产业政策集体决策，综合确定出让起始价，并经集体经济组织成员或成员代表三分之二以上同意
合理分配	集体建设用地出让价款由区财政专户统一收取，其中，出让收入扣除土地增值收益调节金以外部分归集体所有，主要用于本集体经济组织的经营性再投资发展、改善本社集体组织成员的生产和生活配套设施条件、民生项目等支出，不断发展壮大集体经济
规范运营	探索集体经济组织开发运营、专业化机构开发运营、集体经济组织自主运营和委托专业机构运营相结合的经租运营机制。既发挥集体经济组织在试点中职责定位明确、政策执行力强的优势，又注重发挥专业运营机构的市场感知能力和盈利能力强的作用
严格监管	加强不动产登记管理。锁定房屋用途，只发大产证、不发小产证，并在产权证附记栏内注记"农村租赁房"，不得整体转让、分割办理权证、对外分割销售、以租代售及抵押。加强租赁合同管理。禁止承租人转租、闲置及改变用途，租赁期限不超过 6 年，禁止一次性预收 2 年以上租金

具体来看，规划引导是指在土地利用及城乡总体规划指导下，结合产业结构、人口发展、配套设施及实际需求等因素，统筹考虑试点项目的选址布局。权属清晰是指集体建设用地完成所有权确权登记且持有所有权证。简化审批是指结合工程建设项目审批制度改革，简化建设项目管理程序，实现"两减少、三同步"。集体决策是指集体建设用地经集体经济组织三分之二以上成员或成员代表同意且形成决议方可入市。统一市场、同地同权、同价同责是指集体建设用地与国有建设用地享有同等入市权利且在统一的土地市场内交易，土地市场价格由专业第三方进行市场评估，并考虑到其他因素综合确定出让起始价。合理分配是指土地增值收益调节金在全区范围内统筹使用，土地出让收入扣除土地增值收益调节金以外部分归集体所有。规范运营是指探索集体经济组织开发运营、专业化机构开发运营以及合作开发运营模式等。严格监管是指加强不动产登记、租赁合同管理等。

二、利用集体土地建设租赁住房的重点问题

"人(人口)—地(土地)—钱(资金)"是住房发展关心的核心要素,对于资金密集型行业,无论是生产还是分配环节,资金都极为重要,因此,本文重点关注"钱"(资金)的问题,即如何借钱(融资)、如何省钱(税费)、如何分钱(分配)。从目前的实践来看,融资渠道较少、税费减免不足及利益平衡复杂等是当前需要重点关注的问题。

(一)融资渠道较少

集体经营性建设用地建设租赁住房投资回收期长,且流动性风险突出,难以吸引社会资本参与。此外,集体经济组织自身筹资能力较弱,集体土地抵押尚存政策限制,部分试点城市又"一刀切"地禁止集体建设用地使用权和地上附着物的抵押,限制了通过抵押获得资金支持的方式,增加了项目开发运营的难度,而租赁项目资产证券化难度大,资金来源成为集体土地建设租赁住房最大的约束。

(二)税费减免支持不足

国家层面缺乏针对集体经营性建设用地建设租赁住房的税费减免政策,不利于提高社会资本参与租赁住房建设的积极性。通过对有巢公寓松江项目估算发现,当税费减免30%时,盈利可能性区间及内部收益率整体上移。具体来看,专业化机构开发运营的投资回收期提前2年,且内部收益率提升至2.9%;集体经济组织开发运营的投资回收期提前1年,且内部收益率提升至9.4%(图1)。

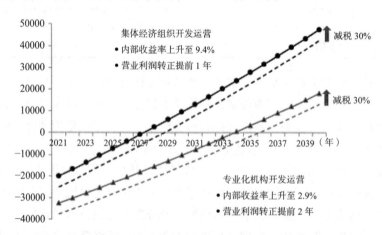

图1 集体土地建设租赁住房盈利及内部收益率预测(万元)

值得注意的是,在调研中发现,专业化机构开发运营的项目投资回收期一般在30年且税费较高,约20%~25%,在实践中,减免税费对提高内部收益率及缩短投

资回收期的促进作用或将更大。

（三）利益平衡较复杂

入市收益分配是农村经营性建设用地改革试点的核心问题之一，土地增值收益是多种因素综合影响的结果，其中涉及的主体包括政府、村集体经济组织、运营主体、村民等，由于各方主体在参与方式、程度等方面的差异，如何平衡各方利益较为复杂。

三、政策建议

2020年中央经济工作会议提出"土地供应要向租赁住房建设倾斜，单列租赁住房用地计划，探索利用集体建设用地和企事业单位自有闲置土地建设租赁住房，国有和民营企业都要发挥功能作用"。要给予集体土地建设租赁住房以金融、税收支持，处理好利益相关方的关系，促进乡村振兴以及城乡融合发展，推动大城市住房问题的解决。

（一）推动政策性银行提供长期、低息的信贷支持

对于集体经济组织主导开发的租赁住房项目中可能存在的资金压力问题，可以由政府牵头，促进集体经济组织与政策性银行等金融机构合作，为集体建设用地使用权（含地上附着物）抵押、获得长期、低息政策性信贷资金提供支持。

（二）参照保障房的税率减免相关税费

进一步探索明确集体入市耕地占用税、农村土地使用税、契税、印花税、土地增值税、城市维护建设税等税费政策，明确征收幅度和范围，逐步建立城乡统一的税费体系。探索灵活税费征收制度，研究出台利用集体建设用地建设租赁住房享受房产税、城镇土地使用税等税费减免的优惠政策，提高企业开发租赁住房的积极性，建议在开发前期手续办理阶段减免相关税费，待运营成熟后再收取相关税费。从项目兜底的角度来看，对部分运营较为困难的项目，可依据项目开发运营单位的申请，纳入公租房房源以确保项目租住率，同时享受公共租赁住房税费减免优惠政策。

（三）形成利益相关的多方激励机制

农村集体经济组织、农民、企业等各方收益的实现，尤其要将农民的合法权益放在突出位置，是集体土地租赁房项目可持续运营的关键。地方政府要切实保障农民的利益不受集体组织侵害，充分发挥农民集体对入市政策的知情权；同时，要给予租赁住房开发商合理的市场回报，减少政策变化给企业带来的法律风险，使农村集体经济组织、农民、企业等各方在实施集体建设用地建设租赁住房在政策上形成多方激励机制。

参考文献:

[1] 陈美球,廖彩荣,刘桃菊.乡村振兴、集体经济组织与土地使用制度创新:基于江西黄溪村的实践分析[J].南京农业大学学报(社会科学版),2018,18(2):27-34+158.

[2] 吕萍,于淼,于璐源.适应乡村振兴战略的新型农村住房制度构建设想[J].农业经济问题,2020(1):17-27.

作者联系方式

姓　　名:薛润芝　黄程栋

单　　位:上海市房地产科学研究院房地产经济研究所

地　　址:上海市复兴西路 193 号

浅谈国企合理利用存量住房的难点及建议

陈文升　何遵龙

摘　要："十四五"规划指出，坚持房子是用来住的、不是用来炒的定位。党中央、国务院高度重视培育和发展住房租赁市场，积极解决好大城市住房突出问题，加快完善租赁法规政策和强化监管，着力解决住房民生问题。本文试着从评估工作中了解的情况，浅谈国企存量住房租赁的现状情况和存在的问题，提出自己的浅显见解。

关键词：住房租赁市场；国企；保值增值；健康发展

"十四五"规划指出，坚持房子是用来住的、不是用来炒的定位，实施房地产市场平稳健康发展长效机制，促进房地产与实体经济均衡发展，进一步完善住房市场体系和住房保障体系，有序推进房地产税立法。在住房租赁市场方面，如何加快建立多主体供给、多渠道保障的住房制度、加快培育和发展住房租赁市场，有效盘活存量住房资源，让全体人民住有所居、职住平衡将是我们必须尽早解决的问题。党中央、国务院高度重视培育和发展住房租赁市场，积极解决好大城市住房突出问题，加快完善租赁法规政策和强化监管，着力解决住房民生问题。笔者试着从实际的评估工作中接触了解到的实际情况，浅谈国企存量住房租赁的现状和存在的问题，共同探讨未来的发展之路。

一、早期的国企物业租赁简介

据笔者了解，国有企业普遍拥有不少存量物业。有的是企业自行开发建设的员工宿舍经 20 世纪 90 年代房改政策过后依然留存有部分物业；有的是鉴于历史原因，房屋被移交后进行管理运营的；有的是由于地域发展、政策变化等原因导致闲置的厂区、住宅楼等；还有的是属于公共配套物业，如建设公交站场需要配套的办公楼、宿舍楼等。这类存量住房大多都有共同点：分布广、楼层高、格局差、简装修、楼龄老等。

早期，这些物业虽然属于国企资产的一部分，但是一直缺乏规范化管理。首先，物业并不从保值增值的角度出发，更多只被当作企业的附属资产，甚至某些被视作是"负资产"拖累企业发展。这些物业不仅得不到合理的维护，更存在被遗弃或者"贱卖"的可能性。其次,对于某些地理位置相对较好、物业情况较为理想的,鉴于企业内部基本不存在对物业空置率的考核,因而物业管理者大多秉持无所谓的态度。最后,对于一些位置较佳的或租金收益较好的物业,往往容易成为贪腐滋生的温床,存在着一些不法现象:包括个人谋取私利、领导低价租赁给亲朋好友、价格不公开透明等。

二、国企存量住房出租的现状

鉴于上述情况日益严重,不仅造成国有资产流失,更是对整个国企形象的伤害。因此,各地纷纷出台规范国有企业物业租赁管理的指导意见,认真贯彻落实关于促进国资国企改革创新发展的有关精神,以完善物业租赁规范管理机制为支撑,构建国有企业物业租赁管理的责任体系,公开招租体系和监督体系,促进国有企业物业租赁工作更加公开透明、合法规范、高效务实,提升物业经济效益和社会效益,并从源头上预防和治理腐败,防止国有资产流失,实现国有资产保值增值。现在的国企物业的出租,都要按照流程规范一步步进行。

第一,需要内部进行开会讨论,形成会议纪要。这样的举措有利于内部相关人员及领导知悉物业租赁开展的具体情况,做到内部信息公开透明,切实履行集体决策审批程序,严禁个人擅自决定或改变集体决策意见。

第二,企业物业的租赁底价,应以具有评估资质的中介评估机构评估并经备案的评估结果作为定价基础。从过往的"一言堂"变成集体决策,须坚持公开、公平、公正的原则进行。同时最大化地借助第三方评估机构的客观合理依据,努力提高决策的可行性。

第三,招租信息须全部在依法设立的产权交易机构信息平台"挂网"规范发布,公告时间不得少于10个工作日;鼓励企业同步在房地产中介机构或市级及以上的公众媒体、信息平台发布招租信息。为了提升透明度和提高公众的参与度,将物业的租赁通过网上公开发布,有助于实现利益最大化,杜绝暗箱操作的可能性,严防出现任何走过场、弄虚作假、内外串通等行为。

第四,加强对物业租赁行为的企务信息公开,并建立对本企业物业租赁不规范行为的举报渠道,统一公布纪检举报邮箱或举报电话,并及时核实举报信息,发现违法违规行为线索的,及时移交纪检监察部门处理。在物业租赁过程中违反相关法律、法规、规章及租赁管理制度,以权谋私、滥用职权、玩忽职守,造成国有资产损失的,应当依法承担相应赔偿责任。

三、国企物业出租过程中存在的问题

1. 仅考虑保值增值,缺乏从实际出发

鉴于目前对国企的考核和评判标准中最重要的一条,保值增值成了国企无法摆脱的枷锁，反而容易忽视了实际的市场情况。正如2020年新冠疫情肆虐全球、对整个中国乃至全球经济造成巨大影响的前提下，国企作为第一线，要承担帮扶减轻租户的负担，普遍采取了免租2~3个月不等的优惠政策。然而，面对疫情过后市场上不断攀升的空置率和不断下跌的租金，国企却因为需要"保值增值"而只能坚守原有的租金水平，这显然是承租方无法接受的，最终造成租赁关系破灭，这也是一种双输的局面。从长远来看，双方同舟共济、共渡难关才是最好的出路。回归和尊重市场规律，才能真正让物业实现保值增值。

2. 缺乏对物业的管理维护，仅仅注重考核指标

笔者在实际评估过程中，常常在现场勘查时发现，空置物业大部分缺乏基础的维修保养，容易出现安全隐患（例如门窗破损、房屋结构安全不达标等）。租户也常投诉房屋存在墙体渗水漏水、下水道堵塞、用电线路不安全等问题，但均举报无门，有关负责人员往往以没有经费或者上级不批为由一一推诿。此外，物业不仅装修保养较差，还缺乏必要的家具家电。作为租户而言，一方面是缺乏购置家具家电的资金，另一方面是不希望出现大包小包的搬离。从减轻前期支付的角度来说，他们更希望能够实现"拎包入住"。

3. 宣传渠道单一，监管不到位

虽然是通过挂牌交易平台对租赁信息进行了公示，但是普及工作落实不到位，租户难以获取信息，且操作不够简易便民。此外，招租时虽然强调未经许可不可转租分租，以免出现二房东推高租金水平，但是实际中仍然可见个人承接多套房屋的情况。当出现低于市场价及优质房源情况时，个别中介人员利用信息不对等（信息不对称指交易中的个人拥有的信息不同。在社会政治、经济等活动中，一些成员拥有其他成员无法拥有的信息，由此造成信息的不对称。在市场经济活动中，各类人员对有关信息的了解是有差异的；掌握信息比较充分的人员，往往处于比较有利的地位，而信息贫乏的人员，则处于比较不利的地位。）的情况，便会承包多套房屋以便低接高出从中获利。

四、解决建议

1. 实事求是，建立价格浮动机制

除了依靠评估机构对租金底价进行评估外，有关部门还可以进一步委托对市场租金情况进行分析和定期发布。一方面租赁双方都能清晰知晓市场情况，防止出现人为哄抬价格或者虚假房源，有助于稳定市场行情；另一方面能树立一个标准以便相关单位进行参考，为诸如保障性住房、福利房的租金水平的科学制定提供依据。国企还可以通过委托第三方评估机构对存量住房的需求进行调研，针对不同地域的供求关系进行详细的调查分析，根据调查结果提出具体可行的意见，协调布置区域间的房源。

2. 敢于创新，主动参与运营

国企对于自身拥有的存量住房，应该力求改变以往被动的局面，主动去改变目前收益偏低的困局。虽然当前这部分资源所带来的收益是微小的，但是从长远看，从国家对于鼓励发展租赁市场的角度出发，能够走在行业发展前头的必然能够获得最大的增值收益。从内部而言，可以考虑组建运营团队，对拥有的物业资源进行整合，派专人对物业进行常规维护保养，配套基础的租房设备设施，真正提高其房屋租赁价值；从外部而言，可以与专业的租赁住房运营机构开展合作，通过提供房源、土地等资源，发挥专业团队的运营知识，从而给住房赋予新的活力，提升其运营效率。

3. 扩大租赁住房的宣传途径，建立监督管理机制

要摒弃单一的宣传途径，根据不同的受众群体采取不同的方式，同时要充分利用新媒体的力量。对于低收入者，更多应该借助街道办、社工福利机构将信息传递到位；对于外来务工人员，可以利用工会直接和企业对接联系；对于应届毕业生，可以通过学校乃至网络平台发布，特别是一些深受学生关注的公众号或者新媒体平台，更能引起关注和达到推广的目的。同时，有关部门要建立监督管理机制，对住房租赁过程存在的违规行为进行监管约束。通过不间断的监控和跟踪此类群体的入住率，反馈真实的资源利用情况，防止"一户多占""虚假申请""市场倒卖"等乱象的发生，保证公共租赁市场的有序、健康发展，使存量住房资源能够发挥最大化的价值。除了必要的警告外，还可以通过政府公示、列入信用黑名单等方式实现监管目标。

4. 规范物业租赁行为

应建立物业出租管理台账，加强对出租物业的跟踪管理，严格规范出租行为。多措并举，双线出击，大力开展国企、集体企业物业租赁专项整顿行动，清查违规租赁行为，清理违法违规"二房东"，降低租户的租赁成本。综合考虑租户情况，吸引优质产业落户，明确优质企业可直接租赁国企物业以便落实职工居住问题。

五、结语

唐代诗人杜甫言："安得广厦千万间，大庇天下寒士俱欢颜，风雨不动安如山！呜呼！何时眼前突兀见此屋，吾庐独破受冻死亦足。"我们需要清楚地意识到，我国目前仍不乏低收入家庭存在住房困难，新就业职工、外来务工人员等住房支付能力有待提高，居住条件有待改善。大力发展住房租赁市场，既可满足基本民生需求、实现住有所居，又有助于城市留住人才和劳动力，推动社会经济发展，提振消费力，更能对稳定楼市发挥积极影响。国企应该率先响应党中央号召，充分利用自身的资源优势，有效盘活存量住房资源，形成正向引导激励，从而带动民营企业一并参与投入，配合有关部门加快落实和规范相应的租赁市场配套政策，真正实现多措并举推进住房租赁市场健康发展。只有促成新的发展格局形成，解决老百姓的居住问题，提升消费意愿和消费能力，逐步减小城乡收入差距，才能全面提升人民的幸福感。

参考文献：

[1] 文心. 国有企业参与公共租赁住房供应的难点与对策 [J]. 上海房地. 2019（8）：55-58.

[2] 林洪婧. 国企参与公共租赁住房供应的困境与出路 [J]. 福建教育学院学报. 2018（1）：41-44.

[3] 刘俏. 聚焦"十四五"规划 推进租赁住房建设：构建新发展格局的核心改革举措. 北京大学光华管理学院，2020-11-05.

作者联系方式

姓　　名：陈文升　何遵龙

单　　位：珠海仁合土地房地产与资产评估有限公司

地　　址：珠海市吉大石花西路17号、19号2层

邮　　箱：328571611@qq.com

注册号：陈文升（4420180057），何遵龙（4419980112）

浅析盘活国企闲置住宅对增加租赁住房的积极意义

陈文升　杨月红　郭凤耘

摘　要：经过近 10 多年的不断发展完善，珠海市在保障性住房的建设方面取得了不错的成绩。随着中央陆续出台政策，进一步鼓励和支持加快发展保障性住房，提倡多渠道和创新性探索新的发展模式，如何能够有效增加住房租赁成了共同探讨的热点。

关键词：国企闲置住宅；翻新改造；保障性住房；租金标准

保障性住房是与商品性住房相对应的一个概念，指政府为中低收入住房困难家庭所提供的限定标准、限定价格或租金的住房，一般由廉租住房、经济适用住房和政策性租赁住房构成。保障性住房的对象是无房新市民、青年人，不设收入门槛，标准是以建筑面积不超过 $70m^2$ 的小户型为主，租金低于同地段同品质市场租赁住房租金，具体条件由当地人民政府确定。

根据《广东省第七次全国人口普查公报》，珠海常住人口为 243.9585 万人，较第六次全国人口普查的 2010 年增长了 87.9356 万人。十年增长率为 56.36%，居全省第二，仅次于深圳。从趋势来看，珠海人口总量虽小，但以近年的迅猛增势，距离珠海"到 2025 年常住人口超 300 万、2035 年超 500 万"的目标正越来越近。

近年来，珠海人才政策持续加码，更铆足了劲在生态环境治理、产业集聚、城市公共配套、营商环境等方面多管齐下，力图构建起更为完善的人才生态支撑体系。人口流动是"用脚投票"的，各城市抢的是人口增量，拼的是全方位的城市竞争力。拥有更好公共服务和就业机会的城市对年轻人而言无疑具有更大的吸引力，即，一要"安居"，二要"乐业"。环境优美、空气好和生活成本相对较低是珠海在吸引人口聚集方面的优势。然而，要在珠海实现"安居"这一目标却相当不容易。据统计，2021年珠海的房价水平在省内仅次于深圳和广州，位于全省第三。高房价已经严重打击青年人拥抱珠海的自信心。要解决这一难题，真正吸引人才，有效增加保障性住房也许是一把利剑。

我们以珠海市为例，结合日常评估了解的实际情况，浅析盘活国企闲置住宅对增加租赁住房的积极意义。

一、珠海市保障性住房的相关政策措施和发展现状

(一)珠海市保障性住房的相关政策措施

自 2012 年以来,珠海市政府一直关注和支持保障性住房建设,对保障性住房的规划建设、房源筹集、分配使用、监督管理等作出明确规定,10 年间保障性住房建设得到了长足的发展。

2016 年,珠海市住房和城乡规划建设局印发《珠海市公共租赁住房管理办法实施细则》,进一步规范和完善本市公共租赁住房管理工作。《关于进一步促进我市房地产市场平稳健康发展若干意见的通知》明确落实新出让土地商品住房开发项目、城市更新项目配建人才住房和公共租赁住房政策,配建面积不得低于住宅建筑面积的 10%,产权无偿归政府所有,主要用于解决高层次人才、符合公共租赁住房保障条件的技术和技能人才的住房问题。

2017 年,为贯彻落实国家、省、市住房保障及人才住房相关政策,规范市保障性住房室内装修,珠海市住房和城乡规划建设局出台了《珠海市保障性住房和人才住房室内装修标准指引》。

2018 年,为规范公共租赁住房和人才住房的配建程序,确保建设质量,根据住房和城乡建设部等七部门印发的《关于加快发展公共租赁住房的指导意见》和《珠海市公共租赁住房管理办法》等有关规定,珠海市住房和城乡规划建设局制定了《珠海市配建公共租赁住房和人才住房实施办法(试行)》。

2019 年,珠海市住房和城乡建设局出台了《关于调整低收入住房困难家庭类别收入准入保障标准的通知》。

2020 年,受新冠肺炎疫情影响,珠海市住房和城乡建设局及时出台了《关于新冠肺炎疫情期间公租房项目减免租金的有关措施的通知》,对公租房租金实行免收及减免措施。

2021 年,珠海市人民政府办公室《关于印发珠海市加快发展保障性租赁住房实施意见的通知》(珠府办函〔2021〕131 号)明确响应国务院的意见,努力解决珠海市新市民、青年人等群体的住房困难问题,加快发展保障性租赁住房,进一步完善住房保障体系。广东省住房和城乡建设厅关于印发《广东省发展保障性租赁住房试点工作方案》的通知,明确珠海市作为试点城市,目标是在试点时间内筹集建设和配租一批保障性租赁住房项目,建立保障性租赁住房规范标准,完善发展保障性租赁住房的支持政策,建立市场化运行机制。具体任务是到 2023 年底前,珠海市新增筹集建设保障性租赁住房不少于 1 万套。

(二)当前珠海市保障性住房的建设模式和租金标准

广东省政府印发的《广东省住房保障制度改革创新方案》明确,保障性住房建设

有政府投资建设、社会投资建设、单位自筹建设、开发项目配建、产业园区集中配建和利用集体建设用地建设六种模式。

从珠海市住房和城乡建设局官网获悉，目前珠海市主要从四个渠道开展保障房建设。

1. 政府投资建设

由政府划拨土地并投资建设和管理的公共租赁住房，政府也可通过收购、长期租赁等方式筹集公共租赁住房。政府投资建设的公共租赁住房一般由政府的代建机构负责组织建设。

2. 社会投资建设

由政府通过划拨土地或给予优惠政策支持，由企业尤其是国有企业出资建设并运营管理的公共租赁住房。

3. 开发项目配建

即在"三旧"改造或新建普通商品住房项目中配建一定比例的公共租赁住房。

4. 工业园区配套建设员工宿舍

继续实行按工业园区7%用地面积，15%建筑面积用于园区生活配套设施建设的政策，鼓励各区（经济功能区）、工业园区集中配建或企业配建员工宿舍，就近解决引进人才、新就业人员、外来务工人员不同层次的住房需求。今后对园区配套建设的员工宿舍，在土地出让合同及项目立项时就要明确其公共租赁住房的性质，进一步规范建设和运营管理。

针对不同承租对象，实行分类保障，租金支付的标准也有所差异。

（1）对城镇低收入住房困难家庭以政府提供廉租住房实物配租和发放租赁住房补贴结合的办法实施保障，做到应保尽保。廉租住房实行最低租金标准。

（2）城镇中等偏低收入住房困难家庭可申请轮候公共租赁住房。

（3）新就业人员和引进急需人才（无房）可申请轮候公共租赁住房，租金标准按同地段市场租金的一定比例收取。

（4）在城镇稳定就业的外来务工人员主要通过园区企业和其他机构建设的公共租赁住房就地就近解决基本居住需求，租金标准由企业酌情就低收取，或由用工企业提供适当的住房租赁补贴。

（三）已建保障性住房项目

截至2020年底，珠海共建成各类保障性住房约13.05万套，政府建设投资超过45亿元，社会建设投资近170亿元。目前，珠海市公租房分布在香洲区、金湾区、斗门区、高新区。其中，香洲区的项目主要为大镜山馨园、将军山榕园、莲塘公寓、南屏沁园等；金湾区的项目为金鸿苑和鱼林苑；斗门区的项目为长亨村57号、港霞东路306号、黄杨花园等；高新区的项目为唐家人才公寓、港湾1号公馆等。

我们从中挑选了3个项目对其简要介绍，如表1所示。

珠海市部分公租房简介　　　　　　　　　　　　　　　　　　　　　表1

项目名称	大镜山馨园	金鸿苑公租房	唐家人才公寓
地理位置	香洲区大镜山水库南侧，梅华西路北侧	红旗镇虹晖路南侧、珠海大道北侧红灯巴士站	港湾大道唐家镇政府东侧
建设工期	2年，2013年中竣工	3年，2016年底竣工	2年，2014年底竣工
总投资	1.44亿元	9000万元	10.23亿元
套数	806套，总建设规模为45787.41m^2	352套，建筑面积约为22283.98m^2	2311套，建筑面积约12.61万m^2
户型	户型包括单身公寓、一房一厅、两房一厅、三房一厅	户型分别是单身公寓、一房一厅、二房一厅	包括两房两厅、一房一厅等户型
配套设施	拎包入住，底层建有平价商场和医疗卫生服务站	承租人只需配套家具、电器等即可拎包入住，底层有19间商铺配套	拎包入住，底层配套商业街，邻近唐家商服中心，配套齐全
目标人群	低收入住房困难家庭、新就业职工，以及高层次人才、专业人才和青年优秀人才五类人群	低收入家庭类、新就业职工类、专业人才类、住房困难家庭类和异地务工人员	高层次人才、青年优秀人才、专业人才、新就业职工
现状入住率	95%以上	90%	90%
起始月租金标准	按照该项目市场租金的70%收取，三房一厅月租金为16.1元/m^2，2房户型1200元左右收取	委托评估的租金单价15元/m^2	按照评估的项目周边同地段、同类型住房市场租金25元/m^2的80%标准收取，即均价20元/m^2
特点	珠海市首个保障房项目，地理位置优越	位置偏，缺乏生活配套设施，地质条件差	规模档次较高，主要对口"三高一特"人才

二、珠海市国企闲置住宅情况

据调查了解，珠海市国企闲置物业基本来自20世纪八九十年代单位福利分房剩下的，普遍没有办证或手续不齐全。随着近几年的资源整合，这类物业已基本集中在少数国企手中，并接受统一经营管理，以便能够实现高效利用。据我们对国企物业租赁评估的了解和在珠海市公共资源交易中心或珠海市产权交易中心公开挂牌出租物业的数据整理统计，以住宅为例，2021年挂牌租赁超50处以上的3家国企中仅有1家成交率达到80%，另外2家的成交率均不超50%，最低的出租成交率甚至不足30%。

造成闲置的原因有楼层偏高、朝向不好、通风采光较差、户型格局一般、房龄较老、室内装修陈旧、墙体渗水、门窗破损、租期偏短等各种弊病。作为承租人，最关心的是能否做到拎包入住。毕竟作为租户是不愿意掏钱去购置家私家电的，万一需要换房还要支付搬迁成本，然而，这些物业基本都是"空空如也"，内部装修破旧不已。

对于国企而言，物业租赁和其主营业务的收益相比，能够带来的盈利可以说十分有限，更多的是一种无奈之举。早期租赁物业的空置率不作为绩效考核指标时，国企大多是一种无所谓的态度。近年来，随着绩效考核机制的健全完善，国企的确会积极推进物业租赁。这时竟出现部分相同地段类似物业的房屋租金标准存在明显差异的现象，有的租金单价差异竟达到 2 倍以上。究其原因是，一些国企为了实现空置率达标在租金价格上一降再降，可谓是"得不偿失"。面对糟糕的物业现状，往往也是有心无力。有鉴于此，长痛不如短痛，有的国企面对这种困境选择出售物业。但是，这条路依然困难重重。首先，出售国有资产需经过国资委审核通过，售价不能低于市场价，对比二手房或法拍房并无优势。其次，鉴于上述所言的各种弊病，这类物业缺乏承接人群市场。最后，出售国企物业必须通过网上平台公开交易，尽管信息是公开透明的，但大部分人依然不清楚这类交易平台或不了解其操作流程。实际上就算审核通过并成功挂牌，大多都是流拍后再次挂牌失败，最终还是无法摆脱国有资产闲置的局面。

此外，部分国企租赁营运不规范，甚至出现拖欠租金、物业被违法占用等情况，这都会导致国有权益受到损害。特别是被违法占用的情况下，倘若发生任何事故或违法行为，作为物业持有方将不可避免地要承担相关的法律责任。

三、新建保障性住房项目、国企住宅维持现状和翻新改造三种方案对比

我们以香洲区为例，设定每套房屋平均面积为 60m²，共建设 600 套住宅，总建筑面积 3.6 万 m²；租金水平参考珠海市《关于公布 2020—2022 年全市各区住房市场平均租金和市本级公产房（公共租赁住房）市场租金标准》，以香洲区的 24 元 /m²/ 月为例，根据不同方案有所区别；新建项目建设成本取 8000 元 /m²；翻新改造投入取 1500 元 /m²（含装修和基础家私家电）；运营费用取 6%，房产税取 12%，增值税取 5%，行业基准收益率 5%。结合日常评估时收集的数据，我们通过表格来对比三种不同的实施方案，如表 2 所示。

三种方案对比表　　　　表2

经营模式		方案一 政府新建自营	方案二 国企维持现状经营	方案三 国企翻新后由政府统包经营
基本信息	前期投入成本	28800 万元	0 万元	5400 万元
	第 1 年租金水平	保障性住房租金：19 元 /m²·月（按上述香洲区市场租金的 80% 收取）	正常市场租金水平：26 元 /m²·月（数据来自调查）	翻新后租金水平：32 元 /m²·月（其中，政府补贴：13 元 /m²·月；保障性住房租金：19 元 /m²·月）
	年递增率	无	3%	无

续表

经营模式		方案一 政府新建自营	方案二 国企维持现状经营	方案三 国企翻新后由政府统包经营
基本信息	年空置率	10%	60%	0%
	年运营费率	6%	6%	3%（政府和国企各承担一半）
	租金税费 房产税	保障性住房免征	12%	12%（仅考虑政府补贴部分）
	租金税费 增值税	保障性住房免征	5%	5%（仅考虑政府补贴部分）
	租金税费 增值税附加	保障性住房免征	增值税的12%	增值税的12%（仅考虑政府补贴部分）

注：1. 行业基准收益率参考《企业绩效评价标准值2021》预估（国务院国资委考核分配局编）；

2. 租金税费参考《财政部税务总局关于公共租赁住房税收优惠政策的公告》（2019年第61号）的相关税收优惠政策。

以10年经营期为限，各方案的现金流量表结果如表3所示。

三种方案现金流量表　　　　　　　　　　　　　　　　　　　　　　表3

方案一：政府新建自营

人民币单位：万元

年份	0	1	2	3	4	5	6	7	8	9	10
现金流入		738.72	738.72	738.72	738.72	738.72	738.72	738.72	738.72	738.72	738.72
保障性住房租金		820.80	820.80	820.80	820.80	820.80	820.80	820.80	820.80	820.80	820.80
现金流出	28800	44.32	44.32	44.32	44.32	44.32	44.32	44.32	44.32	44.32	44.32
净现金流量	−28800	694.40	694.40	694.40	694.40	694.40	694.40	694.40	694.40	694.40	694.40
净现值	−28800	661.33	629.84	599.85	571.28	544.08	518.17	493.49	470.00	447.61	426.3
累计净现值	−28800	−28138.67	−27508.83	−26908.99	−26337.7	−25793.63	−25275.46	−24781.96	−24311.97	−23864.35	−23438.05

方案二：国企维持现状经营

人民币单位：万元

年份	0	1	2	3	4	5	6	7	8	9	10
现金流入		449.28	462.76	476.64	490.94	505.67	520.84	536.46	552.56	569.13	586.21
正常市场租金水平		1123.20	1156.90	1191.60	1227.35	1264.17	1302.10	1341.16	1381.39	1422.84	1465.52
现金流出	0.00	104.83	107.98	111.22	114.55	117.99	121.53	125.17	128.93	132.80	136.78
净现金流量	0.00	344.45	354.78	365.42	376.39	387.68	399.31	411.29	423.63	436.33	449.43
净现值	0.00	328.05	321.8	315.67	309.66	303.76	297.97	292.3	286.73	281.27	275.91
累计净现值	0.00	328.05	649.85	965.52	1275.18	1578.94	1876.91	2169.21	2455.94	2737.21	3013.12

续表

方案三：国企翻新后由政府统包经营

人民币单位：万元

年份	0	1	2	3	4	5	6	7	8	9	10
现金流入		1382.40	1382.40	1382.40	1382.40	1382.40	1382.40	1382.40	1382.40	1382.40	1382.40
政府补贴		561.60	561.60	561.60	561.60	561.60	561.60	561.60	561.60	561.60	561.60
保障性住房租金		820.80	820.80	820.80	820.80	820.80	820.80	820.80	820.80	820.80	820.80
现金流出	5400.00	138.82	138.82	138.82	138.82	138.82	138.82	138.82	138.82	138.82	138.82
净现金流量	−5400.00	1243.58	1243.58	1243.58	1243.58	1243.58	1243.58	1243.58	1243.58	1243.58	1243.58
净现值	−5400.00	1184.37	1127.97	1074.25	1023.1	974.38	927.98	883.79	841.71	801.63	763.45
累计净现值	−5400.00	−4215.63	−3087.66	−2013.41	−990.31	−15.93	912.05	1795.84	2637.55	3439.18	4202.63
投资回收期	5.02 年										

针对上表的三种方案，对主要数据分析如下：

投入与收益：方案二由于国企维持现状无需前期投入，方案三主要为房屋翻新工程，相对方案一的新建房地产模式来说，周期较短，投入资金不足方案一的 20%。从收益情况分析，方案三的经营模式为政府统包整租，资金流入有所保障，且存在税收优惠，故累计净现值最大（4202.63 万元），投资回收期约 5 年；方案一为政府自建自营，前期投入和后期经营成本较大导致亏损较大。

空置率：鉴于保障性住房租金较低，且珠海市为符合申请条件人员提供专门通道（珠海市保障性住房管理平台），房源信息清晰透明，故空置率在 10% 左右，而国企维持现状经营的物业主要按市场租金租赁，挂牌信息搜索程序较为繁琐且物业状况差导致空置率较高，翻新改造后由政府统包整租则不存在空置率。

租金递增率：方案一和方案三均为保障性住房，基本按照保障性住房的租金维持不变，而方案二属市场租赁行为，参照目前珠海市住宅租金情况，设定年递增为 3%。

综上所述，方案一属于传统房地产开发模式，资金投入较大，开发周期较长，且产品为保障性住房，租金收益较低，即使税收优惠政策可减轻成本支出，但经济效益仍不佳；方案二虽无前期投入资金，但由于国企物业租赁需根据相关规定通过政府网上平台挂牌招租，渠道单一且昭示性不强，导致空置率较高，加之税收费用按正常征收，无优惠政策，影响收益水平；方案三由于整体租赁给政府，现金流入稳定，税费方面仅考虑政府补贴部分，经济效益可被国企接受，既增加社会效益，又保障民生需求。

故方案三（国企翻新后由政府统包经营）属于较为可行的实施方式。

四、翻新改造国企闲置住宅的积极意义和实施难点

对于政府而言：

一是以最少的投入实现广泛的住房供应。保障房主要缺的就是建设的资金,尤其是像廉租房或者公租房,难以回笼投资资本导致主要依赖政府承担投资。无利可图的话,社会资本是比较难参与其中的。然而,住房和城乡建设部原部长王蒙徽多次强调,不要把保障性租赁住房做成公租房,不能政府包办,要采取有效政策措施,充分调动市场主体建设保障性租赁住房的积极性。如果是通过翻新改造国企闲置住宅,政府只需要每年支付合理的市场租金(可采用政府公布的市场租金或通过评估)给国企,能够避免大量财政支出。此外,自2013年中心城区大镜山项目竣工使用以来,市中心区域已基本上没有新建的保障性住房了,分布广泛的国企住宅能在市中心实现供应"从点到面"的升级。

二是投入供应时间极大地缩减。与传统的新建保障房项目不同,在当前土地资源紧缺的情况下,翻新改造方案无需划拨用地,也不必启动各种审批流程(如水土保持评估、节能评估和环境评估等),施工时间也只需3~6个月,仅仅是新建保障性住房的四分之一。此外,有别于目前提倡的改造非居住存量房屋①,国企闲置住宅物业不存在因改变原设计结构所带来的技术安全问题,可行性更高。

三是防止出现过度建设。当前在国家积极推动保障性住房的形势下,地方政府有可能为了一时政绩而盲目过度建设,未来一旦招商引资或人口增长不如预想,极易造成闲置,变相造成资源浪费。如果采取以国企盘活闲置物业这一方式,政府未来可根据实际对保障性住房的需求情况进行政策调整,做到进退得当。

对于国企而言:

一是实现国有资产保值增值。李克强总理在国务院常务会议上强调:要贯彻党的十九大部署,着力深化国企改革,在实现国有资产保值增值上下功夫。通过翻新改造闲置住宅统一交付政府统筹运营管理,一方面能够实现国企资源的有效利用,另一方面物业能够真正得到维护管养,借此杜绝出现房屋结构性问题。装修投入的费用也能在物业价值的提升中得到体现。

二是短期内能收回投入并得到一定回报。根据上述测算,若以10年租期考虑,第6年就可实现回收成本,10年间的累计净收益比维持"现状"要获益更多。物业统一移交政府管理后,更避免了繁琐的运营管理。国企还可能获得税收减免或者申请低息甚至免息装修贷款等奖励,进一步降低其资金压力。

三是有利于塑造企业形象。作为国企应该不仅仅要进行市场化运作,在承担社会责任方面也是责无旁贷。尽管需要承担前期投入,但这样的付出相比一次性投入新建公共租赁住房项目要小得多。国企可以将其视作是一项拥有稳定收益的投资,政府作为"二房东"和"投资担保人"能为项目保驾护航,更不会影响企业运营的资金需要。国企积极响应中央对保障性住房的政策号召,塑造勇于承担社会责任的企业形象对提

---

① 是指已合法建成并办理不动产权登记的商业、办公、旅馆、厂房、仓储、科研教育等非居住存量房屋。

升其品牌地位有积极且深远的意义。

对于承租人而言：

一是选择面更宽。对于无房新市民和青年人群而言，除了租金廉价、户型实用、生活配套齐全等关注点外，能够缩短上下班通勤时间是近年来日益凸显的关注点。第一财经商业数据中心联合巴乐兔快乐租房平台发布的报告显示，"租金合理"依然是租房时的首要考虑因素。但与此同时，"就近上班"受重视的程度几乎和"租金"平起平坐，甚至近9成的租客愿意为缩短通勤时间支付额外的租金。国企闲置住宅普遍分布于各个区域，涵盖不同户型，比起集中安置更能满足受众群体在各个区域工作的实际需求。

二是彰显个性化。和新建住房项目不同，国企闲置住宅最大的缺陷是房龄老旧。然而和老一辈租房的理念不同，房屋状况并非现在年轻人选择住房的关键因素。尤其是房龄和朝向，与整体人群相比，90后租客更容易接受10年以上房龄的房子，朝南甚至已经不是一个租房的必要条件。虽然是租房，但新时代年轻人讲究生活品质，从家电到家居，再到摆设装饰、厨房厨具，都希望做到精致。因此，不同于统一设计、千篇一律的装修风格，翻新改造能有针对性地做出不一样的内部设计，甚至可以选择与大学生创业团队合作，站在青年用户的角度为每套房增添创意设计，真正让政府对年轻人的温暖融入他们每天的生活中。

当然，盘活国企闲置住宅在实施的过程中依然存在一些困难点：国企是否愿意承担改造投入和后续维护费；是否有足够多的闲置住宅可实施升级改造；政府是否愿意构建专业的住房租赁运营团队；是否有切合满足需求的人群等，这些都需要进一步在上述测算分析的基础上进行细化和制定合适的操作方案。

五、结论

2021年6月25日，国务院办公厅印发的《关于加快发展保障性租赁住房的意见》（国办发〔2021〕22号），特别强调要坚持供需匹配。各地人民政府要摸清保障性租赁住房需求和存量土地、房屋资源情况，结合现有租赁住房供求和品质状况，从实际出发，因城施策，采取新建、改建、改造、租赁补贴和将政府的闲置住房用作保障性租赁住房等多种方式，切实增加供给，科学确定"十四五"保障性租赁住房建设目标和政策措施，制定年度建设计划，并向社会公布。政府除了政策引导鼓励国企及社会资源参与保障房建设外，相关优惠配套政策也要制定好，务求在实施过程中总结反思，真正将好事办好。虽然翻新改造方式的供应量有限，但"星星之火，可以燎原"。基于完成广东省下发的试点任务目标的急迫性，我们认为应该在切实摸清保障性租赁住房需求和现有租赁住房供求的情况下，通过这种方式发挥分布广、效率高和成本低的优势，短期内有效增加租赁住房供应，构建由政府支持、国企担当和社会参与的共赢平台。因此，盘活国企闲置住宅作为住房保障新方式，将有助于促进更多新市民、青年人等住房困难群体早日实现"安居梦"。随着保障性住房建设体系的不断完善,期盼能让更多承租人群体验到租房的便捷与舒适。

参考文献:

[1] 左琳,张兆亮.保障性住房的发展与现状:以北京市为例[J].市场周刊·理论版,2021(4):64-67.

[2] 卞文志.保障性租赁住房,让新市民住有所居[J].城市开发,2021(14):46-47.

[3] 本刊.加快发展保障性租赁住房促进大城市住房困难群体实现"安居梦":专访住房和城乡建设部住房保障司司长曹金彪[J].城乡建设,2021(15):6-13.

[4] 兰民均.城镇住房保障状况研究:以珠海市住房保障情况为例[J].商,2015(17):93.

作者联系方式

姓　名:陈文升　杨月红　郭凤耘

单　位:珠海仁合土地房地产与资产评估有限公司

地　址:珠海市香洲区吉大石花西路17号、19号二层

邮　箱:328571611@qq.com

注册号:陈文升(4420180057),杨月红(4420210161)

深圳市城中村租赁住房改造可行性分析

肖 双 郑港鑫

摘 要： 在我国住房市场结构中，租赁市场相对弱势。就深圳而言，城中村数量众多，城中村住房是租赁住房的主要供应来源之一。城中村租赁住房的改造将逐步改善人们的居住问题，完善多元的住房租赁市场供应体系，从而构建更为健康均衡的住房市场。而城中村脏乱差、老旧、臭气熏天等形象已深入大众心中。笔者通过分析深圳市城中村租赁住房现状情况，进而从建筑条件、环境影响、利益主体、财务方面及社会效益等角度分析城中村租赁住房改造的可行性。

关键词： 城中村改造；租赁住房；深圳市

一、前言

近几年，不论中央还是地方政府都逐渐重视住房租赁市场的发展，并陆续出台相关政策，培育较为薄弱的租赁市场，促进购房市场和租赁市场的均衡发展。作为国家首批开展住房租赁试点的 12 个城市之一，深圳正积极为租房房源开源，举措之一就是城中村规模化租赁试点。2021 年深圳市住建局起草了《关于进一步促进我市住房租赁市场平稳健康发展的若干措施（征求意见稿）》，提出要落实合理确定城中村住房规模化租赁改造范围，加强城中村住房规模化租赁改造引导。在经济高速发展和业态不断更新过程中，城中村显得格格不入。若将部分城中村住房统一租赁管理，既有利于优化居住环境，又能规范租赁市场，保障租赁市场的平稳发展。

二、深圳城中村住房租赁现状

深圳是一座创新之城，是年轻人梦想的聚集地，越来越多的年轻人都来深圳逐梦。据深圳统计局数据显示，2019 年年末深圳常住人口达 1343 万人，比 2018 年年末增加 41 万人，可预见未来深圳人口将不断增长。在房价高居不下的深圳，城中村是大多数"深漂族"的落脚点，据贝壳研究院发布的《粤港澳大湾区房地产市场白皮书》，深圳住房自有率仅有 23.7%，近八成深圳居民通过租房解决居住需求，其中七成居住在城中村。在深圳 1877 个城中村中，居住人数超过 1100 万人。

深圳住房租赁供应来源主要有城中村住房、工业区配套宿舍、商品住房、单位自建房及保障性住房等。其中，"城中村"是深圳占比最大的租赁房源供给主体，租赁住房供应占比超60%。但庞大的租赁市场也隐藏着许多亟待解决的问题。在居住品质上，城中村因历史遗留问题普遍存在规划布局混乱、消防安全不达标准、建筑主体陈旧、户型设计落后、公共设施滞后等问题，并不适合长期居住，也与城市整体定位与发展不匹配。在管理运营上，城中村业主纸账本+微信支付宝收款的管理方式落后，缺乏竞争意识，难以抵御专业租赁机构的冲击。

租赁市场对城中村的需求以及城中村自身存在的问题意味着城中村租赁住房改善存在着巨大潜力。因此，改造杂乱无章的城中村，是使城中村物质形态融入城市发展，实现城市发展一体化的趋势之举。

三、深圳城中村住房改造可行性分析

深业集团与福田区政府通过创新合作模式对深圳市水围村进行了改造，为城中村改造提供了良好的案例分析。与此同时，大型地产商（如万科万村、金地草莓、华润有巢等）及长租公寓企业（如自如公寓、乐乎公寓等）顺应号召，通过收房、改造、出租等一系列动作尝试进入深圳市城中村房屋租赁市场，但在实施过程中存在着诸多障碍，效果不甚理想。基于以上案例，笔者对深圳市城中村租赁住房改造的可行性进行了如下分析：

（一）建筑条件分析

大多数城中村缺乏专业规划，除了进出村落的主要道路，内部基本缺乏次一级道路交通网络。在有限的土地上高密度地建设房屋，导致了城中村楼房间距极窄，基本上属于"握手楼"，楼栋间的巷道空间最多可同时通行2～3人。除此之外，城中村建筑主体老旧，部分建筑年限超过15年，建设技术不规范导致部分房屋建筑外墙不牢固，较为严重的是利用海砂材料建设的房屋，因氯盐长时间腐蚀内部结构使得房屋质量尤为低劣，引起混凝土中钢筋严重腐蚀破坏，乃至造成房屋坍塌等事故，严重危害着居民的生命安全。

因此，城中村楼房改造的建设条件必须严格进行实地勘察及评判，年限过久远、地基不牢固、建筑主体脆弱等建筑条件不足以支撑房屋改造措施的需要将其排除在改造范围外，应选择具备良好建筑条件的城中村进行适当改造。除此之外，城中村性质房屋没有正规的报建手续，其中的所有改动行为均需要政府同意，所以相关政府应及时出台城中村改造报建的相关政策。

（二）环境影响分析

在环境方面，大量城中村不良的卫生管理易引发蟑螂遍地、老鼠横行等现象，影响城市市容市貌的管理。老旧城中村的地下排水管网仍停留在原始旧有的雨污合流的状况，大量新增的生活污水随着合流管排入附近水体，严重影响周边环境和居民的生活质量，不符合海绵城市建设的发展方向。脏乱差的城中村建筑外观与城市宏伟的高楼大厦形成了鲜明的反差，城中村是城市建设发展过程中出现的历史遗留产物，但在一定程度上影响着城市的市容市貌。

因此，在城中村改造过程中，首先要解决现有排水系统，实施雨污排水系统更新改造措施，解决好城中村生活污水排放问题，为居民的正常生活提供良好保障。对于老旧城中村楼房的外立面进行修缮，在外观上与周围建筑实现和谐统一，改善城市的市容市貌，一方面能够提升该城中村在住房租赁市场的市场地位，另一方面可为构建城市文明典范迈出一小步。水围村便是一个很好的案例。

（三）利益主体分析

城中村的主要问题之一是利益平衡问题。通常来说，城中村改造过程中涉及的利益主体有改造主体、政府和业主，若不能平衡好三方的利益关系，改造项目很难推进。对改造主体而言，产生经济效益是项目正常实施的关键，而城中村改造不如拆迁重建类项目可通过加大容积率平衡经济账。因此，政府的财政扶持和金融支持是必不可少的。对政府而言，城中村改造项目主要重视环境改善和解决人口对居住空间的需求，但过高的改造投入也会产生财政压力。对业主而言，更加重视自身物业的价值，通常对改造后的租金水平有较高预期，忽视社会整体效益和环境效益，因此在改造过程中如何有效降低业主预期，是项目有效实施的关键。

（四）财务可行性分析

据相关资料显示，城中村的改造成本超过 3000 元 $/m^2$，如深业集团水围村项目、万科坂田新围村长租公寓项目。巨大的改造成本投入以及后期运营和维护成本，在满租约期限后，改造主体的收益与支出水平大致持平。

若改造对象整体环境较好，公共设施较为完善，改造主体只需对房屋主体进行改造，成本还比较可控，改造项目的经济账还能平衡。而对于大多数基础条件较差的城中村，除了房屋自身的修缮装修之外，改造主体还要承担公共设施和基础设施改造，若政府部门没有相应的补贴，很少会有改造主体愿意进行改造。而对于广泛适用性的规模化城中村，政府应制定城中村改造指引，标准化城中村的改造。在财务上给予改造主体相关扶持措施，提供住房租赁金融支持、推进符合 REITs 规则的住房租赁项目落地，有助于改造主体减缓财务压力，实现改造项目的经济平衡。

（五）社会影响分析

城中村租赁人口大多为外地来深建设者，年轻朝气、收入较低、尚无储蓄、对价格敏感是该类人群的特点，城中村租赁房屋既满足了低收入人群对住房的需求，又完善了多元的住房租赁市场供应体系，为深圳的包容性提供实实在在的物理空间。而城中村住房经过改造后，房屋租金水平势必会上涨，这就会影响低收入人群的居住空间需求。若租金上涨幅度超过该类人群的承受能力，势必会造成人口外溢，无法有效地留住人才。因此，应控制好城中村租赁住房租金的涨幅，以匹配主要租赁群体可接受的租金区间。政府可通过创新合作模式、落实租赁税收优惠政策、促进住房租赁金融支持等措施，合理控制城中村改造产生的成本，进而控制改造带来的租金上涨程度。

四、总结

城中村改造是盘活深圳存量住房、提供租赁住房的有效方式之一。深圳的住房租赁市场需求具有巨大的潜力，但城租赁住房的改造需要严格把控改造对象的建筑条件，注重公共基础设施的完善和环境的改善，同时还要协调平衡好改造过程中各方的利益需求。为有效推进项目的实施，政府可出台改造操作指引，并给予财政补贴和政策支持。城中村住房是深圳租赁住房主要的供应来源之一，城中村的改造将逐步改善人们的居住问题，完善多元的住房租赁市场供应体系，从而构建更为健康均衡的住房市场。

参考文献：

[1] 邢福生.公共租赁导向下的深圳市城中村规模化改造策略[J].住宅与房产，2021（8）：65-68.

[2] 段阳，杨家文.深圳市人才保障住房新实践——以水围村综合整治为例[J].中国软科学，2019（3）：103-111.

[3] 梅桢悦，魏燕荣，刘畅."租赁运营模式"下城中村改造策略研究：以深圳水围村为例[C]//中国城市规划学会、杭州市人民政府.共享与品质：2018中国城市规划年会论文集（02城市更新），2018.

作者联系方式

姓　　名：肖　双　郑港鑫

单　　位：深圳市英联资产评估土地房地产估价顾问有限公司

地　　址：深圳市福田区深南路与竹林三路交汇处博园商务大厦8楼

邮　　箱：745127232@qq.com

注册号：肖双（4420210163）

我国住房租赁发展现状及增加
有效供给的现实路径

毛寒秋　李朱乐

摘　要：近年来，租赁住房受到了越来越多的关注，住房租赁市场是实现全体人民住有所居的一个重要渠道。本文对我国租赁住房的供给现状进行了剖析，指出当前供给侧存在的主要问题。在分析我国住房租赁市场现状及国外住房租赁市场优秀经验的基础上，提出有效增加租赁住房的措施，并对有效增加租赁住房供给提出相应的政策建议。

关键词：租赁住房；有效增加供给；路径；政策

一、租赁住房供给现状

近年来，无论是在国家层面还是地方层面，关于租赁住房的利好政策都不曾间断，从下至上都在鼓励租赁市场发展，增加租赁住房的有效供应，预计在未来几年里，租赁住房市场将得到快速发展。自党的十九大以来，坚持"房住不炒""租购并举"已成为我国房地产业发展的总基调，国家鼓励和支持住房租赁行业发展，在"十四五"规划中更是将租赁住房上升到国家战略层面，2021年底的中央经济工作会议中强调"加快长租房市场发展"，从"规范发展"到"加快发展"，说明国家将加大对长租房市场支持力度。长租房作为多渠道供应租赁住房的来源之一，将有助于发挥市场效率，满足租客个性化、品质化的租赁需求。

（一）租赁住房的类型和结构

当前，我国租赁住房体系包括了公租房、保障性租赁住房和市场租赁房。其中，公租房面向城镇户籍中低收入的住房困难群体，对低收入家庭应保尽保，其他家庭在合理轮候期内给予货币保障；保障性租赁房则面向新市民、青年等住房困难群体，解决阶段性住房困难；市场租赁房包括私人业主所出租的住房和租赁运营企业包租、自持运营或非改租的住房。从供应主体来看，以私人住宅出租为主（90%左右），机构化出租占比较低（5%左右）。在当前政策的支持下，机构化出租占比在不断提升。

这三类租赁住房，在面积户型的配比上也存在一定的区别。公租房面向的对象多以家庭为单位,因此,户型以 50m² 以上的两室一厅为主,配以少量 35m² 左右的一居室;由于保障性租赁住房针对的主要是新市民、青年群体,所以主要由面积较小的单人间为主,具有"小户型、低租金"的特点。以杭州为例,保障性租赁住房分为宿舍型和住宅型,其中,宿舍型保障性租赁住房建筑面积标准为 20～45m²,且该类户型不得少于80%,住宅型保障性租赁住房的建筑面积标准原则上不超过 70m²,且比例不高于20%;而市场租赁住房的户型更为多样,其中企业自持或非改租的房源以 35m² 左右的一居室为主,私人住宅则多为面积较大的两到三居室,以合租或者整租的方式出租。

(二)租赁住房的筹集渠道

为了能有效增加租赁住房供给,鼓励和支持各类市场主体多渠道筹集房源至关重要。目前,我国较为普遍的筹集渠道主要有新建、改建、盘活存量住房这三大类。新建是指通过新增供应租赁住房用地,或利用集体建设用地和企事业单位自有闲置土地,新建或配建一批租赁住房;改建则是指对闲置的商住以及非住宅进行外部环境改造、内部功能优化等一系列改造措施,以此新增改造一批租赁房源;而盘活存量房是指通过市场化、专业化的运营方式,将闲置的个人房源与企业房源重新投放市场,提高空置住房的利用效率,实现存量住房的再盘活(图1)。

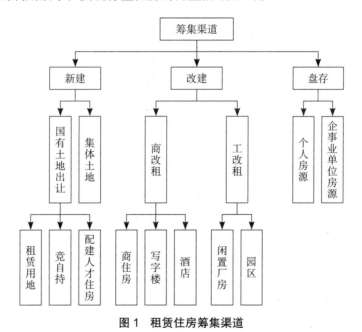

图 1 租赁住房筹集渠道

(三)租赁住房的分配方式

为了促进房地产市场平稳健康发展,提高住房资源的配置效率、实现社会公平,使人民住有所居,租赁住房的合理分配显得尤为关键。

公租房的分配是各地在综合考虑申请对象的住房困难度、收入水平、申请顺序、保障需求、房源状况等情况的基础上，合理制定轮候排序规则，统一安排轮候配租。一般情况下，首次轮候按照申请人在本市首次缴纳社会保险时间的先后确定轮候顺序，如若相同，则以申请人户籍迁入本市时间先后确定轮候顺序，若再相同，就抽签确定轮候顺序；之后是实行日常轮候，以主管部门发放受理回执的时间先后确定申请人轮候顺序。此外，也有通过组织公开随机摇号来决定申请家庭顺序号的，然后再根据其优先分配等级确定批次受理范围，进入批次受理范围的申请家庭办理正式申请手续后，相关部门再按规定进行审核公示，确认轮候资格。保障性租赁住房的分配方式与公租房大同小异，只是其面向的群体一般是城区无房、稳定就业且收入处于中等以下水平的新市民、青年人，以及一些当地批准引入的特殊人才。

在实际操作中，公租房与保障性租赁住房都存在空置房源利用率低、被占用、转租转借等问题，因此，提高这两类租赁住房的有效供给是当务之急。

相比之下，市场租赁房并没有固定的分配方式，近些年来，由于个性化、品质化租赁需求的持续增加，市场租赁房的分配主要取决于租户的租金承受能力与具体诉求，分配方式相对自由。

（四）租赁住房的退出方式

租赁住房的准入和退出是房源有效流通的关键，其中，建立科学的租房退出机制可以更有效地实现租赁房源的再利用，维护租赁双方利益。

公租房与保障性租赁住房的退出机制相差无几，一般情况下退出机制可以分为两大类。一是存在对房屋进行转租转借、无端长期闲置或者改造破坏等违规行为的，承租人将被责令退回房屋；二是合同到期未提出续租申请或提出续租申请但经审核不符合续租条件的，或在租赁期间获得其他住房或享受了其他保障性住房的，以及拖欠租金累计达一定时间的将被要求腾退房屋。

公租房与保障性租赁住房的退出机制虽然各个城市有所不同，但是都在一定程度上约束了承租人对房屋的使用行为。"退出难"的现象依然存在，其原因主要有以下三点：一是部分地区收入情况透明度较差，真实收入难以得到准确核实；二是缺乏相关部门对此类住房进行管理；三是退出后的后续配套制度缺失，导致一些人收入提高后也不愿主动申请退出，抑或是为了享受福利而不愿提高收入。

市场租赁住房的退出方式一般以租房时签署的合同为准，其退出标准主要受租期的限制。当合同到期，承租人未提出续租需求或提出续租需求但房东无意向再出租的则需要退出房屋。若承租人签订合同时另付押金，退租时需要房东退还押金。

二、有效增加租赁住房供给的路径

按照需求时效不同，租赁住房的需求可以分为潜在需求和有效需求，前者是在当前已经表现出来有支付能力的现实需求，后者是当前缺乏支付能力、没有表现出来，但有可能在今后某一阶段逐渐显现的未来需求。还可以按照需求层次不同将其分为生存需求、享受需求和发展需求。租赁住房的需求受到居住面积、租金价格、家庭结构、建筑及品质以及通勤时间等因素的影响。租赁住房的有效供给是指能够满足租赁住房需求的供给。

目前我国的租赁住房有效供给滞后于社会发展需求，成为制约租赁行业发展的首要问题，切实有效地增加租赁住房的有效供给对于落实中央提出的"房子是用来住的，不是用来炒的"战略定位和"加快建立多主体供给、多渠道保障、租购并举的住房制度"，稳妥落实长效机制，促进房地产市场平稳健康发展，提高住房资源的配置效率和实现社会公平，实现人民住有所居具有重要意义。

（一）住房租赁市场供给侧存在的主要问题

1. 租赁住房房源供给总量不足

虽然我国大部分居民将租房作为过渡性、阶段性的需求，但愿意长期将租房作为解决居住问题的人并不多，普遍倾向于购买住房。但《房地产蓝皮书：中国房地产发展报告（2021）》也指出，在目前房价大幅下降可能性较低的情况下，新市民和青年人的居住问题主要依靠发展租赁市场解决。另外，根据国家统计局发布的数据可知，我国常住人口城镇化率为64%左右，而户籍人口城镇化率只有45%左右（截至2020年底），在常住人口中有相当大比例通过租房解决居住问题。从区域结构来看，房源供给也不均衡，大城市尤其是特大城市由于大量人口的流入，对租房需求量大，而供给对于需求显得相对不足；而人口净流出的城市及地区则供需矛盾相对较弱。

就目前来看，增加租赁住房房源主要有以下两方面痛点。

一是在以地方财政、经济增长为前提的绩效考核导向下，土地出让、增值以及房地产交易成为地区经济增长和财政收入的重要来源，因而，地方政府往往缺乏提供租赁住房房源的积极性。

二是目前住房租赁市场收益普遍较低，无论是通过新建还是改建、盘存的方式经营租赁住房，都难以实现长期的、可持续的投资收益，以租金收益进行相关融资也较为困难。比如就"房屋空置率"而言，很多发达国家的房屋空置率长期保持在较低水平，一般不超过10%，而我国空置房屋的数量接近房屋总量的四分之一，且三四线城市的房屋空置率高于一二线城市。

2. 租赁市场供求结构错位现象突出

一是小户型、低总价的出租住房供求矛盾突出。第七次全国人口普查数据显示，2020年全国人户分离人口近4.93亿人，其中流动人口近3.76亿人，十年增长近70%，成为城市新市民和青年人的重要组成部分，同时也成为城市租赁市场的主力军。而大部分新市民和青年人工作年限较短、收入相对较低，购房和支付租金的能力较低。从私密性及低租金需求点出发，租赁市场更倾向于小户型、低租金的房源。目前，我国以小户型为主的保障性租赁尚处于起步阶段，市场租赁房源仍以私人住宅为主，一居室、两居室供给有限，小户型租赁供需关系紧张。一些租房者只能退而求其次寻求三居室以上的合租房源，甚至是群租。

二是租赁房源的品质和功能不能满足需求。"居者有其屋"一直以来都是中国人的朴素愿望，租赁住房需求通常分为购房过渡性、上学工作便利性、长期务工居住等类型，不同类型需求对租赁住房的品质、结构、社区环境等有不同的要求。随着住房消费领域的全面升级，住房品质的改善不仅仅针对买房房源，租赁房源也期待从"有的住"到"住得好"的需求升级。而目前我国更加迎合租赁房源品质化转型的长租公寓，由于成本高、战线长、盈利难等问题发展滞缓，甚至频繁出现"爆雷"现象。因而，现实是租赁市场仍以品质参差不齐的私人房源为主，难以满足新一代租房人的需求。

三是我国的租赁市场结构还存在其他供需错配问题。比如地段上的供需错配，"职住分离"现象较为严重。例如公租房制度，在我国实行已超过十年，第一批公租房已到达退租的年限，却出现房源供需失衡、流动滞缓的问题。部分城市的公租房小区遭遇了冰火两重天，比如重庆市区位较好的公租房小区供不应求甚至出现长期被挤占的情况；而位置偏远、交通配套设施不健全的公租房小区，由于通勤时间过长加之租金差别不明显，则供过于求、入住率普遍不超过50%，这不仅造成了公共资源的巨大浪费，也使得公租房制度的有效性遭到了质疑。另外，租赁住房目前难以享受租售同权，最直接的影响就是承租者无法和购房者享受同等的教育资源。

以上三点特征在特大城市和超大城市尤为明显。

（二）国外在租赁住房供给上的优秀经验

日本在城市化高速发展时期，针对大量从农村涌入城市的工薪族新市民居住困难问题，建立了以公团住宅为主的住宅制度。住宅公团通过在大城市郊区集中连片开发，建设以租赁型集合住宅为主的公团住宅，不但在解决社会中间层住宅困难中发挥了重要作用，而且促进了住宅产业化、城市化的发展。住宅公团制度服务于中等收入群体，也就是通常所说的"夹心层"，较为接近我国的公租房制度，但较我国的公租房制度而言起步更早（20世纪70年代末起步），有着60多年的建设和管理经验，期间住宅公团机构职能不断调整，住房政策由住房量的供应转向品质的提升以及租赁住房管理、推动城市改造、重点保障老年人和育儿家庭等。该政策可为我国当前推进租赁住房供给提供以下有益借鉴。

1. 住宅公团只面向中等收入家庭

住宅公团制度与面向本地低收入家庭的公营住宅形成互补。公团对承租者的收入水平既有下限要求又有上限要求：月收入的下限标准额为房租的4倍，上限标准额则是由具体的金额规定的。并且承租对象不限于本国公民，任何人都可以入住公团，且入住条件十分简单，只要申请人能提供一年租金以上的存款或者月租金4倍以上的月收入证明,就可以入住,且不需要保证人。

2. 住宅公团推动了住宅产业化、城市化发展

住宅公团由独立行政法人都市再生机构(简称UR)运营,并与民间企业、地方公共团体合作,在多年不断的机构调整中,公团住宅制度的重点也逐渐由住宅建设转向政策性租赁住房供应、城市更新改造、管理及城市基础设施开发等方面,在城镇建设中力图实现"安全、舒适"的市郊生活,引导和协同社会力量,共同实现城市"再生目标"。从这点来说,住宅公团不但在解决"夹心层"住房困难上发挥了极其重要的作用,更是推进了住宅产业化、城市化的发展。

3. 住宅公团建筑区注重职住平衡

公团住宅主要建设在城市郊区,是都市圈新城开发建设的重点。这些居住区按照"邻里社区"规划,设置了学校、商场、银行等公共资源,满足承租者就近购物、教育等基本生活需求。由于远离城区,为缓解通勤压力,住宅公团从20世纪60年代开始利用市区闲置空间建设住宅,即市街地住宅,此举有效降低了市区的空置率。

4. 住宅公团有较高的宜居度

虽然住宅公团是政府出资建设的保障性福利住房,但不代表它的房屋质量、内部设施简陋。相反,住宅公团在房屋格局理念上实现了很多创新,虽然每套房屋的面积仅有 $40 \sim 60m^2$,但包含了开放式系统厨房、大阳台、独立的浴缸、智能家居,甚至在厨房和卫生间配置了符合残障人士使用习惯的便利设施,细节上十分出色。因而,即便租金设定在中产白领月收入的40%左右,并不算便宜,但由于设计理念超前,依然受到了新兴中产阶级的推崇。与此同时,为了迎合社会需求的个性化、品质化、适老化,住宅公团会定期对户内的装修、空间布局、公共区域等进行升级改造。

由此可见,日本公团住宅的建设和改造一直融入整个城市的发展进程,值得中国在解决中低收入流动人口的居住困难方面借鉴参考。

(三)有效增加租赁住房供给的措施

基于国外增加和优化租赁住房的优秀经验,结合我国租赁住房发展现状和主要问题,在有效增加租赁住房供给方面,提出以下建议:

1. 加大租赁住房有效供给应主要聚焦在特大、超大城市

根据国务院于2014年下发的《关于调整城市规模划分标准的通知》,城区常住人口1000万以上的城市为超大城市,城区常住人口500万以上1000万以下的城市为特大城市。这些城市人口流入量大,商品房价格高,且短期内房价难以有较大降幅,从而导致这些城市住房租赁市场主要矛盾集中在"整体数量不够"和"适合的居住空间不够"。

以上海租赁市场为例,2019年上海市住房自有率为63.2%,2400万人口规模中有近880万租赁人群。因而,按人均租赁面积 $25m^2$ 来计算,上海租赁人口所需要的住房租赁面积约为2.23亿 m^2。然而,目前6.87亿 m^2 的居住房屋中,除去居住房屋

空置面积与居住房屋自有面积,仅有 0.33 亿 m^2 用于租赁。上海市租赁市场存在着 1.9 亿 m^2 的巨大供需错配。

2. 积极推动散户化供应向机构化运作长租房市场转变

2022 年政府工作报告提出"坚持租购并举,加快发展长租房市场",引起社会广泛关注。从业界看来,长租房作为解决城市新市民、青年人居住问题的重要途径,应进一步提高机构化长租房占比,培育专业化住房租赁企业标杆。

相较于散户将居住房屋出租,租赁机构获取房源的方式更加多样化,既可以通过租赁、收购或合作等多重手段获取存量物业(包括商品住宅、商办物业、酒店公寓等)并进行改造,也可通过招拍挂途径获取新增土地(包括租赁用地、集体用地)用于建造租赁住宅,将更多的空间改造为适合居住的产品,从而提升租赁服务水平,稳定租赁关系,规范租赁行为,促进住房租赁市场发展。

3. 继续持续积极推进租赁住宅用地的出让和集体用地供应

近年来,政府持续出让租赁用地,成交热情不减。上海作为租赁用地的主战场,截至 2020 年底,已成功出让 101 幅纯租赁住宅用地,总体量达 696.9 万 m^2,可提供约 18.7 万套房源。

租赁住宅用地,成为租赁住房新增的主要供应来源之一,是长效机制下的可持续性方法。与此同时,集体用地供应相较于租赁住宅用地提供了更为灵活和多样化的入市方式(出让、包租、作价入股),因而在供应上也应持续加码,一方面对于我国农村土地盘活有着深刻意义,另一方面意味着利用集体用地建设租赁用房已取得阶段性探索成效。

4. 发挥政府和市场的协同作用,推进租赁房源多渠道筹集

国内外优秀经验践证明,在解决住房问题上,完全实行福利制度而排斥市场的作用,不利于住宅生产,甚至会拖垮公共财政;而对市场的完全放任,会使房价涨幅过大从而产生大量住房困难户,影响社会稳定。切实可行的解决办法,需要综合利用市场和政府力量,协同作用。在政府顶层设计的前提下,各方机构参与主体均发挥重要作用,市场机构化、集中化率不断提升。

与此同时,中央政府应加大对地方的财税支持,降低新建租赁住房的土地使用成本;地方政府要加大对租赁住房的设施配套资金支持,给予政策化的激励、税费上的优惠,增加资金筹集渠道。

5. 建设公共租赁性住房要注重产城融合、职住平衡

2009 年《政府工作报告》中首次提出大力发展公共租赁住房,标志着我国公租房制度的起步。经过多年的发展,加之政府日益重视,建设力度逐步加大,预计未来几年里公共租赁住房将快速发展。

在大力发展建设公共租赁性住房的同时,不能脱离整个城市的发展进程,应当充分考虑当地产业布局、产业升级的实际情况,以就业需求和居住需求为导向,在交通区位优越的位置选址,配套建设较为完善的基础设施和公共服务设施,建立社区服务体系，满足新市民教育、医疗、生活等需求。避免因选址偏远，导致未来住房空置率高、社区缺乏活力、改造难度高。

6.优化租赁住房的户型设计以及建筑品质

针对我国大城市住房租赁市场小户型、低租金房源供应不足的情况，新建租赁住房要以中小户型为主，优化户型设计和功能分区。各城市要从新市民、青年人无房群体的需求偏好出发，科学确定户型结构比例，有效迎合住房需求。

此外，要注重新建租赁住房建筑品质，实现建筑的长寿化、品质优良化、绿色低碳化，建设更具长久价值的居住环境；同时，借鉴日本公团住宅公团的设计理念，充分考虑未来更新改造需求，为调整房间格局提供可能，从而能够更好地迎合租赁市场未来不断变化的需求。

三、有效增加租赁住房供给的政策建议

（一）建立新城职住平衡

在超大以及特大型城市，建立新城职住平衡。新城要着重于促进产城融合发展，在新城产业社区中增加租赁住房、公共空间和服务设施，提升整体品质、促进职住平衡；完善多样化住房供应体系，促进新城住房规划建设与轨道交通建设、就业岗位分布、公共设施配套联动发展，引导人口和住房合理分布，保持新城房地产市场平稳健康发展。

（二）推进机构运营长租房，并给予政策支持

多措并举降低长租房运营成本，包括落实已出台的税收优惠政策，明确分散式长租房和集中式长租房的增值税征收标准，探索在起步阶段给予长租房企业一定期限的税收减免或抵扣；积极推动利用集体建设用地按照规划建设租赁住房，支持企业将商业用房、闲置用房等按规定改建为长租房，多渠道增加长租房源，降低长租房土地开发成本和房源获取成本。同时鼓励金融机构加大对住房租赁项目的信贷扶持，降低企业融资成本。

（三）进一步扩大租赁住房土地供应规模

加快保障性租赁住房建设，增加土地供给是关键。未来在人口流入量大的特大和超大城市，土地供应计划应加大向租赁住房的倾斜力度，保障新市民、青年人的居住要求。值得注意的是，目前全国各大重点城市已经在土地供应计划中单列了租赁住房用地计划，但在占比计算方法上略有不同。未来建议出台相关政策，进一步明确和增加单列租赁用地的比例，同时，倡导多渠道增加租赁住房供给，鼓励利用集体建设用地和企事业单位自有闲置土地建设租赁住房，进一步加大租赁住房用地供应力度。

(四)保障承租人权利,努力推进租购同权

我国租购同权的刚性约束主要是城市公共服务资源的稀缺性,包括学区之间的矛盾,实现租购同权的本质是提高公共服务的供给能力。因而,各地应加大基础设施和公共服务投入,在户籍、教育、医疗等一系列政策体系中提供全方位支持,切实维护租房群众合法权益,逐步使租购住房在享受公共服务上按照实际居住具有同等权利。

参考文献:

[1] 易成栋,陈敬安.增加租赁住房有效供给的现实困境和优化路径研究[J].行政管理改革,2021(9):50-59.

[2] 王艳飞,谢海生,金浩然.国内住房租赁市场供给侧结构性改革研究[J].经济研究参考,2018(7):54-60.

[3] 彭佩云.公租房租转售,解决住房供需错配[J].城市开发,2021(10):27-29.

[4] 周建高,王凌宇.日本公团住宅制度与启示[J].中国名城,2018(7):37-42.

[5] 王艳飞,金浩然.日本公团住宅建设及改造的经验和启示[J].城乡建设,2020(1):76-79.

作者联系方式

姓　　名:毛寒秋　李朱乐

单　　位:杭州中房信息科技有限公司

地　　址:浙江省杭州市西湖区马塍路36号火炬高新科技园

邮　　箱:yuejun@tmsf.com

（二）收益率不高问题

内部收益率与租赁住宅地价浅析

陆艳倩

摘　要：采用内部收益率的理论对租赁住宅用地价格进行分析，推算上海各区已出让的租赁住宅用地地价的合理内部收益率区间，并提出从财务评价的角度对租赁住宅用地地价进行评价具有一定的合理性。

关键词：内部收益率；租赁住宅用地地价；盈亏平衡地价

一、引言

投资性房地产的财务评价方法众多，总体而言，迄今为止静态分析与动态分析方法在微观经济学的分析中仍占主要地位。动态分析法考虑了资金的时间价值，比静态分析更有助于项目的获利能力评价。而内部收益率是财务评估时主要运用的方法之一，能为投资人判断项目的可行性及预测项目的获利能力提供决策指标。

因此，本文就试图通过内部收益率进行租赁住宅用地拿地价格分析，从财务评价的角度对上海各区租赁住宅用地地价进行合理性判断。

二、内部收益率定义及作用

（一）定义

内部收益率是指资金流入与资金流出现值总额相等、净现值等于零时的折现率。内部收益率是投资者渴望达到的最低报酬率，是能使得投资净现值等于零时的折现率。基本公式为：

$$\sum_{i=0}^{i}(CI-CO)_i(1+IRR)^{-i}=0$$

式中：　　　CI ——资金流入量；

　　　　　　CO ——资金流出量；

　　$(CI-CO)_i$ ——在第 i 年的净现金流量；

　　　　　　　i ——项目开发或经营期限。

（二）作用

1. 内部收益率代表项目净现值为零时的折现率

内部收益率是项目盈亏平衡时的折现率。一般地，内部收益率的函数呈现向下凹形曲线，曲线与X轴的交点即为内部收益率。传统的计算内部收益率的方法为插值法，该方法工作量大，且精度较低。因此通过EXCEL中IRR函数的运用，能较为便捷地计算项目的内部收益率，且精度较高（图1）。

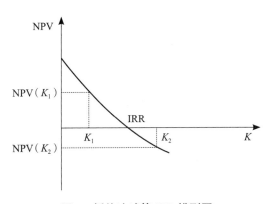

图1 插值法试算IRR模型图

2. 内部收益率代表了投资者所能承受的最低报酬率

内部收益率表明了投资者所能承受的最低报酬率。一般地，在房地产或土地项目估价时，报酬率的取定多运用累加法确定，即以安全利率加风险调整值作为报酬率。若内部收益率低于安全利率加风险调整值，项目存在亏损。同时亦可通过对内部收益率的求取作为判断可承受的最高贷款利率的上限，若贷款利率高于内部收益率，则提示投资项目面临亏损，以此来判断投资项目是否具有可行性。

三、内部收益率在土地定价中的运用分析

（一）现行租赁住宅用地成交情况

上海自2017年7月首次出让租赁住宅用地以来，截至2018年7月31日，共出让34块租赁住宅用地。除虹口区、普陀区、奉贤区、金山区4区未推出租赁住宅用地外，其余12个区均已有租赁住宅用地出让。具体各区推出数量详见表1。

各区出让租赁住宅用地数汇总表　　　　表1

序号	区县	地块数量
1	黄浦区	1
2	静安区	3

续表

序号	区县	地块数量
3	长宁区	2
4	徐汇区	2
5	虹口区	0
6	普陀区	0
7	浦东新区	12
8	杨浦区	4
9	闵行区	4
10	宝山区	1
11	青浦区	1
12	嘉定区	1
13	松江区	2
14	奉贤区	0
15	金山区	0
16	崇明	1
	合计	34

从表1可知，目前推地最多的为浦东新区，其次为杨浦、闵行两区。

而从各区县成交的租赁住宅用地地价来看，价格梯度过大，楼板价在1518元/m^2～13463元/m^2。34个地块的成交楼板价中位数为6555元/m^2，平均数为6598元/m^2。各地块成交价格见表2。

通过对表2的成交数据的统计分析，并由图2可知，成交的楼板价大多集中在6000元/m^2～8000元/m^2。

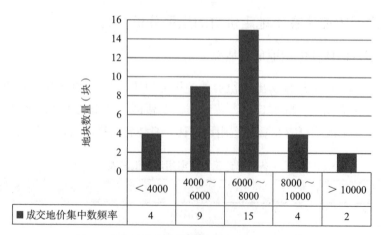

图2 成交地价集中数直方图（单位：元/m^2）

表2 各区出让租赁住宅用地成交价格汇总表

序号	所在区	地块名称	建设用地面积（m²）	建筑面积（m²）	容积率（%）	出让年限	成交时间	成交价（万元）	成交楼板价（元/m²）
1	宝山区	宝山区罗店镇罗家圆大型居住社区02单元0218-02地块	25007.7	62519	2.5	70	2018/1/3	28446	4550
2	崇明区	崇明区长兴镇G9CM-0901单元（局部调整）12-04地块	30621.2	61242	2	70	2018/1/3	9297	1518
3	黄浦区	黄浦区南浦社区S010601单元F01-01地块	20038.1	50095	2.5	70	2017/12/12	48949	9771
4	嘉定区	嘉定区嘉定新城E17-1地块	28513.4	71284	2.5	70	2017/7/24	42417	5950
5	静安区	静安区市北高新技术服务业园区N070501单元02-16-A地块	7768.6	21752	2.8	70	2018/1/16	16281	7485
6	静安区	静安区市北高新技术服务业园区N070501单元15-02地块	19456.6	58370	3	70	2018/1/16	46866	8029
7	静安区	静安区市北高新技术服务业园区N070501单元22-01地块	25838.1	72347	2.8	70	2018/1/16	61743	8534
8	闵行区	闵行区莘庄工业MHC10501单元34A-01A-c地块	13386.2	30788	2.3	70	2017/12/12	16067	5219
9	闵行区	莘庄工业区MHPO-0501单元34AA-01A地块	27356.8	64288	2.35	70	2017/12/12	33743	5249
10	闵行区	闵行区莘庄工业区MHPO-0501单元32A-05A-a地块	34088.8	74995	2.2	70	2017/12/12	39750	5300
11	闵行区	虹桥商务区G1MH-0001单元III-T01-A02-02地块	10370.2	20740	2	70	2017/10/31	12824	6183
12	浦东新区	浦东新区孙桥社区单元（部分）09-05地块（张江南区配套生活基地A6-05地块）	28496.4	56993	2	70	2017/11/2	31347	5500
13	浦东新区	浦东新区孙桥社区单元（部分）10-01地块（张江南区配套生活基地A7-01地块）	26623.2	31948	1.2	70	2017/11/2	19172	6001
14	浦东新区	浦东新区孙桥社区单元（部分）08-01地块（张江南区配套生活基地A5-01地块）	29662.4	35595	1.2	70	2017/11/2	21361	6001
15	浦东新区	浦东新区张江南区配套生活基地A3-06地块	65007.6	130015	2	70	2017/7/24	72392	5568
16	浦东新区	浦东新区16号线周浦站周边地区控制性详细规划10-05地块	38735.2	69723	1.8	70	2017/12/12	30051	4310
17	浦东新区	浦东新区16号线周浦站周边地区控制性详细规划10-01地块	32703.3	58866	1.8	70	2017/12/12	25401	4315

续表

序号	所在区	地块名称	建设用地面积（m²）	建筑面积（m²）	容积率（%）	出让年限	成交时间	成交价（万元）	成交楼板价（元/m²）
18	浦东新区	浦东新区上钢社区 Z000101 单元 10-2 地块	27111.1	81333	3	70	2017/10/31	54030	6643
19	浦东新区	浦东新区上钢社区 Z000101 单元 11-3 地块	38223.2	114670	3	70	2017/10/31	76186	6644
20	浦东新区	浦东新区北蔡社区 Z000501 单元 03-02、03-03 地块	53108	132770	2.5	70	2017/9/13	89593	6748
21	浦东新区	浦东新区黄浦南延伸段前滩地区 Z000801 编制单元 41-01、42-01、47-01、53-01 地块	42266	94150	2.23	70	2017/11/2	69342	7365
22	浦东新区	浦东新区世博会地块政务办公社区控详 15-01 地块	49165.2	147496	3	70	2017/10/31	113838	7718
23	浦东新区	浦东新区南码头街道滨江单元 06-05 地块	17522.2	43806	2.5	70	2017/9/13	34484	7872
24	青浦区	青浦区盈浦街道漕盈路东侧 07-05 地块	22426.7	44853	2	70	2018/1/3	16047	3578
25	松江区	松江区中山街道 SJC10032 单元 10-07 号地块	62693.6	112849	1.8	70	2018/3/21	40060	3550
26	松江区	松江区工业区 SJC10024 单元 09-10 号地块	22346.3	40223	1.8	70	2018/1/16	14440	3590
27	徐汇区	徐汇区漕河泾社区 196a-08 地块	7745	13941	1.8	70	2017/9/13	9014	6466
28	徐汇区	徐汇区康健新村街道 N5-03 地块	13070.8	35291	2.7	70	2018/3/21	30200	8557
29	杨浦区	杨浦区平凉街道 03F3-02 地块（平凉街道 44 街坊）	5867.1	12908	2.2	70	2018/1/16	9331	7229
30	杨浦区	杨浦区新江湾社区 N091104 单元 A3-05 地块（新江湾城街道原 D4）	33806.1	84515	2.5	70	2018/5/31	67615	8000
31	杨浦区	杨浦区定海社区 H3-6 地块（定海街道 153 街坊）	9502.7	23757	2.5	70	2018/7/12	17107	7200
32	杨浦区	杨浦区江浦社区 02-03 地块（江浦街道 77 街坊北）	3489	10467	3	70	2018/7/12	7800	7452
33	长宁区	长宁区古北社区 W040502 单元 E1-10 地块	9316.4	27949	3	70	2017/9/13	35669	12762
34	长宁区	长宁区古北社区 W040502 单元 E1-06 地块	38131.7	83890	2.2	70	2017/10/31	112941	13463

那目前的地价集中区间是否合理呢？带着这个疑问，笔者通过内部收益率（IRR）与地价之间的比对关系对地价的合理性进行论证。

（二）各区租赁住宅地价

1. 设定内部收益率（IRR）条件下的地价

通过查阅中指系统公布的2018年7月的上海各区的平均租金，以此租金数据计算经营期内的净收益，计算时运营成本按毛收益的30%计，并不考虑运营期内租金的增长（按国土资厅发〔2018〕4号文要求），则各区2018年7月的平均租金与净收益见表3。

各区 2018 年 7 月平均租金与净收益汇总表　　　　　　表3

序号	区县	平方米租金（元/m²·月）	平均年租金（元/m²·年）	年净收益（元/m²·年）
1	黄浦区	122	1464	1025
2	静安区	116	1392	974
3	长宁区	101	1212	848
4	徐汇区	85	1020	714
5	虹口区	81	972	680
6	普陀区	76	912	638
7	浦东新区	76	912	638
8	杨浦区	74	888	622
9	闵行区	64	768	538
10	宝山区	49	588	412
11	青浦区	48	576	403
12	嘉定区	43	516	361
13	松江区	42	504	353
14	奉贤区	24	288	202
15	金山区	23	276	193
16	崇明	18	216	151

同时，运用表3中的各区年净收益，在设定租赁住宅用地项目的内部收益率（IRR）为3%～10%，设定项目建设期2年，投资运营期68年条件下，运用内部收益率（IRR）的原理公式，计算出各区在现行市场租金对应设定内部收益率（即已知IRR）下的房地产价格，并参考2016年第4期《上海房地产估价》中"关于比较法中房地产权益调整的探讨"一文中的地价房价比，由于该文中的地价房价比主要以剩余法评估现有不动产的技术思路编制，地价房价比中已考虑了项目建设期，故通过地价房价比将房地产价格转换为期初投入的土地价格，设定土地价格（楼板价）为L。地

价计算公式见下，各区地价见表 4（具体计算略）。

$$\sum_{i=1}^{i} A_i(1+IRR)^{-i} = V \quad \cdots\cdots\cdots\cdots\cdots\cdots\cdots\cdots\cdots\cdots\cdots\cdots\cdots\cdots\cdots\cdots\cdots\cdots\cdots\cdots\cdots\cdots (1)$$

$$L = V \times R \quad \cdots\cdots\cdots\cdots\cdots\cdots\cdots\cdots\cdots\cdots\cdots\cdots\cdots\cdots\cdots\cdots\cdots\cdots\cdots\cdots\cdots\cdots\cdots\cdots\cdots\cdots (2)$$

将上式（1）（2）联列得地价（L）的计算公式为：

$$L = \sum_{i=1}^{i} A_i(1+IRR)^{-i} \times R$$

式中：A_i——净收益；
V——房地产价格；
i——经营期限；
R——地价房价比；
L——土地价格（期初投入）。

2. 初步地价分析

首先，通过对设定内部收益率 3%～10% 下的模拟地价的测算可见，内部收益率和地价成反比关系，即地价高则内部收益率低，地价低则内部收益率高。据此原理，进行租赁住宅项目投资拿地时，可先按行业基准收益率进行盈亏平衡地价计算分析，若出让地价高于行业基准收益率下的地价，则企业投资时需谨慎。

其次，将表 2 中的实际成交价与表 4 的模拟地价进行比对，成交地价对应的内部收益率（IRR）主要集中在 4%～7% 之间，占 34 个地块的 79.4%，最集中区域落在 5%～6%（图 3）。

最后，通过成交地块地价的 IRR 频率可知，现有成交地块中，崇明区、黄浦区、闵行区、浦东新区、松江区、徐汇区 6 个区的地价 IRR 位于 5%～6% 的最集中区域

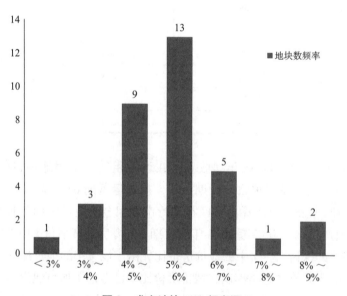

图 3　成交地块 IRR 频率图

各区楼面单价计算汇总表

表 4
（单位：元/m²）

IRR	黄浦区	静安区	长宁区	徐汇区	虹口区	普陀区	浦东新区	杨浦区	闵行区	宝山区	青浦区	嘉定区	松江区	奉贤区	金山区	崇明区
3%	16274	15464	13463	11336	10797	10129	10129	9875	8542	6541	6398	5732	5605	3207	3064	2397
4%	13115	12462	10850	9136	8700	8163	8163	7959	6884	5272	5156	4619	4517	2584	2470	1932
5%	10866	10326	8990	7570	7209	6764	6764	6594	5704	4368	4272	3827	3742	2142	2046	1601
6%	9217	8759	7626	6421	6115	5737	5737	5593	4838	3705	3624	3246	3174	1817	1735	1358
7%	7973	7576	6596	5554	5289	4963	4963	4838	4185	3205	3134	2808	2746	1571	1501	1174
8%	7009	6661	5799	4882	4650	4363	4363	4254	3679	2818	2756	2468	2414	1382	1320	1032
9%	6246	5935	5167	4351	4144	3888	3888	3790	3279	2511	2456	2200	2151	1231	1176	920
10%	5629	5349	4657	3921	3735	3504	3504	3416	2955	2263	2213	1982	1939	1109	1060	829

内,嘉定区成交地块的地价 IRR 位于小于 3% 的区域内,长宁区与杨浦区某些区域成交地块的地价位于 3%~4%,静安区某些区域则位于 7%~8%,浦东新区由于区域范围过大,某些地块成交价位于 8%~9%。

四、结论与建议

(一)地价与内部收益率分析

租赁住宅用地地价的内部收益率(IRR)表现为多少时,地价才合理?

首先,对成交地块中内部收益率(IRR)表现小于 4% 的地块进行分析。4 个地块分别位于长宁区的古北社区、嘉定区的嘉定新城、杨浦区的新江湾城内。通过查询中指系统中 2018 年 7 月长宁区、嘉定区、杨浦区各板块租金,依据中指系统对长宁区、嘉定区、杨浦区的板块划分,古北社区划入虹桥板块内,嘉定新城划入嘉定主城区板块内,新江湾城位于新江湾城板块内,4 地块所在板块租金见表 5。

板块租金汇总　　　　表 5

序号	板块	区县	平方米租金(元/m²·月)
1	虹桥板块	长宁区	99
2	新江湾城板块	杨浦区	85
3	嘉定主城区板块	嘉定区	37

因此古北社区两地块所在的虹桥板块月租金均值略低于长宁区 7 月所在区租金均值的水平,故从所在板块的租金所表现出的地价内部收益率(IRR 来看),亦应位于小于 4% 的区间内。而嘉定新城所在的嘉定主城区板块 7 月的月租金均值为 37 元/m²·月,但嘉定区 7 月的所在区租金均值为 43 元/m²·月,因此从板块租金所表现出的地价内部收益率(IRR)来看,仍处于小于 3% 的区间内。但新江湾城板块的月租金均值 85 元/m²·月,高于杨浦区 7 月所在区的月租金均值。以板块月租金计算的设定内部收益率(IRR)下的地价见表 6。

设定内部收益率下地价计算表　　　　表 6

(单位:元/m²)

所在板块	IRR 3%	IRR 4%	IRR 5%	IRR 6%	IRR 7%	IRR 8%	IRR 9%	IRR 10%
新江湾板块	11336	9136	7570	6421	5554	4882	4351	3921

将表 2 中杨浦区新江湾社区 N091104 单元 A3-05 地块(新江湾城街道原 D4)地块的实际成交价 8000 元/m²(楼板价)与表 6 进行对比,可见该地块的成交价内部收益率(IRR)位于 4%~5%,若以所在板块租金水平来看,该地块亦位于

4%～7%的IRR集中区内。采用插值法计算后，IRR估算为4.73%，大于现行的一年期贷款利率。

其次，对成交地块中内部收益率（IRR）表现大于7%的地块进行分析。3个地块为静安区市北高新技术服务业园区N070501单元02-16-A地块、浦东新区16号线周浦站周边地区控制性详细规划10-05地块、浦东新区16号线周浦站周边地区控制性详细规划10-01地块。通过查询中指系统中所在板块的月租金水平见表7。

板块租金汇总　　　　　　　　　　　　　　　　　　　　表7

序号	板块	区县	平方米租金（元/m²·月）
1	彭浦板块	静安区	73
2	周康板块	浦东新区	45

从表7可知，3地块所在板块的月租金均值均低于所在区的月租金均值。以板块月租金计算的设定内部收益率（IRR）下的地价见表8。

设定内部收益率下地价计算表　　　　　　　　　　　　　表8

（单位：元/m²）

所在板块	IRR 3%	IRR 4%	IRR 5%	IRR 6%	IRR 7%	IRR 8%	IRR 9%	IRR 10%
彭浦板块	9732	7844	6499	5512	4768	4192	3736	3367
周康板块	6002	4837	4007	3399	2940	2585	2303	2076

将3地块的实际成交价与表8进行对比，静安区市北高新技术服务业园区N070501单元02-16-A地块内部收益率（IRR）位于4%～5%，浦东新区16号线周浦站周边地区控制性详细规划10-05地块与浦东新区16号线周浦站周边地区控制性详细规划10-01地块的内部收益率（IRR）亦位于4%～5%。若以所在板块租金水平来看，3地块均位于4%～7%的IRR集中区内。且通过插值法计算后，估算的IRR分别为4.27%、4.63%、4.62%，3地块中位于周康板块内的两地块IRR大于现行的一年期贷款利率，而位于彭浦板块的则略低于一年期贷款利率。

综上，通过区域平均租金对应的地价分析显示，IRR位于4%～7%的比例最高，而对于IRR偏离4%～7%区间的地块，结合板块租金进行进一步的地价分析显示，各区已成交的地价中内部收益率（IRR）均小于7%，IRR位于4%～7%的占比高达91%，而内部收益率集中在4%～6%的地块占比高达76.5%。

因此，在现有的租金水平下，租赁住宅项目的内部收益率（IRR）下限值的合理值理论上应大于一年期贷款利率。一般地，内部收益率（IRR）下的地价仅为盈亏平衡时的地价，项目的IRR应高于行业基准收益率，若以成交地块的IRR密集区作为行业的基准收益率，则IRR下限值定在5%较为合理，理论上内部收益率（IRR）

大于5%的项目均具有可行性，地价亦为项目投资方可承受地价，且IRR表现为5%～7%的地价理论上为现行租金水平下较为合理的地价。

此外，从已推出成交的各区租赁住宅用地的地价看，嘉定、长宁两区租赁住宅用地地价偏高，地价所表现的住宅租金水平偏离目前所在区域的住宅租赁市场价格水平。

（二）地价承受力分析

从表4可以看出，在同一内部收益率（IRR）条件下，不同区能承受的地价水平不同，黄浦区能承受的地价最高，崇明区最低，这一规律亦符合上海的地价级别梯度分布规律。租赁住宅用地的地价水平与现行的租金水平息息相关，若在地价房价比保持不变的条件下，租金上涨的幅度与地价上涨的幅度为正相关关系，即租金价格的涨跌率与地价的涨跌率趋同；租金上涨可承受地价亦上涨，租金下跌可承受地价亦下跌，且幅度保持一致（图4）。

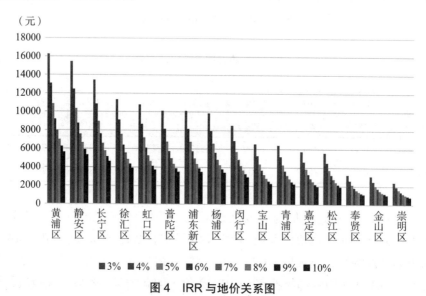

图4　IRR与地价关系图

（三）建议

从上述分析过程可以看出，引入内部收益率的概念来分析租赁住宅用地的地价是有效的，但本文仅基于国土资厅发〔2018〕4号文对地价计算的要求，未考虑租金的逐年增长对IRR与地价的影响，但现实中房地产市场租金的波动是必然的，上海的住宅租金在未来较长时间内有明显上涨是大概率事件，而且不同区域的涨幅会有所不同，因此若采用不增长的租金来分析实际的投资项目的收益容易得出不客观的结论，影响合理决策。故笔者认为不考虑租金增长下的IRR与地价分析仅适用于按国土资厅发〔2018〕4号文要求的租赁住宅出让地价的定价。

参考文献：

[1] 林雪洁.房地产项目财务评价内部收益率的比较研究[J].会计师，2014（12）：19-20.

[2] 胡永强.运用房地产投资内部收益率求取报酬率的方法论问题[J].中国房地产估价与经纪，2015（4）：30-32.

作者联系方式

姓　　名：陆艳倩

单　　位：上海科东房地产土地估价有限公司

地　　址：浦东南路379号26A-D室

邮　　箱：lyq3399412@163.com

注册号：3120070025

开源节流 精益管理
——提高住房租赁收益率的一些思考

穆春生 蒋炎冰 钟之衡

摘 要：当前，收益率过低已成为制约住房租赁企业发展的根本性问题。在当前的复杂环境下，笔者从日常工作角度出发，提出相关参与企业可通过降低空置率、丰富经营收入种类、提高出房率、争取政策支持等多种举措来提升住房租赁经营收入；也可以从优化成本、打造核心管理优势、降低财务费用等方面来压缩经营成本，从而达到提高住房租赁收益率这一核心指标的目的。

关键词：住房租赁；收益率；核心指标；开源节流；精益管理

在居住房地产的细分领域中，相较于蓬勃发展的住房销售市场，我国的住房租赁市场长期以来以个人零散出租房源为主，发展相对缓慢。近年来，随着国内住房房地产高房价叠加高需求的矛盾日益突显，2017年党的十九大报告提出"加快多主体供应、多渠道保障、租购并举的住房制度，让全体人民住有所居"的住房房地产改革方向，我国租赁住房迅速进入大发展时代，在此过程中也不断出现诸如发展混乱、频频"爆雷"、盈利困难等诸多问题。

2021年4月21日，在中国建设银行等机构发起的首届"浦江住房租赁高峰论坛"上，中国房地产估价师与房地产经纪人学会会长柴强博士指出：租赁收益率过低是中国长租房市场发展的根本性问题，并提出了两个"降低"和两个"提高"的建议。从2020年年初至今，笔者先后参与了多个住房租赁项目，涉及美股上市、大型国企、险资合作等多个集中或分散式住房租赁项目，服务内容包括前期市场调研、投资成本估算、现金流预测、项目收并购、资产证券化等，在工作中积累了相应经验，也进行了针对性的思考。

诚如柴博士所谈到的，在当前的复杂环境下，在租金不涨、房价不降的前提下，提高住房租赁收益率是住房租赁行业发展的关键，具体措施除了政府端改变土地供应模式有效降低成本外，相关参与企业唯有开源节流、精益管理，提高住房租赁收益率这一核心指标，从而实现企业的良好健康发展。本文试从以上角度进行说明，以期抛砖引玉，引发讨论和思考，文中如有错漏不当之处，敬请批评指正。

一、多策并举,提升住房租赁经营收入

(一)减少空置,提高入住率

市场公开数据显示,北上广深一线城市的租赁住房入住率普遍较高,以上海市住房租赁项目较为集中的闵行区浦江镇为例,区域内品牌集中式住房租赁项目入住率基本在88%~94%,平均出租率为91%,中位数出租率为90%(图1)。

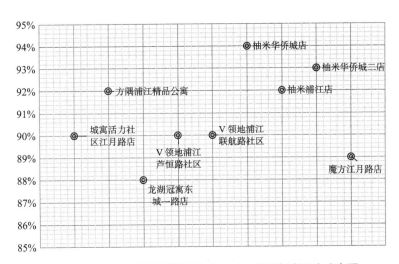

图1 上海市闵行区浦江镇部分集中式住房租赁出租率分布图

根据夏普理论,住房租赁需要在确保贝塔收益的同时,尽可能提高阿尔法收益。主要措施便是提高入住率,减少空置期。根据笔者的调查和走访,值得学习和采用的手段主要包括:

增加线上渠道:可有效降低线下获客成本,同时着眼于将营销、服务、管理等通过线上进行整合,进一步提高集成效率,形成竞争力。

抓住团队客户:通过与区域内的大型企业诸如大型医院、园区、学校等客户以签订长期协议、框架协议等形式锁定客户,有助于提高租约稳定性。

富有竞争力的租赁条件:如续约优惠、同品牌项目便捷换租、提供家电配置菜单等,从而提高租客续约率和留存率,缩短空置时间。

(二)流量入口,丰富收益渠道

当前,我们正处于移动互联网高度发展的时代,流量是核心价值。根据市场公开数据,我国目前选择租房居住的人数超过2亿,住房租赁作为巨大的流量入口,可以创造多种丰厚的经营收入,预计可包括表1中各项内容:

住房租赁服务内容和收益模式一览表　　　　表1

序号	服务类型	服务内容	适用模式	收益模式
1	房屋装修	设计、施工、建立、翻修、粉刷	轻资产	导流、抽成等
2	开荒保洁	开荒保洁、日常保洁等	轻、重资产	导流、抽成等
3	设施配置	选配家具、家电，定期维修更换	轻、重资产	广告、抽成等
4	线上服务	文娱、社交、服务等	轻、重资产	广告、导流等
5	配套服务	餐饮、便利店、外摆等	轻、重资产	租金或营业收入等
6	金融收入	押金、保险等	轻、重资产	分成收入等

以上海住房租赁龙头企业之一的上海城方为例，2020年旗下住房租赁项目中非租金收入占比达24%。在选配家电方面，城方与海尔进行合作，对家电租赁业务在租赁住房场景中的运用做出了积极的探索。海尔为租户提供菜单式家电配置方案及后续维修服务，不仅为运营方节约装修时间和成本投入，同时也兼顾了租户的预算限制及生活偏好。虽然当下围绕着流量入口的多种经营收入尚处于摸索阶段，但可以预见的是，随着多元渠道的尝试及开拓，未来此类收入将成为住房租赁收益增长的重要支撑。

（三）精简公区，增加出房率

由于目前住房租赁客群仍以35岁以下的年轻人为主，租赁社区往往配置较大面积的客厅、图书馆、健身房、影音室等公共区域以满足其社交需求。根据笔者对于多个已实际运营多年的住房租赁项目调研发现：公区更大的作用体现在营造良好的社区氛围之上，从而间接地影响客户的租赁决定。受制于住房租赁目标客群的消费习惯和快节奏的生活，其对于公共区域的实际使用率并不高，造成一定的资源浪费。

2020年年初至今，在疫情的冲击下，住房租赁目标客群的需求也在发生着变化，主要包括：收入水平及稳定性降低，租房预算下降，对价格更为敏感；对交通便利、配套完善的关注度提升，如便利店、快餐、快递收发等；对于居家办公和下厨的需求上升。因此，建议住房租赁项目尤其是集中式项目可在适当营造社区氛围的前提下精简公共区域面积，提高收益性面积及出房率，从而做大租金收入。

（四）抓住时机，争取资金支持

近年来，各级政府高度重视并大力推进租赁住房建设。从2019年开始，中央财政开展支持住房租赁市场发展试点工作，先后两批共24个城市入围，涵盖了北京、上海、深圳、武汉、南京、杭州等国内主要城市，资金补贴主要投向新建、改建等集中供应的住房租赁模式。根据克而瑞统计，已公布补贴政策的各个城市政策如下（表2）：

近期各城市补贴政策一览表

表2

城市	出台时间	新建（元/m²）		改建（元/m²）		盘活（元/m²）		运营（元/m²/月）	
		最低补贴标准	最高补贴标准	最低补贴标准	最高补贴标准	最低补贴标准	最高补贴标准	最低补贴标准	最高补贴标准
深圳	2019年11月	800	800	800	800	150	150	1	1
武汉	2020年04月	1200	2500	800	800	0	0	45	45
成都	2020年04月	0	1500	0	1500	0	0	30	30
南京	2020年04月	400	2700	0	400	0	0	0	0
合肥	2020年05月	200	800	200	200	0	0	30	60
杭州	2020年09月	100	1000	400	400	0	0	25	25
北京	2020年09月	375	2500	667	1333	0	0	0	0
厦门	2020年10月	700	1200	0	400	0	400	20	30
上海	2020年10月	200	200	7500元/套	10000元/套	0	0	0	0
西安	2020年10月	400	1500	500	700	0	200	0	0
宁波	2021年02月	800	1000	600	600	0	400	40	40
天津	2021年02月	0	1000	0	600	0	400	0	0
济南	2021年02月	0	1000	0	600	0	180	0	0
石家庄	2021年03月	0	1500	0	500	0	15	0	0
重庆	2020年5月	0	1000	0	1000	0	20	0	0

以上海市住房租赁发展较好的闵行区为例，多家企业通过申请获得了试点补贴资金，给相关参与企业的发展进一步提供动力，也激发了企业参与的热情。2020年第四季度公布的闵行区新建项目补贴情况如下（表3）：

2020年第四季度公布的闵行区新建项目补贴情况表　　　　　表3

类别	序号	项目名称	建设单位	总建筑面积（m²）	补贴标准	奖补金额（万元）
新建住房租赁项目	1	虹桥商务区G1MH-0001单元III-T01-A02-02地块	上海尚淦实业有限公司	32953.92	住房租赁总建筑面积×200元/m²	659.08
	2	莘庄工业区MHP0-0501单元32A-05A-a地块	莘庄工业区经济技术发展有限公司	97230.80		1944.62
	3	莘庄工业区MHP0-0501单元34A-01A-c地块	莘庄工业区经济技术发展有限公司	41941.41		838.83
	4	莘庄工业区MHP0-0501单元34AA-01A地块	莘庄工业区经济技术发展有限公司	87062.87		1741.26
	5	闵行区浦江镇浦江社区MHPO-1307单元G03-04地块	上海城源房地产有限公司	164232.14		3284.64
	6	闵行区莘庄镇莘庄社区01单元（MHP0-0201）10A-01A地块	上海莘至城置业有限公司	186809.31		3736.19
	7	闵行区吴泾镇紫竹科技园区MHP0-1001单元10A-05A地块	上海新蒲置业发展有限公司	185626.99		3712.54
	8	闵行区华漕镇MHP0-1403单元30-01地块	上海泽虹置业有限公司	74547.53		1490.95
	9	闵行区梅龙镇MHP0-0306单元02-03A-01a地块	上海新黄浦实业集团股份有限公司	83039.25		1660.79
	10	闵行区马桥镇MHP0-0902单元02-04地块	有巢住房租赁（深圳）有限公司	117098.68		2341.97
		小计		1070542.90		21410.87

以地上建筑面积10万m²、建设规模2000套的新建大型住房租赁社区为例，在上海可获得2000万元补贴支持，深圳和北京的支持力度则更大。因此，建议以重资产模式为主的住房租赁企业及时关注相关政策变化，对标政策扶持要求，规范经营、加强管理，力争资金和政策支持。

二、全面着手，压缩住房租赁运营成本

（一）精准定位，成本优化前置

对于目前以重资产模式运营的租赁住房尤其是新建项目，其土地取得方式仍以政

府出让为主，参与企业基本没有定价话语权，故土地成本稳定可预测，需通过优化其他方面成本的方式以减少投入。

根据调查发现，成本优化的重点并不在成本大量投入的施工阶段，而是应前置到决策和设计阶段，相关营销人员、运营管理人员应结合实际操盘经验，将其日常工作经验运用到概念方案、设计优化等阶段中，以求精准定位，减少后期不必要的设计变更和修改（图2）。

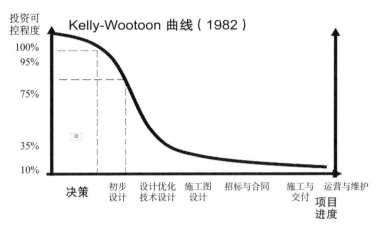

图2　项目开发各阶段投资可控程度示意图

根据笔者工作经验，成本优化主要可通过以下方式来实现：

房型优化：租赁住房的房型设计切忌"拍脑袋"。首先应进行深入的调研和精准的定位，找到目标客群。针对目标客群设计与之需求相符的房型，提高标准化程度，减少户型类别，切勿"贪大求全"。这样在既有利于控制施工成本的同时也降低了房源空置的风险；同时，在满足出让条件的要求下尽量减少房屋套数，若后期房型需求有所变化，则可以通过调整分割的方式来灵活处理。

地库优化：就上海而言，租赁住房的车位配比参照普通住宅进行管理，车位个数同房屋套数相关。在规则允许的前提下，应尽量减少车位的个数以应对租赁住房入住客户汽车使用率不高、车库使用率偏低的问题。因此，不宜建造两层及以上层数的地下车库；在地下车库大开挖时注意与建筑投影地下面积的衔接，控制标高，从而减少土方量和混凝土浇筑量，降低成本。

降低PC率：基于当前国内绿色建筑的要求，住宅类产品的预制装配率（PC率）较为严格。根据测算，在上海，以建造小高层住宅为例，PC率为40%时单方成本上升约500～600元/m^2。建议住房租赁企业关注该项指标，并与政府主管部门沟通，尽可能控制该项成本。

绿化减配：景观绿化工程中，景观工程造价＞绿化工程造价＞篮球场等场地工程造价。因此，除高端定位的住房租赁项目外，建议其他项目减少或不配置雕塑小品、小山溪流等园林造景工程。

装配式装修：住房租赁项目装修风格尽量统一，并可在厨房、卫生间等部位考虑装配式内装，缩短工期，降低成本。

针对性用材：在建筑和装修用材上，非重要场景通过减配方式来降低成本，如用真石漆代替石材，用涂料代替面砖等。

施工工序：通过搭接施工、优化工序、缩短关键节点方式来加快工期，从而减少成本，如建筑施工和精装修工程可以进行统一安排，平行施工，从而减少空闲期，避免重复工序。

对于非房地产开发背景的住房租赁主体而言，可以采用定制、代建、合作等方式与具备丰富住宅建设经验的开发企业合作；同时，也可通过聘请具有专业能力的全过程工程咨询企业进行相关项目管理。

（二）区别主次，打造核心优势

一般而言，租赁住房项目的经营成本占经营收入的10%~20%。笔者以上海某重资产住房租赁项目为例，对其经营成本进行分析如下（表4）：

某重资产住房租赁项目经营成本一览表　　　　表4

序号	形成	说明	占经营收入的比例
1	直接成本	人工、能耗、日常维修、大物业费等	4%
2	营销费	第三方代管	3%
3	管理费	第三方代管	8%
	合计		15%

从表4可以看出，营销费及管理费是日常经营中的主要成本，是核心关键和主要影响因素；人工、能耗等直接成本则是次要影响因素。因此，可将次要的直接成本外包从而减少管理成本，而营销、管理等核心成本则建议在有条件的情况下通过建立专业团队、打造专业品牌的方式收归自营，从而有效降低成本，增加利润。

专业团队应树立"从物业管理到资产管理，从资产管理到资产提升"的理念，致力于提高管理水平和效率，减少不必要开支，延长设备设施和装饰装修的使用寿命，从而不仅降低运营成本和费用，更能提高项目本身的价值。

（三）做好税筹，向管理要效益

营改增后，住房租赁企业尤其是重资产企业，可通过获取增值税进项税发票的方式有效抵扣销项税额，包括项目取得成本、工程费用、前期费用、运营期内的进项等，这就对参与企业的开发建设、经营过程提出了合规经营的要求。

同时，应注意合理划分租金收入和物业管理费收入。一般计税方法下，租金收入增值税率为9%（新建项目），而物业管理费税点则为6%；同时租金收入基数还与房产税挂钩，若打包计算则会变相增加房产税支出。因此建议有条件的租赁企业设立单独的物业管理公司，将物业管理费单独计收，合理避税。

2021年1月1日，《企业会计准则第21号——租赁》已全面执行，未来将对住房租赁企业的税务和融资产生较为深远的影响，建议加以关注。

（四）拓宽渠道、降低财务成本

1. 引入战略投资者，有效降低成本

一般而言，住房租赁基于其期限长、规模大、收益稳定等特点，与保险机构的投资配置要求相吻合；同时，险资较低的融资成本和较长的持有周期偏好也会对租赁企业的发展带来助力。2018年6月，银保监会发文明确保险机构可通过直接或间接投资的方式参与长租市场，助推住房租赁市场发展。

此外，具备国企、银行等背景的政策性企业也参与到住房租赁市场中，如建信住房服务有限责任公司作为建设银行三大战略（住房租赁、普惠金融、金融科技）的主要承担企业之一，目前已成为国内住房租赁行业的主要参与者，同旭辉、中骏等多家租赁企业展开合作，多方发挥各自优势，共同推动行业发展。

2. 进行资本运作，打造商业闭环

住房租赁企业进行资本端运作主要通过抵押、质押、资产证券化及IPO上市等多种渠道进行，以期盘活资产，形成投资闭环。在当前严监管的背景下，基于底层资产的真实可控以及未来可预期的较高毛利率（表5），重资产模式企业相对更具优势。

国外龙头住房租赁企业运营状况一览表　　　　表5

公司	模式	房源数量（万套）	出租率	租赁行业毛利率
美国 EQR	重资产	7.9	96.1%	34%
德国 VONOVIA	重资产	40.9	97.5%	21%
日本大东建托	轻资产	103.6	97.2%	9.1%

数据来源：克尔瑞

目前，国内住房租赁企业发行的资产证券化产品主要是ABS、CMBS和类REITs，随着公募REITs试点的正式启动，基础设施领域REITs已有10单进行申报。接下来试点范围有望拓展至住房租赁行业，这对相关参与企业无疑是重大利好。

2020年年底，全国住房和城乡建设工作会议提出整顿租赁市场秩序，规范市场行为；2021年4月26日，住房和城乡建设部等6部门联合印发《关于加强轻资产住房租赁企业监管的意见》，政策加强了对"二房东"的监管力度，对租金和押金的收取均做出了明确约束。以轻资产运营的模式受到了前所未有的压力和挑战，重资产模式也遭受了一定的波及和影响。

在住房租赁市场中，不管是哪种模式，在未来激烈的市场竞争中，唯有开源节流、精益管理，坚定不移地走规模化、品牌化道路，致力于提高收益率这一核心指标，才是住房租赁企业发展的制胜之道。

作者联系方式

姓　　名：穆春生　蒋炎冰　钟之衡

单　　位：建银（浙江）房地产土地资产评估有限公司上海分公司

地　　址：上海市黄浦区淮海中路 200 号 1005 室

邮　　箱：13817793377@163.com；18939758610@163.com；dragoonsw@126.com

注册号：穆春生（31200090005），蒋炎冰（3120150026），钟之衡（3120110014）

从四个角度浅析如何提高租金收益率

袁 方 孙 毅

摘 要：自2016年国务院发文鼓励加快培育和发展住房租赁市场以来已经超过5年，而国内住房租赁市场发展依然不太充分。原因有多方面，其中一个重要原因就是住房租赁市场回报率太低，社会营利性机构参与积极性不高。本文从成本、公共效率、公共权益、市场预期四个角度来分析如何提高租金收益率。

关键词：用地成本；机构化运营；租售同权；房价上涨预期

一、中国住宅房地产租金收益率现状及主要矛盾

（一）中国住宅房地产租金收益率现状

房地产的租金收益率即租金的年收入与房地产价值的比率。租金收益率是衡量房地产是否值得投资的重要指标。我们先通过数据对国内外重点城市的租金收益率水平进行对比。

1. 国内外重点城市租金收益率水平（表1、表2）

国内11个城市租金收益率　　　　　　表1

序号	城市名	收益率
1	重庆	2.1%
2	上海	2.1%
3	成都	2.0%
4	武汉	1.9%
5	南京	1.7%
6	香港	1.7%
7	北京	1.7%
8	杭州	1.5%
9	广州	1.5%
10	天津	1.4%
11	深圳	1.3%

数据来源：上海易居房地产研究院

国外 66 个城市租金收益率　　　　　　　　　　表 2

序号	城市	租金收益率	序号	城市	租金收益率
1	休斯敦	11.9%	34	马德里	4.2%
2	约翰内斯堡	10.5%	35	巴塞罗那	4.2%
3	迪拜	9.8%	36	墨尔本	4.1%
4	费城	9.1%	37	悉尼	4.1%
5	迈阿密	9.0%	38	多伦多	4.1%
6	芝加哥	8.5%	39	里约热内卢	4.0%
7	华盛顿	7.6%	40	莫斯科	4.0%
8	圣地亚哥	7.4%	41	奥克兰	3.8%
9	基辅	7.0%	42	吉隆坡	3.8%
10	开普敦	7.0%	43	温哥华	3.7%
11	都柏林	6.8%	44	布达佩斯	3.6%
12	阿拉木图	6.4%	45	柏林	3.5%
13	马尼拉	6.2%	46	伦敦	3.5%
14	洛杉矶	6.2%	47	萨格勒布	3.5%
15	开罗	6.2%	48	利物浦	3.4%
16	西雅图	6.1%	49	日内瓦	3.3%
17	墨西哥城	6.0%	50	曼谷	3.2%
18	旧金山	5.6%	51	奥斯陆	3.2%
19	布鲁塞尔	5.4%	52	罗马	3.2%
20	波士顿	5.2%	53	米兰	3.2%
21	伊斯坦布尔	5.2%	54	里昂	3.1%
22	金边	5.2%	55	内罗毕	3.0%
23	雅加达	5.1%	56	德里	3.0%
24	卡萨布兰卡	5.1%	57	斯德哥尔摩	3.0%
25	纽约	4.8%	58	贝尔格莱德	3.0%
26	圣彼得堡	4.7%	59	阿尔及尔	2.9%
27	胡志明市	4.6%	60	东京	2.7%
28	阿姆斯特丹	4.5%	61	维也纳	2.6%
29	哥本哈根	4.5%	62	大阪	2.5%
30	德黑兰	4.5%	63	慕尼黑	2.5%
31	圣保罗	4.5%	64	巴黎	2.4%
32	里斯本	4.4%	65	新加坡	2.4%
33	华沙	4.3%	66	孟买	2.4%

数据来源：上海易居房地产研究院

从上述数据显示，我国 11 个重点城市租金收益率水平最高不超过 2.1%，作为副省级超大城市的深圳，租金回报率仅 1.3%。11 个重点城市平均租金收益水平为 1.7%。

国外的租金收益率水平普遍高于国内，最高的休斯敦达到 11.9%，是我国最高收益率的近 6 倍。而排名靠后的巴黎、新加坡、孟买也高于国内的最高收益率水平。

2. 租金收益与无风险利率对比

国内 11 个城市平均租金收益率 1.7% 与中国银行发布的 2021 年一年期存款利率 1.75% 相近，低于一年期国债收益率水平 2.4495%。

（二）低租金收益率制约了住房租赁市场的发展

国外租赁市场发达，租金规模占整个房屋交易市场的比例较高，如美国达到 50%，日本更是达到了 70% 以上，而目前我国租赁市场租金规模仅占比 6%，发展空间很大，而低租金收益率一定程度上制约了住房租赁市场的发展。

从需求端来说，低租金收益率使人们更倾向于购置房产，以获得房产增值收益。当人们的收入水平能够支付房贷时，买房意愿比支付房租的意愿更强，导致租赁需求较少、买房需求更多，租赁需求主要集中在流动人口。

从供给端来说，低租金收益率使得社会营利机构进入住房租赁市场的动力不强，甚至个人将房屋用于出租的意愿也同样较低，导致进入房地产租赁市场的社会资金不足，房源供给不足。

国家政策只能在一定时期内起引导和扶持作用，健康、长远发展要主要依靠市场本身完成。借鉴住房租赁市场成熟国家均以企业正规化运营为主，国内发展住房租赁市场同样应以机构化、规模化的企业为主体。

二、租金收益率整体偏低的原因

1. 房价逐年上涨，房价与房租发展不均衡

从 2013 年以后的全国房价情况看，上涨幅度较为明显。自 2015 年后，全国房价均价整体保持 5% 以上的上涨幅度。其中，2016 年、2018 年和 2021 年前 2 个月，房价涨幅均超 10% 以上（图 1）。

房价与租金发展不均衡导致租金收益率整体偏低。一线城市的租金相对较贵，其租金收益率偏低的主要原因是房价太高，从整租一居室的租金收入比来看，基本都在 50% 以上，北京甚至接近 90%。二线城市租金收益率偏低主要是房价上涨幅度大于房租增长幅度。三线城市是因为房价基本停涨甚至开始下跌，租金受其影响下跌幅度加快。

2. 政府政策，经济背景

1998 年 7 月，国务院发布《关于进一步深化城镇住房制度改革 加快住房建设的

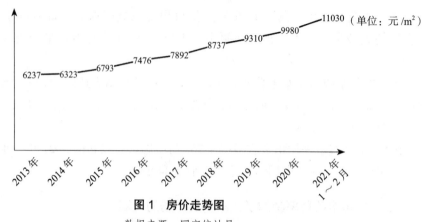

图1 房价走势图

数据来源：国家统计局

通知》，明确停止住房实物分配，逐步实行住房分配货币化。《通知》中明确提出"促使住宅业成为新的经济增长点"，房地产从此成为我国经济发展的支柱产业。住房制度改革使得人们的住房条件大大改善，家庭户均住房拥有数量得到提升的同时，中国房价也一路上行。

3."土地财政"导致"面粉"太贵

地方政府为保障必要性支出和经济发展，出台土地出让政策以增加财政收入，以招拍挂的形式将稀缺的土地出让给开发商，解决了地方政府的财政问题。但这种做法导致房地产土地成本居高不下，新建商品房住宅价格水涨船高。

4.租赁需求相对弱化，难以推动租金上涨

"重购轻租"理念深入，租房需求相对弱化。一方面，租房缺乏一定的稳定性，租房者缺乏安全感。相对租房来讲，买房置业更加长期稳定，能够获得就医、孩子入学等方面的基本社会保障，且增加婚恋市场的竞争力。另一方面，房价十多年持续上扬，让人们对房地产增值产生较强的上涨预期。而国内尚没有收益相对稳定的投资方向，在有闲置资金的情况下，人们更倾向于投资房产，即使资金尚不完全充足时，也会贷款买房。人们已经养成"重购轻租"的消费习惯，租房人群也将转为购房人群。在这种租房需求相对弱化的情况下，市场难以自发形成较高的租金水平。

三、提高租金收益率的难点

1.房价要稳不能降

单纯降房价将导致：第一，房企资产缩水，房企负债率过高。降房价将导致房企资产缩水，对经济造成较大冲击；第二，家庭资产贬值。中国家庭大约70%~80%的资产集中在房产上，且总金额达500万亿，房价上涨则家庭资产增值，房价下跌则导致家庭资产贬值，必然带来较严重的社会问题；第三，地方财政赤字严重。多数地方财政收入通过出让土地而来，房价下跌将导致土地财政难以为继。

2. 租金要稳不能升

国内租金收入比相对较高,2019年北京、上海、广州、深圳、重庆、杭州、成都、南京、武汉、青岛10个城市的一居室的租金收入比分别为89.5%、82.5%、53.0%、78.1%、52.5%、56.0%、54.0%、52.9%、42.9%、43.7%。单纯提高租金只能导致更多的人"住无所居",对居民生活质量产生较大影响,且不利于人口流动和社会稳定。

两相矛盾的情况下如何提高租金收益率?

四、提高租金收益率的解决办法及建议

(一)成本角度

1. 降低用地成本

(1)增加租赁专项用地的供应,降低企业购地成本

首先,将租赁住房用地纳入年度土地供应计划,督促地方政府保证充足的住房租赁土地供应,且在出让用于出售的住宅用地时规定配建出租用房的经济技术指标。其次,出台相应的优惠政策对外供应,减免一定额度的土地出让金,降低开发自建租赁住房模式下的"面粉"价格,扩大盈利空间,吸引更多的社会机构进入住房租赁市场。

供应租赁专项用地,必然对地方财政造成一定的影响。地方政府从操作层面,对于应让渡的土地收益应作出明确计算与判断。与此同时,地方政府应主动寻求财政收入新增长点,逐步转变"土地财政"现状,以保证政策切实落地。

目前国内城市中工业用地比重偏大,而大量的工业用地处于空置状态,可将工业用地改为住宅用地,缓解住宅用地供应不足。充分研究对比工业用地和租赁住房用地的出让条件,合理调整供应计划,调整用地结构,保证租赁住房用地的同时减少土地收益方面的损失。

(2)积极盘活存量用地,鼓励支持低效用存量土地建设租赁住房

第一,推进农村集体用地租赁住房建设试点。目前全国已有13个城市进行农村集体用地租赁住房建设试点,但除北京外,其他城市的效果尚不明显应从政策出发,到选址、运营模式、优惠补贴等各环节、各流程出台相应的方案,切实推进。较低的集体土地价格有助于提高租金收益率。第二,允许空闲工业用地或产业园用地建设租赁住房。产业园区用地规模较大,利用率较低,且通常距离市区较远,对市区房价不会产生较大的冲击。考虑到产业园区通常在郊区,为避免形成大量房屋空置的状态,选择工业园区时应考虑相应的交通配套条件。优先选取地铁站点园区进行建设;对于交通不便地段,由园区提供集体交通工具至市区,综合考虑交通成本后,采用合理的收费方式。

2. 税收优惠

构建针对租赁住房建设和运营的税收机制,实现税收全流程减免,以刺激租赁住

房供给。拿地环节或购置房产环节，减免土地购置税、城镇土地使用税、增值税、契税等；开发建设环节减免印花税。项目建成后的运营阶段是税收负担的主要集中阶段，具体涉及房产税、增值税、增值税附加、企业所得税、城镇土地使用税、印花税等，综合税赋达30%以上，即使抵扣后的税率仍然达到17%以上。

我国可借鉴国外的经验做法，加大税收减免力度，考虑免征或者减半征收。例如法国，提供6年以上租赁住房服务可以享受个人所得税的抵扣与减免。而机构投资者亦可享受的从购置土地到建成运营一系列的税收减免，包括：一定额度的增值税；政府前期资助金额可达总成本的2.5%~16.5%；可减免25年的不动产税。在德国，实行40~50年的2%~2.5%的年税收减免率，以及减少为期10年的资本利得税。

同样借鉴国外的经验做法，制定折旧抵税政策。美国规定租赁房屋的折旧和维修费可以用于抵税。德国也有相应的折旧优惠政策。

3. 金融支持

住房租赁企业无论是开发自建租赁住房，还是直接购买房产进行装修改造，前期的资金需求都较庞大。在租金水平不变的情况下，降低融资成本，将会提升实际投资回报率。金融支持可以从以下三个角度出发：

第一，推进REITs等融资模式，制定住房REITs项目专项税收政策，降低住房租赁企业融资成本。REITs模式发展瓶颈的重要原因之一在于缺乏针对该模式的专项课税规则，导致现行课税制度下，运营阶段重复课税，降低了投资者的投资收益，增加了财务成本。政府可联合金融机构，深入探究REITs模式下的征税标准，制定REITs专项课税规则，降低融资成本。

第二，允许未来预期租金收益质押，给予利率优惠并延长还贷周期，低成本融资。目前北京市可以用农村集体经济组织以建设用地的预期收益，向金融机构申请抵押贷款，执行基准利率。全国其他地区可参照借鉴。

第三，探寻公积金、养老金、社保、商业保险等基金进入住房租赁市场的通道。目前住房租赁试点地区已有不同程度的公积金进入住房租赁市场的通道，但其他基金特别是商业保险基金暂未参与。而这些基金的资金量相对充裕且现金流相对充足，资金成本相对商业融资来说不高，对其合理利用，能够缓解住房租赁市场资金短缺的问题。

（二）效率角度

推进机构化、专业化、市场化的运营模式，一方面提升监管效率，另一方面降低运维成本，提升运营效率。我国目前住房租赁市场管理运营方面机构化渗透率偏低，专业租赁机构参与租赁市场的程度不够，全国平均仅2%的水平，渗透率最高的北京市近20%，而美国的机构渗透率为35%，日本为80%。

从出租方的角度来讲，住房租赁涉及与之相关的装修、维修、保洁等行业。机构化运营后，能够将闲散的租赁住房集中管理，便于在相关行业寻找固定合作伙伴，形成规模化效应,以降低运维成本。

从承租方的角度来讲,实现机构化运营后,交易过程相对便捷、安全,管理更规范、专业,居住舒适度大大提高,居住不稳定性大大降低。优质服务使承租方更乐意接受长期租赁的方式,一定程度上降低了房屋空置率,实际上相当于提高了年租金水平。

(三)公共权益角度

第一,加大城市基础设施建设投入,切实推进"租购同权"。"租购同权"自提出后却难以真正实现,根本原因在于城市公共服务资源稀缺。例如子女入学问题,租房者与买房者享有同样的入学权,但现实情况是,紧缺的学位使得买房业主也需要排队,业主和业主之间尚不能完全同权,而租房者更是难以保证同时享受优质教育资源。要从根本上解决这项问题,但从政策层面很难实现,应从实际出发,加大公共服务设施的建设力度,扩大基本公共服务设施的供给。

第二,以租金监管为核心,保障承租人合法权益。租金水平本应由租赁关系双方协商决定,但实际上承租人在租赁关系中往往处于弱势地位,被迫接受涨租等不公平的条款。政府应根据当地的租赁市场情况,设定基础租金水平,调控租金上涨幅度,并对租赁期限以及其他双方应享有的权利和履行的义务作出规定,且政策上应适当向承租方倾斜。

第三,建立并有效监管房屋租赁信息平台,通过信息平台提示预警,并打击整治租赁市场乱象行为,以规范市场秩序,提高租房安全性,进而稳定租赁关系。

切实做到"租购同权",解决租赁市场乱象,保障承租人合法权益,对提高租房市场需求有极大的促进作用,进而推动租金上涨,提高收益率。

(四)市场预期角度

坚定"房住不炒"理念,稳房价,防止房价过高过速增长,减少房价上涨预期,让住房回归居住本质,抑制投机投资需求,避免资金过多流入房地产销售市场。当市场形成比较一致的上涨预期时,将激发潜在的购房者,引发需求量大幅增加推升房价。人口净流入的大城市房价涨幅较大,很大一部分原因是买房者认为不断注入城市的年轻人会产生较高的购房需求,买来的房子终究会有人接盘。对此,政府可对刚工作的年轻人提供公租房、人才房等相对便宜的租赁住房以减少购房需求。

坚持改善居住条件为目标,控租金,避免因租金上涨导致的房价上涨预期增强。租金调控也应是房价调控的一部分,短期内租金上涨过快将强化房价上涨预期。政府行政调节控租金,一方面能保障承租人合法权益,另一方面可以降低房价上涨预期。

参考文献：

[1] 何爱华，徐龙双. 住房租赁市场发展的制约因素、国际经验与改进方向 [J]. 西南金融，2018，445（8）：39-44.

[2] 艾振强. 中国城市住房租金收益率的影响因素及差异研究 [D]. 厦门：厦门大学，2019.

[3] 马智利，刘明晰. 租购并举制度下租赁住房土地供给侧研究 [J]. 西南金融，2018（4）：47-52.

[4] 陈智旭. 推进长效机制：多主体供应、多渠道保障、租购并举 [J]. 现代商业银行，2018（1）：13-14.

[5] 谢珈琪. 推进住房长期租赁的税费条件研究 [D]. 杭州：浙江大学，2019.

[6] 蒋燕. 租购同权政策对房地产市场价格的影响 [D]. 成都：西南财经大学，2019.

[7] 徐珊. 住房租赁REITs的税收困境与完善 [J]. 金融发展研究，2020（9）：75-81.

[8] 李晓旭. 住房租赁承租人权益保护问题研究 [D]. 广州：华南理工大学，2017.

[9] 易磬培. 中国住房租赁制度改革研究 [D]. 广州：华南理工大学，2018.

作者联系方式

姓　名：袁　方　孙　毅

单　位：武汉天恒信息技术有限公司

地　址：武汉东湖高新技术开发区金融港B18栋11层房地产事业部

邮　箱：fangzi315470990@126.com；88948193@qq.com

注册号：袁方（2019420011），孙毅（20190308420000048）

上海市公共租赁住房项目收益平衡因素探讨

周金龙

摘 要：本文通过梳理上海市公租房制度特点，实地调研走访部分公租房项目，总结影响公租房项目收益平衡的影响因素，剖析收益平衡存在的问题，提出完善措施和政策建议。

关键词：公共租赁住房；收益平衡；因素；探讨

上海的公共租赁住房（以下简称"公租房"）是"四位一体"住房保障体系的重要组成部分，经过近10年的发展，上海已建设筹措不少于18.7万套公租房（含单位租赁房），累计配租入住不少于72万户居民，为解决本市青年职工和来沪务工人员及各种人才的居住困难做出了积极贡献。但公租房的发展也面临一个现实问题，即能否实现收益平衡，这也是关系到公租房能否健康可持续发展的关键。因此，深入研究公租房项目收益平衡问题显得极为重要。

一、上海公租房制度和运营概况

（一）制度特点

自2010年9月上海市颁布《本市发展公共租赁住房的实施意见》以来，上海市公租房的发展从起步、运营到逐步成熟规范，经历了大致10年时间。目前，上海公租房制度主要有以下几个特点：一是不限户籍，不设收入线。二是"只租不售"，有限期租赁。三是提供小户型住房。以40～50m²成套住宅为主，进行装修并配置必要的家具、家用电器后出租。四是租赁价格略低于市场租金水平。租赁价格既要减轻供应对象住房消费负担，又能为公租房经济运转创造条件。五是采取"政府支持、企业运作"的管理模式。政府投入资本金，支持发展一批专业公共租赁住房运营企业，采用市场机制实施投资经营，以"保本微利"为目标，着重体现公共服务的功能。

（二）运营模式

上海市的公租房运营机构分为两个层面：一是市级公租房投资运营机构，按照市政府的要求，在全市范围选择项目，投资建设和筹措公租房作为市筹房源，定向供应给相关区或经济园区使用，并负责市筹公租房的运营管理。二是区级公租房运营机构，按照本市公租房制度的规定，在本区范围内选择项目，投资建设筹措公租房，向本区符合条件的对象供应，并负责区筹公租房的运营管理。

这些运营机构的运营模式主要有两种：一是自建自营模式，即企业自行投资建设公租房，自行运营管理，住房配租、租金收缴、居住管理等均由企业负责具体运作，但物业管理一般采用委托方式，企业对物业服务管理设立若干考核指标，根据考核结果支付物业管理费。二是委托经租管理模式，即企业投资建设公租房，委托专业机构进行公租房租赁管理和物业服务管理，不再负责具体的运营工作，但对专业机构有管理及考核要求。

二、收益平衡影响因素

公租房有别于市场化的租赁住房，主要体现社会保障功能，同时具有资产和资本属性，公租房项目能否实现收益平衡，是关系到公租房能否健康持续发展的重要条件。公租房收益平衡影响因素主要有两方面内容，一是投入方面，二是产出方面。如果投入过大，产出过小，则收益难以平衡。

（一）投入方面

公租房在投入方面，主要涉及两部分内容，一是建设筹措期的投入，二是运营期的投入。在建设筹措期，公租房的投入主要集中在土地成本、工程建设成本、融资贷款成本等方面。这三块成本的大小对后期运营期间能否实现收益平衡的影响较大。

在运营期，投入则包括管理费用（含物业服务费用）、日常维修费用等方面。这些费用一方面反映运营管理的绩效，另一方面也影响整个公租房项目的收益平衡。

（二）产出方面

在产出方面，公租房的产出比较单一，以租金收入为主。影响公租房租金收入的是租金水平、出租率及租金收缴率。如果有配套商业，则会有一部分商业收入。另外，还有一些诸如公租房小区的停车收入、广告收入等。

三、收益平衡存在的问题

通过调查研究，梳理上海市现有公租房项目的经营管理情况，比较各公租房项目之间的经营差异，分析影响收益平衡的重要因素，从中发现上海市公租房项目收益还存在部分发展不平衡、管理不规范等问题，归纳起来主要有以下几个方面：

（一）建设期投入管控有待加强

1. 土地成本

主要反映公共租赁住房的土地取得成本情况，是一个固定成本，对资本金要求高，但过高的土地成本会影响整个公租房项目的收益平衡。

在土地取得方式上，有划拨土地，也有出让土地。相比而言，出让土地的成本相对较高。调研中发现，土地成本最高和最低相差数倍，这从侧面反映出用地取得方式还要进一步优化。

2. 工程建设费用

根据实地调研数据表明，同类型的公租房项目建安成本有的相差一倍以上，存在不合理成分。工程建设费用是可控的，可以保持在相对的一个水平，也是一个固定成本。

此外，在建设工程方面，室内装修及配置标准不同造成的成本差异也很明显。

3. 贷款规模

目前上海市现有的公租房项目中，贷款规模最高的接近总投资额的七成，也有少部分没有贷款。公共租赁住房建成后，全部采用自持，很难进行出售，主要通过租金收入来维持正常的运营和偿还商业贷款。在总投资额一定的情况下，过高的贷款规模会影响整个收益平衡情况，导致盈利能力降低，租金收入不足以支撑还本付息，整个项目不可持续。

（二）运营期管理水平还需提高

运营期是公租房项目形成产出的阶段，这个阶段涉及的影响因素比较多，也最能反映出各个公租房项目之间运营管理绩效的差异，从而对最终的收益平衡产生较大影响。

1. 租金和其他收入方面

一般而言，租金收入是公租房项目收入的主要来源，但有些项目的出租率和租金收缴率均不高，导致整体租金收入偏低。除此以外，实际运营中有些公租房项目却存在商业配套闲置的情况，也没有积极拓展停车收入和广告收入。

2. 日常维修方面

日常维修是针对房屋而言，主要集中在内部装修、公共设施维护、房屋维修等方面。对比部分公租房项目，发现有的公租房项目日常维修的频率很高，这部分费用最高的占到当年租金收入的三成，大多数公租房项目日常维修费用在当年租金收入5%以内。

3. 管理费用方面

管理费用主要集中在经营费、管理人员费用和物业服务费等方面。通过对比全市不同公租房项目的管理费用，差别还是很大的。一些同等规模和体量的公租房项目，发现在管理人员数量、物业服务费支出上差别较大，最高的管理费用支出是最低管理费用支出的3倍多。

（三）相关政策亟须完善

为了推动本市公租房的发展，政府各部门出台了不少支持政策，这些政策总体上是积极有效的，但也存在一些执行不够到位的地方，主要有以下几方面：一是商业配套面积过低，有些项目没有商业配套。一些公租房项目单纯依靠公租房租金收入有困难，需要通过增加配套商业面积来增加总体收入。二是户型设计不够合理。公租房政策规定户型以中、小套型和宿舍型为主，实践中不少项目存在户型设计和比例不合理现象，主要表现为户型面积过大以及大户型比例过高，导致不少三房套型出现长期空置情况，资源没有有效利用。三是财税优惠政策时效不确定。公租房制度建立以来，政府的财税优惠政策采取三年左右发布一次，存在内容可调整、时效不确定的情况，这对公租房的经济预期及可持续运营也造成了很大的不确定。

四、完善措施和建议

从实地调研情况看，各公租房项目的收益水平有很大差别，公租房公司的经营管理有很大提升空间。针对以上公租房项目建设运营中发现的问题，建议从以下几个方面改进：

（一）控制项目成本

这部分成本对后期的运营产生较大影响，若增加了前期的投入成本，会直接影响后期的项目收益平衡。

1. 降低土地成本

建议根据实际问题，进一步开拓低价用地的渠道，允许通过土地作价入股或转让的方式利用集体建设用地建设公租房；鼓励采取土地租赁的方式供应公租房建设用地；利用闲置厂房、仓库、办公房土地改建公租房的，允许土地划拨转性为住宅用地。

2. 控制工程建设费用

公租房在建设过程中，应避免过高的建设费用，在满足公租房基本功能和配置的前提下，需严格控制工程建设费用，坚决防止出现高档装修和配置，避免偏离公租房建设的初衷。建议工程建设费用控制在一个合理的范围之内。

3. 压缩贷款规模

在自有资金比较充足的情况下，控制一定比例的贷款额度，可以增加盈利空间。经过测算，这个贷款比例以低于50%为宜。如果超出这个比例，则盈利能力降低，租金收入不足以支撑还本付息。

4.减少日常维修费用

日常维修是一项必需的费用支出,但过高的日常维修费用会影响整个项目的收益平衡。建议加强房屋租赁过程的日常管理和设施设备维护保养,以减少发生维修的概率和次数,从而降低日常维修费用。

5.控制管理费用

管理费用支出的多少最能体现整个公租房项目管理绩效,在整个公租房租金收入一定的情况下,要尽可能控制好管理费用,降低整个项目的运营成本,最终实现收益平衡。通过对各公租房项目运营情况的调研,建议管理费用控制在年租金收入3%以内。

(二)合理提高收入

公租房收入主要集中在住房租金收入方面,此外,还有一些其他收入。建议以下方面收入还可合理提高:

一是租金收入,既要提高整体出租率,也要合理提高租金水平。租金水平对公租房的收益平衡影响较大,考虑到公租房具有社会保障功能,租金水平要略低于市场租金,一般是市场租金的8.5折~9折。但在实际运营过程中,市场化租金对市场供需情况的反应很快,租金能及时跟上市场变化,公租房租金由于制度上的原因,实际租金水平很难及时调整,导致其租金水平相比市场租金差异过大。这种情况的存在,不利于公租房的健康发展。建议定期对市场实际租金情况进行评估,及时调整公共租赁住房的租金水平,以确保与市场租金水平相差不要过大。

二是商业用房收入。对于有商业配套的公租房项目,要充分利用商业配套的资源,提高这部分的租金收入。

三是停车、广告等收入。这部分收入容易被忽视,但却是客观存在的。相比商品房小区的管理,公租房公司在这方面的重视程度与管理力度有不小差距,扩大收入的来源大有潜力,需要努力挖掘。

(三)完善相关政策执行

公租房是住房保障项目,政策的支持、引导非常重要。一是优化规划指标。建议针对用地和规模较小的公租房项目,适当放宽规划指标,增加建筑容积率,提高商业用房配比,以降低公租房运营中的成本压力。二是调整建设标准。为了更好体现公租房解决阶段性基本居住困难的作用,总体上要控制房型面积,强调面积不大功能全,防止扩大房型面积的倾向;要允许根据实际情况,降低大户型比率,增加宿舍型比例;要允许或鼓励将长期空置的大户型住房改建为小户型或宿舍型住房,在建设标准和手续方面给予支持。三是稳定税费政策。目前实行的税费优惠政策缺乏稳定的预期。公租房运营公司持有大规模长期租赁的固定资产,税费政策不稳定,特别是租赁收入的税费优惠政策不稳定,即存在较大的风险。建议政府有关部门完善相关措施,明确在公租房存续期间，税费优惠政策不变，用长期稳定的政策措施支持公租房制度长期稳定地发展。

参考文献：

[1] 崔光灿，李东.共有产权保障住房：上海实践与理论探索[M].北京：中国建筑工业出版社，2019.

[2] 马秀莲.透视保障房美国实践、经验与借鉴[M].北京：社会科学文献出版社，2018.

[3] 许锋.廉租实物配租分类保障管理问题与对策[J].上海房地，2018（4）：30-34.

[4] 彭开明.杭州市租赁型保障房发展经验的启示[J].上海房地，2019（4）：7-9.

[5] 周金龙，李琳，王晖.上海公共租赁住房投入产出基本评价模型的研究[J].上海房地，2020（2）：22-26.

作者联系方式

姓　　名：周金龙

单　　位：上海市地质调查研究院，上海市房产经济学会住房保障专业委员会

地　　址：上海市静安区灵石路930号904室

邮　　箱：760114121@sina.com

由租售比看住房租赁定价的影响因素
——基于全国主要城市数据研究

朱文晶 刘 辉

摘 要：为充实住房租赁市场的定价体系，本文引入住房价格与租赁价格之间的资本转换率——租售比，作为因变量；人均可支配收入、道路交通面积、全市行政区域土地面积、年平均人口、城镇居民人均住房建筑面积、通勤距离作为自变量。通过 Eviews9.0 对租售比与租售比的影响因素进行 OLS 回归分析。同时选取全国 35 个主要城市的相关资料，建立租金及其影响因素的回归分析。得出在其他条件不变时："行政区域土地面积与住房租售比呈正相关""年均人口与租售比呈负相关"的结论。中西部城市住房租赁市场与东部差距大，住房租赁体系尚不完善。因此，住房租赁市场的定价还需考虑来自行政区域土地面积与年均人口的影响，以及通勤距离等因素，租金价格的定制应当全面考虑经济因素、宜居因素的作用。

关键词：租房价格；租售比；区域行政土地面积；年均人口

近年来，中国城镇化的进程逐步加快，至 2021 年末，城镇人口已达到 91425 万人，相比 2020 年增加了 0.83%，人口在 300 万人以上的城市已有 28 个。城镇化的发展带动了房地产市场的发展，商用、民用、公租房等不同类型住房快速增加。住房租赁市场随着外来人口的增加而不断发展扩大，出现了五花八门的租赁机构或网络平台，租金定价也令人眼花缭乱。对于租金定价，市场上没有统一的定价体系，租金定价也不透明。纵观租赁市场租金定价研究，研究者对市场定价体系的构建都不相同，显然，这是因为租金定价体制还不够健全。

我国住房租赁市场供给和需求不均衡，普遍存在的情况是外来人口多于市场可供租住的住房。市场租赁价格会受到住房区域、中介、房东心理预期等因素的影响，本文从影响租售比的各个因素出发，通过回归数学模型的实证，构建科学的租赁市场定价体系。

一、租售比——研究住房租金的切入口

过去,双重市场理论认为,住房买卖市场与租赁市场是互相独立存在且互不干扰的。但随着研究的深入与计量工具的进步,住房理论研究更加贴近现实。整体市场理论认为,住房市场是一个整体,即住房的买卖市场与住房租赁市场是存在互动的,而租售比最能反映住房租金与房价的数理关系。

就房地产市场而言,租售比的本质属性就是直观反映租金与房价之间资本化率。租售比通常指的是每平方米建筑面积的月租金与每平方米建筑面积的住房价格之间的比值。一般来说,租售比反映的是住房市场的发展状况,租售比大表明房地产投资的价值高,可以获得的租金回报率高,租售比小则表明房地产可能出现泡沫,租售比过大和过小都不是房地产行业正常的表现。国际上认为租售比在 1:200~1:300 时,表示住房市场在正常良好地发展。由搜集的数据得出我国平均租售比在 0.00221~0.005,总体住房市场发展良好(图1)。

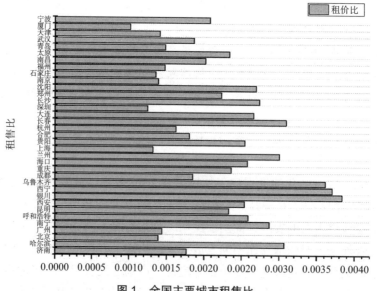

图1 全国主要城市租售比

二、影响住房租售比的因素

经研究,住房租售比受到以下五个因素的影响。

(一)经济因素

经济是基础,支撑城市的物质经济文化发展。经济发达的城市能够给人们提供优质的就业及薪酬,高质量的居住环境以及良好的医疗条件及教育空间。于是,城市的

物质经济条件吸引了大量人口陆续迁入。因此，城市为了能容纳更多的人口，不断扩大城市土地面积。在寸土寸金的城市，人口增加、人们对住房的需求增加使得地价不断上升。地价上升最直接表现在住房成本的增加，住房租金以及房价上涨，导致租售比增大。因此，需要考虑经济因素对租售比的影响。

（二）人口因素

人口因素指的是人口数量、人口密度、家庭户数等。一个城市的常住人口总量决定了这个城市的住房总量。在总体住房供给不变的情况下，以家庭为单位的人口越多，对其住房面积的要求越大。当对住房的需求增加，出现供不应求时，住房租金价格会不断上升，房价在租金价格的影响下也会同步上升。因此，租售比因租金与房价的变化而变大。故而选取年平均人口数量作为影响租售比的因素，考量一段时间内人口与租售比之间的关系。

（三）居住环境因素

居住环境指的是住宅周围的设施建设，如道路交通建设、城市土地面积大小、工作的通勤距离等。住房环境影响的是住房选择，面对不同的消费偏好选择，住房租金价格有所不同。交通方便，通勤距离适宜，医疗教育优秀，地处资源丰富区则住房租金价格随着资源集约而增多；反之，当地处偏远，出行不便，交通成本上升时，住房需求量也会下降，住房租金下降。同时地价也会随着区位的变化而变化，越是中心地区地价越高。城市中心地区的道路交通面积大、通勤距离短，住房租金与房价随着地价的升高而增加，租售比上升。而城市土地面积增大或者缩小间接影响到的是住房市场的供给与需求。若城市土地面积增大，城市可供住房的面积也会变大，供给上升；对于租住者而言，需求得到满足，且还有继续扩大的倾向，吸引了更多的人进入城市，但并不是所有人都可以承受买房的压力从而扩大住房租赁市场的需求。所以，当城市土地面积增大导致的住房需求增加超过供给，住房市场火热，租金上升多于房价上升则导致租售比上升。

（四）收入因素

收入多少取决于该地区生产总值，收入是宏观中生产总值的再分配环节。对于购房个人而言，居民收入影响支付能力。当居民的收入上涨时，个人可支配收入以及储蓄能力增加。居民对住房租金支付能力提升后，即购买房屋需求的能力增强，同时住房市场的供给不变时，房价上升。因此，对于租售比来说，收入越高，支付能力越强，住房市场购买欲望越强，则房价与租金上升，最终租售比发生变化。

（五）预期因素

房地产住房市场未来的走势对住房租金会产生一定影响。若市场普遍认为未来房价上涨，则房东会将房产进行套期保值，使租赁市场房产增多。同时，购房者心理预期未来房价上涨，会增加现在的购买行为。房价与住房价格变动与租售比有直接关联。

三、数理的实证分析

采用 Eviews9.0，利用 OLS 进行回归分析。

对租金以及影响因素构建回归公式如式 1 所示：

$$Y=C+\beta_1 x_1+\beta_2 x_2+\beta_3 x_3+\cdots+\mu \tag{1}$$

式中，Y 为租售比，x 为影响因素[本文选用的因素变量为：x_1（人均可支配收入）、x_2（道路交通面积）、x_3（全市行政区域土地面积）、x_4（年平均人口）、x_5（城镇居民人均住房建筑面积）、x_6（通勤距离）]，β 为相关系数，C、μ 为常数。

研究通过 t 检验法对不显著自变量进行逐步删除，最终得出租售比 Y 受到 x_3（全市行政区域土地面积）、x_4（年平均人口）两个因素的影响最为显著，其关系等式为：$Y=0.000912x_3-0.000976x_4$，具体回归结果如表 1 所示。

回归结果　　　　　　　　　　　　　　　　表 1

自变量	代号	Coefficient	Std. Error	t-Statistic	Prob.
全市行政区域土地面积	x_3	0.000912	0.000102	8.896985	0
年平均人口	x_4	−0.000976	0.000148	−6.590613	0
R-squared		0.611226	Mean dependent var	0.002209	
Adjusted R-squared		0.599445	S.D.dependent var	0.000752	
S.E. of regression		0.000476	Akaike info criterion	−12.40825	
Sum squared resid		7.47E−06	Schwarz criterion	−12.31938	
Log likelihood		219.1444	Hannan-Quinn criter.	−12.37757	
F-statistic		—	Durbin-Watson stat	1.297449	
Prob（F-statistic）		—			

该回归结果表明：在其他条件不变时，当年平均人口增加 1 个单位，则租售比同时会下降 0.000976 个单位。人口数量与租售比之间是负相关。人口数量增加包括人口的自然增长以及城市转移人口增多。人口自然增长意味着家庭成员的增多，城市户籍人口的增加；外来人口涌入城市，城市的常住人口增多。家庭的扩大以及外来人口的涌入都对原有的住房面积提出挑战，要求住房市场提供更多的可供住宅。城市随着人口增加不断加快城市化建设，房地产开发逐年增加，市场提供出租的房源增多，因此租金下降。但建造新的房屋需要一定周期，短时间内购房需求仍然旺盛，房价依然上涨，因此租售比下降。

土地面积与住房租售比呈正相关,年平均人口与租售比成反比。当土地面积增加1个单位时,住房租售比就会上升0.000912个单位。租售比的上升与下降,反映了住房市场租金与住房价格之间的较量。宜居的程度上升,带给市民便捷的通行,增强了不同租房市场的联系,减少信息壁垒,提高了租赁市场的整体性,在一定程度上降低了租房所用的成本,同时也增加了该城市住房的供给。当全市土地面积增加时,城市可供住宅面积增加,城市土地可承载的人口数量变大,因此住房租赁供给增加能吸引人们到城市居住工作。住房租赁市场供给与需求同时都在增大,在收入不变的条件下,并不是所有人都有购房能力。所以租房市场需求旺盛,租金上涨。且当需求的增量大于供给的增量时,租金上升高于房价增量,因此住房租售比上升。

为研究不同城市类别租金的影响因素之间的差别,本文引入虚拟变量,建立公式2。

$$Y=c+\beta_1 x_1+\beta_2 x_2+\beta_3 x_3+\cdots+\beta_7 D_1+\beta_8 D_2 \quad (2)$$

其中 D_1、D_2 是地区虚拟变量,$D_1=\begin{cases}1,东部 \\ 0,不是东部\end{cases}$,$D_2=\begin{cases}1,中部 \\ 0,不是中部\end{cases}$

由此构建得到 Eviews9.0 回归分析如表2所示。

回归分析   表2

自变量	代号	Coefficient	Std. Error	t-Statistic	Prob.
常数	C	−646.0893	171.6802	−3.76333	0.0011
人均可支配收入	x_1	21.726	9.426794	2.304707	0.031
道路交通面积	x_2	−5.125485	5.145473	−0.996115	0.33
全市行政区域土地面积	x_3	−5.427018	4.263925	−1.272775	0.2164
年平均人口	x_4	0.140213	6.028257	0.023259	0.9817
城镇居民人均住房建筑面积	x_5	6.647555	10.23905	0.649235	0.5229
通勤距离	x_6	61.11893	20.33866	3.005061	0.0065
虚拟变量(东部)	D_1	−0.426085	6.078251	−0.0701	0.9447
虚拟变量(中部)	D_2	−8.994305	5.932749	1.516044	0.1437
R-squared		0.677276	Mean dependent var	33.60622	
Adjusted R-squared		0.559921	S.D.dependent var	14.36568	
S.E. of regression		9.529964	Akaike info criterion	7.584459	
Sum squared resid		1998.045	Schwarz criterion	8.000778	
Log likelihood		−108.5591	Hannan-Quinn criter.	7.720169	
F-statistic		5.771204	Durbin-Watson stat	1.833121	
Prob(F-statistic)		0.000505			

通过引入虚拟变量 D_1、D_2 对我国东部、中部、西部城市与住房租赁价格的相关关系进行探究，发现：D_1 的相关系数约为 -0.426085、D_2 的相关系数约为 -8.994305。这反映出东部城市住房市场体系较中、西部城市更为完善，中、西部城市住房租赁体系尚不完善，住房租赁市场待开发空间大。

四、结语

通过本研究，利用租售比反映住房租金与房价之间的关系。回归结果表明，租售比显著受到来自行政区域土地面积与年均人口的影响；东部地区与租金之间负相关。因此，我们认为租金与房价之间存在的互动关系随着影响因素的不同而变动。对于租金与房价而言，行政区域土地面积增加，表明租金与房价同步上升（且租金的增幅大于住房价格）。当年平均人口上升时，租金房价比下降。基于研究得出结论：租金影响因素受到房价、年平均人口、全行政区域面积的显著影响。房价、年平均人口和全行政区域面积通过收入、城镇居民人均住房面积以及通勤距离等因素的供需，间接影响租金价格的高低。因此，租金价格的定制应当全面考虑经济因素、宜居因素的作用。

面对住房租赁市场不规范，定价不透明的问题，本文从影响因素着手，认为需要稳定房价与租房价格，适当提高人均可支配收入，完善城市交通道路建设，适当控制开发城市可用土地面积。租金估价体系除了考虑成本、折旧，还应该考虑人口因素以及城市规模。根据上述回归结果，量化考虑人口与城市对租金的影响，以确定租金与房价的关系，合理定价。对于不同城市，租金估价更应该考虑地区差异性。以城市等级设置合理的区域性租金估价范围，将人口以及城市规模对租金与房价的影响以城市等级进行分类。

再者，规范租赁市场需要对租金价格进行管制，制定租金价格合理区间并对经营租赁业务的公司或者平台进行专业考核。严厉打击搅乱租赁价格的租赁公司、中介或网络平台，以法律的形式约束市场行为。

为了进一步稳定住房租赁市场价格，政府在发展当地经济，引导投资时，应将更多的投资分流到不同的金融市场，从总体上降低房地产市场的热度。同时，稳定的投资带来的收益参与收入分配，将提高人均可支配收入，增强人们对租价的支付承担能力。不断完善城市住房保障体系，为农业转移人口提供住房公积金，增加社会公租房的投入量。

综上所述，坚持"房住不炒"构建完善租金定价体系并加以法治手段约束，让住房租赁市场不断法治化、透明化，将使租赁市场健康发展变得更科学、更市场、更实际。

参考文献：

[1] 何成忠.住房租赁市场租金价格影响因素分析及趋势预测：以广州市为例[J].时代金融，2020（1）：58-62.

[2] 汪业辉.住房租赁市场租金的影响因素分析[J].武汉：华中科技大学，2014.

[3] 品牌中国战略规划院，迈点研究院.中国住房租赁品牌发展报告（2018）[R].北京：社会科学文献出版社，2018.

作者联系方式

姓　　名：朱文晶　刘　辉

单　　位：上海科东房地产土地估价有限公司

地　　址：上海市浦东新区浦东南路379号26A室

邮　　箱：zhuwenjing@kedongcn.com

注册号：3120110028

关于租赁住房用地以年租制出让的研究

蔡 鹏

摘 要：推行租赁住房用地年租制能够有效降低租赁住房成本，有其经济合理性。经实际案例比较测算，年租制能够缩短投资回收期、降低租金定价，而且其出租方式灵活多变。但年租制面临着土地抵押问题、年租定价问题和政府监管问题等实施瓶颈。应明确年租制土地使用权能，从而突破抵押融资限制；规范租金定价与调整方式，制定灵活可选的年租方式；制定管理办法，使年租制落地可行。

关键词：租赁住房用地；年租制；住房租赁市场

一、探索年租制出让租赁住房用地的政策渊源

土地租赁制度在多项政策文件中有所提及。1999年，原国土资源部发布《规范国有土地租赁若干意见》，对国有土地租赁方式、租金确定、租期选择及承租人的转租、分租、转让、抵押权进行了界定。2015年，财政部、原国土资源部、住房和城乡建设部、中国人民银行、国家税务总局、原银监会《关于运用政府和社会资本合作模式推进公共租赁住房投资建设和运营管理的通知》提到，"新建公共租赁住房建设用地可以租赁方式取得，租金收入作为土地出让收入纳入政府性基金预算管理"。2017年，住房和城乡建设部、原国土资源部《关于加强近期住房及用地供应管理和调控有关工作的通知》中提及，"鼓励房地产开发企业参与工业厂房改造，完善配套设施后改造成租赁住房，按年缴纳土地收益"。2019年，自然资源部编制的《产业用地政策实施工作指引（2019年版）》中提及，"产业用地可以采取长期租赁、先租后让、租让结合、弹性年期方式供应"。

目前国家大力发展住房租赁市场，为完善租赁住房用地供应方式，从而促进租赁住房的有效供给，可以探索租赁住房建设用地以租赁方式取得，租金收入作为土地出让收入纳入政府性基金预算管理。对于该种土地有偿使用方式，可以简称为"年租制"。

二、我国土地年租制理论研究综述

我国土地年租制理论的研究主要集中于定义、权属及出让制的比较、出租方式

和应用方向研究等方面。在年租制的定义和特征方面,学者们普遍的观点认为年租制的特点是签订长期契约,而租金在约定好的相对较短的周期内缴付(周诚,1994;宫玉泉,1997;杨继瑞,1998;陈海秋,1998)。对于通过年租制取得土地使用权属于债权还是物权,是否可以转让、出租、抵押等问题上,学者们存在争议,但大多认为年租制具有较强的物权属性(赵红梅,1998;周诚,1999;戴银萍,1999;梁启学,2008)。在与现行的土地批租的比较方面,学者们的观点存在明显差异,有的认为可以以年租制全面替代出让制(宫玉泉,1997;黄小虎,2003;刘福垣,2005,2010),有的认为可以根据行业的盈利情况采用不同的土地出让方式(周诚,1995),有的认为应该让土地使用者自主选择(杨继瑞,1998),有的认为年租制不如出让制(赵红梅,1998;汪建国,1998;王小映、岳晓武,2006)。在出租方式和租金支付方式上,学者们提出了年定额租制、年分成租制、首期租金、后继年租金、短租期、长短租期相结合等多种方式(周诚,1995;杨继瑞,1998;赵红梅,1998;吕康娟,2004)。在年租制的应用方向方面,有的学者认为年租制可以用于保障性住房用地(邬翊光,1999;李冀,2014),有的学者认为年租制在工业用地出让方面有着独特优势(张卫东,2008;李海玲、陈立定,2009;张利平、楼江,2011),有的学者认为年租制不能用于经营性用地,包括商品房用地(张全江、严每蓉,1999;黄朝禧,2001)。

目前对于年租制的研究涉及范围比较广泛,从基本理论研究到实操策略,再到应用方向研究。但租赁住房用地是一个新生事物,本身针对租赁住房用地的研究就不多,将其与年租制这种土地出让方式联系起来的文献则更为稀少,这也是本文的创新性之一。另外,本文不局限于理论研究,而是将重点放在了实践层面,根据调研案例进行租赁用地年租制的方案设计与测算模拟,为年租制从理论研究走向实践应用提供参考。

三、租赁住房用地年租制方案分析

(一)测算项目情况及年租制方案设计

虽然目前还未有租赁用地上建设的租赁住房上市,但通过对上海某国有企业下属住房租赁企业(简称"C公司")的调研,能够得到一些有代表性的资料和数据。C公司的主要业务是对新建自持、存量改造、委托管理的租赁住房进行管理运营。调研选择了位于上海市闵行区浦江板块的租赁住房用地(简称A地块),该地块当时出让的楼面地价为5499.98元/m^2,建设用地面积为29662.4m^2,容积率为2.7,出让年限为70年。以此为例,进行不同方式的年租制与目前的土地批租出让方式的比较测算,并分析利弊。由于租赁用地上建设的是住房,为了维持土地的稳定性,建议仍然采用70年使用权的租赁期限。土地价格仍然以目前的价格作为现值,仅在年租支付方式方面进行调整。租赁方式可以设定先少后多、每次平均、先多后少三种方案

（表1），供土地供需双方选择。由于该地块上的租赁住房尚未建成，C公司以同样位于闵行区浦江板块的一处集中式长租公寓为例，介绍了租赁住房的运营。该项目的租金水平单价大约在95元/m²·月，租赁住房的管理、维修等运营费用占租金收入的12%～15%。C公司认为租赁住房建设面临成本费用高、资金筹措难、投资回收周期长（理想的投资回收期为10年）等痛点。

租赁住房用地年租制方案　　　　　　表1

方案		内容
土地批租方案		一次性交付土地出让金
土地年租方案	先少后多方案	首期付5年租金，而后每10年一付，最后一次付15年租金，共付7次租金
	每次平均方案	首期付10年租金，而后亦每10年一付，共付7次租金
	先多后少方案	首期付20年租金，而后每10年一付，共付6次租金

（二）指标测算与假设

1. 投资额及建设期

（1）土地出让金

A地块建设用地面积为29662.4m²，容积率为2.7，因此

$$建筑面积 = 29662.4 \times 2.7 = 80088.5 m^2$$

A地块当时出让的楼面地价为5499.98元/m²，因此

$$土地出让金 = 80088.5 \times 5499.98 = 44048.5 万元$$

（2）开发成本

C公司表示租赁用地上租赁住房的建设标准是参考商品房建设标准，约为3000元/m²，因此A地块租赁住房的开发成本为：

$$开发成本 = 80088.5 \times 3000 = 24026.6 万元$$

（3）建设期

假设建设期为3年，建成后即出租。

2. 折现率

假设折现率为3%。

3. 租金净收益及其增长率

假设该地块的租金与城方集团在浦江板块的租赁住房相同，为95元/m²·月，空置率为20%，运营费用为租金收入的13.5%，则第4年租赁期开始时的租金净收益为：

$$Y = 12 \times R \times A \times (1-v) \times (1-o) \tag{1}$$

其中，Y：租金净收益

R：每平方米月租金

A：建筑面积

v：空置率

o：运营费率

经计算得出，年租金净收益为6318.0万元。

假设租金净收益年增长率为5%。

（三）方案测算

1. 土地批租方案

土地批租方案为一次性交付全部土地出让金44048.5万元。其净现金流如表2所示。累计净现金流在第14年才由负转正，经计算得出土地批租方案下的投资回收期为13.70年。如果在10年投资回收期的情况下，年租金净收益增加为10024万元，则根据式（1）推算，租金增至151元/m^2·月，比原来95元/m^2·月的定价增加了58.66%。

土地批租方案下的净现金流量表（万元） 表2

年数	1	2	3	4	5	6	7
支出	−68075	0	0	0	0	0	0
净租金收益	0	0	0	6318	6634	6966	7314
净现金流折现	−68075	0	0	5782	5894	6009	6125
累计净现金流	−68075	−68075	−68075	−62293	−56399	−50391	−44265
年数	8	9	10	11	12	13	14
支出	0	0	0	0	0	0	0
净租金收益	7680	8064	8467	8890	9335	9801	10291
净现金流折现	6244	6365	6489	6615	6743	6874	7008
累计净现金流	−38021	−31656	−25167	−18552	−11808	−4934	2074

数据来源：作者测算

数据说明：假设所有现金流都在年初进行，土地出让金和开发成本于第一年年初投入

2. 先少后多年租制方案

先少后多方案为首期付5年租金，而后每10年一付租金，最后一次付15年租金，共付7次租金。土地年租现金流如图1所示，土地年租如表3所示，净现金流量表如表4所示。累计净现金流于第9年由负转正，经计算得出先少后多年租制方案下的投资回收期为8.43年，比土地批租方案减少38.52%。如果在10年投资回收期的情况下，年租金净收益可减少为4825万元，则根据式（1）推算，租金可降低至73元/m^2·月，比原来95元/m^2·月的定价减少了23.63%。

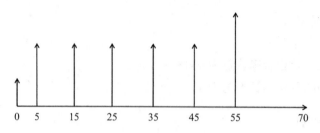

图 1 先少后多方案土地年租现金流示意图

先少后多方案下的土地年租　　　　　　　　　　　表 3

交租次数	第1次	第2次	第3次	第4次	第5次	第6次	第7次
交租时间	首付	第5年末	第15年末	第25年末	第35年末	第45年末	第55年末
租金（万元）	3146	6293	6293	6293	6293	6293	9439

数据来源：作者测算

先少后多方案下的净现金流量表　　　　　　　　　表 4

年数	1	2	3	4	5	6	7	8	9
支出	−27173	0	0	0	−6293	0	0	0	0
净租金收益	0	0	0	6318	6634	6966	7314	7680	8064
净现金流折现	−27173	0	0	5782	303	6009	6125	6244	6365
累计净现金流	−27173	−27173	−27173	−21391	−21088	−15079	−8954	−2710	3656

数据来源：作者测算
数据说明：假设所有现金流都在年初进行，土地出让金和开发成本于第一年年初投入

3. 每次平均年租制方案

平均方案为每 10 年一付，共付 7 次租金。土地年租现金流如图 2 所示，土地年租如表 5 所示，净现金流量表如表 6 所示。累计净现金流于第 9 年由负转正，经计算得出每次平均年租制方案下的投资回收期为 8.04 年，比土地批租方案减少 41.32%。如果在 10 年投资回收期的情况下，年租金净收益可减少为 4465 万元，则根据式（1）推算，租金可降低至 67 元 /m² · 月，比原来 95 元 /m² · 月的定价减少了 29.33%。

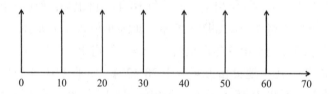

图 2 平均方案土地年租现金流示意图

平均方案下的土地年租　　　　　　　　　　　　　　　　　表5

交租次数	第1次	第2次	第3次	第4次	第5次	第6次	第7次
交租时间	首付	第10年末	第20年末	第30年末	第40年末	第50年末	第60年末
租金（万元）	6293	6293	6293	6293	6293	6293	6293

数据来源：作者测算

每次平均方案下的净现金流量表　　　　　　　　　　　　　表6

年数	1	2	3	4	5	6	7	8	9
支出	−30319	0	0	0	0	0	0	0	0
净租金收益	0	0	0	6318	6634	6966	7314	7680	8064
净现金流折现	−30319	0	0	5782	5894	6009	6125	6244	6365
累计净现金流	−30319	−30319	−30319	−24537	−18643	−12635	−6509	−265	6100

数据来源：作者测算

数据说明：假设所有现金流都在年初进行，土地出让金和开发成本于第一年年初投入

4. 先多后少年租制方案

先多后少方案为首期付20年租金，而后每10年一付，共付6次租金。土地年租现金流如图3所示，土地年租如表7所示，净现金流量表如表8所示。累计净现金流于第10年由负转正，经计算得出先多后少年租制方案下的投资回收期为9.03年，比土地批租方案减少34.11%。如果在10年投资回收期的情况下，年租金净收益可减少为5392万元，则根据公式一推算，租金可降低至81元/m²·月，比原来95元/m²·月的定价减少了14.66%。

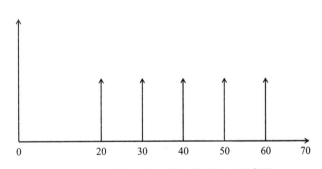

图3　先多后少方案土地年租现金流示意图

先多后少方案下的土地年租　　　　　　　　　　　　　　表7

交租次数	第1次	第2次	第3次	第4次	第5次	第6次
交租时间	首付	第20年末	第30年末	第40年末	第50年末	第60年末
租金（万元）	12585	6293	6293	6293	6293	6293

数据来源：作者测算

先多后少方案下的净现金流量表 表8

年数	1	2	3	4	5	6	7	8	9	10
支出	-36612	0	0	0	0	0	0	0	0	0
净租金收益	0	0	0	6318	6634	6966	7314	7680	8064	8467
净现金流折现	-36612	0	0	5782	5894	6009	6125	6244	6365	6489
累计净现金流	-36612	-36612	-36612	-30830	-24936	-18927	-12802	-6558	-192	6297

数据来源:作者测算

数据说明:假设所有现金流都在年初进行,土地出让金和开发成本于第一年年初投入

(四)方案评价

将以上结果汇总至表9,并对各方案进行评价。

租赁用地各方案测算结果汇总 表9

方案	内容	交租次数	交租时间	土地租金(万元)	投资回收期(年)	投资回收期为10年时的住房租金情况	
						租金(元/m²·月)	原来定价(95)相比的变动率
土地批租方案	一次性交付土地出让金	1	首付	44049	13.7	151	+58.7%
土地年租方案 先少后多方案	首期付5年租金,而后每10年一付,最后一次付15年租金,共付7次租金	1	首付	3146	8.4	73	-23.6%
		2	第5年末	6293			
		3	第15年末	6293			
		4	第25年末	6293			
		5	第35年末	6293			
		6	第45年末	6293			
		7	第55年末	9439			
土地年租方案 每次平均方案	首期付10年租金,而后亦每10年一付,共付7次租金	1	首付	6293	8.0	67	-29.3%
		2	第10年末	6293			
		3	第20年末	6293			
		4	第30年末	6293			
		5	第40年末	6293			
		6	第50年末	6293			
		7	第60年末	6293			

续表

方案	内容	交租次数	交租时间	土地租金（万元）	投资回收期（年）	投资回收期为10年时的住房租金情况	
						租金（元/m²·月）	原来定价（95）相比的变动率
土地年租方案	先多后少方案 首期付20年租金，而后每10年一付，共付6次租金	1	首付	12585	9.0	81	−14.7%
		2	第20年末	6293			
		3	第30年末	6293			
		4	第40年末	6293			
		5	第50年末	6293			
		6	第60年末	6293			

数据来源：课题组测算

1. 土地批租制方案

土地批租方案为一次性缴纳70年土地出让金44049万元。如表9所示，土地批租方案的投资回收期为13.7年，如果将投资回收期缩短为10年，则租金定价将提高58.7%。该方案的优势在于政府可以一次性地收取一笔可观的出让金，企业也可根据需要依法对土地进行抵押。然而，一次交纳大量的出让金使企业难以承受，投资回收期长、租金定价高对后续的经营活动造成了相当大的压力，不利于租赁住房尽快开工建设和形成有效供应。

2. 土地年租制方案

（1）先少后多方案

该方案为首期付5年租金，而后每10年一付，最后一次付15年租金，共付7次租金。如表9所示，该方案的投资回收期为8.4年，较土地批租方案缩短了5.3年，如果将投资回收期设定为10年，则租金定价将降低23.6%。对于企业来说，该方案的优势在于首期付款非常少，仅为3146万元，不到一次性出让的十分之一，大大缓解了租赁住房开发前期的资金压力；缺点在于后期租金缴纳较多，如果运营不力，将面临较大的租金压力。对于政府来说，该方案的优势在于由于前期租金门槛较低，会吸引很多拿地企业，政府可择优出让；缺点在于初期收租较少，在财政吃紧的情况下政府资金压力较大，而且后期年租较高，要防范企业滞纳或拒缴风险。

（2）每次平均方案

该方案为每10年一付，共付7次租金。如表9所示，该方案的投资回收期为8.0年，较土地批租方案缩短了5.7年，如果将投资回收期设定为10年，则租金定价将降低29.3%。对于企业来说，该方案的优势在于首期付款较少，且每次租金基本相等，便于企业制定相对长远的资金与运营计划；缺点在于租金的缴纳周期可能与项目的生命周期不相匹配，在项目前期与运营不力时期资金压力较大，因此需要企业在运营较好时期合理留存收益，以便按期支付年租。对于政府来说，该方案的优势在于能够获得平稳的租金收益；缺点在于初期收租较少，且灵活性较差。

（3）先多后少方案

该方案为首期付20年租金，而后每10年一付，共付6次租金。如表9所示，该方案的投资回收期为9.0年，较土地批租方案缩短了4.7年，如果将投资回收期设定为10年，则租金定价将降低14.7%。对于企业来说，该方案的优势在于后期租金支付压力较小（20年之后支付租金减半），运营压力降低；缺点在于首期租金门槛较高，对企业的经营活动形成了较大压力。对于政府来说，该方案的优势在于可以在土地出让时一次性收取较多的租金；缺点在于由于初期租金较高，会导致一些优质成长型但资金实力较弱的企业望而却步，造成竞拍企业有限的局面。

四、租赁住房用地年租制的实施存在瓶颈

根据以上测算，年租制可大大减少企业一次性支付的土地成本，从而缩短投资回收期，有利于企业资本快速循环周转，从而提高企业建设租赁住房的积极性和参与租赁住房建设意愿。同时，由于年租制能够逐年分摊土地成本，能够较大幅度地降低租金定价，这样既减轻了未来租房者的租金负担，又降低了由于定价过高带来的空置风险。然而，租赁住房用地年租制仍然面临着土地抵押问题、年租定价问题和政府监管问题等瓶颈。

（一）拿地企业通过土地抵押融资难

企业取得租赁住房用地的使用权后，将因开发建设、运营管理等环节，面临一定的资金压力。为解决自身资金压力，企业可能会寻求建设用地使用权抵押的融资方式。然而，在现行法律规范下，实行年租制的土地能否在承租期内设立抵押权并不明确，从而不利于企业对土地资产的合理有效利用。

（二）土地年租金难以确定

年租金水平和支付频率等关系到国家和企业利益，年租水平偏低，造成国有土地资产流失，过高则会超过企业经济承受能力，影响企业拿地积极性。目前还没有一种科学可靠、令人信服的计量和调整土地年租金的方法。所以土地出租方和承租方容易产生纠纷，从而提高年租制的交易成本。

（三）政府监管难度高

尽管实行土地年租制符合国家有关法律，但缺少明确的法律依据，具体操作中缺乏执法手段和措施。比如，根据前面的分析，年租制有利于降低租金定价，但如果有些企业在享受了年租制的情况下，仍然推出高租金的租赁住房，政府如何加以管控？此外，在年租金的征收工作中，承租方还可能出现逃租、抗租、欠租等行为。这些情

况，都将增加政府监管的难度。

五、实施租赁住房用地年租制的政策建议

以年租制出让租赁住房用地可行，但其实施存在诸多瓶颈，需要突破土地抵押融资限制，明确年租金定价和调整方式，以及加强政府监管。

（一）突破年租制土地抵押融资限制，探索多种融资途径

为了确保通过年租制取得租赁用地使用权的受让人依法享有对该获得土地的占有、使用和收益的权利，应依法确认其建设用地使用权人的法律地位，明确受让人对土地的抵押融资权限，抵押物应以已经支付的租金和地上附着物为限。可制定具体操作办法，以满足租赁住房建设用地使用权人的抵押融资需求。同时，考虑到租赁用地以建设租赁住房为目标，需要保证土地使用人长期稳定持有，应对通过年租制获得的租赁用地的使用权权能进行适当限制，例如，限制转让、转租等。

此外，应积极探索资产证券化和质押等多种融资途径。目前国家鼓励资产证券化的发展，然而过低的资产收益率制约了租赁住房资产证券化的发展。租赁住房用地年租制缩短了投资回收期，降低了企业的融资成本，使得资产收益率有所提升，因此可以鼓励以租赁住房未来租金收益为标的资产证券化。另外，根据中国人民银行《应收账款质押登记办法》第2条的规定，出租动产或不动产产生的债权可以作为应收账款进行质押。因此，租赁住房建设用地使用权人完成地上建筑物开发建设后，可以将其出租房屋的债权进行质押，以满足资金需求。

（二）规范租金定价与调整方式，制定灵活可选的年租方式

鉴于租赁住宅用地的收益型房地产特性，建议用收益法作为土地年租金征收的主要参考标准。用收益法测算的关键是合理确定收益期、未来收益和报酬率。关于收益期，租赁用地的出让年限均为70年，除此之外还应考虑住宅建筑的使用年限和修缮期，从而合理确定租赁用地的收益期限；关于未来收益，应以地块周边的相同条件的租赁住房市场租金为标的，在设定一定的浮动范围后确定租金收入；而且应考虑到租金收入每年的上涨幅度和上涨速度，运营费用包括管理费用和维修费用等，应参考行业平均水平。关于报酬率，应该参考国有资产运营的平均回报率，且不应低于该水平。

土地租金调整可采取"土地定期评议、定期调整制度＋法定调整条件或情形"的模式。该种模式应明确规定土地定期评议、调整的期限，同时规定如发生特别的情况或不可预见的事情，要随时进行土地租金的调整。对于特别的情况和不可预见的事情进行限制性解释，可考虑如下情形：引发土地价值降低的不可抗力，土地价值的显著增值，货币市场行情的剧烈变动，其他导致土地租金偏离土地实际价值的情况。

另外，应制定灵活可选的年租方式，如先少后多方案、每次平均方案、先多后少方案等，具体选择哪种方案，可由政府和企业根据自身情况灵活选择，对于资金实力强大且自愿实行批租制的企业，可继续实行批租制。

（三）制定管理办法，使年租制落地可行

推行年租制要本着积极稳妥的原则，有计划、有步骤地进行，要协调好部门之间、政府与用地者之间等方方面面的关系，先进行试点，年租标准应低起步，以后根据企业的实际情况逐步调整。另外，应对年租制租赁用地上建设的租赁住房的租金水平加以干预，比如以周边租金均价为参照，浮动范围在 ±10%。建议制定《租赁住房建设用地使用权实施年租制试点管理办法》，对土地的各项属性、租约年限、年租金及其支付方式、年租调整方式、租赁住房租金水平、违约责任、租赁双方的权利与义务等进行明确的规定。

参考文献：

[1] 李冀. 浅议共有产权房推行年租制之可行性：以上海市共有产权房政策为参考 [J]. 法制与社会，2014（9）：213-214.

[2] 张利平，楼江. 工业用地年租制模式探讨：借"土地二次开发"之机推进工业用地供给方式的转变 [J]. 上海国土资源，2011，32（2）：51-56.

[3] 刘福垣，唐晔，龚艳. 土地年租制将大大降低房价 [J]. 沪港经济，2010（6）：56-57.

[4] 李海玲，陈立定. 论工业用地年租制 [J]. 山西财经大学学报，2009，31（S2）：19-20.

[5] 梁启学. 土地年租制若干问题剖析 [J]. 农村经济，2008（7）：30-33.

[6] 张卫东. 工业用地租让制供应模式研究 [J]. 浙江国土资源，2008（2）：27-29.

[7] 岳晓武，王小映. 地价上涨是房价上涨的结果而非原因 [J]. 中国土地，2006（11）：15-20.

[8] 刘福垣. 批租制或年租制是两种社会制度的选择 [J]. 开放导报，2005（3）：63-64+70.

[9] 吕康娟，王丽，关柯. 城镇土地年租制的研究 [J]. 商业研究，2004（8）：42-44.

[10] 黄小虎. 倡行年地租制：防止片面追求地租收入最大化 [J]. 中国土地，2003（1）：16-19.

[11] 尚聪敏，黄朝禧. 关于土地年租制的探讨 [J]. 中国房地产，2001（10）：43-44.

[12] 戴银萍. 基地租赁与我国现行土地"年租制" [J]. 中国土地科学，1999（5）：27-33+26.

[13] 周诚. 国有市地年租制产权探索 [J]. 中国土地科学，1999（4）：1-4.

[14] 邬翊光. 经济适用住房应采用年租制 [J]. 北京房地产，1999（6）：13-14.

[15] 张全江，严每蓉. 经营性用地不能实行年租制 [J]. 中外房地产导报，1999（9）：35-36.

[16] 汪建国. 土地出让金应实行逐年给付制：兼与土地年租制商榷 [J]. 国土经济，1998（5）：41-42.

[17] 陈海秋. 关于土地年租制的思考 [J]. 改革与开放，1998（8）：41.

[18] 杨继瑞. 城市土地使用者产权的"长约年租制"探讨 [J]. 四川大学学报（哲学社会科学版），1998（1）：18-23.

[19] 赵红梅.土地年租应慎行：关于土地年租的利弊分析[J].中外房地产导报，1998（1）：24-25.

[20] 张乃贵，宫玉泉.建立土地年租制 完善土地有偿使用制度[J].中国土地，1997（12）：6-9.

[21] 周诚.论我国城镇国有土地租赁制[J].管理世界，1995（1）：76-83.

[22] 周诚.论土地有偿使用的年租制[J].中国房地信息，1994（11）：22-23+25.

作者联系方式

姓　　名：蔡　鹏

单　　位：上海市房地产科学研究院

地　　址：上海市徐汇区复兴西路193号

邮　　箱：cp5213228@163.com

（三）融资渠道不宽问题

中国住房租赁公募REITs还有多远

王戈宏

摘 要：相比于美国住房租赁中成熟且多元化的金融产品市场，中国的住房租赁市场中相关金融产品供给相对短缺。目前中国已经度过了由大规模开发为主导的房地产市场开发阶段，真正进入了不动产时代。在此背景下，公募REITs是匹配住房租赁市场融资需求的重要工具。因此，需要加快相关制度构建，加速推进我国公募REITs市场发展。

关键词：住房租赁；不动产；公募REITs

长租房行业在中国发展近十年，为中国年轻人提供美好的住房做了大量的贡献。根据链家数据，中国有2万亿的租赁规模，行业需求量巨大，前景非常广阔。一个行业想发展得好，第一，要离消费者很近；第二，要离钱很近。但是住房租赁企业没有贷款渠道、没有融资渠道，所以出现了一些不规范经营行为，导致"爆雷"。接下来的十年，住房租赁如何成为国民经济消费中最重要的产业之一，必须解决资金问题。

一、中国住房租赁相关市场及国际比较分析

（一）中美资产证券化规模比较

2020年8月，中国基础设施领域公募REITs终于推出来了，有非常重大的意义。基础建设有很多，包括公路、园区等等，这些是现成的资产，而且收益率非常好。REITs最重要的作用是让社会资本通过交易所公共渠道购买巨额资产。美国最早出现REITs，如表1所示，截至2021年3月，美国所有REITs市值是1.32万亿美元（8.58万亿人民币），其中基础设施占比最大，市值1.46万亿人民币，占比17%；其次是住房租赁，市值1.26万亿人民币，占比14.6%；接下来才是零售、工业。如表2所示，中国住房租赁现在是2.52万亿元的规模，类REITs实际发行78支，市值1400亿，与美国差距非常大，都不到美国的1/10。所以，中国住房租赁行业非常需要长钱、大钱、便宜钱，否则行业无法发展。

（二）国内物业公司与开发商市盈率的严重倒挂

目前，一个重要的趋势是国内的物业公司、开发商市盈率严重倒挂，物业管理

美国资产证券化规模 表1

按市值排名	美国		市值（亿美元）	市盈ttm	每股收益（美元）	股息率（%）
	所有REITs（158只）		1.32万（8.58万亿人民币）			
1	基础设施（4只）		2243（1.46万亿人民币）占比17%			
Top 3	American Tower Corp	无线通信、广播基础设施	1127.6	66.89	3.79	1.79
	Crown Castle International	无线通信、广播基础设施	802.4	82.75	2.24	2.73
	SBA Communications Corp	无线通信、广播基础设施	324.23	1413.24	0.21	0.67
2	租赁住房（20只）		1932（1.26万亿人民币）占比14.6%			
Top 3	EQR		278.64	30.5	2.45	3.23
	AVB		271.91	33.07	5.89	3.27
	MAA		177.6	70.88	2.19	2.61
3	零售（32只）		1550（1万亿人民币）占比11.7%			
Top 3	Simon Properties（SPG）		394.38	33.47	3.59	4.33
	亚历山大房地产（ARE）		264.87	29.88	6.01	2.39
	Brookfield Property Partners		166.08	亏损	-2.39	7.44
4	工业（13只）		1500（9750亿人民币）占比11.4%			
Top 1	ProLogis（PLD）	普洛斯	868.04	65.73	1.76	2.04
5	数据中心（5只）		1233（8015亿人民币）占比9.3%			
Top 3	Equinix		642.22	171.52	4.18	1.51
	Digital Realty		417.09	148.23	1.00	3.05
	CyrusOne		90.08	213.26	0.35	2.72

* 数据来源：美国 www.reit.com，更新至2021年3月

是开发企业最惨的部门，每天收物业费，收入低，工作很琐碎，人力占用又多等等。恒大开发企业的市盈率是17.3，物业市盈率是41.65；碧桂园开发企业的市盈率是4.95，物业市盈率是71.06。

中国资产证券化规模　　　　　　　　　　　　　　　　表 2

中国	目前市值（人民币）	数量
住房	321 万亿	
住房租赁	2.52 万亿	
住房租赁类 REITs	（预计）3024 亿	已发行 30 余只
已实际发行类 REITs	1482 亿	78 只

* 数据来源：
《中国证券报》2021-04-21《专家认为住房租赁 REITs 推出条件日趋成熟》
《REITs 行业研究》
《中国住房市值报告》，任泽平著

（三）从房地产时代进入不动产时代

贝壳在美国上市是一个振奋人心的消息，市值 690 亿美元（3790 亿人民币），超过了所有互联网企业，包括易居（市值 127 亿人民币）、房天下（市值 6.55 亿人民币）、58 同城（市值 538 亿人民币）、我爱我家（市值 103 亿人民币）、房多多（市值 17 亿人民币）5 家的总和，也超过了美国两个做房地产的著名网站 Zillow（市值 272 亿美金）和 Apartments.com（母公司 CoStar 市值 323 亿美金）的总和，所以中国消费成为第一，这并不是梦想。万科用了 30 多年，市值达到 3170 亿人民币，是中国房地产行业的见证者，但是贝壳只用了 3~5 年，资本已经超过了万科。所以说，中国已经从开发时代进入了不动产时代。

在不动产领域要坚持长期主义，短期主义的企业现在全部"爆雷"。我们面临巨大的转型，中国房地产行业真正到了不动产管理的时代。在美国，现在市值最高的基本是 REITs，两个最著名的公寓 REITsEQR 和 AVB，市盈率分别为 41.85 和 34.61，两个很大的开发商 DHI 和 PHM 市盈率只有 11.17 和 10.5。中国如果有了公募 REITs，开发商可能会变成市盈率极低的公司。

二、中国公募 REITs 发展现状及演变

（一）中国公募 REITs 将是真正的普惠金融创新

公募 REITs 是真正的普惠金融，因为它把机构投资转成社会投资，资产价值和租金收益让大众分享，而且是极其稳定的收益，这个是巨大的、有标志性的创新。中国为什么最先推出基础建设 REITs？第一，解决地方政府庞大的债务；第二，基建 REITs 有非常良好的资产包；第三，就是可控的创新风险。目前，第一批审批通过的 9 单基础设施 REITs，发行总规模 217 亿元人民币，我非常看好它的收益，净收益派息率 4%~6%，比银行存款利率高很多（表 3）。

表 3

第一批审批通过的 9 单基础设施 REITs

项目	名称	行业	募集份额	投资人净现金流分派率（即分红回报率）	基金存续期（合同生效日起）	原始权益人
1	中航首钢生物质封闭式基础设施证券投资基金	环保（垃圾发电）	12.487 亿	2021 年：5.92% 2022 年：8.32%	21 年	首钢环境产业有限公司
2	富国首创水务封闭式基础设施证券投资基金	环保（污水处理）	18.36 亿	2021 年：8.71% 2022 年：9.13%	基金合同生效日至 2047 年 9 月 29 日	北京首创股份有限公司
3	华安张江光大园封闭式基础设施证券投资基金	产业园	14.7 亿	2021 年：4.74% 2022 年：4.11%	20 年	上海光全投资中心（有限合伙） 光控安石（北京）投资管理有限公司
4	东吴苏州工业园区产业园封闭式基础设施证券投资基金	产业园	33.5 亿	2021 年：4.5% 2022 年：4.54%	40 年	苏州工业园区科技发展有限公司 苏州工业园区建屋产业园开发有限公司 苏州工业园区兆润投资控股集团有限公司
5	博时招商蛇口产业园封闭式基础设施证券投资基金	产业园（商办租赁）	22.28 亿	2021 年：4.1% 2022 年：4.17%	50 年	招商局蛇口工业区控股股份有限公司
6	浙商证券沪杭甬高速封闭式基础设施证券投资基金	高速公路	41.35 亿	2021 年：12% 2022 年：11%	20 年	浙江沪杭甬高速公路股份有限公司 杭州市交通投资集团有限公司 杭州市临安区交通投资有限公司 杭州余杭交通集团有限公司
7	平安广州交投广河高速公路封闭式基础设施证券投资基金	高速公路	N/A	N/A	99 年	广州交通投资集团有限公司
8	中金普洛斯仓储物流封闭式基础设施证券投资基金	仓储物流	56.18 亿	2021 年：4.45% 2022 年：4.48%	50 年	普洛斯中国控股有限公司
9	红土创新盐田港仓储物流封闭式基础设施证券投资基金	仓储物流	17.43 亿	2021 年：4.47% 2022 年：4.75%	基金合同生效日至 2057 年 6 月 29 日	深圳市盐田港集团有限公司

（二）住房租赁名称的演化

住房租赁名称的演化很有意思，最早在 2010 年的时候叫住房租赁，英文是 Leasing House；2017 年的时候叫长租公寓，英文是 Apartments；后来政府工作报告叫长租房，英文是 Multi-family Homes。美国大量的社区公寓，不仅面向单身人群，更主要面向家庭，对应的配套设施也不一样，有一房、两房，也有三房、四房，对于多家庭的居住地，还可以配有巨大的游泳池、草坪、学校等，租赁住房是家的概念，从名称的演变可以看出区别。

（三）长租房的产业结构

长租房的产业结构可以比喻成哑铃，哑铃左边是适合租赁的物业资产，现在资产主要在政府、开发商手里；哑铃右边是资本，行业发展需要大钱、长钱、便宜钱；哑铃中间是成千上万的运营商。我们就如同杠杆，非常小、非常轻，但是非常重要。这次基础设施公募 REITs 推出对中国大钱、长钱、便宜钱是非常大的利好，租赁行业不是缺小钱，是缺大钱和极其便宜的钱。因为租赁企业没有征信，没有抵押，银行不给贷款，所以只能想办法筹集资金，导致一些不规范经营行为，解决了资金问题，未来一定会改观。

长租房的商业本质是居住消费品，现在居住消费品只有酒店，没有长租，未来长租消费品的品牌将会变得非常重要，打造一个品牌是最难的。除了品牌，还得有运营能力、有资本，所以资产证券化是未来的大方向。

（四）中国公募 REITs 的结构创新演化路径

什么样的资产才是公募 REITs 的合格标的？第一，要确权；第二，要自持；第三，要稳定的现金流；第四，年派息率大于 4%。2017 年深交所推中国长租公寓类 REITs，我们是唯一一个满足这四个条件的，所以拿下了第一单。

现有的类 REITs 结构如图 1，基础设施公募 REITs 是类 REITs+ 公募证券基金，有基金管理人，程序比较复杂。未来的简化结构如图 2，由原始权益人、物业、房东持有人三方，达到一个很好的现金流，另外更简易的 REITs 模式是能够直接 IPO，所以希望住房租赁 REITs 尽快推进。

新派公寓从资产管理品牌创建，到私募基金募集收购、物业资产改造提升、持有运营，到发行类 REITs，再到为公募 REITs 结构准备，我们做了完整的闭环（图 3）。

三、中国住房租赁 REITs 未来发展趋势

（一）未来中国住房租赁 REITs 资产包的核心要素

资产不等于资产包，根据资产包派息率计算公式：

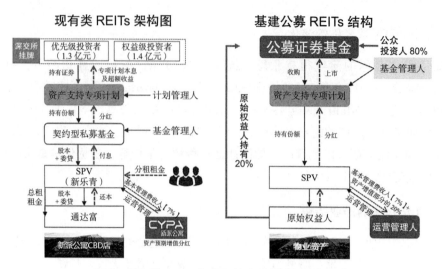

图 1 现有类 REITs 架构和基建公募 REITs 结构图

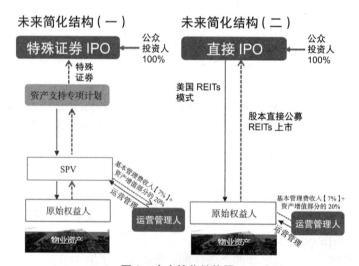

图 2 未来简化结构图

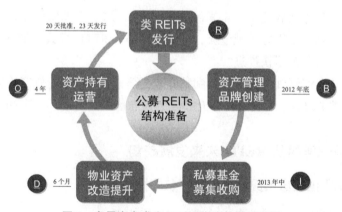

图 3 存量资产成为 REITs 资产的闭环路径

派息率（%）= 租金净收益 / 资产成本

资产成本 = 土地成本 + 资金成本 + 建安成本 + 运营成本 + 税收成本

根据宏观经济变化，租金不可能大幅度涨跌，但是资产成本变动会越变越大，土地成本和资金成本是所有资产成本中最大的两部分。所以未来中国住房租赁 REITs 资产包的核心要素：第一，要大幅降低土地成本。现在政府大量推出租赁用地，还有部分开发商为了回笼资金，把不能卖的项目全部低价甩卖。第二，要大幅降低资金成本，全面进入公募 REITs。

（二）中国房地产未来价值的走向趋势

中国房地产未来价值的走向趋势：REITs > 物业管理 > 开发商。以新加坡凯德彻底转型为例，凯德已经不再扮演开发商的角色，业务范围转变为以轻资产和费用收益为主，把所有的资产全部整合在一起，全面转型，做了巨大的资产管理平台，管理资产约 1325 亿新元。

目前，中国排名前 60 的开发商中，现金流为正、负债减少、没有踩三条红线的企业只有四家，80% 不达标。所以时代已经迅速改变，开发时代已经过去，下一个时代就是服务时代，物业值钱了，资产终于可以增值了。

（三）住房租赁 REITs 直接引用基础设施 REITs 的架构是一条捷径

住房租赁公募 REITs 的推出将解决以下核心问题：第一，引导社会资本投资不动产；第二，巨额存量不动产流动起来；第三，股市价值的压舱石。住房租赁 REITs 直接引用基础设施 REITs 的架构是一条捷径，美国所有基金都持有 25% 左右的 REITs，因为 REITs 在股票波动的时候是稳定的。2018 年福布斯发表的文章中也提到 "REITs 绕过金融危机"，未来中国哪怕有 10% 的 REITs 企业，中国的股票就会有非常好的投资价值。住房租赁 REITs 现在引用基础设施 REITs，这可能是一条捷径，在资产持有的源头引进大钱、长钱、便宜钱，让低成本租赁用地规模化，各自把各自的专业分工做好。我们要有长期的心态，要有耐心。在红灯面前做好资产包，才能在绿灯亮时第一个冲出去！

作者联系方式

姓　　名：王戈宏

单位及职务：新派公寓创始人及 CEO

社会资本助力住房租赁发展

周以升

摘　要：社会资本参与租赁住房存在行业定位不清、收益率低、金融支持不够和合规性弱等四大问题，部分问题已得到缓解。租赁住房特别是保障性租赁住房的收益率低，经营不确定性大以及租赁住房退出难度较大，退出价格不确定等问题需重点关注。租赁住房的资本生态分为债务融资生态和股本融资生态，后者是根本的驱动因素。社会资本投资标的选择包括集体用地、企事业单位闲置土地、非改保、产业园区配套用地、专项租赁用地等五种潜在标的，其中确权最清晰的是非改保和专项租赁用地。社会资本参与阶段包括土地、在建工程、非改居（现房）、运营长租房四个阶段，目前大部分城市在建工程非改保的边界不清晰，需要在资本介入前，缓释保租房认定的不确定性。

关键词：社会资本；非改居；债务融资；股本融资

一、社会资本参与的若干问题

（一）社会资本参与的意义

住房租赁市场的发展需要社会资本参与。一是引入社会资本建设租赁住房，扩大资金来源有助于降低租赁住房建设对于财政的过度依赖，帮助地方国有企业实现降负债。二是培育成熟的住房租赁市场需要充分利用社会资金，形成"开发—培育—退出—开发"的投融资闭环，循环的投融资体系也能够为市场机构参与租赁住房建设增加信心。三是引入社会资本参与租赁住房建设运营，需要匹配市场化投资收益水平，提供切实可行的退出机制。

（二）社会资本可投资领域

社会资本参与租赁住房的领域包括保障性租赁住房和市场化租赁住房。"十四五"期间，保障性租赁住房的目标规模为650万套（间），投资体量上千亿，仅仅依靠财政支持不现实，且保障性租赁住房的资产来源多样，大量资产来源于市场，因此保障性租赁住房也需要社会资本的参与。

（三）社会资本参与存在的问题

社会资本参与存在行业定位不清、收益率低、金融支持不够和合规性弱等四大问题，部分问题正在缓解。其中重点讨论以下两个方面的问题。

1. 租赁住房特别是保障性租赁住房的收益率低，经营不确定性大

一是如何平衡租赁管制和收益率低之间的关系。租金水平的确定很关键。二是如何明晰政策，减少经营的不确定性。租金水平在投资决策前确定、纳保标准和流程透明化（除土地和存量外，在建工程是否能纳保需在投资前确定）、各项补贴和优惠尺度清晰，才能尽量减少经营的不确定性。

2. 租赁住房退出难度较大，退出价格不确定

一是租赁住房能否纳入REITs。保障性租赁住房纳入REITs已经确定，市场化租赁住房能否纳入REITs尚不确定。二是社会资本是否能够参与REITs。特别是社会资本投入大量资产包是否也能纳入REITs，需要一视同仁地推动。三是REITs的定价问题。国际经验表明，租赁住房一直都是优质的REITs底层资产，无论是总市值还是年化收益率，都是表现极优的资产类别。2021年末，美国GDP为23万亿美元，权益型REITs总市值1.25亿美元，约占GDP规模的5.4%，若按上述比例推算，预计中国公募REITs市场规模可达6.1万亿元，而在美国租赁住房权益型REITs总市值占所有权益型REITs总市值的16.5%，按这个比例推算中国住房租赁REITs市场的潜在规模将有望超过1万亿元（图1）。

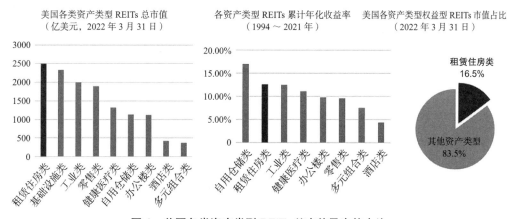

图1 美国各类资产类型REITs总市值及市值占比

2010—2021年，美国住房租赁REITs平均总收益率位列各资产类型中第三位，仅次于自用仓储REITs及工业REITs。租赁住房REITs平均分红收益率为3.5%，相较于工业REITs低38个基点，相较于办公REITs低2个基点，中国的仓储物流类REITs上市时资本化率为4.5%～5%，交易的资本化率为4.5%甚至更低，因此，公寓REITs资本化率约在4%～4.5%，分红收益率在4%甚至更低是相对合理的（图2）。

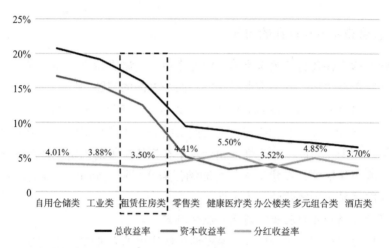

图 2 美国各资产类型 REITs 总收益率、资本收益率、分红收益率（2010—2021 年）

二、社会资本参与方式——以保租房为例

（一）租赁住房投资的资本生态

租赁住房的资本生态分为债务融资生态和股本融资生态，后者是根本的驱动因素。债务融资生态包括银行贷款、非标融资和融资型类 REITs/CMBS。股本融资生态包括公募 REITs、权益型类 REITs 和自有资金 / 私募股本。中国政策大部分围绕商业银行利率降低，而国外成熟市场大量使用证券化，如美国融资相当一部分使用 Agency CMBS，即由美国政府支持的企业如房地美和房利美为证券化提供信用支持，目的是降低长租企业的融资成本，美国 Agency CMBS 成本仅比国债利率高 50 个基点左右。中国可以参考推动此类系统化的融资工具。

（二）五种潜在标的

社会资本投资标的选择包括集体用地、企事业单位闲置土地、非改保、产业园区配套用地、专项租赁用地等五种潜在标的。其中确权最清晰的是非改保和专项租赁用地，特别是非改保产业链较短，社会资本更容易参与进来，除了开发企业之外，私募基金、保险、信托、外资也在逐步参与市场。但是专项租赁用地如上海 R4 以地方国资为主，社会资本进入存在门槛（图 3）。

（三）社会资本参与阶段

社会资本参与阶段包括土地、在建工程、非改居（现房）、运营长租房四个阶段。不同阶段风险特点不一样，一般越到后期风险越高。目前大部分城市在建工程非改保的边界不清晰，需要在资本介入前，缓释保租房认定的不确定性（图 4）。

类别	社会资本参与方式	特点	可能的资金
集体用地	合作开发	社会资本只能通过长期租赁或者合作开发形式参与，确权、转让退出是问题	国企/少量保险
企事业单位闲置土地	合作开发	合作机制复杂，确权和退出是问题	开发商
非改保	收购后进行改造	最适合社会资本参与，主要原因是：（1）产权清晰，自由转让；（2）操作周期短；（3）纳入 REITs	开发商 私募基金/保险/信托 外资也在逐步参与
产业园区配套用地	合作开发	规划审批是关键	开发商 私募基金/信托
专项租赁用地	合作开发	资格认定比较严格，当前以国企为主导	开发商 私募基金/信托/保险

图 3　社会资本投资的五种潜在标的

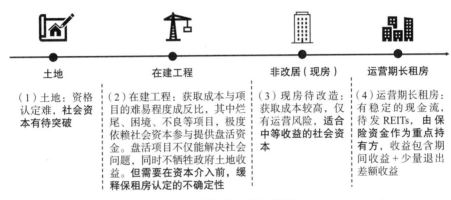

图 4　社会资本参与阶段

（四）社会资本参与方式

社会资本的两种参与方式包括正常和不良（或困境）。不良（或困境）资产成本更低，收益率压力更小。各种机构参与角度不一，AMC 和信托有机会参与不良（或困境），专业私募基金正常和不良（或困境）均可参与，对专业度要求非常高（图 5）。

（五）投资机构参与住房租赁市场的样板：黑石

2007 年金融危机的到来对美国的住房市场造成严重冲击，房屋价格整体下调，导致大量独栋房（single-family）拥有者还贷违约。黑石开始大规模收购这些独栋房，对其进行装修并出租，由此催生出一个新的住房租赁市场——独栋房租赁。2007 年初始至 2017 年十年间，黑石独栋房租赁业务逐步扩张，并在 2017 年，通过黑石旗下 Invitation Homes 与喜达屋 Waypoint 住宅信托合并，成为美国最大的独栋房房东。2020—2022 年，黑石先后收购 iQ Student Accommodation、American Campus Communities（ACC）及 Perferred Apartment Communities，押注多个国家住房租赁市场，继续大规模拓展住房租赁业务（图 6）。

资产不同阶段	土地		在建工程		存量待改造		运营期	
资产状态	正常	不良/困境	正常	不良/困境	正常	不良/困境	正常	不良/困境
专业私募基金	✓	✓	✓	✓	✓	✓	✓	✓
AMC		✓		✓		✓		✓
保险					✓		✓	
信托*						✓		✓

*部分信托在租赁住房的困境/不良也有涉及

图 5 社会资本两种参与方式

图 6 黑石参与住房租赁市场历程

三、高和的体会

高和通过创新 VC 投资、创新不动产证券化、并购/城市更新三轮驱动，深度参与租赁住房。通过问题驱动，经历了从办公升级、硬件改造（1.0），到商业改办公、运营提升（2.0），到产业升级、片区更新（3.0），到交易复杂、改造复杂、价格折扣（4.0），到不良资产收购/重组（5.0），到参与公募 REITs（6.0）日臻复杂的投资历程。截至目前，已完成 20 宗收购，累计 120 万 m²，11 宗退出。

高和参与的北京北三环融中心项目涉及复杂交易和业态转换，需解决交易难、融资难、改造成本控制难、规划审批难、运营达标难等问题。中关村启迪科技大厦 D 座项目涉及不良资产和改造增值，需解决与交易对手建立信任难、负债排除难、平衡各方利益难、并购贷款融资难、风险闭环难等问题。

租赁住房是综合能力极高的一项投资赛道，需要具备不良（或困境）资产投资能力、复杂改造及业态转换中控制风险能力、运营解决能力、类 REITs 或 REITs 退出能力,各方力量互相协同,才能实现完整的风险闭环。总之,社会资本参与租赁住房投资很有意义,但想要达到理想的收益率非常考验综合能力和多方合作能力。

作者联系方式

姓　名:周以升

单位及职务:高和资本执行合伙人

新型城镇化背景下住房租赁 REITs 发展的有益探索

曹亚琨 刘辰翔 胡永强

摘 要：为满足居民住房刚性需求、盘活房地产存量，加快发展住房租赁市场，与购房市场形成互补效应，购租并举，对于完善中国的住房供应体系、促进我国房地产行业供需结构平衡和健康发展具有重要的现实意义。而住房租赁市场的培育需要多渠道融资。住房租赁类 REITs 的产生与发展反映了我国房地产行业已开始脱离粗放式的重资产开发销售模式，转向提供精细化经营的持有租赁运作模式。这体现了房地产行业的供给侧结构性改革，有助于房地产开发企业降低杠杆水平。我们在分析我国住房租赁市场供需和租赁类 REITs 发展的基础上，结合资本化率等因素遴选出在不同情况下具备可行性的 REITs 底层资产类别，为未来的住房租赁市场 REITs 发展提供参考意见。

关键词：新型城镇化；住房租赁；REITs

一、新型城镇化背景下的住房租赁市场发展现状

（一）新型城镇化进程中产生出大量流动人口和租赁需求

城镇化是经济社会发展的必然趋势和实现现代化的必由之路。2014 年，党中央、国务院发布《新型城镇化规划（2014—2020）》，指出城镇化与工业化、信息化和农业现代化同步发展，是现代化建设的核心内容。新型城镇化，"新"在以人为核心，更加注重提高户籍人口城镇化率，更加注重城乡基本公共服务均等化，更加注重环境宜居和历史文脉传承，更加注重提升人民群众获得感、幸福感、安全感。

城镇化率提升和租赁需求增加是住房租赁市场发展的内在驱动力。2019 年，我国常住人口城镇化率为 60.6%，低于高收入国家的平均城镇化率 82%，仍有较大的发展空间。根据社科院发布的《中国农村发展报告 2020》，预计到 2025 年，中国城镇化率将达 65.5%，保守估计新增农村转移人口在 8000 万人以上。外出务工人员和异地就业大学毕业生成为流动人口的主体，而高房价和限购措施对住房租赁市场发展起着积极影响作用。发展住房租赁市场是现阶段解决我国中低收入群体住房问题的重要措施。因此，通过租房解决住有所居，必然成为城市特别是一线城市居民的重要选

择(图1～图5)。

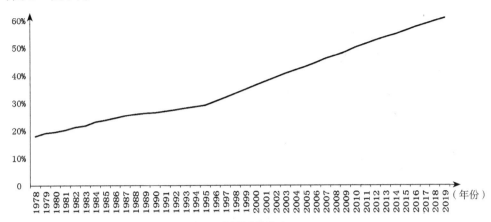

图1 中国城镇化率

数据来源：Wind

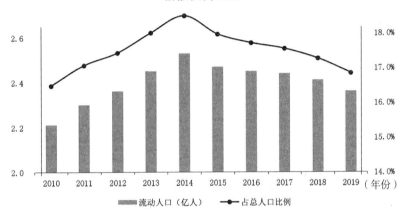

图2 2010～2019年我国流动人口及占比

数据来源：Wind

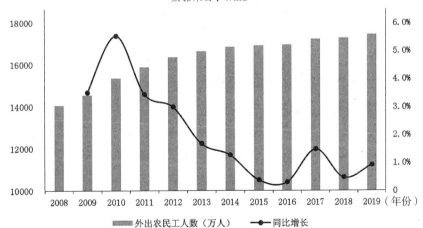

图3 外出务工人员人数

数据来源：Wind

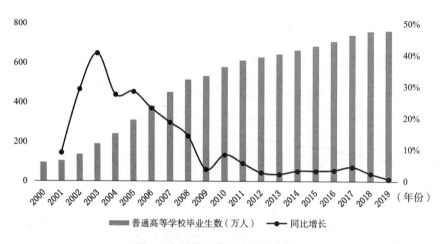

图4 全国普通高校毕业生人数

数据来源：国家统计局

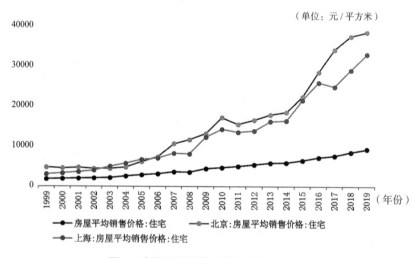

图5 房屋平均销售价格（住宅）

数据来源：国家统计局

（二）政府多措并举支持住房租赁市场发展

自2015年住房和城乡建设部出台《关于加快培育和发展住房租赁市场的指导意见》以来，中央及地方政府出台多项政策，从财政、税收、金融等方面为住房租赁市场的发展保驾护航。2020年9月，住房和城乡建设部发布了《住房租赁条例（征求意见稿）》，进一步推动我国住房租赁行业走向规范、健康的发展。《中共中央关于制定国民经济和社会发展第十四个五年规划和2035年远景目标的建议》要求租购并举，探索支持利用集体建设用地按照规划建设租赁住房，完善长租房政策，扩大保障性租赁住房供给（图6）。

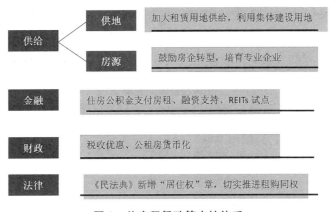

图 6　住房租赁政策支持体系

数据来源：世联评估整理

二、支持住房租赁市场发展和 REITs 未来发展探析

（一）多层次的融资体系和 REITs 的融资优势

近年来，为促进住房租赁市场发展，中央和地方政府出台多项金融支持政策。2016 年国务院办公厅发布《关于加快培育和发展住房租赁市场的若干意见》（国办发〔2016〕39 号），明确提出"支持符合条件的住房租赁企业发行债券、不动产证券化产品。稳步推进房地产投资信托基金（REITs）试点"。2017 年国家发展改革委、住房和城乡建设部等九部委联合印发《关于在人口净流入的大中城市加快发展住房租赁市场的通知》（建房〔2017〕153 号）提出要"加大对住房租赁企业的金融支持力度，拓宽直接融资渠道，支持发行企业债券、公司债券、非金融企业债务融资工具等公司信用类债券及资产支持证券，专门用于发展住房租赁业务。鼓励地方政府出台优惠政策，积极支持并推动发展房地产投资信托基金（REITs）"。2018 年证监会、住房和城乡建设部发布《关于推进住房租赁资产证券化相关工作的通知》（证监发〔2018〕30 号），指出"重点支持住房租赁企业发行以其持有不动产物业作为底层资产的权益类资产证券化产品，积极推动多类型具有债权性质的资产证券化产品，试点发行房地产投资信托基金（REITs）"。截至目前，住房租赁市场的主要融资模式有银行贷款（租赁住房开发贷款、租赁住房建设贷款、租赁住房运营贷款等租赁住房专项贷款，房企为主）、公司信用类债券（企业债、公司债、非金融企业债务融资工具，房企为主）、资产证券化（ABS、CMBS、ABN、类 REITs，房企和长租公寓运营商）和股权融资（天使轮、A、B、C 轮等孵化期、成长期融资，长租公寓运营商为主）。未来亟待完善法律法规，有序引导保险资金、住房公积金、PSL 资金等长期资金进入。针对各类租赁机构运营模式的特点，构建多层次的融资体系，以满足不同市场主体的融资需求。

与租金收益权 ABS 和 CMBS 等其他融资工具相比，REITs 为中小投资者提供了投资房地产业的机会（表 1）。由于它与股票、债券等其他证券类资产的相关性较低，从而能够有效分散投资者的风险。通过向社会广泛融资，REITs 能使房地产企业快速实现资金回笼，优化退出机制，从而改善以往房地产行业投资规模大、销售（或租赁）周期长、资金周转慢的状况，是支持培育住房租赁市场的创新融资手段。

住房租赁金融支持　　　　　　　　　　　　　表1

	租金收益权 ABS	CMBS	类 REITs
底层资产	租金收益权、租金分期贷款	商业地产抵押贷款	租赁地产产权和租金收益权
收益保障	租金及管理费	租金及管理费	物业增值、租金及管理费
原始权益人是否拥有物业	无	有	均可
专项计划是否间接拥有物业产权	无	无	均可
交易场所	银行间市场、证券交易所	银行间市场、证券交易所	银行间市场、证券交易所、中信登
投资主体	机构	机构	机构、中小投资者

资料来源：世联评估整理

2017 年，新派集团成功发行了"新派公寓权益型房托资产支持专项计划"，该项目是我国首单以公寓租赁为标的的类 REITs。随后，不少房地产企业开始涉足自有长租公寓的资产证券化行业。截至 2021 年 4 月 15 日，我国共发行 93 只类 REITs，累计发行金额为 1810.8 亿元，其中公寓类 REITs 发行 16 单，发行金额占比为 11.13%。

2020 年，北京金融资产交易所在人民银行的指导下，参照国际主流 REITs 模式推出住房租赁企业股权交易。建信瑞居、汇瀛万恒、孚茸置业、苏州工业园成为首批试点项目。产品采用公司制架构，项目公司作为 REITs 主体（表 2）。公司制架构是美国市场的主流架构，具有比较成熟的海外运行实践，交易结构较为清晰。由于不涉及结构化分层，公司股权即为 REITs 份额。同时由于产品为股权型产品，也无需评级。项目公司可通过发行债券、银行贷款、信托贷款等方式进行融资，但资产负债率不得超过 80%。总而言之，北金所 REITs 在制度规范和产品设计等方面实现了创新，并且通过严格的信息披露制度和强制的利润分红安排，将更好吸引社会资金参与住房租赁企业股权份额投资，有助于增强市场流动性。

REITs 国际对比　　　　　　　　　　　　　表2

类别	成熟市场 REITs	中国"类 REITs"	北金所 REITs
产品属性	权益型为主，抵押型和混合型为辅	固定收益为主	权益型产品
组织形式	信托基金或投资公司	专项计划	项目公司
入池物业	动态变化，入池物业可新增或出售	存续期内物业组成静态单一	租赁用地、租赁住房、商业物业、基础设施以及北金所认可的其他资产

续表

类别	成熟市场 REITs	中国"类 REITs"	北金所 REITs
资产管理	主动管理	被动管理	主动管理
投资范围	物业产权、地产相关股票、债券、贷款、其他 REITs 或 CMBS	项目公司股+债，监管部门规定的合格投资	产生稳定租金收入的房地产项目
产品期限	永续	有明确存续期限	永续
募集对象	公募性，面向大众	私募性，门槛较高	私募性，法人、非法人机构、境外合格投资者，净资产或管理资产不少于1000万元
交易方式	以二级市场证券交易为主	持有到期或开放期为主	转让国有股权时，应根据相关法律法规进行；转让非国有股权时，可在北金所进行场内转让
增信措施	极少有增信	多具有收益支持增信，如差额补足、流动性支持等	—
流动性	强	弱	较强
税收优惠	交易、运营均有税收优惠	无专门税收优惠政策	一般分红可抵扣所得税
分红安排	强制分红比例	优先级固定收益	强制分红比例

资料来源：世联评估整理

（二）住房租赁 REITs 的可行性分析

住房租赁 REITs 的成功发行与运转需要满足两个条件：一是项目成熟稳定，至少运营 3 年以上，有稳定的现金流，运营主体是合格的运营商；二是根据《国家发展改革委办公厅关于做好基础设施领域不动产投资信托基金（REITs）试点项目申报工作的通知》（发改办投资〔2020〕586 号），"预计未来 3 年净现金流分派率（预计年度可分配现金流/目标不动产评估净值）原则上不低于 4%"，即收益率水平不低于 4%。

在房地产估价的收益法中，资本化率是考察不动产投资收益率的代表性指标，是房地产未来第一年净收益与其价值的百分比。对于同等价值的不动产，净收益越大，则资本化率越高。一线城市存量住宅租售比折算为平均资本化率不到 2%、二线城市以成都为代表平均资本化率为 2.3%，而低成本取得租赁住房用地土地使用权的不动产资本化率可达到 5%，且有租金上涨的弹性空间，租金标准参照同地段同类型房屋市场租金标准的人才公寓同样具有较好的租金回报率。借鉴国外住宅 REITs 案例，不同区域、不同住房市场、不同类型的住房（养老公寓、学生公寓等）多个项目组合是可选择之路。

根据《财政部 国家税务总局关于公共租赁住房税收优惠政策的公告》（财政部 税务总局公告 2019 年第 61 号），公租房参与主体享有不同适用情形下的增值税、房产税、城镇土地使用税、契税、印花税等免税政策，从而使得公租房成为 REITs 底层资产的较优选择。

通过对住房租赁 REITs 的可行性（机会）研究，以及结合住房租赁市场不同类型下的全成本对租金水平的影响、产权限制、资产价格的优劣势等方面分析，我们认为从目前的市场情况来看，国有建设用地下租赁住房（人才公寓）和开发商自持租赁住房发行 REITs 的可行性较强，集体建设用地下的租赁住房需要产权政策上的突破和支持；另外收购、盘活存量商办物业改造长租公寓，在产权清晰的前提下有一定的机会（表3）。

住房租赁市场不同类型下 REITs 可行性 表3

分类	国有建设用地下租赁住房（人才公寓）	集体建设用地下的租赁住房	开发商自持租赁住房	收购（购买）商品住宅出租	收购、盘活存量商办物业改造长租公寓
资本化率	高于 5%	高于 5%	可达到 5%	明显偏低	可达到 5%
产权是否存在限制	土地合同未约定不允许整体转让或股权转让即可	集体土地产权性质的特殊性	土地合同未约定不允许整体转让或股权转让即可	无限制	判断是否符合当地政策、产权的合法性
取得资产价格	低	低	相对较低	高	相对较低
租赁住房 REITs 的可行性	可行	产权政策上的突破	可行	通过租金回报率判断是否可行	通过产权合法性及资本化率判断可行

资料来源：世联评估

三、结语

政府政策的大力支持和市场参与主体的探索实践将有力推动住房租赁市场创新融资模式和新型运营模式的形成。作为一种长期资产管理策略，住房租赁 REITs 或将有效促进整个住房租赁市场的专业化发展以及房地产市场的长期健康发展。

参考文献：

[1] 夏磊，易炜林. 发达国家如何监管住房租赁市场？[R]. 恒大研究院，2019：8-15.

[2] 谢晟. 美国长租公寓融资模式及对我国的启示[J]. 中国房地产，2018（14）：55-58.

作者联系方式

姓　　名：曹亚琨　刘辰翔　胡永强

单　　位：深圳市世联土地房地产评估有限公司，世联评估价值研究院

地　　址：上海市静安区万荣路 777 弄大宁音乐广场 H 座 6 楼 602 室

邮　　箱：caoyk@worldunion.com.cn

注册号：曹亚琨（4420000299），胡永强（3220140160）

国内住房租赁类 REITs 交易结构研究

蒋炎冰　穆春生　严　彬

摘　要：REITs 作为住房租赁资产证券化的发展方向，是金融服务实体经济的重要举措之一，但囿于当前国内的法律环境，国际标准 REITs 产品尚未问世。本文以较具典型性的新派公寓类 REITs 为例，分析当前国内主流类 REITs 产品通过结构安排以实现拓宽融资渠道、盘活存量资产等功能的过程，并由基础设施公募 REITs 的推出展望未来住房租赁公募 REITs 的发展趋势。

关键词：住房租赁；REITs；类 REITs；新派公寓

一、REITs 在住房租赁领域的应用背景

2015 年 1 月 14 日，住房和城乡建设部发布《关于加快培育和发展住房租赁市场的指导意见》（建房〔2015〕4 号），提出大力发展住房租赁经营机构，支持房地产开发企业将其持有的房源向社会出租，积极推进房地产投资信托基金（REITs）试点。意见指出：积极推进 REITs 试点有利于促进住房租赁市场发展、引导社会资金进入租赁市场、增加企业融资渠道，也为中小投资者提供投资方向。各城市要积极开展试点，并逐步推开。

为落实国家鼓励政策、响应市场供给侧结构性改革，截至 2020 年年末，国内已发行的资产证券化产品中以租赁住房为底层资产的占比达 12%，仅次于写字楼与购物中心，为行业提供了新的融资渠道及资产盘活形式，在实践中探索符合中国国情的 REITs 产品，为公募 REITs 的推出预热市场、积累经验。

二、REITs 概述

（一）REITs 的含义及分类

REITs 区别于其他证券化产品的主要特征在于它是一种信托安排。根据《新编经济金融词典》：房地产投资信托基金（Real Estate Investment Trust，REITs）是一种以发行收益凭证的方式汇集特定多数投资者的资金，由专门投资机构进行房地产投资经营管理，并将投资综合收益按比例分配给投资者的一种信托基金。

从资产组合和投资收益来源区分，REITs 可分为权益型、抵押型和混合型三大类。其中权益型 REITs 模式下，受益人持有并运营管理收益性房地产，投资者的收益不仅来自底层物业的经营收入，也来源于房地产的增值部分。目前以公募形式发行的权益型 REITs 产品是国际成熟市场的主流，即一般所指国际标准 REITs。

（二）REITs 应用于住房租赁领域的优势

1. 降低投资门槛，盘活存量资产

REITs 的基本逻辑是化整为零，即将完整的房地产分割成相对较小的收益单元，以其良好的经营效益和稳定现金流为支持，在法律法规允许的前提下实现上市、流通及转让，降低了公众直接投资房地产的门槛。

对于采用重资产模式的租赁住房企业而言，REITs 模式引导社会资本流入住房租赁行业，可以为其减轻资金压力、缩短投资回收期、优化资产负债表、盘活存量资产，从而形成"募投管退"的良性循环。

2. 拓宽融资渠道，降低融资成本

目前国内住房租赁领域融资渠道较为狭窄，主流的银行贷款及债券发行模式门槛较高，且缺乏长期投资者，故租赁住房企业存在巨大的资金缺口。

REITs 作为以基础资产进行证券化的产品，在本身资产条件优越的情况下通过增信安排可获得的信用评级甚至能高于主体信用，故相应地可以以更低廉的融资成本募集比银行抵押贷款规模更大、周期更长的社会资本。同时仅以融资为诉求的企业也可通过证券的回售权及优先回购权等安排，在融资还款后以回购形式继续拥有该项核心资产。

3. 强化运营管理，加速转型步伐

专业、优质、高效的运营能力是住房租赁行业健康发展的根本。住房租赁 REITs 实施后，底层资产将由专业管理机构负责市场调研、多元化经营收益、控制运营成本、制定租赁及营运管理策略并进行相关风险管理，从而实现更多的经营收益、更快的资产增值和更高的资产回报。

三、REITs 在国内住房租赁领域的应用

（一）国内政策制度环境对于 REITs 的桎梏

囿于目前的法律法规及监管规则，我国境内尚未实现与国际标准 REITs 完全相符的产品发行。

首先在原《证券法》（已于 2019 年重新修订）框架之下，REITs 本身尚未被列入可公开发行的证券范畴之内，难以实现上市。若选用股票作为公开募集的媒介，则为此所成立的 REITs 公司将受到《公司法》的桎梏，从而面临公司及投资人的双重所得税征收困境，致使产品的投资吸引力下降。

如采取公募基金模式，即由基金管理人设立公募基金，并以其持有的房地产项目公司股权在公开市场发售基金份额的方式募资，则与《证券投资基金法》及《中国人民银行关于规范金融机构资产管理业务的指导意见》中对于公募基金不可投资于非上市公司股权的限制相悖。

为此，国内市场便退而求其次地以资产支持证券（ABS）这一可上市的金融产品为基础，探索出了"资产支持专项计划+私募基金"这一目前较为主流的私募"类REITs"模式，以在不突破当前法律框架的前提下尽可能地接近标准REITs的功能。

（二）典型住房租赁类REITs结构研究

本节以新派公寓权益性房托资产支持专项计划（以下简称"新派公寓类REITs"）为例，具体展示当前住房租赁类REITs产品通过结构创新以实现募集资金、税收中性以及破产隔离等方面作用的过程。

新派公寓类REITs于2017年10月11日在深交所正式获批发行，并于2017年12月14日挂牌上市。产品发行目标规模为2.7亿元，分为优先及权益两个级别，期限为5年（前3年为运营期，后2年为处置期）。本单产品是国内首个住房租赁领域的权益型类REITs，从立项上报到获批仅用了不到20天，体现了高效的推进速度以及监管层的支持（图1）。

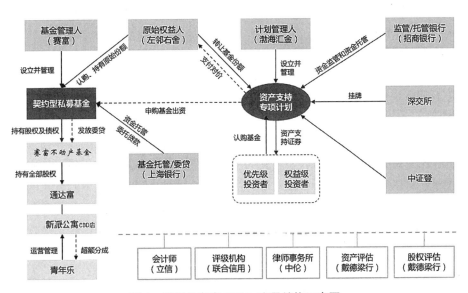

图1 新派公寓类REITs交易结构示意图

资料来源：专项计划说明书

在本单产品中，计划管理人（渤海汇金）设立并管理资产支持专项计划，通过其所吸纳的资金认购原始权益人（左邻右舍）所持有的契约型私募基金的基金份额。契约型私募基金则通过持有项目公司（通达富）全部股权并发放贷款的方式间接控制底层资产新派公寓 CBD 店，并以其产生的经营收入和处置收益向专项计划投资者进行收益与本金分配。

在以上"资产支持专项计划+私募基金"的双 SPV 结构中，资产支持专项计划主要负责上市流通、弥补流动性缺陷；而私募基金承担了构建基础资产、股债结构以及风险隔离的职责。

1. 增加流动性

《证券公司资产证券化业务管理规定》第六条规定"资产支持证券可以按照规定在证券交易所、中国证券业协会机构间报价与转让系统、证券公司柜台市场以及中国证监会认可的其他交易场所进行转让"。

本单产品采用簿记建档方式发行并在深交所上市、在二级市场的固收板块流通转让，虽难以实现公募基金及股票等大规模公开发行及转让的优势，但相较私募基金而言一定程度上弥补了流动性短板。

2. 构建基础资产

基础资产是 REITs 发行和交易所依赖的根本，通过其所产生的稳定现金流来完成向投资人的收益分配。在本产品中，基础资产是由原始基金份额持有人左邻右舍转让给渤海汇金的全部契约型私募基金份额。

私募基金设立后，按文件安排向原权利人赛富不动产基金收购项目公司通达富股权以取得底层资产新派公寓 CBD 店，从而控制其租金收入及专项计划到期后的资产处置收入以构建稳定现金流。

3. 规避双重征税

从专项计划层面来看，投资者与管理人之间形成的信托关系使资产支持专项计划自身不具有主体资格与所得税纳税义务，故以其作为发行载体本身具有税收穿透的特点。

私募基金层面的避税措施则主要通过搭建"股债结构"来实现。私募基金以发放委贷的形式将底层资产的经营收益转化为应付利息，从而使其优先于项目公司的折旧摊销进行分配并免除了征收所得税对于产品收益的稀释；同时利息分配方式的稳定性也更符合投资者长期以来形成的固收偏好。值得注意的是，自 2018 年《商业银行委托贷款管理办法》出台后，原本以银行委贷放款的方式已难以为继，股东借款则成为"股债结构"搭建的新主流。

4. 实现破产隔离

根据《证券公司资产证券化业务管理规定》，因专项计划资产的管理、运用、处分或者其他情形而取得的财产，归入专项计划资产并独立于原始权益人、管理人、托管人及其他业务参与人的固有资产。若上述参与人因依法解散、被依法撤销或者宣告破产等原因进行清算的，专项计划资产不属于清算范围。故在专项计划层面可实现破产隔离。

另外在私募基金层面，其通过对项目公司股权收购及债权投资而间接持有的新派公寓 CBD 店也与原始权益人进行了隔离，不受其财务风险的影响。

除了以上核心结构安排之外，本产品还采用了产品分层（优先级每年支付固定利息，到期一次性偿还本金，具有明显的债性；权益级期间不付息，退出获取 80% 的物业增值收益）、物业资产抵押、应收账款质押、物业资产运营收入超额覆盖、设置储备金科目及储备金的补足、差额补足等增信安排来为专项计划提供流动性支持。

在此之后，住房租赁类 REITs 产品还陆续创新出了"储架发行"以实现扩募功能；同时也逐步由主体信用向资产信用转变，进一步加强了权益端的发展。

（三）国内私募类 REITs 与国际标准 REITs 的区别

将国际标准 REITs 与国内私募类 REITs 进行对比可以发现，当前两者最大的区别在于发行对象以及实现税收中性的方式不同：标准 REITs 可向公众募集且得益于税收优惠政策并不需要进行特殊的结构安排；而私募类 REITs 则以机构投资者为主力客户，且需进行结构设计予以避税。

除此之外，两者在其他方面也有一些区别，详见表 1：

国内私募类 REITs 与国际标准 REITs 差异对比表　　　　表 1

对比维度 \ 类型	国内私募类 REITs	国际标准 REITs
发行方式	私募发行	公募发行
属性	混合，偏债属性	权益属性
组织形式	专项计划	信托基金或成立公司
产品结构	优先级、权益级	平层
负债及抵押	优先级，物业一般抵押给计划	外部负债，有比例限制
投资者人数	不超过 200 人	不限
期限	一般三年设置开放期	永续
增信措施	多为租金差额补足增信，大部分产品还通过主体回购作为本金偿付增信	极少部分产品具有对期间租金的差额补足增信
分配	优先级固定收益	强制分红比例
投资者收益	优先级固定、权益级靠增值	分红及资本增值
税务	无优惠	一般分红可抵扣所得税
二级市场流动性	较弱	较强
入池物业	目前主要为单一物业，存续期内物业为静态，产品构成不发生变化	通常为多个物业，强调分散，产品存续期内入池物业可新增或出售
资产管理	对物业以被动管理为主	对物业进行主动管理，可以新增投资或出售物业

续表

对比维度 \ 类型	国内私募类 REITs	国际标准 REITs
投资范围	项目公司股权及债权、监管部分规定的合格投资	物业资产、地产相关股票、债权、贷款、其他 REITS 或 CMBS
投资者退出方式	到期通过主体回购或物业处置收益退出，也可通过二级交易市场交易退出，但市场流动性较弱	以二级市场证券交易为主

四、基础设施公募 REITs 的借鉴意义

近期公募 REITs 在基础设施领域的推进节奏有所加快：2020 年 8 月，证监会发布《公开募集基础设施证券投资基金指引（试行）》（证监会第 54 号公告）规定"80% 以上基金资产投资于基础设施资产支持证券，并持有其全部份额"，从而突破了原本《公开募集证券投资基金运作管理办法》（证监会令第 104 号）中对于资金财产投向的"双十限制"，使公募基金与资产支持证券相结合成为可尝试的初代公募 REITs 产品模式。

2021 年 2 月基金业协会发布《公开募集基础设施证券投资基金运营操作指引（试行）》，规定基础设施基金应当将 90% 以上合并后基金年度可供分配金额以现金形式分配给投资者，进一步给予了该类 REITs 产品更为向好的收益预期。

截至目前，已有 10 单基础设施公募 REITs 完成交易所系统申报，其中多单产品采用了"公募基金 + 专项计划 + 私募基金"的三层交易结构，与原本的私募类 REITs 模式形成了良好的衔接（图 2）。

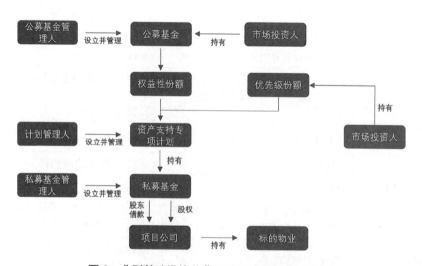

图 2　典型基础设施公募 REITs 交易结构示意图

随着公募 REITs 试点范围的延伸，预计在不远的将来租赁住房领域也将借鉴基础设施公募 REITs 的经验，在产品结构上继续发展、创新。

五、展望

根据北大光华 REITs 课题组的预测，中国住房租赁 REITs 的市值规模将在 5200 亿~1.56 万亿元，远景可观。随着国内私募类 REITs 的蓬勃发展以及基础设施公募 REITs 的试点铺开，国内原有限制标准公募 REITs 推进的各项难题将被逐步攻克，相信未来针对 REITs 的专项税收优惠、信息披露、操作规范等配套政策也将进一步完善，完成从类 REITs 向标准 REITs 的跨越。

围绕住房租赁 REITs 的到来，作为相关咨询服务行业，我们需要加快学习的步伐，做好知识及人才储备，拥抱这一巨大市场带来的发展机遇。

参考文献：

[1] 林华. 中国 REITs 操作手册 [M]. 北京：中信出版集团，2018.

[2] 杨明基. 新编经济金融词典 [M]. 北京：中国金融出版社，2015.

[3] 丁小飞. REITs 在我国长租公寓融资中的应用研究：以新派公寓为例 [D]. 北京：北京交通大学经济管理学院，2018.

作者联系方式

姓　　名：蒋炎冰　穆春生　严　彬

单　　位：建银（浙江）房地产土地资产评估有限公司上海分公司

地　　址：上海市黄浦区淮海中路 200 号 1005 室

邮　　箱：18939758610@163.com；13817793377@163.com；dragoonsw@126.com

注册号：蒋炎冰（3120150026），穆春生（31200090005），严彬（3120110014）

论住房租赁领域 REITs 亟待解决的难题

王建红　李元娇

摘　要：党的十九大以来，全面发展住房租赁市场已成为建设房地产长效机制、建立新的住房制度的重要内容。在金融支持住房租赁市场发展方面，国务院及九部委在 2016 年明确提出："支持符合条件的住房租赁企业发行债券、不动产证券化产品。稳步推进房地产 REITs 发展"，有力地推动了中国真正的 REITs 市场。

关键词：住房租赁；REITs；金融支持市场

住房问题既是民生问题也是发展问题，关系千家万户切身利益，关系人民安居乐业，关系经济社会发展全局，关系社会和谐稳定。加快推进住房保障和供应体系建设，是满足群众基本住房需求、实现全体人民住有所居目标的重要任务，是促进社会公平正义、保证人民群众共享改革发展成果的必然要求。近年来国家大力鼓励住房租赁产业发展，积极培育发展住房租赁市场，住房租赁市场的建设完善不仅利于解决需求人群的住房问题，同时住房租赁市场的完善可以调节住房资源，也可以在一定程度上抑制房价快速上涨，促进整体房地产市场的良好运行。

一、住房租赁领域 REITs 的背景及意义

2017 年 7 月，住房和城乡建设部发布加快发展住房租赁市场的通知，明确指出要积极推动发展房地产投资信托基金（REITs）。同年，党的十九大报告也提出加快建立"租购并举"的住房制度，住房租赁市场在国家政策的鼓励下迎来了新的发展机遇。但投入成本高、投资回收期长、开发商类企业面临自持租赁用地资金承压和退出渠道受限等问题，一直阻碍着住房租赁市场的发展。

在国家不断出台鼓励住房租赁市场发展的政策背景下，REITs 相关政策细则和产品的推出正当其时。

REITs 是一种以发行股票或收益凭证等方式汇集投资者资金，由专门管理机构进行房地产投资经营管理，并将投资收益按一定比例分配给投资者的信托基金。作为房地产资产证券化的一种方式，它可以盘活房地产存量资产，增加企业融资渠道，帮助企业实现轻资产运营。

REITs 对培育我国住房租赁市场具有以下几方面的意义：

一是契合党的十九大思想定位。REITs 是金融服务实体经济、构建多层次资本市场体系的重要途径，是推动经济去杠杆、防范化解系统性金融风险的有效方式；是贯彻落实党的十九大"房住不炒、租购并举"思想的重要抓手，是促进金融与房地产良性循环的重要工具。

二是推动房地产金融创新。在当前房地产企业融资难、房价高企、租金回报率低等背景下，REITs 为房地产企业和住房租赁企业的业务转型升级提供了新的思路和解决方法。

三是便于企业融资。借助资产证券化为企业提供创新融资渠道和投资退出路径，对于建立多主体供给、多渠道保障、租购并举的住房制度具有重要意义。

四是规范住房租赁市场发展。REITs 执行的是长期投资策略，并且具备专业的资产管理，其还将有助于整个住房租赁市场的专业化发展，有效减少市场波动，成为房地产市场长期健康发展的稳定器。

二、住房租赁领域 REITs 的现状

我国住房租赁市场正处于鼓励发展与加强行业规范并重的新时期，截至 2020 年年底我国对这一领域进行了有益探索。

首先，住房租赁领域 REITs 的推出符合国家政策方针，符合国家大力推进租赁住房市场建设的宏观导向。

我国住房租赁市场正处于鼓励发展与加强行业规范并重的新时期，"十四五"开局之年，政府工作报告、"十四五"规划纲要等党和国家的重要文件均以较大篇幅关注住房租赁发展。政策开始向鼓励发展与加强行业规范并重的方向倾斜。纵观我国住房租赁市场发展的 20 年，可划分为四个阶段：第一阶段为 2000～2010 年，该阶段的关键词为"健全房地产市场体系"；第二阶段为 2011～2013 年，这一阶段关键词是"去杠杆与保民生"；第三阶段为 2014～2016 年，关键词是"购租并举与健全住房租赁体系"；第四阶段为 2017 年至今，关键词是"鼓励发展与加强行业规范并重"。每一阶段的发展与递进，离不开中央层面的政策支持与激励。

其次，类 REITs 产品的接连推陈出新，既在实操层面为真 REITs 落地夯实基础，又通过它们的创新示范效应，普及 REITs 知识理念，推动市场发展。

证券交易所的资产证券化逐步成为国内类 REITs 产品的重要运作载体。类 REITs 产品在交易结构、会计处理、税务筹划和资产评估等方面愈发成熟，且不断创新。截至 2019 年年底我国已相继推出了 30 多只住房租赁类 REITs 产品，对这一领域进行了有益探索。

最后，新时代房地产行业转型发展的内在需要促使住房租赁 REITs 迎来窗口期。自中央明确"房住不炒"定位后，全国各地不断推进"租购并举"的住房制度改

革，传统的房地产销售模式面临转变；同时，随着金融强监管和去杠杆的深化，传统的房地产融资方式也遇到阻力，房地产行业正在进行的以精细化运作的持有租赁经营模式取代简单粗暴的高周转开发销售模式的"供给侧结构性改革"，也映射出中国资本市场"去杠杆"，资产证券化直接融资的窗口正在打开。

三、住房租赁领域 REITs 的难点及破解

尽管经过长期努力住房租赁 REITs 已逐步迈向成熟，但同时和发达国家 REITs 市场相比，我国发展 REITs 市场面临着租售比低、双重课税严重、金融监管不足等的问题，仍需要进一步探索，以便为 REITs 的发展创造好的实践基础，解决好发展住房租赁 REITs 这一项长期任务，实现人民群众对实现住有所居的期待。

在商业过剩的存量时代，"投融管退"成为地产与金融行业共同关注的关键话题。存量资产的运营、交易、租赁和金融化，将是中国地产下半场最值得关注的巨大市场，也是地产行业大势所趋。存量市场时代，房地产企业转型升级的必然选择是致力于持有型物业资产的开发及运营。当前我国经济面临下行风险，我国房地产行业主导的开发—销售的经营模式面临严峻挑战，转型升级迫在眉睫。国内信贷政策在 2010 年开始收紧之后，以银行开发贷款为主要融资渠道的房地产业面临巨大的融资压力。我们必须结合我国房地产金融市场存在的问题，分析金融机构如何在有效控制风险的情况下，提供匹配的投融资服务，确保我国房地产金融市场安全运行，国民经济持续健康发展。

房地产市场在发达国家发展的经验表明，建立制度支撑、明确监管体系、明确税收支持、培养专业化人才等是我国发展 REITs 亟待解决的问题。

1. 制定公募 REITs 的制度支撑和业务规则

目前，基础设施公募 REITs 试点工作取得阶段性进展。沪深交易所分别发布施行 3 项主要业务规则，明确了基础设施公募 REITs 的业务流程、审查标准和发售流程。交易所本次集中发布的业务规则包括"1 个办法 +2 个指引"，即《公开募集基础设施证券投资基金业务办法（试行）》和《公开募集基础设施证券投资基金业务指引第 1 号—审核关注事项（试行）》《公开募集基础设施证券投资基金业务指引第 2 号—发售业务（试行）》。

市场对公募 REITs 呼声已久，经过监管层和市场各方的深入研究和努力，最终选定以基础设施为底层资产来开展公募 REITs。这是贯彻落实关于防风险、去杠杆、稳投资、补短板的重大举措，有利于积极支持国家重大战略实施，深化金融供给侧结构性改革，强化资本市场服务实体经济能力，进一步创新投融资机制，有效盘活存量资产，促进基础设施高质量发展。

2. 明确公募 REITs 的监管体系

对于公募 REITs 产品而言，需要构建明晰的公募 REITs 监管体系，明确公募

REITs 监管框架、格局等，也需要相关监管部门明确公募 REITs 的监管职责与权限。

随着监管不断吹风基金行业实施分类监管，业内普遍预期基金分类监管的思路就是根据不同的标准进行评分，然后对不同评分等级的公司进行差异化监管。一方面，这是对合适规模的基金进行合适评级的积分，采取合适的监管方式，更具有精准性；另一方面，未来这可能会成为一些机构客户选择委外对象的参考工具，不排除有些银行参考分类评级结果，决定是否将资金委托基金公司管理。分类监管会加快行业的优胜劣汰，促进行业规模向优势企业集中，业绩好、人员稳定的公司将获得更多的政策倾斜。"基金分类评的评分标准，一定要进行充分的讨论，要能够反映一家基金公司综合的实力，就像穆迪、标普对债券评级一样，要能体现这个债券的一系列的特征，要更客观。"

3. 明确税收优惠原则

全面推进完善 REITs 相关的法律和税法规则建设。例如，完善 REITs 的发行机制以及相关的法律和税务规则体系。只有纳税人有充分的法律工具和税务规则可以运用，才有利于降低资产持有人的交易成本，也有利于纳税人之间的税收公平。另外，其他国家的实践表明，穿透实体在 REITs 类架构的运营中发挥了重要作用，其通行的出资递延纳税规则，有利于鼓励资产持有人将资产参与到 REITs 的发行和运营中来。

4. 培养专业化人才

经验丰富的优秀人才，才能组建一流的研究团队、管理团队和销售团队，稳扎稳打实现 REITs 业务的大发展。

专业化人才除熟悉基础设施 REITs 相关市场外，也须负责执行资产管理策略与投资组合管理，也有公司强调应具备建立完善基础设施建设与不动产物业项目和金融产品的分析模型，负责投后项目市场调研的能力等。针对 REITs 领域复合型人才稀缺、人才要求更严苛的难点，相关机构可以对已有人才进行长期培养，从中可以掌握 REITs 产品在服务实体经济中的流程管理、效应和风险等。

四、REITs 的展望

通过以上金融机构服务金融市场的措施，建立创新制度并形成房地产市场发展的长效机制，中国 REITs 才能真正实现健康发展。

在通往美好前景的道路上，REITs 的推出与建设，关乎民生问题，关乎发展问题。REITs 是金融服务供给侧结构性改革的重要抓手，是金融体系供给侧结构性改革的重要组成部分。建设 REITs 可以落实"三去一降一补"的宏观政策，盘活各类存量经营性不动产，降低政府和企业的财务杠杆，化解信贷市场的期限错配和高杠杆风险；建设 REITs 市场，为 PPP 及基础设施投资提供可行的金融战；REITs 促进不动产行业回归本源、服务实体经济；REITs 对国内投资者资产配置具有重要价值。

发展 REITs 事业需要政府、市场和企业通力合作，凝聚共识，积极探索，积累经验，做好长期奋战的准备。前景光明，需要各方不懈努力！

参考文献：

[1] 杨楠．保利地产租赁住房 REITs 问题研究 [D]．郑州：郑州大学，2019．

[2] 谢春亮，李元福．浅析住房租赁 REITs 问题与对策 [C]// 中国房地产估价师与房地产经纪人学会．2018 中国房地产估价年会论文集．北京：中国城市出版社，2019．

[3] 杨龙，孙宇，吕建东．我国 REITs 发展现状、面临困境及建议 [J]．环球市场信息导报，2018（33）：38-39．

作者联系方式

姓　　名：王建红　　李元娇

单　　位：山东德昀土地房地产评估咨询有限公司

地　　址：山东省淄博市张店区共青团西路 136 号金茂大厦 A 座 417

邮　　箱：598996625@qq.com；75905036@qq.com

管理号：王建红（30520201037918370462），李元娇（30620201037200000439）

住房租赁领域 REITs 的难点及其破解

鲜 玲　陈邵萍　陆建玲

摘　要：推进住房租赁领域 REITs 发行，有助于盘活租赁住房存量资产，引导社会资金参与住房租赁市场建设，促进住房租赁市场平稳健康发展。本文从租赁住房现状、国内 REITs 发展状况简要分析国内发行住房租赁领域 REITs 的难点，然后结合我国基础设施领域 REITs 试点发行的政策以及国际经验从国家立法、土地供应、市场监管等方面提出支持我国住房租赁 REITs 发行的破解方法及未来发展建议。

关键词：住房租赁市场；REITs；发行难点；发展建议

一、概述

（一）我国住房租赁市场现状

改革开放以来，我国不断推动住房商品化、货币化改革，积极探索建立新的住房供应体系；同时加快培育和发展住房租赁市场，包括利用集体建设用地等多渠道土地资源、推进住房租赁资产证券化、整顿和规范住房租赁市场秩序。目前中国住房市场，尤其是一线城市已进入存量时代。根据住房和城乡建设部日前公布《住房租赁条例（征求意见稿）》的统计，中国住房租赁人数已超 2 亿，其中外来务工人员租房需求旺盛，凭借人口规模和人口结构优势，可以预见中国住房租赁市场发展潜力巨大，前景可期。

2021 年全国两会提出，通过增加土地供应、安排专项资金、集中建设等办法，切实增加保障性租赁住房和共有产权住房供给。在各地的政府工作报告中，几乎都提到租赁住房，各大核心城市的租赁政策中均提出将增加租赁住房的供给。未来核心城市租赁用地以及租赁住房的供给将会显著增加。

（二）国内 REITs 总体发展状况

我国的 REITs 市场目前仍处于探索阶段。2007 年，中国人民银行、证监会、银监会就分别成立 REITs 专题研究小组，推进国内 REITs 市场建设。2008 年，国务院发布促进房地产市场健康发展的相关文件，明确提出开展 REITs 试点。2015 年，住房和城乡建设部提出在住房租赁市场积极推进房地产投资信托基金试点。自 2016 年以来，证监会多次就 REITs 制度征求市场机构的意见。从持有的资产类型来看，主要以购物中心、写字楼、零售门店、租赁住房地产类物业为主，自 2019 年以来，基础设施类 REITs 发展速度较快。2020 年，中国证监会、国家发展改革委正式发布关于推进基础设施领域不动产投资信托基金（REITs）试点相关工作的通知，开启了我国基础设施领域的试点工作。

目前，我国的 REITs 实践以类 REITs 业务为主。在具体操作上，主要是在资产证券化业务框架下，基于具有稳定现金流的不动产构建资产支持证券（ABS），并以私募基金作为持有项目公司权益的载体，发起设立类 REITs。在产品结构设计上，以"股+债"模式为主，往往会设立优先级和劣后级，其中优先级由银行认购，获取固定利息，具有保本、保收益的属性；劣后级通常由发起人自行认购，实质是为产品增信，降低融资成本。这种模式与国际主流 REITs 模式存在本质区别。

二、REITs 发行难点

（一）国内 REITs 发行的普遍难点

1. 国内投资者对 REITs 的理解片面，接受难度大

目前国内投资者普遍认可的投资方式为股票和基金，对 REITs 认知只是停留在概念上，并且狭隘地将"不动产投资信托基金"片面认定为"房地产投资信托基金"。而不动产不仅包括房地产，也包括仓储物流、收费公路等交通设施、水电气热等市政工程、城镇污水垃圾处理、固废危废处理等污染治理项目在内的基础设施领域。随着中国证监会、国家发展改革委《关于推进基础设施领域不动产投资信托基金（REITs）试点相关工作的通知（证监发〔2020〕40号）》的发布，目前国内市场对 REITs 的理解在不断加深，基础设施等不动产逐渐进入投资视野。随着国家相应的政策出台及基础设施 REITs 的上市，相信投资者对 REITs 的接受度将会进一步提高，为国内投资者关注租赁住房领域的 REITs 打下基础。

2. 存在多重征税问题，运作税负重

由于原始权益人需要将不动产过户到 REITs 管理者名下，REITs 管理者作为产权持有人进行运营及管理，而基金项目终止后，需将不动产交还给原始权益人。在发生两次转让行为时，重复征收契税、印花税、企业所得税、土地增值税、增值税附加等；除此之外，在基金持有环节不动产产生的收益同样需要缴纳企业所得税、个人所得税及房地产税等税费。从表 1 可知，在整个基金设立、存续、退出三个环节中，不动产作为底层资产虽然发生了产权转移，但基金管理人实际作为运营资产方代为经营房地产产生收益，待基金退出环节，又将相应的房地产转移回原始权益人，但目前的税收政策依然认定这种行为发生了实质产权转移，故而存在重复征税的行为，这严重阻碍了房地产信托基金的发展。目前国内缺少配套的税务优惠措施，导致 REITs 发行

难度大。

REITs 各个环节涉及的税费　　　　　　　　　　　表1

时间节点	涉及税费		
	原始权益人	基金管理人	投资者
基金设立环节	增值税、企业所得税、土地增值税	契税、印花税	/
基金存续环节	/	房产税、增值税、印花税、企业所得税	个人所得税/企业所得税
基金退出环节	契税、印花税	增值税、企业所得税、土地增值税、印花税	/

3.中国大中城市的租售比不匹配

20年来，中国长涨的房价使标准REITs缺少成长的经济环境土壤。当前，尽管国家对房地产行业有所管控，但房地产行业仍然呈现只涨不降的状态，炒房现象依然存在，房屋租金受多种因素的影响呈现不同的价格层次，大中城市租金较高，空置率较低，而小城市及城市边缘住房租金低，空置率高。和境外成功发行REITs的国家相比，境内的租售比或租金回报率明显低于境外成熟市场，有的甚至低于无风险利率，即使使用了财务杠杆也不具备做标准REITs的条件。甚至在房地产调控相对宽松的情况下，高评级的房地产企业也可以发债、融资，甚至成本还可能低于做标准REITs。在这样的经济环境下，REITs并不是必需品。

4.相关专业运营机构及人才缺失

公募REITs在美国、新加坡等国家已经培育成熟，但对于国内而言，仍然是一个新兴领域，REITs从设立到运营涉及金融、会计、法律、管理和不动产投资等多个领域，REITs对相关从业人员在法律法规、税收政策、资产资金管理、基金运营及结构组合等方面要求专业、面广、精细的知识储备，与公募基金现有的业务模式差别较大，因此在人员团队和项目储备上普遍不足。

（二）针对住房租赁领域REITs发行的难点

1.依赖重资产

根据市场主体是否拥有底层资产的产权，住房租赁业务模式可分为轻资产与重资产两类。轻资产模式下运营主体并无物业资产的产权，多为企业租入部分房源再分租给散客，存在管理难度较大、现金流稳定性较差的问题，往往面对着来自房屋出租方和租客两方面的压力，对营运资金管理、物业的运营均提出了更高的要求，就要面临较高的融资风险。而REITs的底层资产更适合企业拥有的重型资产，由于拥有物业产权，管理相对标准化并更专业，可通过经营、出售两种方式产生收益，且物业资产可作抵押，重资产发行主体信用评级往往更高，发行难度较小。

2. 整体收益率低

目前，租赁住房有三大类，包括个人投资的商品住房、企业主导的青年公寓以及政府主导的公共租赁住房等。由于房价的高昂，商品住房和青年公寓获取成本较高，这两类租赁住房业态收益率甚至达不到门槛线。目前随着各地加大对保障房、人才房等政策性住房的支持力度，政策性住房在住房租赁市场中的占比逐渐提高。但由于政策性租赁住房高度依靠政府补贴且租金往往较低，在扣除相应的管理费、税费后，只能勉强达到住房租赁 REITs 对收益率的最低要求。

3. 住房租赁市场监管措施不完善

管理机制不健全、手段措施不到位，是住房租赁管理的软肋。根据住房和城乡建设部《城市房屋租赁管理办法》和税法的相关规定，住房出租应依法缴纳相关税费。而实际上，住房出租人并未主动登记并缴纳相关税费，现行的出租住房管理并没有完善的监管措施，导致租赁行为不规范现象，这间接延迟了住房租赁领域 REITs 的发行。目前，《住房租赁条例（征求意见稿）》已经公布，但是租赁管理宣传力度仍然不够，租赁双方对租赁管理理解有待加深，执行起来仍然需要一定的时间。

4. 缺乏针对住房租赁领域 REITs 的专项法规

目前我国针对信托、基金、证券已出台了相关法律法规，包括《中华人民共和国信托法》《中华人民共和国基金法》《中华人民共和国公司法》《中华人民共和国证券法》等，目前国内在发行类 REITs 时也是参照上述文件，针对 REITs 的专项法规仍是缺失的，更别提在住房租赁领域的 REITs 专项立法。这会让住房租赁 REITs 在创建初期和后期运作中遭遇法律障碍。

三、针对国内租赁住房领域 REITs 发展的难点破解

（一）持续增加租赁住房领域的土地供应

在现有基础上继续加大对租赁住房领域的土地供应，通过"住房自持比例限制""增加公共租赁住房移交比例"降低土地供应价格，同时应预留"允许自持土地及住房进行证券化运作"的空间。

（二）完善信息披露机制

REITs 架构涉及的机构较多，包括原始权益人、基金管理人、基金托管人、资产证券化管理人、项目运营管理人等，应建立完善的信息披露机制，遏制各环节可能存在的损害投资者利益的行为，切实保护投资者的合法权益。同时，由于涉及机构较多，要着重加强对关联交易的信息披露和审批程序，严格防范可能出现的利益冲突行为。

（三）加快建立税收优惠制度

美国 1960 年出台的《国内税收法典》正式设立了 REITs，并且在一开始就解决了

双重征税问题。缺乏税收优惠制度是国内 REITs 发展缓慢的主要原因之一。从国内类 REITs 产品实践来看，在符合税法规定的前提下，通过合理重组和股权结构设计，能够降低部分税收成本，但需耗费较大的人力成本。从长期良性发展的角度出发，建议出台针对 REITs 的相关专项立法，在产品结构、投资范围、收入及分配等条件符合规定的情况下，使投资者享受税收优惠或减免待遇。税收优惠是 REITs 快速发展的关键。

（四）注重运营机构及投资者的培育工作

REITs 从成立到运营涉及金融、会计、法律和不动产投资等多个领域，与公募基金现有的业务模式差别较大，公募基金在人员团队和项目储备上普遍不足。建议加大对公募基金参与者的教育培训以及对项目运营管理机构的培育，提高其资产运营能力。此外，为保护投资者合法权益，不仅要完善监管体系，还要加强对投资者的保护与教育以及提升其金融素养的专业教育，引导其选择优质资产投资，形成良性的投资循环。

（五）推进专项立法

针对 REITs 而言，《信托法》《公司法》等相关法律尚存在一定限制，这些都直接影响到投资者的投资积极性，不利于 REITs 的推广和发展。1960 年 9 月 14 日，美国总统艾森豪威尔签署了《房地产投资信托法案》，允许设立 REITs，由此开启了美国以及全球 REITs 市场的发展历程。有关部门可以借鉴国际市场 REITs 某些适用的配套法律法规，结合我国宏观经济环境对 REITs 的交易结构、投资范围、收益分配、税收政策、信息披露机制等进行专项立法。

（六）强化政府市场监管职能，建立住房租赁信息平台

政府需加强出租住房管理机制，理清多部门综合治理思路，奠定住房租赁齐抓共管基础，以及建立租赁信息采集制度和租赁信息平台，加强事中事后管理，为住房租赁管理提供决策参考并审慎出台相关制度，有效规范和管理住房租赁市场。

四、住房租赁领域 REITs 发展路径建议

中国住房租赁市场发展空间巨大，公募 REITs 要长期健康发展，需要市场各方主体的积极配合参与，落实租售并举战略，还可增加资本市场投资品种、优化行业资本结构、提升行业运营水平和服务质量等。经过分析我国基础设施领域 REITs 试点发行相关政策及住房租赁 REITs 的难点及破译办法，针对住房租赁领域 REITs 的发展提出以下建议：

（一）率先进行公租房 REITs 试点

公租房具有税务上的便利，是 REITs 的较优选择。对于运营水平达到市场要求

的公租房类资产，可以优先在重点区域尝试公募 REITs 试点，从土地性质、产权、估值、租约、产品架构、资产管理、投资者信息披露等方面进行论证并取得相关主管部门的支持，为下一阶段中国租赁住房市场的快速发展提前做好配套金融工具的支持准备工作。

（二）引导租赁住房领域 REITs 规模化

公租房领域 REITs 规模化后，在完善相应法律法规及运营环节的前提下，企业运营的长租公寓可与公租房整合作为底层资产发行 REITs。企业有较大的融资需求，可以助力住房租赁企业持续发展，有效贯彻租售并举战略，形成住房租赁领域 REITs 的良性循环。

（三）各类不动产参与 REITs 发行，助力行业繁荣兴起

待市场成熟后，有序引导租赁住房与各类不动产整合作为底层资产发行 REITs，各类融资者、投资者能真正参与到 REITs 的投融资环节中来。目前国内资产赴海外发行的数量已经不少，也包含了商场、写字楼、综合体、物流中心等多类资产，表现出了较好的历史业绩和收益水平。笔者相信未来中国版 REITs 也能够充分挖掘各类优质资产，为投资人提供高性价比的投资机会，助力中国真正迈入 REITs 时代。

参考文献：

[1] 张利群.住房租赁资产证券化业务模式与发展展望[J].金融观察，2020（12）：40-47.

[2] 张立，郭杰群.住房租赁资产证券化的国际借鉴[J].当代金融家，2019（1）：83-86.

[3] 陈琼，杨胜刚.REITs 发展的国际经验与中国的路径选择[J].金融研究，2009（9）：192-206.

[4] 沈田丰，韩灵丽.中国房地产市场引进 REITs 的制度障碍与创新[J].财经论丛，2011（4）：69-75.

作者联系方式

姓　　名：鲜　玲　陈邵萍　陆建玲

单　　位：深圳市新永基土地房地产评估顾问有限公司

地　　址：深圳市福田区滨河路与彩田路交汇处联合广场 A 栋 A3008

邮　　箱：904874574@qq.com

注册号：鲜玲（4420200292），陈邵萍（4419970126）

保障性租赁住房发展中 REITs 模式分析及相关建议

李 椰 牟 茜 李 爽

摘 要：本文以保障性租赁住房最新政策和发展现状为切入点，通过介绍保障性租赁住房的现有融资模式，分析保障性租赁住房发展中采取 REITs 模式的优势和操作难点，提出有关 REITs 实操的相关建议，丰富了该领域融资模式的研究。

关键词：保障性租赁住房；REITs；发展

一、我国保障性租赁住房及 REITs 发展现状

（一）保障性租赁住房发展阶段

我国保障性租赁住房发展总体上大约可以分为三个阶段：一是初步建立阶段（1998—2010 年），主要以廉租房为主来满足低收入家庭住房需求；二是发展扩大阶段（2010—2021 年），保障对象扩大到中等偏低收入家庭；三是深化完善阶段（2021 至今），为满足我国城镇化进程、降低人民安家成本、提升居民生活幸福感，该阶段的保障对象新增了符合条件的新市民等群体，保障范围进一步扩大，保障方式增加共有产权住房等。保障性租赁住房从保障社会底层人士的生活需求这一单一保障性手段逐渐演变成推动我国新型城镇化、助力城市发展、实现美好生活需求的重要举措之一。

（二）我国保障性租赁住房 REITs 发展现状

1.我国 REITs 发展现状

我国在 REITs 方面的发展经历了从类 REITs 到公募 REITs 的跨越性发展。2020 年，国家发展改革委和证监会发布了《关于推进基础设施领域不动产投资信托基金（REITs）试点相关工作的通知》《公开募集基础设施证券投资基金指引（试行）》，基础设施公募 REITs 的试点工作正式启动。当前我国 REITs 还处于初步探索和研究阶段，通过政策文件指导工作重点，未来 REITs 将在基础设施和公益性项目上发挥越来越大的作用。

2.REITs 应用于保障性租赁住房发展情况

2021 年 8 月，保障性租赁住房被纳入 REITs 试点范围，标志着 REITs 这一融资

方式正式启动。各地相继出台有关保障性租赁住房 REITs 发展的实施意见（表 1）。

部分支持保障性租赁住房发行基础设施公募 REITs 的文件　　　　表 1

政策	相关内容
上海市《关于加快发展本市保障性租赁住房实施意见》（沪府办规〔2021〕12 号）	在确保保障性租赁住房资产安全和规范运行的前提下，试点推进以保障性租赁住房为基础资产的基础设施不动产投资信托基金
广东省《关于加快发展保障性租赁住房的实施意见》（粤府办〔2021〕39 号）	落实《国家发展改革委关于进一步做好基础设施领域不动产投资信托基金（REITs）试点工作的通知》（发改投资〔2021〕958 号）的要求，积极支持保障性租赁住房项目开展基础设施领域不动产投资信托基金（REITs）试点
重庆市《关于加快发展保障性租赁住房的实施意见》（渝府办发〔2022〕21 号）	支持商业保险资金按照市场化原则参与保障性租赁住房建设。开展保障性租赁住房基础设施 REITs（不动产投资信托基金）试点，鼓励银行、资产管理公司、政府产业基金、企业年金参与重庆市租赁住房基础设施 REITs 产品的战略配售和投资
浙江省《关于加快发展保障性租赁住房的指导意见》（浙政办发〔2021〕59 号）	支持符合条件的保障性租赁住房建设运营企业在银行间债券市场发债融资，支持符合条件的保障性租赁住房项目申报基础设施领域不动产投资信托基金（REITs）试点

二、保障性租赁住房发展融资模式及 REITs 应用的探讨

（一）保障性租赁住房的投融资模式

保障性住房的建设是当前政府解决民生问题的重要手段，但其中所必需的开支，仅依靠政府财政的支持，是不可能完全实现的。若只依赖政府大包大揽的模式完成此项工程，其中的运行效率也令人质疑。所以要积极引导、动员社会资本广泛参与，才能顺利达成保障房建设的重要目标。

近年来，我国从原有的政府主导投融资建设模式中汲取经验，探索出一系列包括金融机构贷款、企业中长期债券、政府和社会资本合作模式（即 PPP，Public-Private-Partnership）、特许经营等融资模式以支持保障性租赁住房建设。

（二）保障性租赁住房融资困境

1. 资金来源过度依赖政府

我国资本市场起步相对较晚，金融体系的发展程度还远不及发达国家，多样化的融资工具都在初步开拓阶段，使得融资效率低下。保障性住房大部分建设运营资金来源于财政资金，资金来源渠道单一，造成保障性住房过度依赖政府投入的局面。

2. 未来保障性租赁住房建设任务繁重，资金投资需求量大

我国中低收入阶层处于沙漏的底部，人数庞大，保障性租赁住房也被纳入"十四五"发展重点。根据住房和城乡建设部数据，2022 年我国拟建设筹集保障性租

赁住房240万套（间），对于保障房现阶段供不应求的状态，需要大量的资金作支持（图1）。

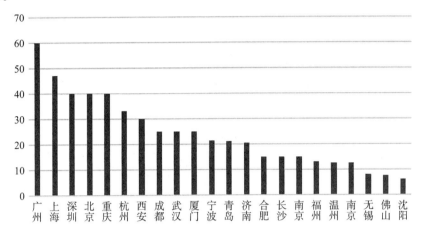

图1　部分典型城市"十四五"期间保障性租赁住房建设目标（万套/间）

数据来源：住房和城乡建设部

3.社会资本参与积极性较低

尽管政府通过颁布各类财政奖补政策和实施意见来鼓励社会资本参与保障住房等项目建设，但基于项目本身的公益属性导致保障性租赁住房项目本身的收益性弱，使得社会资本对于项目投建始终呈观望态度。加之近年地产行业的收缩，房地产开发商处于稳发展的阶段，难以顾及效益较低、领域较新、需投入较多精力的保障性租赁住房建设领域。

（三）REITs模式的应用

1.保障性租赁住房发展REITs模式的优点（表2）

（1）助力保障性租赁住房发展合规性

专项立法为REITs设立提供保障，系列政策的出台为保障性租赁住房申报REITs减少障碍。REITs为保障性租赁住房前期开发建设投资提供退出渠道；也有助于改善我国目前以个人供给为主的市场结构，促进住房租赁市场向规模化和专业化发展，提升运营水平和服务质量。

（2）增强社会资本参与积极性

PPP是现阶段社会资本参与保障性租赁住房投资建设的主要模式，但PPP模式面临着管理从严、财承空间有限、落地难的困境。根据全国PPP综合信息平台项目库数据统计，截至2021年9月，全国累计签约落地项目7528个、投资额12.4万亿元，落地率78.2%。PPP项目落地率虽已超7成，但受制于地方财政资金压力加大，近年来落地率增速明显放缓。REITs作为盘活存量资产、引入多元化投资主体和专业化运营机构的创新举措，PPP与REITs相结合的融资模式对增强社会资本参与保障性租赁住房建设信心有着举足轻重的意义。REITs 的提出为社会资本方参与 PPP 提供了新思路，可通过发行 REITs 实现 PPP 项目提前退出，降低投资不确定性，增加社会资本投资信心。

（3）降低财务风险

尽管保障性租赁住房的收益率有待提升，但不计入负债的特点，使得 REITs 这一融资方式在当前房地产开发企业急需降低负债率的环境下具备极强的竞争优势。同时，REITs 的发行一定程度上降低了政府债务风险。

REITs 模式的主要优点　　　　　　　　　　　　　　　表 2

特点	主要优势
流动性高可交易上市	将完整的不动产资产分成多个较小单位，通过在证券交易所挂牌交易成为开放式基金。公募 REITs 可在公开市场上市、转让，具有更高的流动性。在降低投资者门槛的同时为不动产投资退出机制谋求新出路
高比例派息	法律要求 PEITs 必须将绝大部分收益（通常为 90% 以上的利润）分配给份额持有人，大部分利润直接分配给投资者
低杠杆运作	大部分国家和地区的法律对 REITs 有明确的最高杠杆率限制

2. 保障性租赁住房 REITs 推行的难点

（1）REITs 发行存在一定门槛

尽管国家及地方政府都在积极推进 REITs，但保障性租赁住房收益率较低的现象仍为 REITs 推广设立了不小的门槛。目前 REITs 市场的底层资产大多为面向低保户的公租房，租金相对低，收益率很难达到 REITs 要求的 4%。

（2）缺乏专业机构运作 REITs

REITs 的运作和监管离不开众多的专业机构。对于发达国家，市场自律监管是一道极为重要的屏障，通过信用评级机构、会计师事务所、律师事务所等众多专业机构的层层监管，才能够更大限度地保护投资者的利益。我国目前仍在 REITs 推广初期，相关专业机构仍难满足发展需求。

三、关于保障性租赁住房融资模式发展的思考

（一）完善保障性租赁住房 REITs 相关法律体系

当前，我国已出台的与 REITs 相关的法律较少，而且尚未专门针对 REITs 设立相关法条，对实施过程中相应的限制条件没有明确规范。尽管我国已经有成功发行公共租赁住房 REITs 的相关案例，但是在没有完善法律法规的前提下，广泛推行较为困难。因此，建议相关部门尽快出台关于 REITs 的法律法规，规范 REITs 的实操运作。

（二）完善保障性租赁住房 REITs 信息披露机制

当前，REITs 在我国仍处于初步探索发展阶段，相应的官方信息披露机制尚未建立。建议按照真实、充分、准确、及时的原则完善保障性租赁住房 REITs 信息披露机制，遏制各环节可能存在的损害投资者利益的行为，切实保护投资者的合法权益。同时，由于涉及机构较多，要着重加强对关联交易的信息披露和审批程序，严格防范可能出现的利益冲突行为。

（三）优化 REITs 税收政策

给予投资者税收优惠是发达国家成功推广 REITs 的经验之一。从国际市场经验来看，美国的"税收抵免"是一种对于私人部门建设可负担住房的行之有效的激励机制，其巧妙之处在于尽管最终的补贴仍由政府部门承担，但其不触发直接的财务支出，而是由企业购买税收抵免额来为住房项目出资，并通过投资获得一定的税收减免。2022 年 1 月，财政部和税务总局联合发布《关于基础设施领域不动产投资信托基金（REITs）试点税收政策的公告》，给予原始权益人税收递延的支持。这一政策的提出表明我国进一步推动保障性租赁住房发展的决心，同时也给相关房地产开发机构、金融机构及地方政府释放积极信号。

（四）选择代表性城市作为保障性租赁住房 REITs 试点城市

目前，重庆、深圳、广州、杭州、北京等地均出台了相应发展保障性租赁住房的政策文件。租赁住房的需求当前主要集中在我国特大城市及经济活力较强的新一线城市，城市人口流入多，房屋供需呈现失衡状态。为落实政策要求，建议在符合条件的人口净流入城市中选择试点推广 REITs 模式，探索相关发行、运营、管理路径，总结经验。

参考文献：

[1] 胡吉亚，胡海峰. 对保障性住房建设融资问题的思考 [J]. 理论探索，2020（2）：93-99.

[2] 胡子健. 中国保障性住房政策演进历程与改进思路 [D]. 长春：吉林大学，2016.

[3] 李婧. 我国公共租赁住房融资存在的问题及对策研究 [D]. 太原：山西财经大学，2014.

[4] 胡金星，汪建强. 社会资本参与公共租赁住房建设、运营与管理：荷兰模式与启示 [J]. 城市发展研究，2013，20（4）：60-65+70.

[5] 蒋和胜、王波. "十二五"以来我国保障性住房资金来源渠道分析 [J]. 2016（4）：21-31.

[6] 施昌奎. 北京吸引民间资本进入保障性住房建设的制度创新思考 [J]. 宏观经济研究，2011（6）：11-18.

[7] 谭禹. 多中心治理理论与保障性住房的多元供给 [J]. 城市问题，2012（12）：63-67.

[8] 唐玉兰，肖怡欣. 我国保障性住房融资策略探讨 [J]. 经济纵横，2012（3）：37-40.

[9] 王超恩. 我国保障性住房融资困境及对策 [J]. 中国国情国力，2012（12）：31-34.

[10] 彭莉. 中国保障房建设融资模式探索 [J]. 合作经济与科技，2016（17）：56-57.

[11] 王继源，胡国良. 发挥财政资金撬动作用，积极促进保障性租赁住房发展 [J]. 中国发展观察，2021（23）：42-45.

[12] 杨兆廷，王海净，张若望. 雄安新区公租房 PPP+REITs 融资模式研究 [J]. 金融理论与实践，2021（3）：1-6.

[13] 雷颖，君郭，静易琳. 城市保障性住房的金融支持立法研究——基于公共租赁房建设运用 REITs 融资视角 [J]. 法学杂志，2011，32（S1）：74-79.

作者联系方式

姓　名：李　椰　牟　茜　李　爽

单　位：湖北永业行评估咨询有限公司

地　址：武汉市武昌区友谊大道 303 号武车路水岸国际 K6-1 栋 20—23 层

邮　箱：yelicareerchina@126.com；albeemq@163.com；ls15994237213@163.com

REITs在保障性租赁住房领域的发展探析

厉亚楠　张天宇

摘　要：目前我国保障性租赁住房发展困境之一，便是短缺的资金供给与强劲的资金需求间的矛盾。REITs作为一种灵活、高效、成熟的投融资方式，是解决上述矛盾的重要途径。现阶段，因REITs在保障性租赁住房领域正处于探索阶段，本文从保障性租赁住房与REITs的实施背景出发，分析了在保障性租赁住房领域发展REITs的现实意义，梳理了REITs在保障性租赁住房领域可能存在的困境与焦点，为其发展提出了建议与参考。

关键词：REITs；保障性租赁住房；探索阶段

一、实施背景

第七次全国人口普查显示，我国流动人口较2010年人口普查时实现约70%的超预期增长。截至2020年，流动人口为3.76亿人，大幅高于2019年公布的2.36亿人。大规模流动人口加速向大城市和都市圈聚集，在带来丰富劳动力和巨大消费潜力的同时，也增加了大城市房地产需求，房价随之持续走高，进城务工人员、新就业大学生以及青年人的住房困难问题日益突显。为此，国家明确提出要探索住房新发展模式，坚持租购并举，加快发展长租房市场，推进保障性住房建设。特别是"十四五"期间，要以发展保障性租赁住房为重点，进一步完善住房保障体系。2021年7月，国务院公布《关于加快发展保障性租赁住房的意见》，明确提出保障性租赁住房主要是解决符合条件的新市民、青年人等群体的住房困难问题，并给予土地、财税、金融等多方面支持。2022年2月，银保监会、住房和城乡建设部联合发布《关于银行保险机构支持保障性租赁住房发展的指导意见》，提出以人民为中心、以市场化为导向、以风险可控为前提、以多方协同为保障，构建多层次、广覆盖、风险可控、业务可持续的保障性租赁住房金融服务体系。同时，根据住房和城乡建设部最新数据显示，截至目前，全国已有近30个省区市出台了加快发展保障性租赁住房实施意见，40个重点城市提出了"十四五"期间保障性租赁住房发展目标。可以预见，未来保障性租赁住房供应将呈快速增长趋势，相应资金需求也必然随之增加。

然而，由于保障性租赁住房前期投入大、收益率低、回收期较长，单纯依靠中央财政拨款、地方政府债、银行贷款等方式融资，难以满足庞大的保障性租赁住房建设与运营资金需求。且不断举债，增加政府、企业资金压力同时，更加剧了行业金融风险。因此，为解决保障性租赁住房资金短缺问题，必须探寻一条长期、稳定的市场化融资方式。而 REITs 作为一种低门槛、高流动性、收益相对稳定、安全性较强的产品，可以广泛吸引社会资本，助力投资企业（原始权益人）打通投资合理退出渠道，形成投融资闭环，给保障性租赁住房提供了一条良性发展路径。

同时，保障性租赁住房主要是服务人口净流入大城市中的新市民、青年人等群体，该群体消费潜力和居住需求巨大，可通过租赁经营获得长期、稳定的相关收益。因此，以保障性租赁住房为"底层资产"发行 REITs 产品具备可行性。而且从政策扶持角度分析，国家在先行试点仓储物流、科技产业园区等基础设施 REITs 基础上，已于 2021 年 7 月，发布《关于进一步做好基础设施领域不动产投资信托基金（REITs）试点工作的通知》(以下简称《通知》)，明确将保障性租赁住房纳入基础设施领域 REITs 试点行业，为其发展提供了政策保障。

总而言之，保障性租赁住房与 REITs 之间具有天然契合度，长远来看，保障性租赁住房领域发展 REITs 前景广阔，更具有重大意义。

二、现实意义

（一）盘活存量资产，推动形成市场主导的投资内生增长机制

在过去城镇化发展过程中，我国沉淀了一定量闲置和低利用效率的商业办公、旅馆、厂房、仓储、科研教育等非居住存量房屋。这类非居住闲置低效存量房屋不仅占用土地资源，而且日常还需投入大量维护、运营等费用，挤占了原本有限的社会资源。通过 REITs 可以有效鼓励、促进社会资本参与上述非居住存量房屋改造、建设、运营，进而盘活存量资产、带动增量投资、释放资产价值，形成存量资产和新增投资的良性循环，提升资本市场服务实体经济的质效。

（二）改善投融资机制，丰富 REITs 产品种类

REITs 的推出实际上是对保障性租赁住房领域投、融资模式的一种变革。传统的保障性租赁住房运作以城投平台、国企等市场主体为主，其融资方式则主要通过中央财政拨款、发行债券、银行贷款等方式完成。而上述融资方式弊端在于"大量举债"迫使政府、企业资金压力不断增大，杠杆率不断提升，对银行等间接金融体系的依赖程度也越来越高，金融风险不断累积。而通过交易所市场发行保障性租赁住房 REITs 产品，可以把短期、零散小额的储蓄转换为长期集中大额资本，为保障性住房租赁项目建设、运营提供一种长期、稳定的资金来源。且在一定程度上实现了保障性租赁住房项目的权益融资，或将其存量项目最初的债权融资转换成了权益融资，极大地化解了债务风险。另外，在保障性租赁住房领域发展 REITs，还为广大投资者拓宽了投资

渠道，丰富了REITs产品种类。一是为专业机构大类资产配置提供了新型投资品种；二是为公众投资者共享改革红利，获取保障性租赁住房收益提供了有效途径。

（三）推动行业标准化，提升租住服务质量与效率升级

由于目前保障性租赁住房建设投资方主要为城投平台以及国企等市场主体，其优势在于融资和开发建设，但在运维领域存在明显短板，运营能力直接决定了REITs资产的收益率和现金流的稳定性。通过REITs平台可引入市场化运营管理机制，推动激发保障性租赁住房行业标准化、专业化运营，改善租赁住房供需关系，提高租住服务质量和效率。

（四）实现"产权"转移，为投资企业提供有效退出渠道

当保障性租赁住房REITs产品设立后，其产权已由投资企业（原始权益人）转移至对标SPV直接或间接持有，通过REITs平台投资企业（原始权益人）不仅完成了资产退出变现，实现资金回流，且为下一阶段保障性租赁住房改造、建设提供了资金保障，更激发了保障性租赁住房企业再投资积极性，进而推动保障性租赁住房持续发展。

综上所述，REITs不仅可以助力存量资产盘活利用，还能够在"投""融""管""退"等方面提供全方位服务，为保障性租赁住房行业良性循环发展提供有力支持。

三、困境与焦点

（一）可供选择"底层资产"匮乏，投资回报率偏低

发展保障性租赁住房领域REITs市场，首先要解决"底层资产"供给问题。虽然目前我国正不断加大保障性租赁住房供给，住房租赁市场整体需求潜力较大。但真正有较高收益、经营稳定可供选择的"底层资产"却比较匮乏。这主要受困于先期开发的保障性租赁住房多位于位置相对偏远、周边配套设施完善度不足地区。且相关专业化运营服务团队稀少，提供优质物业以及生活服务能力不足，整体租赁吸引力不强，收益水平较低，难以满足基础设施REITs产品发行基本条件。同时，由于保障性租赁住房本身前期投入巨大、建设与回收周期均较长，且兼有一定社会保障功能，其较低的租金收益难以平衡REITs资金成本，使得REITs产品的投资回报率偏低，无法吸引社会资本大规模参与，进一步制约了保障性租赁住房REITs的发展。

（二）"底层资产"权属关系复杂，转让存在限定和特殊规定

根据《通知》规定，"若相关规定或协议对项目公司名下的土地使用权、项目公司股权、特许经营权、经营收益权、建筑物及构筑物转让或相关资产处置存在任何限定条件、特殊规定约定的，相关有权部门或协议签署机构应对项目以100%股权转让

方式发行基础设施REITs无异议,确保项目转让符合相关要求或相关限定具备解除条件"。而保障性租赁住房的供应方式多样,权属关系较为复杂,存在一定限定条件和特殊规定。例如,利用集体经营性建设用地建设保障性租赁住房,集体经济组织往往以土地作价入股,在项目公司中占有相应股份,运营期间分享收益。在不动产权利证书(土地使用权)上则会注明仅用于租赁住房建设,未经批准,不得出让、转让,不得转租,不得改变土地用途,不得出售等规定。因此,以集体经营性建设用地为基础,发行保障性租赁住房REITs产品,首先应确定上述限定条件是否解除或符合相关要求。

(三)嵌套多级SPV载体,运营管理冗长复杂

参照目前已发行的基础设施REITs产品来看,保障性租赁住房REITs产品会涉及三层SPV载体。第一层为REITs基金,第二层为专项资产管理计划,第三层为项目公司。中间SPV的存在,既实现资产在风险、法律上的隔离,也便于基础资产涉及多个主体情形下的现金流归集,但嵌套多层SPV载体同时造成管理链条过长,引发信息不对称,投资人利益得不到有效保护。每一层SPV载体都需配置相应管理组织机构,支付管理费用,进一步挤占了保障性租赁住房REITs产品盈利空间(图1)。

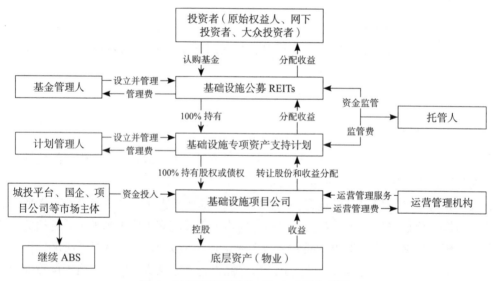

图1 已发行基础设施REITs交易架构图

(四)多环节征税,缺乏税收优惠的整体制度设计

国家为进一步支持住房租赁市场发展,于2021年7月发布《关于完善住房租赁有关税收政策的公告》,对住房租赁企业和企事业单位、社会团体以及其他组织向个人、专业化规模化住房租赁企业出租住房的,给予出租收入相应增值税和房产税税收优惠。纵观REITs产品设立、运营和分红环节,保障性租赁住房REITs产品税负总体较高进而影响着REITs的回报率。如在产品结构搭建过程中,大量项目涉及底层不动

产产权的剥离和重组，期间会涉及累进制土地增值税、契税、增值税、企业所得税等大量税费成本；物业持有运营阶段，运营公司或 REITs 多层 SPV 载体需根据运营所得和租金收入缴纳企业所得税、增值税及房产税；在投资分红阶段，REITs 的投资者需按投资收益缴纳相应的所得税。

（五）基金管理人综合能力偏弱，难以实现全方位、纵深化管理

在多层 SPV 载体的保障性租赁住房 REITs 产品架构中，基金管理人是核心管理者。在项目设立初期负责向证监会提交注册申请文件，开展 REITs 基金上市交易；后期运营阶段负责制定并落实运营策略，收取基础设施项目租赁、运营等相关收益，执行日常运营服务，披露项目运营情况等。但目前，拥有基础设施领域投资管理经验的基金管理人比较稀少，其更擅长 REITs 基金前期运作。普遍缺乏实际基础设施项目运维经验和知识，综合能力偏弱，难以实现全方位、纵深化管理，"重发行、轻管理"使得基金管理和项目运作"两层皮"现象明显。

四、发展建议

（一）重视职住平衡，扩充优质"底层资产"基础底数

一是从土地供给端发力，将保障性租赁住房建设纳入相应国土空间规划范畴，对保障性租赁住房建设用地进行明确划分和详细规划。同时重视职住平衡，改变过去部分保障性租赁住房用地位置过偏、交通出行不便、配套设施不完善等情况，切实提升新增保障性租赁住房土地供应品质。二是甄选交通便利、人口密集区域闲置和低效利用的商业办公、旅馆、厂房、仓储、科研教育等非居住存量房屋，适度增加上述房屋改建数量，扩充优质"底层资产"基础底数。

（二）提升运营监管服务水平，增强保障性租赁住房吸引力

保障性租赁住房 REITs 产品永续运行的核心要义是能产生持续、稳定的现金收益。这需要一是科学制定租金水平和动态调整机制。在符合保障对象支付能力的同时，又要满足企业持续运行的需要。二是优化运营监管。监管部门与运营主体建立信息互通共享机制，实时共享人房信息，加强流动人口管理。定期开展消防安全检查，关注项目运行中可能存在的安全隐患。三是开展规模化、专业化、多元化经营管理，提高管理透明度与运营效率。并通过科学规划，完善配套，做到环境优美、设施完善、生活便利。同时，以保障性租赁住房为载体拓展多渠道盈利点，鼓励运营主体扩充服务范围，形成集住房租赁、生活娱乐、物业维护等一站式服务体系。

（三）继续给予土地政策支持，完善税收监管制度

现阶段若想解决保障性租赁住房 REITs 产品投资回报率偏低，社会资金吸引力

不足、税赋过重等问题，仍需政府通过地价优惠、税收减免等方式让渡部分利益来实现。具体操作层面，一是可以适当增加划拨用地、租赁专项用地、集体建设用地等用地供应，降低建设投资方土地成本投入。二是可在现行税收制度体系下，制定专项税收文件，明确各类 REITs 产品在设立、运营等环节的税收优惠和减免政策。

（四）培育复合型基金管理人，推进全方位、纵深化发展

在现行法律制度难以做大规模调整的前提下，为解决多层级 SPV 主体带来的管理冗杂、协同性较差等问题，可以尝试从培育复合型基金管理人，提升其地位和作用出发。一是将过去侧重"资金管理"的管理人模式，调整为"资金管理"与"资产管理"并重的新模式。并通过强化基金管理人全方位管理，发挥其在 REITs 产品运行阶段的牵头、协调、统筹作用，形成"领头羊"效应。二是鼓励基金管理人向纵深化发展，了解项目实际运营情况，丰富相关经验与知识，进而促进各层级主体间协同发展。

五、结语

保障性租赁住房 REITs 是我国租赁住房领域 REITs 的试金石，目前正处于探索阶段，发展过程存在诸多困境。租赁住房 REITs 是连接存量资产、权益资金和新增投资不可或缺的纽带，其落地、发展和后期壮大存在广阔的发展空间。最终在合理有效运营管理下，形成效率和实操性的良性资产循环，对于实现"租赁并举""住有所居"，促进房地产市场平稳健康发展具有重大意义。在 REITs 产品存续过程中，对标的物业的评估、未来现金流测算的稳定性、外部增信措施的可靠性以及中介服务机构的尽职调查等方面的关注需贯穿于产品运营始末。

参考文献：

[1] 王炜. 发展保障性租赁住房公募 REITs 的问题与建议 [J]. 浙江经济，2021（12）：54-55.

[2] 周东利. REITs 在我国住房租赁行业中的应用与探索 [J]. 会计之友，2021（23）：43-50.

[3] 公租房融资模式新探索：北京成功发行全国首单公租房类 REITs 产品 [J]. 中国房地产，2021（25）：1.

作者联系方式

姓　　名：厉亚楠　张天宇

单　　位：北京市金利安房地产咨询评估有限责任公司

地　　址：北京市丰台区美域家园南区 4 号楼底商

邮　　箱：345327231@qq.com

Pre-REITs 在租赁住房新融资模式下的应用研究

胡永强　曹亚琨

摘　要：我国租赁住房在金融市场上，目前有资产证券化的类 REITs、人行版 REITs 以及保障性租赁住房可以通过公募 REITs 实现"募、投、管、退"全闭环，市场前景广阔，未来可期。本文主要通过介绍租赁住房 Pre-REITs 在 REITs 的相关概念特点、其在"募、投、管、退"各环节的理论及实例研究，来探讨其在新型融资模式下的应用。

关键词：租赁住房；Pre-REITs；"募、投、管、退"

一、背景分析

（一）住房租赁市场迎来前所未有的发展机遇

住房租赁是我国房屋供应体系的重要分支，也是解决民生问题的重要组成部分，其地位举足轻重。

从国家规划来看：根据分析对比我国国民经济从 1991—1995 年的"八五"计划至 2021—2025 年的"十四五"规划，在这三十年间，我们发现国家对住房租赁行业的支持政策经历了从"降低租金"到"活跃发展房地产二级市场"再到"十四五"规划的"加快培育和发展住房租赁市场、有效增加保障性住房供给"的明显变化，住房租赁支持政策逐渐全面翔实、方向明确，力度空前。

从政府工作报告中来看：房住不炒的主基调已经坚定不移地执行了五六年，加快建立多主体供给、多渠道保障、租购并举的住房制度逐渐落实到位，近两年保障好群众住房需求，满足不同人群的租房需求，加快发展长租房和保障性租赁住房已成为政府在房地产方面的工作重点。

从具体政策来看：住房租赁政策逐年落地，近年更是政策频出，国家全方面地在大力发展住房租赁市场。2016 年 6 月，国务院办公厅发布租赁住房发展的纲领性指导文件——《关于加快培育和发展住房租赁市场的若干意见》，接下来的这几年，国务院各部委陆续出台了相关政策。2021 年 7 月，国务院办公厅又发布了《关于加快发展保障性租赁住房的意见》，该文件就加快发展保障性租赁住房提出了保障性租赁住房的基础制度、支持政策和组织实施等方面的相关意见,可见未来发展保障性租赁住房将成为重要的发展方向(图1)。

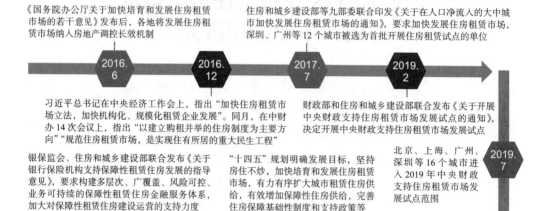

图 1　全国租赁住房主要支持政策图

从市场规模上来看:由自如研究院和新华网共同调研撰写的《2021中国城市租住生活蓝皮书》对住宅租赁市场规模增长进行了预测,该蓝皮书指出,基于我国城镇化率年平均2%的增速,预计在2030年我国租房人口将达到2.6亿人,住房租赁市场规模近10万亿元,将迎来行业发展的"黄金十年"。

从以上分析来看,住房租赁市场迎来前所未有的发展机遇。值得关注的是,国家和地方政策多份文件提到推进"不动产投资信托基金(REITs)试点",为住房租赁市场提供金融支持。住房租赁REITs正契合了未来发展方向。

(二)租赁住房在REITs方面的发展前景

1.租赁住房在资产证券化之类REITs市场上表现良好

自从2015年我国资产证券化市场重启以来,其发行规模已经从2015年的6千亿元增长到了2021年的3.1万亿元。作为重要分支的类REITs,截至2021年已发行90余单,发行规模达到1600多亿元,主要物业类型为零售物业、办公物业、物流仓储、酒店、基础设施和租赁住房等。其中,租赁住房共计发行15单(表1),发行规模180多亿元,包括公寓、人才租赁住房和公租房等类型。租赁住房在类REITs市场上的表现良好,类REITs也成为租赁住房重要的融资和投资退出方式。

2.租赁住房在人行版REITs市场上实现零的突破

在中国人民银行指导下,参照国际主流REITs模式,北京金融资产交易所推出了

租赁住房发行类 REITs 清单　　　　　　　　　　　　　　　　　　　表 1

发行年份	资产证券化产品全称	物业类型	发行金额（亿元）
2017	新派公寓权益型房托资产支持专项计划	公寓	2.70
2018	中联前海开源—恒大租赁住房一号第一期资产支持专项计划	公寓	11.80
2018	深创投安居集团人才租赁住房第一期资产支持专项计划	人才租赁住房	31.00
2018	中信证券—阳光城长租公寓 1 号资产支持专项计划	公寓	12.10
2018	中信证券—泰禾集团慕盛长租公寓 1 号资产支持专项计划	公寓	8.11
2018	中联前海开源—越秀租赁住房一号第一期资产支持专项计划	公寓	4.97
2018	中联前海开源—保利地产租赁住房一号第一期资产支持专项计划	公寓	17.17
2019	中联前海开源—华发租赁住房一号第二期资产支持专项计划	公寓	11.29
2019	中联前海开源—华侨城租赁住房一号第一期资产支持专项计划	公寓	21.50
2019	中联前海开源—华发租赁住房一号第一期资产支持专项计划	公寓	15.48
2019	海南省人才租赁住房第一期资产支持专项计划	人才租赁住房	8.70
2019	平安汇通—平安不动产朗诗租赁住房 1 期资产支持专项计划	公寓	10.68
2020	中联前海开源—华发租赁住房一号第三期资产支持专项计划	公寓	23.07
2020	平安汇通—平安不动产朗诗租赁住房 2 期资产支持专项计划	公寓	3.26
2021	国开—北京保障房中心公租房资产支持专项计划	公租房	4.00

面向住房租赁企业的专项服务，于 2020 年 1 月 7 日发布一系列住房租赁企业股权交易服务指引与规程，为推动专业化住房租赁机构发展，增加租赁住房市场供给提供金融助力，即"人行版 REITs"。人行版 REITs 规定，住房租赁企业应以公司形式设立，资产类型限于住房租赁类资产，产品为权益型产品，80% 以上的收入来源与投资限制于租赁类房地产项目，90% 以上收益定期向住房租赁企业股东分配，住房租赁企业的资产负债率不得超过 80%，产品挂牌、交易以及信息披露场所为北京金融资产交易所。人行版 REITs 在制度规范、权益属性、交易架构等多个方面实现了创新和突破，是我国 REITs 制度的有益探索。自 2020 年 1 月 17 日起，已陆续有 8 单住房租赁企业在北交所挂牌转让股权（表 2），其租赁住房类包括不同群体定位的公寓和人才优租房。截至 2021 年，建信瑞居、建信瑞建已经完成股权交易，实现零的突破，标志着该模式具备了持续复制推广的条件。

3. 保障性租赁住房公募 REITs 发行指日可待

中国证监会、国家发展改革委于 2020 年 4 月 30 日联合发布《关于推进基础设施领域不动产投资信托基金（REITs）试点相关工作的通知》，标志着千呼万唤多年的公募 REITs 正式起航。截至 2022 年 2 月，我国境内市场已成功发行 11 只公募 REITs，基础资产涉及收费公路、生态环保、仓储物流、产业园区四个类别。

2021 年 6 月 29 日，国家发展改革委发布《关于进一步做好基础设施领域不动产

租赁住房企业已挂牌人行版 REITs 清单 表 2

公司简称	首次披露日期	底层物业	产品定位
建信瑞居	2020-1-17	无锡凤凰城长租公寓	中端白领公寓
汇瀛万恒	2020-1-17	北京大兴区瀛海镇区级统筹集体租赁住房	泊寓（青年型公寓、家庭型公寓）
孚茸置业	2020-1-17	上海市松江区中山街道29街坊租赁用房项目	大型白领生活社区
苏州工业园	2020-1-17	苏州明之星等9个项目	人才优租房
建信瑞建	2020-12-9	济南市历城区烈士山北路1号泉世界壹品公寓项目4号楼3~8层	青年白领公寓
建信瑞善	2020-12-21	北京市大兴区宏业东路1号院1号楼北京星光视界西红门项目	蓝领公寓
融园祥实	2020-12-30	成都市青白江区清泉镇花园一组集体租赁房试点项目	白领公寓
蓝海创盈	2021-3-18	北京市平谷区大兴庄镇白各庄村集体土地租赁住房	年轻群体共享社区

投资信托基金（REITs）试点工作的通知》，REITs 试点范围扩大，保障性租赁住房正式纳入试点。此举是对国家支持发展住房租赁、加快发展保障性租赁住房等政策的积极响应，也为保障性租赁住房投建主体提供了融资和退出的重要渠道。在国家大力发展保障性租赁住房的背景下，我们相信其公募 REITs 的发行指日可待。

（三）保障性租赁住房融资难点

尽管试点推进以保障性租赁住房为基础资产的基础设施不动产投资信托基金，税费方面免收城市基础设施配套费，对符合条件的出租住房，按 1.5% 征收增值税、按 4% 征收房产税，降低保障性租赁住宅项目的运营成本。但由于前期土地成本、建设成本投资大，各地对于保障性租赁住房租金及租金涨幅有明确规定，收益周期长、收益率低，REITs 试点项目要求现金流投资回报良好，近3年内总体保持盈利或经营性净现金流为正、预计未来3年净现金流分派率（预计年度可分配现金流/目标不动产评估净值）原则上不低于4%，以至于之前资本市场参与积极性不高，住房租赁企业融资难度较大。

（四）Pre-REITs 助力租赁住房的发展

2022年2月，国家发展改革委投资司就 Pre-REITs 基金相关事宜进行了探讨。公募 REITs 上市以来，张江高科与浦东投控集团、国泰君安、中国太保成立了 Pre-REITs "金色中环张江科学城发展基金"，首钢基金也宣布将设立重点投资于绿色环保产业的 Pre-REITs 基金。Pre-REITs 的发展将有助于优质基础设施项目的培育和挖掘，服务项目保障协调管理，形成优质项目资源储备，提高公募 REITs 申报质量，推动公募 REITs 健康发展。

二、Pre-REITs 的概念及特点介绍

（一）Pre-REITs 概念

Pre-REITs 是 Pre-ABS（"ABS" 即 Asset-Backed Securities，资产证券化）中的其中一类，主要是以不动产如基础设施、租赁住房、商业地产、数据中心等为底层资产的 Pre-REITs。所谓 "Pre-" 即前置、预先的意思，Pre-ABS 作为整个 ABS 投融资流程中的上游业务链条，是指在 ABS 开展前预先完成的工作，即形成基础资产。Pre-ABS 和 ABS 相互结合，共同构成了融资人的整个资金需求链条，二者分别是链条的前后两个部分，同时又都是公募 REITs 的前置工作。

（二）Pre-REITs 特点

1. Pre-REITs 基于 REITs 业务全流程

Pre-REITs 是基于后续发行 REITs 的前提而进行的融资行为，由 Pre-REITs 募集资金投向原始权益人，原始权益人获得融资后扩大业务，增加基础资产；在基础资产达到一定的规模后，Pre-REITs 通过将基础资产证券化从公开市场（公募 REITs）或私募市场（类 REITs、人行版 REITs）募集资金后退出。因此，Pre-REITs 业务实质上是以基础资产现金流和未来发行 REITs 募集资金为还款来源的融资业务，相当于发行 REITs 之前的一笔过桥融资，既可以用于创造更多基础资产，也可以用于平滑 REITs 发行期的现金流。

Pre-REITs 资金方面的提前介入，能够为融资方提供基础资产筛选、放款流程标准、风控标准、资产隔离、信息披露、资产服务等方面的建议，帮助融资方规范化运作，选取标准化的资产包，提高基础资产的质量，降低风险，在发行资产证券化时提高效率，节省时间。

2. Pre-REITs 业务具有综合成本优势

Pre-REITs 的业务来源于原始权益人扩大业务规模的融资需求，通过 Pre-REITs 融资和后续 REITs 发行相结合的方式，一方面获得资金拓展业务，扩大基础资产规模；另一方面有利于平滑 REITs 发行前的现金流，盘活存量资产。由于发行 REITs 融资成本相对较低，虽然 Pre-REITs 融资成本较高，但资金实际占用的时间并不会太长，前端期限往往在几个月以内，对于融资方而言，在获得低成本资金后就可以将原有的融资置换，这种搭配相对成本也比较低，比单纯发行 REITs 对现金流的压力更小，也更有利于推进业务发展。

（三）Pre-REITs 的应用

Pre-REITs+ 类 REITs/ 人行版 REITs/ 公募 REITs 模式的应用前景广阔，在租赁住

房方面均可以开展一站式 REITs 业务。一站式 REITs 模式下，通过 Pre-REITs，在建设期、运营期均可通过融资投入资金给租赁住房公司及地产公司开发运营租赁住房，或者收购资产再将房源进行装修、改造、升级和出租，并以租约对应的底层资产产生的现金流作为还款来源。该模式下有利于解决原始权益人在建设期和运营初期融资难的问题，更好地助力租赁住房运营商实现轻资产运营。

公募 REITs 在我国如火如荼地进行开展，而保障性租赁住房已纳入公募 REITs 试点范围，其可通过 Pre-REITs+ 类 REITs+ 公募 REITs 模式进行募投管理，势必将很好解决租赁住房公司及地产公司在租赁住房建设和运营上的资金问题，从而大力推动保障性租赁住房的发展（图 2、图 3）。

图 2　不动产公募 REITs 三步走

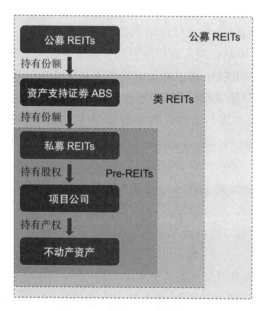

图 3　公募 REITs 发行架构

三、租赁住房 Pre-REITs 的"募、投、管、退"探讨

下面我们主要从租赁住房 Pre-REITs 的"募、投、管、退"四个方面进行探讨。

（一）Pre-REITs 的设立

本文所述的 Pre-REITs 主要是指以 REITs 为最终退出方式的房地产私募股权投资基金。

根据我国目前法律法规,房地产私募基金可采用的组织形式有公司型、契约型、有限合伙型。

公司型:以《公司法》为基础设立、通过发行基金单位筹集资产并投资于房地产的基金。其认购人和持有人是基金的股东,享有股东所应享有的一切利益,同时也是基金公司亏损的最终承担者;其发起人可以自己管理基金,也可以从组织之外聘请基金管理公司进行基金的投资管理。

契约型:以《信托法》为基础,根据当事人各方订立的信托契约,由基金发起人发起,公开发行基金凭证募集投资者的资金而设立的房地产投资基金。其最大特点是基金本身不是一个有法人地位的公司。

有限合伙型:以《合伙企业法》为基础,有限合伙型房地产基金的目的是获取能产生最大现金流量的房地产,可能采取用现金购买收益型房地产的策略。投资者的目的将决定有限合伙型房地产基金投资目的以及相应的策略。

由于具备可以避免双重征收、承诺出资制等特点,有限合伙型房地产私募股权基金被较多地采用(表3、表4)。

不同组织形式的房地产私募基金区别 表3

类型	公司型	契约型	有限合伙型
法人资格	有	无	无
发行凭证	股份	收益凭证(基金单位)	收益凭证(基金单位)
资产运用依据	公司章程	基金契约	基金契约
开放或封闭	封闭、开放均有	多为封闭式	多为封闭式
人数要求	不超过200人	不超过200人	合伙人在2人以上50人以下,至少一个普通合伙人
注册资本额或认缴出资额	实收资本不低于1000万元,股东至少缴纳注册资本的20%	最低100万元	承诺出资制,无最低要求
利润分配	按出资比例	根据基金协议约定	根据有限合伙企业约定
缴税方式	企业和个人都交(双重征收)	信托收益不缴税,受益人缴纳个人所得税或企业所得税	有限合伙企业不缴税,合伙人缴纳个人所得税或企业所得税
投资者是否参与经营	可以参与	不参与	普通合伙人参与,有限合伙人不参与

(二)Pre-REITs的投资

Pre-REITs设立后下一步是对项目进行投资,而投资前则需要对投资标的进行详尽的尽职调查(也可在设立之前),主要包括对租赁住房项目和企业的市场尽职调查、项目尽职调查、财务尽职调查、法律尽职调查等内容。

不同组织形式的房地产私募基金优缺点　　　　　　　　　　　　表4

类型	公司型	契约型	有限合伙型
优点	（1）设立简单便捷 （2）治理结构明确 （3）投资收益可以留存，继续投资	（1）信托不是独立的法人，信托的设立或者发行不需要公司型或者合伙型的注册登记程序 （2）信托具有免税地位，相当于投资人直接投资与被投资公司 （3）委托人以出资为限承担有限责任	（1）不是纳税主体，企业本身不需缴纳资本利得税和所得税 （2）有限合伙人以出资额为限承担有限责任 （3）企业成立时不需要对承诺出资额进行验资，有限合伙人之间没有控股权之争
缺点	（1）面临双重征税 （2）利润通常按股权多少决定，对私募经理人激励不足	（1）信托资金一步到位，如果没有确定的投资项目，资金使用缺乏效率 （2）投资者缺乏常设机构对基金管理人的活动进行监督	（1）有限合伙制企业的权益不能公开发行或者上市交易 （2）有限合伙制企业只能向特定的投资者募集资金

1. 市场尽职调查

市场尽职调查主要包括租赁住房项目所在地区经济社会发展状况、住房租赁行业发展状况、项目所在地区房地产市场总体状况、项目所在地区同类房地产市场状况、项目自身有关市场状况调研等内容，对行业和市场状况进行全面了解，对未来发展有所预判，降低风险。

2. 项目尽职调查

项目尽职调查主要包括投资标的项目的权益状况调查、实物状况调查、区位状况调查，以及对物业和公司股权的价值评估、物业运营现金流预测、投资可行性分析等内容，对投资标的进行全方位的掌握，对项目的市场价值及提升、投资改造方式及成本、运营管理计划等进行详尽了解。

3. 财务尽职调查

财务尽职调查主要包括目标公司的管理规章制度、融资状况、资产与负债状况、目前公司各会计科目以及目标公司的财务指标分析和财务风险调查等内容。

4. 法律尽职调查

法律尽职调查主要包括目标公司历史沿革、出资程序、独立性、股权结构、重大合同、知识产权、运营模式、债券债务、担保事项、重大诉讼、仲裁和行政处罚等内容。

通过进行前期的尽职调查，全方面掌握拟投项目情况，以做投资决策。

（三）Pre-REITs的投后管理

本文主要是从项目管理角度出发来看存量项目的投后管理，主要包括策划定位、装修改造、租赁代理、物业管理、资产管理等内容。

1. 策划定位

针对Pre-REITs已经投资的项目，管理人根据项目实际情况，对其重新进行产品定位。通过市场研究对项目所处的城市等级、经济发展水平、城市人口规模和人口结构、租赁住房的供应和需求、市场租金水平和空置率水平、项目所在区域同类竞品项目、项目交通条件和公共配套等区位因素进行详细调研分析，重新结合项目自身条件及市场竞争情况分析，确定项目的目标客户、租金水平、管理模式，决定项目市场定位、功能定位及产品定位。

2. 装修改造

管理人通过对项目的策划定位，制定项目装修改造方案，对项目重新全面装修改造，提升项目品质和形象，使得利益最大化。

3. 租赁代理

在项目运营阶段尤其是初始运营阶段，管理人可以聘请租赁代理机构，接受专业的租赁代理服务。专业租赁代理机构熟悉当地市场、一般拥有专业的租赁平台、掌握客源信息、了解客户心理、熟悉租赁一系列流程。因此，由租赁代理机构负责出租，能够快速提高项目运营效率和入住率。

4. 物业管理

管理人需要聘请物业管理公司，保障物业的正常运行。物业管理公司可以提供设施设备、设施的运行与维护、环境保洁与园林绿化养护、秩序维护和停车场管理等服务，从而保障物业的正常使用和运行。一个优质的物业管理公司，可以提供全面优质的居住体验，能够确保租金水平稳中有升和较高入住率，达到物业的保值和增值。

5. 资产管理

管理人可以委托专业机构对有形的存量资产进行系统化科学管理，以期实现资产的保值、增值和收益最大化。真正的不动产资产管理，其实在"募、投、管、退"四大主要环节中扮演非常重要的角色，涵盖了从项目收购到最终退出的一系列服务。在投后管理阶段，资产管理机构可以精准预算和完善运营策略，考虑如何进行招商推广及租赁管理、合理使用管理成本，并做出适时的资产保值及增值的资本化工作，令投资收益最大化。

（四）Pre-REITs 的退出

目前，存量市场主要存在大宗交易和资本化运作两类退出方式，其中大宗交易又分为资产转让和股权转让，资本化运作主要是 REITs 退出。从资本化运作角度来看，我国目前阶段租赁住房 Pre-REITs 可以通过类 REITs 或者人行版 REITs 进行退出，其中保障性租赁住房还可以通过公募 REITs 退出。资本市场为 Pre-REITs 提供了成熟完善、多样的退出渠道，有利于其发展。

四、Pre-REITs 实践案例分析：以新派公寓类 REITs 为例

2017 年底，新派公寓类 REITs 在深交所挂牌，成为国内首单租赁住房类 REITs，

以及国内首单长租公寓资产类REITs。

Pre-REITs名称：赛富不动产基金类REITs名称：新派公寓权益型房托资产支持专项计划（图4、图5）。

图4 新派公寓外景图

图5 新派公寓内部图

过程分析：新派公寓与赛富基金合作共同成立赛富不动产基金（Pre-REITs），收购位于北京国贸核心区的70年住宅产权物业，经过全面改造后成为白领长租社区。不动产基金通过物业收购、装修改造、整体运作的模式，持有整栋物业产权，新派公寓投入很少，其精力主要在物业出租经营与管理上，实现轻资产运营。赛富不动产基金承担所有的收购、改造装修成本，通过新派公寓每年的分红及资产预期增值获得稳定的投资收益。物业运营成熟后形成优质资产，赛富不动产基金通过类REITs（新派公寓权益型房托资产支持专项计划）实现退出。在租赁住房全部纳入公募REITs试点后，类REITs则可通过公募REITs实现退出（图6）。

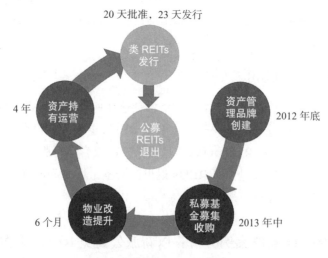

图6 新派公寓轻资产运营模式

五、结语

在国家大力发展住房租赁市场、财政和金融方面鼎力支持、REITs 市场逐渐发展成熟的背景下，Pre-REITs 的前期介入，一方面可以给物业持有者提供资金支持，使得物业持有人或营运商有充足的资金和时间来提升物业价值，另一方面也大大提高了 REITs 发行效率，节约成本，从而为未来的类 REITs、人行版 REITs 或公募 REITs 等做好充足的前期准备。通过类 REITs、人行版 REITs、公募 REITs，租赁住房 Pre-REITs "募、投、管、退"形成完美闭环。我们相信 Pre-REITs 在租赁住房 REITs 的应用也将越来越频繁，有效助力行业发展。

作者联系方式

姓　　名：胡永强　曹亚琨

单　　位：深圳市世联土地房地产评估有限公司

地　　址：深圳市福田区卓越梅林中心广场二期 B 座 1901-1904、1905、1910 单元

邮　　箱：huyq@ruiunion.com.cn；caoyk@ruiunion.com.cn

注册号：胡永强（3220140160），曹亚琨（4420000299）

(四)承租人权益保障问题

以"租赁赋权"推进"租购同权"：风险识别与行动路线*

陈 杰 齐 昕

摘　要："租赁赋权"是推进租购并举住房新制度的前置条件，但关于"租赁赋权"的必要性、赋权内容、赋权主体、赋权程度、赋权方式等都还缺乏系统性探讨。本文将"租赁赋权"与"租购同权"做了概念上的辨析，说明两者的联系与区别。指出，"租购同权"本质是将公共服务权利与住房产权脱钩，从而回归到"以人为中心"的公共服务供给原则，是落实公共服务均等化和体现城市治理以人民为中心的应有之义，也是实现高水平共同富裕的组成部分。但基于当前我国租购不同权现象存在着短期内难以根除的制度根源，有序增进租赁赋权，是更为可行的"租购同权"渐进式实现策略。本文讨论了不当实施"租赁赋权—租购同权"所隐含的诸多潜在政策风险及症结根源所在，基于多元主体互动视角的政策执行理论，构建了促进政府、社区、租客、房东等各方主体协作消除阻塞和风险点的赋权行动路线图，以期为推动租赁赋权不断深化、加快租购并举住房新制度发展提供政策制定参考。

关键词：租赁赋权；租购同权；租购并举；公共服务均等化；制度设计

2020 年 12 月举行的中央经济工作会议明确提出，"逐步使租购住房在享受公共服务上具有同等权利"。通过稳健的"租赁赋权"逐步实现"租购同权"，不仅是推进租购并举住房新制度的前置条件和关键性配套政策，更是中央从国家经济社会发展战略全局出发，对长期存在的"租购不同权"现象的根本性纠正，是落实公共服务均等化和建设现代化国家治理体系的组成部分，是推动城市发展模式转型和改进城市治理方式的组成部分，也对落实共同富裕有重要的促进作用。

但在"租赁赋权"目标之下，亟待厘清以下几个问题："租赁赋权"与"租购同权"有何区别与联系？为什么要赋权？应赋哪些权？由谁来赋权？要赋权到什么程度？赋权的潜在风险是什么？如何赋权？本文对此进行系统性探讨。

---

* 本文是住房和城乡建设部房地产市场监管司委托、中国房地产估价师和房地产经纪人学会 2021 年度立项课题"租赁赋权推动租购并举研究"的部分结题成果，也得到国家自然科学基金（NSFC71974125）的资助。

一、"租赁赋权"和"租购同权"的概念辨析

"租赁赋权"概念的生成与"租购同权"紧密相关,但又有明显区别。同时,这两个概念的出现与演变都与国家对住房租赁市场的大力发展、构建"租购并举"的新时代住房制度的政策推动紧密相连。

(一)"租赁赋权""租购同权"的本质是推动公共服务均等化

1998年城镇住房制度市场化改革之后,我国城市住房市场出现了持续高速发展的格局,商品住房销售面积从1998年的1.08亿m^2快速增加到2021年的15.7亿m^2。然而,我国城镇住房市场长期呈现房价增长过快和"重购轻租"并存,并相互强化的问题,不仅导致中国城市住房供给存在严重的结构性失衡,制约住房市场健康可持续发展,而且在"土地财政"等机制下,地方政府对承租人公共服务正当权益存在歧视性、差别性的制度安排,衍生诸多社会治理矛盾。

党的十八大以来,党中央基于纠正城镇住房市场结构性失衡的战略考虑,以及改善民生、提高租赁群体居住体验和促进社会融合发展的新发展理念要求,出台了一系列推动住房租赁市场发展的重要战略部署(表1)。

租购同权相关中央政策表述　　　　　　　　　　表1

时间	政策、会议	主要内容
2015年5月	住房和城乡建设部发文《关于加快培育和发展住房租赁市场的指导意见》(建房〔2015〕4号)	首次在中央政府部门层面上把加快和培养住房租赁市场当成了一项重要任务
2015年12月	中央经济工作会议	首次提出"购租并举"的提法
2016年3月	国务院政府工作报告	首次出现"建立租购并举的住房制度"的提法,第一次将"租"置于"购"之前,显示政府对租赁住房前所未有的高度重视
2016年5月	国务院办公厅发布的《关于加快培育和发展住房租赁市场的若干意见》(国办发〔2016〕39号)	"非本地户籍承租人可按照《居住证暂行条例》等有关规定申领居住证,享受义务教育、医疗等国家规定的基本公共服务"。至此,国家对公共服务的顶层设计初步含有了"租购同权"的思想
2017年2月	国务院专题新闻发布会	住房和城乡建设部将"通过立法,明确租赁当事人的权利义务,保障当事人的合法权益,建立稳定租期和租金等方面的制度,逐步使租房居民在基本公共服务方面与买房居民享有同等待遇"。这段表述被不少媒体概括为"租购同权",引发社会广泛热议

续表

时间	政策、会议	主要内容
2017年7月	住房和城乡建设部等九部委《关于在人口净流入的大中城市加快发展住房租赁市场的通知》（建房〔2017〕153号）	承租人可享受基本公共服务，"承租人可按照国家有关规定凭登记备案的住房租赁合同等有关证明材料申领居住证，享受相关公共服务"
2017年8月	国土资源部和住房和城乡建设部联合出台《利用集体建设用地建设租赁住房试点方案》（国土资发〔2017〕100号）	更为清晰地指出承租人可享受基本公共服务，"探索保障承租人获得基本公共服务的权利。承租人可按照国家有关规定凭登记备案的住房租赁合同依法申领居住证，享受规定的基本公共服务。有条件的城市，要进一步建立健全对非本地户籍承租人的社会保障机制"

地方层面，2017年7月，作为全国第一个出台住房租赁新政的试点城市，广州市人民政府办公厅印发的《广州市加快发展住房租赁市场工作方案》（穗府办〔2017〕29号）具体措施第一条明确规定"赋予符合条件的承租人子女享有就近入学等公共服务权益，保障租购同权"。由此，"租购同权"正式成为官方政策用词。"租购同权"概念的提出与进入政策实践，立即引发了社会各界的高度关注与热议。继广州率先提出落实"租购同权"的实施方案，其他住房租赁改革试点城市也陆续出台相关实施意见和工作方案，在其租赁市场发展新政中不同程度体现出"租购同权"的目标取向。总体来看，各试点城市主要从子女教育、医疗保障、就业扶持、养老服务、社会福利、政治参与等方面，不断扩大承租人的权利范围，使其与购房者享有同等的社会公共服务获取机会。

"租购同权"的多次提出，表明政府将公共服务与住房产权脱钩的决心，增强住房在租购之间的可替代性，消除租房人和购房人在公共服务可得性上的差异，充分体现了"公共服务均等化"的思想。

（二）租赁赋权应是租购同权的前置阶段

尽管"租购同权"一词在社会公众中已经广被认知，但由于国家层面一直对这个概念未有直接明确的表述，也没有明确的相关立法，加之地方层面的相关政策实践仍处于象征性执行阶段，社会大众对"租购同权"的内涵还有不少争议，尤其在当前公共服务资源分配不均等的情况下，其可行性受到怀疑。

近年来，政府主管部门使用相对较多的是更为谨慎的"租赁赋权"一词。据笔者考证，"租赁赋权"一词在政府官方文件中最早的出现，比较大的可能是由北京市政府有关部门在2017年做出的。北京市住建委在2017年4月发布未来五年住宅用地计划等供给侧调控措施时，提出"研究扩大租赁住房赋权"。"租赁赋权"的提法此后也在2017年9月北京市规划和国土资源管理委员会发布的《北京城市总体规划（2016—2035年）》、同月北京市住建委等八部门联合发布的《关于加快发展和规范管理本市住房租赁市场的通知》(京建法〔2017〕21号)、2019年8月北京市住建委《北京住房和城乡建设发展白皮书(2019)》等文件中出现。

从中央、地方各级政府的政策表态来看，"租赁赋权"的"权"，针对的是公共服务权利。因而，"租赁赋权"可被定义为"租客增加基于机会公平原则而平等地依据法律和国家有关规定享受公共服务权利的机会"，而不涉及住房的所有权及基于所有权所衍生的占有权、收益权、处分权、抵押权等一系列资产性权利。

当把"租赁赋权"聚焦在对住房租赁群体的公共服务享受权利赋权，"租赁赋权"和"租购同权"高度相关，具有紧密联系，但同时又存在着明显不同的内涵，出发点和预期发挥的作用都不同。

"租购同权"是作为长期政策目标来提出的。指向未来的一种状态，此时租房者和购房者在公共服务享受权利上具有同等机会、同等待遇，都能公平可及地获得均等的公共服务，以顺应实现公共服务均等化的施政要求，也是践行人人平等的社会主义核心价值观和新时代推动实现高水平共同富裕的必然要求。

"租赁赋权"是作为过程性的施策思路来提出的。主要是强调逐步增加租赁群体可享受到的公共服务权利，渐进式缩小租房人与有房人在公共服务权益享受上的鸿沟。要不断实现租房人可享受公共服务权利的扩充，削弱相对于有房群体在公共服务权利上的劣势。

两个概念之间存在着递进关系："租赁赋权"是实现租购同权目标的必要途径，是渐进式改革思路的体现。租赁赋权正视我国当前客观存在着较为严重的"租购不同权"并有深层次的制度根源，以稳妥但积极的施策方式逐步给承租人可享受的公共服务赋权，丰富内容和增加可及性，逐渐缩小租购群体在公共服务权利方面机会与待遇的差别，为两个群体公共服务权利差别的最终消失创造条件。"租购同权"则是租赁赋权最终需要追求的结果，是其需要坚持的使命初心和目标方向。如果租购同权没有实现，租赁赋权工作就不算完成和没有终结，永远在路上。

二、"租赁赋权"的潜在风险与根源分析

自2017年"租购同权"的口号提出至今，"租赁赋权—租购同权"进展效果并不明显，不少人认为"租购同权"要么是一句口号，要么实质是"鼓励国企和社会资本进入租房市场""针对引进人才才有的专项政策"或甚至质疑是"抬高房租"的手段。同时，还有更多人，包括很多学者，十分怀疑在我国很多城市优质公共服务资源分布空间上仍相当不均等的当下推进租赁赋权、进而实现租购同权的可能性，尤其是在义务教育服务层面实现租房者与买房者享受同等待遇、具有同等权利的可能性。

本文认为，推进"租购赋权"甚至马上落地"租购同权"，本身在行政管理上并不是很困难，只是技术性问题。难的是租赁赋权背后可能蕴藏的社会风险、市场风险，包括导致阶层分化加剧的可能。因此，必须厘清租赁赋权背后的争议所在，识别租赁

赋权政策在中国难以推行的根本性要素，预估租赁赋权政策推行可能引致的潜在风险，进而探索逐步增加租赁赋权政策的合理路径。

（一）潜在风险

一是"为权租房"导致局部租金大幅上涨。租赁赋权在使租房者对优质公共服务可得性增加的同时，因为教育、医疗、养老等一系列具有空间属性的公共服务的价值附着于租房行为，很可能诱发城市居民以租赁为手段进行公共资源争夺，引发"为权租房"现象泛滥，进而带来这些地段租金价格大幅上涨，对区域租房市场产生冲击。如果出现大量"为上学而租"的租客，可能导致租金快速上涨，甚至会出现"天价学区租"，造成一系列负面社会影响。

二是"为权而租"会使优质公共服务"资本化"在租金上，扭曲租金形成机制，进而引发居住分化和阶层隔离。因为当前"租购不同权"，公共服务享受权与住房产权而不是实际居住情况绑定，稀缺公共服务的溢价主要资本化在房价上而不是租金上，尤其在学区房小区十分典型。但当"租购同权"贸然推进，租房者子女同样能就近入学优质公办学校，租金的生成机制将发生巨大改变，稀缺的优质公共服务将"资本化"在租金中。可以预见，大量中高收入者会为了获取教育资源而以"天价租金"租赁学区房，本来还能在此租房的中低收入人群，会被整体排挤出这个社区，最终造成整个社区的"高端化"，城市空间将呈现强烈的基于收入阶层的居住隔离。这并非危言耸听，而是西方国家已经长期呈现的现实格局。所以，没有经过充分准备、精细设计的"租赁赋权—租购同权"政策，优质资源集中的区域会产生租金挤出效应，增加居住分化，进而阶层固化的社会风险。本是为了促进社会和谐、共同富裕的政策，反而可能会走向其反面。

三是投机性租房和投机性出租现象并存，会扰乱住房租赁市场发展。若控制不好租赁赋权的节奏和有完整系统的制度配套设计，住房租赁将有可能演变为享受优质公共服务资源的捷径，刺激"为权而租房"的投机性租房现象大量出现。如很多人会为享受优质公办教育资源，或以高昂价格租赁最小单间挂学籍，或在孩子入学报名前临时冲击租赁，或一旦孩子入学便退租。花样形式层出不穷的投机性租赁，不仅会给当地教育资源配置和管理秩序带来冲击，也不利于租赁关系稳定存续，对住房租赁市场发展也是一种破坏。"为权而租"群体既然只是为获取稀缺公共服务资源如子女就近入学的权利而来，很多不会实际居住其中，就很可能会将此间房屋空置，造成居住资源的浪费。同时，对应投机性租房，也会有投机性出租。比如，一些房东可能会尽可能分割小间来出租，一些投机者或机构会囤积乃至垄断热门学区的长期出租房源，在入学关键时间节点提高租金。这意味着，受来自租赁方和出租方两方面推动力影响，住房租赁市场功能和运作机制发生异化，居住属性下降，投机投资属性上升，这严重有违租赁赋权的政策初心。

四是投机性租房和投机性出租现象共同造成公共服务资源配置错乱。大量投机性租房将把对本地有实际居住需求的"刚需"租房者挤出,这些人可能并不在本地实际租住,给当地公共服务资源配置的安排带来很大难题。投机性出租同样也会带来房源要么过度承载人口,要么不能物尽其用的问题。公共服务供需错配、匹配效率下降发生的可能性增大。当地政府不得不每年都对当年的公共服务资源供需情况进行全面的摸底排查,以此拟定合理的调配计划,既要防止公共服务资源"超载负荷",也要防止过度配置和造成浪费。

五是形式多变的投机性租房/出租行为,加重基层政府的监管负担。如果租赁赋权过程中对投机性租房/出租行为没有得到很好的抑制,会从多方面侵犯那些奉公守法的本地居民的利益,将引发本地居民的严重不满,这就要求政府加强对这类行为的监管。但投机性租房/出租方式多变,监管难度很大,会让基层政府和社区组织的工作负荷增加很多,引起他们对租赁赋权工作的抵制。

六是"为权而租",加剧资源稀缺,引发社会矛盾。缺乏条件地全面推进租赁赋权、铺开租购同权,很可能会扭曲住房租赁市场,加剧稀缺公共服务的资本化程度。一方面,那些率先实行租赁赋权的优质资源集中区域,很可能成为"政策洼地",产生过度的人口"虹吸效应",加重地段的人口拥挤,或在城市层面加重"大城市病"。一旦有某个优质资源集中的城市单兵突进式降低入学门槛,那么将带来大规模外来人口及随迁子女涌入,会有难以控制的政策风险。与此同时,如果蛋糕没有变大,分蛋糕的人却变多了,学区内有房产者与租房者之间、本地人与流动人口之间的利益冲突会被激化,很可能引致社会分裂。

(二)风险根源剖析

第一,租赁赋权推进难的直接根源是,不少地方具有空间属性的公共服务存在严重空间非均衡性。有一些公共服务天然具有空间属性,按照属地化原则进行配置分配,如教育、医疗、就业、养老等服务最为典型,居民只有就近居住才有机会获得。但我国恰恰这类公共服务没有做到在空间上均等化分布,尤其是优质义务教育资源的空间配置还严重不均。

对应我国推行基本公共服务均等化的原则,租赁赋权也要在公平公正的原则下增进租客平等享受公共服务的机会,主要以机会公平为导向同时考虑起点公平对弱势群体予以合理补偿,但绝非简单以结果公平为导向。目前来看,就优质教育分配而言,要达到这样目标,并让社会公众都认可、相关利益群体都接受还很具挑战性。

第二,与租客的定义难有关。由于住房租赁市场的复杂性,租客的类型也可高度细分。可依照租客租住地址将租客群体划分为私人房源租客、公租房租客、集中式长租公寓租客、分散式长租公寓租客、酒店租客、厂区集体宿舍租客、学生宿舍租客等;又可依照租客所居住房源的性质,划分为私人住宅租客、非改居租客(商改租、工改租)、商业楼租客等;可依照租客居住的时长,划分为长租租客和短租租客。上述租客中,何种类型的租客可以享有附近区域的公共服务仍存在很多争议。

所谓租客,到底是以人来定,还是以房来定?如果以房来定,租赁住宅的才算租客,并不符合实际情况。我国城市和乡村,都有大量租客居住在非住宅房屋中。如果以人来定,那租住在非居住房屋也应该是租客。但在一般的城市规划中,又基本都是按照居住房屋来配置教育、养老等公共服务资源的,不会在非居房屋周边去配置这些公共服务资源。近年来国内很多城市开始将非居住房屋改建为出租房("非改居"),这对扩大租房供给尤其市中心的租房供给,起到了良好作用。但对这些居住在非改居房屋的租客来说,所住房屋一般没有公共服务配套尤其可对口入学的教育资源。在此种情况,即使当地政府想在租赁赋权上发力,往往也难有抓手。

第三,跟租客的高流动性与公共服务的空间固定性和属地化特征存在冲突有关。租客往往具有比较高的流动性,这与教育、医疗、养老等公共服务资源的空间固定性和属地化产生冲突。如,义务教育权利要求"就近入学",若进行教育赋权,会造成流动频繁的随迁子女"今天在 A 地上学,明天在 B 地上学"的情况,这既会给义务教育资源配置带来很多难题,也会对教育管理的秩序产生影响。此外,对于租赁住所的认定也是实践中需要克服的难点。如,一个人可以租用多个房屋,到底以哪个房屋为标准可以就近享受教育、养老等公共服务资源,需要有一个明确说法。在国际上一般来说,以"实际常住地"作为标准。这个"实际常住地"应该是相对稳定的,并在一段时间内必须是唯一的。对于"唯一实际常住地"的证明及其可享受公共服务资格的审核,是"租赁赋权—租购同权"工作中必须攻克的基本技术问题。

第四,来源于公共服务享有权利的配置原则不清晰。比如,到底是以业主为基准还是以实际居住基准,很多场景下存在混乱和不统一,缺乏明确标准。例如,若租客孩子已经就近入学,读至三年级时,房东孩子也需要就近入学。此时,教育名额的分配问题将会引发租赁双方的矛盾:是让租客孩子退学,还是让房东孩子换学校入学?这些是由于义务教育等特定公共服务资源的长周期性所造成的现实问题,必须在实践中妥善解决。

第五,歧视租赁的社会观念也成为阻碍租赁赋权推进的一大难题。受"安土重迁""安居乐业""有恒产者有恒心"等中国传统思想与观念的影响,住房成为家庭财富的表征,拥有住房或拥有多套住房的人更容易获得安全感与稳定感。此外,在社会关系网络中,由于房产一定程度上是社会地位及身份的象征,房产所有者相对租客而言,社会地位更高,在婚恋、工作及生活中更具优越感。由此,有房者很难愿意与租房者享受同等权益,很多租房者也不相信自己能与有房者同权。在社会舆论上,租购同权政策的争议较大。因此,推进"租赁赋权",不仅要逐步让租房者和购房者享受同等的公共服务权利,也需要使"租"和"购"在人们心中获得价值观上的同等权重,消除对租房者的社会歧视,彻底扭转租房比买房低人一等的原有社会观念。

三、"租赁赋权"的行动路线

"租赁赋权"是实现租购并举的制度基础和必要保障,笔者对通过加快"租赁赋权"以推进"租购并举"提出以下对策建议和政策设计。

一是科学宣传"租赁赋权"和"租购同权"的政策内涵。让租客群体、业主群体及社会各方面了解到基本公共服务均等化的内涵。基本公共服务均等化,是指享受机会基于公平原则的相对均等而不是指所有人的公共服务待遇都简单绝对化的同等化,"租赁赋权—租购同权"也不是要实现租客群体与购房者群体简单地在公共服务待遇上绝对同等化,而是公正公平原则上的趋向均等化,以机会公平为导向同时考虑起点公平对弱势群体予以合理补偿,但绝非简单以结果公平为导向。让社会公众对租赁赋权—租购同权形成合理理性的预期。

二是在全社会倡导宣传人民城市理念,创造推进租赁赋权的良好氛围。人民城市人民建、人民城市为人民,不仅是对政府的要求,也是对每个社会成员的要求。人民城市是一个协作共同体、互生有机体,个体成员对城市的贡献无法被简单庸俗量化。人民城市人民共享,人民对城市发展成果和社会财富、共同资源的分享,不应该与其所谓贡献挂钩,而应该本着以人为本、以人为中心的理念,把人当作发展的目的,而不是发展的工具。要让每个社会成员都深刻认识到,公共服务均等化不仅是对他人利益的照顾,也是实现社会可持续发展的内在要求,符合自身长远利益,每个社会成员都有支持和配合推进公共服务均等化的责任与义务。

三是周密设计,预判潜在风险。中国长期存在的租购不同权现象,有其深刻根源,与城市发展模式、城市治理体系与治理能力水平、公共服务资源配置机制、城市规划思路与方法、社会观念等都直接相关,短期内难以一下子消除这些根源。对租赁赋权过程中可能出现的各种社会风险要做预演,提前做好应对政策的储备。尤其对可能出现的各种投机性租房和投机性出租,如何识别、如何遏制,都要提前设计。

四是试点先行,先易后难,针对重点难点,鼓励基层创新,积累经验,逐步推开。户籍放开、实现本地户籍与非本地户籍之间的群体公共服务均等化,都是先在那些户口稀缺性不强的中小城市进行试点,总结经验,再逐步铺开到大中城市。租赁赋权—租购同权的难点主要是义务教育资源均等化,同样可以在那些教育均等化做得较好的城市展开,积累经验,并在社会上逐步形成租房不影响子女上学的氛围与观念,再逐步扩大到其他城市。在大城市内部,也可以尝试在义务教育均等化较好的区域试点,再普及到全市。

五是明晰和坚定坚持"实际就近居住"的公共服务配置原则。租赁赋权的主要难点是在公共服务配置到底要坚持什么样的原则,才合理又合情,才不会引发"为权而租"的投机性租房/出租行为。在政策上防范"投机性租房"的措施可以有很多,但最核心的是参照国际经验,坚定坚持以"实际就近居住"作为公共服务资源配置的基准原则。比如,当承租人申请其子女就近上学时候,必须承诺在本学区实际居住,并已经实际租住若干时间以上。不少地方以户籍迁入时间等要素进行上学排序,对租房上学也实行实际居住时间的入学积分制。同时学校定期家访,社区物业定期检查,结合社区网格化治理和大数据手段,确保该家庭在孩子就读期间都实际居住在该社区。并且始终坚持"实际居住原则",如果父母因各种原因搬离本社区,那子女原则上应该也随之迁校,到居住地就近入学。只要始终确保适龄儿童、少年按实际居住地就近入学的原则,就可以理顺相关关系。这个原则也应该适用于医疗、养老等其他公共服务方面。有些细节问题,比如可否租赁单间来上学、租客与房东同居一房情况下双方子女可否同时对口上学等问题,可由地方政府根据实际情况出台实施细则,以公平平等、机会均等的原则来处置。

六是通过制度和技术保障给租赁赋权赋能,其中落实租赁备案是基础,强化"唯一常住地"原则是牛鼻子。租赁赋权实施工作很琐碎、很有技术性,需要一系列制度和技术保障。2020年7月2日,住房和城乡建设部等六部委联合发布《关于加强房屋网签备案信息共享提升公共服务水平的通知》(建房〔2020〕61号),提出通过进一步加强房屋网签备案信息共享来提升购房人和承租人可获得的公共服务水平。落实租赁备案是租客获得公共服务享受的基本前提,但实际生活中也经常发生"人户分离"情况。如果"人户分离",哪怕租赁备案了,实际居住地与备案居住地不一致,仍然会面临以何标准配置教育等公共服务资源的情况。笔者建议,住建部门、民政部门与公安部门一起,共同强化人口登记管理的"唯一常住地"原则,尤其对流动人口,切实落实"唯一常住地"的登记报备。所有公共服务和相应的人口管理都应按照"唯一常住地"来配置和设计。社会成员在发生迁移流动时,负有报备更新"唯一常住地"的义务与责任。

七是依托纯租赁社区,开展租赁赋权的更多试点实践。近年来,随着住房租赁产业化机构化发展以及不少地方政府专门划拨纯住房租赁用地(上海称之为R4地块),很多城市越来越多地出现了纯租赁社区。纯租赁社区为推进租赁赋权工作提供了很好的试验田。可以探索尝试专门为纯租赁社区配置教育、医疗、养老等公共服务资源的规划机制,包括在这些社区建立租客委员会等组织共同参与小区的治理,并在这些社区设立党建引领下的居委会等社区组织。

尽管"租赁赋权—租购同权"遭遇诸多困难和挑战,但仍旧具备可行性。国际上广泛存在着租购同权,从他们的实践结果来看,并不会产生不可克服的严重社会问题。中国在当前已经具有较高水平的经济社会发展程度、基本公共服务均等化工作已经卓有成效和社会对公共服务均等化已有较高认同的情况下,开展租赁赋权—租购同权的推进工作,虽然过程中会产生一些震荡,但最终会达到一个新的平衡点。只是在推进过程中需要各方面适应和调整。比如,优质义务教育资源的非均衡性,曾经认为是无法解决的痼疾,也是租购同权最大的障碍之一,但以2021年上海中考新政为代表的优质高中"名额到校"的改革,从升学出口的管制倒逼生源扎堆积极性下降,使实现义务教育资源均衡出现了很大曙光。做好制度配套建设，正视潜在风险和做好预防，有问题解决问题，有难题化解难题，租赁赋权—租购同权绝非遥不可及。

参考文献：

[1] 陈杰.优质高中名额再分配："阶层混合"的政策实验与教育公平的倒逼机制[J].探索与争鸣，2021（5）：101-109+179.

[2] 陈杰，吴义东.租购同权过程中住房权与公共服务获取权的可能冲突：为"住"租房还是为"权"租房[J].学术月刊，2019，51（2）：44-56.

[3] 陈卓，陈杰.租住家庭占比、租房供应主体与房价[J].统计研究，2018（7）：28-37.

[4] 陈友华，施旖旎.租购同权：何以可能？[J].吉林大学社会科学学报，2018，58（2）：123-129+206.

[5] 罗卫东，朱翔宇.租购并举：租购同权还是租购平权：兼论我国土地财政模式转型的必要性[J].浙江学刊，2020（1）：90-99.

[6] 张牧扬，陈杰，石薇.租金率折价视角的学区价值测度：来自上海二手房市场的证据[J].金融研究，2016（6）：97-111.

[7] 陈杰等.以租赁赋权推进租购并举的必要性与实施策略[R].上海交通大学住房与城乡建设研究中心"SJTU住房政策观察9期"，2021（12）.

作者联系方式

姓　　名：陈　杰　齐　昕

单　　位：上海交通大学住房与城乡建设研究中心

邮　　箱：chenjie100@sjut.edu.cn；chisensen@sjtu.edu.cn

市域尺度下租购住房在享受公共服务上的差异特征研究

——基于义务教育入学政策的文本分析*

刘章生　吴爽垠　李瑞鑫　赖彬彬

摘　要：本文从市域尺度出发，基于2020年217个地级市义务教育入学政策，运用文本量化分析，从入学依据与入学批次两个维度，梳理我国租购住房在享受公共教育服务上的差异特征，以期为缩小租购住房在享受公共服务上的差异提供政策建议。研究结果显示：从入学依据维度来看，仅有少量城市将租赁住房作为直接入学依据，样本城市中只有20.3%的城市将租赁合同纳入直接入学条件；从入学批次维度来看，购房人群的入学批次较租房人群更具有优先权，且优质教育资源更向购房者倾斜。为此，入学依据标准化、入学批次透明化、入学手续简明化，有助于实现"租购同权"。

关键词：租购住房；公共服务；义务教育入学政策；政策文本分析

一、引言

受教育权是公民的一项基本权利，教育公平发展是衡量教育质量和效能的重要指标。义务教育入学在公共服务体系中尤为重要，子女的教育问题也是父母最关心的问题之一。2020年全国教育事业统计结果显示，2015~2020年全国小学学龄儿童净入学率从99.88%提升到99.96%，全国小学学龄儿童未入学（或辍学）人数从10.43万人下降到4.29万人，全国外来务工人员随迁子女数从1367.1万人逐步增长至1429.7万人（表1）。可见，全国普通小学在校生正逐年增加，全国小学学龄儿童净入学率正不断提升，全国小学学龄儿童未入学（或辍学）人数逐年下降，而随着国内社会经济的持续发展以及人口城镇化的加速进程，我国外来务工人员随迁子女数正逐年递增。

---

* 基金项目：国家自然科学基金项目（71863020）；江西省社科规划项目（18GL09）；江西省教育厅人文社会科学研究规划基金项（GL18125）。

2015～2020年全国普通小学在校生情况与全国外来务工人员随迁子女情况　　表1

年度	全国普通小学在校生（万人）	全国小学学龄儿童净入学率	全国小学学龄儿童未入学（或辍学）（万人）	全国外来务工人员随迁子女（万人）
2015	8693	99.88%	10.43	1367.1
2016	9913	99.92%	7.93	1394.8
2017	10094	99.91%	9.08	1406.6
2018	10339	99.95%	5.17	1424.0
2019	10561	99.94%	6.34	1427.0
2020	10725	99.96%	4.29	1429.7

2016年6月，国务院办公厅出台《关于加快培育和发展住房租赁市场的若干意见》（国办发〔2016〕39号）文件，鼓励各城市加快租赁住房市场的发展。为全面贯彻落实中共中央、国务院关于深化住房制度改革的决策部署，各地陆续出台政府文件保障"租购同权"政策的实施，稳步推进租房者与购房者实现相同的公共权益。但从政策落地情况看，尽管国家在不断放开义务教育就近入学中对于户籍的限制，但主要由于户籍、房产等问题，公共服务权益中备受关注的义务教育入学权益仍未实现"租购同权"，稀缺的优质教育资源仍向购房者倾斜，许多外来务工人员的子女仍难以享受所在城市同等的义务教育资源，随迁子女适龄儿童入学权利难以保障。如何使得外来务工人员子女与城市居民子女尽可能拥有相同的接受义务教育的权利，对于我国的公共教育服务体系来说将是一个巨大的挑战。

现有研究大多是针对某一城市租购并举住房制度的现状进行研究，或是针对大城市入学政策文本中进城务工人员随迁子女义务教育"入学条件"展开分析，鲜有文献从义务教育入学政策视角出发，分析租购住房在享受公共服务上的差异。对此，本文基于义务教育入学政策的文本分析，从市域尺度出发，从入学依据与入学批次两个维度，分析租购住房在享受公共服务上的差异特征，具有极为重要的现实意义。

二、样本选择与研究设计

本文以271个地级市2020年市级义务教育入学政策文件为分析对象。这些地级市包括大陆地区的直辖市、省会城市及一般地级市。政策文本的来源渠道有两个：一是进入各市政府及其下属的教育局官方网页进行关键字查找；二是在北大法宝数据库中进行查漏补缺。政策文本的选取还遵循相关性、规范性、时效性三大原则，要求文本内容与义务教育普通中小学招生入学工作直接相关，文本类型为地方性法规、地方政府规章、规范性文件等，且文本需是已正式颁布的、现行有效的政策，不包括已废止政策、各类草案或征求意见稿。基于此，本文最终筛选出2020年1月1日～2020年12月31日217个城市的217项政策文本作为研究样本，部分政策见表2。本文基于 217 个地级市 2020 年义务教育入学政策文本,运用政策文本量化分析方法,从入学条件与入学批次两个视角梳理我国租购住房在享受公共教育服务上的差异特征,为进一步缩小租购住房在享受公共服务上的差异给出相应的政策建议。

义务教育入学政策　　　　　　表 2

序号	政策名称
1	《石家庄市 2020 年义务教育招生入学工作实施方案》
2	《太原市教育局关于做好 2020 年普通中小学招生入学工作的通知》
3	《河北邯郸市关于做好 2020 年义务教育招生入学工作的通知》
4	《邢台市教育局关于做好 2020 年义务教育阶段学校招生入学工作的通知》
5	《保定市教育局关于做好 2020 年义务教育招生工作的通知》
……	……
217	《重庆市教育委员会关于做好 2020 年义务教育招生入学工作的通知》

三、主要差异特征分析

我国早在 20 世纪 80 年代就提出,在义务教育阶段,儿童的入学方式为"就近入学",并且这一建议在后续以法律的形式被确立下来。目前,"就近入学"依旧是我国各城市义务教育入学所遵循的一项基本政策,其本意是为了更好地让适龄儿童接受义务教育,推进国家的义务教育。但"就近入学"意味着学生的入学范围被房产所限制,这同时也使得那些不具备能力购买房产的相对弱势人群的子女入学更加受限。这类特殊群体很大一部分属于外来务工人员,他们大多在城市中没有自己的房产,通过租房的方式在城市居住。就现阶段而言,我国各城市租赁住房人群子女是否能凭借租赁合同获得同等就近入学的机会,是否有特殊的要求以及在权利上有无差异,都是群众一直关注的重点。

1. 入学依据的差异分析

本文通过对 217 个市级样本政策文件的梳理分析发现,对于在本市无房产、通过租赁住房的一类人群而言,根据其能否以租赁合同等材料作为义务教育小学阶段的入学依据,可以将这 217 个地级市划分为两类。第一类:该类城市中,符合条件的适龄儿童可以凭借包括租赁合同在内的居住证明材料作为小学义务教育入学的主要依据的城市;第二类:此类包含那些未在义务教育入学招生文件中提及房屋租赁合同,或者不承认房屋租赁合同类证明材料可以作为入学依据的城市(表 3)。

符合第一类划分条件的城市有 44 个,占总样本城市的 20.3%;而符合第二类划分条件的城市高达 173 个,占总样本城市数量的 79.7%,远高于第一类城市数量。这说明虽然现在有一部分城市承认可以以房屋租赁合同作为小学义务教育入学的材料,但其除了租赁合同外也提出了其他的附加条件,要求必须同时提交如居住证、务工或经商证明、预防接种证明等其他证明材料，不能单独凭借住房租赁合同作为入学依据；此外，还有城市对房屋租赁时长和实际居住时间作出限制，如厦门市要求须在片区实际居住一年以上，并持有合法有效的房屋租赁手续。这都增加了租赁住房人群子女入学的难度。

入学依据差异分析表　　　　　　　　　　　　　表3

类别	城市	数量
第一类	石家庄市、锦州市、阜新市、葫芦岛市、黑河市、徐州市、连云港市、安庆市、厦门市、莆田市、泉州市、南昌市、新余市、吉安市、宜春市、东营市、潍坊市、泰安市、德州市、滨州市、洛阳市、平顶山市、鹤壁市、新乡市、宜昌市、襄阳市、荆门市、咸宁市、郴州市、永州市、娄底市、广州市、北海市、防城港市、贵港市、百色市、海口市、安顺市、安康市、兰州市、嘉峪关市、金昌市、吴忠市、北京	44
第二类	邯郸市、邢台市、保定市、承德市、沧州市、衡水市、太原市、大同市、阳泉市、运城市、忻州市、临汾市、呼和浩特市、包头市、通辽市、乌兰察布市、沈阳市、本溪市、丹东市、营口市、盘锦市、铁岭市、长春市、吉林市、哈尔滨市、南京市、常州市、苏州市、南通市、淮安市、盐城市、扬州市、镇江市、泰州市、宿迁市、杭州市、宁波市、嘉兴市、湖州市、绍兴市、金华市、衢州市、舟山市、台州市、丽水市、合肥市、芜湖市、蚌埠市、淮南市、马鞍山市、淮北市、铜陵市、黄山市、滁州市、阜阳市、宿州市、六安市、亳州市、池州市、宣城市、福州市、三明市、漳州市、景德镇市、萍乡市、九江市、鹰潭市、赣州市、抚州市、上饶市、济南市、青岛市、淄博市、枣庄市、烟台市、济宁市、日照市、莱芜市、临沂市、聊城市、菏泽市、郑州市、开封市、安阳市、焦作市、濮阳市、许昌市、漯河市、三门峡市、南阳市、商丘市、信阳市、周口市、驻马店市、武汉市、黄石市、十堰市、鄂州市、孝感市、荆州市、黄冈市、随州市、长沙市、株洲市、湘潭市、衡阳市、邵阳市、岳阳市、常德市、张家界市、益阳市、怀化市、韶关市、深圳市、珠海市、汕头市、佛山市、湛江市、茂名市、肇庆市、惠州市、梅州市、汕尾市、河源市、阳江市、清远市、东莞市、中山市、揭阳市、南宁市、钦州市、玉林市、河池市、崇左市、三亚市、成都市、攀枝花市、德阳市、绵阳市、广元市、遂宁市、内江市、乐山市、南充市、宜宾市、广安市、雅安市、巴中市、贵阳市、六盘水市、遵义市、昆明市、曲靖市、玉溪市、昭通市、丽江市、西安市、铜川市、宝鸡市、咸阳市、渭南市、延安市、汉中市、商洛市、天水市、酒泉市、定西市、银川市、石嘴山市、乌鲁木齐市、天津、上海、重庆	173

为进一步说明租购住房在义务教育入学上的差异，本文将第一类城市中所需要提交的具体材料进行细分，主要分为身份与社会关系证明材料、生活居住和就业证明材料两大类。如表4所示，身份与社会关系证明材料包括身份证、户籍证明、无监护条件证明；生活居住和就业证明材料包括无房证明、居住证、租赁合同、连续租住、水电发票、务工经商证明、纳税证明、社保缴费证明。从所需提交的材料数量来看，种类繁多，有11种证明材料，单个城市一次性最高需要提交7种材料，这与拥有房产就近入学的人群所需要提交的材料数量相差很大；从提交材料的难度上来看，如水电发票这类材料容易遗失，而连续租住条件在海口市和北京市分别为两年和三年，这对流动的务工人员来说属于比较严苛的条件，其余材料如纳税证明、社保缴纳证明等都需要去专门的部门开具。以上这些证明材料，显现出租赁住房人群子女入学时需要面对的繁琐与困难。

2020年小学义务教育入学证明材料要求　　　　　　表4

城市	身份与社会关系证明			生活居住和就业证明							
	身份证	户籍证明	无监护条件证明	无房证明	居住证	租赁合同	连续租住	水电发票	务工经商证明	纳税证明	社保缴费
石家庄市		√			√	√			√		
锦州市		√			√	√					
阜新市					√	√			√		√
葫芦岛市		√			√				√		
黑河市		√			√	√					
徐州市	√	√			√	√	√		√		
连云港市		√			√	√			√	√	
安庆市		√		√	√	√			√		
厦门市					√						
莆田市					√	√	√		√		√
泉州市					√	√	√				
南昌市					√	√			√		√
新余市					√	√					
吉安市					√	√			√	√	√
宜春市		√				√		√			
东营市	√	√			√				√		
潍坊市		√			√				√		
泰安市					√						
德州市			√	√					√		√
滨州市		√					√				
洛阳市				√	√	√					
平顶山市		√			√				√		
鹤壁市	√	√			√				√		
新乡市		√			√				√		√
宜昌市											
襄阳市					√	√	√		√		√
荆门市		√				√	√		√		
咸宁市		√		√	√				√	√	√
郴州市	√	√			√				√		
永州市	√	√			√				√	√	
娄底市	√	√			√	√		√	√		√

续表

城市	身份与社会关系证明			生活居住和就业证明							
	身份证	户籍证明	无监护条件证明	无房证明	居住证	租赁合同	连续租住	水电发票	务工经商证明	纳税证明	社保缴费
广州市		√			√	√					
北海市		√			√	√			√	√	
防城港市		√			√	√			√	√	
贵港市		√			√	√			√		
百色市		√			√	√			√		
海口市		√				√	√		√		√
安顺市		√			√	√					
安康市		√			√	√			√		
兰州市		√									
嘉峪关市		√		√	√	√					
金昌市		√			√	√					
吴忠市		√									
北京	√				√	√	√		√		

2. 入学批次的差异分析

在将现有样本城市初步分为两类后，本文尝试在此基础上对第一类城市的小学义务教育入学批次进行分析。如表 5 所示，首先针对第一类 44 个城市的样本文件进行研究，将申请入学的人群大致分为四类：（1）有户有房，即具有本市户口，房屋户主为父母或房屋户主为祖父母或外祖父母的人群；（2）外户有房，即非本市户口，但在本市具有房产且房屋户主为父母、祖父母或外祖父母的人群；（3）有户租赁，指在本市拥有户口但没有房产、租房居住的一类人；（4）外户租赁，则指既没有本市户口又没有房产、只能租房的一类人；将入学批次分为三种：第一批次，根据户籍和房产的情况，就近安排入学；第二批次，在第一批次招生完毕后，就近入学；第三批次，在第二批次招生完毕后，就近入学（以公办学校为主，进行统筹安排）。

研究显示，有户有房的均为第一批次入学，外户有房的大多被分在了第一和第二批次，且更倾向于第二批次；有户租赁同样也被较多城市分在前两批，且分为第二批次的城市数量更多。与有户有房同样显著的是外户租赁，该类人群的入学批次均位于第三批次，即必须等前两个批次招生完毕后才可申请就近入学，或者由教育局统筹安排入学。从入学批次的差异上我们也可以看出租购住房在权利上的差异，即购房者相比于租房者明显拥有更大的权利。同时在对比外户有房和有户租赁的批次差异中可以发现，在样本城市中，拥有房产所带来的权利似乎大于户籍的权利，即无论在第一批还是第二批入学批次中，更多城市提倡外户有房人群优先于有户租赁人群录取。

入学批次差异分析表　　　　　　　　　　　　　表 5

	有户有房	外户有房	有户租赁	外户租赁
第一批	石家庄市、黑河市、连云港市、安庆市、厦门市、莆田市、泉州市、南昌市、新余市、潍坊市、洛阳市、平顶山市、鹤壁市、新乡市、宜昌市、襄阳市、荆门市、咸宁市、郴州市、永州市、娄底市、广州市、海口市、兰州市、嘉峪关市、金昌市（26）	泉州市、宜昌市、荆门市、永州市、娄底市、嘉峪关市、金昌市（7）	襄阳市、郴州市、娄底市、海口市、兰州市（5）	—
第二批	—	石家庄市、黑河市、安庆市、莆田市、新余市、洛阳市、咸宁市、郴州市、海口市、兰州市（10）	黑河市、连云港市、莆田市、新余市、潍坊市、洛阳市、咸宁市、永州市、金昌市（9）	—
第三批	—	连云港市、新乡市（2）	石家庄市、嘉峪关市（2）	石家庄市、黑河市、连云港市、安庆市、厦门市、莆田市、泉州市、南昌市、新余市、潍坊市、洛阳市、平顶山市、鹤壁市、新乡市、宜昌市、襄阳市、荆门市、咸宁市、郴州市、永州市、娄底市、广州市、海口市、兰州市、嘉峪关市、金昌市（26）
未明确	—	厦门市、南昌市、潍坊市、平顶山市、鹤壁市、襄阳市、广州市（7）	安庆市、厦门市、泉州市、南昌市、平顶山市、鹤壁市、新乡市、宜昌市、荆门市、广州市（10）	—

四、政策建议

1. 入学依据标准化

从目前的文本政策分析中看出，只有四分之一的城市提及能够以租赁合同作为义务教育入学证明材料，而租赁合同对于租房居住的人来说，是最容易获取且最直观证明其租房居住的证明材料。不将租赁合同纳入入学标准的参考依据占据总样本城市的大多数，体现了这些城市在义务教育入学标准体系建设方面的不足，需要进一步健全完善。

2. 入学批次透明化

本文研究数据表明，仅有少数地级市明确了义务教育的就近入学批次，而大多数城市根本没有进行分批，或者分批不明确，这不利于保障在本市租赁人群子女的入学权利。因而各地级市应在义务教育招生文件中完善招生入学批次的划分，使之更加透明清晰。

3. 入学手续简明化

近些年，我国针对"租购同权"政策的争论一直存在，"租购同权"政策在设计上保障"租房"与"购房"的同权，是我国住房租赁制度的突破，目的是使得租房者与购房者享有同等的公共服务权利。现实情况中"租购同权"政策还面临诸多挑战，具体实施细则还需要进行深入研究，简化租房人群子女的义务教育入学手续是非常有必要的。虽然很多省市在义务教育招生文件中都提出了要完善以居住证为主要依据的随迁子女入学政策，简化优化入学流程和证明材料，但在实际的招生过程中，大部分城市依然需要提交繁杂的证明材料。为此应该落实租房人群子女义务教育入学手续的简明化，并且制定合理统一的标准。

参考文献：

[1] 黄明东，黄炳超，刘婷.租购同权：缓解义务教育供给侧矛盾的"药方"[J].教育科学，2021，37（1）：38-45.

[2] 严荣.成本型租赁住房：促进租赁市场发展的可行选择[J].上海房地，2019（3）：44-50.

[3] 王红玲.我国"租购同权"政策实施难点及对策建议[J].金融纵横，2017（12）：93-98.

[4] 吴开俊，姜素珍.政府购买随迁子女学位的制度设计与路径选择[J].教育科学研究，2020（2）：32-37+47.

[5] 张潆樱，董晓倩.北京市租购并举制度的发展[J].上海房地，2021（4）：17-21.

[6] 李玲玲，李云滨.哈尔滨市完善"租购并举"住房制度的路径探析[J].上海城市管理，2020，29（6）：67-72.

[7] 李东宏.我国义务教育阶段"就近入学"政策理论分析：基于政策工具的视角[J].教育理论与实践，2019，39（10）：23-27.

[8] 孙霄兵.改革开放以来中国特色教育政策理论的发展创新[J].国家教育行政学院学报，2019（2）：3-10+61.

作者联系方式

姓　名：刘章生　吴爽垠　李瑞鑫　赖彬彬

单　位：江西师范大学，城市建设学院，江西师范大学不动产研究所

地　址：江西省南昌市紫阳大道99号

我国长租房市场中居住权的适用研究

苏庆林

摘　要：近几年长租房市场问题频发，如何更好地保障承租人权利引发人们关注。承租人权益难以保障的问题，主要归因于承租人常处弱势地位，租赁权属债权法律保障有限，长租公寓经营者的无序扩张及经营模式有缺陷，长租房租赁市场监管不到位，以及全面推行"租购同权"政策障碍尚存。《民法典》物权编新增居住权制度，居住权基于其可有偿设立、可具有收益权能以及可具有长期性、稳定性和更强的法律保障的特点，能够成为我国长租房市场中的新制度选择。居住权在我国长租房市场中的适用路径，可通过为居住人有偿设立居住权或长租公寓经营者享有居住权后再出租这两种方式实现。

关键词：长租房；居住权；成因；可行性；适用路径

一、问题的提出

所谓长租房，并没有官方的定义，按照通常的理解是指承租人可长期租赁居住的房屋，比如租期至少一年以上的，主要包括长租公寓等住房形式，本文取此含义。长租公寓则是指由专业化、规模化的住房租赁企业或中介机构运营的住房租赁服务，是房地产市场一个新兴的行业。大多长租公寓经营者的经营模式为将业主房屋租赁过来，进行装修改造，配齐家具家电，再出租给需要人士。相对于短租房，长租房的承租人签约租住的时间较长，居住可能更加踏实，不必受短期续租、频繁搬家等因素困扰。

目前长租房市场仍然有诸多问题有待解决。其中比较突出的是，长租房合同订立后，如何更好地保障承租人权利的问题。2021年，58同城、安居客发布的《2020年中国住房租赁市场总结报告》显示：流动人口及高校毕业生为当前住房租赁市场主要需求群体，租房市场年轻群体占比增加。不可否认的是，多数承租人是无力购房的中低收入消费群体，而住房所有人是住房的拥有者，在经济上处于强势地位。同时，承租人享有基于租赁合同产生的租赁权，但租赁权仅属于债权，债权毕竟只有相对性，而无对世权的效力，难以有效地抵御第三人对标的物主张物权或第三人实施不法侵害。近年来，特别是在新冠肺炎疫情的影响下，长租公寓"爆雷"事件频发，多家长租公寓企业因资金链断裂、经营不善而破产，导致众多承租人蒙受损失。

在当前房价水平下，刚迈出校园步入社会的年轻人，乃至在大城市生活的普通家庭，大多以租赁房屋满足现实的居住需求。为努力实现全体人民住有所居的目标，中央正多措并举不断满足群众的基本住房需求。党的十九大报告提出："坚持房子是用来住的、不是用来炒的定位，加快建立多主体供给、多渠道保障、租购并举的住房制度，让全体人民住有所居。"2021年的全国两会上，李克强总理在政府工作报告中提出："探索新的发展模式，加快发展长租房市场；推进保障性住房建设。"2021年3月13日发布的《中华人民共和国国民经济和社会发展第十四个五年规划和2035年远景目标纲要》中提到："完善长租房政策，逐步使租购住房在享受公共服务上具有同等权利。"2022年政府工作报告则进一步提出"加快发展长租房市场"。

2020年5月《民法典》通过审议，居住权制度最终被写入民法典。虽然人们收入不断增长，但不断蹿升的房价往往让许多年轻人望而却步。实现党的十九大报告中的"住有所居"，其路径并非全部人都拥有自己的住宅，而是能有居住之所并且能为其长期所用。就此而言，居住权制度的增设，有利于进一步完善我国的住房保障体系，有利于实现居民住房形式的多样化，有利于满足某些群体的住房需求，提升住房利用效率，促进经济发展。因此，本文从我国长租房租赁市场的现状出发，针对如何更有利于承租人权利保障，分析其成因，研究《民法典》实施后居住权制度在长租房市场中的适用，以期为我国长租房市场的发展提供有益的制度路径选择意见。

二、我国长租房市场上述问题的成因

（一）承租人常处弱势地位且法律保障有限

从承租人所处的地位看，相对于作为住房所有权人的房东，承租人通常处于弱势地位。特别是在租赁房源相对稀缺的大城市，房东随意涨价、非正当理由扣留押金、延迟返还押金，压缩租房人生活空间、向租房人转嫁房屋维修成本等现象普遍存在，而租房人往往只能被迫承担，否则将面对频繁更换住处、生活变动所带来的一系列困难和麻烦。

从权利保护的角度而言，与居住权相比，租赁权给权利人提供的保护有诸多不足。首先，租赁权仅为债权、相对权而非物权、绝对权。租赁权的设立不需要采取登记的方式，除了在买卖不破租赁的场合具有对抗效力，其他情形仅能在特定的合同当事人之间发生效力，不具有对世性，承租人只能对出租人享有租赁权，不能对第三人主张租赁权，且租赁权人不能享有物权请求权的保护。

另外，租赁权的稳定性不足且优先承租的权利难以得到保障。租赁权的租期由合同双方当事人约定，但约定不得超过20年，超过20年的部分无效，如果双方未约定租期，则为不定期租赁，各方当事人均可随时解除合同。虽然《民法典》第734条规定了房屋承租人同等条件下的优先承租权，但在实践中如果出租人拒绝承租人的续租请求,则承租人出于经济的考量,通常只会选择搬出租赁住房,而不会为此提起诉讼,承租人因居住租赁住房所形成的居住利益可能完全丧失。同时,虽然承租人在出租人违约时可请求对方承担违约责任,承租人的租赁权如果受到侵害,也可以请求侵权损害赔偿,但若要继续保障承租人的居住利益则显然非常困难。即使在一些纠纷中承租人得以胜诉,但也难免疲于寻找新的住处和搬家。

(二)长租公寓经营者的无序扩张及经营模式的缺陷

近几年,长租公寓"爆雷"事件频发,如"蛋壳公寓爆雷事件"等,引发社会广泛关注。许多长租公寓以"二手房东"的模式运营。一般而言,"二手房东"是指先从原房东手中租下房子,而后再转租给他人,进而赚取房租差价的获利者,许多长租公寓的经营者均为"二手房东"。如蛋壳公寓,其曾是国内某公司旗下的高端白领公寓品牌,以长租公寓的模式经营,被称为"二手房东的老大"。天眼查专业版2020年的数据显示,全国共有900余家长租公寓相关企业,与此同时,以工商登记为准,全国目前已经注销或吊销的长租公寓相关企业约有170家,全国约有22%的长租公寓相关企业存在过经营异常,近5%的相关企业曾受到过行政处罚或有过严重违法行为。在资本的加持下,有的长租公寓经营者为抢占市场份额,漫无目的地扩张,一次性向租客低价收取房租再按月高价向房主交钱,利用二者的时间差获得大量流动资金用于"攻城略地"。快速扩张需要消耗大量资金,由此有的长租公寓引入了金融创新产品"租金贷",将其对租客的债权快速变现融资。但长租房的资金链一旦断裂,则房屋所有权人与最终承租人的利益可能双双受损。

长租公寓经营者从房屋所有权人手中取得租赁权,而后转租,则长租公寓经营者作为"二手房东"仅享有租赁权这一债权,其转租以后,次承租人也仅享有对"二手房东"的债权。一方面,如果长租公寓经营者无力支付租金,则其与房屋所有人的租赁合同面临被解除的风险。失去租赁权的长租公寓经营者无法再作为"二手房东"吸引外来投资或者接盘方,最终出现破产清算,房屋所有权人及实际承租人也无法获得债权清偿。另一方面,如果"二手房东"收取其承租人的租金后"跑路",则次承租人面临被"一手房东"以各种手段"扫地出门"的境地,无法稳定有效地保障其自身利益,容易导致法律纠纷。

(三)长租房租赁市场监管不到位

2011年2月起施行且现行有效的《商品房屋租赁管理办法》第14条规定:"房屋租赁合同订立后三十日内,房屋租赁当事人应当到租赁房屋所在地直辖市、市、县人民政府建设(房地产)主管部门办理房屋租赁登记备案。房屋租赁当事人可以书面委托他人办理租赁登记备案。"但是在实践中,许多房屋租赁合同的双方当事人由于法律知识欠缺、故意逃避监管等各种原因,没有落实房屋租赁合同登记备案制度。同时有学者认为,从机构设置上看,国内对租赁市场监管较为宽松,租赁交易保护的职能部门没有设立,社会层面的保障体系有待健全,笔者表示赞同。除此以外,在实践中租赁合同往往由出租方提供,且多为格式合同。格式合同如果存在不公平的条款,有的承租方由于法律知识的缺乏,往往处于不利的境地,并可能导致承租方的合法权益遭受侵害。一般而言,租赁合同租赁双方当事人达成一致即可生效,无须登记,且由于备案登记的缺失,这些格式合同也通常难以得到有关部门的有效监管。

(四)长租房市场中推行"租购同权"政策的障碍

长租房市场如何推进"租购同权"政策落地,为承租人提供更好的公务服务一直是个难题。我国的户籍制度与住房紧密相连,与之相关的子女入学、落户问题仍以住房为准。在公共服务权利方面,由于房屋产权、户籍与公共服务的交叉捆绑,使得承租人难以享有租赁住房所在地的教育、社保、就业、生育等相应权益。面对学区房制度对教育公平带来的负面效应,部分一线城市正在或准备施行"租购同权"政策,与居住权配套的教育选择权兼容政策亦会提上日程。2017年7月,广州市政府在发布的《广州市加快发展住房租赁市场工作方案》中,提出了"租购同权"的概念,其内涵是指租房者能够享受购房者享有的公共服务权益,尤指教育、医疗等稀缺公共资源。但房屋与户籍、公共服务等权利都存在着捆绑现象,要在短时间内实现松绑有一定难度。根据贝壳研究院2021年对北京、上海及12个租赁试点城市的研究结果可知,目前,上海和成都"租购同权"程度最高,其次为郑州、沈阳和南京,且在落户条件及随迁子女入学方面,沈阳、郑州和南京市落户条件较为宽松,上海和成都积分落户租购同等对待,一线城市中深圳租购差距最大。

但"租购同权"政策在长租房市场的推动实施中有明显的障碍。首先,从法理而言,租赁权属于债权,所有权属于物权,二者权利性质的不同决定了二者获取成本的不对等,强使二者在社会附加值上的对等会导致物权地位的动摇。其次,租赁权的稳定性、长期性、公示性不足等特征,也影响着"租购同权"政策的实施。此外,在实践中部分城市推行限制性的"租购同权"方式,提升租赁的门槛和限缩租赁者享受的权利范围,有学者认为此种做法在操作性和可行性上仍有欠缺,不如另辟蹊径,寻求在法理上说得通、事实上行得通的解决路径。由此可见,在中央"租购并举"的顶层设计和"房住不炒"的总基调下,如何利用现有的政策和制度,有力地推进"租购同权"政策落地实施是一个值得研究的问题。

三、我国居住权适用于长租房市场的可行性

《民法典》规定了当事人可通过合意打破居住权无偿设立及不能出租的原则,为居住权的适用留下更大的制度空间。同时,居住权兼具长期性、稳定性和更强的法律保障的特点,在住房租赁市场中,可以作为当事人实现住有所居的新选择。

（一）居住权可有偿设立

《民法典》第 368 规定："居住权无偿设立，但是当事人另有约定的除外。"《民法典》规定居住权可有偿设立，更有利于实现住有所居的立法目的，也更有利于居住权在更大的范围发挥其制度功能。所谓居住权的功能，是指为实现"住有所居"的目的，居住权所应当发挥的具体作用，根据大陆法系国家民法，居住权的功能旨在解决特定的家庭成员和家庭服务人员之间的居住困难问题。但随着社会生产力的发展，以保障弱势家庭成员需要为目的的居住权定位可能就会失去根基。在当今社会，居住权仅具有满足特定人的生活居住需要的功能是不够的，有偿性的例外则有利于居住权在市场交易中发挥作用，给予当事人根据自身需求选择有偿或者无偿设立居住权的自由。有学者认为，在《物权法》立法中遭遇挫折之后，居住权之所以成功成为重新提及的立法议题，根本原因在于其满足房屋多元利用需要的功能被深度挖掘：除肯认其具有保护离婚妇女和保姆等弱势群体的价值外，更重要的是发掘了其投资性价值。同时，一刀切的"无偿设立模式"也并非更有利于弱者保护。用法律强制居住权无偿设立，可能减弱所有权人设立居住权的意愿，也更可能剥夺有一定负担能力的群体获得居住权的机会，最终不利于有需要的群体获得居住权。与房屋租赁相类似，当事人在通过合同的方式设定居住权时，本质上是在从事一种交易行为，当事人可能更愿意通过有偿的方式设定居住权，一方面可以从居住权的设定中获得收益，另一方面又可以为居住人提供居住场所，也可能提升所有权人设定居住权的意愿。因此，《民法典》允许当事人合意打破无偿设立的原则，有其合理性。

（二）居住权可具有收益权能

物权人能够享有的权利，在法学上被称为物权的权能，且物权的基本权能是对物的支配或者控制，具体包括四种，即占有权能、使用权能、收益权能和处分权能。收益权能是指利用财产并获取一定经济利益的权利。有的学者认为，居住权推定为无偿但可以约定为有偿设立，在占有、使用权能之外，应认可居住权人享有出租以及其他合理方式进行收益的收益权能。笔者认为，根据《民法典》现有规定，我国的居住权可具有收益权能，理由有二。

第一，就应然层面而言，居住权在我国属用益物权，赋予其收益权能并无体系上的障碍。因为《民法典》将居住权规定在物权编的用益物权分编中，且《民法典》第 366 条明确规定："居住权人有权按照合同约定，对他人的住宅享有占有、使用的用益物权，以满足生活居住的需要。"同时《民法典》第 323 条规定："用益物权人对他人所有的不动产或者动产，依法享有占有、使用和收益的权利。"由此可见，我国居住权的性质属于用益物权，居住权人为用益物权人，用益物权人对他人的不动产依法享有占有、使用、收益的权利。第二，《民法典》第 369 条规定："居住权不得转让、继承。设立居住权的住宅不得出租，但是当事人另有约定的除外。"基于该规定的文义解释，居住权禁止转让和继承，原则上不能出租，但允许当事人合意排除不能出租的限制。

可以肯定的是，《民法典》第 369 条采用任意性规范使我国的居住权被赋予了收益的可能性，使我国居住权的收益权能原则上取决于当事人约定，为居住权人的收益权能留下了一个"收益缺口"。大多数学者也认为，《民法典》认可了居住权人通过约定出租而享有收益权能，当事人可以约定居住权人将设立居住权的住宅部分用于出租并获取租金收益改善其生活条件，从而满足人们对于房屋价值实现方式多元化的需求。笔者对此表示赞同。

（三）居住权具有长期性、稳定性和更强的法律保障

作为用益物权的居住权是一种具有长期性、稳定性的权利。《民法典》第 370 条规定："居住权期限届满或者居住权人死亡的，居住权消灭。"根据本条规定可知，居住权以期限届满或以权利人的终身为限，除当事人另有约定外，通常至居住权人死亡时居住权消灭。在居住权的存续期限内，除满足法定和合同约定的情形以外，居住权不能被任意撤销，而租赁权则存在对方违约解除合同的风险。由此可见，在长租房租赁中，相对于租赁权而言，居住权先天更适合于长期设立。

在同样满足生活居住需求的功能之下，与租赁权相比，居住权在整体上能提供对权利人更优的保护，更有利于实现权利人的需求。第一，《民法典》将居住权定性为用益物权。用益物权既属于绝对权，也属于限制物权，具有排他效力，且优先于所有权，除了权利人之外的一切人都必须尊重物权，不得侵害或妨害物权人的权利。反观通过合同和占有制度规范的租赁权则存在明显缺陷，因为租赁权作为债权，不足以有效制约所有人，租赁权难以起到稳定使用人预期的作用。第二，居住权登记设立，具有更强的公示性。《民法典》第 368 条规定："设立居住权的，应当向登记机构申请居住权登记。居住权自登记时设立。"根据《民法典》规定，居住权可以通过合同设立，也可以通过遗嘱设立，但不论以何种方式，均以登记为居住权的成立要件。而住宅租赁权是依据租赁合同而产生的合同债权，不以登记为生效要件或对抗要件。因此，相对于租赁权，登记才生效的居住权显然具有更强的公示性。基于必须登记才能设立的这一程序，即使设立居住权的房屋被转让，受让人在取得房屋所有权的过程中也必然会查验房屋的登记。虽然租赁权人基于"买卖不破租赁"，也能保障自己的居住利益，但是居住权的登记生效模式将房屋使用情况以登记的效力公之于众，更利于减少纠纷。第三，居住权如果受到侵害，居住权人享有物权请求权，不受诉讼时效的限制。

在当前居住权已入典的情况下，基于以上特点，居住权也更有利于"租购同权"政策的实施。一方面，居住权采用登记生效主义，具有形式上的严谨性和公示的对抗性，便于公权力的管控。另一方面，居住权作为一种用益物权，带有稳定性、长期性的特征，在政策上赋予居住权人同等享受社会公共服务的权益，也更具操作的可能性。

四、我国居住权在长租房中的适用路径

随着社会需求的发展变化和政策法规的不断调整,居住权的全新适用场景可能会在实践中不断应运而生,我们应当以包容的态度、发展的眼光,去对待居住权的适用和发展。对居住权适用范围的探讨,应立足于立法本义和法律规范,结合社会生活实践,推动法律规范的理解和适用。

(一)房屋所有权人直接为居住人有偿设立居住权

房屋所有权人为居住人有偿设立居住权与租赁非常相似,但居住人此时享有的权利为居住权而非租赁权。居住人可通过直接与房屋所有权人订立居住权合同的方式,协商设立居住权的有关事宜。根据《民法典》第367条的规定,双方当事人应采用书面的形式订立居住权合同,且合同中可约定居住的条件、要求、居住权期限和争议解决办法等。且居住权虽然原则上为无偿设立,但双方当事人可通过居住权合同约定设立居住权的价款,以及居住权人能否将住宅转租等。至于价款的数额、履行的期限和方式,在实践中则仍为当事人自行约定。关于居住权的约定方式,《民法典》第369条规定的"当事人另有约定"可以是当事人的明确约定,也可以从相关条款推断而来。从形式上看,既可以体现为居住权合同的直接约定,又可以体现为居住权合同订立后乃至居住权设立后的补充协议。此外,虽然未经登记居住权合同仍有效力,居住权须经过登记才能设立。

值得注意的是,《民法典》第241条规定:"所有权人有权在自己的不动产或者动产上设立用益物权和担保物权。用益物权人、担保物权人行使权利,不得损害所有权人的权益。"且依据法理,他物权的行使不得损害所有权人的利益。居住权作为用益物权,也属于他物权之一,居住权之行使,也不得损害所有权人的利益,这是当然之义。例如,如果双方约定居住权人可将居住的住宅出租,由于居住权的收益权能是居住权权能的一部分,居住权的收益权能必然以居住权的权利范围为限,不能超越居住权人与所有权人的有关约定。如果收益权能的行使超越了约定范围,如居住权人出租住宅的期限长于居住权的存续期限,则可能有损住宅所有权人的利益。居住权收益权能的行使不能损害所有权人的利益,这是居住权人行使收益权能的前提和界限,也即可收益的居住权适用的首要规则。

(二)长租公寓经营者享有居住权后再出租

在现实生活中,居住权应当有更大的灵活性和更宽泛的适用范围,以实现人们对住房的多样利用,有效发挥住房的经济功能和效用。在长租公寓中,房屋所有权人为"二手房东"设立可收益的居住权,"二手房东"再转租,这为稳定当事人之间的法律关系,提供了新的制度选择,有利于保障"二手房东"承租人的利益。居住权作为

一种用益物权,以登记为生效要件,具有公示性和对抗效力,可以在"二手房东"与"一手房东"之间,形成稳定的居住权法律关系。在居住权有偿设立的情况下,即使"二手房东"出现资金问题无法对"一手房东"履行义务,居住权仍然没有灭失。在此种情况下,作为居住权人的承租人所面临的风险,显然比其作为次承租人时小。由此可见,居住权的收益权能可在长租房的场景下,发挥稳定各方法律关系的作用,有利于实际居住人的权利保护。

因此如果在条件允许的情况下,相对于选择租赁"二手房东"为租赁权人的房屋,可能有更多的租客倾向于选择租赁"二手房东"为居住权人的房屋。"二手房东"享有可收益的居住权,更有利于承租人在长租房中实现住有所居,这也为渴求得到长期稳定居住的条件而又暂时无力买房的人群,提供了一种新的居住选择。除此以外,如果将来进一步要求长租公寓经营者对转租的房屋必须持有居住权,则经营者可能需具有相当经济实力才能请求房屋所有权人为其设立居住权,这在一定程度上有助于抑制长租公寓经营者无序扩展的倾向。

长租公寓经营者与房屋所有权人订立居住权合同后,长租公寓经营者享有居住权,其出租设立居住权的房屋,必然涉及居住权收益权能的行使。因此需要明确居住权的收益期限和收益范围。第一,居住权人的收益期限应当受到一定的限制,如租赁期限不得超过居住权的期限或其剩余期限,不得损害所有人的合法权益。第二,居住权人的收益范围,不能超过居住权的占有、使用范围。例如,在不违反约定的前提下,居住权人既可出租整套住宅,又可出租住宅的一部分。第三,如果房屋所有权人和居住权人的书面合同对双方的权利义务关系约定不够明确,将会影响居住权人行使收益权能的期限和范围等。同时,如果居住权人出租时,其书面合同约定不明,也容易导致有关的法律纠纷。鉴于居住权与租赁权在功能与制度构造上具有相似性,对于适用过程中的法律漏洞,可依据第467条准用典型合同中法律评价最相类似的租赁合同的规定。而对于不能类推适用租赁合同规定的部分,未来可通过司法解释的途径进行完善。

参考文献:

[1] 华祎琳.长租房"爆雷"背景下的租客权益保护:以蛋壳公寓为例[J].宜春学院学报,2021(7):33-37.

[2] 傅美华.论我国居住权制度的构建:兼议居住权制度视角下"租购同权"困境的解决路径[J].重庆文理学院学报(社会科学版),2021(4):64-75.

[3] 申卫星.《民法典》居住权制度的体系展开[J].吉林大学社会科学学报,2021(3):51-61+233.

[4] 孙茜.《民法典》视野下居住权制度的理解与适用[J].法律适用,2020(21):26-35.

[5] 房绍坤.论民法典中的居住权[J].社会科学文摘,2020(9):69-71.

[6] 席志国.居住权的法教义学分析[J].南京社会科学,2020(9):89-97.

[7] 汪洋.民法典意定居住权与居住权合同解释论[J].比较法研究,2020(6):105-119.

[8] 李永军.论我国民法典上用益物权的内涵与外延[J].清华法学,2020(3):78-92.

[9] 张鸣起.民法典分编的编纂[J].中国法学,2020(3):5-28.

[10] 鲁晓明."居住权"之定位与规则设计[J].中国法学,2019(3):223-239.

[11] 王利明.论民法典物权编中居住权的若干问题[J].学术月刊,2019(7):91-100+148.

[12] 申卫星,杨旭.中国民法典应如何规定居住权[J].比较法研究,2019(6):65-83.

[13] 鲁晓明.论我国居住权立法之必要性及以物权性为主的立法模式:兼及完善我国民法典物权编草案居住权制度规范的建议[J].政治与法律,2019(3):13-22.

[14] 陈华彬.人役权制度的构建:兼议我国《民法典物权编(草案)》的居住权规定[J].比较法研究,2019(2):48-59.

[15] 单平基.《民法典》草案之居住权规范的检讨和完善[J].当代法学,2019(1):3-15.

[16] 黄宇健.租售同权背景下住房承租人权益保护问题探讨[J].中国房地产,2018(36):19-27.

[17] 崔建远.民法分则物权编立法研究[J].中国法学,2017(2):48-66.

[18] 申卫星.视野拓展与功能转换.我国设立居住权必要性的多重视角[J].中国法学,2005(5):77-92.

[19] 钱明星.关于在我国物权法中设置居住权的几个问题[J].中国法学,2001(5):13-22.

[20] 王利明、杨立新、王轶、程啸.民法学(第六版)[M].北京:法律出版社,2020.

[21] 最高人民法院民法典贯彻实施工作领导小组主编[M].中华人民共和国民法典物权编理解与适用(下)[M].北京:人民法院出版社,2020.

[22] 黄薇主编.中华人民共和国民法典物权编解读[M].北京:中国法制出版社,2020.

[23] 民法典立法背景和观点全集编写组编.民法典立法背景和观点全集[M].北京:法律出版社,2020.

[24] 王利明.物权法研究(上卷)[M].北京:中国人民大学出版社,2016.

[25] 孙宪忠.中国物权法总论[M].北京:法律出版社,2003.

[26] 周枏.罗马法原论(上册)[M].北京:商务印书馆,2001.

[27] [德]鲍尔/施蒂尔纳.德国物权法[M].张双根,译.北京:法律出版社,2004.

作者联系方式

姓　名:苏庆林

单　位:华南师范大学法学院

地　址:广东省广州市番禺区大学城外环西路378号华师北生活区

邮　箱:1124261971@qq.com

"租购同权"中推动基本公共服务均等化的路径研究

刘一琴

摘 要："租购同权"是我国住房制度改革新方向"租购并举"的重要部分，其核心是推动基本公共服务均等化。本文通过阐述基本公共服务均等化的内涵，引出"租购同权"中涉及的主要基本公共服务内容，并以厦门为例具体分析租购群体在这些方面的权益差异，进一步列举分析国家及各地出台的推动基本公共服务均等化的政策。本文认为，这些政策落实效果不显著源于我国的土地财政与户籍制度、基本公共服务的供需不平衡与区域差异等，只有从推进顶层设计及制度改革、加强基本公共服务的供给侧结构性改革等方面入手，才能真正实现"租购同权"。

关键词：租购同权；基本公共服务；差异；均等化

一、引言

1998年我国停止福利分房，实行住房全面市场化，商品房市场随之飞速发展，房价逐步攀升，渐达高位。2017年党的十九大提出"加快建立多主体供给、多渠道保障、租购并举的住房制度"，成为我国住房制度改革的新方向。推行"租购并举"核心是实现"租购同权"。2017年7月，广州市印发《广州市加快发展住房租赁市场工作方案》，第一次以政策形式明确提出"租购同权"。随后，其他住房租赁改革试点城市也陆续出台相关政策。

住房租赁权强调居住属性，承租人享有房屋使用权益；住房所有权强调资产属性，购房人享有占有、处分、收益权，同时在我国户籍制度背景下，还享有公共服务权益及住房带来的社会认同权益。从现实看，各试点城市"租购同权"政策主要是在教育、医疗、社会福利等方面使承租人与购房人享有同等的基本公共服务获取机会。虽然政策出台较多，但实际落实效果并不明显，"租购同权"并未真正实现。由此，系统分析租购住房在享受公共服务上的真实差异，探寻制约公共服务均等化实现的本质原因，并提出相关建议，具有重要的现实意义。

二、基本公共服务均等化的内涵

基本公共服务是由政府主导、与经济社会发展水平相适应、保障全体公民生存和发展基本需要的公共服务,是一定阶段公共服务应覆盖的最小范围和边界。基本公共服务是具有有限的非排他性和有限的非竞争性的准公共产品。诸如教育这类基本公共服务,具有非排他性和不充分的非竞争性,理论上新增一位使用者并不减少对其他人的供应,但由于它依赖政府提供,当使用人数过多时,政府负担加重,边际生产成本递增,继而降低使用者的使用质量,并影响政府服务的可持续性,因此政府往往无法无限制地增加这类基本公共服务数量。又如公共设施这类基本公共服务,具有非竞争性和不充分的非排他性,新增一个使用者的边际成本为零,但使用人数的增加对其他使用者产生排斥。在公共产品理论中,准公共产品的这些特性决定了它的供给可由政府和市场双方提供。

根据2017年国务院发布的《"十三五"推进基本公共服务均等化规划》,我国基本公共服务主要涵盖基本公共教育、劳动就业创业、社会保险、医疗卫生、社会服务、住房保障、公共文化体育、残疾人基本公共服务八个领域,具体包括81个项目。这些项目都属于基本公共服务范畴,但地方对不同项目的供给动机和水平并不相同。从地方财政收益而言,可分为"经营性"和"非经营性"公共服务,前者能提供财政收入促进经济发展,如交通、医疗、社会保障等,后者为需财政负担的非营利性项目,如教育、文化体育、部分公共与环保设施等。从服务对象而言,地方政府通常以户籍为依据,将教育、医疗、社保等"软"公共服务倾向于户籍人口,而公共设施、环境保护、交通通信等则属于无差别的"硬"公共服务。基本公共服务均等化是指全体公民都能公平可及地获得大致均等的基本公共服务,其核心是促进机会均等,而非简单的平均化(图1)。

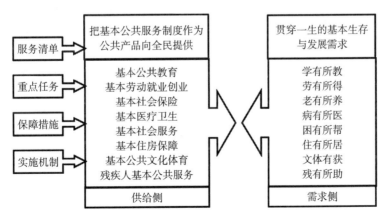

图1 国家基本公共服务制度框架

来源:国务院."十三五"推进基本公共服务均等化规划[N].人民日报,2017-03-02(001).

三、租购住房基本公共服务权益差异——以厦门为例

我国租购并举实施的难点不仅在于住房租赁市场本身发展的滞后，也在于租购群体公共服务权益差异导致长期承租意愿较低。下面以厦门市为例，从国家基本公共服务项目中选取几个主要方面，列举分析租购住房的权益差异。

（一）落户政策

根据 2018 年发布的《厦门市人民政府关于完善我市户籍迁移政策的通知》，除其他落户方式外，涉及住房的落户条件为在厦拥有产权比例不低于 51% 的住宅性质房产且满足居住证持有和社保缴交年限满 5 年。租赁住房则没有相关可落户的政策支持。

（二）教育服务

城市教育资源尤其是稀缺的优质教育资源是影响租购差异与购房意愿的最主要因素，虽然近年推动教育资源均等化的政策频出，但由于教育资源的不充分非竞争性，在实际中往往还是依据有户籍有房、有户籍无房、无户籍有房、无户籍无房的顺序进行顺位排序。厦门在学前教育阶段，公办幼儿园要求符合"两一致"，即适龄儿童与父亲（母亲）户籍一致，实际居住地与户籍所在地一致，因而须有户籍才可上公办幼儿园。在义务教育阶段，厦门市教育局政策要求户籍家庭须符合"两一致"，"热点学校"招生对象还需满足与房屋产权挂钩的四个条件之一。无户籍家庭采取积分入学方式，积分总分为 120 分，其中 24 分为房产积分，占比五分之一。

（三）医疗保险

医疗保险方面主要涉及城镇职工基本医疗保险和城乡居民基本医疗保险两类。城镇职工基本医疗保险以劳动关系为基础。厦门城乡居民基本医疗保险参保对象为未参加任何医疗保险的本市户籍居民、18 周岁以下非本市户籍的未成年人、在厦居住一年以上的港澳台非从业人员。因此，对于固定就业人群而言，租购住房在医保方面影响不大，但对非固定就业人群，租购之间的差异会通过户籍因素进而影响医保缴纳。

（四）养老保险

养老保险主要涉及职工基本养老保险和城乡居民养老保险。城乡居民养老保险参保对象为本市户籍且未参加职工基本养老保险的居民、在厦居住的台湾居民。职工基本养老保险以劳动关系为依据。经咨询厦门医保中心，目前厦门已放宽职工基本养老保险参保条件，在厦灵活就业的外地户籍居民，可凭有效居住证参保。由此可知在厦租购住房在养老保险的参保上差异不大。

（五）失业保险

根据厦门市 2020 年发布的《关于贯彻落实扩大失业保险保障范围的通知》，符合条件的本市户籍参保失业人员，按月发放 6 个月的失业补助金，参保 6 个月及以上的每月 1000 元，参保 6 个月以下的每月 500 元。对 2019 年 1 月 1 日之后参保不满 1 年的失业普通外来务工人员，按每月 800 元发放 2 个月临时生活补助。租购住房在失业保险的差别还是在于是否以购房形式获得落户资格。

（六）最低生活保障

厦门最低生活保障对象为符合条件的具有厦门市户籍的居民，无厦门户籍的居民则不可享受低保。租购住房在最低生活保障方面的差异最终还是归于户籍制度。

（七）公积金的使用

从我国现实情况来看，公积金的使用仍以购房为主，购房可享受较市场利率优惠很多的公积金贷款利率，并在还贷时可提取公积金用于全额还贷。近年来各城市都不断提高租房可提取的公积金额度，但仍未达到全额提取的程度。厦门规定租住社会保障性租赁房和公共租赁住房的，公积金月提取总额不超过当月实际房租支出，其他商品化租赁住房提取额度为 1000 元。

（八）社会服务

基本公共就业服务、基本公共卫生服务、公共文化体育服务、法律援助等社会服务方面，只要按规定办理居住证，与具有本地户籍的居民所享受的权利基本一致。

四、现行推动基本公共服务均等化的"租购同权"政策

（一）国家层面

近年来，为保持房地产市场健康平稳发展，构建"租购并举"的住房体系，国家出台了一系列方针政策。其中与"租购同权"相关的主要有以下几个（表 1）：

"租购同权"国家层面政策　　表 1

政策文件	出台部门	时间	政策相关内容
《国务院办公厅关于加快培育和发展住房租赁市场的若干意见》	国务院办公厅	2016 年 5 月 17 日	完善住房租赁支持政策。各地要制定支持住房租赁消费的优惠政策措施，引导城镇居民通过租房解决居住问题。落实提取住房公积金支付房租政策，简化办理手续。非本地户籍承租人可按照《居住证暂行条例》等有关规定申领居住证，享受义务教育、医疗等国家规定的基本公共服务

续表

政策文件	出台部门	时间	政策相关内容
《关于在人口净流入的大中城市加快发展住房租赁市场的通知》	住房和城乡建设部等	2017年7月20日	要求在人口净流入的大中城市，加快发展住房租赁市场。选取12个首批开展住房租赁试点的城市，明确承租人可按照租赁合同等申领居住证，享受相关公共服务
《利用集体建设用地建设租赁住房试点方案》	国土资源部、住房和城乡建设部	2017年8月28日	构建租购并举住房体系，确定第一批开展利用集体建设用地建设租赁住房试点的13个城市

（二）地方层面

广州率先出台"租购同权"政策后，全国首批开展住房租赁试点及利用集体建设用地建设租赁住房试点的城市都相继出台政策，各城市依据自身情况侧重不同。深圳、武汉、成都、沈阳、佛山、肇庆等规定办理居住证后可享受基本公共服务；北京、广州、南京、杭州、厦门等侧重于符合条件的承租人可享受公共服务；上海和杭州在居住证积分管理中对承租人提供政策支持，杭州明确租赁住房达到一定年限后实现"租购同分"；武汉规定承租人可按《武汉市积分入户管理办法（试行）》申请办理入户，郑州也提出承租人可在办理落户方面享受政策支持（表2）。

各试点城市关于"租购同权"的政策　　　　表2

城市	政策来源	政策内容				
		办理居住证后享受基本公共服务	租房可落户	居住证积分管理政策支持	符合条件的承租人可享受公共服务	公积金相关支持
北京	《关于加快发展和规范管理本市住房租赁市场的通知》				√	
上海	《关于加快培育和发展本市住房租赁市场的实施意见》	√		√		√
广州	《广州市加快发展住房租赁市场工作方案》				√	
深圳	《深圳市住房租赁试点工作方案》	√				√
南京	《南京市住房租赁试点工作方案》				√	
杭州	《杭州市加快培育和发展住房租赁市场试点工作方案》			√	√	√
厦门	《关于加强培育和发展住房租赁市场的若干意见》				√	
武汉	《武汉市人民政府关于开展培育和发展住房租赁市场试点工作的实施意见》《武汉市培育和发展住房租赁市场试点工作扶持政策》	√	√			√

续表

城市	政策来源	办理居住证后享受基本公共服务	租房可落户	居住证积分管理政策支持	符合条件的承租人可享受公共服务	公积金相关支持
成都	《成都市开展住房租赁试点工作的实施方案》	√				
沈阳	《沈阳市住房租赁试点工作方案》	√				√
合肥	《合肥市住房租赁试点工作实施方案》				√	√
郑州	《郑州市培育和发展住房租赁市场试点工作实施方案》		√			
佛山	《佛山市开展全国租赁试点加快培育和发展住房租赁市场实施方案》	√				
肇庆	《肇庆市住房租赁试点工作实施方案》	√				

来源：依据各地政策整理

五、"租购同权"政策下基本公共服务差异化的实质原因

对于"租购同权"的推行，虽然在政策面国家及地方都在不断强化，但大多只是进行了框架性规定，在实际操作中却面临着诸多显性与隐性的限制，租购住房在相关公共服务权益方面仍存在较大差异，政策无法落实的背后有着更本质的原因。

（一）土地财政与户籍制度是最根本的内在因素

1994年我国实行分税制改革，1999年国务院修订《土地管理法》，允许地方政府以低价征用农业用地，按招拍挂等方式高价出让土地使用权，形成土地财政基础。在我国快速城镇化、商品房市场高速发展时期，土地出让金和房地产相关税费成为地方政府的重要收入来源。地方政府一方面限制供地维持地价，另一方面通过户籍制度将住房所有权和前述各项"软"公共服务挂钩，提高城市居民购房意愿。从上文租购住房公共服务权益的现实差异来看，大多数都是通过户籍制度实现的，其背后的原因就是地方政府通过户籍制度和公共服务的绑定维持地价、房价的高位水平与土地财政的持续运行。

（二）基本公共服务的供需不平衡

根据公共产品理论，准公共产品应采取政府和市场共同供给的原则。但实际上，我国基本公共服务供给中的市场门槛较高，市场开放程度低于国际水平，供给仍依赖于政府，造成政府负担较重，供给紧缺。同时，城市生活中对基本公共服务的需求又属于刚性需求，尤其是对教育资源等的需求十分强烈，造成供需不平衡。若未解决供

需问题，单靠"租购同权"政策倡导，只会引起一些优质资源的需求量进一步增加，进而加剧供需矛盾。

（三）基本公共服务水平的区域差异

由于我国区域性政策以及基层自治等多重因素，不同城市、同一城市不同区域，甚至各个社区之间的公共服务内容和数量都存在较大差异。对于优质资源的追逐造成优势区域公共服务的供不应求，劣势区域则供大于求。"租购同权"政策本意通过公共服务的机会均等促进供需平衡，但实际上会导致优势区域租房人数进一步趋多，劣势区域租房人数降低，从而加剧供需矛盾。在明显的供需矛盾下，资源的配置还是得通过一些限制性条件来实现，"租购同权"就无法真正实现。

六、对于推动基本公共服务均等化的思考与建议

加快形成我国租购并举住房保障体系、落实"租购同权"政策，并非单纯涉及住房制度改革，更是与财政、税收、户籍、社会保障制度等方面紧密联系，同时也涉及民众对租购住房的传统观念转变，需要多层面入手、多方配合、长期发力。下面针对如何推动基本公共服务均等化提出几点思考。

（一）推进顶层设计及制度改革

正如前文所分析，"租购同权"无法实现的内在因素是土地财政及新型城镇化下以购房落户为主的户籍制度。要实现基本公共服务均等化须从根本上对户籍制度及土地财政加以改革。近年来各地不断推动户籍制度改革，放宽落户条件，逐步将公共服务从户籍中解绑。此外，2019年国务院印发《实施更大规模减税降费后调整中央与地方收入划分改革推进方案》，我国进一步推进税制改革。合理配置地方税权，理顺税费关系，将改变中央与地方的财政收入构成，有助于摆脱地方对土地财政的依赖。

（二）扩大基本公共服务供给力度，拓宽供给渠道

基本公共服务的供需不平衡是制约"租购同权"的重要原因，在二孩政策等现实情况下，城市居民对教育等公共服务的需求将持续增大，只有加大供给投入力度，才能缓解供需矛盾。扩大基本公共服务的供给不能单靠财政解决，应按准公共产品特性，适当放宽市场供给门槛，在加强资质审核、规范市场秩序、建立监管机制等的前提下，积极鼓励社会力量参与，一方面缓解财政压力，另一方面也可通过市场竞争激发活力，提高公共服务的供给质量与效率。同时可根据不同的公共服务进行分类分渠道供给，"经营性"公共服务可鼓励市场多方参与，"非经营性"公共服务可依靠政府进行兜底。

(三)优化基本公共服务的结构性供给

公共服务的区域差异是"租购同权"实现较难的原因之一,基本公共服务供给的均等化是其使用对象权益均等化的前提。各地在进行公共服务供给时,应当考虑从硬性设施投入、软性资源流动等方面推动区域平衡,缩小优势与劣势区域之间的差距。参照美国经验,为达到教育均衡,美国在学区间进行"转移支付",将好学区内征收的部分税收用来扶持落后学区,以缩小学校之间教育设施投入等差距。也可借鉴日本经验,在教育改革中尝试师资流动,校长轮岗、教师共享等方式都是减少区域公共服务质量差异、推动均等化的有力措施。

(四)推动基本公共服务均等化的同时要理顺和保障购房者其他合理权益

"租购同权"的初衷是剥离附加在房屋产权上的公共服务权益,合理控制房价,促进社会公平。但是单纯弱化基本公共服务权益差异,只会使租房价格暴涨,在严格控制房租的情况下,房东的长期租赁意愿又会明显下降。因而应当探索合理的机制,理顺公共服务权益与收益、处分等权益之间的差别与联系,只有打通购房者其他权益的实现途径,才能确保房主和租户的对等与平等关系,提高租赁关系的稳定性,最终有利于实现公共服务均等化。

参考文献:

[1] 黄静,崔光灿."租购同权"对提升居民幸福感的影响[J].城市问题,2019(12):87-96.

[2] 国务院."十三五"推进基本公共服务均等化规划[N].人民日报,2017-03-02(001).

[3] 李拓,李斌,余曼.财政分权、户籍管制与基本公共服务供给:基于公共服务分类视角的动态空间计量检验[J].统计研究,2016(8):80-88.

[4] 孙晓芳.广州市"租购同权"政策落实与优化路径研究[D].广州:广东财经大学,2017.

[5] 罗卫东,朱翔宇.租购并举:租购同权还是租购平权:兼论我国土地财政模式转型的必要性[J].浙江学刊,2020(1):90-99.

[6] 刘金祥,邢远阁.租购并举中公共服务均衡化实现机制研究[J].上海经济研究,2018(5):51-59.

[7] 王红玲.我国"租购同权"政策实施难点及对策建议[J].金融纵横,2017(12):93-98.

作者联系方式

姓　名:刘一琴

单　位:厦门安居集团有限公司

地　址:福建省厦门市湖里区仙岳路2999号

邮　箱:441356890@qq.com

基于公共服务探析的租购住房存在的本质差异

平丽华

摘　要：党的第十九次全国代表大会的报告明确指出应该让人们"住有所居"。在此背景下，国家出台"租购同权"政策，该政策阐明了承租方的权利和义务，保护承租方的合法权益，并逐步使承租方享有与购房者相同的待遇。但是，在政策实施过程中，现状与政策目标出现差异。本文基于公共服务探析的租购住房存在的本质差异，并在"租购同权"下，对促进租购双方享受同等权利的实现提出相关建议，以期进一步完善租赁住房市场，实现真正意义上的"租购同权"。

关键词：租购同权；公共服务；户籍制度；教育资源

一、"租购同权"政策的提出

习近平总书记在中国共产党第十九次全国代表大会上的报告明确指出，"坚持房子是用来住的，不是用来炒的"定位，加快建立多主体、多渠道的保障机制，租购并举的住房制度，使人民住有所居。住房和城乡建设部表示，通过立法阐明租赁方的权利和义务，保护租赁方的合法权利，并逐步使承租方享有与购买方相同的待遇。此举被不少媒体概括为"租购同权"。2017年7月下旬，住房和城乡建设部等9个部门发布了文件，以加快人口净流入大中城市住房租赁市场的发展，并表明"此举是解决新公民住房问题的重要的方法"。随后，广州、无锡、北京、杭州、成都、武汉等城市相继发布了相应的配套落实政策文件。在早期加快住房租赁市场发展的政策的基础上，首批进行住房租赁试验的12个城市正在积极推广新政。住房租赁的实施已成为中国住房体系的重要组成部分。这一系列政策措施旨在促进中国住房市场的合理转型，并改变人们根深蒂固的住房观念。在此背景下，本文基于公共服务视角探索租购住房存在的本质差异以及实施租购同权中存在的难点，并基于问题提出相应政策建议。

二、租购住房在享受公共服务上的本质差异

在讨论租购住房中租赁住房与购买住房享受的公共服务之前，需要梳理与房屋相关的公共服务的范围和内涵，从现实出发，对比租购住房在享受公共服务上的本质差

异，发现主要存在以下几个层面的差异：社区服务权益、户籍权益、教育权益。

（一）社区公共服务

社区服务权益主要是指社区为居住在本社区的居民提供的基本公共服务，其内容相对广泛，包括基本的社区活动、社区福利等方面。社区活动主要包括社区日常开展的安全教育、社区文化活动等。社区一般根据社区的实际情况和发展特点开展相应的活动。社区福利内容丰富，通常以实物和服务的形式出现。随着我国目前社会治理中心的向下移动，社区承担着越来越多的社会治理责任，同时也拥有更多的社会公共资源。由于社区发展不一致，不同的社区在社区服务权利上会有较大的差异。例如，由于某些社区距离医院较近，因此家庭医生服务和社区居民个人健康档案的建设相对完整。原则上，社区服务是为居住在社区中的居民提供的。出租人和承租人在社区服务权利上没有区别。但是，由于社区服务资源的差异，一些社区资源之间存在竞争，从而导致在提供社会服务时，优先考虑购房的社区居民。

（二）户籍权益

户籍制度和参与户籍的公民的权益是我国重要的社会治理政策。从户籍本身的角度来看，户籍只是人口管理的一项政策。但是，由于当前我国人口流动的增加，各地区之间公共服务的差异，加上其他原因，户籍不再仅仅代表当地居民，更重要的是与户籍有关的各种公民权利。购房和户籍之间有相对密切的关系。目前，除北京、上海、深圳等逐步放宽购房条件的城市外，多数城市仍将购房作为定居条件之一。户口登记目前与当地的基本公共服务有关。户籍涉及的基本公共服务包括教育、卫生文化、社会保障、生态环境、公共基础设施和其他领域。这些基本的公共服务构成了户籍制度。公共服务的包容性程度和水平与地方财政收入和经济发展水平直接相关。因此，从总体上看，购房户籍比租房更具优势，并享有更多公共服务，质量相对承租者来说较高，这也是人们更愿意在城市购买房屋而不是租房的主要原因。

（三）教育资源

户籍制度是公共服务的门槛，受教育权是当前城市公共服务的核心。尖端教育资源的竞争是大多数家庭必须面对的挑战。教育具有公共产品和准公共产品的双重属性。就公共产品的属性而言，学校基本上可以为每个入学儿童提供相应的教育机会。但是，作为准公共产品，在教育资源方面存在一定的竞争。与城市（即学区）住房相关的受教育权的实质是对优质教育资源的竞争。学区的划分基于户籍和住房位置。根据就近上学的原则，学区通常以学校为核心划分周围的居民区，包含在学区中的居民原则上可以入学。但是实际上，租赁者和购房者的子女并没有绝对平等的受教育权。这种情况是北京、广州等城市实施具体政策时的实际情况。在这些城市中，高质量的公立学校根据学生的等级来招募学生。第一档次：人与户合一，即户籍与房地产并存；第二档次：人户不合一，即户籍或房地产是二者之一；第三档：有租赁关系或居民居住证。当前，我国公共服务中的教育资源既不平等，也不自由，不能实现共享。如果不能平衡教育资源的分配，供求关系就不会发生根本变化，即使我国不断发展租赁市场，增强市场活力，购房与租房所享有的教育资源权益之间仍然存在本质差异。

三、在"租购同权"背景下，对促进租购双方享受同等权利的建议

从新时期对"租购并举"住房制度建设的要求来看，实行"同租购权"具有积极意义。然而，政策要落地，需要采取多种措施。首先，要解决租赁市场中的住房问题，优化土地资源配置；其次，要加强法律建设，维护承租人权益，改善住房租赁市场条件；最后，在公共服务方面，提供支持性公共资源的充足性是实现"租购同权"的必要保证。必须从源头上促进社会公平的建设，增加相关的扶持政策，以扫清实施"租购平等权利"政策的障碍。

（一）优化土地资源的配置

在许多城市，房地产开发商从政府那里获得土地使用权，其中许多被用来建造商业房屋。商品房建成后，将其出售给其他人，很少用于发展租赁市场。但是，随着我国经济的发展，区域人才的流动越来越频繁。在房价较高的情况下，租赁房屋的需求将越来越突出。在某些地方推出了专用于租赁的用地，这项政策可以在一定程度上增加租赁住房的供应。当供应增加时，房屋租金将降低，这将有助于防止"租购同权"政策的实施使租赁价格过高，有利于"租购同权"政策的实施，防止偏离最终目标。土地在公共资源供应中起着关键作用。无论是改善教育还是医疗资源，都与土地供应密不可分。例如在广州，为了配合实施"租购同权"，政府投入大量资金和土地以增加学区。因为在实施"租购同权"过程中，教育资源的分配尤为令人关注。增加教育土地资源的供应，可以使承租人的子女由于签订租赁合同而有权享受和购房者相同的教育资源。因此，为了更好地促进"租购同权"的实施，政府在分配土地资源时，应当鼓励和引导更多土地用于租赁住房和公共资源服务业的建设。

（二）立法保障租房者权益，规范住房租赁市场

"租购同权"政策的重点是租赁市场，它的愿望是确保我国住房市场的健康稳定发展。以"租购同权"政策作为发展租赁市场的支撑措施，可以有效增强租赁行为吸引力。通过建设良好的租赁环境和扩大租赁市场，鼓励更多的企业参与租赁房屋的供应，逐步提高人们对租赁行为的认识，确保租赁市场的长期发展，最终实现我国住房结构的优化和优化转型。"租购同权"政策的核心含义是使房屋回归生活的本质，发展租赁市场是增强房屋的生活功能。当前，我国住房市场比较发达，租赁市场的发展和完善是当前的主要任务。健全的房屋租赁制度、法律法规是保护租房者权益的基

础，也是有效执行"租购同权"政策的前提。为了实现"租购同权"，有必要加大开发住房租赁市场的力度，使租赁关系更加稳定。应该努力促进立法，使我国现行的房屋租赁管理制度更加合法化，确定租赁双方的权利和义务，并确保承租人和购房者平等。同时，为了政府的管理方便，应将租赁关系进行备案，从而使租赁关系更加稳定。通过严格执法和处罚，加强租赁市场运作的规范化，形成健康有序的市场体系，从而促进住房有效供应的增加，更好地满足市场需求。在租赁市场发达的国家，"租购同权"已成为常态，租房和买房都可以享受政府提供的公共服务资源。

（三）推动社会公平建设，增加相关配套政策

"租购同权"政策的执行需要法律的保护和配套政策的配合，不仅可以规范我国的租赁市场，而且可以保护租赁关系中各方的权益，进一步保护和明确"租购同权"政策。与发布的各种政策意见相配合，以保障"租购同权"政策，更好地执行该政策。租购同权，以及如何从源头上解决租购同权的难题，有必要从根本上分析租购同权的本质问题。

1. 优化户籍制度

户籍制度和购房的相互捆绑，是购房者和租房者公共服务有所差异的重要原因，这是"租购同权"的重点。计划经济时代形成了户籍制度。出租和购买的权利与户籍和房产有关。如果不改变基于户籍分配公共服务资源的制度，那么"租购同权"的存在就是纸上谈兵。在户籍制度和经济发展还不匹配、公共服务资源相对匮乏的背景下，相同的租赁和购买权不允许承租人享有与出租人相对平等的权利。要实现"租购同权"，就需要改变公共服务资源分配系统。因此，在弄清租购权的实质性问题后，必须优化户籍制度，最终促进租购权的真正落地。

2. 促进教育资源均等化

教育资源可以通过特定的制度安排有条件地向租房者开放，然后逐步过渡到完全开放。在增加教育资源供应的同时，政府可以通过"转移支付"和资源流动等手段逐步缩小地区和地区之间的教育差距。在现有政策的基础上，发布进一步的规则或实施计划。

参考文献：

[1] 何芳.何谓真正的房地产发展长效机制：从租售新政谈开去[J].探索与争鸣，2017（11）：102-109.

[2] 单雪芹，沈士为，李美瑶.三方满意视角下租购同权实施路径研究[J].中国房地产，2020（30）：57-62.

[3] 刘桂海，张若枫.新时代我国住房"租购同权"：缘由、难点与对策研究[J].经济研究参考，2019（3）：123-127.

[4] 李珊.房价波动背景下如何实现"租购同权"[J].市场周刊，2021，34（4）：56-58.

作者联系方式

姓　名：平丽华

单　位：深圳市国策房地产土地估价有限公司

地　址：深圳市福田区新闻路 59 号深茂商业中心 16 层 A、B 房

邮　箱：13354873326@163.com

登记号：30520201015919150030

关于以租赁型保障性住房开展租赁赋权实践的相关建议

王 凯 戚瑞双 龚秋平 王 鑫

摘 要：保障性住房是伴随着中国经济体制改革在住房商品化和住房制度改革的过程中不断发展和完善的，本文梳理了我国住房制度改革后租赁型保障性住房的变迁，并依据森的功能与能力福利论和马斯洛的层次需求论，对我国相关省市租赁赋权实践情况进行了解析，提出了以地方政府住房保障主管部门持有的公共租赁住房为载体，开展租赁赋权试点工作的建议。

关键词：租赁型保障性住房；租赁赋权

一、我国租赁型保障性住房的变迁

一般来说，保障性住房主要是指政府为中低收入住房困难家庭所提供的限定标准、限定价格或租金的住房，是与商品住房相对应的一个概念，按照被保障人获取的产权和方式不同，可分为租赁型保障性住房和购买型保障性住房。其中，租赁型保障性住房主要是指符合条件的被保障人通过租赁方式取得，只拥有使用权而不具有产权的保障性住房。目前，我国实践中的廉租住房、公共租赁住房等都属于这类保障性住房。

（一）廉租住房

早在我国住房制度改革之初的1998年，《国务院关于进一步深化城镇住房制度改革 加快住房建设的通知》(国发〔1998〕23号)中就明确多层次城乡住房供应体系中的最低收入家庭可租赁由政府或单位提供的廉租住房。2006年在"十一五规划"中提出在经济发展基础上，认真解决低收入群众的住房等困难问题。在此背景下，2007出台的《国务院关于解决城市低收入家庭住房困难的若干意见》(国发〔2007〕24号)提出为保障最低收入家庭住房需求，进一步建立健全城市廉租住房制度。其间相继出台的《城镇最低收入家庭廉租住房管理办法》《廉租住房保障办法》等文件，提出对城市和县人民政府所在地的镇范围内孤、老、病、残等特殊困难家庭及其他急需救助的家庭实施实物配租，并逐步扩大廉租住房制度覆盖面，但受惠群体主要为具有所在地户籍的中低收入城镇居民。

（二）公共租赁住房

从 2010 年起，为了抑制商品住房价格过快上涨，解决中等偏下收入住房困难家庭以及随着城镇化而进入城市的新职工或外来务工人员的居住需求，根据《国务院关于坚决遏制部分城市房价过快上涨的通知》(国发〔2010〕10号)和《国务院办公厅关于促进房地产市场平稳健康发展的通知》(国办发〔2010〕4号)精神，住房和城乡建设部等七部委联合发布《关于加快发展公共租赁住房的指导意见》，拟大力发展公共租赁住房，培育住房租赁市场，进而完善我国房地产市场供应结构。随着 2012 年《公共租赁住房管理办法》的颁布实施，面向符合规定条件的城镇中等偏下收入住房困难家庭、新就业无房职工和在城镇稳定就业的外来务工人员的公共租赁住房步入了历史舞台，我国政府倡导的多层次住房保障体系也日趋完善。

二、租赁赋权实践及相关解析

依据森的功能与能力福利论，保障性住房户的功能与能力的集合就是其综合福利。功能不同、能力不同则福利不同。同时依据马斯洛的层次需求论，人的需求是分层次的。同样，保障性住房提供给住户的功能也是分层次的，首要的基本功能是居住条件和居住环境功能，在这个功能得到满足后，就会产生更高层次的功能，包括教育、医疗、养老等。因此，维护住房租赁当事人合法权益，赋予不同户籍承租人相关权益的措施有利于构建稳定的住房租赁关系，改善民生水平，共享改革红利。

（一）租赁赋权实践

2016 年 5 月 17 日国务院办公厅印发的《关于加快培育和发展住房租赁市场的若干意见》中提出，到 2020 年基本形成保基本、促公平、可持续的公共租赁住房保障体系，基本形成市场规则明晰、政府监管有力、权益保障充分的住房租赁法规制度体系，并明确非本地户籍承租人可按照《居住证暂行条例》等有关规定申领居住证，享受义务教育、医疗等国家规定的基本公共服务。随后，国务院及北京、浙江、广州、成都等省市陆续在有关文件中提出赋予符合条件的承租人享受子女入学等公共服务的权益。同时，为了进一步深化户籍改革，国家相关部门开始允许租赁房屋的常住人口在城市公共户口落户，进而对住房租赁市场的发展起到一定的促进作用（表1）。

相关省市租赁赋权相关文件汇总表　　　　　　　　　　　表1

文件名称	相关规定
《广州市人民政府办公厅关于印发广州市加快发展住房租赁市场工作方案的通知》	赋予符合条件的承租人子女享有就近入学广州市人民政府办公厅关于印发广州市加快发展住房租赁市场工作方案的通知等公共服务权益，保障租购同权
北京市《关于加快发展和规范管理本市住房租赁市场的通知》	承租人为非本市户籍家庭的，可根据住房租赁监管平台登记备案的信息，以及北京市关于非京籍人员子女接受义务教育具体规定，依法申请办理其适龄子女在出租住房所在区接受义务教育的手续
浙江省《关于开展省级住房租赁市场培育试点工作的通知》	保障符合条件的承租人子女享有就近入学等公共服务权益

（二）相关解析

从严格的法律意义上说，表1中的"租售同权"并不准确，在我国的法律制度框架下，房地产产权是以房地产为对象，以所有权为核心，以及与其相联系的和相对独立的各项权利总和，主要包括所有权、使用权及他项权利等（图1）。

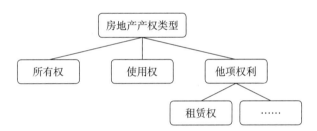

图1　我国房地产产权类型示意图

如图1所示，基于买卖合同取得的房屋所有权和基于租赁合同取得的租赁权，作为不同的民事权利，其权能存在根本差异。根据《民法典》相关规定，所有权人对自己的不动产或者动产，依法享有占有、使用、收益和处分的权利。而租赁合同是出租人将租赁物交付承租人使用、收益，承租人支付租金的合同。可以看出，承租人只取得了使用和收益两项权利，而不具有占有和处分的权利。故所谓"租购同权"的真实宗旨并非实现所有权和租赁权权能的绝对对等，而是努力实现两种权能赋予的附加基本公共服务或福利的平等。"租赁赋权"涉及法学、管理学及社会学等学科领域，租赁所赋的权能也越来越多地体现社会属性、公共属性。实际上"租赁赋权"本质上是资源配置的效率问题，在社会整体福利优化的视角下，若要优化承租人的福利，就要衡量资源投入的边际效用增长是否可以弥补由于资源占有的减少导致的其他群体边际效用的减少。也即国家在分配资源的时候，重点考察需赋权的对象原有资源的占用量，当资源占用量严重不对称的时候，应优先给原来资源占有量少的群体分配资源，当资源占有量基本对称的时候，应按照局部视角下保障承租人福利优化的路径进行资源分配，从而使整体福利最优。

三、相关建议

2015年年底的中央经济工作会议提出"购租并举的住房制度"；2016年进一步明确加快推进租赁住房建设、培育和发展住房租赁市场是实现全面建成小康社会住有所居目标的重大民生工程；2017年党的十九大报告正式提出加快建立多主体供给、多渠道保障、租购并举的住房制度，在提高保障和改善民生水平的同时，让全体人民住有所居。2021年4月12日住房和城乡建设部召开保障性租赁住房工作座谈会，提出要积极利用集体建设用地、企事业单位自有闲置土地、产业园区配套用地和存量闲置房屋建设和改建保障性租赁住房，尽最大努力帮助新市民、青年人特别是从事基本公共服务人员等群体缓解住房困难。

因此，为确保公共服务有效提供以促进消费需求和给予流动人口市民待遇，使新市民群体尽快融入城市，获得充分的机会参与城市经济、社会和文化生活，建议以地方政府住房保障主管部门持有的大量新市民积聚的公共租赁住房为载体，开展租赁赋权试点工作：

一是坚决贯彻落实党中央、国务院决策部署，尽快完善立法及法律保障，进一步明确相关制度设计和法律规制。考虑到"租赁赋权"是一项极其复杂而且综合的工作，会涉及方方面面的问题，牵扯到国家及地方政府层面各个社会运营部门，而且还需与区域经济发展的实际相适应，故在中央政府制定基本政策和长远或年度计划后，建议赋予地方政府一定的自主权，并通过筹建或依托专业化的管理机构协调各方资源与关系，确保相关工作的稳步推进。

二是借鉴新加坡等国家成功经验，优化利用土地，统筹做好公共租赁住房所在区域养老、托幼及中小学教育、医疗、助餐、保洁等相关公共服务配套设施的规划与建设，尤其要加快补齐利用集体建设用地、企事业单位自有闲置土地、产业园区配套用地建设保障性住房项目所在区域配套公共基础设施。同时，妥善处理好新市民与"原住民"关系，确保相关资源的公平分配，让全体社会成员共享社会的发展成果，都能够得到"幸福感、获得感与归属感"。

三是充分发挥相关领域专业人员作用，法律、规划、房地产等相关领域应做好协同配合，加紧推进相关领域的专业研究及试点地区实践经验的总结。依托房地产经纪人等专业人士，利用现有公租房资产信息管理系统和租赁数据库数据定期开展公共配套设施供需情况调查与需求信息发布，依托地理信息系统（GIS）等推进城市信息平台建设，整合各类供需信息与城市运行数据，加快设立或完善综合服务保障体系，提升电子政务、行业服务效能。

参考文献：

[1] 戚瑞双. 保障性住房福利改善情况研究 [M]. 北京：经济科学出版社，2017.

[2] 陈劲松. 公共住房浪潮：国际模式与中国安居工程的对比研究 [M]. 北京：机械工业出版社，2005.

作者联系方式

姓　名：王　凯　龚秋平

单　位：北京京城捷信房地产评估有限公司

地　址：北京市朝阳区芍药居甲 2 号内一楼北楼四层 410

邮　箱：jingchengjiexin@sina.com

注册号：1120050131/1120000079

姓　名：戚瑞双

单　位：北京电子科技职业学院经济管理学院

地　址：北京经济技术开发区凉水河一街 9 号

姓　名：王　鑫

单　位：北京华中兆源房地产土地评估有限公司

地　址：北京市大兴区黄村镇兴政街甲 23 号 2 幢 5 层 502 室

邮　箱：xinxinln@sohu.com

注册号：1120080013

第三部分

实践探索

(一)企业案例

建信住房推进住房租赁市场发展实践和政策建议

赵晓英

摘　要：建信住房服务有限公司在推进住房租赁市场发展的主要经验有多策并举规范住房租赁市场，大力培育租赁市场主体，助力行业降本增效；创新存房增加市场供给，助力城市职住平衡；探索REITs激活市场动能，助力行业持续发展；应纳尽纳拓展保障产品，助力住有所居。发展住房租赁具有深远意义，一是"住房租赁+金融"有助于实现房地产去金融化；二是住房租赁可以赋能城市有机更新，增加城市经济活力；三是借助"住房租赁+振兴乡村"，拓展租赁业务发展新路径；四是可以引导住房消费转变，释放居民消费潜力。因此，推动住房租赁发展，要进一步加大金融配套支持，推动银行加大住房租赁信贷支持，出台相关政策鼓励对长租房项目进行股权投资，积极支持长租房企业在公开市场发行债务融资工具募集资金。进一步支持"商改租""工改租"等项目，扩大公募REITs试点范围，畅通资本退出渠道，鼓励市场多样化发展。

关键词：REITs；商改租；工改租；住房租赁

一、建信住房推进住房租赁市场发展实践

建信住房服务有限责任公司（以下简称"建信住房"）于2018年3月成立，是建设银行成立的一个全资子公司，目的是配合推进住房租赁非金融方面的业务，目前在全国有29家分子公司，已基本形成全国性布局，在国家住房租赁试点城市都有相应的子公司。

建信住房的角色是住房服务场景的建设者、存房业务的协同者、生态溢出的提供者、住房制度改革的参与者，以及住房综合服务的提供者。公司现在主要的三大业务包括平台经营、存房业务以及住房租赁资产管理。在建信住房成立的四年多来，通过自身的实践探索，主要取得了以下几个方面的成绩。

（一）多策并举规范住房租赁市场

一是为住建部门搭建信息化基础设施，提供技术服务。建信住房搭建了涵盖监管

服务、监测分析、企业租赁、公租房和共享租赁服务五大系统,为政府监管、规范市场提供了有效的信息化工具和手段。为公租房、保租房监测、监管开发了相应的App并提供技术服务支持。试点建设了租金押金监管系统,加强了对资金监管账户的监管,陆续配合杭州、成都、西安等地推出监管政策。

二是积极参与国家住房租赁运营标准编写,为住房租赁行业规范建言献策。建信住房通过深耕住房租赁行业积累的专业经验,为国家住房租赁行业健康发展提供建议。同时结合自身优势,作为主编单位参与了国家《住房租赁运营标准》的撰写工作。

(二)大力培育住房租赁市场主体,助力行业降本增效

一是利用存房业务引导长租企业聚焦专业化运营。建信住房通过存房业务获取房源后,委托市场上经营规范的专业机构运营,在此过程中,专业机构无需投入资金,只要专注运营管理,达到建信住房预想的运营管理效率和经营收益目标即可。通过这样的方式,有效带动了专业化租赁机构经营规模的扩大,并促使其回归专业服务的本质。目前,利用存房业务合作的运营机构已超过200家。

二是建立住房租赁产业联盟,支持企业生态化发展。建信住房牵头建立了住房租赁产业联盟,目前,产业联盟上下游企业有400多家。建信住房已经连续主办了两届产业联盟大会,整合了相关领域资源,并通过交叉引流的方式提升了联盟内企业业务规模,降低了企业经营成本。

三是建信住房在为住房租赁市场发展建立信息化管理基础设施的同时,开发了针对中小企业的管理系统,并让其免费使用,有效降低了联盟企业的系统开发负担。

(三)创新存房增加市场供给,助力城市职住平衡

目前,建信住房在全国重点布局的人口净流入城市有29个,2021年持有或受托管理的市场化房源超过17万间。其间建信住房主要开展以下两方面的创新工作。

一是创新推出并规模化发展存房业务,让房屋回归本源。通过投入长期稳定资金,引导百姓将空置住房的租赁权存到建信住房公司,平均租期是3到5年,使百姓获得长期稳定的租金收益的同时,调动了大批的存量房源,增加了市场供给。目前,通过这种方式建信住房已经累计持有分散式房源7万多间。

二是结合城市更新,改造优质存量物业并将其转化为长租房源。此类业务主要以集中式房源为主。目前,建信住房在北京、上海、广州、深圳等大中城市,以及一些准一线城市,通过挖掘城市优质存量物业,利用存量物业大多处于城市核心地区,交通便捷、商业配套、设施齐全的优势,与城市更新相结合,将物业进行更新改造后转化为长租房源,增加市场供给。在存量房改造过程中,建信住房引用了绿色低碳的理念,通过使用绿色建筑材料、利用太阳能、雨水收集、运用绿色照明等方式,打造绿色低碳租赁建筑。

此外,建信住房通过与机关、企事业单位、军队等合作,将原来闲置的宿舍、厂

房、办公用房、招待所以及建行自有的一些闲置网点、老旧住房、抵债资产通过更新改造转化为定制的长租房源。其中，比较有代表性的项目包括环卫工人之家、西安的快递之家、北京大学的教师之家、石家庄的医护人员之家等。从2022年的业务发展情况来看，建信住房将重点推进国家比较重视的一些保租房项目，并结合市场需求，打造多层次的住房租赁产品体系，即产业工人、基础服务人员是"一张床"，大学毕业生的职场新人、刚就业人员是"一间房"，为白领人才公寓提供"一套房"，让各类居住群体都能够实现"住有所居"，改善居住品质，体验现代生活方式，多层次满足住房需求。

（四）探索REITs激活市场动能，助力行业持续发展

一是落地住房租赁企业权益型REITs试点项目。目前，建信住房参与的住房租赁企业权益型REITs试点包括在北交所挂牌的三个项目。这一试点得到了住房和城乡建设部及人民银行的高度肯定。该项目主要是盘活存量资产，吸引长期稳定的权益性资金，打造良好的范本。建信住房通过买入这些项目，借助股权转让方式，在北交所挂牌，挂牌后实现每个投资者股权收益的分配。这几个项目都是关于住房租赁企业的股权交易，其中济南泉世界项目在2020年3月已经正式营业。

二是积极筹备参与保障性租赁住房公募REITs。为积极配合国家发展改革委推进保租房公募REITs，建信住房进行了相关的项目储备，这些项目主要分布在北京、苏州、沈阳、杭州、宁波等净人口流入城市。建信住房主要采取以资金持有、与项目业主方共同持有，以及股权基金等多种形式完成资产收购，形成资产包，将符合公募REITs发行条件的项目逐步上市发行。目前，建信住房保障性租赁项目储备的基本条件是：项目所在区域原则上是人口净流入城市，产权清晰可转让，纳入保障性租赁住房，开业运营不低于3年，现金分派率不低于4%。

（五）应纳尽纳拓展保障产品，助力住有所居

一是积极推动持有存量项目纳入保障性租赁住房。建信住房希望把一些市场化的存量房源纳入保障性租赁住房，具体要看各地保障性租赁住房项目的认定标准，才能够推进落地。目前来说，纳入保障性租赁住房的项目以存量闲置房屋改造为主，包括酒店改造、厂房改造、办公改造、城中村改造和数字改造等模式，因为通过这几种模式纳入保租房的障碍相对较小、更易操作。

二是积极推进增量项目营销和规划。目前，建信住房的新增项目按照应纳尽纳的原则，凡是符合当地政策要求的都可以申请纳入保租房，纳入保租房后，再向相关行业管理部门申请相应的政策。同时，为尽快提升保租房的供应量，建信住房因地制宜，将建行内的闲置房屋，市场上的闲置低效存量房屋，产业园区的配套租赁住房项目，企事业单位的闲置物业，以及抵债资产等改造为保租房，增加保租房供应。此外，集体用地上建设的租赁住房也可以纳入保租房。

三是为保障性租赁住房提供运营管理服务。目前来说，建信住房提供委托运营的保租房房源有14万间，含公租房。比如，建行河北分行在唐山通过存房引入了市场化房源作为保障房，缩短了保障对象的轮候期，节约了政府的建设资金。浙江的CCB建融家园·普坤社区是杭州首个政策性租赁住房的标杆项目，建行蓝领公寓900多间，可解决2600人的住宿问题，是真正起到了保障产业工人们居住问题的良好标杆项目。

二、发展住房租赁具有深远意义

（一）发挥"住房租赁+金融"，实现房地产去金融化

2022年2月，央行、银保监会联合发布《关于保障性租赁住房有关贷款不纳入房地产贷款集中度管理的通知》。保障性租赁住房有关贷款不纳入房地产贷款的集中度管理，是对于住房租赁市场发展建设的一个很好的支持，但是也需要鼓励整个金融机构加大对保租房发展的支持力度。尽管在这方面，建行相对来说走在了前列，但是需要清楚的是，金融支持保障性租赁住房是一个社会化的工程，因此，还需要鼓励银行业、金融机构加大支持力度。另外，建信住房参与保障性租赁住房发展过程中，充分发挥了"住房租赁+金融"的特点，对公贷款发放了1000多亿元，住房公司授信了90多亿元，对实现整个房地产市场的去金融化是一个很好的探索。

（二）"住房租赁+城市更新"，助力构建城市新发展格局

发展租赁住房可以赋能城市有机更新，增强城市经济活力，提升城市宜居性。土地资源的稀缺决定了住房租赁的发展更要注重资源集约、高效利用，给城市带来再生价值。特别是房地产市场经过近20年的发展，城市更新亟待进行，住房租赁可以有效地结合城市更新，提供一种新的发展格局。目前建信住房管理的房源中，35岁以下的租客占比超过了80%，有效疏解了城市新市民和新青年的租住难题。建信住房在真武庙二条有一个项目是关于财政部旧招待所改造的CCB建融家园，是一个很好的样板工程。

（三）"住房租赁+振兴乡村"，租赁业务发展新路径

"住房租赁+振兴乡村"是建信住房住房租赁业务一个发展的新路径。以集体土地为代表的农村建设用地项目具有房源规模大、成本低的优势，可以为租赁市场提供低成本的房源。因此，建信住房在利用农村集体用地发展租赁住房，盘活农村土地资源这方面做了比较多的试点，比如，在广州简舍北山店帮助农民房业主实现居住质量升级，提升居住品质的"广州梦想社区"项目，以及已持有集体土地上市试点的"北京大兴星光视界"项目等。

(四)引导住房消费新理念转变,释放居民消费潜力

近些年来,大家在逐步接受租房观念的转变,不一定所有的居民都要买房,在不同的阶段可以租或者买,根据自身需要,规划消费支出。同时,从居民消费的支出刚性和提升居住品质这方面来看,租房是一个很好的途径。所以整个社会需要给大家灌输相关的观念,即在购买力约束比较强的情况下,通过租赁住房可以充分释放居民在旅游、教育、文化等领域的需求潜力。另外,通过城市更新、保障性租赁住房建设,提升租住品质,带动装修改造,配套升级,家具家电等更大范围的消费需求,开启全新的生活方式,能够充分发挥消费在经济循环中的作用。

三、保障性租赁住房发展建设中的几点问题

(一)保障性租赁住房的实际筹集以增量为主

根据各地"十四五"规划统计,"十四五"时期,保障性租赁住房筹集套数为650万套。但是目前市场上的机构化存量房源有限,距离保障性租赁住房的筹集目标还有一定的距离。从各地实际报送的项目来看,新建房源占比超过了70%。而通过新建筹集需要一定的时间,即使乐观估计,按照工程立项建设出租的周期也需要两到三年。实际上,通过盘活存量,以及住房增量等多种形式,都可以缓解房源不足。

(二)相关税收优惠政策难以传导到住房租赁企业

一是增值税方面的优惠对住房租赁企业的吸引力不强。由于之前住房租赁税负较多,很多机构多采用托管模式,因为托管模式下的税后负担相对较少。在此背景下,增值税优惠税负并没有起到太大的作用。二是房产税优惠未惠及住房租赁企业。房产税缴税主体是业主,业主并没有将这个优惠传导至住房租赁企业,所以住房租赁企业在这方面的积极性受到了影响。另外,水电、燃气优惠主要惠及租客,对住房租赁企业的影响不大。

(三)企业对保障性租赁住房预期还不明确

关于保障性租赁住房的配套细则目前仍在陆续出台的过程中。因城市差异,各地的细则也有一些区别,特别是对设定资金的标准不够明确。如果单靠区域内的单一指导价来"一刀切",很难体现出房间的品质与服务,甚至会出现劣币驱逐良币的现象。另外,保障性租赁住房的政策中对符合条件的新市民、青年人,也应该有一些量化的标准,界定模糊可能会影响实际推动的效果。

(四)"商改租""工改租"等非住宅项目改建还缺乏有效的政策支持

非住宅类项目改造为市场化的长租房需要规划、住建、消防等多个部门的认可,

多部门之间存在相互独立的审批状况，在操作时往往需要上升到市、区人民政府来推动，流程长、效率低，也增加了项目成本。

四、政策建议

（一）加大金融配套政策支持，以住房租赁去金融地产化

一是发挥金融资源配置功能，加大住房租赁信贷支持。为商业银行发放住房租赁贷款提供一些低成本、长期限的资金，帮助专业的运营机构规模化发展，为市场提供房源和服务。住房租赁行业不是一个赚快钱的行业，对于成本高的资金运作模式并不适用，所以金融方面要差别化对待。

二是国家层面出台相关政策措施，鼓励公寓运营企业对长租公寓项目进行股权投资，并给予配套的信贷政策，使更多的资产能够长期稳定地用于住房租赁行业。近几年来，不断出现经营不善或者是"爆雷"的企业，除了疫情原因，行业本身特点也有一定的影响。住房租赁行业是一个收益低、流程长的行业，需要各参与方都有很强的持之以恒的信心，才能把行业坚持做下去。

三是支持长租房企业在公开市场发行债务融资工具，包括公司债、企业债等债权类产品，募集资金用于长租房建设和运营。这在资产证券化方面，是除了银行之外的一个很好的金融支持。

（二）进一步支持"商改租""工改租"等项目

新建住房需要比较长的流程才能形成规模化的实际供给，要想尽快地筹集租赁市场房源，进行存量低效的物业改造是很重要的一个方面。另外，中央财政奖补的应用范围除了保租房之外，市场化的租赁住房也希望能够得到更多支持。

（三）扩大公募REITs试点范围，畅通资本退出渠道，鼓励市场多样化发展

建议将市场化长租房纳入基础资产，鼓励市场化、多样化发展。将长租房纳入公募试点范围是一个趋势，现在仅有保障性租赁住房被列入了公募REITs试点范围，需要扩大公募REITs试点范围。在美国，住房租赁REITs是仅次于基础设施的产品，占比达到了15%，股息率约3.3%。因此，我们应该参照市场化发展较好的国家的经验，分阶段地推动我国住房租赁市场公募REITs发展，形成市场化、多样化的发展空间。目前，我国发行的基础设施公募REITs一直有不同程度的溢价，有6只REITs溢价超过了30%，受到了市场投资人的广泛关注。不久前，深圳市的人才安居集团项目已经被正式纳入保障性租赁住房REITs项目，这是一个很好的起步。建信住房也希望能够通过参股或控股或整个全额买入住房租赁基础资产，尽快形成公募REITs的项目标的，也希望能够得到大家和政府相关部门的大力支持。

作者信息

姓　名：赵晓英

单位及职务：建信住房服务有限责任公司副总裁

"乐乎模式"的探索和展望

罗 意

摘 要： 专业的运营服务机构的价值在于提升行业运作效率和实现有效链接，其崛起是未来住房租赁行业的大势所趋。未来的住房租赁行业是多层次、多元化、多渠道的立体生态。从宏观环境看，住房租赁行业规范、理性、爆发的时代已经到来。从中观市场看，2021—2025 年是行业关键的 5 年。规模化的包租模式不再是行业规模增长的主流模式，资管分离代表行业未来，但需要长时间积累，不求规模增长的包租机会仍然存在。有品牌影响力和完整链条闭环的机构有望实现规模化增长，重资产开发并购和轻资产服务成为行业内比较主流的增长路径，本土和国际化公司的竞争也将成为行业现实。

关键词： 包租模式；重资产；轻资产；规模化增长

一、"乐乎模式"的探索

（一）"乐乎模式"发展历程

乐乎集团（以下简称"乐乎"）于 2014 年成立于北京，在长租公寓行业率先选择了做乙方的战略安排，承受了很大压力。乐乎自成立以来，通过资产运营输出快速获取管理房源，并自研将运营体系和规范流程系统一体化，深挖客户价值，最大程度提升运营效率、客户满意度和非租金收入占比。在资产运营能力具有比较优势的前提下，乐乎从服务资管机构开始着力发展长租资管能力，最终建设成为一家兼具运营服务能力、资产管理能力和场景价值挖掘能力的租赁住房服务集团。

8 年来，乐乎受托管理房源数量持续增长，2021 年乐乎受托管理的房源新增 13000间。目前，乐乎品牌门店遍布 10 座城市，主要布局在一二线城市，有约 300 家门店，管理房源 6 万余间，服务超 30 万名租客。2020 年起，乐乎开始由单一产品、单个品牌向多产品、多品牌延展，已形成 6 大品牌的全品类布局。集中式租赁住房品牌有乐乎公寓、乐乎青年社区、乐乎起程、芷岸、怀庭，分散式租赁住房品牌有乐乎大家。

（二）专业运营服务机构的价值

在乐乎管理的 6 万余间房源中，真正包租房源不到 2000 间，98% 以上业务均是专业运营服务输出。为什么专业运营服务的商业逻辑可持续？因为专业运营服务机构对行业具有价值。一是提升行业运作效率。它能够发掘更多适配资产流向市场，高效调研，准确定位，进行产品设计和生产，精细化运营，提供租后深度服务和场景运营。二是实现有效链接。它能够帮助资产方快速匹配资金，让资金端寻找到合适项目，深度服务租客，提升服务体验，积极创新，推动行业可持续，配合监管，推动政策优化。政策制定应适当向专业运营服务机构倾斜。

专业运营服务机构的崛起是未来住房租赁行业不可回避的，但目前行业内真正的第三方服务机构屈指可数。专业运营服务机构不是传统的租房机构，而是产业互联网机构，依赖底层技术的支持、对租赁现实场景的理解以及平台与产品运营，进行业务运营、入店运营和客户运营。

二、行业视角下的租住生态

（一）多层次、多元化、多渠道的立体租住生态

通过对比美国1986年房地产市场和中国2021年房地产市场，我们认为：中国将迎来整个房地产市场的大资管时代，住房租赁行业是其中一个重要赛道。

2020年，中国住房租赁市场是典型的"二房东"时代，运营服务机构的服务主体是"二房东"投资者和从业群体，针对中资产的包租场景进行运营设计和价值创造。下一阶段，住房租赁市场不会马上进入真正的纯资管时代，"二房东"时代仍会继续存在，只是不同机构会回归各自的商业逻辑。未来的住房租赁行业是一个多层次、多元化、多渠道的立体生态。

（二）宏观环境：规范、理性、爆发的时代来了

一是从政策端来看，土地、税收、金融等领域政策频出，但也存在市场化租赁和保障性租赁边界不清等问题。此外，各地准入机制和落地口径待明确，城市分化加剧，目前各城市保障性租赁住房的落地办法还需要更明确落实。

二是从供给端来看，受经济下行压力影响，其他资产门类（商业、厂房、办公）回报下行，大量资产通过"非改居"政策进入住房租赁赛道，进一步压低资产价值。

三是从需求端来看，国内消费升级趋势明显，高品质和家庭型租赁住房成为新的需求增长点。随着复工复产和投资加大，劳动力市场的租赁需求也会增长。

四是从资金端来看，保障性租赁住房REITs的出台，鼓励和引导更多资本进入住房租赁行业。大额、长期、低回报资金大量流入住房租赁行业，有能力的机构能获得更多合作机会。

五是从技术端来看，智能硬件为提升安全、效率和客户体验带来价值，随着其成本降低会成为行业标准。租赁住房的生产、销售、运营、服务都依赖互联网工具，并长期被互联网理念驱动。随着管理规模的提升，借助移动互联网实现客户价值再挖掘

成为新话题。

（三）中观市场：2021—2025 年是行业关键的 5 年

一是规模化包租容错能力低，不再是行业规模增长的主流模式，资管分离代表行业未来，需要长时间积累，但不求规模增长的包租机会仍然存在，特别是宿舍类和高端线有更高坪效能力。

二是随着国家在土地、财税、金融等领域政策的出台，国资平台、地产基金、开发企业都在积极布局租赁赛道，行业服务机会增加，优质运营机构会重新进入资本视野。

三是有品牌影响力和完整链条闭环的机构有望实现规模化增长，重资产开发并购和轻资产服务成为行业内比较主流的增长路径，本土和国际化公司的竞争也会很快成为行业现实。

乐乎在上一个五年，形成了租赁资产运营的基础，下一个五年需要思考如何在运营的基础上延伸能力并盖起高楼大厦，站在十年、二十年后的角度思考我们的行业地位。

三、乐乎"轻资产"的外延不断扩大

（一）乐乎模式定位："F+EPC+O"

未来乐乎模式定位为以品牌为统领，覆盖租赁社区、单体公寓、企业宿舍、家庭住宅等多种资产形态，以强大的资产运营能力为依托，以资产管理和场景挖掘为两翼，实现资产增值和客户运营平台化。一是运营能力是乐乎的根本，是提升品牌、触达资产、提升资管能力的基石；二是以运营能力为依托，发展"F+EPC+O"全链条服务能力，并在此基础上发展募、投、建、管、退完整的资管能力；三是基于数字化平台的客户运营是场景挖掘的前提，是提高客户黏性，降低经营成本、产生衍生价格的先决条件。

（二）乐乎服务方式

1. 重资产服务（图 1）
2. 包租资产服务（图 2）
3. 完全托管管理（图 3）

（三）乐乎模式展望

探索期：2014—2020 年，单一品类夯实基础。乐乎提供"品牌引领下的运营服务"，提供集中式白领公寓全周期整体运营解决方案。

爆发期：2021—2023 年，多品类同步发展，重点服务资管机构。乐乎将运营品类拓展至大型租赁社区、高端企业服务和家庭型公寓；全面服务资管机构，建立投、建、管的闭环能力，渐进尝试租赁住房资管业务。

第三部分 实践探索

乐乎模式 | 重资产服务

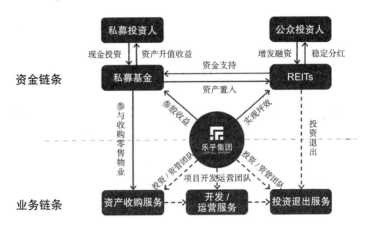

图 1　重资产服务模式

乐乎模式 | 包租资产服务

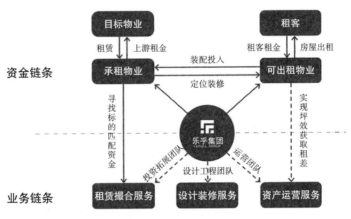

图 2　包租资产服务模式

乐乎模式 | 纯受托管理

图 3　完全托管管理模式

成熟期：2024年之后，资产管理、运营管理双轮驱动。乐乎将从利用运营提升规模、能力和业务入手，增强公司业绩增长的可靠性，利用资管提升行业地位和盈利能力。随着大资管时代的到来，乐乎有机会成为头部租赁住房资管机构。

（四）他山之石：Greystar（睿星）

Greystar成立于1993年，是美国最大的公寓运营商。管理房屋超过43.7万套（截至2018年数据），业务模式为公寓投资、开发、管理三合一，为客户所有种类的房屋提供服务，以纯运营的轻资产模式为主，有少量的重资产业务，作为非上市公司，联合养老机构、私募等投资人进行收购等资本运作。与大型投资机构联手并购，迅速做大管理规模并开拓新产品线是其重要的发展路径。

Greystar发展历程分为三个阶段。一是初创成长阶段（1993—2000年）。1993年成立的Greystar是一个地区性管理公司，成立之初管理房屋9000套，到1999年管理公寓24406套。90年代末开启通过投资机构进行收购的方式，为日后大量收购房源奠定基础。二是全国化阶段（2001—2011年）。金融危机前后，Greystar开始了由区域性房屋管理公司转变成全国性质的房屋管理公司的进程。通过一系列收购、受托，2011年成为全美房屋管理规模最大的公司。三是国际化＋多元化阶段（2012年至今）。Greystar进行了频繁的收购、合资等，并在此基础上将业务多元化、多品牌化，进入了高速发展时期。2016年合资组建睿星资本亚太区，业务拓展至中国。

Greystar的业务及资产覆盖全球，包括美国（39个洲及特区）、欧洲（英国、荷兰、西班牙和法国）、拉丁美洲（智利、墨西哥）以及亚太地区（中国、日本和澳大利亚）。美国的资产类型包括多户住宅、学生公寓和出租公寓等，欧洲的资产类型以学生公寓为主，拉丁美洲及亚太地区以租赁房屋为主。

Greystar在2017年正式进入中国市场后，进行租赁住房的收购、开发、重新定位及管理，在中国推出垂直一体化平台，投资中国一线市场的优质资产。联合成立投资基金，专注于投资、开发、改造中国一二线城市的长租公寓资产。至今已在中国管理两处收购的资产，定位于高端租赁社区。

我认为，做成一家有价值的产业机构的周期至少在20年以上，乐乎有这样的耐心、能力和远见，打造以运营为依托的"F+EPC+O"全链条产业集成的商业模式，成为"租赁住房行业服务商"。

作者信息
姓　　名：罗　意
单位及职务：乐乎集团创始人及CEO

租赁住房资管模式实践与思考

——中海长租的好产品和好服务

饶 胤

摘 要：租赁住房我国有序推进新型城镇化的重要战略路径，未来中长期租赁住房的行业规模有望达到 4 万～5 万亿元。长租房资管难点主要包括：在投资端面临如何增加多层次的主体供应问题；在融资端住房租赁市场的融资体系仍有待展开；运营端的核心问题则在于租金回报率的改善；在退出端仍需要系统性制度完善；在行业人才储备上，住房租赁市场需要的综合投资、运营等多方面能力的复合型人才仍旧欠缺。政策端将会不断地去鼓励多层次的整体供应，而专业化的运营机构和长期稳定的经营，将会为政策落地提供有力支持。如果政策端在准入和认定的标准上对于权属清晰、经营稳定、统一运营的产品能够更加有包容度，则住房租赁市场和租赁住房 REITs，将会有更好的发展前景。

关键词：租赁住房；资管；租赁住房 REITs

一、住房租赁市场发展趋势

在"十四五"国家新型城镇化发展格局中，租赁住房成为我国有序推进"以人为核心"的新型城镇化的重要战略支点和战略路径。住房租赁行业迎来了新的发展阶段，除规模增加外，集中式和机构化运营的比重也逐渐增大。同时，随着保障性租赁住房纳入基础设施 REITs 试点，租赁住房资管路径也越发清晰，投—融—管—退的资产管理链条闭环将推动行业发展迈入新的可持续阶段。

二、长租房资管难点及破解思路

在此趋势之下，租赁住房的资管模式将更加聚焦精益管理，如果穿透长租业务本质，从投—融—管—退的视角来审视行业发展的现状，会发现依旧存在以下难点需要突破。

从投资端角度看，租赁住房的收益表现对投资端的资源投入抉择仍有较大影响，如何在成本收益的平衡和发展中获取更多的资源，进而增加多层次的主体供应，是有效扩大市场供给规模在投资端亟待解决的问题。从融资端角度看，市场主体仍旧面临"钱不足、退不出、转不开"的关键性问题，住房租赁市场的融资体系仍有待展开。从退出端角度看，基础设施 REITs 试点已扩容至保障性租赁住房领域，未涉及市场化的租赁住房，退出端的安排及准入认定上仍需继续完善。

投融退的资管链条循环最后要落到项目的运营端，项目运营端租金回报率的改善是整个行业所面临的可持续发展问题。伴随大城市产业结构的不断升级，年轻租房客群的租住需求和支付力同步提升，对租赁住房的地段、交通、安全性、品质感、增值服务乃至品位、格调等都有了更高的要求。马斯洛五个需求层次决定了长租公寓产品未来发展的行业市场和边界，除了产品和基础的安全、健康等需求保障，怎么将综合配套服务、高质量的社群活动以及跨界的业态功能进行搭接，通过产品本身的融入和发展进而实现租金回报率的改善，对于促进整个行业的整体长期发展来说也是十分重要的。所以，中海长租一直都在倡导产品和需求的深度搭接和不断迭代，特别是将关注点聚焦于租赁住房整体的政策保障属性时，不能因为产品着眼于保障性，而在产品的配置、服务和管理上进行减配。作为满足生活最基础需求的居住功能，产品的属性不能直接与产品体验做切割，无论是市场化租赁住房还是保障性租赁住房，首先要满足的是以人为本的新型城镇化需求，只有将产品与需求做好搭建，才能真正服务好城市的年轻群体、跨域生活群体等租赁住房的客户群体，让城市的幸福感触手可及。

最后，行业的发展离不开复合型人才的培养，在当前境内公募 REITs 结构下，REITs 的持续管理更需要复合型人才的加入，既要懂投资者的需求，又要懂精细化的经营管理。通过市场各方的专业能力结合与优势互补，才能实现产品的有效经营，和投资人之间实现良性的对话，进而吸引长线资金进入，更有利于促进经营稳定与产品收益的实现。因此，在行业未来的发展中，需要培养具备现金流量表思维的复合型人才，这也是中海长租公寓业务人才培养体系一直在构建的重点。

三、中海长租在业务发展的探索

（一）中海长租发展概况

目前，中海长租已经形成了两个品牌，一个是服务于城市商务需求的服务式公寓品牌中海海堂公寓，一个是服务于城市青年的中海友里公寓。作为中海地产城市运营产业群的重要元素，在中海商业的全域商业链条中，中海长租成为了产业导入和产业发展中"人"和"居住"的重要依托，也成为与商业相互连接，共同创造美好生活的多维度交互空间，让租住生活呈现更加丰富的元素和看相。

过去几年，中海长租公寓围绕国内重点城市群在 13 座核心城市发展了一批核心资产和标杆项目。在两大品牌之外，中海长租公寓也形成了一套覆盖投—融—管—退全业务板块的 UROOM 运营管理服务体系。未来在轻重并行的管理拓展和业务发展中,UROOM 都将成为中海长租标准化产品体系、标准化管控流程以及标准化服务解决方案输出的重要抓手。

(二) 中海长租发展关键性经验

"好产品"和"好服务"的理念在中海长租公寓的整个业务生态上体现得淋漓尽致,归纳起来中海长租业务非常注重三个方面的能力构建。

一是全链条生态化的能力,作为城市运营的元素级业务,如何构建嵌入各业态相互衔接的全链条业务生态,为城市运营提供更好的居住空间,是中海长租所专注的第一要务。

二是全流程的标准化能力,从产品、投资到最后落地运营的标准化,这是保障整个运营体系落地和收益的重点。

三是全过程的方案化能力,从投资端的组合方案到融资方案、运营方案和退出方案的整体设计体现了中海长租资管体系全流程的业务复合能力。

以三个能力的标准化来实现全资管的收益化,是中海长租一直在努力践行的资管道路。

在产品实践当中,中海长租公寓秉承"经营幸福、共创美好"的使命,始终以租赁是提供"一种生活方式"而非"一张床"为己任,围绕"好产品""好服务",创造"好空间""好资产"。从空间模块设计、全屋收纳体系研究、公共空间使用效率与尺度比例上,都搭载了中海 43 年的住宅开发深厚积淀。希望借此能呈现出新的产品风貌,以居住这一微观而又重要的高质量产品实践来助力更美好的城市风貌的实现。

(三) 中海长租的产品案例

1. 上海浦东航头友里的城市更新安置新模式

中海友里上海浦东航头店以"友里安家"计划为上海动迁安置过渡客群提供一站式解决方案,为城市更新提供新的安置闭环选择,体现了央企的社会责任和担当。同时,考虑到动迁过渡客群以长者群体居多,该项目特别结合中海康养的运营服务机制和产品理念,针对长者打造了一套生活服务关怀体系,增加适老化设施,打通年轻群体与长者群体的生活边界,增添更多的生活乐趣和全龄社区氛围。

2. 北京房山友里的跨界联动

中海友里北京房山店结合项目主要客群 Z 世代年轻、逐新的特点,与百万粉丝 IP "三尺童子"品牌跨界联动,打造二次元沉浸式人居新场景,使项目持续保持吸引力从而进一步增强客户黏性。通过跨界联动,打造了更加酷炫的产品,让居住不仅成为一件舒适安全的事情,也成为一件更酷的事情。同时,通过更加丰富的公共空间和功能配置,满足城市新青年多元化的生活需要。

3. 杭州滨江友里的宠物友好主题

在杭州,围绕着滨江互联网产业中的年轻租户,中海长租公寓打造了首家宠物友好主题公寓,该项目也是对核心客群消费需求和宠物新经济的进一步探索及对产品定位的一次创新。在运营体系构建上,从整个空间规划到标准化运营管理服务体系落地,建立了更加安全的、人宠和谐共存的运营管理机制。在宠物室外活动空间上,通过国际化对标,中海长租团队自主研发设计并打造了宠物跑酷乐园,让居住在公寓内的养宠人群能够有更多的空间来陪伴宠物玩耍,对客户的深入洞察和产品实践使得该项目长期处于排队租赁状态。

4. 苏州工业园区的租赁社区项目

除了多样化的单体项目,中海长租在苏州工业园区奥体片区也构建了租赁社区与产业融合的业务循环。中海海堂服务式公寓以苏州工业园区的多层次产业客群需求为落点,在社区营造、公区交互、产品舒适等多个方面进行了迭代。作为金鸡湖湖东产业带上的租住标杆,为园区产业导入的人才育留提供了有效的解决方案。同时,中海长租也瞄准了整个工业园区产业客群的商务旅居需求,通过长短租结合的灵活运营模式实现租赁结构的创新,以集约化的轻酒店管理模式与稳定的长租资管模式相结合,提升整个项目的租金回报率。

四、中海长租对未来的思考

(一)对于行业和宏观经济的思考

一是城市群的战略落地,抓住以人为本的新型城镇化发展核心,未来人口和需求将会进一步聚集,这也是行业整体的共识。在这个业务的布局点上,焦点会更加集中也会更好整合。

二是在整个住房体系的建设当中,政策的聚焦和倾斜将会不断地鼓励多层次的住房供应,专业化的运营机构和长期稳定的经营,将为政策的落地提供必要的支撑。因此,对于中海长租来说,专业化、集中式、稳定持续的运营和资产管理表现,将是我们在这个行业深耕和实现有质量稳健发展的重要基础和前提条件。

三是租赁住房REITs的开展,未来可以有更多符合租赁住房REITs要求的产品纳入到通道的范畴中实现退出。同时,也希望在准入和认定的标准上对权属清晰、经营稳定、统一运营的产品能够更加开放也更加有包容度,让整个市场更加地多元、健康。

(二)中观和微观层面需求的演化

在第七次全国人口普查中,我们看到家庭户均人口从3.1人降到2.6人,这0.5人的改变,对于居住结构的影响显著。在单户型产品中,一方面,作为长久居住的空间,需要考虑尺度、舒适度和租金坪效之间如何达到一个多赢的局面;另一方面,从产品与需求搭接的功能实现来看,需要考虑怎么更有效地覆盖收纳、居家办公等多重功能,怎么充分利用产品的社交空间实现客户更高层次的需求,进而催生产品的变革。因此,中海长租2.0以上的产品进行了全生命周期产品研究。畅想未来,希望这一方空间，能够满足客户从年轻相遇到相识成家，从小太阳到老年的不同空间尺度和功能维度的居住需求。

未来，中海长租公寓将继续坚持以资管推动发展的路径，通过 UROOM 管理服务体系打造长租公寓资产管理全链条能力，并形成系统化的品牌输出能力，推动业务规模继续实现有质量的增长。在这个充满希望和使命感的赛道上，中海长租既是产品构造者，也是资产管理者，通过全域资管生态化、全流程标准化、全过程方案化等能力形成具备中海商业特色、服务国家新型城镇化的价值，走出有质量的发展道路，并为行业提供新的业务评价视角。

作者信息
姓　名：饶　胤
单位及职务：中海商业发展有限公司研拓总监

华润置地有巢集体土地租赁住房项目分享

韩东洋

摘　要：本文通过梳理大社区项目和普通民宅以及传统长租公寓的主要区别分析，大社区项目筹开及运营的重难点及应对措施，总结大社区项目中的经验，为相关研究提供参考。

关键词：集体土地租赁住房；租赁社区；长租公寓

一、华润有巢简介

2021年华润集团位列财富世界500强第69位，有8家上市公司，5大业务模块包括消费、健康、能源、科技金融以及城市建设和运营。有巢是2018年华润置地创立的一个长租公寓品牌，主要经营目标为服务国家战略，大力发展租赁住房。截至目前，入驻30个城市管理房源5.25万间，在央企中位居第一，在租项目稳定期的出租率达到95%，是少数具备全产品系建设和运营能力的运营商。

有巢包含五条产品线，分别为"有巢公邸"，为云端新贵、高管领英打造的高端服务式公寓；"有巢公馆"，为享乐白领、城市精英打造的优享型产品；"有巢公寓"，为初入职场的城市青年打造的舒享型产品；"有巢新城"，针对深圳城市更新打造的城中村特色产品；"有巢国际公寓社区"，为潮流新青年打造的集生活与创意于一体、户型多元、配套完善的大型租赁社区。目前，在北京的项目包括有巢公邸（三元桥店），有巢公馆（五福堂店、亦庄文化园店），以及有巢国际公寓社区（总部基地店、润棠瀛海店）；在天津也有两个项目，有巢公馆的滨江道店和天津之眼店，同时在大连有考拉住区店。

有巢的理念是Living一站式生活社区，项目周边生活配套齐全，公寓内部也配有多元化共享公区。同时倡导打造Y.O.式伙伴式服务社区，由管家作为一个活动的牵头人和组织的润滑剂，成为租户值得信赖的伙伴和有求必应的大管家。另外，结合有巢自行研发的REITs运营系统，打造了3i智慧型科技社区。

二、有巢项目分享

（一）有巢国际公寓社区丰台总部基地店

丰台花乡的有巢国际公寓社区总部基地店，位于西南四环、五环之间，距离最近的地铁站房山大葆台站 700m 左右，项目总建筑面积约 10 万 m^2，其中公寓 7 万 m^2，共有 9 栋公寓楼，房间 2314 间，主力户型为 25m^2 小开间和 33m^2 大开间，配备全套家具家电，管家社群服务。总部基地店作为首批纳入保障性租赁住房的产品，目前是北京市丰台区已经开业的最大的一个集租房项目，也是央企在北京开业的第一个大型租赁社区，还是 2021 年"十四五"开局之年首个开业的大型租赁社区。该项目在 2021 年 9 月 3 日开业之后就被新闻联播报道，并且两次登上了北京卫视新闻，目前入住率基本达到了 80%。

（二）有巢国际公寓社区大兴润棠瀛海店

大兴润棠瀛海项目，位于东南五环外，紧邻京台高速，最近的地铁站是 8 号线瀛海站，总建筑面积约 20 万 m^2，地上建筑面积 15 万 m^2，配套很多，包括幼儿园、下沉美食广场、超市、影音室、健身房、书吧、亲子互动区、休闲娱乐区等，一共 3256 户，产品涵盖宿舍、开间、一居、两居、三居，所有的户型都带燃气，可以实现做饭功能。项目理念为"美好新里坊"，包括空间美好、美食美好、智能美好和社群美好，在空间方面将南北两个大社区分成了五个组团，有五类主题社区，分别为影音主题、运动主题、亲子主题、美食主题、读书主题，室外区域包括北庭园、活力园、书香园等。所有产品从环保的材质到空间的设置，都体现了高品质的产品要求。该项目自 2021 年 2 月底开始预租，3 月中旬正式开业，一经亮相就受到非常多年轻人、政府、媒体的欢迎，部分主力户型还在排队等待中。

三、经验总结

（一）大社区项目和普通民宅以及传统长租公寓的主要区别

总结大社区项目和普通民宅以及传统单栋楼式长租公寓的主要区别。一是更具稳定性。首先，北京市大社区项目主要为集体土地租赁住房，持有年限一般在 50 年，整个持有及运营期非常稳定；其次，通过社区、机构化的运营商来运营，对于租户来说更稳定，可以排除租住房屋被卖、随时被房东驱逐等风险；另外，对于经营主体来说，通过与政府或者机构、企业签订相应的合作协议，经营稳定性也得到了一定的保障。

二是更完善的服务体系。首先，大社区服务配套功能完善，实现一站式生活社区，租户不出社区可以满足基本生活需求；其次，大社区运营商一般具备独立的物业管理能力，不存在一些大小物业分离的情况，物业管理模式更加清晰，服务品质更高;此外,大社区客群规模庞大,具备更高的增值服务潜力。

三是更低的运营成本。根据北京市相关政策,集租房项目可以享受优惠政策,水电暖均为民用收费标准,房产税和增值税也可以享受相应的折减,很大程度上降低了经营主体的运营成本和租客的生活成本。同时,大社区的规模效应还可以显著降低项目人员配置、提升人房比、增加运营效率。

(二)筹开及运营的重难点及应对措施

在筹开时,要梳理大社区项目开发计划和重要工程节点,大社区项目需要设置工程样板间,发现和优化设计工程问题;客户样板间需要提前3到6个月开放,满足预租要求。较大的社区型项目,在条件可行的情况下,如物理区域容易分隔的,建议分批次竣备及开业,既缓解工程压力,又可以提前开业,提升项目整体回报。同时,在承接查验上也可以分批次设置,在精装后查验一次,家具家电进场后再查验一次,避免后期整改事项较多,提高查验效率,把所有事项前置。

在营销方面,大社区房间较多,涉及大量企业客户,在传统的框架协议无法满足需求的前提下,目前多采用类包租的框架协议模式,促使企业在内部宣传、统计和组织员工看房、签约,更好地提高转化率和成交数量。

在运营方面,传统单栋式长租公寓更多的是用商水商电,改用民水民电后,收费模式和与电力、自来水的沟通机制需要重新规划和试验,为客户提供相应的解决方案,在保证效率的前提下更好地让客户满意。

最后是对物业职责的再定义。传统住宅小区为客户服务的多为物业,在长租项目里,为项目服务的主责任人是运营店长,而物业更多的是成为一个配合部门,传统的客服岗更多由运营管家去替代,整个物业和运营的架构设置需要避免权责不清和职责重叠,以精简架构和费用。

作者信息

姓　　名:韩东洋

单位及职务:华润置地长租公寓事业部华北区域营运总监

大型租赁社区运营管理的探索实践

丘运贤

摘　要： 住房租赁产业化可以分成三个阶段：第一个阶段是满足基本需求的功能时代；第二个阶段是高举居住尊严的情感阶段；第三阶段是回归生活的场景化阶段。住房租赁的社区化和租赁社区的智慧化，将是未来住房租赁非常重要的两个趋势。租赁社区的定位是覆盖客户全生命周期的大规模租赁住房集合体，特点是规模大、产品多、跨业态、全周期、长租约。租赁社区和传统长租公寓相比，面临的核心问题有三大方面：一是如何快速大量获取客户并控制空置率；二是如何适应客户需求变化；三是如何高效率低成本响应服务。优望的破解之道包括四个维度：一是服务产业化；二是设计集成化；三是运管一体化；四是营销魅力化。

关键词： 住房租赁；租赁社区；租赁住房集合体

一、住房租赁趋势研判

房地产市场已从增量时代进入存量时代，住房租赁是存量时代中非常重要的一种存在形式。可以把住房租赁产业化分成三个阶段，第一个阶段是满足基本需求的功能时代，以个人出租房源为主，房源分散，仅提供居住功能，行业内出现诸如黑中介、不良房东等乱象，管理难度比较大。第二个阶段是高举居住尊严的情感阶段，2015年以来品牌公寓开始出现，越来越关注租客的体验和住房尊严，同时，房屋装修质量不断提高，更加注重配置公共活动空间等方面。第三阶段是回归生活的场景化阶段，2021年之后，所有的公寓品牌都在回归满足客户对美好生活的向往和追求，并开始出现产品细分，包括青年白领公寓、蓝领公寓、人才租赁社区等，租赁形态不断丰富。

2021年，国家开始推进基础设施领域REITs试点，明确提出将保障性租赁住房纳入试点行业。REITs的发行对于住房租赁的发展至关重要，在住房租赁金融端实现一个跨越式发展，也为未来租赁式社区的发展提供了非常好的金融支持。

在租赁社区管理方面，住房租赁社区对智慧化有更高的要求，以5G、IoT、AI等技术为基础的智慧化社区是破解便捷高效的服务和成本投入矛盾的最有效方式。包括以下几个方面：一是社区及楼宇公共设施的智慧化，主要是消防、空调、电梯等方面的智慧化;二是安防的智慧化,主要是对流动人口管理、进出人员、危险源识别等的智慧化,提高用户体验和管理效能;三是服务智慧化,主要是水电、门禁智能化,以及机器人自助,宠物智能化托管等。这些让用户体验越来越好,既满足租赁社区更好的租住体验,又能够降低成本投入。

综上所述,住房租赁的社区化和租赁社区的智慧化,将是未来住房租赁行业非常重要的两个趋势。

二、优望租赁社区运营之道

(一)租赁社区的特点

租赁社区的定位是覆盖客户全生命周期的大规模租赁住房集合体,有以下几个特点:一是规模大,单体房源在500间以上;二是产品多,不仅是单身公寓,还有一房一厅、两房、三房等多样化产品类型;三是跨业态,不仅是住房,还有车位、便利商店,甚至餐饮休闲、婴幼儿托育、运动设施等完整的业态;四是全周期,从客户单身,到情侣,到三口之家,乃至三代同居的演变过程,对应一个全生命周期的产品类型;五是长租约,由于产品丰富、配套齐全、租金稳定,所以租赁周期会很长,未来租房可能不限于就近租房,而是有目的性地租房,在哪个社区住得舒服就一直住在哪里,形成长租约模式。

(二)租赁社区面临的核心问题

租赁社区和传统长租公寓相比,面临的核心问题有三大方面:一是如何快速大量获取客户并控制空置率;二是如何适应客户需求变化;三是如何高效率低成本响应服务。

(三)优望的破解之道

优望公寓租赁社区的破解之道包括四个维度:一是服务产业化;二是设计集成化;三是运管一体化;四是营销魅力化。

1.服务产业化

传统的标准公寓希望把产业链做短,越标准越好,尽量降低前期投入,但租赁社区要把产业链做长,通过前后延伸产业链来服务全生命周期的客户需求变化。优望主要是从运营管理端前后进行延展,前端是前期的产品定位工作,不同的产品面向不同的客户,需要精准地找到未来的客户并且判断未来客户的变化趋势。进入到运营管理阶段后,倡导高效率、精细化的运营模式,提供从市场推广、政策研究,到增值服务一体的精细化运营管理服务。后端的延展是指供应链服务,优望主要提供的是家具、软装一体的服务,因为没有一个家具厂能够真正地从租客需求和运营管理两个维度来思考家具产品的设计和打造。为了减少运营管理的麻烦,同时改善客户体验,必须在供应链这个部分做深做强做大。具体包括搭建家具实验室研发舒适耐用的产品类型；打造公区及样板间、公寓集成化家具软装和智能化硬件供应；研发固定资产管理系统，形成了从资产登记、资产变动、智能巡查和资产管理报告全过程。

2. 设计集成化

传统的标准公寓会注重模块化的设计，租赁社区会更加注重集成化的设计。因为社区体量大，需要分期施工、穿插动线、分期布置软装等，所以一体化的设计，集成化的软装会确保设计到施工所见即所得，实现对造价、质量和进度的有效控制。具体包括三个方面：一是统一规划产品，合理排房，避免冲突；二是软硬装穿插设计，保证效果，控制造价；三是分期施工，合理安排施工和运营动线，软装进场时间等，通过集成化设计保证施工进度和后期效果的可控，以及用户体验。

3. 运管一体化

长租公寓强调"人+效率"，标准化公寓是去物管化，但是租赁社区物业管理是必需的，即运管一体化，把运营管理和物业管理放在一个平台上。一是统一语境，优望采用ISO标准导入，统一运管语境；二是统一系统，优望通过UPMS智慧运营系统把运营管理和物业管理进行系统统一；三是模块分解，通过"运营+N"模式，把物业管理和运营管理进行模块拆分；四是协同作业，通过协同将物业管理和运营管理串联起来。

4. 营销魅力化

租赁社区实际上是一个建中心化的过程，必须建立以项目为中心的强大的营销体系对外辐射。大型租赁社区需要对营销进行魅力化，相比于标准公寓的"线上+中介"模式，租赁社区需要做到以下几方面：一是高举高打树品牌，通过项目形象定位和包装体制，对外树立中心形象；二是脚踏实地建渠道，快速地建立基于项目本身的B端需求和C端渠道，形成众星捧月的大客户支持；三是狠抓落实促转化，采用线下派报、入企、整合、地媒、陌拜等模式进行常态化的地推，通过项目本身中心化的影响实现直效营销，实现这三个方面一体化才能够打造租赁社区真正需要的营销体系。

租房是一个非常朴实的需求，优望公寓致力于把这个朴实的需求做好做细，为租客提供更美好的服务，让租客安心租、安全住。以上分享希望和所有同仁们共勉，共同期待中国住房租赁市场有一个美好的明天。

作者信息

姓　　名：丘运贤

单位及职务：优望公寓董事长

浅析租赁社区项目发展

——以 CCB 建融家园·创业之家集体土地租赁住房建设为例

乐乎集团

摘 要：城市更新背景下的中国城市发展欣欣向荣，"房住不炒"的定位已深入人心。本报告通过微观展析的形式，选取北京首个集体土地租赁住房项目 CCB 建融家园·创业之家为研究案例，将重点放在住房租赁市场中大型租赁社区上，从大型租赁社区的发展潜力和路径着手进行分析，通过对我国住房租赁市场中的大型租赁社区既往发展情况，目前发展痛点和难点，明晰未来发展目标和路径及对国际经验的借鉴等，为进一步科学认识和运用我国住房租赁市场的规律，促进大型租赁社区的后续发展提供一些新的思路。

关键词：集体土地租赁住房；租赁社区；长租公寓；产业园配套建设；白领；蓝领

一、项目基本情况

（一）项目介绍

1. 项目位置

北京市大兴区 CCB 建融家园·创业之家（以下简称"创业之家"）项目位于北京市大兴区西红门镇新建一村，紧邻南六环，地理位置优越。新建一村周边有星光影视园、中日合作产业园等多个工业区及产业园区，周边租住需求旺盛。

2. 项目简介

创业之家项目是北京市大兴区农村集体经营性建设用地入市改革、征地制度改革和宅基地制度改革的三项改革试点地块之一，是北京市首个集体建设用地租赁住房项目，大兴区西红门镇"政府+市场"合力解决集体土地租赁住房的创新项目。

2019 年 10 月，建信住房服务（北京）有限责任公司（以下简称"建信住房北京公司"）与乐乎集团作为联合体成功中标，取得项目 20 年租赁权。创业之家项目是积极探索多渠道、市场化手段支持集体土地租赁住房建设的重要尝试，可补齐区域产业园、工业区租赁住房配套不足的短板。该项目由清华大学美术学院设计团队进行项目整体套内与园区设计，打造高品质、分层次、智能化"众乐乐园"，引领首善之区长租公寓新风尚。项目分层次打造白领公寓、集体宿舍、共享中心，为周边园区白领、新市民、青年人及其他基本公共服务保障人群等1200余人提供菜单式租赁住房选择，切实解决园区内的职住平衡难题。

（二）区位背景

大兴区作为北京的新国门，有着非凡的意义。按照《大兴分区规划（2017年—2035年）》，大兴区定位为面向京津冀的协同发展示范区、科技创新引领区、首都国际交往新门户、城乡发展深化改革先行区。到2035年，规划常住人口规模控制在220万人左右，规划城乡建设用地规模314.25km^2左右。打造首都南部地区发展新高地，发挥大兴、亦庄两个新城的牵引带动作用，重点发展高端制造业和战略性新兴产业，用好北京经济技术开发区这个科技成果转化平台；全面落实乡村振兴战略，当好全市乡村改革的"领头羊"。

在政策与区位发展的推进下，大兴区将迎来产业、科技型产业大规模进驻的良好发展趋势，大规模的净流入人口将留在大兴工作与生活；在城乡发展的推动下，文化小镇、美丽乡村建设也将带来非常多元化的发展机会，吸引着更多的企业、组织机构来大兴投资发展，对大兴的居住需求，将更加迫切且多元化。

基于北京大兴区的发展方向，租赁社区有着广泛的发展空间，人口、产业、运输、交通的集聚，对居住有着迫切的需求，特别是产业型的集聚与旧村改造将会成为大型租赁社区的发展重点。在政策的大力支持下，北京在2020年底便提出优化公租房政策，加快集租房建设供应，加大市场租房补贴力度，推进住房租赁条例地方立法，强化长租房管理，控制企业资金池，强化联合监管和信用监管，规范租赁市场秩序，维护租赁各方合法权益，使住房租赁回归服务属性。租赁市场的更好发展，尤其是通过此类立法，能够真正保障租赁市场各参与主体的权益。后续预计在资金监管、信用管理、秩序管理等方面会发力，真正促进租赁市场的健康有序发展。

二、项目商业模式

项目充分考虑到属地政府、村集体、投融资主体及运营管理的实际需求，由镇集体联营公司投资建设，后期采用政府监管+企业运营模式进行管理。

在项目建设期，确定由村集体出资成立的集体联营公司为项目投融资主体，第三方国有企业提供全程第三方保证、控制项目风险的融资方案，这一方案得到借款主体、区金融办、住建委、集体土地改革试点办公室等部门的高度认可。创业之家项目是北京市金融系统首笔采用住房租赁支持贷款的住房租赁项目，获得了1.07亿元信贷资金支持，破解了建设主体的融资难题。

在项目运营期，创新集体土地租赁住房第三方运营模式。借助建设银行集团全牌照资源优势，吸纳长租公寓头部企业——乐乎公寓作为创业之家项目合作运营商，建信住房北京公司联合乐乎公寓共同对项目提供出租运营服务。2019年10月，建信住房北京公司与乐乎公寓作为联合体成功中标，从产权方取得项目20年租赁权。创业之家项目总建筑面积超3万m^2，配套$1510m^2$商业，包括两栋白领公寓、一栋集体宿舍及一栋共享中心，租赁房源共440间，可满足1200余人居住需求。

三、项目规划方案

（一）建设方案

1号楼	1～9F 白领公寓 7722.54m^2，-1F 休闲共享空间（含设备用房）895.05m^2
2号楼	1～6F 白领公寓 4522.52m^2，-1F 生活配套商业（含设备用房）880.95m^2
3号楼	1～5F 4人间宿舍，6～9F 2人宿舍 7679.55m^2，-1F 生活配套，电动自行车库（含设备用房）880.95m^2
4号楼	-1-2F 生活配套商业 1000m^2
5号楼	-2F 园区地下停车库 6577.06m^2

图1 CBB建融家园·创业之家的功能分布图

由图1我们能够清楚地看到该项目社区有着丰富的业态与众多的产品类型，3号楼集体宿舍为企业服务式公寓，1号楼、2号楼则是白领公寓，4号楼则是配套商业及地下车库。

该项目兼容多个产品线，将宿舍产品、白领产品、办公产品、餐厅产品、咖啡书吧、党建活动空间、健身房及共享智慧产品，如共享洗衣房、共享厨房、无人超市等进行融合，建立多场景下的互通与交互，全面满足居住者的多元、多属性要求（图2）。

项目总平图

产品概述		
楼栋	楼层数F	其他功能空间
1号楼（白领公寓）	10（含地下一层）	1号楼地下一层，员工之家
2号楼（白领公寓）	7（含地下一层）	2号楼地下一层，休闲共享空间、共享办公区、游戏区、健身区、瑜伽区、共享洗衣房
3号楼（集体宿舍）	10（含地下一层）1-5层4人间6-9层2人间	3号楼地下一层，电动自行车库
4号楼（生活配套）	3（含地下一层）	4号楼为生活配套商业，设置餐厅、美食城、无人超市、咖啡甜品店、药店
5号楼（地下车库）	1（园区地下二层）	原建筑设计方案不变；5号楼B2机动车位103个，其中含19个电动车位

图2 CBB建融家园·创业之家的产品概述

（二）产品设计

1. 多元户型

创业之家通过不同楼宇与空间的分类，整合多种户型产品。清华美院结合白领、园区工作者、创业者等不同群体偏好需求，适"租"而建，为青年人带来单人间、双人间、四人间等多种户型的选择。作为租赁社区，极大地解决了周边不同群体的需求，无论是白领、蓝领都可在社区找到自己心仪的居住空间。更重要的是，针对团体企业组织的多人间或是蓝领公寓，摒弃以往多人宿舍缺少设计感与功能性的痛点，房间内布局合理，温馨舒适。每间房屋的储物空间达8m²，较市场普通租赁住房多2倍（图3，图4）。

2. 情绪共鸣

创业之家是由"住有所居"延伸而来的"众乐乐园"，将"众乐乐园"的精神内核传达至整个社区场景中，在社会化交互中体现得尤为明显，创业之家不只是一个住所，志同道合的人们在这里分享空间、想法和对生活的热情。充分解析年轻人的社交属性与求知欲，用有趣味、高质量的社区活动将租客们广泛地联结起来，增加居住的层次感与归属感，成就了一个充满多元与活力的社区。

3. 共享空间

创业之家拥有1500m²+700m²超大共享空间，面积超700m²公共会客厅，包含咖啡厅、共享书吧、健身房、VR体验室、影音室、艺术展廊和露天活动区域；高品质生活配套空间1500m²，有网红咖啡厅、减压宠物乐园、园区餐厅、24h京东便利店等，整合业态，一站式满足多元化的生活需求，无需走出社区便可体会时尚、便捷

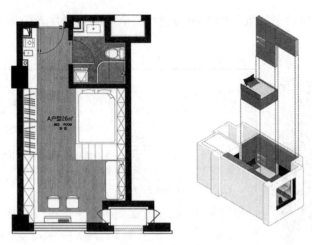

图 3　私享大床房

（将床旋转 90°，一方面充分利用房间面宽增加储物，另一方面可以更充分利用床下空间进行收纳，将吊顶面积转换为收纳面积。）

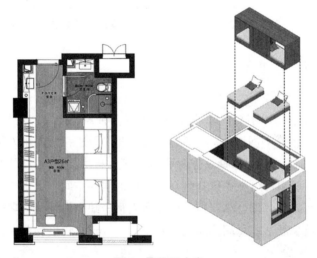

图 4　聚闲四人堂

（将下铺旋转 90°，一方面充分利用房间面宽，另一方面可为增加储物面积留出空间，充分利用层高，增设吊柜一组，在柜子上设置可按轨道滑动梯子，方便取物。）

的场景服务（图 5）。

4. 租务管理

提供标准化管家服务。社区采取 7×24h 的安保服务，提供入户级门禁对讲系统，全覆盖监控系统，智能安全巡更，云端监控，人脸识别，智能门锁，以实现数字可以让生活无后顾之忧；App 管理关于居住的一切事务，远程管理门锁，及时查看房态、预约预定、签约缴费、办理入住、换房转租、续租退房，标准化管理让生活井然有序。

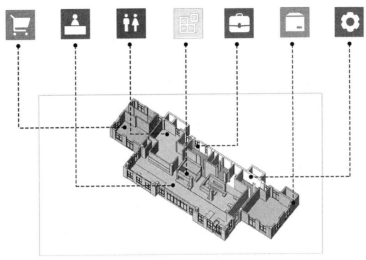

图5　创业之家4号楼1楼公共区

5. 低碳社区

绿意盎然的公园归家社区，也是创业之家的一大亮点。私院景色辉映独栋建筑，清晰园林动线，绿色宜居，用种植池和地形融汇的语言，描绘生活圈。创业之家项目利用科技手段在生态保护和绿色发展领域迈出新步伐，大量植入绿色低碳元素，构建绿色生活方式。在屋顶整体安装光伏环保设备，利用太阳能资源，减少传统能源消耗；户外景观引入"海绵城市"雨水回收处理收集系统，利用下沉式绿地、透水地面铺装、雨水调蓄池等方式，实现雨水收集再利用，每年可节约用水 1500m^3；建造可回收物垃圾处理阳光房，以实名制方式让住户参与到可回收物的循环利用中，由专人专车定期回收，统一称重结算并回馈收益，引导和激励租户在日常生活中养成垃圾分类的习惯，预计可实现年回收垃圾 10t。创业之家项目预计每年可实现碳减排 60 余 t。

在这里无论是智慧停车场、垃圾可回收物阳光房还是屋顶整体安装光伏环保设备都渗透着项目前瞻性的发展定位，在如今践行"双碳"成为青年一代的追捧热点与重要义务时，绿色社区的推广不仅是"租购并举""房住不炒"的体现，其可借鉴、可复制、可推广的模式，更具有了引领租赁住房时代风向标的意义。

6. 智能家居

定制多元化全屋智能物联家居设施，通过语音音箱、智能电视、手机 App、场景面板等多种方式自由定制生活场景，植入建行金融产品服务，提供建行智能客服、金融信息查询、在线学习培训、指定交易办理等多种功能，实现便捷交互体验。

共享中心引入 5G 智慧大屏，打造沉浸式互动 VR 看房体验区，可一屏纵览北京地区住房租赁项目，以 3D 视频、住房云观画像、数字房产金融大数据、周边商户联盟为参观者带来全方位的住房互动新体验。与"建行生活"实现对接，将"建行生活"功能服务纳入智慧屏中，方便新租客更快熟悉项目周边生活配套设施。

创业之家项目园区内还设置无人超市和自动售货机，且全部支持数字货币支付，让租客足不出户即可采购生活物品；单独设置快递柜区域，方便住户收取快递。

在多需求与多任务及多产品的空间交错之下，对租住空间的场景要求将是积极苛刻的。共生共振下的生活空间，对运营能力提出了新的要求，开启了住房租赁领域租赁社区的空间结构升级与运营转型期，打破了中规中矩的直线发展逻辑，以网格化的运营思路，搭建全新的绩效框架，未来的运营输出头部机构或将可用"计算"的逻辑，跳脱公寓或社区产品的范式，推动行业由生产范式进一步走向服务范式。

四、项目运营管理

创业之家项目由乐乎集团提供规范高效的运营管理，以智慧运营的理念，打造全生命周期的公寓运营模式，满足企业宿舍及商务白领的居住需求，努力打造集体租赁住房的标杆项目，积极探索租赁社区运营模式。

（一）SAS（Space And Service）居住生活服务平台

创业之家项目是多业务、多品牌的跨界与融合，由SAS（Space And Service）居住生活服务平台进行整合与分解。乐乎集团SAS平台无需因跨界类产品的多元属性而做出巨大的改变，因为平台在建立和迭代发展中，始终坚持开元化、去中心化，以品牌发展思路，覆盖各类租住人群画像，设计多样化产品，覆盖大型租赁社区、单体公寓、宿舍、分散式公寓等多种资产形态，以强大的资产管理能力及运营服务能力为两翼，实现资产端及客户端的平台效应。据此，SAS平台在大型租赁社区的应用上是具有可计算的绩效框架的，在为创业之家提供运营服务的同时，仍在不同程度地成长（图6）。

图6　乐乎集团的SAS（Space And Service）居住生活服务平台

SAS（Space And Service）居住生活服务平台的全生命周期服务不仅针对甲方，也针对自身，形成了内生动力的不断创新，对房源、空间有着路径依赖效应，将运营的价值逐步凸显出来。

（二）围绕项目提供线上即运营的全流程在线平台赋能体系

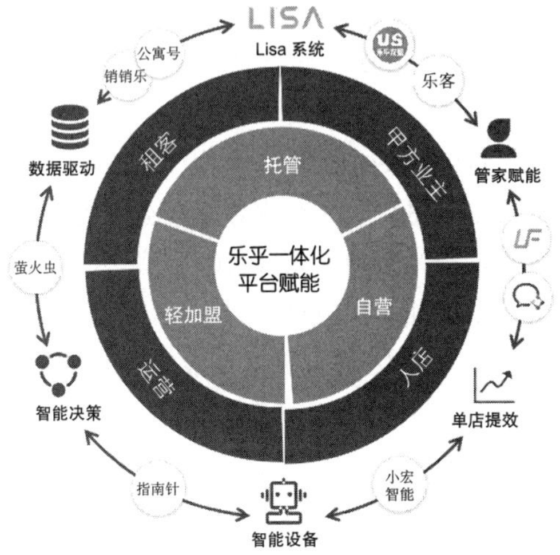

图 7　乐乎集团的一体化平台赋能体系

由图 7 可见，该体系包含获客、运营、管控、分析四方面的内容，据了解，Lisa 业务管理系统，是基于乐乎独有的代运营轻加盟托管模式，围绕门店经营运营管理、财务管理等业务全流程线上化所自研的系统；小宏智能主要应用于四大场景：全域安防、业务赋能、场景连接、消费触达。可以深度满足创业之家项目的运营需求，基于业务运营数据和经营指标通过 BI 分析给予公司和经营层面决策支持。

具有领先运营能力的机构，愈加受到各地区政府、上市公司、企事业单位等大型机构的青睐，在城市产业结构调整、人才战略、社会保障房建立等方面推动解决"职住平衡"问题，租住社区作为保障性租赁住房发展迅速，获得了不错的效果。

五、获得效益

（一）社会效益

创业之家项目是建设银行北京市分行践行新金融的标杆项目，建设银行北京市分行聚焦集体土地租赁住房建设痛点难点，将住房租赁战略与政府产业升级、人才保障需求深度融合，促进区域经济发展，助力提升城乡治理水平、改善社区人居环境、优化社区资源配置。大兴区政府对建行积极参与集体土地租赁住房建设给予了充分肯定，未来在招商引资环节将优先推介创业之家项目，同时也将推荐建行作为优质入区企业合作金融机构。

（二）经济效益

建设银行北京市分行在创业之家项目以多渠道、市场化方式支持集体土地租赁住房建设，拓宽住房租赁场景获客路径，以新金融反哺传统业务。截至目前，已为项目累计投放贷款 8239 万元，每年集体建设用地入市交易产生的回款资金在建设银行北京市分行对公存款沉淀可达 8 亿元。

创业之家项目正式投入运营后还可带来账户、存款、结算、贷款等对公对私业务各类衍生收益。据估计，项目 20 年租赁运营期内，可实现监管租金收入 3.5 亿元，形成有效存款沉淀；可租赁房屋及商业部分承租企业预计实现对公获客约 50 余家，对公存款沉淀 2 亿元～3 亿元；建行个人获客数量可达 1 万人，预计实现个人存款 0.5 亿元～1 亿元 / 年；个人快贷预计投放超过 1000 万元 / 年。

创业之家项目作为建设银行北京市分行与大兴区政府的重要合作项目，将进一步加深建行与当地政府的合作。预计区政府下辖企业在建设银行北京市分行的对公存款将实现稳步增长，将新增 5 亿元的对公日均存款沉淀，每年可为建设银行北京市分行带来 800 万元收入；区政府将向建设银行北京市分行推荐其他优质客户及项目，预计每年将为建设银行北京市分行推荐 5～10 户科技型企业开户，1～2 户大中型资产类业务投放，预计每年将为建设银行北京市分行带来的综合收入超过 500 万元。

（三）行业效益

随着北京城市更新的不断深化发展，以多主体供应、多渠道保障、租购并举的住房要求进行规划，专业的住房租赁企业的运营价值凸显，特别是租赁社区的运营问题。作为纽带行业，是链接政府住房租赁管理服务相关部门的关键中枢，在租赁房屋趋于立体化、多元化无边界的空间产品下，相信运营能力和经验，将逐步成为行业的核心价值，并获得政策性的认可与支持。

"创业之家"社区拥有全生命周期服务的能力，根本思路为基于智慧城市建设而研发得来的智慧社区运营模型，融合以物联网、云计算、移动互联网为核心的运营技术端和区域知识社会环境下逐步孕育的开放的社区创新生态端。

在国家政策与地方政策的指引下，城市更新下的住房租赁市场将越来越规范、健康，在智慧城市发展的驱动下，租赁社区的发展将进入加速期，行业运营将趋于透明化、规范化、标准化发展，将会带来针对住房租赁运营标准的新一轮思考，当下的住房租赁市场，运营服务力量或是秩序荒漠的一片绿洲。

作者联系方式

单　　位：乐乎集团

地　　址：北京市朝阳区大屯路西奥中心 B 座 3 层

邮　　箱：pinpaizhongxin2022@163.com

分散式房屋机构化运营管理的价值与经验

北京自如生活企业管理有限公司

摘　要：随着城市发展由大规模增量建设，转为存量提质改造和增量结构调整并重，盘活现有存量房源成为有效解决长租房市场结构性供给不足的关键措施。分散式房源作为租赁市场的主要供给主体，由机构化运营对于稳定租赁关系、提升市场管理水平有重要意义。本文以自如的运营管理举措为例，分析机构化运营在租赁市场中的价值和作用。

关键词：分散式；错配；租赁关系；租期稳定；创新模式

住房问题是重大民生问题，关系人民安居乐业。为更好应对住房供需的结构性矛盾，国家鼓励和支持住房租赁行业，持续出台利好政策。在"房住不炒""租购并举"制度下，长租房作为我国多层次租赁住房体系的重要组成部分，也逐渐上升到国家战略层面。

实现"租购并举"的核心在于"并"，让存量住房在购和租之间按照需求进行顺利转换，实现资源的优化配置，至关重要。据中国房地产估价师与经纪人学会统计，除保障性租赁住房外，我国租赁住房的供给主体90%以上是个人业主。由此可知，发展长租房市场，如何有效有序盘活分散式房源是首要问题。市场化租赁机构具有改造和提升分散老旧房源品质，促进存量房流通，提高租赁市场供给效率的能力。将市场化租赁机构纳入监管，发挥其对分散式房源的运营管理作用，以此满足人口流动产生的住房租赁需求，不仅能够使在监管之外的分散式房屋成为多渠道供应租赁住房的来源，也能够补齐租赁短板，成为稳定租金的压舱石和长租市场规模化发展的重要抓手。

一、长租房市场需求空间大

近年来，我国人口持续向都市圈城市群、核心城市集聚，人口流入多。据统计，近10年一线城市人口年均增速为2.37%，深圳、成都、广州年均常住人口增量超55万人，杭州、重庆、长沙年均常住人口增量超30万人，联合国预测到2030年中国城镇化率将达到71%左右。从全国来看，2016—2020年间，厦门、深圳、杭州、广州、成都是人口净流入最为显著城市，2020年杭州租赁人口占总人口比重达36%。这预示着大城市的住房问题会随着住房租赁需求的日益旺盛，租赁人口占比的日益增高而日益突出。

二、长租房市场长期面临"三大错配"问题

受大城市旺盛租赁需求影响，长租市场发展迅速。但是，长租市场仍面临大量毛坯、老旧房源闲置、个人出租房源效率低、品质和服务亟待提升等问题，尤其是供需两端的以下三个错配影响了市场发展。

一是户型错配。在一线城市，超过七成的租赁需求是独立单间，造成了一居室供不应求，而存量较高的三居及以上大户型不易出租。以北京为例，据北京市住房和城乡建设委数据，截至 2020 年底，北京市长期居住人口中约 788 万人租房居住，占居住人口总量的 36%；全市登记出租房屋 197.3 万户、584 万间。其中 40% 的租赁人口是应届毕业生和企业白领，这部分人群中 90% 的租赁需求是单间产品，我国租赁住房大多是按照家庭居住需求设计的大户型，租赁房屋供给中并没有专门针对这类人群的单间户型。

二是品质错配。老旧房屋、房改房、拆迁安置房等是长租房市场的房源主体，配套设施不全，住房品质不高。据统计，目前全国约有 17 万个老旧小区，而租客租到的房源中，65.3% 的房龄在 20 年以上，30 年以上的占比达 27.3%。

随着当下年轻人生活品质需求的不断提升，作为租赁需求主体，他们对房屋的品质也提出了新的要求。然而，长租市场的房屋主要由个人房东供给，因为租金回报率低，个人业主在缺乏稳定租金收入预期的情况下，没有精力和动力对房屋进行标准装修，而租客在同一房屋内的租期并不长，传统经纪行业则只赚取佣金，二者也没有提升房屋品质的必要。因此，面对分散式房源，各个参与者都没有提升供给端品质的动力，导致租赁房屋居住条件长期较差，不能为租客提供稳定舒适的居住体验。

三是服务错配。在传统住房租赁市场，业主经常遇到"租期结束时卫生、房屋状况差""租客拖欠房租""故意损坏家具拒绝赔偿""到期不腾退房屋"等问题。据城市业主调研问卷显示，在传统租赁市场，29% 的业主担心房屋损坏，21% 的业主遇到过被租客经常打扰，但没时间处理租务的问题，17% 的业主表示其在租租客不满意房屋装修陈旧问题，5% 的业主遭遇过租客拖欠房租的情况。而租客则经常遇到家修服务缺失等问题，市场两端体验差、市场秩序混乱的问题长期不能解决。

三、机构化运营分散式房源的成效与意义

专业化运营是国际租赁市场发展的趋势。据统计，美国、德国、英国的机构持有租赁住房占比分别为 54.7%、48%、66%，日本 83% 的租赁住房由专业的托管机构运营管理。与个人业主或"二房东"相比，"机构化"意味着更标准、更透明的模式。机构更能满足多元化、多层次、高品质的租赁服务需求，更能有效盘活存量资源、更新分散房源品质、提高租赁住房供应效率，稳定租赁关系。

（一）盘活存量房源，增加租赁供给，解决房源散的问题

据统计，2021年全国重点城市的房屋平均出租周期为45天，而专业租赁机构房源的平均出租周期是30天。这是因为机构在盘活存量、精准匹配供需两端的基础上，还能够提供统一的标准化装修配置，同时对租务管理、售后服务按照标准化执行，这些举措促使出租更快捷，出租率更高。

以自如为例，在品质提升上，自如对标新一代年轻群体对居住品质的要求，通过专业管理、标准改造及经营，将大量"老破小"、闲置存量房、毛坯新房转化为市场上的新增房源供给，提升闲置房源利用率；在户型匹配上，自如将整套三居室、四居室及以上的大户型房源改造为高品质、高性价比的合租房源，提供给新毕业大学生及城市白领等有安全、独立、审美需求的人群。这些举措明显提升了整套房源的流通率。以自如整租产品为例，3.2版本出租周期约30天，配备智能家居的4.0产品版本约为21天，而更加智能化、品质更升级的心舍版本出租周期仅为4.7天。

（二）稳定租赁关系，规范市场秩序，解决租期短的问题

在政府监管层面，传统的分散式房屋租赁交易过程的规范性较差，且处在监管之外，这导致业主和租客的权益无法得到有效保障。但将分散式房源进行机构化运营后，权利义务关系从业主和租客之间转变成为租赁企业和租客之间，租客无需与个人房东直接接触。租赁企业有专业团队负责租务管理，业主、租客、企业的权责更为明确，合同签订更加规范。同时，为保障规范化运营，专业化机构会及时进行租赁备案登记，满足政府监管要求，让业主省心、租客放心，确保市场秩序稳定健康。

规范的运营赢得了业主的信任，最终体现为远高于市场的委托周期。据自如统计，2016—2020年间，业主单次委托出租的平均时长稳定在4年左右。业主单次委托5年及以上的占比从2016年的33%上升到2019年的52%。从租住时长上看，59.8%的租客群体租住时长在1~3年，3年以上群体占比16%。可见机构化带来的标准化租赁服务更能稳定租赁关系，延长租赁周期。

（三）稳定租房价格，通过内部管理举措解决租金波动大的问题

在C2C市场中，分散的业主和"二房东"拥有较大市场定价权，哄抬租金现象时有发生，一定程度上导致租金波动较大。对机构来说，追求的是房屋委托周期内的综合收益，降低空置期比提高租金更能带来总体相对高的收益回报。因此，为追求高出租率和低空置期，专业化机构会采取"快进快出"的运营策略实现房屋的快速流转，稳定市场预期，以追求长期稳定的客户关系。例如，自如从市场供需关系的价值体系出发采取的定价机制，能够对价格波动较大等异常情况迅速进行人工调整，保障租金价格的长期稳定。据统计，2020年自如分租、整租的月租金环比波幅最高为2.6%；而普租市场月租金价格波动明显，最高环比上涨幅度达6.5%（图1）。

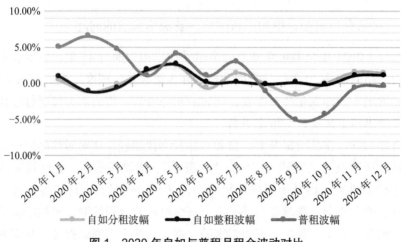

图1 2020年自如与普租月租金波动对比

四、机构化运营分散式房源的经验启示

近年来,我国长租行业经历了重新洗牌,越来越多坚持在长租赛道上良性发展的住房租赁企业逐渐探索出适合自己的模式,在分散式房屋管理中保持了又好又快的增长势头。自如将运营分散式房源的经验总结如下:

(一)"快进快出""以出定收"的经营逻辑从根本上防范企业经营风险

与缺乏正常盈利模式、激进扩张的企业不同,自如"快进快出"的运营策略和"以出定收"的定价模式能够在降低租金波动,给业主和租客带来稳定市场预期的同时,从根本上防范企业经营风险。"快进快出"策略的核心是通过不高于市场的出房价、最大程度降低租房周期,实现快速出租,降低空置率,保持健康的出租率;"以出定收"的定价逻辑是根据出房价格减去成本倒推出收房价。在这种运营策略和定价模式下,企业将经营的可持续性分解到每套房的交易动作中,从根本上杜绝了主管部门禁止的"高收低出"行为。同时,"快进快出"和"以出定收"的经营策略导致自如的租金波动幅度远远小于市场,可以有效平滑市场周期波动,特别是旺季来临之际,通过前瞻性供给储备,降低旺季需求的冲击,平抑租金涨幅。

为了检验"快进快出"和"以出定收"策略的落地程度,自如一直将入住率作为经营管理的第一指标,每日动态监控。入住率不达标的业务区域坚决停收,同时自建风控系统严格把控人力、运营等各项成本,杜绝以高投入追求低回报的盲目扩张。对收出价差低于合理数值的房源,坚决不收,避免经营风险(图2)。

(二)专业的运营能力推动市场规模化标准化发展

一直以来,自如将产品、服务、科技、运营作为核心能力,以科技和运营赋能规

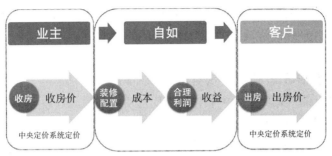

收房价 = 出房价 – 装修配置成本 – 合理利润

图2 自如以出定收的定价逻辑

模化、标准化业务拓展，以服务和产品打造品质化租住方式。

一是聚焦产品力提升。自如拥有强大的设计研发能力、供应链整合能力，能够交付符合用户需求的居住产品，通过多样化产品设计满足不同人群对全生命周期的多样化产品需求。根据对租客群体的细分定位，不断创新产品种类，陆续推出合租、整租、曼舍、自如寓、自如里等多元化租住产品，形成了分散式与集中式并进发展，大型租住社区、高端长租住宅等业务于一体的全品类居住产品矩阵，以及包括保洁、搬家、维修在内的自如家服生活服务产品，有效释放存量房和增量房市场价值，满足广泛的租客个性化需求。

二是持续推动精细化运营。自如拥有优质的供应链资源和超过数千名配置工程师的团队，通过集中采购和供应链整合不断降低装修成本，以高效高质的家装能力不断提升装配效率。装修交付能力达到18000套每月，目前可实现7～15天房源极速交付。时效配置超期率为1.1%，客户五星好评率超95%。

同时，自如运用高科技互联网技术提升行业效率，在线即可完成找房、看房、签房入住，预约搬家服务，入住后联系管家、保洁、维修服务等全部流程，逐步实现租住领域全链条的线上化、数据化和智能化的产业互联网能力，并加入了VR看房、视频看房、地图选房等功能，在真正做到100%真房源、线上交易的同时，大大降低人工成本。目前，自如App日均线上服务调用达4亿次，实现供需两端连接，让双边市场的匹配更加有效，保证出租率常年稳定在95%以上。

（三）创新产品模式推动住房租赁生态升级

在传统模式下，住房租赁企业需投入大量资金对所获取的房源在前期进行装修配置，对企业运营造成较大的经营负担。如何跨越这一羁绊一直是自如在提升企业价值、优化行业模式上的追问。

2021年，自如敏锐地察觉到，随着行业规范发展的政策陆续出台，竞争环境持续优化。与此同时，业主群体的经济实力不断提升，自如对房屋品质提升带来的租金溢价率预测愈发精准，自如设计装修供应链一体化带来的成本优势愈发明显。几个关键内外部因素的同时出现，结合一直以来倡导的"高出租率"经营理念、科学合理的价格体系以及极致的运营能力，使得自如在行业内首次推出全新房屋资产管理模式——增益租。

与常见的全托管模式不同，"增益租"有以下创新：一是以"业主付费装修、无差价、收益分成"的形式实现业主收益的全面透明并保障长远收益；二是依托专业设计师对每套房屋进行个性化设计，使房屋更具合理性和舒适性，满足租客需求；三是通过管家式服务，专业处理出租期间的租务问题，实现对业主生活的"0打扰"和租客租住生活的便捷无忧。在增益租模式下，业主与企业不再是单纯的租赁委托关系，透明化的合作模式让业主真正能享受到自如专业服务、资产管理运营带来的房屋品质与收益的上升，企业与业主共享增益价值，降低资金投入、房屋改建风险，更加聚焦专业性与规模化，以及租客品质租住体验，实现三方共赢。

自如增益租模式自2021年2月开始启动，签约房源量从最初的235套增长到现在的3.1万套，成交量从3间套增长到现在的6.7万间套。忽略季节因素，增益租房源在全国的持有量和成交量均保持增长态势，委托周期仅4.7天，业主和租客满意度分别高达99%和93%。相比同地段的普租房源来看，业主收益平均水平提高了15%以上。

增益租模式不仅是企业对指导政策的积极响应和重要实践，也是住房租赁领域探索和维护稳定租赁关系、保障各方利益的重要举措。在保障基本民生的同时，企业能以更加集约化的经营理念去实现更大的社会价值，也有利于提升企业的抗风险能力，推动行业健康长效发展。

参考文献：

[1] 柴强.住房租赁市场发展亟待破解的深层次问题[EB/OL].2021第三届住房租赁产业国际论坛，https://new.qq.com/rain/a/20211012A08RJM00.

[2] 任泽平.中国人口大迁移的新趋势[EB/OL].第一财经，https://www.yicai.com/news/101110019.html.

[3] 许小乐.坚持机构化方向，加快发展长租房市场[EB/OL].腾讯网，https://xw.qq.com/cmsid/20220107A07TFU00.

作者联系方式

单　位：北京自如生活企业管理有限公司

地　址：北京市朝阳区将台路5号普天科技园16号楼

邮　箱：tangpp@ziroom.com

闲置厂房变身精装公寓，
华谊携手魔方打造国企存量"非改居"标杆

魔方生活服务集团

摘　要：昔日闲置厂房，如今焕然一新，成为集合了休闲区、娱乐区、健身区、影音室以及精装全配式公寓的宜居社区，为超600名来沪青年提供品质租住体验。2021年，上海华谊集团资产管理有限公司联合魔方生活服务集团倾力打造的国企存量"非改居"标杆项目——谊·魔方公寓上海吴泾华师大店盛大开业，该项目成功入选闵行区非居住存量房改建与转化租赁住宅（长租公寓）首批准许名单。

一、提升国企存量价值，创享美好租住生活

上海华谊（集团）公司（简称"上海华谊"）是由上海市政府国有资产监督管理委员会授权，通过资产重组建立的大型化工企业集团，是上海化学工业区主要的开拓者和建设者。作为上海华谊下属子公司，华谊资产专注物业升值，挖掘资产潜力，打造城市更新标杆项目，目前在上海拥有超60个在租地块。

华谊资产党委书记、董事长倪永盛表示，此次与魔方合作，共同开拓长租公寓市场，是借力专业品牌管理的模式，共同开拓为租户与物业创造价值的有益尝试。"昔日工业留存的厂房，如今注入了新功能，成为富有活力的青年社区，为产业园区年轻新市民的'美好生活需要'提供了新选择。"

二、从"住有所居"到"住有宜居"，共创"非改居"标杆

对于位于城市"偏远"地区的产业园区而言，老旧厂房、临时宿舍成为其招人难、留人难的重要因素。产业园区正迫切需要借助成熟的居住配套设施为之解决这个难题，有效实现从"住有所居"到"住有宜居"的转变升级，最终反哺地方产业经济快速发展。

谊·魔方公寓上海吴泾华师大店地处位于闵行区龙吴路5395号，前身为上海华谊旗下上海氯碱化工股份有限公司集体宿舍，由五幢独栋物业构成。其所处区位曾是上海著名的吴泾工业区，现如今，这里不仅有国家级的高新技术产业园区——紫竹

国家高新技术产业开发区；有知名高等学府——上海交通大学、华东师范大学；有尖端科技——研发飞机发动机的中航商用航空发动机有限责任公司，以及时尚文化产业——蓝迪片厂、中国梦谷·南上海文化创意产业园……随着产业规划发展以及人才不断涌入，相应的居住配套升级成为关注重点。

在上海市闵行区相关部门的大力支持下，该项目成功入选闵行区非居住存量房改建与转化租赁住宅（长租公寓）首批准许名单。经过近4个月的改造，昔日闲置的旧厂房，焕新为富有活力的青年社区，不仅拥有可容纳超600人同时入住的全配式精装白领公寓及企业宿舍，更设有集休闲区、娱乐区、健身区、影音室于一体的共享公区以及户外球场，供住客免费使用。其中，白领公寓按魔方公寓品牌标准打造，企业宿舍则以魔方9号楼公寓标准运营，共同为园区青年人才提供品质租住服务（图1～图3）。

图1　公寓单人间

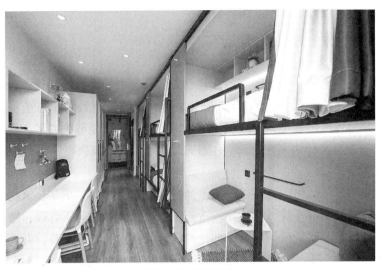

图 2　高级四人间

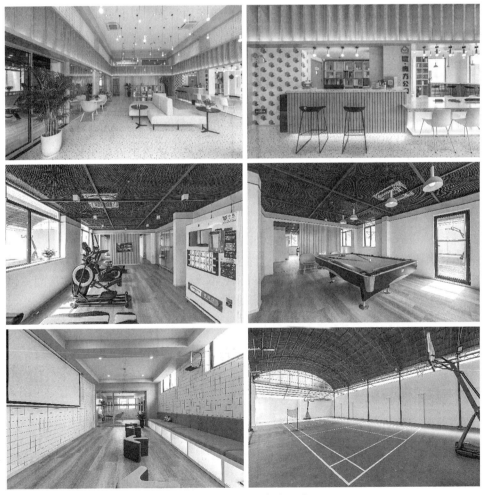

图 3　公寓公区及户外运动区

三、高效运营,赋能优质资产

在大力发展住房租赁市场的重要背景下,多渠道增加供给仍是行业各个参与主体的首要任务。魔方生活服务集团 CEO 柳佳表示,魔方一直致力于打造覆盖性更广的租住产品,并为青年白领、企业基层员工提供全方位的租住解决方案。作为机构化运营商代表,魔方有责任为实现上海"住有宜居"及"重点解决好新市民阶段性住房困难"贡献力量。

深耕行业十二年的魔方,不仅仅是产品打造方面的专家,更是公寓精细化运营的领导者。从前期的项目投决,到设计改造施工,再到后期的运营管理,魔方不仅为合资公司项目提供专业研策服务以及标准化的设计、营建和管理流程,并为其配备、输入专业的管理团队、共享魔方线上线下平台资源等。租客通过魔方生活 App 即可轻松实现线上看房、签约、生活缴费等,此外智能门锁、智能水电表、智能家居等应用,助力魔方高效完成从产品到客户到居住全链条的管理,让租户真正实现拎包入住的理想人居生活。

近年来,魔方充分发挥机构运营商的作用,为越来越多的城市更新项目、存量改造项目提供运营赋能。魔方近两年已联合多地政府、国企打造了数十个优秀的住房租赁合作项目,利用高效运营助力城市优质资产最大程度发挥市场价值和社会价值。未来,在"加快培育和发展住房租赁市场"的政策要求下,魔方将持续盘活存量住房资源,打造更多优秀住房租赁项目,进一步扩大城市租赁住房供给、为城市青年创享美好租住生活贡献力量。

四、项目介绍

项目总面积 10598.46m^2,改造前该项目土地性质为工业/宿舍用途,该项目由 5 幢独栋物业构成,原本的两栋宿舍楼,一栋食堂以及一栋浴室全部改造为房间,包括 175 套白领公寓及 48 套企业宿舍,锅炉房改造为近 300m^2 的公共区域。

(一)物业选址

小片区内通达性强。项目距离轨交较远,公交出行较为方便。周边众多企业聚集地,但多为制造业,距紫竹高新园区约 3km,社区门口公交 5 站 30 分钟直达(图 4)。

(二)产品设计

阳台、大面积开窗、社区环境较为突出。不同于常规改造类项目仅有独栋建筑单体,该项目为社区型项目,拥有独立的户外空间,环境静谧。阳台及大面积开窗与社区环境搭配,舒适度较高。

第三部分 实践探索

图4 谊·魔方公寓区位示意图

数据来源：CAIC集团战研中心整理

壹 | 户型设计：阳台 + 大面积开窗，空间感与观景效果佳（图5）

- 18m²（套内）一室户，双开窗，且面积较大，室内采光充足，空间通透
- 30m²（套内）一室户，空间较大，阳台外树木茂盛，景观效果较好，但也因此有些遮挡光线，导致室内采光相对较弱

图5 谊·魔方公寓样板间实景图（一）

贰 | 装修配置：收纳空间丰富，电器配置较齐全（图6）
- 装修风格简约，多采用成品家具
- 厨房空间较大且相对独立，橱柜中间隔板可自由移动组合，使用感佳
- 冰箱、洗衣机、油烟机、微波炉等电器配备较齐全

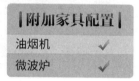

公寓家具配置		附加家具配置	
空调	✓	油烟机	✓
冰箱	✓	微波炉	✓
洗衣机	✓		
电子门锁	✓		

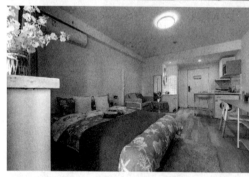

图6 谊·魔方公寓样板间实景图（二）

叁 | 社区配套：面积占比约2.8%，室外篮球—羽毛球场较受欢迎（图7）
- 封闭式社区，设门岗，树木茂盛，社区环境较好
- 室内公区由原锅炉房改造而来，独立于房间楼栋之外，整体采用梦幻马卡龙色，影音室独立设计
- 室外有一简易大棚改造的篮球场，也可用作羽毛球场，较受租户欢迎

功能配置	健身房、台球室、影音室、休息区、篮球场、羽毛球场、阅读区、地上停车场
公区面积	约300m²

图7 谊·魔方公寓公区实景图

（三）综合评价

谊·魔方公寓是上海闵行首批非改居项目之一，也是魔方与上海华谊首个合作项目，在产品打造及运营上，基本延续了魔方一贯较优的输出水平。另外，分析师认为，其不仅为魔方在"非改居"业务上增加经验值，也拓展了新的房源获取渠道，未来或与上海华谊及其他拥有存量房源的国企展开更多合作。

* 本文部分内容克而瑞亦有贡献

作者联系方式

单　位：魔方生活服务集团

地　址：上海市闵行区虹梅路3125弄

邮　箱：xusn@52mf.cn

优客逸家合伙人制运营管理模式探索与分析

优客逸家（成都）信息科技有限公司

摘　要：2015年，国家首次提出"租售并举"政策，分散式长租公寓市场迎来高速发展期，但因重资产模式经营成本投入过大，加上金融杠杆使用规范性问题，到2020年，长租公寓出现连锁"爆雷跑路"事件，长租公寓领域再次站到风口浪尖。优客逸家作为长租公寓代表品牌，为实现稳健发展，找到有效的运营模式，2018年起试行、2019年正式推行"合伙人经营管理策略"。该模式运行期间，在新冠肺炎疫情期间表现出灵活高效的抗风险能力，此后两年也陆续展现出许多区别于传统雇佣模式的优势。本文基于分散式长租公寓运营企业优客逸家实施合伙人模式的方法与成效，探讨此模式下的运营优势及特点，并对欲采用此模式运营的租赁行业企业提供相关实例参考及实施建议。

关键词：分散式长租公寓；包租自营；合伙人制；雇佣制

一、优客逸家开启合伙人模式的市场背景与契机

近年来，在"租售并举"的政策下，分散式长租公寓运营企业得到快速发展，而在此类企业的经营过程中，前期需对房源租赁、装修、改造投入大量资金，中后期对房源进行维护与管理的过程也需要持续投入大量的管理精力与人力成本，整个运营过程投入成本高、资金回报周期长、资金链紧张，企业抗突发风险能力也因此下降。为改善这种现状，除了需严格控制前期资金投入力度，如何在内部提高人员能效、降低运营管理成本也成为企业重点思考的问题。

随着社会经济全球化，加上政府在"大众创业、万众创新"方面的政策倡导，早在2014年，阿里巴巴、万科、永辉超市等知名企业便陆续公布实施"合伙人制"的运营管理模式，并均以此方式获得了显著成效。"合伙人制"的经营模式强调激励与约束对等，有经济利益，提供物质激励，还能对合伙人赋予权力与责任的精神激励，能使参与合伙的个体保持进取和忠诚，推动企业进入良性发展的轨道，合伙人制度也一度成为近年来的商业热点。

长租公寓企业管理成本需降低，新兴的合伙人模式又恰好能节省管理精力、激发人员能效，因此，2018年起，优客逸家针对分散式长租公寓业务板块开启了向"合伙

人制"模式的变革与尝试。

二、优客逸家合伙人机制模式的探索与做法

(一)合伙人制的概念及特点

合伙人制是指由两个或两个以上合伙人共同拥有公司经营管理权并共同承担风险、分享利润的企业经营制度,也可以视为一种建立在拥有共同事业追求基础上的激励模式。

相比于传统雇佣制模式,合伙人制下的员工将从单纯的劳动提供者转变为企业的共同运营管理者,并共同承担成本与收益。在这个过程中,参与人角色会发生变更,他们所承担的责任、享受的权利与利益均会有所改变。

(二)优客逸家合伙人模式运行机制及做法

基于市场中合伙人模式的典型做法,优客逸家是以风险共担的方式,让合伙人与平台公司共同发展运营包租自营模式下的标准化分散式长租公寓产品。合伙人可加盟优客逸家公寓品牌,承包优客逸家品牌旗下公寓房源并对其进行运营管理,承包过程中需按照标准进行运营,并直接对承包房源的运营结果负责。

在合伙人模式下,合伙人将作为业务经营的主要责任人,直接对租赁环节中的成本及营收结果负责。在业务开展过程中,公司的角色由原来的直接运营者变更为"为合伙人提供服务与管控的赋能型中台",不再直接为租客(房东)提供租赁过程中的相关服务,而是在标准制定后(如需对优客逸家品牌进行维护、对房东及租客履约、按照优客逸家品牌的服务项及服务标准进行运营),以中台为合伙人提供相关的运营管理、供应链服务等业务支持,并对服务标准进行监管与把控(图1)。

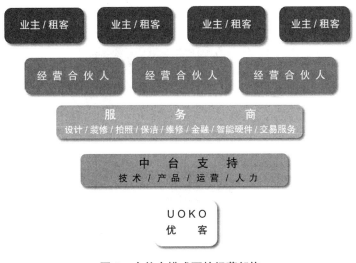

图1 合伙人模式下的经营架构

1. 系统管理工具赋能

在优客逸家合伙人运营模式中，公司为合伙人提供房客源管理软件——星空运营平台。

星空运营平台是公司为合伙人提供的唯一房客源管理软件，合伙人可在该平台上对承包房源进行房源管理、人员管理、财务管理、经营数据管理、服务管理以及各项与房源有关的信息记录、工单追踪、数据分析。

2. 运营支持赋能

优客逸家提供与房源运营相关的所有服务项（如租赁带看服务、公区日常保洁、临时保洁、日常维修、工程及临时维修、宽带服务、租后服务、客服服务等），合伙人可按需在星空运营平台上购买相应服务项，购买后将在平台上对其开放对应的管理权限。

除了平台系统与服务支持，优客逸家星空平台还拥有专业的管理团队：负责宣传推广的品牌营销团队、为房东（租客）提供财务结算的财务管理团队、负责房源出租的招租带看团队、解决租客咨询和投诉的客服团队以及各职能板块，能在合伙人开展业务的过程中，为他们提供专业高效的业务支持与服务保障。

3. 服务供应链赋能

若合伙人购买了平台上述房源运营相关的所有服务项，则平台供应链会为合伙人提供房源前期装修打造、线上线索提供与带看、维修、保洁、宽带等服务，完成房源出租后，平台每月还会向分散式长租公寓端口的客户提供一系列租后服务（包括非人为损坏的维修、宽带维护、定期公区保洁、水气物业垃圾费用代收代缴、客服服务、管家服务等)(图2)。

若合伙人未购买对应服务项，可自行提供相应服务也可以自建团队进行服务，但

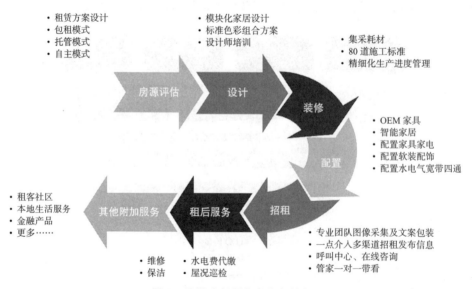

图2 分散式长租公寓业务链条

在执行过程中，合伙人需按照平台提供该服务项时所扮演的角色向租客提供服务。在服务期间，不论是由谁提供服务，针对每项服务内容均制定有严格的服务标准，平台供应链需严格按照标准提供服务，质检部门则会定期对执行情况进行检验与管控，以此充分保障合伙人业务高质高效开展，从而提升租客入住体验、树立良好的品牌形象，使公司进入有效运营的良性循环。

4. 品牌管理赋能

在合伙人模式启动初期，公司便制定了合作品牌管理红线及质检标准，其中，明确规定了合伙人在经营过程中必须维护优客逸家品牌形象，在业务开展过程中不能出现恶意诋毁或损害优客逸家品牌形象的行为，不能在合作房源内从事违法活动或授意指使其他人在承包房源中进行违法活动，不能私自下架房源、进行线下出租收租等违规行为，并在合伙协议签署时明确行为规范与相应处理条例，以此来避免后续经营中的风险与不便，为维护良好的经营管理情况打下良好基础。

（三）成效及优势

自2018年起，优客逸家向公司内外部发起合伙人招募，经过2年的磨合，在2020年底实现了分散式长租公寓业务的全面合伙化，用合伙人模式运营管理全成都近40000间分散式长租公寓房源，在实施期间呈现出诸多优势与成效。

1. 业务营收情况稳中有升

在合伙人模式实施后，合伙人在业务过程中的积极性与主动性均有所提升，经营意识增加后的运营数据相较以往也有所提升。即使是在新冠肺炎疫情的影响下，相较于2019年，2020年全年出房总数仍上涨423间，总收入较2019年增收近150万元。增收同时，公司单间促销成本数据下降210元/间，促销总额下降近100万元。通过合伙人自主带看，带看阶段的投入成本也减少近150万元。相比于以往的自营雇佣模式，合伙人模式后的利润总额和净利润均呈现出正增长趋势。由此可见，通过合伙人模式的实施，在成本降低的情况下盈利能力仍高于传统雇佣制模式。

2. 管理成本下降，人效增加

在合伙人模式的刺激下，合伙人从以往单一的职能岗位转变为全周期的责任人，需要自己承担招租线索、转化提成、房东租客关系维护等一系列事宜，在这个过程中不但能激发合伙人的自主开发能力，也能提升他们的全面运营意识，扁平化管理下人员能效更高，也节省了传统意义上的管理层精力。

除了参与合伙的人员能效提升，合伙人模式下，平台各职能部门员工也会关注每一笔成本费用的出处、归属及产出效益，增加了一线员工的成本管控与经营意识。

3. 抗突发风险能力增加

合伙人模式下，合伙人拥有运营决策权和定价主导权，在业务开展过程中能结合具体场景做出更灵活、更符合实际情况的应对措施；合伙人的收益与公司盈亏情况强相关，一荣俱荣、一损俱损的环境也更具凝聚力，因此，即使在疫情期间优客逸家也未出现因核心人员流失、运营管理成本过高、决策信息下达慢、执行效率低等原因导致业务难以开展的情况。

4. 客户满意度及续租意愿持续提升

在合伙人与租客、房东直接接触的过程中,合伙人作为运营结果的主要责任人,往往更重视客户评价与个人口碑,服务意识更高,在业务进行中,合伙人可在符合公司标准范围内做出更多符合个人人设的个性化服务动作,更真实、多元的服务方式也能让客户与合伙人建立更直接、更深厚的信任关系,因此,实行合伙人制后的一年里,2020年底在对优客逸家用户调研中,用户满意度、续租意愿及推荐意愿相比以往呈持平或上升趋势(图3)。

96.2% 与2019年同期持平	92.15% 与2019年同期略有提升	94.23% 与2019年同期略有提升
用户服务满意度	合同到期后续租有意愿	愿意将优客逸家推荐给朋友

图3 2020年底优客逸家用户调研数据

(数据来源:优客逸家产品中心月报,优客逸家成都公司用户满意度调查数据,样本量1571人)

三、优客逸家合伙人制的施行亮点及发展建议

(一)优客逸家合伙人制的施行亮点

合伙人经营模式之所以能在优客逸家实现有效应用,也得益于以下几个应用前提:

1. 有较为成熟的服务供应链与管理系统基础

在合伙人模式推行前,优客逸家本身具有较为成熟的运营供应链条、行业管控标准及全面稳定的后台管理系统,这也为经营模式变革后合伙人仍能独立、有序、高效开展业务打下一定基础。

2. 业务本身具备盈利能力

长期以来优客逸家重视品牌口碑与产品品质,用户认可度高、房源数量多、覆盖范围广,业务本身就具备行业内相对较高的盈利能力,合伙人"有利可图",平台也能有效实施监管品控、进行产品优化迭代,实现公司长期良性发展。

3. 合伙人之间有高度认同的企业文化价值观

优客逸家的合伙人大多是由以往各业务端口中的核心员工筛选组成,因优客逸家自成立以来始终坚信"美好的人总会遇到美好的事",彼此真诚、包容、信任的企业文化使长期共事的合伙人之间有着高度的默契度与认同感,并愿意为公司使命、愿景竭尽全力,因此合伙人模式后,即使合伙人有着高度的个性化与自由度,仍能和公司价值观保持一致。

(二)合伙人制实施建议

对于合伙人模式的推行,《现代企业文化》曾提到"如果没有相应的机制支撑,合伙人制充其量只是一句漂亮的口号",世界著名实业家稻盛和夫也曾提到一个实行合伙人模式的重要前提:企业经营者必须具备"追求全体员工物质和精神两方面幸福、并为社会做贡献"的明确信念,要注重"以心为本的经营""伙伴式经营""玻璃般透明的经营",能够做到"动机至善、私心了无",如果缺乏这种"利他之心"则合伙人模式难以推行。

近几年,新冠肺炎疫情影响下长租公寓市场低迷、相关企业收益普遍下降,在利益激励效果较弱的情况下,若再缺乏企业文化及规则标准对合伙人进行行为约束,加盟合伙人行为规范欠缺、风格制度难以统一,势必陷入品牌口碑下跌、业务数据持续下滑的恶性循环,诸多经营问题也终将显现。由此可见,合伙人制度不是万能的,它需要经营环境、企业文化、公司战略、执行标准等多种因素相结合,是一项长期且系统化的工程,也是一个持续探索与优化的过程,只有不断平衡、改善运营过程中的各种关键因素,进入彼此"有利可图"的良性循环,才能真正实现合伙人模式下长租公寓企业的可持续发展。

参考文献:

[1] 张宇驰. 长租公寓企业运营管理研究 [J]. 中国市场, 2021, (36): 105-106.

[2] 黄辉,廖智娟. 长租公寓行业现金流管理的思考:基于蛋壳公寓的分析 [J]. 现代商业, 2021, (21): 77-79.

[3] 李璐. 浅析事业合伙人制度的实施成效:以永辉超市为例 [J]. 商场现代化, 2021, (17): 18-20.

[4] 牛溪溪. 阿里巴巴的融资历程与合伙人制度探究 [J]. 投资与创业, 2021, 32 (24): 181-183.

[5] 玉茗. 事业合伙人:关键要合拍:访新优势企业文化咨询 & amp;传播机构总经理、首席顾问孙健耀 [J]. 现代企业文化(上旬), 2015 (4): 28-30.

[6] 胡英. 合伙人制在企业发展中的利弊分析 [J]. 经济师, 2019 (8): 123-124.

作者信息

单　位:优客逸家(成都)信息科技有限公司

地　址:成都市高新区天府二街269号26栋5层

集中式租赁住房运营管理实践分析
——以橙堡公寓金恒德店为例

王 科 赵书燕

摘 要：橙堡公寓金恒德店作为集中式长租公寓，通过深究租赁市场现状，根据价格、位置、安全、配套设备等租客主要考虑的租房关注点，针对"90、95后"都市白领精英及企事业中高级管理人士提供舒适的住房产品，以"安全、自在、家"的品牌理念，努力为客户提供标准化公寓产品，以及舒适、时尚的居家环境。2018年营业至今，已服务3万余人次，受到了成都广大租客的喜爱与信任。

关键词：长租公寓；年轻租客；服务；需求

一、成都住房租赁发展情况

（一）成都住房租赁行业现状

成都作为中西部地区中心城市之一，2021年末常住人口为2119.2万人，近年来凭借着大力发展高新产业，成为除京津冀、长三角、大湾区之外，最吸引人才的"第四级"，为成都长租房市场的发展提供了持续的动力。

据第七次全国人口普查数据显示，成都市的平均租房率为23.06%。在2021年9月开始实施的《成都市人民政府办公厅关于加快发展保障性租赁住房的实施意见》中，成都市预计筹集建设保障性租赁住房25万套（间）。由此看来，成都市长租房未来5年尚有近13万套的市场空间。

截至2021年10月，成都拥有房屋租赁相关企业约4.23万家，位列全国租赁企业数量城市分布前三。头部单位占领市场份额较小，仍有80%左右市场份额被区域属性更强的本地中小职业房东占有。

近年来，机构化长租房正逐渐成为住房租赁市场的重要供给主体，越来越多业主因为收益更稳、出租更快、租期更省心等多重因素，而选择机构化长租房。但在大城市中，机构化长租房占比仍相对较低，不足5%。由此可见，长租公寓在房屋租赁市场未来仍有巨大的发展潜力。

（二）成都住房租赁面临的挑战

一是新冠肺炎疫情的影响。突如其来的疫情，对住房租赁行业产生了很大的影响，部分中小企业生存困难，裁员、失业，很多人选择离开成都，去其他城市或留在家乡发展，成都的租赁市场客户少了，整体租金降低成为必然。

二是市场运作机制还不完善。主要表现在住房品质和安全性参差不齐，市场管理秩序还不够规范，法规制度仍有待完善。从供给户型来看，以城中村、小产权房等为主，存在周边配套不完善、消防安全不合格、物业管理缺失等问题；从市场秩序来看，据《2021中国城市租住生活蓝皮书》显示，住房租赁市场中，住房租赁企业占比不足5%，可租房源绝大多数为私人住宅，租赁市场分散混乱，虚假房源、哄抬租金、多次转租、随意解约现象普遍；从监管手段来看，租赁备案登记及纳管比例较低，租赁监测统计和价格指导体系不完善。

三是住房租赁市场供求结构失衡。从需求看，当前成都住房租赁市场的需求主体由流动人口和中低收入群体构成。第七次全国人口普查数据显示，成都市流动人口约为845.96万人，这些流动人口衍生出了大量租房需求，受限于租金支付能力，加上多数人不愿意合租，租房需求的户型结构多集中于配套设施齐全的小户型，但市场所能供应的小户型结构住房越来越少，市场供给端存在比较大的缺口。

（三）成都市住房租赁面临的机遇

2022年3月，国务院新闻办公室举行促进经济金融良性循环和高质量发展新闻发布会。中国建设银行董事长田国立在会上表示，买房能升值的时代已经过去，随着中国市场成熟化，依靠租赁的时代很快就会到来。

一是行业管理逐步规范。成都市作为《关于在人口净流入的大中城市加快发展住房租赁市场的通知》中的12个试点城市之一，加快了住房租赁市场的发展。从2021年两会首次提出"完善长租房政策""规范发展长租房市场"，到2022年《政府工作报告》明确"加快发展长租房市场"，这一提法的转变，释放出一个明确的信号，即长租房市场在过去一年中已取得了重大的发展成果，未来将成为保障民生稳定、促进消费增长、稳定房地产市场、促进城镇化建设的重要抓手。成都市近年来也出台了其他相关的住房租赁政策，进一步推动租赁市场的快速落地，鼓励租赁企业向规模化、专业化发展。橙堡公寓一直积极响应政府号召，顺应国家大力推进租赁住房市场建设的导向，积极参与发展租赁用房。

二是市场逐步回暖。随着国内疫情控制取得良好成效，全国性的复产复工促消费态势，正在让疫情期间遭受重创的各行各业看到回暖的"曙光"。特别是对于遭受疫情深度影响的房屋租赁行业来说，回暖趋势愈发明显。返程复工人员逐渐恢复到正常水平，租房者的需求正在迎来爆发，中国一百多万家房屋租赁企业的"春天"已然到来。

三是租住者对居住品质要求日渐提高。在人均收入水平提升、长租房市场供给端爆发式增长背景下,租房者对居住品质的追求已成为必然趋势。相较于个人散租在住房品质、租金稳定性以及租客合法权利保障方面的风险和不确定性而言,专业化机构运营运作更具平稳性和高效性,并且在交通、服务、配套、私密性和安全性、租住体验等方面更具优势。2022年长租房市场还将继续维持市场活跃、稳定发展态势,有望迎来新的发展纪元。而橙堡公寓作为目前西南地区有名的"集中式连锁长租公寓"运营商,更会抓住机会,迎合市场发展。

二、橙堡公寓金恒德项目

(一)金恒德项目简介

橙堡公寓金恒德项目位于四川省成都市双流区商都路333号金恒德汽配城内。金恒德项目分为金恒德橙堡公寓直营门店和橙堡精选酒店。

金恒德门店于2018年开业营业,至今已营业4年有余,服务逾35000人次。其中,金恒德长租公寓板块拥有普通白领公寓375间,LOFT房型120间,共计495间房源。房间面积30~60m²不等,能够满足不同客群人员需要。橙堡酒店自2019年开业以来,至今营业3年时间,服务人次超过12000人次。橙堡酒店拥有76间酒店客房,酒店房型有30m²、38m²、45m²三种选择,满足客户不同需求。

(二)目标客户群体

中国社会科学院生态文明研究所与社会科学文献出版社联合发布《房地产蓝皮书:中国房地产发展报告No.17(2020)》指出,"90后"及工作年限3年以下人群为租房的主力人群,年龄在21~30岁的租客占比最高,达61.3%。作为租房消费主力军,橙堡公寓在对其进行调研过程中,对目标客群人员做标签化处理。

这群"90后"中近9成租客拥有专科以上学历,5成租客拥有本科以上学历,由于能熟练运用网络搜寻信息,因此,在租房渠道的选择上,近七成的人使用网络租房。他们的职业大多是基层人员或者自由工作者,正处于人生上升期,收入稳定,平均在5000元左右。他们普遍为"实用主义者",租房首要考虑租金问题,房租占他们收入的30%左右。相比买房他们更愿意买车,更加享受生活。

同样,租客对于"生活圈"的要求越来越高。追求半小时内通勤,更倾向于选择在地铁口、公交车站、商业圈附近居住,减少出行的时间成本。周边服务配套也不可或缺,美食街、购物广场、生鲜超市、公园、医院等,将大大提升租客居住幸福感。

在年轻人选择租住房源的决策因素上,"安全"问题排名前三,面对鱼龙混杂的中介市场、参差不一的房屋,他们不仅担心租金被骗、房屋质量差,独居租客也担心住房安保、消防问题。

对年轻房客来说,相比于个人房东与小型中介,大品牌长租公寓除了能提供相对优质的房源、时尚装修风格、配套家具家电外，还有与之匹配的保洁、物业维护等服务，并通过互联网化的"租房平台"实现快速成交，深受青年人的青睐。橙堡公寓也正是抓住这一点来吸引年轻租客的。

(三) 金恒德项目运营理念

金恒德门店作为公司直营门店，在公寓运营前中后期及团队培养等咨询服务中，以橙堡公寓多年成熟运营经验作为依托，并且在中央预订系统管理下，实现订单的合理、高效分发与统计。移动互联网时代，网络购物、社交媒体、移动支付、租赁生活从方方面面塑造着这一代年轻人的消费习惯和生活方式，橙堡公寓利用互联网技术为城市租房人群提供高品质长租公寓产品；同样，为了贴合租客需求，橙堡公寓打造了普通白领公寓，满足年轻租客平价租房需求。

针对租住地理位置偏好，橙堡公寓经过多方调查与实地勘考，特地将项目选定在双流区商都路，靠近地铁3号线，交通便利，周围有万达广场、奥特莱斯等大型购物中心，附近还有公园和医院，可满足绝大多数租客生活需求。

租客安全是橙堡公寓考虑的第一要素，定期检查公寓安全设施，扫清危险隐患，24小时安保人员，时刻保障租客安全。作为在智慧服务领域的先行者，智能设施运用上，24小时无死角监控、智能门锁、居住预警等智能化场景在橙堡公寓早已实现。橙堡公寓有橙堡生活服务集团对数字化智能化的高度认可和支持，通过拥抱"物联网"的方式，使租客租住安全感大大增强。

橙堡公寓始终坚持"以人为本，用户至上"的理念，多样化装修风格，多种房源选择，定期保洁与优质物业管理，更有24小时在线管家服务，最大程度满足用户的需要，不断优化服务质量，打造一个舒适服务、配套齐全、安全有保障的生活公寓环境。

(四) 橙堡公寓运营亮点

伴随着新生代群体生活观念的转变，租客对租房品质、服务、管理、体验有着更高的要求。对于租房主力军来说，年轻的"95后"一代，喜欢差异化、个性化的产品和服务，认为品牌背后的文化内涵是个人价值观的体现。除了产品本身，设计的颜值、店铺陈列的格调以及产品蕴含的文化因素等都能让"95后"一代对品牌萌生好感。

基于租客群体租住观的变化，橙堡公寓从"租客群体"租住需求出发，解决租住痛点，以及我们"安全·自在·家"的理念对长租公寓进行设计改装。

针对租住青年群体的需求，金恒德店特别打造了租住样板间。打破了传统"哪里有空房看哪里"的看房痛点，节省了租客看房时间。并且通过配置完整的样板间让租客一目了然地知道，未来其入住后完整的租住环境。同时，针对当下租客大多喜欢拎包入住的特点，还提供样板间同款房间布置，租客只需要按照样板间增添的布置内容支付低于市场价的费用，即可实现拎包入住。

租而为住,提升舒适度。对于常常加班的年轻人来说,回来就是睡觉,有一张舒适的床非常重要。橙堡公寓从基本配套做起,给租户细致入微的租住体验,每一个房间的床位都标准配置舒适床垫,给他们提供如家般的舒适感。同时,房间内提供全套家电设施,满足年轻人足不出户观天下的需求,以及设施设备上智能化设计,门廊的感应灯,在为租户提供照明设施需求的同时更加节约能源,低碳环保;刷卡即进的智能门锁,插卡来电的形式更能够提醒租户出门时关闭电源,带好房卡。

金恒德门店中 LOFT 设计了"动静分离"的房型,动区为租户提供一个生活服务板块,静区为租户提供一个安静的住宿环境。上下两层结构更好地利用房间的空间区域,做到"小面积、大空间"的概念,不仅满足了租客的不同需求,也为租户提供了更多的空间。

智能互联,加量不加价。针对一些有特殊需求的租客,项目还配置有智能互联网设备,如通过小度控制的全屋智能开关、窗帘、网络控制,以及通过手机 App 控制的智能门锁等。而这些增值服务内容,针对特定房型,可免费赠送。

三、橙堡公寓金恒德项目优势

(一)经验、实力优势

橙堡公寓作为西南地区第一家长租公寓品牌,是目前西南地区有名的"集中式连锁长租公寓"运营商。已经建立了项目勘测、产品研发、租住服务、IT 系统、市场营销等公寓全链条的标准化操作流程。业务覆盖成都、重庆等主要城市,以"橙堡尚寓""橙堡公寓""JANE 青年社区"等多个公寓品牌产品切入租赁领域的细分市场,以出色的运营能力为精英人士、城市白领、创业青年、基层员工等不同人群提供安全、便捷、舒适、友好的租住解决方案。

作为西南地区集中式公寓行业的领头企业,橙堡公寓一直积极响应政府号召,顺应国家大力推进租赁住房市场建设的导向,积极参与发展租赁用房。自 2015 年起,橙堡公寓从 138 套分散式房源发展到现在旗下拥有长租公寓 28 家,平均入住率 95%以上,房间数达到 4000 间(在营 + 存量)。2021 年,橙堡公寓进驻武汉市场即拿下3500 余间精品白领公寓。橙堡公寓的品牌从每一家门店服务开始积累,聚沙成塔,成为西南地区年轻人的首选房源品牌。

作为成都本土品牌,橙堡公寓致力于打造美丽住房生活,赢得了业界的高度认可,获得 2018 住房行业创新业务奖、2020 十大诚信租房品牌等荣誉。

(二)优质配套设施服务

"快"是年轻人的信条,是现代生活的金科玉律。在这样的社会背景下,企业要想更好地迎合市场,就必须跟紧年轻人的快节奏。因此,金恒德门店在服务上有橙堡公寓官方公众号,能够 24 小时及时响应租户的问题,并且及时传达到门店管家处,做到及时服务响应。

随着人们生活水平的不断提高,越来越多的租客除了在乎租金和出勤距离外,也开始重视居住品质,在租房时会考虑配套设施。金恒德门店线下拥有超大公区,为租户提供跑步机、乒乓球台等免费健身设施,生活健康并肩同行。为租客提供了多样化的居住产品,同时依靠完善的生活配套服务,让众多城市青年悦享品质生活。

在上班时间,金恒德活动中心有多名门店管家在岗服务,不论是家电损坏还是水电维修都可及时得到解决。同时,也为来店租户提供一对一带看服务,从价格、位置、房型多个角度为租客介绍推荐更适合的房源户型,超过租户的心理预期。为成都青年群体定制个性生活居住场景以及提供高品质居家服务,"让租住成为一种生活方式"的服务理念将深入成都青年群体的生活日常。

作者联系方式

姓　　名：王　科　赵书燕

单　　位：四川云宗企业管理有限公司

地　　址：成都市双流区商都路 333 号橙堡大楼 101 室

邮　　箱：16388742@qq.com

新形势下集中式租赁社区运营管理研究

李 莎

摘 要：之寓未来项目位于湖北省武汉市东湖新技术开发区，为目前武汉市规模最大的集中式长租公寓项目，是集公寓、幼儿园、商业、酒店、众创空间及相关配套设施为一体的大型综合社区，可为武汉及高新区服务企业提供租赁房源4918套。

关键词：租赁社区；运营管理；实施方案

一、项目基本情况

之寓未来项目位于九峰二路以北，顶冠峰路以西，总建筑面积约55.2万m^2，由35～130m^2的单间、一居、两居及三居产品组成。既是武汉市响应国家"租售并举"政策的租赁住房试点项目，湖北省及武汉市招才引智、招商引资的重点配套工程，也是东湖高新区服务华为等重点招商企业的主要举措，同时也是省、市"不忘初心、牢记使命"主题教育活动督办内容之一。

作为集居、游、业为一体的长租公寓新型标杆项目，将社区作为区域赋能核心，赋能城市，不断增强对周边区域发展的辐射带动作用，为光谷产城融合提供核心配套支撑。之寓未来致力于打造成为舒适便捷的居住社区、安全高效的智慧社区、活力开放的青年社区、创新创业的成长社区。

二、实施背景

（一）内外部环境

参考发达国家租赁市场，主要经历了新房销售、"建造+租赁"协同发展、聚焦租赁业务三个发展阶段。在业务模式上，通过公募REITs市场已经实现了投、融、建、管、退完整的闭环投资模式。据统计，英国、美国、日本等发达国家租赁人口占比及租赁房屋占比均在40%以上，其中一线城市占比高达60%以上，是有效保障住房的双引擎之一。

自改革开放以后，我国城镇化率长期实现高速增长，大量的城市流动人口，促进了产业发展的同时也增加了住房租赁市场的需求。据统计,我国租赁人口占比11.6%,租赁房屋占比18%,即使是流动人口最密集的北京、上海等一线城市占比也仅为20%左右,远低于发达国家水平,租赁市场发展空间较大。我国企业正处在由高速增长转换到高质量增长,由资源、人口红利驱动转换到技术、创新驱动,政治周期、经济周期、产业周期、金融周期交错,国资国企改革攻坚,民企发展大转型共生的经营环境之中。

武汉东湖新技术开发区简称东湖高新区,又称中国光谷,于1988年创建成立,是中国首批国家级高新区、第二个国家自主创新示范区、中国(湖北)自由贸易试验区武汉片区,并获批国家光电子信息产业基地、国家生物产业基地、央企集中建设人才基地、国家首批双创示范基地等。

东湖高新区规划总面积$518km^2$,集聚了武汉大学、华中科技大学、武汉职业技术学院、武汉软件工程职业学院等58所高等院校,有100万名在校大学生;科研机构众多,有中科院武汉分院、武汉邮电科学研究院等56个国家级科研院所,10个国家重点开放实验室,7个国家工程研究中心,700多个技术开发机构,52名院士,25万多名各类专业技术人员;年获科技成果1500余项,是中国智力最密集的地区之一。2021年,东湖高新区GDP为2401亿元、同比增长16.8%,两年平均增速高达10.8%。

区内下辖8个街道(关东街、佛祖岭街、豹澥街、九峰街、花山街、左岭街、龙泉街、滨湖街),并建有8个专业园区(光谷生物城、武汉未来科技城、武汉东湖综合保税区、光谷光电子信息产业园、光谷现代服务业园、光谷智能制造产业园、光谷中华科技园、光谷中心城)。

(二)政策分析

2015年国家开始大力支持住房租赁市场,2016年底中央提出"房子是用来住的,不是用来炒的",2017年各地密集出台楼市调控政策,大力发展租赁市场,同年,九部委发文在广州等12个城市开展试点工作,广州率先打出"租售同权",紧接着深圳、武汉等50多城出台发展租赁政策。2017年5月,在供给侧结构性改革的大背景下,为了建立"租售并举"的住房制度,住房和城乡建设部起草了《住房租赁和销售管理条例(征求意见稿)》,鼓励发展规模化、专业化的住房租赁企业,要求国有企业充分发挥引领和带动作用,支持国有企业转型为住房租赁企业,支持发行企业债券、公司债券、非金融企业债务融资工具,向住房租赁企业提供分期还本等符合经营特点的长期贷款和金融解决方案。鼓励各地通过新增用地建设租赁住房,鼓励国有企业将闲置和低效利用的资产改建为租赁住房,搭建政府住房租赁交易服务平台。

随后,国家及各地方住房租赁行业的金融支持、土地供应、市场监管等支持政策相继出台,目前,还处在不断完善的阶段。

（三）行业分析

根据住房和城乡建设部统计的数据显示，规模化住房租赁企业市场份额仅2%，品牌租赁机构更是寥寥无几，房屋租赁市场发展空间巨大。上海易居研究院智库中心预测，未来十年将是住房租赁市场快速发展的阶段，预计2027年全国城镇将形成54亿m^2的有效租赁需求。与此同时，将形成66亿m^2的可租赁房源，租金规模可达3.86万亿元。到2030年，中国房屋租赁市场的租金规模将超过4.6万亿元。目前，我国租赁企业渗透率仅为2%，远低于发达国家水平。发达国家房屋租赁供给市场中，专业化的房屋租赁公司是出租领域中最重要的主体。

党的十九大报告指出，我国经济已由高速增长阶段转向高质量发展阶段，传统的产业运营模式已不足以支撑地方经济和企业发展的需求，高质量发展住房租赁行业是完善城市配套服务的重要组成部分。

自2015年国家出台相关政策以来，我国住房租赁行业迎来了疯狂式的增长，各大派系旌旗林立，部分企业依靠融资、高价包租、快速扩张规模、再融资的模式一度经历了爆发式的发展，行业完成了从"0到1"的积累。但因为改造、运营、并购难度较大，边际效益不断递减，金融政策、税收优惠政策及退出机制尚不健全，盈利模式不清楚，租赁市场不规范，截至2019年上半年，诸多企业纷纷倒闭，规模化的发展模式被陆续叫停，住房租赁市场逐渐进入冷静期。

（四）发展机遇

2005年7月，湖北省科技投资集团公司（以下简称"湖北科投"）肩负着服务东湖高新区经济社会发展的使命，在"中国光谷"这片创新创业梦想的热土上应势而生。

截至目前，湖北科投注册资本400亿元，总资产规模突破2000亿元；企业主体信用评级长期为AAA，被惠誉、穆迪授权BBB、Baa3评级，是湖北省第一家同时获得两家国际评级机构投资级信用评级的国有企业。多年来，湖北科投助力打造"光芯屏端网"万亿级产业集群，长江存储、华星光电、武汉天马、信科5G基金等重大产业项目顺利开展；多措并举，先后参与投资华大智造、联影医疗等项目，高水平布局生命健康产业发展；高站位助力产业新城建设，生物创新园、光谷文化中心、数字经济产业园、华为人才公寓、光谷国际社区、四水共治、光谷外校、海洋院等重点项目稳步开展；高起点规划建设东湖科学城，全面开启光谷科学岛建设。

在积极响应国家"租售并举"的政策，落实国有企业要充分发挥引领和带动作用的文件精神，严格按照高新区的要求履行"重大基础设施建设、产业园区建设、重点产业投资、科技金融服务、国有资产运营"五大职能的同时，利用自有存量资产及新增资产全生命周期的天然优势，导入5G、人工智能、物联网、大数据等技术手段，在当前国家政策倾向国有企业，行业及税收优惠政策尚未完善之前，深度谋划自有品牌，抢占市场份额，为下一步行业及税收优惠政策发布、市场成熟之前赢得市场竞争，实现企业的健康可持续发展奠定坚实的基础。

2018年9月，湖北科投成立"之寓"品牌，致力于集中式长租公寓的定制开发和品牌化运营，已形成集规划、建设、招商、服务于一体的业务模式。"之寓"秉持产品标准化、服务品牌化、居住社交化的理念，利用5G、物联网、云计算、大数据、人工智能等多种前沿技术，致力于打造智慧社区式长租公寓及商业标杆品牌，为城市青年群体提供居住、生活、社交、创业为一体的青年社区，塑造有趣、信任、开放的社区生态。

三、项目方案及特色

之寓未来项目作为之寓打造的首个规模最大的集中式长租公寓项目，项目总投资约45亿元，项目于2018年纳入武汉市首批住房租赁试点名单，并申请获批中央专项租赁住房补贴5.8亿元，是武汉市获批补贴金额最大的项目，受省市高度重视，接待参观调研75场。项目规划总建面约55万m^2，其中公寓26万m^2，可提供租赁房源4918套，商业配套10万m^2，地下16万m^2（约4300个地下停车位），项目位于高新区的未来城核心区域，南侧是华为武汉研究所、未来科技城，西侧为华为海思工厂。

为符合年轻人的住宿需求、功能配套及审美，项目规划设计阶段组织了大学生竞赛，邀请武大、华科参加，将大学生对理想居住社区的想法融入项目设计中。项目整体以"一核、两轴、三心、四组团"实现多业态的融合联动。其中两轴分别为南北纵横的文创商业轴线及东西横跨的餐饮商业轴线，两条轴线交汇在核心中央广场，轴线涵盖了商业街、艺术馆、体育馆、酒店等生活配套，项目内部规划建设两个幼儿园，可解决家庭型租户子女的教育送读问题。

两条商业轴线将项目分为四个居住组团，居住组团通过人脸识别进行出入管理，保证居住环境的安全舒适。组团内也做了相应的配套，在一楼的架空层设计了可供租户免费使用的书吧、影吧、健身房、亲子活动场所。整体的商业及文娱配套可让租户感受到最大的便利，打造一个吃、住、行于一体的生活圈。

之寓未来的公寓产品有35m^2、50m^2、70m^2、90m^2、110m^2和130m^2，涵盖了单间、一居室、两居室、三居室等多种户型及装修风格，可以匹配到不同人生阶段的租户群体，产品以精装带家电标准实现交付，租户可拎包入住。

四、取得的成效

项目分批建设，2021年7月30日1.1期正式启动运营，市场反应热烈，推出即满租，已实现出租率100%，月租金区间1500～3000元。累计登记意向租房人数近2000人，为东湖高新区华为、锐科光纤、中软国际等多家重点企业提供住房服务，共解决近1200名企业员工住宿问题。根据2021年经营数据显示，在不考虑之寓未来折旧摊销费用的前提下，项目 1.1 期 664 套房源已实现净经营利润（NOI）217.75 万元。

五、项目难点

（一）自建自持租赁住房税费负担沉重

之寓未来项目作为自持集中式租赁住房项目，根据当前的房地产税收政策，运营期间涉及的税费包括增值税、房产税、城镇土地使用税等。根据现行税费缴纳标准，该项目在运营爬坡期出租率 30% 时，税费累计超过租金收入的 50%，稳定期出租率 90% 时，税费约为租金收入的 15%，运营期自持租赁住房税费占租金比例高，税费负担重。

（二）住宅性质租赁住房能源费用高

目前，武汉市尚未出台长租公寓行业电价标准，之寓未来项目属于住宅用地性质，执行住宅标准的阶梯电价，故在租赁模式下：一是单户电表为累积计数方式，阶梯电价对流动性的租赁人群存在不合理性；二是企业存在制定租户电费收费标准的困难性，若按低阶电价向租户收取电费，后期超出低阶电价的部分将由企业自行承担，若按高阶电价向租户收取，如果租户对电费收取标准存疑，将对租户的入住体验造成不良影响；三是共享区域部分不产生收益，能源能耗成本大。

（三）租赁性住房配套规划设计管理规范尚未明确

自建自营模式下的长租公寓项目拿地仍有瓶颈期，尚无市场化运营长租公寓用地的供地模式，若用住宅用地开发长租公寓，而住宅土地市场竞争激烈、土地溢价较高，较高的土地成本会对租赁企业造成较重的负担。且 2021 年武汉市集中供地政策实施后，将以统一标准进行集中供地，自持租赁住宅用地的供地模式将更加难以实现。

目前，上海市等城市已推出租赁住房规划建设标准规范，武汉市尚未出台相关租赁住房规划建设标准，租赁住房项目规划设计及建设需参照传统住宅标准执行，将在以下几个方面增加住房租赁企业建设投入成本，具体如下：

一是停车配比，租赁住房主要服务在周边上班的租户群体，停车需求并未达到住宅要求；二是厨房配置，租赁住房单人间出租率好、坪效高，但因按住宅设计规范要求每户必须配有独立封闭且带窗的厨房，存在设计难度，且企业投入成本较大；三是退距、日照要求，依据《武汉市建设工程规划管理技术规定》中明确的住宅最小间距及 100% 的套型获得冬至日满窗有效日照时间的要求，将导致租赁住房得房率低，可出租户数减少且投入成本大。根据租赁住房的实际使用需求应鼓励围合式布局，适当放宽内部间距要求，保证日照有 50% 以上的套型有一个居住空间能获得冬至日满窗有效日照时间；四是配套配比，住宅规划需满足《城市居住区规划设计标准》GB

50180—2018 中的配套要求。虽然总户数达到了 10min 生活圈配套要求，但因租赁住房项目以单人间小户型居多，设计规划的配套量将会根据户数增加，额外增加了开发建设投入成本。且部分公益性配套后期均会移交政府相关部门，无法产生实际收益；五是教育配比，租赁住房以青年人居多，产品配置以单人间为主，居家型多人间配比较少，教育需求与普通住宅小区不同。

现阶段自持自建的租赁性住房缺少合适的退出机制，长期重资产持有将导致项目公司无法实现良好运转，目前，国内 REITs 产品仅鼓励在基础设施项目上开展，对房建项目仍是保守态度，采用常规资产证券化融资产品涉及资产过户，仍会产生大额的交易税费，无法从本质上实现资产盘活，减轻重资产运营的财务负担。

六、经验与启示

经研究分析，租赁住房行业蓝海有极大的发展空间，发展潜力大，随着租赁住房行业在金融支持、土地供应、市场监管、税收优惠政策不断出台及各地租赁住房建设适用标准陆续落实的背景下，之寓未来项目自建自营长租公寓模式是可复制的。在探索"前端政策引导降低成本 + 后端 REITs 市场退出"不断优化运营管理基础上，之寓未来项目作为武汉市最大的集中式长租公寓做出了探索，力求为行业发展提供具有代表性、开创性的案例示范，推动行业良性发展。

作者联系方式

姓　名：李　莎
单　位：之寓置业有限公司
地　址：武汉市东湖新技术开发区光谷生物城 C5 栋
邮　箱：271605098@qq.com

房地产估价服务助力长租房市场发展及相关实践案例

陈 婕 王 娜 郑丹嫦 陶宇洁 何加宝 张 璐

摘 要：在当前房地产市场背景下，中国房地产市场正在逐步由"买"向"租"过渡转变，"租"的比重将会越来越大。因此，围绕住房租赁市场，尤其是长租房市场领域，将衍生出更多的住房租金评估等关联业务，这也将为房地产估价行业的发展创造出更多的业务契机和发展空间。本文对长租房市场发展背景下的若干具体租金评估案例进行思考总结，借此与同行交流分享，博采众长，为行业发展创造更多的机遇和价值。

关键词：住房租赁；长租房；房地产估价；租金评估

一、中国房地产市场正在逐步由"买"向"租"过渡转变

住房问题是民生问题的重中之重，在高房价的房地产市场背景下，住房问题尤为显著，妥善全面地解决和满足城市不同阶层群体的住房需求，是中央和各地政府近年来一直在积极研究和探索的问题。

2017年10月，党的十九大报告中明确提出："坚持房子是用来住的、不是用来炒的定位，加快建立多主体供给、多渠道保障、租购并举的住房制度，让全体人民住有所居。"而在2015—2021年历年中央经济工作会议中，中央也反复强调要重点发展住房租赁市场，并相继提出了"租购并举""长租房"等概念。2021中央经济工作会议关于房地产表述为"要坚持房子是用来住的、不是用来炒的定位，加强预期引导，探索新的发展模式，坚持租购并举，加快发展长租房市场，推进保障性住房建设，支持商品房市场更好满足购房者的合理住房需求，因城施策促进房地产业良性循环和健康发展。"

由政策导向看市场，中国房地产市场正在逐步由"买"向"租"过渡转变。

在房地产市场持续深化改革发展的大背景之下，可以说房地产市场的长效健康发展紧扣民生，建立租购并举的住房制度，构建房地产市场健康发展的长效机制，将是从根本上妥善解决各阶层人民住有所居问题的根本途径。各地政府尤其是人口净流入较大的一、二线城市正在积极探索住房租赁市场发展之路，今后，也将会有越来越多

的人主动或被动接受以"租房"代替"买房",以此来解决住房问题,"租"的比重将会越来越大。

就深圳来说,根据《深圳市人民政府关于深化住房制度改革加快建立多主体供给多渠道保障租购并举的住房供应与保障体系的意见》,深圳将针对不同收入水平的居民和专业人才等各类群体,着力构建多层次、差异化、全覆盖的住房供应与保障体系。将住房分为三大类:第一类是市场商品住房(售),占住房供应总量的40%左右;第二类是政策性支持住房,包括人才住房(可租可售)和安居型商品房(可租可售,以售为主),占住房供应总量的40%左右;第三类是公共租赁住房(租),占住房供应总量的20%左右。

因此,围绕住房租赁市场,尤其是在长租房市场领域,将衍生出更多的住房租金评估等关联业务,这也将为房地产估价行业的发展创造出更多的业务契机和发展空间。

二、长租房的概念梳理

随着住房租赁市场的大力发展,2020年中央经济工作会议上首提"长租房"概念,要求"加快完善长租房政策、规范发展长租房市场",2021年中央经济工作会议中再提要"加快发展长租房市场"。

在介绍相关典型案例前,首先要梳理一下我们对于"长租房"的理解。"长租房"其实应该是一个体系概念,是某一类租赁住房的统称。指可供长期持续稳定租赁的住房房源,不仅包括长租公寓这种市场化租赁住房,还包括公租房、政策性租赁住房(如人才房)等政府保障性租赁住房。也就是说,长租房不单单是指长租公寓,也应包括政府主导的各类保障性租赁住房(图1)。

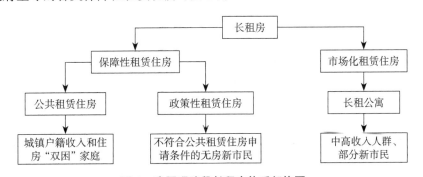

图1 我国现阶段长租房体系架构图

三、房地产估价服务在长租房市场发展中的具体应用

随着住房租赁市场的发展,一方面,政府会不断加大保障性租赁住房(公租房、政策性租赁住房)的推进力度,增加供应;另一方面,政府也推出了金融、税收等一

系列优惠政策，以此扶持和鼓励各企业单位最大程度挖掘和发挥闲置或低效利用房源的价值，盘活存量房源，增加市场化租赁住房（长租公寓）的供应。

围绕长租房市场，无论是从政府还是从企业的角度，都会有越来越多的房源筹集收储决策所涉及的住房租金评估业务需求。借助良好的市场契机，自2018年以来，深圳市新峰土地房地产评估有限公司先后承接了政府相关单位、金融企业等委托的各类规模化房源的租金评估业务，为委托方前期决策提供了客观公正有效的价值参考依据，促进了委托方筹集和收储房源的顺利谈判，现以其中部分典型案例进行总结和分享。

（一）建行建融家园收储房源租金评估（市场化租赁住房——长租公寓）

估价目的：为委托方筹集"建融家园"平台房源与项目方谈判提供决策参考依据。

房源特点：以新建或次新商品住宅（商住）为主，少量工改、商改类房源。属于新建或次新商品房住宅（商住）的房源，一般是开发商将名下部分自持物业拿出来作为长租房房源。而属于工改或商改类的房源，一般是业主将闲置或低效利用的工业厂房、工业宿舍或商业裙楼等按照住房的格局和标准要求加以升级改装后作为长租房房源。

工作内容：①基于网签备案系统的楼盘字典数据，确定房号清单和基本信息等房号数据；②确定关键性影响要素，主要考虑楼栋、楼层、景观、朝向、户型、面积等影响因素，建立修正体系，通过各房号物业之间的关联属性构建租金估价理论模型；③通过广泛的市场调研获取客观实时的市场数据，从而得出精准到户的租金；④在此基础上，根据项目具体需求，加以分析测算得出不同户型的租金均价、不同面积区段的租金均价、房源整体租金均价等不同类别的租金均价。除此之外，还需按照交房标准的不同，分别得出毛坯房租金、空房租金、拎包入住租金。

工作要点：长租公寓一般面向对居住环境、居住条件有一定追求的中高收入群体，因此一般会配置图书角、健身房、休闲娱乐等公共配套设施，需要对项目方案进行全面深入了解，充分掌握项目自身的装修方案和公共配套设计方案，在修正过程中客观如实体现。

（二）市人才安居集团收储房源租金评估（保障性租赁住房——人才房）

估价目的：为委托方规模化租赁项目提供市场租金价值参考依据。

房源特点：基本都是工改类房源，一般是业主将闲置或低效利用的工业厂房、工业宿舍按照住房的格局和标准要求加以升级改装后作为长租房房源。

工作内容：①基于前期搜集或委托方提供的数据信息，确定房号清单和基本信息等房号数据；②确定关键性影响要素，主要考虑楼栋、楼层、景观、朝向、户型、面积等影响因素，建立修正体系，通过各房号物业之间的关联属性构建租金估价理论模型；③通过广泛的市场调研获取客观实时的市场数据，从而得出精准到户的租金；

④在此基础上,根据项目具体需求,加以分析测算得出不同户型的租金均价、不同面积区段的租金均价、房源整体租金均价等不同类别的租金均价。除此之外,还需按照交房标准的不同,分别得出空房租金、拎包入住租金。

工作要点:人才房一般是面向特定人才且在本市无自有购房的群体,结合不同类型人才的具体工作生活学习需求,运营企业一般也会有选择性、针对性地设置一些文化休闲娱乐等公共配套设施,因此也需要对项目方案进行全面深入了解,充分掌握项目自身的装修方案和公共配套设计方案,在修正过程中客观如实地体现出来。

(三)区住房保障中心房源收储租金评估(保障性租赁住房——公租房)

估价目的:为委托方筹集公租房房源与项目方谈判提供决策参考依据。

房源特点:基本都是新建或次新商品住宅(商住)房源,一般是开发商将名下部分自持物业或拆迁户业主将名下空置的房源集中起来作为长租房房源。

工作内容:①基于网签备案系统的楼盘字典数据,确定房号清单和基本信息等房号数据;②确定关键性影响要素,主要考虑楼栋、楼层、景观、朝向、户型、面积等影响因素,建立修正体系,通过各房号物业之间的关联属性构建租金估价理论模型;③通过广泛的市场调研获取客观实时的市场数据,从而得出精准到户的租金;④在此基础上,根据项目具体需求,加以分析测算得出房源整体租金均价。公租房一般是空房标准交房,所以评估结果一般对应的也是硬装完成空房状态下的租金。

工作要点:公租房一般面向中低收入无房人群,以解决居住问题为直接着力点,一般不会过多地做文化休闲娱乐设施的考虑和设计,因此,在修正过程中,更多的是体现房屋本身的刚性租金价值,无需考虑公共配套设施等产生的溢价空间。

(四)项目经验分享

一是充分利用地产大数据技术,结合估价理论模型,提供高效专业的批量评估服务,将数据分析处理新技术与传统评估的专业性高效融合。

二是深入了解委托方的具体需求,有针对性地为委托方提供不同条件、不同状态、不同维度的租金评估服务。

三是充分采集项目房源的基础资料和信息,如项目整体布局、楼栋平面图、楼层平面图、户型图、房源明细清单等,有效对应各房号的楼栋、楼层、景观、朝向、户型、面积等物理因素。

四是深入开展市场调研工作,围绕区域内竞品项目的产品特点、产品结构、租金水平等方面进行全面调查,有助于形成客观准确的项目结论。

(五)项目心得总结

1. 关于交房标准

评估工作开展前,首先需要明确估价对象的交房标准,也就是我们的评估结果对应的是什么条件状态下的租金，因为同一物业在毛坯、硬装空房、拎包入住不同条件状态下的租金是完全不同的。

如某一项目，根据委托方需求，需要同时评估几种不同交房标准条件状态下的租金时，确定不同交房标准条件状态下不同租金之间的差异是关键点，在此我们以某一具体案例为例，通过两种途径获取数据支撑分别确定修正系数后，进行了相互之间的校验，发现用这两种途径分别确定出的修正系数相互之间可以有效校验。一种是根据深圳市目前的客观市场行情，按照以中档装修和中档配置的定位为标准确定硬装空房和拎包入住不同标准条件状态下不同的装修成本，将其按照一定耐用年限按月折算到单位建筑面积上，根据租金差额确定出合理修正系数。另一种途径是在市场调查时，调查同一套房分别为空房和拎包入住两种情况时不同的租金，再以此确定出合理的修正系数。

综上所述，同时结合我们做过的其他同类项目，由于区位、交通、配套等因素的不同，各楼盘不同交房标准对其租金溢价影响作用的显著性会略有差别，但整体上差异不会太大，综合来看，深圳范围内同一套住房拎包入住与其空房相比时，修正系数一般在5%~10%。

2. 关于可比案例

由于此类项目涵盖房源类型多样，房源可能涉及住宅、商务公寓、酒店、工业厂房、工业宿舍、商业裙楼等不同的类型，如遇到住宅、商住用途，一般情况下可直接选取住宅案例，但遇到工改、商改等项目，情况就会复杂一些，如区域内有这种同类的工改居或商改居项目的则优先考虑，但是一般能凑足3个可比案例的可能性不大。如区域内没有同类项目，或者是同类项目案例不足3个时，就需要充分将项目自身的客观实物状况和整改升级方案结合起来综合考虑，准确把握并客观感受估价对象房源在升级改造后是否能够完全达到设计方案预期，真正实现其作为居住用房的预期功能和最大价值，在此前提下，在区域范围内展开市场调研工作，调查筛选出真正与其可比的案例，并且根据估价对象与选取案例之间的实物状况差异必须进行客观合理的修正。

3. 关于技术路径

此类项目当中，委托方一般情况下是要求评估房源的租金均价，按照类别可以进一步划分为整体租金均价、不同户型的租金均价和不同面积区段的租金均价等。在实际操作过程当中，有些简便做法是将通过比较法得出的比准租金直接作为均价，但从评估技术角度来讲，这种思路是不科学不严谨的。合理的做法应该是：选定房源中的某一个房号作为基准对象，通过比较法先得出基准对象的比准租金，再将其余各房号与该基准对象一一进行比较，根据各项因素的差异情况进行相应修正，从而可以得出各个房号的租金。在到户租金的基础上，再相应按照委托方要求，做不同类别的筛选，最终根据公式"某类别的总租金/某类别的总建筑面积＝某类别的租金均价"得出各类别的租金均价。

四、结语

作为一家深耕一线城市近30年的专业评估机构,我们深深感受到房地产市场正在悄然发生的变化,本文仅基于深圳市新峰土地房地产评估有限公司近期在长租房市场发展背景下所承接的关联评估业务进行思考总结,抛砖引玉与同行分享交流。希望在市场的风云变幻中,我们依然能够坚持初心,秉承客观、公正、专业的服务精神,为行业发展创造更多的机遇和价值。

作者联系方式

姓　名:陈　婕　王　娜　郑丹嫦　陶宇洁　何加宝　张　璐

单　位:深圳市新峰土地房地产评估有限公司

地　址:深圳市罗湖区桂园街道人民桥社区和平路3001号鸿隆世纪广场A座1601A

邮　箱:438236942@QQ.com

注册号:陶宇洁(4420000226),王娜(4420100163),
　　　　郑丹嫦(4420210209),何加宝(4420180220)

(二)城市探索

科学施策　多措并举
推进武汉住房租赁市场高质量发展

陈新政

摘　要：武汉市推动住房租赁市场发展的经验主要有：一是深入研究、科学制定政策措施。二是政策引导，积极培育市场主体，包括大力发挥国企引领作用；引导民营企业、混合所有制企业积极参与住房租赁建设与运营；鼓励有租赁房源的社会企业参与，并引导企业优势互补。三是"六个一批"，多渠道筹集租赁房源，即推进在国有土地上新建一批，在租赁住房试点的集体土地上建设一批，在工业园区中集中建设一批，利用闲置的商业办公用房改建一批，将闲置的住房转换一批，利用租赁专业机构和房地产经纪机构将存量房源盘活一批。四是加强监管，整顿规范租赁市场。五是推进政银合作，搭建租赁服务平台。六是行业组织参与，发挥行业自律作用。

关键词：住房租赁；租赁房源；行业组织

一、深入研究，科学制定政策措施

没有调查研究就没有发言权，自 2016 年以来武汉市房管部门连续五年开展课题研究，先后完成了《武汉市建立租购并举住房制度研究》《武汉市发展租赁住房风险问题研究》等 10 余项课题，为武汉市住房租赁市场发展做了较为充足的理论准备。武汉市成为全国住房租赁试点城市以后，武汉市住房保障和房屋管理局分别组织相关部门、产业园区、住房租赁企业、房地产开发企业、武汉高校、城中村企业召开了 25 次座谈会，宣传国家发展租赁住房的政策，广泛听取各方意见。通过调查、座谈和交流，摸清了武汉市及各区租赁人口、租赁市场、租金水平、人口流入、产业布局、土地资源、存量住房、闲置厂房和商业等情况。

2016 年，武汉市常住人口突破 1200 万人，租赁人口约 220 万人，租赁人口约占全市人口的 18%，全市各类租赁房源约 76 万套，专业租赁机构经营的房源不到租赁市场房源的 2%。武汉市住房租赁市场发展处于初级阶段，但发展前景巨大。近年来，每年新流入人口超过 30 万以上，新增人口大多是新就业的大学生，租房占比超过 80%。妥善解决他们的住房问题，对武汉市住房租赁市场持续健康发展具有十分重要的意义。

2017年8月,武汉市在全国较早出台了《武汉市人民政府关于开展培育和发展住房租赁市场试点工作实施意见》,提出了培育市场主体、建设服务平台、增加租赁住房供给、完善公租房保障机制、加大政策支持力度、加强租赁管理和服务六个方面的措施。

2019年7月,在获得中央财政资金支持以后,武汉市又在全国率先出台《武汉市住房租赁市场发展专项资金管理办法》,明确了财政补助资金支持的范围,包括新建配建、代理经租、利用集体土地新建、装修、商改租、房屋安全保险、经纪服务和平台建设八个方面。通过广泛宣传,引导市场主体积极发展住房租赁市场,筹集房源。

住房租赁试点开展5年以来,武汉市共计出台支持发展租赁住房文件30份,涉及租赁住房的方方面面。值得一提的是,2017年12月,武汉市率先出台了《关于规范住房租赁服务企业代理经租社会闲散存量住房的试行意见》,大力推行"N+1"改造模式,明确了使用面积 $12m^2$ 以上的客厅可以隔断作为单独房间出租使用。"N+1"改造模式既增加了租赁住房供应,又降低了单位面积租金标准,减轻了承租人的经济压力,提高了房东和住房租赁企业的收入,实现了多方利益平衡。2020年初,武汉市出台《关于允许商业和办公用房等存量用房改造为租赁住房的通知》,允许符合条件的存量、闲置的商业、办公等非自住用房通过改建成为租赁住房,将土地变性与房屋改建分离,以认定方式简化审批流程,系统解决历史性问题与改造房屋的出租难题。这两项有针对性的政策措施的实施,极大地调动了住房租赁企业的积极性,盘活了武汉市闲置房源,加大了租赁住房供给,刺激了住房租赁市场发展,切实解决了新市民的住房困难,平抑了市场租金,降低了租客的经济负担。

二、政策引导,积极培育市场主体

住房租赁市场主体的培育关系到住房租赁试点工作的成败,武汉市采取多项措施,积极培育规模化、专业化、机构化市场主体。

一是大力发挥国企引领作用,明确都市产业公司、省科投、武钢、建信住房等24家国有企业作为住房租赁试点企业,组织都市产业公司取得武汉市首个纯自持租赁住房地块。

二是壮大住房租赁专营机构,引导万科、龙湖、魔方等53家民营企业、混合所有制企业和租赁专营机构积极参与住房租赁,快速发展壮大,对龙湖旗下的冠寓商业运营公司的10个"工改租、商改租"项目拨付中央财政资金6100万元,有力地吸引了民营企业参与武汉市住房租赁市场发展。

三是鼓励有租赁房源的社会企业参与,引导集体组织、园区工业企业、高校后勤部门、房地产经纪机构利用存量、闲置住房发展租赁住房,鼓励房地产开发企业将可出售的住房长期自持,成为租赁主体。

四是引导企业优势互补,充分发挥混合制企业、民营企业机制优势的特点,为国企发展壮大提供有益经验,积极推动万科泊寓与建信住房公司合作,国企都保公司与龙湖公司合作运营租赁项目，北京乐乎协作运营人才公寓，多种业态促使住房租赁市场主体健康发展。

三、"六个一批"，多渠道筹集租赁房源

充足的房源供应是住房租赁市场发展的核心，武汉市坚持新建与存量改造同步推进，采取"六个一批"的方式多渠道地筹集房源。

一是推进在国有土地上新建一批租赁住房，2019—2021年，武汉市在国有土地上建设租赁住房项目16个，约1.6万套。2021年，武汉市供应租赁住房地块6个，预计租赁住房供应面积53万m^2。

二是在租赁住房试点的集体土地上建设一批租赁住房，已在五个城区开展规划选址和建设工作，目前所有项目均开工建设，两个项目基本完工，可为市场提供房源1481套。

三是在工业园区集中建设一批租赁住房，鼓励工业园区在人员密集的区域集中建设租赁住房，满足产业员工职住需求。2019—2021年，在武汉市93个工业项目配建租赁住房2.8万套。

四是利用闲置的商业办公用房改建一批租赁住房，2019—2021年，武汉市通过改建方式建设租赁住房项目141个，提供房源2万套。

五是将闲置的住房转换一批租赁住房，将幸福村、毛坦村等村集体经济组织房源转化为租赁住房，同时引导国有开发企业自持或购买一批房源作为租赁住房。武汉市共4个项目，筹集房源1322套。

六是利用租赁专营机构和房地产经纪机构盘活一批租赁住房，共盘活存量房源17.7万套。

四、加强监管，整顿规范住房租赁市场

（一）建立制度，加强对住房租赁市场监管

武汉市先后出台一系列政策文件，从主体登记管理、房源发布、网签备案、资金监管、纠纷调处、联合监管等方面切实明确责任边界，使房管、市场监管、公安、市委网信办等多部门建立了联动机制。

（二）扫黑除恶，整顿住房租赁市场乱象

长租房市场乱象是广大租客和房东深恶痛绝的难点问题，武汉市将长租房市场整治纳入到扫黑除恶三年整治范围。一是巡察检查常态化，组织武汉市经纪机构门店和租赁住房项目进行全覆盖、拉网式检查。武汉市在全国首起依法判决了安逸之家、鸿润德公司涉黑事件，17人被判处有期徒刑，有力维护了市场主体合法权益；二是多

渠道宣传教育，专门组织开展住房租赁"防骗排雷"专项行动，通过政务网、微信公众号发布行业信息及政策法规，在住宅小区和部分高校发放宣传单 20 万份，制作抖音宣传视频累计播放量 345 万次，转发 7.5 万次；三是全面推行行业信用管理制度，对守信企业表彰，对失信企业约谈、通报、发出预警并进行风险提示，相关处理结果对社会公示。发布不良租赁企业风险提示 2 批次，提醒各类市场主体回避风险。

（三）超前谋划，妥善化解市场风险

2019—2020 年间，住房租赁企业快速扩张，一些企业为了争取市场份额，采取长租短付、高收低出的经营模式，加之受疫情的影响，全国出现了住房租赁企业"爆雷"跑路的情况，严重损害了房东和租客的合法权益，影响了社会稳定。武汉市提前谋划、成立专班，妥善制定化解方案，组织公安、信访、街道等部门，加强维稳和矛盾化解工作。武汉市没有出现因住房租赁企业"爆雷"而集中上访的情况，市领导给予了高度肯定。

五、政银合作，搭建住房租赁服务平台

2017 年 10 月，武汉市与建设银行湖北省分行签订《住房租赁战略合作协议》，在全国率先打造"互联网＋租赁＋金融"综合服务平台（以下简称"服务平台"），集监管服务、企业租赁、共享应用、监管分析等功能于一体，整合了供房、承租、撮合、融资、服务五大流程，具有"六真"的特点。住房租赁服务平台的搭建对规范住房租赁市场起到了重要作用。

一是确保了真实信息。服务平台与产权库对接，住房租赁企业、房地产经纪机构发布房屋出租信息前，要申请房屋权属核验，通过核验获得房屋核验码，保证了房源发布的真实性。第三方网络平台展示房源必须提供机构或中介二维码、中介人员编码和房屋核验编码，"三码"齐全，确保租赁信息真实。

二是规范了市场。服务平台实现了对从业机构的从业资格、资质、开业情况进行全面监督。通过对机构行为进行记录，实现机构信用评分管理，对于存在不良行为、信用评分较低的机构给予扣减信用积分，进入黑名单。

三是便利了公共服务。武汉市初步实现了租赁房源信息网上采集，公共信息线上申报办理，该系统目前已与武汉市公安局流动人口管理系统对接，实现了流动人口与住房租赁房屋信息交互，为社会综合治理提供有效的数字支撑，依托经平台备案的租赁合同信息为基础，推进承租人享受申领居住证、提取公积金、落实义务教育等公共服务政策，落实租购同权。

六、行业组织参与，发挥行业自律管理作用

行业组织是服务和规范市场发展的重要力量，武汉市住房保障和房屋管理局在

2017年指导武汉房地产经纪行业协会成立了住房租赁专委会，完善了行业自律管理机制，发挥行业协会桥梁纽带作用。

一是开展政策指导，服务企业发展。近年来，多次联合行业协会组织开展武汉住房政策解读沙龙、武汉市住房租赁安全宣传沙龙、存量住房"N+1"模式调研座谈沙龙等活动，多次指导行业协会举办房地产市场形势分析及住房租赁法治建设讲座、租赁时代的融合与创新公益培训等主题交流活动。

二是推动政策落地，促进行业规范发展。2018年1月，武汉房地产经纪行业协会联合武汉市物业管理协会、建筑装饰协会共同发布了《关于鼓励和规范住房租赁企业盘活社会闲散存量住房的联合倡议书》，明确了装修改造中材料标准、施工标准、验收标准等方案，推进了政策落实，同时制作了《房地产经纪与住房租赁企业信用承诺书》《住房租赁安全知识手册》、住房租赁交易风险提示等资料助力行业规范。

三是打造租赁品牌，引导行业高质量发展。2021年，以行业首部《长租公寓综合性能评价标准》T/CECS 778—2020为依托，中国房地产业协会在全国范围内组织开展了评定全国第一批星级长租公寓项目。武汉市积极参与，推荐优秀项目，全国共12个项目获得四星级以上评定，武汉市4个项目获得五星，1个项目获得四星，位列全国第一。武汉市获奖项目极具代表性，覆盖了国有土地新建、还建、商改租以及工改租项目，项目从一流品质、绿色健康、智慧系统、服务管理等方面给新入住的青年提供良好的居住体验，项目续租率均在90%以上，星级公寓项目对长租房市场发展起到了引领和示范作用。

武汉市住房租赁试点工作推进五年来，得到了长足的发展，截至2022年4月，服务平台累计入驻住房租赁企业407家，房地产经纪机构7375家，从业人员7.93万人。全市新增建设和筹集租赁住房24.2万套，租赁人口从四年前约220万增加到268万，专业化、机构化、规模化租赁企业达到了43家，长租公寓从试点前的2万套间增加到16万套间，持有房源占全市租赁住房从试点初的不到2%提升到20%，租房租金平稳，租金价格波动幅度在3%以内。

推进规范发展长租房市场，建立租购并举的租房制度任重道远，武汉市将继续深入贯彻习近平总书记提出的"房子是用来住的、不是用来炒的"指示精神，学习先进城市的经验，进一步加大力度，创新思维，扎实推动长租房市场健康持续发展，为切实解决武汉新市民的住房问题再做贡献。

作者信息

姓　　名：陈新政

单位及职务：武汉市住房保障和房屋管理局副局长

安居圆梦

——合肥市住房租赁成果实践与分享

伍 艳

摘 要：合肥市住房租赁试点工作的亮点有：建立健全机构，成立住房租赁试点工作领导小组，出台《合肥市住房租赁企业信用信息管理办法》等系列政策，研发上线政府租赁平台，健全数据监测与分析机制，建立全市住房租赁企业诚信信息管理系统。合肥市多渠道筹集，全方位扶持，加快保障性租赁住房建设。筹集方式有国有土地、集体建设用地、园区配套用地新建以及企事业单位存量闲置土地自建和非住宅改建五种方式。扶持措施包括放宽规划条件，压降建设成本，减轻租赁企业融资成本，优化审批程序，规范集体用地上市流程等。合肥市规范住房租赁市场与自律管理经验有：一是多措并举、联合监管，实施网格化管理与负面清单管理。二是实施住房租赁企业信用考评，引导行业规范发展。三是开展年度专项集中检查。四是加强与媒体合作交流与宣传，稳定市场预期。五是加强行业自律管理，协助主管部门做好市场监管，防范市场风险。

关键词：住房租赁市场；租赁平台；自律管理；企业信用考评

今天我与大家分享过去几年在住房租赁领域尤其是保障性租赁住房方面的做法与成果。2016年，习近平总书记视察安徽、亲临合肥，称赞"合肥这个地方是'养人'的"。一个养人的地方必定是一个能让全体人民实现住有所居梦想的地方。今天的合肥，GDP总量破万亿、人口将近千万，人才正在加速集聚。如何满足全市人民特别是新市民、新青年群体的住房需求，如何帮助更多青年人才、产业工人和城市公共服务人员实现更高质量的"安居梦"？这份答卷我们正在用心书写。

一、整体概况

租赁住房：2017年，合肥市入选国家首批住房租赁试点城市，3年试点期内，合肥市目标筹集约16.2万套（间）租赁房源。其中，新改建房源约7万套（间），盘活存量房源9.2万套（间）。试点结束后，实际完成新改建房源7.3万套（间），盘活存量房源超20万套（间），超额完成试点任务。

保障性租赁住房:"十四五"期间,合肥市将加快发展保障性租赁住房,计划新增筹集保障性租赁住房15万间,占新增商品住房供应比例达30%以上。目前,2021年已完成筹集保障性租赁住房2.2万套(间),2022年计划新筹集保障性租赁住房2.3万套(间)。

行业企业:试点以来,合肥涌现了一批专业化、规模化的住房租赁企业。这些企业中,既有肩负责任、奋力前行的国有租赁企业,也有如万科泊寓、龙湖冠寓、招商地产、朗诗寓这类看好合肥的社会性商业资本,更有深耕本地市场,以孟邻生活、悦客艾家为代表的一大批优质且专业的本土住房租赁品牌运营商。他们在各自不同的细分赛道上为业主提供资产增值管理服务,帮助在城市漂泊的年轻人提供租赁服务,共同构成了合肥目前百花齐放、多元发展的市场格局。

二、试点成果与亮点

(一)建立健全机构

2017年7月25日,由市长任组长的住房租赁试点工作领导小组成立;2018年7月,副县级住房租赁服务管理中心成立;2018年8月30日,合肥市住房租赁协会成立;2021年12月7日,合肥市保障性租赁住房工作领导小组成立。

(二)出台系列政策

2020年5月12日,率先出台《合肥市住房租赁企业信用信息管理办法(试行)》,对全市住房租赁企业进行信用考评,将住房租赁企业分为6个信用等级,并公开企业信用信息。

2020年5月28日,印发《合肥市支持住房租赁市场发展中央专项资金管理办法》《合肥市促进住房租赁市场发展财政奖补资金管理办法》,将住房租赁企业、物业企业、中介企业、个人业主均纳入奖补范畴,其中,《合肥市促进住房租赁市场发展财政奖补资金管理办法》是国内首个出台的以地方财政鼓励发展住房租赁市场的政策。

2020年8月13日,印发《关于非住宅改建为租赁住房的通知》,明确商业(办公)、工业(厂房、仓储)、科研教育等非居住存量房屋,可改建为租赁住房。

2020年10月10日,合肥市人民政府办公室发布《关于加快发展和规范合肥市住房租赁市场的通知》,通知明确,使用面积$12m^2$以上的起居室(客厅)可隔断为一间房间对外出租。

2021年12月7日,合肥市人民政府办公室发布《关于加快发展保障性租赁住房的实施意见》,明确保障性租赁住房的保障方式、对象、租金标准以及土地、财政、税费、金融等支持政策,着力解决新市民、青年人、城市基本公共服务人员等群体的住房困难问题。

2021年12月13日,发布《关于做好存量非住宅已改建租赁住房项目审核认定工作的通知》，通知明确，非居住存量房屋已完成改建并按住房租赁相关规定对外出租运营的租赁住房项目，可申请认定为保障性租赁住房。

一个又一个重大事项的具体推进，一项又一项配套政策的系统推出，分别从供给侧、需求侧、市场规范侧等方面协同发力，引导合肥市住房租赁行业和市场的健康快速发展。

（三）研发升级平台

1. 平台概况

自2017年合肥市入选国家首批住房租赁试点城市以来，考虑到住房租赁市场"租不到"与"租不出"、供给与需求区域性错配和结构性错配的实际，合肥市着手研发上线了政府租赁平台，经过多轮升级改造完善，已形成集"房源核验、信息发布、网签备案、数据共享、信用监管、资金奖补、项目管理、统计分析"等功能于一体的官方平台。

截至目前，纳入平台管理的住房租赁企业增长16.6倍、实名注册用户增长134.5倍、平台管理的租赁房源增长13倍、实时在线可租房源增长14.7倍。合肥市租赁平台上线至今共访问1.6亿次，2021年累计访问7000万余次，日均访问量达19万余次。

2. 平台特色

平台的主要特色是"实智明规"，即房源真实、管理智能、流程透明、发展规范。多次受到住房和城乡建设部肯定并推荐合肥市平台建设经验，其他兄弟试点城市也先后来合肥市考察调研和学习借鉴。

真实：是指租赁房源全真实。各类平台及机构对外发布出租信息前，必须通过租赁平台人脸识别、个人住房信息系统等大数据核验房源真实性，生成核验码后，方可对外发布房源。

智能：是指智能化管理。将可租、待租、求租、已租等租赁信息实时推送至相关管理部门及企业等。同时根据搜索行为数据，分析供需关系，精准提供租赁房源。

透明：是指租赁环节公开透明。实时公开房源信息、共享承租人基本信息等情况，合同备案全程不见面线上办理，凭网签备案证明共享办理居住证、公积金提取、租房补贴申领和基本公共服务等。

规范：是指利用平台大数据，及时整理调取租赁企业出租人和承租人信息，规范发展住房租赁市场。

（四）数据监测与分析

除了政府端持续发力之外，合肥市还不断整合政府、高校、研究机构、第三方平台等资源，开展住房租赁市场基础性研究和常态化数据调研分析。准确掌握租赁住房和租赁人口等基本情况，摸清家底，为发展保障性租赁住房奠定基础。

1. 健全数据分析机制

2020年5月,开展合肥市住房租赁市场基础性研究及制定合肥市住房租赁市场发展规划(2020—2022)。2021年1月起,合肥市住房租赁协会联合合肥贝壳研究院,对全市集中式项目签约数、空置数、来访量以及租金等情况进行监测,按月发布分析报告。截至目前,已发布16期,受到官方媒体、行业内外以及兄弟省市的关注与肯定。

2. 建立企业诚信系统

2021年9月,依托合肥市住房租赁协会建立全市住房租赁企业诚信信息管理系统,推行从业人员实名登记制度,从业人员拥有唯一的从业编码和二维码,并可公开查询,解决了住房租赁企业从业人员"部门不掌握、平台未实名、内容不详细"等问题。依据住房租赁企业诚信系统,进行全市住房租赁企业大摸底,对住房租赁企业和住房租赁从业人员等情况进行分析,发布年度分析报告。

三、保障性租赁住房建设与筹集

住房和城乡建设部提出加大保障性租赁住房建设力度,完善住房保障体系。作为首批试点城市,合肥切实把试点工作思路统一到住房和城乡建设部保障性租赁住房政策体系上来,提供了土地、财政、金融、税费等政策支持,明确建设标准、供应对象和租金水平,将市场主体投资新建、改建或盘活的租赁住房,纳入保障性租赁住房管理。主要做法可以概括为多渠道筹集、全方位扶持。

(一)多渠道筹集

合肥市保障性租赁住房筹集方式主要有利用国有土地、集体建设用地、企事业单位存量闲置土地、园区配套用地新建和非住宅改建5种方式。一是着力国有用地新建。在交通便利、配套完善、需求旺盛区域选址布点,采用整体新建或带配建条件出让形式。二是积极试点集体土地新建。三是鼓励企事业单位自建。全市相关企事业单位利用自有存量闲置土地自建,不改变土地性质。四是组织园区配套新建。在产业园区周边、轨道沿线和上盖物业选址建设产业园区配套用地。五是支持非住宅改建。市区范围内,规划用途为商业(办公)、工业(厂房、仓储)、科研教育等非居住类型的已建成闲置存量房屋,均可以申请改建为保障性租赁住房。

截至目前,累计建设集体经营性用地约0.45万套(间)、企事业单位自有存量土地约0.7万套(间)、产业园区配套用地约0.5万套(间)、国有建设用地建设约2.65万套(间)、存量房屋改建约0.2万套(间),合计约4.5万套(间)。

（二）全方位扶持

1. 放宽规划条件

提高园区配套面积占比。明确园区企业可将配套建设行政办公及生活服务设施的用地面积占项目总用地面积的比例由 7% 提高到 15%。

2. 压降建设成本

主要通过三种方式，一是合理确定国有土地出让价格，允许整体建设租赁住房用地挂牌出让，挂牌价格原则上为基准地价的 70%，评估价格约为普通商品住宅用地价格的 15%～20%。二是扩大低成本集体建设用地比例，在位置优越、配套成熟的区域多点布局项目，拓宽低成本保障性租赁住房建设渠道。三是减轻租赁企业融资成本，已会同建设银行推出 5 种创新型金融产品，贷款期限 3～25 年，利率 4.25% 左右。累计已为 13 家住房租赁企业授信 20.5 亿元，投放专项贷款 4.4 亿元。

3. 优化审批程序

一是规范集体用地上市流程。二是建立改建项目联合会审制度。

四、市场规范与自律

（一）联合监管强管理

多措并举、联合监管，实行住房租赁网格化管理，落实辖区政府主体责任。市房产局联合市发改、公安、市场、城管、网信等部门，建立联合监管制度，对市场主体实施负面清单管理，定期公布相关市场主体经营信息。

2020 年，海南每天、梦岭公寓等企业涉嫌"跑路"，合肥市公安部门接到报案后，迅速成立专案组开展调查取证工作。根据调查情况，公安部门依法对海南每天、梦岭公寓涉嫌合同诈骗立案侦查。此次针对住房租赁企业"跑路"行为进行立案侦查，系国内为数不多对此类企业进行立案的城市之一，对违规、违法企业起到了极大的警示和震慑作用，也表明了合肥市规范发展住房租赁行业的决心。

（二）信用考评促规范

合肥市在全国率先实施住房租赁企业信用考评，将全市住房租赁企业分为 6 个信用等级。对年度信用等级 A 级以上企业给予高额奖补，对信用等级低的企业，实施信用警告和信用惩戒，引导行业规范发展。自《合肥市住房租赁企业信用信息管理办法》出台以来，合肥市已连续两年对住房租赁企业进行信用评级，并在官网公开企业等级。这种做法进一步规范了住房租赁企业行为，提高了住房租赁企业的诚信经营意识。

（三）年度检查稳市场

为规范住房租赁市场秩序，落实住房租赁房源核验和网签备案制度，市、区两级房产管理部门联合市租赁协会已连续两年对全市 7 个城区、数百家住房租赁企业开展房源核验发布和网签备案年度专项集中检查。检查内容包括住房租赁企业基本信息、房源核验发布、网签备案、经营行为、社会评价等，检查结果将作为企业信用考评评价依据。在检查中，不仅现场解答企业的问题，而且畅通问题解决渠道，针对企业反馈的不同问题，各部门均有专人负责解决，并建立 QQ 群、微信工作群，在线及时解答问题。

（四）专项宣传强引导

加强与媒体合作交流，与合肥电视台等多家媒体建立战略合作关系，通过多种形式，全方位、多渠道、高频次宣传合肥市住房租赁相关政策，提高政策知晓率，规范行业行为，稳定市场预期。

（五）行业自律防风险

合肥市住房租赁协会自成立以来，立足"引导、培育、发展"的宗旨，服务住房租赁企业，协助主管部门做好市场监管，防范市场风险，助力租赁行业有序发展。

一是开展行业数据调研，定期发布分析报告，填补了合肥市住房租赁市场数据研究的空白，为行业决策提供参考；二是建立风险企业预警机制，密切关注风险企业动向，实地巡查存在高风险经营行为的企业，建立高风险企业名录，发布风险提示，报送市局风险企业及舆情监测报告近 30 份；三是不定期举办行业培训交流会，涉及法律、消防、业务技能、风险防范等多个维度，截至目前，累计举办各类培训交流活动 20 余次；四是组织学习参观活动，带领会员企业前往本地品牌企业和广州、杭州等城市调研考察，学习优秀地区、优秀企业经验；五是号召发起多项公益活动，如中高考期间暖心助考服务活动等；六是搭建政企沟通平台，积极组织企业参与市、区等主管部门座谈会，畅通企业意见建议反馈渠道。

五、总结

三年试点工作以来，合肥市住房租赁协会作为试点工作的参与者与亲历者，也深刻感受到行业翻天覆地的变化，从单一的民企到国企、民企、品牌公寓等多主体参与；从行业乱象频发到如今井然有序的市场环境；从脏乱差的合租房到集居住、社交、服务于一体的租赁社区……政策组合保障护航，服务升级更新迭代，切实让来肥的新市民、新青年享受到行业的红利，我们正朝着住有所居的梦想不断前进。

同时，我们也在思考，在各地纷纷出招、全力吸引人才的社会环境和形势下，如何让有"一技之长"的人在合肥有"一席之地"、能"一展所长"？如何让引进的人才，对合肥既要"一见钟情"，又要"日久生情"？我们的答案是，要乐业先安居。我们将牢记习近平总书记的鼓励和鞭策，凝聚全市各方共识和力量，努力创造更加优越的环境,推进合肥市住房租赁行业的高质量、可持续发展,让所有来到合肥的新市民、新青年们享受到专业化的住房租赁产品和服务,让他们在合肥拥有一席之地,能够一展所长。

作者信息

姓　　名:伍　艳

单位及职务:合肥市住房租赁协会秘书长

有效增加租赁住房供给路径及政策建议

——以武汉市为例

邱 丽 贾书佩

摘 要：房地产作为重要的资产，在我国不同的经济发展阶段均应被视作重要支柱产业，随着土地利用政策和形式的不断变化，房地产业也随之不断变化。近年来，房价高速增长，居民住房问题也已经成为突出的民生问题。从"十三五"时期以来，武汉市政府先后出台了50多条扶持住房租赁相关的支持政策，大力培育好租赁市场运营主体，推进形成规模化、专业化和机构化的经营市场。"十四五"时期，租赁住房市场发展也会面临新的挑战，既要大力发展租赁住房市场，坚持"房住不炒"的定位，科学落实"一城一策"方针，又要补齐租赁住房短板，推动"租购同权"，如何有效增加租赁住房供给路径和优化租赁住房管理将为未来的改革提供重要参考。

关键词：租赁住房；武汉市；供给路径；政策建议

一、现状困境

（一）行业监管与治理效能有待提升

目前，租赁住房入市后的行业监管仍存在短板，居民利益不能得到有效保障，如何加强行业监管体系，细化法律法规体系，夯实行业治理制度基础，完善治理机制，仍是我们目前面临的重要困境。如何有效推动房屋、土地联动机制建设，建立有效的行业协同机制，强化房地产金融调控，有效发挥税收调节作用，遏制房地产投资投机性行为，有效维护住房市场平稳健康发展是我们目前面临的现实困境。

（二）供求结构不合理

据武汉市第七次全国人口普查公报显示，全市常住人口为12326518人，全市共有家庭户408.25万户，平均每个家庭户人口2.47人，比2000年的3.17人、2010年的2.78人分别减少0.70人、0.31人。目前市场上供应的市场化租赁住宅，更多的是为家庭生活设计，套均面积较大。家庭人口数量下降，与生活条件改善的需求以及生育率下降均有较大的相关性，也与单亲家庭的数量增加有关。单亲家庭对住宅面积的需求与市场供应不匹配将会是一个越来越突出的问题，而随着人民生活条件的改善，使租户对住宅内的设施及配套提出了更高的要求，比如独立的厨房、卫生间和阳台，合租的形式将会越来越不受欢迎。市场供给和租赁需求出现了偏差。

（三）在租住宅的安全性不能得到保障

目前的在租住宅中，"城中村"住宅面临两大问题，一是因建筑物本身的构造复杂、出租房的管理水平低，使得财产安全的保障性较低；二是因建筑本身耐火等级低，缺少消防设施，道路狭窄、障碍物较多影响安全疏散和消防车进入，致使城中村消防隐患较大，使得承租人生命安全缺少保障。

（四）长租公寓"爆雷"

2020—2021 年，长租公寓连环"爆雷"，引发了广泛的社会关注。长租公寓出问题的主要原因有：一是因为运营方为抢夺市场盲目扩张、后续经营不善导致资金链断裂。运营方为在同行竞争中胜出，通过高价收房这种方式与房屋所有权人签订租赁或代理合同，垄断更多的房源，以便后期可以操控市场租赁价格，但竞争者并没有被完全排除出市场，运营方为收回成本，不得"高收低出"，久之，资金周转出现问题；二是金融介入的不规范，长租公寓的运营方多数选择与金融机构合作，采用"租金贷"的形式，直接拿走全合同期的租金，而租户分次支付的租金实际被运营方用来偿还贷款，运营方提前拿到的租金并没有同期支付给房屋所有权人，而是用于规模扩张或者其他投资，当资金链出现问题时，不能及时支付房东租金，而租户又面临已支付合同款却无法继续租住的局面。

二、有效增加租赁住房供给的路径

（一）增加租赁住宅用地供应规模

增加租赁住宅用地的供应规模，主要可以从三个方面入手：一是国有建设用地供应中，增加租赁住宅用地的供应；二是促进农村集体经营性建设用地入市；三是将企事业单位自有的限制土地、产业园区配套用地调整地类用途和用地强度，进行租赁住宅的建设。

根据《武汉市人民政府办公厅关于加快发展公共租赁住房的意见》（武政办〔2011〕79 号）规定，在旧城改造、棚户区改造、限价安置商品房和商品住房建设中，通过土地出让合同约定，按照建设规模 5%～10% 的比例配建公共租赁住房，因此在住宅开发项目中均要求配建 5%～10% 的公租房。

在过去的十年中，武汉市的公共租赁住房数量有巨大的增长，但市场化租赁住房更多还是居民持有住宅或城中村的自建房，缺少商业化运营的租赁住宅建设项目，武汉市于2019年、2021年分别出让了一宗全租赁住宅用地，建议接下来应继续加大租赁住宅用地的供应。另外，武汉市作为首批利用集体建设用地建设租赁住房的试点城市，也可以继续加大集体建设用地建设租赁住房的范围和规模。集体经济组织可以选择自行开发运营，也可以通过入股、联营等方式建设运营集体租赁住房。在这个过程中，应兼顾政府、企业、农民集体和租房者利益，厘清相关各方的权利与义务。

（二）促进存量商品房入市

本文所指的存量商品房包括存量住宅、商业类公寓、写字楼、工业厂房等。促使存量商品房入市可以解决商品房（尤其是公寓和写字楼）闲置问题，同时可以增加租赁住宅的有效供给。

目前从政策上看，商业类、办公类、工业类房地产改造为租赁住房已经没有政策上的障碍，从国家层面到地方政府，都是持支持态度，并且武汉市已经出台了详细的实施政策。

根据《国务院办公厅关于加快培育和发展住房租赁市场的若干意见》（国办发〔2016〕39号），允许将商业用房等按规定改建为租赁住房，土地使用年限和容积率不变，土地用途调整为居住用地，调整后用水、用电、用气价格应当按照居民标准执行。《市住房保障和房屋管理局 市自然资源和规划局 市城乡建设局关于允许商业和办公用房等存量房改造为租赁住房的通知》（武房规〔2020〕1号）中，也明确了"整体确权，性质不变"的原则，"商业、办公、厂房等非住宅存量房屋改建租赁住房不改变基地原有建设用地规划性质、房屋类型和建筑容量控制指标。改建项目整体确权、整体转让，不得分拆圈圈、分拆转让、分拆抵押、分割销售、以租代售"。

（三）规范"城中村"住宅、"合租房"入市

"城中村"住宅、"合租房"的入市，对租赁住宅的供给，从数量上提供了有效的补充，但大多"城中村"住宅存在安全上的隐患，比如建筑本身的安全性能、消防安全性能以及财产安全方面的隐患等；而"合租房"在改造过程中，因结构改变可能会影响建筑的安全性能，甚至影响原有的消防分区。

按照相关政策的要求，允许将现有住房按照国家和地方的住宅设计规范改造后出租，但改造中不得改变原有防火分区、安全疏散和防火分隔设施，必须确保消防设施完好有效。

因此，在鼓励"城中村"住宅、"合租房"入市的同时，应对其建筑结构安全等级、消防安全、消防设施等方面进行严格规范，保证进入市场的为合格、安全的住宅。

（四）成立国有租赁平台，同时引进社会资本

截至2019年9月，武汉市已经先后成立了6家住房租赁市属国有企业平台公司，分别为武汉市保障性住房投资建设有限公司、武汉城投房产集团有限公司、武汉市城

投置业投资控股有限公司、武汉市轨道交通建设有限公司、武汉机场综合发展总公司和武汉地铁资源经营有限公司。同时，确认了5批共81家国有企业、混合所有制企业、民营企业共同参与到住房租赁市场试点中。

三、有效增加租赁住房供给的政策建议

（一）落实已经出台的有关优惠政策

关于增加租赁住宅的供给，从国家层面到地方政府出台了多项鼓励措施和优惠政策，主要包括税收优惠，如"对依法登记备案的住房租赁企业、机构和个人，给予税收优惠政策支持。落实营改增关于住房租赁的有关政策，对个人出租住房的，由按照5%的征收率减按1.5%计算缴纳增值税"，以及专项资金支持，比如武汉市发布了《市住房保障房管局关于开展住房租赁市场发展专项资金支持项目申报工作的通知》，并已经进行了十二批住房租赁市场发展专项资金支持，涵盖工业配建项目、商业办公改建项目等。除现有的优惠政策外，可考虑采用税收手段鼓励个人将闲置房屋增加到租赁住宅供给中，比如，提供给政府平台公司运营，可减免房产税、增值税等；同时，如果房屋使用权人自行按标准装修房屋，装修费用可以计入个税缴纳可抵扣中。

（二）确立租赁住房建筑、安全等相关标准，并严格执行实施

对新建或改建闲置的商业、办公、厂房时，应执行国家对应的相关标准，无相关标准的，要用地方标准补充完善；对"城中村"住宅、合租房改造时，应严格执行消防、卫生、安全等相关规定和标准，并配备一定的配套设施，对于小产权房、违法建筑的入市应该杜绝。

（三）规范市场秩序，建立信用体系

武汉市对租赁市场的监管中，对未开业报告试点企业进行了公示，但对个人出租住房的，对出租人和租户并没有实施信用监管。规范市场秩序、建立信用体系，应落实执行已有的租赁住宅相关管理规定，并补充对运营机构、出租人和租户的信用体系构建的相关规定，明确信用管理的具体标准和措施。对运营机构"长收短付"等行为要加强监管，对出租人恶意涨价、恶意克扣押金等行为进行预防和信用记录，同时处以扣保证金等处罚；对租户恶意损毁房屋、拖欠租金等行为要进行处罚和信用记录。

（四）建立健全数据平台

目前，武汉市住房保障和房屋管理局在其官方网站上提供商品房项目查询服务端口，用户可以在官方网站上通过楼盘表得知该商品房的销售（或限制销售）、在建工程抵押、查封等状态，但不能就该房屋是否出租进行查询。

在租赁住宅的数据平台建设中，应对全市在租住宅（包括已完成改造的商业、办

公、厂房等)进行信息录入,运营方(自持/中介)、个人出租者应及时上传租赁合同,承租人亦可通过该平台进行查询、预订等。租赁住宅的数据平台建设,需实现统计、查询、交易、备案、监管等功能,同时可与信用系统交互信息。

(五)完善配套金融制度

一是对于进入试点企业名单的住房租赁试点企业,在政策上拓宽其融资通道,除银行贷款外,允许住房租赁试点企业发行公司债券、企业债券等公司信用类债券。二是对于进入租赁住宅试点项目名单的项目,加大信贷支持力度,限定贷款利率的上限(介于基准利率与一般市场上限水平之间),延长还款年限。三是加强对"租金贷"的监管,规避其对市场的冲击和危害。四是发展相关保险业务,比如第三者责任险、租强险等,强制要求运营企业和个人出租人购买房屋保险、鼓励(初期可以尝试赠送)承租人购买财产险,要求运营企业购买租赁保证险(即租强险),可以有效地避免纠纷和财产冲突。

(六)建立合理的租金标准体系

对于保障性住房,武汉市已经有明确的租金标准和减免政策,对申请人资格等也有明确的规定;武汉市对于新房销售也有明确备案价;但对市场化的租赁住宅,未开展相关指导价的制定工作,也未对租金进行监测和管理。应建立租赁住宅市场租金价格水平动态监测制度,可与基准地价或标定地价的区域划分相结合,按区域、季度(或月度)公布不同类型租赁住宅的市场租金价格水平,并公布政府指导价和最高限价,对于由机构运营的住宅,租金不得超过最高限价。

参考文献:

[1] 魏兴福.中国民营租赁住宅的供应量扩大难度问题研究[J].行业探索,2020(8):69-73.

[2] 易成栋,陈敬安.增加租赁住房有效供给的现实困境和优化路径研究[J].行政管理改革,2021(9):50-59.

[3] 汪黎虹,江腾.城中村消防安全面临问题及防火措施分析[J].地学论坛,2019(1):108.

[4] 赵倚萱.城中村消防安全隐患及解决策略思考[J].理论研究,2021(12):114-115.

[5] 陆卓玉.日本租赁住宅管理行业规范的经验与借鉴[J].上海房地,2021(11):16-20.

作者联系方式

姓　　名:邱　丽　贾书佩

单　　位:永业行(湖北)土地房地产评估咨询有限公司

地　　址:湖北省武汉市武昌区徐家棚街徐东大街匠心城11楼

邮　　箱:18627961010@qq.com

注册号:邱丽(4220170045),贾书佩(4220190037)

成都市集体建设用地建设租赁住房试点实施方案及实践案例

杨一凰

摘 要：成都市从解决新市民住房需求出发，坚持把利用集体建设用地建设租赁住房试点工作作为深化农村土地制度改革、完善住房保障体系的重要试点，探索打破国有建设用地为住宅用地单一来源的方式，助推建立多主体供给、多渠道保障、租购并举的住房制度。

关键词：试点；集体建设用地；租赁住房

为增加租赁住房供应，缓解住房供需矛盾，构建租购并举的住房体系，建立健全房地产平稳健康发展长效机制，2017年8月，国土资源部会同住房和城乡建设部根据地方自愿，确定第一批在北京、上海、杭州、合肥、厦门、郑州、武汉、广州、佛山、肇庆、成都等13个城市开展利用集体建设用地建设租赁住房试点。成都市依据试点要求及相关文件精神，制定了《成都市利用集体建设用地建设租赁住房试点实施方案》。

一、试点的背景和意义

集体建设用地建设租赁住房试点，是按照党中央、国务院决策部署，牢牢把握"房子是用来住的，不是用来炒的"定位，以构建租购并举的住房体系为方向，着力构建城乡统一的建设用地市场，推进集体土地不动产登记，完善利用集体建设用地建设租赁住房规则，健全服务和监管体系，提高存量土地节约集约利用水平，为全面建成小康社会提供用地保障，促进建立房地产平稳健康发展长效机制。

利用集体建设用地建设租赁住房，可以增加租赁住房供应，缓解住房供需矛盾，有助于构建租购并举的住房体系，建立健全房地产平稳健康发展长效机制；有助于拓展集体土地用途，拓宽集体经济组织和农民增收渠道；有助于丰富农村土地管理实践，促进集体土地优化配置和节约集约利用，加快城镇化进程。面对乡村地区普遍缺乏规模化、高品质租赁住房供应的现状，利用集体建设用地建设租赁住房是长期可持续解决国家乡村振兴战略下所产生新增住房需求的有效途径之一，通过助力乡村振兴，服务二、三产业从业人员，吸引人才安居置业。

二、试点基本原则和目标

(一)试点基本原则

一是要把握正确方向,坚持市场经济改革方向,发挥市场配置资源的决定性作用,注重与不动产统一登记、培育和发展住房租赁市场、集体经营性建设用地入市等改革协同,加强部门协作,形成改革合力;二是要保证有序可控,政府主导审慎稳妥推进试点,项目用地应当符合城乡规划、土地利用总体规划及村土地利用规划,以存量土地为主,不得占用耕地,增加住房有效供给。以满足新市民合理住房需求为主,强化监管责任,保障依法依规建设、平稳有序运营,做到供需匹配;三是要坚持自主运作,尊重农民集体意愿,统筹考虑农民集体经济实力,以具体项目为抓手,合理确定项目运作模式,维护权利人合法权益,确保集体经济组织自愿实施、自主运作;四是要提高服务效能,落实"放管服"要求,强化服务意识,优化审批流程,降低交易成本,提升服务水平,提高办事效率,方便群众办事。

(二)试点目标

通过改革试点,结合实际情况,明确集体租赁住房建设主体、范围,健全集体租赁住房项目审批、建设运营和监管机制,探索增加农民财产性收入渠道,在本市成功运营一批集体租赁住房项目,完善利用集体建设用地建设租赁住房规则,形成一批可复制、可推广的改革成果,为构建城乡统一的建设用地市场提供支撑。

三、试点主要内容

(一)探索可复制、可推广的政策措施

以构建租购并举的住房体系为导向,以优化农村存量集体建设用地管理为主线,以项目管理为抓手,健全集体建设用地规划许可制度,推进统一编制计划、统一规划、统筹布局、统一管理,统一相关建设标准,探索租赁房营运与管理新模式,形成可复制、可推广的政策措施。

(二)加强土地综合整理,集约利用集体建设用地

由试点区(市)县政府成立国有公司,通过农地整理、城乡建设用地增减挂钩等方式开展土地综合整理,推动田、水、路、林、村综合整治,在优先保障农村宅基地和镇村公共设施用地前提下,将分散、低效、空闲的存量集体建设用地整合集中使用,重塑地理空间,形成基础设施完备、配套齐全、来源合法的试点项目用地。

（三）完善试点项目审批程序

严格项目报批（包括计划编制、预审、立项、规划、占地、施工）、项目竣工验收、不动产登记、项目运营管理等规范性程序，建立快速审批通道。

（四）明确集体租赁住房建设实施方式

试点区（市）县政府为责任主体，村镇集体经济组织可以自主开发运营，也可通过联营、入股等方式参与，开展利用集体建设用地建设租赁住房项目。

（五）完善集体租赁住房运营机制

建设的租赁住房应纳入属地政府房管部门，按租赁住房有关政策统一管理。完善合同履约监管机制，土地所有权人和建设用地使用权人、出租人和承租人依法履行合同和登记文件中所载明的权利和义务。

（六）探索租赁住房监测监管机制

集体租赁住房出租，应遵守相关法律法规和租赁合同约定，不得以租代售。承租的集体租赁住房，不得转租，建立租金形成、监测、指导、监督机制，维护市场平稳运行。国土、房管部门应与相关部门加强协作、各负其责，在不动产登记、租赁备案、税务、工商等方面加强联动，构建规范有序的租赁市场秩序。

（七）探索保障承租人获得基本公共服务权利的制度

承租人可按照成都市有关规定凭登记备案的住房租赁合同依法申领居住证，享受规定的基本公共服务。确定作为试点区域的区（市）县，要进一步建立健全对非本地户籍承租人的社会保障机制。

四、成都市实施案例——青白江区利用集体建设用地建设租赁住房（花园）试点项目

（一）项目概况

青白江区利用集体建设用地建设租赁住房试点项目位于青白江区清泉镇花园村一组，使用存量集体建设用地，用地面积约7.18亩，主要满足欧洲产业园入住企业的职住需求。项目净用地面积4782.03m²，总建筑面积6130.78m²，容积率1.25，建筑密度32%，可提供租赁住房约98套。2019年12月项目办理了《乡村规划许可证》及相关建设手续后开工建设，2020年6月完成主体建设，12月完成竣工验收并经审计结算，目前房源已投入运营并完成前期招租宣传工作。

（二）项目审批程序

成都市级层面。一是依据《国土资源部 住房城乡建设部关于印发〈利用集体建设用地建设租赁住房试点方案〉的通知》（国土资发〔2017〕100号）精神，制定了《成都市利用集体建设用地建设租赁住房试点实施方案》；二是以项目管理为抓手，参照国有建设用地工程建设项目审批制度改革做法，市规划和自然资源局研究制定了《成都市利用集体建设用地建设租赁住房试点实施意见》，明确项目准入条件、实施模式、审批程序、租赁住房监测监管机制、保障承租人获得基本公共服务权利制度等方面具体措施。

区县层面。青白江区针对规划修编、土地流转、报规报建等一系列环节设计的审批制度进行了全面梳理，出台了《青白江区利用集体建设用地建设租赁住房试点工作方案》《青白江区农村集体土地上建设项目审批流程》《青白江区农村集体建设用地建设管理办法》等8个政策文件，明确由乡村振兴中心负责对乡村建设项目进行产业审查、区土规会负责建设方案规划审查、区规自局负责乡村规划许可证办理、区审批和营商环境局及住建局负责施工许可证办理等各个环节审批流程，确保了项目审批有据、高效。

（三）项目运作模式

按照封闭运行、稳妥推进、风险可控的工作要求，结合工作实际，试点项目由区政府平台公司作为项目投资建设主体，集体经济组织以土地作价入股方式参与投资建设，建成后的集体租赁住房由试点区县政府房管部门按租赁住房有关政策统一运营、管理。青白江区采取政府平台公司与集体经济组织合作成立新公司进行项目开发建设，集体经济组织以土地作价入股方式在新公司占股51%，政府平台公司以资金入股方式占49%。在集体经济组织取得建设用地不动产权证后，将项目建设用地通过市农交所挂牌交易并由新公司摘牌取得，挂牌交易所得收益作为集体经济组织入股新公司的出资部分。

同时，为降低试点项目开发建设成本，推进试点工作，加快形成有效供给，按照部委文件精神将集体建设用地建设租赁住房项目纳入中央财政专项资金支持范围，按建安成本、工程建设其他费、装修装饰费三项总和的30%，最高不超过1500元/m^2的标准进行奖补，该试点项目共获得奖补资金800余万元，一定程度上缓解了项目建设中资金压力大的问题。

五、试点主要成效

成都市坚持审慎稳妥推进试点工作，坚持试点项目从市场需求出发、尊重农民集体意愿、房屋要"建得起来租得出去"，坚持防止产生新的低效用地，根据实际情况有序推进，探索扩展集体土地用途，促进土地节约集约利用。

　　试点项目土地原为花园村村委用地，房屋设施老旧，土地闲置面积较大，利用效益低下。青白江区在清泉镇花园村村庄规划编制过程中，将试点项目用地性质确定为住宅用地，探索拓宽了集体经营性建设用地的用途。集体经济住宅将土地回收后重新挂牌出让，作为集体租赁住房试点项目用地，新建了 98 套租赁住房及配套用房，项目建设后的配套用房优先用于花园村村委租用办公，在改善了原有办公条件的同时，又形成了新的集体资产，促进了土地资源的集约高效利用。

作者联系方式

姓　　名：杨一凰
单　　位：成都市房屋租赁服务中心
地　　址：成都市青羊区人民中路一段 28 号
邮　　箱：243807582@qq.com

合肥居民住房租赁交易服务系统运作模式研究

吴怀琴　夏利国　陶传海　盛自明

摘　要： 培育和发展合肥市住房租赁市场是一项系统工程，建设住房租赁交易服务监管平台就是其中一项重要内容。通过搭建政府住房租赁交易服务监管平台，提供便捷的租赁信息发布和房源核验服务，实现住房租赁合同网上备案，能够极大地方便租赁双方，并且通过建立住房租赁信息发布和审核标准，规范住房租赁交易流程，能够有效地保护承租人和出租人的权益。同时，依托市级大数据平台，推动人社、公安、工商、国土等各业务部门系统接入，实现政务信息共享。

关键词： 住房租赁；服务平台；运作模式

一、交易服务监管平台概述

根据《国务院办公厅关于加快培育和发展住房租赁市场的若干意见》、住房和城乡建设部《开展住房租赁试点工作的初步方案》、安徽省人民政府办公厅《关于加快培育和发展住房租赁市场的通知》以及合肥市住房租赁工作发展的需要，对合肥市住房租赁交易服务监管平台进行全新设计，建设合肥市住房租赁交易服务监管平台，平台包括合肥市住房租赁交易服务监管平台管理系统建设、合肥市中介机构租赁服务平台、公众移动终端服务平台建设等子项，以适应对不同租赁业务实施管理和监督的需要，实现住房租赁管理定制化、智能化服务，满足租赁双方自助发布、交易、付款，与第三方在线支付平台建立金融数据通道，对承租人和出租人通过第三方认证平台进行实名认证；与房地产管理环节的相关业务系统有机地整合，利用现有资源获取相关基础数据，实现内部业务数据共享、多维化统计分析。

2017年12月合肥市住房租赁交易服务监管平台已经成功上线运行，主管部门为合肥市房地产管理局，具体业务负责是合肥市房产信息管理中心。该平台总体架构主要分为六层，即基础设施层、数据资源层、服务支撑层、业务应用层、接入层和用户层，如图1所示。

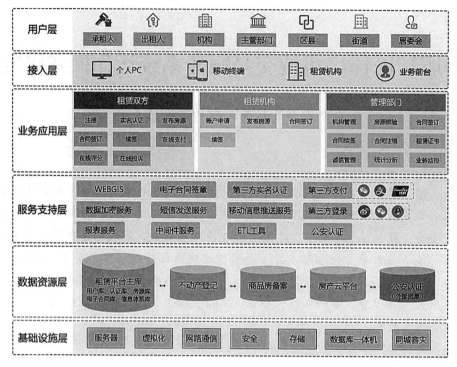

图 1　合肥市住房租赁交易服务监管平台总体架构

具体而言：

1. 基础设施层

房产局基础设施层主要包括网络通信系统、存储备份系统、信息安全系统、视频监控系统、虚拟化系统、数据库管理系统、容灾备份系统等。网络通信系统分为业务内网、业务外网和互联网。业务内网与业务外网物理隔离，互联网与业务外网通过防火墙配置实现逻辑隔离。

2. 数据资源层

数据资源层主要由数据组成，其中结构化数据库主要包括基础数据库、租赁业务数据库、房屋登记库、网签交易库、云平台共享库、公安系统认证库及其他信息资源库等。非结构数据库主要是由一些文件型的数据构成。

3. 服务支撑层

服务支撑层主要包括业务支撑服务、WEBGIS 支撑服务、第三方实名认证、电子合同签章、第三方登录（微信、微博、QQ 等）、手机短信发送、移动消息推送、数据加密、ETL 数据服务、报表引擎服务、数据中间件服务等。通过服务支撑平台，实现界面集成、应用集成、数据集成及流程集成，通过四个集成来达到房产局所有系统的集成效果。

4. 业务应用层

业务应用层主要包括账号注册、机构开户、实名认证、房源核验、房源发布、合同签订、合同备案、合同续签、合同注销、业务投诉、统计分析、业务监控等。

5.接入层

接入层主要是按接入设备和接入对象的不同划分为PC终端、手机移动终端、多媒体自动终端、中介机构企业端、主管部门柜面端。

6.用户层

用户层主要包括承租人、出租人、租赁中介机构、主管部门、区县政府、街道居委会。除此之外，贯穿着六个层次的还有房产局信息安全保障体系、项目实施与运维管理、相关的标准体系和管理规范。

二、交易服务监管平台公共服务的功能实现

合肥市住房租赁交易服务监管平台基本业务功能，是提供便捷的租赁信息发布和房源信息核验服务，推行统一的住房租赁合同示范文本，实现住房租赁合同网上备案；建立住房租赁信息发布和审核标准，规范住房租赁交易流程，保障租赁双方特别是承租人的权益；建立健全住房租赁企业和房地产经纪机构备案制度，强化住房租赁信用管理，建立多部门联合激励和失信联合惩戒机制；加强住房租赁市场监测，为政府决策提供数据基础。

通过图2可以看到，房源管理是最重要的功能之一，包含房源录入、房源核验、房源发布、房源撤销四个内容，其中房源核验是区别于其他商业租赁平台的重要环节，避免"僵尸房源"、虚假房源的存在。配合注册认证功能，对出租主体的身份进行进一步审核。合同管理包含合同签订、合同备案、合同签章、合同打印、合同续签与合同注销。市场上租赁合同难以统一，不同中介机构合同条款都不一致，平台则提供了统一合同，有利于监管和权益保障。市场监测渗透交易的各个环节，从房源发布、合同成交、市场供需、诚信档案等都受到了实时监测。平台积累的数据会进一步统计分析，从房源、合同和人群三个方面及时考察平台运行状况。租赁双方的诚信情况，出租小区、住房的整体环境也会被平台记录在档，评估不合格的租赁主体将会被平台剔除，评价过低的小区就会影响二次租赁。除以上功能外，还包含系统用户和安全日志两个常见功能。

为实现以上基本功能，合肥市住房租赁交易服务监管平台可视化网页设计了9个主菜单，分别是平台首页、租赁房源、品牌公寓、保障房、机构信息、通知公告、服务信息、备案查询、办事大厅。其中，平台首页、租赁房源、品牌公寓、保障房这四个菜单主要提供合肥市内各类租赁住房信息，最重要的特色就是实名认证和全程无节点监控。机构信息公布了所有挂靠在平台的租赁企业，细致说明了企业的类型、法人、营业执照，说明对于进入平台的企业有严格的审查机制。通知公告栏公布了与合肥市培育住房租赁市场相关的政策文件以及合同范本。信息服务栏共享了5个便民服务信息，分别是租赁出租操作指南、房屋承租操作指南、居住证办理、公

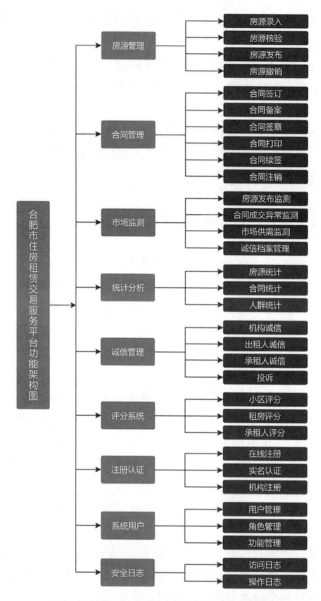

图2 合肥市住房租赁交易服务监管平台功能

积金办理、政务服务。通过备案查询栏输入合同编号和承租人证件号码,就可以查到相关租赁信息。

通过对合肥市住房租赁交易服务监管平台整体架构、功能架构、网页界面的分析可以看到,整个平台将住房租赁信息服务、交易服务、监管服务有机融合在了整个交易过程之中。

在住房租赁信息服务方面,如图3所示,平台立足本土,提供了细致、全面、清晰的租赁信息;在地域上,涵盖合肥市内各区,包括包河区、蜀山区、庐阳区、瑶海区、政务区、高新区、经开区、滨湖区、新站区,但没有涉及"三县一市";又进一步细分租金、户型、出租方式、房源类型、装修程度和房屋朝向,方便不同层次、不同需求的承租者选择。

所在区域: 不限 包河区 蜀山区 庐阳区 瑶海区 政务区 高新区 经开区 滨湖区 新站区

房屋租金: 不限 500元以下 500-1000元 1000-1500元 1500-2000元 2000-3000元 3000-4500元 4500元以上

房屋户型: 不限 一室 二室 三室 四室 四室以上

出租方式: 不限 整租 合租

房源类型: 不限 个人 中介 企业

装修程度: 不限 毛坯 简装 中装 精装 豪装

房屋朝向: 不限 正南 正北 正东 正西 东南 东北 西南 西北

图3 合肥市住房租赁交易服务监管平台房屋租赁信息服务供给

在住房租赁交易服务方面,重点是出租指南和承租指南,以流程图的形式清晰地指出了租赁的整个过程及其各环节需要办理的具体事项。从图4可知,对于出租主体

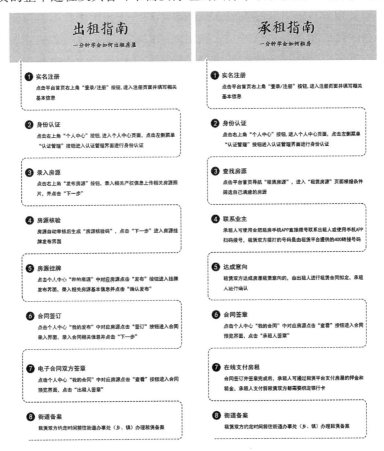

图4 合肥市住房租赁交易服务监管平台出租与承租指南

来说,需要经历实名注册、身份认证、房源录入、房源检验、房源挂牌、合同签订、合同签章、街道备案;对于承租主体来说,需要经历实名注册、身份认证、查找房源、联系业主、达成意向、合同签章、在线支付房租以及街道备案。

在住房租赁市场监管方面,平台对于租赁过程的监管主要体现在三个方面:一是对于出租主体,包括机构、个人和承租主体的监管,都要求在线实名注册、身份认证;二是对于租赁住房的监管,从房源发布初始就要求审查房源信息,从源头就避免了虚假房源;三是对租赁过程的监管,平台提供了统一的合同范本和合同电子签章,合同订立之后要求到住房所在街道备案。结合调查来看,这是此平台所独有的,也是目前住房租赁最缺少的环节,法律法规虽有规定但其他途径租房不会强制要求,这给基层政府监管制造了诸多障碍。

三、交易服务监管平台的业务基本流程

基于合肥市住房租赁交易服务监管平台的基本功能,其业务流程主要有三步,分别是注册认证、核验发布、合同签订。

第一,租赁双方注册、认证流程。从图 5 可知,未注册用户可直接使用手机号码接收租赁平台的短信验证码进行登录,登录完成即实现该手机号码的注册功能,注册完成需将身份证正反面拍照上传核验成功并设置账号密码后才能进行房源发布、租赁合同签订、租赁押金和租金的支付,身份证照片上传审核将与公安部门的系统进行核对。只有身份核验成功的用户才可以发布及租赁房源,未完成身份核验的账号仅能浏览平台已经发布的房源。

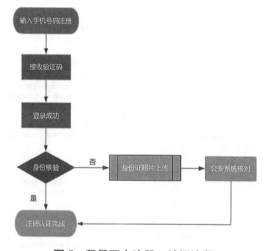

图 5　租赁双方注册、认证流程

第二,房源核验、发布流程。从图 6 可知,出租人将要出租的房源自行通过移动终端或委托管理部门和中介机构对房源信息进行录入,上传房屋图片和视频,录入完

成后提交至后台进行房源核验，初次房源核验由平台系统自动完成，若核验不通过将直接转至人工服务台继续核验。合肥市房产信息管理中心安排了专门的工作人员严格进行二次房源信息核验，房源核验完成后才可以进行发布。结合第一步可以看到，从租赁双方信息和房源信息，平台通过公安系统、平台核验系统和人工核验系统进行了严格的审查，确保平台发布信息的真实性、准确性、有效性。

第三，租赁合同签订流程。结合图7可以看到，承租人通过在线的方式确定所承租房源，点击"我要签约"后进入合同条款填写页面，填写合同完成后在线生成电子合同，电子合同传递至后台进行合同备案业务。依据合肥市房地产管理局、合肥市工商行政管理局关于推行使用《合肥市房屋租赁合同》（示范文本）的通知，平台提供了统一的租赁合同。租赁合同范本通过房屋基本情况、房屋租赁及登记备案、租赁期限、租金及押金、成交方式等13个条款规定了租赁双方的权利义务，有效保障了承租人的权利。在租赁合同到期后由租赁双方对即将到期或已经到期的合同进行续签，续签合同只能修改租金和租期，其他条款不能修改，续签的合同自动完成合同备案。

需要指出的是，目前平台并未整合金融功能，支付功能引入了成熟的第三方移动支付平台。在合同签订后，在租赁平台基础上通过第三方支付平台支付租房押金和租金，包括支付宝、微信、银联，支付的押金和租金不经过租赁平台账户直接到达租赁双方的账户，租赁平台只进行支付记录。

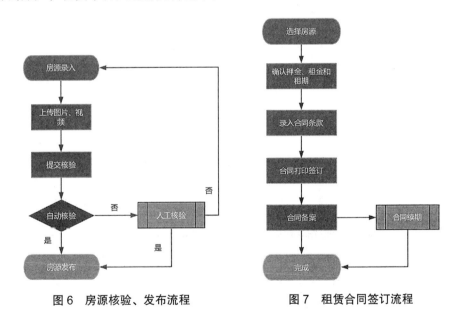

图6 房源核验、发布流程　　　　图7 租赁合同签订流程

四、交易服务监管平台的市场监管能力

通过平台的名称可以看到，合肥市搭建租赁平台主要存在两个目的，一是提供住房租赁交易服务，二是监管住房租赁服务市场。后者是这一平台与其他租赁平台最大

的差异点,也是政府花费大量人力、物力和财力打造这一平台的重要目的之一,最终希望通过这一平台来规范住房租赁交易,达到市场监管的目的。

交易服务监管平台的市场监管能力建设是平台建设的重要内容,是培育和发展住房租赁市场必不可少的环节。前文论述平台搭建、平台功能实现和交易服务流程中已经穿插了关于平台市场监管能力的论述,在此不作赘述。概言之,监管的主体是合肥市房产信息管理中心,平台的数据库会记录所有交易行为;监管的对象是利用平台资源实现交易的出租人和承租人,包括个人、机构、企业;监管内容包括账号管理、房源管理、合同管理和诚信积分,在每一个环节都有核验程序,以确保信息真实、过程合法、交易公平,如图8所示。

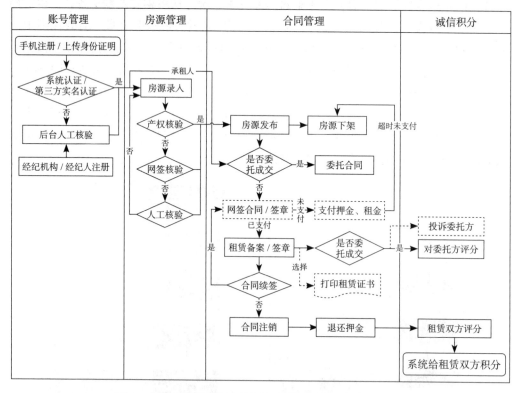

图8 合肥市住房租赁交易服务监管平台业务监管流程图

从监管功能实现层面来看,有专门的监测平台作为房地产管理部门对市场租赁业务行为的事前、事中和事后的预警监测功能。在监测到预警时,通过手机短信和平台预警的方式告知工作人员,工作人员再对监测到的预警值进行查看、快速定位并及时处理。同时,在监管过程中,平台将收集各项租赁数据,包括实名注册数据、房源录入数据、合同签订数据、房租支付数据等,对每一笔租赁业务实现全程无节点跟踪,监测住房租赁市场,能够根据要求实时形成统计分析报表,建立统计与核算的基本数据来源,为开展住房租赁市场统计、分析与核算奠定基础。

五、结语

与深圳、北京的城市住房租赁服务监管平台相比,合肥基于本市需求和特色打造的住房租赁平台虽然起步晚,但是,平台建设、平台服务、平台运行、平台成绩、平台维护并不落后。对于探索、培育、推进、发展合肥市住房租赁市场起到了积极的作用。对于一个全新的租赁平台而言,必须承认,与其他商业租赁平台相比,这些数据并不亮眼,培育、规范、发展合肥市住房租赁市场任重道远。

参考文献:

[1] 任海英,董志海,靳婷,等.北京海淀公共租赁住房实时配租系统建设研究[J].北京测绘,2018,32(3):340-343.

[2] 易宪容,郑丽雅.中国住房租赁市场持续发展的重大理论问题[J].探索与争鸣,2019(2):117-130+144.

[3] 黄静,崔光灿."租购同权"对提升居民幸福感的影响[J].城市问题,2019(12):87-96.

作者联系方式

姓　名:吴怀琴　夏利国　陶传海　盛自明

单　位:安徽建工房地产土地资产评估有限公司

地　址:安徽省合肥市经开区大华国际港 A 座 811 室

邮　箱:ahjgfdc@126.com

注册号:吴怀琴(3420200014),夏利国(3420100009),
　　　　陶传海(3420180014),盛自明(3420200013)

城市住房租金监测与价格指数编制的经验及启示
——基于武汉市住房租赁价格指数编制的实践经验

孙 毅 王 勇 刘 刚

摘 要：在我国，住房问题既是经济问题更是重要的民生问题，而住房租金价格直接关系到大城市新市民、青年人的租住需求的满足。因此，引导租金合理定价，适当控制租金涨幅成为政策调控的内在要求。在此形势下，全国各地开始强化租赁市场价格监测、建立房屋租金参考价发布机制，意在促进租金公开透明、引导合理定价，住房租赁价格指数作为租金监测的重要工具也逐渐受到重视。相比于租金参考价，住房租赁价格指数能够综合反映城市整体租金水平，具有一定的市场预测作用并有利于市场监管和政策调控。据此，武汉市在全国率先启动住房租赁价格指数编制，积累了宝贵的经验，对于进一步优化租金价格监测体系，强化租金价格的实时、动态监测具有重要的现实意义。

关键词：住房租赁；租金；租赁价格指数

近年来，下大力气解决大城市住房问题受到党中央、国务院高度重视，而大力发展住房租赁市场是解决大城市新市民、青年人住房问题的重要举措。但当前我国住房租赁市场发展还不成熟，市场乱象及问题频发，特别是租赁资金安全以及租金价格异动成为社会的主要关切。在此形势下，住房租金监管开始进入政策调控范围，一方面，通过加强住房租赁企业资金监管保障承租人租金安全；另一方面，通过强化租赁市场监测、发布租金参考价，引导市场租金合理定价。在"租购并举"住房体系深入推进的当下，建立住房租金价格参考体系，保障租金价格稳定成为住房租赁市场发展的新诉求，因此各地开始强化租赁市场价格监测、建立房屋租金参考价发布机制，意在促进租金公开透明，引导合理定价，住房租赁价格指数作为租金监测的重要工具也逐渐受到重视。

一、我国住房租金监管的政策形势

（一）住房租金价格监测的重要性与租金调控的政策逻辑

住房租金价格在我国住房租赁市场发展中起到了至关重要的作用，一方面，租金价格直接关系到大城市新市民、青年人的租房需求的满足程度；另一方面，租金价格直接影响住房租赁企业的经营与可持续发展。为了满足合理的租房需求，需要监测城市租金变动情况并合理控制租金涨幅；与此同时，当前我国住房租赁市场发展还面临着低租金收益率下的动力不足问题，需要提高企业租金收益率，从而促进住房租赁市场高质量发展。

在看似矛盾的关系背后，为何租金价格监测与租金调控成为住房租赁市场调控的关切点？这与当下我国突出住房的民生属性息息相关。住房商品化改革以来我国房价经历了较长的上涨周期，高房价已经成为大城市新市民、青年人的重要负担，这使得住房问题的民生保障属性更加突显，而住房租赁作为解决大城市住房突出问题的重要手段，更要突出其民生保障功能。因此，引导租金合理定价，限制租金涨幅成为租赁政策调控的内在要求。在此形势下，租金价格监测以及合理定价的政策诉求不断提升，并逐渐成为住房租赁领域重要的政策调控方向。

（二）我国住房租金监管的政策形势

党的十九大以来，我国对房地产市场的发展方向有了清晰的定位和规划，并提出了多主体供给、多渠道保障和租购并举的制度安排，让全体人民住有所居。中央层面发展租赁市场的决心和动力日渐清晰，面向租赁市场的倾向性政策逐步发布，整个住房租赁行业的战略地位提升到了全新的高度。租房已成为城市居民居住的第二大方式。

2020年，以某长租公寓为代表的"爆雷"事件，加强了国家稳定租赁市场、防范风险的意图。国家和地方纷纷出台相关政策以加强租金监测和管理，对租金水平进行合理调控；积极引导住房租赁双方合理确定租金，稳定市场预期。值得注意的是，2021年8月10日，住房和城乡建设部发布《关于在实施城市更新行动中防止大拆大建问题的通知（征求意见稿）》，其中提出城市住房租金年度涨幅不超过5%。随后，北京、广州、厦门、成都、合肥等地纷纷建立租金监测机制，发布租金参考价，引导租金合理定价，并限制租金涨幅（表1）。

住房租金水平发布政策 表1

时间	政策出处	租金监管政策要求
2019年	住房和城乡建设部、财政部办公厅《关于中央财政支持住房租赁市场发展试点有关工作安排的通知》（建办房函〔2019〕483号）	住房租赁试点城市要加强租金监测和管理，建立租金水平信息发布制度，定期分区域公布不同类型租赁住房的市场租金水平信息，确定租金指导价
2020年9月	《住房租赁条例（征求意见稿）》	建立住房租赁指导价格发布制度，定期公布不同区域、不同类型租赁住房的市场租金水平信息
2020年12月	2020年中央经济工作会议	降低租赁税费负担，整顿市场秩序，规范市场行为，对租金水平进行合理调控

续表

时间	政策出处	租金监管政策要求
2021年4月	《关于加强轻资产住房租赁企业监管的意见》(建房规〔2021〕2号)	建立住房租金监测制度,定期公布市场租金水平信息,发挥住房租赁企业示范作用,加强住房租赁市场租金监测
2021年8月	住房和城乡建设部《关于在实施城市更新行动中防止大拆大建问题的通知(征求意见稿)》(建科〔2021〕63号)	做好保障性租赁住房建设,统筹解决新市民、低收入困难群众等重点群体租赁住房问题,城市住房租金年度涨幅不超过5%

二、国内外租金监测与租金价格引导实践

在加强租金价格监测、引导租金合理定价的政策调控形势下,全国主要城市开始通过强化租赁市场监测、发布房屋租金参考价等措施引导市场租金合理定价,但由于不作为强制标准,对于租金价格规范作用相对有限。从发达国家的实践经验来看,主要是通过立法保障,限制租金随意变更。

(一)国内实践:发布租金参考价,引导市场合理定价

1. 广州:常态化的各类用途房屋租金参考价发布机制

广州市是全国最早发布房屋租金参考价的城市,从2005年开始就每年定期发布各类房屋的租金参考价。目前广州租金参考价已包含长租公寓、商业用房、居住用房、工业用房以及办公用房等各类用途房屋。广州租金参考价主要用于市场租金的制定参考,并不作为强制标准。其租金参考价的制定主要是在划分片区、路段的基础上,结合楼盘和物业的实际情况,对某一区域同一用途的所有物业的平均租金参考价进行评估,主要表现形式为路线价、片区价和楼盘价。对于居住用房的租金参考价则是按照中等成新度、中等楼层、普通装修、空房等基本条件进行评估,在实际应用中需要根据条件差异进行调整。

2. 成都:精选监测样本,按月动态监测租金变化

成都市自2019年以来,围绕租金合理、秩序规范的原则开展住房租赁市场监测,目前已累计完成对4500个小区的监测,并发布租金信息,提升租金的公开透明度,引导市场租金合理定价。在市场监测方面科学选取监测样本,主要聚焦新市民、青年人等住房租赁重点人群,重点选择中高端、成交活跃的热门小区作为监测样本,明确各类小区的样本配比,按月实施动态监测。在租金信息发布方面,成都市住房租金信息按月度持续监测、按季定期发布,相比于其他城市每年发布一次,数据更加及时精准。

3. 南宁:建立针对居住用房租金参考价发布制度

广西南宁市自2020年开始发布居住用房租金参考价,用于引导租赁双方合理商

定租金水平。租金参考价涵盖7个城区和3个开发区,5个县域尚未纳入,租金参考价每年更新一次,于每年上半年发布上一年度租金参考价,其具体制定依据是按照位置、成新度、楼层、朝向等指标计算出平均租金。具体计算方法是在参考政府备案数据、租赁企业和经纪机构市场数据的基础上,结合市场调研数据计算得出。与此同时,南宁市房屋租金参考价仅作为房屋租赁双方议定实际租金的参考依据,并非政府强制定价行为。

(二)国外经验:立法保障,限制租金随意变更

1. 德国:建立"租金明镜"制度,法律严格控制租金涨幅

为了合理评估租金价格,真实反映市场租金水平,德国推行"租金明镜"制度,以多方参与、共同监督的形式显示相同类别住房的平均、最高和最低租金的参照表。按照制定程序、适用地区以及法律效力的不同又可分为"简易租金明镜"和"合格租金明镜","简易租金明镜"适用于租金上涨较慢的地区,其制定程序相对简单,制定的租金标准多用于租金咨询,往往不具法律效力;"合格租金明镜"适用于租金上涨较快的热点地区,其制定程序更加专业,可作为解决租金纠纷的法律依据。

有了具体租金标准后,德国以法律的形式严格限制租金涨幅,德国《住房租赁法》和《租金刹车法》规定,出租人上涨租金需要满足租金15个月未变,且租金水平不得超过同等条件住房的租金标准,租金涨幅三年内不得超过15%。此外,对于合同到期重新出租的房屋,规定租金上涨幅度不得超过当地租金标准的10%。《经济犯罪法》将租金三年涨幅超过50%视为犯罪行为,将面临巨额罚款甚至刑罚。

2. 日本:明确租金变更条件,租金托管机制防止"恶意涨租"

为了限制租金随意变动,日本《借地借家法》规定,租金变更需要符合特定情形,并在双方相互协商的基础上进行,特定的情形包括:一是房地产相关税收及其他负担的增减导致租金不合时宜;二是房地产价格涨跌及其他经济变动导致租金不合时宜;三是与同区域同类别房地产相比,租金不合时宜。如果租赁合同中对租金另有规定,则按合同执行。双方对租金难以达成一致意见,可以申请法院判决。

此外,为了充分保障租户的合法权益,日本建立租金托管机制,当租户认为租金上涨不合理时,可以将认为合理的租金交由租金托管机构后继续居住,此时房东无权强行要求租户搬出。在此期间,双方可以继续协商租金,或者寻求调停委员会进行调解,也可以通过法律诉讼加以解决,直到双方达成一致。

三、住房租赁价格指数编制的必要性及重要性

近年来,房价的过快上涨造成了部分热点城市房屋租金价格和群众收入的明显背离,已经影响到部分群众基本居住需求。特别是热点城市的中心区域租房需求大、房源供应相对不足,极易发生租金价格炒作行为,造成价格较大波动,严重扰乱市场秩

序。因此,需要建立一套完善的住房租赁价格指数体系作为监管抓手,加强租赁市场监测及考核评价,切实保障群众的租住需求。

(一)现行租金参考价的局限性

目前来看,规范租金价格、动态监测租金水平成为住房租赁市场发展的内在要求,全国各大城市也相继开始建立租金监测机制,制定并发布租金参考价引导租金合理定价。但现有的监测机制以及租金参考价往往针对区域、片区、具体小区等层面,难以有效监控城市整体租金变动水平,且租金参考价发布频率为每年一次,时效性低。因此,需要城市级的住房租赁价格综合指数来实时、动态监测城市整体租金水平,进而精准把握市场趋势、服务监管和政策调控。

(二)住房租赁价格指数的优势及作用

1. 综合反映城市整体租金水平

住房租赁价格指数,是一套反映城市住房租赁价格变化轨迹和发展趋势的指标体系,是对住房租赁市场进行预测、调控和监管的系统化工具。相比于针对片区以及小区的租金参考价,住房租赁价格指数能够更加全面、综合地反映城市整体租金水平。

2. 具有一定的市场预测作用

目前,全国各大城市租金参考价发布频率基本为每年一次,由于更新频率较低且综合性不高,因此难以进行市场租金预测。住房租赁价格指数的编制则综合利用宏观经济数据、中观市场环境数据、微观的小区基础信息数据和案例样本数据,综合性更强。与此同时,利用信息技术手段可以实施动态监测,使得指数的更新频率更高。因此,住房租赁价格指数更适合用于对未来市场租金的预测。

3. 能够反映房地产市场景气度

在成熟的房地产市场,租金与房地产价格具有相对稳定的联动关系,市场租金价格以及租金收益率水平能够成为房地产市场景气度的风向标。住房租赁价格指数作为市场租金价格的有效监测工具,能够反映住房租赁市场以及房地产市场景气度,为住房租赁市场以及房地产市场投资决策提供参考依据。

4. 有利于提高市场监管和政策调控的及时性

住房租赁价格指数作为城市租金水平监测的系统工具,有利于房地产主管部门及时掌握市场租金变动水平,特别是及时发现租金水平的异常波动,对于租金异常波动进行数据追溯,发现租金异常产生的根源,进而制定对应的市场监管措施。此外,租金价格指数能够反映市场供求关系,可为租赁市场政策调控提供参考依据。

四、武汉市住房租赁价格指数编制的实践经验

（一）住房租赁价格指数编制背景

武汉市是住房租赁"三试点"城市（国家首批住房租赁试点城市、首批利用集体建设用地建设租赁住房试点城市和首批中央财政支持住房租赁市场发展试点城市），在住房租赁市场监管和行业发展方面举措超前、积极创新。针对住房租赁市场的信息不对称问题，武汉市从2018年就开始进行住房租金监测体系建设方面的课题研究。2019年，作为课题深化转化的具体举措，开始以武汉市洪山区为试点进行住房租赁价格指数编制探索，经过三年的工作试点，整个指数体系基本成型，并顺利启动了全市住房租赁价格指数编制工作。

（二）指数编制的主要任务和流程

1. 目标和主要任务

武汉市住房租赁价格指数编制的主要目标是实现住房租赁价格指数的常态化编制。为实现常态化编制，需要对全市住房租赁数据进行大规模采集，掌握全市租赁住房基本情况。这就对采集体系、数据的真实性以及信息化处理等方面提出了较高的要求。在这个大目标之下，制定了指数编制的三大任务：

一是研究建立住房租赁价格指数体系。从租金价格的影响因素出发，研究确立指数的数学计算模型，确定相应的计算指标和权重系数，从空间区域和市场特征两个维度构建指数体系。

二是建立覆盖全市的住房租赁数据采集体系。科学划定住房租赁价格监测区，确定合理精准的抽样框架，实现对住宅租金价格的网格化管理与常态化监测。根据指数编制与发布的需求，以自然月为单位，采集住房租赁价格样本数据，制定科学、系统的关联规则和清洗规则，对数据进行相应处理，保证数据的真实性、准确性。

三是实现编制过程的信息化。研发住房租赁价格指数编制与数据采集处理系统，实现住房租赁数据采集、处理、分析、展示及指数编制的信息化。

2. 指数编制的主要流程

围绕武汉市住房租赁价格指数编制，有多项复杂工作。例如前期模型的研究、应用结果的验证，实施过程中各项标准的制定和修订，以及指数计算结果的合理性分析等。具体编制过程中的主要流程有六大板块，包含制定数据采集标准、确定抽样框架、研发系统、数据采集、数据处理以及指数结果计算（图1）。

制定数据采集标准：确定采集的数据类型，拟采集的数据类型主要包括区位特征数据、小区环境特征数据以及具体样本特征数据，并以此确定采集字段。

制定抽样框架：结合武汉市行政区以及市场板块的特征，从行政和市场两个维度建立基本框架。纵向框架由行政区逐级到小区，层层递进；横向框架综合考虑区域范

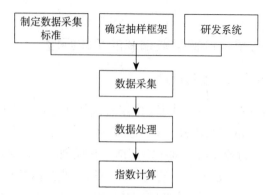

图 1　住房租赁价格指数编制的主要流程

围面积、人口情况、小区数量，参考公安网格化和国土地籍子区划分方法综合划定监测区，形成一套完整的、系统的综合抽样框架体系。

系统研发：包括数据采集系统和处理系统两部分。采集系统主要实现人工实地采集数据的实时传输、存储、统计功能；数据处理系统可实现数据存储、数据处理、质量控制、数据分析、结果计算、地理展示等功能。研发系统要实现数据采集信息化、指数编制自动化、指数结果可视化。

数据采集：为保证数据具有代表性，在制定的抽样框架下严格遵照数据采集标准开展采集工作，采集方式包括实地走访、租赁企业平台对接、中介门店采集等。以月为单位，完成每月采集总量。

数据处理：制定数据清洗规则，针对样本数据中存在的数据缺失值、重复值、错误值、异常值等情况，统一按规则通过系统自动检核与人工处理的方式，实现数据的完整性、唯一性、一致性和合法性，形成有效的样本数据。

指数计算：以特征价格法为基础确定指数计算模型，并在系统中实现模型计算参数的自定义配置，可以根据样本数据的不同情况对应编辑配置指数计算参数值。

（三）指数编制的基础优势与实践经验

1. 理论层面

一是系统开展住房租赁租金监测体系先导性研究，为指数编制打下坚实的理论基础。2018 年，武汉市住房保障和房屋管理局与武汉大学联合开展武汉市住房租赁租金监测体系研究，全面分析武汉市住房租赁市场发展现状，系统开展武汉市住房租赁租金的时空演变特征及其相关性研究、住房租赁租金驱动机制研究、住房租赁租金监测与预警模型研究等，为后续指数编制奠定坚实的理论基础。

二是研究出一套科学、规范、可落地的数据采集标准和指数计算规则。运用数据结构设计理论，结合数据特点，设计了住房租赁数据标准和住房租赁楼盘表，包括字段名称、指标含义、分类目录、数据类型、长度及值域等，为住房租赁管理的标准化打下了良好基础。使用"土地级别"等价替代影响租赁价格的区域中观因素，有效解决了不同空间层级中观因素影响的权重分配问题，租赁价格指数运算的复杂度大大降低，计算结果准确可靠。

三是针对住房"N+1"改造模式，研究出套内面积快速估算方法。武汉市的住房面积相对较大，为促进居住空间合理利用，增加住房租赁市场的房源供给，武汉市积极推广存量租赁住房"N+1"改造模式。在指数计算过程中，专门针对该类型住房合租价格的计算进行了探索，通过研究套内面积与建筑面积的关系，初步总结出二者换算的比率系数，进而实现建筑面积对套内面积的快速估算，使得租金价格计算的结果更为准确。

2. 实践层面

一是建立了健全的数据底单。在指数编制过程中，以房管部门小区楼盘表和基础地理底图作为确认小区楼栋及房屋坐落状态的基本依据，同时启动了与公安部门的数据共享机制，对接获取了公安"一标三实"房屋数据900余万户（其中住房近600万户），有力补充了登记房屋数据的不足，使得指数更具应用价值。

二是确立了科学的抽样框架和抽样方法。首先，根据属地管理、地理布局、管理现状及区位等特征，结合城区各街道辖区面积、人口情况、小区数量，参考公安网格化和国土地籍子区划分方法，设立住房租赁样本数据监测区。其次，系统分析各个样本监测区的个性化特征，结合样本监测区内的小区成熟度、小区出租热度等因素，精准计算出各个小区的抽样比，对极端低频租赁小区进行剔除，确保样本选取重点突出、代表性强，为科学、准确计算租赁价格指数打下坚实基础。

三是样本数据来源丰富且数据量充足。在指数编制过程中，通过租赁合同备案数据对接、住房租赁企业数据对接、网络技术线上爬取、人工实地走访等多种方式进行数据采集。经有效数据清洗后，共计获得住房租赁样本数据24.7万条，为指数计算和模型验证提供了丰富的数据基础。截至2021年12月，共采集武汉市各类住房租赁价格原始样本数据430.12万条，经过清洗后用于计算的样本数据量为163.28万条，具体各数据来源的采集情况如表2所示：

武汉市住房租赁原始样本采集及用于计算数据情况　　　　表2

数据来源		原始样本数据量	用于计算数据量
网络挂牌数据		3573477	1264435
成交数据	租赁合同备案数据	458641	221215
	住房租赁企业对接数据	229921	109140
	实地走访个人出租数据	39151	37997
合计（单位：条）		4301190	1632787

四是构建了科学规范的数据处理规则体系。针对网络技术线上采集、人工实地走访采集、租赁合同备案数据和住房租赁企业对接数据4种不同来源渠道的数据特点，

建立各类别数据的处理规则。对各类别数据进行逐字段研究，建立了1200余条处理规则。同时对采集数据实行"数据质量检验+第三方质量评估"的质量控制制度，保证数据的真实性和准确性。

3. 组织层面

一是聚合多方力量，组建强大的核心团队。为保障指数编制的科学性，提高成果的应用价值，武汉市组建了由市房管局、武汉房地产经纪行业协会、武汉大学、建信住房（湖北）公司以及科技公司为主体的核心团队，构建了互联网平台公司、房产经纪机构、住房租赁企业等市场主体共同参与的格局，形成了广泛的协作机制和更为多源立体的数据采集、指数编制及应用转化的体系。

二是建立了有效的数据交换与共享机制。在指数编制过程中，推动公安"一标三实"基础信息采集工作和房管住房租赁价格数据采集工作融合开展，解决了公安数据与房管数据关联交换不通畅的矛盾，进一步统一标准，加强数据互补，实现数据有效共享。

（四）指数编制过程中的主要创新

1. 搭建了"四位一体"的市场监测架构体系，保证租金监测更精细

从宏观、微观和时间序列的角度，建立了能够体现宏观和时间变化特征的租金指数，以及能够体现微观和时点特征的租金参考价，既能够反映现状，又能够反映趋势和规律。

从地理空间的角度，根据武汉市城市空间面积大、不同地域差异明显的特点，建立《房地产市场区域板块划分》（DB4201T 639-2020）的地区标准，从行政和市场两个维度建立"武汉市—行政区/房地产市场区域—街道/房地产市场板块—小区"四个空间层级，在租金价格的空间分布显示上更加精准。当一个街道内的地理、房屋、交通、配套、资源环境属性相似，且房地产价格的差距不大时，一个街道即为一个板块，板块四至为街道四至范围（表3）。

武汉市住房租金监测体系（空间维度） 表3

空间维度	具体指标
宏观	15个行政区（区级）
中观	160个房地产市场板块（街道级）
微观	样本数据监测区（小区级）
	具体监测样本

从市场细分的角度，根据租赁行为的特征，细化建立了包括不同户型、不同房屋供给来源、不同租赁类型、不同建筑年代等多个维度的指标，力求全方位、多角度、立体化地反映住房租赁市场情况（表4）。

武汉市住房租金监测体系（市场维度） 表4

市场维度	分类标准
房源发布主体	个人、经纪机构、租赁企业
租赁类型	整租、分租
房龄	5年以内、5～10年、10～15年、15～20年、20年以上
房型	一室、二室、三室、四室、五室及以上

2. 研发了数据采集与价格计算的信息化系统，推动监测系统智能化

针对住房租赁价格数据零散、市场数据质量不高的问题，广泛运用移动互联网、大数据、云计算、GIS等新兴技术，探索总结出适应住房租赁数据特点的六层矩阵式采集法，创新建立了多源异构数据整合清洗规则，将各类不同对象、不同层级、不同维度的横向、纵向数据进行高度集成，有效提高了数据完整度，减少了误差。

研发了集数据采集储存、分析处理、指数计算、可视化展示、监测预警和报告编制等功能于一体的住房租赁价格指数信息平台，实现指数管理发布全流程的信息化，以及对住房租赁市场的自动化监测预警和智能化异动调处，减少人工主观判断，为政府主管部门决策提供有力的数据支持。

3. 形成了常态化的数据更新机制，赋予指数监测体系持久生命力

为了推动住房租赁价格指数编制成果持续发挥作用，确保工作成果切实为政府部门加强对租赁市场监测和监管服务，武汉市建立了住房租赁价格指数的常态化运营机制，借助住房租赁数据采集与处理系统实现住房租赁基础数据及租赁样本数据的持续更新。

（五）成果应用

目前，武汉市住房租赁价格指数以洪山区为先行试点，已经进行初步应用，在租金价格监测、促进科学决策、稳定住房租赁市场预期、维持租金价格稳定等方面发挥了积极作用。

首先，武汉市住房租赁价格指数实现了对全市住房租金价格的综合监测，通过系统化的租金价格监测体系，武汉市房地产主管部门更加全面地掌握了全市各行政区、街道、小区租金价格的动态变化信息，为制定住房租赁市场各项政策的科学决策提供了有力的数据依据（图2）。

其次，武汉市住房租赁价格指数的编制实现了对租金价格空间分布的精准把控，武汉市房地产主管部门由此能够精准监控市场租金异常情况，在市场监管过程中及时发现中介机构哄抬价格、高收低租等违法违规行为，并及时采取监管措施，保证了武汉市住房租赁市场整体健康、稳定运行（图3）。

最后，武汉市住房租赁价格指数的常态化发布稳定了租赁市场预期。当前武汉市租金价格基本保持稳定，以试点地区洪山区为例，监测期内住房租赁价格指数波动较

小、涨幅可控，监测期内涨幅均不超过 5%（图 4）。

下一步，武汉市住房租赁价格指数将实现自动化、常态化编制，指数编制流程、

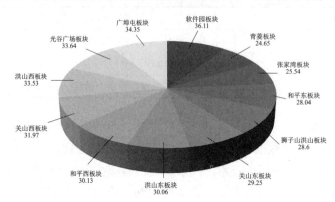

图 2　武汉市洪山区 2021 年第四季度各板块租金价格

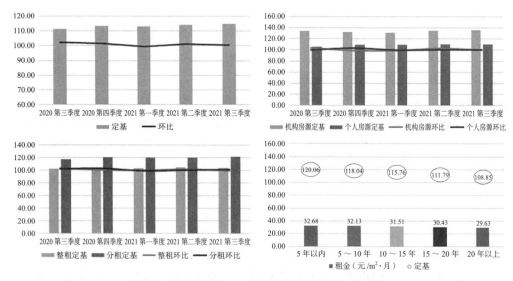

图 3　武汉市洪山区分特征住房租赁价格指数走势

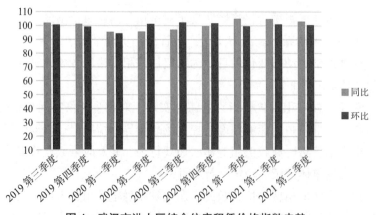

图 4　武汉市洪山区综合住房租赁价格指数走势

方法更加科学有效,并不断强化指数的落地应用,充分发挥指数在租赁房源精准筹集投放、保障性租赁住房租金定价、住房租赁计价课税、涉租司法评估、住房租赁金融及公众查询等方面的应用。

五、启示与建议

当前,无论租金参考价的制定还是住房租赁价格指数的编制,其主要目的都在于稳定住房租金价格、满足租住需求、稳定市场预期,为住房租赁市场发展创造健康、有序的发展环境,进而推动构建更加完善的"租购并举"住房体系。为了更好发挥租金价格的发现功能、调节功能及引导功能,未来除了进一步优化租金价格监测体系,强化租金价格的实时、动态监测,还需要围绕租金价格监测建立更加完善的政策调控机制和市场运行机制,实现稳价格、稳市场、稳预期。

(一)尝试逐步赋予租金价格法律效力,强化价格指引作用

从国内各城市实践情况来看,租金参考价主要用于市场租金的制定参考,并不作为强制标准,难以发挥市场约束力,对于租金价格规范作用相对有限。因此,可以借鉴德国"租金明镜"制度,尝试通过立法的形式赋予租金价格法律效力,对租金涨幅进行法律约束;可以要求租金价格调整行为上报主管部门审批、备案,对于超限额的租金上涨行为给予行政处罚。但考虑到当前我国住房租赁市场发展尚不完善,低租金收益率导致市场主体参与住房租赁市场建设的动力不强,因此,在租金价格调控力度上应循序渐进,当前租金价格调控应重在对控制房源、哄抬价格等行为严格限制,同时对于按照物价、收入水平确定的合理涨幅应予以支持。未来,随着住房租赁市场的发展成熟,可以考虑制定普遍性法律规范。

(二)构建价格综合监测体系,为精准调控提供科学依据

现行租金价格监测体系尚未达到动态、精细、精准监测,无法为精准调控提供科学依据。因此,有必要构建租金价格综合监测体系,内容主要包括建立租金大数据分析与监测平台系统以及构建价格监测评价体系。一方面,通过监测平台分区域、分企业监测租金变化情况,精准识别市场异动及风险点,利用技术手段实现动态价格监测预警;另一方面,利用监测数据构建算法模型,对住房租赁企业实施定期量化评分,对评分较低、问题较多、风险较高的住房租赁企业,及时采取提醒、警示、降低信用评级、限制经营以及披露违规信息等监管措施。

(三)注重发挥市场自主调节机制,推动市场发展稳定向好

从长远来看,健康、稳定的住房租赁市场最终需要在价值规律和供求关系自发调节下形成,租金价格也是市场供求的反映。因此,租金价格的合理性不仅需要通过法

律、监管制度加以规范，还应注重发挥市场自主调节机制。那么，如何让市场发挥自我调节作用？一方面，在供给端要创造良好的市场发展环境，通过优化行政审批，给予税收优惠、金融支持等方式激发市场主体参与住房租赁市场建设的积极性，支持租赁机构专业化、规模化发展，通过专业化解决租赁服务质量问题，通过规模化解决盈利问题，推动租赁企业良性发展；另一方面，在需求端要保障居民"租"有所居，不断深化住房制度改革，稳步推进租售同权进程，改善租、购社会福利差异，为住房租赁市场的长期、健康、稳定发展保驾护航。

参考文献：

[1] 刘刚，孙毅. 租售比失衡与租金调控矛盾：政策调控如何权衡：来自国内外的观察与思考 [J]. 西南金融，2022（2）：42-53.

[2] 王阳. 德国住房租赁制度及其对我国住房租赁市场培育的启示 [J]. 国际城市规划，2019，34（5）：77-85.

[3] 王建红. 住房租金管制政策的国际经验及借鉴 [J]. 建筑经济，2020，41（10）：30-33.

[4] 龙驰，赖洪贵. 基于月度数据的中国住房价格与租金关系研究 [J]. 江淮论坛，2021（6）：48-54.

[5] 田漾帆，张钰淳，田莉. 严格的规划管控会否抬升房价与租金：国际经验对我国租赁住房发展的借鉴与启示 [J]. 住区，2021（6）：17-21.

作者联系方式

姓　　名：孙　毅

单　　位：武汉天恒信息技术有限公司

地　　址：湖北省武汉市东湖新技术开发区光谷金融港 B18 栋 11F

邮　　箱：88948193@qq.com

姓　　名：王　勇

单　　位：建信住房服务（湖北）有限责任公司

地　　址：湖北省武汉市江岸区胜利街 2 号

邮　　箱：13986150567@139.com

姓　　名：刘　刚

单　　位：武汉天恒信息技术有限公司

地　　址：湖北省武汉市东湖新技术开发区光谷金融港 B18 栋 11F

邮　　箱：jinguan1668@163.com

(三)境外经验

发达国家住房租赁市场发展经验及对我国的启示

杨现领

摘　要：住房租赁市场在不同国家的发育度和重要性存在极大的分化。本文通过对不同国家住房结构进行比较，梳理其历史演变，从私人租赁市场发展、租赁需求、租赁权益保护、住房租赁发展支持性政策等方面提出对我国住房租赁市场发展的启示。

关键词：住房结构；私人租赁市场；租赁需求；租赁权益

一、住房结构的国际比较与历史演变

住房租赁市场在不同国家的发育度和重要性存在极大的分化。瑞士、德国和奥地利三个国家的租赁人口占比均超过50%，分别为60%、55%、50%，为租赁高度发达国家；美国、英国、日本、加拿大、法国、比利时、意大利、爱尔兰等国家总体上属于业主自住为主导的国家，住房自有率都超过60%，相应地，租房人口占比通常在30%~35%；俄罗斯、罗马尼亚、匈牙利、斯洛文尼亚、克罗地亚等东欧转型经济体的租赁住房处于另一个极端，租赁人口占比只有10%，最低的国家不足5%。

进一步拆分，私人租赁和社会租赁在不同国家的重要性同样存在显著的差异。在美国，租赁市场占比总体为35%，但是社会租赁份额不到1%，几乎都是私人租赁。在德国，租赁市场占比超过50%，但绝大部分为私人租赁，社会份额低于10%。在法国，租赁市场占比总体为40%，社会租赁与私人租赁平分秋色，相对平衡。尽管存在差异，但总体来看，私人租赁市场在主要发达国家的占比平均为20%左右。

此外，同一个国家不同时期租赁市场的相对重要性也会发生动态的变化。在这一点上，英国最为典型。在20世纪早期私人租赁是英国城市化过程中居民的主要居住方式，在1918年高达76%的城市家庭通过私人租赁市场解决居住问题。战后政府大力发展社会公共住房并鼓励人们买房，私人租赁市场收缩。1971年英国住房自有率开始超过50%，成为购房主导的国家；同时，社会公共租赁住房占比接近30%，在其后的10年，一直保持在30%左右。住房自有率的上升和社会公共住房市场的快速发展对私人租赁市场带来双重打击，并导致其快速下降。私人租赁的家庭在20世纪

90年代初期下降到最低点，只有约170万户家庭，占比9%。随着1989年市场管制的取消和私人租赁市场逐渐复苏，2017年私人租赁的市场份额上升到20%左右。

因此，不同国家以及同一国家的不同发展阶段租赁市场在住房结构的占比有显著的分化和动态的调整。然而，抛开这些差异，提炼基本规律，也会发现一些大致的规律：

一是，第二次世界大战是全球住房政策的一个分水岭，英国、日本、美国、德国、中国等主要大型经济体都面临普遍的住房短缺。面对短缺，不同的政策响应方式决定了不同国家长期的住房结构。

二是，战后20世纪50年代～20世纪90年代是全球住房自有率普遍提升的阶段。这一时期尽管不同国家对于租赁市场采取了不同的发展方式，但对于鼓励人们买房的态度却是相对一致的，总体上主要国家的住房自有率都有不同程度的上升，私人租赁市场占比则出现不同程度的下降。其中英国上升最显著，提升了近40个百分点，从不到30%提升到69%；美国和法国大概提升了10个百分点，意大利和比利时提升了大约30个百分点。荷兰住房自有率从1950年的29%上升到1990年45%，2010年进一步上升到55%；同一时期，私人租赁市场占比从60%下降到8%，社会租赁住房占比则由12%上升到32%。瑞士住房自有率从1945年的38%提升到2009年的56%，私人租赁市场占比则由52%下降到2009年的23%，社会租赁住房占比在1990年达到25%的峰值之后，下降到2009年占比21%。

三是，20世纪90年代～2008年金融危机，有两个基本趋势相互交织：一是随着住房短缺问题已经解决，且面临财政资金的压力，不少国家普遍从社会住房中逐步退出，并放松管制，私人租赁开始活跃，占比趋于上升；二是住房金融化从美国向其他国家蔓延，虽然中间经历了金融危机的暂时冲击，但是房价总体上趋于上升，买房压力更大，年轻人的住房困难成为一个世界性难题，这进一步促进了私人租赁市场规模的扩大。以美国为例，2008年金融危机10年后，美国的租房家庭数量达到了至少自1965年以来的最高水平。2006～2016年，美国家庭总数增加了760万户，自住家庭的数量微幅下降，租房家庭的数量明显增加，比例由2006年的31.2%上升到2016年的36.6%。

中国的情况则更为复杂，由于实现了从福利住房体系到商品住房体系的转型，某些方面的发展特征具有原苏联等社会主义国家的深刻烙印；由于经历了国家住房、单位住房的开发、分配以及后来的私有化，住房市场的某些表现又与英国战后大规模的公有住房大开发、1980年之后的公房私有化比较相似；由于完成了1998年之后快速的商品化、市场化与金融化，房价与租金的表现规律与美国、日本的情况也有几分可比之处。总之，不同国家的住房模式存在显著的区别，中国的住房模式一定程度上表现为不同国家的"综合元素"，是一个复合体，显然也更加复杂。

二、私人租赁市场发展的条件

随着房价日益走高、住房支付能力恶化以及住房金融化引发的危机，人们开始反思以往鼓励人们买房的政策；同时伴随着财政资金的制约，社会住房的规模开发浪潮在大多数国家均已退潮。正是在这两个背景下，私人租赁市场的发展也进入快车道。

一个多元、高品质的私人租赁市场既可以覆盖低收入家庭，而不必过度依赖政府提供社会公共住房；也可以为追求灵活性的中高收入家庭提供一种选择，而不必过早买房。

那么在什么条件下，私人租赁市场才能获得快速健康的发展呢？综合美国、德国、法国等国家的经验，私人租赁市场占比高、规模大的国家通常具备几个条件：

一是稳定和多元化的租赁需求。不仅低收入家庭，中高收入家庭也对租房有一定的需求。总体上，买房与租房的相对成本决定了对租房的需求，并反过来决定租赁市场的规模。在租金收入比合理且租赁权益保护完善的国家，买房与租房的安全感没有明显差异，这会催生大量的主动性租房需求。在另外一些情况下，房价太高买不起或社会公共租赁供应太少，就会产生被动性的租赁需求。尽管不同国家的租赁需求来源有些差异，但总体上年轻人、单亲家庭和对居住灵活性要求较高的家庭是需求的主体，这个群体往往是不能或不想买房且不符合社会租赁住房条件的人。

二是恰当的租赁政策，提供安全的投资环境，吸引各类投资者广泛参与，从而形成市场化的、多层次供给体系，满足各类人群的差异化租赁需求。所谓"恰当"通常体现在两个方面：一方面对租赁权益保护要有一个平衡的"度"，对租金和租金的监管不能伤害投资者积极性——保护过度，会打击市场积极性；保护不足，会伤害租赁需求；另一方面，住房政策要"中性"，如果买房受到了更多的鼓励和支持，或者政府通过财政补贴等手段大力发展社会租赁住房，私人租赁市场会受到抑制。

三是合理的投资回报是私人租赁市场发展的内在因素。投资回报则取决于三个方面：其一，资本利得是可接受的和安全的；其二，长期的租金收入流是稳定的、合理的；其三，在税收和融资方面，投资者得到一定程度的政府支持。德国、法国和美国都通过加速折旧、税收减免和优惠贷款等方式吸引机构投资者参与租赁住房的供应。此外，租赁需求越旺盛、市场规模越大，机构投资者也越活跃，这有助于机构大量持有资产，实现规模经济，获取更好的回报。

无论私人租赁市场的规模大小，租赁住房多为个人投资者所拥有，占比一般超过60%。在法国，96%的租赁住房属于个人房源，即便美国和德国这些机构投资规模比较大的国家，个人房源的占比也分别高达66%和62%。个人出租的房源要么自我管理，要么委托专业的机构管理。在澳大利亚，68%的个人房源通过经纪人出租和管理；在德国，这个比例要低很多，只有27%；在英国，超过60%的房东使用经纪人，且这一比例仍在上升。如果缺少专业的管理，个人出租住房也存在诸多问题，例如品质不高、维修不及时、租客服务不到位等。

除了私人房东，机构房东的作用也不可忽视。在瑞士，28%的租赁住房为机构投资者持有，主要是保险公司、房地产基金和房地产公司。在新西兰，虽然租赁市场很小，但60%的租赁住房属于机构，主要包括专业的机构房东和金融机构。总体上，低回报、高管理成本、高风险、市场信息不对称等因素是机构投资者进入租赁市场的主要障碍。基于这些因素，机构投资在大多数国家并没有太大吸引力，只有美国、德国、瑞士等国家占有一定的比例。

三、租赁需求

几乎在所有国家，租赁需求主要来自低收入人群，这部分人往往也都享受不同程度的住房补贴。这背后的含义是低收入群体的住房问题本质是贫困问题，只有接受一定程度的帮助，他们才能获得相对体面的住房条件。

租赁需求通常来源于四类，即年轻人和单身人群、暂时买不起房的年轻家庭、对居住灵活性要求较高的中高收入家庭以及无法进入社会公共住房的低收入家庭。例如澳大利亚、法国、德国分别有15%、20%、40%的租客属于高收入家庭。德国75%的低收入家庭租房，但总体上租房家庭与购房家庭的平均收入并没有明显差异。英国租房需求也非常多元化，总体上以年轻人为主，超过50%的租客在35岁以下，私人租赁家庭收入是社会公共租赁住房家庭收入的2倍，但是私人租赁市场几乎覆盖了所有的收入阶层，其中包括12%的低收入家庭和10%的高收入家庭。

从最近10年的情况看，有三个新趋势：

一是租赁的普遍化，即租赁日益成为一种覆盖广泛人群的普遍选择。在很多国家，租房不再仅仅是年轻人或穷人的选择，而成为一种普遍的选择，以美国为例，2006~2016年，美国全年龄结构的家庭租房比例都在同步增长。35岁以下的家庭，租房比例由57%增长至65%；35~44岁的家庭，租房比例由31%增长至41%；45~64岁的家庭，租房比例由22%增长至28%；65岁以上的家庭，租房比例由19%增长至21%。更突出的现象是，一些传统上不太可能租房的群体中，包括中年人、高学历人群，租房率也有所上升，学士及硕士以上学历背景的家庭，租房比例也由2006年的22%增长至29%。从收入结构上看，越来越多的中高收入家庭和已婚家庭，在不断升高的房价和支付压力下，也越来越多地选择租房。从英国的情况看，租客家庭结构以夫妻家庭为主。2017年抽样调查显示，英国租房客以夫妻家庭为主，占比达56.2%，其次是单身人士，占比18.7%，有孩家庭占比超过1/4（29.5%）。

二是年轻人的租房问题异常突出。可以说，年轻人的住房问题逐渐成为世界性的问题。一方面，年轻人越来越买不起房子，成为业主的概率已经大幅度降低，只有选择租房。从英国的数据上看，25~29岁的年轻人拥有住房的比例从1996年的55%下降到2015年的30%；30~34岁的年龄段则从68%降至46%，下降幅度相当显著；另一方面，英国、美国、加拿大等国的调查研究都显示越来越多的年轻人与父母住在一起。2015年英国约330万年轻成年人与父母同住，比1996年270万人增加了61.8万；约1/2的20~24岁年轻人与父母同住，1/5的25~29岁年轻人与父母同住，30~35岁年轻人与父母同住的比例低于1/10。除此之外，更为普遍的租赁问题是住房成本在收入中所占比例上升的同时，年轻人的人均居住面积和住房条件反而有所下降。这部分是因为年轻人更愿意为了缩短通勤时间支付更多成本，更多情况下是因为租金的增长速度超过了收入的增长速度。

三是国际大都市的租房问题日益突出。一般而言，国际大都市的租赁人口往往超过50%，且仍在不断增加。从现状来看，国际大都市的租赁人口占比更高，多数在40%~60%。纽约的租赁人口占比为56.9%，洛杉矶为54.4%，伦敦为49.8%，东京为39.5%。上升的房价之下，这一趋势仍在不断强化，以伦敦为例，租住私人租赁住房的比例持续增加；与之相反，租住社会租赁住房及贷款购房自住的比例呈现持续下降的趋势。从最新数字上看，2018年私人租房比例增长到30%左右，社会租赁住房占比下降到20%，两者合计达到50%。

四、租赁权益保护

最重要的租赁权益保护政策有三类：一是初始租金的设定以及续约时租金的涨幅；二是租约设定，不仅涉及租约的长短，也涉及房东自用或出售等方面的规定；三是住房质量标准规定。

关于租金设定，可分为两种方式，即第一代租金管制，大多数国家在第二次世界大战前后引入。对于新租约的租金设定，采取"冻结"的方式，没有调整机制，不准上涨；第二代租金管制，大多数国家在住房短缺问题解决之后引入，新租约的租金可自由谈判，但其后的租金涨幅与通胀同步。例如德国，对于已有租约的租金涨幅有严格限制，3年内租金涨幅不能超过20%，也不能超过当地平均租金水平；而对于新租约，原则上租金可以自由协商，但不能超过一定限度上限。美国的租金由市场决定，只在一些特定的地区针对一些房屋实行一定的租金限制。法国对于新租约可自由谈判，对于租金涨幅则依据通胀水平，针对有政府补贴的住房，则实行一定的租金管制。

关于租约，不同国家的规定有很大的差异，总体上租约期限比较灵活。例如英国一般只有6个月，德国则是无限期的。此外，关于租客驱逐条件，德国有非常严格的规定，房东只有在非常严格的条件下才能中止租约；而英国的驱逐条件则非常宽松，房东只需提前2个月就可以无条件驱逐租客。美国的租约完全由合同决定，通常是半年到一年，可以更短或更长。法国的租约监管则非常严格，针对个人房东，标准合同的租期是3年以上，机构房东及其他房东，租期是6年；租约中止条件也十分严格，房东只有在极有限的条件下才能驱逐租客，房屋出售也不能破坏租赁合同。

关于出租住房的质量标准，大部分国家都有明确的要求。例如英国规定房屋须满足可居住性，即建筑物结构、水电燃气、通风、采光、潮湿度、排水、居住面积等条件满足居住要求。房东还要保障房屋的安全，确保对租户身心不存在潜在危害，须提供水电燃气的安全证书。

尽管不同国家都实施了不同程度的租赁权益保护，但总体上这种保护与租赁市场的发展是可以实现兼容的。例如德国和法国，对租金和租约都实施了严格保护，但是这两个国家的租赁市场发展规模都很大。在美国和澳大利亚，租赁市场规模同样很大，但是这两个国家对租金的管制很弱，对租约也只有十分有限的保护。因此，关于租赁权益保护与租赁市场发展之间的关系并非十分明确。一种观点认为自由的租金和租约是房东所期望的，这会鼓励房东的住房投资和维修；另一种观点则认为严格的租赁保护带来更长的租赁周期和更低的租金上涨风险，从而扩大租赁需求，这反过来鼓励住房投资，而且长期的租约也有助于投资者降低管理成本。例如，德国的平均租赁周期超过11年，长期且稳定的租赁周期会使租客拥有更高的安全感，促使租客选择租赁作为其长期的住房解决方案，有利于整体租赁市场的长期良性发展。

五、租赁支持性政策

总体来看，租赁市场规模大的国家都曾经对投资者实施了长期的财政和金融鼓励政策，以吸引私人机构参与，德国和瑞士是典型的案例，虽然这两个国家都有相对严格的租赁权益保护，但同时也有非常多元化的支持性政策，以保持租赁市场的吸引力。

1. 成本扣减

即从应税收入中扣除相关成本，以减少税收支出，扩大投资者的净收益。美国几乎所有的成本都可以扣减，包括利息支出、房产税和折旧等。法国为简化税收程序，针对租赁收入低于1.5万法郎的个人或机构，则一律按照成本的30%扣减。在英国，利息成本和管理成本可以扣减，但是折旧不可扣减。

2. 折旧补贴

折旧范围包括建筑物和家居价值，但一般不包括土地价值。这个政策对于鼓励新建出租住房具有很大的刺激作用，美国、德国、法国和澳大利亚都采取了这个政策，尤其是在住房短缺的地方，补贴力度会更大。在美国，对于新建住房出租在27.5年里按照3.636%的折旧率，从应税收入中扣除。法国根据相应的激励机制，在9年内可扣除成本的20%~50%。德国按照2%的折旧率，年限为50年，早期也曾实施更大力度的折旧，例如1989~1996年允许第一年至第十年累计折旧58%。

3. 收入损失扣减

也称"negative gearing"，许多国家都允许租赁收入损失可以从应税收入中扣减。例如，针对个人，可以从工作及经营收入中扣除租赁收入损失，并以此为基础纳税。

这个政策对于小规模的投资者有更大的帮助。例如，在德国和澳大利亚，租赁的负收入都可以从其他收入扣减，这对于高收入、高边际税率的个人具有很强的刺激作用。在法国，最多可从其他收入中扣减 1.07 万法郎。

4. 资本利得税

这项政策往往是为了鼓励长期持有租赁住房。例如，在德国持有年限超过 10 年，则免除资本利得税。法国对净所得征收按照 16% 的税率征收，但是如果持有年限超过 5 年，则税率减半；超过 15 年，则免征。澳大利亚持有超过一年，税率即可减半。美国持有超过 1 年，按 15% 的税率征收，低于 1 年，税率则高达 35%。

5. 优惠贷款

即以低息或补贴的形式，在特定条件下，支持租赁住房的投资。例如，德国为租赁住房改进能源效率提供低息贷款。在法国，满足一定的租金和分配条件，可享受优惠贷款。

6. 低收入住房补贴政策

该政策在美国得到了较好的实践。这是一种住房补贴政策，例如，如果开发商将至少 40% 的新建住房开放给低收入人群（收入低于当地平均收入的 60%），且租金不超过当地平均收入的 30%，则可享受一定的补贴。

作者联系方式

姓　　名：杨现领

单　　位：空白研究院

地　　址：苏州吴中经济开发区太湖软件产业园智慧谷园区 6 号楼 19 层

德国住房租金管控经验对我国之启示

滕时稼

摘　要：随着住房租赁需求的增长，大城市中的高昂租金也引起了政府的格外关注。"他山之石，可以攻玉"，德国的住房租赁市场成熟，制度完善。德国租金控制依托市场机制，运用"租金参考表"，结合法规严控租金增长。近年来德国在租金政策上的失利也为我国未来调控措施的制定提供了前车之鉴：稳定住房租金应当以市场为导向，因此严格的租金管制应当暂缓施行；又基于现实国情，应当以扩大有效供给为立法导向；同时，有必要加快推进住房租金监测制度与租金信息公开制度的建立。

关键词：住房租赁；租金管控；德国经验

一、我国租金管控行政立法背景与现状

自住房商品化以来，我国房价不断上涨，居民生活负担不断加重。2016 年，我国"十三五"规划纲要指出，要以解决城镇新居民住房需求为主要出发点，以建立购租并举的住房制度为主要方向，深化住房制度改革。随后，国务院办公厅颁布《关于加快培育和发展住房租赁市场的若干意见》。自 2017 年起，各地方政府紧随其后，根据各地具体情况，出台了相关地方规范性文件。

在住房租赁市场需求较为旺盛的大城市，真实存在的市场需求会通过租金的变化体现出来，而租金水平是影响承租人行为的一大因素。在现实生活中，有许多居民因为节节攀升的租金而不得不向城市边缘迁居，或是直接退出大城市的住房租赁市场。因而稳定市场需求旺盛地区的租金水平，必然是国家保障承租人以及潜在承租人住宅权益的题中之意。

目前我国行政法规范对租金的控制主要分为对租金定价的控制与对租金变动的控制。2021 年 4 月发布的《关于加强轻资产住房租赁企业监管的意见》规定，"住房租赁市场需求旺盛的大城市住房和城乡建设部门应当建立住房租金监测制度，定期公布不同区域、不同类型租赁住房的市场租金水平信息"。《意见》同时对稳定租金水平作出了规定，"对于租金上涨过快的，可以采取必要措施稳定租金水平"。

对于租金变动的控制则早在 2010 年《商品房屋租赁管理办法》第 9 条便有所体

现,"房屋租赁合同期内,出租人不得单方面随意提高租金水平"。但在北上广深这些一线城市,出租人往往是通过签订时间较短的租赁合同,以"合法方式"涨租金。另外,合同期限满后,若出租人故意大幅提高租金,而处于劣势地位的承租人考虑种种因素,最终很可能不得不承担更高昂的租金。因此,"合同期内不得单方面提高租金"这一规定看似遵循了市场原则、保护了承租方利益,实际上并没有解决通过杜绝房东不合理涨租来保障租客合理租住权益的问题。

二、德国租金管制制度概述

在德国,住宅权是公民的基本权利,保障公民的基本居住条件是国家、政府的基本职能。基于这种基本法义务,德国政府更多强调住房的社会属性,而非其商品属性。因此,德国的住房政策中更倾向于保护承租人权益。德国有关租赁的立法条款主要源自《德国民法典》有关规定。《德国民法典》涉及的租金管制主要表现在以下三个方面:第一,严格控制租金水平;第二,严格控制租金变动;第三,严格限制解约。

对租金水平的规范与对租金涨幅的控制是以租金参考表(Mietspiegel)为支点。"租金参考表"和"租金数据库"均由市镇或出租人和承租人的利益代表人共同制作或承认,能体现当地通常的租金水平。公认之租金参考表不仅是强行性的涨租理由说明手段,而且在租金增加诉讼中,具有推定效力。即租金参考表上所载明的报酬,能够反映当地惯常之可资对比租金。如房租超出"当地可比租金"的20%,将被视为"房租超高"的违法行为,被课以巨额罚款;如果超出"合理房价"的50%,将直接被视为"房租暴利"的犯罪行为,处以刑事处罚。"租金参考表"的主要作用在于稳定住房租赁市场,保障租户的租住信心,同时确保房东非投机性的合理收入。

《德国民法典》第557条规定出租人可依约定或者法律提高租金。又根据558条的规定,在合意变更租金数额的可能性之外,出租人亦可提高租金直至当地惯常之对比租金。而随着房地产业热在全球的蔓延,德国住房租赁市场租金也大幅上涨。德国政府于2013年出台《租房法修正案》,以加强对住房租金涨幅的管制。该法律授权德国联邦州可以将年内房屋租金的增幅上限由原来的20%调整至15%,以此来遏制大城市房租过快上涨。

除此之外,《德国民法典》第550条规定:德国的住房租赁合同一般至少为一年,一年后自动转为无限期合同。在众多居民惯于长租的社会背景下,德国立法者为平衡出租人与承租人之间的利益关系,维护社会公平正义,对于解约的规定明显倾向于保护承租者利益。一般情况下,出租人无权随意驱离承租人,且出租人解约的条件相对于承租人而言严格许多。并且《德国民法典》第573条第一款特别规定:"排除以提高租金为目的的终止。"

三、颇受争议的"租金刹车"与"租金上限"政策

由于德国主要城市的住房租金迅速上涨,越来越多的低收入群体被迫离开原有的住宅区,或一开始就无法租住于较为抢手的住宅区。为了防止住宅区的社会隔离,并保持混住的居民结构,维持一个具有充分社会正义性的住房市场,2015 年,《德国民法典》中又增加了关于重新出租不受价格限制的住房时所允许的最高租金的规定。其核心的新规定是《德国民法典》第 556 d 条。其中规定,在住房市场紧张的地区[①],初始租金不得超过当地可比租金的 10%。另外,2015 年《德国民法典》的修改还涉及住房现代化成本的租金转嫁比例、住房现代化后租金涨幅上限、出租者违法涨租的法律责任以及承租人权利之救济等。

出于保障公民住房权的巨大社会压力,德国于 2019 年进一步加大了对租金的管控力度,譬如因进行住房现代化所能提高的年租金额度被缩减为住房现代化支出的 8%。但是事实上,这一"租金刹车"制度并没有减缓租金的增长;相反,在短期内,它实际上导致了受管制市场中更大的租金涨幅。其原因在于,由于可获利润的缩减,房屋出租人宁愿房屋空置或出售也不愿意再出租,这一政策扭曲了市场供给,但是成效甚微。

柏林政府于 2020 年 2 月颁布了租金限制法,这一法案以一揽子设置租金上限的规定对柏林房屋租赁市场进行干预。其中包括两套控制住房租金的机制:其一,根据该法案,几乎所有租金都应当维持在 2019 年 6 月的水平上,但法律规定的租金上限应当每年增加 1.3%,以补偿通货膨胀带来的价格涨幅;其二,根据租金参照表以及住房现代化情况确定柏林市住房租金的上限,如租金超过该上限的 20%,出租人将会受到重罚。

2021 年 4 月,德国宪法法院宣布柏林的租金限制法无效,这一违宪审查并未涉及实质审查,因其在形式上就已经违宪。根据德国《基本法》第 70 条、第 72 条第 1 款,关于住房市场上自由融资住房租金水平的规定,属于并行的立法权限:即只要联邦没有最终使用其立法权,各州就有权进行立法。但由于联邦立法机构已经在《德国民法典》第 556~561 条中对租金法律制度做出了规定,各州的立法权没有任何实施空间,所以柏林租金限制法整体无效。

有批评家指出,柏林市实行的租金上限是城市发展中的一个倒退。它抑制了对住房的投资和建造,导致住房市场停滞不前,与之前半个世纪的情况差不多。特别是柏林政府设置"租金上限"的行为过度干预了市场,不仅侵犯了公民的基本权利,而且在经济发展的可能性上损害了公民自由。

---

① 根据《德国民法典》556d 条第二款规定,如果在一个城市或一个城市的部分地区,当地人口以合理的条件得到充足的租赁住房受到严重威胁,则认定为存在住房市场紧张的情况。

而相对温和的"租金刹车"制度同样没有减缓租金的增长。其实早在草案阶段，就有法学学者指出了"租金刹车"制度的不足之处，呼吁在未来增强立法的明确性；并指出租金管控必须与促进住房建设的计划和其他旨在增加住房的措施相结合。事实上，面对现有的住房短缺问题，多数德国学者都认为，应优先考虑刺激住房建设活动的增加，使住房供应更加灵活。

四、德国经验对我国租金行政法调控的启示

从德国的经验可以看到，现代住房租赁市场调控的本质及核心是保证中低收入者的基本居住条件，以实现社会的居住正义。其实我国房地产市场"房住不炒"的定位与德国政府对住房之社会属性的强调都是出于对公民基本住宅权的保障。虽然德国主要通过民法典规范来进行房租管制，而我国更多的是通过行政法规范进行调控，但无论是何种立法模式，租金管控无疑是私法公法化的表现形式。私法公法化是指在私法领域，强制性法制规范增多，原来的私法中的任意性法律规范、法律原则受到公共权利的干预与限制。德国租金控制法律制度在过去的很长一段时间中也成效卓著，值得我国未来行政法规范借鉴。

但必须指出的是，由于不同的国情，在我国有必要对租金进行监测控制的正是规范性文件中提到的"住房租赁市场需求旺盛的大城市"。根据行政法上的效能原则，国家行为必须符合效率要求，合于经济计算，仅在市场或社会失效的情形下，政府才有进入、发挥效能的必要。在租房需求并不旺盛的三四线城市以公法手段调控住房租金水平的结果很可能适得其反。

首先，德国的租金参考表分为普通租金参考表与公认租金参考表，后者一般在租金增长较快的城市使用，并且须依公认之科学原则制定，具有法律效力。而前者又称"简易租金明镜"，其虽然没有法律效力，但是仍能反映租赁市场状况，借助租金明镜，承租人可以发现自己的租金是否处于合理租金范围内。因此对于"住房租赁市场需求旺盛的大城市"，德国的"租金明镜"制度可以作为我国未来住房租金监测制度、租赁住房的市场租金水平信息定期公布制度的范本。"简易租金明镜"的数据一部分源于《德国民法典》第558e条规定的"租金数据库"，更多则来源于当地租赁协会收集的住房租赁合同。我国实行住房租赁合同备案制度，租金数据库便可以基于住房租赁管理服务平台中已备案的合同。而建立"不同区域、不同类型租赁住房的市场租金水平信息定期公布制度"也可以学习德国的编制模式。譬如，科隆租金参考表便是依据住房区位、建设年份、住房内房间个数、建筑面积分别编制，在其中具体列出住房租赁的均价、最高价、最低价和各项数据对应的租赁调查案例个数。另外，我国未来公布的租金信息也应当以公认的科学方法计算，如表格法、回归分析法等，以科学反映租赁市场水平，从而积极引导住房租赁双方合理确定租金，稳定市场预期。

德国对住房租赁合同的直接控制主要有宽严两种模式，即租金管制与解约限制。

关于模式的选择，许德风教授对此有所论述："租金管制有助于保障住宅权，也有助于避免贫富分区和促进社会和谐，但会干扰市场规律，因而成本较高；而解约限制为中心的控制则不会过度偏离市场，同时可有效减少租赁合同中当事人的机会主义行为。"因而严格的租金管制应当暂缓施行，但通过立法活动对出租人解约权利进行限制将有助于维护承租人权利。但也有学者秉持合同自由理念，驳斥了这一观点，"无论哪种房屋租赁合同的社会控制都会减少出租房的供给，造成房屋的不当配置，反而会减损社会福利"，而现行民法规则符合市场经济发展规律，适应于国情，应予坚持。其实我国《民法典》对于合同解除权行使已有较为充分的规定，但对于行使解除权的程序规定仅限于"在合理期限内通知"。出于保护合同弱势方的考量，未来租赁政策可以对租赁合同的解除程序作出相应规定。譬如可以借鉴《德国民法典》的相关规定，出租人需书面通知承租人解约的合法理由，并保证承租人在接到通知后的一段合理时间内继续居住的权利。

其实从德国近年来在租金管制上遭遇的挫折可以看出，对租赁关系的社会控制决不能违背市场规律。相比于租金管控与加重对解约权的限制，通过宏观调控引导市场主体以增加住房租赁供给，既不会对所有权构成限制，亦不会干涉契约自由。因而在发展和培育住房租赁市场的大背景下，随着住房租赁需求的扩大，稳定住房租赁价格也必然绕不开增加租赁住房房源的有效供给。

仅就商品房屋租赁市场而言，由于中国目前城市自有住房比例较高，而租赁住房供给不足，因此应当以市场为导向，充分盘活国有资产、社会存量房屋用于住房租赁。早在2017年，国土资源部、住房和城乡建设部便制定了《利用集体建设用地建设租赁住房试点方案》，在《住房租赁条例（征求意见稿）》中，也提出"将商业办公用房、工业厂房等非住宅改建为租赁住房"以增加租赁住房供应。同时，政府或可对此类改建的租赁住房考虑在税费等方面予以优惠或者减免，如调整用途后的商业办公用房的水、电、气价格按住宅标准执行等。

最后，柏林市政府"租金上限"政策被宣告违宪的前车之鉴也为我国行政权力的行使敲响了警钟：无明文规定不得任意行政；行政机关实施行政行为，必须以法律、法规、规章为根据，不得与之相抵触；为保障公民权利，凡须由法律规定的事项，行政机关不得擅自作出规定。

参考文献：

[1] 鲁晓明. "居住权"之定位与规则设计 [J]. 中国法学，2019（3）：223-239.

[2] 苗延波. 论我国住宅保障法的制定 [J]. 法学杂志，2011，32（S1）：128-133.

[3] 尹晓红. 我国住房市场化现状的宪法学反思 [J]. 法治研究，2009（4）：23-31.

[4] 金俭，梁鸿飞. 公民住房权：国际视野与中国语境 [J]. 法治研究，2020（1）：153-160.

[5] 张焱. 租购同权下我国住房租赁法的政策目标和法律构造 [J]. 人民司法，2019（16）.

[6] 张昕艺，夏菁，孙斌栋. 德国社会市场模式下"单一制"租赁住房发展的经验与启示：

以柏林为例[J].国际城市规划,2020,35(6):23-30.

[7] 许德风.住房租赁合同的社会控制[J].中国社会科学,2009(3):125-139+206-207.

[8] 易宪容,郑丽雅.中国住房租赁市场持续发展的重大理论问题[J].探索与争鸣,2019(2):117-130+144.

[9] 秦爱华.德国住房价格稳定的原因与启示[J].当代世界,2016(7):67-70.

[10] 卢求.德国租赁住房政策与市场发展研究[J].当代建筑,2021(2):26-29.

[11] 魏东,季彦敏.住有所居的德国经验[J].上海房地,2010(6):50-52.

[12] 袁野.城市住房租赁合同的租金管制[J].河北法学,2018,36(10):124-137.

[13] 甄爱军.四季度房租或将易涨难跌[J].理财周刊,2019(39):66-67.

[14] 王建红.住房租金管制政策的国际经验及借鉴[J].建筑经济,2020,41(10):30-33.

[15] 何芳,滕秀秀.德国住宅租赁管制与租金体系编制的借鉴与启示[J].价格理论与实践,2017(3):93-96.

[16] 刘芮.论中国住房租赁制度之改革[J].法学论坛,2019,34(1):136-143.

[17] 杜景林,卢谌.德国民法典全条文注释(上)[M].北京:中国政法大学出版社,2014.

[18] 王阳.德国住房租赁制度及其对我国住房租赁市场培育的启示[J].国际城市规划,2019,34(5):77-85.

[19] https://www.bundesverfassungsgericht.de/SharedDocs/Pressemitteilungen/DE/2021/bvg21-028.html;jsessionid=AE2442C43F7F6D9E08AE96BF9F023BB6.2_cid377;(Stand:21.4.2021).

[20] https://www.deutschlandfunk.de/pro-mietendeckel-urteil-ein-segen-fuer-berlin.720.de.html?dram:article_id=495776;(Stand:21.4.2021).

[21] Blankenagel/Schröder/Spoerr:Verfassungsmäßigkeit des Instituts und der Ausgestaltung der sog.Mietpreisbremse auf Grundlage des MietNovGE(NZM 2015,1).

[22] Kholodilin, Konstantin A.; Mense, Andreas; Michelsen, Claus(2016):Die Mietpreisbremse wirkt bisher nicht,DIW Wochenbericht,ISSN 1860-8787,Deutsches Institut für Wirtschaftsforschung(DIW),Berlin,Vol.83,Iss.22,pp.491-499.

[23] 袁曙宏等.公法学的分散与统一[M].北京:北京大学出版社,2007.

[24] 沈岿.论行政法上的效能原则[J].清华法学,2019,13(4):5-25.

[25] 王阳.德国住房租赁制度及其对我国住房租赁市场培育的启示[J].国际城市规划,2019,34(5):77-85.

[26] https://www.rheinische-immobilienboerse.de/Allgemeine_Informationen_zum_Mietspiegel.AxCMS?ActiveID=1109;(Stand:2.5.2021).

[27] 宋丽敏.住房租赁合同的社会控制研究:兼与许德风博士商榷[J].东方法学,2011(4):33-43.

[28] 万金宝.租购并举政策产生的原因和实施举措[J].上海房地产,2018(4):21-25.

[29] 范雪飞.我国住房租赁制度建构之论纲[J].中国不动产法研究,2018,18(2):14-25.

[30] 周佑勇.行政法总则中基本原则体系的立法构建[J].行政法学研究,2021(1):13-25.

作者联系方式

姓　　名：滕时稼

单　　位：同济大学法学院

地　　址：上海市杨浦区四平路 1239 号衷和楼 1301A

邮　　箱：747648261@qq.com

我国住房租赁市场及住房租赁领域 REITs 发展研究

——基于日本相关发展经验的借鉴

林 娜 李华勇 杨丽艳

摘 要: 21世纪伊始,随着我国城镇化进程的快速推进,大中型城市流动人口数量增加,主要的租房群体也随之发生了巨大变化,同时租赁住房市场中的客观问题日益加深,这也迫使我国住房租赁市场的建设向着更高的标准转变。中央政府于2014年颁布的《国家新型城镇化规划(2014—2020年)》中,首次提出"租售并举",明确大力发展住房租赁市场。自此,在政府的各项政策的指引下大量资本涌入住房租赁市场,这也催生了各类住房租赁机构的快速发展。另外值得注意的是,租赁业务如果仅通过租金收益实现资本回收的话,会因为超长的回收期造成资金使用率低下且收益远低于预期,因此住房租赁市场需要引入新的融资方式对其资本进行扩充。2015年住房和城乡建设部发布《关于加快培育和发展住房租赁市场的指导意见》,文中明确指出要积极推进房地产投资信托基金(REITs)试点,充分利用社会资金,多渠道增加住房租赁房源供应等。REITs作为房地产行业融资的重要渠道,在中国虽然仍处在起步阶段,但在世界许多发达国家已经形成了健全的 REITs 制度和体系,不但运行平稳且有良好的效果。本文旨在探究以日本不动产投资信托基金(J-REIT)为主要研究对象,总结其发展过程中的经验教训。结合我国自身的发展特点,从实际出发,为更好地解决我国目前市场发展过程中所遇到的问题和矛盾提供解决方案。

关键词: 租赁住房;运营模式;REITs;融资模式;日本经验

一、我国住房租赁市场的发展现状

(一)改革开放以来我国住房市场的概况

1988年国务院印发全国城镇分期分批推行住房制度改革实施方案,旨在按照社会主义有计划的商品经济的要求,实现住房商品化。10年后的1998年出现了我国住房制度史上的分水岭,国务院发布《关于进一步深化城镇住房制度改革 加快住房建设的通知》,要求停止住房实物分配,标志着在中国沿袭了约 40 年的福利分房制度结束,市场化住房消费时代由此开启。随着加快推进住房分配货币化改革、鼓励个人换购住房免个人所得税等一系列措施的实施,到 2003 年房地产业作为拉动中国经济发展支柱产业的地位被悄然确立。但随之而来的是房地产投资过热、投机需求冒头而造成的房价高涨等问题,引发了社会不满情绪。2014 年由国务院颁布的《国家新型城镇化规划(2014—2020 年)》,首次提及要实行租售并举、以租为主的住房供应体系,大力发展二手房市场和住房租赁市场,满足市场多样化住房需求。

(二)住房租赁市场的概况及未来市场需求分析

1. 住房租赁市场发展的机遇

随着新型城镇化的推进,各行各业的优秀人才和各类优质资源向大中型城市汇聚。据统计,近年来我国流动人口在 2014 年达到高峰值后虽略有减少,但在 2019 年年末仍有 2.36 亿人。同年流动人口占总人口数的比例更达到 16.9%(图 1)。对于人口大量流入型城市来说,高昂的房价和旺盛的住房需求并存。根据图 2 所示,我国主要城市从 2005 年以后房价出现了快速增长,尤其是北京、上海、深圳这些一线城市,房价增速远超过全国城镇人均可支配收入的增速。根据《国家人口发展规划(2016-2030 年)》,我国的常住人口城镇化率在 2030 年将达到 70%(2020 年末已超过 60%),届时城镇新市民及其家庭的住房需求将进一步扩大,因此市场对于住房租赁的需求也将进一步增大。

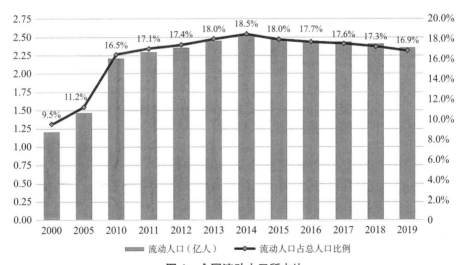

图 1 全国流动人口所占比

数据来源:中国统计年鉴

2019 年深圳市外来人口数量达到 849 万人,占年末常住人口的 63% 以上,其他 3 座一线城市的占比也在 40% 左右(图 3)。全国热点一、二线城市,特别是北京、上海和深圳这类一线城市,都无一例外地对非本地户籍居民家庭采取了较为严格的住

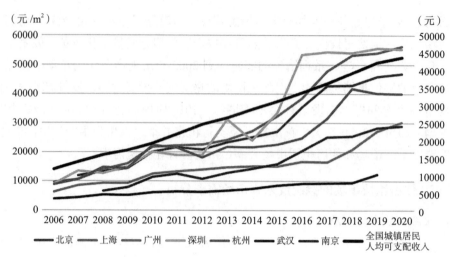

图 2 全国主要城市商品住宅销售价格走势

数据来源：CREIS 中指大数据、国家统计局

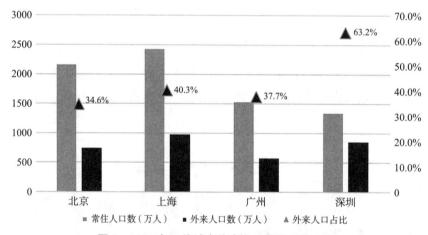

图 3 2019 年一线城市外来人口数量及其占比

数据来源：各城市 2019 年统计公报

房限购政策，住房租赁便成为解决住房问题的关键。

另一方面，相较于全球各大城市，从 2020 年全球主要城市的房价收入比（图 4）情况来看，我国主要城市的房价收入比已经远超大部分的国际城市，深圳仅次于香港，成为内地房价收入比最高的城市（达到 43.5）。可以预见，未来我国主要城市的居住需求通过租赁住房来满足的比例将逐步提高。

2. 住房租赁主要的交易模式

在我国住房租赁市场的发展过程中，从房东对租客（C2C 模式）到房屋中介的出现（C2B2C 模式），住房租赁市场一直受限于交易信息的不匹配，不但效率低下且难以管理。随着各类社会人群对于租赁房屋需求的不断分化，房屋租赁的决定因素已经不再是简单的户型、位置、交通、交易金额等，而是进一步扩大到房屋管理、日常维

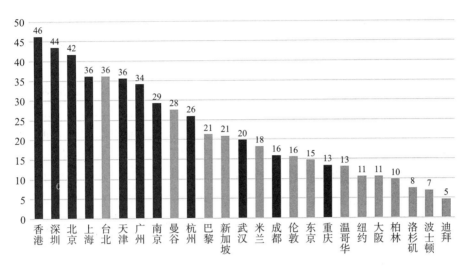

图4　2020年全球城市的房价收入比对比图

数据来源：NUMBEO网站、易居研究院

护、配套设施以及人文关怀等方面，简单的租赁模式已经无法满足市场的需求，因此新兴的长租公寓（B2C模式）应运而生。

3. 当前住房租赁市场存在的主要问题

我国的租赁市场发展起步较晚，房屋租赁与运营方面的专业人才和机构建设远远满足不了市场的需求。数据显示，2018年专业租赁机构住房在住房租赁市场中的占比仅有3%，个人出租住房占比约87%，而申请门槛相对较高的廉租住房和公共租赁住房的占比也有10%左右。与日本和美国等发达国家相比，我国专业化、机构化运营企业在市场渗透率方面占比仍然很低。同时我们也应注意到，现阶段我国住房租赁相关的法律法规制度并不健全，虽早在2010年国家就相继出台了如《商品房屋租赁管理办法》和《公共租赁住房管理办法》等房屋租赁管理政策，但是随着社会的发展和时代的进步，这些法律条例已经不能完全适应新时期住房租赁管理工作的需求。为顺应时代的发展，近年来从中央政府到各地方政府为了管理和规范住房租赁市场的发展累计下发了上百条相关通知，但这些文件条例的目的大多是引导市场向着更加健康的方向发展，并不能从根本上解决当前出现的问题。当无故解约、恶意增加租金、没收押金等各种纠纷频频发生时，没有具体的法律条文可作为维护自身利益的依据。2020年长租公寓市场"爆雷"事件频发，仅2020年一年就有超过40家长租公寓企业陷入经营纠纷或资金链断裂。为解决"高收低出""长收短付"带来的资金问题，广州、深圳、杭州、西安、成都、南京等地迅速出台了针对长租公寓企业的资金监管措施，通过设立监管账户和风险保证金的方式，保障出租人和承租人的权益。造成这种市场乱象的主要原因，归其根本多是因为各方运营机构的融资和投资渠道不符合房地产特别是长租市场的发展规律。投入到住房长租领域的金融资本大多是期盼市场可以带来高收益、长期稳定的回报，但当收益远低于预期时热钱的退潮、资金链的断裂便造成了当前市场上的种种问题。因此，寻求一种更为行之有效、符合租房市场发展规律的融资渠道就变得更为迫切。租赁市场的发展离不开金融支持，在政策红利的推动下，中央已经提出要积极支持并推动发展房地产投资信托基金（REITs）。

2020年4月30日，中国证监会和国家发改委联合发布《关于推进基础设施领域不动产投资信托基金（REITs）试点相关工作的通知》，证监会单独发布《公开募集基础设施证券投资基金指引（试行）征求意见稿》，标志着中国公募REITs即将步入正轨。此后，证监会、交易所、基金业协会等监管机构相继发布一系列文件，在不到一年的时间内公募REITs制度体系已基本构筑完毕。虽然以基础设施作为REITs试点的开启篇，但随着今后的逐步完善，住房租赁领域REITs也有望开闸。旭辉瓴寓CEO张爱华介绍，美国租赁住房行业真正的暴发点，就是由于迎来REITs的推出。租赁住房的底层资产是不动产，不动产会占用大量资金，REITs的出现让租赁住房规模化发展成为可能，让企业可以在有限的资金条件下盘活更多的租赁住房资产。

二、日本住房租赁市场发展研究以及对日本不动产投资信托（J-REIT）的具体分析

（一）日本住房租赁市场发展的法律保障以及行业监管制度

日本以《民法典》《借地借家法》为主要的租赁法律依据，自1921年起至1999年的78年间，对这两部法律条文进行了4次修订且已逐渐趋于完善，并适应现代社会的需求。日本的住房租赁合同大致分为两类，即一般租约和定期租约。一般租约的租期多为1～2年期，合同到期后将自动续约，房东不得在无"正当理由"的情况下解约。定期租约即为租赁双方协商后确定具体租期，出租人如果想提前解除合同关系，须提前6个月以上以书面方式告知承租人，反之承租人解除定期租约时也需提前30天通知出租人。

在日本，主要是以专业化的租赁机构作为市场主体，确立宅建士考试制度（合格率约为15%～17%），通过从业者的专业知识和法律素养的不断提升，规范住房租赁市场的平稳有序运行。日本《不动产交易商业法》中明确规定，从事不动产业的公司须将一定金额的营业保证金（总公司为1000万日元，分公司为500万日元）存入法务局，若发生消费欺诈行为，监管机构可以利用营业保证金直接赔偿给承租人，进而维护承租人的权益和保障市场的公平。

健全的法律制度是社会正常有序运行的基石，日本以其近百年时间沉淀的住房租赁相关法律法规不但对于承租人的权益进行了最大限度的维护，同时也对出租方的义务进行了明确的规定。在这样的约束下，住房租赁市场才能健康向上地发展，才会避免在租赁过程中各类纠纷发生时无法可依的尴尬局面。同时我们还应注意到，法律条文不是一蹴而就，而是需要适应社会和时代的变化而不断完善的，因此在建立完整的法律体系后，这座法律大厦依旧需要随时"升级"以应对市场出现的更为复杂的需求。

(二)日本住房租赁市场发展的融资支持方式——J-REIT 市场的发展

J-REIT 始于 2000 年。同年 11 月《投资信托和投资公司法》(the Law Concerning Investment Trusts and Investment Corporations)修订后,允许以投资信托或者投资公司两种形式成立不动产投资信托。为避免投资信托 REITs 所造成的高成本和复杂的管理模式,目前日本已完成上市的 REITs 均采用投资公司的形式进行运营,而私募 REITs 则更倾向于投资信托的模式。另外 J-REIT 均为外部管理模式,即与资产管理公司签订合约,由其对 J-REIT 持有的不动产进行管理,以实现其资产价值的最大化。J-REIT 上市前主要股东持有资产不能超过 75%,上市时股东数量除主要股东外,不能少于 1000 人。关于利润分红,如果将不少于 90% 的 REITs 收益分配给投资者则可以免征法人税。这些规定既压缩了公司的运行成本,同时也保障了投资者的利益,更重要的是调动了投资者对于 REITs 的兴趣,使得住房租赁市场的投资变成了一种优势循环,资金充裕且运行稳定。

2001 年 2 只投资法人的上市代表了 J-REIT 的正式启动,日本已成为亚洲规模最大、发展最成熟的 REITs 市场,也是全球唯一一个由央行(日本银行)购买 REITs 的国家。截至 2021 年 3 月末,已经发展扩大至 61 只(不包含基础设施基金)。具体来说,写字楼型 REITs 有 11 只,住宅型 5 只、商业设施型 2 只、酒店型 6 只、物流设施型 9 只、养老设施型 1 只、复合型 4 只、综合型 23 只(图 5)。截至 2021 年 3 月末,公募 REITs 持有的房地产总价值上升到 16.3 兆日元(约 1 万亿人民币)。J-REIT 中综合型、写字楼型和物流设施型市值占比最大,分别占 38.1%、23.4% 和 18.1%;住宅型 REITs 整体规模相对较小,市值占比为 7.1%(图 6)。由政府参与的 J-REIT,不但保证了投资者对于市场的信心,同时也有利于大量优势资本在房地产建设经营中的流动;相较于单纯的民间资本,抗压性和抗风险的能力都大幅提升。

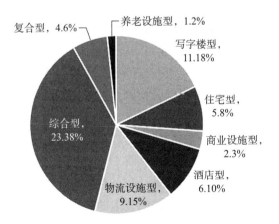

图 5 J-REIT 中不同资产类别的上市数量及其占比

数据来源:JAPAN-REIT.com(2021 年 4 月末时点)

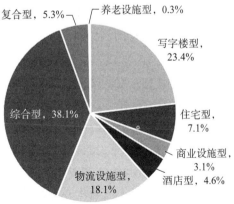

图 6 J-REIT 中不同资产类别的市值及其占比

（三）住宅型 J-REIT 案例分析

根据 Japan-reit.com 在 2020 年 4 月末统计数据显示，J-REIT 中住宅型有 5 只，总市值达到 11815 亿日元，其中单只市值最大的是 Advance Residence Investment（ADR）。ADR 是以伊藤忠商事为主要股东的租赁住宅特化型 J-REIT，把位于东京都 23 区的住宅作为主要的投资对象，现持有 271 栋物业，市值约 4827 亿日元。

截至 2021 年 3 月，ADR 持有物业的可租赁面积为 80.1 万 m^2，比 2010 年上市时增加了 44.3%，即便受疫情及国际大环境的不利影响，近年来也都保持着稳定的增长。根据最新公开数据显示（图 7），自 2010 年 3 月 ADR 上市以来，入住率均平稳维持在 90% 以上。2021 年 3 月整体的入住率更是达到 97.0%，且其在 4 个核心区域投资经营的物业入住率也均保持在 96.0% 以上。

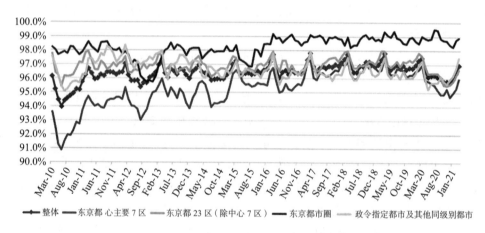

图 7　ADR 在不同区域持有物业及整体的入住率

数据来源：NUMBEO 网站、易居研究院

ADR 作为租赁住宅特化型 J-REIT，除少量的因物业出售而获得的收入外，其营业收入几乎完全依靠租金收入。作为衡量企业经营效率的营业利润率近 10 年来也稳定在 50% 左右（图 8）。年化 NOI 收益率都稳定在 5.2%～5.7%（图 9）。突如其来的新冠肺炎疫情并未对其造成过大的影响，可见其在专业资管公司的运营下，可以应对较大规模的金融风险，在复杂多变的国际情况下保持稳定的收益。

分析 ADR 发布的最新投资主体构成表，其中金融机构持股 67.9%，为主要持股方；外国法人持股 21.8%；日本国内非金融相关法人和个人等分别持股 4.4% 和 5.9%。个人投资者整体持股占比虽小，但投资人数共有 13094 人，占整体投资方数量的 94.6%。由此不难看出在金融机构大量出资的情况下，民间资本的信任度也会增高，同时外国资本对于该市场的预期也会变得更好。稳定的收益、充裕的资金、国内民众的信赖、海外良性资本扩充与日本国内完善法律体系的保障，以 ADR 为代表的日本 J-REIT 成功的运营模式很值得我们学习和借鉴。

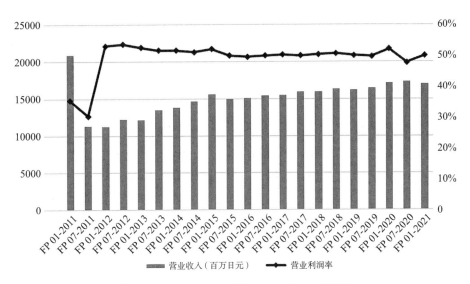

图 8　ADR 上市以来的营业收入及营业利润率

数据来源：ADR 网站公开数据

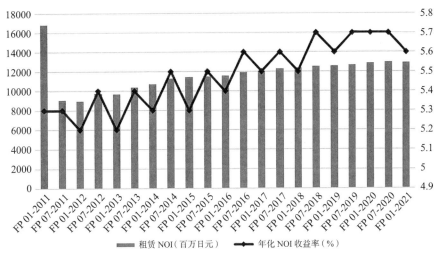

图 9　ADR 上市以来的租赁 NOI 及 NOI 收益率

数据来源：ADR 网站公开数据

三、完善我国住房租赁市场及发展住房租赁领域 REITs 的建议

目前我国住房租赁市场主要借鉴和研究的对象多是以美国为代表的欧美住房租赁体系和以新加坡为代表的亚洲住房租赁体系，究其原因多是因为美国住房租赁市场发展时间最长，制度性相对较高；而新加坡作为东南亚的投资首选，文化层面上与中国岭南文化更为接近，且政府稳定性高，投资更为安全。但事实上，日本作为亚洲住房租赁市场中发展最早、制度最健全、资金最雄厚的国家，其 REITs 的发展经验却一直

没有得到国人的广泛关注。日本与中国由于同属东亚文化圈，其房地产租赁事业的发展经验对于解决我国目前在发展中所暴露的弊端和出现的问题有着极为重要的意义。将日本租赁住房发展的经验教训与我国的实际情况相结合，将有助于探寻合理解决我国长租住房领域所面临问题的方案。

（一）法律制度的完善

J-REIT发展至今市值规模位于亚洲第一、世界第二，可以说得益于日本信托投资基金法律的完善和信息的绝对透明化。我国可借鉴日本经验，加快制定并完善有关REITs领域的专项法律。同时为促进住房租赁市场平稳健全地发展，应制定有关住房租赁的法律条文，保护在租赁关系中处在弱势地位的承租者的权益，规范出租者的行为及义务。

（二）专业人才的培育

如上所述，J-REIT采取外部管理模式，从物业收购到物业维护、物业招租等均交由专业的资产管理公司管理。REITs同时具备金融属性和不动产属性，所以精通金融和房地产相关知识的复合型人才才是符合REITs发展需求的专业人才。通过对专业人才队伍的培育，提高其对市场变动的敏感度，制定符合市场发展规律的投资战略，最终才能实现REITs收益的最大化。当前我国对这类专业人才的培养还相对薄弱，因此加强相关专业人员的教育培养投入，加深社会大众对于REITs相关领域的了解和认知就变得尤为重要。

（三）投资主体限制的缓和

《中华人民共和国国民经济和社会发展第十四个五年规划和2035年远景目标纲要》中明确指出："规范有序推进政府和社会资本合作（PPP），推动基础设施领域不动产投资信托基金（REITs）健康发展，有效盘活存量资产，形成存量资产和新增投资的良性循环。"国家已从中央层面对于REITs发展进行了总体的布局和展望，因此扩大资本市场在我国当前环境下的运行，解除体制对市场的束缚，释放更多的市场活力以满足当前的供需关系，将是未来我国中长期发展的主要目标之一。

住房租赁正逐步成为解决我国住房供需矛盾的主要途径，同时住房租赁市场的背后也需要强大的金融支撑，因此REITs作为解决我国住房融资渠道的重要途径将变得愈发重要。当然我们更应该相信，在吸取众多经验后，在中国政府强有力的领导下，我国也一定能够将REITs应用得更符合我国国情，更适应我国发展需要，成为独树一帜、有中国特色的新型REITs体系。

参考文献：

[1] 邵林. 我国住房租赁市场金融支持问题解决及国际借鉴 [J]. 理论探讨，2018（3）：115-119.

[2] 王茜萌. 我国住房租赁 REITs 市场发展探析 [J]. 新金融，2018（3）：28-32.

[3] 58 安居客房产研究院 [R]. 2019 中国住房租赁报告，2019.

[4] 国家统计局，中国统计年鉴 2019[M]. 北京：中国统计出版社，2019.

[5] 岩佐浩人. J-REIT 市場の動向と今後の収益見通し。5 年間で 12% 成長を見込む. ニッセイ基礎研レポート，2021.

[6] 胡笛. 2020 年中国 REIT 市場の現状と今後の見通し. ニッセイ基礎研レポート，2021.

作者联系方式

姓　　名：林　娜

单　　位：不动研（上海）投资咨询有限公司

地　　址：上海静安区南京西路 1601 号 3805C 室

邮　　箱：merina_lin@outlook.jp

姓　　名：李华勇　　杨丽艳

单　　位：深圳市国房土地房地产资产评估咨询有限公司

地　　址：深圳市福田区莲花支路公交大厦 11-12 层

邮　　箱：13510783294@139.com

注册号：李华勇（4419980162），杨丽艳（4420030055）

发达国家租赁住房发展的研究与借鉴

顾亦沁 邵明浩

摘 要:近年来,政府会议中多次提及大力发展住房租赁市场,对租赁住房的市场关注度日渐提高。相较于我国,目前西方发达国家的租赁住房市场更为成熟。本文选择美国、英国和日本的租赁住房市场为研究对象,梳理其发展历程,分析政府、社会组织等不同主体在市场发展中的角色及相关政策法案,最后对三国的发展状况及相关经验进行总结,并对我国借鉴他国经验提出想法。

关键词:租赁住房;发达国家;经验总结

一、美国租赁住房发展状况

美国租赁性住房的发展经历了不同的时期。

自1931年时任美国总统胡佛提出政府干预住房,到里根政府砍掉联邦政府城市和住房基金,这段时间可以被视为美国租赁住房发展的第一个时期。

这个时期可被称作"政府主导公屋建设时期"。政府主导建设的公屋根据其受众对象的不同,又可以分为两个阶段。从1937年《住房法》出台到第二次世界大战结束后新《住房法》发布,为第一阶段。该阶段,公租房的功能定位是为工薪阶层及中等收入人群提供住房保障服务。而发展到第二阶段,新的住房法将公租房定位为旧城改造中贫民区拆迁居民的安置住所。这造成了公租房居住群体阶层的下移,也是美国公租房政策在20世纪70~80年代难以维系的原因之一。

1937版《住房法》要求公租房建设使用的土地是从旧城改造中腾挪出来的,即公租房与旧城改造中的贫民区住房采取"拆一建多"的方式进行。由于土地获取较为廉价,开发成本控制在1000~1250美元/间或4000~5000美元/套;同时,对申请入住人群收入进行上限控制,规定租金水平约为其收入的30%。以上政策让美国公租房在建设初期普遍受到公众的认可。但是随着低品质公租房数量日益增多(其日常维护费用较高)、新入住人群弱势群体日渐集中等问题的出现,美国公租房的弊端越来越明显。

鉴于公租房弊端的显现及政府财政的紧缩,20世纪70年代中期美国租赁住房政策从注重新建房屋向提供租赁住房补贴券过渡,美国租赁性住房的发展进入一个新时期。随着政府主导公租房模式的落幕，增加住房的供应方面，两种新的开发模式在20世纪70～80年代逐渐兴起。

（一）具有政府主导色彩的包容性区划

美国通过土地规划手段增加租赁住房供应的方式被称为"包容性区划"。这种方法是指政府在规划指标方面做出一定的让步，来换取开发主体将一部分市场化的房源以低于市场租金水平的价格出租给低收入群体。具体来看，主要是允许开发商在一定范围内调整容积率（或建筑密度），增加地块的可开发建筑面积。这种以较小的代价为社会提供租赁住房的方式有利于节省政府在民生方面的开支，同时也形成了不同族裔、不同收入层次群体的融合居住，有利于消除"贫民窟"现象。但是问题在于，"包容性区划"是建立在出让地块基础之上的。当房地产市场整体较好、地块出让较多时，政策效果会比较明显；而当房地产市场整体低迷、地块出让较少时，该政策就难以发挥明显作用。

（二）非营利组织主导的建设

随着联邦政府住房开发权力的下放，州和地方政府、慈善组织、非营利组织等各类主体成为美国租赁住房建设、维护的中坚力量。在诸多非营利组织主导的租赁住房建设中，有一种方式目前较为流行，就是具有土地流转性质的社区土地信托。

美国的社区土地信托是以地方政府、雇主或者慈善机构作为发起人的非营利组织，该组织以政府委托、社会捐赠或者购买的方式获得土地，建成房屋后将房屋的产权出售给社区符合收入标准的家庭或者出售给非营利组织及政府用于出租。社区土地信托最显著的特点是由该组织拥有土地的所有权，而将房屋的所有权出售，房屋所在土地按照名义价值（如1美元99年）的方式出租。社区土地信托的第二个特点是对出售房屋的承购人具有明确的收入标准要求，一般要求其家庭收入水平不得高于其所在城市平均收入水平的60%～150%，同时对转售时间和转售价格也有明确的约束。包括美国社区土地信托在内的非营利组织建设租赁住房，其土地来源大多为政府、非营利组织或个人的捐赠、委托，所以不受到房地产市场的影响，优于包容性区划。但一般情况下，非营利组织资金有限，没有能力持续储备土地，若无法从政府或其他机构持续获得土地，其将难以持续进行租赁住房建设。所以，非营利机构主导建设与包容性区划之间形成了美国租赁住房供应互补的关系。

目前，美国主流的两种租赁住房供应均以低于市场的价格供给租户租用，但是与目标群体的支付能力相比，依然有一定差距。美国的租赁住房租金价格按照租户的收入水平来确定，约等于租户收入的30%，租户支付租金与实际租金水平的差额由联邦政府财政进行租金补贴。实际上，美国从20世纪中叶就开始进行租金补贴，包括20世纪70年代的租金证明计划、20世纪80年代的住房租金优惠券和20世纪90年代至今的住房选择优惠券。经历30年的实践和摸索，美国目前实施的住房选择优惠券更加人性化。在额度方面，它既参考市场公平租金水平，又允许上下浮动；在区域上，它可以全国通用；在受众群体上，它大部分流向最低收入人群，同时也兼顾一部分（大约25%）其他类型人群。

美国租赁住房政策很好地满足了受众的需求，其运作的成功一方面依靠自身政策的不断调整、适应需求，另一方面也得益于其良好的自然资源和成熟的经济法制制度。首先，美国是一个地广人稀的国家，虽然私有土地占全国土地的6成以上，但联邦和地方政府依然掌握大量的土地，因此在"政府主导公屋建设时期"，政府在土地方面的支出较低。在20世纪中叶，通过政府建设的方式，基本缓解了租赁住房供应绝对数量不足的问题。其次，美国的政府经济实力很强，所以不论是早期政府主导的建设还是现在的租金补贴，对政府产生的财政负担都不是很重。最后，美国是一个市场经济和法制环境较为成熟的国家，通过相关法律的颁布，不论是在租赁住房建设、补贴，还是税收减免等方面，执行力都处在较高水平。

二、英国租赁住房发展状况

（一）政府主导市场建设

英国是最早完成工业革命的国家，也是那个时代城市化发展速度最快的国家。随着产业的发展，人口大量涌入城市，使得19世纪至20世纪初的英国住房租赁市场一片繁荣。在20世纪初叶的英国，大约90%的城市居民居住在租赁住房中。唯一不同的是，富裕阶层租住在豪华公寓内，而贫穷的人们租住在"棚户区"。

第一次世界大战前后，英国开始实施租金管制法案——《租金和按揭利率战时时期限制增长法》（针对私人出租房租金水平，1988年改革），旨在通过"公平租金制度"来管理私房的租金水平。"公平租金"是指政府指定的官方定租官，在不考虑市场供需的情况下，综合考虑其他一切客观因素确定的租金水平。此租金水平作为该区域租金的指导价格，具有强制作用。另外，住房法案还提供了租客的租权保障条例作为租金管制的配套条款，规定在租约到期前房东没有权利驱逐租客，而且租约到期后租客拥有绝对的续租主动权。该制度造成了英国私人租赁住房市场迅速萎缩。

与此同时，英国政府大力建设社会住房，为社会提供租赁住房。1919年英国政府颁布《住房和规划法》，确立了政府主导"公共社会住房"建设的核心地位。该法案强调中央监管、强制地方政府解决以及中央政府给予补贴（土地和建设费用均由地方政府支付，中央政府给予补贴）。从政府立法到第二次世界大战前夕，英国政府主导建设保障性住房（以租赁为主）130万套，初步缓解了住房紧张的局面。

第二次世界大战后，英国经济的快速恢复为政府投入租赁住房建设提供了雄厚的物质基础。1945~1979年，英国政府建造社会公共住房接近500万套，占该时期全社会建房总量的一半。截至1979年，英国全国存量社会公共住房650万套，约34%的城市居民租住在该类房屋中。此阶段的公共社会住房建设依然由英国政府主导，因此其土地和资金来源与之前相同。

(二)住房协会全权运营管理

20世纪70年代,撒切尔政府推行私有化,大量社会住房被私人买断产权,英国自有住房比例迅速提高。在1980~1998年的18年时间里,英国通过"公房私有化"和"优先购买权"的方式将占社会住房总量1/3即190万套租赁住房出售给私人,使得政府掌握的公共住房存量大幅减少。与此同时,英国政府对公共住房的投入也从大量新建转向租金补贴。

为了填补政府从社会住房建设领域退出造成的空白,英国政府通过各种手段间接增加社会住房供应。出让土地规划方面,早在1971年英国就颁布《城乡规划法》规定:开发商在开发建设地块之前必须向相关规划部门申请规划许可证。该法第106条规定,开发商在申请规划许可证时要与地方规划部门针对地块的一些重要条款进行谈判,具体包括配建社会住房配建比例、供应目标群体、供应价格限制等。到20世纪80年代,这种方法广泛应用于地方政府与发展商的协商中。但这种做法将额外的税费转移给了发展商,谈判过程也缺乏监督,因此受到了发展商的质疑。1991年英国规划部门7号文件以及1996年6号文件的发布标志着英国规划部门形成了初步的可支付住房土地供应体系。7号文件规定可支付住房政策应作为地方规划政策的一项重要组成部分;6号文件规定一般在伦敦等经济发达的地区规划建设25套住房以上有可支付住房的配额,相对落后地区则是40套。后期可支付住房供需矛盾激化,1998年规定修改为发达地区15套以上或土地面积大约0.5公顷以上、相对落后地区25套或土地面积1公顷以上有可支付住房配额。土地出让方面,英国政府接受私人资本进入公共住房建设领域。公共住宅用地采用出让年租混合制,即在土地出让时只收取部分地租,剩余部分在土地使用全生命周期内按年计算和收取。土地租赁的地租按土地价格来确定,土地价格用剩余法求取。具体到住宅业态,其地租的计算考虑承租人的经济承受能力,按照部分地租包含在售价内、部分地租在使用期间支付的方式收取,每年缴纳的地租约为周边房价的2‰。相关法规规定地租定期调整,目前普遍采用的地租评议期为5年。地租评议以同类房地产的市场租金为主要依据。住宅的地租调整期较长,每次调整的幅度也不大。

除此之外,英国政府还大力扶持非营利组织——住房协会的发展。首先,英国政府通过立法重新界定了政府与协会在发展社会公共住房中的关系;其次,通过存量社会公共住房产权转移和财政资金支持的形式,帮助住房协会迅速成长。英国通过相关法案引入HAG项目,符合HAG项目要求的公共住房可以得到房屋公司(英国中央政府扶持监管住房协会的平台)和地方政府项目总成本80%~90%的资金(其余部分由住房协会抽取部分租金支付)。土地由地方政府免费提供。1988年新的住房法出台,为了吸引私人投资,减轻政府在公共住房投资的压力,英国政府有意将住房协会推向市场。住房协会逐渐摆脱非营利机构不营利、自身发展缓慢的限制,成为"社会企业",通过商业运营增强自身发展能力。

由于政府退出公共住房供给,不论发展商配建社会住房还是住房协会的新增社会住房供应,其数量规模上并不能完全填补政府退出导致的公共住房供应短缺。社会公共住房的新增量从 1980 年占社会总建设住房的 1/3,下降到 1994 年的不足 1%。新增和存量的双降,导致公共住房租住人数萎缩,2008 年租住人数占总人口比例从 1981 年的 32% 下降到 18%。为了吸引更多主体参与共同解决社会住房问题,1998 年英国进行私人租赁住房市场改革,放宽对房东的各项严格管制,私人租赁市场逐渐活跃。

随着英国新建住房供应量的不断减少,特别是 2008 年全球金融危机造成英国房贷市场的萎缩,近年来英国自有住房率再次下降。年轻群体在高房价、高信贷门槛的压力下又返回租赁市场。英国政府重新重视社会公共住房建设问题,金融危机之后,英国政府提出 2008~2011 年,每年提供 4.5 万套租赁住房的建设目标。近年来,为了改善英国的住房问题,英国政府不仅自身主导投资建设社会公共住房,还通过各种形式资助各类机构建设。住房保障支出占 GDP 数据显示:2011~2016 年英国该比例超过 1.4%,远高于 2005~2006 年的 0.58%。

英国社会公共住房之所以具有较强的吸引力,在于其可负担的租金水平。除全国所有公共住房租金水平硬性要求不得超过居民或家庭总收入的 25% 之外,政府还要求按照不同地区和户型进行租金公式的差异化计算,同时在租金涨幅方面也有严格的控制。社会公共住房移交给住房协会后依然能够维持低租金水平,主要依赖于三个方面原因:第一是财政资金对住房协会的托底作用;第二是政府对住房协会各种税费的减免;第三是住房协会从事商业经营后具备了一定的盈利能力,可以进行租金补贴。此外,来自社会的各类捐助及志愿者的加入,也让协会的运营成本更低。

三、日本租赁住房发展状况

日本租赁住房的发展从第二次世界大战结束开始持续至今,大致可划分为三个阶段:

(一)法律准备及机构设立

第一阶段,日本为解决国民的住房问题,密集发布法律和设立机构。1951 年,《公营住宅法》发布,确定了由国家向地方公共团体补助进行公营住宅(廉租住房)开发建设的制度和机构。1955 年,住房公团设立,为城市中低收入群体提供可租可售的公团住宅。1965 年,《地方住宅公社法》发布,确定了由地方住宅公社向中等收入群体提供可售可租的品质优良的公社住宅。自此,日本搭建起从最低收入群体到中等收入群体,由不同的供给部门向不同人群提供不同类型的住宅产品的供给体系。

（二）稳步推进住宅建设

随着日本租赁住房供应体系搭建完毕，住宅供给部门开始稳步推进各类住宅的建设。该阶段的标志事件是1966年《住宅建设计划法》的颁布，提出住宅建设五年计划，意味着日本住房体系进入快速发展的阶段。然而，20世纪70年代，由于日本经济快速发展带动土地价格暴涨，房屋的开发成本与投资收益出现严重的偏离，阻碍了各类住宅建设的进程。为了克服上述问题，日本政府推出了几项措施：

第一，提高政府主导建设住宅产品的建筑容积率。通过放松建筑容积率，在单位土地上形成更多的住宅建筑面积，提高住宅的供给规模。

第二，鼓励土地所有者进行租赁住房经营。日本是土地私有制的国家，早在1950年日本为了形成多方供应租赁住房的格局，通过设立住宅金融公库补贴土地所有者来引导其进入租赁住房的建设和运营中。20世纪70~80年代，随着日本土地价格的暴涨，日本政府加大了在这方面的投入力度，在不获取土地的情况下，通过市场行为和政府补贴的方式增加租赁住房供应。

第三，通过多种业态开发的土地复合使用降低土地成本。由于国土面积狭小，日本对土地的复合利用一直非常重视，而租赁住房带来的经济效益较差，在一些项目上可以因地制宜地与商品住宅、酒店、商业、办公等经济效益较好的项目相结合，通过"土地利用楼层效率指数"来分摊地价。

第二次世界大战之后的半个世纪里，日本通过以上措施增加了大约2337万套公共住宅（大部分为租赁型住宅），极大地缓解了日本国内的住房矛盾。租金方面采取"成本—政府补贴"的方式收取。新建的租赁住房项目投入运营前5年，政府提供逐年递减的补贴，5年之后按照"4%建设费用+4%土地费+4%三通一平费+1.272%主体工程+1.5%附属工程费"的方式计算租金。

（三）存量住宅优化

随着社会多方参与到各类住宅的建设中以及日本老龄化、少子化现象的日渐加重，2008年日本存量住宅数量达到5759万套，比当年日本家庭数量多出760万套，日本已经全面进入住宅过剩的时代。而早在2006年，日本就制定了《居住生活基本法》，用"居住生活基本计划"代替"住宅建设五年计划"，这标志着日本进入租赁住房发展的第三阶段，即存量住宅优化阶段。在该阶段，日本政府对公共住宅建设的参与度大幅降低，将更多的精力转向租赁住房的管理和经营。

四、发达国家租赁住房发展状况总结及启示

（一）先立法、后推进

西方发达国家将租赁住房视为具有准公共物品性质的社会福利，采用了先立法后

推进的发展方式。作为市场机制成熟的国家，美国推崇立法先行，在住房法规方面随着时代变迁不断修订《住房法》，以调整政府、企业和个人在租赁住房市场中的角色。与美国一部法律覆盖整个市场不同，英国通过《住房和规划法》《城乡规划法》等多部法律分别调整政府、开发企业与其他主体之间的关系，调动租赁住房市场各参与主体的积极性。日本通过《公营住宅法》《地方住宅公社法》等法律搭建起从城市到农村、从最低收入到中等收入群体的多维度租赁住房保障体系。综合来看，通过立法的方式，西方国家政府在租赁住房制度体系设计、资金土地配套等方面积极介入甚至全面主导，推动租赁住房体系迅速成形。这种立法先行的方式值得我国借鉴，或者说目前我国正在推进的租赁住房事业已经汲取了西方发达国家在这方面的经验。

（二）政府从市场供应转向资金补贴

随着租赁住房体系的发展和壮大，西方发达国家政府普遍选择退出租赁住房供给，转向租金补贴。美国将供给的责任一分为二，一部分交由市场的开发商进行配建，一部分委托社区土地信托等非营利机构运营；英国在全国层面移交给住房协会全权运营和管理。这种交给协会等非营利组织进行运作，从而让租赁住房的管理运营和可持续发展更有效率的经验，也值得我们学习和借鉴。

（三）租赁住房市场发展需结合当下国情

在借鉴国际经验的同时，我们需要清醒地认识到现阶段中国国情与发达国家发展租赁住房时期的差异。例如在人口方面，美国人口约3.3亿，英国为6600万，而我国人口总量近14亿，这使得发展居住类不动产存在着数量级的差异，也意味着在其他国家行之有效的政策在我国并不一定能解决问题。此外，美、英、日三国租赁住房快速发展时期存在着居住类不动产严重短缺的问题，而目前我国房屋自住率较高，租赁住房面对的客群、覆盖的区域范围也将大有不同。因此，中国的租赁住房发展必然要摸索一条符合本国国情、结合自身发展的道路，形成一套解决"夹心层"居住问题的"中国方案"。

参考文献：

[1] 黄修民.日、韩公共住宅制度的改革与发展[J].太平洋学报，2010（4）：66-74.

[2] 林国栋.非营利组织参与住房保障的理论与实践研究：以英国住房协会为例[D].杭州：浙江工业大学，2015.

[3] 刘东卫.日本的公共住宅政策及住房保障制度[J].北京规划建设，2007（4）：43-45.

[4] 刘志林，韩雅飞.规划政策与可支付住房建设：来自美国和英国的经验[J].国际城市规划，2010（25）：90-96.

[5] 薛求理.美国公共住宅[J].世界建筑导报，1996（2）：14-21.

[6] 杨雁.美国公租房发展历程解读[J].人民论坛，2012（32）：247-249.

作者联系方式

姓　名：顾亦沁　邵明浩

单　位：上海城市房地产估价有限公司

地　址：上海市黄浦区北京西路 1 号新金桥广场 15 楼

邮　箱：15021202265@163.com

借鉴多国经验以探索创新方式
增加租赁住房的有效供应

吴卓莹

摘　要：现阶段我国租赁市场需要政策引导，鼓励租赁住房的多元化发展。本文借鉴韩国采用空置建筑改造成为共享住宅增加供应，英国推广预制化的装配式建筑加速住宅项目上市及日本采用市场化手段促进租赁住房供给等方式，建议我国可以从加强对住房租赁企业的监管来规范住房租赁市场的发展。梳理闲置用地，采用灵活的审批形式增加租赁住房用地的供应，采用创新思维模式，多效利用建设用地，采用新型的模块化建筑方案技术，盘活现有的低效建设用地等多种创新方式，增加租赁住房的有效供应。

关键词：房住不炒；租购并举；租赁住房；建筑改造；装配式建筑

一、我国租赁市场现状及探讨发展租赁住房的原因

如何应对"住房短缺"是长期以来困扰多国政府的民生问题，探索"居有所安"的解决方案从未停歇。引起住房短缺的原因可以是多维度的，单身人口及小型家庭数量上升、土地成本及建造成本不断攀升、工作机会往都市圈聚集、熟练的建筑工人减少等，由此带来多方面的社会问题。

其中鼓励租赁住房的多元化发展，增加租赁住房的供应等探讨近年来热度不断上升。2020年以来，我国租赁市场一方面由于长租公寓市场的不规范，多个知名的长租公寓品牌频频"爆雷"的现象引发矛盾，亟需规范租赁住房市场及加强对租赁企业的监管；另一方面，由于城镇化进程发展，我国超2亿流动人口不断向一二线城市及周边城市圈聚集，也需要租赁住房的供应。

发展租赁住房才能有效解决新市民居住问题，形成城市人口增长、产业发展相互促进；此外城镇化率的进一步提升也需要租赁住房市场作为坚定支撑。2035年中国人口城镇化率将达到75%~80%。租赁住房可以满足进城农村人口住房需求，激发他们积极融入城市生活的意愿，只有大量人口留下来才能保持城市活力和动力。发展租赁住房是新发展格局下提振消费、拓展投资的新思路。在新发展格局下，消费将发挥基础性和引领性作用。

二、韩国、英国、日本应对住房短缺及增加租赁住房的有效供应

19世纪至20世纪初,英国等多个国家就开始艰难应对"住房短缺"问题。由于住房短缺引起多种社会问题不断发酵,各国政府开始通过立法、改造房屋、降低价格等方式不同程度地干预住宅市场,提高住房的供应,缓解住房短缺。

(一)韩国应对措施:空置建筑改造成共享住宅,增加供应

1. 韩国租赁市场发展背景

韩国近年来房价不断攀升,首都首尔的房价更是居高不下。据韩国国民银行的调查结果显示,2021年3月韩国房价指数处于高位112.8。2020年12月韩国全国房价环比上涨1.4%,同比上涨8.4%,创2006年上涨11.6%以来的最高涨幅。其中,首尔房价涨幅超过10%(图1)。

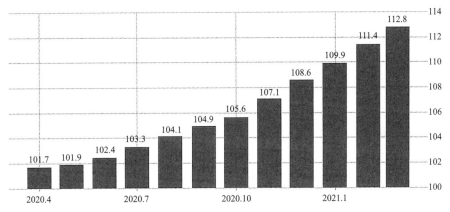

图1 2020~2021年韩国房价指数

数据来源:韩国国民银行统计

数据说明:韩国房价指数指全国的平均房价。该调查包括韩国所有省份的2955栋独立/排屋和13074套公寓。以省份/类型的房屋数量作为权重,生成综合房价指数。

2. 韩国生育率走低及老龄化加速

房价高涨,让越来越多的年轻人选择单身,这会导致生育率持续走低。韩国统计局发布数据显示,2018年韩国总生育率为0.98,低于上一年的1.05,创历史新低。据韩国《中央日报》报道,韩国由此成为全球唯一生育率跌破1的国家。

生育率的走低进一步导致韩国老龄化加速。60岁以上人口占比接近四分之一,但20岁以下人口占比仅为16.9%。相较10年前,60岁以上人口增加8.2个百分点,20岁以下人口则减少5.5个百分点。韩国30多岁未婚人群中有一半以上和父母同住。结婚不是人生必选项的观念深入人心,房价高、就业难让越来越多的人选择单身。据韩国统计厅近日发布《统计+2021年春季刊》,30~39岁未婚人群中54.8%的人与

父母同居,30~34岁人群比例为57.4%,35~39岁人群为50.3%。40~44岁未婚人群中与父母同居的比例为44.1%。受访的整个年龄群(20~44岁)的这一比例是62.3%。住房的紧张程度可见一斑。

3. 将空置的建筑改造成共享住宅

韩国的独居人口已超过900万,其中主要是20~30岁的青年人群。租房成了年轻人的主要居住方式。其中,强化社交功能的青年公租房等共享住宅很受青睐,主要的租户是20~30岁的单身青年,入住租户安装了统一的手机软件方便沟通及交友。首尔市的青年公租房主要利用位于地理位置便捷的空置建筑改造,灵活多样的公共区域主要吸引年轻Z时代的多样需求,例如修建宠物淋浴室、影音室、健身室等,不仅满足租户的居住空间要求,而且共同使用的休闲空间可以共享,增加了利用空间。韩国国土交通部出台扩大青年租赁住宅供给的计划,从2021年起的5年内,在大城市陆续供给超过27万户青年住宅,确保10%以上有租房需求的青年可以入住。此外,韩国还为与父母分开生活的青年发放租房低息贷款等,通过月租金贷款、押金贷款等不同形式,减轻年轻人的居住负担。

(二)英国应对措施:推广预制化的装配式建筑,加速住宅项目上市

1. 英国住宅项目开发流程缓慢

英国住房短缺问题由来已久。在英国,想要落成一个住宅项目并非易事。首先由于审批流程缓慢,新开发商需要建立并按照正确的房屋审批流程时点申报。即使是熟练的有开发项目经验的开发商,不同项目审批流程也会有磨合的节点,需要不断完善。冗长的审批流程导致住房供应总量长期滞后,无法满足需求。英国国家审计署(NAO)最近对政府规划政策的评估预测,50%的地方政府将无法提供住房部和地方政府部(DCLG)规定的住房数量。住房供应不足以满足需求(图2)。

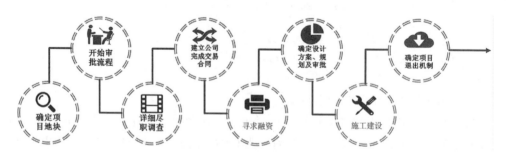

图2 英国住宅开发流程

从规划审批到开工建设平均需要至少一年的时间。不同城市不同类型的项目审批所需时间有所不同,加上每个项目需要严苛的环境评估及项目尽调,项目从规划审批到完工至少需要34个月(图3)。

图 3　英国各城市项目审批时间

数据来源：世联评估整理

2. 英国人口增加、移民涌入导致住房需求不断增加

自 20 世纪 80 年代以来，随着经济、社会、医疗等方面的不断发展，国民平均寿命逐渐延长，出生率远远高于死亡率，国际移民的涌入也导致英国人口一直保持高速增长的状态。2019 年，英国人口总数上升了 0.5%，已经达到 6694 万（图 4）。

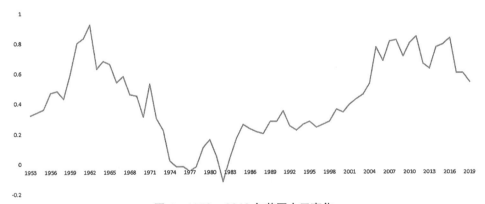

图 4　1953～2019 年英国人口变化

数据来源：英国统计局、世联评估整理

据英国国家统计局预测，未来几年，英国人口还将保持进一步增长。到 2041 年中期，英国人口数将达到 7266 万（图 5）。

3. 熟练的建筑工人短缺，阻碍了英国的住房供给

英国建筑商联合会（Federation of Master Builders）调查报告显示，熟练工人短缺是阻碍房地产建筑商建造更多新房的重要因素之一，这一因素对中小房地产建筑商的影响更大，44% 的中小房地产商认为，未来 3 年，建筑业技术工人短缺将比融资问题更令人担忧。皇家特许测量师学会（RICS）表示，英国熟练建筑工人数量的短缺目前处于 2007 年以来的最高点，目前行业对于熟练的建筑工人需求至少在 20 万。由于 2020 年的新冠疫情的影响，来自欧盟等地的建筑工人大幅减少，劳动力短缺将导致劳动力成本和行业成本至少上涨 10%。

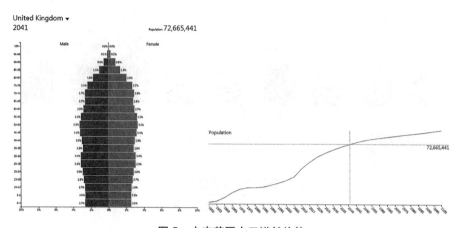

图5　未来英国人口增长趋势

数据来源：英国统计局

4.鼓励发展装配式建筑住宅等项目，以期缓解住房供应紧张的局面

英国的装配式建筑发展迅猛，但模块化建筑市场接受程度滞后于其他国家。2017~2018年，英国仅有7.8%的住宅使用模块化建筑，而日本是15%，德国是20%，瑞典是84%。开发商一般在设计前期阶段就与当地设计公司以及模块化供应商洽谈，在向政府申请规划审批阶段（Building Development）需要将模块化设计方案申报，这意味着模块化项目相比传统建筑前期投入更大。

装配式建筑由于在工厂完成，就不需要熟练的建筑工人在现场作业，绿色环保以及成本经济性与缩短项目时间带来的效率性并存，能对应解决英国房地产市场的问题。现在模块化建筑主流应用于经济型住房（Affordable Housing Scheme）、酒店以及租赁住房市场。政府目标在2020年完成30万套新建住宅，其中一部分使用模块化建筑技术。虽然装配式建筑建造成本比传统建筑高12%，但是受制于英国劳动力老龄化、严重依靠外来欧洲移民劳工、持续上升的劳动力成本会驱动使用新型的建筑技术。英国的住房短缺危机严峻，模块化建筑被认为是解决住房危机的主要途径。

（三）日本应对措施：采用市场化手段促进租赁住房供给

日本租赁住房市场的收益率可观，"有利可图"是房主和机构积极参与住房租赁市场的前提。从回报率来看，日本的住房租金收益率远高于银行定期存款和10年期国债收益率，房主有出租动力。2008年以来，日本零利率政策下，银行存款、10年期国债收益率几乎为零，相较而言，日本公寓租金收益率平均在5%左右，较有吸引力。

收益率可观吸引资本参与，REITs支持建设的租赁住宅数量显著增加。2019年6月共有63支REITs上市交易，总市值达14.57万亿日元，持有不动产市值达18.72万亿日元，其中住宅占比14.6%，达2.73万亿，明显多于2006年的0.5万亿日元。大量资金投资于租赁住宅市场，在给投资者带来稳定收益的同时，也增加了住宅的供应。

三、我国增加租赁住房有效供应的建议及分析

在我国现有的租赁市场中,房东处于优势地位,租客的议价能力不断被削弱。在一线城市,买不起住房,租也未必能租到好房子住得安心,成为横亘在一线城市广大"打工人"面前的真实鸿沟。随着我国城镇化步伐的加快,以及在"租购并举"等政策的刺激下,国内的租赁市场迅速崛起,目前我国有超过2亿的流动人口,并大多向一二线大城市聚集,产生了以中心经济城市为主的大城市圈。

2020年,在"房住不炒"的基调下,提倡租购并举,多渠道增加租赁住房的有效供应,重视培育和发展住房租赁市场,中央经济工作会议提出要解决好大城市住房突出问题,加快完善长租房政策,规范发展长租房市场。目前,国内多个城市已经出台政策,不断完善租赁市场,鼓励租赁住房的多元化发展。但是若想有效地增加租赁住房的有效供应,可以进行以下几方面的探索。

(一)加强住房租赁企业的监管,规范发展住房租赁市场,培育租赁住房发展的优质土壤

2021年4月,住房和城乡建设部、国家发展改革委等六部门联合发布《关于加强轻资产住房租赁企业监管的意见》的通知,通知涉及加强从业管理、规范住房租赁经营行为、开展住房租赁资金监管、禁止套取使用住房租赁消费贷款、合理调控住房租金水平、妥善化解住房租赁矛盾纠纷等方面。这个政策旨在加强住房租赁企业的监管。

从政策驱动来看,2016年6月,国务院办公厅出台《关于加快培育和发展住房租赁市场的若干意见》明确,到2020年,基本形成供应主体多元、经营服务规范、租赁关系稳定的住房租赁市场体系。其中,发展住房租赁企业被摆在了首要位置。在加强住房租赁企业的监管、规范发展住房租赁市场的前提下,才能为租赁住房发展护航。

(二)梳理闲置用地,采用灵活的审批形式增加租赁住房用地的供应

根据世联评估价值研究院《全国住房租赁市场年度报告》,2020年全国超过11座城市有租赁用地出让和成交,累计成交租赁相关用地142宗,可供给租赁住房约381万m^2。受2019年中央经济工作会议提出"大力发展租赁住房"影响,2020年初尤其是1月交易量最大,年中成交的多为小面积宗地,随着疫情得到有效控制和各项支持发展住房租赁的重磅政策加持,年末推地和交易量逐渐回暖(图6)。

自2016年首宗租赁相关用地入市以来,全国累计成交租赁相关用地630宗,规划建筑面积约2100万m^2。从各大城市来看,加大租赁住房用地供应正成为人口净流入量较大的城市解决住房问题的突破口。

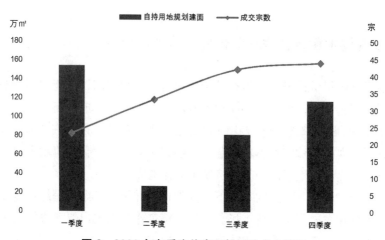

图6 2020年各季度住房租赁用地成交情况

数据来源：世联评估价值研究院

政府可以组织调研小组，梳理闲置用地的信息，通过土地整备等手段，规划后推入市场。根据《中华人民共和国闲置土地处置办法》，未动工开发满1年的，由市、县国土资源主管部门报经本级人民政府批准后，向国有建设用地使用权人下达《征缴土地闲置费决定书》，按照土地出让或者划拨价款的20%征缴土地闲置费。未动工开发满2年的，报经有批准权的人民政府批准后，向国有建设用地使用权人下达《收回国有建设用地使用权决定书》，无偿收回国有建设用地使用权。通过梳理闲置用地，可以增加租赁用地的有效供应。

（三）采用创新思维模式，盘活现有的低效建设用地

例如比较低效使用的地上露天停车场，可以拓宽思路采用地上露天停车场上的地上空间建立住宅。英国已经在前几年做出了多维度利用地上空间的探索。

为了减轻英国尤其是伦敦的住宅需求压力，在2019年，Apartments for London（AFL）就创新地提出了多维度利用露天停车场的地上空间建立租赁住宅。AFL与英国KKA建筑师事务所联手开发了采用模块化设计形式在地上露天停车场上建立多层住宅的设计方案。根据Chalfont与Latimer等多个停车场的开发评估方案的反馈，不断调整新的设计方案以便适应在露天停车场上建立模块化建筑，利用停车场的垂直空间，多维度供应住宅，缓解伦敦的住房压力。

使用模块化建筑方案，除了减少现场施工的需求、缩短项目时间提高效率以外，模块化建筑形式可移动、可拆卸、可重复利用，也让短时间内的住房需求得以缓解。重复的房型设计利于提高项目经济性、缩短项目时间。住宅内部全装修结构更是减少了施工，提高了效率（图7）。

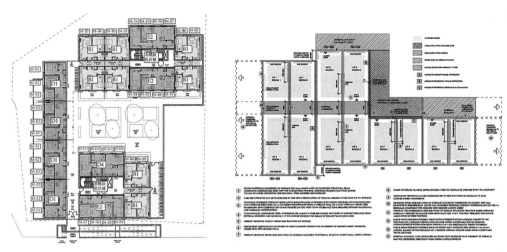

图 7 模块化建筑

此外，KKA 也提供了三种设计方案适应不同的停车场布局，对不同的建筑设计方案提供优缺点参考（图 8）。

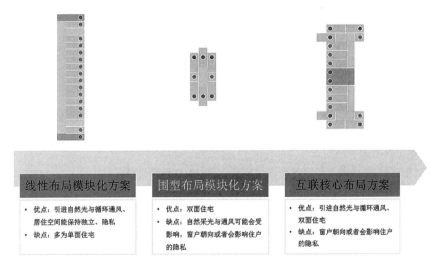

图 8 三种建筑方案

住房和城乡建设部、教育部、科技部等九部门在 2020 年 8 月联合印发《关于加快新型建筑工业化发展的若干意见》，明确提出大力发展钢结构建筑，以学校、医院、办公楼、酒店、住宅等为重点，强化设计引领，推广装配式建筑体系；完善适用于不同建筑类型的装配式混凝土建筑结构体系，加大高性能混凝土、高强钢筋和消能减震、预应力技术的集成应用；在保障性住房和商品住宅中积极应用装配式混凝土结构，以及加快信息技术融合发展，大力推广建筑信息模型 BIM 技术，加快推进 BIM 技术在新型建筑工业化全寿命期的一体化集成应用。

推广使用模块化建筑作为创新的建筑形式，建造租赁住房，可以缩短现场建造的时间，更加迅速地推入市场。结合多效利用建设用地，可以有效地增加租赁住房的有效供应（图9）。

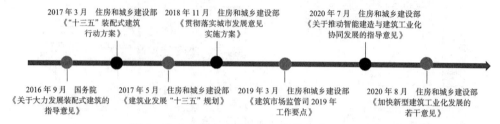

图9　住房和城乡建设部关于模块化建筑的政策
数据来源：世联评估价值研究院

在"房住不炒"总基调下，国家提倡租购并举，释放多个信号支持发展住房租赁。2021年各地将大力发展住房租赁，土地供应预计将向租赁住房建设倾斜，重点地市可能会单列租赁住房用地计划，利用集体建设用地和企事业单位自有闲置土地建设租赁住房预计也会探索出实效。

多国在住房短缺的前提下，目光纷纷聚焦空置建筑改造、采用新型的建筑形式、多效利用建筑用地等手段增加供应，参考其他国家的经验，结合我国的实际情况，进行多方探索、深入的市场调研、了解租赁住房的需求数量，才能切实有效地增加租赁住房的有效供应，尽可能保持租赁住房市场的供需平衡。

作者联系方式

姓　　名：吴卓莹

单　　位：深圳市世联土地房地产评估有限公司，世联评估价值研究院

地　　址：深圳市福田区上梅林卓越梅林中心广场二期B座19层

邮　　箱：wuzhuoy@worldunion.com.cn

注册号：3520180085

当前住房租赁市场存在的问题分析及改善建议

——以美、日、德经验为参考

胡 扬

摘　要：党的十九大报告明确指出："加快建立多主体供给、多渠道保障、租购并举的住房制度，让全体人民住有所居。"首次把"租"放在"购"之前的位置。当前我国住房租赁市场发展粗放，问题及隐患颇多。本文通过城市发展、客户需求和政治稳定三个方面，阐述当前发展住房租赁市场的意义；其次，从制度、产品、发展环境三个角度分析我国住房租赁市场存在的问题；最后，根据现状问题，借鉴美国、日本、德国三个发达国家在住房租赁市场上的经验，为我国住房租赁市场未来的发展模式和持续改进提出建议。

关键词：住房租赁；问题分析；改善建议；国外经验

一、发展住房租赁市场的意义

（一）城市发展决定对住房租赁市场的客观要求

1. 城市稳步发展，居民租房需求总量保持上涨

随着经济发展和社会进步，我国的城镇化水平迅速提升，2012~2019年，我国常住人口城镇化率年均增长约1.15个百分点，年均新增城镇人口近2000万人。截至2020年年底，我国常住人口城镇化率超过60%。经济发展快速、大量人口流入城市，加大了住房租赁市场上的用户总量。

2. 建立城市友好形象的必然需要

住房租赁市场不规范，部分居民在"安身立命"的基本诉求上得不到满足，容易导致流动人口的城市归属感降低，从而影响城市形象。目前，许多城市的"蓝领公寓""人才公寓"都设有较高的准入门槛，而公租房主要面向户籍人口。国家统计局于2019年发布的《2018年农民工监测调查报告》显示，在进城务工人员之中，租赁公租房的仅占1.3%，自购保障性住房的也只有1.6%。可见我国尚未真正实现全面的、普惠型的住房租赁模式，友好城市形象难以稳固建立。

3. 新冠疫情影响为住房租赁市场提质提供机遇

经历了2020年新冠疫情的冲击,城市发展紧缩,部分住房租赁需求受到客观抑制,住房租赁市场在这个特殊时刻形成的"企业优胜劣汰""房源多空置""买卖双方频频违约"等现象,恰巧为住房租赁市场的品质提升提供了时间和空间。

(二)住房租赁市场的客户需求在不断变化

1. 客户对于"理想人居"的追求有增无减

2021年4月23日,在上海举行的"2021年行业首个中国高端公寓指数发布媒体专享会暨中国未来居所发展探讨"会议显示,2021年一季度主要城市的高端公寓租赁市场,从入住率和租金等维度都有优异的表现,上海高端公寓租赁指数更是创下近5年新高。住房市场的客户已不仅仅满足于基本居住需求的解决,对居住品质的追求更为突显。

2. 潜在客户群体的需求亟待释放

从数量上看,以粤港澳大湾区为例,湾区11城中有8城住房自有率低于60%,尤其深圳仅为23.7%(图1),这意味着无论外来流入人口还是拥有深圳户籍的居民,每10个人中就有约8个人需要通过租房来解决独立居住的需求。从类型来看,住房租赁的客户群体早已不局限于低收入的毕业生、外来务工人员,互联网高薪程序员、新媒体行业的网红大V、电竞职业玩家、社交平台的KOL等年轻财富新贵大量出现,作为住房租赁市场的潜在"生力军",对高品质的租赁居住环境提出了更高的要求。

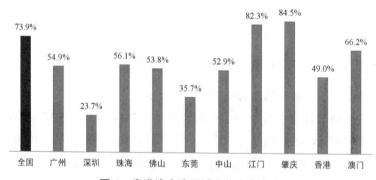

图1　粤港澳大湾区城市住房自有率

数据来源:国家统计局(2015)、香港特区政府统计处(2017)、澳门特别行政区政府统计暨普查局(2016)

(三)发展住房租赁市场能直观体现国家领导层的治国理想、执政追求

我国古代就有仁人志士叩问"安得广厦千万间"的倾诉,国民的住房质量时刻反映着一国的政治秩序、经济秩序和法律秩序,体现着国家治理者的政治智慧。

从2015年的"建立购租并举的住房制度为主要方向",到2017年党的十九大提出的"租购并举的住房制度",我国住房市场政策发生了巨大转变。近5年,国家先后出台了近 20 项政策，建议多方面促进住房租赁市场健康有序发展，表现出对住房租赁市场的极大关注。

国家在住房租赁这一项能"托举群众安居梦"的工作上高度重视，符合新时代以习近平同志为核心的党中央所坚持的"以人民为中心"的执政理念和执政追求，是把"以人民为中心"的发展思想贯穿到治国理政全过程的直观体现。

二、当前我国住房租赁市场存在的问题分析

（一）从制度上来看，住房租赁长期处于总体住房制度中的从属地位

1. 住房市场"重购轻租"现象长期存在

从 1978 年初推行住房商品化改革开始，我国的住房制度便埋下了"重购轻租"的种子，并一直留存至今。在 2009 年金融危机后大力度救市政策的几年里，一线城市和部分热点二线城市出现房价过快上涨现象，使得"买房的都赚钱了，没买的早晚吃大亏""能买房绝不租房"等言论几乎成为一些大中城市居民的基本共识，从而又使得居民竭尽全力购买自有住房，供求杠杆之下推动房价上升。同时，社会财富和资源以自有住房为传输方式，向拥有自有住房的人群汇集，加速了贫富分化和社会阶层的划分。

"重购轻租"现象的长期存在，住房租赁市场发展显著滞后、住房市场租购供求结构失衡，不利于住房市场长期稳定健康发展。

2. "二元制"的"平行市场"格局明显

我国的住房租赁市场按性质、土地供应方式、价值目标等不同（表1），被明显地划分为"商品型"和"保障型"两个市场，且这两个市场之间基本保持"双轨平行"的共存状态。

商品型租赁市场及保障型租赁市场的区别　　　　表1

区别要点	商品型租赁市场	保障型租赁市场
市场性质	完全竞争市场，属商品经济范畴，具有商品性	非竞争市场，属政策范畴，是社会保障手段
土地供应方式	以市场途径获取土地使用权，主要为公开出让	通过土地划拨的方式获得土地使用权
价值目标	效率、利益	公平、稳定
市场准入条件	不设置特殊的准入条件，对大众开放	仅特定人群（如低保户等）才可参与
价格形成机制	以价值为中心，依供需关系而变化	以政府统一定价为准

从本质上看，住房市场分配的是基本的生存资料，理应兼顾效率和公平。而"二元制"市场格局使得效率和公平两种价值目标被强行隔离，效率价值在商品型市场中被无限放大，导致商品型市场过快过热、失去内在理性，引发诸如长租公寓"爆雷"

等恶性结果;追求公平价值实则成为"政治任务"转交给政府,保障型市场缺乏活力,更缺乏"自我造血"的能力,使得政府建设压力、财政负担十分巨大。

3. 出租人在住房租赁关系中占优势地位

由于"重购轻租",我国的住房租赁关系及相关法律制度上都极大体现了"重房东、轻房客"的现象。首先,在目前实行的《合同法》《城镇房屋租赁合同纠纷解释》《商品房屋租赁管理办法》等相关法律制度中,无论是违约成本、权利内容,还是义务承担等方面,出租人都具备优势地位;其次,对于承租人来说,签订租赁合同的目的是满足基础需求,维持生活稳定,一旦失去租赁合同中的利益,对承租人造成的是生存上的根本性影响,这便导致了承租人的合同利益比出租人的合同利益更重要。利益上的差异让承租人容易处于被动地位,在对价格、权利及义务上的诉求和辩解能力受到限制。

(二)从产品功能来看,各方面均存在短板及提升空间

在住房研究中,对于租赁与购买的选择,一般将两者所提供的住房服务完全可替代作为重要前提。但是,如果市场运行中两者所提供的住房服务具有很大差异,租赁与购买的选择就不具可比性。参考2015年国家"小普查"数据,城市、镇家庭中同时拥有厨房和厕所的比例分别为89.3%、76.8%,而保障性租赁住房的占比为74.9%,商品型租赁住房的占比为66.2%,说明即使是国家政策下带有保障性质的租赁住房,也仍然存在约1/3的产品并不符合长期、舒适居住的条件。

另一方面,家庭式出租作为商品型租赁住房的主要形式,其房源大多是个人房东在满足了自身现阶段居住需求后淘汰或闲置的房屋,如房改房、拆迁安置房、农民自建房,甚至地下室等非正规的空间,普遍存在年代久远、配套缺失、安全隐患等问题,难以满足长期居住需求。相对于家庭式,机构/企业式的租赁行为更趋于市场化,一定程度上解决了家庭式出租普遍存在的"老、破、旧"问题,但在利益驱动下,客户付出的租金成本被动提高,单位居住空间被尽可能地压缩以追求"高坪效",埋下类似"甲醛问题"等居住环境不达标、租客权利受损的"定时炸弹"。

(三)从发展环境上看,住房租赁市场拳脚难施

1. 金融环境风险较大

前期投入大、投资回收期长是住房租赁机构/企业所面临的普遍问题。以长租公寓为例,自2014年年底起,政策和资本双轮驱动让长租公寓站上了风口,长租公寓的规模急速扩张,资本疯狂进场,企业的经营模式却不够完善精细,使得整个市场前景不明朗,促发了2020年全国各地长租公寓不断"爆雷"。部分长租公寓企业存在强制租客签订借贷合同,以隐瞒、欺骗、强迫等方式要求或者以租金分期、租金优惠等名义诱导租客使用租金贷,租金贷收入甚至超过30%。正是违规使用资金,采用各类高风险运营模式,导致企业资金链断裂或者卷款跑路。

2. 融资环境阻碍较多

我国目前住房租赁行业企业的主要融资渠道有传统债权融资、股权融资和资产证券化融资等。由于没有获得所经营房产的产权、租金收益相对不稳定等原因，传统债权融资方式在通常情况下不适用于大多数"二房东"性质的机构/企业；股权融资则对地产系、龙头地位的住房租赁机构/企业更为友好，其他中小企业直接进入资本市场的难度较大。

资产证券化融资模式多为轻资产的 ABS、重资产的 CMBS 和类 REITs 模式，ABS 模式只能以物业未来租金收益权为底层资产开展资产证券化融资，难以保证其稳定性。CMBS 模式需要以物业作为抵押且与银行相比要求更低，然而该模式存在期限不匹配的风险。REITs 模式适合不同类型的租赁机构/企业，但目前我国 REITs 受制于法律不完善、税收优惠缺乏、市场份额较小等困局，与成熟市场标准化租赁 REITs 之间还存在一定距离。

3. 监管环境存在缺陷

（1）租赁登记备案缺乏监管

住房租赁强制登记备案制度尚未全面推广实施，无论家庭式还是机构/企业型，租赁双方为降低成本而不进行租赁登记备案的情况屡见不鲜。租赁合同不进行登记备案，不但使租客在维权的过程中失去主动，更让政府对商品型租赁市场信息把握很难完善，影响其对市场的有效监管。

（2）经营行为、人员准入缺乏监管

私人出租形式的大量存在是导致租赁市场执行不规范的一个重要原因。房东对租客不加识别、私自涨价、私改水电线路、拒绝续约、扣留押金等屡见不鲜。作为在租赁交易行为中扮演重要角色的中介，其准入门槛较低，行业服务规范、行业自律及协调监管不完善，导致从业人员的业务水平和职业素养偏低，市场乱象频出。

（3）对行业标准建立、政策实施过程缺乏引导、监管

对比发达国家，我国住房租赁领域的相关法律法规尚不健全，缺乏住房租赁专项法。因此，在实际租赁过程中，很难保障处于弱势地位的承租人。此外，在教育、医疗、养老、就业等公共服务领域，承租人难以享受到与购房人等同的待遇，尽管"租购同权"已经是政策风向，但能够真正享受到福利的人群并不多，政策实质惠及面较窄。

三、改善建议——参考美、日、德经验

（一）结合租赁备案制度和住房租赁补贴制度，活化买卖双方积极性

美国自 1974 年便开始实施住房租赁补贴制度。对出租房屋者，单位价格不足 3000 美元的住房由联邦政府予以财政补贴；对低收入的承租人，实行"租房券"等制度，对高出其收入 30% 至市场平均租金水平的部分进行补贴。这样双向补贴的政策

加速了美国住房租赁市场的发展。

在我国，2019年1月起由住房和城乡建设部和财政部推动"中央财政支持住房租赁市场发展试点"的16个入围城市每年有8亿~10亿元的补贴，但除了广州在2020年3月发布的《广州市发展住房租赁市场奖补实施办法》中明确了对出租方进行补贴和扶持外，其他地方政府对于出租方的扶持内容并无多述。当前我国住房租赁备案的覆盖率相对较低，若将住房租赁备案作为对出租方和承租方双向补贴的绑定条件，同时明确租赁双方甚至中介第三方均有履行租赁备案登记的义务，不履行义务者终身取消领取补贴的资格，并处以罚款，这样既能调动租赁市场买卖双方的积极性，理论上也可有效促进住房租赁备案的推动落实。

（二）完善住房租赁税收制度，激发租赁市场良好供应

美国实行"低收入住房返税计划"（简称LIHTC计划），规定建成住房出租比例大于20%、租户收入水平不高于当地平均水平50%的个人/建设投资方可享受税收优惠，且租赁房屋期间支出的各项费用、每年的折旧损耗都可以用来抵税。由于美国房产税极高（约1%~2.5%），使得大部分土地所有者更倾向于建设租赁用房，住宅所有者选择出租其房屋中的空置部分，以抵消税费支出。

德国政府对投资商建设用于出租的房屋进行免税。在德国，建设用于出租的房屋比用于出售的房屋会得到更多税收优惠，这在客观上鼓励了房地产投资商开发更多用于租赁的住房。

考虑到我国的土地制度是国家所有制，开发商从本质上来说也是"租客"，且新建住房投入较大，若出租部分比例太高将导致回报周期长、回报率低下的结果，不利于调动企业积极性，因此，对于重资产建设租赁住房的企业，可在贷款方面提供一定程度的政策支持和税收减免政策。

（三）完善住房租赁法律法规体系，为承租人争取更多权益

日本在保障承租人的合法权益方面，形成了较为完善、细致的法律制度。在日本，有专门机构处理承租人与出租人的法律纠纷，这是日本长租公寓发展的一大特色。而美国从20世纪30年代至今相继颁布的《房租管制法》等近30部有关住房租赁的法律法规，其中规定了租赁双方当事人在合同各项权益上保持平等。（例：美国租赁法律规定，除非有自行居住需要、承租人重大违约等正当理由，否则即便期限届满出租人也不得收回房屋，租赁关系仍然受法律保护。）由于没有户籍制度，美国的住房租赁在法律为承租人提供了更多权益保障的情况下，一定程度上符合"租购同权"的理念。

我国的住房租赁法律法规应从合同解除权、优先购买权、增加出租人的法定义务等方面进行改善，建立以承租人为优位的法律法规体系，保护承租人的居住权利，夯实现有的住房租赁关系，充分发掘住房资源的使用价值。

(四)提升大型房企渗透率,保障住房租赁产品质量及服务

在日本租赁企业品牌中,Leopalace21 是行业翘楚之一,也是日本"包干"模式的代表。Leopalace21 的租赁业务类似于我国长租公寓的模式,但建造商和运营商同属一家公司,通过"建造+租赁+运营",以"房屋生命周期"为轴线,以房屋为载体,为租客提供全流程服务。

从资源分配的角度来看,大型房地产企业拥有住房租赁市场中最充足的房源和客源,掌握着成熟的房地产业价值链模式,有希望实现类似于 Leopalace21 的开发、租赁、运营服务的有机统一;从产品的角度看,大型房企通过多年来在居住型物业方面的研究得出的品质经验,能有效规范住房租赁市场上产品和服务的整体水平;从抗风险能力角度看,大型房企更具备"细水长流"的持续经营能力,重服务、轻运营,先打磨质量,再铺排数量。

(五)优化住房租赁的金融环境,开辟新的融资之路

德国是欧盟成员国中租赁居住比例最高的国家(约 60%),房屋自持有率极低,房价合理并保持长期稳定。由于私人房屋出租占主导,且德国的合同储蓄制度普及,近 35% 的居民都能通过合同储蓄获得贷款,因此在居民购买住房作为租赁经营时,德国就采取"储贷结合"的金融模式:贷款中的 70% 来自普通银行和住宅合作储蓄银行,最多仅 20% 来自商业贷款,这样极大减少了金融风险。

我国于 2020 年推出的银行融资政策,有效激发了地方政府建设政策性租赁住房的积极性,说明我国应继续实施住房租赁行业鼓励性融资政策,可酌情延长对试点城市实施融资政策的时间,并增加试点城市数量。在融资手段上,REITs 是解决租赁行业融资困境的手段之一,也是机构/企业型租赁模式形成规模化扩张的有效方式。美国长租房 REITs 收益率稳定、流动性较高、持股灵活、股本面值低、投资组合多元化、税收优惠、股东收益高,对我国住房租赁融资具有很好的借鉴意义。

参考文献:

[1] 朱婷. 新冠疫情下提升中国大中城市住房租赁市场品质的机遇与对策 [J]. 上海房地,2021(2):51-55.

[2] 易磬培. 中国住房租赁制度改革研究 [D]. 广州:华南理工大学,2018.

[3] 郭佳琪,唐秀英. 我国长租公寓发展现状及未来趋势研究 [J]. 中国集体经济,2021(5):14-15.

[4] 刘绍涛,张协奎. 租购并举、房价变动与住房市场发展 [J]. 当代财经,2020(3):3-15.

[5] Margaret Jane Radin. Property and personhood,34 Stan. I. Rev. 957(1982).

[6] 邵挺. 中国住房租赁市场发展困境与政策突破 [J]. 国际城市规划,2020,35(6):16-22.

[7] 金占勇,王萌. 住房租赁市场现存问题分析研究 [J]. 上海房地,2021(2):8-10.

[8] 丁小飞. REITs在我国长租公寓融资中的应用研究[D]. 北京：北京交通大学，2018.

[9] 郭金金. 租购并举制度下我国住房租赁市场激励与监管策略研究[D]. 济南：山东师范大学，2020.

[10] 樊怿霖. 国外长租公寓"长久"之道[J]. 金融博览（财富），2021（3）：50-53.

[11] 周珺. 美国住房租赁法律的转型及其对中国的启示[J]. 河北法学，2011（4）：164-171.

[12] 宋天奇. 长租公寓资产证券化案例分析[D]. 南宁：广西大学，2019.

作者联系方式

姓　　名：胡　扬

单　　位：广州合富房地产土地资产评估咨询有限公司

地　　址：广东省广州市天河区金穗路1号邦华环球广场9层

邮　　箱：huyang.gz@hopechina.com

租购并举支持公共服务行业职工住房的英国经验借鉴

罗忆宁

摘 要：除居民收入水平外，引入职业属性作为住房保障的准入维度，是住房保障政策的一次创新。英国较早地针对公共服务行业职工，推出起步住房计划、关键工作者生活计划等住房保障政策，有效提高了公共服务行业职工的住房负担能力。我国在发展保障性租赁住房的过程中，要重视满足公共服务行业职工的住房需求，科学界定公共服务行业范围，提供多样化的住房保障方案，以需求为导向筹集保障性租赁住房。

关键词：保障性租赁住房；公共服务行业；租购并举；英国；关键工作者

公共服务行业，指的是保障市民生活和城市基本运行的行业。2021年7月，国务院副总理韩正在加快发展保障性租赁住房的有关讲话中提出，优先保障新市民中从事基本公共服务的住房困难群众。从世界范围看，英国较早地以职业属性作为提供住房保障的依据之一，针对公共服务行业职工，出台了一系列租购并举的住房支持政策。研究其经验做法，可以为我国在保障性租赁住房政策中更好地满足公共服务行业职工需求提供借鉴。

一、为公共服务行业职工提供住房保障的必要性

传统的住房政策中，一般以居民收入水平作为住房保障的单一准入维度，但英国住房政策引入职业属性作为提供住房保障的另一个准入维度，主要是出于以下几个原因：

（一）公共服务部门工资缺乏市场竞争力

公共服务部门不具备盈利能力，其收入来源高度依赖政府财政拨款，基数较低，难以调整。根据2020年伦敦市的数据显示，全市就业人员年平均工资为37579英镑（约合32万人民币），而教师年平均工资为34000英镑（约合29万人民币），护士年平均工资为31000英镑（约合26万人民币），均低于市场平均工资，住房支付压力较大。

（二）公共服务行业对通勤时间有更高要求

相对于普通职业，以公共交通、医护、教师、警察为代表的公共服务行业职工，存在 24 小时备勤、随时加班、长时间轮班等现象，客观上要求他们必须居住在工作地点附近，尽可能地减少通勤时间。因此，职工很难以用通勤时间置换居住成本或居住舒适度。根据伦敦市可负担住房安全委员会 2001 年的报告显示，分别有 71%、40%、56%、31% 的公交司机、护士、教师、警察居住在离工作单位 5mi（约合 8km）的范围内。

（三）公共服务行业职工居住状态影响城市运行效率

研究表明，公共服务行业职工的居住问题会对公共服务的供给效率产生影响，员工在难以接受高昂的住房成本或通勤时间时，会以加入私营企业或者离开当地的形式流失，这会增加整个公共服务系统招聘、培训、留用的成本。因此，为公共服务行业职工提供住房保障，就是为公共服务行业提供补贴，为城市运行提供支持。

二、英国城市关键工作者住房政策

在英国，为公共服务行业职工提供住房有较长的历史。以警察职业为例，自 1920 年开始，伦敦警察厅就向单身警官提供工区宿舍（section house），以免费或优惠的价格向已婚警官提供警察宿舍。国家层面对公共服务群体的住房支持政策则始于 21 世纪初，布莱尔政府执政期间，将公共服务行业职工称为关键工作者（key worker），向他们提供各类支持政策。2000 年，环境、运输和区域部发布了住房绿皮书《质量和选择：所有人享有体面的住房》，承诺使用各类住房政策工具帮助护士、教师为代表的关键工作者低价购买首套住房。

（一）起步住房计划（Starter Homes Initiative）

2001 年，英国政府推出起步住房计划，总计拨款 2.5 亿英镑，目标是帮助 10000 名被高昂房价排除在住房系统之外的关键工作者购买他们的第一套住房。该计划主要面向从事警察、护理和教学职业的从业人员，三分之二的资金计划用于伦敦市，其余资金则被用于剑桥郡、埃塞克斯等热点地区。

在资金使用方式上，起步住房计划的 2.5 亿英镑被分为 2.3 亿英镑和 2000 万英镑两个部分。计划向住房协会提供了 2.3 亿英镑，用于新建共有产权住房，向关键工作者提供 2000 万英镑，用于提供无息贷款。受到支持的关键工作者可以使用房地产抵押贷款购买 25%～75% 的房屋份额，剩余的产权份额则由住房协会持有。如此，关键工作者购入的住房就成为共有产权住房，住房协会将按份额收取租金，关键工作者也可出资向住房协会购买更多的份额。当关键工作者决定出售住房时，住房协会会买下他的份额，并将房屋继续出售或出租于其他的关键工作者。

据统计，有1.02万关键工作者通过计划得到了住房支持。根据起步住房计划的评估报告，38%接受调查的关键工作者认为，如果没有起步住房计划，他们将不得不更换工作。但该计划还是存在一些问题，2003年9月，伦敦市长Ken Livingstone在市民提问页面回复称："我们需要将公共资金用于供给刺激，而不仅仅是需求刺激。……帮助的范围比较有限，主要是教师、护士和警察。"有鉴于此，该计划在2004年3月终止，并为关键工作者生活计划所取代。

（二）关键工作者生活计划（Key Worker Living）

2004年，英国政府推出了关键工作者生活计划，合计拨款6.9亿英镑，主要面向伦敦和东南部地区的关键工作者。该计划与起步住房计划的差异体现在三个方面：

一是对租房和购房均提供支持。起步住房计划仅对首次购房群体有效，而关键工作者生活计划对租房群体、首次购房群体、改善购房群体均提供了支持。

二是扩大了关键工作者的认定范围。起步住房计划仅涵盖护士、教师、警察三类群体，而关键工作者生活计划对六类群体开放：护士和其他NHS职工；教师；警察和警务人员；监狱和缓刑机构职工；地方政府雇佣的社工、教育心理学家、规划师、职业理疗师；消防员。

三是政策工具更加丰富。关键工作者计划共提供四种支持方案：①最高额度为5万英镑的权益贷款；②为伦敦地区少量优秀教师提供的最高额度为10万英镑的权益贷款；③新建的共有产权住房，自有产权比例应在25%以上；④新建的中等租金水平的租屋（一般而言，中等租金水平为市场租金的75%~80%）。

在运作机制上，①②被统称为"Homebuy"，资金支持直接面向个人，受到支持的关键工作者可以使用房地产抵押贷款购买至少25%的房屋份额，剩余的产权份额则由住房协会持有并收取租金，因此属于需求端补贴；③④被统称为"New build"，资金支持面向机构，注册社会房东（如住房协会、住房合作社等）在新建符合计划框架的住房时可以获得资金支持，属于供给端补贴。

从政策实施效果看，根据社区和地方政府部的评估报告，在2004年6月至2005年4月间，共有3414名关键工作者通过"Homebuy"方式获得了贷款支持，836个新建住宅单元通过"New build"方式获得了资金支持。评估报告的调查表明，62%受到"Homebuy"方式支持的职工和58%受到"New build"方式支持的职工表示，他们因为该计划而倾向于继续留在公共服务行业。

（三）伦敦市关键工作者住房政策

2010年保守党政府上台后，国家层面不再出台对关键工作者的住房支持政策，但仍有一些地方政府、非营利组织为关键工作者提供了支持。最典型的是伦敦市，该地区关键工作者购房压力大，职业流动性强，因此主动出台了诸多地方性政策。其主要措施是将关键工作者纳入共有产权住房和中等租金租屋的保障体系，并协调当地的住房协会为关键工作者优先提供租赁住房。此外，在关键工作者的认定范围上，也有很大程度的扩展，除了教育、警察和护士外，还将食品行业、运输行业、公共安全行业（消防、安保等）、重点公共服务行业（律师、神职、记者等）等诸多行业纳入保障范围。

三、保障性租赁住房支持公共服务行业职工住房的若干建议

除居民收入外，将职业属性作为住房保障的准入维度，是住房保障政策的一次创新，有其科学性和合理性。基本公共服务行业对城市的价值远高于普通行业，为其职工提供额外的住房支持，不光是方便生产、缩短通勤的需要，也是城市长期稳定发展的必然选择。为更好地在保障性租赁住房体系中支持基本公共服务行业职工，本文提出以下几点建议：

（一）科学界定基本公共服务行业认定范围

如前所述，基本公共服务行业指的是保障市民生活和城市基本运行的行业。以疫情期间是否停工为标准，也可以较好地区分基本公共服务行业和普通行业。从我国的实际情况看，疫情期间，除了医护、警察、教师、社工等传统意义上的公共服务行业在一线抗击疫情，还有商超、物流、快递、外卖等行业超负荷运作确保居民基本生活，他们共同维护了城市的正常运行，有理由被划入基本公共服务行业。

参考现有的文献和国内外的划分标准，建议将城市环卫、公共交通、公共医疗、公共教育、公共安全、公共文化、社区服务、居民服务八个行业列为基本公共服务行业，从业人员纳入保障性租赁住房的保障对象人群范围，具体人员范围和参考标准见表1。

基本公共服务行业划分范围及参考文件　　　　　　　　　表1

所属行业	具体范围	参考文件及标准
城市环卫	清扫、收集、运输和处理废弃物等服务	《城市市容和环境卫生管理条例》
公共交通	轮客渡、公交客运、地铁、城市轻轨、出租车、长途客运、班车等服务	《营业税改征增值税试点有关事项的规定》
公共医疗	医疗防疫（含中医、西医，卫生防疫，寄生虫、地方病防治，工业卫生，妇幼保健等）、药剂、护理等服务	《卫生技术人员职称及晋升条例》
公共教育	中小学及幼儿园等基础教育服务	《义务教育法》《北京市公共服务发展报告（2019—2020）》
公共安全	应急保障、治安防控、消防安全、道路交通等安全服务	《关于推进城市安全发展的意见》
公共文化	博物馆、图书馆、体育馆、文化馆、美术馆、综合文化中心等公共文化服务	《北京市"十三五"时期社会基本公共服务发展规划》

续表

所属行业	具体范围	参考文件及标准
社区服务	社区工作、物业、保洁等社区服务	《智慧社区建设规范》
居民服务	商超、外卖、快递、家政、养老、殡葬、照料和护理等服务	《关于支持新型冠状病毒感染的肺炎疫情防控有关税收政策的公告》

来源：贝壳研究院整理

（二）提供多样化的住房保障方案

租赁住房和产权住房相结合。在公租房、保障性租赁住房和共有产权住房为主体的住房保障体系中，向公共服务行业职工提供多样化的租购住房产品，可规定在附近工作的、符合保障条件的公共服务行业职工具有优先租赁权和优先购买权；注重不同种类住房保障产品的衔接，支持公共服务行业职工因收入增长、家庭扩大化等原因，适时攀登住房阶梯，不断改善自身住房条件。

实物保障和货币补贴相结合。实物保障是解决住房难题的基础，要在公共服务企业附近规划建设、改造改建足量的保障性租赁住房，方便公共服务行业职工通勤，实现职住平衡。同时，公共服务行业中的新毕业大学生工资较低，问题尤为突出，在实物保障的基础上，可考虑发放货币补贴作为补充，提升个人租房支付能力。

（三）需求导向保障"一张床""一间房"

需求导向筹集保障性租赁住房。除了关注基本公共服务行业职工普遍的住房问题，还要关注不同公共服务行业的个性化居住需求。例如，城市环卫行业工资较低、工作时间段较早、对通勤时间敏感，因此要加大环卫工作站点周围集体宿舍的供应。快递物流行业工资较低，对租金价格敏感，但有电动车作为通勤工具，因此可以承受较远的通勤距离，接受公共交通不便区域的保障性租赁住房。公共交通场站一般离居民区较远，建议允许公共交通行业在公共交通始末站、公交场站附近和地铁车辆段附近及上盖，筹集保障性租赁住房，方便职工通勤和临时休息。公共医疗行业轮班时间长，通勤时间应尽可能地缩短，应在医院附近筹集合适的土地和物业，新建改建形成保障性租赁住房供给。

户型设计以"一张床""一间房"为主。对于工资相对较低、居住条件不敏感的环卫、快递、物流行业，重点保障"一张床"的需求，提供足量的集体宿舍；对于工资相对高、受教育程度较高、对居住品质有要求的公共教育、公共医疗等行业，重点保障"一间房"的需求，提供整洁舒适的单间产品。

参考文献：

[1] 新华社.优先保障新市民中从事基本公共服务的住房困难群众[EB/OL].[2022-03-23]. http://www.xinhuanet.com/mrdx/2021-07/23/c_1310080290.htm.

[2] Committee A H S. *Key issues for key workers—Affordable housing in London*[R]. London：Great London Authority，2001.

[3] Home & Garden. *What is the Government's Starter Homes Initiative*[EB/OL]. [2022-03-23]. https：//www.theanswerbank.co.uk/Home-and-Garden/article/what-is-the-government's-starter-homes-initiative/.

[4] Ken Livingstone. *Starter home initiative*[EB/OL]. [2022-03-23]. https：//www.london.gov.uk/questions/2003/1749.

[5] Battye F，Bishop B，Harris P，etal. *Evaluation of Key Worker Living*[R]. London：Department for Communities and Local Government，2006.

作者联系方式
姓　　名：罗忆宁
单　　位：贝壳研究院
地　　址：北京市海淀区创业路 2 号东方电子科技大厦 9 层
邮　　箱：luoyining002@ke.com

国内外长租公寓市场发展研究及经验借鉴

郑丹嫦　王　娜　陶宇洁　吕伊璇　曾燕玲

摘　要：在第十三届全国人民代表大会第五次会议上，国务院总理李克强在《政府工作报告》中提出，坚持房子是用来住的、不是用来炒的定位，探索新的发展模式，坚持租购并举，加快发展长租房市场，推进保障性住房建设，支持商品房市场更好满足购房者的合理住房需求，稳地价、稳房价、稳预期，因城施策促进房地产业良性循环和健康发展。作为存量资产领域的长租公寓以其标准化、专业化的运营模式，有助于解决当下租赁市场秩序失范、租赁关系不稳定、租赁纠纷多、居住环境差等众多问题。本文围绕国内外长租公寓市场的发展现状、特点等方面进行研究，并通过对国内外长租公寓发展的差异分析，从中借鉴成熟的经验。

关键词：长租公寓；特点；差异；经验借鉴

一、国内长租公寓发展现状

（一）行业发展现状

1. 行业发展阶段

（1）2010—2014年：萌芽与探索期

2010年以前，公寓市场主要以雅诗阁、辉盛阁等外资高端服务式公寓为主。自2010年始，在庞大的流动人口规模、难以承受的高房价压力、日益升级的居住消费需求等多重因素影响下，我国长租公寓行业开始萌芽，出现主要服务对象为青年人群的中低端公寓，主要代表有魔方公寓、You+、自如、青客、优客逸家等。2013年开始，伴随着移动互联网的兴起，国内长租公寓开始受到资本市场的关注，"互联网＋资本"的运作让长租公寓行业进入融资高峰期，魔方、新派公寓、青客、优客逸家等初创公司开始得到资本市场多轮投资，众多新生品牌也相继成立。

（2）2015—2019年：扩张与洗牌期

2015年开始，长租公寓加速发展，尤其2017年以来中央和各地政府的政策支持空前，更多背景的参与者试水长租公寓领域，知名房企陆续启动战略布局。如万科，作为首家进入长租公寓领域的房地产开发商，开始在个别城市落地长租公寓项目，旭辉、龙湖、招商、绿城、保利等多家房地产开发商也纷纷试水长租公寓领域。与此同时，各大公寓品牌开始抢占市场，长租公寓市场规模迅速扩张。

在此期间，不少长租企业依靠"融资—高价包租—快租扩张—再融资"的方式，使行业完成了"从0到1"的蝶变，但同时也埋下隐患，产生了"高收低租""长收短付""诱导性租金贷"等不良竞争模式，使得行业收房成本上涨，企业占用资金池盲目扩张，为企业"爆雷"埋下隐患。

在资本逐利和金融配套政策尚不成熟的背景下，劣性资金积累的资金池难以支撑长期发展，由此带来的问题逐渐爆发。被动的资金链断裂、无奈的经营困难、蓄意地携款跑路，机构"爆雷"负面案例频现，一大批品牌阵亡，行业进入洗牌期。

（3）2019年中—2020年：调整与规范期

2019年以来，长租公寓室内甲醛超标、租金上涨幅度大、违规使用租金贷、机构"爆雷""跑路"等负面影响频繁出现，市场争议不断，行业竞争逐步加剧，尤其是2020年初受疫情影响导致房源空置率居高不下，前期盲目涌入的资本力量逐步清退，仅2020年1—11月就有多达84家长租公寓品牌"爆雷"，行业在持续洗牌中不断沉淀，市场逐步呈现"核心头部+精品长尾"的格局。具有强开发主体、完整产品线、稳定运营流程的头部长租企业，优势更加凸显，在竞争中得到更多的支持和发展，将占据主流市场，聚焦为租客、业主提供更具价值的产品和服务；而尾部小平台则依赖精品化、个性化产品和服务，占有小部分市场。

2. 运营模式

根据物业空间分布不同，长租公寓运营模式可分为集中式和分散式（表1）。

集中式运营和分散式运营模式对比　　　　表1

运营模式	集中式	分散式
典型代表	万科泊寓、魔方公寓、招商壹栈等	自如、蘑菇公寓、青客等
房屋来源	自建、收购、包租、与开发商合作，主要来源于竞拍自持用地自建、旧工业厂房、农民房、商业用房、酒店改造或者开发商手中的闲置房源	从个人房东处获取闲置房源，以小区房源为主
物业特征	整栋物业	零散物业
房源位置	由于整栋获取难度较高，中心位置集中房源少且租金高，大多数位于近郊位置	分散性房源，位置选择上更具灵活性，地铁沿线、商业配套丰富、生活便利的相对的中心区域更受欢迎
装修设计	一次性整体装修，降低单位成本	分散装修，成本难控制
公共空间	统一装修改造、可以配置多样的社区公共活动	通常没有可供利用的公共空间
出租形式	以较小面积整间整套出租，私密性佳	整租或者分租
客户特点	个人和集体	个人为主

续表

运营模式	集中式	分散式
服务方式	可提供社区化服务，公共区域配备娱乐休闲设施，便于组织线下活动丰富租客生活和交流；服务半径短，成本低，可提供家政保洁等服务	由于距离问题，可提供给租客的公共服务相对较少
溢价能力	通过社区运营获取溢价	通过装修等服务获取溢价
盈利特点	前期一次性投入大，回收期长，后期回报利润率较高	前期投入相对较少，回收快

相比较而言，集中式长租公寓及分散式长租公寓各有优劣势，是一种互为补充的状态。各自的优劣势主要体现在以下几个方面。

(1) 资产增值：集中式长租公寓一般是整体收购或整体租赁，可以统一管理发挥协同效益，产生溢价，对于商办物业、工业厂房等都具有提升资产价值的作用。分散式长租公寓多为个人房源，主要有利于个人房东获益。

(2) 房源获取：集中式长租公寓因为多数涉及旧楼的整体收购或租赁改造，对资金要求较高，房源获取和改造难度也较大；分散式长租公寓分散布局，房源获取难度较小，前期投入资金相对较少，只需对房源进行装修改造，改造难度较低。

(3) 管理能力：集中式长租公寓因为房源集中，人员配比不高，服务半径小，管理难度和管理成本也相对较低；分散式长租公寓由于多点分散，服务半径大，运营的人房比较高，运营成本也相应较高。

(4) 房源布局：分散式长租公寓房源分散布局，房源获取难度较小，数量多且位置更优越，租客选择面广，市场容量也相对较大；集中式长租公寓由于房源集中，区位相对单一，租客可选择性较少，但由于是集中经营，经营更稳定，易于建立品牌标识，提供标准化服务，增加产品溢价，客户黏性大。

(二) 行业发展面临难题

1. 市场不成熟，占有率偏低

目前，我国住房租赁市场尚不成熟，租赁市场供应主体以个人房东和中介二房东为主，长租公寓市场尚处于初级阶段，专业租赁企业的房源市场占有率不到10%，而在发达国家成熟的房地产市场，该比例平均在30%左右，日本专业租赁企业的房源占比更是高达80%以上。相比之下，现阶段我国长租公寓市场占有率明显偏低，与国际水平存在较大差距，可见租赁市场机构化运营的崛起将是未来的发展趋势（图1）。

2. 准入门槛低，参与主体多

目前，市场上长租公寓参与主体众多，既有专注于长租公寓的专业化机构，也有房地产中介服务商的参与，而房地产开发企业和经济型连锁酒店也凭借其本身的优势逐渐参与到行业的角逐之中。由于长租公寓市场准入门槛低，尤其是中小企业由于自身资金有限，运营能力不足，往往容易陷入经营困境，给市场带来危机。

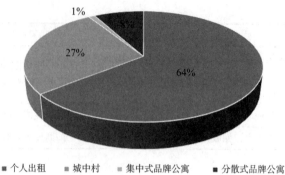

图1 全国重点十城各类租赁住宅供给占比

3.融资渠道有限,行业发展受限

目前,国内市场的长租公寓不管是集中式还是分散式,其投入成本都较高。银行贷款融资利率高且门槛也高,对于薄利的长租公寓行业而言负担过重,而目前国内REITs产品才刚开始试点,现阶段长租公寓经营者主要通过引入风险投资、私募股权基金和股权发行等方式进行融资,此类融资渠道审批流程复杂且存在很大的不确定性,受市场影响波动明显,不利于长租公寓的规模运营和利润增长。

4.投资回收期长,盈利水平低

现阶段长租公寓的初始投入成本大,由于国内房屋租售比严重失衡,拿房议价空间小,而目前国内长租公寓盈利模式比较单一,投资回报利润非常低,大部分长租公寓尚处于"烧钱"阶段,未实现真正的盈利,这也是行业的痛点所在。目前国内品牌公寓运营企业的税前利润率在10%~15%,加上增值税、企业所得税等税负,净利润率极低。长租公寓的盈利模式仍处于探索阶段,如何合理控制运营成本,拓展低成本的拿房渠道,通过增值服务扩大产品价值,突破利润瓶颈,是长租公寓企业面临的主要问题。

5.缺行业标准,违规运营多

企业追求高速发展,扩张房源数量,受到管理机制、管理人员的限制和利润追求,部分长租公寓的管理和服务问题便显现出来,违规改建扩建、室内甲醛超标、违规使用租金贷、租金上涨幅度大等乱象频出,却因市场监管滞后,行业标准缺乏,无法得到及时、有效的监管。2020年9月份出台的租赁市场首部规范性文件《住房租赁条例(征求意见稿)》,对出租人、承租人、租赁企业的权利和义务进行了全面规范,该条例的实施对于后续规范和引导租赁市场的健康发展有着积极作用。

二、国外长租公寓发展特点

(一)新加坡——政府干预刚性住宅需求

在亚洲,新加坡的房地产市场很值得其他国家借鉴,新加坡政府坚持行政干预为主、市场调节为辅的原则,主要实现以政府组屋市场为主、以私人住宅市场为辅的住房体系,二者互为补充。核心是保障居民的居住权,以实施保障房政策为重点建立多层次的住房供应体系。

组屋市场是新加坡政府主导的公共住宅系统,政府通过其职能部门——建屋发展局,负责新加坡的住房规划、建设和管理。建屋发展局承担对住房市场进行供给方干预的主要职能,核心作用体现在对新建组屋的定价、建设规模、户型结构、申请资格等做出明确的规定,以确保绝大部分家庭有能力支付组屋。

新加坡保障性住房政策的最大特点是鼓励居民以较低成本购房,其住房自有率达到90%以上,80%以上的家庭居住在建屋发展局提供的住房中。组屋产权归政府,购房者拥有99年使用权。除了低价购买,建屋发展局针对收入过低的家庭,制定相应的租赁组屋计划,由政府提供大量津贴,帮助他们找到安居之所。

新加坡政府干预的主要是刚性住宅需求,改善型需求以市场为主,即私人住宅市场,同地段价格可达政府组屋的三到四倍,并通过地契年限不同拉开价格档次。

(二)美国——自持式长租公寓模式

长租公寓最早缘起于19世纪的美国,其发展起步早,目前已形成规模化、规范化的市场,具备产业规模;REITs成熟发达,融资渠道丰富稳定,公寓类REITs基本保持着8%左右的收益率;有明确的税收扶持政策,房地产信托基金每年将90%的收益派发股权持有者,即可免于缴税;法律法规体系完善,对承租人权益保障有明确的法律规定,包括"房东不得以非正当理由腾退租客""房东必须保证承租人有一个安全、健康的生活环境""严格控制租金增长"等。目前美国市场上运营较为成功的长租公寓企业,大部分已从早期规模扩张的阶段进入了追求资产质量的阶段。

美国长租公寓运营企业普遍自持物业,以自主开发、物业收购、集中改造等方式获取房源,再进行招租运营。自持式长租公寓的物业完全自持,使得运营公司不必担忧房子被原房主突然收回、装修为人作嫁等状况,让长租公寓企业能够将改造成本、装修成本以较长的年限摊销,压低物业成本开支。如此,自持式长租公寓在物业成本上的开支较国内租赁经营的"二房东"模式少得多,盈利能力更强。此外,通过精准把控房地产行业周期,自持式长租公寓公司可以适时处置、收购资产,进而赚取自持物业的资产溢价,进一步增加利润。

自持式长租公寓运营模式可以分为集中式和分散式,从优势上来看,集中式的优势在于可以打造标准化体验、营造社区氛围,通过对品牌的长期建设和推广来实现溢价;分散式的优势在于可以依托互联网,通过快速获取当地零散房源实现快速成长。从盈利能力上来看,则集中式公寓显著优于分散式公寓(图2)。

(三)日本——以代建托管式民营长租公寓为主导

20世纪60年代末到70年代初,由于大量人口从日本乡下涌入大城市,长租公

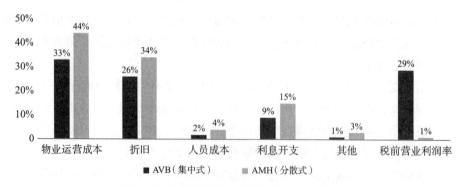

图2 集中式对分散式成本拆分（占比营收）

寓供不应求，代建托管式民营长租公寓企业纷纷成立，供应端逐渐形成政府、民营企业齐头并举的新态势。1986年，为推动长租公寓行业发展，日本彻底废弃防止租金上涨设定的法令——《地代家赁统制令》，民营长租公寓数量激增。至2008年，民营长租公寓数量首次超过长租公寓总数量的50%；2013年民营长租公寓占比达到55.1%。这些长租公寓中，90%以上为管理机构托管经营，以大东建托、旭日不动产为代表的代建托管式长租公寓企业走向成熟。

与美国住房租赁市场不同，日本的住房租赁市场集中度更高，但企业运营模式较为单一，大多走上了托管分散式的轻资产之路。主要是受税收政策以及租赁住房建设优惠政策原因影响，日本不但在赋税端给予建造租赁住房减免，同时允许以租赁住房的土地、房屋价值抵扣高昂的房产税及土地持有税；与此同时，在租赁住宅的出租环节，房租将课以不动产所得税，不动产所得税即为不动产收入额扣除有关费用后的余额，而企业类业主可扣除的费用远远高于个人业主，许多出租住房的个人业主委托租赁企业出租房屋，以合法避税。

日本代建托管式长租公寓的收入来源一部分是向房东收取的托管费以及向租户收取的管理费及礼金（付给房东的酬金，通常为1~2个月的房租），但这部分收入扣除掉日常运营维护的成本后，利润较为微薄。代建托管式长租公寓的利润中心在于，与土地供给者签署长期整租协议，发挥在工程建设方面的专长，压低建造、装修、安装等其他设施的成本，通过对产业链上下游的整合，实现产业规模化，协同盈利。

三、国内外长租公寓发展差异对比

（一）发展阶段差异

不管是以政府为主导的保障房还是以市场为主导的长租公寓，国内的起步时间和发展水平都较国外晚得多。目前，国内的长租公寓市场尚处于发展初期，市场占有率偏低，行业集中度低，行业正经历从"野蛮生长"到逐渐规范阶段，市场尚有较大空间，头部企业优势显现，预计在疫情影响结束后，头部企业将进行新一轮规模扩张。

而海外长租公寓市场由于起步早，目前运营较为成功的长租公寓企业，大部分已从早期规模扩张的阶段进入了追求资产质量的阶段。

以美国长租公寓头部企业之一的EQR为例，1993年上市前EQR在美国拥有23000套公寓。上市后，EQR开始了规模大、频次高的融资，公寓数量在2002年达到峰值23万套，增长了近10倍。2003年起，EQR开始重视效益型增长，不再强调规模扩张，而是专注于提升资产组合质量。EQR剥离了很多非核心区域的资产，更聚焦门槛高、购房难度大、经济发展好、租售比高、租房需求旺盛的市场，如波士顿、纽约、华盛顿、洛杉矶、旧金山和西雅图六大核心城市。

反观我国的长租公寓企业，钻国内监管尚不成熟的空子疯狂扩张，又在疫情影响下资金链断裂纷纷倒闭，与海外成熟的长租公寓企业相比，还缺少一个从盲目扩张到精耕细作的转型过程。

（二）运营模式差异

海外市场长租公寓运营模式主要为重资产的自持式和轻资产的托管式；而国内市场中主流的运营模式更近似于"包租"，无论是集中式还是分散式，多数都是以在租赁市场上获取整套或整栋房源，改造后持续运营获取收益，也意味着成本高但又无资产增值空间。

运营模式的差异，造就了商业模式的差异。海外长租公寓头部企业更多是在资产配置领域发力，以美国头部企业AVB的为例，一手抓资产增值，优化投资组合，将房源集中于经济发展好、区域好、需求旺盛的地段，获取更多资产增值收益；一手抓租金，通过优化房源布局，降低运营成本和空置率，提升租户满意度和续租率，实现租金收益的最大化。

国内头部运营企业则是将提供各项增值服务发展为新的盈利点，如自如、魔方盈利来源主要是租金差、基本服务费。除此之外，自如通过多板块业务协同收益，如获取房源、客源后，提供经纪业务、金融服务等支持，以获取交易佣金、金融服务费等收入。魔方则试图以增值服务作为盈利中心，通过为租户提供咖啡销售、餐饮、洗衣、用车等生活服务拓展盈利空间。

（三）融资环境差异

美国REITs在20世纪60年代兴起，已经形成了稳定成熟的REITs市场。由于美国公寓资产货币化率高于国债收益，大量公募基金、常青基金把REITs作为投资标的，支持长租公寓企业融资，加之在运营环节和流转环节取消相应税负或给予一定程度的税收减免，给予了长租公寓企业很好的金融环境。

目前，我国长租公寓行业的运营模式决定了其前期资本投入大，而融资渠道窄、融资成本高。一般企业的融资方式有贷款、发债和ABS三种，作为政策提倡领域的长租公寓，还有另外两种债券融资工具，即专项债和资产证券化，专项债的利率在

5%左右，资产证券化的优先级利率基本在 5.5% 以上。目前，国内品牌公寓企业的税前利润率在 10%～15%，加上增值税、企业所得税等税负，净利润率极低，这意味着企业一旦动用市场融资手段扩张规模，将有很大概率是负杠杆运作。国内 REITs 市场方兴未艾，但暂时难以成为长租公寓企业破局的手段。长租公寓企业融资压力大，REITs 加快落地，打破长租公寓的资金掣肘对行业发展具有重大意义。

（四）竞争策略差异

国内外巨头比较统一的策略是聚焦核心市场，选择优质物业。不同点在于，海外巨头相对更加重视团队和技术，强调以专业化分工和专业化能力改善租赁运营管理效率，提升收益。

国内巨头则更善于利用市场发展初期阶段企业的发展红利，强调通过资源整合、金融创新、开启加盟等手段快速扩张，获取竞争优势。在管理规模扩大后，国内巨头也开始在团队建设上发力。自如、魔方在 IT 系统建设、标准化管理体系等方面都下了很多功夫，在物业选址、装修成本、出租率预估等方面也发展出一套完整的测算体系，从而尽可能降低投资风险。

四、国外长租公寓市场发展成熟经验借鉴

（一）健全的法律体系是长租公寓市场健康发展的重要保障

目前，国内租赁市场相关法律法规体系尚不完善，长租公寓企业不规范经营行为时有发生，室内甲醛超标、违规使用租金贷、租金上涨幅度大、机构"爆雷""跑路"等乱象频频出现，租户权益没有保障，不利于长租公寓行业的可持续发展。

反观美国、日本，通过"房东不得以非正当理由腾退租客""房东必须保证承租人有一个安全、健康的生活环境""严格控制租金增长"等法律条文严格规范市场秩序，极大程度地保护了承租人的权益，同时对业主和运营机构来说也有明确的法规可以参照，有利于提高服务水平，减少纠纷。因此，健全的法律体系是我国长租公寓市场健康发展的基本条件。

（二）政府在税收、金融等政策上的扶持是长租公寓企业快速成长的重要推动力

由于 REITs 方兴未艾、租金回报率较低等因素，国内的长租公寓企业既难以以较低成本取得自身发展所必需的资金，又无法通过租金差取得可观的收益。疫情影响下，由于经营不善而倒闭的长租公寓企业不在少数。

由于长租公寓行业关乎国计民生，是实现住有所居的重要途径之一，以税收、金融等政策扶持长租公寓企业是十分必要的。以美国为例，根据税法，"REITs 只要将 90% 的应纳税收入派发给单位持有人，即可拥有免税资格"，即只要房地产信托基金每年将 90% 的收益派发股权持有者，即可免于缴税。

在我国，REITs 刚开始试点，税收领域针对长租公寓企业的倾斜尚不明显。若能在税收、金融政策上给予长租公寓企业适当的优惠、支持，必然将推动长租公寓企业快速成长。

（三）提高自身服务水平是长租公寓企业稳定增长的基本要件

我国长租公寓行业目前尚处于初期阶段，尽管某些品牌已经实现了规范化管理，但整体上来看，服务水平仍与美国、日本等国际市场仍有较大差距。长租公寓企业想要持续盈利，一方面要降低房间空置率，另一方面要提升客户留存率，而提升服务水平在这两方面都有着举足轻重的重要作用。

以日本的旭化成不动产为例，该公司向租户提供着"24 小时紧急联络服务"等服务。一旦租户遇到影响起居生活的问题，如空调失灵等，即使是在深夜，旭化成不动产服务人员也会在最短时间内为租户提供简易制热或制冷设备，以免影响客户休息。在这样的贴心服务下，该公司稳定保持着 99% 以上的出租率，很多租客入住旭化成不动产管理的公寓后便不愿离开。美国 EQR 免费换房、租金可抵扣房款等服务，对于提升客户留存率也大有帮助。

我国目前能提供高品质服务的长租公寓企业甚少，公寓管理人员的服务水平参差不齐。从企业角度注重提升自身服务水平，切实关注客户需求，给予租客更好的服务体验，提高租客满意度，才能够长期、稳定留住客户甚至吸引老带新，以提高项目出租率和续租率，提升盈利空间。

（四）优质多样化的产品将是长租公寓企业提升竞争力的重要手段

目前，国内长租公寓市场总体还是以分散式合租公寓为主，针对的客户群体基本都是年轻的白领一族，产品选择比较单一，同质化严重。特别是像北京、上海、深圳等房价较高的城市，很多租客能够承担的租金范围内，只有"N + 1"分散式公寓一种产品。从国际上来看，日本东京的房价也不算低，因此小户型公寓占比较高。近年随着日本贷款利率的降低，减轻了投资者的融资压力，出现了育儿公寓以及为宠物园艺爱好者专门设计建造的长租公寓等产品类型。与此同时，政府先后建立了针对中层收入者的特优长租公寓制度以及针对高龄者的高优长租公寓制度，共同带动长租公寓行业进入了优质多样化的时代。从国内市场看，近年根据目标客户消费能力的高低，长租公寓开始出现不同的档次和定位，如高端服务型公寓、中端白领公寓和低端蓝领公寓。专门针对特定人群的个性化设计产品也渐入市场，如女神公寓、宅男公寓、环卫工人之家、警员之家等，但仍为数不多。未来提高产品多样化和精细化程度，设计符合市场需求、定位准确的产品线，拓展多元服务，满足客户不同种类的需求将是提升品牌竞争力的重要手段。

参考文献：

[1] 崔霁.詹毅凡.我国长租公寓企业发展的国际经验借鉴 [J].中国房地产，2018（7）：60-70.

[2] 曹云珍.日本长租公寓市场的经验与借鉴 [J].中国房地产估价与经纪，2018（7）：48-56.

[3] 刘倬.关于我国长租公寓市场发展的思考和建议 [J].中国建设信息化，2017（13）：72-73.

[4] 兰永强.我国长租公寓行业发展的若干思考和建议 [J].中国市场，2018（17）：52-53.

作者联系方式

姓　　名：郑丹嫦　王　娜　陶宇洁　吕伊璇　曾燕玲

单　　位：深圳市新峰土地房地产评估有限公司

地　　址：深圳市罗湖区桂园街道人民桥社区和平路3001号鸿隆世纪广场A座1601A

邮　　箱：449062413@qq.com

注册号：陶宇洁（4420000226），王　娜（4420100163）

　　　　郑丹嫦（4420210209），吕伊璇（4420180063）

美国租赁住房可支付性危机对我国的启示

曹亚琨　臧曼君

摘　要：以美国为代表的发达国家的住房保障相关政策与实践历来是我国学习借鉴的对象，但近年来全球主要经济体住房可支付性问题持续加重，美国也不例外，其大城市高房价、高租金、保障性住房供应不足、低收入家庭租金负担加剧等问题日益凸显。关注当前美国租赁住房可支付性问题及其产生原因，汲取其经验教训，对于完善我国保障性住房体系以及推进住房租赁市场长效发展具有借鉴意义。

关键词：住房租赁；可支付性；美国租赁住房；保障性住房

住房可支付性问题一直是全球范围内面临的共同问题，即使是以欧美为代表的发达国家，低收入群体乃至中产阶层群体都同样面临住房可支付性问题的挑战。2008年美国"次贷危机"引发的全球性金融危机带来了短期的房产价格下降，但之后的十多年里，在持续的"量化宽松"政策刺激下，全球范围内代表性城市的房屋价格持续攀升，房价收入比持续增长，住房可支付性问题持续突出。2020年开始席卷全球的新冠肺炎疫情以及逐渐凸显的经济危机带来的失业率增长、经济下行，使得包括美英德等主要发达经济体在内的很多国家的住房问题进一步恶化。虽然各国由于体制、社会经济发展等的不同，造成住房问题的原因也有不同，但是我国当下住房市场面临的类似问题确是不容忽视的。

一、全球住房问题加重趋势下，发展租赁住房是重要疏解渠道

根据国际知名数据网站 Numbeo 所发布的数据，2021年全球20个代表性城市中心城区平均房价排名中，我国香港（34066美元/m²）、深圳（19931美元/m²）、北京（19879美元/m²）、上海（18898美元/m²）四城稳居高位。从各城市近十年来中心城区平均房价涨幅来看，平均涨幅为85.78%，其中深圳（3.02倍）、北京（2.96倍）、首尔（2.78倍）、柏林（2.76倍）以及上海（2.27倍）上涨速度更是惊人（图1）。

而与快速上涨的房价不匹配的，则是较低的经济增长以及居民收入的增长速度。2021年，Numbeo 记录的全球482个城市房价收入比的中位数是8.84，而我国北京、香港、深圳、上海的房价收入比名列前茅，显著高于其他城市，且十年间扩大幅度也

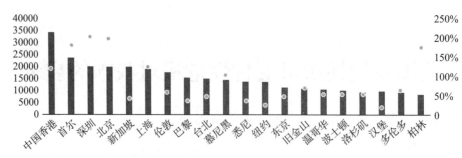

图 1　全球 20 个代表性城市中心城区平均房价
数据来源：NUMBEO，世联评估价值研究院整理

大于其他多数城市（图 2）。而进一步从房价租金比上看，由于租金一定程度上更能反映居民实际的住房消费需求，过高的房价租金比，也意味着潜在更高的市场泡沫。

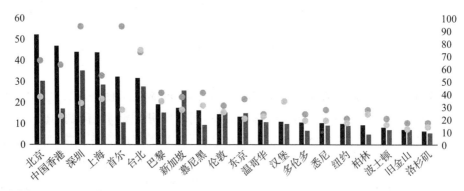

图 2　全球 20 个代表性城市房价收入比及中心城区房价租金比
数据来源：NUMBEO，世联评估价值研究院整理

从金融视角来看，房价收入比、租金收入比、房价租金比等一系列指标的背后代表的是房地产金融化、泡沫化的程度，带来的是经济金融稳定性的问题；从社会民生角度来看，住房可支付性背后关联的是人民幸福感、社会平等、贫富差异、阶层分化乃至婚育观念转变等影响社会经济长期稳定可持续发展的现实问题。从前述数据表现来看，我国的住房可支付性问题不容忽视。在此背景下，"房住不炒""住有所居""共同富裕"成为新时期我国应对住房问题的长期战略指引。而具体策略上，一方面就是"稳地价、稳房价、稳预期"，而与此同时，另一个主要策略便是大力发展租赁住房，尤其是保障性租赁住房，通过扩大租赁住房开发与供应，来保障因高房价而溢出流向租房市场群体的居住需求。

二、美国当前面临的租赁住房可支付性问题及其原因

美国在引导租赁住房市场发展方面的诸多举措一直以来是我国及其他国家学习借鉴的典范。总体上在财政金融方面，提供包括：直接融资渠道；REITs 穿透性税收优惠（从企业应纳税收入中扣除付给股东的股息）；向低收入群体提供公共住房、直接租金补贴、减免不动产税、减免抵押贷款记录税等；政府与租赁机构/业主达成协议，企业提供可支付租赁住房，政府给予不动产税减免、贷款记录税减免、免息贷款等，包括允许跨区转让"可转移土地发展权"等；其他税收手段，包括将投资经营的正常成本（如贷款利息、装修改造费用、折旧费、维修费等）纳入经营者收入税基扣减项目等支持与激励政策。但即使如此，美国国内住房可支付性以及住房成本负担问题仍然没有得到有效改善。

（一）美国当前面临的租赁住房可支付性问题

1. 各收入阶层群体住房成本负担呈现加重趋势

美国应对居民住房可支付问题数十年，但从数据来看，以低收入群体为主的住房成本负担问题十分顽固，2001—2019 年，收入低于 3 万美元的家庭中，承受较重住房成本负担家庭的占比一直在 70% 以上，2010 年左右占比更是持续增长至 80% 以上。同时另一值得关注的变化是，其他各收入段家庭中，承受较重住房成本负担家庭的占比均呈现增加趋势，其中尤其以中低收入段家庭占比涨幅最为显著（图 3）。

而伴随着 2020 年初新冠肺炎疫情在全球范围内逐步爆发，世界主要经济体经济发展均受到冲击。以美国为代表，在居民失业率增长、短时工增加、居民收入分化加剧的同时，其国内房价与租金在后疫情阶段回升飙涨，使其国内居民住房可支付性问题持续突出。根据哈佛大学联合住房研究中心发布的 2022 年美国租赁住房报告，在

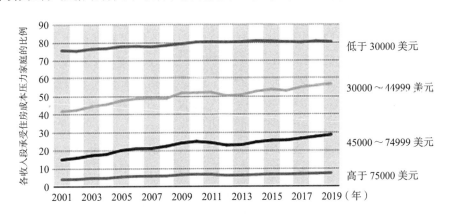

图 3 美国各收入阶层承受住房成本负担家庭占比情况

数据来源：参考文献 [2]

注：承受住房成本负担是指家庭住房成本支出超过家庭收入的 30%

经历疫情初期租金短暂小幅下跌后，2021年以来美国住房租金迎来大幅回涨，尤其是专业化运营的高质量公寓，涨幅达13.8%（图4）。

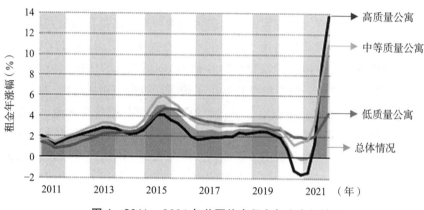

图4 2011—2021年美国住房租金年度变化情况

数据来源：参考文献[2]

2. 全国性的低收入群体可支付性租赁住房短缺、供需结构不匹配

根据全美低收入住房联盟2019年数据，美国极低收入租房家庭约1090万，占到全美租房家庭的25%以及全美住房家庭的8%。截至2019年，全美极低收入租房家庭可支付并且可以获得的租赁住房仍存在700万（户）的短缺，并且低收入家庭可支付性租赁住房短缺问题存在于全国所有地区，尤其是经济更为发达的东西海岸区域。

与此同时，71%的极低收入租房家庭、33%的较低收入租房家庭、8%的低收入租房家庭和2%的中等收入租房家庭面临着严重的住房成本负担（即家庭住房成本支出超过家庭收入的50%）。随着住房成本负担逐步加重，低收入家庭不得不努力在住房消费与其他基本生活消费之间寻求平衡，多数家庭选择压缩日常生活成本，包括健康饮食、医疗教育支出等，在此基础上，住房可支付性问题进一步加剧了社会阶层分化与流动性。

更进一步来看，各收入段租房家庭可支付性租赁住房供求存在不均衡。对于1090万极低收入租房家庭，市场上可负担的租赁住房仅730万（套），680万较低收入租房家庭可负担的租赁住房合计1620万（套），包括其所在收入段的890万（套）和极低收入租房家庭可匹配的那730万（套）。可以看出，越高收入段租房群体存在对于低一级收入群体租赁住房可获得性的挤压。

与此相对应的，一方面，是近年来美国租赁住房群体的持续扩大。根据哈佛大学联合住房研究中心数据，仅2020年一季度到三季度，住房租赁市场新增87万租房家庭。更值得关注的是，2009—2019年期间，中高收入家庭，尤其是高收入租房家庭明显增加。另一方面，则是低成本租赁住房的持续减少。根据哈佛大学联合住房研究中心数据，1990—2017年间，月租金低于600美元的租赁住房数量（即年收入低于2.4万美元家庭最高可负担租金）共减少了近400万（套）。而形成对比的是，在同一时期,全美租赁市场合计供应1090万(套),且其中约95%的新增供应租赁住房月租金超过1000美元。可以说,这一时期,美国租赁市场整体更倾向于增加较高端的租赁住房供应(图5)。

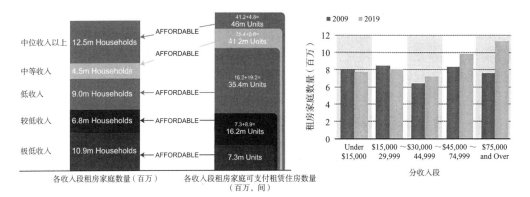

**图5　2018年各收入段租房家庭数量与可支付性租赁住房数量匹配情况(左)
与2009—2019年各收入段租房家庭增长情况(右)**

数据来源:全美低收入住房联盟,哈佛大学联合住房研究中心

(二)美国租赁住房可支付性问题原因分析

如前所述,除了基本的经济发展、居民收入与失业率、人口结构变化等因素,美国当前面临的住房可支付性危机的核心是可支付性租赁住房供给不足以及供需不匹配。我们基于此进一步探究其成因。整体上,总结出以下三点更深一层次原因:

1."买不起"和"买不到"推动中高收入群体进入住房租赁市场

基于前文分析,由于拥有更高的支付能力,较高收入群体持续进入住房租赁市场是推动核心区域市场需求增加、租金上涨以及挤压低收入群体的租赁住房需求数量和区位选择空间,从而增加低收入群体乃至各个收入段租房家庭住房成本负担的原因之一,而更进一步可以看出,根本上推动较高收入群体进入住房租赁市场的原因还是在于高房价带来的"买不起"以及住房买卖市场供应不足带来的"买不到"问题。

2.新增供应存在区域间和需求群体间的结构失衡

依然是供给不足问题,更进一步则表现为区域供应结构失衡以及需求群体供应结构失衡。在区域供应分布方面,虽然近年来美国大城市中以多户公寓(Multifamily)为主的新建租赁住房数量和占比持续增加,但一方面,大多新增供应主要集中在城市中的几个热点区域,另一方面由于独栋住宅规划(Single-family Only Zoning)以及城市建筑密度规划等带来的区域限制。基于此,近年来部分美国城市不断寻求增加租赁住房供给的方式,比如加利福尼亚州提出房屋加建项目(Accessory Dwelling Unit),也有城市提出放宽社区独栋住宅规划限制等多种方法来应对供应不足问题。

3.私人租赁市场存在市场失灵,机构型投资人及业主更追求高收益与回报

根据美国人口普查局和住房和城市发展部发布的2021租赁住房金融调查报告,

2001—2018年间,美国非个人投资者持有租赁物业的比例增加了8个百分点,从18%增长至26%,且这一趋势还在加强。而在新冠肺炎疫情期间,机构投资者仍在持续购买物业,并将其转型为租赁物业。从前文租赁住房供给倾向的描述可以看出,私人租赁市场基于收益回报的追求,且由于持续增加的住房维修、更新成本等,更倾向于向有更高支付能力及租赁需求的中高收入群体提供租赁住房,而对低收入群体租赁住房的供给缺乏。与此同时,伴随着市场热度提升,政府对于低收入群体的租房补贴逐渐无法覆盖持续上涨的租金价格,住房可支付性问题持续加深。

三、对我国的启示与建议

(一)增加与保障租赁住房供应规模是基础

住房租赁市场供需总量平衡,尤其是公租房和保障性租赁住房的充足供应是稳定住房租金价格、保障中低收入群体和新市民、青年人租赁住房需求的重要基础。美国面临的一系列租赁住房结构性短缺问题也侧面印证了保障租赁住房供给的重要性。一些人士基于过往国际经验,提出"补人头"比"补砖头"相对更可行。但从美国当前面临的问题可以看到,一方面由于公共住房供应量的匮乏,低收入群体需要在私人租赁市场与更高收入水平的租房群体竞争,即使能够获得政府租金补贴,但面对租金上涨,依然难以维持较好的居住环境,有效缓解住房成本负担。另一方面,即使政府提供了大量的财政补贴与各项税费优惠支持,但仍旧不能也无法覆盖所有承受住房成本负担的群体。

(二)加强市场租金监管,控制市场租金过快上涨

私人住房租赁市场是保障住房供给、弥补公共部门提供租赁住房短板的重要构成部分,但其天然的盈利性需求就需要通过加强市场监管来加以控制。国际上,针对私人租赁市场监管主要体现在租金控制、租约保护、住房质量与安全监督等方面,其中租金控制是一项重要的制度设计。对于我国而言,同样存在住房租赁市场供需结构不平衡问题,尤其是存在供应缺口的一、二线人口流入地区,租金价格具有较强上涨潜力,因而加强市场租金监管,尽快发布并实施《住房租赁条例》等法规,建立住房租赁指导价格发布制度,控制市场租金价格过快上涨对于城市可持续发展、保障新市民与夹心层住房群体住房需求十分重要。

(三)关注租赁住房需求群体特征变化趋势,均衡结构性供给

一方面,公租房和保障性租赁住房供给以及相关补贴与保障性支持应当更加基于需求群体收入结构来进行匹配,同时应关注较高收入群体对于低收入群体住房需求的挤压。另一方面,从未来住房租赁市场长期发展趋势来看,高房价压力下,越来越多较高收入家庭或个人会优先选择租赁住房,同时人口老龄化、低生育率背景下,租房

需求群体的"全龄化""老龄化"等，都会使得租赁住房需求群体的人口结构与特征发生新的变化，因而在住房租赁市场建设发展过程中，应当持续适应变化的需求结构。

（四）加快推进住房租赁市场数据化、信息化建设

前文中提到的租金监管、供需结构匹配等各类策略，都需要准确掌握地方市场状况、识别区域市场的差异性，从而做到因城因地施策，而这离不开数据化、信息化建设。与美国发展时间较长、精细化的房地产市场数据建设相比，我国住房市场数据的全面性、准确性以及精细化程度都还发展得很不完善。住房市场数据化信息化发展与完善亟待加快推进。

参考文献：

[1] *Documenting the Long-Run Decline in Low-Cost Rental Units in the US by State*. Joint Center for Housing Studies of Harvard University. September 2019.

[2] *America's Rental Housing 2022*. Joint Center for Housing Studies of Harvard University.

[3] *The Gap：A Shortage of Affordable Homes*. National Low Income Housing Coalition. March 2020.

[4] *"People Are Simply Unable to Pay the Rent" What History Tells Us About Rent Control in Los Angeles*. UCLA Luskin Center for History and Policy. October 2018.

[5] *2021 Rental Housing Finance Survey*. US Census Bureau and Department of Housing and Urban Development.

[6] 汪军. 租赁住房建设的美国经验及对我国的启示 [J]. 现代城市研究，2020（6）：103-109.

[7] 王建红，刘友平. 私人住房租赁市场（PRS）的国际经验与启示 [J]. 建筑经济，2017，38（8）：12-15.

[8] 张栋，柴强. 扩大供给是发展保障性租赁住房的关键 [J]. 团结，2021（5）：34-36.

作者联系方式

姓　　名：曹亚琨　臧曼君

单　　位：深圳市世联土地房地产评估有限公司、世联评估价值研究院

地　　址：深圳市福田区上梅林卓越梅林中心广场二期B座19层

邮　　箱：caoyk@ruiunion.com.cn；zangmj@ruiunion.com.cn

注册号：曹亚琨（4420000299）

第四部分

创新发展

（一）经营模式创新

住房租赁新模式新业态实践探索

赵晓英

摘　要：供给结构失衡，小户型适租房源不足；成熟市场主体欠缺，机构化程度低；金融支持不足，缺乏有效的融资渠道；市场亟需规范，监管体系待完善，是制约住房租赁市场发展的痛点。建信住房立足自身优势，通过开展存房业务，推进住房租赁REITs试点，配合落实老旧小区改造三条主线，正在尝试破解上述痛点，并取得了一定成绩。展望未来，建议通过完善法律制度、加大土地和规划等领域的支持，加快落实降低行业税费等方式，推动住房租赁市场持续发展。

关键词：住房租赁；存房业务；住房租赁REITs

一、住房租赁市场痛点

近年来，住房租赁市场快速发展，但是在发展过程中，在供给结构、市场主体、融资渠道、监管体系等方面，都存在着一系列痛点问题，也造成了租赁市场上假房源、黑中介、长租公寓"爆雷"跑路等种种乱象。

（一）供给结构失衡，小户型适租房源不足

目前，我国户均住房已达到1.1套，住房供给总量并不短缺，但结构失衡，部分地区房源空置率较高。住房开发长期以销售为导向，缺乏适于租赁的小户型住房。

（二）成熟市场主体欠缺，机构化程度低

目前，住房租赁市场供给以个人房源为主，机构化程度不到5%。市场集中度低，碎片化严重。租赁机构资质参差，良莠不齐，欺骗房东、租户的情况屡有发生。特别是2020年以来，轻资产模式的住房租赁企业资金链断裂、跑路的情况较多。

（三）金融支持不足，缺乏有效的融资渠道

行业盈利水平低、企业资质差、缺乏抵质押物，金融机构不愿也难以提供支持。部分租赁企业用"长收短付""租金贷"等方式变相融资，引发乱象。

(四)市场亟需规范,监管体系待完善

市场监管缺乏抓手,相关立法滞后,大量运营不规范的租赁企业不备案、不登记,缺乏系统化的有效监管体系。市场信息不够透明,撮合效率低下,房东、租客与企业间信息不对称,哄抬租金、随意涨价的现象屡屡发生。

二、建信住房公司介绍

建行在住房租赁市场发展过程中,努力发挥国有大行的责任和担当,无论是从监管角度、市场主体角度,还是与市场同业联盟共享角度,都做了很多实践与探索。

(一)基本情况

建信住房服务有限责任公司于2018年6月成立,是建设银行为推动住房租赁战略落地而成立的全资子公司。目前已在全国范围内成立26家分、子公司,已形成全国性布局。战略定位:住房租赁市场的领头雁、住房租赁新生态的打造者、住房服务领域的赋能者、新金融理念的践行者。

(二)三大主要业务方向

目前,我们主要有三大业务方向:平台经营、存房业务、资产管理。住房租赁是长期限的业务,在租赁资产长期持有的过程中,如何服务好租户,对资产进行改造、升级、智能提升,提升租户的租住理念和感受,使其能够长住下来,是我们要解决的问题。

1. 平台经营

我们首先从最基础的领域做起,平台经营包括住房租赁综合服务平台的应用和推广,通过平台对房源备案、核验,以及出租和居住等情况进行积分管理,做到有数据可查,有数据可依。当客户的积分达到一定水平之后,可以享受孩子上学、老人就医等公共服务,推进租售同权,实现住房租赁的透明化、公允化。此外,我们还搭建了CCB建融家园及APP运营管理,覆盖了280家长租社区的房源管理,提升客户居住体验。

2. 存房业务

目前市场上可出租的房源比较缺乏,我们从供给端、房源端入手开展了存房业务,分为集中式存房和分散式存房业务。集中式存房包括购买租赁权与受托运营两种方式:购买租赁权就是运用建行集团发放的贷款,签订长租合同,把租赁权购买过来,并有相应的考核机制以及专业的运营机构运营;分散式存房是利用老百姓的房子,中高收入群体一般有两三套房子,有可以出租的房源,在各建行网点都有分散式存房的介绍和宣传页,推荐客户到建信住房公司进行相应的业务咨询和业务存房。

3. 资产管理

在租赁资产长期持有的过程中，对出租率比较稳定、收益比较稳定（收益率达到 4% 左右）的租赁住房项目（集中式的偏多），我们做了住房租赁 REITs、长租公寓资产支持计划 ABN/ABS 的资产筛选、入池、发行及相关资产运营管理工作。

三、住房租赁新模式探索

（一）存房业务

租赁权、经营权相分离的"两权分离"存房模式是一项落实新金融理念的重要创新，既发挥了建行资金优势，又规避了运营经验缺乏的短板，通过分工协作、互利共赢引入市场化运营能力，将"房东—中介—租户"的传统模式转变为"房东—建信住房—专业运营—租户"的新型长租模式。如1图所示，房东通过租赁权+经营权将房屋存到建信住房，我们持有租赁权，将经营权委托给社会上专业运营机构，将住房租赁真正运营起来，同时发挥住房租赁产业联盟优势，从设计到装修、到改造运营完以后的验收、消防等等，最后将房屋出租，实现开心、称心、安心各方面的体验。截至 2021 年 3 月末，建信住房公司持有租赁权的房源 13 万多套（间），受托运营的房源 18 万多套（间），合计管理房源 30 多万套（间）。

图 1　建信住房新型长租模式

截至 2021 年 3 月末，全国已建成"CCB 建融家园"社区 280 多个，向社会提供房源超过 15 万套（间），可提供 3 年以上的长租服务。服务社会各类群体，包括白领、蓝领、公租房群体、创业群体、新市民、高校师生、新就业大学生、医护人员等有租住需求的人群。拓展激活各类房源，包括自有闲置资产改造、城中村改造、商改住、工改住以及集体土地新建租赁住房、政策性租赁住房等。嵌入建行各类服务，包括普惠金融、劳动者港湾、乡村振兴等。

目前来看，这种存房模式提升了住房资源使用效率，精准对接缓解了供需矛盾，规范了市场行为。

1. 提升企事业单位住房资源使用效率

园区存房模式：取得租赁权、标准化装修、智能化提升，改善企业员工住宿体验。高校存房模式：受托运营，解决人多房少、房随人走、资源闲置等问题。公房改造模式：租后改造，为城市一线劳动者提供优质租赁房源。

2. 精准对接企业职工住宿需求

以"to B"为突破口，建立 B 端赋能模式，将存进来的房源与企业需求进行精准匹配，为企业员工提供优质的住房服务，有效减少了企业员工流失压力。

3. 全力遏制租金贷、长收短付、高进低出等乱象

通过租赁权和经营权相分离的存房，一次性向房主支付 3～5 年租金，获得长期租赁权，然后委托专业机构运营，从源头上断绝中介对房源租赁权的控制和融资需求。

（二）住房租赁 REITs

REITs 低成本、长期限、稳定性高等特征与住房租赁高度契合，建信住房积极探索开展试点，为住房租赁引入社会资金支持。2020 年 6 月，首单 REITs 项目成功落地，为住房租赁企业利用 REITs 盘活存量资产，吸引长期、稳定的权益型资金打造了良好的范本。

如图 2 所示，建信住房作为项目持有人、购买者和运营方，我们对信息进行整体把握、咨询和科研，对持有物业的租金收入以及租金回报给投资者做整体测算，合格投资者一般都是寿险公司，运营委托给专业的运营机构。达成一定投资协议以后，形成资金流和权益流的合同，进行相应的评估、合规审查、法律审查，最后在北交所挂牌，形成闭环。截至目前，建新住房已挂牌了三个住房租赁 REITs 项目，分别是建信瑞居、济南泉世界、北京星光影视界，收益率都比较好。

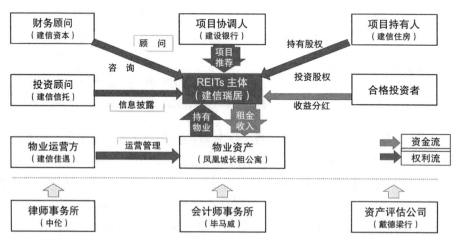

图 2 首单 REITs——建信瑞居项目示意图

取得经验的同时，我们觉得要想把住房租赁 REITs 真正市场化，使得老百姓都能够参与进来，下一步发展的路径就是怎么在上交所、深交所公开上市，使得交易的流程以及交易的推出都更加畅通，但是目前还有一些障碍。

(三)配合落实老旧小区改造

在广州,对凤和村空置住房进行智能化升级,583套房源解决附近白云机场空乘、地勤人员租住需求。广州北山村城中村改造项目"CCB 建融家园·梦享社区",房源超过1800套。在郑州,管城区老旧片区综合整治提升项目、二七区大学路街道办、人和路街道办等8个老旧小区改造项目,推动郑州老旧小区改造工作,助力郑州市建设国家中心城市。在重庆,结合老旧小区改造,打造"南桥苑"集中式长租公寓,提供47套房源。

四、住房租赁行业展望

(一)政策契机

当前,住房租赁行业发展正逢其时,政策机遇很多,如表1所示。

住房租赁行业相关政策梳理　　　　　　　　　　　　　　　　表1

时间	政策内容
2019年7月	财政部、住房和城乡建设部推动中央财政奖补住房租赁试点,对首批16个住房租赁试点城市给予402亿元财政补贴,用于支持多渠道筹集租赁住房房源
2019年12月	中央经济工作会明确要求大力发展租赁住房,银行要继续发挥好作用
2019年12月	住房和城乡建设部工作会议强调,进一步培育机构化、规模化租赁企业,加快建立和完善政府主导的住房租赁管理服务平台。重点发展政策性租赁住房,探索政策性租赁住房的规范标准和运行机制
2019年12月	住房和城乡建设部、国家发展改革委、公安部、市场监管总局、银保监会、国家网信办6部门印发《关于整顿规范住房租赁市场秩序的意见》,对登记备案、房源发布、平台管理、租赁合同、金融管控等提出要求,加大住房租赁市场整顿力度
2020年9月	住房和城乡建设部《住房租赁条例(征求意见稿)》出台,规范市场秩序,保护承租人权益,推动租赁平台应用,限制违规租金贷,加强对市场主体监管
2020年10月	金融委会议推动住房租赁市场建设并肯定建行经验,指出将发展住房租赁作为"必须长期坚持的重要战略",要求相关部委尽快出台政策,加快住房租赁市场建设。同时,肯定了建行在盘活存量房源、建设长租社区、组建产业联盟、打造租赁平台等方面的经验
2020年10月	"十四五"规划纲要提出,促进房地产市场平稳健康发展,房住不炒、租购并举、因城施策,完善长租房政策,集体建设用地建设租赁住房,扩大保障性租赁住房供给

(二)政策建议

1. 完善制度建设

加快推进《住房租赁管理条例》工作,明确租赁行为各方权利责任,建立稳定租期与租金的制度,明确政府公共租赁平台的建设与监管,住房租赁企业的房屋建设、装修设施和价格等方面标准。

2. 土地、规划政策支持

"工改租""商改租"项目,建议允许项目在不改变原规划用途的前提下,在一定期限内调整建筑物的使用功能,并明确存量闲置土地和房屋建设租赁住房的审批机制。

3. 加快落实降低行业税费

对增值税、房产税、所得税等予以减免,促进行业长期可持续发展。

4. 对保障性住房给予大力支持

加大财政对保障性租赁项目的支持力度,优化土地供给方式。同时,对已建成的公租房,鼓励其发行租赁收益的证券化产品。

作者联系方式

姓　名:赵晓英

单　位:建信住房服务有限责任公司

地　址:北京市西城区闹市口大街 1 号院 1 号楼 10 层 1025

住房租赁企业的定位和模式创新

熊　林

摘　要：近年来，我国住房租赁行业获得快速发展，但是行业中一些不规范问题也暴露出来。展望未来，中国长租行业将慢慢进入更加健康、稳健的发展新阶段。企业在面向未来的发展过程中需要做好定位，保证好品质。做好增量与存量之间的配置，优化管理流程，创新发展路径与模式。

关键词：住房租赁企业；管理模式；创新

近年来，在国家、住房和城乡建设部、地方主管部门指导下，以及从业者辛勤的耕耘下，住房租赁行业快速发展。对比当前受新冠肺炎疫情影响的英美等国的住房租赁市场现状，中国一线城市里年轻租客的体验感足以媲美发达国家。一个应届毕业生，可以轻松地在网上找到搬家服务，可以方便地租到想租的房子，既可以是一居室，也可以是和同学合租，而且这些房源都是真实的，在网上可以看到所有的交易过程，有非常多的渠道可以反馈遇到的问题，这些房源里门锁都是智能的，保洁和维修都可以按点上门。但是在过去一年时间里，行业中一些不规范问题也暴露出来。展望未来，中国长租行业将慢慢进入更加健康、稳健的发展新阶段。笔者认为有四个问题需要总结和厘清。

一、规模还是品质

第一个问题，住房租赁行业到底是做规模，还是做小而美的品质。首先，没有规模的品质是没有意义的。我国的住房租赁行业需求非常大，比如北京有35%以上的人口，超过800万人要租房子，上海也有类似情况，做小而美的企业，并不能解决大多数人的租房问题。但是没有品质的规模绝对不可持续。过去那么多"爆雷"的企业为行业敲响了警钟，很多企业可以解决新增规模问题，但是倒在了存量运营以及品质上。数据显示，我国大学生毕业后买房子的平均年龄是36.8岁，租房的时间长达14年之久。一套房子，崭新的时候不难出租，但是经历了几年以后，该房源的质量和区位，可能不再符合年轻人的需求。所以住房租赁企业一定要定位好，先保证好品质，再发展规模才是长久之道。

二、存量还是增量

第二个问题，进入住房租赁行业，到底找存量还是增量。可以分两个层面：一是整个中国住房租赁的格局到底以存量为主，还是以增量为主；二是长租行业的重点到底是存量业务还是增量业务。第一个层面相信今天已经有非常清晰的回答了，中国的一线城市里有 1/3 以上的人需要租房，这说明一线城市里有 1/3 的房子要拿来出租。如果不以存量为主，即意味着未来这些房子可能没有人去住，房子空置时折损最快，因为缺少人员维修，难以永续更新。但是增量也很重要，市场会有新需求诞生，在某些商圈里可能出现房源短缺。增量的核心是要精准增加，而不是大规模盲目地开拓项目。

第二个层面，长租行业应该是存量行业，需要从业者把房子的品质维护 5 年甚至 10 年。目前，自如有一百万套房源，最多一个月的续约超过 1 万套，如果续约率为 80%，就意味着解约的业主超过 2 千人，这对存量有很大的挑战。存量部分业务一定要管理团队付出足够大的精力去维护，而不要每天想着花费大量的人力去拉客户。以自如的经验，55% 以上的客户是客户转介绍过来的，长租行业是以存量为重的行业，并不需要大量的营销。

三、集中还是分散

第三个问题，也是目前讨论最多的，到底是集中还是分散。可以从两个方面来分析，一是房源的供给到底是以集中为主还是以分散为主。其实这两个都不可或缺。集中更符合相对短期、商务、城市蓝领的租房需求。比如去年新冠肺炎疫情期间，集中式公寓在疫情期间管理更加高效。对于城市蓝领这种高密度的居住需求，集中式管理更加安全。对刚毕业大学生或者城市短期出差需求可通过集中式公寓解决。就长期居住而言，比如居住在高端公寓的高管，租房的时候更倾向于具有烟火气的社区，这更符合家庭的需求。所以，笔者认为这两者之间是互补的，解决客户问题的时候要有针对性。

二是住房租赁行业需要毅力。自如发展的十年间覆盖了全国十个城市，并没有盲目地拓展，因为只有当密度到达一定程度的时候，保洁、维修等运营效率才能提升上来。自如有专门的一个部门，可以告知企业的 CEO，其员工居住地距离公司的平均距离，住房补贴只补贴给住在公司方圆 5km 之内的员工。所以集中在这个行业里是很重要的，否则品质、规模都难以提升。

四、"轻"还是"重"

第四个问题，关于"轻"和"重"。行业普遍被认为"轻"就是风险，"重"就是靠谱，这个说法有一定的道理。但是，在中国住房租赁这样一个长期限的行业里，没有任何一件事情是轻的，行业对于"重"和"轻"的思考需要转变。目前，行业的信息化水平较低、科技投入较少，整个供应链从设计到施工，信息化程度和其他行业相比差距巨大。所以，房地产行业的"重"已经不仅限于砖、水泥、钢筋等基础施工了，应在产品服务研发、技术及管理投入上"加重"。

未来的"重"体现在三个方面：一是要加重关于产品和服务的研发投入。二是要加重行业的技术投入，不通过技术赋能，在住房租赁全周期管理里，很难解决客户信用问题。即使每个合同都写得非常细致，也抵不过让客户看到真实的信息。比如让客户在看房之前，就可以看到房子真实的情况。三是加大在管理上的投入，租赁行业集合了生产制造业的特点，却比生产制造业有着更高的管理要求，是世界上最难管的"库存"。因为，一天的空置对汽车几乎没影响，但是房子一天的空置成本可达几百上千元，所以住房租赁行业需要高水平的管理能力。

五、模式创新是未来发展方向

创新是企业最大的活力。企业创新首先要有清楚的行业定位。不同的行业性质不同，发展模式也不同。住房租赁行业是需要持续长远发展的大行业，没有任何一种模式可以做十年还不变。在过去十年，自如曾做过包租模式，现在应该谋求创新。长租行业未来会有更大的挑战和机遇，所以要不断地思考模式上的变化。企业的创新是为了持续为客户创造新价值。企业模式改进的同时，产品也要升级，自如也一直在推动产品的革新。

六、增益其所不能

俗话说，"生于忧患，死于安乐"。用"增益其所不能"可以概括自如所有的模式变化和产品变化，中国所有的长租公寓企业，都应向这种模式转型，为业主增加收益。自如以前通过模式包租收取差价，今天自如赚取的是资产管理服务费。过去，自如给客户提供免费装修，业主根本不关注房子的装修维护情况。现在自如要求客户承担装修费用，结果所有业主都非常关心房子的状况，约有29%的业主会去房子三次以上，包括开工环节、水电验收环节、防水验收环节等，只有这样收上来的房子，未来出租的时候才可以保证质量。自如正在用这样的方式倒逼自己，目的是在粗放发展的十年后更加提升装修能力、提升采购能力。

在过去几年行业快速发展过程中，出现了一些不理性、不规范行为，但是在政府、行业共同努力下，如今已经进入健康、规范发展阶段，这时候企业一定要创新模式、升级产品。

作者联系方式

姓　名：熊　林

单　位：自如网

地　址：北京市朝阳区将台路 5 号院 16 号楼

中国住房租赁企业如何实现创新突破

熊 林

摘 要：住房租赁行业应当转变过去简单的、粗放式的增长模式，以更加务实的心态追求高质量发展。住房租赁企业及从业者应对经营更具敬畏心，重视经营风险，节约经营成本；应对行业保持信心，以乐观态度面对困难。应进行模式创新、产品和服务创新、科技创新、管理创新，以面对未来的发展机遇和挑战。

关键词：经营风险；模式创新；增长方式

2022年，中国住房租赁行业已走过10年发展历程，住房租赁企业及从业者都应当不断思考如何实现创新突破。基于多年的从业经验，面向行业未来，笔者有一些想法和感受与大家分享，分享的内容可以总结为"一个心态、四个创新"。

一、一个心态

住房租赁行业应当转变过去简单、粗放式的增长方式，以更加务实的心态追求高质量发展。2021年，自如开源节流，将办公大堂区改造为样板间，作为展示和销售场所，在没有增加成本的基础上带来了新的收益。住房租赁企业及从业者都应对经营更具敬畏心，更加务实，更加节约经营成本，将每一分钱用在刀刃上。

当前，尽管面临新冠肺炎疫情等外部环境，自如的出租率仍与往年维持同样水准，客户量持续增长。同时，2021年两会也提出要加快发展长租房市场，住房租赁企业及从业者应对行业保持信心，以乐观态度面对困难。

二、四个创新

（一）模式创新

任何一个行业，经过十年的发展，都需要思考未来是否需要采用新模式，住房租赁行业需要通过底层模式创新来应对未来的发展机遇和挑战。2021年，自如将使用了10年的"省心租、包租"模式升级为"增益租"模式。"增益租"模式具有"无差价、透明、收益不封顶"的特点。数据显示，经过一年的努力，2022年第一季度"增益租"模式的业主委托量同比增长超过400%。

任何企业在发展过程中都会面临很多机遇和挑战，我们需要大胆地抛弃不符合时代要求的落后模式，迎接更先进的新模式。未来希望大家一起推动住房租赁行业向类似"增益租"专业的资产管理模式上转型。

（二）产品与服务创新

1. 产品创新

住房租赁行业消费者的需求一直在不断变化，目前市场租房主体已变成"95"后，这类群体与"80"后、"85"后的需求有所不同，因此，适应"95"后需求的产品也要进行全面迭代。2022年，自如对合租和整租产品、高端的曼舍产品以及自如寓产品都进行了全面迭代更新，改变产品功能和风格，加入更多智能化元素，从实践经验和市场反应来看，赢得了消费者尤其是"95"后年轻群体的喜爱。如自如曼舍过去十年以服务于跨国公司500强高管群体为主，但随着近几年中国经济结构变化，国外的租住群体在变小，曼舍开始更多面向中国高端年轻租住群体，而自如心舍主要覆盖年轻情侣或者婚恋家庭的租客群体。同时，自如友家这种合租产品也在探索新的产品模式，目前自如正与一支跨国团队合作，发布自如友家7.0产品，从全世界视角看中国年轻人的合租产品需求。

2. 服务创新

在探索产品创新的同时，对于居住、租住行业来说，一定要伴随着服务创新。自如在过去两年里，也在不断地思考和迭代服务方式和方法，如在疫情期间深耕社区，很多自如管家申请做社区防疫志愿者、在春节期间为年轻租客提供宠物看护等服务，成为社区的一分子，为社区更好发展贡献更多力量。

（三）科技创新

随着住房租赁行业规模越来越大，服务越来越复杂，客户和房源管理数量越来越多，需要投入更多的精力和资源进行科技创新。房屋是综合性资产，服务链条长，如果不运用科技和互联网手段，管理效率和服务品质便无法得到更好的保障。例如，在新冠肺炎疫情期间，更多的业主通过线上委托房源给自如、更多租客通过网上签约，目前自如的业务已实现全流程线上化。

除此之外，自如还研发了全屋智能操作系统，并开发了如智能门锁、开关面板、灯光和空调智能等创新产品，满足客户更多的场景需求，未来将助力提升整个行业的管理效率，服务水平。

虽然这些在科技创新之路上只是一个开始，但科技创新最大的意义就在于它会从一些看似萌芽的地方快速成长、成熟，让我们获得更多的价值。

（四）管理创新

住房租赁行业看似进入门槛不高，但随着住房租赁行业规模的扩大和产品、服务的增加，很多管理方面的挑战呈几何级数增长。自如目前面临的管理挑战是，一方面，要管理好一百万间存量房，从服务好一个大学生到服务好一个家庭这样复杂的链条；另一方面，也服务新增产品、新增客户和新入驻城市，这些挑战都对自如内部的品质管理、服务管理、人力资源管理、财务管理提出了更高的要求。笔者认为，住房租赁企业可以借鉴其他行业好的管理经验，结合企业自身情况加以灵活运用。

作者联系方式
姓　名：熊　林
单　位：自如网
地　址：北京市朝阳区将台路5号院16号楼

住房租赁不同模式分类、利弊、发展趋势及前景分析

李晓东 杨运超 麦丽娴

摘　要：党的十九大报告明确提出"坚持房子是用来住的、不是用来炒"新定位，同时，政府工作报告中也多次提及加快建立多主体供给、多渠道保障、租购并举的住房制度，说明这一政策已经成为房地产市场平稳健康发展的长效机制。培育和发展住房租赁市场是有效解决居民居住问题的关键点。

关键词：培育；发展；住房租赁市场；居民居住

一、住房租赁不同模式分类及其利弊分析

在全国高房价的环境下，特别是北京、上海、广州、深圳、南京、杭州等一、二线城市，对租赁住房的需求会越来越大。当前，我国住房租赁模式从大方向一般可归类为市场主导型的住房租赁模式和政府主导型的住房租赁模式。

1. 市场主导型的住房租赁模式

1）自持+运营

租赁企业收购或自建整栋或几层物业，进行装修和改造成统一管理的宿舍或白领公寓进行对外出租；负责日常管理、招租。

2）包租运营

租赁企业与房屋产权人以契约的方式获得房屋一定年限的使用权，租赁企业获得房屋使用权后进行装修改造或者保持现状再进行对外出租，负责日常管理、招租，并承担租赁期内房屋运营过程中空置部分的损失。

3）自持+运营存在的利弊分析

（1）租赁企业资金比较雄厚、经验丰富，配备管理、营销、服务等专业化程度高的人才组成经营团队，通过对运营产品（租赁住房）的重资本化和服务精细化，有效形成一定的品牌效应，品牌效应能给运营产品（租赁住房）带来品牌溢价，获得超额收益。

（2）租赁企业作为出租物业的业主，拥有物业的产权，能有效减少出租者"跑路""爆雷"等现象，保障租客的利益，减少因租赁住房问题发生的群体性事件，促

进社会和谐稳定。

（3）住宅开发投资大，占用资金多、影响因素也多，投资人往往要求快速收回成本和利润，但租赁住房物业由于投资大、回收周期长，租赁企业进入此行业的意愿较少，社会存量不足，不能满足高品质租户的需求。

4）包租运营的利弊分析

（1）房屋产权人既省时又省力，不用每天为了租房的事情忙碌，不用为了看房者跑来跑去，由房屋租赁企业负责运营管理，定期把租金打入到自己的账号中。

（2）租赁企业房源多，占地理优势、房源优势，方便各种需求的租客。

（3）租赁物业后期的增值，租赁企业把租赁物业运营得好，租赁物业会给业主产生稳定的收益，从而会给租赁物业带来增值，但增值红利会由业主独享，跟租赁企业没有什么关系，享受不到租赁物业重新估值后的增值红利，虽然物业的增值完全是租赁企业的功劳。租赁物业的价值升值，会带动租金的调高，租赁企业不但没有享受租赁物业的增值收益，甚至还要遵守涨租条约，付出一年高过一年的租金成本。从长远来看，其实对于租赁企业是不公平的。

（4）此类型业务的租约多为长租，业主和租赁企业不可避免是对立的利益关系，双方就租金多少、租期的长短、增长的比例进行博弈，你多我少，相互拉锯较劲，磨合期很长，沟通成本很高。

（5）租赁企业在经营过程中，采取不同的营销手段来吸引客户，某些租赁企业使用"长收短付"（一次性收取租客长时间段租金，租赁企业月付给业主租金），对租客采用长租优惠的营销策略，在租金有优惠的吸引下，很多租客一次付清季度、半年、一年租金等不同时间段的租金给租赁企业，一旦租赁企业"跑路""爆雷"，租客与业主将成为受害者，不利于社会的稳定和谐。

（6）租赁企业为了利益最大化，会对房屋的空间布局进行改造，一套住房被打隔断分割成多个房间，如把客厅改造为一间住房出租，对房屋损坏程度较大并不利于消防安全。

2. 政府主导型保障性住房租赁模式

《中华人民共和国国民经济和社会发展第十四个五年规划和2035年远景目标纲要》中提出"有效增加保障性住房供给，完善土地出让收入分配机制，探索支持利用集体建设用地按照规划建设租赁住房，完善长租房政策，扩大保障性租赁住房供给"，最早提出保障性租赁住房这一概念。保障性租赁住房是政府在政策上给予支持而建设的低租金房子，从而解决新市民、广大青年人住房需求的一种产品。党中央、国务院提出加快发展保障性租赁住房的重大决策，明确了保障性住房的发展方向。

在我国，历史上保障性住房涵盖多方面内容，比如公共租赁住房、廉租房、经济适用房、限价商品房等，而当前最典型的出租型保障性住房有廉租房和公租房两类。

1）廉租房

廉租房是指政府以租金补贴或实物配租的方式，向符合城镇居民最低生活保障标准且住房困难家庭提供政府建设的保障性住房。廉租房一般通过政府建设租金较低的房屋提供给符合条件的申请者，或者通过发放现金的方式来满足申请者的需求。早在1998年国务院发布的《关于进一步深化城镇住房制度改革加快住房建设的通知》中就有提出"最低收入家庭租赁由政府或单位提供的廉租住房；中低收入家庭购买经济适用住房；其他收入高的家庭购买、租赁市场价商品住房"，2003年11月发布的《城镇最低收入家庭廉租住房管理办法》也明确廉租房的保障对象和保障方式，进一步加大保障性租赁住房的发展力度。

2）公租房

公共租赁住房是指由国家提供政策支持、限定建设标准和租金水平，专门面向中低收入群体出租居住的保障性住房。公共租赁住房由政府主导，用低于市场价或者中低收入的承租者承受得起的价格，向城市广大新青年、大学毕业生、外来就业人员等这一类不够廉租房申请条件又买不起房的"夹心层"提供低租金住房。由于很多地方原来的保障政策覆盖范围比较小，一些中等偏下收入住房困难家庭由于城市房价水涨船高、合适条件的出租房源供应不足等原因而无力通过市场租赁或购买住房，居民住房问题未能得到很好解决，2010年6月发布《关于加快发展公共租赁住房的指导意见》提出"公共租赁住房供应对象主要是城市中等偏下收入住房困难家庭。有条件的地区，可以将新就业职工和有稳定职业并在城市居住一定年限的外来务工人员纳入供应范围"，相关意见的提出，为进一步扩大保障性租赁住房制度的保障范围提供了重要支撑。

3）保障性住房租赁模式利弊分析

根据《中华人民共和国2021年国民经济和社会发展统计公报》中的数据显示，2021年全年全国保障性租赁住房开工建设和筹集94万套。各地加快发展保障性租赁住房，缓解住房租赁市场结构性供给不足，较好缓解住房困难，推进以人为核心的新型城镇化发展，有利于城市对人才和产业的引进。保障性租赁住房的大力推行，可以使一部分人的住房得到保障，从而抑制了商品房的刚性需求，缓解房价居高不下的状况，逐步回归理性发展的态势。

保障性租赁住房覆盖面较窄，保障对象界定不清晰。保障性租赁住房主要是针对中低收入这一特定人群的过渡性住房，在户型结构、租金金额和期限上都有着较为严格的要求，且主要保障对象以本市户籍居民为主，外来务工人员无权享受，保障性租赁住房未能覆盖所有符合标准人群。

准入时的资质审核和退出机制难以控制。政府部门很难完全了解申请对象的财产状况，难免会有些家庭钻了准入机制的空子，导致保障性租赁住房分配不合理。甚至有一些关系硬、收入高的人企图以低成本申请入住保障房，再以市场价租出去赚取中间差价；同时，保障性租赁住房退出机制也存在一定缺陷，有些家庭申请入住保障性租赁住房之后，过几年经济状况得到改善，已经不符合申请的标准，本该主动向相关部门报告情况自觉退出被保障对象范围，从而给其他更需要被保障的对象让出更多机会，然而理想和现实往往存在差距，就当前实际情况而言，很多人并未及时申请退出，抱着侥幸心理，继续享受着不再属于他们的福利，且由于相关部门没能很好履行职责，导致资格审核工作流于形式，使得这一政策缺乏公平性，不利于保障性住房制度的进一步完善和发展。

建设规划不合理，配套设施不到位。很多保障性住房选择在较为偏远的郊区建设，且在建设过程中，相应的生活配套设施以及交通等基础设施的建设都没有跟上，导致租客生活、出行很不方便，无形之中增加了保障居民的生活成本。且在规划建设过程中，建筑密度、小区绿化等没有很好规划，导致居住舒适度降低。

二、住宅租赁市场的发展趋势

1. 住宅租赁市场过去的状况

房地产租赁市场与房地产销售市场（一手房、二手房）是房地产市场构成的两大重要组成部分。在中国，国人对于拥有一套房子的执念是很深的，所以在过去很长一段时间，住宅租赁市场发展得很缓慢，而住房销售市场（一手房、二手房）却是飞速发展。近年来，我国经济高速发展，房地产市场的供应与需求两旺盛，房地产价格居高不下。而房屋租赁市场几乎是被忽略的，长远来看，这是不利于整个房地产市场的发展。

2. 住宅租赁市场现在的发展状况

经济的发展、住宅物业需求的增加导致房价高，受高房价的影响，买房难成为国人的头等难事。房地产价格水平与当地居民的工资水平脱钩，"房奴""蜗居""蚁族"等住房现象应运而生。房价居高不下，还间接地影响着生育、老龄化、学区房等社会问题。

2015年以来，中央开始重视住房租赁的发展，陆续发布了多个与住房租赁相关的政策，推动并加快住房租赁市场的健康发展。

3. 住宅租赁市场的发展趋势——以珠海市住宅租赁市场为例

珠海市是国务院批复确定的中国经济特区，地理位置优越。珠海市一直非常重视生态、居住环境的建设。珠海市在改善居住环境上的成绩是有目共睹的，珠海市得到的城市荣誉很多，见表1：

表1

年份	城市荣誉
1997年	珠海市被国家环保局授予首批"国家环境保护模范城市"称号
1998年	珠海市获得"国际改善居住环境最佳范例奖"
2011年	珠海市获得"2011年中国最具幸福感城市"殊荣
2016年	中华人民共和国住房和城乡建设部授予珠海市"国家生态园林城市"称号
2017年	中华人民共和国环境保护部授予珠海市"国家生态文明建设示范市"称号

10余年来,珠海市的经济快速发展,开放宽松的政策环境吸引着越来越多的外来人才流入,加上在珠海市一系列利好政策的带动下,房地产发展得到高速的发展,房价水平也提升至全国的前20。珠海市10余年的发展情况见表2:

珠海市10余年的发展情况表　　　　　　　　　　　　　　表2

指标	2010年	2021年	增长率	单位
GPN	1208.5958	3881.75	221.18%	亿元
人口	156.0229	243.9585	56.36%	万人
房价	10952	23626	115.72%	元/m²

珠海在房地产销售市场突飞猛进的同时,房地产租赁市场还是一潭死水。珠海的租赁市场主要以居民个人所有房屋(多余房屋)为主,最开始是以当地居民的自有房屋为主要的供应房,后期由于珠海的快速发展导致大批的投资者在珠海投资买房,投资性的房屋随之也产生了大量的租赁住房。但是这些都体现的是个人行为,没有成型的住房租赁模式。

2019年为贯彻落实《国务院办公厅关于加快培育和发展住房租赁市场的若干意见》和《广东省人民政府办公厅关于加快培育和发展住房租赁市场的实施意见》的有关要求,加快珠海市住房租赁市场的发展,规范住房租赁的综合管理,珠海市出台了《珠海市商品住房租赁管理办法》,其中一条是:"《办法》提出由珠海市住房租赁有限公司作为国有市场化住房租赁业务主体,以企业化运营方式开展开发、建设、管理、日常维修和租金收取等业务,并协助市区住房主管部门开展租售服务业务。"这就意味着珠海市的租赁住房的经营模式还是以政府主导型为主。

2021年8月,珠海市珠海市住房和城乡建设局发布《珠海市住房发展"十四五"规划和二〇三五年远景目标纲要(征求意见稿)》,根据该征求意见稿,珠海住房供应结构将持续优化。新建商品住房与机构租赁住房、公共租赁住房、保障性租赁住房、共有产权住房、人才住房等各类房源的比例为7:3。公共租赁住房、保障性租赁住房、共有产权住房、人才住房等占住房供应量的比重力争达到60%(表3)。

珠海市"十四五"住房发展主要指标　　　　　　　　　　表3

指标分类	指标内容	单位	供应目标	指标性质
住房供应结构目标	新建商品住房占住房供应总量的比例	%	70	预期性
	其他各类住房占住房供应总量的比例	%	30	预期性
各类住房供应目标	总量目标	万套	30	—
	其中:实物公租房	万套	1	约束性
	公租房租赁补贴	万套	0.2	约束性
	保障性租赁住房	万套	1.5	预期性

续表

指标分类	指标内容	单位	供应目标	指标性质
各类住房供应目标	共有产权住房	万套	1.3	预期性
	人才住房	万套	4	预期性
	机构租赁住房	万套	1	预期性
	新建商品住房	万套	21	预期性
住宅用地保障目标	商品住房用地供应规模	公顷	721	预期性
	保障性住房用地供应规模	公顷	211	预期性
住房品质目标	城镇居民人均住房面积	m^2	32	预期性
	新开工住宅中全装修住宅比例	%	80	预期性
	新开工住宅绿色建筑面积占比	%	100	约束性
	新建住宅项目绿色建筑认证标识占比	%	70	指标性
	城镇老旧小区改造规模	个	282	约束性
	住宅小区专业化物业管理覆盖率	%	90	预期性

到 2035 年，住房供应体系更加完善，居住属性更加凸显，各类人群在珠海市均可实现住有宜居。住房供应结构趋于稳定，公共租赁住房、保障性租赁住房、共有产权住房、人才住房等占住房供应量的比重力争达到 60%。

三、住宅租赁市场的发展前景分析

根据非官方数据，我国的租赁市场占整个房地产市场比例大约为 6%，与一些发达国家相比较，占比是非常小的，在美国，住房租赁市场占比大约为 50%，日本更是达到 72%。由此可见，我国住房租赁市场的前景还是很广阔的。

根据我国国情，对于一、二线发达城市来说，应该跟发达国家租赁住房的经营模式接轨，大力发展市场主导型的经营模式，加快机构租赁行业的发展。在美国，机构租赁行业有着较高的市场占有率，约为 30%，日本为 80%，我国机构租赁行业市场占有率只有 2%。我国大部分城市的住房租赁市场处于初级阶段，未来有着巨大的成长空间。

对于三、四线城市来说，租赁住房的经营模式应该以政府主导型为主，如珠海市，大力发展公租房、廉租房等，建立稳定的住房供应结构。

参考文献：

[1] 严荣. 推进上海住宅租赁市场发展研究 [J]. 科学发展，2018（3）：92-102.

[2] 王凌云. 对我国城镇住房保障体系的思考 [J]. 上海房地，2022（3）：2-4.

[3] 胡媛. 我国保障性住房发展存在的问题及思考 [J]. 产业经济，2019（9）：113-114.

[4] 陈阳. 我国保障性住房的发展现状、趋势与对策 [J]. 财经问题研究, 2014 (11): 42-46.

[5] 杨亚婷, 钟莲, 薛娅男, 等. 新政策下住房租赁市场发展模式研究 [J]. 现代物业, 2018 (3): 225.

[6] 金朗, 赵子健. 我国住房租赁市场的问题与发展对策 [J]. 探讨与研究, 2018 (3): 80-85.

作者联系方式

姓　　名：李晓东　杨运超　麦丽娴

单　　位：广东公评房地产与土地估价有限公司

地　　址：广东省珠海市吉大九洲大道中 2089 号珠海温莎大厦第 17 层整层八个单元

邮　　箱：gongping3230788@126.com

注册号：杨运超（2010410006），麦丽娴（2007440048）

住房租赁不同模式分类、利弊分析、发展趋势及前景分析

徐浙峰

摘　要：国务院办公厅于2016年发文提出，实行购租并举，加快培育和发展住房租赁市场，支持住房租赁消费，促进住房租赁市场健康发展，推动实现城镇居民住有所居的目标。由此，各地方政府相继出台了多项政策，推动住房租赁市场发展。住房租赁市场通过政府保障、私房出租及专业租赁机构包租托管等多种渠道向市民提供多种住房租赁选择，相关政府监管、金融支持及税收优惠等配套实施，为住房租赁市场提供保障。在此，就住房租赁不同模式分类、利弊及发展前景进行分析。

关键词：租购并举；保障性租赁住房；私房出租；专业化租赁机构

一、当前住房租赁市场模式分类

目前住房租赁市场主要有以下几种模式：

（一）政府为供应主体的公租房、保障性租赁住房等公有租赁住房

公租房面向中等偏下收入人群，收入、财产低于规定标准，及满足一定条件的外来务工人员。

保障性租赁住房是政府为中低收入住房困难家庭所提供的限定标准、限定租金的住房，一般由廉租房、政策性租赁住房、定向安置过渡房等构成。

保障性租赁住房重点是在人口净流入的大城市，政府给政策，引导"多主体投资、多渠道供给"。

2016年到2021年，中央多次提出要大力发展租赁市场；2021年3月发布的"十四五"规划中指出，"加快培育和发展住房租赁市场，有效盘活存量住房资源，有力有序扩大城市租赁住房供给"。

支持人口净流入大城市中符合条件的保障性租赁住房建设，推动解决符合条件的无房新市民、青年人等群体的住房困难问题，优先满足从事基本公共服务群体租赁住房需求，促进有能力在城镇稳定就业生活的常住人口有序实现市民化。

2021年,全国40个城市新筹集保障性租赁住房94.2万套(间),预计可以解决近300万新市民、青年人的住房困难。2022年将大力增加保障性租赁住房供给,预计全年能够建设筹集保障性租赁住房240万套(间)。

(二)个人为主体的城市个人私房、农村个人私房等市场化租赁住房

私房出租一直都是住宅租赁用房的供应主体,包括城市私房租赁住房及农村私房租赁住房。近年来,随着房地产投资热潮的推动,投资住宅保值增值成为居民投资的首选,而投资的住宅也成为住房租赁市场的供应主体。农村,特别是发达地区城市周边农村,因外来务工人员的增加,住房需求较大,农村私房出租租金成为农民的一大收入来源。

(三)专业性住房租赁机构提供的市场化租赁住房,包括集中式公寓及厂房、写字楼等改建的住宅

房屋租赁供给市场中,专业化的房屋租赁公司一直都是住宅出租领域中最重要的主体。近年来,随着"租购并举"政策的大力推进和落实,特别是政府鼓励商业用房、厂房改建成单身公寓出租,专业化房屋租赁公司发展迅速,成为住房租赁市场房源的重要补充。

未来十年将是住房租赁市场快速发展阶段。我国房屋租赁市场的长短租公寓及房屋托管运营市场商机巨大,对于专业化住房租赁机构发展又是一大利好。

轻资产托管对资金的要求不高,但对运营的专业化程度要求却非常高,不仅需要专业的系统支撑,还需要有足够多的经验总结形成运营标准,这也是和传统房屋中介公司的本质区别。

(四)单位租赁房(人才公寓、单位员工宿舍、农民工公寓)等半市场化租赁住房

单位租赁房是企业、产业园区开发等利用自用土地建设或者以旧建筑改建,提供给本单位职工短期租住的职工宿舍,包括农村集体经济组织利用农村集体建设用地建设,主要定向提供给产业园区、产业集聚区内员工租住的市场化租赁宿舍。

开发区、高科技园区等劳动密集型企业集聚区,外来务工人员较多,为吸引企业落地投资,方便企业招聘员工,配套建设的人才公寓、职工宿舍和来外来务工人员宿舍等单位租赁房,有利于完善房地产市场供应结构,有效缓解部分市场租赁需求;也有利于引进、留住各类人才和务工人员,帮助他们解决阶段性的居住问题。

二、各类住房租赁模式利弊分析

（一）公租房、廉租房、保障性租赁住房，租金价格相对便宜，但是面向特定人群，覆盖面窄

公租房面向本市中等偏下收入人群，收入、财产低于规定标准，外来务工人员则要求在本地稳定就业达到一定年限；保障性租赁住房面向新市民、青年人等在本市无住房群体，对收入水平、就业年限限制较少，覆盖对象较公租房更广。

（二）个人私有住宅出租

城市私人住宅出租及农村私房出租市场容量巨大，但缺乏有效管理，特别是农村私房，流动人口的增加，带来私房出租的繁荣，也随之带来一系列安全隐患。而且流动人口因工作不固定，收入不稳定，对于租赁合同的履行也会有一定问题，合同违约率较高。

私房出租，对于流动人口的管理造成一定困难，出租房屋登记及流动人口的登记意识淡薄。

（三）专业性住房租赁机构提供的市场化租赁住房

由专业化租赁机构运营的出租房屋，管理相对规范，特别是集中式公寓，可以做到对流动人口的有效登记，并且有相关物业、保安、保洁等服务配套，生活便利。缺点是管理成本的上升，使得租金较其他几类住房租赁模式有所增加。

（四）单位租赁房等半市场化租赁住房

单位租赁房源基本处于远离市区的工业区、开发区等地区，没有社区商业配套，生活设施不完善，因本单位或本企业生产需要而配套建设，仅能保证基本生活需要。

三、住房租赁市场发展历程

（一）租赁市场的发展起步阶段，从建国到改革开放前（1949—1977年）

该阶段实行的是计划经济，基本上不存在租赁市场，福利化分房、公房出租是主要表现形式。租赁政策也体现在对公房进行社会主义改造的层面上。

（二）从改革开放到98年房改之前（1978—1997年）

该阶段是计划经济向市场经济过渡的阶段，住房领域亦如此，住房商品化开始尝试性改革，仍以计划性的福利分房为主，租赁市场扮演了比重很小的角色，租赁政策的影响力度也相对小。

新中国成立以来,由于住房分配制度、人口流动性低、经济发展水平有限等因素影响,早期我国住房租赁市场发展缓慢,城市居民以租赁公房为主。1998年房改以后,我国住房租赁市场逐步发展,同时随着经济的蓬勃发展,地区之间发展不平衡,产生了大量流动人口,促使租赁住房需求开始增加。

(三)住房需求快速增长阶段(2010—2014年)

该阶段正处于房价过快上涨、"房住不炒"思路形成的阶段。一方面继续大力发展廉租房和公租房等保障性住房;另一方面逐渐重视租赁市场,支持性政策也越来越多,"因城施策、一城一策",各地相应制定了多项住房租赁扶持政策及住房消费政策。

(四)快速发展阶段,明确建立"租购并举"的住房制度

2015—2019年,随着我国城镇化进程的不断推进,流动人口规模的持续扩大,我国住房租赁市场快速发展。2015年以来,我国城镇化率平均每年提高超1个百分点,2019年城镇化率达到62.7%。与此同时,全国流动人口规模超过2.5亿人,高校毕业生规模屡创新高,大量新增人口涌入各大重点城市,城市住房租赁需求呈现快速增长的趋势。与此同时,持续上涨的房价让购买住房的门槛不断提高,越来越多的城镇居民只能通过租赁住房解决居住需求。这一阶段,住房租赁市场开始受到国家重视,相关政策加快出台,"租购并举"的住房制度逐步确立。

2015年底,中央经济工作会议首次提及发展住房租赁市场,并强调将"租购并举"确立为我国住房制度改革的主要方向。政策端推进住房租赁市场发展的步伐明显加快。2016年6月,国务院出台《关于加快培育和发展住房租赁市场的若干意见》,提出"以建立购租并举的住房制度为主要方向,健全以市场配置为主、政府提供基本保障的住房租赁体系"。2017年10月,党的十九大报告进一步明确了重点培育住房租赁市场、让住房回归"居住属性"的政策导向,提出"加快建立多主体供给、多渠道保障、租购并举的住房制度,让全体人民住有所居"。

2017年8月,国土资源部、住房和城乡建设部先后分两批在北京、上海、沈阳、南京、杭州、合肥、福州、青岛等18个城市开展试点,积极探索利用集体建设用地建设租赁住房。2019年7月,财政部、住房和城乡建设部先后分两批在北京、上海、广州、深圳、重庆、成都等24个重点城市进行试点,由中央财政提供资金支持上述城市在住房租赁市场发展方面先行先试。

(五)快速发展阶段

迈入2020年,我国住房租赁市场进一步发展,同时市场结构性问题也逐渐显现。2021年我国城镇化率为64.7%,流动人口规模达3.85亿人,创历史新高,带动城市住房租赁需求快速增长。与此同时,大城市新市民、青年人普遍面临"租房难、租房贵"等问题,小户型、低租金房源供给相对不足,租赁市场供求结构性矛盾逐渐凸显。

2020年12月，中央经济工作会议将"解决好大城市住房突出问题"确定为2021年经济工作的重点任务之一，并首次提出"要高度重视保障性租赁住房建设"。2021年7月，国务院办公厅印发《关于加快发展保障性租赁住房的意见》，首次在国家层面明确了我国住房保障体系的顶层设计，强调加快建设保障性租赁住房，重点解决城市新市民、青年人住房难题，并在土地、金融、财税等多个领域给予强力政策支持。

此后，全国48个省市密集出台《关于加快发展保障性租赁住房的意见》（或征求意见稿），同时根据住房和城乡建设部公布数据，40个重点城市"十四五"期间计划新增保障性租赁住房650万套（间），其中，2021年已完成94.2万套（间）。1月20日，全国住房和城乡建设工作会议指出，"大力增加保障性租赁住房供给，以人口净流入的大城市为重点，全年建设筹集保障性租赁住房240万套（间）"，保障性租赁住房建设进一步提速。

同时，支持房地产开发企业在新建商品房项目中长期持有部分房源或者将已持有的存量房源用于租赁；鼓励工业区、园区对于员工生活配套宿舍等建设；允许企业将闲置商业、办公、工业公房改建为租赁住房或职工宿舍；扶持专业化住房租赁企业，加大税收支持力度，加大金融政策支持力度。

多项政策密集出台，对于增加租赁住房供应量，缓解住房需求，稳定住房租赁价格，特别是一定程度上缓解大中城市年轻人对房价上升带来的焦虑感，增强国民幸福感，起到了积极作用。住房租赁市场也由此迎来了发展契机。

四、住房租赁市场前景分析

（一）随着国家政策支持力度逐渐加大，流动人口租赁需求持续支撑，住房租赁市场将迎来蓬勃发展期

重点城市群、核心城市的人口吸引力更强，这些城市的住房租赁市场拥有更广阔的发展前景；近年来我国人口流动性明显增强，人口加速向京津冀、长三角、珠三角、成渝等重点城市群聚集。庞大的流动人口规模和快速增长的市内人户分离规模，都极大催生了住房租赁需求，尤其是在重点城市群、核心城市，住房租赁需求将更加旺盛。

（二）随着家庭户规模逐渐小型化，小户型住房需求将有所增加

历次人口普查数据显示，我国家庭户规模呈现明显小型化趋势。多数重点城市家庭户规模低于全国平均水平。

我国的家庭结构小型化与人口流动增强、初婚年龄推迟、离婚率上升等密切相关，家庭结构小型化是伴随经济发展所产生的一个社会现象，美国、日本等发达国家家庭户规模也相对较小。家庭结构小型化，对于住房市场的结构将产生一定影响，中小户型住房需求将有所增加。

随着住房租赁市场的快速发展，租赁住房运营企业、房地产开发企业、装饰装修企业、金融机构等产业链相关企业都可能寻得发展机遇，保障性租赁住房、长租公寓等住房租赁细分领域也将成为企业增量发展和转型发展的探索方向。随着政策的支持及技术发展，未来十年，将迎来住房租赁的黄金时期。

作者联系方式

姓　　名：徐浙峰

单　　位：宁波市南天房地产经纪有限公司

地　　址：浙江省宁波市海曙区冷静街 8 号，银亿时代广场 5-15

邮　　箱：50764151@qq.com

注册号：83320170310

大型城市以市场主导的品牌机构化住房租赁体系的构建

——以上海为例

唐旭君　杨怡然

摘　要：2020年年末中央经济工作会议提出今年要抓好的八项工作任务中第七项是"解决好大城市住房突出问题"，其中大部分内容是围绕如何搞好"租购并举"中的租，从完善长租房政策、推进租购同权、增加供给渠道、降低租赁税费、整顿市场秩序、调控租金水平等方面共同推进。课题组认为未来五至十年是中国住房租赁体系发展的关键时期，大型城市的租赁市场从完全市场竞争到规范化市场竞争，最终发展为以品牌机构为特点的垄断市场竞争局面，将形成具有一定特征的住房租赁体系——市场主导的品牌机构化住房租赁体系。论文以上海为例，给出这一体系的构建思路与发展路径。

关键词：大型城市；品牌机构化；住房租赁体系

住房制度改革以来，自发的个人租赁成为上海租赁市场的主要形式。十几年前上海房管局在全国率先提出住房租赁市场需要机构化，2010年后机构租赁开始蓬勃发展，近年来上海践行党中央"租购并举"要求，大力发展租赁市场，实施多重新举措，但目前看来并非一帆风顺。在此过程中，政策对市场的健康发展至关重要。

一、上海住房租赁市场机构化率不低，但机构化质量较低

住房租赁市场的信息不足与纳管不够问题给这一领域研究造成了阻碍，使得对上海住房租赁市场机构化发展情况的认识与评价不足。课题组在研究中对上海租赁市场机构化现状有了新认识：

其一，住房租赁市场的机构化率比之前预期更高。上海住房租赁市场发展走在全国前列，2018年7月链家研究院报告指出，上海住房租赁市场的机构化率虽高于全国水平，但仅为7.6%。课题基于徐汇区2018年年末委托专业机构的摸排数据和对上海市房地产经纪行业协会及相关主管部门的调研得出：经过近年来政府大力支持下的快速发展，目前上海品牌机构化率约为17%，机构化率约25%，与英、美等住房租

赁市场成熟国家30%的机构化率开始接近，机构化率偏低现象已经缓解。

其二，机构化质量不高，品牌机构化率较低。集中式公寓中，存在大量单独营运的公寓项目，无法为租客提供快速维修、周全配套、便利换房等增值服务。徐汇区数据显示73%的集中式公寓房源由非品牌机构经营，在集中式公寓领域的品牌机构占有率不到三分之一。分散式公寓中，六成以上散租房源由机构或个人二房东代理（准机构），其中品牌机构代理房源仅21%，二房东出租房源数占比最高为42%。未经工商注册的个人二房东成为租赁市场供给的最重要力量，但其管理和违规问题突出，近期出现诈骗卷款潜逃案例。

因此，目前上海住房租赁市场机构化发展的主要问题不是机构化率不高，而是机构化质量不高，品牌机构化率较低。究其原因主要在于各类租赁企业利润率低、行业发展前景不明，并在经济与疫情双重影响下遭遇瓶颈。

二、两方面制约上海住房租赁市场机构化品质提升

一方面，行业发展前景不明，机构化发展各渠道推进不畅。一是国企主导的租赁住房新建项目推进比预期困难。上海租赁用地供应总量居全国之首，但这些项目均未能在"十三五"期间上市交易，位于嘉定新城的上海首块租赁用地项目，预计在2021年年中上市，开发期长达4年。主要因为集中新建租赁住房渠道在短期高供给压力下，供需匹配问题难以兼顾，部分项目位置偏远，开发商不愿投入。更关键的是，部分土地性质未予明确，同时租赁用地项目不允许转让，作为经营性土地的未来前景不明。二是非居改建租赁住房在资本推动下快速发展后面临洗牌。这类企业破产、门店关闭的现象较为严重。主要因为这类项目的改造及经营能力要求高，但附加价值不够；同时由于转型导致项目性质不明，激励政策落地困难，支持力度有限。三是企业代理经租房的灰色地带在需求推动下野蛮生长。一方面由于这一渠道的住房租赁机构发展过快，但行业尚处于幼年期，管理规范有待完善，发展中的不规范现象被频频曝光；另一方面作为自然人的二房东与租赁企业在税收待遇等方面的不公平竞争，使个人二房东成为市场主力并扰乱市场，难以取得社会的理解和支持。

另一方面，盈利模式选择不当，机构化龙头企业遭遇挑战。机构租赁可采用轻（管理）、中（包租）、重（持有）三种盈利模式。对上海住房租赁机构盈利模式进行比较发现：第一，在上海租金房价比很低的背景下，租赁企业的利润空间较小；第二，各模式在资金投入、盈利渠道、盈利预期和投资风险方面均有明显差异。轻资产模式的盈利渠道单一，后两种模式的盈利渠道较为丰富，但高度依赖租赁市场中租金或房产价值的变化。从理论和实践看，重资产项目租赁企业对租金及房价波动的敏感性小于中资产模式租赁企业，中资产模式的抗风险能力最弱，投资风险最大，形成了我们看到的过去十年成为主流的中资产模式企业（青客、蛋壳、湾流等）的困境。

三、市场主导的品牌机构化住房租赁体系的发展路径

在住房租赁发展渠道上,从以"集中新建"为主转向以"非居改建"及"代理经租"为主。(1)基于目前上海住房租赁市场已基本趋于总体供求平衡的判断,不建议再继续大量出让国有土地新建租赁住房;(2)上海经济发展中,经营不善的工、商业建筑大量存在,为存量房时代的房屋用途调整为租赁住房提供了大量空间。"非居改建"有利于上海房屋土地资源的有效利用,应是发展重点;(3)租赁市场结构性矛盾仍然突出,2019年上海合租房日均需求占租房总需求之比超过40%,可见租赁市场供给明显无法满足以单身为主的租赁住房消费人群的需要,能够把"大房化小"的代理经租仍是市场所需。虽然这类企业风险较大,但日本第二大住房租赁公司Leopalace21在2008年金融危机中经历两年巨额亏损转型后仍健康发展,故需给予这类企业发展完善的时间。

在租赁企业盈利模式上,从中资产盈利模式的自发发展,转向引导重、轻资产盈利模式的规范发展。(1)促进已出让国有租赁土地新建项目的优化发展,允许市场化的品牌开发企业与国企股份合作,兼顾国有资产保值增值及开发效率提升;(2)引导"非居改建"从过去的中资产模式向重资产模式转变,鼓励租赁企业以股权合作方式持有一定比例房屋产权,降低投资风险;(3)引导"代理经租"从过去的中资产模式向轻资产模式转变,采用轻中结合模式兼顾盈利能力并降低经营风险。轻资产模式下房东与房客直接签约及打款,"代理经租"机构采用轻资产托管模式提供改造装修、中介、保洁、维修和换房等一揽子服务,收取专业服务费,同时降低社会风险,避免"蛋壳"事件再度发生。

四、市场主导的品牌机构化住房租赁体系的相关建议

其一,明确租赁住房用地性质,重视租赁住房用地的价值实现机制。土地制度是住房租赁行业发展的基础,为此建议:(1)认定商品住房用地中自持部分(配建用地)的租赁住房用地(Rr4)性质;(2)在谨慎和前瞻性原则下,适当改变部分"非改居"项目的土地性质;(3)开放租赁住房用地项目的整体流转,保障经营性土地的价值实现机制。

其二,加速租赁法规建立,加强行业监管力度。建议:(1)制定有针对性的"租赁住房建造及装修标准":短期至少明确租赁住房的设计建造可参考公共租赁住房标准;同时加快制定针对以单间为主租赁住房的专用建造设计标准;(2)建立规范化、公平化的"住房租赁主体管理规范":建议上海应该修订相关法规,要求一定规模的个人二房东进行工商注册;(3)牵头与贝壳找房等市场一线平台形成多平台合作,加快建立"租赁企业信誉体系",建立企业出现问题时的市场预警机制。

其三，丰富思路，提高财政支持资金的利用效率。建议利用中央财政支持资金在住房租赁领域发挥金融化杠杆作用，在租赁市场形成更大的积极效应：（1）组建"长租公寓发展基金"，进行以引导和维稳为主，并兼顾经济效益的公寓企业股权投资；（2）引导建立"租赁行业保险基金"，以快速应对在个别企业出现问题时对租客预付租金的赔付等社会安定问题，保护租客利益，并推动行业健康发展。

其四，张弛有度，发展租赁住房金融支持体系。建议：（1）鼓励通过商业房地产抵押贷款支持证券（CMBS）或房地产投资信托基金（REITs）等形式的资产证券化产品，支持重资产租赁企业的资产流转；（2）"租金贷"作为支持租房者消费和帮助代理经租等轻资产企业融资的特殊方式有其合理性，建议保留，但需加强监管。不仅审核使用租金贷的企业资质，同时需要增加限制租金贷比率的要求（如不超过30%），降低出现问题时的社会风险。

参考文献：

[1] Dewilde, C. Explaining the declined affordability of housing for low-income private renters across Western Europe[J]. Urban Studies, 2017(55): 115-137.

[2] Ménard, S. The social housing and rental housing markets in an equilibrium rent search model[J]. Annals of Economics and Statistics, 2009: 183-199.

[3] Nuuter, T., Lill, I., & Tupenaite, L.Comparison of housing market sustainability in European countries based on multiple criteria assessments[J]. Land Use Policy, 2015(42): 642-651.

[4] Pomeroy S., Horn J., & Marquis-Bissonnette M. Literature review of international rental housing policies[R]. Research Report, Canada Mortgage and Housing Corporation. 2015.

[5] 吉野直行，马蒂亚斯.亚洲新兴经济体的住房挑战：政策选择与解决方案[M].北京：社会科学文献出版社，2017.

[6] 吉姆·凯梅尼.从公共住房到社会市场：租赁住房政策的比较研究[M].北京：中国建筑工业出版社，2010.

[7] 严荣.住房租赁体系：价值要素与"三元困境"[J].华东师范大学学报（哲学社会科学版），2020(3): 160-168.

作者联系方式

姓　　名：唐旭君　杨怡然

单　　位：上海对外经贸大学

地　　址：上海市松江区文翔路1900号 上海对外经贸大学

邮　　箱：tangxujun@126.com

住房租赁形象 IP 营销模式的新探索

董敏茵

摘　要：在集中式长租公寓市场竞争激烈、产品同质化严重的当下，每个品牌都在寻找突围竞品、提高出租率的方法，近年逐渐出现品牌长租公寓推出形象 IP 代言。本文将以广州创寓为例，探讨住房租赁行业中形象 IP 营销模式出现的合理性、可行性及对营销推广的促进作用。

关键词：住房租赁形象；IP 营销模式；品牌传播；住房租赁营销

一、住房租赁中形象 IP 营销模式的合理性

（一）住房租赁行业的特点与营销难度

特点一：住房租赁行业的消费模式是持续性大额消费，与快消品消费的营销模式有很大区别。租房的痛点在于区位、价格以及物业硬件，租客在某个门店的初次消费极少有类似快销模式的冲动消费，软服务、附加价值等难以成为消费的决定性因素。

特点二：住房租赁行业利润低、出房营销成本高，少有出现高成本投入的内容运营。

目前住房租赁的主要营销渠道是 58、贝壳这两个平台，不付费无流量。除了几家头部企业如万科泊寓、龙湖冠寓等，品牌落地已完成，拥有庞大的私域流量，其他中小企业对于平台的依赖度极高。日益高昂的平台费用占营销开支的绝大部分，因而少有企业有足够的预算进行内容运营。

特点三：同质化严重。受底租、利润的制约，成本压缩之下，同等租金水平的门店之间，物业及家具等硬件条件趋同。加上以上两个特点所述，住房租赁行业少有出现特色化营销，从而进一步导致整体市场同质化加剧。

（二）形象 IP 营销特点与住房租赁营销的契合度

IP 本义是知识产权，随着网络极速发展 IP 营销得到重新定义，凡是自带流量能引起观众情感认同的一切产品、品牌与个人都可称为 IP。

形象 IP 是 IP 的形式分支，可以分为三种：一是角色形象 IP，多来自动漫角色；

二是形象 IP，源自品牌最初的"吉祥物"或"品牌形象"；三是网络广泛使用的为人熟知的形象。

形象 IP 营销的 IP 本质是快消品的粉丝经济变现，而住房租赁行业非快消品销售盈利，但两者特点明显，具有颇高的契合度：

特点一：住房租赁行业场景化，丰富的体验感便于形象 IP 内容运营，容易与客户产生共鸣。不同于一般快消品，住房租赁销售内容是物业硬件及服务，为宣推内容提供场景，形象 IP 的建立与运营得到丰富的内容支持，利于运营方提高形象 IP 的故事性，更容易引起客户共鸣。

特点二：形象 IP 个性化，辨识度高，助力企业在同质化市场中推广。成功的形象 IP 必定具有个性化、辨识度高的外形。在租赁企业高度同质化的市场中，一个特色形象 IP 可以帮助企业提高推广效率，加速企业品牌落地、脱颖而出。

特点三：成本可控，适用性广。形象 IP 开发完成后，基本无需再次高成本投入。IP 运营无需专业美工，交由门店管家做简单的二次创作即可灵活应用于各种内容运营，成本相对可控。线上媒体平台、线下实物周边等均可广泛应用。

在上述几点基础上，租赁市场产生了形象 IP 代言／合作的现象，也具有合理性。

二、住房租赁中形象 IP 营销的应用——以广州创寓为例

广州创寓，属于合富辉煌（中国）旗下品牌长租公寓——合富创寓。目前广州首家门店坐落于天河区龙洞，地铁 6 号线植物园站，位于创意园区内。门店是规模达 400 套房的集中式长租公寓，共有 4 栋公寓楼及一栋两层小独栋的公区。

对企业运营而言，一个视觉效果不俗的 IP 不仅能提高品牌的辨识度，还能极大丰富品牌推广运营的内容。广州创寓在形象 IP 打造与应用上，有一定的创新性、代表性及参考意义。

（一）选择 IP 形象的原型需要有关联性

当代青年的寂寞，反映在膨胀的宠物经济之上。而猫咪的外形治愈、个性独立，促使其被视为网络时代下新生流行文化的代表之一。广州创寓在立项策划期，决定在公寓公区饲养一只宠物猫"芋头"，同时让芋头成为门店代言人。

芋头饲养在公区的大门橱窗处，既吸引住户到公区逗玩，提升公区人气，也让看房客户对门店产生更深印象，增加记忆点。

其后门店以宠物猫芋头为原型，打造出二次元的猫咪形象，更让其头像作为门店 LOGO 招牌，挂于公寓楼顶。

广州创寓形象 IP 的建立，选择原型是门店的一分子，外形可爱有特点，昭示性强，对于品牌辨识度起到了较大的提升作用。

(二)IP形象人设需要有故事性

出于后期内容运营的需要,IP形象应该有人物设定,与品牌门店相关,并且具有一定的故事性。

广州创寓的芋头,在人设上有非常明确的指向性,使内容运营可更好地"讲故事"。

1. 便于分享设计知识

芋头原本是一个建筑设计师,有了建筑设计的背景,在后续分享公寓设计、工程设备等相关知识的时候,就显得更有说服力。

2. 持续传达门店理念

芋头多年设计画图经验,却对使用者的需要一无所知,决定辞职转行。"从客户需求出发"是广州创寓创立的初衷,通过芋头的背景设定不断向客户传达"客户为上"的理念。

3. 推广更生动

芋头入职店长,负责形象代言及"公寓管理"等工作。店长的身份紧密依附公寓门店,在形象代言、发布通知、组织活动时更生动、更具有号召力。

(三)形象IP应用需要体系化

广州创寓通过线上线下的结合,从对外服务窗口到内容运营的管理,多维度构建形象IP的应用体系。从客户首次接触品牌开始,持续通过IP的形象输出品牌价值,在自媒体平台以IP形象为载体进行丰富的品牌展示。

1. 线上应用

互联网时代,线上交流占绝对主导地位,系统化设计IP线上物料,规范应用到每个社交账号,形成线上宣推的完整闭环。

(1)门店员工微信头像:统一包装门店对外服务的窗口,展现整体服务团队的活力与规范性。在对客过程中,从视觉上提升好感度,与客户沟通时起到一定的积极作用。

(2)微信表情包开发:对客过程中,高频地传递品牌形象及价值。但设计表情包时需要兼顾形象可爱及关联品牌,既不能完全脱离品牌迎合用户喜好,也不能无视用户强硬加入品牌元素。得益于所选取IP原型与品牌高度关联,广州创寓的表情包可以做到营销信息植入较少,提高了表情包的使用传播效率。

(3)微信公众号内容主题:自媒体(特别是微信公众号)的内容运营,应大量围绕公寓生活,挖掘客户与公寓的温情故事,传播发酵刺激客户主动传播。芋头作为"名誉店长",陪伴客户的每一天,是一个绝佳的故事载体。通过描写芋头与公寓、芋头与客户、芋头与店员的故事,极大地丰富了公众号的内容。另一方面,IP的可爱形象结合其故事性,很大程度上提高了文章的可读性。

2. 线下应用

结合住房租赁自身固有的场景化，通过线下实体互动，培养客户对形象 IP 及品牌的忠诚度，并提高黏性。

（1）门店 LOGO 招牌：广州创寓首创性地将形象 IP 作为门店招牌，在门店区域内辨识度极高。独特的 IP 形象 LOGO，使"猫头"变成广州创寓的代名词，给客户指路时即让客户留下深刻印象。

（2）门店 LOGO 工衣：店员工衣印上 LOGO 是品牌运营的基本操作，而广州创寓除了使用普通 T 恤工衣印上了猫头 LOGO 外，还特地开发了大型猫头 LOGO 的特色工衣，进一步提高了品牌的辨识度，增加了品牌门店的记忆点。

（3）活动海报张贴：租客活动的宣传海报打印张贴于各楼栋的大门、公告栏，除了增添活动气氛外，还起到刷新形象 IP 存在感的作用。

（4）周边产品开发：低成本投入制作少量 IP 周边，作为活动纪念礼品或参与活动的奖品，赠送给客户。美观而极具实用性的周边产品，也可以起到客户主动传播的作用。周边产品开发与微信表情包设计原则同理，硬广越少客户使用率及主动传播率则越高。同样得益于所选取 IP 原型与品牌高度关联，广州创寓的周边产品无需植入过多品牌硬广，成功吸引了客户自费购买。

三、结论

（一）形象 IP 营销模式在住房租赁营销中的可行性

由于各企业门店的硬件条件趋同，同时因利润低导致缺乏特色营销，整体市场同质化严重。而形象 IP 以其高度个性化、成本可控、适用性广的特质，可以为住房租赁企业带来有效的品牌推广。形象 IP 营销模式与住房租赁营销有较高的契合度，亦有一定可行性。

在内容运营层面，IP 形象亲切直观的表现方式，也让推广文章更软、更有可读性。

除本文中分析对象广州创寓外，几个头部企业亦有采用形象 IP 营销的模式，如万科泊寓自主开发了"小泊鹿"的长颈鹿 IP 形象，线上应用于大部分公众号文章的插画配图以及微信表情包，线下则衍生了环保袋、新春对联、利是封等周边产品。

形象 IP 营销符合时代潮流和客户偏好，但不排除后续 IP 形象成为红海，淡化特色个性。亦可考虑使用动物以外的形象，呈现与众不同的品牌气质。

（二）形象 IP 营销模式在住房租赁行业中的适用性

良好的形象 IP 运营，需要一定的人力成本。启动时选取 IP、形象创作设计也需要一定的设计成本。后期 IP 运营应用需要较多二次开发创作，人力资源紧张时可交由管家简单处理，但呈现效果质量可能会降低。因此 IP 运营应用更适合集团化或项目房数足够多的情况，总部专业内容运营，门店分摊运营成本，最高效地利用 IP 开发的成果。

参考文献：

[1] 徐微.动物形象 IP 在品牌建设中的设计和传播研究 [D].杭州：浙江工商大学，2020.

[2] 陈维超，薛晓莹.品牌借势二次元 IP 创意传播与营销研究 [J].重庆三峡学院学报，2019，35（6）：42-48.

作者联系方式

姓　　名：董敏茵

单　　位：广州合富创寓租赁服务有限公司

地　　址：广州市天河区迎龙路 163 号 05 湾区智谷 A7 栋

邮　　箱：meandong@qq.com

住房租赁新模式新业态探索

路程伟

摘　要：据行业相关研究，2017年我国住房租赁市场交易总量约1.2万亿元，租房人口1.94亿人，占全部人口的13.9%。预计到2025年，住房租赁市场规模将首次超过3万亿元，租赁人口增至2.52亿人。到2030年，住房租赁市场规模更将达到4.6万亿元，有接近3亿人通过租房实现"住有所居"。住房租赁市场潜力巨大，吸引了大量资本入驻，可谓名副其实的万亿级市场。2019年住房租赁企业创下注册量新高，达到37.5万家，同比增长33%，较10年前数据增长777%。受疫情影响，2020年上半年共新增房屋租赁相关企业17.2万家。相对于万亿级市场的庞大体量，传统住房租赁模式短板纷纷浮出水面，比如户型错搭、租期不确定和房源品质参差不齐等，这些弊端不能满足庞大、高品质的租房市场。因此，急需对住房租赁行业进行新模式的探索，从现状问题出发，找出传统住房租赁模式的漏洞，与新时代租户需求相结合，探索出新的租赁模式，让租房人"住有所居"，实现便捷、幸福的租房体验，实现"租有宜居"。

关键词：信用租房平台；住房直租；共享租房

一、传统租赁模式的短板显现

在现今住房租赁市场蓬勃发展的进程中，租客依托中介才能获得最新房源信息。在这种传统模式下，出、承租双方在富有经验的房屋中介的撮合下进行实地沟通，查看房源具体情况，但是，这种模式具有明显的短板。

第一，租金费用高。当今社会，在一二三线城市的工作者很多会选择租房居住。为了减轻住房压力，大多数人会选择租金便宜的房屋，尤其是刚毕业的大学生及步入社会不久的年轻人。在传统模式下，承租者除支付房租还须支付中介费用，大大地增加了租房的成本。

第二，时间耗费大。在传统租赁模式下，承租方需要实地查看房源，来确定房源的信息是否真实。出、承租双方均需耗费时间及精力，先进行实地看房，才能进行下一项进程。

第三，房源有限，租房形式单一。首先，在有限房源的情况下，需求的增加势必伴随租金的上涨；其次，可出租的房型多以标准户型为主，可供选择的房型种类单一，一居室、二居室为主力供应户型。

第四，房源信息存在差异性。一是房源质量问题。承租者实地看房情况与在中介处了解到的房源情况差异较大。二是租金情况差异性。在传统租赁模式中，中介起着重要作用，有时易受到不良中介的恶性欺骗，很难获得市场真实的市场出租价格。此外，房屋中介为了更快地撮合交易，很难为客户争取最优价格。这对于出、承租双方，都是无法避免的不利因素。

二、住房租赁新模式初探

根据行业调研显示，长期来看，租赁人群占比不断提升是大趋势，住房租赁市场会持续增长，发展租赁市场也成为稳定楼市的长效举措。在鼓励租房居住的同时，也应保障住房租赁的质量和住房租赁市场的稳定。

无论是职业选择还是住房形式的选择，新时代的年轻人越来越多地跳出传统的社会期待与束缚，更加注重自我感受、生活品质与人生乐趣，遵从自主性选择，充分享受当下的人生。在互联网租房的模式下虽然给租户带来了便捷的体验，但是也存在新的弊端，如甲醛房事件成为人们热议的话题，使租户更加注重房屋环境质量，蛋壳公寓事件使租户更加不信任第三方等。

因此在发展住房租赁过程中，应打造无中介化的模式，由政府建立住房租赁平台，结合征信系统约束业主及租房人的行为，促进住房租赁市场健康发展。在这种情况下，建立信用租房平台、建立房主直租平台、长租公寓、共享租房等几种颇有代表性的新兴住房租赁模式应运而生。

（一）区块链技术模式

区块链技术提供了全球性分布式去中心化共享账本，具有数据不可篡改、去中心化的技术特征，其本质是构建一种全新的信息模式，实现熟人信任、第三方中介信任到无中介陌生信任模式的跨越。通过去中介信任机制、去中心化机制、智能合约，区块链技术可以有效解决当前基于传统信任模式引发的房屋租赁痛点。

（二）信用租房平台模式

在信用租房领域，2017年支付宝推出信用租房，对于芝麻信用评分达到650分以上的租户可以免去租房押金，从而完全改变了传统"押一付三"的住房租赁模式。信用租房模式须首先建立起出、承租双方的信用档案、房源信息和租赁需求。出、承租双方在取得信用等级评分认定之后，可在信用平台更新个人信息，让平台上的其他用户更便捷地获取真实房源信息及租赁需求。

此外，在双方签订完成租房合同后，出、承租双方的履约情况都会被记录在个人信用档案中，也包括在租赁期间的履约情况：是否爱护房源、有无按时交租、诚实守信等行为有利于承租方信用的积累；提前清退租户、发布虚假房源信息等行为则会降低出租方的信用评分。并且在租赁的全过程中，出、承租双方也可以进行信用互评，不合规的行为将会被记入信用档案，起到相互约束的作用。

建立信用租房平台可实现免除押金，减轻了承租者的负担，也降低了出租方恶意扣押押金的行为。信用等级评分的引入，还有助于规避虚假房源信息的问题，所有的房源统一纳入租房信用平台进行管理。对出租方来说，可以找到更优质的客户；对承租方来说，可以快速找到信用高的房东和理想房源，互惠互利。

（三）住房直租平台模式

住房直租平台去除了传统中介，出、承租双方可以通过平台直接联系，节省了中介费用。住房直租平台负责提供真实的房源信息、匹配租户需求，完成线上全程服务。此外，住房直租平台也能够将多处房源进行整合，扩大租户的选择范围，促进房东选择合适的租户。

在直租平台上，租户首先在线上完成初步的线上选房（线下看房也可在直租平台上提前预约）、合约签订、在线支付房租等流程（也可按月支付房租，其中平台指定房源的水电燃网费等各项费用采用全平台公开，签约后不会随意更改），并享受租后保障服务。当租赁双方均满意后，可在平台上电子签约、在线支付，完成交易的全过程。

（四）长租公寓模式

"长租公寓"，又名"白领公寓"，受众人群较为单一。但随着经济的高速发展，长租公寓主要面向白领、创业者及中高消费层群体。因其具有配套的管理服务及相应的娱乐和休闲空间，符合受众群体对生活品质的追求。

总体来看，长租公寓以短住酒店的品牌、标准化、统一管理为服务理念，为租户提供高端优质的服务。另外，长租公寓没有中介费用，且多采用"押一付一"的模式，减少了租户的资金压力。长租公寓多以精装修的一居室为主要房源，为租户提供了舒适型入住标准，目前既有高端服务式长租公寓，也有面向中低端租户的公寓，可满足更多的租户需求。

（五）共享租房模式

共享租房，是指房东将自己的住所或空余房间挂在共享租房平台上，出租给他人居住。伴随共享经济的发展，有越来越多的人加入其中。共享租房可提供从一天到几个月的租赁服务，租期灵活，能满足更加多样化的住宿需求。在当下的住房租赁市场中，共享租房有着丰富的使用场景。

例如，居住于北京西城学区房的住户有想要更换更大住宅面积的需求，而居住于城郊却在西城上学的学生家长想找一处距离学校更近的住宅。城郊的住宅面积大租金便宜，学区房面积小租金昂贵，双方可采用共享租房模式，来达到双方不同的住房需求。

中国人民大学法学院教授刘俊海认为，共享租赁有助于推动房屋市场租赁资源的合理流动和优化配置，但目前这个行业尚未成熟，还需要加强平台自律和完善市场机制。实现长远发展，安全是第一位的。北京房地产中介行业协会朝阳服务中心主任张杨杨建议，尽快明确共享短租的行业归属，确定其行业属性，界定可用于短租的房源类型，制定经营行为规范、消防标准、卫生标准、装饰装修标准等。共享租房因为极大地方便了人们的生活，故具有广阔的发展前景。

综上所述，传统住房租赁模式的不足之处确实很明显，但也给出了各自的解决方案。信用租房平台采用"信用+租房"的形式，依赖信用平台，解决了"押一付三"和虚假房源信息的问题；住房直租平台凭借"互联网+租房"模式，由线上互联网平台取代线下传统中介，出、承租双方可以直接沟通，既能够提供海量房源又大大节省了租户的时间成本和资金成本；长租公寓模式房源的提供方式有了创新，建立统一管理的公寓式住宅及完善的配套服务，满足租户的全部生活休闲需求；共享租房模式租期灵活是其优势之一，伴随着短租需求的日益增长，共享租房未来将会更受欢迎。

上述各种租房新模式均选择了"去中介化"的运作模式，力图在降低住房租赁成本的同时，提供更快捷高效的租赁体验，这也将是住房租赁市场未来的发展方向。

三、新模式存在新"弊端"

在新型租赁模式下也催生出了新的租房弊端。比如，区块链技术仍处于发展初期，在房屋租赁领域应用时间尚短，面临着平台安全和应用安全的挑战，需要从技术安全、数据安全、应用安全保障等方面探索建立与区块链技术相适应的相关法律制度。

在信用租房平台模式中，实际运营过程中未能全部满足租户的需求。其原因有：房源有限，租金相对偏高；房东参与意愿较低，对租户的信用评价不全面，且对其制约作用有限；存在"被贷款"问题。住房直租平台的房源信息中仍会掺杂进来许多虚假房源信息和中介发布的信息；房东参与意愿较低。长租公寓的质量问题，甲醛房事件在舆论的风口上，室内污染严重，对租户的身体健康造成严重危害；存在"被贷款"的问题。共享租房的房源存在很多瑕疵，房间照片变"照骗"，房屋出、承租双方在维护房屋状态、及时响应用户咨询等方面的服务有待提升。

四、规范发展进行中

新的租赁模式要想突破传统租赁模式的禁锢，仍需进行深入的探索。

第一，推进建设规范且具有强制力的征信系统。在任何一种新型租赁模式中，现有的第三方信用系统都没有法律保障来限制租户行为,应全面建设规范有效的征信系统。此步骤需要政府及公安相关部门配合建立。

第二,加强行业规范管理,促进行业良性发展。新型租赁模式无疑值得肯定,但是规范全行业发展才能发挥其优势。一方面,政府相关部门要制定更严格的监管规定,首先应做到投入市场的房源是真实的、安全的。违规必罚,奖惩分明,全国范围内公布奖惩公示,杜绝"黑心房""黑中介"。另一方面,住房租赁服务方从企业自身长远发展角度出发,踏实做事,不断优化服务、良性竞争,才能做到好口碑,进而推动住房租赁市场的健康、长远发展。

在"十四五"新时期的规划中,完善住房市场体系和住房保障体系已被列入重点任务。我国的城市发展也步入了新时期,房源不再稀缺,但结构性问题依旧存在,质量优的房子、完善的运营、优质细微的服务等重点问题需要政府带领国有企事业等相关单位去创新推进。住房问题不容小觑,持续发展才能成就未来。

作者联系方式

姓　　名:路程伟

单　　位:北京盛华翔伦房地产土地评估有限责任公司

地　　址:北京市朝阳区东三环南路 58 号 2 号楼 701

邮　　箱:shxllwkt@163.com

(二)专业服务助力

租赁新经纪　助力住房租赁发展

李文杰

摘　要：目前，分散式租赁是租赁房源供给的主流形式，我国租赁房源中分散式个人、散租房源占比为90%。分散式租赁导致租客满意度较低，租客对于租赁权益、服务和租金等方面最不满意。我国住房租赁市场的主要痛点有：一是可支付租赁房源（租金在家庭可支配收入的30%以下）不足；二是租客权益得不到保障，租住安全、租后维修和克扣押金等问题严重；三是传统中介服务不规范，租客不满意。传统中介可以通过提高自身能力建设提供高品质租赁服务，包括提供专业化托管服务，强化服务保障，通过数字化技术提升服务效能，完善租后服务。

关键词：分散式租赁；租赁房源；租客权益；中介服务

传统房地产中介参与住房租赁市场的方式主要有两种：一是作为中介，通过房地产经纪服务帮助客户租房、出租；二是由传统的中介演化发展的机构化租赁企业，一般称之为二房东。如果发展机构化租赁，那么传统房地产中介究竟能发挥什么价值？

一、分散式租赁是租赁房源供给的主流方式

分散式租赁是租赁房源供给的主流形式，我国租赁房源中分散式个人、散租房源占比约为90%；集中式、机构化房源约占10%。一是租赁住宅以分散式商品住宅为主，租赁房源分散城市各商品住宅社区之中，房源的装修情况、维护情况、物业情况等都是非标准化的。二是新增集中式租赁比例不高，存在租售比较低、成本较高、回报低、融资难、退出机制不畅等问题，机构参与积极性始终不高。三是租赁住宅的产权人非常分散，导致我国租赁住房委托管理比例远低于日本、英国等住房租赁市场发展较为成熟的国家。根据租赁住房管理形式国际对比（图1），我国有90%的租赁住房是业主自己管理，占比较高，而在日本这一占比仅为9.3%。

二、分散租赁客户满意度低

根据清华大学建筑学院与贝壳研究院的联合调查（图2），租客对租住生活的满

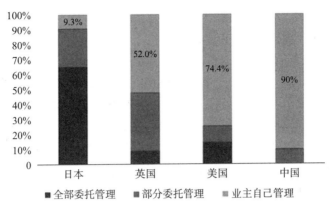

来源：贝壳研究院

图 1　租赁住房出租管理形式的国际对比

意度低于自住，个人房东的满意度低于机构房东。租客对于租赁权益、服务和租金等方面最不满意，而且在这些方面，一线城市的满意度低于其他城市（图3）。

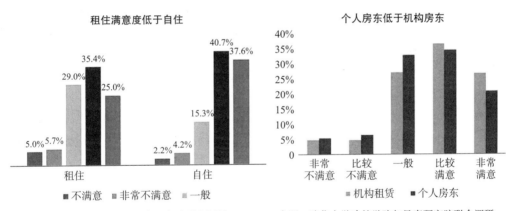

来源：清华大学建筑学院与贝壳研究院联合调研　　　　　　来源：清华大学建筑学院与贝壳研究院联合调研

图 2　租客满意度调查结果

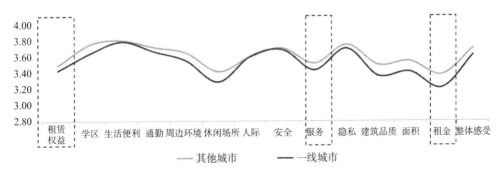

来源：清华大学建筑学院与贝壳研究院联合调研

图 3　不同城市租客满意度情况

三、住房租赁市场的主要痛点

一是可支付租赁产品不足,主要表现在:①低收入家庭租金负担重,年收入十万以下家庭中近三成租金收入比超过 30%,收入越低的家庭租金占比越高(图4)。②重点城市可支付租赁房源占比低。一线城市可支付租赁房源(以租金占家庭可支配收入的 30% 为线)占存量房比例较低,北京可支付整租租金占比仅为 15%。二线城市可支付租赁房源占比相对较高。因此,为了降低租金,租客选择更远、更小、配套更差的住房,导致居住品质较差。

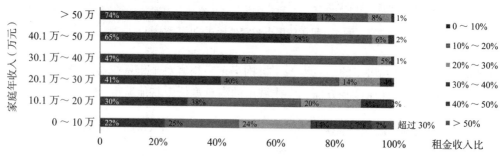

来源:清华大学建筑学院与贝壳研究院联合调研

图4 不同收入水平家庭的租金收入比分布情况

二是租客权益得不到保障。租住安全、租后维修和克扣押金等问题严重,近半数租客为安全隐患担忧,近四成租客对业主不承担维修责任不满,23.6% 的租客认为租赁合同无法保障自身权益(图5)。

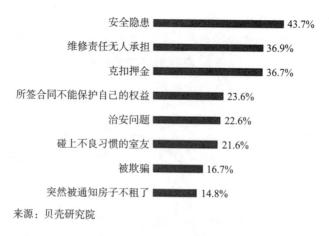

来源:贝壳研究院

图5 租客租赁痛点调查

三是传统中介服务不规范,租客不满意。经纪服务非标准化带来的消费投诉较多，如咨询房源已下架、中途被迫更换经纪人、房源展示不全等。租客租房最需要的是保障，主要有真房源、免受押金损失、费用透明、租赁续期免佣金、物业交割保障等（图6）。

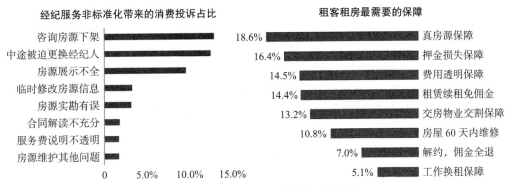

图6　租客消费投诉占比及最需要的保障

四是较低的机构化出租率，导致租客对租住方式缺乏信任。通过法律手段和市场手段可以建立信任。通过法律手段明确租赁住房可住性的标准，完善出租人、承租人的权利义务，优化经营机构监督，加快住房租赁市场公共权利保障。通过市场手段，构建供需平衡的市场运行机制，完善市场常态化协同发展机制，建立风险监管预警机制，建立行业信用体系。

四、租赁新经纪的兴起

未来，在租住比例越来越高的情况下，租赁新经纪势必会得到蓬勃发展。尤其在经济下行期间，业主售转租意愿增强，托管出租需求旺盛。随着租赁房屋的平均空置期增加，租赁房源成交周期明显拉长（图7），很多业主不希望在这么长的周期中牵扯更多精力，希望找到一个靠谱的服务机构进行托管。传统房地产中介可以通过提高自

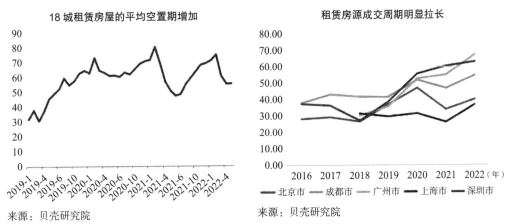

图7　租赁房源平均空置期及成交周期情况

身能力来提供高品质的租赁服务。

一是专业化的托管为业主提供省心服务。通过相应的标准化、流程化、信息化、线上化、数据化以及提升效率的方法（图8），签订长期租赁合同，提供专业管家服务，通过成本可控的适度改造，将分散房源转为品质可信赖的长租房。

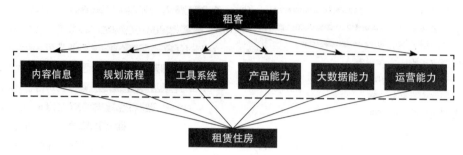

图8 租赁标准化作业提升链接房客

二是提供保障性服务，让租客安心租住，包括保障佣金透明、租金安全、律师咨询服务、真实房源、续租免佣、财产安全和免受人身风险等。在服务保障方面，要敢于承诺，说到做到，为租客生活周期全链条保驾护航。提供租期更灵活的签约形式，市内与跨城的换租服务，满足租客工作频繁变动的需要。提供服务标准化，包括标准化的维修、保洁等基础服务以及增值服务。

三是通过数字化技术，打破信息孤岛，提升服务效能。在服务者端，精细化分工，稳定从业，提供良好培训；在业主端，进行房源定价管理、排序、分级；在消费者端，更准确判断用户需求（图9）。

四是通过租后服务，让租客住得更美好，如提供保洁、维修、搬家、洗衣等服务。

传统房地产中介要参与住房租赁，需要练就四种能力：一是科技能力，如建立

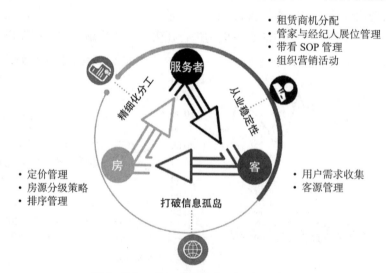

图9 "人—房—客"信息匹配路径示意图

线上化的平台，通过科技应用提升运营效率；二是人才管理能力，包括对专业人才的吸引、培训、管理等，提高租赁服务人员的素质与专业水平；三是运营能力，包括运营及供应链能力，通过房屋改造、家居配置、洗衣保洁等服务提升运营效率，提高利润；四是营销能力，建立数字化营销能力与营销工作，提升房客源去化效率，通过提升营销能力降低成本。通过自身能力建设，传统房地产中介在住房租赁市场中大有所为，通过自身转型满足租客和业主不断增长的需求，让消费者租住得更美好。

作者联系方式

姓　　名：李文杰

单　　位：贝壳找房（北京）科技有限公司

地　　址：北京市海淀区创业路 2 号 1 幢 1 层 102 室

流水争先　壁立千仞
——房地产服务与住房租赁市场

许　军

摘　要：上海住房租赁市场从建筑面积总量看是供求平衡的，但是总套数供应不足，有明显缺口。此外，还存在区域分布不匹配，公建配套、交通配套等不均衡问题。房地产估价机构可在租赁住房规划、建设、运营等全过程，利用估价新技术，提供综合性的估价服务，为政府、开发企业、住房租赁企业、金融机构等相关主体提供政策落地咨询、项目定位和市场调研、租金价格评估、资金回报等专业意见。房地产经纪行业应加强市场监管，加强平台信用管理，推动精细化、多样化、智能化建设，推动租赁市场整体向好发展。房地产专业服务机构和从业人员应守住专业的价值点，始终关注中国特色的市场变化规律，韬光养晦、厚积薄发。

关键词：住房租赁；房地产估价；房地产经纪

结合过去几年对住房租赁市场的一些探索和研究以及自身的思考，以上海市为例，分析判断未来住房租赁市场的机会和房地产专业服务可以探索的空间。

一、住房租赁政策与上海市住房租赁市场的特点

（一）住房租赁政策

近年来，国家层面上坚持"房住不炒"以及"租购并举"的制度、配套政策、相关法规等不断完善，一系列大力发展租赁市场的政策出台，以及近两年《住房租赁条例》立法工作的启动，住房租赁市场政策体系正逐步完善。各地、各城市也在不断地培育住房租赁市场，上海市在明确租赁住房分类，规范指导租赁住房的开发、设计和运营管理等方面也做了大量的工作。尤其是保障性租赁住房市场建设，2022年发布了《关于印发〈上海市保障性租赁住房项目认定办法（试行）〉的通知》（沪住建规范联〔2022〕2号）以及其他配套的相关规定，进一步明确了保障性租赁住房的相关政策和执行细则。

（二）上海住房租赁市场规模及存在的问题

对一个城市住房租赁市场的发展状态以及市场规模做出判断是非常必要的。我们

对上海市住房租赁市场做了一些数据分析,从需求端来看,2020年上海市常住人口接近2500万人。其中,户籍常住人口1441万人,外来常住人口1047万人,总户数1045万户,其组成了住房租赁市场最主要的需求方。从供应端来看,上海市住宅供应面积7.1亿m^2,套均面积约$80m^2$,总套数889万套,实际人均面积$28.6m^2$。通过总套数和总户数来计算,上海市住宅整体供求比是0.85。

单独从租赁需求来分析,据抽样调查,本市户籍人口约10%、非沪籍常住人口约85%有租赁居住需求,由此计算上海市有租赁需求的总人数是1034万人,户数有469万户。如果按照户均面积$80m^2$来计算,469万户需要的租赁住房供应量约3.7亿m^2。而上海市住宅供应总量是7.1亿m^2,其中自住约4.6亿m^2,实际供给面积约2.49亿m^2,实际供应套数311万套。因此,从套数上来看,按照469万户计算,租赁住宅供求比只有0.66。而从面积上来看,租赁住宅供应面积除以$22m^2$/人(下限理论值)的人均租赁面积标准,租赁住宅的供求比是1.1。因此我们发现,上海市住房租赁市场存在着明显的供应结构问题,直接原因就是小户型住房供应不足,总的供应面积足够,但是套数不够。

对上海市住房租赁市场的增量供求状况进行研究和分析,从需求端来看,上海过去五年的人口净增量是73.1万人,年均净增14.6万人,则保守估计每年新增的租赁住宅需求是7.7万套,总建筑面积约169万m^2/年。从供给端来看,近5年间上海已出让158幅租赁用地,合计建筑面积1340万m^2,住宅供应套数下限17.1万套,单套建筑面积$78m^2$。从增量的供求比可以看到,租赁住宅面积的增量供求比是1.93,面积是足够的,甚至于是富裕的。但是套数是不够的,供求比只有0.52(此处省略详细计算过程)。从这一个落差来看,我们认为上海住房租赁市场的潜在市场空间非常巨大,但是结构非常不均衡。

(三)上海市租赁住宅分类

上海租赁住宅种类很多,大致可以分成以下几类(表1):一级分类是分散式和集中式。其中,分散式又分为个人租赁(房东与租客间的散租房源)和代理经租(代理经租企业与房东或二房东建立的分散式代理经租房源),集中式又分为改造类(土地性质多为非居住用地,如办公、厂房,以整租或者分租方式,经过品牌租赁企业改造后经营)、新建类(土地出让中的R4租赁用地、集体土地或者住宅用地中的配建部分)、特色服务式公寓(有长期独立品牌,为商住客人提供自住式服务)。

(四)上海市住房租赁市场的总体供求特征

根据联城行上海市租赁住房市场监测报告显示,近三年上海租金保持平稳,2022年第一季度上海租金约67.5元/m^2·月。按照上海市总的住宅租赁面积2.2亿m^2左右来计算,加上流动人口的租赁市场,测算出每年上海市居住类租赁市场价值约2000亿。联城行为政府提供了大量的数据分析报告,并伴随着租赁市场的诞生,不断地成

上海租赁住宅分类　　　　　　　　　　　　　　　　表1

一级分类	二级分类	名词解释	具体举例	备注
分散式	个人租赁	包含房东（含不成规模的二房东）与租客间的散租房源；租赁形式有整租（套）、分租（间）两种形式	/	个人直租，现阶段市场主流产品，租客与房东签订合同
分散式	代理经租	代理经租企业与房东或二房东间建立的分散代理经租房源；租赁形式有整租（套）、分租（间）两种形式，代理经租企业代为运营，收取运营管理费	自如、相寓	租客与运营方签订租赁合同
集中式	改造类	土地性质多为非居，以整幢或分层项目经改造后统一出租，有统一的品牌标志和装修标准，具备一定覆盖率的集中式品牌长租公寓	城家、魔方、冠寓、泊寓（大部分）、柚米（大部分）	部分会纳入保租性租赁住房
集中式	新建类	主要为土地出让中的R4租赁用地、集体土地或住宅用地中的自持部分，新建成的租赁社区，一般会精装修上市	宽庭（大部分）、张江纳什国际社区	品牌逐步形成中，大多数为纳入保租性租赁住房
集中式	特色服务式公寓	为中长期商住客人提供一个完整、独立、具有自助式服务功能的住宿设施，其公寓客房由一个或多个卧室组成，并带有独立的起居室以及装备齐全的厨房和就餐区域	雅诗阁、馨乐庭	档次较高、多数长短租皆可

熟。这也是专业服务机构可以去关注的一个业务点。

总体来看，上海市住房租赁市场的供求状况，一是住房租赁市场非常巨大，是全国乃至全世界非常大的市场。二是住房租赁市场从面积上看供求平衡，但是套数上存在明显缺口。三是区域间分配不均衡，公建配套、交通配套不均衡。比如一些人口密度高的产业园区，租赁住房供应不足，造成大量人群需要通过长距离通勤来解决居住需求。四是小户型租赁需求增长速度快，一方面因为上海老龄化比较严重，另一方面新上海人、外来人口的家庭结构特征小型化，新增常住人口的户均人数是2.2人，而上海的平均户均人数是2.6人。五是新增租赁住宅供应较少，大多数年代比较久远，品质相对会差一些。六是结合上海现行的住房限购政策，为解决外来人口的住房需求，预计未来会有大量用地供应到租赁市场中。

（五）住房租赁市场监测指标体系

联城行在2020年承接了中国房地产估价师与经纪人学会关于《住房租赁市场监测指标体系研究》的课题，对于住房租赁市场的监测体系进行了多维度的分析和思考，监测指标包括交易类、市场景气度、租赁住房供应、租赁住房需求四个维度。关注每个城市各项分层指标的呈现情况，可以判断该城市的租赁需求总量规模，以及未来发展趋势，这对于专业服务机构来说是非常重要的，应该重点关注。

二、房地产专业服务和住房租赁市场发展

（一）房地产专业服务在住房租赁市场中的角色

从两个维度进行思考，一是租赁住房的全生命周期，二是租赁住房对于不同对象的价值实现链条。

如图 1 所示，从规划期、建设期、运营期到全过程服务，是租赁住房的生命周期。涉及政府、开发企业、金融机构、运营企业，还有其他相关方。以政府为例，在租赁住房的规划期，政府所关注的价值需求是宏观调控以及微观平衡，追求社会效益以及政策的执行落地，我们可以提供的价值服务包括政府选址、供地、区域市场的研判、规划设计方案与产品定位等。在建设期，政府很关心工地的节奏，包括工程质量、进度等，我们可以提供项目整体的定位、工程监测以及整个过程的相关服务。在运营阶段，政府比较关心运营的稳定和安全，主体管理是有效的，我们可以提供招标投标的管理方案，周边的市场分析、定价、配套的建设和运营方案建议等。包括开发企业、金融机构等都有类似需求，不同需求方在不同阶段对于住房租赁市场的价值诉求点不同，需要针对其价值需求提供相应的价值服务，由此产生各种各样的研究、分析报告、课题等。我们要围绕着租赁住房全生命周期去思考不同角色在整个生命周期不同阶段的诉求，对应地解决它的价值实现问题，从而实现我们的价值。

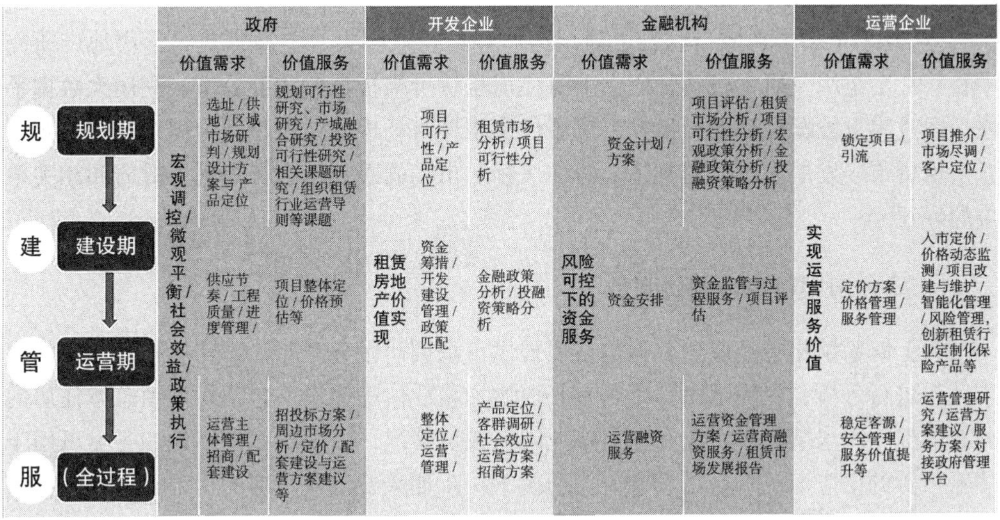

图 1　租赁住房的全生命周期

上海市 2022 年正式发文，将保障性租赁住房定价列为法定业务，政府规定所有的保障性租赁住房租赁价格必须要由出租单位制定，一房一价，出租单位应委托专业的房地产评估机构对项目的同地段、同品质的市场化租赁住房租金进行评估，并到房管部门报备。同时，上海保障性租赁住房的定价不能超过市场价的九折。这虽然是一项传统租金评估业务，但我们可以把服务的外延扩大，更进一步地体现估价机构对政府、出租单位、开发企业的价值。

（二）房地产经纪行业协会在住房租赁市场中的作用

专业服务不只估价，还包括经纪服务。以上海市房地产经纪行业协会为例，协会开展了大量的工作，为住房租赁市场提供相关支持，包括建设经纪人诚信平台，创建并发布租赁住宅诚信运营企业白名单，解决群租房违法收取租金、中介费等乱象。此外，还进行了智能化管理，探索实现保障性租赁住房房源发布，包括申请、查询等网上办理手续。另外，积极开展风险管理，探索形成资金监管办法等。

三、联城行在实践中的一些探索

（一）政府租赁政策相关课题研究

2022年承担上海市房管局的一号重点课题《2022保障性租赁住房的规、建、管、服一体化联动机制研究》，将规资、发改、金融、经信、民政均纳入研究主体，全方位地研究和解决上海租赁住房的房源筹措难、资金压力大、运营管理不规范等问题，形成一体化联动，目前课题正在进行中。

（二）上海市住房租赁市场发展报告

自2018年起，联城行联合上海房地产经纪行业协会、上海师范大学房地产研究中心等社会组织及研究机构，成立上海住房租赁价格指数监测办公室，利用大数据手段，通过多方数据源采集，研究上海市住房租赁市场现状，以季度为周期定期发布上海市租赁市场发展报告，填补了上海住房租赁市场的研究空白，得到了政府和相关单位的好评。

（三）住房租赁市场调研服务

为上海某镇相关产业配套租赁住房提供市场调研服务，对该镇住房租赁市场的供求关系进行分析，以确定该镇是否有必要增加租赁住房建设，包括对该镇总体住房的分布情况、需求情况，产业基地、产业园区人员情况，以及农村宅基地和各类可用于住宅租赁的供应情况进行市场调研。明确下一步如果要供应足够的房源到市场中，应该如何选址、定位、确定产品等。

（四）综合估价咨询

一些存量住房适合被改造为保障性租赁住房推向市场。以美欣大厦为例，将原先的办公楼改造为租赁用房，除了提供产品定位包括可行性研究及方案设计之外，还有一个很重要的就是政策咨询和政策落地，从非居住项目如何转化为住宅项目。

（五）租赁住宅项目入市定价

张江纳什公寓是全国第一块R4租赁用地建成的租赁社区，在推向市场前我们为其做了价格定价方案。除了评估工作之外，由于相关规范没有出台，我们又开展了全面综合的分析，帮助开发企业张江集团做了很多的市场调研工作，包括产品定位等。

（六）房地产估价服务

上海市2022年发布了《租赁住房租金评估指引》，从技术规范上严格参照指引完成估价报告，这是我们传统的估价业务。

（七）住房租赁市场数据服务

该项服务是联城行的一项特色服务，我们为政府某部门定期采集分散式租赁数据和监测评估提供相关服务，收集的各类市场数据包括挂牌数据、经纪人的租赁经纪服务数据等，每月定期为政府有关部门提供市场信息参考。这是一种新型服务，目前在市场上租赁数据的关注度是比较低的，需要有一定的数据积累。

四、住房租赁市场专业服务的未来

（一）住房租赁市场的现状和问题

第一，住房租赁方面的法律法规还有待完善，包括租购同权还是租赁赋权，权利到底有多大，有必要进一步完善和明确。第二，市场供求的结构性失衡，包括阶段性、区域性的供应缺口，是一个很明显的现象。第三，市场上一些群租，违法收取租金、中介费等情况层出不穷。第四，虽然首个保租房的REITs已经发行，但是整个住房租赁市场的金融支持还是非常不够的，这也是一个亟待解决的问题。

目前，专业服务在住房租赁领域的关注度比较弱，很多专业服务机构在开展服务的过程中会发现处于被动状态。比如，传统估价业务逐渐减少，收费被市场限定等。需要我们把市场机会放大，挖掘能够提供价值服务的新的业务增长点，把一个评估项目拓展到相关咨询服务，可以获得更大的价值体现。

（二）房地产专业服务未来的机遇和展望

第一，我们相信未来住房租赁市场的政策法规会不断完善，体系不断深化，这是我们的专业服务机会。第二，市场供求需要平衡，这其中涉及很多业务机会，包括区位选择等专业服务。还可以提供一些金融服务相关支持，因为金融机构缺少对市场的了解。第三，在专业技术服务方面，我们要更多地关注一些市场数据，采用新技术和新方法，更全面地应用在住房租赁市场中，让客户认识到我们能够提供除估价之外的很多服务。这也需要我们有更多的跨专业知识，包括运用新技术的能力。

结合中国住房租赁市场发展，未来住房租赁市场潜力是非常巨大的。专业服务要与这个时代并行。首先，我们要守住估价的专业价值，估价的专业和相关专业能力始终是市场需要的。其次，我们要关注市场变化规律，不断积累经验，了解市场特点，积极地去应对。同时，我们要韬光养晦，厚积薄发，本次上海疫情对估价机构有很大影响，业务断崖式下降，未来在某些阶段估价机构可能还会碰到一些困境，需要我们坚定信念，不能丧失斗志。

最后和大家分享几句话，"壁立千仞、气定不语"，这是我们对专业的认知和长期的坚守；"流水争先、绵绵不绝"，我们要不断地适应市场环境，而且要引领市场，预判市场，把握自身定位；"搏牛之虻、不拘于时"，当我们要去战斗的时候，要抓住机会，不要被一时的成败或者是挫折所打倒，坚定信念坚持走下去；"心有猛虎、细嗅蔷薇"，心中有远大的梦想，但是行路一定要稳，只有行稳才能致远。

作者联系方式
姓　　名：许　军
单　　位：上海联城房地产评估咨询有限公司
地　　址：上海市嘉定区曹安公路 1615 号

租赁住房价格评估技术路线探索

秦 超　邵明浩

摘　要： 目前我国正大力推进租赁住房市场，而随着租赁住房的不断发展，这类物业的价格评估也将成为房地产估价业务之一。租赁住房作为新兴业态，在价格评估方面暂时还缺少较为完整的评估技术指引，本文梳理了当前市场上的租赁住房，将估价对象分为 R4 类租赁住房、类住宅和商办工转化类租赁住房三种类型，通过分析成本法、比较法和收益法在评估三类不同租赁住房过程中，公式的差异、参数内涵和取值的不同，完成了理论层面租赁住房房地产价格评估的技术路线。

关键词： 租赁住房；价格评估；收益法；市场法；成本法

一、估价对象的界定

（一）R4 类租赁住房

这类租赁住房的政策依据来源于 2017 年 7 月 18 日住房和城乡建设部联合多部委发布的《关于在人口净流入的大中城市加快发展住房租赁市场的通知》，通知鼓励人口净流入较多的大中城市通过新增或者配建的方式增加租赁住房供应。所以，这类租赁住房是租赁住房体系中最为正宗的租赁住房，其土地属性为 R4 类租赁住房用地，在土地供应市场的表现形式有单独招拍挂出让、在商品住宅里含有一定比例租赁住房用地共同出让及部分城市更新土地转性三种。

（二）类住宅

本文定义的类住宅是指土地属性虽然不是住宅用地（土地使用年限一般为 40~50 年的商业、办公或者工业用地），但建筑物形态与住宅一致。为了将批而未建、建而未售的类住宅更好地进行资源利用，政策层面准予其在有条件的情况下转换成为租赁住房。2016 年 5 月 17 日国务院办公厅出台《关于加快培育和发展住房租赁市场的若干意见》，意见指出"允许商业用房按规定改建为租赁住房，允许将现有住房按国家和地方住宅设计规范改造后出租"。这为市场层面长租公寓运营机构通过收购类住宅改建成长租公寓产品夯实了政策基础。

(三)商办工转化类租赁住房

本文定义的转换租赁住房是指土地属性是非住宅用地(土地使用年限一般为 40～50 年的商业、办公或者工业用地),规划和开发建设也是按照非住宅标准执行的,但是建成后处于长期存量闲置或低效使用中。为了盘活这类房地产,提高资源利用效率,经过有管理权限的相关部门决议,将这类房地产通过改造的形式转为租赁住房。政策依据除与类住宅相同的政策外还包括 2017 年 4 月住房和城乡建设部等《关于加强近期住房及用地供应管理和调控有关工作的通知》,通知"鼓励房地产开发企业参与工业厂房改造,完善配套设施后改造成租赁住房"。由此可见,不论土地性质还是建筑形态,凡是符合规定的办公、商业和工业建筑都可以转换成租赁住房。

二、收益法评估技术路线

本文所述三种类型租赁住房未来的收益及风险都能够较准确地预测,均可以使用收益法进行评估。下面对收益法在租赁住房价格评估中具体使用的测算技术思路进行设计和分析。

(一)适用公式的选择

由于本文研究的租赁住房根据土地性质、建筑物形态不同分为三类,其适用的公式也有一定区别:

1. R4 类租赁住房

该类租赁住房土地使用权出让合同中明确使用权受让方不得整体或者拆分出售租赁住房。基于不能出售、全生命周期持有,所以选用的报酬资本化公式是净收益按一定比例递增的房地产价格计算公式:

$$V = \frac{A}{(Y-g)} \times \left[1 - \frac{(1+g)^n}{(1+Y)^n}\right]$$

其中:V——房地产价格

　　　A——房地产未来第一年的净收益

　　　Y——报酬率

　　　n——房地产的收益期

　　　g——净收益逐年递增的比率

2. 类住宅

这类项目市场交易较多,部分租赁住房运营机构如中骏(方隅),在资本的加持下,根据经营需求不断地进行兼并和收购;而部分运营不理想的租赁住房运营机构如湾流,则选择被兼并收购降低对社会的不利影响。所以,评估该类物业,可以选用的报酬资本化公式是持有加转售的房地产价格计算公式:

$$V = \sum_{i=1}^{t} \frac{A_i}{(1+Y)^i} + \frac{V_t}{(1+Y)^t}$$

其中：V ——房地产价格

V_t ——持有到期后预期出售的房地产价格

A_i ——房地产未来第 i 年净收益

Y ——报酬率

t ——房地产预期净收益的期限

3. 商办工转化类租赁住房

在评估这类房地产时应根据房地产土地剩余寿命与相关部门决议该项目改造为租赁住房使用的年限之间的关系进一步区分：

（1）项目剩余寿命全部作租赁住房使用

项目剩余寿命全部作为租赁住房使用，则在租赁住房使用过程中原则上不得进行再次转让，所以，应按照剩余全生命周期持有来考虑，选用的报酬资本化公式是净收益按一定比例递增的房地产价格计算公式：

$$V = \frac{A}{(Y-g)} \times \left[1 - \frac{(1+g)^n}{(1+Y)^n}\right]$$

其中：V ——房地产价格

A ——房地产未来第一年的净收益

Y ——报酬率

n ——房地产的收益期

g ——净收益逐年递增的比率

（2）项目部分剩余寿命作租赁住房使用

应按照租赁住房期间持有，非租赁住房期间出售的模式计算，即选用的报酬资本化公式是持有加转售的房地产价格计算公式：

$$V = \sum_{i=1}^{t} \frac{A_i}{(1+Y)^i} + \frac{V_t}{(1+Y)^t}$$

其中：V ——房地产价格

V_t ——持有到期后预期出售的房地产价格

A_i ——房地产未来第 i 年净收益

Y ——报酬率

t ——房地产预期净收益的期限

（二）净收益的确认

租赁住房净收益可以分为三种情况：作为租赁住房持有期间的租金的净收益（公式中的 A 或 A_i）、作为房地产项目出售时的销售净收益（公式中的 V_t）和收益期结束后土地剩余年限或建筑物残值折现后的净收益（在收益期部分分析）。

1. 租金净收益

由于租赁住房收益期较长,难以对收益期内各个时间节点(一般是一年)的收益均做出准确的预测。所以,对租赁住房收益期内的预测一般是通过市场比较获取首年客观租金水平,再考虑其他收益及运营成本的影响计算出首年的净收益。然后通过宏观经济数据推演的方式,预测未来收益期内其他年份净收益的平均增长率。用公式表示:

第一年租金净收益=(未来第一年潜在毛租金收入+未来第一年其他收入)×(1-空置率)-收租损失-第一年运营费用

在进行租赁住房租金净收益测算时,需要注意以下几点:

(1)租约限制说明

根据估价对象与租户签署的租约情况,确认是否有租约限制。通常情况下,租赁住房与租客签署的是一年期租赁合同,且签署的时间并不是集中在很短的时间段内(比如一个月内)。在这种情况下,可以认为租赁住房没有租约限制,按照市场客观租金计算租金净收益。但不排除部分租赁住房(特别是客户是大型企业的B2B模式),整个项目在统一时间与租客签署了较长的租赁期限(一年以上)。在这种情况下进行评估,应做租约限制说明,在租约期限内按照租约租金计算租金净收益;在租约期外按照市场客观租金计算租金净收益。

(2)未来第一年其他收入

按照目前租赁住房规定,租赁住房一般会收取一定的押金,则押金可以按照一年期固定存款利率计算利息所得。除此之外,部分租赁住房还收取管理费用、卫生打扫费用以及生活用品租赁费用。该类型收入根据估价对象所在城市长租公寓主流市场运行方式进行考虑和计算。

(3)空置率及收租损失

空置率可以通过市场调查的方式获得市场客观的空置率水平。对于有租赁押金的租赁住房(主流形式)不考虑收租损失;对于没有租赁押金的租赁住房,按照每年半个月到一个月的租金水平考虑收租损失(收租损失来源于对上海长租公寓市场调研获得的经验值)。

(4)第一年运营费用

根据各个城市租赁住房市场成本因素进行分析,运营费用主要包括运营成本、税金。运营成本包括管理费用、维修费用、保险费用等,估价对象为住宅,税金为增值税及附加。

2. 销售收入净收益

测算持有期末转售房地产时可以获得的净收益,采用长期趋势法测算房地产 t 年末转售市场价格 V_t,然后扣除必要的交易税费。公式为:

$$V_t = V \times (1+i)^n - 交易税费$$

其中:V——价值时点房地产价格

V_t——持有到期后预期出售的房地产价格

i ——房地产未来价格增长率

n ——期末出售房地产的年限

需要注意的是：应按照估价对象原始土地属性及建筑物形态进行区分V_t。若原为类住宅，则应按照类住宅的市场状况对销售收入净收益进行计算；若原为写字楼、商业甚至工业，则按照原始土地属性及现状建筑物形态所属的市场类型进行计算。

（1）类住宅

类住宅在持有期是以租赁住房的形态存在，在转售时点是以类住宅的形态出售，两者形态不同，市场价格也是不同的。所以，在类住宅收益法公式中，V与V_t并不是同一个标的物现评估值（现值）和转售时点预期值（终值）的关系，V对应的是租赁住房，而V_t对应的则是类住宅。

类住宅转售时的V_t值的确定方式：

①通过市场比较，确定价值时点的类住宅的市场价格。

②根据过去历史（5年以上）类住宅涨幅趋势，用长期趋势法推算转售时点预期涨幅。与商品住宅相比，由于类住宅持有成本和交易成本较高，其价格走势较为平稳，所以长期趋势法预测类住宅售价可信度较高。

（2）商办工转化类租赁住房

其售价的计算方法与类住宅相似。不同之处在于，在出售时应根据土地属性和原建筑物属性确定市场可比的物业类型，即原始状态是办公物业的就按照办公物业计算其价格，原始状态是工业厂房的就按照工业厂房计算其价格。

（三）收益期的确定

收益期（公式中的n或t）是指估价对象——租赁住房在正常的运营和市场状况下，未来可获取收益的时间区间。根据本文区分的租赁住房估价对象的不同，按照建筑物剩余经济寿命和土地使用权剩余年限两个维度又可以做如下区分：

1. R4类租赁住房

此类租赁住房土地出让合同规定，土地使用期限内持有，按照估价规范，房屋剩余经济寿命与土地使用权剩余期限不同时结束时，应选择两者较短的时间段作为收益期。

若房屋的剩余经济寿命短于土地的使用权剩余期限，按照房屋的剩余经济寿命计算收益期，剩余的土地使用权价值折现到价值时点计算收益价值。

若土地的使用权剩余期限短于房屋的剩余经济寿命，按照土地的使用权剩余期限计算收益期，建筑物在收益期结束后的残值折现到价值时点计算收益价值。

2. 类住宅

以收购的形式将类住宅转为租赁住房，一般没有持有时间的合同约束，但会受限于类住宅转化成租赁住房批文时间的要求。以持有加转售的公式计算收益期，按照估价规范,将转售的时间段框定在持有期 5~10 年。类住宅批而未建、建而未售的项目目前土地使用寿命普遍超过 10 年,所以类住宅按照持有 5~10 年出售的假设较为合适。

3. 商办工转化类租赁住房

转化类租赁住房收益期的计算与类住宅基本类似,但是转化类租赁住房原始业态可能存在较久,所以会出现土地使用年限短于 5~10 年的情况,在这种情况下,按照土地使用年限计算持有期,土地年限到期后建筑物在收益期结束后的残值(按原物业属性)折现到价值时点计算收益价值。

(四)报酬率的求取

在租赁住房收益期内,不同类型的租赁住房的报酬率是相同的,即该阶段它们都扮演了租赁住房这一角色。按照房地产估价规范的要求,报酬率求取方法有三种,分别是市场提取法、累加法和投资收益率排序插入法。

投资收益率排序插入法需要确定不同类型的投资产品(比如证券类、房地产类等)的风险程度及收益率高低,将估价对象与这些类型的投资产品在风险程度方面进行比较,按照风险程度越大收益率越高的逻辑,对收益率进行排序,从而确定估价对象所处的收益率范围。这类方法测算的基础是估价对象所处的投资产品类型较为成熟。租赁住房是国家提倡"房住不炒"的背景下新生的一类房地产业态,其更多体现住房的消费品属性而不是投资品属性,所以基于上述两方面原因,租赁住房的报酬率不适合采用投资收益率排序插入法求取。

市场提取法即对市场上相同或者相似的多个(三个以上)可比案例进行研究,然后利用已知的可比实例价格和净收益等数据,选择相应的报酬资本化法计算公式,反求出报酬率。市场提取法对可比案例的要求比较高,既要求可比性强,又要求有相同的净收益流模式。目前租赁住房领域刚刚起步,市场上公开可以获得的租赁住房报酬率资料很少,所以市场提取法目前在租赁住房评估方面还不太适用,只能通过分析与租赁住房相类似的业态,了解租赁住房报酬率所在的区间范围(表 1)。

累加法构成 表1

项目	取值理由说明示例
安全利率	考虑稳定无风险,选取一年期银行定期存款利率
投资风险补偿率	相对于投资一年期银行定期存款,分析投资估价对象类似房地产所需承受的风险程度,进而确定投资者应要求的投资风险补偿率
管理负担补偿率	相对于投资一年期银行定期存款,分析投资估价对象类似房地产所需承受的额外管理负担大小,进而确定投资者应要求的管理负担补偿率
缺乏流动性补偿率	相对于投资一年期银行定期存款,分析投资估价对象类似房地产所需承受的投入资金缺乏流动性程度,进而确定投资者应要求的缺乏流动性补偿率

续表

项目		取值理由说明示例
投资带来的优惠率	易获融资的优惠率	相对于投资一年期银行定期存款，分析投资估价对象类似房地产额外获得的融资好处，进而确定投资者愿适当降低的报酬率（即优惠率）
	所得税抵扣的优惠率	相对于投资一年期银行定期存款，分析投资估价对象类似房地产额外获得的所得税抵扣好处，进而确定投资者愿适当降低的报酬率（即优惠率）
报酬率		以上各项数值之合计（注意最后两项为负值）

累加法是将报酬率视为包含无风险报酬率和风险报酬率两大部分。采用累加法求取报酬率，可采用下列细化公式：

报酬率 = 无风险报酬率 + 风险报酬率 = 无风险报酬率 + 投资风险补偿率
+ 管理负担补偿率 + 缺乏流动性补偿率 − 投资带来的优惠率

虽然累加法计算的报酬率与市场提取法相比可信度略低，但是在租赁住房市场发展的初级阶段，相似可比案例较少的背景下，用累加法更具有可操作性。

（五）租金增长率的测算

在租赁住房收益期内，不同类型的租赁住房的租金增长率是相同的，即该阶段它们都扮演了租赁住房这一角色。对于一线城市，房地产研究机构会发布租房价格租赁指数，若估价对象处在这类城市，可采用历史平均租赁指数涨幅（5年以上）作为估价对象租金增长率水平。

三、比较法评估技术路线

（一）适用公式的选择

比较法是根据与估价对象相似房地产的成交价格来求取估价对象价值或价格的方法。运用比较法求取估价对象的价值，基本公式如下：

比较价格 = 可比实例价格 × 交易情况修正系数 × 交易期日修正系数
× 区位状况修正系数 × 实物状况修正系数 × 权益状况修正系数

比较法主要适用于同类数量较多、有较多交易且具有一定可比性的房地产，R4类租赁住房项目还未入市且无法进行交易，故初期无法使用比较法进行评估。类住宅及商办工转化类租赁住房，与该类项目原始业态之间的价值差异主要在于作为租赁住房期间获取的租金收益不同。对于评估这类租赁住房项目来说，实际上是在比较法的基础上进行变形，因为对于类住宅及商办工物业来说，其市场已较为成熟，运用比较法求取该物业价值较为简便，故可以运用比较法先测算出项目原始业态，即类住宅或商办工物业在价值时点的市场价值，再测算这类物业在价值时点后作为租赁住房使用期间的租金收益与原始业态租金收益之间的差值，两者相加得出该类项目的房地产评估价值，具体的公式为：

$$价值时点租赁住房价格 = 价值时点项目原始业态售价 + 租赁住房租赁期价值折现 - 项目原始业态租赁期价值折现$$

（二）比较法测算过程

1. 测算估价对象作为原始业态，在价值时点的市场价值

通过比较法的一般测算步骤，即选取可比实例、建立比较基础、建立比较因素条件说明表、建立比较因素条件修正系数表、计算比较价值，得出估价对象原始业态的市场价值。

2. 测算估价对象作为租赁住房使用，租赁期限的净收益折现价值

其具体步骤可根据上文所述收益法步骤进行测算，关键在于收益期的确定，需要根据政府以批文的形式允许该建筑物按照租赁住房使用的时间进行确认。

3. 测算估价对象保持原始业态下，相同租赁期限的净收益折现价值

同样使用收益法进行测算，收益期与步骤 2 相同，但其他的参数则需要按照估价对象作为原始业态进行选取及计算。

根据上文所列公式求取作为租赁住房的估价对象，在价值时点的房地产市场价格。

四、成本法评估技术路线

成本法是测算估价对象在价值时点的重置成本或重建成本和折旧，将重置成本或重建成本减去折旧得到估价对象价值或价格的方法。

运用成本法求取估价对象的成本价值，基本公式如下：

$$成本价值 = 土地取得成本 + 建设成本 + 管理费用 + 销售费用 + 投资利息 \\ + 销售税费 + 开发利润 - 建筑物折旧$$

（一）土地取得成本的测算

土地成本是指购置土地的必要支出，或开发土地的必要支出及应得利润。目前取得土地用途的途径主要有 3 个：①市场购买；②征收集体土地；③征收国有土地上房屋。在实际估价中，应根据估价对象所在地相似的房地产开发在价值时点取得土地的通常途径，从上述三个途径中恰当选取其一来求取。

1. 成本法（征收途径）

成本法求取土地取得成本的基本公式为：

$$P=E_a+E_d+T+R_1+R_2+R_3=P_E+R_3$$

其中：P ——土地价格

　　　E_a ——土地取得费

　　　E_d ——土地开发费

　　　T ——税费

　　　R_1 ——利息

　　　R_2 ——利润

　　　R_3 ——土地增值

　　　P_E ——土地成本价格

上式中的土地取得费（E_a）、土地开发费（E_d）均可参照原有的成本法评估技术路径进行测算。税费（T）包括征地过程中发生的税费以及房屋征收过程中发生的税费。投资利息（R_1）是以土地取得费和开发费为基数，参照基准利率，计提部分贷款费用后得到的。投资利润（R_2）以土地取得费和土地开发费为基数，年投资利润率一般在10%左右。

成本法的关键在于土地增值收益（R_3）的确定，在实际测算过程中，土地增值收益一般按照土地取得费和土地开发费合计值的一定比例计求取，这个比例一般是根据区域数据积累和估价师经验综合得出的。而对于租赁住宅用地来说，土地增值收益缺乏充足的数据作为参考，在实际测算中会存在较大的主观性，使用该方法进行测算还需要进一步完善理论和实证研究。

2. 比较法（市场购买途径）

比较法是根据替代原理，将待估宗地与具有替代性的且在估价期日近期市场上交易的类似宗地进行比较，并对类似宗地的成交价格作适当修正，以此估算待估宗地客观合理价格的方法。

运用比较法进行土地取得成本测算的具体操作步骤与比较法一般操作步骤大致相同。在建立比较因素条件说明表时，土地的交易情况修正主要是将协议价、招标价、拍卖价、挂牌价等修正至正常市场价格。土地的市场状况调整可参照国土资源部发布的"城市地价动态监测系统""统计年鉴提供房地产价格指数"，或根据实际情况进行选取说明。房地产状况调整中，土地的区位状况调整包括周边的商服繁华度、办公聚集度、道路通达度、临街状况、公共交通便捷度、基础设施状况、公用设施完备度、环境质量及城市规划等；实物状况调整包括宗地形状、土地面积、宗地内基础设施状况、停车便捷度等；权益状况包括土地使用权类型、土地用途、土地使用年期、容积率、规划限制等。在编制比较因素条件修正系数表时，对于租赁住房用地来说，其功能与普通住宅类似，对配套的需求也基本相同，故租赁住房用地基本可以参照普通住宅用地的修正体系进行修正。

（二）建筑物开发成本的测算

R4 类租赁住房目前是参照普通住房进行开发的，所以这类租赁住房项目的建筑物开发成本与普通住宅开发成本的测算路径相同。评估建筑物重置成本或重建成本，可采用单位比较法、分部分项法、工料测量法等方法进行测算。

1. 建设成本

一般包括前期费用、建筑安装工程费、基础设施建设费、公共配套设施建设费、装饰装修工程费、其他工程费用以及开发期间税费等。R4 类及类住宅项目的建设成本一般参照普通住宅进行测算。目前租赁住房的平均装修标准基本在 1200～2000 元 /m^2，装修标准包含软装，基本达到可拎包入住的状态。

2. 管理费用

包括房地产开发企业的人员工资及福利费、办公费、差旅费等，一般按照土地取得成本与建设成本之和的一定比例来测算。

3. 销售费用

也称销售成本，是预售或销售开发完成后的房地产的必要支出，包括广告费、代理费、样板房建设费等，通常按照开发完成后房地产价值的一定比例来测算。由于 R4 类租赁住房不可出售，故此类项目无需计算销售费用。

4. 投资利息

是房地产开发完成或实现销售之前发生的所有必要费用应计算的利息。计息项目包括土地成本、建设成本、管理费用和销售费用。投资利息计算中一般采用价值时点的房地产开发贷款的平均利率。

投资利息包括贷款利息及融资费用，其计算公式为：

贷款利息 = 土地取得成本 × $[(1+利率)^{建设期}-1]$ + (建设成本 + 管理费用) × $[(1+利率)^{建设期/2}-1]$

融资费用 = 贷款利息 × 融资费率

5. 销售税费

销售税费是预售或开发完成后卖方缴纳的税费，主要为增值税及附加。由于 R4 类租赁住房不存在销售环节，故无需计算销售税费。

6. 开发利润

开发利润是开发企业的利润，而非建筑施工企业的利润，包含直接成本利润、投资利润、成本利润和销售利润。开发利润率根据不同类型房地产开发项目的投资风险的不同而有所不同，一般是通过调查统一市场上大量相似的房地产开发项目的平均利润率得到的。一般来说，R4 类租赁住房项目的平均利润率高于保障房，低于商品住房。

7. 建筑物折旧

包括物质折旧（自然老化、磨损以外损坏等有形损耗）、功能折旧（功能缺乏、落后、过剩）、外部折旧（建筑物以外的各种不利因素，如区位因素改变等）。较多使用直线法及成新折扣法来测算建筑物的折旧。

五、结语

R4 类租赁住房作为新兴的租赁型居住物业，客观上不允许分户、分套买卖，且目前市场上少有整体转让交易的案例，故初期无法使用比较法。而鉴于 R4 类租赁住房都有相应的持有年限要求，且目前尚没有交易案例，满足"很少发生交易"这一条件，所以在市场初期可以采用成本法进行评估。

类住宅和商办工转换租赁住房，虽然作为转换后的租赁型居住物业在政府批文期不允许分户、分套买卖，但是在政府批文发生效力之前，类住宅和商办工交易市场已经长期存在，发展也较为成熟，可以通过比较法进行评估。

同时，租赁住房的租赁属性代表它拥有相对稳定的租金收入，且在约定的持有期届满作为房地产项目出售时拥有销售收入，收益期结束后土地剩余年限或建筑物残值折现后也拥有收益价值，故可以采用收益法进行三类细分租赁住房的评估。

综上，就目前租赁住房发展情况来说，R4 类租赁住房价格评估可以采用成本法、收益法；类住宅和商办工转换租赁住房可以采用比较法、收益法进行评估。

参考文献：

[1] 柴强. 房地产估价理论与方法 [M]. 北京：中国建筑工业出版社，2017.

[2] 姬琳. 对收益法估价中运营费用的探讨 [J]. 北京房地产，2006（3）：76-78.

[3] 金汉志. 浅议收益法中净收益的调整和预测 [J]. 金融经济，2006（12）：70-71.

[4] 张劲松. 收益法中资本化率的确定 [J]. 合肥学院学报，2005（12）：23-25.

[5] 中华人民共和国住房和城乡建设部. 中华人民共和国国家标准房地产估价规范 [S]. 北京：中国建筑工业出版社，2015.

[6] 柴强. 发挥估价在发展住房租赁市场中的作用 [J]. 中国房地产估价与经纪，2017（6）：7-11.

作者联系方式

姓　名：秦　超　邵明浩

单　位：上海城市房地产估价有限公司

地　址：北京西路 1 号

邮　箱：qinc@surea.com；smh@surea.com

住房租赁重点政策解读与评估机构业务机会探讨

周聪慧

摘　要：近年来住房租赁领域获得了国家政策的大力支持，本文从这些政策中摘选了部分关键词，如开展住房租赁试点、新增用地建设租赁住房、盘活存量房屋用于租赁、加大金融支持力度，认为住房租赁政策利好将在"十四五"时期不断释放出来。结合这些政策要点与住房租赁市场发展需求，对评估机构业务机会进行探讨，认为传统的租金评估业务机会将增多，此外还有新型的租赁住房用地价值评估、租赁住房租金收益权质押评估、存量房屋盘活评估与咨询、资产证券化中的评估与现金流预测等业务需求也将逐渐增加。

关键词：住房租赁；租赁住房用地评估；租金评估

一、住房租赁政策关键词

近年来，国家坚持"房住不炒"定位，加快建立"租购并举"的住房制度。国家层面支持发展住房租赁并不断加大力度，涉及增加租赁住房用地供给、盘活存量房屋建设租赁住房、中央财政支持补贴、探索租购同权等方面。此外，随着住房和城乡建设部等九部委印发《关于在人口净流入的大中城市加快发展住房租赁市场的通知》（2017年7月），深圳、广州等12个城市被选为首批开展住房租赁试点的单位，多地纷纷出台政策支持住房租赁市场发展，允许符合条件的商业用房改建租赁住房，2020年又单列租赁住房用地计划，且供地规模普遍上涨。

本文从评估视角摘选了部分政策关键词，认为住房租赁政策利好将在"十四五"时期不断释放出来。

（一）开展住房租赁试点

2017年7月住房和城乡建设部等九部委联合印发《关于在人口净流入的大中城市加快发展住房租赁市场的通知》，要求加快发展住房租赁市场，积极开展试点，选取部分人口净流入的大中城市开展试点工作。深圳、广州等12个城市被选为首批开展住房租赁试点的单位，形成一批可复制、可推广的试点成果，向全国进行推广。此外，探索利用集体用地建设租赁住房的试点也从2017年开始，至今共有18个城市试点。

2019年，中央财政支持住房租赁市场发展，对确定的示范城市给予奖补资金支持，其中北京、上海、广州、深圳等16个城市列入首批试点范围，示范期3年。2020年天津、石家庄、太原、沈阳、宁波、青岛、南宁、西安等8个城市进入第二批试点范围。中央财政奖补资金可用于多渠道筹集租赁住房房源、建设住房租赁信息服务与监管平台等与住房租赁市场发展相关的支出。

从试点城市名单看，以省会城市和直辖市为主，此外还有部分区域的中心城市，如青岛、厦门、佛山等，这些城市人口流入较多、租赁需求较为旺盛，作为试点有现实意义。

（二）新增用地建设租赁住房

政策鼓励各地通过新增用地建设租赁住房，在新建商品住房项目中配建租赁住房、利用集体建设用地建设租赁住房等方式，多渠道增加新建租赁住房供应，优先面向公租房保障对象和新市民供应。2021年2月，自然资源部下发重点城市住宅用地分类调控文件中也提到重点城市在2021年年度计划中单列租赁住房用地，占比一般不低于10%，并且常住人口增长快、租赁住房用地缺口大的城市要进一步提高比例。

自2016年首宗租赁相关用地入市以来，截至2020年年底全国累计成交租赁相关用地630宗，规划建筑面积约2100万 m^2。从各大城市来看，加大租赁住房用地供应正成为人口净流入量较大的城市解决住房问题的突破口。

（三）盘活存量房屋用于租赁

政策鼓励国有企业将闲置和低效利用的国有厂房、商业办公用房等，按规定改建为租赁住房；改建后的租赁住房，水电气执行民用价格。部分地方政府发布具体实施意见，对改建原则、盘活方式做了进一步明确。如深圳要求"商改租"的改建项目不改变原土地用途、土地使用年限和容积率，整体确权、整体转让；济南要求住房租赁企业与房屋产权所有人或法律规定的其他权利人签订长期租赁合同，承租期限原则上不低于3年，不得改变原有房屋的空间布局结构，不得将原设计的房间分割、搭建后出租，不得按床位出租。社会闲置存量房屋用于出租时须符合居住安全、消防和卫生等要求。闲置物业是否适合用于租赁住房，需要结合所在区位、交通便利性、生活配套舒适性、租金水平等综合判断。

（四）加大金融支持力度

政策要求加大对住房租赁企业的金融支持力度，拓宽直接融资渠道，支持发行企业债券、公司债券、非金融企业债务融资工具等公司信用类债券及资产支持证券，专门用于发展住房租赁业务。鼓励地方政府出台优惠政策，积极支持并推动发展房地产投资信托基金（REITs）。2018年，中国证监会、住房和城乡建设部联合发布《关于推进住房租赁资产证券化相关工作的通知》，明确开展住房租赁资产证券化（ABS）

的基本条件、优先和重点支持领域，完善住房租赁资产证券化的工作程序，这是首个资本市场支持租购并举的政策，借助资产证券化为企业提供创新融资渠道和投资退出路径。

鼓励开发性金融等银行业金融机构在风险可控、商业可持续的前提下，加大对租赁住房项目的信贷支持力度，通过合理测算未来租赁收入现金流，向住房租赁企业提供分期还本等符合经营特点的长期贷款和金融解决方案。支持金融机构创新针对住房租赁项目的金融产品和服务。2020年，住房和城乡建设部推动建设银行三年内提供3000亿元贷款，引导企业参与发展保障性租赁住房。

二、评估机构业务机会

房地产市场已进入"租购并举"时代。在"十四五"时期，受益于政策红利与供需两旺，住房租赁市场将进入新一轮的快速发展期，市场规模将持续扩容，相应的评估咨询业务机会也将前所未有。正如柴强博士预测，住房租赁评估有望成为继房地产抵押估价、房屋征收评估之后另一个大的估价业务领域，而且还具有长期可持续发展潜力。

（一）租赁住房用地价值评估与咨询

目前重点城市响应国家政策，适当加大租赁住房土地供应，除了国有建设用地，还有部分试点城市的集体建设用地可以用来建设租赁住房。政府在确定租赁住房用地规模、全部建设租赁住房还是配建一定比例或面积的租赁住房时，同时要确定出让底价，而开发商也要测算目标宗地的合理价位，它们都有切实的租赁住房用地价值评估或咨询需求。这类租赁住房土地价值评估与建设出售的商品房的土地估价显然不同，因为开发建设成本、开发完成后的收益模式不同，定价规律不尽相同。评估机构可以结合专业优势，判断土地的市场价值、投资价值，测算未来的现金流，还可以与其他商品房土地价值进行比较。此外，评估机构综合考虑人口流入、经济发展情况，进行市场需求调研，可以为地方政府确定租赁住宅用地出让规模和比例、开发商租赁住宅用地建设定位等提供咨询服务。

（二）租赁住房租金评估

国有企业房屋出租、集体所有房屋出租、公租房、长租房等租赁住房租金的确定需要用到专业分析技术，租金评估可以给相关当事人提供参考。租赁双方可委托第三方评估机构对租金进行评估，参考评估结果签订租赁合同，避免信息不对称、定价不专业造成损失。租赁住房运营管理中的评估，包括获取房源时的租金评估、向外出租时的租金评估、租赁期间的租金调整、续租时的租金确定等。租金评估需要结合当地的住房政策、市场状况及发展趋势、区位因素以及物业的实体状况，可以将多个阶段综合分析确定租金、设计增减规则，帮助企业从中长期综合考量确定最优值。租金评估处于住房租赁评估中的核心位置，由于租金评估业务量大，物业存在一些共性特征，评估机构可探索建立住房租赁租金估值模型与住房租赁租金自动估价系统。另外，考虑到物业租金与售价之间存在一定关系，未来可将住房租赁租金自动估价系统与现有的房屋价值自动评估系统联动，实时快速地给出租金参考值，还可以通过分析租售比预测租金走势，提供相关建议。

《住房租赁条例（征求意见稿）》中提出，直辖市、设区的市级人民政府应当建立住房租赁指导价格发布制度，定期公布不同区域、不同类型租赁住房的市场租金水平信息。房地产评估机构可以结合大量评估实例，提供这类租金参考信息。

（三）存量房屋盘活评估与咨询

目前各个城市都存在一些闲置或低效使用的房屋，政策鼓励将这类房屋盘活利用，其中之一就是改造成租赁住房。由于不同用途房地产的价值差异很大，权益人在建设公共配套设施、商业地产、文创旅游、住房租赁等方向中选择，首先需要判断经济效益。评估专业人员可以分析现状价值、改变用途价值，进行最高最佳利用分析，为存量房屋盘活利用提供参考。

（四）住房租赁收益权质押评估

政策支持金融机构在风险可控、商业可持续的前提下，创新针对住房租赁的金融产品和服务，加大对租赁住房项目的信贷支持力度。《住房租赁条例（征求意见稿）》中提出，住房租赁企业可以依法质押住房租赁租金收益权。住房租赁项目是否提供信贷额度，除了依靠金融机构的专业分析，还可借助评估机构对此类项目的专业判断。评估人员通过对市场前景预测、项目未来现金流、预期收益现值等的分析，给出项目价值，为质押数额提供参考。

（五）住房租赁资产证券化中的评估

证监会、住房和城乡建设部于2018年联合发布通知推进住房租赁资产证券化相关工作，国家出台的多项政策中也提到推进"不动产投资信托基金（REITs）试点"。随着以北、上、广、深等大中城市为代表的住房租赁市场的不断壮大，越来越多的优质租赁住房资产进入资本市场。但是基础资产差异大，发行主体需要依靠评估机构，通过专业视角进行筛选、价值评估和现金流预测。参考《房地产投资信托基金物业评估指引（试行）》，从发行上市、运营管理（包括收购、经营、出售）到退出市场，评估服务贯穿REITs发行的全过程，评估内容包括信托物业状况评价、信托物业市场调研、信托物业价值评估等三大项，评估工作量巨大。随着基础设施公募REITs开闸，住房租赁项目有望实现与公募REITs的对接。

（六）住房租赁市场监测分析

目前各大城市都在推动建设租赁住房，但是这个市场规模和需求分布情况需要进行科学分析，这可以视为评估报告中市场背景分析的加强版。评估机构应关注经济发展、人口流入、房屋空置率等情况变化，加强住房租赁供需规律分析与未来的发展预测，动态判断住房租赁供应规模与市场需求的匹配情况、市场租金的变动趋势，加强住房租赁市场监测分析，为租赁住房用地出让、新建或改建提供参考。评估机构可重点监测试点城市的住房租赁市场。

三、总结

随着国家和地方政策的不断引导，我国住房租赁市场通过新增、改建等多渠道增加供给，逐步填补市场需求缺口，未来"租购并举"将成为房地产市场的新常态。由此，住房租赁领域对评估的需求量也将规模空前，既有传统的租金评估，也有新型的租赁住房用地价值评估、存量房屋盘活评估咨询、住房租赁租金收益权质押评估、住房租赁资产证券化中的评估等。评估机构可以出具独立、客观、公正的评估报告，也可以根据项目情况出具专业咨询意见，评估与咨询相辅相成，满足不同委托人的服务需求，为住房租赁市场的规范运行保驾护航。

参考文献：

[1] 柴强. 发挥估价在发展住房租赁市场中的作用[J]. 中国房地产估价与经纪，2017（6）：7-11.

[2] 中国房地产估价师与房地产经纪人学会. 房地产投资信托基金物业评估指引（试行）[Z]. 2015.

作者联系方式

姓　　名：周聪慧

单　　位：深圳市世联土地房地产评估有限公司，世联评估价值研究院

地　　址：北京市朝阳区西大望路 15 号外企大厦 B 座 13 层

邮　　箱：zhoucongh@worldunion.com.cn

基于房地产估价视角展望"十四五"时期住房租赁市场发展机遇

田德权

摘　要：随着我国城镇化进程加速和城市流动人口规模扩大，各大城市尤其是一线城市常住人口不断增多，住房需求持续攀升，流动务工人员的住房问题日益突显。"十四五"期间，为更好解决群众住房问题，促进房地产市场平稳健康发展，我国将加快完善多主体供给、多渠道保障、租购并举的住房制度，与此同时，在中央经济工作会议中，"坚持房住不炒""支持合理住房需求""坚持租购并举、租购同权""加快发展长租房市场""推进保障性住房建设"等表述也不断被提及，突显中央要推动住房模式由"购"向"租购并举"转变，要大力发展住房租赁市场，住房租赁市场借此契机将快速发展。

关键词：住房租赁市场；房地产评估；机遇

住房租赁市场是房屋所有权人作为出租人将其房屋出租给承租人使用，并由承租人向出租人支付租金的活动及经济关系的总称，属于房地产市场范畴的组成部分。近年来，我国加快推动住房租赁相关政策的顶层设计，对住房租赁市场支持力度持续加大。同时，随着流动人口规模的持续增长和城镇化不断扩大，我国住房租赁需求不断增长，住房租赁市场随之迎来蓬勃发展期。

一、从政策导向了解我国住房租赁市场的发展阶段

我国住房租赁市场的房屋来源以个人住房供给、租赁机构供给和国家主导的保障性租赁房供给为主，其中个人房源比较分散，而租赁机构起步较晚，直至2009年我国才出现专业化的住房租赁机构，但市场占比较低，这两者均不会成为租赁市场的供给主力。保障性租赁房是由国家主导的为城市中低收入群体提供居住条件的优惠便利模式，因此，我们先从国家的政策导向出发简单了解一下我国住房租赁市场的发展。

（一）起步阶段（2014年之前），以公租房和廉租房为重点解决低收入家庭住房问题

这一阶段前期，受住房分配制度不完善、人口流动性低、经济发展水平有限等因

素影响，我国住房租赁市场发展缓慢，城市居民以租赁公房为主。随着 1978 年改革开放，中国人口流动的障碍逐渐减少，以农民工为主的流动人口逐渐增多，住房租赁市场开始出现萌芽。1995 年，建设部印发《城市房屋租赁管理办法》，标志着我国住房租赁市场相关政策正式出台。1998 年 7 月，国务院印发《关于进一步深化城镇住房制度改革加快住房建设的通知》，提出最低收入家庭租赁由政府或单位提供廉租房（廉租房）。2007 年 8 月，国务院印发《关于解决城市低收入家庭住房困难的若干意见》，提出进一步建立健全城市廉租住房制度，逐步扩大廉租住房制度的保障范围，多渠道增加廉租住房房源。2010 年 2 月，国务院印发《关于加快发展公共租赁住房的指导意见》，提出大力发展公共租赁住房（公租房），完善住房供应体系，培育住房租赁市场。2013 年底，住房和城乡建设部等部门发布《关于公共租赁住房和廉租住房并轨运行的通知》，提出从 2014 年起，各地公共租赁住房和廉租住房并轨运行，并轨后统称为公共租赁住房。

这一阶段，政策重点以廉租房和公租房这类政策性租赁住房为主，关注解决低收入家庭的住房问题，租赁供给主体主要为政府。

（二）发展阶段（2015—2019 年），明确建立"租购并举"的住房制度

2015 年底，中央经济工作会议首次提及发展住房租赁市场，并强调将"租购并举"确立为我国住房制度改革的主要方向。此后，政策端推进住房租赁市场发展的步伐明显加快。2016 年 6 月，国务院出台《关于加快培育和发展住房租赁市场的若干意见》，提出"以建立购租并举的住房制度为主要方向，健全以市场配置为主、政府提供基本保障的住房租赁体系"；12 月，中央经济工作会议重点强调加快住房租赁市场立法。2017 年 10 月，党的十九大报告进一步明确了重点培育住房租赁市场、让住房回归"居住属性"的政策导向，提出"加快建立多主体供给、多渠道保障、租购并举的住房制度，让全体人民住有所居"。2019 年底，中央经济工作会议五年内第四次将发展租赁住房确定为工作重点，突显了住房租赁市场在我国住房体系中的重要地位。

这一阶段，住房租赁市场开始受到国家重视，相关政策加快出台，在中央顶层设计的指导下，各部委密集在重点城市开展住房租赁市场发展试点工作，"租购并举"的住房制度逐步确立。一系列政策措施的出台也促进了住房租赁市场的发展，各长租公寓品牌如雨后春笋般陆续出现，房地产开发商旗下的长租公寓品牌也开始进入租赁住房市场。

（三）快速发展阶段（始于 2020 年），以保障性租赁住房为抓手解决住房租赁市场结构性问题

2020 年中央经济工作会议将"解决好大城市住房突出问题"确定为 2021 年，即"十四五"规划的起始之年的经济工作的重点任务之一，并首次提出"要高度重视保

障性租赁住房建设"。此后,全国住房和城乡工作会议、《2021年政府工作报告》、《中华人民共和国国民经济和社会发展第十四个五年规划和2035年远景目标纲要》等都重点提出聚焦解决城市新市民、青年人等住房难题。2021年7月,国务院办公厅印发《关于加快发展保障性租赁住房的意见》,首次在国家层面明确了我国住房保障体系的顶层设计,强调加快建设保障性租赁住房,重点解决城市新市民、青年人住房难题,并在土地、金融、财税等多个领域给予强力政策支持。此后,全国48个(数据截至2022年1月27日)省市密集出台《关于加快发展保障性租赁住房的意见》(或征求意见稿),同时根据住房和城乡建设部公布数据,40个重点城市"十四五"期间计划新增保障性租赁住房650万套(间),保障性租赁住房建设将进一步提速(表1)。

21个城市"十四五"时期保障房供应计划　　　　　　　　　　表1

能级	城市	"十四五"保障房供应
一线	北京	新增供应各类住房100万套左右,新增租赁住房供应套数占比不低于40万套
	上海	租赁住房供应40万套以上
	深圳	建设筹集公共住房40万套,新增供应公共住房超28万套
二线	南京	城镇常住人口保障性住房覆盖率不低于31%
	长沙	建设公租房1万套
	郑州	新增筹集保障性住房23万套约1300万m²,解决约50~70万引进人才和新市民新就业人群住房保障需求
	青岛	新增公共住房26万套
	银川	新增中低收入保障500户,新增外来务工人员保障1000户,新增就业大学生保障1500户
	宁波	新增住房保障受益家庭2.8万户
	厦门	新增租赁住房8.5万套
	成都	新增租赁住房30万套以上
	济南	租赁住房房源达到15万套(间)
三四线	淄博	保障住房困难家庭不少于2.1万户,建设人才公寓3万套
	常州	城镇常住人口保障性住房覆盖率达到34%
	温州	城镇住房保障受益覆盖率达到25%
	珠海	筹集各类保障性住房和人才住房不少于8万套
	济宁	建成公共租赁住房1040套、共有产权房500套,培育专业化住房租赁企业22家
	东莞	建成人才住房数7.2万套
	岳阳	实施公租房实物保障、租赁补贴的总户数3.5万户
	漳州	新建保障性安居工程65305套
	嘉兴	住房保障受益覆盖率达到25%以上

这一阶段，政府将解决好大城市住房突出问题，高度重视保障性租赁住房建设，加快完善长租房政策，逐步使租购住房在享受公共服务上具有同等权利，规范发展长租房市场，住房租赁市场必将迎来快速发展时期。

二、"十四五"时期住房租赁市场发展机遇

（一）人口结构变化是诱因

国人自古就有着对"居者有其屋"的期望，住房也是人们"衣、食、住、行"四个基本需求之一，住房需求的大小直接取决于人口数量的多少，第七次全国人口普查数据显示，我国人口流动情况发生明显变化，主要有以下三大特征。

1. 整体流动人口规模持续扩大

截至2020年底，我国流动人口规模达3.76亿人，较2010年增加1.5亿人，增长率达到了69.8%；流动人口占全国总人口比重达26.6%，较2010年扩大了10.1个百分点（图1）。

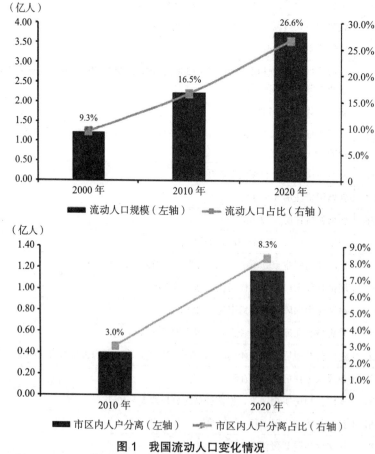

图1 我国流动人口变化情况

（数据来源：国家统计局，中指研究院整理）

2. 人口加速向重点城市群、核心城市聚集

截至2020年底,长三角、珠三角、京津冀等8个重点城市群常住人口规模达8.9亿人,占全国常住人口63%。2010至2020年,8个重点城市群常住人口规模增量超7100万人,其中珠三角、长三角人口增量超1800万人,京津冀、成渝、中原、山东半岛和粤闽浙沿海城市群人口增量均超500万人。从30个重点城市来看,截至2020年底,共有重庆、上海、北京、成都、广州、深圳等15个城市常住人口在1000万人以上。其中,深圳、广州、成都等3个城市十年间常住人口增量超过500万人;西安、郑州、杭州、重庆、长沙、武汉、北京等10个城市常住人口增量超过200万人(图2)。

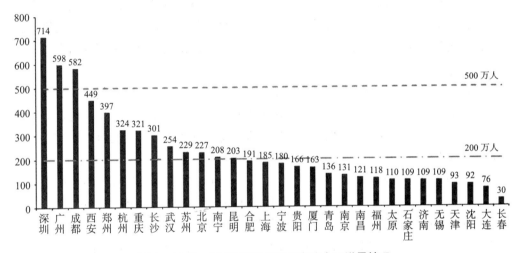

图2 2011—2020年重点城市常住人口增量情况

(数据来源:各地统计局,中指研究院整理)

3. 城市内部人口流动性明显增强

随着城市建设的不断发展,功能分区、产业布局会逐渐调整,城市内部的人口流动性也会逐渐增加。截至2020年底,我国市辖区内人户分离人口为1.17亿人,较2010年增加0.77亿人,大幅增长192.4%。其中,深圳、武汉、成都、西安、南京等重点城市市区内人户分离人口规模增长均在1倍以上。

总之,根据第七次人口普查结果可知,2020年全国流动人口为3.76亿人,十年间增长了将近70%。截至2021年底,我国常住人口城镇化率达到64.72%,依然低于发达国家的水平。据相关资料显示,预计到2035年,我国城镇化率有望达到75%～80%,也就是说,未来15年还有大约2～3亿或者说7000万～1亿户农村人口进入城镇。届时,这些人口所面临的最大问题就是住房问题。庞大的流动人口规模和快速增长的城镇化速度,都极大催生了住房租赁需求,尤其是在重点城市群、核心城市,住房租赁需求将更加旺盛,我国的人口结构的变化必将引燃住房租赁市场,未来住房租赁市场将迎来蓬勃发展时期。

(二)国家政策将引导其发展

我国的房地产市场是由中国特色社会主义经济决定的,房地产行业的发展史,是我国社会主义建设和改革开放史的缩影。1978年后中国开启改革开放进程,国家开始逐渐以经济建设为中心,从各方面进行经济体制的改革,其中土地制度改革也成为其中一个改革环节。1980年国家首次开始提出住房买卖,引发了全国对于房地产未来商品化的讨论。此后,在广东的部分地区,土地使用制度的改革开始试点。1987年10月,党的十三大提出未来要建立房地产市场,明确提出了房地产的商品化方针。1998年的"房改通知"宣告住房计划经济时代终结,之后,我国的房地产开始逐渐起步,在千禧年左右进入快速发展期,更是迎来了所谓的"房地产的黄金十年"。房地产开发企业快速崛起、商品房建设量增长迅速、楼市价格不断攀升、房地产销售屡创新高,房地产市场经历了飞速发展的阶段,可谓房地产市场的繁荣离不开国家政策的设计与引导。

同理,住房租赁市场的发展必然遵循同样的路径。从我国住房租赁市场的发展历程,我们不难看出国家政策的重要性,作为"十四五"开局之年,2021年也是国家明确住房租赁发展方向的元年,很多人把这一次房地产政策引导称之为继"98房改"之后的第二次"房改"。

"十四五"之初,国家密集出台了住房租赁的相关政策,尤其2021年中央经济工作会议重提"房住不炒",并将发展租赁住房市场作为解决大城市住房问题的重要手段。伴随着"租购同权"政策在"十四五"期间的逐步落实,相信未来会有越来越多的"新市民""新青年"选择通过租住实现住房消费。在国家顶层政策设计的引导下,住房租赁市场必然会快速发展(表2)。

我国住房租赁相关政策梳理 表2

时间	政策名称	部门	主要内容
1995年6月	《城市房屋租赁管理办法》	建设部	加强城市房屋租赁管理,进一步保障房屋租赁当事人的合法权益
1998年7月	《关于进一步深化城镇住房制度改革加快住房建设的通知》	国务院	建设廉租房
2007年8月	《关于解决城市低收入家庭住房困难的若干意见》	国务院	加快建立健全以廉租住房制度为重点的政策体系
2010年2月	《关于加快发展公共租赁住房的指导意见》	国务院	大力发展公共租赁住房,培育住房租赁市场
2011年12月	《商品房屋租赁管理办法》	住房和城乡建设部	加强商品房屋租赁管理,规范商品房屋租赁行为,维护商品房屋租赁双方当事人的合法权益

续表

时间	政策名称	部门	主要内容
2013年12月	《关于公共租赁住房和廉租住房并轨运行的通知》	住房和城乡建设部、财政部、国家发展改革委等多部门	从2014年起，各地公共租赁住房和廉租住房并轨运行，并轨后统称为公共租赁住房
2015年1月	《关于加快培育和发展住房租赁市场的指导意见》	住房和城乡建设部	积极推进租赁服务平台建设，大力发展住房租赁经营机构，完善公共租赁住房制度
2015年1月	《关于放宽提取住房公积金支付房租条件的通知》	住房和城乡建设部、财政部和人民银行	明确了公积金支付房租的提取条件等
2015年12月	中央经济工作会议	中央	要明确深化住房制度改革方向，以建立购租并举的住房制度为主要方向。要发展住房租赁市场，鼓励发展以住房租赁为主营业务的专业化企业
2015年12月	全国住房城乡建设工作会议	住房和城乡建设部	建立购租并举的住房制度；大力发展住房租赁市场，推动住房租赁规模化、专业化发展
2016年3月	政府工作报告	国务院	建立租购并举的住房制度
2016年6月	《关于加快培育和发展住房租赁市场的若干意见》	国务院	培育市场供应主体、鼓励住房租赁消费、完善公共租赁住房、支持租赁住房建设、加大政策支持力度
2016年12月	中央经济工作会议	中央	要加快住房租赁市场立法，加快机构化、规模化租赁企业发展
2017年7月	《关于在人口净流入的大中城市加快发展住房租赁市场的通知》	住房和城乡建设部、国家发展改革委、财政部等九部门	培育机构化、规模化住房租赁企业、建设政府住房租赁交易服务凭条、增加租赁住房有效供应
2017年8月	《利用集体建设用地建设租赁住房试点方案》	国土资源部、住房和城乡建设部	北京、辽宁、上海、江苏、浙江、安徽、福建、河南、湖北、广东、四川省等八省三市首批入围，探索集体用地建设租赁住房
2017年10月	十九大报告	中央	加快建立多主体供给、多渠道保障、租购并举的住房制度，让全体人民住有所居
2017年12月	中央经济工作会议	中央	加快建立多主体供应、多渠道保障、租购并举的住房制度。要发展住房租赁市场，支持专业化、机构化住房租赁企业发展
2018年1月	《关于沈阳等11个城市利用集体建设用地建设租赁住房试点实施方案意见的函》	国土资源部、住房和城乡建设部	沈阳、南京、杭州、合肥、厦门、郑州、武汉、广州、佛山、肇庆、成都等11个城市利用集体建设用地建设租赁住房试点实施方案

续表

时间	政策名称	部门	主要内容
2018年3月	政府工作报告	国务院	培育住房租赁市场,加快建立多主体供给、多渠道保障、租购并举的住房制度
2018年4月	《关于推进住房租赁资产证券化相关工作的通知》	证监会、住房和城乡建设部	重点支持住房租赁企业发行以其持有不动产物业作为底层资产的权益类资产证券化产品,试点发行房地产投资信托基金(REITs)
2019年7月	《2019年中央财政支持住房租赁市场发展试点入围城市》	住房和城乡建设部、财政部	北京、长春、上海、南京、杭州、合肥、福州、厦门、济南、郑州、武汉、长沙、广州、深圳、重庆、成都等16个城市首批入围
2019年12月	中央经济工作会议	中央	大力发展租赁住房
2020年7月	《2020年中央财政支持住房租赁市场发展试点入围城市名单公示》	财政部、住房城乡建设部	天津、石家庄、太原、沈阳、宁波、青岛、南宁、西安等8个城市第二批入围
2020年12月	中央经济工作会议	中央	解决好大城市住房突出问题。要高度重视保障性租赁住房建设,加快完善长租房政策,逐步使租购住房在享受公共服务上具有同等权利,规范发展长租房市场
2020年12月	全国住房和城乡建设工作会议	住房和城乡建设部	大力发展租赁住房,解决好大城市住房突出问题;加强住房市场体系和住房保障体系建设,扩大保障性租赁住房供给;加快培育专业化、规模化住房租赁企业
2021年3月	政府工作报告	国务院	解决好大城市住房突出问题,切实增加保障性租赁住房和共有产权住房供给,规范发展长租房市场,尽最大努力帮助新市民、青年人等缓解住房困难
2021年3月	《中华人民共和国国民经济和社会发展第十四个五年规划和2035年远景目标纲要》	国务院	加快培育和发展住房租赁市场,逐步使租购住房在享受公共服务上具有同等权利。加快住房租赁法规建设,保障承租人和出租人合法权益。以人口流入多、房价高的城市为重点,扩大保障性租赁住房供给,着力解决困难群体和新市民住房问题
2021年5月	40个城市发展保障性租赁住房工作座谈会	住房和城乡建设部	由政府给予政策支持,引导多主体投资、多渠道供给,坚持小户型、低租金,重点利用存量土地和房屋建设保障性租赁住房
2021年6月	国务院常务会议	国务院	鼓励市场力量参与,增加租金低于市场水平的小户型保障性租赁住房供给。人口净流入的大城市等,可利用集体经营性建设用地等改建保障性租赁住房
2021年6月	《关于加快发展保障性租赁住房的意见》	国务院	提出重点解决城市新市民、青年人等群体的住房难题,在人口流入的大城市建设保障性租赁住房,并在土地、金融、税费等方面政策支持

续表

时间	政策名称	部门	主要内容
2021年7月	《关于进一步做好基础设施领域不动产投资信托基金（REITs）试点工作的通知》	国家发展改革委	明确将保障性租赁住房纳入基础设施领域不动产投资信托基金项目
2021年7月	《关于完善住房租赁有关税收政策的公告》	财政部	租赁企业向个人出租住房减按1.5%缴纳增值税，企事业单位等向个人、规模化租赁企业出租住房，减按4%征收房产税等
2021年7月	政治局会议	中央	加快发展租赁住房，落实用地、税收等支持政策
2021年12月	中央经济工作会议	中央	坚持租购并举，加快发展长租房市场，推进保障性住房建设

（三）金融机构推动其发展

金融机构在房地产市场的发展中一直起着"助推剂"的作用，于住房租赁市场而言也是一样。金融机构通过"信用租房"和"ABS资产证券化"等模式助推长租公寓企业成功发展就是金融机构"助推剂"作用在住房租赁市场上的体现（图3、图4）。

2021年是我国基础设施公募REITs的发行元年，首批REITs产品表现突出，投资者认购热情高涨。2021年7月，国家发展改革委发布《关于进一步做好基础设施领域不动产投资信托基金（REITs）试点工作的通知》（发改投资〔2021〕958号），其中提到，各直辖市及人口净流入大城市的保障性租赁住房项目被纳入基础设施公募REITs试点项目。

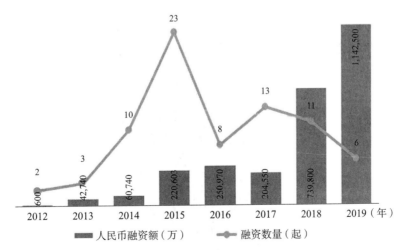

图3 2012—2019长租公寓市场公开股权融资数量和金额变化趋势

（数据来源：2012—2019年9月公开新闻和官方网站）

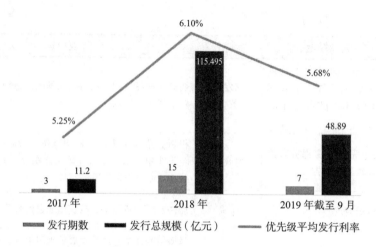

图4 按年份长租公寓和住房租赁 ABS 发行情况

（数据来源：上交所、深交所、公开新闻）

我们可以预见，"十四五"期间，在国家的倡导下，将会有越来越多的银行、信托等金融机构参与到住房租赁市场之中，金融产品也会不断丰富，这将助推住房租赁市场保持稳定并快速发展。

（四）房地产企业的角色转换促进其发展

所谓房地产企业，是指从事房地产开发、经营、管理和服务活动，并以营利为目的进行自主经营、独立核算的经济组织。房地产企业既是房屋的建设者，也是房屋的主要供给者，对房地产市场的发展起着重要作用。

伴随着房地产市场结构调整，在"发展住房租赁市场"的一系列针对性政策指导下，在国家鼓励支持房地产开发企业将其持有房源向社会出租和拿地时政府出让地块增加"配自持"条件下，房地产开发企业或主动或被动地开始参与到住房租赁市场之中。2021年 TOP30 集中式公寓运营企业中，房企系占比43%，已成为租赁市场主力（图5）。

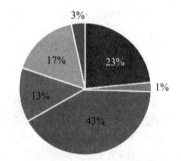

图5 2021年 TOP30 集中式长租公寓运营企业背景情况

（数据来源：睿和智库整理）

在国家"坚持房子是用来住的、不是用来炒的"的背景下，我国房地产市场正逐步迈向存量时代，借此，住房租赁市场将有较好的发展前景，越来越多房地产开发企业开始寻求在住房租赁市场获得新的利润增长空间，要求其必须加强自身物业运营能力，构建并适应全新的发展模式，去促进住房租赁市场的发展。

三、房地产评估在住房租赁市场发展中发挥的作用

房地产估价行业是房地产业的重要组成部分，在改革开放的背景下，随着城镇国有土地有偿使用和房屋商品化的推进，我国的房地产估价活动开始复兴，特别是1994年《城市房地产管理法》确立了房地产估价的法律地位以来，我国房地产估价行业快速发展，估价队伍不断壮大，估价法规不断健全，估价理论体系日趋成熟，估价行业的社会影响显著增大。实践中，房地产估价行业在解决房地产市场失灵，维护房地产市场秩序，保护房地产权利人和利害关系人的合法权益，防范金融风险等方面都发挥着独特的积极作用。

价格是市场的重要信息，是社会需求的尺度、标志和晴雨表，住房租赁市场的核心问题即租赁价格（租金）也是租赁市场供求的晴雨表，不符合社会资源的租金必然制约着正常的租赁交易，或使租赁市场发生扭曲。房地产估价以其独立、客观、公正的独有本质，提供具有权威性和公平性的估价结果，有助于将租赁价格导向正常化，促进租赁市场的公平交易，能很好地保障租赁市场各方参与者的合法权益，因此，住房租赁市场在健康、快速发展的过程中，离不开房地产评估专业的支撑，主要体现在以下几点。

（一）为租赁交易提供参考标准

无论是保障性公共租赁住房对外出租还是专业的住房租赁公司获取物业或对外出租物业，都需要对其房屋的市场客观租金有一个了解，而房地产估价人员作为专业的房地产价值评估人员，依据其丰富的从业经验和专业的评估技术，能为其提供符合市场要求的租金参考，推动租赁工作顺利展开。除提供租金参考标准外，房地产估价机构还能为出租房制定合理的出租方案，包括出租期限、租金标准、承租条件、招租底价及底价拟定依据、招租方式等提供合理化建议。

（二）为金融企业提供相关价值服务

住房租赁市场的快速发展，离不开金融机构的支持。央行在坚持"房住不炒"定位，租购并举，因城施策，保持房地产金融政策连续性、一致性、稳定性的同时，要稳妥实施好房地产金融审慎管理制度，加大住房租赁市场发展的金融支持，促进房地产市场平稳健康发展。金融机构在了解抵押（质押）物、融资对象价值时，需要聘请专业的房地产评估机构提供帮助，如银行办理租金质押业务时，需要进行贷款前抵押（质押）价值评估、贷款中的动态监管市场价值评估和实现抵押（质押）权的快速变现

评估，或为 REITs 的定价基础、投资决策提供依据等。

（三）为税收部门提供缴税依据

现阶段，我国在住房租赁过程中需要缴纳的税费主要有增值税、城市维护建设税、教育费及附加、房产税、所得税等，当缴税基数（租金）明显低于市场价值时，税务部门有权委托专业的评估机构对纳税对象的客观市场租金进行评估，以评估结果作为缴税依据。

（四）为解决租赁纠纷提供公开、公正的价值尺度

随着住房租赁市场进入快速发展阶段，由租赁引发的法律纠纷也将会不断增加，纠纷涉及的范围和类型也会不断扩大、增多，解决纠纷主要有协商、调解、仲裁、诉讼等方式，而纠纷的焦点就是租金，这时，一方或双方或仲裁机构、法院可委托专业房地产评估机构对纠纷案件中涉及的争议房地产租金进行评估，房地产评估机构将出具客观、合理的评估结果，为解决租赁纠纷提供公开、公正的价值尺度。

四、结论

住房租赁市场是我国住房供应体系的重要组成部分，是抑制"房地产泡沫"和房地产去库存的有效手段，是解决居民居住问题，特别是解决进城务工人员住房问题的主要途径，在我国人口结构调整的大背景下，在国家政策的引导下，在金融机构的助推下，再加上房地产开发企业主动或被动地参与，住房租赁市场在"十四五"期间、甚或后"十四五"时期必将会高质量、可持续地发展。

随着社会经济的不断发展，我作为一名专业的房地产估价师，深深体会到房地产估价行业对社会所担负的责任也越来越大，它不仅关系到估价单位及个人的切身利益，还与社会公共利益及人民财产安全密切相关。房地产估价行业应该与时俱进，继续发挥自身的优势，解决住房租赁市场价值的难点，完善住房租赁评估体系，拓展住房租赁评估业务，比如为租赁交易提供参考标准、为住房租赁时发生的税费税提供依据及为租赁项目前期工程提供价值咨询等，用高质量的专业服务标准满足未来可期的住房租赁市场的需求。

参考文献：

[1] 董昕, 王茜春. 中国租赁住房市场的发展与建议 [J]. 中国房地产（市场版），2021（7）：24-29.

[2] 陈博. 深圳：租售并举 迎来"后租赁时代" [J]. 城市开发，2018（1）：26-27.

[3] 赵然, 邹永洁. 我国住房租赁市场发展及金融财税政策研究 [J]. 住宅产业. 2021（5）：99-103.

作者联系方式

姓　　名：田德权

单　　位：中建银（北京）房地产土地资产评估有限公司

地　　址：北京市丰台区丰台北路 18 号院 4 号楼 9 层 901 内 902 室

邮　　箱：tiandequan1980@163.com

注册号：1120130086

公租房租金定价政策研究

王 泽 李 欣 黄德瑜

摘 要：《民法典》实施后，居住权得到了保障，"居者有其屋"才算真正意义上的实现。我国解决贫困人口问题后，住房保障又成为当前解决社会公平问题的重中之重。公租房的定价公平就成为住房保障的最大问题。本文认为，公租房定价从社会保障角度出发，只需考虑保障人群支付能力来定价符合当前形势，并建立一个定价公式，给政府的政策制定提供了依据。

关键词：公租房出租定价；政策研究

一、我国发展公租房的现实意义

（一）公租房租赁市场目前存在的问题

1.租赁市场定价混乱

租赁住房是解决低保人群、新就业大学生等新市民住房问题的重要途径，但住房租赁市场秩序混乱，房地产经纪机构、住房租赁企业和网络信息平台发布虚假房源信息、恶意克扣押金租金、违规使用住房租金贷款、强制驱逐承租人等违法违规问题突出，侵害租房群众合法权益，影响社会和谐稳定。

2.保障不公平

公租房大部分是有最低年限要求的，需要承租人签订一定期限的租赁合同。低收入群体中有相当比重的人职业特征为产业工人、商业服务业人员和个体经营户，这部分群体对居住场所的选择往往跟随工作地点的变动而迁移，体现出较强的流动性，因而中短期的租赁型公共住房更符合其住房要求，并有助于减少生活、出行的附加成本；部分住房困难的低收入群体是刚进入社会的毕业学生或打工白领，这部分群体处于暂时性的购买力不足阶段，需要过渡性的租赁型公共住房以满足短期内的居住需求，但此类住房较少，新市民的住房需求得不到保障。另外公租房无法跟商品房一样拥有学区，孩子享受教育的不平等，对社会公平造成了负面影响。

（二）我国建设公租房的现实意义

根据相关数据显示，目前我国租房人数已超过2亿，占城镇人口近1/4，健康稳定的租赁市场关系到人们的幸福指数，2021年1月1日开始施行的《民法典》就从法律制度上来保障"居住权"的实现。如房屋租赁期满后，租房人享有优先租赁权；设立居住权的房屋不得出租；租房人享有优先购买权，但受制于近亲属优先购买权；房东发现自己的房子被转租，应在6个月内提出异议。总体而言，租房新规将成为我们租房市场的行为准则。为确保自身的合法权益，房东、租房人、二房东等主体均应在规则下行事。从长期来看，这些规定有助于租赁市场的健康发展，为实现"住有所居"目标发挥作用。

公租房是用低于市场价或者承租者承受得起的价格，向低收入家庭出租住房，以改善这部分群体的住房困难状况。当低收入家庭收入变化时，有严格的退出机制。公租房概念的提出，其现实意义在于帮助"夹心层"家庭解决住房难的问题，而其更广泛的意义则在于国家保障体系将同时向非低收入群体和流动人口理念的转变。这样的转变，出发点是政府把保障范围扩展到所有不能通过市场解决住房问题的家庭，包括已成为城市常住人口的外来务工人员，即致力于通过公租房帮助各类群体解决住房难题。

大力发展公租房有利于弥补租赁市场发展滞后的问题。当前，城镇居民在改善住房条件时，都选择了购房而非租房。这虽然有中国传统习俗因素影响，但还有一个重要原因就是租赁市场缺乏稳定性保障。低收入家庭仅靠市场个体提供的租房市场在租金和租赁期限等方面都存在很大的随意性，因此，需要政府以制度化的模式提供租赁型的公共住房，以弥补中长期租赁市场的空缺。

公租房租金如何确定成了公租房运作过程中的重中之重。我国每年城镇化新增城市人口约1500万，而城市新增建设用地又受到严格控制，在这种人多地少的矛盾冲突下，如果将所有中低收入群体的住房需求都推向市场，将必然导致住房市场价格的进一步提升，致使更多的人买不到房、住不起房。因此，在房价上涨、住房短缺的时期，公租房更符合我国现阶段低收入群体的住房需求。

二、公租房政府补贴政策构想

（一）各城市公租房政策总结

公租房适用人群的住房保障有多种渠道，如何用一种制度来全覆盖，我们通过互联网搜集国内部分城市的做法，整理如表1。

境外国家公租房发展具有供给主体多元化、供给产品多样化、供给融资多渠道、保障水平层次化、保障措施法律化等特点。我们就不一一罗列。

总结国内外经验，大力发展公租房同时，对不同收入生活水平人群给予不同程度的政府租赁补贴，实现全面住房保障制度。

公租房适用人群的住房保障渠道 表1

城市	租金标准	租金补贴
成都	符合廉租金标准的低收入住房困难家庭对象执行廉租租金标准（按使用面积每平方米每月2.4元）；其他公租房对象根据收入不同按市场租金70%、80%两档确定租金	低保家庭按市场平均租金确定；低保边缘家庭按照市场平均租金的80%确定；人均收入在市区低保标准2.5倍以内家庭按照市场平均租金的60%确定；其他保障家庭按照市场平均租金的50%确定
重庆	公共租赁住房的租金标准由市物价部门会同相关部门研究确定，原则上不超过同地段、同品质、同类型普通商品房市场租金的60%。租金实行动态调整，每2年向社会公布一次	补贴系数分3档：普通城镇中等偏下收入家庭补贴系数为0.5；人均月收入高于全市城市居民最低生活标准（含），但低于全市城市居民最低生活标准2倍的城镇低收入住房困难家庭、享受国家定期抚恤补助的优抚对象住房困难家庭，补贴系数为0.8；城镇低保住房困难家庭、分散供养的特困人员补贴系数为1。家庭每月租赁补贴金额指导标准为：不低于20元/m^2，不高于25元/m^2
南京	低保、低收入家庭、中等偏下收入家庭分别按照标准租金的10%、20%、50%交纳；新就业人员、外来务工人员、经市政府认定的各类人才及其他经市政府认定住房困难人员按照标准租金的70%交纳	现行租赁补贴标准为35元/m^2·月，人均保障面积为20m^2。低保、低收入和中等偏下收入住房困难家庭每平方米租赁补贴分别为租赁补贴标准的90%、80%和50%，即：32元/m^2·月、28元/m^2·月、18元/m^2·月
天津	低保家庭租金标准为每月每平方米使用面积1元	低收入和中低收入家庭实行租补分离，公租房租金标准按项目所在区域房屋租赁市场指导租金确定，政府补贴标准根据收入和区域不同，为每月每平方米建筑面积15～36元

（二）建立公租房租赁补贴的必要性

经济适用住房因易出现寻租现象等原因正在逐步退出我国保障性住房体系，目前，我国大部分地区的保障性住房以公共租赁住房和廉租住房为主。廉租住房保障实行房租补贴和实物配租相结合的方式，其中的房租补贴方式可以直接和公共租赁住房中的房租补贴并轨。

从保障公民住房权利和有利于城市发展的角度出发，所有在当地没有住房、租房存在困难的人群都应当被纳入当地的住房保障范围，公共租赁住房应当向非户籍人口开放。但为所有存在住房困难的非户籍人口统一设定过低租金势必会造成人口盲目流动，公共租赁住房市场租金定价加房租补贴制度有利于解决这一难题。首先，要放宽非户籍人口申请公共租赁住房的准入条件，为其提供可租赁房源；其次，政府根据发展规划，对不同群体提供不同级别的房租补贴，可以留住城市发展需要的外来人口，优化城市人口结构，这既加强了对非户籍人口住房权利的保障，又可以合理引导人口流动。

商品住房普遍强制配建公共租赁住房制度解决了公共租赁住房位置偏远、质量较差、管理不善等问题,满足了人们对住房地理位置的多样化需求,在商品住房普遍强制配建公共租赁住房制度下,优势地段和高级社区配建或筹集的公共租赁住房的租金标准更加难以确定。为了解决这些问题,应当在公共租赁住房的租金定价上实行不同房源参照周围市场租金分别定价的方式,并建立房租补贴制度。

房租补贴制度是根据不同家庭的经济情况,市场租金定价加房租补贴制度有针对性地提高了不同家庭的房租承受能力,提高了住房保障资金的使用效率,也使住房保障资金的分配更加公平。

根据房地产租赁市场建立公租房政府公示租金制度,符合公租房租赁条件的承租者按公示租金价格水平与公产房管理单位签订租赁合同,由政府负责承担房租补贴部分,公示租金与房租补贴差额部分由承租者缴纳。对于符合公租房租赁条件的承租者经公产房管理单位批准租赁非公租房的,发放政府补贴给承租人。

(三)政府租赁补贴政策构想

为完善住房保障制度,满足公租房适用人群的住房保障需要,考虑公租房与市场租赁房的市场特点,综合国内外经验,尝试建立一套政府租赁补贴政策。该政策总体思想是以政府租赁补贴为主实现住房保障制度,力争全覆盖公租房适用人群。

具体思路是:根据统计数据确定公租房适用人群的收入,选择合理的收入占比来确定其能承受的住房租金总额,除以合理的保障居住面积,得到适用人群公租房标准租金,再选择评估机构或市场统计调查确定当地市场租金,市场租金与标准租金的差额为政府租赁补贴标准。政府租赁补贴标准与标准租金比重为补偿系数。根据不同人群收入水平与人均资产差异、居民户人口数量、当地政府住房保障支付能力设置调整系数。只要符合保障条件,不管是租赁公租房还是租赁市场商品房,都可以享受补贴政策,解决实物补贴出现保障不公平现象。具体公式如下:

政府租赁补贴标准 = 公租房标准租金 × 补偿系数 × 调整系数

三、影响公租房租金定价的因素

仅有政策构想还无法解决现实问题,公租房标准租金的确定是当前存在的另一大问题。我们搜集资料,整理分析影响公租房定价的主要因素有两类:第一类是供应即成本,包括公租房的地价与投资建设运营管理成本、公租房自身因素、资本使用成本等因素;第二类是需求能力,主要是公租房保障对象的支付能力。二者相结合就是当地商品住房市场的租金水平,最核心的是当地财政支付能力。

(一)投资建设和运营管理成本

投资建设成本由土地成本和土建安装成本等构成。其中,土地成本根据住房和城乡建设部等七部门联合制定的《关于加快发展公共租赁住房的指导意见》(建保〔2010〕87号)规定,面向经济适用住房对象供应的公租房,建设用地实行划拨供应。其他方式投资的公租房,建设用地可以采用出让、租赁或作价入股等方式有偿使用。土建安装成本取决于建筑市场价格以及建筑设计标准。运营成本主要是运营阶段发生的费用,包括公租房的日常养护费、设备设施的维护费、物业服务费等。

(二)公租房自身因素

公租房自身特征主要包括建筑特征、邻里特征和区位特征。其中,建筑特征包括房间数目、建筑面积、房龄、朝向、楼层、装修、家电配备等,这些都对租金有着显著的影响。邻里特征是指公租房小区内部配套设施水平、邻里社会阶层等。区位特征主要涉及公租房小区所在的地段情况,如是否在市中心,工作、生活、交通、购物是否便利,是否有丰富的教育资源等。

(三)资本使用成本

资本的使用是有成本的。企业经营活动是以盈利为目的的,因此,资本使用成本是影响公租房定价的一个重要因素。从中央政府鼓励社会力量参与公租房建设运营、大力推进PPP模式来看,资本使用的合理成本也应考虑到公租房的定价模型中,才能更好地符合公租房未来发展的需要。

(四)保障对象的支付能力

公租房保障对象的支付能力,是差别化租金定价应考虑的最重要因素。在以往确定公租房租金标准时,一些城市考虑了保障对象的收入水平或支付能力,考虑的办法是根据不同年度人均可支配收入与家庭财产水平,来确定不同的住房租金补助标准。

(五)周边商品住宅租金水平

公租房租金应适当低于同地段、同类型商品住房市场的租金水平。目前在许多城市都按照住房市场租金的一定比例确定当地公租房的租金标准。通常情况下,市场租金应作为保障对象可以承受的最高实际租金。当基于成本导向的租金定价高于市场租金时,则理性人将选择直接从市场中租赁房屋以解决租房问题,意味着政府供给的公租房是保障对象无法接受的,供给是无效的,因此市场租金成了公租房定价必须参考的主要标准之一。

(六)政府财政支付能力

政府财政支付能力的强弱对公租房租金定价有直接影响,特别是在租金优惠总量把控等方面。同时,从我国公租房现阶段的发展实际来看,公租房的投资建设和运营维护资金，以及向公租房保障对象发放的补贴等都主要依靠政府财政资金的支持，因此，公租房租金定价与规划应在政府财政支付可负担的范围内合理设定。

（七）其他因素

其他因素，如法律法规、政策规定重大调整、CPI 快速上涨、贷款利率大幅调整等因素也会影响到公租房租金的定价。

政府住房保障资金投入不足是公共租赁住房租金优势小的重要原因。很多地区刚开始都对公共租赁住房的建设经营持"微利保本"的原则，对租金采取"略低于市场价格"的定价方式，期望通过长期的房租收回建设成本。重庆市公共租赁住房租金大约为市场价格的 60%，北京市首批公共租赁住房租金与市场持平甚至高于市场价格，武汉、上海、郑州等地的首批公共租赁住房房租优势也都较小，甚至高于市场租金。

就当前的社会发展阶段而言，我们解决了贫困问题，接下来重点是解决社会公平问题，因此住房保障类民生工程可不再考虑成本因素，仅考虑保障对象支付能力就可。因此我们的住房保障政策重点是根据支付能力设计政府补贴力度，包括解决公租房租金标准与差异补贴问题。

四、补贴系数的确定

日本公租房房租确定：根据相关资料查阅，为了贯彻执行政府的住房政策，同时又确保公租房的收支平衡，公租房住宅不向低收入者开放，也不接受高收入者。公租房的租赁价格取决于政府补贴的多少，公租房的租金一般包括折旧费、土地费、维修费、管理费、保险费、房产税、利息等 7 项因素。考虑到政府的利息补偿和政府贷款的低利率（4%），公租房的租金是按下述原则确定的：折旧费按所有建设费用的 4%（高层按 35%）计算，土地费按土地购入及三通一平费用的 4%（高层按 35%）计算，维修费和管理费分别按主体工程和附属工程费的 1.2% 和 0.5% 计算，保险费按主体工程费的 0.072% 计算，房产税根据不同时期房产税的具体规定确定，利息按前 6 项费用之和的 1% 计算。租金除以 12 即得出每月的租金。但由于政府补贴，所以租房租金在初始租赁的 5 年内继续进行减免，5 年之后才逐步提高到上述租金水平。例如，大阪的公租房，政府直接提供的补助金占 5.9%，财政投融资提供的贷款占 37.3%。

目前国际上通行的标准理论是，房租开支如果超过家庭收入的 30% 以上，这个家庭的生活质量会受到严重影响。可见，在正常情况下，房租开支不超过家庭收入的 30%，对于一个家庭的生活状况是最合适的。

五、公租房标准租金的确定过程及举例

（一）公租房标准租金定价的思路

我们通过标准租金占可支配收入比方法来确定"标准租金"。

标准租金 = 公租房人均每月可支配收入 × 房租占可支配收入比 ÷ 人均建筑面积

公租房人均每月可支配收入 = 当地最低工资标准 ÷ 职工供养人口数

房租占可支配收入比取国际平均值 30%

人均建筑面积取当地人均住房面积的 60%（或按人均 20m^2）

（二）公共租赁住房标准租金确定过程及举例

我们以珠海市 2020 年的数据进行测算：根据珠海市 2020 年统计公报中的数据，取职工供养人口数 = 医疗保险人数 ÷ 职工养老保险人数。

2020 年职工供养人口数 = 医疗保险人数 ÷ 职工养老保险人数

$$= 2133100 \div 1300100 = 1.64$$

公租房人均每月可支配收入 = 当地最低工资标准 ÷ 职工供养人口数

2020 年珠海最低工资标准为 1720 元/月

$$= 1720 \div 1.64 = 1048 \text{ 元/月}$$

人均建筑面积取 20m^2 时

标准租金 = 1048 × 30% ÷ 20 = 15.73 元/m^2·月

六、总结及展望

目前，我国公租房定位为保障性住房，不向有购买住房能力的群体开放。诚然，在公租房制度刚推行、公租房数量不足时，我们有必要首先将公租房提供给没有购房能力的群体。但从世界范围来看，租房是一种生活方式，在房价稳定的国家，很多年轻人由于工作不稳定、不愿过早背负房贷等原因，并不热衷于过早买房，而是首选租房。"恐慌购房"是推动我国房价上涨的原因之一，而数量充足、租金合理的公租房房源可以避免"恐慌购房"，是解决我国房价不断上涨的重要手段。所以在公租房的数量达到一定规模时，公租房应当向所有选择租房的人群开放，政府通过控制房租补贴实现住房保障公平，对收入较高的租房人群不提供房租补贴。

从住房租赁市场发展的层面来看，租赁市场更加紧密的关联民生，因此保障体系必须更加快速、更加高效地建立健全，这意味着需要充分的保障性房源的供应及出台其他保障性举措，例如制定片区租金价格来满足中低收入及特定人群的住房需求。另一方面，和买卖市场多元化的需求一样，公租房市场同样会有多元化的需求，从活跃市场、丰富市场的角度来看，鼓励多层次、多元化的供应也是加快公租房市场发展的

必要举措。

总之,加快实现公租房的政策性保障覆盖,同时鼓励市场化的多层次、多渠道供应,才能最终构建一个成熟而又充满活力的公租房市场。

作者联系方式

姓　名：王　泽　李　欣　黄德瑜

单　位：广东思远土地房地产评估咨询有限公司

地　址：广东省珠海市香洲区吉大九洲大道中 1082 号中电大厦 301B

邮　箱：954671131@qq.com

注册号：王泽（2220030052），李欣（4420130082）

保障性租赁住房租金定价机制与租金评估探讨

——以上海浦东张江纳仕国际社区为例

石 铭

摘 要：通过分析保障性租赁住房的发展背景、政策导向以及租金定价需要考虑的主要因素，提出保障性租赁住房租金定价机制的关键是：要在"政府让利""市场盈利"和"市民得利"之间寻求平衡，通过低地价、低税费、低利率等政策措施，降低保障性租赁住房的投资建设和运营成本，促使租金收入比、租金收益率、租金梯度比以及投资收益率、投资回报周期均处于合理区间。结合上海市首批保障性租赁住房——张江纳仕国际社区的经验，以现金流量法为基础进行租金评估，并对租金合理性进行评价，从而对促进保障性租赁住房持续健康发展具有指导借鉴作用。

关键词：保障性租赁住房；定价机制；租金评估；合理性

一、保障性租赁住房的发展背景与政策导向

（一）发展背景

自1998年实施房改以来，我国城镇化发展速度和住房市场化程度快速提升，城市住房价格呈现持续快速上涨的态势，许多城市房租也随之水涨船高。为缓解城市居民住房困难，各地在发展商品住房的同时，政府先后推出了经济适用房、廉租房、公租房、共有产权住房等保障性住房发展模式，为实现城市居民"住有所居"的目标作出了很大努力。过去的保障性住房发展模式主要是由政府主导，财政投入大，保障人群少，难以解决数量庞大的低收入群体和新市民、青年人的住房困难问题。2016年，国务院办公厅印发《关于加快培育和发展住房租赁市场的若干意见》，首次在我国住房体系中提出"购租并举"的发展政策。近年来，北京、上海、深圳等大城市先后进行了一系列有益的探索，但由于租赁住房投资收益率低且回报周期长，甚至有的租赁住房项目处于亏损状态，市场主体投资积极性不高，我国租赁住房发展总体上较为缓慢。

（二）政策导向

2021年7月，国务院办公厅印发《关于加快发展保障性租赁住房的意见》（国办发〔2021〕22号），对保障性租赁住房的目标内涵、功能定位、发展方式和政策支持等作了明确规定，首次提出"完善以公共租赁住房、保障性租赁住房和共有产权住房为主体的住房保障体系"（图1），从国家层面正式确立了保障性租赁住房在住房保障体系中的重要地位，也从租赁角度为解决城市住房困难问题提供了新思路、新举措。

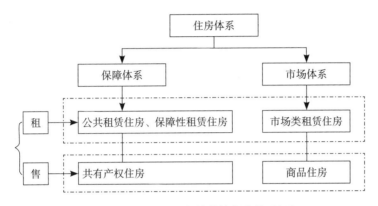

图1　我国现阶段租售并举的住房体系框架

在现有的租赁住房体系中，保障性租赁住房介于市场类租赁住房（商品房）和公共租赁住房之间，与公共租赁住房存在保障对象、建设主体和运营机制等方面的不同。公共租赁住房由政府负责投资建设和管理，属于国家基本公共服务事项，是政府必须承担的救济性、兜底性保障责任，主要面向城镇户籍居民中有住房困难的少部分低收入群体。而保障性租赁住房则属于兼具公益性、普惠性和市场性的"准公共产品"，由政府提供政策支持，采取"政府支持+市场主导"的途径，充分发挥市场机制的作用，引导多主体投资、多渠道供给，主要面向人口净流入的大城市新市民和青年人，不受户籍限制，不设收入门槛。既能弥补公共租赁住房供给量少和覆盖面窄的问题，又可以解决市场类租赁住房租金过高、通勤距离过远等问题，实现住有所居、职住平衡和产城融合发展等多重目标。

根据2021年8月发布的《上海市住房发展"十四五"规划》，"十四五"时期，上海将继续加大保障性租赁住房推进力度，计划形成供应租赁住房超过42万套（间、宿舍床位），占住房供应总套数的40%，超过供应量约40万套的商品住房。当前及今后一段时期，要按照国家对保障性租赁住房"准公共产品"的定位，从土地供应、土地价格、税费优惠、金融政策等方面采取全方位的政策支持，建立合理的租金定价机制，发挥价格机制对市场主体的吸引和带动作用。通过政府大幅度"让利"，促使投资主体适当"盈利"，实现保障群体最终"得利"，才能有效推进保障性租赁住房发展，加快解决人口净流入的大城市数量庞大的新市民、青年人的住房困难问题。

二、保障性租赁住房租金的定价机制

（一）租金定价考虑的主要因素

1. 租金收入比

租金收入比是指个人住房租金支出与个人可支配收入的比值，是判断租户支付租金压力程度的主要依据。一般认为，租金支出小于城镇居民可支配收入的25%，属合理区间；租金支出为城镇居民可支配收入的25%～45%，属压力区间；租金支出超过城镇居民可支配收入的45%，属超压区间。根据贝壳研究院发布的数据可知：2021年，深圳、北京、上海3个一线城市房租均价分别为94.87元/m^2·月、102.04元/m^2·月、92.86元/m^2·月，按人均租住面积20m^2计算，租金收入比分别为33%、31%、28%，均处于压力区间，是目前我国租房成本最高、压力最大的三个城市。

2. 租金收益率

普通商品住宅一般以房价租金比，即每平方米的房价与每平方米的月租金之间的比值，来衡量商品房以出租方式能够获得的投资回报率，这也是衡量房地产市场泡沫的重要指标之一。一般情况下，商品房的房价租金比合理范围为200～300（即租金收益率4%～6%），如果房价租金比超过300，说明该区域住房从租金收益角度看投资回报率低，投资价值较小，也意味着房价开始出现泡沫倾向。2020年，我国主要城市住宅房价租金比普遍超过500（表1），呈现出明显的泡沫化特征。

我国主要城市2020年房价租金比一览表 表1

（单位：元）

序号	城市	住宅销售单价（元/m^2）	住宅租金单价（元/m^2·月）	住宅房价租金比
1	厦门	50091.0	50.19	998.03
2	青岛	22984.0	30.94	742.86
3	广州	42592.0	58.3	730.57
4	苏州	22706.0	32.11	707.13
5	上海	66115.0	93.68	705.75
6	北京	64918.0	100.44	646.34
7	南京	32418.0	52.86	613.28
8	合肥	17724.0	29.88	593.17
9	天津	27373.0	49.14	557.04
10	杭州	36546.0	66.47	549.81

因普通商品房兼具居住属性和金融属性，特别是在城镇化高速发展阶段，房价增值可以弥补租金收益的不足，商品房投资仍能获得较好的投资回报率。而保障性租赁

住房"只租不售",投资方不能分享房价增值部分的收益,其投资回报率不适宜采用房价租金比来衡量。

租金收入是保障性租赁住房主要的收益来源,适宜采用租金收益率来衡量其投资回报。目前,我国城市商品住房租金回报率一般约为2%,一些热点城市仅为1%~2%,远低于纽约、伦敦、柏林等国外城市租金回报率4%~6%的水平。据中国房价行情网数据显示,2021年4月,北京、上海、广州全市范围的租金回报率分别仅为1.88%、1.68%、1.63%。因保障性租赁住房是由政府大力扶持的具有部分公益性的社会投资,由市场主体投资运营,其租金收益率(即折现率)既包含安全收益部分(通常的利率),又包括风险收益部分(利润率),从持续经营的角度看,其租金收益率一般不应低于6%才能有利于持续经营。

3. 租金梯度比

我国现有的租赁住房体系包括市场类租赁住房、保障性租赁住房和公共租赁住房,其中保障性租赁住房具有部分公益性,公共租赁住房具有政府救济性。一般而言,保障性租赁住房租金为商品房租金的70%~80%,才能体现公益性和普惠性;公共租赁住房租金为商品房租金的50%~60%,才能体现政府的救济性。租赁住房的投资成本主要包括:土地取得费用、建安费用、财务费用、运营费用等;收益主要包括:租金收入、配套商业及车位收入等。在我国商品住房租金回报率低的情况下,要使保障性租赁住房租金具有合理的租金收入比、租金收益率和租金梯度比,必须要同时从供给侧和需求端采取扶持政策和措施,供给侧主要是采取低地价、低税费、低利率等扶持政策;需求端主要包括租金补贴、租金减免、租售同权等措施,通过"双向发力"才能激发市场主体的投资热情,促进保障性租赁住房持续健康发展。

(二)租金定价机制

20世纪90年代以来,我国主要依靠土地成本优势和"人口红利"优势,通过"招商引资"吸引国(境)外资本和技术等,多要素叠加推动了工业化和城镇化快速发展,创造了世界上最为完整的制造业体系,使我国一举成为"世界工厂"。当前,我国城镇化和工业化已处于后期发展阶段,人口结构开始呈现老龄化的特征,产业结构正在向智力密集型的中、高级阶段转变,研发科创、先进制造和高端服务等行业需要大量的中高端人才,但由于大城市高房价、高租金的"门槛",抬高了居住成本和生活成本,减弱了新市民和青年人创新创业的激情与活力。一些外来人口多、人口持续净流入的大城市需要拿出"招商引资"的勇气和魄力来"招智引才",通过低地价、低税费、低利率等措施来降低保障性租赁住房的投资建设和运营成本,进而以较低的租金降低各类人才特别是青年人在大城市的居住成本和生活成本,解决新市民、青年人阶段性住房困难,才能创造新的"人才红利",从而助推产业转型升级,增强城市发展后劲和活力。

考虑到保障性租赁住房属于"准公共产品",兼具公益性、普惠性和市场性,租金收入比、租金收益率和租金梯度比是租金定价需要考虑的主要因素。因租赁住房建设与运营成本中的建安费用、经营成本、财务成本、维修费用等指标主要受市场调节，建立保障性租赁住房合理的租金定价机制，关键是要在"政府让利""市场盈利"和"市民得利"之间寻求平衡（图2），政府要通过地价优惠、税费优惠、利率优惠等扶持措施大幅让利，降低租赁住房的投资建设和运营成本，从而降低保障性租赁住房的租金水平，使租金收入比、租金收益率和租金梯度比处于合理区间；同时又要使投资回报率和投资回报周期处于合理区间，让投资建设和运营的市场主体适当盈利。因此，保障性租赁住房租金定价一般需满足以下条件：不超过城镇居民可支配收入的25%、宜为同区域市场类租赁住房租金的70%～80%、投资收益率约为6%、投资回报周期宜为30年左右，才能促使保障性租赁住房实现持续经营和发展的目标。

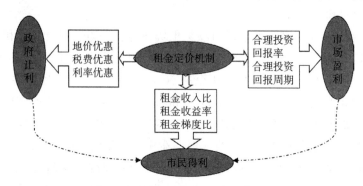

图2 保障性租赁住房租金定价机制

三、保障性租赁住房租金评估案例

（一）张江纳仕国际社区租赁住房概况

张江科学城是上海浦东新区科技创新创业人才最为集聚的区域，为满足张江科学城人才居住需求，2017年7月，上海市在张江科学城南区率先挂牌出让首批租赁住宅地块，土地面积约6.5hm^2，建筑面积约19万m^2，由上海张江（集团）有限公司竞得，成交价格为7.24亿元，成交楼面单价为5569元/m^2，约为同期商品住房土地价格的1/5。2021年8月，在该地块上建成了全国第一个保障性租赁住房——张江纳仕国际社区一期，提供租赁住房约1300套，定位为面向年轻白领、高阶白领等人群的中高端居住社区，将通过"只租不售"的模式，满足张江科学城创新创业人才的基本居住需求（表2）。

（二）基于低地价的保障性租赁住房租金测算

基于保障性租赁住房不同于普通商品住房的特殊租金定价机制，其租金评估不同于一般的房地产价值评估，也不同于普通商品住房租金评估，评估方法也不完全适用成本法、收益法和市场比较法。根据张江纳仕国际社区一期实际土地取得费用、建安

表2 张江纳仕国际社区租赁住房项目现金流量估算表

(元/m², V元/m²·月)

序号	年份 项目	建设期(按4年计)					运营期(按30年计)				
		0	1	2	3	4	5-8	9	10-13	…	34
1	现金流入										
1.1	租金收入						12 V	12 V	13.2 V	…	19.33 V
1.2	回收固定资产余值										土地剩余年限价值
2	现金流出	5569	700	1200	1300	800					
2.1	土地取得费用	5569									
2.2	建安费用		700	1200	1300	800					
2.3	经营成本						1.2 V	1.2 V	1.32 V	…	1.93 V
2.4	维修费用							200			
2.5	增值税及附加						0.6 V	0.6 V	0.66 V	…	0.965 V
3	税后净现金流量	-5569	-700	-1200	-1300	-800	10.2 V	10.2 V -200	11.22 V	…	16.43 V -600+土地剩余年限价值

费用和运营成本,适宜采用现金流量法和市场折扣法进行综合评估。

从土地价格来看,张江纳仕国际社区一期租赁住房楼面地价为5569元/m^2(容积率约3.0),约为该区域同期商品住房楼面地价的1/5,仅比5级通用类研发用地基准地价4850元/m^2(容积率3.0)、5级一类公共管理与公共服务用地基准地价3790元/m^2(容积率2.0)略高。因此,张江纳仕国际社区一期租赁住房的土地价格,充分体现了政府从土地供应和土地价格方面对发展保障性租赁住房的大力支持,以及为吸引人才安居乐业作出的巨大"让利"。

张江纳仕国际社区一期建设期为4年,运营期按30年考虑,租金收入每5年提高10%,经营成本按租金收入的10%,维修费用每5年增长100元/m^2,增值税及附加按租金的5%,租赁住房投资回报率设定为6%,经营期末考虑土地剩余年限价值,不考虑财务费用、建筑物残值和建筑物折旧。该项目建设投资及各项收入和费用现金流量见表2,计算租金V1:

NPV=-5569-700/(1+6%)1-1200/(1+6%)2-1300/(1+6%)3-800/(1+6%)4+[0.85×12 V1/6%×(1+6%)4+0.85×1.1×12 V1/6%×(1+6%)9+0.85×1.12×12 V1/6%×(1+6%)14+0.85×1.13×12 V1/6%×(1+6%)19+0.85×1.14×12 V1/6%×(1+6%)24+0.85×1.15×12 V1/6%×(1+6%)29]×[1-1/(1+6%)5]-200/(1+6%)9-300/(1+6%)14-400/(1+6%)19-500/(1+6%)24-600/(1+6%)29+5569×{1-(1+6%)40×[(1+6%)40-1)]/[(1+6%)70-1]}=0

经计算可得:张江纳仕国际社区一期租金V1=64.97元/m^2·月

(三)基于市场地价的商品房租金测算

市场类租赁住房土地取得费用,按照张江同区域商品住房地价即租赁住房地价的5倍计算,建安费用、建设期、运营期相同,租金收入每5年提高10%,经营成本按租金收入的10%,维修费用每10年增长100元/m^2,增值税及附加按租金的5%,投资回报率按照目前一般的商品房租金收益率约2%计算,经营期末考虑土地剩余年限价值,不考虑财务费用、建筑物残值和建筑物折旧。同理,经计算可得:该区域基于市场地价的商品房租金V2=82.34元/m^2·月。

经搜集张江附近区域租金可比案例进行比较,基于市场地价的商品房租金评估值与同区域市场租金水平基本一致。

四、保障性租赁住房租金合理性评价与建议

从租金收入比来看,按人均租住面积20m^2计算,张江地区市场类租赁住房租金评估价为82.34元/m^2·月,租金收入比为27.4%,与2021年上海租金收入比28%较为接近,均处于25%~40%的压力区间。按张江纳仕国际社区一期保障性租赁住房

租金评估价为 64.97 元 /m²·月计算，租金收入比为 21.6%，属低于 25% 的合理区间，能够降低新市民、青年人的居住成本和生活成本，增强城市吸引力和发展活力。

从租金收益率来看，张江纳仕国际社区一期保障性租赁住房租金评估价为 64.97 元 /m²·月，投资收益率可达 6%，既符合目前商品住房市场客观收益水平，又符合租赁住房市场投资主体期望的收益水平，租金收益率具有合理性，能够达到促进保障性租赁住房市场持续健康发展的目的。

从租金梯度比来看，张江纳仕国际社区一期保障性租赁住房租金评估价 64.97 元 /m²·月，为该区域市场类租赁住房租金的 78.9%，符合 70%～80% 的租金梯度比，能够体现保障性租赁住房兼具公益性、普惠性和市场性的"准公共产品"的定位特征。因此，从租金收入比、租金收益率、租金梯度比等角度综合来看，张江纳仕国际社区一期保障性租赁住房租金定价机制和租金评估价格均较为合理。

发展保障性租赁住房的关键是政府要处理好当期利益与长远利益之间的关系，通过"政府让利""市场盈利"和"市民得利"三者之间的动态平衡，发挥价格机制对市场主体的吸引和带动作用，使租金收入比、租金收益率、租金梯度比均处于合理区间，才能促进保障性租赁住房持续健康发展，逐步形成多主体投资、多渠道供给的保障性租赁住房发展格局，助力解决大城市新市民、青年人的住房困难问题，提升城市发展后劲和活力，推动经济高质量、可持续发展。

参考文献：

[1] 柴强.国外住房租赁的比较与借鉴 [J].中国房地产，2018（3）：20-23.

[2] 邵明浩.上海租赁住房发展再思考 [J].上海房地，2018（10）：26-29.

[3] 石铭.城镇化和老龄化视野下的房地产市场长效机制构建 [J].上海房地，2020（7）：16-19.

[4] 石铭."房住不炒"背景下的学区房政策分析及调控机制探讨 [J].上海房地，2021（9）：18-20.

[5] 李东，魏东，林英杰.公租房企业化经营经济测算模型评析 [J].上海房地，2013（7）：31-33.

[6] 陈杰.大都市租赁住房发展模式的差异性及其内在逻辑 [J].国际城市规划，2020（6）：8-10.

作者联系方式

姓　　名：石　铭

单　　位：上海富申房地产估价有限公司

地　　址：上海市徐汇区瑞金南路 438 号

邮　　箱：514271941@qq.com

注册号：4520140028

上海市保障性租赁住房租金评估方法探讨

宋莉娟

摘　要：上海市的住房建设发展已进入一个崭新时代。不断完善住房保障体系，构建"高端有市场、低端有保障"的住房制度，重点提高保障房的覆盖率，缓解新市民与困难群体的住房困难，已然成为大众关注的焦点，当前"保障性租赁住房"已成为热点词汇。未来保障性租赁住房供应量将持续增加，如何合理确定其相应的租赁价格水平十分关键。本文对估价实务中保障性租赁住房租金评估如何确定技术路线、选用合适的估价方法及技术难点进行初步探讨，希望能为今后的估价工作带来帮助或启发。

关键词：保障性租赁住房；租金评估方法

一、引言

2021年上海市政府发布的《上海市住房发展"十四五"规划》，明确了上海市将新增租赁住房超42万套，加大租赁住房特别是保障性租赁住房的有效供应，针对不同群体租赁需求，实现精准供应，形成"一张床、一间房、一套房"的供应体系。上海将以更好更优质的住房资源满足人民的需求，以更高的水准实现住有宜居的目标。2022年《上海市保障性租赁住房租赁管理办法》的发布，明确了保障性租赁住房租赁价格的定价、调价及备案及首次定价须由专业房地产估价机构进行相应租金评估的规定。

"十四五"时期，随着保障性租赁住房供应政策及租赁价格评估制度的确定，租赁价格评估工作也迅速被提上日程。作为专业房地产估价机构，面对当前历史的机遇，如何做好保障性租赁住房的租赁价格估价服务，如何科学、合理、高效、准确地做好估价工作，是摆在估价人面前的一道值得思考的命题。

二、保障性租赁住房的来源及分类

在《上海市保障性租赁住房项目认定办法（试行）》中可知，上海市保障性租赁住房的来源主要有以下五类（图1）。

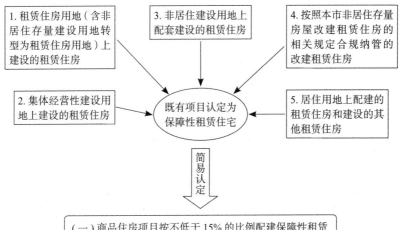

图1 上海保障性住房主要来源

1. 以出让或转型方式取得的租赁住房用地上建设的

不管是出让还是转型取得的租赁住房用地，出让合同明确其用途为租赁住房的，要求受让人按出让年限整体持有，其建成后的住宅项目自然属性为租赁住房，这是简易程序中可直接认定的类型，也是最主要的来源。

2. 利用集体建设用地建设的

2017年国土资源部与住房和城乡建设部确定包括上海在内的13个城市开展利用集体建设用地建设租赁住房的试点，用途为租赁住房的多幅集体建设用地在上海成功入市，成为保障性租赁住房来源渠道之一。

3. 在非居住建设用地上配建的

国务院办公厅在加快发展保障性租赁住房的意见中，提高了产业园区工业项目配建的行政办公及生活服务设施的用地比例，相应提高建筑面积占比上限，鼓励将产业园区中各工业项目的配套比例对应面积集中起来统一建设宿舍型保障性租赁住房。上海则鼓励在产业园区内拥有自有工业仓储用地的企业，按照规定的配套指标自行建设保障性租赁住房。这些同样成为保障性租赁住房的组成部分。

4. 符合政策的非居住存量房屋允许改建的

国务院办公厅规定，闲置和低效利用的商业办公、旅馆、厂房、仓储、科研教育等非居住存量房屋，可以改建为保障性租赁住房。

5. 商品住房项目要求按一定比例配建的

上海自2015年起出台政策，鼓励开发企业持有一定比例商品住房用于社会租赁，一般约定配建15%的自持租赁住房。也是简易程序中可直接认定为保障性租赁住房的类型。

上述五大类保障性租赁住房分类来源与渠道的不同，导致租赁住房取得成本出现明显的差异。不同的取得方式，限定了面向的承租人群体。例如，在产业园区中配建的保障性租赁住房，面向的承租人只能是在产业园区中工作的员工及家属；在集体经营性建设用地上建设的租赁住房，面向的承租人多是在城乡接合部的新市民。

三、保障性租赁住房租赁价格评估方法适用性分析

《房地产估价规范》规定的通行估价方法主要有比较法、收益法、假设开发法、成本法等，估价方法的选择将直接关系到估价结果的准确性，根据估价目的及估价对象的不同，应选用与其相适应的估价方法。

鉴于保障性租赁住房在来源与分类、面向群体等方面均具有一定特殊性，其租金评估与社会性住房租赁行为（简称"普租"）涉及的租金评估在规范要求及评估思路均有一定差异。当为相关企业或机构对保障性租赁住房的租金定价提供评估服务时，因其来源、服务方式、面向群体、适用政策、规范要求等众多方面的不同，评估技术思路与估价方法也不尽相同。

在评估实务中多常见对单套或多套居住房屋市场租金价格的估价业务。按照其特点和要求，选用的估价方法一般是比较法，对于房价相对容易确定的项目，还可选用收益法逆算（即利用房地产市场价值和报酬率、资本化率等系数的关系求取市场租金）的方式进行评估。

针对保障性租赁住房的特点，其租赁价格评估方法的选取主要分析如下：

（一）比较法

比较法适用于市场发达、交易活跃、有充足的具有替代性房地产的评估，有条件用比较法进行估价的，应以比较法为主要的评估方法。当前上海市房屋租赁市场发达且出租案例充足，符合上述条件，因此，比较法是保障性租赁住房租赁价格评估的首选方法。

（二）收益法

收益法是预测估价对象的未来收益，利用报酬率或资本化率、收益乘数将未来收益转换为价值得到估价对象价值或价格的方法。

对保障性租赁住房来说，由于其来源及取得方式不同，各类保障性租赁住房取得成本会存在一定的差异，从而导致报酬率或资本化率会出现较大区别；同时，由于其只租不售的特征，市场上无法直接获取保障性租赁住房的交易价值，无法简单通过比较法获取房价，因此，不能简单采用收益法倒算的方法求取保障性租赁住房的租赁价格。

(三）假设开发法

假设开发法适用于"待开发房地产"，即具有投资开发或再开发潜力的房地产。租赁住房为建成后房地产，持有人及承租人也不可随意变更用途，不存在改用途的可能性，故保障性租赁住房的租赁价格评估中一般不选用假设开发法。

(四）成本法

根据估价规范要求，保障性租赁住房可评估保障性住房的成本租金，保障性租赁住房的土地成本、建设成本等各项成本均能合理估算，因此也可选用成本法测算成本租金。

综上所述，保租房的租金评估应采用比较法作为主要评估方法，同时结合其自身特点也可以选用成本法测算成本租金，从不同角度量化出保障性租赁住房合理的租赁价格。

四、保障性租赁住房租赁价格评估实务中技术难点探讨

（一）比较法中关于对"同地段同品质"可比实例选择的注意点

比较法所依据的是替代原理，其核心是选取合适的可比实例。在保障性租赁住房的租赁价格评估中，运用比较法的关键点就是对同地段同品质可比实例的选取。

1. 关于同地段要求

同地段是指按照就近原则，与估价对象的地理位置相近、地段等级相似的区域，一般考虑同一住宅板块或同一街镇。

在普租项目的租赁价格评估中，判断选取的可比案例是否属于同地段，通常是分析估价对象与可比实例的各项区位状况的差异来考虑同地段因素，包括其地理位置、交通状况、外部配套设施、周围环境等。

对于保障性租赁住房来说，对"同地段"的判断需要更精细化，除传统评估思路分析对比各种区位状况差异以外，还需要充分考虑项目自身特性及租赁终端客户群体的不同对租赁价格的影响。例如，在产业园区中配套建设保障性租赁住房，主要是宿舍型租赁住房，还有在集体经营性建设用地上建设的租赁住房，其配套设施与居住环境等诸多方面与普通住宅小区有着明显不同，特别是其终端面向客户群体也会存在差异，不能仅凭地理位置的相近而随意选用。

2. 关于同品质要求

同品质是指配套服务与物业管理、配套设施，以及房屋的建筑结构、户型、面积、装饰装修和设施设备相同或相近的租赁住房。

通常，在普租项目的租赁价格评估中，判断选取的可比案例是否属于同品质，往往从对比各项实物状况中考虑同品质因素，包括建筑结构、设施设备、装饰装修、空间布局、新旧程度等。

同样，对于保障性租赁住房来说，对"同品质"的判断要更全面，除传统评估思路考虑各种实物状况差异以外，还需要充分考量保障性租赁项目中配套服务设施的差异、租赁方式的差别（按套出租、按间出租及按床位出租的差异）、额外提供的物业租赁服务项目等内容，上述因素均对租赁价格有重要影响。

（二）运用成本法评估保障性租赁住房成本租赁价格的注意要点

参照《房地产估价原理与方法》中对房地产成本的分析构成，租赁住房租金成本构成要素应包括以下内容：土地成本摊销；房屋建设成本摊销；设施设备和装饰装修的成本摊销；管理和维修费用；投资利息；租赁税费；租赁利润。房地产租赁价格以房地产租金成本之和为基础来求取。可以采用资金回收方式计算各项成本的年摊销额，因此不再单独计算利息。

在运用成本法测算保障性租赁住房的成本租金时，还需要注意以下要点：

1. 租赁住房取得方式的不同导致土地和建设成本的差异

当前主要有五大渠道的租赁住房来源，不同的取得方式会导致土地和建设成本差异较大。

在测算租赁住房地价时，可参照租赁住房用地的地价评估路径，采用市场比较法和基准地价系数修正法两种方法综合测算出最典型的租赁住房地价。其中比较法是通过同一供需圈成交的类似租赁住房案例进行比较测算；而在《上海市城乡建设用地基准地价（2020年）》中住宅用地里有明确细分出的租赁住房地价，因此也可通过基准地价系数修正法测算得出。上述两种方法均能充分真实反映最具有代表性的租赁住房用地的地价水平，这是社会客观成本标准评估路径，也是五大渠道中第一类及第五类租赁住房中土地的取得客观成本。而其他渠道取得的租赁住房，实际发生的土地成本可能与上述的地价水平差异较大。

在测算成本租金中的土地成本摊销时，针对不同渠道取得的租赁住房，是该同样选用上述典型租赁住房的地价评估路径，还是该按实际取得的土地成本路径测算摊销呢？笔者认为，实务操作中应充分考虑估价目的并结合委托方的报告应用方向，选择适合的土地成本评估路径。例如，当估价目的是为企业提供项目内部经济评价、项目后评价以及在租金定价评估中的比对校准时，委托方此时需要评估的租金水平偏向于成本测算，更侧重于考虑实际发生的客观成本或实际成本；若估价目的是给政府提供相关评估服务，诸如提供区域租赁住房租金定价服务时，委托方需要的估价结果更偏向于市场均质水平，估价时应更侧重于考虑社会平均客观成本。

2. 关注装修及设施设备摊销年限

保障性租赁住房一般都要求达到一定的装饰装修及设施设备标准，因此，设施设备和装饰装修的成本摊销也是成本法租金组成之一。而计算装修、设施设备费用年摊销额关键是确定其摊销年限，即使用期限。由于装修及设施设备使用期限相对远远短于房地产使用年限，其折旧速度远大于项目主体实际折旧速度，不能简单以土地使用期限或建筑物剩余经济寿命来计算,因此,确定其使用年限时应根据装修及设施设备实际的具体情况综合判断。

根据《企业所得税法实施条例》相关规定,对于固定装修及家具家电等设施设备的折旧年限,会计上通用计算折旧年限一般不低于3～5年。在计算装修及设施设备费用的摊销额时,建议确定的摊销年限不短于会计上通用的折旧年限。

3. 管理维护费用中要充分考虑服务项目的差异

相对于普租项目来说,保租房项目往往需要提供更多更优质完备的配套租赁服务及物业服务,从而提升其居住品质。因此,估价时也需要充分关注所评估的保障性租赁住房项目的特性,尤其是所提供的项目服务的差异,进而导致人员成本及其他支出形成的运营成本增加,最终产生管理维护费用的提高。

4. 税费要关注政策变化

按照《上海市人民政府办公厅印发〈关于加快发展本市保障性租赁住房的实施意见〉的通知》,目前对于保障性租赁住房的财税支持政策如图2所示。

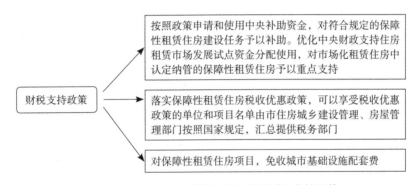

图2　上海市对于保障性租赁住房的财税支持政策

对于纳入本市保障性租赁住房的项目,税收方面将会给予一定的优惠政策。在《关于完善住房租赁有关税收政策的公告》中有对保障性租赁住房适用性的规定,涉及增值税和房产税两个税种,并针对不同性质的纳税人均有不同幅度的税率优惠。随着政策不断出台、更新,相应的保障性租赁住房的税费有可能存在一定差异。估价师在日常工作中应多关注相关财税政策的变化,收集积累相关资料,在实操时才能准确判断估价对象的租赁税费,从而客观反映出所在项目的成本租金水平。

5. 关注租赁利润

成本法中的利润,一般是指房地产的开发利润,是开发企业进行房地产开发所期望的利润。对于租赁住宅来说,企业开发建设完成租赁住宅不仅期望获得相应的开发利润,由于其全年期自持出租的属性,在长期的持有运营期间,运营方必然也要求获得相应运营利润。因此,在测算成本法的租赁利润时,除了要考虑租赁住房项目正常的成本利润,还需要充分考虑运营租赁住房项目对应期望的运营利润。

测算成本租金时也可采用动态分析方法。在动态分析时,租赁利润就不作为租金成本构成之一，无需在成本租金中累加，相应利润则需要考虑到对应的折现率中。

（三）同一项目中涉及多套租赁住房租金评估

实务操作中，评估租赁价格时往往涉及同一项目中多套房屋，委托方甚至会同时委托评估整个小区或者整栋楼，并要求估价机构出具一房一价的租赁价格标准。

当遇到估价对象项目整体体量过大，套数或间数数量众多时，需考虑估价时的可操作性，一般按照一定规则对估价对象进行分类，在每类房屋中选取相应的标准房屋，并建立相应的修正体系进行评估。同时，因政策要求按间或套的月租金价格进行备案，估价时也建议按间、套作为单位进行计价，不再拘泥于传统估价时全部按单位面积进行计价的思维模式。

此外，政策中所谓的一房一价，实际要求对多套房屋一一对应的租金进行评估备案。而不同方法评估出来的租金内涵存在一定差距，一般情形下，成本法考虑的是整个项目平均成本租金的概念，而比较法却是直接针对某一标准房屋进行的比较测算，测算出的也是对应标准房屋的租金标准。因此，估价人员应提前做好相应的技术预案，以便后续估价时能准确、客观、合理、快速地展示出委托方所需要的租赁项目一房一价的估价结论。

五、结语以及讨论

随着时代的发展，未来估价业务发展的空间与维度在不断发生变化，估价师也必将不断面临更多更新更复杂的估价项目，这既是难得的机遇，也是更大的挑战。当我们在未来实务操作中面对新业务新项目新的技术难点时，需要有创新的理念和严谨的科学态度，充分考虑估价项目自身的特点，找出最适用的方法去解决问题，最终才能更好更快更完美地完成估价工作。本文中提及的某些思路只是笔者根据自身从业经验总结出来的一已之言，文中还有很多不足，希望同行和读者给予批评指正，共同参与探讨研究，集思广益，切实地服务好即将到来的保障性租赁住房租赁价值业务，这是时代赋予我们估价人的使命，也应该是我们每一位估价人要努力去完成去实现的奋斗目标。

作者联系方式

姓　　名：宋莉娟
单　　位：上海同信土地房地产评估投资咨询有限公司
地　　址：上海市黄浦区鲁班路600号10楼
邮　　箱：844300495@qq.com
注册号：5120070075

租赁住房区位因素量化研究

肖历一　胡新良　黄　海　秦　超

摘　要：本文以经典特征价格的研究理论以及房地产估价的理论方法为理论基础，对租赁住房的区位因素进行了深入思考，并采用线性特征价格模型作为研究方法。通过对租赁住房区位因素的梳理与分析，整理得到较为完善的因素因子理论框架，并以此指导样本数据的采集与筛选。通过多元线性回归模型的试算，得到两个略有差异的模型结果，揭示了租赁住房区位因素中的核心变量及其影响程度。

关键字：租赁住房；区位因素；特征价格；量化研究

一、研究目的

经过三十多年不断发展，我国住房租赁市场当下正迎向一个广阔的发展空间。《国务院办公厅关于加快培育和发展住房租赁市场的若干意见》（国办发〔2016〕39号）和《国务院办公厅关于加快发展保障性租赁住房的意见》（国办发〔2021〕22号）先后提出"实行购租并举，培育和发展住房租赁市场"，以及"房住不炒；扩大保障性租赁住房供给；推动建立多主体供给、多渠道保障、租购并举的住房制度"。使得近年来以及今后相当一段时期内，我国住宅市场中租赁住房的比重将大幅提升。例如，上海市住房发展"十四五"规划中，提出将供应租赁住房超过42万套（间、宿舍床位），占住房供应总套数的40%。

本次研究以区位因素对住房租金的影响为切入点，量化研究区位因素因子对住房租金的影响。为住房租赁企业在项目选址、投资决策、产品定位和出租人租金定价及承租人选择合适的住房提供有力的技术支持。

二、理论探究与研究方法

（一）理论探究

在以住宅特征价格模型为基础的研究中，住宅的特征主要分为：建筑特征、邻里特征和区位特征。建筑特征主要包括跟住宅本身相关的变量，如房间数、浴室数、建筑面积、房龄、车库的有无等；邻里特征包括社会经济变量，如邻里的社会阶层、居民的职业状况、人种的比率，以及衡量社区周边提供公共服务的便利程度，如社区本身的服务设施情况，周围学校、医院、购物中心的可达性等；区位特征则包括到城市商业中心（CBD）、工作场所的可达性、区域的城市规划政策、税收政策等。基于特征价格模型对住房租金的研究在国内外较为普遍，且具有较长的时间。不同的研究在不同程度和不同侧重面，都验证了一些主要特征与住房租金具有密切的相关性，并能够给出相应的影响程度。但是上述特征中的细分因素和因子数量众多，且客观市场租金数据及相关属性数据并非容易获取，使得大多的研究在完整性和量化精度方面有所欠缺。

在现有房地产估价理论体系中，将影响房地产市场价值或价格的因素分为实物因素、区位因素和权益因素，体系中所包含的因素与特征价格模型的变量并无太大区别。同时，在政府公布的公示地价修正体系中，区位因素主要包括繁华程度、交通条件、基础设施、配套设施、环境因素及规划因素等，并给予了不同用途状态下不同级别的修正系数。但该修正系数只能解决在同一用地等级内案例间的价值差异的量化，这种量化后的指标值并不能完全传导至以使用需求为主的租赁价格体系中去，即某区位因素在地价中所贡献的价值量无法在租赁价格中体现。

上述两个领域的理论与实践都涉及了房地产的区位因素，为本次区位因素的量化研究提供了坚实的理论基础。可以看出，在房地产市场价值的影响因素中，区位因素的影响程度更大、复杂性更强。所谓房地产的异质性，主要是区位的差异所致，也是决定房地产价值的重要因素。

首先，需要对"区位因素"的概念进行重新界定。本次研究基于区位特征和邻里特征要素，并结合房地产估价理论中的区位因素概念，从宏观和中观的角度出发，界定本次区位因素的内涵要素包括环线、区县、交通、基础设施、商服设施、环境、城市规划等特征指标。微观区位中的楼层、朝向和视野等已有成熟的经验数据，不再作为研究对象，剔除后有利于聚焦研究范围。

其次，需要研究租赁住房和购买住房之间在本次区位因素上的差异。历史研究大多聚焦在买卖的价格研究，如前文中提及的基准地价修正体系，是某一用途和级别的土地出让环节的价格修正，而非租赁环节的市场价值修正。而租赁市场是房地产交易市场的另一种补充形式，其更多的是强调房地产使用功能，相对于购买住房，租赁往往是一个短期行为，承租人没有对房地产保值增值这一特性付出相应成本的义务。两者之间宏观或中观层面的区位因素定义相似，但其实质上的内涵应该有所区别，需要从承租人或房屋实际使用人的角度去进一步将研究的区位因素进行细分，探索其在租赁与购买之间的逻辑差异性。

（二）研究方法

本次研究选用传统的特征价格模型进行量化研究，以基础的线性函数为测算工具，公式如下：

$$P = a_0 + \sum a_i Z_i + \varepsilon$$

式中，P 为住房租金单价（单位：元$/m^2\cdot$月），a_0 为常数项，a 为待定系数，Z 为特征变量，ε 为随机变量，i 为特征数量。

线性函数模型中，特征变量每变化一个单位，住房租金将根据得到的系数变化相应的单位。加总各特征变量的变化与系数乘积，就能得到区位因素在住房租金单价中的价值量，或者是相对于基准区位因素的价值量的差异。而常数项除了用于调和模型试算的误差，本质上是住房租金单价中实物因素所提供的价值量。

模型回归应用的租金样本，除了含有区位差异，还包含了实物差异和权益差异（这里采用基于估价理论的思考角度）。为了聚焦区位因素的价值量化，需要将实物因素与权益因素匀质化。租赁住房的权益因素，主要体现在租赁合同的商务条件，因此在样本采集时，需要设置一致的租金合同条款，如付款方式、免租期、租期等条件。租金样本实物因素的匀质化，主要通过对样本的实物因素进行统一的设定，如面积大小、房龄、小区档次、装修标准、家具家电配置等，使样本的这些因素都在一个狭窄的区间波动，完全相同是做不到的，细微的差异将体现为随机变量，并包含在常数项中。此外，本次研究摒除了微观区位因素，因此，需要对微观区位因素也进行匀质处理，即统一样本的楼层和朝向。

最终模型的因变量租金单价将由两部分价值组成，一部分是常数项所代表的统一条件下的实物因素所提供的价值量，另一部分是所有区位特征变量所提供的区位因素的价值量。通过这样的技术方法，达到研究区位因素价值量化的目的。

如果直接将案例的各种属性设置为特征变量，依然可以实现对区位因素的量化研究，为什么要采用上述对案例进行预处理的方式呢？事实上，翻阅对住房租金研究的文献，涉及特征价格量化研究的，无不罗列了所有影响因素，导致的结果就是特征因素的数量过于庞大，少则十几个，多则数十个。这样会有几个弊端：一是数据量过于庞大，导致数据质量难以把握，以及数据之间容易存在相关关系，这些都将导致模型的预测能力大幅下降，特征系数偏离实际；二是过多的特征因素导致极大的样本数据建设成本，基于截面数据的模型需要定期更新，这样的成本使得完全无法进行实际应用。

基于特征价格模型对住房租金的量化研究国内外已经有几十年的历史，简单地重复研究已经毫无意义。本次研究立足于实际应用，通过技术方案创新，以及依托数据建设的优势，力争发现真实的市场规律，从而更好地服务于住房租赁市场。

三、因素分析与数据准备

（一）因素分析

从住房租赁人群的构成上分析，占比最大的是工作人群，其中又以中青年群体为主。其次是希望靠近学校的学习人群,从中小学到大学不同年龄段的学生以及他们的家长。其他还有医院附近因就医需要的住房租赁以及养老需要的住房租赁等需求。

从住房租赁的需求价值上分析,无论何种居住目的、居住档次,租赁住房的区位因素提供的价值都主要在于便利价值与环境价值。

将租赁住房区位因素的价值分析与住房租赁的人群分析进行结合,可以容易对区位因素进行细分。对于工作人群,考虑的是工作便利及生活便利;对于学习人群,考虑的是学习便利及生活便利;对于就医人群,考虑的是就医便利和生活便利;对于养老人群,考虑的是生活便利及就医便利。从宏观和中观层面来定义,生活便利也包括就医便利。综上所述,在经典租赁特征价格基础上,基于房屋使用功能,将租赁住房的区位因素定义为在何种环境下所带来的便利度。即将本次的区位因素细分为工作便利因素、生活便利因素、学习便利因素和环境因素。

工作便利可以从职住距离和通勤便利两个角度量化。职住距离就是租赁住房与工作地点的空间距离。本次研究将办公物业和工业园区与租赁住房的直线距离作为因子,并考虑了办公物业和工业园区的规模指标。通勤便利又分公交出行和自驾出行两种情况。其中,公交出行又分为两个因子。一个以到轨交站点的步行距离作为因子,另一个是以周边500m范围内的公交线路数量为因子。自驾出行中距离主干道距离和1km范围内主干道道路长度两个指标作为因子。

生活便利又分为日常生活便利和升级需求便利两个方面。日常生活便利即满足日常的购物、餐饮、就医、文体及休闲等需求,以租赁住房所在地周边的配套设施为主要评价。对应采集的因子有距离社区级商业中心、超市、菜场、便利店、体育设施、三甲医院等的距离。升级需求便利指需求层级高于日常需求,一般社区配套无法满足的,需要在更高一级的商业设施中才能满足的需求,如市级商业中心或地区级商业中心。相应的因子取市级商业中心及地区级商业中心的空间距离,并考虑商业中心的规模指标。

学习便利方面,在中小学阶段,不少家长会想方设法让自己的孩子进入更好的学校学习而远离本来的住所,因此,在优质学校周边会产生租赁住房的需求。因此,将到优质中小学的距离作为因子。在大学阶段,条件较好的学生会在学校周边租住较好的公寓房,而推动学校周边的租房需求。因此,将到大学的距离作为因子,并考虑大学的规模指标。

环境方面,可以分为愉悦设施与厌恶设施两个因素。其中,愉悦设施取到最近的公园绿地的距离作为因子;厌恶设施取到最近的垃圾焚烧站和殡葬设施的距离作为因子。

通过历史文献研究、专家意见反馈,以数据可得、关键因素完整、逻辑自洽为原则,本次研究较为完整地归纳了租赁住房评价的区位因素及因子,如图1所示。

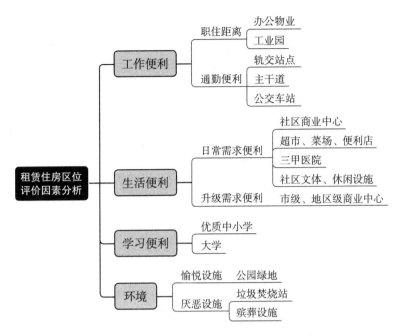

图 1　租赁住房区位评价因素分析

（二）数据准备

1. 样本数据

本次研究以上海租赁住房为对象。上海市域范围内的城市布局结构主要分为主城区和五大新城。五大新城远离中心城，作为卫星城相对独立发展。在产业、人口、交通以及配套设施方面与主城区都有较大差异，导致住房租赁市场与主城区存在差异。为使模型更为有效和精准，本次研究范围进一步聚焦到主城区的范围。根据上海市2035年总体规划，主城区由外环内的中心城及张江、闵行、虹桥及宝山四个主城区片区组成。

接下来是租金样本数据的采集和筛选。如前文中论述，样本的实物因素需要进行匀质化控制，按如下条件进行样本筛选：主城区、1982至1995年间的售后公房小区、二房户型、面积范围 50～55m^2、楼层在二楼（或可修正至二楼）、朝向南、无特殊视野、一般装修、基本家具家电配置。考虑区位分布应尽可能广泛，一个小区仅提供一个样点。根据上海城市测量师行的住宅数据系统提供的14000多个住宅小区进行筛选，有576个住宅小区符合上述样本筛选条件，可作为样本使用，同时，该系统能够提供租金及相关属性数据供试算使用。

2. 因素量化

区位因素的量化方式主要有距离指标、引力模型评价指标、密度指标以及有序分类变量指标。

当区位因素仅通过距离对租赁住房产生影响的，量化方式主要为最近距离。针对不同因素，可以取直线距离，也可以取步行距离或时间距离等。当有多个区位标的物对租赁住房产生距离影响的，可以分别求取各标的物的距离倒数，加总求和即可得到各标的物对租赁住房的综合距离指标。

当区位因素既通过距离也通过规模对租赁住房产生影响的，量化方式主要有引力模型评价指标。引力模型源自万有引力定律，即任何两个物体之间的引力大小与它的质量成正比，与它们之间的距离平方成反比。这与区位因素中规模大影响大，距离远影响小的作用机制相同。因此，保持万有引力公式基本形式不变，只要对参数和分量的定义做出适当的改变，就可以将引力模型应用于区位因素的量化。本次研究采用如下形式的模型：

$$F=\sum R/d^2$$

式中，R 代表区位因素因子的规模指标，如建筑面积、占地面积、人口规模等；d 代表租赁住房与区位因素因子的空间距离或时间距离；F 代表区位因素因子对某一租赁住房样点的引力（价值影响）大小。

当区位因素通过在单位面积内的规模对租赁住房产生影响时，则可以按数量、长度、面积等单位设置密度指标。如 500m 半径范围内公交线路的数量。

当上述几种方式量化后的数值范围过大，且与影响程度不能线性匹配时，可以将量化后的指标调整为有序分类的量化指标，使有序分类量化指标与区位因素的影响程度可线性匹配。如大学引力评价指标的分布从零点几到几十万，显然该指标无法线性体现实际的影响程度，此时可以根据指标分布将其转换为 1 至 5 的有序分类量化数值。

本次研究最终选取的区位因子及其量化方式见表 1：

区位因子及量化方式　　　　　　　　　　　　　　　　表1

因子	量化方式	因子	量化方式
市重点高中	距离	三甲医院	距离
区重点高中	距离	便利店、超市、菜场	距离
优质公办中小学	距离	市级、区域级商业中心	距离
优质民办中小学	距离	商业体、商业街	引力模型
就学便利	综合距离	购物便利	综合距离
大学	引力模型+有序分类	轨交站	距离
丧葬设施	距离	工业园	引力模型
垃圾站	距离	办公物业	引力模型
公园绿地	距离	主干道道路	距离、密度
体育设施	距离	公交线	密度

四、模型试算与检验

在 576 个样本池的基础上,为更好地反映市场租金水平,根据小区套数规模(大于 300 套)和小区活跃出租量(大于 20 套)两个指标进一步进行样本点筛选,得到两个样本,分别含有样本点 296 个和 167 个。采用逐步回归,皆得到稳定的回归模型。

模型一:

单位租金 =110.6−5.48 工业园引力指标 +1.696 办公物业引力指标 −0.009 轨交步行距离 −0.001 市级商业中心距离 +0.622 就学便利 −0.004 三甲医院距离 +0.159 购物便利 +0.753 大学引力分类指标 +0.001 主干道道路密度

模型二:

单位租金 =118.8−0.002 市级商业中心距离 +1.388 办公物业引力指标 −0.015 轨交步行距离 +1.086 就学便利 −4.926 工业园引力指标 +0.960 大学引力分类指标

式中:

工业园引力指标:以上海市 104 地块中生产型园区的占地面积及与租赁住宅的直线距离统计引力指标。

办公物业引力指标:以上海市所有办公楼的建筑面积及与租赁住宅的直线距离统计引力指标。

市级商业中心距离:以"上海市商业布局空间规划(2021—2035)"中规划的 19 个近期市级商业中心计算与租赁住宅的最近直线距离。

就学便利:分别计算租赁住房周边的市重点高中、区重点高中、优质公办中小学、优质民办中小学的最近距离(各类型学校只计算最近的一个),加总各距离的倒数。

购物便利:分别计算租赁住房周边的菜场、超市、便利店以及社区商业的最近距离(各类型商业设施只计算最近的一个),加总各距离的倒数。

大学引力分类指标:以租赁住宅周边最近的大学校区的校园面积以及直线距离统计引力指标,再将引力指标转换为 1~7 的有序量化分类指标。

主干道道路密度:租赁住宅周边 1km 半径范围内的主干道道路长度。

模型一和模型二通过 F 检验、T 检验及多重共线性检验,调整 R 方分别为 0.719 和 0.716,残差散点图均匀分布见图 2 和图 3,无异方差性。模型通过有效性检验,预测能力一般。

五、结论

(一)合理性分析

首先,进入模型的变量参数的变动方向与逻辑相符。其中,距离指标的参数为

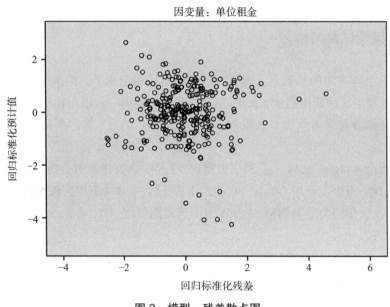

图 2 模型一残差散点图

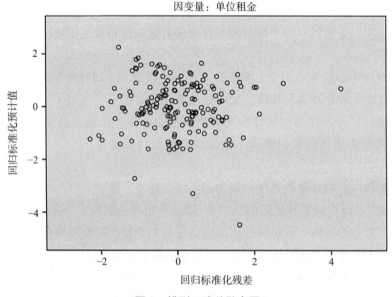

图 3 模型二残差散点图

负数,表示距离越远租金越低,符合正向因素的逻辑。便利指标的参数为正数,便利指标以距离的倒数进行的综合计算,距离越近,指标越大,便利性越好。主干道道路密度越大,到达主干道的时间短越,在支路和次干道慢行或堵车的概率越低或时间越短,自驾出行越便利。引力指标中,办公物业和大学的参数为正,则其规模越大,对租赁住房的需求越大,其距离越近,则通勤越便利。只有工业园的引力指标为负数,说明离工业园越近,工业园规模越大,租金越低。从职住距离的角度分析,与逻辑不符。模型提示该变量不能表示职住距离的特征因素。重新解读该变量：生产型工业园基本位于城市边缘地区，周边生活配套水平不高，环境质量较差，该指标实质上是一个宏观区位的变量，区分了居住区与工业区的宏观区位因素。该变量的显著性高，对租金的影响较大，弥补了原模型设计中的逻辑缺陷。

（二）特征租金分析

576个总样点的平均租金单价为119元/m²·月。

在此基础上根据模型一的结果，几个直观的参数表明：距离市级商业中心的距离每1000m单价差1元/m²·月，距离轨交站步行距离每1000m单价差9元/m²·月，距离三甲医院距离每1000m单价差4元/m²·月，周边500m范围内主干道道路长度增加1000m单价增加1元/m²·月。其余参数对租金的量化无法直接通过特征值计算，但通过特征值的范围可以大致了解一下。工业园引力指标的取值范围在0.1到10，租金单价最多能有54元/m²·月左右的差异；办公物业引力指标的取值范围在0到24，租金单价最多能有40元/m²·月左右的差异；就学便利指标的取值范围在0.5到18，租金单价最多能有10元/m²·月左右的差异；大学引力分类指标的取值范围在1到7，租金单价最多能有4.5元/m²·月左右的差异。

模型一和模型二的常数项分别为110.6和118.8，常数项中依然含有部分区位因素的特征租金。因为有些因素无法完全取值为0。实事上完全剥离区位因素的特征价值只是存在理论之中。但是可以看一下各因素在平均水平下主城区的租赁住房租金单价，模型一和模型二的结果分别是115元/m²·月和107元/m²·月。两个模型之间有7%～8%的差异，比较接近。

（三）重要程度分析

从模型一得出有9个区位因素与租金单价有密切的关联，分别是：工业园、办公物业、轨交站点、市级商业中心、就学便利、三甲医院、购物便利、大学以及主干道。模型二得出有6个区位因素与租金单价密切相关，与模型一是重合的。

根据区位因素的显著性以及进入模型的稳定性，可以将影响租赁住房租金的因素按重要程度分为三类。第一类是显著性高和重要性高的因素，如市级商业中心、办公物业、轨交站点、就学便利、工业园、大学等。其中，市级商业中心、办公物业和工业园为宏观区位因素。第二类是显著性高和重要性略低的因素，如购物便利、三甲医院和主干道等，三者都是中观区位因素。第三类是具有显著性但重要性不高的因素，如厌恶设施、地区级商业中心、公交线路等。在强制进入模型的方式中，其显著性强，但在逐步进入模型的方式中被剔除出模型。

此外，还有一类是逻辑上认为有影响，但在模型试算中并不显著未被模型采纳的因素，如公园绿地、体育设施等。

六、结语

本次研究基本实现了预设理论的验证及价值发现功能。对一个老生常谈的问题进行了较为创新的研究，体现了数据优势，为将来租赁住房整体的租金研究提供了良好的理论与数据基础。但同时也有需要提升的地方。

首先，在技术路线上聚焦区位因素对租赁住房的影响，而不是全部因素的研究，有利于深入挖掘和揭示规律。

其次，对区位因素的解读与分解较为全面与完整，结合需求分析，形成较为完整的逻辑框架。

最后，研究用到的数据涵盖面广、颗粒度细，并且能够实现所有指标的量化。相较传统好、中、差的打分评价方式，更为科学合理。包括在宏观区位因素上，规避采用环线、区县等无序分类变量。展现了量化方式的优点，提升了模型的解释能力。

本次研究所得模型最终的解释能力达到近72%，符合预期。主要原因，除了数据本身存在的误差以外，因素上可能还有少量的遗漏，在样本数据剥离实物因素的过程中仍然留存了一定的实物因素成分，模型的解释能力仍有较大提升空间。

参考文献：

[1] 温海珍，贾生华. 住宅的特征与特征的价格：基于特征价格模型的分析 [J]. 浙江大学学报（工学版），2004（10）：1338-1342+1349.

[2] 张雅丽. 城市保障性住房用地空间选址适宜性评价模型研究 [D]. 深圳：深圳大学，2020.

[3] 黄森. 空间视角下交通基础设施对区域经济的影响研究 [D]. 重庆：重庆大学，2014.

[4] 梁彦庆，蔡兴冉，张立彬，等. 区域城市地价影响差异及极值衰减度研究：以全国105个地价监测城市为例 [J]. 干旱区资源与环境，2018（9）：49-57.

[5] 张毅. 商业银行支持新时期住房租赁市场发展研究 [J]. 金融纵横，2017（11）：14-20.

作者联系方式

姓　　名：肖历一　胡新良　黄　海　秦　超

单　　位：上海城市房地产估价有限公司

地　　址：上海市北京西路1号15楼A

邮　　箱：xly@surea.com

注册号：胡新良（3620000121）

践行ESG理念，推动住房租赁行业高质量发展

刘辰翔　李　娜

摘　要：自从2021年7月中央针对保障性租赁住房出台国办发22号文以来，各地政府密集出台相关政策推动其落地，政策支持叠加基础设施公募REITs为其提供权益型融资，保障性租赁住房进入加速发展阶段，成为"十四五"时期解决住房租赁市场结构性问题和释放内需活力、促进共同富裕的重要抓手。同时，在"双碳"目标下，住房租赁企业应当探索将ESG理念融入公司治理和运营，以实现企业、环境和社会的统一和谐发展。本文在借鉴国际ESG实践案例的基础上，提出住房租赁企业建立ESG公司治理架构以及住房租赁行业建立统一的ESG评价标准的相关建议。评估机构也应积极探索将ESG主题元素纳入企业估值的方法，以期提供更加精准的估值。

关键词：保障性租赁住房；绿色建筑；REITs；ESG；企业估值

一、"十四五"时期住房租赁市场的发展趋势

（一）保障性租赁住房成为住房租赁市场的重点发展方向

根据国家统计局数据，2021年我国流动人口为3.85亿人，10年间增长了约70%。在推动我国经济社会高速发展的同时，由于大城市房价收入比较高，大部分进城务工人员和新就业大学生等新市民、青年人无力负担房价，只能通过租房的方式留在工作地。住房问题已由总量短缺转变为结构性供给不足。为解决此类群体的住房问题，2021年7月2日，国务院发布《关于加快发展保障性租赁住房的意见》（国办发〔2021〕22号），第一次明确了国家层面住房保障体系的顶层设计，即公租房、保障性租赁住房和共有产权房为主体的住房保障体系。2021年12月，中央政治局会议强调"要推进保障性住房建设，支持商品房市场更好满足购房者的合理住房需求，促进房地产业健康发展和良性循环"。保障性租赁住房成为"十四五"期间住房建设的重点。

（二）保障性租赁住房成为绿色建筑和装配式建筑的重大发展机遇

建筑与工业、交通共同作为三大节能减排重点领域，其"碳达峰"对环境的可持续发展至关重要。绿色建筑因此成为推动建筑领域2030年前如期实现碳达峰的主要

措施。同时，绿色建筑多采用装配式的建造方式，国家层面为此出台了一系列支持政策。2021年9月22日，中共中央、国务院《关于完整准确全面贯彻新发展理念做好碳达峰碳中和工作的意见》要求，大力发展节能低碳建筑。持续提高新建建筑节能标准，加快推进超低能耗、近零能耗、低碳建筑规模化发展。2021年10月，国务院发布《2030年前碳达峰行动方案》(国发〔2021〕23号)，要求大力发展装配式建筑，推广钢结构住宅。2022年2月，住房和城乡建设部发布《住房和城乡建设部办公厅关于加强保障性住房质量常见问题防治的通知》(建办保〔2022〕6号)，提出"保障性住房建设应积极采用工程总承包模式，大力推广装配式等绿色建造方式"。装配式建筑具有节能、节水、节材等显著特点，应用装配式建筑可大幅减少建筑垃圾、保护环境，践行可持续发展的绿色建筑全生命周期基本理念。政府主导新建的保障性住房项目将倾向于尽可能提高其中的绿色建筑、装配式建筑比例，并提高相应标准(如装配化率)。

(三) 保障性租赁住房 REITs

2021年6月29日，国家发展改革委发布《关于进一步做好基础设施领域不动产投资信托基金(REITs)试点工作的通知》(发改投资〔2021〕958号)，将保障性租赁住房纳入REITs试点范围，从而解决了其项目成本回收期过长的问题，提供了大规模低成本的权益资金和退出渠道，提升了社会资本的参与热情，助力其加速发展。2017年至今，与住房租赁相关的类REITs项目已累计发行37单，总发行规模为323.69亿元。

二、国外住房租赁 REITs 的 ESG 实践案例

(一)"双碳"目标加速 ESG 发展

ESG(环境、社会和公司治理)起源于20世纪中期，二战后高速工业化背景下出现了经济社会领域和生态系统的负面溢出效应，社会责任投资浪潮萌芽初现。2004年，联合国规划署首次正式提出ESG(Environmental, Social and Governance)投资概念，从社会责任、生态保护和公司治理的非经济指标维度，对上市公司的投资行为进行评估。全球可持续投资联盟(Global Sustainable Investment Alliance，GSIA)在2020年全球ESG投资分析报告中指出，欧洲和美国是目前ESG投资实践的主导地区，2018至2020年，全球80%以上的ESG投资来自这两个地区。ESG涵盖信息披露、评估评级和投资指引三个方面。

随着全球对可持续发展的日益重视，企业践行ESG已经成为共识。ESG在我国尚处于起步阶段，上市公司作为国民经济的主力军，在践行新发展理念方面发挥了引领示范作用。湖北、浙江等地区也在积极开展区域企业ESG评价，进一步推动非上市公司开展ESG实践。ESG理念使得企业在追求经济效益的同时，兼顾环境效益和社会效益。

(二)EQR 的 ESG 实践活动

欧美国家拥有成熟的 ESG 实践。以美国的住房租赁市场为例,开发商、REITs 和私募基金是其占比最大的三类投资运营商,我们以其住房租赁 REITs 的龙头企业 Equity Residential(简称 EQR)的 ESG 实践为例进行分析。

EQR 将 ESG 目标设定与联合国可持续发展目标(SDGs,共 17 个分项目标)保持一致,重点关注其中的三个可持续发展目标:减少国家内部和国家之间的不平等(目标 10),建设包容、安全、有风险抵御能力和可持续的城市及人类住区(目标 11),采取紧急行动应对气候变化及其影响(目标 13)。环境方面,自 2013 年以来,EQR 一直被 GRESB(全球房地产可持续性标准)认定为表现最佳的公司之一。公司将气候相关财务信息披露工作组(TCFD)的建议纳入 ESG 报告编制。社会方面,公司采取多种措施支持多元化和包容性文化,例如完善招聘和晋升流程以确保为每个中高级职位寻找多样化的候选人,建立员工反馈机制等。公司治理方面,公司董事会中女性和有色人种占比 50%,并被《新闻周刊》杂志评为 2021 年美国最负责任的公司之一(表 1)。

Equity Residential 的 ESG 实践活动　　　　表 1

评价维度	主题	目标和行动
环境	气候变化与气候适应性	2022 年评估气候相关风险的全球投资组合
	能源消耗与排放	到 2030 年将温室气体排放量减少 30%
		到 2021 年,将能耗降低到 2011 年水平的 15%
		开发符合 ISO 14001 标准的独立环境和能源管理系统
	可持续建筑	对所有翻新改造项目进行生态亲和力设计
		2021 年为 7000 套公寓安装智能家居程序
	水和废物排放目标	到 2021 年,用水量在 2011 年的基础上减少 10%
		设定超过全国租赁住房平均收费标准的公共垃圾分流目标
		提高居民对节约用水机会的认识
		围绕社区废物管理开发集中的沟通资源和培训
		通过与社区合作,试点减少居民浪费和提高回收率的创新方法
社会	提供具有竞争力的整体报酬计划,重点关注总薪酬和福利、绩效薪酬、同工同酬、预算执行、与员工的有效沟通	执行并参与我们的整体报酬计划的年度第三方基准测试与分析,从而评估我们报酬计划的竞争力,同时确保薪酬在内部保持一致和公平
		推出双语教育战略,促进预防保健,完成年度体检,增加线上健康问诊
		员工通过 Total Wellbeing Portal 访问所有福利相关信息,管理他们的福利决策与成果

续表

评价维度	主题	目标和行动
社会	居民和社区义务	将健康和福利计划与公寓/社区运营相结合
		培养人际关系和社区，提高租户的续租率
		开发和分享企业慈善事业重点领域，并与公司业务保持一致
	通过创新和包容的实践活动来吸引新的团队成员加入	所有中层及以上职位的候选人要具备多元化和包容性
		在招聘过程中创建新的招聘经理面试指南和新的申请者调查
		启动数字助理并实施新的人力资本管理，以增强候选人体验并确保包容性招聘实践
		更新、修订和扩展员工入职培训
	通过培训和领导力计划来支持员工的职业发展需要，提高他们的职业发展能力	围绕技能建设重新定位员工的职业发展
		利用学徒计划为公司及物业管理引进新人才
		指导和支持员工晋升、领导者换届和继任，确保包容性
		为内部申请人提供资源，培训招聘经理并实施反馈系统，以继续确保对所有候选人的一致对待
		推出培养对话技能、包容性领导力和文化公民意识的课程
	营造一个所有人都受到尊重的工作环境，以使员工实现公司的宗旨	在ESG指导委员会和工作组中加入多元化和包容性高级领导人
		为薪酬计划建立执行委员会和业务部门的多元化和包容性目标
		进行业务部门包容性检查，制定解决方案以继续避免人力资源体系中的无意识偏见（招聘、薪酬、绩效、福利、认可、晋升、培训等）
		确保所有多元化和包容性工作组的建议已在2021年底前被执行
		通过定期聆听会议，加强我们对员工安全、精神和包容性的关注
		鼓励同行认可并推广我们的各种计划
公司治理	治理和董事会监督	到2022年将可持续发展绩效目标纳入执行管理团队成员的可变薪酬
		保持董事会的多元化
	商业道德	由董事会或执行委员会监督道德和腐败问题
		至少每三年定期审核所有运营是否符合道德标准
		2021年制定并披露正式的人权政策
		制定全面涵盖贿赂和反腐败的政策，包括被视为"高风险"的业务
		扩大对所有员工的反骚扰和反欺凌培训

（资料来源：Equity Residential 官网）

三、探索建立我国住房租赁行业内外部 ESG 评价机制

（一）构建公司内部 ESG 组织架构和管理体系

为更好地践行 ESG 理念，住房租赁企业应当在传统的公司治理架构中融入 ESG

主题元素，实现公司治理理念从股东财富最大化，到兼顾各相关者利益，再到环境、社会和经济的统一和谐发展的飞跃。国内上市的房地产公司均已建立ESG组织架构，并在持续完善中，住房租赁企业可以加以借鉴。例如，2021年获取GRESB五星评级的远洋集团以"建筑健康和社会价值的创造者"作为其可持续发展战略的战略愿景，以环境、产品与服务、员工、社区与社会、企业管治作为五大支柱来落实开展ESG具体项目工作。远洋集团建立"决策层（董事局）—管理层（可持续发展管理委员会）—执行层（可持续发展管理工作组）"三级工作机制，执行层又包含日常管理会议机制、工作规划机制、信息公开交流机制、监督评价机制和资金保障机制。

根据国家企业信用信息网公布的企业数据测算，2021年主营业务为房地产业，经营范围涵盖"租赁住房"，实际经营的住房租赁企业已达2万家左右（贝壳研究院）。住房租赁企业应当积极探索建立涵盖决策层、管理监督层、执行层，且分工和权责明确的ESG治理架构体系。将董事会作出的ESG决策进行任务分解，传达给各职能部门和事业部，并将他们在执行过程中发现的问题及进展反馈给董事会。同时，ESG工作组之间也要形成协同机制，为跨部门的ESG沟通合作搭建桥梁。

（二）探索形成统一的住房租赁行业ESG外部评价体系

在企业内部建立公司治理的ESG架构的同时，市场参与主体也应探索构建符合中国国情的住房租赁行业的ESG评价体系。我们根据中国住房租赁行业发展现状并参考国际国内的ESG评级维度（MSCI、商道融绿等）给出建议（表2）。

住房租赁行业ESG评价体系构建　　　　　　　　　　表2

评价维度	主题	指标
环境	绿色建筑	绿色建筑认证、可装配式建筑使用比例
	能源使用效率	可再生能源使用比例（水电、光伏发电等），其他节能措施，碳足迹
	节约用水、废物排放	可与同行业平均标准进行横向对比，同时关注企业纵向发展
	气候风险	评估气候变化带来的风险、应急措施
社会	员工	薪酬与福利计划、培训与职业发展、健康与安全、女性员工比例、残疾人雇佣比例
	租户	租户服务、租户满意度、续租率、健康建筑认证
	供应商	供应链质量管理与监督
	社区	参与社区发展
	公益慈善事业	企业捐赠、扶贫和社会公益活动
公司治理	商业道德	合规合法
	网络安全	数据安全、运营系统稳定
公司治理	管理架构	ESG管理架构的健全和稳定
	运营管理	计算分析ESG相关指标对企业现金流量和盈利能力的影响

（资料来源：世联评估）

环境方面，关注绿色建筑和可装配式建筑的占比以及企业碳减排目标的实现，推动可再生能源的使用（太阳能、风能、生物质能），废弃物减排、节水，并通过废弃物和水资源的重复利用、回收和循环再生来减少废物和污水的产生。

社会方面，重点关注以下五个方面。第一，在保障员工身心健康与安全的基础上，是否为员工提供良好的职业发展通道。是否形成多元化和包容性的企业文化，避免出现歧视行为。第二，新冠肺炎疫情提高了人们对健康和卫生的认识和需求，因此，应当从与房屋建筑使用者即租户切身相关的室内外环境、空气品质、水、设施、建材等方面入手，将其直观感受和健康效应作为关键性评价指标，让租户真正成为绿色健康建筑的受益群体。第三，在采购环节是否优先采用绿色材料和健康材料，是否严格挑选符合条件的供应商进行合作，必要时对供应商提供的有关产品和服务进行审计。第四，企业是否将自身发展与社区发展结合起来、将社区文化艺术与建筑空间有机融合，是否参与城市更新和智慧城市建设。第五，企业参与社会公益事业，在履行企业社会责任的同时，也将树立企业良好的社会形象，为企业带来营业收入的显著增长，例如鸿星尔克、白象。

公司治理方面，关注员工是否遵守职业道德规范，企业是否合规经营，建立举报和监督机制。

四、ESG 与住房租赁 REITs/ 企业估值

在推进绿色低碳转型的过程中，越来越多的投资者关注企业的 ESG 表现，ESG 因素对企业财务分析和企业估值的影响日益突显，因此，评估机构应积极探索将 ESG 主题元素纳入企业估值模型，从而帮助投资者更好地识别在运用传统分析和估值方法时可能会忽略的风险和机遇，提高企业估值的准确性。国际评估准则理事会（IVSC）提出评估机构应高度重视 ESG 实践与企业价值评估的结合，将 ESG 作为"预财务"信息纳入企业估值框架，反映投资者和利益相关者的关切。

本文根据现阶段住房租赁的发展特征以及保障性租赁住房的属性，将 ESG 元素纳入传统的收益法中，调整企业的自由现金流量，根据公式"企业自由现金流量＝息税前利润－企业所得税＋折旧与摊销－资本性支出－营运资本增加"分别予以调整（表3）。此外，拥有良好 ESG 表现的企业一般风险较低，从而通过影响其资本成本和资本结构来影响其折现率，进而享受到更高的估值溢价。

ESG 在现金流量项目调整中的应用　　　　　　　　　　表 3

评价维度	现金流量项目	调整
环境	息税前利润	绿色建筑认证代表高质量与高能源效率的资产，可为物业增加价值。获得绿色建筑认证的建筑物带来更高的租金收入，具有更高的销售价格
	资本性支出	需要额外费用和投资以提升现有设施设备的运营效率

续表

评价维度	现金流量项目	调整
环境	企业所得税	购置并使用环境保护专用设备、节能节水专用设备的,该专用设备投资额的10%可以抵免企业当年的应纳税额;当年不足抵免的,可以在以后5个纳税年度结转抵免
社会	息税前利润	房产税和印花税的减免将减少"税金及附加",从而增加营业利润(对公租房免征房产税。2019年1月1日—2023年12月31日,对公共租赁住房经营管理单位免征建设、管理公共租赁住房涉及的印花税;对其购买住房作为公共租赁住房,免征印花税;对公共租赁住房租赁双方免征签订租赁协议涉及的印花税)
社会	企业所得税	购置并使用安全生产专用设备的,该专用设备投资额的10%可以抵免企业当年的应纳税额;当年不足抵免的,可以在以后5个纳税年度结转抵免
社会	资本成本	ESG绩效较好的公司有较高的信誉,融资成本较低
公司治理	息税前利润	因违反法律法规或已确定的贪腐案件被处以罚款而产生的额外支出

(资料来源:世联评估)

五、结语

推动住房租赁企业建立具有ESG主题元素的公司治理架构,将进一步帮助他们健全现代公司治理制度和运行机制,统筹平衡企业盈利与社会责任之间的关系、短期利益与长远发展之间的关系,提升企业的综合治理水平和可持续竞争力,实现以住房租赁行业的高质量发展来支持实体经济的高质量发展。评估机构也应开拓创新与ESG相关的评估与咨询业务。

参考文献:

[1] 王凯,张志伟. 国内外ESG评级现状、比较及展望[J]. 财会月刊,2022(2):137-143.

[2] 许明珠. ESG与企业估值[J]. 中国资产评估,2021(7):22-26.

[3] IVSC. IVSC Perspectives Paper:ESG and Business Valuation[R]. London:International Valuation Standards Council,2021.

作者联系方式

姓　名:刘辰翔　李　娜

单　位:深圳市世联土地房地产评估有限公司、世联评估价值研究院

地　址:北京市朝阳区西大望路15号外企大厦B座13层

邮　箱:liucx@ruiunion.com.cn;lina@ruiunion.com.cn

注册号:李娜(4420100198)

中大型城市保障性租赁住房出让地价评估初探

宗 皓　周明珠

摘　要：2021年11月24日，苏州市首宗保障性租赁住房用地上市。拓普森房地产资产评估测绘有限公司作为苏州市区土地一级市场出让地价评估服务供应商，承担了该次国有建设用地出让地价的评估工作。由于没有市场实例可供参考，估价方法和估价参数的选用存在很大的困难，估价师对各种评估方法的适用性进行逐一分析后，对技术要点和难点进行解析，围绕"保障性租赁住房"这一特殊属性，合理确定估价技术路线和估价参数，最终完成拟上市地块的评估。本文以该次评估工作为实例，对保障性租赁住房出让地价评估方法进行总结和探索。

关键词：保障性租赁住房；出让地价评估；土地供应政策研究

一、保障性租赁住房的政策背景

2021年7月2日，国务院办公厅公布了《关于加快发展保障性租赁住房的意见》（国办发〔2021〕22号）。该文件出台的目的，是通过明确加快发展保障性租赁住房的支持政策，推动人口净流入的大城市和省级人民政府确定的城市采用多主体投资、多渠道供给的方式建设小户型、低租金保障性租赁住房，尽最大努力帮助新市民、青年人等缓解住房困难。与传统的以廉租房、公租房为主的针对城市中本地户籍中低收入住房困难家庭托底保障相比，该文件强调的租赁住房在面向人群和政策目标上有所不同，体现了政府在住房保障领域已超越了托底思维，强调被救助者的"可行能力"的拓展。

国办发〔2021〕22号文件公布之后，各地也纷纷出台保障性租赁住房的实施办法。通过对各级政策文件的解析可知，估价机构和从业人员应重点关注两个方面：其一，租赁住房多主体投资、多渠道供给政策，金融支持的政策以及保障性租赁住房运营管理和租金监测，均为估价行业提供了新的市场需求；其二，评估工作如何贯彻实现政府对保障性租赁住房的支持政策，对行业提出了一个新的评估课题，估价机构和从业人员有责任和义务对该类评估进行理论和技术的准备。

二、保障性租赁住房出让地价评估实例

（一）项目基本情况

苏州市作为人口净流入的大城市，对发展租赁住房一直比较重视，目前已经形成了以公租房、廉租房为主的租赁保障体系，且苏州市政府已发布了《苏州市保障性租赁住房建设实施办法（征求意见稿）》，正式文件即将发布。2021年11月，苏州市政府推出了首宗以出让方式供应的保障性租赁住房用地。拓普森房地产资产评估测绘有限公司作为苏州市区土地一级市场出让地价评估服务供应商，承担了该次国有建设用地出让地价的评估工作。

待估宗地位于苏州市相城区望亭镇鹤溪路西、太阳路北，土地面积为19564m²，其基本的规划条件如表1所示。

待估宗地基本规划条件　　　　　　　　　　　表1

地理位置		望亭镇鹤溪路西、太阳路北
用地面积	地上	19564m²
	地下	19564m²
用地性质		居住用地（R2）
容积率		1.0＜容积率≤1.5
建筑密度		≤25%
绿地率		≥37%
建筑高度		18m≤建筑高度≤40m
市政交通要求		停车位要求：满足《苏州市建筑物配建停车位指标》要求
商业服务业用地业态管理要求		无
其他规划要求		1.满足《苏州市新建住宅区服务设施规划管理规定》，且社区居委会用房最小计容建筑面积≥400m²； 2.户型面积不大于70m²（包含公摊面积及套内面积）； 3.地下空间用途为人防、停车场及设备用房，地下空间限低-10m（相对标高），建筑面积不计入地块综合容积率。 4.该地块为保障性租赁住房，具体相关要求以住建部门意见为准
养老服务		根据《江苏省养老服务条例》《苏州市居家养老服务条例》，新建住宅区按照每百户不少于30m²的标准，已建成住宅区按照每百户不少于20m²的标准，安排社区居家养老服务设施

（二）估价方法选择和技术要点、难点的解析

由于待估宗地是苏州市首宗以出让方式供应的保障性租赁住房用地，在出让地价评估时，估价师面临没有市场实例可供参考的困局，且估价方法和估价参数的选用

存在很大的困难。为此，估价师对各种评估方法的适用性进行逐一分析，并对技术要点和难点进行解析，在突显"保障性租赁住房"这一特殊属性的基础上，确定估价技术路线和估价参数（由于土地估价规程和房地产估价规范对估价基本术语表述有所区别，本文根据估价报告的不同类型，按照相应规范或规程表述）。

1. 成本逼近法

采用成本逼近法进行评估的关键前提是获取土地取得成本和土地增值收益的客观数据。土地取得费是指区域内政府通过征收或征用等方式取得土地而支付的平均重置成本。由于保障性租赁住房本质是居住功能，需要考虑生活的便捷，大多布局于建成区之内，且租金水平低于市场租金，最终成交的地价可能不足以覆盖城市高昂的征收成本，也会造成土地增值收益的确定十分困难。这也是国家鼓励保障性租赁住房采用多元供应方式的原因之一。在该类土地供应的初期，成本逼近法并不是一种适宜的评估方法。若将来市场成熟，交易实例充分，估价师应该分析成交地价与客观的土地取得费之间的关系，分析土地增值收益率，进而判断成本逼近法的适宜性。

2. 市场比较法

市场比较法评估的前提条件是有成熟的市场和充分的交易实例，且具备可比基础。由于保障性租赁住房的政策刚刚推出不久，市场尚缺乏交易实例，而且保障性租赁住房需要将租金作为出让前置条件，类似限房价定地价的模式，也会影响可比基础。因此，本次评估也未采用市场比较法进行评估。若将来交易实例充分，在采用市场比较法进行评估时，估价师仍应关注是否具备可比基础。

3. 收益还原法

市场上空地出租的情形是非常少见的，土地评估中的收益还原法通常采用总净收益分配并剥离的方式求取土地净收益。对于持有型待开发土地评估，收益法和剩余法基本的评估原理其实是一致的，仅是对剩余原理的运用不同，同一宗地不能同时采用这两种方法进行评估。相比较而言，收益法中对净收益直接进行剥离是比较困难的，因此，本次评估未采用收益还原法。当然，保障性租赁住房也可以采用租赁方式供地，包括国有建设用地和集体建设用地的出租，若将来出租实例客观充分，收益还原法不失为一种非常高效便捷的评估方法。

4. 剩余法

剩余法是最能直接反映和量化各项出让条件的一种评估方法，对开发过程的模拟最为真实，最适合待开发土地的评估，故成为本次评估的首选方式。考虑到土地估价的特点，本次采用静态分析法进行评估。估价师分析了保障性租赁住房的特点，对以下评估要点进行了重点关注。

（1）土地最有效利用方式的确定

根据规划条件，除了常规的最佳建筑类型、楼层、附属用房配建之外，估价师重点对户型面积、装修等进行了有针对性的分析，以确定待估宗地最有效利用方式。

户型面积关系到项目附属用房、车位的配建指标，需要进行合理假设。宗地的规划条件规定户型面积不大于 70m² （包含公摊面积及套内面积），但无下限及具体的指标。估价师首先分析保障性租赁住房面向的人群主要为新市民、青年人，单身比例较高，同时参考了苏州市公租房的户型设计，最终确定项目平均户型面积为 50m²。

规划条件并未提出装修的要求，对于普通商品房项目，估价师一般按照毛坯房进行评估。但对于租赁类住房，租客需要达到拎包入住的标准。因此，估价师按照简单装修，配备基本家具、家电的标准设定本项目的产品。

（2）租金的确定

根据国办发〔2021〕22号文，保障性租赁住房的租金低于同地段同品质市场租赁住房租金。但截至估价期日，苏州尚未出台确定租金标准的细则，为此，估价师参考了上海、成都等城市提出的保障性租赁住房租金标准，确定评估所采用的租金标准为同地段同品质市场租赁住房租金的 90%。90% 的折率也反映了保障性租赁住房面向的人群和政策目标有别于托底式保障，租金优惠折率体现了"租户可负担，企业可持续"的原则。

（3）房地产综合还原率的确定

房地产综合还原率（房地产规范称报酬率）是确定开发完成后房地产价值的重要参数，有多种求取方式，其中市场提取法是最客观的一种方法，应该作为首选。但保障性租赁住房为持有型物业，且处于起步阶段，产权固化，未来交易也受到很大的限制，难以得到还原率的客观数据。目前，住宅类普通商品房的租赁回报率畸低，与租赁性住房的投资理念是完全不同的，也不能采用。为此，估价师参考了市场相对成熟的长租公寓预期回报率，并结合保障性租赁住房的政策倾向合理确定房地产综合还原率。

根据 2021 年 9 月仲量联行发布的《中国长租公寓市场白皮书》，目前大部分投资人对国内长租公寓稳定回报率的预期集中在 4.5%~5.5%。收益法中还原率（回报率）本身是理性投资人对未来收益的预期，《中国长租公寓市场白皮书》选择的投资者样本都是开发商、房地产基金管理人等业内人士，调查结果有一定的参考意义。与长租公寓相比，保障性租赁住房虽然租金水平稍低，但支持政策更多，其实际的回报率未必低于长租公寓。保障性租赁住房初步入市，投资风险可能会高于相对成熟的长租公寓，可以在长租公寓预期回报率之上，增加 1% 的风险调整系数。从政策层面来说，2021 年 12 月，苏州市发布了《关于进一步加强地价评估工作有关要求的通知》（苏资规发〔2021〕228号），明确提出自行改造项目涉及补缴地价评估中，应加大地价政策支持力，提高成本利润率和还原率，规定住宅类改造项目的房地产综合还原率为 6%。住宅类自行改造项目与保障性租赁住房项目有一定的相似性，这也验证了估价师对本次评估房地产综合还原率的取值。

（4）降低税费负担对地价影响的关注

国办发〔2021〕22号文对保障性租赁住房的建设和运营提出了 6 项支持政策，包括增值税、房产税的优惠政策和城市基础设施配套费的减免，其主旨是降低保障性租赁住房的开发运营成本。传统估价目的的评估中，对某一特定类型的估价对象，在选用评估参数时，应当采用其特殊的政策规定。但本次估价目的为出让地价评估，如果评估时考虑了增值税、房产税的减免政策，会使得项目运营成本降低，收益价值增大，税金优惠的额度将通过资本化体现在地价中，使得该项优惠政策化为乌有。同样，如果考虑了城市基础设施配套费的减免，则最终得到的地价中会包含该部分费用，该优惠政策也没有落到实处。为避免以上情况的发生，估价师决定在评估过程中不考虑上述特殊的优惠政策，真正体现保障性租赁住房扶持政策的初衷。同时，估价师将上述特殊处理在评估报告需要特殊说明的事项中予以说明（对应房地产估价报告则为背离事实假设）。

5. 公示地价系数修正法（基准地价系数修正法）

根据《国有建设用地使用权出让地价评估技术规范》，出让地价评估，应至少采用两种评估方法。因此，本次评估同时选择了公示地价系数修正法（基准地价系数修正法）和剩余法进行评估。但目前苏州基准地价的估价期日为 2021 年 1 月 1 日，在进行本宗地评估时，保障性租赁住房的政策刚刚发布，苏州市的基准地价尚未对该类型地价进行专项补充。估价师首先采用基准地价系数修正法，评估得到待估宗地在普通商品住房定义下的地价，再进行住宅用地分割条件系数的修正得到估价结果。但由于该方法未能完全体现保障性租赁住房的特征，评估结果仍然存在很大的局限性。

（三）评估结果的确定

分别采用剩余法和公示地价系数修正法进行评估，得到的估价结果有一定的差异。经过对评估方法运用分析，估价师认为，在出让地价评估中，对于土地使用条件和前置条件个性化的特殊宗地，除剩余法之外的其他估价方法很难将这种个性化差异体现于地价中，剩余法成为最可靠、最精准的一种评估方法。公示地价的实质是采用了替代原则，但至少目前难以体现"保障性租赁住房"这一特殊的属性，评估结果明显偏高。因此，本次估价最终以剩余法的估价结果为准，将公示地价系数修正法的评估结果舍弃。最终，受托评估宗地顺利成交，估价结果得到了市场的认可。

三、本案例的启示和思考

（一）各地建立保障性租赁住房供应政策的相关建议

通过拓普森房地产资产评估测绘有限公司首次承担的保障性租赁住房出让地价评估的工作实践，结合相关调研，估价师提出各地建立保障性租赁住房供应政策的相关建议：

一是建立保障房租赁住房租金定价机制，并加强对租金水平的监测，合理设定年度涨幅。租金应作为出让供地的前置条件，其他建设方式供给的项目，在项目报批时应明确租金水平，并向社会公示。

二是出让条件中应该明确装修标准及家具、家电的配置标准，明确户型面积配比。根据新市民、青年人的需求特点，项目规划中应配置公建配套设施和商业配套设施。如上海市制定的实施意见中有类似的规定。

三是国办发〔2021〕22号文件要求各地切实增加供给，科学确定保障性租赁住房建设目标和政策措施。在人口净流入的大城市和省级人民政府确定的城市，保障性租赁住房的供应量将占新增住房供应总量的一定比例。如江苏省要求在"十四五"期间，全省新增保障性租赁住房供给50万套（间）以上，南京、苏州新增保障性租赁住房占新增住房供应总量的比例力争达到30%。为促进保障性租赁住房的供应，丰富估价方法，建议政府在公布的基准地价、标定地价中增加保障性租赁住宅的评估体系。

（二）出让地价评估应该体现土地供应政策的引导性

随着中国经济由高速增长阶段转向高质量发展阶段，各地政府也越来越关注土地供应政策在合理配置土地资源，优化产业质量、保障民生、节约集约利用土地等方面的重要功能。如深圳市在2019年10月出台了《深圳市地价测算规则》，通过地价政策调节，进一步深化土地有偿使用，促进土地供给侧改革，对各地完善土地供应政策有借鉴意义。该规则除了通过设置产权条件调节系数加大对实体经济政策倾斜和支持力度之外，在民生保障方面，完善了公共租赁住房、安居型商品房及人才住房的地价标准，加大对人才和保障性住房的支持。因此，出让地价评估，不仅为政府获取出让金提供参考，还应该体现地价政策对产业的引导和民生的保障。本案例中，估价师充分研读了政策的主旨，评估方法的选用，重要参数的确定均围绕着"保障性租赁住房"的属性展开，尤其关注了支持政策对地价的影响，充分体现了对民生的保障，保证了受托评估宗地顺利上市。

（三）对其他估价目的租赁住房评估的思考

发展租赁住房为估价行业提供了新的、多样化的市场需求，除出让地价评估之外，还包括住房租赁企业融资发展中的评估，新建和改建租赁住房中的评估，租赁住房运营管理中的评估和租金监测中的评估。不同的估价目的，对应不同的经济行为，估价原则、估价技术路线均不尽相同。如出让地价评估，应该体现地价政策的引导作用，但融资评估则应该反映客观的市场情况和现金流，两者对租赁住房支持政策的运用是不同的。改建租赁住房或利用农村集体土地建设租赁住房的评估中，客户往往有投资预期的具体需求，宜出具咨询类估价报告，评估投资价值，并对投资风险进行分析。

四、结语

保障房租赁住房政策的出台，是为落实党的十九大报告中提出"房子是用来住的,不是用来炒的"战略定位和"多主体供给、多渠道保障、租购并举"住房制度的重大举措。出让地价评估是保障性租赁住房土地供应的重要环节,也是落实政策实施导向的重要保证,对该类评估的技术探索和研究对政策的实施具有重要的意义。同时,保障性租赁住房政策为估价行业提供了新的、多样性的服务内容,在此背景下,房地产估价行业应该因势利导,助力长租房市场和保障性租赁住房的发展,这也是每一个估价师的职责所在。

参考文献:

[1] 陈杰.解析当前加快发展保障性租赁住房的战略意义与创新体现[J].中国房地产估价与经纪.2021(5):10-16.

[2] 柴强.发挥估价在培育和发展住房租赁市场中的作用[M]//中国房地产估价师与经纪人学会.2017中国房地产估价年会论文集.北京:中国城市出版社,2018.

作者联系方式

姓　　名:宗　皓　周明珠

单　　位:江苏拓普森房地产资产评估规划测绘有限公司

地　　址:江苏省苏州工业园区苏桐路37号9幢3楼

邮　　箱:tyzonghao@sina.com

注册号:宗皓(3220000208),周明珠(3220150123)

租赁住房用地协议出让价格评估的问题探讨
——以济南市为例

于温玉

摘　要：为更好地解决新城市人的住房问题，近几年来国家已连续出台相关政策，将建立租售并举的住房制度作为解决问题的主要方向。济南市先后发布14项相关政策和5项工作导则，对租赁住房项目涉及的国有土地供应、整体规划、工程建设等方面做了有关规定。济南市自2020年开始陆续增加了保障性租赁住房用地的供地计划，通过商品房配建和整地块规划两种途径实现。本文主要是结合相关政策要求，对协议出让用地价格评估中遇到的问题进行探讨。

关键词：租赁住房用地；协议出让；评估

本文主要结合工作经验，从估价方法的选择、估价参数的选取及如何合理确定价格三个方面进行阐述。

一、估价方法的选择

估价方法的选择受土地用途、评估目的的影响较大，按照规程和技术规范的规定，对方法的适用性进行分析。

市场比较法适用条件是市场活跃、案例丰富且可比性强，由于租赁住房土地市场处于发展初期，2021年前没有供地案例，不宜采用市场比较法。剩余法适用条件是地块规划详细、售价及成本资料便于调查。目前，济南市缺少租赁住房交易相关政策，尚无该类型住房入市的案例，售价较难准确估算，不宜采用剩余法。公示地价系数修正法适用于协议出让土地评估，考虑到租赁住房地价低于普通商品住房，公示地价系数修正法评测算结果很难体现由政策因素导致的地价差异，因此不宜采用该方法。收益还原法适用条件是项目存在收益（潜在收益），而租赁住房建成后持有期内的运营方式为对外出租，其价值通过租赁获取收益体现，适宜采用该方法。成本逼近法适用市场不发育、但土地取得成本和直接开发成本方便调查的土地评估。

2020年6月，济南市正式发布《济南市国有建设用地租赁住房建设和运营管理办法（试行）》（济政办发〔2020〕11号），规定对于协议出让用地价格评估以收益还原法、成本法评估为主，从政策角度明确了适宜的估价方法。

随着租赁住房用地市场逐步完善，评估时可同时选择市场比较法和剩余法。

二、估价参数的确定

（一）收益还原法估价参数的确定

1. 租金的确定

租赁住房主要用于出租，其价值是通过租赁体现的。租金可采用比较法评估，可比实例以建设项目为基本单位、品质与租赁住房相似、数量不少于3个，从居住区成熟度、交通条件、商业设施配套设施情况、自然环境、公共配套及物业服务、小区环境、小区配套设施、户型、装修及设备等方面进行比较分析；享受财政资金补贴的租赁住房采用指导租金，可采用剩余法（市场租金扣减）、成本法进行评估。一般不高于市场租金的90%，租金年增长率不超过5%。

2. 确定年总费用

房屋租赁费用包括经营管理费、经营维修费、保险费、房产税和其他税费。经营管理费、经营维修费和保险费为客观数据，房产税和其他税费要根据估价期日时有关税收政策确定。财政部、税务总局、住房和城乡建设部发布的《关于完善住房租赁有关税收政策的公告》（2021年第24号）对增值税、房产税进行了调整，于2021年10月1日施行，其中明确增值税可采用简易计税法，税率减按1.5%计算，规模化住房租赁的房产税为4%。

3. 还原率的确定

宗地评估中通常采用安全利率加风险调整值法计算还原率，济政发〔2020〕12号文件公布济南市住宅用地还原率为6%。

（二）成本逼近法参数的确定

成本逼近法评估结果是土地取得费、开发费、利息、利润及增值收益的计算价格，土地取得税费与土地增值收益对估价结果的影响较大。

1. 合理确定土地取得费

征收集体土地或国有土地时土地取得费包括土地补偿费、人员的安置补助费和地上青苗及附着物补偿费。未来租赁住房用地由市场交易获得时，土地取得费是项目估价期日时客观的市场购置价格。济南市21宗租赁住房用地中槐荫区（1宗）及长清区（2宗）土地来源为现有建设用地，其余18宗土地来源均为新增建设用地，当土地来源为现有建设用地时，税费中不应再包含耕地占用税和开垦费；土地取得费应为客观成本。

2. 土地增值收益

土地增值是为达到一定的利用条件而改变用途或者进行开发而增加的价值，增值收益率一般为 10%～30%，但由于用途和级别的差异，增值收益会有不同。应按照土地获取方式，阐明土地增值收益率的取值依据，合理确定土地增值收益。

三、合理确定土地评估价格

由于租赁住房土地市场不活跃，各项目的土地取得成本和直接开发成本决定了租赁住房地价水平。随着项目增多，成交地价水平逐渐形成一定的规律，接下来通过分析已成交地价信息，为土地评估价格的确定提供参考。

（一）已成交租赁住房用地信息

根据中国土地市场交易网统计数据，2021 年济南市共成交 21 宗租赁住房国有建设用地协议出让项目，其中先行区成交 9 宗（8 宗位于济阳区、1 宗位于天桥区），历城区共成交 6 宗，长清区、市中区各成交 2 宗，槐荫区、历下区各有 1 宗成交。各宗租赁住房项目位置如图 1 所示。

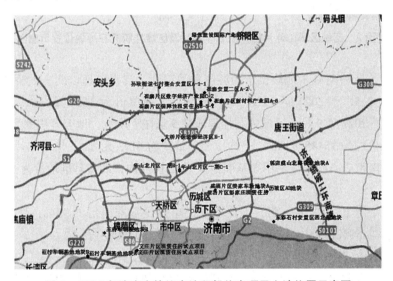

图 1　2021 年济南市协议出让租赁住房项目土地位置示意图

（二）根据已成交信息合理确定地价

评估土地价格时，估价师一般会根据区域已经成交的地价信息，找出与基准地价、市场地价水平的关系，然后具体分析拟出让地块的用地指标和个别因素，最终合理确定评估价格。基准地价信息依据基准地价图确定，市场地价则依据同片区（或邻近区域）、规划指标相近、成交时间比较接近的招拍挂成交地块的平均值确定。

1. 选取华山北片区一期 B-1 地块作为分析案例

为保证分析的准确度，选取的案例应满足该区域租赁住房用地供地数量多、同时段内有规模相近的招拍挂地块、于2021年4季度成交等条件。目前，先行区与历城区租赁住房用地较多，经过筛选，历城区华山北片区一期B-1地块租赁住房项目更符合分析案例的选取标准（图2）。

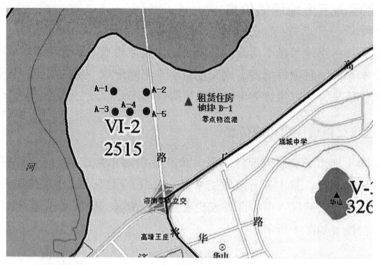

图2 历城区华山北片区一期B-1地块及区域挂牌成交地块位置示意图

华山北片区一期B-1地块位于历城区黄河以南、济青高速以北、大桥路以东，地上容积率为2.5，于2021年12月20日成交，土地单价为3654元/m^2，楼面地价为1452元/m^2。2021年9月，区域内共挂牌成交5宗住宅用地，地上容积率为2.2~2.7，平均成交地价约为15445元/m^2，平均楼面地价约为6193元/m^2。华山北片区一期项目用地位于济南市中心城区住宅用地基准地价Ⅵ-2区片内，区片基准地价为5030元/m^2，楼面地价为2515元/m^2。

经分析，华山北片区一期B-1地块成交单价是基准地价的73%，楼面地价是基准楼面地价的58%，是片区挂牌成交平均楼面地价的24%（表1）。

2.整理分析其他地块信息

参照华山北片区一期B-1地块，对其他20宗租赁住房用地成交信息进行整理分析。

土地市场比较活跃的区域，选择同片区内3宗以上招拍挂成交地块的平均值确定地价，例如，华山北片区选取了同片区、规划指标相近、成交时间比较接近的5宗地块；不活跃区域则通过相近区域平均楼面地价确定，例如，东彩石村安置区西北侧地块选取了相近的神武片区规划指标相近、成交时间比较接近的3宗地块、文庄片区租赁住房试点项目则选取了岳二村及南北康、大涧沟共12宗地；由于绿色建设国际产业园租赁住房C-3-1地块、长清范村车辆基地租赁住房项目所在区域缺少供地案例，不与市场楼面地价的对比分析（表2）。

与基准地价相比，济南市协议出让租赁住房用地成交地价均高于区域基准地价的70%：其中先行区片区9宗、文庄片区2宗及历城区2宗成交地价占基准地价的

华山北片区一期 B-1 地块成交地价分析对比表

表1
（单位：元/m²）

项目名称	土地成交地价		土地级别	与基准地价对比			与区域平均楼面地价对比		
	土地单价（A）	楼面地价（B）		基准地价（C）	对比（A/C）	楼面地价（D）	对比（B/D）	区域挂牌成交地块	楼面地价（E）	对比（B/E）
华山北片区一期B-1地块	3654	1462	Ⅵ-2	5030	73%	2515	58%	地块A-1 地块A-2 地块A-3 地块A-4 地块A-5	6193	24%

2021年租赁住房用地成交地价与基准地价、市场地价对比表

表2
（单位：元/m²）

项目名称	土地成交地价		土地级别	与基准地价对比			与区域平均楼面地价对比		
	土地单价（A）	楼面地价（B）		基准地价（C）	对比（A/C）	楼面地价（D）	对比（B/D）	区域挂牌成交地块	楼面地价（E）	对比（B/E）
崔寨片区数字经济产业园C-2地块	2386	954	Ⅶ-11	3400	70%	1700	56%	34街区4宗 C-12地块 会展D-3-2地块	2640	36%
崔寨片区崔寨安置二区租赁住房A-2地块	2386	954	Ⅶ-11	3400	70%	1700	56%	34街区4宗 C-12地块 会展D-3-2地块	2640	36%
崔寨片区新材料产业园租赁住房A-6地块	2385	954	Ⅶ-11	3400	70%	1700	56%	34街区4宗 C-12地块 会展D-3-2地块	2640	36%

续表

项目名称	土地成交地价		土地级别	与基准地价对比			与准挂牌地价对比			区域挂牌成交地块	与区域平均楼面地价对比	
	土地单价（A）	楼面地价（B）		基准地价（C）	对比（A/C）	楼面地价（D）	对比（B/D）				楼面地价（E）	对比（B/E）
崔寨片区保障性租赁住房 B-5-1 地块	2385	954	Ⅶ-11	3400	70%	1700	56%			34街区4宗 C-12地块 会展D-3-2地块	2640	36%
崔寨片区保障性租赁住房 B-5-2 地块	2386	958	Ⅶ-11	3400	70%	1700	56%			34街区4宗 C-12地块 会展D-3-2地块	2640	36%
崔寨片区保障性租赁住房 B-5-3 地块	2396	954	Ⅶ-11	3400	70%	1700	56%			34街区4宗 C-12地块 会展D-3-2地块	2640	36%
绿色建设国际产业园租赁住房 C-3-1 地块	1830	732	Ⅷ-9	2600	70%	1300	56%			/	/	/
孙耿街道七村整合安置区租赁住房项 A-1-1 地块	1968	787	Ⅷ-8	2800	70%	1400	56%			12街区A-1地块 12街区A-2地块 12街区A-3地块	2262	35%
大桥片区总部经济区 E-1 地块	2597	1039	Ⅶ-10	3700	70%	1850	56%			A-3地块 B-3地块 D-1地块	2517	41%
华山北片区一期B-1地块租赁住房项目	3654	1462	Ⅵ-2	5030	73%	2512	58%			地块A-1 地块A-2	6193	24%

续表

项目名称	土地成交地价		土地级别	与基准地价对比				区域挂牌成交地块	与区域平均楼面地价对比	
	土地单价(A)	楼面地价(B)		基准地价(C)	对比(A/C)	楼面地价(D)	对比(B/D)		楼面地价(E)	对比(B/E)
华山北片区一期B-1地块租赁住房项目	3654	1462	Ⅵ-2	5030	73%	2512	58%	地块A-3	6193	24%
								地块A-4		
								地块A-5		
华山北片区一期C-1地块租赁住房项目	3630	1452	Ⅵ-2	5030	72%	2512	58%	地块A-1	6193	23%
								地块A-2		
								地块A-3		
								地块A-4		
								地块A-5		
东彩石村安置区西北侧地块	4525	2057	Ⅵ-8	6332	71%	3166	65%	B-2地块	6398	32%
								B-3地块		
								B-4地块		
郭店虞山北路以北地块租赁住房项目地块A	3876	1846	Ⅵ-6	5012	77%	2506	74%	地块A-2	3946	47%
								地块A-3		
								地块A-4		
								地块A-5		
唐冶片区彭家庄租赁住房项目	5646	2566	Ⅴ-11	8066	70%	4033	64%	地块A-1	6083	42%
								地块A-2		
								地块A-3		

续表

项目名称	土地成交地价		土地级别	与基准地价对比				区域挂牌成交地块	与区域平均楼面地价对比	
	土地单价(A)	楼面地价(B)		基准地价(C)	对比(A/C)	楼面地价(D)	对比(B/D)		楼面地价(E)	对比(B/E)
历城区A3地块租赁住房试点项目一期工程	5646	2823	Ⅴ-11	8066	70%	4033	70%	唐冶3宗	6647	42%
								雪山7宗		
王府车辆段租赁住房项目（地块B）	4653	2115	Ⅵ-12	3930	118%	1965	108%	地块A	4529	47%
								地块E		
								地块F		
文庄片区租赁住房试点项目	6354	2888	Ⅳ-9	9050	4525	70%	64%	大涧沟7宗	6902	42%
								南北康4宗		
								岳而村1宗		
文庄片区租赁住房试点项目	6362	2651	Ⅳ-9	9050	4525	70%	59%	大涧沟7宗	6902	38%
								南北康4宗		
								岳而村1宗		
盛福片区姜家车场地块落地区A	7409	2744	Ⅳ-4	8550	4275	87%	64%	姜家庄停车场上盖用地	7951	35%
								A7地块	/	/
范村车辆基地租赁住房项目地块A	3450	1816	Ⅶ-8	4002	2001	86%	91%	B10-1地块	/	/
范村车辆基地租赁住房项目地块B	4600	2300	Ⅶ-8	4002	2001	115%	115%	/	/	/

70%；华山北片区 2 宗地与东彩石地块、郭店虞山北路地块略高于基准地价的 70%；姜家车场、范村地块 A 占基准地价的 85% 以上，王府车辆段地块 B 与范村地块 B 分别高于基准地价 18%、15%（图 3）。

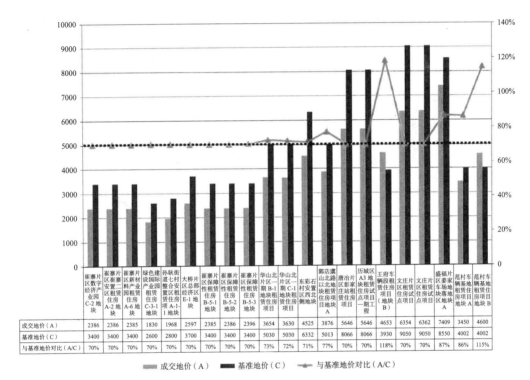

图 3　租赁住房土地成交地价与基准地价对比示意图

与区域招拍挂成交楼面地价相比，已成交的租赁住房用地楼面地价与区域平均楼面地价的比例集中在 35%～45%，历城区虞山片区、王府车辆段租赁住房项目比例略高，华山北片区略低（图 4）。

在确定评估地价时，根据拟出让项目所处区域，具体分析规划条件及项目取得成本费用，参考已成交地价信息把握地价水平。

（三）出让底价建议

按照技术规范要求，对底价建议部分作出详细的分析，协议出让底价应符合第 21 号令的有关条例规定，高于所在级别基准地价的 70%。

综上，租赁住房用地协议出让土地使用权价格评估时，估价方法要选择得当、估价参数要依据充分且客观合理；土地价格水平要能充分反映相关政策对地价水平的指引。

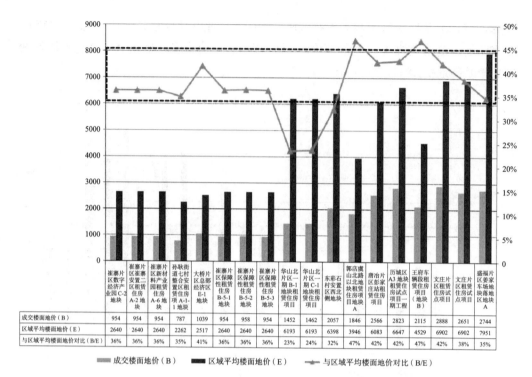

图4 租赁住房土地成交楼面地价与区域平均楼面地价对比示意图

四、结语

济南市租赁住房用地市场处于初期阶段，与租赁住房相关地价政策、税收政策等有待继续完善，所以在开展评估时，要适时关注租赁住房市场，了解新政策对地价的影响，分析土地价格变化的基本规律，结合其福利性、高投资、低收益及资金回笼周期长的特点，合理确定评估价格，促进租赁住房项目用地的有效供应。

参考文献：

邹晓云. 土地估价基础 [M]. 北京：地质出版社，2010.

作者联系方式

姓　名：于温玉

单　位：山东华典章土地房地产资产评估有限公司

地　址：济南市历下区环山路2号鸿苑大厦13c

邮　箱：18615660112@163.com

注册号：3720110115

(三)建议及展望

租赁赋权助力住房租赁市场发展

陈 杰

摘 要： 租赁赋权是保证住房租赁市场长期稳定发展的关键性因素。2020年中央经济工作会议特别提出，要逐步使租购住房在享受公共服务上具有同等权益。从目前来看，我国城市受制于前期发展路径，普遍存在租住群体的子女入学难等关键性问题需要破解，建议未来应着眼于制度顶层设计，构建部门联动机制，推动租赁赋权助力住房租赁市场发展。

关键词： 租赁赋权；住房租赁市场；租购同权

一、租购赋权的战略意义

租购同权、租赁赋权对发展长租房是非常重要的。2020年中央经济工作会议提出，逐步使租购住房在享受公共服务上具有同等权益，这是具有全局性战略意义的政治任务，对我们从事住房租赁研究提出了要求和任务。

（一）租购同权概念的提出

2017年党的十九大报告提出"加快建立多主体供给、多渠道保障、租购并举的住房制度"，这表明在国家层面上开始将租购并举确定为中国住房制度改革与发展的新方向标。在推动租购并举的过程中，"租购同权"作为一个重要口号被提出。2017年7月，作为全国第一个出台住房租赁新政的试点城市，广州市人民政府办公厅印发《广州市加快发展住房租赁市场工作方案》[穗府办（2017）29号]，第一条明确规定"赋予符合条件的承租人子女享有就近入学等公共服务权益，保障租购同权"。由此，"租购同权"正式成为官方的政策用词。各试点城市主要从子女教育、医疗保障、就业扶持、养老服务、社会福利、政治参与等方面，不断扩大承租人的权利范围，为承租人增加赋权，使其与购房人逐步享有同等的社会公共服务获取机会。目前，主要难点在于教育资源的赋权。

关于租购同权到底如何看待、租购同权的内涵是什么，学者们有不同的意见和看法。基本上大众都认同租房和买房，在很多方面已经慢慢在趋同，比如现在很多地方也放开了户口，跟买房没有直接挂钩，但是还有一些地方有比较大的区别。租赁赋权、租购同权对发展长租房市场具有重要意义和基础性作用。

(二) 学区房问题

2021年3月，中央领导在两会上专门提到了学区房问题，4月30日中央政治局会议也首次提到"防止以学区房等名义炒作房价"。由此看来，在推行租购同权时最大的难点就是买房人和租房人在子女教育，尤其是优质学校资源享受上是不是同权。如果同权了，有的人认为可以化解学区房问题，大家不需要买房就能上优质学校。然而事实没有这么简单，如果没有很好的配套政策，直接就推动租购同权，学区房的价格可能降温了，但是可能会出现学区租，学区房的租金会一下暴涨，同样会出现复杂的、一系列的经济社会问题，所以在这个问题上还是要中立地思考。

(三) 租房供求关系分析

从经济学角度研究租房问题，主要就是研究供给和需求状况。如图1所示，租购同权会增加需求，有买房上学或者享受公共服务的需求，但同时租购同权也会增加供给，从经济学角度来定义，需求引导供给。现在很多房子处于空置状态，和租赁市场发展有一定的关系，出于预期租客的需求不够长期、不够稳定等原因，租房供给没有那么大积极性。所以，要想改善整个市场状况，不只是增加资金，还需要比较严密的政策设计。

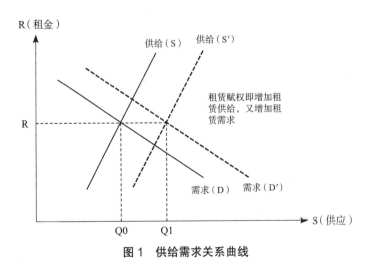

图1 供给需求关系曲线

二、租赁赋权的内涵

从现有的社会评论来看，大众常混淆"租赁赋权"和"租购同权"两个概念，由此可能会导致大众对政策的预期过高。实际上这两个概念之间还是有差别的。

（一）租赁赋权

租赁赋权，强调增加租客对公共服务享受的权益，逐步缩小承租人与有房人在公共服务享受上的权益性鸿沟，是过程导向。短期内要不断实现承租人公共服务权益的扩充，削弱购房人对于公共服务的优势，长期内要通过租赁权益的扩大强化人们对租赁住房的心理预期，进而调整个人住房消费方式。

租赁赋权是实现租购同权的必要途径，以过程或程序正义来实现结果正义。实现租购同权的前提是公共资源配置基本均等化，包括空间均等化。但当前我国公共服务资源仍呈高度不均衡，尤其空间不均衡的特征，难以很快实现同权，可能需要一个较长的过渡期。

（二）租购同权

租购同权，强调的是租房者和购房者在公共服务享受方面实现了均等权益，是结果导向，基于结果公平的理念。租购同权是租赁赋权最终追求的结果。本质是以公平正义为价值取向，破除住房所有权与公共服务的捆束关系，从而实现将"从房子为媒介"的公共服务资源配置机制，回归到"以人为中心"的公共服务供给原则。抹去因为住房拥有不同而产生的公共服务差别化待遇，消除因为购房能力的差别所带来的公共服务获取能力差别的不公平。实现"同权"需要政府均衡地配置资源，更多的是强调对政府行为的管控，也包括政府对市场结果的调整责任。

综上所述，租购同权强调终点，租赁赋权强调过程，过程引导逐步趋向租购同权。当然租购同权是比较理想化的目标，需要在赋权过程中不断地改进，一步一步来，提升租客对租房的需求，同时也提振长租企业包括国企对提供长租房的信心，由此才有可能实现租购同权。这是过程和结果的相互结合，相互变动。

三、租赁赋权的可行性

（一）发达国家及地区租赁赋权基本情况

通过网络调查及文献梳理，我们团队对国内外租赁赋权进行了研究，如表1所示。在美国、英国、德国、日本、澳大利亚以及中国香港地区，租赁赋权基本实现同权，即买房和租房都是同等的。只要居住在附近，居民出示水电单、居住证明，就能同样享受公共服务，而不以是否购买房子作为标准。但是中国现在需要经历租购不同权的过程，这跟城市发展模式有关。

从上述5个发达国家和中国香港地区经验来看，实现租赁赋权更多的是通过实现赋权程序公平化、丰富资源配置方式等路径。比如最为敏感的教育权益方面的赋权，租赁者家庭相比有房者集体，子女对同样学校入学申请资格基本都能得到保障。只要"就近实际居住"，基本能确保教育资源享有的"同权"。同时，从资源本身切入，不

第四部分 创新发展

表1 5个发达国家和中国香港地区的租赁赋权政策基本情况

	美国	英国	德国	日本	澳大利亚	中国香港
公共服务权益基本情况	美国联邦政府的宪法保障流动人口与常住人口享有相等权益。此外，美国实行房产税模式的实际负担方式，租赁关系中已转移到了承租方，其中已包含为当地公共服务缴纳的费用，因此承租人能够享受相应的权益	英国的基础社会制度关注流动人口权益的保障，不区分住房所有权人和承租人之间的差距，较好地实现了"租购同权"，保障居民享有同等的"市民权利"	德国实施全民户籍注册制度，户籍注册与住房直接关联，但与住房所有权无关，从根本上确保租赁和购买住房同权同责，是德国住房租赁制度落实的前提保障	日本宪法规定全体国民有权过上最低限度的健康和文明的生活，保障租房者与住房者享有均等化的公共服务	澳大利亚设立了推进基本公共服务均等化的专门机构中央联合部。其职能就是为全澳洲居民提供更便捷的公共服务，以良好地、统一地提供基本公共服务	政府保障租房与购房在基本权益上的同权，享受更好的服务还需自费或走私立渠道
教育权利	公立学校承租保底功能，租房学生只要通过居住证明，可以享受基础教育，购房家庭的学生同等地就近入学	英国相继出台按"公平能力分组"和优先照顾低收入家庭学生的招生政策。根据"公平能力分组"政策，学校将按照学生的实际能力而不是居住地来招生，各名校也会为一些低收入家庭的孩子预留部分入校名额	实施全民户籍注册制度，户籍注册与住房直接关联，但与住房所有权无关。柏林等德国大城市的入学规则只区分学区而不区分无房屋产权，租房者与购房者的子女在教育上享有平等的权利	义务教育阶段的公立中小学（约占全部学校95%）全部免费教育，租房买房并平等教育，居住以实际居住地为准表得义务教育	澳大利亚基本有三类学校：公立、教会和私立。一般的公立学校依学区设定名额，租房即为其子女申请入学文件即可，考上或校则是自由择校。教会学校和私立学校则是自愿意缴纳高额学费即可，澳大利亚同样存在学区房，但租购者均可就近入学	政府提供自幼儿园起15年的教育补贴，大多数公立学或者受政府资助的学校在招生时会有一定比例的名额用于就近入学，凭住址证明即可，并不区分父母是业主还是租客
医疗权利	美国政府主导的社会医疗保险集中于保障老年群体（Medicare）和弱势群体（Medicaid），工作人群享受同等的医疗服务。无论是否有自有住房和租房，工作人群的医疗服务则由商业保险机构提供	英国全民公费医疗制度规定，凡是在英国正当居住的公民，都享有公费医疗系统的免费医疗保障（NHS）。无论是否在当地拥有自有住房，都在公费医疗范围之内		日本实行全民医保制度。日本公民以及在日本有合法居留资格的外国人都能加入全民医疗保险制度，并且目保险中的医疗行为是完全由政府掌控的，价格不受市场调节	永久居民和公民都可享受Medicare。形成了以医疗保险制度为主，私人医疗保险为辅的医疗保险模式。不同分租房者与购房者的医疗保险区别	公立医疗的水平高，而费用却极低。公立医院采用预约制，一般的证状凭身份证登记即可，生育只需要所在区的住址证明

断地发展优质公共服务资源，追求资源分配均等化，尽可能地消减基于公共资源占有不均的阶层空间分化。

（二）我国租赁赋权政策执行现状

以我国11个大中型城市、部分试点城市为例。如表2所示，在各地方租赁住房条例中，对承租人可以享受的基本公共服务都做出了承诺，包括子女义务教育等方面。但大众关心的还是能不能就近入读优质学区的问题，也是目前主要的挑战。从11个城市的政策文本来看，如表3所示，仅有北京、杭州、合肥、厦门四市明确在政策中表明"就近入学"。大多数城市的政策规定较为宽泛，未细化政策实施条例，即未表明如何进行赋权、如何保障租客权利等。大部分城市均以居住证作为租客申请入学的基本性前提条件。然而各市获取居住证的难度及程序不一，无疑为租赁赋权的落实增加了隐形壁垒。在实行就近入学的城市中，就近入学背后仍存在一些壁垒。如杭州，推行"就近入学"已近10年，是在遵照积分入学机制的前提下，允许申请就近入学，房主及租客的身份成为分数的重点标准之一，实质上还是未体现"租购同权"。

各城市住房租赁条例中对承租人享受的基本公共服务的文本表述　　表2

	适龄子女义务教育	证照办理服务	基本公共就业服务	社会保险服务	基本公共卫生服务	基本公共文化体育服务	法律援助和其他法律服务	缴存住房公积金	民主政治权利（社区治理）
北京	√								
上海	√	√	√	√	√			√	
杭州	√								
合肥	√	√	√	√	√			√	√
厦门	√		√		√				
武汉	√		√		√		√		
长沙	√								
广州	√			√			√	√	
深圳	√	√			√				
重庆	√	√	√	√	√		√		
成都	√	√	√	√	√	√	√	√	√

（三）我国租赁赋权政策梗阻何以发生

1.理论分析

目前还没有做到租购同权的根源在哪里？从理论上分析，一是基于资源分配理论，公共服务供给稀缺性与需求强烈性之间、公共服务主体少数性与扩充性之间及公

各城市"租赁赋权"政策中对义务教育权的文本表述   表3

城市	要求	权利
北京	承租人为本市户籍无房家庭：需符合在同一区连续单独承租并实际居住3年以上且在住房租赁监管平台登记备案、夫妻一方在该区合法稳定就业3年以上等条件 承租人为非本市户籍家庭：需满足住房租赁监管平台登记备案的信息，以及北京市关于非京籍人员子女接受义务教育具体规定	承租人为本市户籍无房家庭，其适龄子女可在该区接受义务教育 承租人为非本市户籍家庭的，可依法申请办理其适龄子女在出租住房所在区接受义务教育的手续
上海	持居住证及《本市户籍人户分离人员居住申请（回执）》	可以按照规定享有子女义务教育权
杭州	依法办理《浙江省居住证》 按照《杭州市人民政府办公厅关于印发流动人口随迁子女在杭州市区接受学前教育和义务教育管理办法（试行）的通知》（杭政办函〔2017〕77号）有关规定	享有就近入学权利
合肥	具有合肥市城区户籍的适龄儿童少年，其父母或其他法定监护人在本市无住房，以单独租赁的成套房屋作为唯一住房并登记备案； 符合"房户一致"条件； 非合肥市城区户籍的适龄儿童少年，其父母或其他法定监护人在本市无住房，取得居住证满1年，凭劳动合同或营业执照； 父母或其他法定监护人连续租住同一成套房屋并登记备案满3年的。且连续缴纳合肥市城镇职工社会保险或法定税费满3年。	由租住地所在区教育主管部门统筹安排入学 由租住地所在区教育主管部门安排相对就近入学 由居住证所在区教育主管部门统筹安排入学 在区域教育资源许可的条件下，由租住地所在区教育主管部门安排相对就近入学
厦门	承租人为本市户籍无房家庭。父亲（母亲）所租住的片区房屋为家庭唯一居住地，适龄儿童及其父亲（母亲）在片区实际居住一年以上，且适龄儿童与父亲（母亲）户口一致，实际居住地与户口所在地一致（适龄儿童及其家长在其户口所在地招生片区内的住房是实际住所）； 承租人为非本市户籍家庭的，符合我市积分入学申请条件	适龄子女可向该片区的小学申请入学，由所在区教育行政部门统筹安排到片区内学校（就近安排）同其他公办学校入学 适龄子女在实际居住区申请参加积分入学
武汉	申领居住证后 按照《武汉市居住证服务与管理暂行办法》等有关规定	享受义务教育服务
长沙	具有本市户籍的适龄儿童（少年）、符合条件的非本市户籍人员随迁的适龄儿童（少年） 法定监护人在本市无自有产权住房，以法定监护人唯一租赁住房所在地作为居住地且房屋租赁合同经网签备案	由居住地所在区县（市）教育行政部门统筹安排到义务教育阶段学校就读（具体细则由教育行政主管部门制定实施）
广州	具有本市户籍的适龄儿童少年、人才绿卡持有人子女等政策性照顾借读生、符合市及所在区积分入学安排学位条件的来穗人员随迁子女，其监护人在本市无自有产权住房。以监护人租赁房屋所在地为唯一居住地且房屋租赁合同经登记备案的 符合来穗人员为其随迁子女以积分入学方式申请义务教育阶段起始年级学位的情况	由居住地所在区教育行政主管部门安排到义务教育阶段学校（含政府补贴的民办学校学位）就读（具体细则由各区教育行政主管部门制定） 各区结合实际对申请人合法租房情况赋予与购房者相同的分值、权重

续表

城市	要求	权利
深圳	非深圳户籍承租人需要按照《深圳经济特区居住证条例》等有关规定中领居住证	享受义务教育服务
重庆	租住租赁住房的市外来渝居住人员凭《重庆市流动人口居住证》 市内人员凭《暂住登记凭证》	共同居住子女可申请入读义务教育阶段学校和按规定就读普通高中、职业中学
成都	本市户籍承租人子女，符合成都市义务教育阶段招生入学政策 非本市户籍来蓉人员在本市无自有产权住房的，满足以租赁住房所在地作为唯一居住地且住房租赁合同登记备案条件	其随迁子女可接受义务教育 在居住证所在地接受义务教育

共服务资源普惠性与竞争性之间的矛盾导致租购权益严重失衡。二是基于空间生产理论，优质公共资源的空间不均衡性是导致租购权益严重失衡的重要原因。住房全面市场化后，房产以价格机制来分配，于是房产成为在空间属性强的稀缺公共资源分配中最合理的筛选工具。三是基于政策网络理论。结合住房市场复杂性，厘清政府、房企、购房者及租房者等多元利益主体间的利益博弈关系。站在地方政府角度，买房产就是在买这个城市的股票，是股东；买新房是原始股，买二手房是流通股。两者均为城市提供建设融资或提高城市的资本市场价值，可优先享受公共服务优先。而租房者则次之，是城市基础设施和公共服务的消费者、消耗者，而不是投资者。

2.政策分析

从政策执行动力和政策适用性两个方面分析，执行动力包括来自中央高层的压力和来自地方自身的动力两者结合。但是目前根据调研情况，地方动力依然较小，政策适用性本身还需要完善、调整、周密。作为研究者，我们希望政府提高政策的适用性和可靠性。

3.调研问卷分析

我们团队最近开展了《租赁人群居住满意度与政策期望调查》，目前已收集到有效调研问卷600份。调研样本主要是年轻人，男女比例较均衡。调研结果显示，从租房类型来看，从个人房东直租的比例较高，长租公寓的比例较小，只有10%左右。全国平均租房面积大约人均38m^2，北京为33m^2，上海为27m^2，广东为37m^2。租客使用租金贷的比例在2%左右，租赁合同网签备案率为40%。

我们也重点调研了租赁人群对政策的期望，如享受办理居住证、就业、失业保险等，这些比较容易实现。其次是关于子女教育，大多数人对其期望不高，认为政府在短期内难以实现。问卷显示，如果政府能实现租购同权，尤其是住房教育权利上的同权，会一定程度改变他们的住房选择行为。租购同权本身有很多的难点和挑战，需要一步步探索，通过集体智慧来化解（图2）。

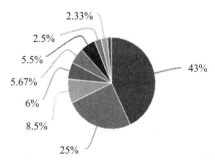

图 2 租赁人群租房类型调研分析

四、租赁赋权的实施路径

(一) 当前实施租赁赋权的重点与难点

重点主要来源于三个方面：一是要识别租购赋权政策在中国难以推行的根本性要素；二是要理清"租赁赋权"与"租购同权"的内在关系；三是须探索逐步增加租赁赋权政策的合理路径，尤其是攻克技术难题。

目前面临的难点主要是：一是如何突破现有制度约束，化解租赁赋权与资源分配不均衡化之间的悖论；二是预判租购赋权政策可能衍生的风险有哪些，我们要做好相应的政策准备。

(二) 可能的潜在风险

一是需要进行租赁赋权政策下学区房租金模拟预估；二是缺乏条件地推行租购同权会扭曲中国住房租赁市场，租购同权的全面铺开有可能加剧稀缺公共服务的资本化程度；三是引致社会冲突，可能引发学区内有房产者与租房者、本地人与流动人口间的冲突与矛盾。应避免造成过度的人口"虹吸效应"，加重"大城市病"；四是加剧阶层分化。衍生基于租金的新筛选机制，可能出现高收入者高价购入大量学区房，以"天价租金"的方式进行租赁，最终还是高收入者得以享受优质资源，甚至生源会从单一城市扩展至全国。

总之，推动租购同权并不能立马解决学区房问题，如果在教育资源还严重不均衡的情况下，产生的风险就是学区房变成学区租，反过来影响大家对政策的支持。所以还需要很多政策储备，政策细化，当然也需要社区基层治理。

(三) 破解租赁赋权的技术性难题

一是针对可能的风险做好可能的政策储备。推进社区混居、将教育资源均等化视为公共服务均等化的攻坚之战；二是优化及细化制度。加强制度精细化设计，细化相应实施细则、执行流程、监督措施等，确保公共服务与住房解绑，回归基于"人"的公共服务供给原则；三是基层治理相配套。对于"唯一住处"证明及其可享受公共服务资格的审核将成为租购同权中必须攻克的、复杂的基本技术问题，可发挥社区、学校的作用，采用家访等方式进行严格的资格审查；四是加强试点工作。在城市间，可先在教育均等化程度较高的城市形成可借鉴经验，再逐步扩散至其余城市。在城市内部，先在教育均等化较好的区域试点，之后再普及。

（四）实现租赁赋权的整体性治理

1. 高位推动

考虑中国特色的公共政策执行机制，强化"顶层设计、高位推动"的治理模式，提高政策势能，突显政治—经济双重激励，促进租赁赋权政策由"象征性执行"向"行政性执行"转型。

2. 制度整合

克服租赁赋权政策自身"碎片化"倾向，并将其与户籍制度、教育制度、社会保障政策、公共服务供给、城市治理结合起来，实现户籍、住房、教育、医疗等制度整合与无缝对接，构建较为完善的政策体系。

3. 多主体协同

租购赋权政策涉及多部门，如住建部门、教育部门、人社部门等，应加强合作，形成改革合力。

此外，除了政府层面的推动，还需要社会感知与认同，社会能够理解、认同租购同权，这需要造势，比如通过媒体造势，让社会形成感知、认同并塑造良好的社会环境，双方合力才能使政策良性落地，基本框架思路如图3。

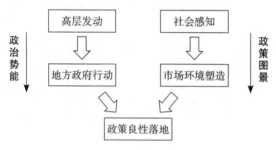

图3 租赁赋权实施框架

（五）一些初步的思考

1. 租赁赋权"并不难"

增加承租人公共服务权益本身很简单，都只是技术性工作，难的是可能蕴藏的社会风险、市场风险，有很大的不确定性，也有很复杂的利益纠葛，其中一个重要的争议是承租人与购房人对公共服务融资的贡献不同。比如国外有房产税，租客也对地方公共服务做了贡献，而中国目前几乎没有房产税，租客不直接对地方公共服务做贡献。解决方向是公共服务享受与个人贡献脱钩，公共服务以满足人的需求为导向。但这点能否得到社会大多数人尤其购房人认同，有很大不确定性。房产税的导入，或有助于化解这个争议。

2. 租赁同权"也不难"

立马要求承租人与购房人公共服务权益都一样，仍然难的是可能蕴藏的社会风险、市场风险，包括阶层分化的可能加剧。一个可能会发生的政策演变结果是如果租房同样上优质公办学校，将意味着整个社区的高端化。本来还能租房在此的中低收入人群，被整体挤出这个社区。城市空间上将呈现强烈的阶层居住隔离。这并非危言耸听，而是西方国家已经长期呈现的现实格局。住房本身不难，如何有机嵌入整个经济社会协调发展格局中，并对经济社会协调发展起到促进作用才难。仅仅解决住房问题会产生新的社会问题。

（六）挑战与机遇

政府高层最近对学区房问题的重视，给租购同权、租赁赋权提出了挑战，但同时也带来了机遇。如果能借这个机遇化解这方面难题，可以解决一系列问题，不仅解决长租房的问题，对房地产市场的长治久安、长效机制也是重要的基石。最近我们团队在攻克学区房难题，思路也发生了变化，以前认为只要政府把资源、公办学校都办好了，自然没有学区房问题。但实际上，教育有它的特殊性，是由生源决定的，因为升学率是靠生源，所以这之间有相互促进的互动机制。要彻底解决学区房问题，需要从根本上突破生源的均衡化，比如上海市教委提出的优质高中名额到校值得借鉴。此外，政策只是一个突破口，解决问题还需要全社会协力，多领域、多部门协同，包括教育、民政部门等，相信未来租赁赋权是完全可以实现的。

作者联系方式

姓　　名：陈　杰

单　　位：上海交通大学住房和城乡建设研究中心

地　　址：上海市徐汇区华山路1954号上海交通大学国际与公共事务学院新建楼258室

健康可持续的住房租赁市场需要何种政策环境

陈劲松

摘　要：住房租赁健康可持续发展是"十四五"时期落实民生保障的重要抓手。目前，住房租赁市场的最大乱象源自存量商品房租赁市场。为了推进住房租赁市场的可持续发展，未来需要进一步完善政策环境，要贯彻房住不炒，保护业主与租户权益；明确保障性租赁用房的最高标准，并推动租购同权，出台"商改租"的消防和改造标准。

关键词：住房租赁；保障性租赁用房；租购同权

一、《"十四五"规划和 2035 年远景目标纲要》中关于住房方面的关键词

《"十四五"规划和 2035 年远景目标纲要》中关于住房方面的关键词有：房住不炒、多主体供应、发展租赁、共有产权、保障性住房、城市群发展、年轻人居住等，详见表 1。

《"十四五"规划和 2035 年远景目标纲要》中关于住房方面的政策措施　　表 1

主基调		实施房地产市场平稳健康发展长效机制，促进房地产与实体经济均衡发展；房住不炒；稳房价、稳地价、稳预期
措施	加大供应	加快建立多主体供给、多渠道保障、租购并举的住房制度，让全体人民住有所居、职住平衡
	加大金融调控	建立住房和土地联动机制，加强房地产金融调控，发挥住房税收调节作用，支持合理自住需求，遏制投资投机性需求
	推进租赁	加快培育和发展住房租赁市场，有效盘活存量住房资源，有力有序扩大城市租赁住房供给，完善长租房政策，逐步使租购住房在享受公共服务上具有同等权利
		单列租赁住房用地计划，探索利用集体建设用地和企事业单位自有闲置土地建设租赁住房，支持将非住宅房屋改建为保障性租赁住房
	保障房	有效增加保障性住房供给，完善住房保障基础性制度和支持政策。以人口流入多、房价高的城市为重点，扩大保障性租赁住房供给，着力解决困难群体和新市民住房问题
		因地制宜发展共有产权住房
	加快城市更新	实行城市更新行动，加快推进城市更新，改造提升老旧小区、老旧厂区、老旧街区和城中村等存量片区功能，推进老旧楼宇改造

续表

城镇化与区域发展战略	深入推进以人为核心的新型城镇化战略，以城市群、都市圈为依托促进大中小城市和小城镇协调联动、特色化发展
	推动城市群一体化发展，建设现代化都市圈，建设现代化都市群，推进以县城为重要载体的城镇化建设
	以中心城市和城市群等经济发展优势区域为重点，增强经济和人口承载能力，带动全国经济效率整体提升。以京津冀、长三角、粤港澳大湾区为重点，提升创新策源能力和全球资源配置能力，加快打造引领高质量发展的第一梯队。在中西部有条件的地区，以中心城市为引领，提升城市功能，加快工业化城镇化进程，形成高质量发展的重要区域

二、什么是健康的住房租赁市场

健康的住房租赁市场应当符合以下几个条件：一是满足各类档次需求，尤其是满足中低收入和年轻人的需求——足够的供应量；二是职租平衡，适应各类档次需求的租赁产品——适当的地段与户型、装修档次；三是市场供应与保障供应的分类清楚而明确，明确补贴的情形、补贴的对象等；四是适当与平稳的租赁价格；五是租售同权；六是业主与租户平权。

三、什么是可持续的住房租赁市场

可持续的住房租赁市场应符合以下条件：一是市场化租赁房源充足；二是存量商品房的"使用、居住"，使"空置率"降低；三是保障性租赁住房、政府补贴性人才安居房必须循环周转；四是集体土地新建市场化租赁住房，与政府公建租赁住房平权；五是租户分级：将低收入和青年人士划分出相应标准；六是租赁房的分户、消防、配套，需要明确最低与最高标准。

四、最大房源，也是最大乱象的存量商品房问题

第一，目前存量商品房的空置率较高，租金仍在上涨，保障性租赁住房、政府补贴性人才安居房等房源供应不足，损害了老百姓，尤其是年轻居住人群的利益和城市竞争力；第二，住房租赁企业备案登记率低；第三，住房租赁争议纠纷多；第四，存在运营机构"爆雷"跑路的风险；第五，业主与租房权益保障性低。

五、新建商品房自持和租赁、集体土地租赁住房问题

一是开发项目倾向高端，倾向于"类出售"；二是集体土地租赁用房回报低、融

资难,亟需发展 REITs;三是自持部分写字楼、商业与产业用房改租赁政策尚不完善。地方政府缺乏积极性,商改租政策无法落实。目前中国写字楼、商业和产业用房的空置率屡创新高,新冠肺炎疫情之后更是如此,某些地方空置率接近 50%,这部分空置房源是目前长租房最大的来源,而且是效果最好、时间最快的来源,也是最好的突破点。各地政府应该有一个明确的态度,把商改租政策落到实处。

六、政策基本建议

(一)贯彻房住不炒,出台住房空置税

住房和城乡建设部应贯彻房住不炒,鼓励一线城市及部分中心城市根据各地实际情况,出台住房"空置税",如果是自住的,或者有签订租赁合同备案的无需交纳,保证房子不空置。以温哥华为例,凡是不居住且不出租的房产,房产持有人要缴纳高达房价 2%~3% 的房屋空置税。持有多套房子的人如果不出租将要面对每年房价 3% 的高昂税款,难以获得投资收益。温哥华征收住房空置税达到了两个效果:第一,租金迅速稳定,原先租金飞涨,现在租金稳定甚至下滑,尤其是豪宅,由此满足了很多家庭的住房需求,不需要花高价买豪宅,而只需要支付低租金,生活质量明显提高。第二,房价有所下降,空置税迅速遏制了温哥华炒房的局面。基于此,出台房产空置税甚至比有争议的物业税、房产税还合理,且符合中央的政策,值得我们认真考虑。

(二)保护业主与租户权益,完善住房租赁备案制度

一是完善法定标准租赁合同,明确业主、租户、运营商的权益和纠纷处理原则。租赁合同外观要足够厚,内容要足够全面,且使用国家示范性文本,把各种条件、各种可能的纠纷,在合同上落实清楚。二是明确法定备案合同的地位。一旦收取空置税,备案合同的法律地位就会显著提高,保证了房住不炒,达到租户和业主平权。三是统一保障的租赁与市场化租赁,承租人的管理和查询,堵住漏洞。

(三)明确保障性租赁用房的最高标准,实现循环管理

明确保障性租赁用房,尤其是廉租房的最高标准和循环管理,从根本上杜绝"富户廉租""廉租私有占用"的情况。首先,不同档次的廉租房、保障性住房应有不同的标准,最低的档次甚至都不用独立的卫生间,以满足不同人群的租赁需求。目前我们的标准偏高了,租赁小区的住宅又不允许群租。其次,要实现廉租房的循环管理,避免"富户廉租""廉租私有占用"。香港廉租和香港居屋管理十分规范,保证没有居屋富户,且不可私下转租。

(四)"租售同权"应出台全国性法定权益解释

租售同权必须出台全国统一解释,只有明确法定权益各地才能按照要求落实。由

于目前租售同权没有统一解释,部分地方政府不愿意投入人力物力在公共服务上,导致部分在本地出生的孩子却没有高中上。

(五)政府租赁补贴应对所有租赁住房一视同仁、补贴到个人

政府租赁补贴应对政府供应与社会供应的租赁住房一视同仁,且政府的补贴要补贴到个人而不是补贴到房子。政府对补贴的人认定后,他可以随意承租任意一处房子,保证政府供应和市场供应,尤其是市场供应的积极性,市场也会自动满足被补贴人的需求。如果区别开来,政府只补贴自己的企业,市场很难有积极性。

(六)出台"商改租"的消防和改造标准

政府需出台"商改租"的消防和改造标准,扫清目前举步维艰的局面。对长租房市场,希望政府下定决心,打通政策堵点,切实维护租户利益,实现健康可持续发展。

作者联系方式
姓　　名:陈劲松
单　　位:深圳世联行集团股份有限公司
地　　址:广东省深圳市罗湖区深南东路 2028 号罗湖商务中心 12 楼

建立我国住房租赁市场发展的长效机制

王思远

摘　要：住房制度的改革对我国的房地产行业产生了深远的影响，但就住房租赁市场而言，仍然还存在的发展不平衡、不均衡等问题，导致该市场始终处于相对落后的状态。从2017年起，北上广等一线城市相继出台了租购同权文件，促进了租赁并举的发展，并引发了社会上的热烈探讨。本文主要针对我国住房租赁市场当中存在的多个方面问题加以深入分析，解析各类问题存在的原因，并通过对国际经验的总结，逐步发展完善我国的租房法律体系和承租人保护制度以及其他举措。

关键词：住房租赁市场；长效机制；租购同权；租售并举

我国住房销售市场的繁荣发展和住房租赁市场之间的落后状态，对于房地产行业的健康发展而言十分不利。而造成这一局面的主要原因包括两点：一是房屋租赁市场自身存在的固有问题导致租房者的权益无法得到切实保障；二是北上广等一线城市流动人口过多，直接促使当地出现大量的购房需求，进而引发当地房价的飞速上涨。尽管采取了部分有效的房地产调控政策，却无法达到相对理想的效果，因而改变房屋租赁结构失衡的现状就显得极为重要。为有效改善租赁结构失衡等现状，有必要对我国住房租赁市场现状及存在问题展开详细分析，深剖其成因，并借鉴构建"租购同权"住房市场的国际经验，从而建立我国住房租赁市场发展的长效机制。以下为详细内容。

一、我国住房租赁市场现状及存在问题

相较于住房租售市场而言，住房租赁市场的发展不够规范和完善，再加上规模较小、租赁双方之间的权利和义务也不对等，导致出现了市场秩序失去规范，配套政策支撑不足等现象，对住房租赁市场的稳定发展带来了进一步的限制。当前我国住房租赁市场主要存在以下三个方面的问题：

（一）住房租赁市场规模相对较小，无法满足当地市民的租房需求

相较于住房销售市场来说，我国住房租赁市场规模相对较小，且交易量和交易额也比较少，是房地产市场存在的主要短板之一。2018年，通过对北上广深等16个

城市的专项调查发现，住房市场当中可租赁的小户型占比额度过低，住房市场当中广泛存在合租人群，这类人群占比高达50%，在一线城市，占比更大。从第七次全国人口普查结果来看，我国约有四分之一的城市市民解决住房问题的方式是通过租赁住房。而由于城市当中可供租赁的房屋规模小，居民的购房需求越来越大，促使住房销售市场和租赁市场出现了更大的失衡，有数据显示，截至2017年，我国城市居民拥有住房的比率已经超过了80%，远高于美日德等发达国家，也远远高于印度墨西哥等发展中国家。

（二）住房租赁市场秩序缺乏规范性，租房者的住房权益难以得到保障

我国住房租赁主体大部分为私人，且在这个过程中住房租赁中介发挥着协调租房者和出租人的作用，甚至全程代理也十分常见。但是目前我国住房租赁市场的监管不到位，出现了大量未登记以及不合格的租赁中介，二房东等现象也屡见不鲜。房屋租赁机构也往往会通过提高租金赚取差价、打隔断、私改水电等方式谋求更多的经济利益，严重侵犯了出租人和承租人的权益，这种不规范的住房租赁市场秩序，难以保障租房人的各项权益。再则，租赁双方之间的权利和义务不对等也无法切实有效保障租房者的利益。就租赁关系来说，出租人和承租人之间的经济实力差距相对较大，促使承租人始终处于相对弱势和被动的地位，尤其是在可租赁房源更为稀缺的大城市，出租人随意涨价、扣留押金、压缩住房空间等行为更是严重侵犯了承租人的权利，也进一步对其带来了一定的经济负担。

（三）住房租赁市场政策体系缺乏完善度，市场配套措施难以落实

目前，针对住房租赁市场，我国所出台的配套政策支持体系仍然处于建设阶段。住房不仅能够满足市民的居住要求，更可以为市民所享受的各项权益带来一定的保障，而这都需要政府的政策支持。然而，当前我国住房租赁市场政策支持的体系欠缺完善度，租购同权更是刚开始试点，具体细则仍然没有公布，租赁群体能否取得城市公共服务仍然是未知状态。尽管在深圳、杭州等城市已经采取了租房补贴等措施，但仍然无法实现全面推广。另外，租房补贴范围窄、标准低、限制多，相比较于美日德等发达国家，仍然欠缺优惠的租房政策。

二、我国住房租赁市场存在问题的成因

我国住房租赁市场存在问题的成因，笔者认为，主要体现在以下两个方面，分别是：租购不同权，租房群体城市公共服务需求得不到保障以及住房租赁市场制度欠缺，难以高效地保障租房人权益。

（一）租购不同权，租房群体城市公共服务需求得不到保障

城市公共服务资源的稀缺和城市居民对服务需求之间的矛盾，是住房租赁不均衡的直接体现。尤其是对特有户籍制度的中国而言，户籍制度与医疗、教育、福利制度密切相关。而租购不同权，直接导致租房群体无法享受城市公共服务，包括以下几个方面：

一是教育方面。就近入学、学区设置、户口限制是子女入学的关键所在，租房者几乎无法享受这方面的优待。可以说，城市内的教育资源与户籍和住房产权有着密切的关系，学区房尤为稀缺，甚至可以称得上是城市子女享受优质教育资源的唯一途径，而对于大量外来人口而言，学区房价格高昂，子女入学问题是大量优质人才离开一二线城市的主要原因。

二是租赁群体无法平等享受医疗资源。城市医疗服务当中，购房者享受的医疗资源包括社区医院、就近就医等多种权利，而租房者则无法平等享受。再加上租房者的父母子女就医时需要交纳更高的费用，进一步增加了租房者的经济压力。

三是租赁群体和产权人在住房公积金方面的政策也不平等。

（二）住房租赁市场制度欠缺，难以高效地保障租房人权益

住房租赁市场制度、法律体系不完善、不规范，难以保障租房人的各项权益，某种程度而言这是我国住房租赁市场多类问题存在的基础性原因。具体体现在：

第一，法律制度体系的欠缺，致使租赁市场各种乱象频繁出现，例如中介机构的恶意竞争、住房租赁合同缺乏统一标准致使各种纠纷，以及租赁市场二房东、三房东等各种乱象进一步扰乱了住房租赁市场。

第二，住房租赁市场监管体系完善度缺失，租房人权利难以保障。当前我国住房租赁管理部门的专门化程度相对较弱，且监管方式单一，主要是采取社区人员或民警上门走访等形式。监管的范围也不够广泛，群租、黑租等现象往往无人管理，更别谈扣留押金、租赁期内侵犯租房人利益等情况，租房人的各项权利无法得到保障。

三、构建"租购同权"住房市场的国际经验

相对于发达国家而言，我国住房销售和租赁市场之间的发展严重欠缺平衡性，因此在发展住房租赁市场时，需要高度借鉴美英德等发达国家经验。通过对发达国家住房租赁市场的调查，不难发现这类发达国家切实有效地做到了对承租人和产权人的无差别对待，从而实现了住房销售市场和租赁市场的进一步平衡。

（一）租购同权高度化，承租人和产权人享有平等市民权利

美英德等发达国家在社会制度方面，对于产权人和租赁人始终保持着公平、平等

的态度，包括在教育资源分配、医疗资源分配、其他公共服务和社会保障领域，租赁人也始终与产权人之间保持着平等的地位，从而满足了租赁人各方面的需求，有效平衡了住房销售和租赁市场。以美国的教育制度为案例，美国流动人口的教育制度是各个州的政府来制定的，但是在宪法当中保障了公民平等接受教育的权利。这意味着，租赁人和产权人之间有着平等的受教育权利。医疗制度方面，英国的全民公费制度规定凡是在英国居住的公民，都平等享有公费医疗系统的免费医疗保障。

（二）租赁市场法律体系完备，承租人合法利益得到了保护

英美德等发达国家对于住房租赁市场的法律体系建设相对而言极为完善，尤其是对租房合同处当中弱势地位的租房者的利益更是加以了明确的保护。例如，德国通过《住房建造法》《住房资助法》《新造租金条例》等法律切实高效地保护了租房者的权利。在房租设置方面，通过《房屋租金水平表》《经济犯罪法》等相关条例，确定了房租征收不得超过指导价的20%，超过一定比例甚至可能构成犯罪。

四、通过"租购同权"促"租售并举"，建立我国住房租赁市场发展长效机制

通过对国外发达国家住房租赁市场建设经验可以看出，发展、完善住房租赁市场，重点还在于租购同权，以"租购同权"促"租售并举"。因此，我国政府在建设住房租赁市场时，一方面应加快租购同权的立法进程，另一方面需要建立相关政策体系，促进租购同权的落地，且不断扩大该政策的覆盖范围。具体而言，主要可以从以下方面着手。

（一）构建租购同权政策体系，为住房租赁市场提供配套政策

租购同权包括教育、医疗、福利等多项公共服务，因此应当结合中国实际情况，借鉴美国对迁移教育权利的保护政策，使城市中租赁人的子女也享受到平等的教育资源。医疗服务方面，需要加以改革，在全国范围内实现服务标准和权益的统一化；此外，公积金制度也应该加以改善，使其成为对租房者的经济补贴。通过解决这类理论层面的问题，逐渐解决就近就学、就医等操作方面的问题。这一过程中涉及了资源分配，依靠法律或单个政策无法解决，社会政策的托底就显得尤为重要。因而，国家应该通过构建全方位、全链条、全过程的政策体系保障出租人享受到公平的社会公共服务。

（二）加快租购同权立法进程，为住房租赁市场提供法律保障

租购同权立法化，对于促进住房租赁市场进一步的稳定发展有着巨大意义。租购同权首先应该得到国家层面的认可，通过立法来保障租赁当事人的基本权利和义务，

使其公平地享受到与产权人同等的教育、医疗等各项服务。当然，我国要注重从实践出发、从国情出发，完善租赁市场法律体系，规范房东行为，监管租赁市场，确保租赁市场始终良好、稳定地运行。

（三）保持租购同权政策定力，实现市民待遇市民权利

最后一点则是作为政府方面，要以租购同权为主要突破口，构建房地产长效机制，以"租购同权"促"租售并举"，租购同权的有效落实无论是对于提升租金回报率，还是对于住房租赁市场的规范，都具有极大的意义，更是会成为住房租赁市场发展的主要支撑力量。政府应该加强对这一政策的定力，认真研究政策落实过程中的问题和困难，并结合不同地区的实际情况，进一步去扩大政策的实施范围。

五、结论

可以说，不管是从价值理念，还是从法律规范原则方面，租购同权都是切实有效促进房屋租赁市场蓬勃均衡发展的必然要求和有效手段。在我国人口流动较大的一线城市，新入市民由于户籍限制等原因而无法享受到与当地市民的同等待遇，促使其产生了愈加强烈的购房欲望。而租购同权的落实，使新市民仅仅通过租房就能够享受到与老市民同等的权益和待遇则能够使住房租赁市场得到更加健康稳定的长期发展。简而言之，租购同权是解决当前住房租赁市场现状的关键点，只有做到以租购同权促进租售并举，才能够逐步在我国建立起住房租赁市场发展的更为长效的机制。本文对此展开了详细的分析，可供相关人士参考。

参考文献：

[1] 杨朝钦，高兰天."城—城"流动人口医疗保险异地对接机制的研究[J].现代商业.2017（4）：191-192.

[2] 邹琳华.学区房投机、租购房同权与房产税[J].中国发展观察.2017（Z1）：80-83.

[3] 汪润泉，刘一伟.住房公积金能留住进城流动人口吗：基于户籍差异视角的比较分析[J].人口与经济.2017（1）：22-34.

[4] 刘宝香.我国城市住房租赁制度包容性完善研究[J].现代管理科学.2016（8）：78-80.

[5] 廖治宇.荷兰社会住房租赁体系及其对我国的启示[J].价格理论与实践.2015（6）：58-60.

[6] 邵宁.身份与排斥：中美流动人口子女教育状况比较研究[J].河北师范大学学报（教育科学版）.2014（6）：83-88.

[7] 郭平.保障性住房政策演变下住房租赁市场发展研究：以德国、美国为例[J].石家庄经济学院学报.2014（5）：64-68+74.

[8] 苏亚艺，朱道林，耿槟.北京市住宅租金空间结构及其影响因素[J].经济地理.2014（4）：

64-69.

[9] 王丽艳，王澍蔚，王振坡. 在全面深化改革背景下发展住房租赁市场 [J]. 中国房地产. 2014（4）：21-30.

作者联系方式

姓　　名：王思远

单　　位：江苏仁禾中衡咨询集团

地　　址：盐城市青年西路8号6-9楼

邮　　箱：1772169633@qq.com

推进住房租赁市场稳健发展策略研究

张 斌

摘 要：在对住房消费行为和居民消费结构进行优化的过程中，发展住房租赁市场的优势非常明显，不仅如此，还能够有效促进住房保障的优化升级，为房地产市场供给侧结构性改革和经济稳步增长提供帮助。基于此，国家提出了租购并举的住房制度，本文立足于住房租赁市场发展的现实情况，结合当前住房市场存在的问题提出一系列有利于推进住房租赁市场稳健发展的策略。

关键词：住房租赁市场；住房制度；租赁管理；平台住房

在我国房地产市场供给侧结构性改革过程中，租赁市场的稳定发展是一项亟待解决的问题，站在长远的角度来看，这也是我国新住房制度想要实现的先决条件。2017年7月，国家选取深圳、广州等12个城市作为首批住房租赁试点城市，到了2019年，全国范围内已经有18个城市开始利用集体建设用地来建设租赁住房。2020年，中央财政支持全国范围内24个城市开展住房租赁市场发展业务，所有试点城市在住房供应、运营管理等方面都会结合实际情况，有步骤地制定政策与新规，将中央财政资金合理地规划使用，这对于其他城市发展而言有一定的参考价值。但不能否认的是，我国众受倾注的市场格局已然形成，这种消费观念下，各机构与个体想要转变观念与认知，往往需要很长的时间，同时需要在多方政策的共同辅助下为住房租赁市场的稳健发展提供推动作用。

一、住房租赁市场问题分析

（一）住房租赁市场服务水平偏低

目前我国缺少完善的信用体系，正因如此，导致了住房租赁市场的发展受到直接限制，例如房主乱扣租客押金、中介机构发布虚假房源消息等，这些问题的出现，对于承租人和出租人都造成了不良影响；还有一些租户故意拖欠费用，损坏房屋设施，这些不道德行为影响了住房租赁市场的正常发展。不仅如此，住房租赁市场的中介机构准入门槛相对较低，而且这种中介机构数量多，人员资质差，素质参差不齐，机构之间缺少信息交流和协作共赢机制，大多数都是为了短期获利，导致住房租赁市场所能够提供的服务过于简单。而涉及的一些法律方面的服务更是非常稀少，意味着中介机构缺少综合性服务，加之业内的恶意竞争不断，给住房租赁市场的稳健发展造成了重重阻碍。

（二）住房租赁市场法律法规不健全，管理效率低下

尽管《商品房屋租赁管理办法》已经在全国范围内实施，为住房租赁市场的法治化与规范化管理奠定了坚实的基础，但是各地方之间的实际情况有着明显的差异，所以在发展过程中需要推出地方性的规章制度与实施细则。另外，各部门之间由于缺乏沟通和协调，很容易造成意外情况的发生，导致住房租赁市场效率运行低下，秩序紊乱。同时人们在依法租赁的观念上比较落后，存在很多不合法的地下租赁情况，虽然租房的人很多，但是能够公开租赁的房屋信息却很少，这不仅使住房租赁市场规范化运行受到影响，出现供需失衡的现象，而且监管部门的管理难度也明显增加，无法掌握市场上的具体信息，相关行业政策及管理办法与市场实际运行轨迹相偏离，监管效果无从落实。

（三）住房观念与社会发展不相适应

受到传统观念的影响，大多数居民在住房消费上仍然是以购买为主，这就导致住房的刚性购买需求要比住房租赁需求高得多，与此同时，相关部门在对住房租赁市场的发展上认识不到位，没有意识到住房租赁市场发展的重要性，所以在某种程度上使住房租赁市场的发展存在滞后现象。

二、发展住房租赁市场的现实意义

（一）优化住房消费行为和居民消费结构

我国城镇居民的住房制度改革步伐自 2000 年开始越来越快，城镇居民住房的首要选择就是商品房。伴随商品房大量成交，城镇居民在住房消费上的支出迅速提升，消费结构呈现出了不合理的现象。其实从基尼系数和马太效应等能够看出我国中低收入的人群所占比例相对较高，但正是这部分人群，对于住房需求非常迫切，迫切的住房需求和无力承担高额的房价之间形成鲜明对比，因此，为了实现住有所居，有需求的消费者应该逐渐改变买房的消费习惯与消费行为，使消费结构得到优化。

（二）促进住房保障的优化升级

在我国廉租房和公共租赁住房这种保障性住房中，其使用权能够对房屋供应和中低收入群体的住房需求偏差进行纠正，所以从某种程度上来讲，整个住房保障体系中租赁住房是最直接最有效的方式，住房保障体系和住房租赁市场发展之间实现动态协调，在"房住不炒"的原则指导下，尽可能地使其在住房保障体系中形成合理化和社会效益最大化的优化升级。

(三)加快房地产市场供给侧结构性改革

国家提出供给侧结构性改革与新住房制度以后，住房租赁市场的优势愈发明显。对于一线城市而言，在土地供应有限，不断增长的住房需求和外来投资的影响下，房价不断攀升，通过采用限购限贷等多样化的经济杠杆，难以抑制房价增长。而对于二线城市而言，为了抑制房地产泡沫的产生，在降低经济发展对房地产行业依赖度的同时，还要保障租金平稳，一、二线城市要尽可能地鼓励房地产企业与个人提供多样化的租赁住房形式，实现供求平衡。而对于三、四、五线城市来讲，想要在城镇化的过程中实现去库存目标，需要引导农民进城购房、租房，由此可见，在加快实现房地产市场供给侧结构性改革目标中，因地施策的住房租赁市场改革措施十分有效。

(四)促进经济稳步增长

住房租赁市场的发展在美英德日韩等国家受到了广泛重视，特别是德国，个人住房持有率只有43%，住房租赁市场相对成熟完善。对该市场进行培育和发展，将其打造成一种优质资源，确保租售保持平衡状态，对于房地产行业的持续发展有着积极作用。作为我国经济发展的支柱性产业，房地产行业在整个市场经济发展中的作用至关重要。

三、住房租赁市场发展策略

(一)充分发挥政府在立法和规范化建设中的重要作用

在推动住房租赁市场稳健发展过程中，政府所扮演的角色至关重要，除了贯彻理念以外，住房供应、产权制度、租金定价等多个方面都需要政府进行立法并保证其规范化发展。借鉴其他国家在租赁市场上的先进经验，结合中国国情构建起适合我们的住房租赁价格指导体系，对租金管制体系进行完善，做好住房租赁价格的调节机制，构建租赁住房税收优惠体系和多元化的补贴制度，在住房租赁市场上要求政策性金融机构能够发挥一定的支持功能，通过发放长期限、低利率的租赁住宅贷款，鼓励更多的人选择租赁住房。

(二)科学增加租赁住房供应

要确保企业自持商品房、托管式租赁住房、"城中村"改造筹集租赁住房和蓝领公寓等实现有效供给。特别是要重视对集体用地上租赁房屋的开发，在开发过程中，对各级主体的利益关系要做好妥善处理。在各级政府间对我国土地制度中有关集体土地性质的根本改革进行探索，以此为基础建立租赁住房的土地规划体系，对中央和地方政府的权力范围和职责做好明确划分，尽可能地弱化土地财政收入与政绩考核之间的关系，使集体土地进入市场的自由程度得到增加。至于村集体和地方政府之间，要针对价格、区位、交通和配套等问题作出科学规划，共同为提高租赁住房的平均配租率提供助力，进而获得更好的租金收益。村集体和企业之间要有明确的合作模式，对于融资方式和利益分配等问题要做出妥善处理，与租房者之间，要对双方均能接受的心理平衡价位进行测算。为了能够使存量房中的租赁住房比例得到增加，可以探索"商改租"的实践方法，"商改租"是"商改住"的变革，目前已逐渐形成一种趋势。为了"商改租"可以得到更好的落实，对于相关审批标准和监管细则要务必明确，保证法律法规的完善性，进而促进租赁市场的可持续发展。

（三）多管齐下稳定租金

首先要对相关土地政策进行完善，以确保租金水平稳定，在进行土地招标时，要明确土地用途中销售和租赁的比例，保障土地能够按照严格的规定进行使用，政府要采取优惠政策在财政上提供一定的帮扶，吸引企业进入市场。一方面，要对消费者进行引导，使消费者能够改变消费观念，认同房子就是用来住的，租房完全能够使住房需求得到满足；另一方面，尽可能弱化利率杠杆作用，调节住房投机需求，使住房需求的影响得到进一步强化，对住房租赁供需关系进行调整，特别是市场在租金定价方面的作用，保证租金水平的合理制定，避免房地产开发商因投机需求被抑制，而将成本转移到住房消费需求者身上。尽可能尝试进行租购同权改革，我国现有的产权制度意味着只有房屋产权所有者才能享受相关的配套公共资源，特别是教育资源，为了使资金得到稳定，本质上需要将优质公共资源稀缺的现状进行改善，保证合理分配才能真正实现租购同权。

（四）加速发展机构化租赁市场

从专业角度来看，租赁方式共包括两种类型，一种是持有型的机构租赁，另一种是管理型的机构租赁。前者是由机构建设、持有和运营租赁住房，后者则是将社会上存量住房资源利用起来，采用包租托管等方式进行专业化运营。这两种不同的租赁机构在发展过程中有两个至关重要的节点：一是要将运用租赁管理信息平台的作用充分发挥出来，这是保证租赁模式专业化的基础；二是降低运营成本，政府通过制定税收减免政策，鼓励更多企业与机构参与到租赁市场的发展中，这不仅能够提升企业综合实力，还能够让住房租赁市场实现规模化和规范化发展。

（五）完善住房租赁市场的金融支持模式

当前我国住房租赁市场的金融支持模式是在原本银行信贷等传统金融支持的基础上，对公司信用类债券、租赁资产、证券化和房地产投资信托资金进行尝试探索，在这样的金融支持模式下，为了要防止过度金融化而造成房租上涨等一系列的问题，需要对住房租赁模式的金融支持模式进行完善，避免企业出现资金链断裂的情况。

（六）加速住房租赁管理平台建设

发挥大数据技术和互联网技术的作用，构建起精准化的住房租赁管理平台，利用垂直细分化和交互化手段，使平台不断完善，帮助传统中介服务行业实现转型升级。住房租赁管理平台在建设过程中应受到中央财政的重点支持，各试点城市针对租赁平台建设进行科学规划，使住房租赁管理平台在建设过程中能够对资源进行整合，有利于信息互动，同时在企业的支持下，能够满足租客的相关需求，这是住房租赁市场成熟稳定发展非常重要的基础，也是保证住房租赁产业可以实现长远发展的重要机制。

四、结语

购房端火热，租房端薄弱，一直以来是我国房地产市场的主要形式，由于租赁市场供应不足，质量不高，主体分散，秩序不佳，种种原因导致市场缺乏优势，应该在定位上坚持"房住不炒"的原则，让住房定位回归到居住本身。采用多种措施，多管齐下，对上述问题进行有效根治，采取有效措施对住房租赁市场进行完善，保证租赁市场的平稳发展，实现房地产市场供给侧结构性改革，唯有如此才能够使人民日益增长的美好生活需要和不平衡不充分发展之间的矛盾得到有效解决。

参考文献：

[1] 韩艳丽.透视住房租赁市场背后的业务新蓝海[J].上海房地，2022（3）：10-13.

[2] 证券时报两会报道组.解决新市民安居需求　住房租赁市场将迎大发展[N].证券时报，2022-03-11（A05）.

[3] 陆宇航.全国人大代表文爱华：培育和发展住房租赁市场[N].金融时报，2022-03-09（006）.

[4] 余佼佼.住房租赁市场有点淡　八成都是年轻人[N].合肥晚报，2022-02-28（A03）.

[5] 刘刚，孙毅.租售比例失衡与租金调控矛盾：政策调控如何权衡：来自国内外的观察与思考[J].西南金融，2018（3）：1-12.

[6] 赵华平，高晶晶.租售同权政策对房价的异质性影响研究[J].调研世界，2022（2）：41-49.

[7] 李莎.1月北京租金结束5连跌　春节后重点城市住房租赁市场旺季将至[N].21世纪经济报道，2022-02-11（005）.

[8] 龙驰，赖洪贵.基于月度数据的中国住房价格与租金关系研究[J].江淮论坛，2021（6）：48-54.

[9] 魏小群.纽约住房租赁市场发展特点和经验及对上海的启示[J].科学发展，2022（1）：108-113.

[10] 蒋吕一.20世纪早期斯德哥尔摩住房租赁市场问题研究[J].全球城市研究（中英文），2021，2（4）：119-137+192-193.

[11] 黄奕淇，曲卫东."租购并举"政策对住房租售市场的影响：基于双重差分模型的分析[J].云南财经大学学报，2021，37（12）：97-110.

作者联系方式

姓　　名：张　斌

单　　位：聚落（厦门）公寓管理有限公司

地　　址：厦门市湖里区聚落众创101室

邮　　箱：76623142@qq.com

住房租赁市场解决人口老龄化与劳动力就业的场景方案

白晓旗

摘 要：住房租赁市场的繁荣与发展，不光影响着金融业、房地产业及相关产业链，也深刻关联着中国社会发展的两大关键问题：人口老龄化与劳动就业。根据第七次全国人口普查数据，60岁及以上人口为26402万人，占18.70%（其中65岁及以上人口为19064万人，占13.50%），人口老龄化是社会发展的重要趋势，既是挑战也存在机遇。劳动就业方面，习近平总书记多次在各层级会议强调，要落实就业优先战略和积极就业政策，多渠道促进就业创业。十三届全国人大五次记者会上，李克强总理表示，就业不仅是民生问题，更是发展问题。本文从产业孵化园的发展分类与现存利弊出发，提出存量房租用改造、构建生活化服务场景、解决适老化需求及劳动力就业破局等可行性愿景，多种招租手段与利用方式并举，促进存量住房租赁市场发展的建议与分析，助推租赁住房运营，解决去库存及建材相关产业链运转等行业发展的痛点难题。

关键词：住房租赁；人口老龄化；劳动力就业

一、存量房的市场困境原因解析

当前房地产市场已经从推进城镇化、棚改与城市更新的大拆大建时代，转为存量房利用、积极去库存阶段。这种转变进程，一方面与国内城镇化推进过半、房地产业信用风险等因素导致的资金链紧张等行业内在原因有关，另一方面也与人口老龄化、未婚不婚群体扩大等社会因素有关。同时，面临新冠肺炎疫情叠加影响，如进出口贸易挤占产业布局、影响城市间人口落户等外部因素的综合影响。

具体来看，首先，国民经济和社会发展"十四五"规划明确指出"房子是用来住的、不是用来炒的定位，租购并举、因城施策，促进房地产市场平稳健康发展"，住房和城乡建设部、中国人民银行在北京召开重点房地产企业座谈会，明确重点房地产企业资金监测和融资管理规则的三条红线（即剔除预收款的资产负债率不得大于70%、净负债率不得大于100%、现金短债比不得小于1倍），其余政策配合"四限"（限购、限价、限售、限贷），基本形成以土地、金融、财税政策和市场行为规制为政策工具的房地产调控长效机制（表1）。

房地产金融统计口径与主要融资渠道　　　　表1

统计口径		经营口径	主要融资渠道
国内贷款	银行贷款	开发贷	银行贷款—开发贷 银行贷款—并购贷 非标融资—委托贷款
		并购贷	
		委托贷款	
		经营性物业贷款、流动资金贷款、银行专项贷款（棚改/旧改/租赁住房贷款）	
	非银贷款	信托贷款	非标融资—信托 其他资金
		资产/收益权转让	
		融资租赁、小贷/财务公司贷款	
		债务重组、城市信用社/农村信用社等	
自筹资金	海外资金	海外债、海外股票发行、REITs、境外贷款、外商其他投资	海外债、海外发行股票
	自由资金	折旧金、资本金、资本公积、盈余公积金、发行股票筹集资金	股权融资
	股东投入	股东增资、战投资金、合作开发、合伙人制度、小股操盘	各类股东投入等
	境内借入资金	信用债、资产证券化、信托及基金等（股权/明投实债）、民间借贷	信用债 资产证券化（购房尾款/物业费等） 信托及基金等（股权/明股实债）
利用外贷	外商直接投资	外商设立投资企业、合伙企业、分支机构等	外商设立投资企业、合伙企业、分支机构、外商其他投资等
其他资金	定金及预收款	销售首付款定金	个人资金、消费贷
	个人按揭贷款	销售房贷、公积金贷款	商业个贷、公积金贷款
	其他到位资金	社会集资、个人资金、其他单位拨入、捐赠	其他资金
应付款	工程应付款	施工单位资金占用	应付款占用、资产证券化（供应链）
	其他应付款	器材、工资、其他应付款、应交税金等	

其次，人口老龄化导致现有房产的更新与维护保养成本加大。老年人对新房的需求不高，因此，对存量房加大适老化舒适度的投入与运营是一种涉及民生、社会稳定的必要支出。同时，从城镇化攻坚及未婚不婚阶层扩大等社会层面考虑，如何更好地运营存量房，使之既能适应社会发展的不同阶段要求，又能对优化产业布局、提升居住吸引力产生积极影响，也不失为解决存量房维护保养、有效缓解房地产业资金链紧张的一种有益尝试。

最后，针对国内外政治现状与"一带一路"倡议、"双碳"的长远目标愿景，房地产作为承载劳动力资源的底层资产属性必须得到加强并释放潜力,将短期目标与长期目标相结合,优化存量房的使用效率,提高建筑空间的使用效率,为低碳发展、最终实现碳中和目标而考虑多种手段并行的可行性。

本文以产业孵化园为案例,分析其利弊,提出存量房租用改造、解决适老化需求并构建生活化服务场景等多种招租手段与利用方式,促进存量住房租赁市场的发展。

二、孵化器、养老与就业

(一)产业园孵化机制

孵化器作为创业服务的重要载体,与众创空间、加速器等形式在软硬件条件、服务对象及服务门槛方面具有显著区别。我国孵化器行业发展历经了 4 个阶段,目前主要分为产业型孵化器、创投型孵化器、空间/物业型孵化器、媒体型孵化器和地产型孵化器 5 种类型。孵化器行业供给和需求量随技术创新、科技发展将保持增长,资本赋能效应会被逐步弱化,更多依靠的是大企业产业资源整合与商业模式创新。

我国孵化器发展特点与国外同行相比具有典型区别,具体体现为受政策驱动影响较大,运营成本主要来自政策性补贴和业务营收等(表 2)。

国内外产业孵化器商业模式探索方向 表 2

	国外孵化器	国内孵化器
价值定位	聚焦于发掘早期初创型企业并助力其成长,快速提升其商业价值	
	促进创客文化形成,获得高技术商业回报	响应宏观及产业政策号召,吸引资源导入
价值创造	通过提供服务、资本增值、社会回报获得有形及无形价值	
	技术交易、股权价值回报为主	增值服务、资金补贴为主
价值实现	寻找合理的商业逻辑与变现渠道,实现被孵企业成长与孵化器收益双赢	
	股份转让、IPO 等获取收益	空间租赁、政府补贴、税收分成、培训……
价值传递	形成品牌效应,吸引更多优质企业和初创团队入孵,扩散传播价值	
	Demo Day、理念宣传、技术交流……	政府站台、双创活动、人脉推广……

产业创新孵化器有别于传统孵化器形式,表现为在政府扶持下由大型企业主导运营,政府和外部机构提供引导扶持与相关服务。目前,我国产业创新孵化器核心覆盖新科技领域,同时联动辐射各细分赛道。产业创新孵化器的核心价值体现为既是区域核心系统重要组成部分,又是解决企业创新探索失灵的制度设计,其商业化路径根据不同类型的母公司主体形成分化,多依靠组合模式灵活增收(表 3)。

产业创新孵化器相关产业链 表3

产业链上游	大型企业	亟须创新的大型国企央企、产业服务寡头的传统私企、科技驱动为主导的外企、国内互联网行业巨头
	投资机构	政府主导的产业基金、市场化的投资机构
	第三方服务机构	政策解读及申报机构、财务/税务托管及培训机构、基层人才招聘/猎头服务、媒体及营销服务、其他
	科研院所	国家级科研单位、地方级科研单位
产业链中游	孵化器服务机构	创投型孵化器、媒体型孵化器、地产型孵化器、空间/物业型孵化器
	产业创新孵化器	国企央企主导类、传统私企主导类、外企主导类、互联网巨头主导类
产业链下游	创业公司	AI领域、云服务领域、制造业领域、能源领域、物联网领域、芯片领域、文娱领域、其他

目前,我国产业创新孵化器在运营、资金及自身创新方面仍面临一系列发展困境。首先,由于国企央企主导产业创新孵化器依赖政府补助,市场化运作能力较弱,面临诸多运营问题,无法全面满足创业企业的需求,造成运营方面的困境。其次,传统私企和互联网巨头主导的孵化器还处于探索期,仍需要更多的政策倾斜和投资引导,容易陷入后续资金不足的困境。而外企主导的孵化器,虽聚焦科技创新服务,但仍面临基础性公共研发平台及人才流失等困境。

(二)适老化需求与场景化改造

人口老龄化是世界各国均面临的一个实际难题,其中高收入国家老龄人口比例上升尤为明显,社会劳动力与政府财政支出的养老压力逐步显现。目前,我国已进入深度老龄化社会,而养老社区发展较为缓慢。发达国家进入老龄化时间较早,其养老产业模式发展更为成熟,因此,可借鉴海外国家养老社区模式与特点,吸取经验,进一步满足我国居民与日俱增的养老需求。

美国养老社区呈现差异化发展态势,主要包括太阳城模式和CCRC模式,投资端方面养老社区REITs模式较为普遍。太阳城模式针对活跃健康的老年群体,一般以出售养老住宅为主,部分出租;CCRC模式需要满足老人在不同生理年龄阶段的不同需求,主要采取出租形式为老人提供持续照护服务;养老社区REITs即房地产信托投资基金参与投资,采取净出租或委托经营的方式实现发展。

日本是亚洲首个进入老龄化社会的国家,也是目前全球老龄化程度最高的国家。从发展阶段、人口结构以及东亚社会文化等方面综合考量,日本养老社区的发展对我国的借鉴意义较大。总体来看,日本养老产业采用多方合作型模式:以居家养老为主,搭配社区护理以及机构养老服务,供给方由政府、地产开发商、保险公司以及实业财团多方参与,形成以市场为主导,公益福利为辅的服务供给体系。

根据《中国老龄产业发展报告》,我国养老产业是指以保障和改善老年人生活、健康、安全以及参与社会发展，实现老有所养、老有所医、老有所为、老有所学、老有所乐、老有所安等为目的，为社会公众提供各种养老及相关产品（货物和服务）的生产活动集合（表4）。

养老产业产品细分列表 表4

产业名称	产业细分	具体产品项目	服务对象	经济类别
养老产业	养老金融	保险类、证券类、信托类、房地产投资、银行储蓄类及其他类养老金融产品	针对全社会人群	虚拟经济
	养老用品	日常用品、服饰用品、辅助生活用具、助行器材、电子电器、保健用品、医疗器械、康复器材、殡葬用品、医药用品、护理用品、文化用品	针对老年人	实体经济
	养老服务	日常生活服务、经济理财服务、健康服务、医疗服务、康复护理服务、旅游交往服务、精神生活服务、法律服务、临终关怀服务、长期照护服务		
	养老地产	社区养老服务设施、老年病医院、护理院、综合性养老社区、二手房市场、农村养老房地产市场		

中共中央、国务院发布《关于加强养老工作的决定》，首次提出社会化养老服务的体系建设和发展模式；"十四五"规划和2035年远景目标纲要提出，推动养老事业和养老产业协同发展，构建居家社区机构相协调、医养康养相结合的养老服务体系，扶持物业+养老、医疗健康+养老等新业态的发展。养老产业发展目前以政府推动和政策指引为主，社会资本参与有限，正逐步完善以居家为基础、社区为依托、机构为补充、医养结合的多层次养老服务体系，并积极探索"物业服务+养老服务"的养老模式。

当前存量房应积极投入研发，调研适老化需求，积极改造并开发普惠型养老服务产品，加大对失能失智老人的关怀，集约化管理与个性化定制，加大餐饮、电梯、扶手与辅助走步器、棋牌字画娱乐、医疗级花卉等互助适老化改造，为老年人生活便利化提供服务，为老年人身心健康提供多种多样的产品。同时，由于批量改造，可有效降低成本，进而降低养老服务入住价格，打造物美价廉的物业品牌，为存量房租赁企业产生稳健的资金流创造有利条件。

（三）新就业方式的商住合一

受新冠肺炎疫情影响，各行各业均受到严重冲击，以劳动密集型为主的大生产模式嬗变为以网络为依托、轻资产、个人化的小型工作室。一方面，随着城镇化与棚户区改造工程的推进，房地产开发项目逐步趋于集约化与现代化，高科技产品全方位介入，在小区域内商务功能与居住功能的结合提高了房屋的使用效率；另一方面，网络媒体日益发达，手机平板类产品丰富多样，这就为疫情下解决养老服务最后一公里与解决社区内就业创造了基础条件。

首先，存量房可以发挥资产配置价值。房子是用来住的，经过适老化改造，不管是老年人入住，还是年轻创业者抱团取暖，都将可以提供稳定的资金流。同时受中国传统文化影响，扎堆聚集的集体活动与分散居住的个人环境在区域建筑体上得以完美体现，既有利于老年人的康健活动与医疗照护，又保护了个人居所的隐私属性，同时，由于培育了旺盛人气，商业氛围也必将得到加强。

其次，将现有建筑物适老化改造，并不完全基于居住需求，还可适当商业化和网红化。类似怀旧一条街、徽派或山西建筑风格的店面化改造，更能吸引小商业体入驻。这样改造，一方面可以积极扩宽就业渠道，打造区域内不同网红景点；另一方面也带动建筑装饰产业链发展，为相关产业跨界融合提供现实场景。

同时，存量住房的集约化建设，将商务功能与高科技引入，实现老年人不脱离社会、年轻人可就业，为商业发展创造氛围，不出楼（小区）即可解决大部分民生问题。

最后，由于年轻人与长者共同生活，互相照顾起居，既能方便老年人融入现代社会、体验科技带来的便利，也能使创业者近距离感受产品用户的使用体验，及时反馈、迭代更新适老化产品，同时还能将老年人的日常生活通过视频实时传递给远方子女，使其安心放心，极大地提高了生活舒适度、社会满意度。

三、总结

房地产租赁业要围绕"存量改造"建设舒适安全的老年居住空间，完善设施配套，打造老年友好社区生活圈，以需求为导向，完善健康服务等软性配套，为房地产租赁市场的发展提供不同需求的产品，为解决养老舒适化与就业多样化等问题提供差异化产品，这样才能更好地增加租赁住房的有效供给，促进住房租赁市场的发展。

作者联系方式

姓　名：白晓旗
单　位：河北中鑫房地产资产评估有限公司
地　址：河北省保定市高科技开发区天鹅西路茗畅园商务楼612室
邮　箱：15231984812@163.com
注册号：1320130021

深化供给侧结构性改革，促进住房租赁市场健康发展

黄志忠　宋星慧　李　扬　吴玉曼

摘　要： 在租售并举的政策背景下，住房租赁正在经历一个蓝海时代，政策鼓励、资本青睐以及租赁企业不断涌现，然而我国房地产市场"轻租重售"的市场格局依然存在，未来发展仍然面临租赁住房有效供应不足的情况。当前，应以住房供给侧结构性改革为主线，完善住房租赁法律制度，盘活存量房屋，加强保障性住房管理，创新住房租赁金融模式，推动住房租赁市场健康发展。

关键词： 住房租赁；供给侧结构性改革；盘活存量房屋

2017年，党的十九大报告提出，加快建立多主体供给、多渠道保障、租购并举的住房制度，让全体人民住有所居。2020年，《中共中央关于制定国民经济和社会发展第十四个五年规划和2035年远景目标的建议》提出，租购并举、因城施策，促进房地产市场平稳健康发展，探索支持利用集体建设用地按照规划建设租赁住房，完善长租房政策，扩大保障性租赁住房供给。各级政府近年来也不断出台相关政策，培育和发展当地住房租赁市场。当前，我国经济仍处于快速发展阶段，城镇化进程极大增加了居民对城市住房的需求。然而，城市居住空间是有限的，不同消费群体的购买力有所差异，单一的住房租赁供给难以满足多样化的市场需求。解决住房租赁矛盾，应推进供给侧结构性改革，增加租赁住房有效供应，实现住房租赁市场的有序发展。

一、住房租赁市场现状

近年来，我国房地产高速增长，但住房租赁市场整体发展缓慢、规模不大、不活跃，住房市场在租售比例上存在结构性失衡。我国住房租赁占比不足10%，而发达国家的租赁占比为30%~50%，因此我国住房租赁还有很大发展空间。目前，大部分居民将租房视作阶段性的过渡或者临时的安身之所，还没有真正将租房变成可接受的常规生活方式，这将导致租赁住房的需求不稳定、不可持续，最终严重制约住房租赁市场的规模。同时，我国住宅存量规模比较大，二手房在整个住宅的交易中占比较高，还缺乏足够有效的手段释放更多的存量物业进入流通市场，对于租赁住房的供给侧产生一定影响。此外，我国住房租赁市场多以私人出租为主，租赁住房机构化比例不高

且处在起步阶段，因此房源信息难核实、租客合理合法权益难保障等问题时有发生。

二、住房租赁市场存在的不足

随着我国房地产市场逐步迈进存量时代，住房租赁市场在"租购并举"的政策下迎来蓬勃发展，各类智慧共享住房租赁平台等新形态也不断涌现。然而，在住房租赁市场快速兴起的同时，仍然面临诸多问题，如供应总量不平衡、供应结构不合理、供给主体不成熟、租赁市场制度不完善、中介服务不规范等。

（一）住房租赁市场专业化程度不高

当前，租赁房源大多来自居民个人闲置房的出租，专业化的租赁机构在我国租赁市场中所占的比例相对较小。由于个人出租具有高度分散性，而且房源良莠不齐、难以统一管理，租户在住房质量和安全性等方面得不到保障。同时，房东不合理涨租金、租户逃租或私自转租等现象，也经常引发房东和租户间的纠纷。此外，市场上住房租赁企业多为中小微企业，从业人员整体的专业化水平不高，缺乏系统的管理标准和专业培训，住房租赁的服务标准长期难以统一及提升。

（二）住房租赁市场资源闲置

受传统的"重售轻租"思想的影响，大多数人更加倾向于拥有属于自己的住房，近年来持续上涨的房价让人们怀着房价继续上涨的预期进入住房买卖市场，导致房地产租售结构失衡。此外，房地产市场的租售比畸形发展，住房租赁的回报率过低、租期过短以及稳定性较差的租赁难以给房东带来可观的收益。不仅如此，市场上租户逃租、故意损害房屋等不良行为使得住房租赁的成本大大上升，房东出租住房的意愿降低，使得部分原本可以进入住房租赁市场的资源被闲置。

（三）住房租赁市场新增供应乏力

我国住房租赁市场长期未得到足够重视与发展，租房总量供给不足，区域供给不均衡，供求结构错位，与实际需求相背离，同时租赁房用地也供给不足：一方面，工业用地占据了我国城市用地的主要份额，住房用地所占比例很小，而在住房用地中，租赁用地相比商品房用地的占比也极低。尽管中央政府不断强调增加租赁用地，但一些地方政府推出的纯租赁用地仍停留在形式层面，也没有大量增加租赁用地的规模；另一方面，我国租赁房的供给主要是私人商品房，由政府、机构持有的房源很少。政府对租赁用地缺少市场化的运作机制，难以产生租地运营绩效。

（四）租赁住房类型缺乏多样性

一方面，国内的租赁房源主要来自个人散租，由于缺乏资金与技术力量，这类租赁住房通常保留原有的状态且比较简单，仅提供了承租人日常生活的家具、家电等；另一方面，市场上的专业化租赁机构相对较少，规模也相对较小，打造多样性、定制化的房源也面临诸多阻碍。然而，由于生活经历、收入水平、消费观念等存在差异，不同人群对租赁住房的需求各有不同。因此，在住房租赁市场上缺乏多样性的选择，个性化的居住需求也长期难以得到满足，造成大部分租房者对租赁住房的承租体验感较差。

（五）缺乏相对完善的制度规范

租赁市场制度不完善，我国目前没有完备的《住房租赁管理条例》等法律，无法有效约束出租人和中介的行为。住房租赁企业恶意竞争并抢占房源，严重推高市场租金水平；住房租赁企业因资金链断裂等而"爆雷"，房客不仅被驱逐还背负贷款；城中村二房东收租，理不清租赁关系等，以上种种都是由于住房租赁市场制度规范不完善所导致的。首先，我国的住房租赁市场缺乏完善的准入及租后管理，准入门槛过低，导致租户权益得不到保障。其次，住房租赁市场缺乏信息登记制度，导致房东和租客的信息不对称，易出现违反合同私自转租、租客逃租等现象。此外，监督制度的缺位导致市场上存在违法违规的不合格房源，不仅违反市场要求，还影响租户的生活安全。

三、国外住房租赁的经验借鉴

国外住房租赁市场起步较早且已发展得相对成熟，从中吸取成功经验，并以此来指导与推进我国住房租赁市场的平稳发展和长期运营，具有非常重要的意义。

（一）德国住房租赁

德国的租赁住房市场占住房市场的比重居欧盟之首，住房租赁体系在整个住房市场扮演着极为重要的角色。一是政府作为租赁住房的供给主体，大力推进公共租赁房建设，但政府并不直接建设公租房，而是向投资企业提供长达30～35年的无息贷款进行开发建设，在建成后一定期限内由政府将该部分房屋以低于市场价格的租金出租，租金与市价的差额由政府补贴给投资企业。二是鼓励私人投资建设租赁住房，政府对投资者建设租赁住房予以免税或者直接补贴，而且政府或其他非营利性机构为租赁住房投资者提供长期的低息或无息贷款。三是严格保护承租人利益，一方面实行房租指导价格制度，对于新签订的合同，租金不能超过已有同等质量、同等区位房屋租金的20%；对于同一承租人的租金调整，则要求3年内房租涨幅不得超过15%；另一方面严格限制租赁解约，只有出租人对终止租赁合同有正当利益时方才被允许，如果租赁合同的任意一方要终止合同，必须提前3个月通知对方。四是推动引导规模化经营，政府有意识地推动和引导租赁企业持续做大规模，通过不断并购加强市场整合,提升租赁市场的集中度和专业度,对于保障性租赁住房,在低租金运行25~30年后,如果租赁者不愿购买而是继续租住,则租赁价格会上涨到市场租金水平,同时政府会将这类住房出售给租赁企业。

(二)新加坡住房租赁

新加坡的租赁住房称为组屋,组屋覆盖率已超过80%,国内90%以上人口居住在组屋中。新加坡住房租赁市场主要在以下方面比较突出:一是政府广泛介入住房市场,有效解决市场失灵问题。在新加坡组屋制度中,政府将土地使用权划拨至建屋发展局,保障建屋发展局拥有充足土地资源,为中低收入人群提供数量充足、户型多元的廉租房和廉价房。二是划分多层次住房市场需求,有效解决中低端收入人群住房问题。政府根据居民的可支配收入、居住条件要求等将住房需求大致分为居住需求、居住质量需求和产权需求,并根据不同需求建立不同层次的住房。三是完善住房金融体系,有效解决资金来源问题。政府建立了包括中央公积金制度、HDB贷款、住房抵押贷款制度、HPS住房抵押贷款保险制度等多项制度。具体而言,就是政府强制要求雇员和雇主缴纳公积金作为住房贷款来源并提供购房资金;政府向符合条件的组屋购买者提供低息贷款;商业银行也为部分中低收入人群提供住房抵押贷款;政府在购房者无法偿还贷款时帮助其还清贷款。

四、深化住房租赁供给侧结构性改革的策略建议

(一)加快培育专业化、规模化住房租赁企业

住房租赁市场高质量发展,需要高质量的机构化租赁企业提供优质的服务,以保证租赁住房的居住稳定性和体验品质。鼓励国有住房租赁企业采取多种形式与民营住房租赁企业合作,支持开展混合所有制经营,创新租赁经营模式,统租运营与物业管理及综合整治集成化运作,打造从供给到运营管理的全链条服务。同时,政府有意识地推动和引导租赁企业持续做大规模,通过不断并购加强市场整合,提升租赁市场的集中度和专业度。通过培育机构化租赁企业,健全住房租赁中介服务体系,提高住房租赁合同备案率,有利于政府对住房租赁市场的监管,解决住房租赁市场长期存在的痛点问题。

(二)盘活存量用房,释放闲置资源

首先,针对住房空置的现象,可率先在一些房价畸高的城市进行试点,对空置半年以上的住房业主征收惩罚性的房屋空置税。空置税税率应是惩罚性的高税率,目的是减少空置,防止资源浪费。结合降低租赁住房的房产税(目前为4%)的措施,对空置房源采取一松一紧的策略,使其回归居住市场。其次,可以在一些租赁住房短缺的一线城市进行试点,允许将在建、建成、库存的商业用房等按规定改建为租赁住

房。此外，政府可以与拥有大量住房的企业进行协商，将部分商品房以低于市场价格的租金出租，而租金与市价的差额由政府补贴给企业。最后，政府设置可以通过收购、租赁、改建等方式收储村民自建房、村集体自有物业，经质量检测、消防验收等程序后，统一租赁经营、规范管理。

（三）扩大租赁住房用地规模，有效提升新增供应

加大租赁用地供给，严格控制租赁住房用地占比，提高专门性租赁房源的增长比例。适度调整土地的性质与功能，促进商品房、租赁房、保障房占比效率协同。推进新一轮棚户区改造工作，保障性住房建设、管理力度及住房制度建设等问题必须改革创新，加以解决。鼓励房企转型开展住房租赁业务，培育专业化的住房租赁标杆企业。根据地方自愿，在试点城市中也可以考虑利用集体建设用地建设租赁住房，村镇集体经济组织可以自行开发运营，也可以通过联营、入股等方式，建设运营集体租赁住房，有利于增加租赁住房供应，缓解住房供需矛盾。

（四）增加租赁住房多样性，注重个性化需求

政府根据居民的可支配收入、居住条件要求等将住房需求进行划分，并根据不同需求建立不同层次的住房。同时，在认真调研不同群体相应需求的基础上，科学合理地研判租赁住房的供应结构，进一步提高租房供给效率，优化住房市场资源配置。另外，可以利用租赁大数据平台，实施个性化租房服务定制，既增加设施简单、满足日常生活的普通租赁房，也提供设施齐全、装修豪华的高端公寓。而对于追求个性化需求的租房者，可采取市场细分及管理精细化运营模式，不仅考虑为租房者提供一种生活空间，而且更是一种生活方式。

（五）完善住房租赁法律制度，建立住房租赁管理服务平台

尽快出台国家层面的《住房租赁管理条例》，不断完善住房租赁市场法规体系，为行业监管提供法律支撑，对出租人、租户与住房租赁企业的市场主体行为进行规范和约束，推进住房租赁市场可持续、健康发展。比如，政府可以实行房租指导价格制度，限制合同租金超过市场租金的比例，同时控制租赁合同的租金年涨幅；严格限制租赁解约，明确租赁合同终止的条件以及提前通知对方的时间；落实租赁合同网签备案制度，办理合同网签、登记备案或实时报送租赁合同信息，符合备案条件的应及时网签备案。

建立住房租赁管理服务平台，以信息化、智慧化的手段进行监管。第一，加强从业管理，通过平台向社会公示住房租赁企业的开业信息；第二，规范住房租赁经营行为，将经营的房源信息纳入平台进行统一管理，并实时报送租赁合同期限、租金押金及其支付方式、承租人基本情况等租赁合同信息；第三，开展住房租赁资金监管，资金监管账户信息向社会公示，确保资金监管到位。

参考文献：

[1] 许智勇.以供给侧改革推动住房租赁市场健康发展[J].人民论坛·学术前沿，2019（24）：98-101.

[2] 邢景朋.新挑战下住房租赁企业长远发展路径探析[J].上海房地，2020（6）：15-18.

[3] 金朗，赵子健.我国住房租赁市场的问题与发展对策[J].宏观经济管理，2018（3）：80-85.

[4] 袁韶华，汪应宏，左晓宝，等.房屋租赁市场瓶颈及供给侧改革的探讨[J].住宅科技，2018（11）：122-127.

[5] 罗忆宁，赖芳芳.德国住房租赁企业发展的制度环境及发展经验[J].城乡建设，2017（10）：72-74.

[6] 汪建强.规模化住房租赁企业的政策塑造：德国经验解析[J].石家庄学院学报，2020（5）：60-65.

[7] 何爱华，徐龙双.住房租赁市场发展的制约因素、国际经验与改进方向[J].西南金融，2018（8）：37-42.

[8] 石海峰，郭雁.我国金融支持住房租赁市场现状及国际经验[J].债券，2018（8）：78-85.

作者联系方式

姓　名：黄志忠　宋星慧　李　扬　吴玉曼
单　位：深圳市英联资产评估土地房地产估价顾问有限公司
地　址：深圳市福田区竹子林博园商务大厦801
邮　箱：125806020@qq.com
注册号：4420070157

住房租赁市场发展需处理好四组关系

黄程栋

摘　要：推动住房租赁市场发展是推进以人为核心的新型城镇化战略的重要基石，是加快构建以国内大循环为主体、国内国际双循环相互促进的新发展格局的重要抓手，是实现高品质生活的重要渠道。当前，推动住房租赁市场健康发展，需处理好政府和市场的关系，以政府为主满足基本保障，以市场为主满足非基本保障，处理好短租房和长租房的关系，根据各自特点采取差异化的策略，处理好轻资产与重资产模式的关系，实现"轻者更轻、重者更重"的发展格局，处理好预付式和现结式的关系，警惕租赁市场的过度金融化。

关键词：租赁市场；四组关系；租购并举

《中共中央关于制定国民经济和社会发展第十四个五年规划和二〇三五年远景目标的建议》中指出，探索支持利用集体建设用地按照规划建设租赁住房，完善长租房政策，扩大保障性租赁住房供给。随后的中央经济工作会议指出要解决好大城市住房突出问题，在238个字的表述中，"租"字出现了10次，可以看出国家对租赁住房发展的高度重视。近年来，在国家政策的支持下，住房租赁市场有了较快发展，但是，同时存在着租赁当事人权益得不到有效保障、长租公寓平台"爆雷"、甲醛等有毒物质含量超标诸多乱象，这不仅影响整个行业的健康发展，也影响租购并举住房制度的有效构建。为更好地促进住房租赁市场健康发展，当前需处理好以下四组关系。

一、处理好政府和市场的关系，以政府为主满足基本保障，以市场为主满足非基本保障

根据国家统计局和国家人口计生委的数据，2019年末全国流动人口总规模为2.36亿人，流动人口中在流入地租房比例约为74.4%。另据新华网和自如友家共同发布的《2020年中国青年租住生活蓝皮书》显示，预计到2022年，中国住房租赁市场租赁人口将达到2.4亿。从数据可以看出，我国通过租赁住房解决居住问题的人群规模庞大。孙中山先生曾说，政治乃众人之事。如此庞大的租赁人口使得租赁住房不仅仅是经济行为，更是政治行为，因此，要处理好政府和市场的关系，以政府为主满足基本保障，以市场为主满足非基本保障。

经过多年的努力，各地符合保障条件的本地户籍居民通过廉租住房、公共租赁住房等途径基本实现了应保尽保，居住困难得到了有效缓解。与此同时，我国又是后发国家，典型的特征是"先生产、后生活"，结果是工业化快于城镇化，进而产生了大量流动的新市民。从地方政府来讲，出于地方财政的考量可以先解决户籍人口的居住困难，之后范围再扩大至常住人口；而从国家的角度考虑，不能厚此薄彼，存在居住困难的新市民应该和本地户籍居民一样获得基本的居住保障，可以通过提供小户型、低租金的政策性租赁住房来满足城镇无房常住人口的居住需求，切实保障新市民的居住权。根据《2020中国青年租住生活蓝皮书》，在城市租住人群中，30岁以下占比超过55%，其中26～30岁（1990～1994年）的租客占比达到31.48%，30岁以下的青年群体由于工作流动性、家庭结构等是租住人群主体。住房和城乡建设部公布数据显示，2019年，城镇居民人均住房建筑面积达到39.8m^2，为实现租赁人群的高质量生活，租赁住房的面积须不低于30m^2。根据国际经验以及租客愿意支付的租金来看，租金支出高于收入的30%将影响租客在其他方面的支出，因此，租金支出需不高于收入的30%。针对新市民的租赁住房可坚持"333"发展原则，即重点满足30岁以下无房群体的居住需求、住房面积不低于30m^2、租金支出不高于收入的30%。

近年来，在一系列利好政策的支持下，租赁市场获得了快速发展，长租公寓企业大量出现，但与此同时，长租公寓行业也面临诸多问题。当前，长租公寓行业面临的主要矛盾是各方日益增长的对长租公寓的需求与长租公寓尚未实现可持续发展之间的矛盾。具体而言，长租公寓能够满足政府监管租赁市场的需求，满足出租人降低管理成本、提高出租意愿的需求，满足承租人差异化的租住需求，但是，目前长租公寓尚难实现较好盈利。面对市场快速扩张以及日常运营等造成的"失血"，部分长租公寓企业通过多轮融资、上市的途径为企业"补血"，降低自身亏损，但从长远来看，企业的健康发展需要自我"造血"。尤其是受到疫情的影响，各大城市的长租公寓面临着"人员进不来""房源出不去"的双重困境，租赁企业在收入锐减的情况下，仍需支付房东租金、员工薪资及各种运营成本，对于原本利润微薄的行业来说更是雪上加霜，多数企业命悬一线、危在旦夕。因此，企业需积极探索，提供差异化服务、多种产品线供给，满足市场多元化的非基本的租住需求，根据市场情况及时调整战略，实现企业的可持续发展。

二、处理好短租房和长租房的关系，根据各自特点采取差异化的策略

随着互联网等新技术飞速发展，观光旅游、培训学习、看病就医、临时周转等短期居住需求除了通过酒店行业满足外，短租房也发挥出越来越重要的作用。2020年7月，发改委等13部门印发的《关于支持新业态新模式健康发展 激活消费市场带动扩大就业的意见》明确提出鼓励共享住宿、文化旅游等领域产品智能化升级和商业模式创新，发展生活消费新方式，培育线上高端品牌。短租房本质上是将业主不自住的房

源用于出租，有些是交给平台经营，这些平台经营的短租房存在消防、治安、卫生等隐患，合规性不足，且会挤占公共资源、噪声扰民等，呈现出自发、无序的"集市"状态，需要政府在鼓励的同时进一步加强管理，使短租房向着规范、有序的"超市"状态发展。

与短租房不同，长租房不仅租赁期限更长，而且租赁房源、租赁关系及租金等更为稳定，如果说短租房能够满足人们"便捷性"的租住需求，那么长租房则需满足"稳定性"需求。与英国、日本、德国等国家平均租赁周期短则两年长则十余年不同，我国大多数租赁合同周期约为一年，租赁住房呈现过渡性、阶段性的特征，这不利于租赁市场的健康可持续发展，不利于租购并举住房制度的构建，而形成这一现象的根本原因是"租购不同权"。2020年9月向社会公开征求意见的《住房租赁条例（征求意见稿）》，明确了出租人和承租人的权利义务，中央经济工作会议更是明确提出"逐步使租购住房在享受公共服务上具有同等权利"，通过赋予租赁群体相应的权利，逐步解决租客长期租住意愿不高的问题。只有承租人享受的权益更加稳定、租赁关系更加稳定、租金更加稳定，住房租赁市场才能平稳健康发展。

三、处理好轻资产与重资产模式的关系，实现"轻者更轻、重者更重"的发展格局

从供给角度来看，当前，租赁市场有机构出租人和个体出租人，而机构出租人又包括开发企业自营、包租、代理托管三种经营模式。在实践中，包租模式企业暴露出了很多风险，近年来，"爆雷"的既有分散式长租公寓，如寓见等，也有集中式长租公寓，如湾流国际等，这类轻资产运营模式本质上是二房东转租，但是相比二房东，这类企业的收储成本、装修成本、运营成本、税收成本、空置成本等远远高于当前的租金回报率，因此从根本上来讲，这种"包租模式"不符合基本的商业逻辑。当前，北上广深等特大城市的租金回报率约为1.5%，回报率过低要么导致住房租赁企业、社会资本缺乏新建、改建、持有租赁住房的积极性，要么导致企业采取不合规的策略，损害租赁市场的健康发展。

当前，"包租"模式呈现"三高"的特点，即高收益、高风险、高成本，高收益是指长租公寓利用"长收短付"形成的资金池进行高利贷等金融活动，而不是租赁行业本身的收益；高风险是指该模式无法实现"盈利"，从而利用套利等手段，增加该模式的风险；高成本是对于租客而言，由于长租公寓有一定的装修、运营成本，租客相对要负担的租金成本自然较高。高收益、高风险、高成本的特点不利于长租公寓的健康发展，因此，引导"包租"模式向"代管"模式转变，能够降低企业风险，收益更为稳定，租客所需支付的租金更低，有利于长远发展。

同时，引导大型房地产开发企业通过利用集体经营性建设用地开发建设租赁住房，长期持有出租，通过REITs等的探索，实现稳定运营，逐步构建起"轻者更轻、

重者更重"的租赁住房发展格局。为降低企业的开发成本，政府可对租赁地块进行土地年租制的探索，修改关于"居住用地七十年""土地使用者应当在签订土地使用权出让合同后六十日内，支付全部土地使用权出让金"的规定，改变之前一次性征收七十年的模式，采用按年征收，更加符合租赁地块的运营实际，降低开发企业自营的土地成本。对租赁相关税收做出调整，当前租赁企业的税赋包括12%的房产税、6%的增值税、25%的企业所得税以及1%左右的其他附加税，这对于尚未实现盈利的行业来说无疑加重了其运营的负担，建议进一步降低税负，使租赁企业能够更好实现解决人们住有所居的问题。

四、处理好预付式和现结式的关系，警惕租赁市场的过度金融化

当前，长租公寓行业频频"爆雷"，可谓雷声不断，甚至人命关天，其原因在于"高进低出""长收短付"，长远来看只会影响企业的盈利，而真正对该行业起到破坏性作用的是"长收短付"。从这个行业的两类主体来看，向市场提供租赁房源的，大多是需要"以租养贷"或者需要租金补贴生活的群体，这个群体相对来说不那么富裕；而租客也大多是收入相对较少的群体，同样不那么富裕，当"不那么富裕的房东"遇到"不那么富裕的租客"，他们对于价格都比较敏感，从成本—收益的角度去考虑，租客希望尽可能降低成本，而房东则希望尽可能提高收益，利润的想象空间十分有限，长租公寓企业想从利润较薄的租赁行业中获得丰厚利润十分困难。"长收短付"使得原本微利的行业有了巨大的套利空间，使得租赁市场过度金融化，这种模式通过利用租客信用向银行借贷取得一年的房租，而向房东仅需要支付一个月的租金，利用"一本"实现了"十二利"，杠杆程度极高，当市场正常运行的情况下，资金链不断，可以实现正常运转，但是遇到新冠疫情这样的冲击，该模式将难以持续。

租赁市场在过去的发展过程中，金融化程度不高，现结式能够保持租赁关系的健康稳定。当下，预付式的存在使得该模式风险增加，这与商品住房买卖中的预售制类似，预售制也存在各种问题，诸如：烂尾楼、假按揭骗贷、一房二卖、炒楼花以及房地产金融风险等。因此，要谨慎对待预付式，警惕租赁市场的过度金融化。

参考文献：

[1] 严荣.住房租赁体系：价值要素与"三元困境"[J].华东师范大学学报（哲学社会科学版），2020（5）：160-168+184.

[2] 黄程栋.疫情冲击下长租公寓发展的再审视[J].上海房地，2020（5）：14-16.

[3] 黄程栋."集市"与"超市"：租赁住房的供给形态[J].上海房地，2019（8）：11-14.

作者联系方式
姓　名：黄程栋
单　位：上海房地产科学研究院
地　址：上海市复兴路 193 号

住房租赁行业标准体系框架的构建*

郝俊英　房建武　黄　卉　刘宝香　杨泽宇　隋　智

摘　要：随着住房租赁市场的不断发展，行业标准体系构建迫在眉睫。住房租赁行业标准体系的框架是基于租赁住房整体规划、建设以及后期运营和管理的全生命周期，描述住房租赁行业所需标准的组成要素的层次结构关系，第一层次包括定义与描述、房源获取与装饰装修、租赁住房出租与运营管理、网络与信息平台管理、金融配套服务，在此标准大类的基础上，采用合适视角进行抽象划分形成第二层次标准小类，进而为形成标准体系明细表提供依据。

关键词：住房租赁行业；标准体系；框架

一、住房租赁行业标准体系构建的背景和意义

国家主席习近平在致第 39 届国际标准化组织大会（2016，北京）的贺信中指出："中国将积极实施标准化战略，以标准助力创新发展、协调发展、绿色发展、开放发展、共享发展。"2017 年，我国修订了《中华人民共和国标准化法》；之后，《团体标准管理规定》《地方标准管理办法》《强制性国家标准管理办法》等法规相继出台；2020 年 4 月 10 日，国家标准化管理委员会印发《关于进一步加强行业标准管理的指导意见》，这些法律法规和政策不仅为各行各业的标准化工作奠定了坚实的基础，而且指明了标准化工作发展的方向。在党中央、国务院的高度重视和大力推动下，我国经济社会各领域正越来越多地运用标准这一工具和标准化这一手段来规范和引领发展。

2015 年，住房和城乡建设部发布《关于加快培育和发展住房租赁市场的指导意见》（建房〔2015〕4 号），2016 年，国务院办公厅发布《关于加快培育和发展住房租赁市场的若干意见》（国办发〔2016〕39 号），明确了"多主体供给、多渠道保障、租购并举"的住房制度改革路径，"形成供应主体多元、经营服务规范、租赁关系稳定的住房租赁市场体系"成为住房租赁市场发展的基本目标。之后陆续发布了更加具体的关于增加土地供应、推进住房租赁资产证券化、规范网签备案、整顿市场秩序等方

---

* 本文受中国房地产估价师与房地产经纪人学会课题《住房租赁行业标准体系研究》（2019-ZL01）的资助。

面的政策,再加上中央财政支持住房租赁市场发展试点城市等工作的推进,住房租赁市场得到了长足的发展。但是,住房租赁市场发展过程中也出现了发布虚假房源信息、恶意克扣押金租金、违规使用住房租金贷款、强制驱逐承租人等问题,如何进一步规范住房租赁市场的发展已经成为亟待解决的问题。2020年9月,《住房租赁条例》向社会公开征求意见,明确了规范住房租赁活动,维护住房租赁当事人合法权益,构建稳定的住房租赁关系,促进住房租赁市场健康发展的主要内容。

作为住房市场的一部分,住房租赁行业涉及住房的获取和建设、房屋的管理和运营、网络与信息平台管理、金融配套等方方面面,虽然有些活动的规范化可以直接应用住房市场相关的标准和规范,但是,由于之前我国的住房市场发展更侧重于住房销售市场,相关的标准和规范也主要集中于住房建设、销售和物业管理等方面,很少兼顾住房租赁的特殊情况,导致住房租赁市场出现了形形色色的问题,为此,从国家到地方、从行业管理部门到行业中走在前列的团体和企业,都开始注重住房租赁相关标准的制定,但已有的少量标准还主要集中于租赁住房的室内空气污染和消防安全等方面,标准的等级也以地方和团体标准居多。

因此,根据住房租赁行业的特点和涉及的各项活动,构建一套基本的标准体系,能够为更好地推进行业标准化工作提供借鉴。

二、住房租赁行业标准体系的相关概念界定

(一)住房租赁行业

住房租赁是指出租人将房屋出租给承租人居住,由承租人向出租人支付租金的行为,是住房市场中一种重要的交易形式。

根据《标准体系构建原则和要求》GB/T 13016—2018中术语"行业"的定义,住房租赁行业可以定义为:从事与住房租赁相关的经济活动的所有单位的集合。

(二)住房租赁经营

根据《国民经济行业分类》(GB/T 4754—2017)中"房地产租赁经营"的定义,将住房租赁经营定义为:各类单位和居民住户的营利性住房租赁活动,以及房地产管理部门和企事业单位、机关提供的非营利性住房租赁服务。

(三)住房租赁企业

住房租赁企业是指开展住房租赁经营业务,将自有房屋或者以合法方式取得的他人房屋提供给承租人居住,并与承租人签订住房租赁合同,向承租人收取租金的企业。

(四)住房租赁行业标准及标准体系

根据《标准化工作指南 第1部分:标准化和相关活动的通用术语》(GB/T 20000.1—

2014）中关于"标准"的定义，可以将住房租赁行业标准定义为：按照规定的程序，经协商一致制定，为住房租赁活动或其结果提供的规则、指南或特性，供住房租赁行业的不同主体共同使用和重复使用的文件。

住房租赁行业标准体系是关于租赁住房的获取、设计与建设（其中包含装修装饰、既有建筑物改造等内容）、租赁住房的出租与运营（其中包含租赁服务、住房消防与治安管理等内容）、信息平台建设与管理、金融服务等方面的标准，按照其内在的联系形成的有机整体。

三、租赁住房的类型

（一）根据租赁住房来源划分

根据租赁住房的来源可以分为新建、改建租赁住房。新建租赁住房是指专门为出租而集中建设的住房，包括用于住房保障对象的公共租赁住房和用于面向市场出租的住房；改建的租赁住房是指将原有的住宅或其他用途的房屋改建为适合出租的居住用房。

（二）根据租赁住房存在形式划分

根据租赁住房的存在形式可以分为集中式和分散式租赁住房。集中式租赁住房是利用整幢楼宇或物理上集中的房屋进行租赁运营的住房；分散式租赁住房是利用分散于不同地段、不同楼宇的房屋进行租赁运营的住房。

（三）根据租赁住房运营主体划分

根据租赁住房的运营主体不同可以分为居民家庭拥有的用于出租的住房和房地产开发或租赁企业新建、改造、购买或承租后用于出租经营的住房。

（四）根据租赁期限划分

根据住房租赁的期限可以分为长租型和短租型租赁住房。

四、住房租赁行业标准体系构建的思路

构建标准体系是运用系统论指导标准化工作的一种方法。构建标准体系的主要工作是编制标准体系结构图和标准明细表，提供标准统计表、编写标准体系编制说明，是开展标准体系建设的基础和前提工作，也是编制标准、修订规划和计划的依据。本文主要基于住房租赁行业的特点，构建行业标准体系的基本框架，形成标准体系结构图，以便为标准明细表的制定提供依据。

（一）构建标准体系的目的与作用

住房租赁行业标准体系的编制是基于租赁住房整体规划、建设以及后期运营和管理的全生命周期，描述住房租赁行业所需标准的组成要素和层次结构关系，从宏观的角度反映住房租赁行业标准化范围，确定标准对象结构、分类体系与关系，使住房租赁行业内的相关标准科学、有机地组织在一起。住房租赁行业标准体系的构建既是对住房租赁行业内标准关系的描述，也是对住房租赁行业发展的规范，对行业标准化工作的推进具有普遍指导作用。住房租赁行业标准体系对于指导、组织和协调行业内相关主体标准化工作，进行标准化信息交流方面的作用不可或缺。

（二）住房租赁行业标准体系构建的结构化思想

住房租赁行业的发展涉及多方面的主体参与，包括房地产开发企业、房地产经纪机构、物业服务企业、单位和个人，以及不同的政府管理部门，因此在标准化对象分解和标准体系框架结构描述中基于结构化思想，按照系统化、模块化、动态化理念要求，明确住房租赁行业内各项标准化对象的目标，并将目标分解成下一层更具体的任务。住房租赁行业标准体系框架构建从信息化管理、客户需求、企业管理、风险防范等多个视角，按照各标准化对象所适应的视角进行划分。

五、住房租赁行业标准体系框架

住房租赁标准体系框架采用自上而下的层次结构，结合工程建设、建筑改造、流程管理、配套服务和技术方法对标准化的需求进行抽象、归纳、划分和建构。住房租赁标准体系框架由两层构成，内容由标准化需求、分类方法和范围确定。

住房租赁标准体系以租赁住房整体规划、建设以及后期运营的全生命周期的各项活动作为第一层次的主线，主要包含定义与描述、房源获取与装饰装修、租赁住房的出租与运营管理服务、网络与信息平台管理服务和金融配套服务五个大类。第一层划分所形成的标准大类完整描述了住房租赁行业发展各项活动的全生命周期，并具有一定的稳定性。

住房租赁标准体系框架第二层是在标准大类的基础上，采用合适视角进行抽象划分形成的标准小类。

（一）定义与描述类标准

定义与描述类标准是基于分类视角，针对住房租赁行业的基本构成，按照语义、表达等概念构建，包含住房租赁行业相关概念和租赁住房类型2个小类标准，主要涵盖住房租赁行业内的基本构成要素。

(二)房源获取与装饰装修类标准

房源获取与装饰装修类标准是基于技术视角和需求视角,以租赁住房房源的取得以及如何进行装饰和装修为基础,包含租赁住房新建与评价标准、租赁住房改建导则、租赁住房收购整合类、租赁住房室内装饰装修服务类以及其他通用类共5个小类,对租赁住房的"硬件"进行标准化。

(三)租赁住房的出租与运营管理服务类标准

租赁住房的出租与运营管理服务类标准是基于企业管理与客户需求视角,对住房租赁运营过程中涉及的配套服务进行规范,包括生活配套服务、租赁合同管理、备案登记、资金管理、流程管理、用途限制与安全管理共6个小类,对住房租赁行业的"软件"配套进行系统规范。

(四)网络与信息平台管理服务类标准

网络与信息平台管理服务类标准是基于信息化视角,对互联网时代下住房租赁信息平台搭建和信息监管进行合理规范,包括平台管理服务和信息管理服务2个小类。

(五)金融配套服务类标准

金融配套服务类标准是基于风险防范视角,针对住房租赁行业中的金融活动进行规范。

基于以上内容所构建的住房租赁行业标准体系框架见图1。

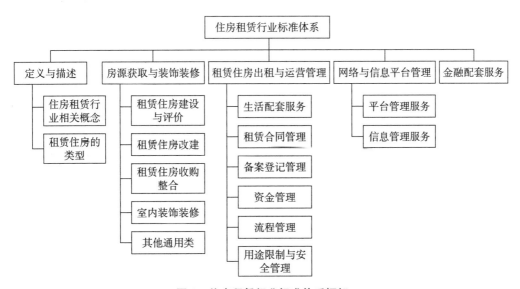

图1 住房租赁行业标准体系框架

六、结语

住房租赁行业标准体系的构建是行业实施标准化管理的基础,而标准体系框架的构建只是标准体系构建的第一步工作,随后还需要在此基础上形成标准体系的明细表,即在已有的两个层次的基础上确定不同的标准小类和具体的标准名称,用以指导各项标准的制定和修订。

参考文献:

[1] 李春田. 标准化概论 [M]. 北京:中国人民大学出版社,2014.

[2] 万碧玉. 中国智慧社区建设标准体系研究 [M]. 北京:中国建筑工业出版社,2018.

作者联系方式

姓　　名:郝俊英　刘宝香　房建武　杨泽宇　随　智

单　　位:山西财经大学公共管理学院

地　　址:太原市坞城路 696 号

邮　　箱:120986897@qq.com;981192428@qq.com

注册号:1420030042,1120050008

姓　　名:黄　卉

单　　位:贝壳找房(科技)有限公司

我国住房租赁发展监测指标体系研究[*]

易成栋　赵鹏泽

摘　要：近年来我国大力发展租赁住房，迫切需要对住房租赁市场监测和政策效果进行评估。本文根据理论实践和数据可得性建立了我国住房租赁发站的监测指标体系，并以此为依据提出了促进我国租赁住房发展的政策建议。

关键词：住房租赁；监测；指标体系

一、引言

在中国经济进入新常态后，中央提出了供给侧结构性改革的政策方针，在住房体制改革的思路上从过去的"重购轻租"转向"租购并举"。从"房住不炒"的定位到"长效机制"的确立，再到"租购并举"的提出，又到"十四五"规划提出"完善长租房政策"等，在解决人民群众的安居问题上，党和国家一直对其高度重视。

2013年以来，中央经济工作会议曾多次提及发展租赁住房。2013年，中央经济工作会议提出"加大廉租住房、公共租赁住房等保障性住房建设和供给"；2015年至2017年分别提出"发展住房租赁市场""加快住房租赁市场立法""发展住房租赁市场特别是长期租赁"；2018年，中央经济工作会议则提出"构建房地产市场健康发展长效机制"和"完善住房市场体系和住房保障体系"；2019年，提出"大力发展租赁住房"。2020年，中央经济工作会议着重指出，要高度重视保障性租赁住房建设，加快完善长租房政策，逐步使租购住房在享受公共服务上具有同等权利，规范发展长租房市场。从上述政策的连续性和细化性可见，中央花大力气要促进住房租赁市场的发展，新要求就是平衡好商品房市场和住房租赁市场。中国共产党第十九次全国代表大会报告提出"坚持房子是用来住的、不是用来炒的定位，加快建立多主体供给、多渠

---

* 本文受到以下课题资助：国家自然科学基金面上项目"基于城市网络视角的都市圈住房市场时空演化机理、效应和引导策略"（72174220）；教育部人文科学基金一般项目"基于新发展理念的国家城市光荣榜时空演化机理、效应和提升策略研究"（21YJAZH104）；北京市社会科学院2021年智库重点项目"首都城市有机更新的路径措施研究"（2021A6719）和中央财经大学标志性科研成果培育项目资助。

道保障、租购并举的住房制度，让全体人民住有所居"。《中共中央关于制定国民经济和社会发展第十四个五年规划和二〇三五年远景目标的建议》提出促进住房消费健康发展，坚持房子是用来住的、不是用来炒的定位，租购并举、因城施策，促进房地产市场平稳健康发展。有效增加保障性住房供给，完善土地出让收入分配机制，探索支持利用集体建设用地按照规划建设租赁住房，完善长租房政策，扩大保障性租赁住房供给。"十四五"时期是我国由全面建成小康社会向基本实现社会主义现代化迈进的关键时期，是"两个一百年"奋斗目标的历史交汇期，也是全面开启社会主义现代化强国建设新征程的重要机遇期。在住房租赁市场发展不规范、不成熟的背景下，加快培育和发展住房租赁市场，增加租赁住房有效供给，是推进租购并举住房制度建设的重要内容，是实现全面建成小康社会住有所居目标的重大民生工程。与此同时，在中央"大力培育发展住房租赁市场""完善住房租赁市场制度建设""多元渠道增加租赁住房有效供给"的大方针下，2015年以来，各地方政府在住房租赁政策方面也更加积极而全面，纷纷出台了一系列针对性政策，进一步明确相关租赁住房在增加供给、建设标准、市场监管方面的细则。

我国住房租赁市场仍处在初步发展阶段，需要解决发展中存在的许多问题，如租赁住房供需矛盾严重、管理混乱、居住体验差等。随着住房租赁市场受到越来越多的重视，住房租赁市场也得到了快速的发展，住房租赁的监测也越来越重要。

对于住房租赁市场发展监测指标体系，Omirin（2016）认为未来影响美国租赁住房需求的两大因素分别是户型、户数的变化和不同群体住房拥有率的变化；而对于住房供给问题，最重要的因素则是供给多样性问题。美国JCHS发布的《住房租赁发展报告（2022）》认为，住房租赁市场监测主要有以下内容：租房家庭数量以及各收入阶级租户数量情况、月合同租金价格、月租赁合同数量、租房空置率、房租可支付性、住房及城市发展部租金援助开支、房屋及规划地政局资助住户数、租房率、家庭流动性、租赁产权、租赁资产维修费用、新建住房、受驱逐威胁的租户比例等。目前我国迫切需要借鉴国际经验建立住房租赁发展监测指标体系。

二、我国住房租赁监测指标体系的构建

住房租赁的健康发展需要从多个维度、多个方面进行评判。通过住房租赁市场供给、住房租赁市场需求、住房租赁市场指标和住房租赁政策支持四个方面，构建我国住房租赁市场监测指标体系，以此来保证住房租赁市场平稳、健康、有序发展（表1）。

（一）住房租赁市场供给

对于住房租赁市场的供给端，主要通过对租赁住房存量、新建租赁住房量和机构占有率三个方面进行评价。

住房租赁发展监测体系　　　　表1

监测方面	监测指标	描述	国外相应对照指标
住房租赁市场供给	租赁住房存量及其结构	租赁住房的总套数、总间数、总建筑面积	美国2018年4720万套出租住宅；日本2008年住房租赁面积94.4万 m^2
	新建租赁住房量及结构	新建租赁住房的总套数、总间数、总建筑面积、投资金额	美国净新增租赁住房数量41.4万套（2018年）
	租赁住房运营模式	机构占有率	美国个人投资者持有约3/4的出租物业（2015年）
	租赁住房挂牌和带看活跃度	定期租赁住房挂牌量和带看量	
住房租赁市场需求	住房租赁群体的数量和结构	人口总量、年龄、性别、受教育程度、就业状况、家庭状况	美国有孩子租客家庭占比29%，单人租客占比高于30%（2018年）
	住房租赁群体的需求意愿	房型、面积、租金总价、区位、装修、房屋建筑类型、产权类型	
住房租赁市场状况	房租	标准租赁住房价格中位数	美国租赁价格涨幅12.6%（2018年）
	房租收入比	房租租金/租客收入	美国房租有收入比高于30%的占比为47.5%（2018年）
	房价租金比	房租租金/房价	
	租房率	租房家庭数占全部家庭数的比例	租房家庭占比约为36%（2018年）
	租房空置率	租房家庭占全国家庭总数的比例	美国全部公寓空置率约为6%（2019年）
	租房满意度	租房满意度调查	
住房租赁政策支持	政策支持力度	财政支出、贷款贴息、税费减免、土地定价、规划奖励等，以及租赁群体感受的政策支持力度和对政策的满意度	美国联邦租房援助项目实际支出403亿美元（2018年）
	政策创新度	当地政府部门出台的住房租赁市场发展政策的创新性建议数、政策数	例如土地、金融、节能减排等政策创新
	监管规范性	租赁合同纠纷数、租赁网签率	例如12345投诉、法院起诉和仲裁数量等

1.租赁住房存量及其结构

租赁住房存量体现的是现有住房租赁部门的供给情况，通常用租赁住房的总套数、总间数、总建筑面积来衡量。

租赁住房存量按不同租赁住房产权类型来统计。例如，租赁住房可以分为保障性租赁住房、商品租赁住房等。还可以按照租赁住房不同建筑类型来统计，例如，集体宿舍、成套的租赁住宅、公寓等。

租赁住房存量还可以按照不同区域进行统计。例如，日本按照都市圈来统计；

美国按照为行政区划和都市统计区来统计。2018年，美国住房租赁市场租赁住宅有4720万套，其中新增租赁住房数量41.4万套。

2. 新建租赁住房量及结构

新建租赁住房数量通常用新建租赁住房的总套数、总间数、总建筑面积、投资金额来衡量，并可以根据工程建设阶段分为新开工、施工、竣工量。

3. 租赁住房运营模式

Gilbert（2011）将美国住房租赁市场的房东分为了以下几类：个人房东、商业房东、公共机构和雇主型房东。个人房东是由于经济压力或特殊变故不得不对自身财产进行租赁；商业房东则是通过投资住房租赁市场以此赚取利润；公共机构如政府、社会福利部门等则是在住房租赁市场提供廉租房等非营利性的租房；而雇主型房东则是由于雇佣关系为员工提供宿舍的租赁住房。

在我国，住房租赁市场主要以个人房东为主，专门化的租赁经营企业占比还比较低，因此，机构占有率可以作为租赁专门化经营的重要指标。

4. 租赁住房挂牌和带看活跃度

在我国，住房租赁市场主要以个人房东为主，通常会委托互联网租赁平台发布信息，或者委托房地产中介发布信息和带客户看房。因此可以衡量定期（例如一月）租赁住房挂牌量和带看量。

（二）住房租赁市场需求

住房租赁市场需求端的指标主要通过租赁住房需求主体的数量和结构以及他们的需求意愿来确定。

1. 住房租赁群体的数量和结构

住房租赁群体可以按照人口总量、年龄、性别、受教育程度、就业状况、家庭状况等多维度进行统计和分析他们的结构。

我国住房租赁群体主要包括新市民群体和部分城镇有房家庭。而城镇有房家庭一般是由于子女上学或工作调动等原因进入住房租赁市场，同时一般会将自有住房进行租赁，对住房租赁市场结构进行调整，但不会对租赁需求量产生过大的影响。因此，以新市民群体为主的流动人口是影响我国目前住房租赁市场需求量的主要主体。根据国家统计局公布的《第七次全国人口普查公报（第七号）》，全国人口中，人户分离人口达到4.93亿人，其中流动人口为3.76亿人。较2010年第六次全国人口普查时流动人口增长69.73%，也因此，大城市住房租赁需求量日益增高。

2. 住房租赁群体的需求意愿

住房租赁群体的需求意愿可以通过问卷调查等多种方式得到，例如对房型、面积、租金总价、区位、装修、房屋建筑类型、产权类型等进行统计。住房租赁市场的户型结构需求可以体现出住房租赁市场需求的结构。不同的租赁群体对租赁住房的需求各有不同。以进城务工人员和新就业大学生为主的新市民群体对住房租赁的需求较为简单,只需要提供集体宿舍或青年公寓便可满足其需求。对于刚成家的夫妻租赁群体,对租赁住房的需求就变为了"一居室"左右的单独空间。而对于更高收入群体的住房租赁需求,"两居室""三居室"或更大的空间是他们的需求。因此,住房租赁市场面对不同群体的住房需求,需要有不同户型的租赁住房。因此,对不同户型需求的监控,也对住房租赁市场的健康发展有着重要的意义。

在现实生活中,通常将已经实现的住房租赁消费作为现实需求,因此还可以统计租赁住房群体的住房状况,例如租赁住房总量(总套数、总间数、总面积)、平均套型建筑面积和人均建筑面积等。

(三)住房租赁市场状况

住房租赁市场指标主要是通过成交情况来对住房租赁市场的供需关系进行评价与监测。通常采用的指标有租金、空置率、房价租金比、房租收入比等。

1. 房租

房租是体现住房租赁市场供需关系的主要指标。在现实生活中,存在着净租金和总租金(包括了水电费等)的差异。美国租房租金近年来持续攀升,2019年第三季度主要住宅租金CPI同比上涨3.7%,连续21个季度名义涨幅超过3.0%,给住房租赁市场带来很大压力。房租租金的平稳增长是住房租赁市场平稳有序发展的重要保障。房租租金选取更加科学、更有依据的标准租赁住房价格中位数作为监测指标。租赁价格方面,2018年美国租赁价格涨幅12.6%,房租有负担租户占比47.5%,空置率约为6%。

2. 房租收入比

房租收入比是房租租金/租客收入,用来描述租客的房租可支付性。美国人口普查局在进行房租可支付性统计时,将房租负担沉重的家庭定义为住房支付收入30%以上的家庭。监测房租收入比可以直观表明在当前经济环境下住房租赁市场价格是否与当地的住房市场需求相匹配,具有很强的参考性。

3. 房价租金比

房价租金比是房租租金/房价,用来描述住房出租的投资收益率。监测房价租金比可以直观表明购房出租的投资回报,并且可以和国库券、股票、债券等产品的投资收益率进行比较,从而衡量租赁投资的风险和收益。

4. 租房率

租房率是租房家庭数占全部家庭数的比例,也有的采取租赁住房套数(面积)占总住房套数(面积)比例。租房率反映的是住房租赁在住房市场的地位。租房率的增减代表着当地居民对于购房和租房的选择与期望。美国租房率经历2016年峰值后逐步平稳,2018年达到36%左右。

5. 租房空置率

租房空置率可以直观地反映住房租赁市场的供需关系。美国的租房空置率大约在7.8%。而在2018年第三季度到2019年第三季度,美国专业管理型公寓空置率下降了

3/4。这也可以表明,美国近年来的住房租赁市场的存量不断减少,出现供不应求的情况。而我国重点城市的租房空置率近年也出现不断下降的趋势,体现出了我国住房租赁市场需求旺盛的情况。据有关统计显示,我国集中式租赁住房项目平均空置率2019年在15%左右,到2021年空置率低于10%。而上海的空置率最低,达到了2.5%左右。

6. 租房满意度

一些国家会对居民进行住房满意度调查,包括对住房和社区环境是否满意以及对具体问题的调查,例如社区污染、犯罪或者其他环境问题。也有一些国家专门对居民进行租赁住房满意度调查,包括对租赁住房和社区环境是否满意以及对具体问题的调查。

(四)住房租赁政策支持

1. 政策支持力度

从中央到地方政府出台了一系列支持租赁住房的政策,例如财政税收、金融、规划土地等方面的政策。可以通过财政支出、贷款贴息、税费减免、土地定价、规划奖励等政策文本分析和定量分析来评价政策的支持力度,以及通过问卷调查租赁群体对政策的支持力度和满意度。

2022年《政府工作报告》中提出坚持推动房地产发展"租购并举"。发展住房租赁市场是我国面对"房住不炒"总方针的主要顶层设计。中央对于住房租赁市场的支持力度很强,同时我国对房地产市场采取"因城施策"的方针,各地对于住房租赁市场的支持力度也各有不同。如今,我国的住房租赁市场仍处在发展阶段,政府主导,对于促进住房租赁市场的发展有着重要的作用。因此,通过设立政策支持力度这一监测指标,对当地政府在住房租赁市场的财政支出、金融政策、土地支出等方面进行统计与监测。

2. 政策创新度

房地产市场存在很强的区域性特征。不同地区的房地产市场存在一定的差异,因此我国的房地产市场主要采取"因城施策"的方针。也因此,面对中央对住房租赁市场的大力支持,各城市的反应也会有所不同。杭州、西安两座城市是中央财政支持的住房租赁试点城市,探索出了一系列可供参考的住房租赁市场发展经验。但各个城市住房租赁市场的健康发展都需对自身的情况进行分析研究,建立自身的发展模式,创建适合当地市场的住房租赁市场政策。通过对当地政府部门出台的住房租赁市场发展政策的创新性建议数、政策数进行统计,监测住房租赁市场的政策创新度,可以体现当地住房租赁市场与当地市场的适配情况和政府的重视程度,反映当地住房租赁市场的发展状况。

3. 监管规范性

住房租赁市场如今仍存在管理不规范等问题,对住房租赁市场的发展起到严重的阻碍作用。据美国住房租赁市场研究发现,房东与房客关系问题和租房合同纠纷问题十分严重,阻碍了许多租房者和房东进入住房租赁市场。由于住房租赁市场发展刚刚起步，应对政府监管情况进行监测，规范住房租赁合同相关内容，建立住房租赁网签系统等程序规范市场，提高当地住房租赁市场的规范性。可以通过12345投诉量、法院起诉和仲裁等进行案件数量监测。

三、结论和政策建议

近年来我国大力发展租赁住房，迫切需要对住房租赁市场监测和政策效果进行评估。本文根据理论实践和数据可得性，从住房租赁供给、住房租赁需求、住房租赁市场状况和住房租赁政策四个层面，建立了我国住房租赁发展的监测指标体系。

根据国外住房租赁市场发展经验及我国现实情况，本文提出以下几点建议：

第一，应准确把握住房租赁供需匹配问题。一些超大特大城市、区域中心城市作为人口流入的集中地，人口规模大，差异性强，需求层次多，变化快，需要加强监测。与此同时，需要制定住房发展专项规划，根据需求来调整供给总量和结构，提供多主体、多渠道、多层次的供给。

第二，鼓励住房租赁企业发展。企业进入住房租赁市场经营，可以提高住房租赁市场专业化水平、创新水平。提高住房租赁市场企业占比，有利于发挥市场自我调节、配置功能，确保住房租赁市场健康、可持续发展。

第三，加强住房租赁市场规范性。美国住房租赁市场经验表明，住房租赁市场的发展一定程度上受到房东房客纠纷、合同仲裁等问题阻碍。同时，我国住房租赁市场仍处在起步阶段，存在很多不规范问题，阻碍了自身发展。因此，应着重构建合规有效的监管体系，构建规范性住房租赁市场。

参考文献：

[1] Joint Center for Housing Studies（JCHS）. *America's Rental Housing 2020*[M]. Cambridge, MA：Joint Center for Housing Studies of Harvard University，2000.

[2] 王瑞民，邓郁松，牛三元. 我国住房租赁群体规模、特征与变化趋势[J]. 住区，2021（6）：7-11.

[3] 住房租赁研究院. 中国住房租赁市场蓝皮书2021，http://www.iccra.cn/apartment/index.html#/index.

[4] 冯俊，张军. 国外住房数据报告[M]. 北京：中国建筑工业出版社，2010.

作者联系方式

姓　　名：易成栋　赵鹏泽
单　　位：中央财经大学管理科学与工程学院
地　　址：北京市海淀区学院南路39号

租金调控应建立长效机制

刘 莉

摘 要：随着城市人口逐渐增多，城市住房变得供不应求，租房问题也越来越严峻，租赁市场乱象也越来越多，特别是人为扰乱租金市场问题突出。住房是人类生存发展的必需品，政府保障民生、维持市场秩序与公平，需要监管租赁市场、调控租金。然而租金调控是一把双刃剑，分析利弊，建议因城施策，建立租金调控长效机制。本文以建立租金调控长效机制的背景意义、原因及长效机制内容出发进行论证和分析。

关键词：租赁市场；租金调控；长效机制

一、租金调控的意义

1.政治角度

符合国家和中央政治精神，同时也是房价调控的一部分。近年来大中型城市住房租金涨幅大，为了有效保障我国城市住房租赁市场的良好健康发展，从2015年开始，国务院、住房和城乡建设部、财政部等相继制定出台了一系列政策文件，从各层面支持住房租赁市场的发展。而随着房地产租赁市场机制的形成和发展，出现了一系列不规范行为，扰乱了租赁市场的健康正常发展，特别是鼓励机构化运营带来的中介哄抬房租问题比较突出。为整治租赁市场乱象，2019年12月，住房和城乡建设部联合国家发改委、公安部、市场监管总局、银保监会、国家网信办共同出台了《关于整顿规范住房租赁市场秩序的意见》，对采取"高进低出""长收短付"经营模式进行监管，指导住房租赁企业在银行设立租赁资金监管账户，住房租金贷款金额占比不得超过30%。2021年4月12日，国家发展改革委印发《2021年新型城镇化和城乡融合发展重点任务》的通知中也提到完善长租房政策，合理调控租金水平。各地经济发展不平衡导致大城市人口聚集度相对较高，同时也聚集了大量租房需求，在新房供应受政策影响缩减的情况下，租房市场相应扩大，形成供小于求的局面，导致租房价格一定程度上升，而短期内租金上涨预期将强化房价上涨的预期。在房价上涨预期增强时，人们倾向于买房而不是租房，开发企业更倾向于囤地造楼，有违房价调控的初衷，故调控房价必然调控租金。

2. 经济角度

引领中国经济"脱虚向实",促进形成金融与实体经济的良性循环。自 1998 年实施房改以来,房地产行业从住房生产、投资、消费以及金融信贷等领域驱动着国民经济的增长。基于其关联行业种类繁多,一直被视为国民经济发展的"支柱产业"。然而,由于中国过去宏观经济和社会发展过度依赖房地产,造成房地产价格不断上升,使得大量资金不断向房地产行业快速涌入,在很大程度上推动经济"脱实向虚",也留下了房地产泡沫融资的巨大风险隐患,严重影响金融和宏观经济的持续稳定发展。2014 年之后,中国房地产价格依然上涨,而其他行业的固定资产投资却呈下降趋势,从而出现房地产市场繁荣向上而实体投资低迷消沉的经济下行现象。习近平总书记在 2017 年 3 月中央经济工作会议中首次明确提出促进形成金融与实体经济的良性循环,因此,如何有效调控房地产市场进而引导经济"脱虚向实"成为政策制定者和学术界亟待解决的重要现实问题。

3. 民生角度

满足居民住房刚需,保障人民居住权。住房是人类生存发展的重要必需品,保障人们的居住权势在必行。随着我国城市常住人口的逐渐增多,住房问题也越来越严峻。对于刚毕业的大学生、进城务工人员、工作不久的白领等,他们受限于经济水平、未来职业发展规划和户籍制度而不能买房。虽然很多城市建设有基本保障性租赁房,但是供应有限、申请条件严苛,无法完全满足现实需求。居住却是刚性需求,当城市房价高不可及时,租房就成了普通无房族最后的退路和底线。但是随着日益增长的房屋租赁需求,我国住房租赁市场不完善的弊端也逐渐显现出来,具体为政府对房屋租赁市场主体地位认识有局限、缺乏相关的行业法律法规支持、黑中介始终难制止、房租缺乏有效监管制度、房屋租赁合同依法登记备案制度难落实等,导致广大租户的权益难以保障,形成"房贵买不起、租房不乐意"的两难境地。因此,满足居民住房刚性所需和保障人民基本居住权,已经发展成为急需解决的重大民生问题。

4. 市场监管角度

整治市场乱象,维护租赁市场持续、健康、稳定发展。房地产市场具有极强的区位性和非同质性,同时以散户出租为主的住房租赁服务市场存在严重的信息不对称性。租赁中介机构如果控制了区域内的少量可供出租房源,便可实现某种程度的垄断市场。近几年国家不断提出租售同权,发展住房租赁市场,来化解高价商品房引发的一系列住房矛盾,解决住房问题。但在炒房套利的思维下,大量资本会开始选择进入住房租赁市场,比如自如、蛋壳等长租公寓运营商开始大举融资收购大量房源,表面上是在积极主动响应国家租售同权政策,实际上是抢占市场、垄断房源、掌握定价权。"黑中介"、假房东、二房东重重设卡,"霸王条款"、无理涨价、房租欺诈、押金不退还等时有发生,租房者的权益得不到保障。随着我国国民经济转型结构升级、居民消费需求不断升级,住房租赁市场已成为我国市场经济发展的一大短板,需要继续加强监督管理。

二、租金调控对房地产市场的影响

房地产租赁市场涉及经济、社会、法律等层面，市场主体广泛、市场关系复杂且不断发展变化，租金水平作为房地产租赁市场的关键影响因素，对其合理调控尤为重要，关乎民生、影响深远、意义非凡。但调控具有两面性，我们需要辩证地分析其对房地产市场的影响。

（一）积极作用

1. 削弱地位不平等，促进市场公平

住房租赁制度在住房体制中长期处于隶属性、辅佐性地位，并且存在"重房东—轻房客"制度倾向。这种"重房东—轻房客"制度体系阻碍着房屋资源使用功能的发挥，影响社会的公平正义。房东常常利用所有权的绝对力、支配力、强大力，在住房租赁关系中占据明显的优势地位，租户和房东相比处在相对不利的地位，房东惯常利用其有利的市场地位来收取高额租金。通过租金调控来削弱这种地位差别，保护租户的权益，提高房东和租户之间的透明度，增强租户的权利和安全感。

2. 转变置业投资观念，促进租赁市场发展

通过租金调控，加大对承租人合法权益的保障，强化出租人的责任与义务。让更多人愿意通过租房来解决住房问题，让居民的消费观念逐步从购买住房向租赁住房转变。稳定住房租金的市场预期，让人们租得起房，逐步让住房价格回归市场理性，回到普通住房消费者有能力支付的水平，去除住房市场的投机炒作功能，去除住房市场投机赚钱的泡沫效应。只有落实"房住不炒"的住房市场战略定位，有效健康的中国住房租赁市场才有机会发展壮大起来。

3. 防止租金快速上涨，改善民生

随着我国城镇化进程加快，越来越多的人选择到大城市工作生活。由于城市房价不断上升，大城市的生活成本也在不断上升，且每年升幅不小。对于打工族来说，在城市工作生活，生活成本中房租费用占据了很大的比例，租金占月工资的比例从过去的四分之一不断提升到现在的将近二分之一，甚至未来可能会更多。高房租会导致其居住地越搬越远、居住环境条件越来越差，以换取房租的相对便宜。高昂的租金一直在不断拉大有房者和无房者的财富差距。通过对租金调控，来保障无房者的居住权，改善其生活条件，缩小贫富差距，提升幸福指数。

（二）消极作用

1. 政府参与调控，影响正常经济市场价格机制

在租赁市场供求关系方面，部分经济学家认为政府参与影响了市场供需形成的价格机制，会降低租赁市场的现有投资回报率，从而会减少租赁市场上的投资和供给，

同时被降低的租金又导致了新的需求产生，结果使供求关系更加不平衡。从这两方面看，租金调控后可能会导致私人房东不断退出以及租赁市场日渐萎缩。后面尽管房租下降了，但是对中低收入人群来说找到价格合适且能租住的房子却更难了，形成一房难求的状态。这样会激化社会矛盾，增加社会负担。

2. 各地经济发展不平衡，难做到"因地制宜""因城施策"，导致调控无法达到预期作用

租金调控主要面向租金负担过重的大型城市或一线城市，属于"一城一策"中可由地方政府自主选择的相应调控政策。对于北上广深等核心城市，租金收入比过高，房租增长幅度较大，实施租金调控能带来更大的社会福利。但租金收入比处于相对合理范围的二三线城市，实施租金调控政策的必要性就会打折扣了。并且每个城市的标准不一，后续评价其效果和影响的依据也不一样，因此由于没有做到精准施策，而导致调控未起到正向作用也是难避免的。

3. 影响房地产交易市场活跃程度

租金调控促进租赁市场的发展，会逐步引导大家将租房作为短期和中期满足居住需求的首选。随着租赁市场规范和繁荣起来，必将对居住消费需求起到很大的分流作用。由于租金调控对租金价格的影响，一些投资者考虑到这些综合因素可能会选择出售房产，这时潜在买家的数量会减少，造成房地产交易市场萎靡，或者价格波动较大，影响社会经济多个方面。

三、因城施策，建立租金调控的长效机制

长效机制即一种能长期保证制度正常运行并充分发挥预期功能的长效制度管理体系，长效机制不是一劳永逸、一成不变的，它必须随着时间、条件的变化而不断丰富、发展和完善。结合住房租赁的独特性和综合性，可以考虑从以下四个方面建立租金调控的长效机制。

（一）构建住房租赁市场基础数据库

一是租赁相关宏观因素数据库。宏观经济数据主要反映整个经济发展状况，衡量人们的生活水平、消费水平，以及区域人口流动与变化。这类数据是整个基础数据库的背景和基石。二是租赁相关中观因素数据库。影响住房租金最主要的中观因素主要来源于周边的公共配套资源，主要包含交通资源、教育资源、医疗资源、就业资源、商业资源等。这类数据是租金价格差别的最大影响因素。三是楼盘数据库。通过对每个楼盘的基本信息梳理，可盘点目前居住房源的物业类型、装修状况、产权情况等，并通过对楼盘户数的统计，结合人口数据，可大致估算目前尚短缺或过剩的住房资源。

(二)构建住房租赁市场监测系统

一是房源监测。政府必须对整个市场的房源动态进行监控,监测机构企业在某一区域持有房源数的市场占比,建立各区域头部租赁企业清单,避免出现房源垄断现象,并制定相应的解决措施。二是租金监测。价格监测是政府把握经济运行、掌握市场变化、制定决策和价格监管服务的一项基础性工作。通过对价格分析,监测各租赁企业所持房源的价格波动,对哄抬租金情况进行监测预警。目前政府已对公共租赁住房和部分长租公寓建立成交备案数据库,但是个人房源交易比较隐蔽,相关交易信息获取较少,为了完善整个基础数据库,宜采取技术手段来补充和更新更多的成交信息。

(三)发挥国资国企的引领带动作用,增加市场供给,稳定租金水平

支持相关市属、区属国有企业,采取新建租赁住房、收储社会闲置存量住房、改建闲置商办用房等多种途径,增加市场供给,稳定住房租金,对住房租赁市场起到"稳定器""压舱石"的作用。既要尊重当前市场经济发展规律,又要解决城市住房日益突出的社会矛盾,以政府为主导为前提,在这个大前提下必须要有市场智慧,还要有决绝的市场手段。

(四)通过行政手段,解决市场乱象"高收低租""长收短付"

住房和城乡建设部、国家发展改革委、公安部、市场监管总局、银保监会、国家网信办等6部门印发《关于整顿规范住房租赁市场秩序的意见》首次明确提出要切实加强对"高进低出""长收短付"等现象的市场监管。除了对恶意扰乱住房市场、操纵市场价格、损害人民利益的行为加大事前监管,还应该对已发生的上述行为给予最严厉处罚,让违法违规者付出高昂的代价,杜绝扰乱市场的行为。对于中介机构,规范机构经营行为,严禁其违规囤积房源,哄抬价格,严禁恶意炒作,让市场回归公平竞争和自由发展,维持市场稳定。

参考文献:

[1] 高丹.住房租赁市场的租金调控和异动处理机制研究[D].武汉:武汉大学,2019.

[2] 王建红.住房租金管制政策的国际经验及借鉴[J].建筑经济,2020(10):30-33.

[3] 徐苑昕,刘洪玉.住房租赁市场租金管制政策的国际经验及借鉴[J].中国房地产,2020(3):10-16.

[4] 陈知雨.住房租金管制研究动态及借鉴[J].城市建筑,2019(15):23-28.

[5] 钱丹涓.美国住房租金管制制度研究[D].重庆:西南政法大学,2019.

[6] 苏晓丹.遏制房租上涨要扩大有效供给[J].理财,2018,269(10):24-25.

[7] 徐静.郑州市住房租金水平空间分布及影响因素研究[D].郑州:郑州大学,2020.

[8] 谢坤.发达国家住房租赁市场发展经验及对我国的借鉴意义[J].福建质量管理,2018（1）:50.

[9] 袁业飞.不断攀升的房租能否遏制：透视"房租调控"话题[J].中华建设,2013（6）:6-13.

作者联系方式

姓　名：刘　莉

单　位：武汉天恒信息技术有限公司

地　址：湖北省武汉市东湖高新技术开发区光谷金融港 B18 栋 11 楼房地产管理事业部

邮　箱：760649240@qq.com

从"居者有其屋"到"住有所居"

温润天　黄兴章　杜　群

摘　要：近年来受国家支持力度加大、各项利好政策出台的影响，我国房屋租赁行业得到了较快的发展。虽然2020年春节开始受疫情影响，市场受到严重的冲击，但随着复工复产潮的到来，企业逐步开始生产经营活动，我国租赁市场也逐步出现回暖迹象。因此在国家政策及多重因素的催促下，未来的租赁市场还将持续增长。

关键词：租赁住房；有效供应

一、租赁住房供需现状及预测

住房问题，尤其是大城市的住房问题是全社会的关注焦点，随着市场的发展和政策的演进，住房租赁已经成为一大热门方向。

自1998年我国实行城镇住房制度市场化改革后，我国居民房屋持有率持续提升，沿海发达地区因外来务工人员聚集，住房需求巨大，催生出本地居民出租自建房的市场，同时国家出台住房保障政策，建设廉租房、公租房等保障性住房。

长三角、珠三角城市圈的蓬勃发展，特别是以北上广深为代表的大城市发展资源集中，聚集了大量外来工作者，但碍于高昂的房价，越来越多的人选择租房居住，由此可以看出，房屋租赁市场发展空间仍然巨大。国家与地方也陆续出台了相关文件，明确各地方政府可新增用于租赁住房建设的用地，可在已立项的地产项目中多配备租赁住房，可将城镇内闲置的商业、办公、厂房改建为租赁住房等，降低这些房屋的空置率的同时，也能提高住房供应。

我国居民住房受传统观念影响以自有住房为主，租赁市场以往一直处于"放养"状态，同时对应的各项税收、土地、监管政策也不完善。虽然现在发达地区人口流入量大，市场需求旺盛，但缺少专业的、有规模的房屋租赁机构，同时相关政策及法规体系不完善，导致很多居民租赁住房生活质量得不到保证，若遭遇"黑房东"，维权过程也会比较艰难。同时，由于城市配套的不均衡，相当一部分公共服务如户籍、学位等都与房屋产权有关，租房者的基本公共权利无法得到保障，若无法解决此类问题，那么租赁市场的发展将会受到遏制，也无法变成居民长久的居住方式。

二、如何增加租赁住房有效供应

(一)租赁住房现状供应方式

经过2015~2017年房价的大幅上涨,居民购房压力倍增,低收入人群的住房问题则更加突出。目前,我国租房人群主要是外出务工人员和刚步入工作的大学毕业生。

以深圳为例,现状租赁住房供给的方式主要分为机构租赁和个人出租,其中机构租赁的运营方式可以划分为国企主导运营、私企主导运营、政府主导运营、零散式长租公寓和改造式长租公寓等五类(表1)。

深圳市现状租赁住房供给方式表　　　　　　　　　　　　表1

供给方式		房源	代表
个人出租		商品房、农村自建房、小产权房	房东直接租赁、二房东
机构租赁	政府主导	购买存量商品房或自建住宅	公租房、廉租房
	国企主导	自建、购买、资产划拨等	深圳人才安居集团
	私企主导	竞得自持商品住宅、非住宅改造	万科
	改造式长租公寓	将独栋楼整体包租后进行改造和长租	长租公寓
	零散式长租公寓	从个人等分散的房东手中取得的房源	蛋壳、自如

(二)如何匹配公众租房的需求

解决租赁住房的问题,其核心是租房的需求和供给能够相匹配。对于住房比较困难的低收入群体而言,依靠自己来解决住房问题比较困难,为保障其租房需求,可以享受租金补贴或者廉租房以及租金减免等。对于中等收入的人群,他们本身有一定的支付能力,可以通过市场化租房与租金货币补贴相结合,或者提供增加公租房、人才房等方式,保障其租赁住房的需求。对于收入较高的人群,因为其支付能力都比较强,基本上通过一般的市场租赁渠道就能满足租赁住房的需求。

需要更好地匹配租房者与出租者的期望租期。在住房租赁中出租者期望的租期有长期的(大于1年),也有短期的(小于等于1年)。而在现实生活中,短租的人群往往被迫接受长租期的房源,而长租的人群也可能面临被迫经常更换租房的问题。尤其在中介出租和个人直租的租赁市场中,相对于承租方,出租房违约的风险更大。而在机构租赁市场,因为其比较规范、专业,同时租期也比较灵活,违约的风险比较小。所以租赁市场需要一个更加稳定的房源以及灵活的租期来匹配公众对租房的需求。

(三)如何增加租赁住房的有效供应

第一,利用集体用地建设租赁住房。目前从租赁住房房源的供给端来看,单单依靠土地出让的方式,并不能满足现有的租赁住房需求。利用集体用地建设租赁住房,能够很好地填补这一土地供应空缺，同时也能够盘活集体用地。

第二，鼓励相关投资主体将利用效率不高、闲置的商业办公或者工业用房改造后转化为租赁用房。对于人口数量较多、土地供应不足的城市，单靠现有住房很难满足人群对住房的需求，而新建租赁住房的成本较高，所以鼓励将利用效率不高的商业办公楼或者工业用房改造成租赁用房，不仅成本较低，同时还能增加租赁住房的有效供应，满足人群对租赁住房的需求，促进对房地产的有效利用。

三、对租金进行调控、管控等稳定租金的相关措施的利弊分析

目前，一线城市的人均住房租金仍处于较高水平。据统计，2021年3月人均住房租金排名前五的城市分别为北深上杭广，其租金单价分别为99.8元/m^2·月、91.7元/m^2·月、89.9元/m^2·月、67.7元/m^2·月、58.2元/m^2·月，一二梯队差距较大（图1）。

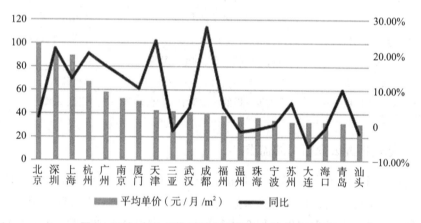

图1　2021年3月全国城市人均住房租金平均单价

数据来源：中国房地产业协会

政府在此环境下定调"大力发展租房市场""调控租金""增加保障房供给""加强监管"等一系列政策措施，在调控政策的导向下，上海、杭州、深圳等城市陆续开展完善住房保障体系的试点工作，大力建设"小户型、低租金"的政策性租赁住房，完善住房租赁服务与监管平台、规范租赁服务费及支付期、设立专项监管账户。

持续的租赁调控政策在一定程度上刺激了市场回暖，市场秩序逐渐恢复，稳定了租赁市场，促进了租赁行业健康发展。虽然"稳租金"等调管控政策在短期内可较有效抑制住房租金，但从长远来看，政策也较直接地打击了开发商及运营商的积极性，可能导致租赁供给减少，加重租房供需矛盾，导致供求失衡。而为了应对新实施的调管控措施，租赁市场上可能会出现阴阳合同、房中房、违法多次转租等现象。此外，未来政府的监管成本也存在未知的压力。

四、住房租赁各种模式的利弊分析及发展建议

（一）个体房东租赁

中国城市的住房租赁市场，长期以来占主导的租赁模式是面广量大的个体分散化租赁，即个体房东直接通过中介与租客交易。这种模式下由于房东的异质性太强，租赁合同非标准化且大多没有备案，租赁期限短暂，很容易产生各种纠纷和住房歧视。

（二）长租公寓租赁

2017年被业内称为中国住房租赁市场元年。这一年，随着中央提出"房子是用来住的，不是用来炒的"这一定位，推出"租购并举"的顶层设计，培育发展以长租公寓为代表的住房租赁市场成为国家从供给侧解决城镇居民住房问题、实现"让全体人民住有所居"的重要举措。

作为尚在成长期的长租公寓行业，在疫情突发、行业负面事件频出的环境下，出现长租企业拓展速度放缓，长租公寓投资热情减退。长租公寓面临的问题如"经营模式高风险""资金运作不规范""相关法律不完善""监管体制不健全"等也逐渐浮出水面。

（三）公共住房租赁

2021年，按照自然资源部等部委的部署要求，住房租赁专项用地将单独列入土地出让计划。在22个长效试点城市，住房租赁专项用地整体出让比例不低于10%。

公共租赁住房虽致力于解决中低收入无房群体的居住问题，提供数量充足、租期稳定、价格合理的住房，但又存在房屋面积有限、不利于人口较多家庭居住，以及限制条件较多、不利于申请等问题。

综上，为了促进住房租赁市场的健康发展，一是完善我国住房租赁市场的监管，健全法律法规，保障租赁市场的稳定运行。二是加大政策扶持力度，特别是税收优惠政策。三是拓宽融资渠道，比如解决类REITs在我国存在的弊端，融资渠道的拓宽既可以为运营企业减轻前期资金压力，资金的持续输入还会降低后期资金链断裂的破产风险。四是加大政府租赁住房的供应。

五、住房租赁新模式新业态探索

为了更好地发展住房租赁市场，准确有效地服务于不同的社会公众群体，探索住房租赁新模式新业态，不仅是为了更好地发展住房租赁市场，长效调控房地产政策，也是规范市场稳定租赁关系，赋予租房者更多权利，避免房地产市场大起大落的重要举措。

(一)"互联网+房屋租赁"模式

随着互联网在国内兴起,不少传统行业纷纷加入互联网的大浪潮中,房屋租赁行业也不例外。在市场需求和国家相关政策利好的双重驱动下,房屋租赁行业迎来了真正的发展风口。越来越多的线上信息平台开始涉足房屋租赁行业,一时间市场上出现了各种长租公寓品牌,受到不少房屋中介、业主和租客的关注。但目前长租公寓仅仅是单纯结合了互联网模式,并不能彻底让传统的房屋租赁行业变革。业内专家通过不断研究探索房屋直租交易模式,终于找到了解决方案。通过与知名互联网平台 5G 云平台合作,充分吸收互联网思维,打造出"中国房屋信息 5G 商城"这个集在线看房租房、最新房屋信息、在线咨询等多重服务为一体的去中介化的一站式租住平台,为用户创造快乐的租住体验。中国房屋信息 5G 商城利用互联网 5G 技术的优势,增加了房屋租赁的透明性,为了保证租客和房东双方的体验,商城为用户提供了实景拍照认证、真实房源、推荐房东、免中介费、房租可月付等服务。通过网站或者手机 APP 登录商城,无论住房还是商铺、写字楼或是仓库,用户都可以在商城中全景看房,在充分了解房屋更加详细的信息和现状之后,再确定是否线下看房,最终在平台上实现一键完成支付以及租后全程保障服务,让用户享受到完整的从找房到交易到租后服务的闭环环节。

从中国房屋信息 5G 商城的创建来看,租房互联网化成为行业的新发展趋势,线上找房源也已成为一种常态。未来中国房屋信息 5G 商城将与更多业主和房东联手,不断创新,为更多消费者带来更加个性化、智能化、人性化的居住体验。

(二)住房租赁管理"房产+"模式

2021 年 1 月份,南京市推出住房租赁管理"房产+"新模式,得到了住房和城乡建设部的推荐。该房屋租赁管理模式通过建立健全"房产+"部门和企业联动机制,做到"人、房、企"信息互通共享,基本构建起多渠道租赁住房供应体系,推动当地租赁市场形成良性发展格局。"房产+公安"管理,实现人房联动共治,发挥房屋租赁服务监管平台支撑作用,加强出租房屋管理,规范住房租赁行为;"房产+市场和金融监管"防控,防范市场金融风险,摸清住房租赁企业实际情况,切实防范租赁市场金融风险;"房产+综合监管"加强全市住房租赁市场监管,规范住房租赁市场主体经营行为,保障住房租赁各方的合法权益。该模式从租房税务调控、公安治理监管、市场和金融监管等方面切实入手,有效规范了房地产租赁市场,为客户群体提供更好的住房租赁服务,进一步促进了住房租赁市场的健康发展。

(三)"托管"运营模式

不同于国内的"包租"模式,国外的房屋租赁运营模式通常采用的是轻托管模式,托管房源在私人租赁房源中占比更高,行业发展成熟。"长租公寓行业的本质是私人业主租赁房源的托管服务。"业内人士认为，这种模式国内可以借鉴。房屋托管作为解决民生问题的工具之一，在住房租赁领域举足轻重。房屋托管的存在，扎扎实实地解决了很多人的住房问题。因其装修风格新颖别致、家居设备齐全、租期灵活、自带社交功能等特点，在年轻一代中尤其受到青睐。

住房租赁企业应该切实履行自己的职责，全面贯彻党的十九大精神，以习近平新时代中国特色社会主义思想为指引，坚持以人民为中心的发展思想，坚持房子是用来住的、不是用来炒的定位，积极吸纳聚集创新要素资源，建立多主体供应、多渠道保障、租购并举、以租为主的住房保障制度，主动探索多渠道、市场化手段发展住房租赁业务的新模式，积极向社会传导新时代住房消费新理念，构建公共租赁房、机构租赁房、共有产权房和商品房等多元化住房供应体系，保持房价稳定可支付，为实现百姓住有所居提供切实有效的住房租赁综合解决方案。

参考文献：

[1] 邵挺.中国住房租赁市场发展困境与政策突破[J].国际城市规划，2020（6）：16-22.

[2] 向炎涛.建行童学锋：让住房回归本源 探索可持续发展住房租赁新模式[J].证券日报，2018-09-07.

[3] 建行陕西省分行.探索"存房"新模式，助力发展租房新业态[EB/OL]. [2018-09-02]. [2021-04-30]. https：//www.meipian.cn/1kd4mg9y.

作者联系方式

姓　名：温润天　黄兴章　杜　群

单　位：深圳市国策房地产土地估价有限公司

地　址：深圳市福田区新闻路 59 号深茂商业中心 16 楼 ABCH 座

邮　箱：574408606@qq.com；83200291@qq.com；971731334@qq.com

注册号：黄兴章（4420200293）

我国住房租赁发展困境与企业应对策略

祝梓杰

摘　要：2020年，疫情冲击下，蛋壳公寓"爆雷"事件引爆了网络，长租公寓为什么频频"爆雷"，当前政策出现了哪些新变化，我们应如何破解盈利困局？基于以上三大问题，本文从住房租赁市场主要矛盾出发，分析其内在原因，认为租金收益率低、租金收入比失衡、企业盈利能力差是制约行业发展的主要瓶颈。从长远发展来看，住房租赁监管环境趋严，土地和金融供给侧红利加快释放，行业将告别"野蛮生长"阶段，对标欧美成熟的住房租赁市场特征，参考其长租公寓企业盈利模式，为我国住房租赁行业发展提供新思路。

关键词：长租公寓；盈利困境；供给侧红利；欧美经验

一、我国住房租赁市场的主要矛盾

根据中商产业研究院的报告预计，2020年我国住房租赁人口规模突破2亿人，租金成交总额也达到2万亿元。从重点城市来看，2019年北京、上海、深圳、广州等重点城市的常住流动人口规模超过500万，且这些城市的高校应届生数量在18万左右，住房租赁需求十分旺盛。因此，住房租赁市场是一个万亿规模且可持续增长的行业，然而租金收益率低、租金收入比高、融资难等种种问题，使长租公寓行业发展面临多重困境。

（一）住房租赁市场主要矛盾

1. 重点城市房价租金严重背离

住房租赁市场与房地产市场存在关联性，随着房地产价格不断上涨，住房租金价格也在上涨，但目前来看，随着房价过快上涨，租金收益率处于相对低位。从国际规律来看，租售比在1:200～1:300是比较合理的，这能够保证一定的租金收益率。但目前我国十大重点城市住宅租售比都普遍低于1:400，这也意味着租金收益率维持非常低的水平，房地产泡沫很大（表1）。任超群（2012）认为，在低利率的情况下，居民对房价有一个较好预期，在租买选择上更倾向于买房，从而使得重点城市租售比严重背离。

2021年2月全国10个重点城市住宅售价租金比排名   表1

城市	住宅平均销售单价（元/m²）	住宅平均租金单价（元/月/m²）	住宅售价租金比：倍
广州	42592	58.3	730.6
上海	66115	93.7	705.8
北京	64918	100.4	646.3
南京	32418	52.9	613.3
西安	16956	29.5	575.6
天津	27373	49.1	557.0
杭州	36546	66.5	549.8
武汉	19992	40.4	494.9
成都	18610	40.6	458.6
重庆	12812	28.7	446.9

资料来源：全球经济数据

2.重点城市租金收入比失衡

在住房租赁市场，租金收入比是衡量居民支付能力的重要指标。Schwartz和Wilson（2008）将30%～49.9%作为轻度住房支付困难指标，将50%及以上作为严重住房支付困难指标。从重点城市租金收入比情况来看，2020年北京、上海和深圳租金收入比超过45%，居民租房支出占收入比重近一半，已严重影响居民的生活质量。具体来看，广州、杭州、西安居民租金收入比在30%～35%，也给居民带来较大的租房负担。此外，成都、重庆、郑州房租收入比在居民尚可承受的范围内，武汉房租收入比较为合理。整体来看，十大核心城市中有超过一半以上城市房租收入比严重失衡，居住租房出现较大困难，这限制了租金上涨的上限，极大制约了住房租赁市场的盈利空间（图1）。

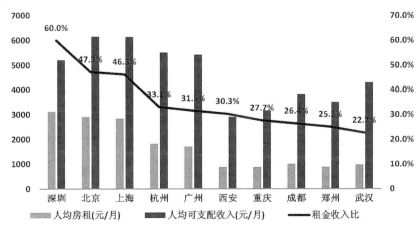

图1 2020年全国十大重点城市租金收入比情况

资料来源：Wind

（二）长租企业面临普遍性发展困局

1. 长租公寓盈利空间狭小

根据易居研究院公布的数据，2020年四季度我国人口流入量大的前十大城市长租公寓的租金收益率维持在2.0%左右，北京、上海、广州、深圳、重庆、杭州、成都、南京、武汉、青岛十大城市的租金收益率分别为1.7%、1.7%、1.7%、1.4%、2.6%、2.4%、2.4%、1.7%、2.0%、1.6%。目前来看，重点城市租金回报率极低，重点城市住房出租普遍需要50年以上才能收回前期投资，这也使得长租公寓企业盈利空间狭小。

2. 分散式公寓规模不经济

我国长租公寓主要以分散式公寓为主，分散式公寓规模不经济。以自如友家、相寓为代表的长租企业主要通过租金、业主免租期、中介服务费盈利。然而，分散式公寓进入门槛低、市场竞争大，且随着规模的扩大管理成本也在增加，导致公寓的坪效价值越来越低，从源头上缩减了盈利的空间，规模不经济导致企业盈利难。当分散式公寓都选择追求规模时，获取房源成本也水涨船高，这也导致房源规模越大的企业亏损反而越大。据天眼查数据显示，2018~2020年，全国有170家长租公寓"爆雷"，以青客公寓、寓见公寓、蛋壳公寓等分散式长租企业为主。以蛋壳公寓为例，房源规模从2017年的1万间左右迅速扩大至2018年的40万间，企业亏损金额从2017年的2.7亿元扩大至2018年末的13.7亿元。2020年蛋壳公寓虽成功登陆纽交所募集1.5亿美元，房源规模超过50万间，但是在疫情冲击下，公司亏损额较前一年进一步扩大，并最终陷入破产退市的结局（表2）。

2017~2020年前三季度蛋壳公寓财务数据 表2

报告期	2020年3月	2019年12月	2018年12月	2017年12月
时间跨度	3个月	12个月	12个月	12个月
营业收入	19.4亿元	71.3亿元	26.8亿元	6.7亿元
同比（%）	0.62	1.67	3.07	—
归属母公司利润	-12.2亿元	-34.3亿元	-13.7亿元	-2.7亿元
同比（%）	-50.7	-151.5	-402.9	—
房源规模	超50万间	43.8万间	40.0万间	1.0万间左右

资料来源：蛋壳公寓财务报表

二、欧美国家住房租赁发展经验

（一）欧美国家住房租赁法律体系

1. 德国法律侧重保护承租人，租房补贴打通供需瓶颈

德国住房市场十分发达，住房租赁市场超过住房销售市场。根据德国联邦统计局

2021年公布的数据，2018年德国住房自有率仅为46.5%，租赁人口比例超过50%，远高于欧美其他国家，像柏林、汉堡等大城市住房自有率不到30%。成熟和完善的住房租赁体制是德国住房租赁市场发达的基石，德国法律制度侧重对承租人的保护，通过强有力的措施来规范住房租赁市场。德国现行的住房租赁法律有《民法典》《租赁住房增加供应法》《房租价格法》《住房中介法》等（图2、图3）。

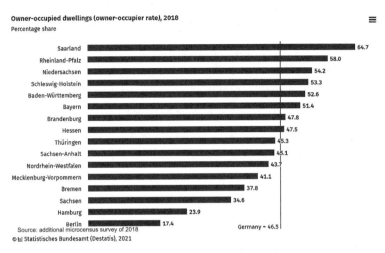

图2　2018年德国重点城市住房自有率数据

数据来源：德国联邦统计局

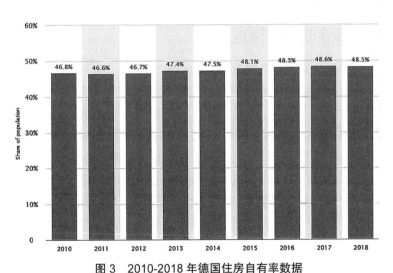

图3　2010-2018年德国住房自有率数据

数据来源：德国联邦统计局

德国推行"社会住房"制度，对供需双方发放建设补贴和住房房租补贴。住房建设补贴是指通过补贴的方式，鼓励私人投资者、房地产企业开发或翻新改造的租赁住房；房租补贴制度是根据家庭人口、收入状况和房租支出情况给予居民家庭适度的补贴，使得居民承受的租金低于家庭收入的25%。德国政府供需两端的优惠政策，打通了房屋供应方和需求方的流通瓶颈，使得租赁市场投资回报率基本维持在4%～5%，极大促进了住房租赁市场的稳定和持续发展。

2. 美国住房租赁法律健全，租金补贴保障低收入群体

美国的住房租赁法律体系较为完善。美国的《房屋租赁法》规定了出租人和承租人的权利和义务，部分州政府也颁布了对于房屋租金的管制法令，规定了租金的上限以及上涨幅度。值得关注的是，美国住房政策重点保障低收入居民住房租赁需求。特别是1970年以后，政府的住房目标更多地转向需求端，关注住房负担仍较沉重的家庭，特别是低收入租房群体的负担水平。1974年的《住房与社区发展法案》、1980年的《住房与社区发展法案》均提出帮助中低收入家庭购买或租用房屋的方案。除了运用住房金融体系为购房人提供长期低息的购房抵押贷款之外，政府补贴主要以提供租房券、租金凭证的形式，补贴中低收入家庭月租金支付。2008～2017年，美国每年超过200万租赁户通过使用租房券将住房负担降低到合理水平。因此，在财政补贴等措施下，居民住房需求得到保障，开发商和房东获得市场租金收入，保障住房租赁市场投资收益率（诸葛找房数据显示，2020年美国租金回报率均在5%以上的水平），推动美国住房租赁市场的繁荣发展。

当前，我国住房租赁制度体系正在逐步完善，租赁住房和土地供给比例加快提升，但与欧美等发达国家相比，我国住房租赁法律体系还不够完善，对承租人租售同权保护力度还不够，保障性租房、租房补贴等需求保障措施有待进一步健全。

（二）欧美国家住房租赁企业运营模式

1. 长租企业打造业务闭环实现持续发展

Vonovia是德国最大的长租公寓企业，2020前三季度实现净利润大幅增长，在德国和欧洲其他国家管理41.5万套公寓，市值超过530亿欧元。按同期汇率计算，2020年前三季度实现营业收入为363.50亿元，同比下降4.5%，实现净利润145.34亿元，同比大增6511.27%。2020年，在疫情冲击下，德国柏林市政府设定了每平方米7.97欧元涨租上限，租金收入将受到一定冲击。从业务模式来看，Vonovia是由住房开发公司转型而来，业务包括住宅开发、长租公寓运营以及公寓转租、搬家配套、公寓翻新的房地产业务闭环。从投资布局来看，Vonovia主要布局德国本土经济发达的区域，并根据房地产市场变化优化资产配置，出售非核心物业资产，实现盈利能力提升（图4、图5）。

2. REITs长租企业融资成本低，资本市场估值高

美国公平房屋是美国最大REITs长租企业，2020前三季度净利润保持较高增速。公平房屋（Equity Residential，EQR）于1993年在纽交所主板正式上市。从企业财报来看，2019年公平房屋营收为27.0亿美元，同比增长4.76%，租金收入占比99.99%；净利润9.7亿美元，同比增长47.58%。目前，总市值高达218亿美元。随

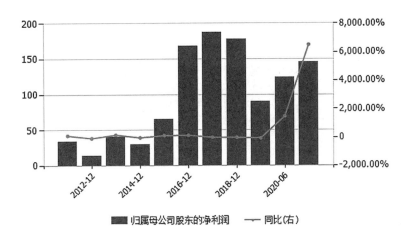

图4　2012~2020年德国Vonovia营业收入及增速

数据来源：Wind

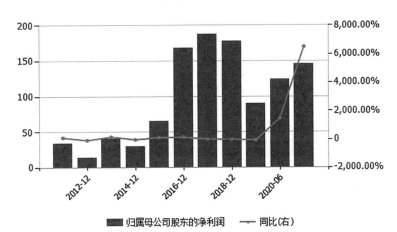

图5　2012~2020年德国Vonovia净利润及增速

数据来源：Wind

着企业扩张节奏放缓，EQR营收增速平稳回落。2020年，在新冠疫情影响下，前三季度营收增速小幅下降2.90%（图6、图7）。

EQR以股权和债权融资为主，平均融资利率较低。从企业融资结构来看，作为REITs的EQR融资渠道畅通。上市后至2000年，EQR通过增发股票募集资金32.2亿美元，发行债券融资达17.0亿美元，有效地支撑了其规模扩张。2000年以后，EQR收缩投资战略优化财务结构，将融资重心股权融资转为债权融资，2001~2011年10年间，EQR债权融资金额达41.1亿美元。由于在运营端优秀的表现，公司负债率较低，2020年前三季度EQR资产负债率仅为46.43%，使得公司能够维持较高的信用评级。因此，EQR公司的发债成本较低，2019年加权平均融资利率在4.3%左右。美国金融市场十分发达，企业可以通过REITs融资渠道获得源源不断的资金支撑，为扩大规模提供低成本资金。此外，美国每年征收的房地产持有税，使得房地产

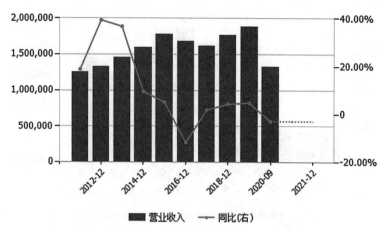

图6 美国公平房屋 EQR 公司营业收入及增长率

数据来源：Wind

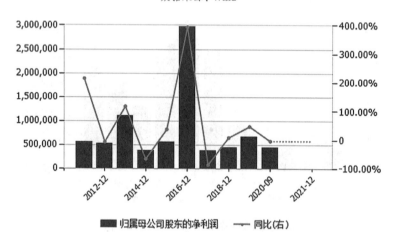

图7 美国公平房屋 EQR 公司净利润及增长率

数据来源：Wind

持有成本大于租房成本，美国租赁人口高达到33%，以上种种因素推动了美国住房租赁市场的快速发展。

三、我国住房租赁行业趋势和企业策略

（一）住房租赁供给制度加快完善

住房租赁土地供应规则正在逐步形成，土地供应向住房租赁倾斜。从全国层面来看，我国住房租赁土地供应规则正在逐步形成。"十四五"规划提出，要探索支持利用集体建设用地按照规划建设租赁住房，住房和城乡建设部提出从市场培育、盘活存量、REITs试点、平台服务等方面鼓励和推动住房租赁市场发展。国家发展改革委提出大城市要单列住房租赁用地计划，自然资源部要求大城市2021年度单列租赁住房

用地占比不低于10%。随着土地供应政策的释放，住房用地成本将逐步降低。

中央加快推进金融供给侧结构性改革，为长租公寓直接融资开启新窗口。2020年4月证监会、发改委联合发布《关于推进基础设施领域不动产投资信托基金（REITs）试点相关工作的通知》。8月，证监会发布《公开募集证券投资基金销售机构监督管理办法》。随着我国公募REITs试点加快落地，长租公寓直接融资难题有望得到解决。12月，央行、银保监会发文加强房地产贷款集中管理；同时强调支持住房租赁市场发展，不将住房租赁有关贷款纳入集中度管理统计范围。2021年1月央行提出完善住房租赁金融政策，加大住房租赁市场发展的金融支持。在金融供给侧结构性改革的大环境下，金融创新探索将为长租公寓直接融资开启新窗口。

（二）深耕盈利区，发现企业价值

当前，我国重点城市加大租赁住房支持力度，租赁住房拿地用地成本降低，企业投资回报率也将有所提升。同时，随着住房租赁融资渠道放宽，企业融资成本将有所降低，住房租赁证券化也将为企业发展带来稳定的现金流。

结合欧美国家长租企业发展经验，长租企业应在成本控制、社区服务、技术应用等方面打通住房租赁全产业链条，才能为企业可持续发展赢得盈利空间。首先，企业要建立稳定的盈利模式，这就要求运营方在控制成本的基础上，提供更优质的物业服务以提高运营管理坪效，增强集中式长租物业的盈利能力。其次，长租物业在追逐优质租客的同时，还要深挖社区增值服务来扩大物业营收，建立"长租物业 + 社区服务"双轮驱动的盈利模式，拓展新的盈利增长点，提升长租物业的资本市场吸引力。再次，长租物业应加强数字化技术的应用，运用终端APP建立租客服务平台，在提升客户服务体验、增强客户黏性的同时，将获取客户的数据资源，培育"长租物业 +X"的服务模式，拓展长租物业的增长空间。最后，行业加速淘汰的时期，集中式长租物业应树立品牌标杆，加速轻资产扩张，对外输出管理模式、运营平台和物业品牌等，构建自身核心竞争力，提升资本市场的价值。

参考文献：

[1] 任超群，吴璟，邓永恒. 预期对租金房价比变化的影响作用研究：基于住房使用成本模型的分析[J]. 浙江大学学报（人文社会科学版），2013，23（1）：60-72.

[2] Schwartz, Mary and Ellen Wilson. Who Can Afford To Live in a Home? A look at data from the 2006 American Community Survey. US Census Bureau.2008.

[3] 何芳，滕秀秀. 德国住宅租赁管制与租金体系编制的借鉴与启示[J]. 价格理论与实践，2017（3）：93-96.

[4] 胡川宁. 德国社会住房法律制度研究[J]. 社会科学研究，2013（3）：89-94.

[5] HUD Strategic Plan FY2018-2022[EB/OL]. https：//www.hud.gov/sites/dfiles/SPM/documents/HUDSTRATEGICPLAN2018-2022.pdf.

[6] 孙填龙.浅谈美国住房保障政策及其对我国的启示[J].西安建筑科技大学学报：社会科学版，2011，30（5）：37-41.

[7] 郑宇劼，张欢欢.发达国家居民住房租赁市场的经验及借鉴：以德国、日本、美国为例[J].开放导报，2012（2）：31-34.

作者联系方式

姓　　名：祝梓杰

单　　位：建融投资咨询（北京）有限公司

地　　址：北京市海淀区北京国际大厦

邮　　箱：happyzhupang@163.com

"十四五"时期住房租赁市场发展的新机遇、新要求及展望

冯 波

摘 要：近年来住房租赁市场发展迅速，"租购并举"的新时期住房制度加快形成，住房租赁市场发展进入新阶段。"十四五"时期住房租赁市场将迎来新的发展格局。本文立足新阶段住房租赁市场发展新格局的基础上，聚焦住房租赁市场发展新要求，以新理念服务新格局为导向，指出新时期住房租赁市场发展的历史新机遇，并从发展和规范两个方面提出了住房租赁市场高质量发展的新举措。

关键词：住房租赁；发展；机遇；举措

一、发展的新机遇

党和国家高度重视住房租赁工作，近年来住房租赁市场发展迅速，"租购并举"的新时期住房制度加快形成。2015年，住房和城乡建设部印发《关于加快培育和发展住房租赁市场的指导意见》（建房〔2015〕4号），2016年，国务院办公厅印发《关于加快培育和发展住房租赁市场的若干意见》（国办发〔2016〕39号），两份重磅文件正式拉开了新时期构建"租购并举"住房制度框架下加快住房租赁市场发展的序幕。自2017年以来，在住房租赁领域先后开展了住房租赁工作试点、利用集体土地建设租赁住房试点、中央财政支持住房租赁市场发展试点、政策性租赁住房试点等国家级试点工作，住房租赁市场发展迅猛，市场规范发展的体制机制不断完善，专业化规模化市场主体不断丰富，不同层次、不同品质的住房租赁产品不断增多，差异化的住房租赁需求不断得到满足。

进入2021年，我们迈入了全面建成小康社会、实现第一个百年奋斗目标之后，乘势而上开启全面建设社会主义现代化国家新征程、向第二个百年奋斗目标进军的"十四五"时期。《中共中央关于制定国民经济和社会发展第十四个五年规划和二〇三五年远景目标的建议》明确"坚持房子是用来住的、不是用来炒的定位，租购并举、因城施策，促进房地产市场平稳健康发展。有效增加保障性住房供给，完善土地出让收入分配机制，探索支持利用集体建设用地按照规划建设租赁住房，完善长租房政策，扩大保障性租赁住房供给。""十四五"时期，租购并举的市场发展机制将成为助力"推动形成以国内大循环为主体、国内国际双循环相互促进的新发展格局"战

略部署的重要举措，住房租赁市场将迎来持续向好的发展新机遇。

二、发展的新要求

近年来，随着利好政策的不断升级、释放，各路资本大量涌入住房租赁行业，市场主体快速增加，加快推动了住房租赁行业的发展。与此同时，住房租赁经营模式单一、运营不够规范、住房租赁服务水平参差不齐，部分住房租赁企业无序扩张，"高收低租""长收短付"以及"租金贷"等住房租赁乱象频发，租客、房东等权益的受侵害等问题屡见不鲜。这些市场乱象，是市场快速发展的产物，也对规范发展住房租赁市场提出了新的要求。

2020年12月16—18日，中央经济工作会议以空前的高度为房地产市场，尤其是住房租赁市场发展做出了重要部署，强调要规范发展长租房市场，并从公共服务权利租购同等化、土地要素向住房租赁建设倾斜、降低税费负担等方面提出加快发展租赁住房的重大举措，同时要求从整顿市场秩序、规范市场行为、合理调控租金等方面着手进行规范。2020年12月21日，全国住房和城乡建设工作会议进一步深化了2021年住房租赁工作的重点，明确要加强住房市场体系和住房保障体系建设，加快补齐租赁住房短板，解决好新市民、青年人特别是从事基本公共服务人员等住房困难群体的住房问题；要规范发展住房租赁市场，加快培育专业化、规模化住房租赁企业；整顿租赁市场秩序，规范市场行为。2021年中央经济工作会议指出，要加强预期引导，探索新的发展模式，坚持租购并举，加快发展长租房市场，推进保障性租赁住房建设。

纵观近年来住房租赁市场发展历程，国家密集出台政策，不断健全和完善体制机制，利用中央财政专项资金引领带动各类资源要素向住房租赁市场集聚，强化资源配置，大力推进住房租赁市场规范发展。规范和发展，是住房租赁市场运行中的两大主题，既对立又统一，二者相互联系、相互促进，要统筹处理好在发展中规范、在规范中发展的关系，坚持在发展中创新、在发展中提升，规范和发展将持续贯穿"十四五"时期，也是加快推进住房租赁市场高质量发展的两个重要着力点。

三、市场发展展望

站位新阶段，贯彻新理念，服务新格局，强化新举措，展望"十四五"，要坚持发展和规范两手抓，从两个方面纵深推进住房租赁市场高质量发展。

发展方面，要抓住供给侧结构性改革，同时注重需求侧改革，打通堵点，补齐短板，贯通建设、经营、消费各环节，形成需求牵引供给、供给创造需求的更高水平动态平衡，不断加强住房租赁群体权益保护，逐步扩大住房租赁群体在享受公共服务权利上与购房群体上的差距，稳定市场预期。

在政策制度上，将租赁住房从政策层面落实到法律层面和技术层面，加快制定完善住房租赁相关法律法规及建设运营技术标准，破解当前政策允许、法律滞后、标准缺失的发展障碍，同时在制度层面明确住房租赁发展导向，规范轻资产经营模式发展，加大重资产经营模式支持力度。优化完善住房租赁配套政策，教育、养老、医疗等领域共同发力，扩大承租人享受基本公共服务权利范围，加大住房租赁权益保护，稳定租赁关系，逐步实现"租购同权"。

在土地要素上，根据城市人口发展水平、住房保有情况、租房比例（人口比例、房屋比例）等情况科学研判住房租赁需求，结合新建、改建（改造）、盘活存量等途径，准确把握新建租赁住房需求，单列租赁住房建设用地指标，通过盘活存量建设用地、利用集体建设用地、探索增加混合产业用地供给等方式加大集中新建租赁住房用地保障。

在人力要素上，建立健全住房租赁职业教育、资格认定（考试）体系，加强住房租赁人才培养，逐步形成房地产经纪、房地产估价、住房租赁三位一体的房地产服务业职业体系和职业教育培养体系，不断提升住房租赁从业人员的经营管理水平和服务水平。

在资本要素上，支持规范化规模化住房租赁企业直接上市融资，支持增信机构为中小规模住房租赁企业提供融资增信服务，支持住房租赁企业通过债券市场发行债券，支持非上市住房租赁企业在合法的区域性股权市场挂牌转让股份。

在技术要素上，进一步加大装配式建筑技术、节能环保技术等新一代建筑建造技术在租赁住房建设中的应用，加大智能门禁、智能物业、智能电器在住房租赁经营及生活场景中的应用。

在数据要素上，进一步健全住房租赁市场监测分析体制机制，加大住房租赁有关部门、企业、平台的数据共享，实现住房租赁数据全域、全量、全生命周期覆盖，建立健全住房租赁市场监测评价体系，为精准掌握市场动态、发展趋势、供求底数提供有力支撑，为政策制定、项目投资、市场监管提供高效服务，不断提升住房租赁治理体系和治理能力现代化建设水平。

规范方面，要聚焦住房租赁市场发展以及各项住房租赁试点工作中遇到的问题和短板，立足于长远健康发展，从市场主体定位、发展模式、经营行为等加强规范，不断提高市场效率，提升服务品质，增强民众的幸福感、获得感。

一是明确住房租赁企业定位。住房租赁企业是租赁住房建设、运营、管理的实施主体，也是住房租赁规范发展的责任主体，应当在政策制度框架下，遵守各项法律法规，认真履行企业社会责任提升企业价值，不断开拓创新推进住房租赁事业发展。

二是构建良性发展模式。梳理近年来不断涌现的住房租赁市场"爆雷跑路"的案件不难发现，以"二房东"形式吃差价的轻资产经营模式是企业产生经营危机、跑路的根源。由于该模式投入低、租金回收高的特点，一些不法分子打着住房租赁旗号采取轻资产模式通过"高收低租""长收短付"等手段，快速形成租金资金池，企业实际控制人在资金达到一定规模后携款"跑路",对外则宣称"经营不善"。轻资产模式,从良性发展的角度来说,本质上是为租赁双方提供更高效的租赁交易服务、更高品质的租赁生活保障服务,而非简单的、毫无技术含量的"吃差价",住房租赁企业应当具备推动住房租赁高质量发展的技术力量并配备高水平的人力资源。重资产经营模式,由于需要投入大量资金进行租赁房源建设(新建、改建或改造),对项目的投资选址、经营管理提出更高要求。由于用地成本、建设成本及经营成本与传统房地产开发差异不大,从目前的租金水平来看,新建租赁住房的静态投资回报率在3%左右甚至更低(主要取决于用地成本),实现正向收益甚至盈亏平衡对于租赁企业来说是一项重大考验。良性的重资产经营模式,应当充分用好政策红利,降低用地成本(存量建设用地、集体建设用地、非住宅房屋改建)、建造成本(新材料、新技术)、财务成本(争取财政补助、发行债券、申请税收优惠),同时提高租赁运营能力,提高租赁品牌价值和影响力,形成商业可持续、社会效益明显的经营模式,构建房地产业良性循环和健康发展新格局。

三是规范经营行为。针对部分住房租赁企业利用租金支付期限错配建立资金池、哄抬租金、以"租金贷"等形式变相开展金融业务、捆绑消费、发布虚假房源信息、诱骗或迫使当事人接受服务等不规范经营行为,应进一步强化监管和规范。第一,要加强从业主体监管,强化开展住房租赁业务的企业及转租住房10套(间)以上的自然人办理市场主体登记及住房租赁业务开业报告监管;第二,政府部门应优化租赁监管服务平台功能,提供房源核验服务,社会平台、中介机构、住房租赁企业不得发布未经住建部门核验的房源信息;第三,对住房租赁资金实施穿透式监管,规范住房租赁消费贷款,对轻资产经营的住房租赁企业收房(应付租金)、出房(收取租金)进行全过程动态监管,同时建立风险预警机制,对房源出租率偏低、收取租金难以覆盖应付租金时,住房租赁企业应及时向监管账户缴足备付金,以保障房东权益;第四,制定住房租赁行业经营规范和服务标准,通过经营服务标准化不断提升住房租赁行业规范化水平。

作者联系方式

姓　　名:冯　波

单　　位:成都市房屋租赁服务中心(成都市城市建设发展研究院)

地　　址:成都市青羊区西华门街32号

邮　　箱:81561120@qq.com

基于政策扩散理论的住房租赁市场政策扩散过程及模式分析

刘桂海　赖彬彬

摘　要：党的十八大以来，加强和培育住房租赁市场日益成为社会共识，构建租购并举住房制度正成为破解我国住房市场困局的一种政策创新。本文基于政策扩散理论，对加快培育和发展住房租赁市场系列政策在各省的落地与变迁进行分析，揭示该政策的时空发生机制，总结其在时间维度的扩散特征，分析其在空间维度的层级效应和邻近效应，以期把握加强和培育住房租赁市场政策的扩散过程、路径及扩散模式，为该政策的进一步落地生根生效提供政策启示。

关键词：政策扩散；住房租赁政策；租购并举；模式

党的十八大以来，加强住房租赁市场建设日益成为社会共识，建立租购并举住房制度正成为破解我国住房市场困局的一种政策创新。住房租赁市场的培育和发展作为新时代深化住房制度改革、建立租购并举住房制度、实现全体人民住有所居目标的关键，越来越受到政界与学者们的关注。对比德国、英国等发达国家的住房租赁市场发展，我国的住房租赁市场建设仍存在较大差距，住房租赁市场规模化发展亟待进一步推进。2015年1月，住房和城乡建设部出台了《关于加快培育和发展住房租赁市场的指导意见》(建房〔2015〕4号)，2016年6月，国务院办公厅印发了《关于加快培育和发展住房租赁市场的若干意见》(国办发〔2016〕39号)，2017年7月，住房和城乡建设部、国家发展改革委等九部委下发《关于在人口净流入的大中城市加快发展住房租赁市场的通知》(建房〔2017〕153号)，以上加快培育和发展住房租赁市场的政策正成为各地住房租赁市场建设的政策指引，不断在全国各省市扩散和深化。本文从政策扩散理论出发，深入探析加快培育和发展住房租赁市场政策在我国不同省市的扩散过程及模式，归纳总结扩散特征和模式特点，对于该政策的进一步落地生根具有重要理论意义和实践价值。

一、研究评述

（一）政策扩散研究

政策扩散研究最早可追溯到20世纪60年代，美国学者Walker提出公共政策创新扩散的重要原因是美国州政府之间的交流。Rogers 指出，政策扩散是政策创新活动通过一定渠道，在一定社会系统成员中进行多次交流并产生一定影响的过程。Gray 借鉴其他学科对创新扩散的研究，提出了政策扩散经验模型，即扩散初期，政策采纳速度相对缓慢，随着各种因素的相互作用和影响，政策采纳比例会呈现急剧上升的特点。

1. 政策扩散过程

Brown 和 Cox 总结出政策扩散过程的三大规律，即在时间维度上呈现 S 形曲线，在空间维度上表现为"邻近效应"和区域内出现领导者-追随者的"层级效应"。Andrew 则提出，在分析政策扩散现象时，需要关注地理邻近、模仿、效仿、竞争等因素和现象。国内不少学者根据中国的特有体制对中国公共政策扩散进行了一系列的研究，王家庭、季凯文对国家综合配套改革试验区制度创新的空间扩散进行研究，提出了近邻效应、等级效应、轴向效应、集聚效应等四种空间扩散效应。王浦劬、赖先进则综上概括并提出了公共政策扩散具有时间、空间和行动主体等多个分析维度，中国公共政策扩散发展过程时间上呈现出 S 形曲线特征，并随着时间的推移，政策扩散往往经历扩散缓慢期、快速扩散期、扩散平稳期等三个基本阶段，以及空间上表现为四种地理扩散效应，即近邻效应、等级效应、轴向效应、集聚效应等，可以说是政策扩散研究的集大成者。

2. 政策扩散模式

Berry 和 Mintrom 等学者提出了四种基本政策扩散模型：区域扩散、全国互动、领导跟进、垂直影响。Shipan 和 Volden 认为，政策扩散模型主要可分为垂直扩散和水平扩散两类。刘伟则总结出三种政策扩散模式：强权型扩散、道义型扩散和学习型扩散。王家庭、季凯文对国家综合配套改革试验区制度创新的空间扩散进行研究，提出了扩展扩散、等级扩散、位移扩散等三种空间扩散模式。王浦劬、赖先进则提炼了自上而下的层级扩散模式、自下而上的政策采纳和推广模式、区域和部门之间的扩散模式、政策先进地区向政策跟进地区的扩散模式等四种基本模式。

3. 政策扩散机制

王浦劬根据中国政府公共政策行动者的实践及其特点，提出了中国公共政策扩散的五种主要机制：学习机制、竞争机制、模仿机制、行政指令机制、社会建构机制。朱旭峰、张友浪研究新型行政审批制度在中国城市的全面扩散，将中国官员政治流动特征也纳入了创新扩散理论模型中，提出本地经济条件与行政因素、纵向横向扩散机制和地方领导的政治流动对地方行政审批中心建设的影响。

（二）住房政策扩散研究

我国学者已对棚户区改造政策、廉租房政策、住房保障政策等住房政策的扩散现象进行了研究分析，为中国公共政策扩散的研究提供了可借鉴的经验，但目前国内学界对加强和培育住房租赁市场的政策扩散的研究尚且缺乏。

本文基于政策扩散理论视角，对加强和培育住房租赁市场政策在各省的落地与变迁进行分析，揭示该政策的时空发生机制，总结其在时间维度的扩散曲线特征，分析其在空间维度的等级效应和邻近效应，以期把握加快培育和发展住房租赁市场政策的扩散路径及扩散模式。

二、加快培育和发展住房租赁市场政策的扩散过程

本研究以 2015～2020 年为研究的时间起终点，以中央各部委和地方政府出台的培育和发展住房租赁市场政策文本为对象，其中省级政府包括 31 个省、自治区和直辖市（香港、澳门、台湾地区除外，下同）。本文拟通过网络（访问各省市政府官方网站），获取相关政府培育和发展住房租赁市场政策出台或拟出台的时间。具体方法是首先利用搜索引擎，对各级政府出台的培育和发展住房租赁市场的工作方案（通知、文件）进行查询检索；其次，为确保信息的准确性，通过中央各部委和地方政府官方网站，对政策文本及其发布时间进一步查验，确保信息的准确性。相关政策时间截至 2020 年年底，共搜集到我国 30 个省、自治区、直辖市出台的 40 份关于加快培育和发展住房租赁市场的实施意见或通知（表1），其中辽宁、山西、上海、安徽、福建和海南分别颁布了 2 份加快培育和发展住房租赁市场政策，广西和湖北分别颁布了 3 份加快培育和发展住房租赁市场的相关政策。目前，我国仅西藏自治区尚未出台相关政策。

省级政府出台的住房租赁市场政策类型及其数量　　　　表1

颁布机构	意见	通知
省级政府	22	18

数据来源：作者整理

根据 Brown 和 Cox 提出的政策扩散过程的三大规律，即在时间维度上呈现 S 形曲线，在空间维度上表现为"邻近效应"和区域内出现领导者—追随者的"层级效应"，本文分别从时间演进、空间演进两个维度对住房租赁市场的扩散过程进行分析。

（一）住房租赁市场政策扩散的时间演进阶段特征

为了从整体上把握政策扩散活动的分布特点，本研究以年季度为单位作政策扩散曲线图（图1）。其中，横轴表示住房租赁市场政策的发文时间，纵轴分别表示省级政府出台相关政策的累计个数和新增个数。图1直观显示了加快培育和发展住房租赁市场政策在省级政府间的扩散特点，扩散曲线近似地呈 S 形分布，基本符合政策扩散的普遍规律。

2016 年 6 月，国务院办公厅印发《关于加快培育和发展住房租赁市场的若干意见》（国办发〔2016〕39 号）；2017 年 7 月，住房和城乡建设部、国家发展改革委等九部委

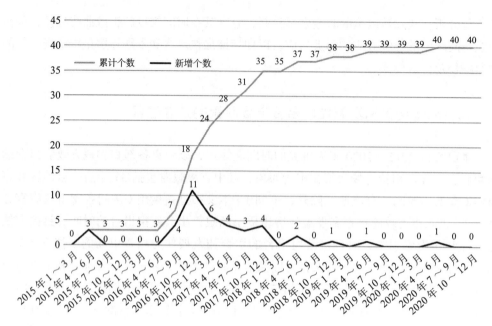

图 1　加快培育和发展住房租赁市场政策在省级政府间的扩散曲线图（2015～2020 年）

下发《关于在人口净流入的大中城市加快发展住房租赁市场的通知》(建房〔2017〕153号)。根据这两个政策颁布时间，本研究进一步将加快培育和发展住房租赁市场政策扩散划分为三个阶段（表2）。

省级层面加快培育和发展住房租赁市场政策一览表　　　　表 2

第一阶段			
实施时间	省份	发文字号	标题
2015.04.10	湖北（1）	鄂建办〔2015〕56 号	湖北省住房和城乡建设厅转发《住房和城乡建设部关于加快培育和发展住房租赁市场的指导意见》的通知
2015.06.16	福建（1）	闽建办房〔2015〕1 号	福建省住房和建设厅转发《住房和城乡建设部关于加快培育和发展住房租赁市场的指导意见》的通知
2015.06.26	安徽（1）	建房〔2015〕137 号	安徽省住房和城乡建设厅转发《住房和城乡建设部关于加快培育和发展住房租赁市场的指导意见》的通知

第二阶段			
实施时间	省份	发文字号	标题
2016.08.04	甘肃（1）	甘政办发〔2016〕12 号	甘肃省人民政府办公厅关于加快培育和发展住房租赁市场的实施意见
2016.08.29	海南（1）	琼府办〔2016〕214 号	海南省人民政府办公厅关于印发《海南省加快培育和发展住房租赁市场实施办法》的通知
2016.09.08	河北（1）	冀政办字〔2016〕140 号	河北省人民政府办公厅关于加快培育和发展住房租赁市场的实施意见

续表

实施时间	省份	发文字号	标题
2016.09.14	辽宁（1）	辽政办发〔2016〕103号	辽宁省人民政府办公厅关于进一步深化住房制度改革 加快培育和发展住房租赁市场的实施意见
2016.10.21	四川（1）	川办发〔2016〕82号	四川省人民政府办公厅关于加快培育和发展住房租赁市场的实施意见
2016.10.25	安徽（2）	皖政办〔2016〕63号	安徽省人民政府办公厅关于加快培育和发展住房租赁市场的通知
2016.10.31	宁夏（1）	宁政办发〔2016〕184号	宁夏回族自治区人民政府办公厅关于加快培育和发展住房租赁市场的实施意见
2016.11.07	江西（1）	赣府厅发〔2016〕72号	江西省人民政府办公厅关于加快培育和发展住房租赁市场的实施意见
2016.11.16	吉林（1）	吉政办发〔2016〕77号	吉林省人民政府办公厅关于加快培育和发展住房租赁市场的实施意见
2016.11.23	福建（2）	闽政办〔2016〕182号	福建省人民政府办公厅关于加快培育和发展住房租赁市场的实施意见
2016.11.30	山西（1）	晋办发〔2016〕166号	山西省人民政府办公厅关于加快培育和发展住房租赁市场的实施意见
2016.12.19	新疆（1）	新政发〔2016〕179号	新疆维吾尔自治区人民政府办公厅关于加快培育和发展自治区住房租赁市场的实施意见
2016.12.20	湖南（1）	湘政办发〔2016〕99号	湖南省人民政府办公厅关于加快培育和发展住房租赁市场的实施意见
2016.12.23	陕西（1）	陕政办发〔2016〕112号	陕西省人民政府办公厅关于加快培育和发展住房租赁市场的实施意见
2016.12.29	河南（1）	豫政〔2016〕85号	河南省人民政府关于完善住房供应体系 加快发展住房租赁市场的若干意见
2017.01.04	内蒙古（1）	内政办发〔2017〕4号	内蒙古自治区人民政府办公厅关于加快培育和发展住房租赁市场的实施意见
2017.01.12	贵州（1）	黔府办函〔2017〕5号	贵州省人民政府办公厅关于加快培育和发展住房租赁市场的通知
2017.01.23	广东（1）	粤府办〔2017〕7号	广东省人民政府办公厅关于加快培育和发展住房租赁市场的实施意见
2017.01.26	广西（1）	桂政办发〔2017〕19号	广西壮族自治区人民政府办公厅关于加快培育和发展住房租赁市场的实施意见
2017.01.26	云南（1）	云政办发〔2017〕10号	云南省人民政府办公厅关于加快培育和发展住房租赁市场的实施意见
2017.03.20	湖北（2）	鄂政办发〔2017〕18号	湖北省人民政府办公厅关于加快培育和发展住房租赁市场的实施意见

续表

实施时间	省份	发文字号	标题
2017.04.24	青海（1）	青政办〔2017〕48号	青海省人民政府办公厅关于加快培育和发展住房租赁市场的实施意见
2017.05.18	江苏（1）	苏建房管〔2017〕232号	江苏省住房和城乡建设厅关于开展培育和发展住房租赁市场试点工作的通知
2017.06.21	天津（1）	津政办发〔2017〕87号	天津市人民政府办公厅关于培育和发展我市住房租赁市场的实施意见
2017.06.28	黑龙江（1）	黑建规范〔2017〕3号	黑龙江省住房和城乡建设厅关于印发《黑龙江省加快培育和发展住房租赁市场实施意见》的通知

第三阶段

实施时间	省份	发文字号	标题
2017.09.13	广西（2）	桂建房〔2017〕15号	广西壮族自治区住房城乡建设厅等部门转发住房和城乡建设部等九部门《关于在人口净流入的大中城市加快发展住房租赁市场的通知》
2017.09.15	上海（1）	沪府办〔2017〕49号	上海市人民政府办公厅印发《关于加快培育和发展本市住房租赁市场的实施意见》的通知
2017.09.21	辽宁（2）	辽政办发〔2017〕107号	辽宁省人民政府办公厅关于印发《辽宁省培育和发展住房租赁市场四年滚动计划（2017～2020年）》的通知
2017.10.14	山东（1）	鲁政办发〔2017〕73号	山东省人民政府办公厅关于加快培育和发展住房租赁市场的实施意见
2017.10.31	北京（1）	京建法〔2017〕21号	北京市住房和城乡建设委员会、北京市发展和改革委员会、北京市教育委员会等关于加快发展和规范管理本市住房租赁市场的通知
2017.11.01	上海（2）	沪规土资规〔2017〕3号	上海市规划和国土资源管理局关于印发《关于加快培育和发展本市住房租赁市场的规划土地管理细则（试行）》的通知
2017.11.07	浙江（1）	建房发〔2017〕375号	浙江省住房和城乡建设厅等关于开展省级住房租赁市场培育试点工作的通知
2018.04.18	湖北（3）	鄂建〔2018〕3号	湖北省住房和城乡建设厅、湖北省发展和改革委员会、湖北省公安厅等关于因城施策规范有序发展住房租赁市场的通知
2018.05.31	山西（2）	晋政办发〔2018〕57号	山西省人民政府办公厅关于印发《山西省发展住房租赁市场实施方案》的通知
2018.12.03	广西（3）	桂建房〔2018〕14号	广西壮族自治区住房和城乡建设厅等关于印发《广西壮族自治区住房租赁市场培育试点工作方案》的通知
2019.04.19	海南（2）	琼建房〔2019〕116号	海南省住房和城乡建设厅、海南省自然资源和规划厅、海南省财政厅等关于支持和规范住房租赁市场发展的通知
2020.06.08	重庆（1）	渝府办发〔2020〕72号	重庆市人民政府办公厅关于加快培育和发展住房租赁市场的实施意见

数据来源：作者整理（注：括号中数字为累计发文次数）

1. 住房租赁市场政策的扩散缓慢阶段（2015年1月～2016年5月）

在这一阶段，为解决新型城镇化进程中城镇居民的住房难题，中央政府担任政策创新者，住房和城乡建设部于2015年1月出台了《关于加快培育和发展住房租赁市场的指导意见》（建房〔2015〕4号），而地方政府则基本处于观望状态，仅湖北省、福建省以及安徽省住建厅在2015年4～6月对该政策进行了转发通知，在进一步提出相关意见的基础上要求相关市级部门贯彻执行。然而，在此之后直至2016年5月底，仍未有地方政府对此采取具体行动，制定、出台任何与培育和加快住房租赁市场直接相关的政策文件。

2. 住房租赁市场政策的快速扩散阶段（2016年6月～2017年6月）

在这一阶段，国务院于2016年6月颁布《关于加快培育和发展住房租赁市场的若干意见》（国办发〔2016〕39号），使得加快培育和发展住房租赁市场政策迅速扩散开来，在省级政府间掀起了制定加快培育和发展住房租赁市场政策的高潮，省级层面的政策扩散处于快速扩散阶段。截至这一阶段末，全国已有25个省份颁布了28份加快培育和发展住房租赁市场政策，占省级政策样本总数的70%。而城市间的政策扩散则处于缓慢扩散阶段，在这一阶段有19个城市颁布了加快培育和发展住房租赁市场政策。

3. 住房租赁市场政策的扩散平稳阶段（2017年7月～2020年12月）

在经历了第二阶段的快速扩散后，加快培育和发展住房租赁市场政策在省级政府间的扩散已经接近饱和状态。在这一阶段，仅有11个省区发布了12份加快培育和发展住房租赁市场政策。此外，在2019年4月～2020年12月超过一年半的时间内，全国仅有2个省份出台了加快培育和发展住房租赁市场政策。这说明，省级政府间的政策扩散已进入了扩散平稳阶段。截至2020年12月，全国已有30个省、自治区、直辖市出台了加快培育和发展住房租赁市场的实施意见或通知，仅西藏自治区尚未出台相关政策，加快培育和发展住房租赁市场政策在省级层面的扩散已基本完成。

（二）住房租赁市场政策的空间演进效应分析

由于公共政策在空间上存在势能差，其扩散通常具有一定的梯度性，沿扩散动力源向周围政策势能低的区域扩散，而住房租赁市场政策在空间上同样存在着势能差。

1. 住房租赁市场政策扩散的等级效应

根据分析，加快培育和发展住房租赁市场政策在省级层面的区域扩散过程中呈现出了明显的跳跃性，按行政级别由高向低实现蛙跳式的等级扩散。在国务院印发39号文要求地方政府落实该文件后，各省级政府及相关部门纷纷制定并出台加快培育和发展住房租赁市场的实施意见或方案予以响应；同样，通过政策落实和政策执行等方式，迅速扩散到市级政府及相关部门。本文以该政策扩散效应最明显的辽宁省为例进行举例说明：在2016年6月国家下发了国务院39号文后，2016年9月辽宁省政府参照国务院39号文出台了加快培育和发展住房租赁市场的实施意见（辽政办发〔2016〕

103号），并在2017年9月出台了相应的工作计划（辽政办发〔2017〕107号文），以上两份省级政策均要求地方政府根据自身实际情况制定加快培育和发展住房租赁市场政策。随着省级政策的下发，辽宁省各市级政府也纷纷采取行动贯彻落实上述两份省级政策，制定并出台了一系列相关政策（表3）。加快培育和发展住房租赁市场在辽宁省的整个扩散过程中呈现出了明显的跳跃性，按行政级别由高向低实现等级扩散。

辽宁省加快培育和发展住房租赁市场政策扩散的等级效应　　　　表3

发布时间	颁布文件	颁布机构		跟进落实单位
2016.06.03	国办发〔2016〕39号	中央	国务院	辽宁省等30个省级政府
2016.09.14	辽政办发〔2016〕103号	省级	辽宁省人民政府	丹东市、锦州市、抚顺市、沈阳市、盘锦市、辽阳市、大连市、本溪市、阜新市、铁岭市等10个市级政府
2017.09.21	辽政办发〔2017〕107号	省级	辽宁省人民政府	鞍山市、丹东市、阜新市、营口市、朝阳市、抚顺市、盘锦市、鞍山市、葫芦岛市等9个市级政府

数据来源：作者整理

2.住房租赁市场政策扩散的邻近效应

本文基于空间维度，按照东北、华北、华东、华中、华南、西南、西北等七个地理区域来考察加快培育和发展住房租赁市场政策在空间上的扩散效应（表4）。

加快培育和发展住房租赁市场政策跟进省份的空间分布　　　　表4

区域	时间					
	2015年	2016年	2017年	2018年	2019年	2020年
西北		甘肃（1）、宁夏（1）、新疆（1）、陕西（1）	青海（1）			
华南		海南（1）	广东（1）、广西（1&2）	广西（3）	海南（2）	
华北		河北（1）、山西（1）	内蒙古（1）、天津（1）、北京（1）	山西（2）		
西南		四川（1）	贵州（1）、云南（1）			重庆（1）
华东	福建（1）、安徽（1）	福建（2）、安徽（2）	江苏（1）、上海（1&2）、山东（1）、浙江（1）			
华中	湖北（1）	江西（1）、湖南（1）、河南（1）	湖北（2）	湖北（3）		
东北		辽宁（1）、吉林（1）	黑龙江（1）、辽宁（2）			

数据来源：作者整理（注：括号中数字为累计发文次数）

如表 4 所示,加快培育和发展住房租赁市场政策在省级层面的区域扩散过程中,邻近效应不是特别明显,但总体上也体现出地理位置相邻的省区推行政策的时间也较为相近的扩散特点。通过对各省份住房租赁市场政策发布时间的分析可知,在国务院印发 39 号文的助推下,西北、华中、东北地区的绝大多数省份在 2016 年下半年就接近完成了政策的跟进。随后,华南地区的广东、广西,西南地区的贵州、云南也相继加快推行住房租赁市场政策的步伐,集中在 2017 年上半年出台了相关政策。类似的还有华东地区的浙江和上海,以及华北地区的天津和北京,这些地缘邻近省区的培育和发展住房租赁市场政策扩散进程都相对滞后,一定程度上也显现了邻近效应的扩散特点。

综上可知,加快培育和发展住房租赁市场政策在省级层面的区域扩散过程中,按行政级别由高向低实现蛙跳式的等级扩散,在空间上表现出间断性,且政策扩散中的等级效应明显,而邻近效应作用较弱。

三、加快培育和发展住房租赁市场政策的扩散模式

根据王浦劬、赖先进等学者的观点,为便于论证分析,本研究将其四种基本模式按纵、横两个维度划分为两类:一是纵向间的由上到下的层级扩散、由下到上的吸纳辐射扩散模式;二是横向间的同一层级的区域或部门间扩散模式以及不同发展水平区域间政策跟进扩散模式。但实际上,由于影响政策扩散的因素有很多,政策扩散不会严格地按照以上四种基本模式来进行。它可能是上述四种模式中任意几种模式的组合表现形式,具有不确定性。例如,通过对各级政府加快培育和发展住房租赁市场政策的出台时间进行分析发现,各省级政府均在中央下发国务院 39 号文之后才纷纷出台相关政策,而各市级政府的政策出台时间也均在相应的省级政策之后。由此可见,培养和发展住房租赁市场政策的扩散路径在纵向间具有明显的自上而下的垂直扩散效应,而不存在自下而上的吸纳辐射效应,因此该政策在纵向间仅遵循自上而下的层级扩散模式。本文从纵、横两个维度对培育和发展住房租赁市场政策的扩散模式进行分析概括。

(一)纵向遵循自上而下的层级扩散模式,行政指令是有效机制

自上而下的层级扩散模式,是在科层组织体系内,上级政策推动者选择和采纳某项政策,并利用政府工作报告、法规、意见、通知等行政指令机制要求下级采纳和实施该项政策的公共政策扩散模式。这是目前中国较为常见的公共政策扩散模式,具有行政指令性特征。中国作为一个单一制国家,政府机构组织具有明显的层级化特点,作为公共政策扩散行动主体的上下级政府之间具有行政权力的命令和服从关系。因此,在中央、省市自治区、地(州、旗)级市、县—县级市和乡镇构成的五级政策扩散的行动主体中,由上级政府及相关部门制定的政策,往往直接通过政策落实和政策执行等方式,通过行政指令的高位推动迅速扩散到下级政府及相关部门。这种自上而

下的公共政策层级扩散路径或者是"政策全面铺开",或者是"政策局部地区试点—全面推行"。

1. 中央行政指令推动住房租赁市场政策在地方政府间的扩散

住房租赁市场政策在时间上的扩散显现出"S形"曲线特征,早期扩散曲线平缓,仅有 2015 年住房和城乡建设部首次出台《关于加快培育和发展住房租赁市场的指导意见》(建房〔2015〕4 号),提出建立多种渠道鼓励、支持大力发展住房租赁市场,计划用 3 年时间基本形成渠道多元、总量平衡、结构合理、服务规范、制度健全的住房租赁市场。

随后的 2016～2017 年,中央行政指令举措密集出台,明显加快推动了住房租赁市场政策在省市政府间的推广,使扩散曲线呈现出"飞速"上升的趋势。2016 年 2 月,国务院出台《关于深入推进新型城镇化建设的若干意见》,首次提出了建立购租并举的城镇住房制度,并确定从增加土地供应、发展租赁企业、规范中介服务等方面促进我国住房租赁市场的发展;2016 年 6 月,国务院办公厅印发《关于加快培育和发展住房租赁市场的若干意见》(国办发〔2016〕39 号),明确指出实行购租并举,培育和发展住房租赁市场,是深化住房制度改革的重要内容,是实现城镇居民住有所居目标的重要途径,同时明确了税收、金融和土地等一揽子住房租赁市场扶持政策措施;2017 年 7 月,住房和城乡建设部、国家发展改革委等九部委下发《关于在人口净流入的大中城市加快发展住房租赁市场的通知》(建房〔2017〕153 号),选取了 12 个我国人口净流入的大中城市开展住房租赁市场政策的试点工作,而其他非试点城市学习、借鉴这些先行试点城市的试点成果及试点经验。

其中,自国务院 39 号文出台后,在短短 1 年内,培育和发展住房租赁市场政策就已扩散至 25 个省份,该政策在省区间的扩散也进入快速扩散阶段。可见,该文件标志着住房租赁市场政策在我国真正意义上的起步,加快培育和发展住房租赁市场正式上升至国家意识,政策的目标和工具也在此得到了进一步的明确,使得政策在省级政府间快速扩散,实现了"全面扩散"的层级扩散路径。而住房和城乡建设部 153 号文的出台,则开启了培育和发展住房租赁市场政策试点的新局面,通过展开政策的试点工作,为其他非试点城市提供可借鉴、学习的试点成果与经验;短短半年内,12 个试点城市已全部完成培育和发展住房租赁市场的试点实施方案的制定与出台。2018 年 9 月,国务院印发《完善促进消费体制机制实施方案(2018～2020 年)》(国办发〔2018〕93 号),提出 2018～2020 年要大力发展住房租赁市场,加速住房租赁市场政策在全国范围内的扩散,总结推广住房租赁试点经验,使得政策在市级政府间快速扩散,进而实现由点到面的"局部地区试点—全面推行"的层级扩散路径。

中央密集的行政指令举措明显提高了培育和发展住房租赁市场政策的合法性,通过号召地方政府对政策进行学习、落实和执行,将政策迅速扩散到下级政府及相关部门,培育和发展住房租赁市场政策开始自上而下、由点到面地全面推广开来,促使培育和发展住房租赁市场政策在省级层面的区域扩散间呈急剧上升的政策扩散趋势。

2. 省级行政指令推动住房租赁市场政策在市级政府间的扩散

类似于中央行政指令推动了培育和发展住房租赁市场政策在省级政府间的扩散，省级政府行政指令也同样是推动培育和发展住房租赁市场政策在市级政府间推行的重要机制，辽宁、山东、河南等省在这一点上有着较为明显的体现。其中，河南省政府于2016年12月出台《完善住房供应体系加快发展住房租赁市场的若干意见》（豫政〔2016〕85号）；随后，驻马店市、郑州市、信阳市等多个城市均下发了培育和发展住房租赁市场的相关实施意见或通知（表5）。

省级行政指令推动住房租赁市场政策在市级政府间的扩散（以河南省为例）　表5

实施时间	发文字号	标题
2016.12.29	豫政〔2016〕85号	河南省人民政府关于完善住房供应体系　加快发展住房租赁市场的若干意见
2017.03.03	驻政〔2017〕17号	驻马店市人民政府关于培育房屋租赁市场的意见
2017.08.07	郑政办文〔2017〕43号	郑州市人民政府办公厅关于印发《郑州市培育和发展住房租赁市场试点工作实施方案》的通知
2017.10.11	信政〔2017〕24号	信阳市人民政府关于加快培育和发展住房租赁市场的意见
2017.12.29	平政〔2017〕44号	平顶山市人民政府关于培育和发展房屋租赁市场的实施意见
2018.05.05	汴政〔2018〕32号	开封市人民政府关于印发《开封市培育和发展住房租赁市场试点工作实施方案（试行）》的通知
2018.06.08	洛政办〔2018〕47号	洛阳市人民政府办公室关于印发《洛阳市加快培育和发展住房租赁市场工作实施方案》的通知

（二）横向遵循同一级层的区域或部门间扩散模式，同级政府之间的学习、模仿或竞争机制是影响扩散进程的重要因素

在同一政府层级，由于作为公共政策扩散主体的区域政府或政府部门的作用，中国的公共政策也会出现区域、部门之间的扩散模式。住房租赁市场政策遵循同一层级的区域间扩散模式，主要表现为：

1. 住房租赁市场政策在邻近区域间的扩散

通过上述对培育和发展住房租赁市场政策的空间演进的研究表明，该政策在区域间的邻近效应不是特别明显，但总体上也体现出地理位置相邻的省区推行政策的时间也较为相近的扩散特点。

在省区间，住房租赁市场政策的扩散表现为地理位置相邻的省区推行政策的时间也较为相近，如2016年6月，宁夏首先出台了加快培育和发展住房租赁市场的实施意见；随后，新疆维吾尔自治区、陕西省也纷纷在同年12月出台了相关政策。宁夏回族自治区、新疆维吾尔自治区、陕西省等三个省区在地理位置上相邻，且推行培育和发展住房租赁市场政策的时间也集中在2016年下半年。

在城市间，住房租赁市场政策的扩散表现为地理位置相邻的城市推行政策的时间也较为相近，就目前江西省仅有的四座已实施加快培育和发展住房租赁市场政策的九江市、新余市、抚州市、南昌市而言，九江市、新余市、抚州市均在2017年下半年就完成了相关政策的出台，而在地理位置上与这三个城市相邻的南昌市也在2018年9月出台了相关政策。

2. 住房租赁市场政策在同一层级部门间扩散

由于我国的政治结构，使得任何一项政策领域均存在一个或多个政策核心部门。培育和发展住房租赁市场政策的主要负责部门是住房和城乡建设部、国土资源部。从培育和发展住房租赁市场政策的扩散过程分析中可以看出，该政策的扩散过程呈现出政策部门之间扩散的鲜明特点。2015年1月，住房和城乡建设部出台《关于加快培育和发展住房租赁市场的指导意见》（建房〔2015〕4号）；2017年7月，住房和城乡建设部、国家发展改革委等九部委下发《关于在人口净流入的大中城市加快发展住房租赁市场的通知》（建房〔2017〕153号）；2017年8月，国土资源部、住房和城乡建设部出台《利用集体建设用地建设租赁住房试点方案》（国土资发〔2017〕100号）。这些培育和发展住房租赁市场政策的基本内容均具有高度的关联性，整个过程显现出培育和发展住房租赁市场政策在我国权力部门之间扩散的特点。

3. 住房租赁市场政策在区域间的位移扩散

在区域间的政策位移扩散，即政策呈现跨区域的位移扩散。2016年8月初，《甘肃省人民政府办公厅关于加快培育和发展住房租赁市场的实施意见》（甘政办发〔2016〕12号）发布；2016年8月底，《海南省人民政府办公厅关于印发〈海南省加快培育和发展住房租赁市场实施办法〉的通知》（琼府办〔2016〕214号）公布。自甘肃省首先出台相关实施意见之后，海南省也紧跟其后出台了相关政策，两个省在地理位置上跨度较大，可见其具有跨区域的位移扩散的特征。同时，两省出台的政策实施内容也十分相似，仅有个别具体规定不大相同，表现为明显的政策学习模式。

对比多个省级出台的培育和发展住房租赁市场政策可知，各省出台政策的时间间隔也极为相近，且政策实施内容也十分接近，仅有几处具体规定不大相同。在培育和发展住房租赁市场政策的扩散中，各省级政府主要以全国性意见（国办发〔2016〕39号）为范本，或模仿邻近的政策先行省份，而市级政府则主要模仿省级政府出台的政策文本。如此照搬照用的"政策克隆"行为，导致各地方政策内容无法充分结合当地的房地产市场特点及具体情况，使得不同省市政策内容存在严重的雷同现象，政策扩散过程可能因此流于形式。2016年《政府工作报告》提出，房地产市场政策要"因城施策"。房地产市场宏观调控"因城施策""一城一策"已是当务之急。在加快培育和发展住房租赁市场的进程中，各地方政府应根据城市属性，因地制宜进行政策的本土化创新，以"一城一策"的理念来制定住房租赁市场的实施方案，不断探寻加快培育和发展住房租赁市场的有效模式。只有这样，才能更好地推动培育和发展住房租赁市场政策的扩散，有效破解住房租赁市场的发展困局。

四、结论及启示

本文从政策扩散理论出发,结合中国的政策制度安排,深入探讨住房租赁市场政策在不同阶段的政策扩散机制,结果表明住房租赁市场政策在我国的扩散过程基本符合政策扩散的一般规律。从住房租赁市场政策的落地与变迁过程可以看出,住房租赁市场政策的推行都是在中央政府强力推动下完成的。

就扩散过程而言,在时间维度上,培育和发展住房租赁市场政策在省级行政单位间的扩散曲线呈近似S形,整个政策扩散过程分为三个阶段:2015年1月~2016年5月为缓慢扩散阶段,2016年6月~2017年6月为快速扩散阶段,2017年7月~2020年12月为平稳扩散阶段。在空间维度上,培育和发展住房租赁市场政策在省级层面扩散过程中显现出较明显的由高到低扩散的等级效应,而区域间的邻近效应较弱。因此,要进一步发挥中央政府的统筹职能,加强对各地培育和发展住房租赁市场政策落实的跟踪和督导。

就扩散模式而言,培育和发展住房租赁市场政策的扩散遵循纵向间从中央到地方、从省区到市县自上而下的层级扩散模式,具体表现为中央政策的出台时间普遍比地方政策要早,而且地方政策的内容和中央政策内容高度一致,地方特色不明显。除此以外,该政策的扩散过程还遵循横向间同一级层的区域或部门间扩散模式,体现出部门协同的特点。由此可见,一个政策的创新和推广扩散,仅仅依靠一个国家部门的推动是远远不够的,还需要多个部门联合推动甚至更高级别的国家部门以行政指令推动才能得到全面扩散。因此,需要进一步强调结合各地经济社会发展阶段性特点,在中央政策的基本原则框架下制定更有针对性的地方性政策,同时要加强部门间的工作统筹与协同,尽快推动政策落地生效。

就扩散机制而言,行政指令是推动培育和发展住房租赁市场政策的主要扩散机制,表现为上级政府及相关部门以行政指令推动方式制定并出台相关政策,直接通过政策落实和政策执行等方式,迅速扩散到下级政府及相关部门,促使培育和发展住房租赁市场政策在省级层面的区域扩散间呈急剧上升的政策扩散趋势。相比于第一阶段在住房和城乡建设部的行政指令推动下缓慢的政策推广进程,国务院的行政指令明显推动了培育和发展住房租赁市场政策在全国的扩散进程。除自上而下的行政指令机制外,学习、模仿或竞争机制也是培育和发展住房租赁市场政策的重要扩散机制,研究发现,不同省市出台时间接近且政策内容存在趋同现象,过度的政策学习、模仿使政策容易脱离本地实际,阻碍了政策在本地的有效实施,容易导致政策扩散的停滞或失败。因此,各地方政府应该积极发挥主观能动性,因地制宜进行政策的本土化创新。同时,该政策的竞争机制尚未完全发挥,建议国家将住房租赁市场培育纳入政府绩效考核范围,以充分发挥竞争机制在政策扩散中的推动作用。

参考文献:

[1] Walker, Jack L.The Diffusion of Innovations among the American States[J]. American Political Science Review, 1969, 63(3): 880-899.

[2] Rogers E. M. Diffusion of Innovations[M]. The Free Press, 1983: 326-344.

[3] Gray V.Innovation in the States: A Diffusion Study[J]. American Political Science Review, 1973, 67(4).

[4] Brown L. A., Cox K. R. Empirical Regularities in the Diffusion of Innovation[J]. Annals of the Association of American Geographers, 1971(3): 551-559.

[5] Karch A. Emerging Issues and Future Directions in State Policy Diffusion Research[J]. State Politics & Policy Quarterly, 2007, 7(1).

[6] 王家庭,季凯文.国家综合配套改革试验区制度创新空间扩散研究[J].城市,2007(9): 17-20.

[7] 王浦劬,赖先进.中国公共政策扩散的模式与机制分析[J].北京大学学报(哲学社会科学版),2013,50(6):14-23.

[8] Berry F. S., Berry W. D. State Lottery Adoptions as Policy Innovations: An Event History Analysis[J]. American Political Science Review, 1990(2): 395-415.

[9] Mintrom M. Policy Entrepreneurs and the Diffusion of Innovation[J]. American Journal of Political Science, 1997(3): 738-770.

[10] Shipan C. R., Volden C. Bottom-up Federalism: The Diffusion of Antismoking Policies from US Cities to States[J]. American Journal of Political Science, 2006, 50(4): 825-843.

[11] 刘伟.学习借鉴与跟风模仿:基于政策扩散理论的地方政府行为辨析[J].国家行政学院学报,2014(1):34-38.

[12] 朱旭峰,张友浪.创新与扩散:新型行政审批制度在中国城市的兴起[J].管理世界,2015(10):91-105.

[13] 谢俊.棚户区改造政策扩散因素分析[J].中南财经政法大学学报,2018(3):80-86.

[14] 朱多刚,胡振吉.中央政府推进政策扩散的方式研究:以廉租房政策为例[J].东北大学学报(社会科学版),2017,19(4):378-384.

[15] 吴宾,徐萌.中国住房保障政策扩散的过程及特征[J].城市问题,2018(4):85-93.

作者联系方式

姓　　名:刘桂海　赖彬彬

单　　位:江西师范大学城市建设学院

地　　址:江西省南昌市南昌县昌东镇紫阳大道99号

邮　　箱:21491891@qq.com

后 记

本论文集所收录的文章，主要是来自于 2021 年、2022 年两届中国住房租赁发展论坛公开征集的论文。在论文集编辑过程中，柴强会长提出了会议主题及征文方向；赵鑫明副会长兼秘书长对论文集编辑出版工作进行了统筹领导和大力支持；王霞副秘书长对全书进行了审读、修改；研究中心程敏敏主任具体负责征文活动及论文集编辑工作；魏杨承担了具体编校工作；涂丽、王明珠、宋梦美、陈胜棋等同志对论文集的编辑出版提供了许多帮助。

在编辑过程中，上海交通大学住房与城乡建设研究中心主任陈杰、中央财经大学管理科学与工程学院城市与房地产管理系教授易成栋、清华大学恒隆房地产研究中心主任吴璟、中国社会科学院研究生院金融研究所货币理论与货币政策研究室主任蔡真等专家学者对部分文章进行了审阅；中国城市出版社编辑对部分论文的题目、格式、语句、参考文献等做了适当修订，并予以分类编排。

本论文集凝聚了各位作者的才智与心血，还有许多人士为其编辑出版付出了辛勤的劳动，在此一并予以感谢。同时，也非常感谢中国城市出版社对论文集出版所做出的努力。

由于时间仓促，本论文集编辑过程中难免出现错误和疏漏之处，敬请读者指正。

中国房地产估价师与房地产经纪人学会

二〇二三年五月